"十四五"国家重点出版物出版规划项目

中国国债与债券资本市场

高 坚 著

中国财经出版传媒集团

经济科学出版社

Economic Science Press

图书在版编目（CIP）数据

中国国债与债券资本市场/高坚著. --北京：经
济科学出版社，2023.6
ISBN 978 - 7 - 5218 - 4043 - 8

Ⅰ.①中… Ⅱ.①高… Ⅲ.①国债市场 - 研究 - 中国
Ⅳ.①F812.51

中国国家版本馆 CIP 数据核字（2023）第 101861 号

责任编辑：李 雪 刘 莎 袁 澂 高 波
责任校对：杨 海 蒋子明 靳玉环
责任印制：邱 天

中国国债与债券资本市场

高 坚 著

经济科学出版社出版、发行 新华书店经销
社址：北京市海淀区阜成路甲 28 号 邮编：100142
总编部电话：010 - 88191217 发行部电话：010 - 88191522
网址：www. esp. com. cn
电子邮箱：esp@ esp. com. cn
天猫网店：经济科学出版社旗舰店
网址：http://jjkxcbs. tmall. com
北京时捷印刷有限公司印装
787×1092 16 开 81.75 印张 1600000 字
2023 年 6 月第 1 版 2023 年 6 月第 1 次印刷
ISBN 978 - 7 - 5218 - 4043 - 8 定价：518.00 元

序言一

　　改革开放后中国经济实现了高速发展，财政金融起到了不可磨灭的作用。一方面，财政税收体制改革增加了国家的财力，促进了分配体制的改革和各类激励机制的建立，为社会主义市场经济奠定了坚实的基础。作为现代财政制度的重要组成部分，我国国债伴随着40余年的改革开放历程，历经20世纪80年代升级进步、90年代快速发展和21世纪有序进步三大阶段，走出了一条适合我国国情的市场化发展道路。国债市场的功能也随着我国经济体制的变革不断完善，从单纯弥补财政赤字发展为财政政策的重要工具，有力支持了国家经济建设和高质量发展。另一方面，金融体制改革不断深化，产品创新机制、法制建设、基础设施建设的不断发展完善，为我国现代金融市场提供了中坚力量，为我国债券市场发展注入了强大能量。同时，绿色债券，ESG债券和科技赋能债券等债券市场发展的新亮点，使得金融对实体经济的服务能力大大提升，成为现代经济的运行血脉。

　　现代市场经济中，国债因其兼具财政和金融功能属性，成为财政和金融的重要连接点。作为金融市场的基石，国债在支持宏观调控、提供金融市场定价基准、落实金融对外开放方面，发挥着不可或缺的基础性作用。多年来，我国国债发行规模保持合理增长，保障了市场优质产品的供给。在金融市场定价基准方面，随着国债收益率曲线的不断完善，国债的金融市场定价基准作用也逐步得到发挥。在宏观调控职能方面，国债作为财政政策和货币政策的结合点，将相对独立的

1

财政和货币政策紧密联结，形成合力，有效提升了政策效果，这在我国应对金融危机的成功案例中得到了充分体现。在金融对外开放方面，国债引领了债券市场的对外开放，3个月国债收益率成为计算国际货币基金组织（IMF）特别提款权（SDR）利率的重要基础，国债先后被纳入全球三大指数，成为境外机构的投资首选，吸引国际资本持续流入。

国债对于金融市场乃至金融体系的健康发展具有重要意义。当前，我国国债和地方政府债券已成为债券市场第一大品种，占据近半壁江山，可谓牵一发而动全身。近年来，国际上金融危机频繁爆发，引发了我们对债务风险和债券资本市场发展的思考。从我国实际情况出发，要实现国债高质量发展，建设一个具有深度和广度的国债市场，以深入推动金融市场改革发展，维护金融安全稳定，需要我们着重思考如何更好发挥国债的金融功能，同时筑牢风险防范底线。具体来讲，要积极稳妥增加国债供给，优化国债品种和期限结构，进一步完善国债收益率曲线和市场运行机制，增强国债在债券市场中的基础性作用；要坚持适度举债，科学合理确定债务规模和水平，在稳增长、促发展和防风险间实现有效平衡。

这本书介绍了历史上的国家债务，中华人民共和国成立以后国债市场的发展，债务市场的功能，托管、结算等基础设施，以及各类发行主体，市场品种和各类衍生产品工具等，有助于读者从纵向和横向了解整个市场的全貌。如作者本人在引言中所说，本书从后现代视角，揭示了债务和金融的本质、金融体系和金融市场目前存在的问题，以及金融深化和经济"金融化"未来发展可能带来的积极和消极因素。这本书对于读者深入了解国家债务和债券资本市场发展的来龙去脉，深刻理解国家债务和未来金融发展问题具有积极意义。

刘仲藜

财政部原部长

2023年1月6日

序言二

在 20 世纪 90 年代初我开始研究中华人民共和国的资本市场时，就认识了高坚博士，当时他是中华人民共和国财政部国债司司长。1998 年，他迁任国家开发银行任总经济师和副行长，直到 2012 年退休。在他服务人民的公务生涯中，他一直站在最前线目睹我国资本市场，包括香港特别行政区的资本市场的发展。高博士还在我们国家资本市场的许多重要创新中发挥了重要作用，特别是在中国债券市场的发展方面，他起到了不可或缺的促进作用。

高博士退休后，以他广博的经验和学问不遗余力地继续与智库分享他的百科全书式的知识，并在许多无偿教学和公共演讲中，为我国债务资本市场的发展方面发挥着重要作用。在学术界，他曾是哈佛大学、博洛尼亚大学和新加坡国立大学的访问学者和访问教授。在国内外的公共演讲环境中，他仍然是一位知名且备受赞誉和极受欢迎的学者。

在阅读了高博士关于《中国国债和债券资本市场》的书稿后，我不禁对其中超过 1200 页的紧密印刷文本和插图所展示出的知识深度和学术造诣感到惊叹。这本书包含了高博士一生在发展我国债务资本市场的工作总结。"Opus Magnum"（"鸿篇巨著"）这个用来形容在学术历史上的重要作品的词立刻浮现在我脑海中。

这本书确实是一部"Opus Magnum"，它涵盖了全球债务从起源

1

至今的历史。该书将这一历史叙述与债务概念的道德和法律基础的讨论相结合，阐述债务以原始信用信贷形式出现，为债务资本市场的创建发挥了一定的社会作用，为本书的核心部分提供了不可缺少的背景。高博士这本书能称之为"Opus Magnum"是在于这本书的核心部分。据我所知，还没有一本书能如此全面、详尽地为读者呈现我国公共债务市场和私人债务市场的规模、类别、结构、发展情况，以及在我国经济发展中的重要性。本书涵盖了从中央到地方政府的公共债务体系以及我国主权债务的国际层面，还充分讨论了公司的债务情况，包括金融机构对其的直接贷款融资及国内外债务资本市场的准入、规模与前景。此外，还讨论了不同类型的债务工具，包括债务证券化和我国的债务衍生品市场。因此，本书的重要性不容小觑。

我国的国内债务余额现已成为全球第二大[1]。根据现有的可靠公开信息，截至2021年底，我国的国内债务以美元计价约为46.8万亿美元。这一数字仅次于美国2021年底的65.17万亿美元的国内债务。由于美国GDP略高于我国，所以债务与GDP之间的比率相差无几。根据国家统计局的数据，截至2021年底，我国GDP以美元计价约为17.8万亿美元。因此，总计46.8万亿美元的国内债务占GDP的264%，这个比例与美国相差无几。截至2021年底，美国GDP为23.32万亿美元，其国内债务总额为65.17万亿美元，债务占GDP的比例为276%。

我国46.8万亿美元的国内债务中，11万亿美元为家庭债务（主要是房产债务），27.4万亿美元为非金融公司债务，8.3万亿美元为政府债务（包括中央政府与地方政府债务）。而美国65.1万亿美元的国内债务包括11.9万亿美元的家庭债务（房产与相当的消费债）、18.71万亿美元的非金融公司债务、3.3万亿美元的州政府和地方政府债务以及25.3万亿美元的联邦政府债务。美国人均债务远高于我国，

---

[1] 为了方便比较，以下所提的数字虽然是以美元计算，但请读者留意，每个地方的金融活动是以本币进行的。

主要因为其总人口约为 3.3 亿人，远低于我国 14 亿人口。但我们需要关注的是这些债务的融资方式。

2022 年，美国证券业与金融市场协会（SIFMA）发布的《资本市场概况》显示，美国国内债务的 77.5% 是通过资本市场发行债券融资的，而只有剩下的 22.5% 是通过银行贷款融资的。可是我国的情况恰恰相反。我国总国内债务中只有 19.68% 是通过资本市场发行债券融资的，而 70.42% 是通过银行贷款融资的，导致了我国主要银行的风险加权资产中约 92% 为贷款资产，这就将大量的金融风险集中在我国的银行体系中。我国约 60% 的银行资产集中在四大银行中，因此我国的系统性金融风险也集中在了四大银行中。然而，美国国内债务的风险在很大程度上由资本市场上的数百万投资者共同承担，因此美国债务市场对其金融体系造成的风险要小得多。为了解决我国金融体系风险集中的问题，进一步发展债券市场和其他融资形式显然是非常重要的。

2007 年底，中国债券市场的规模仅为 1.7 万亿美元。到 2021 年底，这一数字增长至 21.8 万亿美元。根据国际清算银行（Bank of International Settlements）公布的数据，我国非金融公司债券在资本市场中的数量只有 5 万亿美元，但是它们总计欠债 27.4 万亿美元。因此，剩余的融资额需要通过其他途径解决。可是，除了银行贷款，其他融资途径，如股权融资等也不尽如人意。

2007 年底，我国股权发行规模仅为 39.8 亿美元。到 2021 年，这一数字增长至 1710 亿美元。这与我国非金融公司需要偿还的 27.4 万亿美元债务相比，只是一个微不足道的比例。因此，目前的国内债务不仅将风险集中在我国的银行体系中，而且企业的债务负担也较重。因为企业必须首先支付债务利息，并在债务到期时偿还本金，这种方式将阻碍企业进一步投资，从而减缓经济发展。所以，我国的公司需要在债务和股权之间实现更加平衡的资本结构。

应对当前和未来的挑战，我们必需要了解当前的状况。这就是为什么高博士的这本书如此及时且有价值。我强烈推荐这本书给所有的政策制定者、资本市场从业者，以及所有关心我国经济发展的人士。

香港特别行政区执业资深大律师（Senior Counsel）

香港特别行政区证券及期货监管委员会原主席

中华人民共和国证券监督委员会原首席顾问

2023 年 5 月 1 日

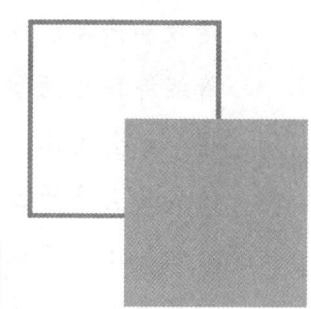

序言三

　　高坚研究员是我国最早从事债券资本市场和政府债务研究的领导和专家，也是当前国内这一领域兼具理论高度和实践深度的顶尖学者。2007 年，时任国家开发银行执行副行长的高坚研究员，出版了《债券资本市场》（中文版）一书，成为最初进入中国资本市场的年轻人获得债券知识的主要文献。十五年来，中国资本市场发生了翻天覆地的变化，债券类型多样、政策目标多维、投资主体多元、市场组织多层多类，市场迫切需要一本新的教程来解析当前的中国债券和债券市场，为国际国内的投资者、从业者和研究者提供新的认知框架。为此，作者自 2019 年起，将《债券资本市场》框架、主线和内容完全重构，按照更加契合我国当前债券市场发展的实际，更加匹配我国债券市场的改革探索，也更加前瞻性、战略性地看待我国债券市场的现代化和国际化目标的要求，三年来，奋击学海，笔耕不辍，《中国国债与债券资本市场》终告杀青。今受作者本人所托，为书作序，兴奋与欣喜并至，幸何如哉？

　　金融是现代经济的核心，债券市场是金融市场的核心。作者在前言中指出，"债务问题，追根溯源，是经济问题，甚至社会问题"，我深以为然。经济是关于资源配置的学问，而配置的标准就是生产的效率和质量。随着生产的扩大，形成了交换，而由于分工，为交换而生产成为主要方式。交换形成的市场，在时空上分离了生产和消费，支付就成为核心的需求，也是金融最初的基础，而支付的内在逻辑就是债权和债务。作者说"我赞同债券货币同源"的落点也正在于此。随着经济社会的演变发展，今天的经济、市场和金融不断物化，远离人这个社会主体，因而变得复杂起来。经济自从披上了货币的面纱，价值成为生产的目的，价值运动在经济中的支配作用日渐扩大。随着经济金融化，债权债务关系成为经济关系的主要形式，作为债务标准化的债券市场也就成为金融市场的核心。

随着货币成为衡量商品价值的标准，我们就可以对形形色色、林林总总的差异化商品进行价值加总，如何创造更多的货币价值成为经济活动的直接目的。履行价值尺度、交换媒介和支付手段等职能的货币，在经济金融化过程中自身也成为一种资产，与债券等价。历史上的银行券，既是债券，也是货币。债务与货币同源，是金融的起点；债券与货币等价，则是经济金融化的结果。债券作为基础性的金融产品，又是支持金融深化和经济金融化的基础工具，债券市场也就在金融市场中发挥基础性作用。

财政货币政策的传导需要更加完善的债券市场。在经济金融化趋势下，加快完善债券市场是推动资本健康有序发展的重要途径，也是应对经济下行风险的政策路径。当前面临"三重压力"叠加，为应对需求收缩，需要以债券或准债券的形式探索新的政策工具，如以国债或地方政府债券扩大公益性投资，以消费券支持和促进居民消费，以出口退税为资产的支持证券（ABS）来促进贸易。为化解供给冲击，需要做好生产性投资和存货投资，如以仓单质押来降低库存压力，以促进票据流转来减少应收账款，以公司债券、中期票据等来支持企业转型发展。为扭转预期减弱，需要政策发力适当靠前，靠前的政策工具离不开政府债券。今年大规模的退税支持政策，实质上也是政府债务政策的适时使用。要实现经济的质量变革、效率变革和动力变革，而这一切都要建立在资产减损和增值的有序平衡之上。高质量的变革蕴含着加速折旧、资产减值，而债券资本投资，则构建了新产能的基础，促进资产增值。而资产减值与增值平衡的关键，则需要债券具有跨越时空的转换能力，依托债券资本市场的发展与创新。

防范债务风险的公共化，需要加快改革债券市场管理体制。债券市场的分隔是当前面临的最大问题，也是面临的潜在风险。要扩大债券市场入口，推进注册制改革；要提高债券市场效率，降低资本筹措成本；要匹配需求，丰富债券品种；要完善以交易为基础的国债无风险收益率曲线，作为风险定价的基础；要发行关键期限债券（尤其是国债）以形成关键时点的持续利率动态，作为风险定价的标准；要支持高收益债券发展，满足和匹配高风险业务的资金需求。可以债券收益率为基础，形成阶梯性的高收益债到低收益债的转化模式；以债券期限为基础，形成长期债券转短期债券模式；以企业成长性为基础，形成"债转股"模式等。

债券在推动国民经济发展的同时，也会持续积累风险，并可能公共化，进而演变为公共风险。党的十九大报告将"防范化解重大风险"列为"三大攻坚战"之首，而2017年的中央经济工作会议则将金融风险尤其是债务风险作为重大风险在当前的主要表现形式。净投资能力过低往往意味着"中等收入陷阱"风险的加大，而债务负担的沉重是净投资能力下降的重要原因。从政府、企业、居民的资产负债表来看，当新增收入小于当期须实际偿还的债务利息时，就会导致个体风险公共化。而对于微观主体而言，要偿还的就不仅是利息，而是利息和本金。

要避免债务违约引发的连锁反应，需要采取有效的应对措施予以处置。首先，应做好优化债券使用结构的工作，支持实体企业发行规模更大、期限更长、成本更低的债券。其次，应着力提升地方政府债券对应资产或项目的运营效益，改革重建设、轻管理的体制机制，明确债务人偿还责任，创新多种模式开展项目运营。再次，统筹资产处置、收入偿还、利率置换、债务重组等多种方式做好债务的化解工作，防范债务违约或逃废债务。最后，还要注意防范"处置风险的风险"，有的风险蔓延快、损失重、管控难、影响大，就应尽可能让风险以其他较弱的风险形式进行释放（缓释），如房地产债务风险的处置。

我长期关注风险问题的研究，许多观点与作者是不谋而合的。作者指出"着力弄清债券背后的全部逻辑",那就需要有更高的站位和更新的视角,形成新的认识。

感谢高坚研究员给我学习和品读作品的机会,我也要再次表达对他的敬佩,1000多个日夜,100万字的书稿,纵跨100年的中国近现代债券史,1000年的"债券货币同源"史(以宋代交子计算),呕心沥血,大开大合,蔚为大观。此书值得一读。

谨以为序。

全国政协委员、经济委员会委员

中国财政科学研究院院长

2023年1月6日

序言四

认识高坚始于 20 世纪 90 年代初期。那时的高坚负责财政部国债司的工作。1993 年，中华人民共和国第一次发行全球美元债。我作为财政部的国际律师，与高坚领衔的财政部团队一起，参与和见证了中国走向世界金融市场的这一里程碑进程。我和高坚也从此开启了我们近三十年的深厚友谊。

虽然我和高坚的工作合作主要交集在国际融资上，但我对高坚的敬佩更来自他对国债市场化改革的强力推动，和对债券市场推广与教育的关心与努力。当时市场中从事债券业务的是新一代的年轻人，他们对于债券市场了解不多。1996 年国债实现市场化改革期间，高坚在每次新的国债发行时，都坚持亲自撰文，分析市场和进行收益率的计算。这些工作相当于现在证券公司研究部的工作，但是那时国债市场刚刚开始，银行和证券中介机构对这项工作还很不熟悉。高坚在这期间写了多本关于国债和国债市场的书，成为证券业年轻人必备的教科书。

高坚离开财政部后到国家开发银行工作，继续推动国家开发银行政策性金融债券市场的发展。此后，政策性金融债券成为中国债券市场品种创新的引领者。直到今日，开行发行的政策性金融债成为债券市场的重要基准。2000 年以后，我担任香港证券交易所总裁时，推动人民币国际化。2007 年以后，国家开发银行多次发行香港人民币债券，我也有机会在这里见到他，讨论人民币国际化的问题。

高坚退休以后，一直在从事宏观经济、金融市场的研究，近年来更多聚集创新经济的研究。他的上一本关于债券市场的书《中国债券资本市场》已经出版多年，高坚希望能够写一本新书，更新原书的内容，增加历史的纵深，展望未来金融市场的发展。在出版前，他希望我能够写一篇序言。

高坚这本新书，有比较纵深的历史跨度，也有比较宽阔的现代市场的贯通。这不仅体现了他亲自经历了国债市场化改革的进程，也体现了他多年来在这个领域的孜孜不倦的研究和思考。20 世纪 90 年代中期，国债开始向市场化的方向发展的时候，国债规模还相对小，地方政府债券和企业债的规模更小。但是 2000 年以后有了巨大发展，发行体增加了，品种增加了，衍生产品也增加了。

2010 年前后，地方政府债券和城投债券规模迅速扩大，债务问题成为经济和金融的主要风险。作者在书中不仅从历史的角度展现了全部过程，而且从中总结了很多重要的经验教训。中国债务水平高，原因在于周期资金少，需要进一步发展社会保障事业和财富管理，培养周期资金来源。未来中国经济发展主要依靠创新力量、科技进步，而不是依靠投资和债务，因此，中国要把金融深化和创新经济结合起来。

中国的资本市场还不够发达，存在着市场分割、托管、监管不统一的问题。鉴于债券市场对于中国未来创新经济的发展、人民币国际化和国内外债券市场一体化都具有非常重要的意义，债券市场历来被认为是金融市场的核心。

高坚这本书以个人的经验和体会以及他从经济学和社会学角度所作的分析，有多重视角和理论尝试，希望对我们理解未来国家债务和债券资本市场的发展提供新的启发。

全国政协委员
香港证券交易所原总裁
滴灌通集团创始人兼主席
2023 年 1 月 6 日

前 言

一、撰写本书的想法

《中国债券资本市场》（中文版）于 2007 年出版。这期间中国的经济结构、金融市场、证券市场都发生了巨大变化。债券市场作为金融市场的组成部分，其变化速度快于金融市场的其他组成部分。这些年债券市场的规模、债券发行人和投资人结构、债券品种、衍生产品市场、托管结算等基础设施、债市的对外开放和监管体制都有了新的变化，这本书显然已经不能适应债券市场发展的新变化和这个领域读者的需要。

20 世纪 90 年代至 21 世纪初期，关于国债和债券市场方面的专业书籍不多。我在财政部和国家开发银行期间所写的有关国债和债券资本市场的书籍成为最初进入中国证券市场的一代年轻人了解中国债券资本市场的主要书籍。由于《中国债券资本市场》一书已经不再销售，读者、业界朋友和学生们几年来都建议我再创作一本新书，全面、系统地论述我国国债和债券资本市场事业的发展，以体现党的十八大以来国家改革开放取得的成就。

我一直没有做这件事情，一方面是这期间忙于撰写我的"经济学元理论"；另一方面重写一本书要花很多精力。直到四年前，我才下决心开始这项工作。这几年，我觉得中国债券市场在宏观和微观经济中发挥着重要作用，但仍然不能适应经济和金融市场发展的需要。债务问题，追根溯源，是经济问题，也是社会问题。不把这些问题搞清楚，就很难把债券资本市场的问题透彻阐明。国家债务和债券资本市场是金融市场的核心，而金融的本质和未来发展的方向，要从后现代的视角进行反思，才能够理解经济金融化和金融社会化的趋势。2010 年以后，中国经济进入新的时期。特别是党的十八大以后，强调金融的作用，也强调防范系统性金融风险。金融市场作为一种经济制度处于不断演化的过程中，只有在经济金融化和金融社会化的背景下，才能够把握国家债务和债券资本市场与经济和社会发展的互动关系。

二、重建理论基础

由于债务问题的复杂性，在 2007 年出版的《中国债券资本市场》一书中，提到了"分级交换"的理论，把经济市场理解为"一级交换"，政治市场理解为"二级交换"。厉以宁老师称这一思想为"内生交换理论"。这一理论后来发展成为"经济学元理论"[①] 中的"四个市场"[②] 的理论。贯穿本书的基本思想来自我的"经济学元理论"公众号。经济学元理论更多强调经济和金融的制度结构的演化性质，强调"交换和博弈"这一经济学的基本范式在债券市场中的核心作用，从而把债券市场的理解从传统的金融思维转移到经济思维和政治思维。金融市场的背后是各种力量的交换和博弈，而交换和博弈的结果形成监管逻辑和政策逻辑。从经济和金融的数量逻辑思维转向制度的演化逻辑，从经济学延伸到社会学，只有这样，才能深刻理解债务和债券市场的本质。因为"交换和博弈"这一人类行为范式贯穿整个社会学、法学和经济学领域。在每一领域都存在市场的历史演化过程。

我在本书中强调的是金融市场的演化性质和"物化"性质。所谓物化就是"去人格化"，随着"金融深化"带来的金融产品化和标准化，人和人的关系不见了。因此，金融的潜力在于发展量身定制的金融服务以便与人对接。我们所看到的金融现象，是金融本质的表象。

---

① 见高坚"经济学元理论"公众号，第 4 章：社会交换和博弈。
② 见"经济学元理论"公众号的有关章节。

像利率、金融产品的价格、指数、K 线等都是非人格化或者说是"物化"的结果。利率、价格是市场参与人"交换和博弈"的结果，是他们行为的共同产物。而规则、监管制度、经济和社会组织表面上看是人为设计的产物，实际上是相关利益人"交换和博弈"的结果，是这些人行为的共同产物。

（一）从社会学角度出发理解债务和金融的本质

在本书中，我想超出原来的想法，即仅仅从债券市场的角度来写这本书。因为如果不理解债务，就不能理解债务资本市场的深层次问题。比如近几年有较多企业出现违约情况，问题涉及宏观和微观经济问题，也涉及社会文化问题。而债务问题必须涉及"债"的本质。因此，在本书中，我用了比较多的篇幅从历史的角度归纳"债"的本质问题。我赞同人类史学家的"债券货币同源"说。其实现代经济中所遇到的全部货币问题、金融问题、宏观经济政策问题都不能脱离这个本质。在本书第一编，我讲到"债"是人类最早的社会关系形式，甚至早于商品关系。因此，货币最早的功能是支付手段，而不是交易媒介。理解这一点的重要意义在于，在铸币和金属货币时代以前，就有了信用货币的时代，货币是以一种特定的自然秩序和制度条件为基础的。如马克思所说，货币本质上是人和人的关系的物化。比如现在，国债和政策性金融债成为市场青睐的主要债券品种，但是在国债和政策性金融债发行的早期并不是这样的。如今国债和政策性金融债的市场地位是经济实力不断增强、法律制度环境持续改善和债券市场发展的共同结果。而现在市场中大多数人还不能理解这一点。他们认为与国债有关的法律制度天然是健全的，现在的市场状况是天然存在的，因此，只要把债券市场的问题看成一个金融问题就可以了。这样就很难理解当前债券市场中的主要问题，比如刚性兑付和国企违约的问题是社会文化和特定的经济体制的问题。我认为，债务危机是经济结构和货币体系的问题。有鉴于此，我想把书名定为《中国国债与债券资本市场》。依据这样一种看法，本书认为现在债券资本市场的主要问题还存在于经济体制向市场化方向的演化过程中。

（二）以新的经济理论为基础

现在研究债务问题和债券市场的学者和专家的数量远远超过20世纪90年代国债市场化改革的时期。但是我们也发现，基于传统和主流理论研究债务问题和债券资本市场的分析缺少后现代的视角，难于理解创新经济时期金融和债务问题的特征。这使我在上卷花费很多精力，但是这些思想完全是基于我个人近十五年来的研究。这些研究的主要成果出现在我的"经济学元理论"公众号中。

想超出前面说到的就"债"写"债"的传统思路，就要提升对债券市场理解的高度和深度。传统债务理论把债券作为金融工具，就金融论债券，或者就债券论债券。我希望明确债券背后的全部逻辑，包括法律、宏观经济、微观经济、金融理论和公司金融理论、固定收益理论。如果使用主流经济学理论，就没有必要详细介绍它们，而这正是我想避开的。金融理论基于主流经济学的理论，解释债务和债券时，遇到了就市场看市场和就价值看价值的问题，因而不能理解价值背后的原因。总之，要把历史方法和逻辑方法结合起来。因此，我认为有必要把新的创新理论补充到本书中。在我的《中国债券资本市场》一书的序言中，我使用了"结构化市场"的理论。在本书中，我使用更为系统的"经济学元理论"，特别是其中关于创新企业估值的理论。

在方法论方面，我尽量采取逻辑和历史相结合的方法，而且逻辑的方法基本上来自与主流经济学不同的"交换和博弈"的范式。

（三）反思现代债务资本市场[①]

如果理解了"债"的本质，就会发现，理解了"债"的本质就理解了货币和金融，甚至能够帮助理解现代宏观经济的财政货币政策问题。这样我们看债券市场，就有了完全不同的角度。

第一，中国债券资本市场至今仍然像一个贷款市场，要求抵押和担保，而不像一个真正的信用市场。这说明，投资人也只是把债券资

---

① 这里"债务资本市场"（debt capital market）与"债券资本市场"（deb securities market）含义略有不同。前者主要突出债务资本市场与股权资本市场的关系及差异。后者则突出债券市场（债券作为产品和工具）的特点。由于市场中普遍认同和使用"债券资本市场"一词，所以本书的书名仍然使用"中国国债和债券资本市场"一用语。

本市场作为一个不会产生风险的投资场所。刚性兑付一直是中国债券市场的一个令人头痛的问题，高收益债券市场目前刚刚起步。

第二，债券市场还没有充分发挥融资功能。目前债券市场中中央政府债券、地方政府债务、政策性金融债、城投债等占有较大比重，公司债在市场中还没有达到应有的地位。

第三，债券市场开放还刚刚起步。虽然已经实现债券通等多渠道开放，但是国内市场与国际市场仍然没有完全打通。

第四，民营企业和中小企业的融资难的问题仍然没有解决。目前债券市场中只有 AA + 级以上的民营企业才可以找到承销商和投资者。

第五，债券市场分割，监管不统一。目前存在一级市场和二级市场发行主体监管和市场监管不一致的情况，限制了债券市场的一体化发展。同时，监管存在交叉、重复，缺少债券资本市场发展的统一规划。

我认为债券资本市场对于中国经济改革和发展具有特殊意义。债券市场不仅有融资功能和金融市场基准的功能，也是财政货币政策的结合点。从某种意义上说，解决了债券市场的问题，也在很大程度上解决了金融市场的问题；解决了金融市场的问题，也在很大程度上解决了国民经济中的基本问题。可以认为，解决债务资本市场的问题是解决经济问题的一把钥匙。

基于上述认识，本书希望体现的思想之一是，债券资本市场的发展必须以创新经济为前提。由于中国经济已经进入创新经济，因此，债券资本市场的发展必须在创新经济和金融深化的条件下加以考虑。创新经济时期，金融发展的趋势是金融体系从以银行为主向以资本市场为主的方向发展，并进一步向"量身定制"的金融服务的方向发展。金融市场要根据实体经济的结构和发展阶段的需要变化，创新经济以风险投资市场和长期市场工具为起点，以投后管理和市场出口为终点。而较少地依赖如银行信贷。银行信贷更适合进入创新经济以前的循环经济。相对于非标准化的债务合约市场（信贷市场），标准化的债务合约市场（债券市场）具有广阔前景。但是债务工具和股权工具的比例本质上由传统经济和创新经济的比例，以及企业的合理杠杆率所决定。属于循环经济的延续性创新企业的债务率高，而属于创新经济的毁灭性创新企业的债务率相对低。

三、本书的特点、主要内容和适应对象

本书不想仅仅介绍国家债务和债券资本市场，而是希望从金融本质、信用和债务本质来说明债券市场对于国民经济的意义。因此，本书与其说具有操作意义，不如说更具有经济和金融理论意义。考虑到本书的篇幅和重点，前面理论部分压缩成为引言。同时考虑到现在金融和经济领域年轻的一代读者没有经历国债市场化改革和中国债务债券市场的历史，所以，在本书的前面部分对于债券市场，特别是国债市场发展的历史进行了简要的描述。

本书从结构上遵循历史和逻辑的统一、质和量的统一，突出债务关系的社会性质、社会关系及制度的演变性质，以及债务、货币和金融的一致性。因此，在第一部分更多阐述债券和金融的本质。考虑到债券市场是金融市场的组成部分，同时金融起源于"债"，债券市场的发展不能离开金融市场的发展，以及经济制度演变的客观规律。本书大的结构分为上下两卷共八编。上卷主要内容是债务的本质、国债和中央政府债券市场，强调国债与宏观经济和经济政策之间的关系，突出国债的宏观性和政策性。下卷主要内容是债券资本市场，突出债务的标准性、金融性和市场性。第一编分析债券和金融的本质。这一编从历史的角度阐述债和信用的本质，包括国债和金融的性质。第二编概括中国的金融市场和债券市场架构。第三编的内容主要涉及国家层面的债务管理和宏观经济政策。第四编介绍中国国债的历史和中央政府债券市场。从第五编起进入债券市场的各个组成部分。第五编是非中央政府债券市场主体，介绍中国债券市场的各个组成部分，包括除中央政府的各类市场主体和债券品种。这一编先按照非中央政府债券发行体划分，分地方政府债券、政策性金融债等债券市场，然后介绍公司信用类债券市场。第六编的内容是债券交易、市场服务和基础设施。第七编的内容包括债券市场基础业务，涉及金融深化过程中的债券市场领域，主要包括以债券为工具

的各项市场业务，以及资产证券化和债券衍生产品市场。第八编阐述有关国内债券资本市场和国际资本市场一体化的问题，涉及债券市场的"双向开放"有关内容。全书理论上依据第一部分的关于"债"、货币和金融的本质的思想，贯穿全书各个部分，以小节的内容作为呼应。

　　本书重点服务于债券市场的投资人，不包括债券市场的操作方面的内容。适用于宏观经济、金融市场参与者和学校的研究者，也可以作为金融机构培训时债务理论和债券市场方面的教材。

高　坚

2022 年 6 月 28 日

目　录

引言 ·· 1

第一编　金融市场和债券市场

第一章　金融和金融市场的起源和演化 ·············· 29

第一节　信用和债务的起源 ················ 30

第二节　"债"的起源和本质 ·············· 51

第三节　中央银行制度和债务危机 ·········· 79

小结 ································ 93

第二章　金融的本质 ···························· 95

第一节　金融的性质和作用 ················ 95

第二节　金融和后现代性 ················ 107

第三节　宏观经济和金融市场 ············· 117

第四节　作为标准化债务的债券 ··········· 131

小结 ····························· 146

第三章　中国的金融业和金融市场 ··············· 148

第一节　金融市场的起步和发展 ··········· 148

第二节　当前中国金融市场的架构 ········· 156

第三节　金融业监管框架 ················ 183

小结 ····························· 185

第四章　债券市场架构 ·· 188
　第一节　债券市场及其基本架构 ·· 188
　第二节　债券发行市场状况 ·· 215
　第三节　交易所债券市场 ·· 230
　第四节　银行间债券市场 ·· 252
　第五节　债券市场监管体系 ·· 277
　第六节　未来债券市场发展的思路及政府推动债券市场的举措 ·········· 302
　小结 ·· 307

第五章　债券市场建设 ·· 308
　第一节　完善发行与交易机制 ·· 308
　第二节　发挥中央登记托管优势 ·· 313
　第三节　加强信息披露 ·· 318
　小结 ·· 331

第二编　国债和国债市场

第六章　新中国成立前的中国国家债务 ···································· 332
　第一节　清朝的外债和内债 ·· 333
　第二节　民国时期的国家债务 ·· 340
　第三节　对于清朝和民国时期外债的认识 ································ 345
　小结 ·· 347

第七章　新中国国债市场的发展历程 ······································ 348
　第一节　国债市场化改革以前的国债发行 ································ 348
　第二节　国债市场化改革的起步 ·· 372
　第三节　国债招标发行和国债市场化的实现 ······························ 390
　小结 ·· 402

第八章　国家的预算管理和债务管理 ······································ 403
　第一节　政府的预算管理、国库管理与债务管理职能 ······················ 403
　第二节　财政赤字及其弥补 ·· 415
　第三节　债券发行授权制度 ·· 420
　第四节　政府的负债管理和债务管理政策 ································ 424

第五节 国债管理制度 ································· 437

第六节 国家债务规模理论和实践 ················· 451

小结 ·· 488

第九章 债券资本市场、货币政策和宏观经济 ··········· 490

第一节 债券资本市场和货币政策的实施 ········· 490

第二节 储蓄投资结构和债券资本市场 ············ 506

第三节 债券市场、债务政策与宏观经济 ·········· 515

小结 ·· 521

第三编 政府债券市场

第十章 中央政府债券市场 ································· 523

第一节 中央政府债券品种设计 ···················· 523

第二节 中央政府债券的发行方式 ················· 536

第三节 中央政府债券的招标发行 ················· 547

第四节 中国中央政府债券发行方式的演变 ······ 552

第五节 中国中央政府债券的发行机制探讨 ······ 561

第六节 当前中国政府债券发行方式 ·············· 581

第七节 国债的兑付 ···································· 590

小结 ·· 603

第十一章 地方政府债券市场 ····························· 604

第一节 地方政府债务和地方政府债券市场 ······ 604

第二节 地方政府债务问题的性质和特点 ········· 612

第三节 地方政府债券的发行 ······················ 619

第四节 地方政府债券的二级市场 ················· 625

第五节 地方政府专项债券 ························· 629

第六节 地方城投债 ·································· 637

第七节 地方政府债务的置换 ······················ 644

小结 ·· 654

第四编　公司信用类债券市场

第十二章　公司信用类债券市场概况 ·················· 656

第一节　公司信用类债券的基本特征 ·············· 657

第二节　公司信用类债券的历史 ·················· 663

第三节　公司信用类债券市场的基本品种和市场工具 ····· 679

第四节　国家开发银行和公司信用类债券承销 ········· 697

第五节　公司信用类债券市场的管理制度 ············ 706

第六节　公司信用类债券的改革发展 ·············· 721

小结 ································· 735

第十三章　派生的公司信用类债券市场 ·············· 738

第一节　可转换公司债券 ···················· 738

第二节　永续债券 ························· 745

第三节　票据市场 ························· 755

第四节　中国的高收益债券市场 ················· 762

小结 ································· 782

第五编　债券交易、市场服务和基础设施

第十四章　债券二级市场的发展 ················· 784

第一节　中国债券二级市场发展的历程 ············· 784

第二节　发展功能完善的债券二级市场 ············· 804

小结 ································· 820

第十五章　债券市场的定价机制、估值和投资策略 ········ 822

第一节　创新经济时期债券资本市场经济分析的新框架 ···· 822

第二节　债券资本市场的公允价值和估值 ············ 851

第三节　债券收益率曲线 ···················· 857

第四节　资产管理和债券投资 ·················· 899

第五节　债券市场的风险管理 ·················· 920

小结 ································· 925

第十六章　债券市场的投资人结构 ·············· 927

第一节　债券市场的投资人基础 ·············· 927

第二节　证券投资基金 ·············· 945

第三节　银行理财子公司 ·············· 954

小结 ·············· 960

第十七章　债券市场的信用评级 ·············· 962

第一节　中国信用评级工作的历史和现状 ·············· 962

第二节　信用评级的作用和特点 ·············· 974

第三节　债券征信和评级机构 ·············· 979

小结 ·············· 987

第十八章　债券市场的登记、托管和结算制度 ·············· 988

第一节　政府债券的运行机制的演变 ·············· 989

第二节　债券交易的清算和结算 ·············· 996

第三节　中国债券登记托管制度 ·············· 1003

第四节　各国政府债券的托管结算系统 ·············· 1021

小结 ·············· 1027

第六编　债券市场基础业务

第十九章　以债券为工具的债券市场业务 ·············· 1028

第一节　债券借贷业务 ·············· 1028

第二节　债券回购 ·············· 1052

第三节　债券市场合成工具及其相关业务 ·············· 1072

小结 ·············· 1080

第二十章　绿色债券 ·············· 1082

第一节　环境、社会和公司治理（ESG）思想与绿色债券 ·············· 1082

第二节　绿色债券市场 ·············· 1094

小结 ·············· 1106

第二十一章　资产证券化 ·· 1107

　　第一节　我国的资产证券化 ·· 1107

　　第二节　各类基础资产的证券化交易结构 ································ 1134

　　第三节　房地产 ABS 和 REITs ·· 1145

　　小结 ·· 1167

第二十二章　债券衍生产品市场 ·· 1170

　　第一节　国债期货 ·· 1170

　　第二节　其他衍生产品 ·· 1193

　　小结 ·· 1200

第七编　国内债券资本市场和国际资本市场的一体化

第二十三章　债券市场国际化 ·· 1201

　　第一节　债券市场国际化的历史和现状 ·································· 1201

　　第二节　债券市场对外开放的新形势 ···································· 1206

　　第三节　国内外债券市场的统一 ·· 1212

　　小结 ·· 1216

第二十四章　改革开放以后中国发行的外债 ······························ 1217

　　第一节　主权外债的发行 ··· 1217

　　第二节　国际市场的主权债券发行 ······································ 1220

　　第三节　境内企业在国际资本市场发行债券 ······························ 1225

　　第四节　外债登记 ·· 1233

　　第五节　内地金融机构发行香港人民币债券情况 ···························· 1236

　　小结 ·· 1239

第二十五章　中国金融机构境外债券投资 ································ 1241

　　第一节　中央银行境外债券投资 ·· 1241

　　第二节　商业银行境外债券投资 ·· 1242

　　小结 ·· 1247

第二十六章 外资机构积极参与中国债券资本市场 ·················· 1248

第一节 外资银行在华参与债券市场 ·················· 1248

第二节 外国金融机构发行熊猫债券 ·················· 1251

小结 ·················· 1256

结束语 ·················· 1258

附录 ·················· 1265

参考文献 ·················· 1271

后记 ·················· 1274

引　言

全球经济和金融发展的经验表明，金融本身有自己内在的发展规律。债券市场既是金融市场的重要组成部分，又是金融市场深化的体现。债券市场的发展必须和金融市场的发展结合起来。近十年来，我国金融市场有了很大发展，但是金融体系和金融市场的发展仍然不能适应经济发展的需要。未来债券市场和金融业的发展，要在金融深化的基础上，遵循客观规律，实施战略规划。为了实现金融业发展的战略，必须充分总结金融发展的历史经验，深刻理解金融发展及金融与实体经济之间关系的客观规律。

2017 年习近平总书记指出：“必须加强党对金融工作的领导，坚持稳中求进工作总基调，遵循金融发展规律，紧紧围绕服务实体经济、防控金融风险、深化金融改革三项任务，创新和完善金融调控，健全现代金融企业制度，完善金融市场体系，推进构建现代金融监管框架，加快转变金融发展方式，健全金融法治，保障国家金融安全，促进经济和金融良性循环、健康发展。”① 2019 年习近平总书记进一步指出：“金融是国家重要的核心竞争力，金融安全是国家安全的重要组成部分。防范化解金融风险特别是防止发生系统性金融风险，是金融工作的根本性任务。必须坚持底线思维，增强忧患意识，平衡好稳增长和防风险的关系，精准有效处置重点领域风险，坚决打好防范化解包括金融风险在内的重大风险攻坚战。”②

本着这样的目标，本书主要阐述对于金融本质认识的最新思想，即原始债务是早期货币和金融的出发点。同时突出债券市场核心作用，强调金融是现代经济的核心，债券市场是金融市场的核心。笔者认为，应该在理解金融市场发展趋势的前提下，理解债务问题和债券市场的未来发展。

一、金融革命和现代金融

从 20 世纪 60 年代的英国和美国开始的金融革命，以放松金融管制、金融创新

---

① 习近平在全国金融工作会议上的讲话，2017 年 7 月 14 日至 15 日。
② 推动金融业高质量发展——学习习近平总书记在中央政治局第十三次集体学习时重要讲话，2019 - 02 - 25。

和金融产品多样化为主要内容，一直延续到 2008 年的美国次贷危机。金融革命推动了资本市场和衍生产品市场的发展。资本市场的发展直接导致商业银行和投资银行业务的混业经营。正是金融的进步，导致了企业组织的变化。

第二次世界大战以来，美国经历了从工业化向后工业化的转型，金融业和工业之间的关系也发生了很大变化。如果说工业革命以技术进步为特征，那么工业化和后工业化以公司和金融的结合方式为标志。从 19 世纪末到 20 世纪末期，在世界范围内发生了两次工业革命。在第二次工业革命时，美国以并购为主，资本市场开始发挥作用。金融经济学家普遍认为，金融市场在美国从工业化向后工业化转型的过程中发挥了重要作用。[①] 这期间商业银行参与收购并成为收购对象的股东。美国后来立法，限制商业银行的行为，要求投资银行和商业银行分离，这就是著名的格拉斯·斯蒂格尔（Glass Steagall）法案。第三次工业革命时，出现了杠杆收购（LBO）。KKR 是最早的杠杆收购协会形式的企业组织。[②]

按照科斯和产权经济学家的看法，企业是一个市场。说企业是要素市场的组合形式，是不准确的，其实企业是一个社会市场。市场是交换和博弈的场所，在企业的社会市场中，交换的对象并不是生产要素，而是企业的控制权力。这个市场的博弈结果由企业的资源的控制权力、信息能力和要素的稀缺程度决定。

金融业的优势是信息的力量，金融市场就是信息的交换场所。詹森（Jensen）认识到，金融业参与企业的控制权是由于所有者对于企业经营的关心，但是这可能导致金融家直接干预企业。企业由企业家控制，不是由金融家控制，归根结底在于谁能为企业的发展做出决定性的贡献。金融家更能看到经济周期变化和市场的变化，因为金融市场为他们提供更多的信息。

二、如何认识现代金融

（一）金融的四个层面

金融是市场参与人的一种特定的法律关系，这种法律关系可以量化。金融可以从四个层面把握：时空层面、标准化层面、信用法律层面和投资者偏好层面。

从本质上看，金融是资产的跨期安排，它体现的是交易对象的所有权转移在时

---

① ［美］杰拉尔德·F. 戴维斯. 金融改变一个国家 ［M］. 李建军，汪川，译. 北京：机械工业出版社，2011：4.

② KKR 集团（Kohlberg Kravis Roberts & Co. L. P.，KKR），中文译名为"科尔伯格·克拉维斯·罗伯茨"，是老牌的杠杆收购天王，金融史上最成功的产业投资机构之一，全球历史最悠久也是经验最为丰富的私募股权投资机构之一。

间上的错配，而商品交换是商品和货币在空间上的转换。债务体现债权人在一定时期让渡货币使用权，在未来某个时间收回货币使用权的法律安排，这种安排和个人现在和未来消费的跨期安排是对应的。而股权既有商品空间变化的性质，又有时间跨越的性质，可以称为时空转换。商品和产权交易体现了所有权在空间上的变化，并没有时间上的错配（或者较小的时间错配，如交易所 T＋1、T＋2 的结算规则）。债权交易体现了所有权在时间上的变化，而股权交易体现了时空（时间＋空间）的变化。因此，股权等于产权加债权。这里现在价值和未来价值之间存在一定的转换关系，体现了货币的时间价值和金融产品的收益性。

金融的第二个层面，就是金融所体现的法律关系的产品化。比如出现了专业的借贷合同、远期合同的产品化等。有了产品，就有了分割的可能，使它可以同时出售给更多的投资者。在产品化的基础上，就可以向标准化的方向发展。所谓标准化就是有了单位面值。产品化和标准化都可以帮助降低金融所体现的法律关系在市场中的内生的交易成本。标准化的产品增加了流动性，提高了金融市场的效率。

"债"可以看作债务，也可以看作债券，但这两个意思是不同的，债务与债券之间有本质的区别。债券是标准化市场工具。债务变成债券，股权变成股票，远期合同变成期货，不确定性变成期权，现金流变成证券化产品，这些都是标准化、专业化的过程。标准化是为了便于交易，降低交易成本，这是金融市场发展的主要方向之一。通俗地讲，标准化产品就像是给机器输入一个标准，进行批量生产，所以标准化能提高效率。还有一个方向就是量身定制，像工厂制作西服，按大小号批量生产，适合大多数人。少数人身材不够标准，那就量身定制。将来标准化市场就是资本市场，包括债券市场、股票市场。量身定制就是银行和金融机构专门针对客户需求量身打造金融产品。当前量身定制市场在非银行和非标准化领域发展很快，比如专项债券就是量身定制，专门针对某个市场或企业的需求开发产品。量身定制产品对客户的意义要大大高于标准化产品。

第三个层面，就是信用和法律制度。由于跨期安排产生了不确定性，从而形成了市场主体的风险。风险有不同种类，如企业经营风险、不可抗力风险、流动性风险、道德风险等。信用作为文化道德的一部分，有非常长的历史，后来有关信用的法律逐步建立起来。罗马法对于存托管理有很多法律，规定正规和非正规的存托管理的法律规范。① 现代债务人受到公司法、证券法、信托法、公司治理等的约束，信用和法律制度有更好的结合。

第四个层面，是投资者的偏好。投资者的偏好首先体现了不同收入水平的投资

----

① 金菁. 钱的千年兴衰史：稀释和保卫财富之战［M］. 北京：中国人民大学出版社，2020：53－56.

者的偏好，收入水平的不同，抗风险的能力也有所不同，分为风险厌恶、风险中性和风险爱好三类。投资者的偏好还会受到他们的金融意识和金融知识的影响，专业投资者和非专业投资者具有不同的理性和偏好。投资者偏好还受到群体效应的影响。在市场发生重大突发事件时，投资者的心理和群体心理形成共振，导致金融市场大幅波动。

图0-1金融市场的四个维度中，债券产品包含其中最重要的三个层面：时空层面、标准化层面和信用法律制度层面。

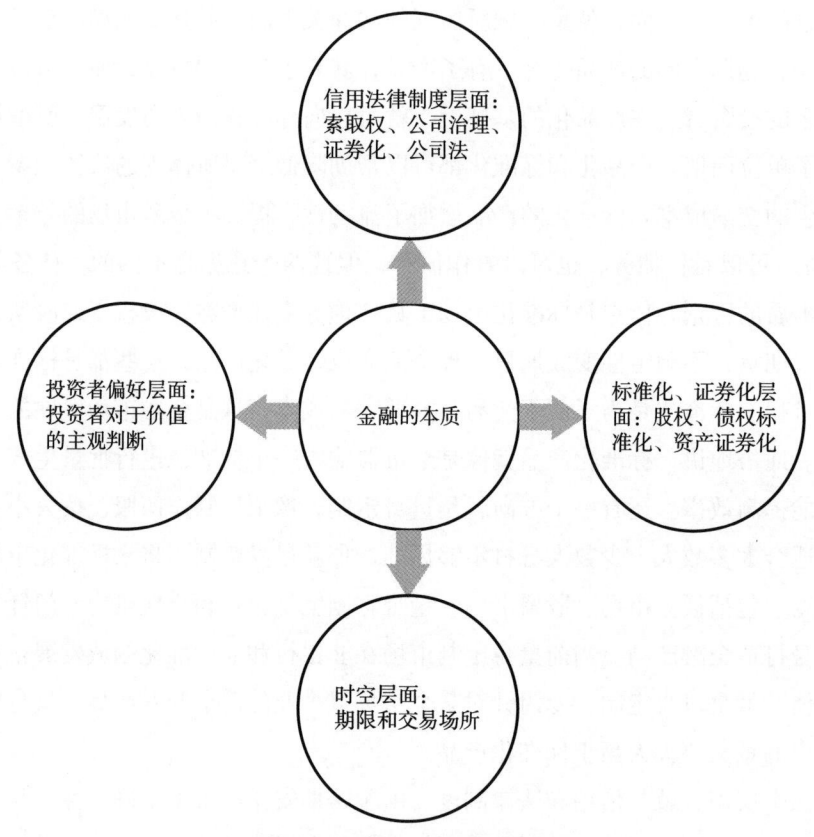

图0-1　金融市场的时空层面

时空层面主要与货币的时间价值有关，说明金融产品有跨时间的属性。标准化层面是指为了交易方便，债券设计成标准化产品。信用法律制度层面的属性来自债券本身，体现了法律合约的特点。

（二）金融的质和量的规定的统一

与商品市场相比，金融市场是更为精巧的"交换和博弈"的场所。金融的专业性很强，因此要求市场参与人具有足够的专业知识和经验，这使金融市场的分工不断深化。分工的好处是专业化程度提高，可以提高市场的效率并降低风险，但是也增加了金融自身的体内循环。专业化要求消费者委托专业人士理财和管理财富，这样金融市场不断分化出新的行业，这就是金融深化。

以后我们会看到，金融的质的层面深入哲学、社会学和经济学。金融作为经济体系的一部分，体现的是经济关系。由于金融市场是金融产品的交换场所，而金融产品作为同一的等价物，是可以计量，从而进行交换的。其实从一般等价物开始，就有了量的概念，比如物物交换的数量关系。商品和货币之间交换的比例关系就是价格。

当中世纪的企业和股份公司出现时，记账就非常重要了。意大利的美蒂奇家族管理的教会银行首先采用了先进的记账方法。这种复式记账最早是在威尼斯武器仓库的管理上使用的。以后发展出财务会计学和金融数学。

金融是历史和逻辑的统一。前面说过，金融是一种社会制度，可以从历史主义角度考察。金融的逻辑来自经济的逻辑，存在以价值为基础的数量关系，因此可以从逻辑实证主义的角度考察。现代金融理论主要建立在后者的基础之上。理解金融产品，必须从经济学原理出发，而理解金融的本质要从历史主义出发。历史主义的方法，不是依靠历史数据，通过归纳法得出结论，而是必须建立理解历史的新的理论框架。这种新的理论框架来自现代和后现代的视角。金融的质和量的两个方面是不能分离的。金融市场关于量的规定包括以下几个方面。

（1）消费和投资之间的关系

消费和投资的关系是经济中的基本关系，也是影响金融市场的最重要的因素。边际消费倾向、储蓄率是国民经济的最重要的指标。改革开放前，我国经济水平较低，但是"积累率"很高，达到30%以上。当时经济学家认为这是改革开放前经济中的主要问题。那时所说的积累率就是现在的储蓄率。储蓄率又与社会保障率相关。改革开放后，储蓄率在20世纪80年代有所下降，但是很快迅速上升。2000年后，个人储蓄率没有上升，企业储蓄率有所上升。个人购买的房地产迅速增加，这在很大程度上也是一种储蓄行为。2000年以后个人债务增加，主要也是用于买房。

（2）储蓄和投资

货币和借贷既有法律层面，又有经济层面。经济发展是个人选择的结果，个人首先要对消费和储蓄进行选择，这是人们跨时代际安排的选择。金融市场存在于储蓄和投资之间，全部金融的内涵都包含在这里。因为金融市场的基本功能就是把储蓄更有效率地变为投资，一方面解决消费者和投资者的跨期资金安排，另一方面解决企业对于投资资金的需求。

一部分人有闲置资金，另一部分人有资金需求，这就形成了储蓄和投资之间的供求关系。一个国家的资金流量表体现了资金流动的方向。通常资金都是从居民部门流向企业和政府部门，银行和金融机构是储蓄和投资的中介。储蓄和投资还和供应链有关，消费者购买消费品发生在供应链的下游。但是他们把储蓄转化的投资投入产业链的上游。上游生产的商品需要等到通过供应链传导到下游时，才能一步一步地把钱收回。这样就出现了时间差。上游既包含物质的基础设施，也包含知识的基础设施即基础科学知识，这些投资形成的生产能力和产出、与投资者跨期消费需要的物质产品和服务相对应。也就是说，投资形成产出和收入的时间要和未来消费对应；投资的对象要和未来的需求对应。更重要的是投资的回报（货币的时间价值）要和跨期安排时的预期回报对应，这样利率水平也就是货币的时间价值就非常重要了。如果货币政策人为地压低利率水平，就会使消费者的跨时安排不能够按照预期实现。当回报降低时，未来收入减少，这是现在贫富差距拉大的主要原因之一。

经济学家所说的中性利率，就是经济处于潜力增长水平时由 IS（储蓄—投资）曲线所决定的利率水平。中性利率受到结构性因素，如储蓄和投资，以及人口结构等因素的影响。近 20 年来，在世界范围内中性利率都是下降的。危机时，美国联储和欧洲央行确定的隔夜利率都是下降的，央行采取零利率已经是发达国家的普遍做法。这种情况不能简单地归结为货币扩张和通货膨胀的货币政策，要从经济结构的变化寻找原因。技术进步会不断地使原有资产贬值，人们时间偏好更倾向于养老，从而提高储蓄率。

（3）不确定性和风险

质和量不能分开，这就是风险性和安全性之间的关系。安全性以质的内涵为基础，风险性以量的概率分布为基础。风险可以分为两类：不知道概率分布的不确定性和知道概率分布的不确定性。经济学家把风险归结为信息不对称，并不十分准确。信用风险就是债务人行为的不确定性，市场风险就是市场变化的不确定性。这些不确定性本来就存在，不是金融市场造成的。认为金融市场只会增加风险的看法是不对的。金融市场首先可以分散风险，标准化的产品进入市场可以把大额变成小额，也可以把长期变成短期，这样投资人的风险就变小了。金融市场也提供了多种产品，这些产品的相关性比较小，甚至相反，这样就可以通过将鸡蛋放在不同篮子里的方法分散风险。衍生产品可能导致对于底层金融资产的某种隔离，而期货市场可以通过套期保值对冲风险。金融产品的混合和叠加可能导致基础资产信息的复杂化，误导投资人，但是衍生金融产品和混合金融产品本身并不会产生风险。

非系统性风险可以分散，系统性风险则不能分散。市场本身能够创造和谐，系统性风险常常是人为造成的。实践证明，对金融市场的过度监管会适得其反。垄断和设置门槛并不一定会减少风险，反而会增加风险。金融工具既可以带来风险，又可以管理风险。金融本来就具有管理、对冲和分散风险的功能。可以量化（通过统计分布分析）的不确定性是金融风险的特点，不可以量化的不确定性是企业家面对的风险。后者需要另一种管理不确定性的能力，这就是企业家精神。

（三）金融和经济

1. 金融和公司治理

很长时间以来，企业的融资活动来自股东的最初投资。对于企业来说，金融不过是一种外部的工具。公司金融中所使用的资产定价模型等都不过是企业融资运用的工具。美国发生的前三次工业革命，企业通过破产和兼并退出。在 20 世纪 80 年代，资本市场大量运用 LBO、风险投资基金 VC 等工具，起到了积极的作用。但是当时媒体的舆论是负面的，因此美国国会在法律上进行了更多的限制。美国经济学家迈克尔·C. 詹森（Michael C. Jensen）认为，在美国经济发展过程中资本市场起到了越来越大的作用。公司金融不再是工具，而更多的是企业战略的一部分。我国 20 世纪 90 年代处理银行不良资产，主要通过国家新成立的资产管理公司（AMC）进行，并给予这些公司适当的政策。但是由于资本市场不够发达，企业退出和资产处置方面仍然受到制约。2008 年美国次贷危机以后，美国去杠杆快也主要是由于资本市场的效率。由于人口和消费结构的变化，由于科技的发展，市场的不确定性增大了。生产过剩的经济危机会导致大量的资产变为不良资产。随着经济增长速度下降，我国银行不良资产增加很快，同时房地产不良资产也在增加，这样推动了资产支持证券的业务，特别是 ABS 和房地产信托基金 Reits 的发展。

2. 资本市场反映了经济的回报率

用熊彼特的话来说，经济中包含循环（传统）经济成分和增长（创新）经济成分。而循环经济成分向发展经济成分转化时，就必然出现大量不良资产。资本市场的价格反映了原有资产贬值的情况。贷款和债券的利率水平代表循环经济的平均回报，债券价格无非是未来回报总和的现在价值，而资本的价格反映的是资本品（资产）的价值。在熊彼特看来，贷款和债券的价值是购买力，而资本是企业家和生产要素之间的中间环节。

3. 金融市场是信息交换的场所

在任何一个事件发生后，股票市场的反应是最快的。因为大量的信息进入和被解读，市场参与人可以迅速做出决策。信息是对数据的初步解读，到决策还有一个过程。问题是每个市场参与人如何解读同样的信息。不同的人有不同的知识背景，有不同的理论，因此解读结果就会不一样。

三、理解金融发展趋势的规律

金融市场发展的目标包括提升对实体经济的服务效率和金融市场与金融体系自身的深化。这两者是相辅相成的。金融发展的趋势由金融演化的内在规律和金融与科技的结合决定。这里需要理解四个概念：金融深化、金融化、金融安全和金融科技。

（一）金融深化

1. 金融革命的进步

以金融放松管制、金融产品多样化和金融创新为主要内容的金融革命，从英国开始到美国，一直到 2008 年金融危机，走过了一个完整阶段。金融创新导致衍生产品的出现。世界银行率先进行了货币掉期，这就是不同跨期安排的交换。一切都会体现在价格上。如果能够预测货币的未来价值，这些未来价值可以按照一定的利率贴现成现在价值。当现在价值相等时，就可以进行等价交换了。以后期权出现，体现的是不确定性的交换。金融革命事实上是所有权市场（产权市场）的标准化和证券化。资产证券化是金融革命的重要成果。

2. 金融深化的方向

金融市场是商品市场的延伸。金融深化就是金融自身不断向更深层次的发展，其动力来自降低交易成本和提高金融效率的努力。金融深化向不同的方向发展：一是专业化，不断开拓新的领域，如金融向财富管理的深化；二是专业化的同时，向量身定做的方向发展；三是向标准化的方向发展，如金融资产不断向产品化、证券化的方向发展；四是金融脱媒化，就是间接融资向直接融资的方向发展，也就是公司债市场不断取代银行业务的过程；五是股票市场以上市公司的成熟程度不断分层，是股票市场不断深化的过程。

金融创新是金融深化的催化剂。理解"债"的本质，可知现代社会的金融创新是不断"超越"和"解构"的过程，它是市场参与人"求知意志"和"求变意志"得以实现的产物，这就是金融深化和发展的过程。求知和求变导致创新，而金融创新是在对原有制度的解构的基础上，对于现有"技术"的改进。金融市场就是债务的"技术"层面。市场参与者的求知意志导致对原有制度缺陷的重新解读，将会影响政府和监管部门去改变原有限制创新的制度，从而形成对原有制度的解构。这就是金融创新的本质。

3. 金融深化和国家竞争力

金融深化既有自然演化的过程，又有国家的推动。中美竞争力本质上是科技和体制的竞争。这里所说的制度包括金融体系的制度安排，国际竞争的成败在很大程度上取决于金融市场的效率。美国金融危机以后，去杠杆通过市场就直接实现了。去杠杆的效率高，经济恢复得快，就会更快进入增长期，导致美联储提高利率。新兴市场国家金融市场不发达，依靠行政手段去杠杆，经济恢复得慢，就形成与发达国家之间的利率差，导致本国汇率贬值。从本质上说，竞争的对象不是 GDP，甚至也不是技术，而是市场的效率，是制度效率，也是金融市场的效率。诺贝尔经济学奖得主道格拉斯·诺斯曾说道："人类历史的最大谜题就是为什么有的国家繁荣昌盛，而另一些国家一贫如洗。金融经济学可能给出了一个答案，那就是：那些拥有大型资本市场的经济体，因为能够为企业融资并通过合适的公司治理体制进行决策，所以能够发展得更快一些。"①

金融深化、金融效率提升的关键是什么？过去大家都认为金融就是融通资金，这是一种不准确的理解，其实金融是资产的跨时安排。金融的发展有两个方面：一方面是要支持实体经济，另一方面是金融自身的发展，也就是金融的深化。金融市场的效率，体现在资本的效率上。资本和劳动这两个基本要素，资本的效率低，增长减速，经济中隐含的风险就加大。近些年来，我们的资本产出比率下降，说明资本的效率在下降。

金融市场的发展有不同的主线。第一条主线是专业化，这和其他产业发展相同。通过专业化，金融自身发展演变出资本市场。随着专业化的发展，就必然产生与之配套的量身定做的服务。现在贷款逐渐由公司债市场的专业化、标准化产品所取代，银行更多做量身定制的产品。第二条主线是标准化。债券是债务的标准化；股票是股权的标准化；期货是远期合同的标准化，期权是不确定性的标准化，CDS是保险的标准化，资产证券化是各类资产的标准化。标准化就是为了方便交易，分散风险。因为大额度可以分解成为小额度，便于投资和交易。第三条主线是产品多样化。多样化就是产品创新，扩大交易对象，把各种金融合约产品化、标准化，从而可以进入市场交易。衍生产品市场就是沿着这条主线的深化。因此，金融市场不断开发出新的维度。第四条主线是风险分散化。资产负债管理和资产组合管理是通

---

① ［美］杰拉尔德·F. 戴维斯. 金融改变一个国家［M］. 李建军，汪川，译. 北京：机械工业出版社，2011：20.

过分散风险进行风险管理的方法，而资本充足率、准备金等是通过合理比例关系控制风险的手段。

纵观金融市场的发展历史，任何努力都是为了降低生产成本和交易成本。而新技术的出现为降低交易成本提供了条件。在没有广泛应用新技术之前，从英美开始的金融革命，到 2008 年金融危机时已经走到了尽头。未来金融发展需要金融领域以外的供应链金融、互联网金融、区块链金融等金融科技的支持。

（二）金融化

经济金融化的进程，发端于 20 世纪 70 年代中后期，80 年代得到发展，90 年代发展加速。经济的全球化与经济的金融化并不等同，而是两个既相互区别、相互独立，又相互联系、相互影响的方面。所谓金融化，就是物质资产变为金融资产，有流动性，有市场，随时可以变现。

1. 经济关系日益金融关系化

经济与金融相互渗透融合，密不可分，成为一个整体，故人们常说今日之市场经济为金融经济。社会上的经济关系越来越表现为债权债务关系、股权分配关系、有限合伙关系和风险与保险关系等金融关系。以美国为例，20 世纪 80 年代中期美国人口的 1/4 直接持有股票与债券，3/4 的人口直接或间接持有股票与债券，包括医疗保险基金、社会保障保险基金和各种投资基金。

2. 社会资产日益金融化

一般以金融相关率，即以金融资产总量和国内生产总值的比率来表示。发达国家的这一比例在 20 世纪 90 年代初曾达 3.26 ~ 3.62，90 年代后期有所下降；同期发展中国家一般在 0.3 ~ 1.5 之间，少数发展中国家，例如韩国曾高达 4.36，中国最高曾达 2.34。20 世纪 90 年代后期的东亚金融危机说明，这一比率也不是越高越好。在一个世纪前，美国的金融相关率是 0.07，英国是 0.03 ~ 0.35，德国是 0.12 ~ 0.15，法国是 0.16 ~ 0.20，意大利是 0.20，日本是 0.021。1913 ~ 1935 年间，上述几个国家在 0.7 ~ 0.8，只有日本例外，为 0.32 ~ 0.40。[①]

社会资产金融化是金融深化的产物。金融资产的迅速增加有两个原因。首先是更多资产进入产权市场，如艺术品、知识产权等，其证券化就变成了金融资产。人力资本的增加和进入市场是社会资产金融化的重要原因。"社会学家不再把人际关系描绘成商品关系，而是描绘成资本关系。'社会资本'是一种比喻方式，它可以

---

① 白钦先. 经济全球化和经济金融化的挑战与启示 [J]. 世界经济，1999（6）：12.

把家庭、朋友和社会关系全部变成投资工具，并把'人力资本'加入证券化的社会生活之中。"① 资产证券化是导致金融资产增加的基本杠杆。凡是有现金流的资产都可以证券化，这样，随着证券化的发展，金融资产就会迅速增加。其次是衍生产品市场的发展。在底层资产发展的基础上出现的衍生产品，实际上是法律关系及其收益权的证券化，衍生产品的层次越多，金融资产的数量也会越大。这样金融资产就会超过 GDP，是 GDP 的一个倍数。社会资产金融化是社会进步的表现。

3. 融资非中介化、证券化和金融脱媒

在人类金融发展史上，一般是间接金融发展在前、直接金融发展在后，先有短期金融业务，后有长期金融业务，而且在间接金融与短期金融之间、直接金融与长期金融之间，有一种大体的对应关系。这两组对应因素，不仅在产生发展的时间上明显地一个在前，一个在后，远不是平行的，而且在总的业务量或市场占有率方面也远不是均衡的。在相当长的历史时期内，间接金融所占比重大大超过直接金融，即使是直接金融比较发达的国家亦是如此。理论界将间接金融与直接金融间的这种不平行发展和不均衡发展称为金融倾斜。第二次世界大战以前，金融大幅度向间接金融倾斜，社会融资体制以间接金融为主。显然，这种金融倾斜并不是任何人为设计或构造的结果，而是商品经济、货币信用、银行制度、金融体制，以及经济发展水平、国民储蓄量、收入分配结构和方式不断变化发展的产物。自 20 世纪 80 年代后期以来，由于全球各国，特别是由于发达国家经济与社会发展的一系列历史性巨大变化，促进了非银行金融业，以及融资非中介化、资产证券化的发展。这一切最终导致原有金融倾斜的"逆转"，即直接金融的发展速度极大地超过间接金融的发展速度，直接金融所占的比例日益加大，迅速赶上乃至接近或超过间接金融的发展速度。这种历史性的逆转，是经济金融化、社会资产金融化、融资非中介化和资产证券化的反应。证券化率是证券化产品价值总额占 GDP 的比重，是金融深化的指标。中国的证券化率只有 60%，而发达国家的证券化率平均达到 100%。总之，在市场经济高度发达的金融经济时代，抛开经济的金融化，不可能深刻理解经济全球化的意义。

4. 全球化和金融市场开放

金融化总是和全球化结合在一起的。金融化的后果之一是全球金融资产迅速增加。经济全球化中当然也包括金融的全球化，所以我们常说"经济金融全球化"。其次，经济金融化是从各民族国家及经济体自身发展，也是从全球经济整体来看而

---

① ［美］杰拉尔德·F. 戴维斯. 金融改变一个国家［M］. 李建军，汪川，译. 北京：机械工业出版社，2011：25.

得出的结论。到 20 世纪 90 年代后期，全球证券市场的年交易量为 70000 亿~80000 亿美元，国际信贷余额为 38000 亿~40000 亿美元，年保险费收入为 25000 亿~30000 亿美元，国际游资 72000 亿~75000 亿美元，一年交易量达几百万亿美元之巨。① 20 世纪 50 年代中期，同全球各国间的贸易相关的国际间资本流动与贸易之外的国际资本流动之比是 9∶1；而到 20 世纪 90 年代后期，这一比例关系迅速逆转为 1∶45，急剧提高了 400 余倍。这些都突出地反映了经济全球化和经济金融化突飞猛进的发展。2000 年以后，金融全球化继续保持飞速发展的势头。BIS 于 16 日公布的最新报告显示，截至 2019 年 4 月，全球日均外汇交易量高达 6.6 万亿美元，创下历史新高，较 2016 年的 5.1 万亿美元，同比增长 29%。外汇衍生品增长迅速，尤其是外汇掉期交易，远超外汇现货交易，表明金融全球化与金融深化同步发展。② 从某种意义上说，金融全球化的速度已相当于贸易全球化的速度。

2018 年以来，我国金融开放步伐明显加快，银行、证券、保险业大幅放宽外资市场准入和业务范围，企业征信、信用评级、银行卡清算和非银支付等行业已给予外资国民待遇，外资金融机构市场准入和在华展业取得明显进展，人民币国际化程度进一步提高，中国推进全面金融开放，走向世界金融中心。③ 2020 年，受全球流动性的持续宽松特别是美国货币扩张的影响，全球资本市场多领域呈爆发式增长。中美股指涨幅领跑全球资本市场。

（三）金融安全

在经济金融全球化和经济金融化条件下，金融不再是一个国家的产业性、行业性、专业性的局部问题，而是影响全球各国经济与社会发展稳定的，具有极端战略重要性的、全局性、全球性的战略问题。

金融安全已成为各国国家安全与主权独立的重要构成部分。20 世纪 90 年代以来，频繁发生的大规模金融危机，尤其是 1997 年爆发的东南亚金融危机表明，当代经济学缺乏应有的预见性和全面解释，缺少解决现实经济和金融问题的能力，提醒人们重新审视当代经济学理论在新形势下的有效性，对当代经济学的分析方法和思维方式进行深刻的反思。可以这样说，现在金融遇到的威胁是宏观经济的不确定性，而不是微观经济的金融风险。

可以预言，未来世界还会以这样或那样的金融波动或危机的形式，通过强行

---

① 经济全球化和经济金融化的挑战与启示（一）[J]. 世界经济，1999（6）：11 - 12.
② 根据公开资料整理，2019 - 09 - 17.
③ 朱民，姜志霄. 面向未来的中国金融高质量开放 [J]. 中国金融，2021（23）.

调整的方式，证明和提醒人们金融问题的极端重要性，而且金融问题将会随经济金融全球化和经济金融化程度的进一步提高而变得突出，金融全面变革的压力将会越来越大。

（四）金融科技

科技金融和金融科技是两个不同的概念，体现了科技和金融的结合的不同方式。科技金融是金融对于科技的倾斜和支持，而金融科技是金融领域对现代科技的应用。科技金融属于产业金融的范畴，主要是指科技产业与金融产业的融合。经济的发展依靠科技推动，而科技产业的发展需要金融的强力助推。

金融科技主要指互联网、大数据、云计算，特别是区块链技术在支付领域的应用。早在 20 世纪 90 年代中期，中国的金融企业就开始落地以互联网技术为基础的 OA 系统。金融科技是科技进步对于金融的数字化赋能。在支付系统上，腾讯和阿里巴巴都是从电商开始的，主要是解决了移动支付的问题。由于高科技企业属于早期创新，企业融资需求比较大，因此，科技产业与金融产业的融合更多的是科技企业寻求融资的过程。金融迎来的新机会就是金融科技的出现。

金融不过是债务、货币这些原始要素的市场化、产品化、标准化、证券化和衍生产品化。金融发展的推动力主要来自以放松管制、产品多样化、金融创新为主要内容的金融革命。金融革命的使命是朝向非人格化或者说虚拟化的方向前进，但是这场革命已经在 2008 年金融危机时走到了尽头。金融革命遇到了自己的物化的界限。后金融危机的金融具有后现代①性的特征。正是对于前现代和现代的反思，导致新的金融观念和理念的出现。金融革命对于前现代的解构，推动了金融革命对原有金融体系的重构。后现代的反思，则推动金融从虚拟化向价值化的方向发展（见图 0-2）。

金融和技术都会按照自身规律前行。但是不同理念和利益不断改变着它们的方向，也改变着它们的结合方式。金融和科技的人格化方向和非人格化方向就是现代商业和制造业的两个不同方向。这就是以物为中心，还是以物后面的人为中心的两种不同的发展理念。以 GDP、产值、指标为中心，就是前者；以满足人的需要为中心，就是后者。在金融领域，以资产抵押衡量信用，就是前者；以人的行为特征衡量信用，就是后者。

---

① "后现代"的全称是后现代主义，是一场发生于欧美 20 世纪 60 年代，并在 70 年代与 80 年代流行于西方的艺术、社会文化与哲学思潮。其要旨在于放弃现代性的基本前提及其规范内容。在后现代主义艺术中，这种放弃表现在拒绝现代主义艺术作为一个分化了文化领域的自主价值，并且拒绝现代主义的形式限定原则与党派原则。这里使用的"后现代"一词是社会学的概念。社会学中的"后现代"是相对于现代而言的一种反思现代的视角。社会学中的后现代主义主张通过反思和解构"超越"现代。

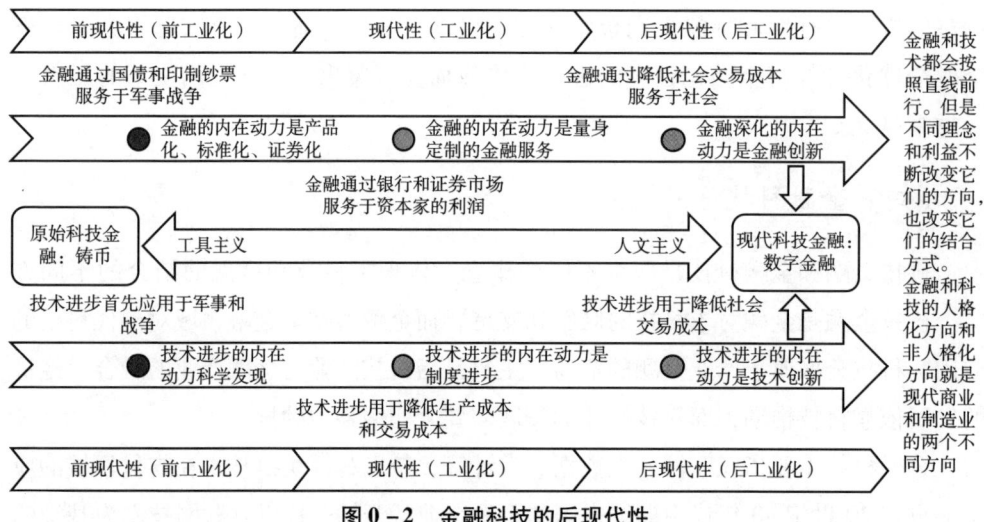

图 0-2　金融科技的后现代性

资料来源：笔者绘制。

四、我国金融体系的问题和金融发展的走势

金融体系是经济体系的一部分，但是它又是相对独立的部分。金融和经济是相辅相成的关系，但是金融体系要适应经济体系的变化。我国金融体系的演变留有很深的计划经济的痕迹，需要加速金融改革的进程，使其随着市场经济的发展不断深化。

（一）金融体系中银行所占比重大

金融深化是不断从银行的间接融资向通过资本市场的直接融资的转化，从基础的股票债券产品市场向衍生产品市场的转化。中国金融市场走了近 30 年，有了很大进步，但是金融并没有完全跟随实体经济的变化而变化，至今我们金融体系仍然是以银行为主的间接金融体系。当然，银行已经进入了保险、证券、租赁、投资等各个领域，实现了混业经营。但是银行传统意义的存款在减少，存贷款的利差在收窄。银行的资金来源业务已经主要演变成为理财业务。

从银行发展角度看，如果利率放开，在竞争条件下贷款利率下降，存款利率上升，银行利差就会收窄，导致传统银行业务呈现逐渐衰退的趋势。所以美国大银行都不做存贷款业务，而是做具有量身定制性质的信用卡、存款、结算、消费者服务等业务。存贷款业务基本由社区银行来做。这说明，银行要向资本市场发展，资本市场要向量身定制业务发展。货币政策传导机制问题是金融体制改革要解决的，不然我们永远会遇到经济潜力很高，但是财政、货币政策的作用有限的被动局面。比如控制监管影子银行，方向本来是对的，在监管过程中出现资金链断裂的情况和中小企业融资难的问题，主要是因为金融深化不够。所以金融既要支持实体，又要实现自身发展。

（二）中小微企业和新兴产业创新企业的融资问题

金融体制不加速改革，我们会面临几大问题：一是中国经济最有活力的民营经济和新兴产业会受到融资困难的挑战，从而对整个中国经济的活力产生负面影响，导致银行对接传统领域，非银行对接新兴领域，资金供需不匹配。

大型国有银行资金来源相对便宜，但是其资金只能对接国有项目。如果这些银行投资基础设施项目，就会遇到资产负债不匹配的问题。中小微企业要获得银行贷款需要硬资产抵押，而这些企业多数处于成长的早期，抵押物不多。

如果资本市场是专业化和标准化的批量生产的市场，那么私募股权基金就定位在量身定做的市场上。新兴创新企业是 VC 或 PE 基金的投资领域。但是我国长期资金市场，特别是保险基金、养老基金和大学的基金会相对弱小，而这些长期资金也更多投入基础设施中，很少投入 LP 市场，再通过基金投入创新企业中。

（三）货币政策传导不畅

现在货币政策传导机制不畅，主要是金融体系的结构性问题。银行负债的成本主要来自居民存款的利息支出，但是现在活期存款减少了，主要转成各种理财，成本相对高。大小银行的信用和国家支持程度不同，融资成本也不一样。大银行信用评级高，持有债券的风险权重相对小，投资人要求的回报相对低。同时大银行吸收的主要是贷转存，按照活期存款利率计算，成本相对低。LPR 是按照加权平均成本定价的，银行成本降不下来，贷款利率还是降不下来。直接融资的债券利率低于贷款利率，说明直接融资是相对低成本的，但是如果银行是债券市场的主要投资人，情况就会有所不同。由于目前银行是债券市场的主要投资人，银行的成本下不来，债券的利率就下不来，因为债券成本等于直接融资成本加上间接融资成本。

国家支持的新兴产业中的民营企业和中小微企业得不到银行贷款，只好从非银行金融领域获取资金，如在资本市场上发行债券和取得基金的风险投资等。大家发现宽松货币政策后，资金还是留在银行体系中，显得流动性充足，但是不能有效地转移到新兴产业中去。

（四）公司信用类债市场尚有发展空间

债券市场占主要地位的品种是财政部发行的国债、地方政府发行的地方政府债券、政府平台债券、政策性金融机构发行的政策性金融债。资金全部集中在政府和银行，项目全部集中在基础设施和传统行业。债券市场的发行主体是政府和政府平台以及大银行，公司债市场相对不发达。由于资金来源主要集中在银行体系，新兴产业、中小企业难以利用债券市场进行融资。

（五）监管多头不利于金融发展的统一规划

目前我国金融监管体系由多个监管部门组成，债券市场更体现了多部门监管的特点。债券一级市场多部门审批，注册制实行后，情况有所改善。但是二级市场托管仍然分别在银行间市场和交易所两个市场实施，统一监管对于金融业混业经营非常重要。

五、后现代性对金融体系的反思

社会学家认为，中国仍然处在一个以现代性为主导的现代政治、经济、金融和文化演进或构建过程中。反思金融业的发展，可以得到两点启示：一是金融业中存在着非正式的市场；二是存在"双重物化"。中国的经济和金融体系步入后现代，需要重新改变审视金融的视角。

在中国，银行在金融体系比重过大，有历史的原因，也有银行国有性质的原因。国有银行必然要求和国家利益，以及国家政策方向保持一致，但是这种"一致"是通过交换和博弈实现的。与监管和政府部门沟通，银行比保险、证券、基金等其他金融机构有更多的发言权。传统银行业适合支持具有硬资产的传统产业，但是随着创新经济的发展，混合制企业和民营企业将发挥更大的作用。因此，随着创新经济发展所带来的经济结构的变化，传统银行业的作用不断降低，银行业的规模也必然会进行调整。

银行的行为不仅体现在金融市场中，特别是体现在企业和银行的关系，以及银行和储户的关系上。在这些正式市场中，银行面对不同客户，处于垄断地位、垄断竞争地位和完全竞争地位。对于储户，银行处于完全垄断的地位；对于一般客户，银行处于垄断竞争地位；对于政府客户和大型客户，银行处于完全竞争地位。在这些正式市场以外，银行生存于非正式的市场中。银行作为金融体系的主导力量，在任何国家都建立在一定的政治生态之中。"银行内部人士、少数股东、储户、借款人和纳税人的经济动机在本质上并不是一致的，当权者有充足理由利用不同行为者的动机差异实现自己的政治目的和经济目的。"[①] 这体现了在银行系统中的"交换

---

① ［美］查尔斯·凯罗米里斯，史蒂芬·哈伯. 人为制造的脆弱性——银行业危机和信贷稀缺的政治根源［M］. 廖岷，等，译. 北京：中信出版集团，2021：34.

和博弈"，他们之间的"这些交易是策略性互动的结果，是一场博弈，即'银行交易博弈'"。①

在现代化的过程中，人和人的关系通过金融和技术而"双重物化"。金融深化是这个物化的延伸。金融科技不过是双重物化的集中表现，物化是现代化的特征，马克思已经揭示了这种物化的实质。但是实践证明，取消私有制并不是这个问题的解决方案。金融的未来必须纳入后现代对于现代的反思，而科技的未来必须纳入后工业化对于工业化的反思。这些反思可能导致双重解构：制度、法律和监管的解构；市场参与人的行为的解构。前者导致了金融政策的变化、法律的修订、监管的改进；后者导致了对于市场参与人的行为的重构。比如，最近发生的地方国企的债务问题、房地产的债务问题，都涉及了一定法律框架下人的行为。债务问题的本质是经济问题，而经济问题的本质是企业家行为问题。信用不过是衡量人的行为的指标。

金融创新朝向两个方向发展：一是金融衍生产品化，不断出现新产品（包括衍生产品和其他新产品）的标准化、证券化，这是进一步非人格化和"物化"的过程。金融产品的物化过程导致信息不对称的加剧，例如，资产证券化的出现，可能更有利于发行人，而投资人看不到资产的原貌。金融越是深化，金融产品所代表的资产背后的人的行为就越模糊。因此资产证券化可能会导致资产泡沫的出现。二是金融数字化，主要是通过互联网和数字技术增加金融服务于客户的功能和建立以行为为基础的信用体系。后者发展出来私募基金、财务顾问、并购等量身定制服务。

（一）反思和解构

金融产品、金融市场是人格物化的表现。物化具有欺骗性，使我们不能透过现象看到本质。在这方面，最为突出的问题是物化使我们看不到资产和负债之间反映的人和人之间的联系。"更严重的是，如果原本同属于一个硬币的两面被强行分开，资产归自己所有，负债转嫁给别人，这种时候企业的老板会怎么做？在这一波债务浪潮中，我们看到了太多这样'移花接木'的故事，其魔幻、其荒诞、其残酷，令人不得不慨叹现实的戏剧性远高于戏剧本身。这种现象就是'资产负债表软约束'。"②

脱离了物化背后的人的行为，就不能理解资产和负债之间的深刻关系。"一个

---

① ［美］查尔斯·凯罗米里斯，史蒂芬·哈伯. 人为制造的脆弱性——银行业危机和信贷稀缺的政治根源［M］. 廖岷，等，译. 北京：中信出版集团，2021：34.
② 赵建. 警惕资产负债表大衰退［EB/OL］.（2021-10-18）［2022-03-08］.

是资产端，这是传统模式（新古典模式）的主线，即认为经济增长主要是依靠物质资产、实体经济推动的；这也是经典的生产函数所描绘的资本、劳动力、技术，以及难以描述的全要素生产率（TFP）。这个可以看作经济增长中'阳'的一面。"①

另一条线是负债端，可以称为"明斯基模式"，有学者称为"现代模式"，与现代货币理论（MMT）相对应。明斯基一般被归入后凯恩斯主义者，他最突出的贡献是发现了经济增长和波动中的融资约束。在明斯基之前，新古典经济学家们只相信和研究"真实增长"，只看到"阳"的一面，基本上忽略了货币、信用，乃至整个金融体系对经济的影响。理解了"金融是现代经济的核心"，也就基本上抓住了现代经济的核心特征。负债端，可以看作现代经济增长中"阴"的一面。② 负债本身是负的禀赋，只有依托资产才能存在。资产的价值是资产的未来回报贴现成的现在价值。这个价值投资人能否得到，取决于发行人或债务人的信用，以及在负债端作为安全垫的净资产。

（二）从物化到人格化

金融深化的方向并没有错，金融革命的方向也没有错。因为它们是朝向降低交易成本的方向使社会进步的。这个过程并不是没有代价的，代价就是人格化的人不断物化。人们看见的只是物，而不是物化的人。后现代化的反思就是恢复人格，不是倒退到以前，而是通过反思找到实现人的意志的方法。

根据社会学的理论，人有求定意志、求知意志和求变意志。实现后现代性，必须反思现代性。求定意志者使人维持现状。经济上的求定意志会导致思想上的僵化，但是经济上的求变意志可能转化成为企业家精神。

对于企业的反思，使我们的思维从物化的生产要素，即资本和劳动力，转向具有求知意志和拥有各种知识的人——企业家、职业经理人、科学家和工程师。企业家具有特殊的地位，并不是由于其担当的实际职位决定的，而是由其承担的最终责任人的特殊角色所决定的。企业家承担的是不确定性，而不是经营风险。企业家依靠的是特质和经验，而不是学历和资历。企业家具有的是不可交换的默含知识，而不仅是可交换的科技知识和管理知识。企业家的报酬不是依靠边际贡献，而是来自事后企业成功所创造的利润。企业家获得的利润是承担和解决不确定性的回报。说到底，金融家不过是金融领域的企业家。

1. 反思人的行为出发点

企业家和金融家面对机遇和挑战，把经营企业看作一种"事业"，而不是赚钱

---

① ② 赵建. 警惕资产负债表大衰退［EB/OL］.（2021－10－18）［2022－03－08］.

的机会。盲目追求赚钱的是冒险家，发现不公开的机会的是套利企业家，而设计非市场机会的是阴谋家。

事业型的企业家的目标是做好一切应该做的事情。当然，理解什么是应该做的事情需要知识和经验。企业家经营的是过程，需要的是执着。凡是制定了挣钱目标的人，必然是危险的。未来有两种可能：成功和失败。只看见成功的人是冒险家，只看见失败的人是不求进取的牢骚者，而能够了解有成功和失败的辩证关系的人，才能成为事业型的企业家。因为不确定性是不可预知的，而风险是必然的，因此，在选择做企业家的时候，就要知道可能面临的两种结果。利润只是事业型企业家判断成败的指标。

中国未来经济发展需要依靠创新型和事业型企业家。中国经济走到现代，我们经营企业的绝大多数还是套利企业家，创新型企业家和事业型企业家相对少。金融的发展主要依靠创新型和事业型金融家，企业的发展主要依靠创新型和事业型企业家，而经济发展的动力是这类金融家和企业家的结合。

改革开放带来的红利提供了市场空间，增加了套利机会。这一时期雨后春笋般出现的各种机会，滋养了一批套利型企业家。这些机会并不一定由创新型和事业型企业家取得。亚当·斯密认为每个人追求自己的利益而参与市场和分工，但是整个社会从这个过程中得到好处。亚当·斯密同时也在他的《道德情操论》中讲到了利他主义。对于利己和利他不能形而上学地理解，其实利己是人的自然本性，而利他只是利己的社会"镜像"。

2008 年美国次贷危机，反映了金融深化到了一个新的阶段。金融革命所带来的积极作用渐渐暗淡，失去自己的光泽。原因是金融深化的过程是人和人的关系的物化过程，必须服从后现代的反思、解构和重构。美国对于金融的反思，早在次贷危机以前就发生了。反思的结果出现了从间接服务向直接服务的转化过程，在这个过程中，人和人之间的互动重新开始了。例如商业银行早在 20 世纪 90 年代就开始从存贷款业务转为量身定制的金融服务。证券中介业务从经营标准化产品的经纪业务转身财务顾问、收购和兼并等新的业务。

科技进步使人们得以解构金融产品及其价格背后人的行为的始点和终点，即人和人之间"交换和博弈"所体现的人的出发点（社会学所说的身份和定位）以及行为特征。蚂蚁金服和蚂蚁科技最早通过科技方法跟踪个人消费行为，对个人行为的类型进行确认，从而在很大程度上解决了消费者信用和中小微企业的商业信用问题，实现了对企业和个人的消费信贷和小额贷款。这是运用科技手段解构金融定式，实现金融活动重构的成功案例。

2. 反思企业家的行为

后现代的企业家应该是什么样的？过去我们把企业看作一个物化的机构，看到的是物化的厂房、机器和物化的生产要素。劳动力也被物化成为机器。在后现代对于现代进行反思的过程中，作为企业产出的产品被还原成为进入生产过程中的有知识的人的创造，以及与其相结合的由过去知识凝结而成的中间产品。而中间产品可以进一步地还原成为历史上有知识的人的创造，从而理解产品是知识的转化。需要注意的是，这里的知识包括企业家和工匠具备的默含知识、经验知识，以及研发人员具备的科学技术知识和职业经理人具备的管理知识。

后现代对于现代的反思，就是从物转向人，从而了解人的行为，以及影响这种行为的文化、法律和制度。后工业化对于工业化的反思就是从生产要素转向人力资本。

当债权人债务人所持有的资产转向资产背后的人时，他们的关注点不再是物，而是活生生的人以及他们的行为方式。与物不同，人是有意志的。我们了解这些人的行为，就是了解他们的求定意志、求知意志和求变意志，从而我们分解出不同的行为人类型。

3. 反思现代金融

经过后现代对现代的反思，我们对于金融的未来发展有了全新的认识；经过后工业化对工业化的反思，我们对于技术的未来有了不同的理解。对于前者，我们能够解构的是金融产品，我们能够重构的是商业模式，主要是金融家和企业家之间的关系。其中企业与客户关系的重新组合，就是企业家的商业模式创新。对于后者，我们能够解构的是中间产品的链条，我们能够重构的是新知识和旧知识组合的模式。其中体现的新的要素的组合，就是企业家的管理创新。科学家和工程师技术创新的动力在于知识链产生的需求。

对前现代和现代的反思，让我们认识到熟人社会中的"社会交换"成本低于陌生人社会中市场的交易成本，比如用于博弈的内生交易成本和用于政治市场交换的外部的内生交易成本（如美国的院外活动 Lobby）。社会交换中的非规范部分就是贿赂、欺诈等；规范的部分就是社会交换和博弈。社会交换和博弈形成社会秩序、习惯、文化和我们所说的社会风气。所有这些决定个人的行为方式、信用文化和企业家风格。

金融本质上是人为设计（artefact）的非人格化的产物，因此必然受到后现代性的反思。经济学元理论认为，"交换和博弈"是人类行为的基本范式，人为设计的金融产品、价格、指数、市场价格曲线、监管规则等都是人的行为的结果。我们必须从结果中看到背后的人的行为，看到这些行为体现出哪些人之间的利益的交换和博弈。最新的理论研究强调了现代大多数国家中银行和政府之间的交换和博弈。例如，银行业面临三大财产权的挑战。查尔斯·凯罗米里斯和史蒂芬·哈伯认为，银行必须制造出政府和银行之间互动的相关机制，来确定它们之间的财产权关系，并保护银行财产免于被政府剥夺；少数股东和储户必须制造相关机制，来保护自己的财产权；而银行本身必须建立相关机制，保护自身利益。[①]

目前各国银行的公司治理和风险管理主要涉及客户的风险，深层次的潜在风险"涉及银行和政府股东及其他股东之间的财产关系，这种财产关系是通过'交换和博弈'确定的"[②]。传统思维就是"只见物不见人"。例如，判断未来利率的趋势，只看收益率曲线的形状和到期收益率隐含的即期利率，银行判断贷款的安全就是"物"（资产）的抵押和担保（人为设计）。"银行不仅为存量储蓄提供中介融通，还能够创新信贷、货币和购买力。因此，银行创造出来的购买力配置到哪些人手中是非常重要的。在发达经济体中，多数购买力背离了金融服务为资本提供融资的传统职能。"[③]

对于现代金融的反思使我们知道，正是金融"物化"的结果，导致了追求货币、利润这些物化或者非人格化的指标，成为从社会学角度上看到的现代金融的主要弊病，而从经济学和金融学的角度看到的就是风险的累积和叠加。对于现代金融的解构，使我们了解物化产品、价格、利润、指标、指数等背后的人的行为反映了"交换和博弈"的特征。了解这些特征，经济市场背后的政治市场就暴露出来了。因此，经济管理体制和监管体制的改革就成为中心问题。金融市场的行为主体——发行人、投资人、中介机构的行为涉及治理结构和所有制结构，比如财政金融的协调架构、公司治理架构和企业所有制架构都是金融市场赖以存在的制度结构。所有制架构涉及商业银行的效率目标和公平正义目标之间的平衡。

虽然金融深化和金融化可以促进经济和社会的发展，是经济进步的"晴雨表"，但是金融深化的过程，不能脱离社会进步的程度和市场的需要。历史表明，金融市场具有一种超出社会需要的内在动力。在金融市场发达和金融革命发源地的国家，如美国和英国，这种现象表现得更为突出。"在大多数发达国家，金融业占

① ［美］查尔斯·凯罗米里斯，史蒂芬·哈伯. 人为制造的脆弱性——银行业危机和信贷稀缺的政治根源［M］. 廖岷，等，译. 中信出版集团，2021：29–30.
② ［英］保罗·塔克. 未经选举的权力［M］. 许余洁，等，译. 北京：中信出版集团，2020：50–51.
③ ［英］阿代尔·纳特. 债务和魔鬼——货币、信贷和全球金融体系重建［M］. 北京：中信出版集团，2021：131.

国民收入的份额明显上升，美国和英国金融业更是急剧扩大。"① 金融超过实体经济需要迅速扩张的表现就是金融密集度显著上升。表现在金融业向实体经济提供贷款创造了大量货币，以及与此相关的金融服务业如证券公司、共同基金和对冲基金等的迅速发展。② 与美国和英国比，中国金融业起步晚，但发展的速度更加迅猛。金融业的规模和金融化的程度堪与美国和英国相比。"即使金融业在市场经济中扮演至关重要的角色，一定限度内的金融密集度上升有利于经济发展，但两者之间的关系不是线性的，也不是无限制的。越过某点后，尤其是债务规模越过某点后，金融扩张可能是有害的，金融市场就不能有效地满足社会需要。"③

金融深化在历史上发挥了积极作用。"经济史充分表明，金融业在现代经济体系发展的早期阶段确实发挥了重要的支撑作用。债券和股票市场以及银行体系使多元分散的投资者能够为商业项目融资，而不再依赖单个企业家的积累。"④ 直到2008年美国金融危机以前，经济学家普遍认为，金融深化具有积极意义。但是金融危机以后，人们对于金融深化有了新的认识。这里要区别演化的金融和"人造"的金融⑤，前者对实体经济有积极的正面作用，后者对实体经济有消极的负面作用。

六、重塑金融体系

重塑金融体系，要顺应形势的变化，适应金融发展的客观规律。金融市场的发展由下面四个因素决定。

（一）金融深化

金融深化是金融市场的自然演化。金融深化表现在银行业向证券业发展，金融产品向标准化的方向发展；基础资产叠加证券化，金融资产叠加衍生产品。金融深

---

① ［英］阿代尔·纳特. 债务和魔鬼——货币、信贷和全球金融体系重建 ［M］. 北京：中信出版集团，2021：19.

② ［英］阿代尔·纳特. 债务和魔鬼——货币、信贷和全球金融体系重建 ［M］. 北京：中信出版集团，2021：21.

③ ［英］阿代尔·纳特. 债务和魔鬼——货币、信贷和全球金融体系重建 ［M］. 北京：中信出版集团，2021：32.

④ ［英］阿代尔·纳特. 债务和魔鬼——货币、信贷和全球金融体系重建 ［M］. 北京：中信出版集团，2021：31.

⑤ 这里说的"人造"的金融是指金融发生的新的现实：由于遵循了金融利益者编造的神话，导致金融密集度过高，过于垄断和金融的体系内循环，这种情况在美国导致了2008年的金融危机，在中国则导致了金融的边际贡献减小。

化时期，金融市场出现新的特征，表现在以下几点：一是金融市场体量在扩大，竞争激烈，券商重新洗牌。二是个人投资者减少，股票市场投资者正在向专业的机构投资者方向转化，机构投资者的占比不断上升。目前中国股市以个人股民为主的格局正在不断改变，银行理财子公司、保险、私募基金和养老基金等逐渐成为资本市场的机构投资者。三是现在公司财务中大量是金融产品，如腾讯，90% 都是金融工具。固定资产可以是租赁产品，也可以是通过证券化转化的存量和增量产品。四是储蓄端向财富管理转化，投资端向标准化产品转化。

（二）会计准则、资管新规的变化

随着居民储蓄结构的变化，原有的存款转化为理财和财富管理，理财子公司主要投资标准化产品。资管新规以后，非标准化产品通过资产证券化转化为标准化产品。资管新规会使整个过程加速，同时使非银行领域加速洗牌。新的会计准则要求以 MTM① 方法为新准则的基础，上市公司的财务指标采取根据市场变化的价格随时调整的财务会计制度，这使企业的价值和稳定性对于金融市场的依赖性更大。

（三）产业周期变化

产业周期变化伴随着熊彼特所说的"创造的毁灭"的过程，增加了对于金融业的收购和兼并业务的需求。经济上行时，投资业务迅速增加。随着经济下行，新的一轮去杠杆开始加速。这就催生了房地产业和基础设施领域的资产证券化。

（四）金融科技的影响

金融科技在支付领域的应用仍然在不断地扩大。同时区块链技术与票据市场的结合，以及与金融产品的销售平台的结合也正在出现新的发展。金融科技的参与者对金融体系发展有着重要作用，因为金融科技促进了金融创新，改变了金融机构的生态和金融行业的业态。金融机构与金融科技的互动引起金融业态的变化，要求金融机构不断改变组织形式。科技可以改变金融，但不能替代金融。金融机构说自己是金融科技公司，隐含了金融科技的影响下，金融机构的存在业态已经发生了很大改变。科技的发展给金融的支付领域和交易领域提供新的发展契机，如区块链等数字技术的应用会导致交易成本降低，从而改变金融企业的内部组织架构、经营模式和商业模式。

---

① MTM（mark to the market）是一种依据市场价格随时调整价值的方法。

七、国家债务和财政货币政策

现在对于"债"这个概念有不同的理解。人们经常把"债务"和"债券"替代使用，引起认识的混乱。债务更多具有法律意义，而债券是标准化的债务产品，具有市场意义。国债可以理解为国家债务，也可以理解为财政部发行的政府债券。它们具有不同的含义。国债作为国家债务，具有很多宏观经济和财政货币政策的意义。债务和债券虽然可以有不同的角度，但是它们是高度相关的。

（一）国家债务的本质和作用

以货币为基础的债务，作为法律关系，是最古老的金融范畴。国家债务最早来自君主财政的需要，欧洲中世纪的君主债务就是最早的国债。解决国家债务的需要，催生了政府特许银行，如英格兰银行。而这些特许银行，就是后来中央银行和财政部的前身。现代民主政治政体框架下财政通过税收和国债提供维持国家机器的资金来源。税收不仅解决政府的管理成本，而且也有减少流通中的货币的功能。中央银行向实体经济注入货币，如果通过金融市场进行，就是购买国债。现代金融市场是国民经济的核心。国家实施财政金融政策，必须通过金融市场才能得以实现。

因此，国家发行内债本质上和中央银行发行货币是一样的。这就是国债的特殊作用。发行内债和发行货币一样都相当于给居民发行国家股票。按照"国家公司理论"，内债和发行货币是一样的，都相当于发行股票，就是稀释原有的货币。事实上，中国历史上国家发行货币和发行债券也很难分开。从某种意义上说国债既是实行货币政策的结果，也是实行货币政策的原因。

"国家公司"中真正的债务是外债。中国近代对社会经济最具影响的就是外债。对于这段历史，最早的综合性资料还是外国人写的。根据1941年3月法国商务参赞事务所（没有找到笔者和成文时间，时间是由译者考证后加上的）所写的中国外债简史，中国外债历史始于1887年。按照他们的说法，在鸦片战争以前，中国财政用于应付行政费用后还有一定结余，国内军队武器由国内提供，也不需要外汇。中国发行外债是在鸦片战争后，培养军队和购买武器增加了对外汇资金的需求，这时候才开始发行外债。中国在外债政策上的改变，与当时希望创设和培养一支强盛的军队是分不开的。

中国近代史上的外债，除了战争赔款和财政困难，其实主要是对接项目，如建设铁路、港口等。改革开放初期，我们也利用了国外资金。改革开放初期的外债就是外国政府贷款和世界银行贷款，这些国外资金对中国经济恢复和发展发挥了积极作用，所以了解政府发生的负债的影响，要看这些负债是否产生了有用的资产，产生了哪些重要资产。

（二）国债市场对于宏观经济和金融市场的特殊意义

对于发行国债的作用和意义，我们是在很长时间才逐渐认识到的。20 世纪 80 年代初，每年只发行 40 亿元。现在每年发行国债 4 万亿元，也就是说，现在国债的发行相当于那个时期的 1000 倍，数量有了巨大增长。在发行数量增长的同时，这些年政府债券市场有了长足发展，令人瞩目。

国债市场是改革开放的产物。20 世纪 90 年代，财政部有两件大事：一件是 1994 年税制改革，特别是中央地方分税制；另一件是 1991 年开始到 1996 年基本实现国债市场化发行。可以说，国债市场化改革是财政改革非常重要的方面。

（三）财政货币政策的配合

中国央行的公开市场操作交易的债券品种包括国债、政策性金融债和央行票据。1994 年央行开始进行公开市场操作时，交易品种主要是国债。当时财政部为了配合中央银行的公开市场操作，专门发行短期国库券两期。1998 年，由于国债转向个人发售，记账式国债停止发行。1998～2002 年，央行公开市场操作的债券品种开始转向政策性金融债。在 2002 年以后，为了对冲外汇占款引起的基础货币增加，央行大量发行中央银行票据，并以此为公开市场操作的主要工具。美国在很长时间也有由于财政部发行的国债不够而导致债券市场工具不足的情况。2015 年以后，央行停止了票据发行并从市场上逐步收回流通中的央行票据，公开市场操作开始以政策性金融债为主。

八、债券市场的作用

（一）政府债券和政府债券市场的重要性

主流经济学认为，长期经济增长由实物变量决定，实物变量就是资本、劳动、资源、技术、制度等。而短期经济波动是由名义变量来决定的。名义变量就是带有价格因素的变量，如名义利率、未扣除价格因素的增长率等，其背后的推手是财政、货币政策。实物变量属于供给侧，名义变量属于需求侧。经济的周期波动与名义变量即财政、货币政策有关，所以说国债是财政政策和货币政策的结合点。

如果实际经济增长低于潜力经济增长，财政、货币政策就是有效的，财政、货币政策使用的结果使经济增长，这时物价水平不一定提高。如果实际经济增长高于潜在经济增长，那么财政、货币政策就是无效的，财政、货币政策使用的结果只是推动了物价上涨。潜在经济增长由什么决定？由供给侧决定。这也是为什么中央推行供给侧结构性改革，目的就是通过解决经济增长的潜力问题，提高实际经济增长。

用经济学原理来解释当前中国的经济，我们遇到一个问题，中国的经济不论资本、劳动、技术、制度等，潜力都非常大。劳动力教育水平在提高，同时由农村不断向市场输入劳动力。从现象上看，明显感到实际经济增长高于潜力经济增长，财政、货币政策不起作用。其实这是因为金融市场不够发达，实体经济没有得到金融的足够支持。20世纪90年代以前没有金融市场的概念，人民银行不是中央银行，利率由国家统一制定，商业银行称为专业银行。20世纪90年代两个交易所建立了股票市场，同时不断促进国债市场化改革。1996年基本实现国债市场化，这就有了债券市场的基础，带动了企业债、公司债、城投债、地方债等迅速发展。2000年以前，建立了银行间债券市场，推进了二级市场的发展。2000年以后，监管法律制度不断完善，公司法、证券法、信托法等法律制度相继推出，监管力度也大大提高。从2001年开始，央行开始逐步放开贷款利率和存款利率。央行全面放开金融机构贷款利率管制是在2013年，放开存款利率上限是在2015年。金融市场经历了长期的改革，政府债券市场的发展也是在这样一个特定的环境下，发挥了越来越大的作用。但是尽管如此，金融市场支持实体经济仍然力不从心。

（二）重视并培育政府债券市场

就目前情况来看，我国债券市场还不是真正意义的债券市场，还需要不断改革和完善，因为公司信用类债券的债权人还要求抵押和担保。这个市场还不能解决中小企业、小微企业的融资问题。我们没有世界发达国家市场的高收益债市场，或者叫作垃圾债市场。债券市场发展不适应经济发展需要，导致民营企业、中小企业的融资出现困难。金融要做两件事：第一，恢复本源，支持实体经济；第二，金融自身发展，也叫作金融深化。金融深化就是金融从银行传统业务向资本市场业务发展。资本市场业务向多品种方向发展，多品种包括不同的期限、不同的信用，也包括衍生产品。金融自身这些年有了很大发展，但仍然缺少为民营企业、中小企业融资的功能。

在金融市场中，政府债券起到基准的作用，基准就是利率的基准标杆，其他金融产品在此基础上定价。充分发挥国债的定价基准作用，就是要定期发行，且品种要多样化。国债不能仅仅为了筹资发行，要注重国债市场的发展，管理好二级市场，同时通过市场来支持经济发展。财政部不一定全靠拨款来支持科技、扶贫等领域，可以扶持市场发展，其作用同样是支持经济，而且这个支持作用会更大。国债收益率曲线为其他金融产品提供了定价基准，但是这个基准作用，必须是在国债充分市场化的前提下，也必须在税收和免税政策方面与其他市场品种统一的前提下实现。这是因为在市场中，国债发行人作为中央政府债券的发行主体是平等的市场主体，虽然中央政府债券在国家信用方面与其他市场主体不同。

（三）解决债券市场刚性兑付的问题

说到资本市场，大多数人认为资本市场就是股票市场。过去，债券市场问题多，时有违约现象发生，此后经济增长加速，监管不断改善，企业违约现象减少。当前，大家对债券市场存在误导性判断，谈到企业债违约，就感到恐慌。许多人认为这个市场不能有违约情况，应该刚性兑付，应该有抵押担保，把它看成了贷款市场，其实它是信用市场。我国债券市场没有很好的发展，也存在监管分割问题，不能完成对债券市场的统一管理。没有统一管理就不会有统一规划，也就不能推动市场的统一发展。

（四）发展公司信用类债券市场

在发达的金融市场中，债券市场的基础是公司债市场。公司债市场是最重要的市场，而公司债市场的基础就是政府债券市场。美国财政部从未间断对政府债券市场的研究，比如如何多品种、多期限地发行，还有对招标方式的研究，如美国式、荷兰式等。但是政府债券发行方式基本没有改变，更多创新发生在公司信用类债券市场。

历史表明，债券资本市场在中国经济发展中具有特殊重要的地位。没有国债市场化的改革，就没有财政信用和财政政策的有效实施，就没有财政政策和货币政策之间的配合。没有金融债券市场化，就没有稳定的长期建设资金。没有国债市场化所建立的基础，就没有地方政府债券和城投债券市场。没有债券资本市场的发展，没有开发性金融和长期建设资金来源，就没有 2000 年以来的中国基础设施的发展。没有债券市场的发展和国际化，就没有国际投资者的避险工具。人民币国际化正是在债券市场发展的基础上实现的。

（五）债券市场发挥银行经营稳定器的作用

我国国内债务高度集中到了银行体系。虽然这些年银行 ABS 发展很快，银行贷款也可以通过专门市场进行转让，但是银行贷款属于非标准化产品，进入市场部分较少，总体流动性较低，这种情况导致银行的风险较为集中。随着我国债券市场的发展,银行从多个方面参与债券资本市场。而债券市场的发展从资产和负债两个方面改善了银行风险集中的问题,债券市场的发展对于银行经营起到稳定器的作用。而从金融市场整体看,债券市场对间接融资也具有不可忽视的作用,具体体现在其不仅作为政策性银行、商业银行等金融机构的重要融资场所,支持间接融资,还可以有效提升间接融资服务。政策性银行、商业银行等通过债券市场筹资和投资的过程可以丰富间接融资的来源与投向。

债券市场支持间接融资体现在多个方面。第一,商业银行可以发行金融债券,把筹集到的资金用于贷款,支持实体经济。第二,债券市场支持银行补充资本金。如银行可以发行二级资本债、永续债等补充资本金。第三,商业银行投资政府债券、政策性金融债,增加流动性良好的资产。第四,政策性银行、商业银行持有的债券可以作为担保品。根据刘凡的计算,债券市场对于银行总融资贡献度是85%。[①]

担保品方面,政策性金融债是仅次于地方政府债的主要债券担保品。2022年,质押债券中政策性金融债、商业银行债占比分别为25.33%和1.73%。同时,商业银行是债券质押业务的主要参与者。国有大行、股份制银行、城商行、农商行、政策性银行质押业务规模占比88.64%。[②]

银行资产和负债的久期要匹配,流动性也要匹配。2023年美国硅谷银行破产主要是因为资产的流动性不如负债的流动性好,因为负债主要是存款,这是导致出现危机的重要原因。债券市场提供的相关信息和估值服务将发挥重要作用,但是债券市场的波动也会导致银行持有债券的重新估值,形成风险。由于银行资产和负债中都包括大量债券产品,会导致债券市场的震荡迅速波及资产负债相对敏感的银行。

---

①② 刘凡. 债券市场对间接融资的支持作用 [J]. 债券,2023 – 4 – 12.

第一编　金融市场和债券市场

第一编包括五章，介绍金融市场和债券市场，为全书奠定理论基础。第一章重点说明债务、货币、资本、公司等范畴的本质，阐述金融和金融市场的起源和演化过程。第二章论述金融的本质，说明金融市场和宏观经济之间的关系，阐述债券市场在金融市场中的地位和作用。第三章介绍中国的金融业和金融市场，旨在突出国家债务和债券资本市场的金融背景。第四章和第五章全面介绍中国债券市场架构和债券市场建设，使读者能够对中国的债券资本市场有基本的概括了解。

第一章　金融和金融市场的起源和演化

这一部分主要从债务的质的规定方面，去理解我们生活中不能离开的债的问题。这一章一共分为四节。从金融的历史和逻辑的角度说明财政和金融的现状是长期演化的结果。第一节讲信用和债务的起源，主要说明信用源自人和人之间的"社会交换"的某种均衡状态，而原始信用是靠自然秩序和宗教维持的。第二节主要讲述原始债务的起源，重点说明商品经济以前就存在债务和货币关系。而这两者只是一个硬币的两面，是债务本质的两个方面。这一节还补充了债务的史前历史。同时，把直到资本主义形成的制度演化作为重点，旨在说明金融是不断演化的过程。第三节在第二节的基础上，说明现代财政金融制度起源于中世纪，并随着社会经济变化而逐渐演化。这里强调演化，是为了说明金融的发展是一个自然历史过程。第四节讲税收、国债制度和现代国家的产生，说明国债制度和现代国家的形成是不可分割的。

第一节　信用和债务的起源

在这一节我们会看到，"债"的本质与货币和金融的本质具有密切关系，事实上它们是同源的。理解"债"的本质，不仅要有金融史和经济史的知识，还要有社会史和人类史的知识。

一、信用的起源

（一）信用的概念和内涵

1. 如何理解信用

信用是商品生产、货币流通、市场贸易发展到一定阶段的产物。信用（credit）与市场经济和货币流通相联系，是一个测量交易对手履约能力的指标。信用关系是在商品交换和货币流通的基础上产生的，反映了经济活动中的生产关系和交换关系。信用包括互相联系的四个层次（见图1-1）。

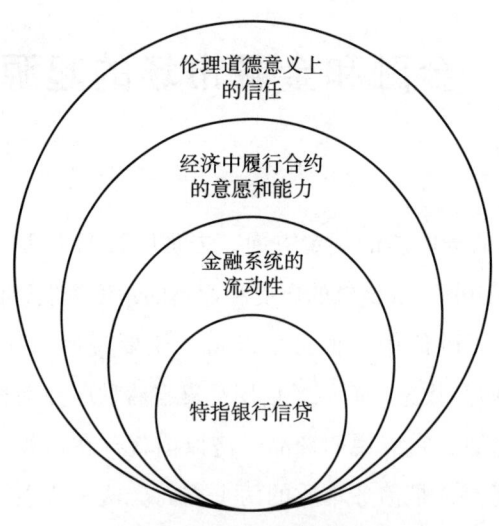

图1-1　信用的四个层次

资料来源：笔者绘制。

第一个层次是广义的信用，是伦理学范畴，是人们遵守的道德指标。主要是指与社会和经济活动的当事人之间建立起来的以诚实守信为基础的行为准则。

第二个层次专指遵守合同的指标，这个层次的信用属于经济学、法律学、金融学的范畴。以经济活动为基础的信用是表示人们遵守经济合约的指数，它表现的是在商品交换或其他经济活动中，交易双方所实行的以契约即合同为标的的资金借贷、承诺、履约的行为。

第三个层次指金融系统的流动性。这是指银行系统能够提供信贷的总量。这个总量意味着全社会有足够的信用能够承接这些信贷。这是更为狭义的信用的概念。

第四个层次的信用概念就是信贷。这时信用隐含在借贷这个金融活动中。这是最狭义的信用的概念。信用关系双方即借贷关系双方为授信人（借出方）和受信人（贷入方）。信贷（信用）是指在商品交换或其他经济活动中，授信人在充分信任受信人能够实现其承诺的基础上，用契约关系向受信人放贷并保障自己所贷的本金回流和增值的价值运动。

2. 信用关系起源于债务关系

人的社会关系最早期的形式就是家庭内外的关系、部落中人和人的等级关系。这里面隐含的"债务"关系，是一种负的禀赋。不管是基于宗教还是基于伦理，在早期人类社会中，这种债务关系，在人们出生前就已经确定了。偿还这种债务的不确定性，引出了信用的概念。信用由人的能力、无形制度（主要是自然秩序）和自然灾害等多种因素决定，因此，"债"的信用层面体现了当时社会的文化、社会结构和制度。

债务和信用是从不同角度定义观察的同一社会现象。为了更好地理解债务的本质，有必要了解信用的起源。过去很长一段时间里，国内外的专家学者围绕社会主义市场经济的本质展开了深入地讨论和研究。信用和金融是市场经济的两大支柱，人们用了很长的时间才理解它们的作用。中国刚开始实行市场经济时，理论界和经济界对信用的理解是根据计划经济理论定义的。马克思、熊彼特和现代信用理论家都有很多关于信用起源的论述。本书从以"交换和博弈"① 为基础的人的行为方式的演变来解释信用。

在进入商品经济以前，人和人之间的"交换"（不是交易）已经存在，这种"交换"，社会学家称为"社会交换"。因为交换是和博弈结合在一起的，而早期博弈是以权力、知识和信息为基础的，因此，信用不能离开博弈背后的权力、知识和信息的作用。信用不以物为基础，而是以人和人的社会关系为基础的。人和人的关系得以形成和维持的方式——"交换和博弈"，是这种信用的基础。这说明，在商

---

① 笔者在"经济学元理论"中把"交换和博弈"作为人的基本行为范式。高坚．"经济学元理论"公众号，第 12 章。

业信用以前就存在"社会信用"。而最早的货币就建立在这种信用的基础之上。

当人和人之间交换和博弈（交换中的讨价还价）的对象从自然和社会禀赋发展到商品时，就出现了商业信用。直到资本主义公司信用出现时，资本体现了人和人之间交换和博弈的以价值为动力的行为。这时信用是人和人的经济关系得以实现的形式，而资本是维持这种关系的手段，是交换和博弈的内在动力。

在市场经济和"物化"的过程中，人们从熟人世界转向陌生人世界，从而人和人的关系从信任转化为信用。"随着社会变得日益复杂，日益非人性化，信任也变得越来越寻常，没有某种风险感，就无法设想这一点。随着风险的增加，非人性化的系统也逐渐迫近。说到底，只要负担得起，风险是可以被保险所覆盖的。悖谬的是，风险本身也能增加某种信心感，后者破坏了风险感，采取警惕性更高的行为，以预防事故的发生。"[①] 在陌生人社会，建立信用和管控风险显得尤为重要。当信用和风险进入市场，就出现了金融。

3. 信用概念的出现

信用的概念可以追溯到远古时期。信用这一说法最初传入中国，是在中国人接触西方文明之后，不过传统的汉字中也能找到类似的概念，如"信"或"信用"，意思是可信度。信用源于信任，信任取决于价值评判。信用与信任的区别在于，信任仅是人们日常的人际关系，建立在文化和社会价值的基础上；信用则是债权人与债务人之间的关系，基础是债权人对债务人信用表现的评判。

信用的内涵超出了经济学的领域。现在大家理解的信用，包含主观意愿和客观环境变化两个层面。如果把信用风险理解为道德风险，就涉及道德和理性之间的关系，这是一个跨学科的问题。"普林斯顿大学政治与法学理论家乔治（Robert George）认为，在道德行动中我们常常追求表面上没有好处的目标，它们的'内在价值'必定来自我们基于理性的理解。他们都坚持理性思考对道德行为的重要作用。"[②] "著名哲学家和作家戈尔茨坦（Rebecca Goldstein）认为，道德情感是人类进化的产物，但需要理性才得以充分发展为完整的道德感。因此'没有道德情感的理性是空洞的，而没有理性的道德是盲目的'。"[③]

从投资人的角度，信用是未来偿还债务的能力。对于消费信贷，信用指的是偿还消费信贷（以未来支付为保障，在当期获得商品和服务）的能力。正是因为信用的基础在于债权人对债务人在双方约定的时间内具有偿付能力的信任，用货币度

① ［英］齐格蒙特·鲍曼，蒂姆·梅. 社会学之思：第3版［M］. 李康，译. 上海：上海文艺出版社，2020：132.

②③ 刘擎. 纷争的年代：当代西方思想寻踪 2003–2012［M］. 桂林：广西师范大学出版社，2013：108.

量的金融产品价格不是金融产品作为"物"的价值，而是对人的信任程度。"单位货币的价值，并不是物品价值的量度，而是一个人对其他人信任程度的量度。"①理解信用，就要理解金融是一种法律确定的人和人的关系，是以货币支付实现的具有合同形式的民事法律关系的跨时安排。这种合同可以标准化，使债务债权合同成为债券，并进入市场交易。

信用的概念涉及多个维度、多个方面。用法不同，信用形式也就不同。最普遍的应用就是个人是否遵守自己的承诺。在金融领域，信用形式就是企业借银行贷款和公司发行债券。例如，中央银行控制的信用上限就是贷款总额。从某种意义上讲，信用既是人与人之间的一种交易关系，又是债权人和债务人之间的一项制度安排，或者是有关商品、服务和资产交付的一份合同，总之都是以信任为基础，以未来偿付为条件的法律关系。

从债权人的角度来看，有两个因素值得重视：债务人履行信用合同的能力，以及债务人遵守合同的意愿。"履行合同的能力"指的是，债务人在双方事先商定的时间期限内偿还债务的经济能力。信息不对称和不确定性是影响信用的主要因素。不确定性因素与债务人的经济状况密切相关。"遵守合同的意愿"指的是，债务人努力确保在规定期限内顺利偿还债务的主观能动性。这个因素与债务人的道德素质直接相关。破坏诚信就意味着债务人失去了信用。在缺乏约束机制的情况下，故意逃避还款责任、赖账和拖欠的问题普遍存在。经济学家将这些现象称为道德风险。

（二）信用的演化过程

减少由于信用引起的不确定性是金融演化的动力。信用的进步是一个演化过程，是和市场经济的进步同步的。由于以信用为基础的交换是在市场参与人中进行的，同时经济活动的参与人能从禀赋与比较优势的交换中获益。因此，信用演化的过程是把人和人的关系加以物化的过程。

1. 货币的出现

一般认为，货币最早出现在部落之间的交换行为中，当时人们发现货币能促进交易。货币作为标准化、规范化的商品，本身必须具备可分割、可度量的特点，于是贝壳和金银等商品便成为最早的货币。按照经济学的教科书，货币的出现是因为它方便了交易的顺利进行。原因在于标准化、规范化的商品能大幅提高交易的效率。因此，有理由将货币看作一种标准化、规范化的商品。这种观点被人类史学家

---

① ［美］大卫·格雷伯. 债：5000 年债务史（增订典藏版）［M］. 孙碳，董子云，译. 北京：中信出版集团，2021：63.

证明是不对的。事实上,"货币可能和人类的思维一样古老。当我们想要开展更具体的研究时,就会发现,许多不同的习惯和实践都会汇聚到现在被称为'货币'的东西上。这正是经济学家、历史学家等发现难以形成对货币的单一定义的原因。"① 历史学家认为,人们先有债务关系以后才有作为支付手段的货币。而在商品经济出现以后,以物易物的交易发展到以作为一般等价物的货币为媒介的交易,才出现了货币作为交换媒介的功能。

把货币理解为一种交换媒介,或者一种特殊商品,或者金融价值的时候,就会忽视有形和无形制度存在于货币的背后。"货币的诞生,并非为了消除邻里之间进行以物易物时所遇到的不便——因为邻里之间根本没有理由进行以物易物。不过,一个纯粹由信用货币组成的体系也存在极大的不便之处。信用货币赖以存在的基础是信任,而在竞争市场中,信任本身就是稀缺商品。在陌生人之间,情况更是如此。"② 虽然人的行为范式是"交换和博弈",人类学家发现的历史事实揭示了以"社会交换"为基础的社会领域和以"市场交易"为基础的经济领域中人的行为方式的不同。这里最重要的是理解货币的演化过程。因为最早的可能是原始社会中的贝壳不是用于交易,而是为了支付贡品。而在奴隶社会中,奴隶则是用来衡量奴隶主地位和荣誉的支付货币。货币作为交换手段的功能的出现只是在商品经济开始出现的时候。古老的"社会交换"在今天仍然没有消失。今天我们的社会仍然区分为熟人社会和陌生人社会。在熟人社会中"社会交换"和货币的支付功能占主导地位,如礼品、人情往来和贿赂。而在陌生人社会中,市场和交换功能占主导地位。为了理解金融的演化过程,必须理解人类学意义上的交换和生产如何转变为经济学意义上的交换和生产。③

2. 商业信用

马克思讲到的信用,是从商业信用开始的。在货币作为交换手段时,商业信用正式发展起来了。商品交换由时间上的同步变成时间上的异步,即 W—G,G—W。这是商品经济进一步发展的必然结果。随着商品流通的发展,商品的让渡同商品价格的实现在时间上产生分离,从而产生了商业信用。信用货币是直接从货币作为支付手段的职能中产生的。"货币作为支付手段的职能包含着一个直

---

① [美] 大卫·格雷伯. 债: 5000 年债务史 (增订典藏版) [M]. 孙碳, 董子云, 译. 北京: 中信出版集团, 2021: 69.

② [美] 大卫·格雷伯. 债: 5000 年债务史 (增订典藏版) [M]. 孙碳, 董子云, 译. 北京: 中信出版集团, 2021: 94.

③ [美] 戴维·兰德斯, 乔尔·莫克尔, 威廉·鲍莫尔. 历史上的企业家精神——从古代美索不达米亚到现代 [M]. 姜井勇, 译. 北京: 中信出版集团, 2021: 13.

接的矛盾。在各种支付相互抵销时，货币就只是在观念上执行计算货币和价值尺度的职能，而在必须进行实际支付时，货币又不是充当流通手段，不是充当物质变换的仅仅是转瞬即逝的媒介形式，而是充当社会劳动的单个化身，充当交换价值的独立存在，充当绝对商品。这种矛盾在生产危机和商业危机中称为货币危机的那一时刻暴露得特别明显。"① 生产危机和商业危机转化成为债务危机，体现了信用这种看不见的东西的真实存在。

商业信用不同于银行信用。"在这里贷出的资本，绝不是闲置的资本，而是在它的所有者手中必须变更自己形式的资本，是对它的所有者来说只是存在于商品资本形式上的资本也就是必须完成再转化，即至少必须先转化为货币资本。"② 企业上下游之间的应收应付，本质上是债务链，决定企业之间商品的供应链，因而决定上下游企业的再生产。"这种支付取决于再生产的不断进行，也就是说，取决于生产过程和消费过程的不断进行。但由于信用是互相的，每一个人的支付能力同时取决于另一个人的支付能力。"③ 由于商业信用本身的局限性，随着商品货币经济的发展，这种信用形式也必然让位给银行信用。"商人资本和生息资本是最古老的资本形式。"④ 中世纪的银行还是以经营货币为主。银行经营的生息资本，还不是资本主义的借贷资本。只是到了资本主义，资本才开足马力。马克思认为，资本的本性就是要增殖。"价值在这里已经成为一个过程的主体，在这个过程中，它不断地交替采取货币形式和商品形式，改变着自己的量，作为剩余价值同作为原价值的自身分离出来，自行增殖着。"⑤

资本主义和以前社会形态的不同在于，在资本主义社会中生产是为了交换。在资本主义出现时，新生的产业资本相对弱小，借贷资本拥有无上的权力。资本主义形成时借贷资本使剩余价值分割为利息和企业主收入，导致资本的所有权和使用权分离。"资本主义生产本身已经使那种完全和资本所有权分离的指挥劳动比比皆是。因此，这种指挥劳动就无须资本家亲自担任了。"⑥ 这就使经营借贷资本的银行资本家变成万能的垄断者。"同货币资本家相对来说，产业资本家是劳动者，不过是作为资本家的劳动者，即作为对别人劳动的剥削者的劳动者。"⑦

① 马克思，恩格斯. 马克思恩格斯全集：第二十三卷［M］. 北京：人民出版社，1972：158.
② 马克思，恩格斯. 马克思恩格斯全集：第二十五卷［M］. 北京：人民出版社，1974：546.
③ 马克思，恩格斯. 马克思恩格斯全集：第二十五卷［M］. 北京：人民出版社，1974：543.
④ 马克思，恩格斯. 马克思恩格斯全集：第二十五卷［M］. 北京：人民出版社，1974：688.
⑤ 马克思，恩格斯. 马克思恩格斯全集：第二十五卷［M］. 北京：人民出版社，1974：176.
⑥ 马克思，恩格斯. 马克思恩格斯全集：第二十三卷［M］. 北京：人民出版社，1972：435.
⑦ 马克思. 资本论：第三卷［M］. 北京：人民出版社，1975：435.

3. 银行业的产生

随着货币商品的标准化和业务的专门化，银行业因此应运而生。马克思认为，银行产生于货币经营业。最早的银行业发源于西欧古代社会的货币兑换业，公元前2000年的巴比伦寺庙和公元前500年的希腊寺庙，已从事保管金银、发放贷款、收付利息的活动。公元前200年在罗马帝国先后出现了银钱商和类似银行的商业机构。中世纪意大利中部的西雅那出现的银行和佛罗伦萨的美蒂琦家族专门为教会管理资产的银行，都是从货币经营业产生的。

货币经营业导致银行信贷的出现。货币经营业的经营者发现保管的金属货币总会有一部分稳定的沉淀货币，这一部分货币是可以借贷出去的。这样就出现了最早的银行业务。交易市场有助于降低空间局限性导致的交易成本，信用有助于降低时间局限性引起的交易成本。因此，信用标志着商品经济进入了一个新的发展阶段。没有信用，现代工业的结构就不可能创立。信用从产生的那一天起，就有其独立发展路径：从商业信用到银行信用和国家信用。国债是信用和国家权力的结合。

银行信用与贵金属储备有关，但是其前提是政府信用。特别是在使用信用货币时，这一点更为明显。因为没有政府，就没有货币信用。有国家信用保证时，商业信用和银行信用就可以在个人之间和整个银行系统之内建立起来。但是，"这并不意味着政府必须创造货币。货币是信用，它可以通过私人的合约协议（例如贷款）而诞生。政府仅仅是强制推行协议，并制定法律条款。"[①] 以下我们看到，政府的信用并不仅仅是政府权力的存在，在很大程度上还取决于承载信用的负债所能够转化的资产。

4. 信用和借贷关系

借贷关系的形成伴随着私有财产的出现。一方面随着私有产权的发展，借贷在经济活动中变得普遍；另一方面社会分工带来生产率的提高和剩余产品（即劳动者生产的超过个人消费需求的那部分产品）的不断增加，社会成员之间出现了交换商品和服务的需要。生产和商品交换发展到一定程度时，社会中便产生了商人这一新的阶级。商人专门从事商品和服务的交换，并且将经济活动的焦点集中在付款上，而不是商品和服务的交付上。这种形式的交换限制了交易的类型。例如，生产者出售商品时，购买者可能尚未将自己的商品卖出，也就没钱购买生产者的商品。于是，赊销交易应势而生。赊销交易中，买方承诺日后付款并取得了卖方的信任，

---

① ［美］大卫·格雷伯. 债：5000年债务史（增订典藏版）[M]. 孙碳，董子云，译. 北京：中信出版集团，2021：71.

销售得以实现。赊销交易本身也表明，转让产品和实现价值是两项独立的经济活动，可在不同的时间点上分别完成。市场经济初期，绝大多数市场参与人都会相互提供延期付款形式的信用。这样一来，买卖双方不仅建立了交易关系，还以法定权利义务为基础形成了商业信用关系。买方在赊销交易到期时偿还贷款，属于价值的单向转移。在这一过程中，货币的作用是未来偿付的工具，而不是流通工具。商品价值的实现发生在实际交付之后，二者可以相互独立。从本质上讲，赊销交易的整个过程就是一笔信用交易，不同于实物交换或现金交易。正因为如此，借贷关系最终得以确立，并催生了"借贷"和"金融"等新概念。

现代金融业可以追溯到信用文化和借贷关系萌芽之时。在发达的市场经济中，随着现代银行业的出现，银行信用逐渐取代了商业信用，并成为现代经济活动中最重要的信用形式。商品和货币经济的持续发展，最终建立了信用体系和以信用为基础的交易。信用交易的出现和信用体系的建立，推动了商品交易的进一步发展。在这些复杂的借贷关系基础上，现代市场经济最终转变为信用经济。

在把信用的概念等同于信贷时，信用和货币的关系是非常重要的。米塞斯说："要研究与所有其他信贷形态不同的、通过发行信用媒介的方式的授信活动，则只要货币替代物没有被清晰地界定并被划分为货币流通券（money certificate）和信用媒介（fiduciary media），这一困难就不可能被克服。"[①] 米塞斯认为，"一切都依赖于对货币与货币替代物清晰的区分和在货币替代物这一类别中对货币流通券（有货币完全支持的货币替代物）与信用媒介（没有货币支持的货币替代物）之区分。"[②]

5. 国家信用的出现

"随着文明时代的向前发展，甚至捐税也不够了，国家就发行期票、借债，即发行公债。"[③] 于是就产生了国债制度。"'国家'，这是土地贵族和金融巨头联合统治的化身，它需要金钱来实现对内和对外的压迫。它向资本家和高利贷者借钱，而付给他们一纸凭据，并且规定第 100 英镑借款必须付给一定数量的利息。"[④] 与国家信用不同，熊彼特认为商业信用只起到借贷和购买力的作用，与创新直接结合的是股权资本。

---

① ［奥地利］路德维希·冯·米塞斯. 货币、方法与市场过程［M］. 戴忠玉，刘亚平，译. 北京：新星出版社，2007：68.

② ［奥地利］路德维希·冯·米塞斯. 货币、方法与市场过程［M］. 戴忠玉，刘亚平，译. 北京：新星出版社，2007：69.

③ 马克思，恩格斯. 马克思恩格斯选集：第四卷［M］. 北京：人民出版社，1972：167.

④ 马克思，恩格斯. 马克思恩格斯全集：第九卷［M］. 北京：人民出版社，1972：50.

"主权的合法性，在于它可以代表最初的超自然整体。正是这些主权力量发明了货币，作为解决债务的手段——这些手段的抽象性，使其能够解决牺牲的悖论，即死亡是保护生命的永久手段。通过这种机制，信仰也相应地变成了货币，上面印有国家统治者的肖像——货币开始流通，但是其回收由另外的机制安排，即生命债务的税收/解决方案。因此，货币同样承担了支付手段的功能"①，这里我们看到通过银行创造货币的后果。"凯恩斯得出了另一条让人印象深刻的判断：银行创造货币。银行自身的能力使它足够做到这一点。因为不论银行借出多少钱，借方除了再次把钱存入某家银行，没有其他的选择。因此，把银行体系作为一个整体来看，借方总数和贷方总数一直是相等的，可以相互抵消。"② 在信用货币时期，政府可以任意增加货币数量的成本很低，但是政府如何能够保证在不增加通货膨胀的前提下保证货币供给，这就成为 17 世纪以来哲学家和经济学家讨论的主要内容。③

6. 国家信用和国债

国家信用的存在是信用货币存在的基础。"只有在亨利不偿还债务的时间段内，欠条才能充当货币使用。事实上，这正是最初建立英格兰银行（第一家成功经营的现代化中央银行）的逻辑基础。1694 年，一个由英格兰银行家组成的财团，贷给国王一笔 120 万英镑的款。作为回报，该财团在纸币的发行上获得了王室批准的垄断权。这就意味着对于王国中任何希望向财团借钱的居民，或希望把自己的钱存入银行的居民、财团都有权用国王的欠条来进行支付。这实际上使得新的王室债务流通起来，或者叫作'货币化'。对于银行家来说，这件事意义非凡（最初的那笔贷款，每一年他们都能向国王收取 8% 的利息；同样，他们也可以向所有借钱的客户按 8% 的利率收取利息），但是只有在国王尚未偿还最初的那笔借款的情况下，整个体系才能存续。直到今天，王室仍然没有偿还那笔贷款；它不能被还清。一旦那笔贷款被还清，英国的整个货币体系都将不复存在。"④

这说明信用货币无非是安全资产（如国债）的证券化。一旦国债被偿还，或者流通中的国债减少了，那么流通中的货币实际上也就减少了。所以从某种意义上说，保持国债规模的适度增长，是市场中保持必要流动性的保证。当中央银行通过

① ［美］大卫·格雷伯. 债：5000 年债务史（增订典藏版）［M］. 孙碳，董子云，译. 北京：中信出版集团，2021：74.

② ［美］大卫·格雷伯. 债：5000 年债务史（增订典藏版）［M］. 孙碳，董子云，译. 北京：中信出版集团，2021：71.

③ 金菁. 货币千年兴衰史：稀释和保卫财富之战［M］. 北京：中国人民大学出版社，2020：180–189.

④ ［美］大卫·格雷伯. 债：5000 年债务史（增订典藏版）［M］. 孙碳，董子云，译. 北京：中信出版集团，2021：65.

外汇储备增加以换汇的方式增加货币供给时，货币供给的增长速度与出口收汇和外国投资挂钩。当出口和外国投资的增速下降，或者财政赤字减少时，货币供给的增速就下降。国债、外汇储备和黄金储备等安全资产是货币的基础资产。从这个意义上说，国债券是国家负债的证券化，是反映一国政府负债的经济概念。货币则是国债作为负债所对应的资产的证券化。国家预算就是国家财政的资产负债表。在复式预算中，经常性收入来自主体税种如所得税，而经常性支出用于行政、文教科学卫生等支出以及国防支出等。资本预算的收入来自发行国债和国有资产收入等，支出则用于偿债支出和用于有收益的政府投资。这说明国债的安全性要看国家动员税收的能力，也要看政府的资产负债表，即通过负债看资产的使用。这就是国家财力的使用效率。"国家财力使用的基本原则是效益原则。这说明国家财力是有偿的。因此，效益原则应该是国家财力使用的基本原则。"① 当我们说到国家信用和国家债务时，我们要和国债券相区别。国债券是标准化的债务，是一种市场工具。当我们提到债务或国债时，通常同时涉及债务和国债的法律意义和经济意义。

二、信用的本质

（一）信用的社会特征

1. 信用的历史性

由于信用依赖于社会关系，而社会关系是历史演化的，因此信用不仅表现了所在的时代的经济和金融特征，而且反映了那个时代的社会特征。社会学家认为，决定我们社会行为的是两种知识：常识和默含知识。人的科研活动遵循专业知识，而人的行为遵循常识（common sense）和默含知识（tacit knowledge）。"我们所有人都生活在与他人的共处之中，都会彼此发生互动。在这个过程中，我们展现出数量惊人的默含知识，这些知识使我们有能力应对日常生活的事务。"② 常识存在于古典经济学家所说的自然秩序中，具有演化性质，它决定信用的演化性质。

虽然市场使人和人的关系固化成为非人格化的物质，但是信用本身不会消失。计划经济理论认为，信用同商品和资本等其他经济现象一样，都只存在于资本主义经济体制中，信用在社会主义市场经济体制中毫无必要。中国在经历了 20 世纪 80 年代的改革之后，理论界才承认社会主义市场经济体制也能利用信用，但前提是不

① 高坚. 综合财政概论［M］. 北京：中国财政经济出版社，1990：113.
② ［英］齐格蒙特·鲍曼，蒂姆·梅. 社会学之思：第 3 版［M］. 上海：上海文艺出版社，2020：14.

能出现人剥削人的情况。对信用的陈旧认识长久以来限制了中国金融活动的发展。当时对信用的陈旧认识阻碍了金融市场的发展，尤其是阻碍了金融市场由计划型向市场型的转变，这已成为公认的事实。20 世纪 90 年代初期，邓小平明确指出，金融"是现代经济的核心""金融搞好了，一招棋活，全盘皆活"①。理论界和经济界意识到信用也可以在发展社会主义经济中发挥积极作用，大胆推动银行业的商业化和市场化，推动资本市场的建立。

2. 信用的社会性

理解信用，必须使我们理解的金融延伸到社会学领域，理解人的行为和行动的复杂性。在熟人社会和在共同体中，人的信用是可以观察到的，信用对人在群体中生活和工作是非常重要的。但是市场使信用物化为可以看得见的物质，如债券、货币、物质资产，但是隔离掉了背后的人物，割断了人和人之间的联系。

我们设定了关于遵守信用的规则，但是"规则引导的并非我们的行动，而是协调与他人之间的互动，从而可以预见我们与他人可能如何行事。这样的定向如果不能就位，日常生活中的沟通与理解就是不可思议的"②。如果我们和他们的人格关系变成了非人格关系，这种互动就不存在了。"自我"不受"他我"的约束，关于信用的规则就不再起作用了。

信用隐含在交易对象中，因此在市场经济中，信用被物化了。市场是市场参与人交易的场所，也是学习的场所，因为市场反映的信息包含了信用的元素。随着市场活动的频繁增加，有关信用的信息就作为数据保存下来了。

信用从本质上讲是相关各方交换比较优势的手段。信用为实现禀赋和比较优势的交换奠定了基础，不仅有助于实现双赢结果，而且能降低内生交易成本。信用推动了经济交易和活动，促进了经济发展。根据"制度"一词的定义，我们有理由相信：信用作为一项制度安排，是激励机制和约束机制相互作用的结果。

市场揭示的信息对于双方都有好处。由于信用同时还是对债务人的经济能力和债务偿还意愿的评估，信用的主要功能在于使交易成为可能。信用和金融作为制度安排，与技术进步和社会发展息息相关，可以有效降低内生交易成本和外生交易成本。没有这类制度安排，许多交易将无法完成。

价值转移一般通过买卖关系来实现。在买卖关系中，卖方放弃消费品得到了金钱，买方则放弃金钱得到了消费品。买卖双方完成交易后，买卖关系形成的等价交换即告完成。也就是说，各方同时获得了相等的价值。

---

① 邓小平. 邓小平文选：第 3 卷 [M]. 北京：人民出版社，1993：366.
② [英] 齐格蒙特·鲍曼，蒂姆·梅. 社会学之思：第 3 版 [M]. 上海：上海文艺出版社，2020：28.

信用还代表了债权人在判断失误时应承担的风险。在信用关系中，价值的实现要经过贷记与借记、交割和付款的一系列过程。由于信用的存在，货币或商品可以继续保留在买方或卖方的手中，只有商品的使用权发生了转移；债权人暂时让渡商品或金钱的所有权，但所有权未发生改变。在信用关系中，等价交换的重点是商品或货币的使用权。

信用经济理论的发展为信用的产生和发展提供了一种解释。费舍尔（Fisher）把信用看作将当前储蓄转变为未来消费的渠道，信用市场将促进消费的有效分配。霍德曼（Hodgman）指出，导致信用风险的因素分为内部和外部两部分。外部因素是相关公司或个人无法控制的因素，如经济周期和突发事件等；内部因素则与道德风险和逆向选择有关。

金融业的演化与金融机构把握信用的能力息息相关。银行对客户的行为方式、特征和行为轨迹十分了解。更主要的是存在着不断的互动，客户有实在的履约责任感。这也是银行业在德国、日本和中国仍然在金融领域占有主导地位的原因。

3. 信用和信任

信用与信任不同。信任建立在处世哲学、文化和价值的基础上，信用则建立在相关个人或实体以往业绩表现的基础上。显而易见，信任和信用都是一种约束。诺思（North）曾经说过，制度是社会中的游戏规则。更正式一点的说法，制度就是为塑造人类交互行为而人为设计的约束机制。信任是非正式的规则。就借贷关系而言，《民法》如《罗马法》属于正式的规则。而传统、文化等非正式的规则需要经过较长时间，甚至是几代人的时间，才能得以正式确立。因此，信用是制度进步的标志。

如前所述，信用可以进一步分为国家信用、商业信用、公司信用、银行信用和消费者信用。信用评级可以涵盖由于信息不对称导致的信用风险，有了信用评级，投资者就能针对承担的风险评估合理的回报。信用也可以拿到市场中交易，创建信用曲线。信用曲线可以作为市场在一段时间内了解信用状况的有效参考。这种区分有助于提高信用的可衡量性和可交易性。

信用和债务是彼此相关的两个概念，实质相同，角度不同。债务反映了债务人对债权人承担的法律义务，以及双方在财务上的借贷关系。信用则反映债务人的偿债能力和意愿。这说明，信用分为主观和客观两个方面：主观就是意愿，客观就是资产的质量和创造力。

4. 信用危机

信用危机是指资本主义社会中货币流通和信用领域中长期的通货膨胀和信用膨

胀所带来的危机。第二次世界大战以前，信用危机一般是伴随周期性生产过剩危机产生的。信用危机来自信用过度扩张，主要表现是商业信用和银行信用遭到破坏，大量存款从银行提出，大批银行倒闭，商业信用需求减少，借贷资本的需求大大超过供给，利息率急剧上升。

由于工业繁荣时期商品价格上涨和利润优厚，大量信贷被投机者用来从事投机活动，信用膨胀大大超过生产的增长。而当生产过剩的经济危机爆发时，大量商品滞销，商品价格急剧下降，生产停滞，市场萎缩，信用就会急剧收缩。在这种情况下，债权债务的连锁关系发生中断，整个信用关系就会遭到破坏，从而出现信用危机。周期性的生产过剩危机引起了周期性的信用危机，反过来信用危机也加深了生产过剩危机。商业信用的停顿使过剩商品的销售更加困难，银行信用的混乱进一步加重了过剩商品的销售困难，从而使生产过剩危机趋于尖锐化。除了由资本主义生产过剩的经济危机引起的周期性信用危机之外，还有一种主要是由战争、政变、灾荒等原因引起的特殊类型的信用危机。例如，1839年英国出现的信用危机就是由农业歉收引起的。特殊类型的信用危机一般不具有周期性质，只表现在金融市场的个别环节上，如交易所价格、利息率和货币流通方面。

第二次世界大战以后，随着国家垄断资本主义的进一步发展，资产阶级政府加强对经济生活的干预，推行赤字财政和货币扩张政策，从而使信用危机趋于复杂化。信用危机不只是发生在周期性生产过剩的危机阶段，而且往往延续到萧条、复苏、高涨各个阶段，表现为一种既与生产过剩经济危机相结合但又相对独立的存在形式。第二次世界大战后，随着国家垄断资本主义的发展，货币信用危机取得了一种既与经济危机结合又相对独立的存在形式，主要表现为长期的通货膨胀和信用危机。

我国改革开放后也发生过债务风险。一次是20世纪90年代初的三角债，发生在企业之间，一次是20世纪90年代末的银行不良资产，发生在企业和银行之间。美国次贷危机的根本教训就是信用链拉长了，信用被不断地物化，最后成为CDO之类的复杂多次包装的衍生产品。这些衍生产品包甚至连金融专家都解释不清楚。参加这一过程的商业银行、投资银行、保险公司、评级公司之间的信用关系被市场完全隔离了。在整个次贷包装的过程中，价值链完成了，信用链却割裂了。自2020年以来到2021年8月，我国房企破产数量超470家。而房地产行业债券违约主体逐渐在向中大型房企延伸，一直呈上升趋势。例如泰禾集团、蓝光发展、协信远创、华夏幸福等债券均出现违约。[①] 但是绝不能认为这是市场的过

---

① 根据公开资料整理，2021 – 08 – 16.

错，而是人们忽略了信用的社会性。这也是为什么在引言中，我强调量身定制的服务是金融未来发展的方向，金融服务要和客户之间有互动，才能促进信任和增加信用资源。

（二）信用的作用

前面说过，原始社会存在着早期的信用交易，当时存在的是"社会交换"，并不存在商品市场出现后的市场交易。交换的市场模式经历了易货交易、货币交易和信用交易三个阶段。这一发展过程大大提高了经济效率，降低了交易成本。现代经济中，信用交易优于货币交易，货币交易优于易货交易。原因在于，前者的交易成本低于后者。信用在经济中的基本作用包括如下几点：

1. 促进资金再配置，提高资金利用率

信用是推动资金再配置的最灵活的方法，能极大提高资金流动效率。依靠竞争，信用能使资金从低效率的部门转移到高效率的部门。信用还能通过竞争，使不同部门的利润趋于均等化，这又进一步提高经济的整体效率。

关于信用对于创新的意义，熊彼特认为，信用的创造只有用于创新经济才有意义。他说，"信贷在本质上是为了给予企业家以购买力而进行的对购买力的创造，而不是现有购买力的转移。原则上，购买力的创造标志着在劳动分工制度下及私有财产实现发展的方法。"[1] 正是在这个意义上，马克思说信用成为资本主义的强大杠杆。"凭借信贷，企业家在对社会商品的流通还不具备正式的要求权之前，便取得了参与社会商品流通的机会。可以这样说，信贷暂时以一种虚拟的要求权替代了这种要求权。在这种意义上提供的信贷，就像一道命令，既要求社会的经济体系适应企业家的目的，也要求社会提供商品以此满足企业家的需要。"[2]

2. 降低交易成本

企业、金融机构和投资人可以利用多种信用工具交易实现成本最小化和产出最大化。使用信用工具代替现金，能够降低与现金流通有关的费用，缓解直接付款的压力。在发达的信用体系中，资金集中在银行及其他金融机构等信用市场专家手中，有助于降低现金的储存、转移和清点等费用。信用能够加快交易进程，促进商品价值的实现。此外，信用还能促进所有类型的交易实现非现金结算。

增信的作用主要是增加信任，降低交易成本。在贷款前，银行会对企业进行评级，根据不同的评级水平，决定不同的贷款利息。企业如果想减少融资成本，就可

---

①② ［美］约瑟夫·熊彼特. 财富增长论经济发展理论［M］. 李默，译. 西安：陕西师范大学出版社，2007：156.

以选择增信。具体可以是引入优质企业入股，或引进担保公司，为自己的贷款担保，增加企业的信用等级，以达到降低利息成本的目的。债券发行主体可以通过各种增信手段或措施，提高自身信用等级，增进债券信用，降低债券违约率或减少违约损失率，从而降低债券持有人承担的违约风险和损失。通过增信，信用等级较低的企业可以得到融资，债券投资者也获得多重保障。增信在债券信托、信用准备金等应用方面最为常见。实际上，小企业取得银行贷款，常常需要"增信"。可以看到，大企业不仅容易获得贷款，利息也更低，这是因为其信用等级较高。而信用等级相对较低的中小企业，为了获得贷款或降低融资成本，往往需要引入战略合作伙伴或担保公司为其担保，以增加信用等级。

3. 促进资本集中、垄断和股权分散

信用是促进资本集中的有力工具，是资本积累和资本集中的渠道。资本的积累和集中能推动大型产业的发展，改善社会生产，促进经济发展，将短期金融资源转变为长期投资，从而扩张大生产规模，节省单位成本。

资本集中是指已经形成的各个资本的合并，它是通过大资本吞并小资本，或若干小资本联合成少数大资本而实现的个别资本迅速增大。加速资本集中的强有力杠杆是竞争和信用。马克思提出，资本主义是实现社会主义的必经阶段，它的发展必然导致机构、企业和财富的集中。

在股份公司发展的基础上，垄断开始形成。"一些新的工业企业的形式发展起来了。这些形式代表着股份公司的二次方和三次方。"[1] 最早的垄断组织是托拉斯。马克思以后，垄断组织又有了进一步的发展。这就是第一次世界大战以后，出现了康采恩形式的垄断组织。美国的反托拉斯政策就是在这种背景上发展起来的。[2]

第二次世界大战以后，首先出现在美国的资本集中主要是通过杠杆收购实现的，在这个过程中，银行信贷起到了巨大作用。"在整个 19 世纪，允许公司化的各项法令（允许个人为了必要的商业目的设立公司）在美国各个州不断扩展。大量的投资需求促使铁路公司到股票交易所筹集资本，这一行为对 19 世纪下半叶金融市场的发展起到了重要作用。"[3] 无论企业通过银行信贷还是通过资本市场募集资金，都不改变商业和公司信用的本质。

---

[1] 马克思，恩格斯. 马克思恩格斯选集：第二卷 [M]. 北京：人民出版社，1995：517.

[2] 高坚. 美国反托拉斯立法产生的历史背景及其在美国经济发展中的作用 [J]. 中国政法学院学报，1982（11）.

[3] [美] 杰拉尔德·F. 戴维斯. 金融改变一个国家 [M]. 李建军，汪川，译. 北京：机械工业出版社，2011：8.

这里需要指出的是信贷促进了资本的集中，但是资本市场促进了股权的分散。"新的公司体系出现了两种相反的趋势：一方面公司越来越被管理层所掌控，而另一方面公司的所有权却分散在普通大众的手里，这些人毫无权利可言。"① 大公司显然增加投资者的信任。在拉美国家，有些跨国公司的信用甚至超过了注册国的主权信用。

4. 调整经济结构

有了货币和信用体系，政府就能够制定各种金融政策与法规，运用各种信用杠杆工具，调节货币供给。在信用的监管功能方面，政府不仅能抑制通货膨胀，还能在经济衰退和通货紧缩时刺激经济，促进有效需求，推动资本市场的平稳发展。政府还能利用信用杠杆工具，引导资金流动，优化和调整经济结构，保持经济的持续发展。

（三）基于经济理论的信用概念

信用和信息紧密相关。信息是了解信用的工具。政府常常通过信息影响市场。但是资产价格中的政策信息与市场信息是互相替代的，过多的政策信息和政府影响对于市场信息有"挤出作用"，或者说减少了市场信息的作用。与信用有关的经济理论包括信息不对称理论、交易成本理论和博弈论。

1. 信息不对称理论与信用

信息不对称是指信息的分布不均衡。也就是说，不同参与人由于获取信息的能力不同，拥有的信息也不同，一部分参与人掌握了相对较多的信息。信息不对称被视为企业或个人投机行为和失信行为的主要原因。交易过程越透明，交易进展越顺利，失信行为发生的频率就越低。如果所有市场参与人都掌握了足够的信息，能够合理判断交易伙伴的信用状况，就能做出更明智的决策。参与人为了获得充分的信息，必须承担交易成本，也就是信息成本。

法律制度能够促进信息的传播。根据信息不对称理论，提高交易行为的透明度、改进信息传播系统，能够解决失信问题。世界各国的经验表明，信息披露制度是解决失信问题的关键所在。例如，为了保护投资者利益，上市公司必须以适当的方式披露公司信息，让投资者了解其真实业绩。

2. 交易成本理论与信用

交易成本理论认为，市场参与人的行为受交易成本的影响。该理论认为，如果

---

① ［美］杰拉尔德·F. 戴维斯. 金融改变一个国家［M］. 李建军，汪川，译. 北京：机械工业出版社，2011：9.

经济实体失信或违约的经济利益高于其付出的成本，就会发生失信和违约行为。为了约束代理人，债权人（委托代理关系中的委托人）必须支付信用评级、调查或法律程序的成本，防范债务人（代理人）的道德风险和逆向选择行为。

政府制定并实施明确的规则，如《民法》《公司法》《银行法》等，可以降低债权人的交易成本。如果政府直接参与市场交易并从其法定地位中受益，或者政府政策偏向部分市场参与人，交易成本不仅不会降低，相反还会变得更高。因此，对政府而言，为关联企业提供优惠政策只会适得其反。

交易成本理论还解释了各种内外部信用服务机构（包括内部评级部门和外部评级机构）产生和发展的经济原因。内部评级部门的成本和支付给外部评级机构的费用都是交易成本。这些交易成本不可避免，但可以通过技术进步和社会分工有所降低。

3. 博弈论与信用

根据博弈论的观点，市场参与人在彼此之间的博弈中达到均衡。交易可以通过市场参与人的相互作用来达成。在信息获取便利、市场监管完善的良好信用环境中，一个人如果不遵守承诺，就无法找到愿意与之合作的合作方或与之进行交易的交易方。此人的信用记录会传递给市场参与人和监管人。其他市场参与人将很快了解到这些信息，并拒绝与此人在今后的交易中合作。发生道德风险行为的人将被孤立，并为其失信行为付出巨大代价。因此，社会若拥有完善的信息传播和监管制度，就能杜绝道德风险。各参与人会逐渐意识到，最优策略是维持良好的声誉。

在不完善的信用环境中，信息传递速度很慢，失信行为无法被及时察觉，道德风险和逆向选择就会频繁发生。此外，由于法律执行不力，违规者也不会受到应有的惩罚。因此，社会若缺乏完备的信用监管制度，失信将不可避免地成为最优策略，并导致滚雪球效应。例如，在一家企业失信的情况下，另一家企业意识到失信的企业在短期内实现了超额收益，就可能同样选择失信的策略。如果失信被大多数企业视为最佳策略，就会导致欺诈盛行，引起信用环境进一步恶化。

人类社会的行为范式是交换和博弈，博弈与交换不可分离，博弈使交换达到均衡点。在个体市场中，博弈就是讨价还价，这是一个信息和价值发现的过程。机制设计理论认为在信息不对称时，交易对手存在一个"显示偏好"，可以揭示其真实信息。因此交易过程就是信用发现的过程。根据博弈论，如果一家企业只关注短期收益，不注重长期收益，就会失去其他企业的信任。只有对失信行为进行严厉的惩罚，提高失信成本，才能将市场参与人的注意力转移到建立长期合作关系上，避免失信行为的发生。

三、信用和金融深化

金融发展的基本动力是解决与信用有关的不确定性问题和降低交易成本。而解决不确定性问题所付出的实际上就是交易成本。因此金融市场的功能就是通过减少一种交易成本来降低另一种交易成本。

（一）降低外生交易成本和内生交易成本

信用可以在降低交易成本的两个不同阶段中实现比较优势：第一阶段是降低外生交易成本；第二阶段是降低内生交易成本。金融业出现之际，信用和债务成为可交易的金融产品，重要性逐步提高。这一时期的重要问题包括交易规则的建立、产权的界定，以及规则的执行等。债权人和债务人为了降低交易成本，成立了各种规则制定委员会或机构，作为一种自律机制对交易进行管制，以确保公平交易，同时也为了有效地管理风险。后来，政府又制定了一系列规制商业活动的民法。但是制度并不总是适当的，可能会限制商业精神的发展。如韦伯所说，"国家重视商业的规章制度，或许可以发展各项产业，但是不能或者肯定地说，不一定能发展资本主义精神；这些规章制度呈现出来的是专制、独裁的特征，在很大程度上都直接阻碍了资本主义精神的发展。"① 政府或各种规则制定委员会与市场参与人之间的博弈，相当于政治市场的院外活动（lobby）。

从时间顺序上看，信用风险的发展可以分为三个阶段：谈判、风险承担和信用考察。发展阶段不同，制度建设发挥的作用亦不同。

谈判阶段在信用交易发生之前进行，借贷双方需要在这个阶段讨论交易合同。谈判内容可能包括债权人根据掌握的信息和债务人提供的担保，对债务人的资信状况进行严格审查。

风险承担阶段是指借贷双方签订完合同，债权人将贷款提供给债务人之后的期间。若债务人在合同规定的时间内偿还了贷款，信用交易随即结束。若债务人未能按期还贷，债务人将被视为违约，或拖欠债务。即使债务人后来偿还了贷款，依然被视为违约，债权人要承担直接的经济损失。

为了降低债务人违约导致的信用风险，债权人希望建立一种制度安排，确保准

---

① ［德］马科斯·韦伯. 新教伦理与资本主义精神［M］. 李修建，张去江，译. 北京：九州出版社，2006：223.

时收回贷款。不过要实现这种制度安排，必须事先支付相关的信息成本和制度建设成本。这一类制度安排依靠市场参与人同各种行业组织或政府间的交换来实现。如第一章中谈到的，这种交换可以看作各参与人比较优势的实现，或者是各参与人（或代理人）在博弈过程中达到的均衡状态，或者是激励机制和约束机制相互作用的结果。拉丰（Laffont）等现代激励理论学家和信息经济学家已经利用经济模型解释了博弈的理论均衡状态。

专家学者普遍认为，法律制度和政府政策能极大促进各种信用的发展。例如，政府为了提高国有企业信用评级，可以为国有企业提供有形或无形的政府担保，注入实收资本，以及承担企业投资项目的风险。这种做法叫作政府增信。

（二）谈判阶段的风险披露机制

合同相关方在谈判阶段，需要就拟签订合同的条款和细节进行商议。更重要的是，债权人在这个阶段必须考虑是否授信给债务人，是否要求债务人提供担保和保险，以及应该如何设定信用额度。这时债权人需要了解信息扭曲的原因和风险披露的保障程度。

信息不对称会导致发生内生交易成本。信息披露是一项明确的法律安排，目的是使信息更顺利地从债务人流向债权人或投资人。与信息披露相关的成本叫作信息成本，是一项重要的交易成本。信息经济学中关于逆向选择和道德风险的问题，不仅在商品市场和要素市场中存在，也在金融市场中存在。资产交易中存在逆向选择的问题，事后行为的不确定性构成道德风险。债权人利用收集到的信息分析债务人的资信状况，首先需要充分了解债务人的经济状况，然后再使用信用评级方法，结合掌握的信息、对债务人的信用进行评估。最后，根据评估结果，做出信用判断并完成交易。

信息披露提高了交易的透明度，有助于债权人识别非系统风险，如债务人的真实业绩、财力和历史记录等。这样一来，就可以根据信用评级结果和交易价格对债务人进行排序，并根据信用评级结果和债务人的预期业绩确定利率。

信息披露最初体现在债权人和债务人签订的合同中，随着越来越多的人意识到保护债权人和投资人的重要性，信息披露目前已成为《中华人民共和国证券法》和银行业法规的一项法律要求。中国人民银行也建立了全国信用记录数据库，用于记录公司和个人的信用状况。

（三）风险承担阶段的风险管理制度

债权人应在合同条款的范围内对债务人进行监督，保证授信（如应收账款贷款和投资等）的安全性。在履约环境发生变化的情况下，债权人还有权召回逾期未还的贷款，有时还可以要求提前赎回，以便尽量减少损失。中国银行业的惯例将这一做法称为贷后风险管理。

信用风险的管理方法与降低交易风险的方法完全一致，包括套期保值、产品多元化和对高风险要求高收益。在金融环境多变的大背景之下，企业、金融机构和银行为了强化信用风险管理，通常会进行内部信用评级，或将评级工作外包给专业的信用管理公司。信用风险管理可以有效地减少企业的信用风险，减少贷款可能发生的损失。

（四）信用考察阶段中的惩罚机制

惩罚机制是激励机制的组成部分。惩罚可以采取多种形式，如终止业务关系和提高利率等。这一机制的存在有助于减少企业的道德风险。可信度从本质上属于社会道德的范畴，一些非正式的规则也有助于提高社会道德意识。我国最近大力倡导诚信在金融交易中的重要性，取得了积极的成果。此外，借助市场让广大公众接触信用信息，使他们了解哪些公司和个人信守承诺，有助于减少交易过程中的信息不对称。不守信的公司和个人会被列入黑名单，逐渐被其他市场参与人孤立；诚实守信的公司和个人则能得到市场的普遍认可。这样一来，良好的经济与社会秩序、规范和道德得以逐步形成和完善。

四、信用的分类和形式

（一）信用的不同维度

在中国，信用与可信度意思相同，信用评级就是对可信度进行评估。这种对信用的狭义解释正在发生变化。信用真正的本质已逐渐为市场参与人所领悟。信用可以从时间框架、地理分布和信用地位这三个方面作进一步的细分。从时间框架上看，信用可分为长期和短期两类；从地理角度看，信用可分为国内和国际两类；从信用地位上看，信用可分为公共（政府）、公司（包括工业企业、商业企业和银行）和消费者信用三类。

公共信用也叫政府信用，指政府进行债务融资和偿还债务的整体能力。政府需要税收收入来提供公共产品和服务，如国防、教育、通信、医疗和社会福利等。然而，政府税收收入的增长速度往往落后于政府每年开支的增长速度，因此每年各国政府普遍积累起大量财政赤字。为了弥补财政赤字，许多政府纷纷发行或出售各类信用工具。信用反映在政府的法定地位中，尤其是有税收收入作为担保，因此又称"公共信用"。公共信用包括政府债券和中央银行发放的贷款。

以美国为例，美国政府共分为三级：联邦政府（中央政府）、州政府和地方政府（包括市级和郡级政府）。为了应对巨额开支，各级政府每年都需要举债。联邦政府用于举债筹资的信用工具包括期限在1年以内的短期政府债券、期限在1年以上10年以下的中期政府债券，以及期限超过10年的长期政府债券。美国各州政府很少超支，特殊情况下发生赤字时，也会发行公债筹资，弥补赤字。由于州政府的财务资源有限，信用风险相对较高，发行的公债不如联邦政府债券好卖。

（二）公司信用

公司信用通常指的是公司债务人的信用，也可以指一家公司为另一家公司提供的信用。从本质上讲，公司信用是产品卖方授予产品买方的货币贷款。公司信用包括制造企业的赊销，即针对企业客户的产品赊销。在产品赊销中，卖方通常是原材料供应商、产品制造商和批发商；买方包括各类企业客户或代理商，是销售的受益方。这种信用通常被视为商业信用。公司信用还包括商业银行、金融公司和其他金融机构为企业提供的信用，以及源自其他交易形式（即期汇款、即期付款和预付款以外）的信用。

银行也是一类企业，经营的就是信用。商业银行或其他金融机构为企业或个人消费者提供信用。在产品赊销的过程中，银行和其他金融机构为产品买方提供资金支持，帮助产品卖方提高销售额。商业银行和其他金融机构贷款给企业，利率和偿还方式依据企业的信用状况而定。未达到信用标准的企业需要提供抵押品，或请求担保人提供担保。担保实际上是一种特殊形式的信用，担保人的信用状况通常会反映在贷款申请人的企业信用评级中。

（三）消费者信用

消费者信用是消费者与提供商品和服务的企业之间的交换关系，具体取决于消费者作出的未来付款承诺。事实上，消费者信用作为一种交易工具，在市场经济中存在了很长时间。第二次世界大战之后，科技发展突飞猛进，社会生产率得到了极大提高。为了卖掉商品，商人们想出了许多具有创意的促销方法，如分期付款、购物券和信用卡等。消费者信用的出现扩大了市场规模，使消费者能够在实际付款前享受到商品或服务。消费者信用的基本特点是利率较高，风险较大，其交易的活跃程度通常与该国金融服务的发展阶段直接相关。在中国，消费者信用在21世纪之后进入了高速发展时期。从目前来看，消费者信用的主要形式是房屋按揭贷款。统计数据表明，房屋按揭贷款的消费者信用风险低于公司信用风险。

第二节 "债"的起源和本质

一、货币史、债务史和金融史从"债"开始

（一）"债"源自"原罪"

瑞·达利欧在他的新书《原则2》里提到，他选择的尺度是债务，是人类不同国家债务的演化历史。"社会创造了人类，因此我们欠社会原始债务。"[①] 最早人和人的关系，是被某种当时的意识形态和统治思想所决定的。以自然为基础的家庭关系和以社会为基础的生产关系受到早期部落中的血缘关系的影响。对于当时的人类来说，"债"是与生俱来的。"'生命是来自天神的贷款'这一概念，确实在其他地方出现过：它似乎在古希腊自发出现，大约与货币和有息贷款在同一时间出现。'我们所有人都欠债，债主是死亡。'诗人西蒙尼得斯（Simonides）大约在公元前500年写道。'生命是一笔债，以死亡来偿还。'这一观点几乎成了众所周知的言论。"[②]

基督教教义说，人来到世间就具有原罪。"在货币诞生之时，我们拥有死亡的'代表关系'。这是一个看不见的世界，它在生命诞生之前，并且超出生命之外——这种代表性，是适用于全人类的象征性的产物，把人类的诞生看作由全人类所引发的原始债务，债主是人类从中降生的超自然力量。这种债务的偿还，永远无法在现实世界中完成（它的偿还已经超出了现实世界的范畴），只能采用献祭的方式偿还。献祭，补充了活人的信用，使得延长生命成为可能，甚至在某些特定的情况下，能够加入神灵之列，达到永生。"[③] 人类历史学家发现货币与债务有关的词源学的证据。"在所有的印欧语系中，'债务'这个词和'原罪''有罪'是同义词，表明宗教、偿还和神圣的/不洁的'货币'领域之间的联系。例如，在'货币'（德语 geld）、'赔偿'或'牺牲'（古英语 geild）、'税收'（哥特语 gild）、

---

① ［美］大卫·格雷伯. 债：5000年债务史（增订典藏版）［M］. 孙碳，董子云，译. 北京：中信出版集团，2021：76.

② ［美］大卫·格雷伯. 债：5000年债务史（增订典藏版）［M］. 孙碳，董子云，译. 北京：中信出版集团，2021：84. 注3。

③ ［美］大卫·格雷伯. 债：5000年债务史（增订典藏版）［M］. 孙碳，董子云，译. 北京：中信出版集团，2021：74.

'有罪'（guilt）之间存在着词根联系"。① 可见，"债"就是原始社会的权利义务关系。社会学家把这种关系的确定称为"界定"。人生来就被各种"界限"所限制，产生了"存在"和"界限"的矛盾。奥尔格·齐美尔写道："事实上，人方方面面的存在，时时刻刻的行为，都处在两个界限之间，这一点决定了人在这世上的定位。"② 原始社会以原始宗教为基础界定人的自然"原罪"，这就是人对"神"的债务关系，而祭祀是对这种债务的偿还。奴隶社会的产生同样以宗教界定人的社会"原罪"，是一部分人对于另一部分人的债务关系。奴隶以自身偿还债务，也成为奴隶主之间交换的货币。

在部落内部，统治者是天生的"债权人"，而被统治者是天生的"债务人"。用科斯定理解释，债权确定给谁，谁就是统治者；债务确定给谁，谁就是被统治者。一旦权利义务关系确定，义务人即债务人就必须通过"社会交换"偿还自己的"债务"。祭祀制度、奴隶制、义务兵、早期税赋就是这种"社会交换"的产物。早期的统治者是"神"或神在人间的代理，即部落首领或国王。祭祀是向神偿还债务，奴隶制、义务兵、早期税赋是向人间统治者偿还债务。而这种决定债权债务关系的并不是某个人或者统治者自身能够决定的，而是由当时社会秩序、意识形态（宗教）等决定的。谁服从谁，依附于谁的社会地位，从人的出生时就已经决定了。被"界定"为奴隶的人，为了实现生命的意义，就要冲破社会确定的界限。奴隶和奴隶主之间的阶级斗争，是"交换和博弈"这一人类追求生命的意义而产生的行为模式以"社会交换"（非市场交易）为特征的表现形式。

马克斯·韦伯说，"由法官确定的赔罪债务是最古老的真正的债务，所有其他债务关系都渊源于它。"③ 现代法律所说的义务，在古代就是"债"。"债"所代表的"权力债务"关系通过"社会交换"解决和通过市场解决划分了人类史前文明、古代文明和现代文明的不同时期。在商品经济出现以后，原始债务关系转化为由货币、借贷和金融所代表的新型"权利义务"关系，而现代金融正是在这个基础上建立起来的。

（二）"债"建立在道德伦理关系和社会秩序的基础之上

"债"反映了全部人的社会关系、法律关系和经济关系的本质特征。虽然大多

---

① ［美］大卫·格雷伯. 债：5000 年债务史（增订典藏版）［M］. 孙碳，董子云，译. 北京：中信出版集团，2021：75.

② ［英］基思·特斯特. 后现代性下的生命与多重时间［M］. 李康，译. 上海：上海文艺出版社，2020：7.

③ ［德］马克斯·韦伯. 经济与社会：下卷［M］. 约翰内斯·温克尔曼整理，林荣远，译. 北京：商务印书馆，2004：28.

数人简单地把"债"理解为一种法律关系，但是"债"的原始基础是道德关系，"债"不能离开人的以伦理道德为基础的社会关系。"如果一个人考察债务的历史，他首先就会发现自己完全陷入了道德困惑之中。这段历史所揭示的最明显的道理就在于，几乎在世界的每一处，你都能发现大多数人自然而然地持有以下两个观点：偿还自己借来的钱是一个道德问题；任何有放贷习惯的人都是坏人。"① 在中国古代，儒教规定的君臣父子关系，本质上也要用"原始债务"来理解。

"历史确实提供了奇妙的提示。例如，在从前信用货币时代，总是要建立用来维持秩序的机构——防止放贷人和官僚、政客沆瀣一气，榨干债户的血汗钱，就像他们现在正在做的一样。随之而来的还有旨在保护债户的机构。而我们现在所处的信用货币的新时代，似乎是以完全相反的方式起步。它开始于建立像国际货币基金组织这样的全球化机构，但不是为了保护债户，而是为了保护债主。"② 即使在今天，原始意义的债务也魂牵梦绕地存在，"在人际层面上，债务可能是间或的访客，也可能是每日的牵挂，导致莫大的焦虑感与无力感。有些人想找到弥补办法，并不一定需要过分改变构成自己生活方式的那些常规与例外的物质特性和符号特性。而在另一些人看来，债务必须日日记挂，以履行对妻儿老小、亲朋好友的义务。"③ 这正是债务和人生关系的真实写照。

（三）债务关系早于商品关系

无论是商品货币、金银等金属、铸币，还是现在的虚拟货币都建立在一定的社会关系的基础上。"信贷系统、账款甚至账单等和人类文明一样古老，它们的出现要远远早于现金。"④在没有商品交换以前，债务关系已经存在。如进贡、税收等的延迟支付，家庭邻里借用生产工具等。社会学家韦伯根据历史学家的发现，早已指出，货币最早执行的不是作为交易媒介的功能，而是作为支付手段的功能，因为最早使用货币主要用于偿还债务。"实际上，人们关于货币历史的标准说法是非常落后的。人类并不是从以物易物开始，然后发现了货币，最终发展出信贷体系。实际情况是另一幅图景。首先出现的是如今被我们称为虚拟货币的东西。很久以后才出现硬币，而硬币的普及程度非常不稳定，从未能够完全取代信贷体系。相应地，以

---

①④　［美］大卫·格雷伯. 债：5000 年债务史（增订典藏版）［M］. 孙碳，董子云，译. 北京：中信出版集团，2021：55.

②　［美］大卫·格雷伯. 债：5000 年债务史（增订典藏版）［M］. 孙碳，董子云，译. 北京：中信出版集团，2021：32.

③　［英］齐格蒙特·鲍曼，蒂姆·梅. 社会学之思：第 3 版［M］. 上海：上海文艺出版社，2020：123 – 124.

物易物似乎是人们在使用硬币或纸质货币的过程中意外诞生的副产品：在历史上，以物易物的方式主要由已经熟悉现金交易的人们使用——当他们由于某种原因无法取得货币的时候，就会采取以物易物的方式。"① 这段话不是太好理解，但是又特别重要。事实上，人类在有商品经济以前就有部落内部和部落之间的债务和债权关系，有点类似于我们今天所说的权利和义务。在奴隶社会以前主要是人和神之间的债权债务关系，祭祀就是偿还这种债务；还有父母子女之间的代际之间的债务，例如抚养义务；以及邻里之间的人情债，通过互相帮助发生和偿还债务。后来奴隶社会出现了人生债务，一部分人出生时就是奴隶，货币大体是在这个时期产生的。最早人们偿还债务就是用奴隶生产的收获用于偿还债务，这里偿还债务就是购买自由身。因此，可能最早是谷物和牲畜，如黄牛，作为货币的支付手段，用来赎身。这时谷物和牲畜就是最早的货币，而货币是作为支付手段出现的，并不是交换媒介。如果奴隶主只希望得到黄牛，那么奴隶就会用谷物去交换黄牛，从而以物易物就发生了。而后来才出现了一种作为一般等价物的货币，作为交换媒介。这一时期，正是人类社会从"社会交换"向"市场交换"的过渡。

（四）商品经济以前的货币和债务

在人类早期部落时代就有了作为支付手段的货币，后来的商品交易出现在部落之间，最初是以物易物的交易，后来出现了作为交易手段的货币。这时货币本质上是一种商品，是作为一般等价物的特殊商品。但是在这以前"货币不仅使债务得以存在，而且货币和债务如影随形，一定同时出现。美索不达米亚的石板上有现存最早的一批书面记录，上面记载着借贷款项、寺庙分发的配额、寺庙土地租赁的欠款等条目，每个条目的数额都以谷物和银子为衡量单位详细记录。早期的伦理学著作，都依次探寻了把道德想象成用债务来表示所具备的意义——换句话说，即用货币来衡量道德的意义。因此，债务的历史就相当于货币的历史。"② 马克思说，货币天然不是金银，而金银天然是货币。货币使跨时安排成为可能，因而具有"债"的性质。"把货币的本质看成一种可转让的债或可转让的信用，这种对货币较为深层次的理解尽管在最近三十年才成为主流认识，但是

---

① ［美］大卫·格雷伯. 债：5000 年债务史（增订典藏版）［M］. 孙碳，董子云，译. 北京：中信出版集团，2021：56.

② ［美］大卫·格雷伯. 债：5000 年债务史（增订典藏版）［M］. 孙碳，董子云，译. 北京：中信出版集团，2021：55.

在政治经济学的思想史上可以追溯到 17 世纪。"① 可见，"债务的历史就相当于货币的历史。"②

经济史、金融史和货币史中谈到货币历史时，总是认为货币是从以物易物的商品交易发展到一般等价物时产生的，但是这种看法受到人类历史学家的挑战。"当经济学家谈到货币的起源时，并不会马上提到债务这一概念。首先出现的是以物易物，随后是货币，此后借贷才发展起来。即使有人去查找讲述法国、印度和中国货币历史的书籍，他看到的也将是几部铸币史，而不会发现关于借贷合约的讨论。近一个世纪以来，包括我在内的人类学家，不断指出以这种方式看待货币历史是错误的。经济活动究竟怎样存在于现实的社会群体和市场中？当我们仔细研究这个问题的时候，会发现几乎每个人都处于负债的状态，只是负债的形式各不相同，并且绝大多数交易并不需要使用货币——而我们所观察到的现象并不会出现在标准的经济学史论述货币的相关章节中。"③

如前所述最早的货币是信用货币，而信用货币来自债务。"在此之前，我们已经注意到了信用货币在美索不达米亚这一人类所知最早的城市文明中普遍流通。在巨大的庙宇与宫殿中，货币在很大程度上起到的是记账单位的作用，而不是实际的转手。而且，商人和小贩还发展出了他们自己的信用安排。这些大多以泥板为物理形式出现，上面刻有某些未来偿还的义务，然后又用黏土封装起来，上面盖上借款人的标志。出借人会保留这个包封，作为信物，到偿还时打开它。至少在一些时候或地方，这些封存的文件似乎发挥了我们今天所说的可转让票据（negotiable instruments）的作用。这是因为泥板里并不只是简单地记录着借款人偿还贷款人的承诺，而且还记录着'持有者'（bearer）的名字。换言之，一块记载着 5 舍客勒白银债务（按通行利率）的泥板，可以在流通中等同于一张 5 舍客勒的承付票（promissory note），这也就等同于货币。"④ 这进一步印证我们前面说到的观点，货币的产生源自原始债务关系。

（五）货币改变债务关系的性质

债务关系和商品关系的区别在于，债务包含时间的要素，而时间要素又是生命

---

① 翟东升. 货币、权力与人——全球货币与金融体系的民本主义政治经济学 ［M］. 北京：中国社会科学出版社，2019：94.

②③ ［美］大卫·格雷伯. 债：5000 年债务史（增订典藏版）［M］. 孙碳，董子云，译. 北京：中信出版集团，2021：35.

④ ［美］大卫·格雷伯. 债：5000 年债务史（增订典藏版）［M］. 孙碳，董子云，译. 北京：中信出版集团，2021：285.

的体现。"生命经由时间这一形式，成为与过程和变化具有内在固有关联的东西。当然尽管时间使存在具备了意义，但是这种存在本身并不完全契合于相当机械的界限的刚性。齐美尔（社会学家，引者注）又一次努力揭示，无论有什么样的界限施加在生命上，生命其实总要超越它。"① 时间维持和改变债务关系总是相伴而生。"债"的这一本质，预示了我们以后要讲到的金融所体现的跨期安排的性质。但是"债"的这种性质首先影响的是货币的性质。货币起到了把人格化的"社会交换"转变为非人格化的商品交易的作用。在这个过程中货币把"人格"物化了。在齐美尔看来，货币既是以劳动分工为标志的复杂都市社会活动的产物，又是这类社会活动的表征。货币最初乃是源于便利城市中的生命与交换的需要，但它没有保持作为一种单纯的手段，反倒成了独立的目的。它没有扩大生命的情境，反倒大大收紧了理性的形式，不仅限制生命，而且变本加厉，试图规定生命，从而囚禁了生命。②

这说明，货币一方面为人格化的债务服务，另一方面在商品经济发展的过程中把人格物化。正是在这个过程中，货币逐渐使自己从交易手段变成资本。"乔弗里-英格汉姆在《金钱的性质》中提出，我们称为资本主义的那种经济体系，其独特之处就在于国家、银行与企业之间的关系中能找到的那些结构关联，以及私人债务是如何被'货币化'的。说到底，金钱就是借贷双方之间的社会关系，包括某种'偿还承诺'。"③ 经济中体现物质总量的是 GDP，而体现人和人的经济关系总量的是债务关系，相当于金融资产的总量。

这里发生的就是从人身债务向借贷债务的转化。韦伯指出了法律中契约责任的演变在其中发挥的作用，他聚焦这样的问题："如何从犯罪人员的连带责任中，发展了契约责任，如何从犯罪的过错作为控告的原因，产生出契约的债务。中间环节是在法律过程中确定的或承认的赔罪过失的连带责任。"④ 人身债务向借贷债务的转换代表奴隶社会向封建社会转换的重要经济特征。

（六）"社会交换"后期和商品交易初期的债务危机

在没有商品经济以前，债务是通过"社会交换"的方式解决的。比如奴隶买

---

① ［英］基思·特斯特. 后现代性下的生命与多重时间［M］. 李康，译. 上海：上海文艺出版社，2020：15.

② ［英］基思·特斯特. 后现代性下的生命与多重时间［M］. 李康，译. 上海：上海文艺出版社，2020：17.

③ ［英］齐格蒙特·鲍曼，蒂姆·梅. 社会学之思：第 3 版［M］. 上海：上海文艺出版社，2020：123.

④ ［德］马克斯·韦伯. 经济与社会：下卷［M］. 约翰内斯·温克尔曼整理，林荣远，译. 北京：商务印书馆，2004：31.

卖交易，战争赔偿，宗教祭祀、赎罪券、大赦制度、赋税等。最早的货币是在这一阶段出现的。这时的货币只有支付手段的功能，比如缴税、支付战士的津贴和部落首领的奖赏等。但是商品经济出现后，就出现了债务危机。商业经济的出现最先带来的影响之一，就是一系列债务危机，和我们已经熟知的美索不达米亚及以色列出现的债务危机类似。亚里士多德在他的《雅典政制》（*Constitution of the Athenians*）一书中简明扼要地指出："穷人和他们的妻子女儿们一起受到富人的奴役。"然后革命派出现，要求大赦。大多数希腊城市至少在某一时期都被信奉平民主义的铁腕分子掌握了权力，部分原因是他们要求实行激进的债务减免政策。但是，大多数城市最终找到的解决方法，和近东地区采用的方法有很大的区别。希腊城市并没有把周期性的大赦制度化，而是采用立法来限制或废弃劳役偿债。债务危机的出现，导致了社会变革。马克思所说的阶级斗争，就是债务人推翻债权人的斗争。"从商业市场发展的那一刻起，希腊的城邦就迅速产生了曾经在中东的城市中肆虐了上千年的全部社会问题：债务危机、债务抵制、政治骚乱。"① 原始债务时期，货币作为支付手段可以从人类历史学家那里找到证据。在中国先秦时代，"皮、币两种物品在当时也只是作为支付工具，不是作为正式货币。"② 中国古代时，货币用于"社会交换"时的支付手段和货币用于商品交易时作为交换手段的功能明确分开。"司马迁也说秦始皇以黄金为上币，铜钱为下币。西汉武帝又有皮币发行，这些币，除了下币以外，其实都是支付手段。"③ 这里上币用于社会交换，而下币就是用于商品交易的。

（七）"社会交换"和商品交易时货币和债务性质的转变

从"社会交换"到商品交易，货币发挥了重要作用。首先货币从支付手段转化为交换媒介，成为交易手段。"货币引入了一种欲望的民主化。"④ 这一过程伴随着奴隶制度的废除和奴隶的解放。从美索不达米亚的文字中，可以找到"自由"这个词的原意，就是奴隶的解放。"苏美尔语'amargi'是已知的人类语言中第一个出现的意为'自由'的词，其字面意义是'回到母亲身边'。"⑤ 这时，"货币就

① ［美］大卫·格雷伯. 债：5000 年债务史（增订典藏版）［M］. 孙碳，董子云，译. 北京：中信出版集团，2021：230.
② 彭信威. 中国货币史：上册［M］. 北京：中国人民大学出版社，2020：7.
③ 彭信威. 中国货币史：上册［M］. 北京：中国人民大学出版社，2020：8.
④ ［美］大卫·格雷伯. 债：5000 年债务史（增订典藏版）［M］. 孙碳，董子云，译. 北京：中信出版集团，2021：229.
⑤ ［美］大卫·格雷伯. 债：5000 年债务史（增订典藏版）［M］. 孙碳，董子云，译. 北京：中信出版集团，2021：83.

从衡量荣誉的手段，变成了衡量与荣誉毫不相关的东西的手段。"① 货币使原来"社会交换"中的礼物和贷款没有差别。"随着货币的出现，礼物和贷款之间的界限变得不再清晰。一方面，即使是收到礼物，一般人们也认为应该回赠比收到的礼物稍好一点的东西。"② 中国字"债"的词源大概就是债务人用货币向主人偿还的意思。这也说明货币的出现是作为支付手段，而非交换媒介。

"由法官确定的赔罪债务是最古老的真正的债务，所有其他债务关系都渊源于它。反过来，在这个意义上，起初所有法院可以追究的权益要求，都只不过是一些责任的权益要求。"③ 商品经济出现以后，伴随着"唯物论"思想的出现，与神和权力有关的原始人身债务（奴隶制）开始消失，④ 人格化的原始债务变成了非人格化的债务和利息。原始债务使一部分人变成奴隶，一部分人变成奴隶主，从此国家和政府出现了。货币首先用于衡量奴隶主的权力和贵族的"荣誉"，然后用于支付军人的津贴。而军队首先用于国内对奴隶的镇压，然后用于对外的扩张。对外扩张的目的之一是增加外部的奴隶，减少内部奴隶的反抗。办法之一就是解放这些奴隶，给他们公民权，使他们变成为对外扩张的军队的成员。伴随这个过程的就是货币逐渐成为衡量物质资产的价值。在这个过程中"唯物论"思想反映了货币从衡量"人格"向衡量"非人格"的转化。"我们随处可见军事——铸币——奴隶制合成体的出现，也看到了唯物论哲学的诞生。这些哲学唯物论事实上兼具两种意义：一者，它们将世界看作由物质力量而非神圣力量组成的；二者，它们将人类存在的终极目标看作积累物质财富，道德和正义的理想被重构成用来满足民众的工具。"⑤ 货币加速了从"社会交换"到市场交易的转移过程，以及对以"人格"为特征的原始债务的重视向以"非人格"为特征的债务的转移过程。"最早有些典型的情况，其中之一是承认目的契约债务必然成为一种经济上的需要，这就是借贷债务。"⑥

不过"从古代的实际债务依附到形式的债务奴役，同样在中世纪和近代从出口行业手工业者对于精通市场的商人的依附，最后直到采用权威的劳动调节的家庭

---

① ［美］大卫·格雷伯. 债：5000 年债务史（增订典藏版）［M］. 孙碳，董子云，译. 北京：中信出版集团，2021：228.

② ［美］大卫·格雷伯. 债：5000 年债务史（增订典藏版）［M］. 孙碳，董子云，译. 北京：中信出版集团，2021：231.

③ ［德］马科斯·韦伯. 经济与社会（下册）［M］. 约翰内斯·温克尔曼整理，林荣元，译. 新教伦理 北京：商务印书馆，1997：28 – 29.

④⑤ ［美］大卫·格雷伯. 债：5000 年债务史（增订典藏版）［M］. 孙碳，董子云，译. 北京：中信出版集团，2021：297.

⑥ ［德］马科斯·韦伯. 经济与社会（下册）［M］. 约翰内斯·温克尔曼整理，林荣元，译. 新教伦理，北京：商务印书馆，1997：31.

手工业的依附，过渡是模糊的。"①

到了资本主义产生时期，这一过程加速了，这就是在生产过程中的劳动力被重新加以物化。但是货币衡量权力所有者的权力的原始功能并没有变化，贿赂就是货币作为最原始的支付功能的应用。而且货币进一步向衡量政府权力和制度的方向发展，向衡量国家信用和商业信用的方向发展。国家发行的纸币正是对于权力和制度的衡量。另外，转为"非人格化"的货币衡量物质商品和财产价值的功能由于金融数学和金融工程的出现而变得更为精准。国家信用可能由于政权的不稳定和多发货币而受到侵蚀，从而引发债务危机。

（八）市场交易和"社会交换"

社会空间分为共同体空间和社会市场空间。前者是熟人社会，后者是陌生人社会。社会学家滕尼斯把这两类空间区分为共同体和社会体。"共同体应该理解为一种生命有机体，而社会体则应理解为一种机械聚集体和人工虚设体。"② 我们关心的是这两类社会空间中人的行为的不同特点。

虽然"交换和博弈"这一范式在这两类社会空间中都是普适的，但是前者以社会交换为主要形式，后者以市场交易为主要形式。社会交换是一种互惠经济。馈赠是社会交换的一种最为温和的方式，是对他人的贡献的一种反馈，是人情往来的主要形式。馈赠不是单向的，它只是表现为单向。因此，以共同体空间为基础的社会空间存在着互惠型经济（reciprocal economy）。

如果说债权代表着债务的发生，馈赠则代表非显性债务（人情债）的偿还。现代慈善业就是馈赠的发展。"'馈赠'的观念只是一个共有的名目，涵括多种多样的行为，其纯粹性各有差异。这些实例与理想的存在不同程度的偏离。就其最纯粹的形式而言，馈赠应该完全不带有利益的考虑，提供的时候不考虑接受方的资格条件。不关注利益就意味着缺乏任何名目或形式的酬报。按照通常交换的标准判断，纯粹的馈赠就等于纯粹的损失。说到底，这是一种纯粹道德意义上的获益，构筑起一种特殊的行动，其逻辑难以被认识到。"③ 在现代社会市场空间中，馈赠这种共同体内的社会交换方式就逐渐演化为利他主义的纯粹形式，从而慈善事业成为

---

① ［德］马科斯·韦伯. 经济与社会（下册）［M］. 约翰内斯·温克尔曼整理，林荣元，译. 新教伦理，北京：商务印书馆，1997：267.

② ［英］基思·特斯特. 后现代性下的生命与多重时间［M］. 李康，译. 上海：上海文艺出版社，2020：96.

③ ［英］齐格蒙特·鲍曼，蒂姆·梅. 社会学之思：第3版［M］. 李康，译. 上海：上海文艺出版社，2020：126-127.

超越共同体空间的古老"馈赠"的现代形式。

人类的行为范式"交换和博弈"包括原始的"社会交换"和与商品交换相关的商品市场交易以及与金融产品交换相关的金融市场交易①。虽然现代社会由商品经济和市场经济主导，但以原始债务关系和货币为基础的"社会交换"并没有消失。计划经济缺少市场，没有经济市场，但是有社会市场，这里古老的"社会交换"又派上了用场。即使在发达的市场经济社会，贿赂、议会的院外运动（lobby）、礼尚往来、奉献、义务劳动、义务兵役制度、企业社会责任、赋税等仍然具有"社会交换"的性质。古老的"债务"形式补充了市场经济"债务市场"交换的不足。这样就容易理解通过激发"爱国热情"发行国债是一种"社会交换"的形式。这不能完全用道德伦理来解释。从这个意义上说，亚当·斯密的《国富论》和《道德情操论》所形成的"斯密悖论"，完全可以用人的行为范式"交换和博弈"来解释。

现代社会并没有离开"社会交换"，就是今天的美国，很小的乡镇中，银行还做存贷款业务，这是基于以社会关系为基础的信用。而大银行，特别是国际化的银行基本不再以存贷款业务为主，因为贷款所需的信用缺少社会关系的纽带。这种中国称为"关系"的"社会交换"，是熟人社会的协作方式②。社区越小熟人越多，"关系"的作用越大。"从熟人社会转向陌生人社会，人们的关系发生了根本性转变，熟人社会中可以通过'关系'互相提供的某些服务，变得只能依靠市场来提供。"③ 这一特性，如果用人的行为范式"交换和博弈"来理解，就相对简单。根据博弈理论，"人群规模越大，出现合作解的可能性越小；人群规模越小，出现合作解的可能性越大。"④ 用经济学的语言来讲，这说明社会交换出现均衡点的可能性更大。

（九）债务体现了人类的行为范式"交换和博弈"得以实现的形式

以上说明，理解"债"的本质必须理解"交换和博弈"这一人类行为的范式。一切社会学和经济学的范畴都是从这一范式中演化出来的。因为社会市场、政治市场和经济市场都是"交换和博弈"的形式，是个体和组织的行为的实现手段（见图1-2）。

交换涉及自然和社会禀赋，涉及生产，涉及交易成本；博弈涉及制度（博弈的规则和结果）和组织，涉及知识和信息（博弈策略），涉及内生交易成本，这些

---

① 高坚："经济学元理论"公众号，第5章、第18章。
②③④ 张琦.关系的衰落与市场的兴起."经济学原理"公众号，2021-10-8。

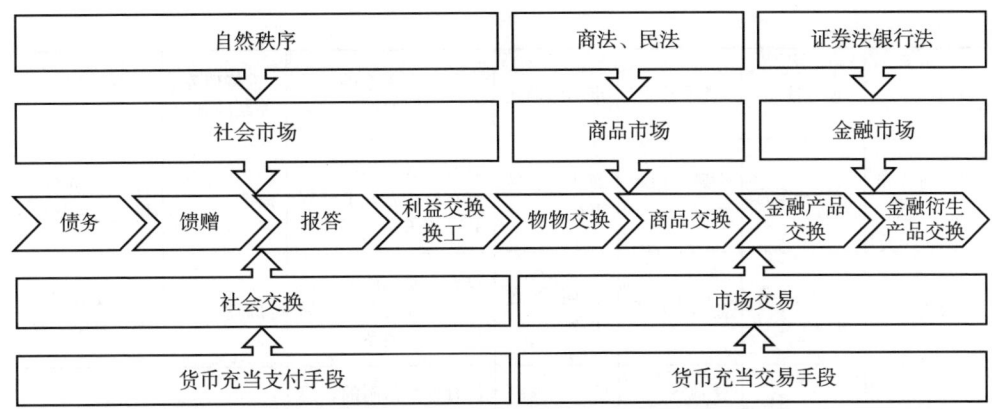

图1-2 人类行为范式"交换和博弈"得以实现的形式

资料来源：笔者绘制。

内容统揽全部经济学学派。理解这一点的关键是，"债"是负的社会禀赋。主流经济学提供了"交换和博弈"的一种出发点：方法论个人主义，理性选择等。但是"交换和博弈"的出发点可能是不同的，如方法论集体主义、利他主义、道德和自然秩序等。在《经济学元理论》[①] 中"交换和博弈"这一人类行为范式特别地用"交易"一词表示，以区别单纯的"交换"。不包含博弈在内，就无法理解制度、组织、权威、政府背后人和人的关系及他们之间的交换和博弈，也不能理解内生交易成本的存在。但是经济学的"博弈论"研究的是博弈均衡和结果，它为"交换和博弈"的均衡提供了理论依据，但是博弈论只是主流经济学的一个分支，而不是主流经济学的根基。"交换和博弈"的行为范式是使"债"得以实现的形式，从社会交换、货币支付，发展到货币作为商品交换媒介，再发展到借贷市场，最后发展到金融市场。表1-1给出了债务、货币、金融演化过程及其与文明和制度进步的关系。

表1-1 债务、货币、金融演化过程

社会	债务性质	货币性质	市场的形式	社会关系的法律性质	维持债务关系的制度	交换和博弈的形式
史前社会	与生俱来的社会关系	信用货币	"社会交换"得以实现的社会市场	有人身依附的权力债务关系	原始宗教、习惯和社会秩序	只有社会交换

---

① 高坚："经济学元理论"公众号，第18章。

续表

社会	债务性质	货币性质	市场的形式	社会关系的法律性质	维持债务关系的制度	交换和博弈的形式
轴心时代和市民社会	借贷和银行	金属货币和铸币	商品交易市场	没有人身依附的，建立在商法基础上的权利义务关系	商法	社会交换和市场交易相结合
前资本主义	股票债券市场	金本位货币	早期金融市场	没有人身依附的，建立在民商法基础上的权利义务关系	民商法	社会交换和市场交易相结合
现代资本主义	债务工具和衍生产品	信用货币	现代金融市场	没有人身依附的，建立在公司法、证券法基础上的权利义务关系	公司法、证券法	社会交换和市场交易相结合

资料来源：笔者制作。

二、金融和债务

一部债务史就是一部金融史。债的起源就是金融的起源。中国人把金融称为"资金融通"。日本人则称为"货币之融通"。[①] 英语中，"finance"一词产生于17世纪。其词根"fin"是结束之意，意思是"债务的解决"，即"还清欠款"。[②] 因此，金融就是清偿债务之意。这也说明最初金融和债务是联系在一起的。

（一）利息的产生

公元4000年前左右，两河流域已经出现了市场经济的先进文明。美索不达米亚的泥板保存了最古老的文字——楔形文字，这些文字记载了很多个人之间的债务合同。如在公元前1823年的一块泥板上记载了一份借款合同，其中有债权人、债务人的名字，偿还内容（白银本金加利息），偿还时间（谷物收获时）。[③] 其中古代巴比伦的《汉谟拉比法典》规定了赊购啤酒，只能用谷物还款等。说明赊购在当时已经是普遍现象。赊购涉及早期债务关系和消费信用。[④]

---

① 根据板谷敏彦的考证，"金融"一词在日本出现在明治维新时期，［日］板谷敏彦. 世界金融史［M］. 王宇新，译. 北京：机械工业出版社，2018：前言Ⅳ.

② ［日］板谷敏彦. 世界金融史：泡沫、战争与股票市场［M］. 王宇新，译. 北京：机械工业出版社，2018：前言Ⅳ.

③ ［日］板谷敏彦. 世界金融史：泡沫、战争与股票市场［M］. 王宇新，译. 北京：机械工业出版社，2018：8.

④ ［日］板谷敏彦. 世界金融史：泡沫、战争与股票市场［M］. 王宇新，译. 北京：机械工业出版社，2018：3.

有了债务，不仅要偿还本金，也会产生利息支付。"我们不知道需要支付利息的贷款何时出现，也不知道其如何出现，因为它们的出现似乎早于文字的诞生。最有可能的情况是，寺庙僧侣发明了支付利息的贷款，作为向篷车交易提供资金支持的手段。"① "因此，很早以前，寺庙僧侣就形成了把商品分配给本地商人的习惯（有些商人是独立的个体，而有些则是寺庙里的僧侣），商人们将离开平原，到其他地区出售商品。对于寺庙来说，利息是分享商品出售收益的一种方式。"② "但是，一旦这种方式被确立下来，其原理似乎就很快扩散开来。"③不久，人们就发现不但出现了商业贷款，而且出现了消费贷款——"高利贷"的原始意义。到了公元前 2400 年，对于那些经济上有困难的农民，以担保物抵押放贷已经成为本地官员或富商的惯例做法。如果农民不能偿还贷款，放贷者就会把他们的财产据为己有。收取财产通常从谷物、绵羊、山羊和家具开始，然后是土地和房屋，最终甚至有可能发展到家庭成员。首先是仆人，然后是子女和妻子，在某些极端的情况下，债户自己也会被用于偿还债务。这些人将变成债务苦工，并不是奴隶，但是和奴隶区别不大，被迫在债主的家里（有时在寺庙或宫殿里）一直工作下去。当然，从理论上说，只要债户偿还了借款，就可以把自己全部赎回。但是很显然，农民被剥夺的财产越多，他们就越难以偿还借款。④利息就是"后代"带来的收入。"利息的起源会永远难以捉摸，因为它早于书写的发明。在大多数古代语言中，指代利息的术语都是从某个和'后代'有关的词语中衍生出来的，这使得有些人猜测它起源于牲畜贷款，但这显得有点拘泥于字面意义了。最早普遍流行的有息贷款更有可能是商业上的：寺庙和宫殿会预先把一些物件交给商人，商人然后会前往附近的山地王国或远航海外，出售这些物件。"⑤

古人用朴素的思想理解利息。苏美尔人所说的利息从词源来看，就是"生育"的意思，当时的货币主要是家畜黄牛。"为什么人们频繁地使用牛作为货币呢？德国历史学家伯纳德·劳姆（Bernard Laum）早已指出，在古希腊荷马时代，当人们衡量一条船或者一套盔甲的价值时，总是使用公牛作为度量单位——尽管他们在实际进行物品交换时，从来不会真的为任何物品支付公牛。这么做的原因是，公牛是

---

①③④　［美］大卫·格雷伯. 债：5000 年债务史（增订典藏版）［M］. 孙碳，董子云，译. 北京：中信出版集团，2021：83.

②　这是因为，"篷车交易非常重要，因为尽管古代的美索不达米亚河谷极为丰饶，能够生产大量富余的谷物和其他食物，并供养许多牲畜，从而提供大量的羊毛和毛皮，但除此之外，那里几乎一无所有——石头、木头、金属甚至作为货币使用的银子，都需要进口。"［美］大卫·格雷伯. 债：5000 年债务史（增订典藏版）［M］. 孙碳，董子云，译. 北京：中信出版集团，2021：83.

⑤　［美］大卫·格雷伯. 债：5000 年债务史（增订典藏版）［M］. 孙碳，董子云，译. 北京：中信出版集团，2021：258.

人类用来供奉给神明的祭品，因此代表着绝对的价值。从苏美尔文明到希腊古典时期，金银作为寺庙的祭品用于供奉。在世界各地，货币似乎都是从最适宜供奉给神明的物品中诞生的。"①

如果借出黄牛，那么黄牛生出的小牛就相当于利息。而汉语中的"利息"，就是"子嗣可以带来的利益"。② "包括希腊在内的许多地中海区域使用的语言中，'利息'这个词也有'后代'的意思。"③

《汉谟拉比法典》对利率有上限的规定。小麦的借贷利率为33.3%，白银的借贷利率为20%。④ "法律规定，如果无法还清贷款，债务人将沦为奴隶，但为奴时间最长不得超过3年。"⑤

以后到东罗马时期，基督教认为，"利息并非由财富产生，而是由时间产生。"而时间不属于任何人，只属于上帝。⑥ 虽然基督教把利息与上帝联系起来，缺少科学依据，但是承认利息产生于时间，则是一个新的进步。也就是承认了货币的时间价值。虽然教会禁止收取利息，但是收取利息的行为的确屡禁不止。⑦ 教会甚至曾经把每个信徒变为债务人，发行"赎罪券"。这成为后来宗教改革的起因之一。伊斯兰教禁止收取利息，"但是或许由于创始人穆罕默德曾为商人，伊斯兰教允许赚取中间差价的交易。"⑧

（二）铸币、战争、市场和国家

铸币、战争、市场和国家的出现首先是为了解决债务危机。"将雅典（它在地中海沿岸建立了广阔的海上帝国）和罗马来比较，我们就能立即发现它们惊人的相似之处。两者的故事都从一系列债务危机开始。在雅典，第一次债务危机的爆发，引发了公元前594年的索伦改革。那时，年代尚早，铸币几乎不会是其中一个因素。在罗马也是一样，最早的几次债务危机似乎发生于货币出现以前。不过，在

---

① ［美］大卫·格雷伯. 债：5000年债务史（增订典藏版）［M］. 孙碳，董子云，译. 北京：中信出版集团，2021：75.

② ［日］板谷敏彦. 世界金融史：泡沫、战争与股票市场［M］. 王宇新，译. 北京：机械工业出版社，2018：11.

③ ［美］大卫·格雷伯. 债：5000年债务史（增订典藏版）［M］. 孙碳，董子云，译. 北京：中信出版集团，2021：231.

④⑤ ［日］板谷敏彦. 世界金融史：泡沫、战争与股票市场［M］. 王宇新，译. 北京：机械工业出版社，2018：8.

⑥⑦ ［日］板谷敏彦. 世界金融史：泡沫、战争与股票市场［M］. 王宇新，译. 北京：机械工业出版社，2018：38.

⑧ ［日］板谷敏彦. 世界金融史：泡沫、战争与股票市场［M］. 王宇新，译. 北京：机械工业出版社，2018：40.

雅典和罗马，解决的办法都是铸币。"①

原始的信用货币适应一个民族的内部市场，也就是一个部落或若干个相同文化的部落之间的市场。金属货币和铸币的出现一定与战争和世界市场有关。从很多国家的历史来看，"不论最初是如何起源的，硬币和市场涌现出来，首要就是为了供养战争机器。"②

国家也就是在这个过程中产生的。"正是这样，起源于战争的市场经济逐渐由政府接手。这个过程非但没有阻止货币的传播，反而将传播效果扩大了两倍，乃至三倍：军事逻辑延伸到了整个经济体，政府有系统地设立了谷仓、厂房、贸易所、货栈和监狱，都由带薪官员经营，在市场上出售产品，从而回收向士兵和官员支付的银币，把它们再次放回王国的国库。这样做的结果是使日常生活货币化，这样的情形再次出现是 2000 年后。"③战争和军事推动了市场的发展。这个市场是为军事服务的人员之间的市场。在公元前 600 年左右的印度，战争就是这样推动了市场的出现。"不论在战场还是要塞，不可避免地会有各种人随着军营流动——小商贩、妓女和受雇用的仆人。这些人和士兵一道成为现金经济最初形成的媒介。到了考底利耶的时代，也就是再过几百年，国家便介入了这个过程的各个方面：考底利耶建议表面上慷慨地给士兵发放薪水，然后秘密地用政府人员代替小商小贩，这样就可以对补给品收取两倍于常规的价格。卖淫也由一个部门组织。妓女在这个部门可以接受间谍训练，从而可以向政府详细报告她们的客人是否忠于国家。"④事实上，中国山西票号当时也是为了在山西戍边的军队提供服务而产生的。

（三）统治者向民间借债——最早的国债

早在公元前 4 世纪初期的古代希腊城邦锡拉库萨，就有了统治者向民间借款的行为，相当于最早的国债。当时城邦的僭主狄奥尼西奥斯一世向市民借款，最后无能力偿还。但是僭主毕竟有国家权力，于是把市民的全部德拉克马银币收回，把 1 德拉克马银币刻印成 2 德拉克马。"于是，市场上流通的货币总额凭空增加了一倍。虽然国王返还给市民的金额和上缴时一样，但民众实际拿到手的银币数量减少了，白银的质量仅有一半。"僭主用国家权力（市民不上缴手中的货币将处以死

---

① ［美］大卫·格雷伯. 债：5000 年债务史（增订典藏版）［M］. 孙碳，董子云，译. 北京：中信出版集团，2021：273.

②④ ［美］大卫·格雷伯. 债：5000 年债务史（增订典藏版）［M］. 孙碳，董子云，译. 北京：中信出版集团，2021：277.

③ ［美］大卫·格雷伯. 债：5000 年债务史（增订典藏版）［M］. 孙碳，董子云，译. 北京：中信出版集团，2021：278.

刑）收取全部市民手中的货币，用这种方法将收缴的市民手中的银币的一半据为己有，这实际上相当于税收。这个僭主最后用"税收"偿还了债务。[1] 马克思指出，中世纪热那亚最早出现了统治者向民间的借债行为。但是现代意义的国债最早由英格兰银行1665年后发行，当时称为"还款凭证"。然而，1672年，查理二世无力偿还债务，这笔债务出现了违约。[2]

（四）罗马法和财产权

商业活动以个人财产权为基础。现代制度经济学或者产权经济学认识到了所有权或者产权的重要性，事实上，法律上对于财产权的认定和商品经济的发展同步。关于个人财产权，《汉谟拉比法典》已经提到，古代希腊的雅典也有相关记载。以此基础上，《罗马法》进一步明确规定。"所有形式的财产都应属于一位明确的所有者，该所有者有资格缔结与该财产有关的契约关系。"[3] 这里最重要的是规定所有财产都有所有者，所有者才有权作为财产或债务合同缔约方。

（五）有限合伙企业和专利法

有学者认为商人和早期企业家产生于古代美索不达米亚时代，也有学者认为其产生于古典时期（classical antiquity）。基本商业惯例的绝大多数技术和方法，如货币、统一度量衡、测算工具、账目管理和编制年报表所必需的价格（Hudson and Wunsch，2004）、利息收取（Van De Mieroop，2005；Hudson and Van De Mieroop，2002）以及公共机构和私营商人之间的利润分享制度，涉及长途贸易、土地租赁、作坊生产和啤酒零售销售让利等（Renger，1984，1994，2002），在公元前第三个千年近东青铜时代的神庙和宫廷中已经产生。[4]

后来，合伙经营和分享制度在中东和欧洲迅速发展起来。"利润共享合伙制在后来的中东成了十分普遍的做法。对此的解答也许是，利润共享合伙制通常是在商人或有类似背景与经验的人之间缔结，他们有办法了解到对方的行踪。宫殿或庙宇中的官员与游走四方的商人冒险家鲜有共同点，而且官员似乎一般认为，不能指望

---

① ［日］板谷敏彦. 世界金融史：泡沫、战争与股票市场 ［M］. 王宇新，译. 北京：机械工业出版社，2018：17.

② ［日］板谷敏彦. 世界金融史：泡沫、战争与股票市场 ［M］. 王宇新，译. 北京：机械工业出版社，2018：52.

③ ［日］板谷敏彦. 世界金融史：泡沫、战争与股票市场 ［M］. 王宇新，译. 北京：机械工业出版社，2018：34.

④ ［美］戴维·兰德斯，乔尔·莫克尔，威廉·鲍莫尔. 历史上的企业家精神——从美索不达尼亚到现代 ［M］. 姜井勇，译. 北京：中信出版集团，2021：11.

从远处归来的商人将他的冒险投机完全如实道来。如果设定一个利率，那么一个能言善道的商人，不管怎样捏造有关遭遇强盗、沉船或飞蛇、大象攻击的故事，都不能改变分毫。收益预先就固定好了。"①

中世纪意大利具有重要影响的事件是有限合伙企业的出现，说明远在资本主义出现以前，就已经有了作为现代市场经济基础的法律制度。亚当·斯密在《国富论》中曾经说，合伙企业比股份公司具有更大的激励。此外，世界上第一个专利诞生于佛罗伦萨，授予了大理石运输船的设计者菲利波-布鲁内列斯基。1474 年，威尼斯颁布《专利法》，相关法律逐渐完备。

（六）利润、金融数学、簿记和会计制度的建立

非人格化的市场的出现要求精确计算，从而人格变得不重要。"人与人之间所有亲密感性的关系都是建立在个体性的基础上，而在理性的关系中，人只是作为数字被计算，作为本身无关紧要的元素。只有客观的、可测量的成就值得去关注。"② "理性"这个概念实际上来自人们对比率的认知。"市场的发展无疑发挥了一些作用。市场不仅使人脱离了众所周知的等级或社团的桎梏，而且还鼓励了某种理性计算，衡量投入与产出、手段与目的的习惯。所有这些都必然在与此同时同地出现的新的理性探求精神中有所体现。我们甚至可以用'理性的'（rational）一词略窥端倪：它当然是从 ratio '比率'一词衍生出来的。比率是一种数学运算，之前主要是建筑师和工程师在使用，但随着市场的兴起，每个不想在交易中受欺骗的人都必须学习如何进行这个运算。"③ 接着利润的概念开始出现。"这里，交易确实变成了简单的计算：多少 X 可以换成多少 Y。人们计算比率、估计质量，然后试图达成最好的买卖。这导致在轴心时代出现了一种新的思考人类动机的方式，各种动机有了激进的简化，人们得以开始讲'利润'和'利益'之类的概念——并且假定这就是所有人在生存的各个方面真正在追求的。"④ 中国字"利"的词源就是人站在镰刀旁边，意思是"收获"。虽然有了利润的概念，但是在中世纪，谋利行为被认为是不道德的。"14 至 15 世纪的佛罗伦萨，是当时最发达的资本主义中心，也是所有政治强国的货币和资本市场。在

----

① ［美］大卫·格雷伯. 债：5000 年债务史（增订典藏版）［M］. 孙碳，董子云，译. 北京：中信出版集团，2021：259.

② ［英］基思·特斯特. 后现代性下的生命与多重时间［M］. 李康，译. 上海：上海文艺出版社，2020：17.

③ ［美］大卫·格雷伯. 债：5000 年债务史（增订典藏版）［M］. 孙碳，董子云，译. 北京：中信出版集团，2021：285.

④ ［美］大卫·格雷伯. 债：5000 年债务史（增订典藏版）［M］. 孙碳，董子云，译. 北京：中信出版集团，2021：286.

那里，谋利行为在道德上被视为是不正当的，或充其量只被默许。"①

有了利润的概念以后，成本和财务成为管理科学的出发点。威尼斯武器库的记账最早采用了复式记账法。② 中世纪意大利佛罗伦萨商人达蒂尼从 1384 年就开始改变单式记账为复式记账。同时不动产以及有形资产的相关账目已经采用折扣和摊销。

现代会计之父——卢卡·帕乔利出生于意大利托斯卡纳。1494 年帕乔利写出一部历史性的著作《算术、几何、比与比例概要》（又称为《数学大全》）。这本《数学大全》包括算术、代数、几何、金融数学、簿记等领域。书中说明了复式簿记的概念。这样，帕乔利也被后世称为"现代会计之父"。③

（七）商人银行和商业银行的出现

公元前 625 年，美索不达米亚文明进入了新巴比伦时期。这一时期出现了最早的综合性商贸机构，是现代商人银行的前身。"在货币的诞生地古希腊，以不动产为抵押的融资交易非常活跃。"④

信贷及其原则可能早在公元前 2400 年就已经存在。"在苏美尔人的文献最早出现的时候，也许世界还没有到如此境地。不过，在那时，有息贷款乃至复利贷款的原则，已经为人们所熟悉。例如，在公元前 2402 年，拉格什（Lagash）国王恩美铁纳（Enmetena）的一块王室铭文（这是我们发现的最早的铭文之一）指责他的敌人、乌玛的国王占据一大片法律上原本属于拉格什王国的农田长达数十年之久。他宣布：通过计算那整片土地的租金及为此租金需要支付的利息（按年复利率计），得出乌玛王国现在欠拉格什王国 4.5 万亿升大麦。"⑤

罗马法对于古代罗马帝国和中世纪的意大利有重要影响。古代意大利在中世纪就有了汇兑业务。这和十字军东征过程中商业和金融服务业有关。在佛罗伦萨的美蒂奇家族为教会管理财产，建立了最早的股份公司。意大利的一些城市成为世界的商业中心，也出现了世界上最早的银行，如西亚那银行、威尼斯银行、美蒂奇银行

---

① ［德］马科斯·韦伯. 新教伦理与资本主义精神［M］. 李修建，张云江，译，北京：九州出版社，2006：69.

② 笔者在博洛尼亚大学管理学院访问时，卢卡教授专门研究威尼斯武器库的复式记账法。但是多数人还是认为穆斯林商人发明了现代会计的方法——复式记账法。见［日］板谷敏彦. 世界金融史［M］. 王宇新，译. 北京：机械工业出版社，2018：42.

③④ ［日］板谷敏彦. 世界金融史：泡沫、战争与股票市场［M］. 王宇新，译. 北京：机械工业出版社，2018：50.

⑤ ［美］大卫·格雷伯. 债：5000 年债务史（增订典藏版）［M］. 孙碳，董子云，译. 北京：中信出版集团，2021：259.

等。按照马克思的说法，银行业起源于货币经营业。在银行出现以前，早期意大利伦巴第地区（米兰地区）的商户经常在店铺外摆放交易柜台。这个柜台称为"bench"（英语是"长凳"的意思），就是意大利语"banco"和英语"bank"的语源。① 伦巴地早期货币经营业以兑换摊位的形式出现。后来威尼斯银行称为"书写的银行"，柜台上只放账簿。而真正现代意义的银行是佛罗伦萨的美蒂奇银行和热那亚的圣乔治银行，具有完整的职能和分工管理，称为"大银行"。② 这些银行已经广泛开展存款、贷款、汇款和支票业务。③

在中国专门从事放贷业务的机构很早就出现了。"中国自秦汉统一以后，国内外贸易开始发展。外国方面，同中国形成贸易关系的，有印度、大秦、安息等地。"④ 从此，商人阶级开始发展起来。"商人利润之高，使人民之间贫富差别越来越大。借贷行为自然也更多了。那里不但商人资本猖獗，高利贷也很发达。因为放债的人，不只普通商人，还有专以放款牟利的子钱家。长安就有一个放款市场。"⑤说明唐代中国已经有了银行的雏形，与中世纪的意大利出现银行的时间差不多。

与此同时，中东已经发展出来先进的银行业务——支票业务。"在大约公元1000年的时候，银行家已经成为巴士拉不可或缺的人物：每个生意人都有自己的银行账户，在集市上只用银行账户的支票付款……"。⑥

中国最早的银行称为票号。中国票号是我国旧式信用机构之一。它以经营汇兑为主要业务，故名"票号""票庄""汇兑庄"。同时，因为票号为山西人所经营，故又有"山西票号""山西银行""西帮""西客"等称号。票号早已存在，在新式银行未设立前一个不太短的时期内，曾是我国金融事业的中心，承受公私款项，起着代理国库的作用。

票号产生于嘉道时代，根据现有资料，第一家票号为平遥县日升昌。其前身为颜料庄，经营铜绿，往来于京津与四川之间，获利甚厚。经理人雷履泰与李姓股东合议，于1824年（道光四年）改组为票号。日升昌于1824年专营票号业，可从以下事实得到证明：一是该号悬挂之牌匾年代；二是平遥县文史馆馆员石生泉先生亲眼见过的日升昌"万金账"。保管银两的代保管单就是纸币的原型。⑦

---

① ［日］板谷敏彦. 世界金融史：泡沫、战争与股票市场［M］. 王宇新，译. 北京：机械工业出版社，2018：50.

②③ ［日］板谷敏彦. 世界金融史：泡沫、战争与股票市场［M］. 王宇新，译. 北京：机械工业出版社，2018：51.

④⑤ 彭信威. 中国货币史：上册［M］. 北京：中国人民大学出版社，2020：211.

⑥ ［美］大卫·格雷伯. 债：5000年债务史（增订典藏版）［M］. 孙碳，董子云，译. 北京：中信出版集团，2021：328.

⑦ 杨荣晖：该文原载于《光明日报》1961年5月22日第4版。署名"杨荣晖"乃杨士英、荣韫瑶、黄鉴晖三位笔者的合作笔名。由《晋商研究院》编辑整理，见《晋商史料》2013年11月8日。

山西票号日升昌的掌柜发现，保管的银两总有一部分剩余，可以贷出去。这样创造了信用。后来英国 17 世纪的金匠也发现同样的情况，因而创造了银行信用。被称为英国银行业之父的爱德华·巴克韦尔（Edward Backwell）就是一名金匠。①

（八）国家权力和纸币

中国在宋朝就已经出现了自由市场经济。因为商业发达，推动了汇款、信用交易、汇票等事物的发展。纸币必须以统治者的权力为前提。"东西方出现了浇铸和敲击印刻这两种不同的硬币制造方法。其原因虽然也与货币材料有一定关系，但两者的不同实质上反映了统治者权力的差异——一方是统治者对于广阔地域拥有强大的中央集权，另一方是分散在各地、相对弱小而不稳定的权力。民众对于货币的认知差异，正体现了统治者在权威上的差距。"② 这可能也是中国宋朝的纸币交子率先在世界上出现的原因之一。交子发行是金融史上的重大创新。北宋仁宗天圣元年（1023 年），由北宋益州（今四川成都）交子务（管理货币的机构，相当于现在的中央银行）印刷发行。交子是中国最早正式发行的纸币，也是世界上最早使用的纸币。比西方国家瑞典（1661 年）、美国（1692 年）、法国（1716 年）等发行时间早六百年以上。③ 信用货币在一个统一的国家中出现是可以的，但是在中世纪的欧洲，贸易在国与国之间不可能使用纸币。

现代意义上的国家权力和国债的出现，才使中央银行发行纸币成为现代金融出现的标志。在英国这是光荣革命以后，议会制度建立，使税收和国债成为国家发行纸币的经济和政治前提。因为只有政治力量平衡了，国家权力才会稳定，而这些没有现代议会制度是不可能的。在英国，发行有国家信用的国债是英格兰银行发行纸币的基础。而纸币的稳定性在于国家信用。英国近代史也是一部战争史，筹集的资金主要用于战争。"拿破仑战争中的英国财政仍有其可取之处，即财政大臣要谨慎明智地管理国家财政，坚持使用偿债基金、平衡预算、赎债来减轻国家负债。这一方法是维多利亚时代英国政治风气的核心，保证了国家信用，代表了英国的国家特性和自由，为危机时期提供了战争资金。"④ 英格兰银行正是在这种背景下开创了世界各国中央银行发行纸币的先河。

---

① ［日］板谷敏彦. 世界金融史：泡沫、战争与股票市场［M］. 王宇新，译. 北京：机械工业出版社，2018：51-52.

② ［日］板谷敏彦. 世界金融史：泡沫、战争与股票市场［M］. 王宇新，译. 北京：机械工业出版社，2018：19.

③ 四川省金融博物馆（地点：成都市）。

④ ［英］马丁-唐顿. 公平税赋——1914-1979 年英国税收政治［M］. 范泽思，李欣，译. 北京：经济科学出版社，2017：53.

(九) 信托业和基金业的出现及发展

考古学家在底格里斯上游发掘努西古城遗址时，发现了 3000 多件泥板文书。"这些文献以至于米坦尼王国时期的经济契约，其中有土地买卖文书、借贷文书和遗产养老信托文书。信托文书有五个证人和书写人的名字，并画押。"[1] 家族信托的雏形可追溯到古罗马帝国时期（公元前 510 年~公元前 476 年）。当时《罗马法》将外来人、解放自由人排斥于遗产继承权之外。为避开这样的规定，罗马人将自己的财产委托移交给其信任的第三人，要求为其妻子或子女利益而代行对遗产的管理和处分，从而在实际上实现遗产继承权。

后来成功的欧洲家族信托起源于罗斯柴尔德家族。在美国，家族信托由来已久，最初出现于 19 世纪末 20 世纪初，即镀金年代（Gilded Age）来临之初是由一些富裕家庭创造的。家庭信托的特点是服务于富人及其家族。由于金融产品较少，实际上采取的是量身定制的管理办法。早期受相同的法律法规监管，设立家族信托方式较为单一。[2]

投资信托起源于 1868 年英国的"海外及殖民地政府信托基金"。"这只基金以海外及殖民地投资为目的，将原来由定价独占的海外投资机会，分散给普通民众进行小额投资。伦敦市场至今仍在进行此基金的交易。"[3]

基金业与有限合伙制度、信托业务等都基于民商法的原则。按照加拿大金融学教授泊依达斯（Geoffrey Poitras）于 2000 年出版的《金融经济学的早期历史》（*The Early History of Financial Economics*：1478 - 1776）一书的介绍，把债券打包进行交易的现代 CDO，早在 13 世纪的意大利就已经出现了。根据陈志武提供的资料，"1262 年，威尼斯政府是第一个把众多短期债合到一起，由一只意大利文称为'Mons'的长期债券基金持有，然后再把该基金的份额按股份证券的形式分售给投资者，这种股份的意大利文名称'Prestiti'，它可以在公众市场上随便转手交易。这算是现代资产证券化、股票市场、债券市场及公众基金的前身。当时的意大利人当然没想到这一创新的意义所在。威尼斯和佛罗伦萨发行的 Prestiti 从 1309 年至 1502 年的年度价格序列，是世界至今能找到的最早证券价格时间序列。"[4]

---

[1] 石俊志. 外国货币史漫谈：那失维的遗产养老信托文书. "金融观察家"公众号，2021 - 10 - 06.

[2] 见百度百科词条"家族信托"。家族信托_百度百科（baidu. com）.

[3] ［日］板谷敏彦. 世界金融史：泡沫、战争与股票市场［M］. 王宇新，译. 北京：机械工业出版社，2018：172.

[4] 清和. 债务危机是如何爆发的？［EB/OL］.（2021 - 09 - 16）［2022 - 03 - 08］. https：//www. shangyexinzhi. com/article/4203959. html.

（十）公司制度和法人制度的出现

公司组织的鼻祖诞生于罗马。当时的公司组织专门从事征税承包业务，后来随着罗马帝国的灭亡而消失。但是后来意大利商人多数也成立股份公司，参股者多为亲兄弟、同乡、熟人、亲属等。现代法人分为公司法人和社团法人，也源自被中世纪教皇和欧洲分散的王国的国王所承认的行会及特许公司。这些特许公司包括企业、都市、大学和宗教团体等。成立于12世纪的英国伦敦城就是特许公司，至今其法律地位没有改变。

由于股份公司的出现，股票交易在13世纪就活跃起来，但是成立公司募集资金，需要得到国王的特许。特许公司采取辛迪加模式，可以共同投资、共同承担风险，扩大事业规模。[①] 但是中世纪股份公司基本上属于无限责任，只有族人和家人才愿意共同承担风险。直到16世纪英国特许公司，如莫斯科公司、黎凡特公司等都是无限责任的行会性质的公司。黎凡特公司后来申请在东印度地区的15年贸易特许权，得到女王批准，成立了英国的东印度公司，也属于无限责任公司。

有限责任公司出现于17世纪的荷兰，最早采取这种制度的是1602年成立的荷兰东印度公司。有限责任公司吸引了更多的投资人参与，荷兰东印度公司的股票交易非常活跃。马克思写道："生产规模惊人地扩大了。个别资本不可能建立的企业出现了。同时，这种以前由政府经营的企业，成了公司的企业。"[②] "1533年，英国成立了第一个以合股形式管理的海外贸易的特许公司'莫斯科公司'。1581年出现了'土耳其公司'，1660年出现了著名的东印度公司，到1680年，这种公司已经达到49个。法国、荷兰、普鲁士也先后成立了类似的公司。但当时的股份性质公司主要从事商业和贸易活动，和后来资本高度社会化，在资本主义信用制度的基础上发展起来的现代股份公司还不完全一样，但它们是现代股份公司的前身"。[③] 所以马克思说："这种公司就是现代股份公司的前驱。"[④]

股份公司作为企业法律形式，是法律进步的结果，也为市场提供了新的交易对象。"从历史上看，股份制度的产生和发展经历了一个漫长的历史过程。早在古希腊、古罗马社会就可以看到股份制度遗迹。从15世纪到17世纪，在欧洲资本主义

---

① ［日］板谷敏彦. 世界金融史：泡沫、战争与股票市场［M］. 王宇新，译. 北京：机械工业出版社，2018：72 – 73.

② 马克思. 资本论：第三卷［M］//马克思，恩格斯. 马克思恩格斯全集：第25卷. 北京：人民出版社，1971：493.

③ 高坚. 中国的国债问题［M］. 北京：中国财政经济出版社，1993：39 – 40.

④ 马克思，恩格斯. 马克思恩格斯全集：第四十四卷［M］. 北京：人民出版社，2001：358.

生产关系形成时期和资本主义原始积累过程中，由于商品生产和商品交换的发展，现代意义的股份经济才有了明显的增长。15 世纪和 16 世纪，在西欧的德国南部以及奥地利、捷克境内有农奴和城市破产欠债的小手工业者聚集在一起，组织协作，成立合作社，用简单的工具采矿，共同劳动，分享产品。后来有些商人以入股形式把资本参加进来，使合伙制逐渐有了新的变化。"① 关于这段历史，马克思写道："原来由合伙的劳动者构成的矿业组合，几乎到处都变成了靠雇佣工人开采的股份公司。"②

追求利润导致垄断的形成。"通常，钱生钱最简单的方法就是确立某种正式或实际的垄断。出于这个原因，资本家（不论是商人巨贾、金融家还是实业家）总是试图与政治权威结盟，以限制市场的自由，这样他们就可以更轻而易举地让钱生钱。"③ 在资本主义发展的早期，由于垄断导致了国家的干预。不过垄断在现代社会中有了不同的意义。银行的垄断是特许地位。由于金融市场的发展，借贷银行资本的垄断地位被资本市场所取代。现代产业资本和金融资本以新的形式整合。垄断的互联网巨头和产业巨头的结合，供应链中的核心企业与上下游企业整合，跨国企业与地方企业整合，形成垄断优势。科技知识成为新的垄断资本。企业的核心力量变成企业家的管理技能和工匠的劳动技能。没有垄断地位的金融资本的回报相当于竞争市场利率，没有技能的劳动回报相当于竞争市场工资。这和资本主义初期的垄断资本不同，股份公司形成的垄断不同于历史上由国家特许权形成的行业垄断；同样，现代国家特许权形成的垄断不同于股份公司形成的垄断。"随着时间的推移，公司逐渐发展出了一些共性，这些共性却又有别于作为行会会员的特点：有限责任、独立的法人特性和无限的生命存续期。公司不再包含其成员，股东都是些无名小卒，员工也可以来去自由。19 世纪下半叶最有名的股份联合公司出现在钢铁行业，这些公司大多被海外投资者所有，其发展对现代公司的形成做出了杰出的贡献。"④

（十一）标准化证券的产生

商品交割和货款支付在时间上的错位，带来了许多不确定性和风险，包括银

---

① 高坚. 中国的国债问题 [M]. 北京：中国财政经济出版社，1993：39.
② 马克思，恩格斯. 马克思恩格斯全集：第二十五卷 [M]. 北京：人民出版社，1971：1024.
③ ［美］大卫·格雷伯. 债：5000 年债务史（增订典藏版）[M]. 孙碳，董子云，译. 北京：中信出版集团，2021：311.
④ ［美］杰拉尔德·F. 戴维斯. 金融改变一个国家 [M]. 李建军，汪川，译. 北京：机械工业出版社，2011：60.

行贷款和公司债券在内的绝大多数信用工具和债务工具都涉及多种风险。例如，债券在未来的某个时间点支付固定利息，公司债券持有人就承担着利率风险，因为市场利率是多变的。债券持有人也面临着信用风险，因为借款人有可能拒绝履行义务。货币的商品化和银行业及货币市场的形成，这些变化提高了货币的使用效率，但是也增加了各类风险。

《罗马法》和《民法》颁布之后，依口头协议达成的金融合同以及书面形式的金融合同都实现了标准化，以方便交易，成为标准化的金融产品，如贷款转变为了债券，远期合同转变为了期货合同。以上从历史的观点揭示金融市场发展的轨迹。金融发展的历史轨迹所提供的规律性的东西，有助于市场参与人预测金融市场的未来发展。

总之，借贷关系是一种均衡状态，建立在制度安排中债务人和债权人交换比较优势的基础之上。建立制度安排是为了实现债务人和债权人双赢的结果。债务可以成为标准化、规范化的市场工具，作为市场操作的基础。债务凭证还可以作为担保的抵押品。政府债券是标准化的国债，是其他证券的定价基准，同时也是投资组合的重要组成部分。债券的英语词源"bond"从结合（物）、黏接（剂）、联结的意思，发展成为契约、公债、债券的概念。债券市场的所有发展都建立在创新理念的基础之上。市场参与人通过"交换和博弈"降低内生交易成本，并付出了大量努力，从而将这些创新理念付诸现实。

（十二）交易所和证券交易所

交易所在 12 世纪的欧洲就已经存在。"12 世纪前后，波罗的海、佛兰德斯地区与地中海地区的贸易十分兴盛，开始出现了诸如法国的香槟集市这样的大型交易市场。"[①] 后来，最早出现银行的意大利开始发展票据交易所。票据交易所是从金融店铺或者说银行柜台发展起来的。"为了方便来自欧洲各地的商人，意大利的银行和商人便开始利用汇票进行异地远程结算。市场上也出现了办理汇兑和货币兑换业务的金融业店铺，票据交易逐步发展起来。"[②] 交易场所相对固定以后，与交易场所相关的行业和服务业也发展起来，成为商都。今天比利时的布鲁日就是这样的商都。除了伦敦以外的欧洲仍然称证券交易所为"bourse"，就源自布鲁日的商人旅馆"bourse 旅馆"。布鲁日的商业都市后来衰落，转入安特卫普。安特卫普后来

---

① ［日］板谷敏彦. 世界金融史：泡沫、战争与股票市场［M］. 王宇新，译. 北京：机械工业出版社，2018：77.

② ［日］板谷敏彦. 世界金融史：泡沫、战争与股票市场［M］. 王宇新，译. 北京：机械工业出版社，2018：7.

成为金融中心，出现了交易所。但是西班牙军队占领后，又转入了阿姆斯特丹。1571 年英国以安特卫普为样本，建立了皇家交易所（The Royal Exchange）。①

资本市场在资本主义出现以前的英国和荷兰就已经开始了。现在公认阿姆斯特丹证券交易所是世界上第一个证券交易所，也于 1602 年成立，并且是荷兰东印度公司的邻居，最初主要业务是交易荷兰东印度公司的股票。股票和债券标准化从而进入市场，使小额短期资金转化为长期大额资金成为可能。后来，"在阿姆斯特丹证券交易所，所有类型的金融商品均可以进行交易，包括商品、汇票、股票、海上保险，甚至还有期货交易"②。

在马克思看来，有价证券和现实中的资本是不同的。这就像我们现在所说的，证券与其底层资产或基础资产是不同的。马克思指出，一切有价证券都不是真正的资本，而是虚拟资本。银行资本由两部分组成，一是现金，二是有价证券。有价证券又分为三部分：一部分是商业票据（汇票）；另一部分是公债、国库券；还有一部分是各种股票。"在资本主义发达的国家，银行的准备金，总是表示贮藏货币的平均量，而这种贮藏货币的一部分本身又是自身没有任何价值的证券，只是对黄金的支取凭证。因此，银行家资本的最大部分纯粹是虚拟的，是由债权（汇票）、国家证券（它代表过去的资本）和股票（对未来收益的支取凭证）构成的。"③

尽管有价证券和现实资本是脱节的，因此具有虚拟的特征，但是证券是所有权的转化形式。债券是债务的转化形式，股票是股权的转化形式。它们和法律货币（fiat money）一样，只是交换价值得以实现的形式。因此，没有理由因为其虚拟性，而否定有价证券的真实价值和对于提高金融和经济效率的作用。因为虚拟而增加的金融风险，是由金融的跨期性质决定的。由于法律关系的标准化而形成的有价证券及其市场即资本市场则是现代社会进步的强大杠杆。

（十三）资本市场的形成

1. 资本市场的意义

资本的概念产生于货币、借贷和利息出现的时候。"资本（源自后期拉丁语'caput'一词，作'头部'讲）于 12 世纪至 13 世纪出现，有'资金''存货''款项'或'生息本金'等含义。当时没有立即下一个严格的定义，论争主要涉及利息，经院神学家、伦理学家和法学家终于找到一条使自己心安理得的理由，据说是贷款人冒有风险。揭开现代序幕的意大利是这场论争的中心。资本一词正

---

①② ［日］板谷敏彦. 世界金融史［M］. 王宇新，译. 北京：机械工业出版社，2018：79.
③ 马克思. 资本论（节选本）［M］. 北京：人民出版社，2018：522.

是在意大利被创造、被驯化和逐渐成熟的。它于 1211 年肯定已经问世，于 1283 年以商行资本的含义出现。在 14 世纪已普遍使用，见诸乔伐尼·维拉尼、薄伽丘、多纳托·维吕迪的作品中。"① 可见，"资本"的概念最早是货币的生息能力的一个语义加强版。后来"资本"有"本钱"的意思，相当于经济学中"比较优势"的意义。

中世纪是市场经济时代，商业主导，而农业生产和工场手工业生产只是为了换取交换其他商品的货币。但是资本主义生产是为了利润，而赚取利润的动机，正如马克思所指出的，可以不顾一切。资本主义进入了利润推动的时代。"市场是以货币为媒介交换财货的方式（在历史上，就是用剩余谷物换取蜡烛的方式，反之亦然。在经济学中这可以速记为 C – M – C′，也就是商品——货币——另一种商品），而资本主义则最主要是一种用钱生钱的艺术（M – C – M′）。"② 资本市场对于资本的形成发挥了杠杆的作用。

到了 19 世纪，资本被广泛理解为"生产资料"。在马克思的《资本论》中，资本的概念超出了货币的生息能力，而成为"赚取剩余价值的手段"。其实从本质上看，货币和资本的区别也就是资本主义和前资本主义的区别。因为在前资本主义时期，生产主要是自给自足，只有区域性市场，为了消费而生产。这时的生产资料并没有杠杆的意义。而到了资本主义社会，世界市场已经形成，生产变成手段。资本主义的特征是为了销售而生产，生产资料就具有了杠杆的意义。

在古典经济学中，创造价值的只有劳动。因此，按照古典经济学的理论，资本赚取超额利润和剩余价值，是一种社会不公平的表现。但是在新古典经济学中，生产要素按照边际贡献创造价值，而资本作为生产资料是生产要素的组成部分，其创造的价值也是由边际贡献决定的。但是现代社会中，创造价值的是企业，生产资料是中间产品即过去知识的结晶，而劳动者创造的价值是由其提供的知识的边际贡献决定的。股票的价格反映的是企业的价值。因此，股票市场属于资本市场。而发行债券为企业提供中长期资金，会增加企业的资产和产出。因此，债券市场也属于资本市场。

在资本主义形成时期，从中世纪出现的债务合约对资本市场的发展也发挥了重要作用。"自工业革命初期至今，债务资本市场和银行体系在资本积累过程中扮演的重要角色与股权市场相当。经济学理论也有充分论据表明，假如没有债务合约，

---

① ［法］费尔南·布罗代尔. 十五至十八世纪的物质文明、经济和资本主义［M］. 顾良，施康强，译. 北京：商务印书馆，2017.

② ［美］大卫·格雷伯. 债：5000 年债务史（增订典藏版）［M］. 孙碳，董子云，译. 北京：中信出版集团，2021：311.

资本动员将更加困难。"① 更为重要的是，在资本主义形成初期，人们认识到信用和债务可以标准化，并进入资本市场中交易。为了促进金融交易，信用和债务都实现了商品化和规范化，方便了市场交易。社会经济发展有赖于禀赋和比较优势的交换，交换实现的途径多种多样。商品化、市场化、专业化、规范化、标准化、证券化和聚集化都是为降低内生交易成本而努力的不同实现形式。信用衍生产品是规范化、标准化的信用工具。典型的标准化的信用就是 CDS 产品，这种产品是在资本市场出现很多年后出现的。

2. 资本市场是商业精神和契约精神演化的结果

货币在转化为资本的过程中，从交换媒介变成了获得利润的工具。这里隐含的是从中世纪意大利开始到北欧的商业精神和契约精神。有限责任公司和资本市场使具有冒险精神的企业家阶层的扩大成为可能。因为股权和债券的标准化，使得资本的获得和使用资本的成本降低。而市场不仅是商品交换的场所，更重要的，也是个体知识交流的场所。这些知识包括对于风险的认识、价值的形成等。

在每种标准化的金融产品合约中，都对资产的特征做了明确的说明。金融市场正在朝着标准化和规范化程度更高的方向发展。资本的集中和积累能产生积聚效应。例如，资本市场中的并购不仅可以降低交易成本，还能催生资产的积聚效应。信用和风险在有流动性的市场中可以分解和转移。我们说的流动性，本质上是风险分散的效率，也就是信用转移的效率。

资本市场最早产生于老牌资本主义的荷兰。早在英国和美国资本主义发展以前，资本市场的主要的内容在荷兰就已经出现了。按照韦伯的说法，资本主义本质上是一种精神。正是由于商业这种在中世纪开始出现和发展的行业，培养出一种商业精神，产生了资本主义的萌芽。中世纪意大利的热那亚、比萨、威尼斯、阿玛菲等商业城市的发展，带动了金融业的发展。金融业早期是货币经营业，后来在中世纪发展成为银行。意大利的传统被荷兰人继承了。"尽管资本主义制度的许多基本概念最早出现在意大利文艺复兴时期，但是荷兰人，尤其是阿姆斯特丹的市民是现代资本主义制度的真正创造者。他们将银行、证券交易所、信用、保险，以及有限责任公司有机地统一成一个相互贯通的金融和商业体系。由此带来的爆炸式财富增长，使荷兰这个小国迅速成为欧洲的强国之一。"②

早在 17 世纪，荷兰人在现在的纽约建立了新阿姆斯特丹的殖民地，这里的港

---

① ［英］阿代尔·纳特. 债务和魔鬼——货币、信贷和全球金融体系重建［M］. 北京：中信出版集团，2021：54.

② ［美］约翰·S. 戈登. 伟大的博弈——华尔街金融帝国的崛起（1653 –2011）［M］. 祁斌，译. 北京：中信出版集团，2011：7.

口成为荷兰在美洲的贸易窗口。最初荷兰人并没有在这里建立资本市场，荷兰人带来的是商业精神。只是在后来英国人占领了这块土地以后，这种精神和荷兰的金融实践才逐渐使纽约成为世界金融中心。纽约反映的现代资本主义精神来自从它建立时从荷兰人那里继承的遗产并形成了自己的传统。"这个传统就是纽约继承的荷兰人的商业精神。"①

荷兰的资本市场首先传到了英国。英国人仿照荷兰人成立了有限责任的股份制英国东印度公司，建立证券市场，发行股票。"19 世纪初期的伦敦市场以国债和外国公债的交易为主。1838 年，伦敦证券交易所的记录显示，在 675 位会员中，有 278 位经纪人办理股票业务，其中有 15 位会员仅操作特定的铁路股票。"② 这表明现代意义上的资本市场已经完全形成。

不仅有商业精神，而且还有亚当·斯密提到的"自然秩序"为基础的启蒙主义、契约精神和判例法。英国的"个人主义"是英国不同于当时欧洲其他国家的地方。所谓个人主义就是法律规定的权利义务必须落实在个人身上，而不能是家庭和集体。英国的法律体系最终在美国的资本市场的发展中得到了体现。正是基于商业精神和契约精神，纽约的 21 家经纪商和 3 家经纪公司签订了在金融史上有名的《梧桐树协议》。

金融在产品化、标准化、证券化的"物化"过程中，也同时通过契约精神增强了人和人之间的纽带关系和信任。"物化"和"人格化"过程相伴前进，构成了以后金融市场发展的历史。

（十四）衍生产品的出现

世界上最早的具有远期合同性质的交易实例就是古代希腊橄榄油压榨机的案例。据说古代希腊哲学家泰勒斯曾经预测某年橄榄将会丰收，于是支付定金预先获得了村里橄榄油压榨机的使用权。最后预言成真，因此泰勒因为卖压榨机发了财。③"这个案例告诉我们，只要是支付了定金的交易，都具备一定的期权性质。定金可以视为期权费。"④

但是对于衍生产品市场贡献最大的是荷兰人。比如，郁金香期货，拍卖郁金香

---

① [美] 约翰·S. 戈登. 伟大的博弈——华尔街金融帝国的崛起（1653－2011）[M]. 祁斌，译. 北京：中信出版集团，2011：7.

② [日] 板谷敏彦. 世界金融史：泡沫、战争与股票市场 [M]. 王宇新，译. 北京：机械工业出版社，2018：129.

③④ [日] 板谷敏彦. 世界金融史：泡沫、战争与股票市场 [M]. 王宇新，译. 北京：机械工业出版社，2018：28.

商品等。同时荷兰人最早掌握了股票市场的操作技术。"荷兰人发明了最早的操纵股市的技术，例如卖空（short-selling，指卖出自己并不拥有的股票，希望在股价下跌后购回以赚取差价）、'洗盘'（bear raid，指内部人合谋卖空股票，直到其他股票拥有者恐慌并全部卖出自己的股票导致股价下跌，内部人得以低价购回股票以平仓来获得利）、对敲（syndicate，指一群合谋者在他们之间对倒股票来操纵股价），以及逼空股票（corner，也称杀空或坐庄某一只股票，或囤积某一种商品，指个人或集团秘密买断某种股票或商品的全部流通供应量，逼迫任何需要购买这种股票或商品的其他买家不得不在被操纵的价位上购买）。"①

标准化的远期合同就是期货，但是在远期合同出现很多年以后，才出现期货产品和市场。20世纪60年代末期，尼克松政府宣布货币贬值的政策，汇率风险增加，推动了金融创新。金融期货交易于20世纪70年代才开始出现。"尼克松冲击之后，美元贬值，美国陷入萧条，但是另一方面，也促进了汇率相关的金融衍生产品（期权、期货等衍生产品）的发展，推动了金融科技的进步，成为美国未来发展的基础。"② 任何创新都是在压力的基础上出现的，金融创新也不例外。

第三节　中央银行制度和债务危机

前面说过，货币的本质来自债务，是一种可交换的凭证。货币支付是一种"社会交换"行为，从某种意义上说，是一种"社会市场"的交换媒介。早期"社会市场"中使用的货币是原始信用货币。随着社会进步，市场逐渐扩大，原始的"熟人社会"的信用手段在转向"陌生人社会"时，已经不够使用，只有依靠贵金属和标准化的贵金属——铸币来进行交易。但是现代信用货币只有在统一的国家中，以国家信用为基础发行。正是中央银行的出现使现代信用货币的发行成为可能。

一、中央银行的产生

（一）中央银行是从财政职能转化而来的

英格兰银行作为世界上最早形成的中央银行，成为各国中央银行体制的鼻祖。

① ［美］约翰·S. 戈登. 伟大的博弈——华尔街金融帝国的崛起（1653－2011）［M］. 祁斌，译. 北京：中信出版集团，2011：7.

② ［日］板谷敏彦. 世界金融史：泡沫、战争与股票市场［M］. 王宇新，译. 北京：机械工业出版社，2018：198.

从历史上看，中央银行的职能由财政职能转化而成。直到 16～17 世纪英国的中央银行才随着贸易的发展而建立起来。荷兰和瑞典银行业的发展为英国提供了现成的模式。英国伦敦城里的原始金融业务是在伊丽莎白女王一世（1558～1603 年）之后逐渐发展起来的。当时英国的贸易已经非常发达，金融业的发展适应了贸易支付的需求。到了 17 世纪末，英国商人们学习了荷兰贸易公司发展的经验，准备酝酿成立一家与荷兰机构类似的银行。当时英国政府的困境为他们提供了绝好的机会，他们不愿意把钱借给王室，而是要把政府直接借贷的功能银行化。"整个 17 世纪，英国一直充分利用特许公司，将建立帝国的部分工作转包给特许公司，政府允许垄断企业如东印度公司（1600 年建立）的运营，作为交换，政府可以获得直接回报"。①

苏格兰人威廉·彼得森（William Peterson）是出面组织与政府谈判关于英格兰银行条款的人，但真正的运作人是伦敦城中一位老道的商界大腕约翰·胡布隆（John Houblon）爵士。英格兰银行的提案最终得到国会批准。同时国王授予了特许权（Royal Charter），允许这家银行突破当时的法律规定，以不受限制的人数成立股份公司，建立一家资本雄厚的融资机构，前提是把钱长期借给政府。"然而，英格兰银行得到特许并最终建立，唯一的目的是向政府发放贷款。"② 拿到特许权之后几天，金融城中 1208 位股东只用了两周时间就筹集到 120 万英镑。政府同意年息为 8%③，只用了半年时间，这笔钱就被政府全部支取。

可以看出，英格兰银行的制度设计是在从古罗马到中世纪意大利乃至荷兰金融制度发展的历史成果的基础上实现的。同时，更为重要的是，光荣革命以后，英国建立了现代政治制度。英国的国会和立法对于以后英格兰银行的发展起到了决定性的作用。

1694 年英格兰银行被英王特许成立，股本 120 万英镑，全部向社会募集。国会授予英格兰银行不超过资本总额的钞票发行权，主要目的是为政府垫款。1844 年，英国国会通过《银行特许条例》（即《比尔条例》），规定英格兰银行分为发行部与银行部，发行部负责以 1400 万英镑的证券及黄金等贵金属贮藏的总和发行等额的银行券，其他已取得发行权的银行的发行定额也规定下来。"这意味着英格兰银行的认股者间接购买国家债券（这是银行的唯一初始资产）和特许权的'期权价值'。只要特许权没有终止，银行就可以在未来开展其他有利可图的业务。"④

---

①②③ ［美］查尔斯·凯罗米里斯，史蒂芬·哈伯. 人为制造的脆弱性——银行业危机和信贷稀缺的政治根源［M］. 廖岷，等译. 北京：中信出版集团，2021：77.
④ ［美］查尔斯·凯罗米里斯，史蒂芬·哈伯. 人为制造的脆弱性——银行业危机和信贷稀缺的政治根源［M］. 廖岷，等译. 北京：中信出版集团，2021：78.

"从历史上看，17 世纪的英格兰银行，被认为是最早的中央银行。其实，英格兰银行早期就是一家拥有国家特许权的私人银行，它的设立初衷是为国家（皇家）解决融资问题。财政部在当时就是一个'总账房'。后来随着现代国家和民主政治的建立，英国央行成为政府的一个部门，可以说中央银行是在这样的基础上建立起来的。第二次世界大战后，国际货币基金组织（IMF）要求各国建立中央银行。在以纸币或者说信用货币为主的货币体系中，在稳定货币和支持经济发展的过程中，各国央行无疑起到了不可磨灭的作用。"[1]

（二）以货币发行权为主要职能

中央银行的货币发行权也是从英格兰银行开始的。"英格兰银行在发行股票之外，通过发行银行券形式的纸币筹资，纸币作为人们的支付手段而流通。银行券最初并未获得法定货币的地位，相反，仅仅表示银行的债务，可以根据需要转换成铸币。"[2]

"1844 年，通货学派的比尔担任首相后推动英国议会通过了'比尔条例'。这一条例是货币及银行史上的转折点，也改变了人类经济的进程。"[3] 这个条例主要是集中了货币发行权，废止了银行券由多数私人银行发行的制度，授权给英格兰银行集中发行。当时英格兰一共有 279 家私人银行拥有发币权，若银行倒闭则发行额度自然失效，其额度转移到英格兰银行。采用全额准备金发行货币。该条例规定只能发行 1400 万英镑以政府借款为保证的银行券，超过此限额的发行，必须有 100% 的黄金保证。中央银行与商业银行实行业务分离。该条例将英格兰银行改组，分设发行部和银行部。发行部履行中央银行职能，负责发币、管理国债、保管黄金外汇等；银行部相当于商业银行，没有货币发行权，负责发放信贷。[4] "比尔条例其实确认了英格兰银行的央行地位以及英格兰银行券的法偿货币地位。这是货币史上的标志性事件——近代第一家央行及第一个法币的诞生。"[5] 可以看出，中央银行的货币发行权是完全建立在公债这种最安全的资产的基础上的。

（三）低融资成本

维持国债信用是降低筹资成本的根本保证。英国历史上出现过英格兰银行债务

---

[1] 高坚：中文版推荐序 ［英］保罗塔克. 未经选举的权力 ［M］. 许余洁，译. 北京：中信出版集团，2021：Ⅱ.

[2] ［美］查尔斯·凯罗米里斯，史蒂芬·哈伯. 人为制造的脆弱性——银行业危机和信贷稀缺的政治根源 ［M］. 廖岷，等译. 北京：中信出版集团，2021：81.

[3][4][5] 清和（智本社社长）："债务危机是如爆发的？"，"智本社"公众号，转引自《经济学原理》，2021－09－18. 债务危机是如何爆发的？

违约的情况。"到 1672 年，英国查尔斯二世的'国库止付'（stop of the Exchequer）还使很多贷款给国王的伦敦私人'金匠银行家'破产。"① 此后，英国充分利用此前哈布斯堡王朝的债券创新，发行年金类债券。

英格兰银行建立后成功降低融资成本的原因主要有四个：一是由于议会的约束，国王知道违约的后果；二是发行长期和市场化的债券；三是国家背书产生特许银行的无形价值；四是股权体现为可交易的股票。"政府从英格兰银行的贷款采取长期债务的结构：一方面，通过长期债务结构，政府避免了不断实施短期债务再融资造成的不确定性；另一方面，本金不需分期偿还，只有在银行特许不能续订的时候，政府才必须偿还本金。"② "英格兰银行的特权是一种无形资产，增加银行净值，降低银行筹资成本，并将节省部分开支与政府分享。"③ 英格兰银行的股票是可交易的市场工具。"不同于早期各种形式的国王欠条的大杂烩。因此，通过降低持有人的不确定性，英格兰银行的股票相比于国王早期发行的各类不统一的短期债，流动性更强，从而降低了持有要求的收益率。"④ 如果把英格兰银行理解为现代国家的财政部，那么可以看出民主制度和市场化金融工具对于国家财政的重要性，也可以理解后面我们将谈到的股票市场、国家债务管理和市场化发行国债的重要性。

二、中央银行法币制度、信贷扩张和债务危机

（一）铸币制度和纸币

货币历史周期始于最早的农业帝国时代（公元前 3500 ~ 公元前 800 年），此时虚拟信用货币居于主导地位，然后是所谓的轴心时代（Axial Age，公元前 800 ~ 600 年）。"在轴心时代，铸币兴起，人们普遍改用金属货币。虚拟信用货币在中世纪（600 ~ 1450 年）回归，资本主义帝国时代始于 1450 年，全球大规模地重新使用金银货币，直到 1971 年理查德·尼克松宣布美元与黄金脱钩时才算真正结束。它的终结标志着又一个虚拟货币阶段的开始。这个阶段才刚刚开始，它的终极轮廓必然还不可见"。⑤

---

① ［美］查尔斯·凯罗米里斯，史蒂芬·哈伯. 人为制造的脆弱性——银行业危机和信贷稀缺的政治根源［M］. 廖岷，等译. 北京：中信出版集团，2021：58.

②③ ［美］查尔斯·凯罗米里斯，史蒂芬·哈伯. 人为制造的脆弱性——银行业危机和信贷稀缺的政治根源［M］. 廖岷，等译. 北京：中信出版集团，2021：79.

④ ［美］查尔斯·凯罗米里斯，史蒂芬·哈伯. 人为制造的脆弱性——银行业危机和信贷稀缺的政治根源［M］. 廖岷，等译. 北京：中信出版集团，2021：78.

⑤ ［美］大卫·格雷伯. 债：5000 年债务史（增订典藏版）［M］. 孙碳，董子云，译. 北京：中信出版集团，2021：257.

大约在这个时期，铸币在不同地区出现。"铸币似乎独立地在三个不同地方发端，时间几乎是相同的。公元前 600 ~ 公元前 500 年，中国的华北平原、印度东北的恒河河谷及爱琴海沿岸地区都出现了铸币。这并不是因为发生了某种突然的技术革新：在每个地区，用于铸造最早的钱币的技术各不相同。"① 这只能用社会进步的同时期性解释。"铸币的出现是社会转型的结果。但我们可以知道的是，出于某些原因，利迪亚（Lydia）、印度和中国的地方统治者认为他们王国中长期存在的信用体系是有欠缺的。他们因此开始发行小块贵金属硬币，并鼓励他们的臣民在日常交易中使用。"② 一个比较好的解释是当时国际贸易的发展，铸币容易携带和使用。"在此之前，金属大多铸成锭块，用于国际贸易。这个创新从这些地方传播开去。在之后的一千多年里，各个地方的国家都开始发行各自的钱币。"③

铸币税是由铸币的特权产生的。"一般来说，硬币的制造者通常是统治者，独揽制定法律、发行货币的特权，通过赋予硬币一定的权威性，实现获得收益的目的。硬币的材料和成品之间产生的价值差额属于统治者，被称为'铸币利差'（seigniorage）。"④ 这个利差也称为铸币税，铸币税相当于黄金储备。

在自由货币市场中，各个商业银行及私人货币发行机构自由公平竞争，他们可以自行选择可靠的储备资产，如黄金、美元、国债、房地产债券等，也可自行确立并公开准备金率。他们的资产和准备金率是否可靠，货币是否有价值，完全取决于市场认可与否。当然，在科学论证的前提下，法律可以规定最低准备金率标准。

纸币的价值以新增加的产出（GDP）为基础，也有国家信用的保证，存在国家权力和国家制度的价值。货币贬值有四个原因：第一，货币发行超过经济增长导致的货币需求的增加，这是比较普遍的现象。第二，财政赤字增加，国家向中央银行借款导致货币发行。第三，政权不稳定导致货币发行失控。第四，经济管理能力不足，导致经济增长下降。在这些情况出现时，货币就会贬值，人们就会转向购买贵金属或其他货币。

（二）中央银行制度的现代银行体系的弊病

中央银行代表国家控制货币数量，监管商业银行，其职能涉及其代表性、控制货币数量的必要性和监管职能与控制货币数量之间的一致性。中央银行代表国家涉及合法性和对央行的监督，控制数量涉及对经济的利弊。而对经济的利弊，

---

①②③　［美］大卫·格雷伯. 债：5000 年债务史（增订典藏版）［M］. 孙碳，董子云，译. 北京：中信出版集团，2021：257.

④　［日］板谷敏彦. 世界金融史［M］. 王宇新，译. 北京：机械工业出版社，2018：16.

涉及对货币本质的理解和货币政策的必要性。反观 2008 年金融危机后普遍量化宽松政策短期遇到的问题，有很多重要的启示。金融危机以后传统经济理论遇到了新的挑战。

为了平衡利益，英国政府对私人银行许诺，若私人银行遭遇挤兑危机，英格兰银行需要为它们提供紧急贷款。英国经济学家沃尔特·白芝浩是《比尔条例》的支持者，他在《伦巴第街》中将这一许诺概括为最后贷款人原则。根据这一原则，在金融危机时，银行应当慷慨放贷，但只放给经营稳健、拥有优质抵押品的公司，而且要以足够高的、能使非急用钱者不敢使用贷款的利率来放贷。

至此，中央银行法币制度加上商业银行再加上最后贷款人原则，成为全球货币及银行体系的标准版本。但是，这恰恰是一切经济危机、金融危机、债务危机的根源所在。如今，如果要追溯危机的源头，那么这个源头就是《比尔条例》。2008 年金融危机爆发，越来越多的经济学家意识到当今世界的货币及银行体系存在问题。西班牙奥地利经济学家赫苏斯·韦尔塔·德索托教授在其出版的《货币、银行信贷与经济周期》一书中，将问题追溯到《比尔条例》。

（三）债务危机与货币观念

德索托教授在《货币、银行信贷与经济周期》一书中，使用了米塞斯及哈耶克的商业周期理论，阐述了 6 个不可避免的自发微观经济效应，以逆转由持续而强烈的银行信用扩张引发的虚假繁荣。米塞斯、哈耶克及德索托可以更加细腻地解释信贷扩张是如何引发危机的。他们的逻辑是，额外的信贷增加，导致消费品及资本品价格波动，误导企业家扩张迂回生产的周期，增加远期消费的投资。当信贷紧缩，利率提高，远期投资项目开始亏损，陷入资金链断裂的麻烦，便出现债务危机。[①]

当市场可以发出的信号没有被扭曲和干扰时，不会出现由于经济结构和市场失灵导致的债务危机。对市场的直接干预和货币超发引起的市场信号的扭曲是导致债务危机的主要原因。

"债务螺旋，最早的解释者属于美国经济学家欧文·费雪。费雪指出，当资产价格崩盘后，债务、货币数量、价格水平、净值、利润、生产、心理、货币周转率以及利率，这九大因素相互作用，促使债务人或社会系统陷入加速下行的债务螺旋。"[②]

对于国家来说，债务危机就是外债危机。因为主权国家可以发行内债，借新还

---

①② 清和（智本社社长）. 债务危机是如何爆发的？［Z/OL］. "智本社" 公众号 . （2021 - 09 - 18）［2022 - 03 - 08］.

旧，偿还以前的债务，或者增加税收用于偿还债务。发展中国家的债务危机起源于20世纪70年代，80年代初开始爆发。从1976～1981年，发展中国家的债务迅速增长，到1981年外债总额积累达5550亿美元，之后两年经过调整，危机缓和，但成效并不很大。到1985年底，债务总额又上升到8000亿美元，1986年底为10350亿美元。其中拉丁美洲地区所占比重最大，约为全部债务的1/3；其次为非洲，尤其是撒哈拉以南地区，危机程度更深。1985年这些国家的负债率高达223%。全部发展中国家受债务困扰严重的主要是巴西、墨西哥、阿根廷、委内瑞拉、智利和印度等国。20世纪80年代这场债务危机的特点是私人银行贷款增长较政府间和金融机构贷款增长快。短期贷款比重增加，中长期贷款比重下降，贷款利率浮动的多于固定的。[①]

三、金融史上国债的产生

（一）税收和国债

税收和国债不仅在量上，而且在质上也是同一的。李嘉图等价认为，税收和国债从长远和动态过程看，应该是等价的。这是从量上解释的。但是从质上，人们认为是不同的。其实税收就是原始债务的偿还形式。"在古代，自由的公民通常不需要纳税。一般来说，只有被征服的人口才需要缴纳贡金。在古代的美索不达米亚，情况正是如此，独立城邦的居民们根本不需要缴纳直接税。……在波斯帝国内部，波斯人无须向帝王缴纳贡金，但是被征服地区的人们则需要这么做。罗马也是如此。在相当长的时间里，罗马公民不用纳税，但是他们有权以救济金的形式，分享其他地区缴纳的贡金"。[②]

这种原始债务本质上是一种社会债务，由此形成的债务关系是奴隶社会的本质特征。"人类在一开始，就为某种叫作'社会'的东西背负上了无尽的债务。我们推想到神明身上的，正是这种对社会的债务；然后，同样是这一债务，由国王和国家政府接手。"[③] 因此，税收是一种古老的"债务—偿债"形式，而国债是现代的"债务—偿债"形式。

比税收更古老的还有贡赋。原来只有经营特许行业的政府企业，实际上是君主

---

①　根据公开资料整理，2022－03－08.

②　［美］大卫·格雷伯. 债：5000年债务史（增订典藏版）［M］. 孙碳，董子云，译. 北京：中信出版集团，2021：86.

③　［美］大卫·格雷伯. 债：5000年债务史（增订典藏版）［M］. 孙碳，董子云，译. 北京：中信出版集团，2021：82.

政府的"钱袋子"。中世纪教会的债务、17 世纪在英国和法国发生的君主债务，是最早的政府债务，也就是现在的国债，就是由这些政府企业帮助实现的。这些债务也经常转化为政府公司的股权，从而实现了"债转股"。

（二）资本主义与国债

虽然货币的历史可以追溯到人类有记载的历史，信用和银行可以追溯到欧洲的中世纪，纸币的使用和国家发行货币在中国也可以追溯到北宋时期，但是现代国债的历史要晚得多。

国债的出现是金融史发展的一个重要里程碑事件。国债的萌芽最早出现于古罗马和古希腊的商品经济中。公元 3 世纪时，古代罗马曾经通过向富人借钱来资助与迦太基的战争。[①] 马克思说，"公共信用制度，即国债制度，在中世纪热那亚和威尼斯就已经产生，到工场手工业时期流行于整个欧洲。"[②]

公债的出现最早可以追溯到 14 世纪的意大利。"教皇和各地君主经常需要银行贷款接济这一事实也使收取利息这件事在法律上的正名变得迫切起来：如果收取利息合法，君主、领主或是城市政府就有条件吸引到较长期的资金来源。天主教会遍布各地的税收和活动需要银行家们的国际业务和理财服务，君主们的需求也很迫切，如佛罗伦萨的统治者雅典公爵布瑞恩（Walter de Brienne）债台高筑，为了保证有人继续给他放贷，他于 1343～1345 年连续发行政令，先是命令他所有的未偿债务都进入一项公债账项，之后又宣布这个账目下的债权人可以合法收取 5% 的利息，并且债务可以转让。至此，所谓'公债基金'（意大利文：Monte Comune；英文：Public fund）问世了。"[③]

早期的国债并不是建立在公共财政的基础之上的。中世纪的欧洲皇权政府与中国的封建政府有共通之处，没有今天公共财政的概念，有的只是皇家的领地与财产，也可以靠临时性借款、卖官、滥发货币甚至强制征用或掠夺，所以财税制度非常脆弱，没有形成一个现代的纳税体系。今天的发展经济学强调保护产权和制约国家权力，但实际问题是在国家综合行政能力很低的时候，国家权力被滥用的机会也最大，一旦政府有财政问题，向商人掠夺、赖债甚至把债主赶出国门都可能会发生，

① John Steele Gordon. Hamilton's Blessing, The Extraordinary Life and Times of Our National Debt, Walker And Company, New York, 1997：11.
② 马克思，恩格斯. 马克思恩格斯全集：第二十三卷 [M]. 北京：人民出版社，1971：822.
③ 金菁. 钱的千年兴衰史：稀释和保卫财富之战 [M]. 北京：中国人民大学出版社，2020：59.

这在某种程度上践踏了产权。①

战争导致政府出现财政赤字。政府和新出现的商人阶级之间也迅速发展出借贷关系。公债最初的形式是皇室贷款和年金，与现代公债有所不同。马克思说："由于国债是依靠国家收入来支付年利息等开支，所以现代税收制度就成为国债制度的必要补充。"② 卡尔·马克思认为，国债是一种公共信用。公共信用体系的起源最早可追溯到中世纪的热那亚（Genoa）和威尼斯（Venice），并在手工业时代就已遍布整个欧洲大陆。殖民主义制度和与之相伴的海上贸易及商战，客观上为公共信用的发展提供了温床。马克思认为，殖民体系、海上贸易和商业战争引发的财政赤字，是国债出现的原因。

比较有意义的国债发行是近代国家的产物。这是因为国债发行只有在金融市场已经发展起来，证券交易所出现以后，才有可能实现。因为国债的发行量大，单个投资人是承受不了的。在荷兰的阿姆斯特丹证券交易所出现以后，英格兰银行作为一家管理皇家财政的私人特许银行，发行股票和国债，这是资本主义生产关系和金融市场发展到一定阶段的产物。

为了取得国债收入，必须支付利息。"如果不这样做，后续的资金就岌岌可危。"③ 债务可以转让，债券市场就应运而生。"随着债务的不断膨胀，支付利息变得越来越困难，债转股的市场随即诞生了：以债务基金里的债务（投资人的债权，引者）为资产，发行股票。"④ 这里所说的股票，实际上是把债务变成了债券。而债券价格就是公债基金的股票的价格。公债基金实际上就相当于美国债券市场上用的"总债券"（Global bond）。

资本主义发展早期，古典经济学家不主张政府借债。但到了20世纪上半叶的垄断资本主义阶段，以凯恩斯为代表的一批经济学家试图说明，由于工资具有刚性，总需求和总供给无法即时达到均衡。古典经济学则假设二者可以维持在均衡状态。凯恩斯学派认为，增加政府财政赤字有助于刺激总需求。第二次世界大战后，许多国家都采纳了凯恩斯的经济理论，政府债务普遍增加。根据现代经济学理论，只要债务收入得到有效利用，实现经济效益，那么政府就可以举债，并投资于个人不愿投资的公共领域。

改革之前的社会主义经济理论认为，国债应主要用于经济建设，国债取之于民，

---

① 马德斌. 为什么工业革命发生在18世纪的英国？［Z/OL］."经济学原理"公众号.2021年1月1日. 来源：上海《文化报》，2012年5月28日.

② 马克思，恩格斯. 马克思恩格斯全集：第二十三卷［M］.中共中央马恩列斯编译局，译. 北京：人民出版社，1971：824.

③④ 金菁. 钱的千年兴衰史：稀释和保卫财富之战［M］.北京：中国人民大学出版社，2020：59.

用之于民。如果将国债用于基础设施等公共建设，则从人民那里借来的钱将造福于民，征税的目的则在于偿还债务。然而，在 1949 年以前，国债往往都被用在了非生产性项目上，如战争赔款（比如清朝）和选择不当的项目等。此后，用于解释税收和债务关系的李嘉图等价定理（Ricardo Theorem）在现代经济分析中重新得到重视。

（三）议会制度和公共财政

如前所述，马克思提到最早的国债时讲到了意大利中世纪的热那亚。1344 年威尼斯民间银行破产，存款人转而购买威尼斯共和国发行的国债。这是因为中世纪意大利的城邦国家已经有了现代财政体制的雏形。

1688 年，英国爆发光荣革命，国王权力受到了限制。以后英国曾经发行具有年金性质以及彩票性质的国债，把国债作为市场化的金融产品，尽可能适应投资者的需要。[①] 这样就建立了所谓国债市场，为发行国债奠定了基础。"由于议会担负起偿还国家债务的责任，过去以国王私人名义借入的债务也成了国家公债。1692 年，英国确立了第一部与国债相关的法律，标志着国债的诞生。可以说，光荣革命也是英国财政制度的一次大变革。"[②]

现代意义的国债是建立在财政和金融高度发展的基础之上的。光荣革命最重要的作用就是推进了英国现代国家制度的形成，执行了《人权法案》，规定国王要定期召集国会，国王要增加的财政预算必须经过国会通过。为什么国会这么关心财政？因为国会代表了有产者和商人的利益，他们自己是交税者，就必须知道这些税收的用途。随着国王权力的虚化，英国的政治架构朝着现代君主立宪制演变。国会制约王权和掌控税收，反而导致税收大幅增加，其中重要的原因是国家治理能力的增强，特别是建立了现代的纳税制度和文官队伍。文官队伍的中立化与专业化保证了税收直接进入国库，而不是被中饱私囊。更重要的是界定了纳税人的合法财产权，这是光荣革命之后一个重要的制度建设。因此，现代国债与民主制度和公共财政制度是分不开的。

公共财政制度的建立推动了英国公债市场的发展，巩固了税收体系，也提高了国会的威信。这些又进一步提高了英国国债的信誉。与此同时，在 17 世纪末由政府特许商人认股而成立的英格兰银行，也开始经营政府的公债市场，同时也带动了伦敦的金融市场，使伦敦发展成比荷兰阿姆斯特丹规模更大的金融中心。随着介入欧战与殖民地开发，英国政府的开支与借款也大幅上升，而公债的利率却在下降，

---

①② ［日］板谷敏彦. 世界金融史：泡沫、战争与股票市场［M］. 王宇新，译. 北京：机械工业出版社，2018：86.

很重要的原因就是它的信誉度高、风险低，这就形成了一个良性循环，构成了17世纪的财政与金融的历史性进步。①

政府有经常性收支和非经常性收支。相当于我国20世纪80年代复式预算的经常性预算和建设性预算。当时意大利城邦财政的非日常收支，需要"另设基金和财团来筹措特别支出，将相应的征税权力转交给这些相关机构用于债务偿还"。②

亚当·斯密在他的《国富论》第三章"论公债"中专门讲到了英国的公债问题。斯密认为公债只有在国家建立了信用以后才有可能。而这种信用是建立在议会制度和公共财政的基础之上的。"在古代社会，既无大的商业资本，又无大的制造业资本，那些隐匿所储藏货币的人，他们之所以这么做是因为他们不相信政府的公正，并且担心万一他们藏匿的货币被发现会被立即掠走。在这种状态下，几乎没有人有能力在危急关头贷款给政府，或没有人愿意贷款给政府。作为统治者，因为预见到借款是不可能的，所以他认为他必须通过节约以备急需。这种先见之明则进一步加强了他节俭的自然倾向。"③ 斯密的意思是，现代国家治理导致公债制度的建立，人们愿意借钱给政府，而投资公债又增加了投资者的收入和消费。

（四）国债和金融创新

债券市场的创新最早起源于中世纪。前面说过，中世纪已经出现了国债，即皇家债务。有了国债，就有了债务风险。当时欧洲已经注意到了债务问题和债务风险，这导致了与债务有关的金融创新。中世纪国家债务主要用于战争，偿债也会用到战争赔款。"随着债务额的扩大，以及作为偿债来源的税收制度受到的制约增加，这个问题变得愈加严重。考虑到战争融资对欧洲统治者的重要性，对偿还主权债务的可靠方式进行创新显得尤为重要。"④

解决债务问题，主要是解决偿还来源和偿还方式问题。这样才能保证资金会源源不断地以国债的形式提供给国家。金融创新伴随着金融业的出现和发展，早在银行业出现的时候就成为金融业发展的动力，而年金是最早的与国债有关的金融创新。当国债成为皇家对外扩张和战争的重要保障，由此产生最早的债务危机时，"新型年金债务的问世是解决这一问题的最初方法之一，所谓新型年金债务就是统

---

① 马德斌. 为什么工业革命发生在18世纪的英国？［Z/OL］."经济学原理"公众号. 2021年1月1日. 来源：上海《文化报》，2012年5月28日.

② ［日］板谷敏彦. 世界金融史：泡沫、战争与股票市场［M］. 王宇新，译. 北京：机械工业出版社，2018：85.

③ ［英］亚当·斯密. 国富论［M］. 唐日松，等译. 北京：华夏出版社，2004：656.

④ ［美］查尔斯·凯罗米里斯，史蒂芬·哈伯. 人为制造的脆弱性——银行业危机和信贷稀缺的政治根源［M］. 廖岷，等译. 北京：中信出版集团，2021：58.

治者承诺向债券持有人支付永续年金。"① 作为财富管理的鼻祖的哈布斯堡家族最早推动了国债的创新。"在16世纪，西班牙哈布斯堡王朝似乎是建立永久年金式国家债务的第一个国家。这种实践反映了从中世纪晚期开始加泰罗尼亚（阿拉贡）和卡斯蒂利亚等西班牙早期政权的公共债务结构。"②

从某种意义上说，英国最早建立了国债的一级市场，而荷兰最早建立了公债和股票的二级市场。但是在此以前，西班牙是与国债有关的金融创新的先驱。当时社会已经致力于发展债务投资人组织，建立违约处理和发展信用机制。此外，还有债务重组的实践。最重要的是分散发行给小投资者的债券（标准化的债务合约）已经出现，从而出现了债券的二级市场。这样减轻了作为一级承销商的银行的压力。"热那亚的银行家将债券再出售给其金融网络中的众多参与者，从而只持有原有债权中的一小部分。"③ 在没有二级市场的情况下，公债常常是富人的贷款。但是英国的英格兰银行采取了年金（有期年金和终身年金)④的办法，或者永久债券的办法，适应了投资人的需要。因此，早期国债的一级市场是很成功的。"英国所谓短期公债，就是按信用方法借入的。这类公债有两部分：一部分是无利息或假定是无利息的债务，类似于个人记账债务；另一部分是有利息的债务，类似于个人用期票或汇票借入债务。"⑤ 第一部分用于支付工资等。第二部分则相当于财政部发行的国库券。英国的中央银行相当于财政部，而当时称为财政部的实际上相当于国库部。国库券没有二级市场，但是可以到英格兰银行贴现。英格兰银行还设立了减债基金，保证公债的信用。

建立国债信用，只是维持国债制度的一个方面。但是没有发达的国债市场，也不可能使国债制度健康发展。英国早期发行国债的品种较多，注重一级市场。由于有证券交易所，国债在交易所中交易，因此从一开始就有国债的二级市场。但是这些国债的每笔数量都不大，二级市场缺少流动性。1749年，当时的英国首相兼财政大臣亨利·佩勒姆决定整合各种国债的偿还时间，发行一种没有偿还期限的永久国债，称为"统一公债"。⑥

和英国一样，美国本质上也是在国债基础上建立的国家。亚历山大·哈密尔顿

---

①② ［美］查尔斯·凯罗米里斯，史蒂芬·哈伯. 人为制造的脆弱性——银行业危机和信贷稀缺的政治根源［M］. 廖岷，等译. 北京：中信出版集团，2021：58.

③ ［美］查尔斯·凯罗米里斯，史蒂芬·哈伯. 人为制造的脆弱性——银行业危机和信贷稀缺的政治根源［M］. 廖岷，等译. 北京：中信出版集团，2021：59.

④ ［英］亚当·斯密. 国富论［M］. 唐日松，等译. 北京：华夏出版社，2004：661.

⑤ ［英］亚当·斯密. 国富论［M］. 唐日松，等译. 北京：华夏出版社，2004：656.

⑥ ［日］板谷敏彦. 世界金融史：泡沫、战争与股票［M］. 王宇新，译. 北京：机械工业出版社，2018：114.

说:"美国是在债务中产生的。"① 特别是在美国独立战争时,英国和美国双方都是通过发行国债维持战争的。在这个冲突中,英国已经存在的税收制度和国债制度使其在战争中具有明显优势。相对而言,美国早期只有基本的税收制度。1775 年新建立的大陆议会(Continental Congress)只勉强从法国和荷兰借到 1100 万美元。② 由于财政金融状况不佳,联邦政府决定成立财政部。哈密尔顿成为首任财政部部长,他很快意识到了适当的国债的必要性。1781 年,当独立战争还在进行的时候,他在给莫里斯(Morris)的信中表示了对于保持适度债务规模的英国模式的赞许。③

以上说明,市场经济使时空不同的供给和需求通过市场得到实现。地理位置不同的供需得以实现是通过商品市场,而时间跨度不同的供需则通过金融市场得以实现。金融是债务关系的横向和纵向的延伸,横向是向股权和资产发展,纵向是标准化和衍生产品方面延伸。但是金融本质上是制度安排,而这些制度是演化的。没有中世纪与金融有关的制度进步,就没有工业革命和资本主义。

(五) 国债是现代国家治理得以维持的基础

"金融货币观"认为,国债的出现使金融业和国家建立了联系。这是现代金融建立的基础。"财政部和商业银行的行动受其预算约束。宏观经济模型习惯于将这两种约束归为一种约束,因为在实践中,财政部是商业银行利润的剩余索取者(通过铸币税支付),而且纯粹从经济角度看,这两种机构之间的区分是多余的。"(Bassetto and Messer,2013)。中国早期金融业的发展,也与财政支出有关。例如山西的票号,就与支付军费开支的支付结算有关。

中国清朝以前并没有发行内债,这是因为中央集权的国家通过税收解决财政问题就足够了,而且中国也没有培养起来西方的贵族阶级。欧洲的封建领主常常向贵族借钱。直到鸦片战争开始时,中国才有了外债,因为中国近代实行闭关锁国的政策,和外部断绝了经济来往。鸦片战争以前,中国商品经济的发展也催生了中国的金融业。

"中国历史上没有产生严格意义上的公债。西方的公债跟战争有很大关系。但

---

① John Steele Gordon. Hamilton's Blessing, The Extraordinary Life and Times of Our National Debt, Walker And Company, New York, 1997: 11.

② John Steele Gordon. Hamilton's Blessing, The Extraordinary Life and Times of Our National Debt, Walker And Company, New York, 1997: 11 – 12.

③ John Steele Gordon. Hamilton's Blessing, The Extraordinary Life and Times of Our National Debt, Walker And Company, New York, 1997: 20.

中国也不缺少战争，为什么中国的战争不会产生公债？这个问题最早是马科斯·韦伯提出来的。有一种简单的说法：中国的皇权是至高无上的，产权是绝对的，正像在晚清的时候，大臣跟皇帝提议要建立大清银行，发行公债，皇帝说所有的东西都是我的，我怎么还要去借呢？这个说法其实不完全，欧洲也有根深蒂固的绝对王权与产权的传统。区别在于，给欧洲王权贷款的银行家往往在这些国家的疆域之外。所以，要想继续向银行家借款，这些欧洲皇帝就必须遵守'有借有还'的原则，这当然和欧洲政治分裂的架构有关。中国政治上的大一统始于秦朝，宋朝后得到巩固，也许是大一统和绝对皇权这两个条件并存制约了国债的发展。"[1] 这一解释显然是有说服力的。

"政府的税收基本上都用于战争，也会带来很多问题，毕竟，借公债去打仗、穷兵黩武也不是什么好事。但是，借公债去打仗同让军人直接去山西商人家里没收财产相比，就是一个很大的进步，因为维持公债需要政府建立一定的信誉，对随意践踏私人财产权就会有所顾忌。在清朝，每次战争都会导致银库库存下降，乾隆在位时很自豪地说，大清的银库有八千多万两库存。八千万两实际上就等于清朝两年的收入，但到18世纪末镇压白莲教时就差不多耗尽了。与之相比，近代西班牙的哈布斯堡王权政府，它一年的公债就等于七年财政收入，它的公债依赖意大利不少城邦的银行家，经常以来自南美殖民开发的白银资源作为抵押，这就让西班牙王权的财政不用受制于国会或国内的纳税体系。由此看出，国家能力、政治架构与公共财政有密切的互动关系。"[2]

按照"国家公司理论"，内债和发行货币是一样的，都相当于发行股票，就是稀释原有的货币。事实上，中国历史上国家发行货币和发行债券也很难分开。"国家公司"中真正的债务是外债。事实证明，对中国近代社会和经济有实质影响的就是外债。

（六）李嘉图等价

李嘉图等价认为，发行国债对未来社会保障体制没有影响。它回答这样的问题：如果公共支出所需的资金是通过发行政府债券而非增加税收获得，对国民经济有什么影响？它将如何影响收入分配？通过发行国债而不是增加税收来扩大公共支出，实际上是将未来的税收收入用于当前的消费和投资。未来税收收入的现值应该等于计划内当期债务的数额。如果不考虑其他因素，发行国债不会对一国的国民总

---

①② 马德斌. 为什么工业革命发生在18世纪的英国？[Z/OL]."经济学原理"公众号，2021年1月1日。来源：上海《文化报》，2012年5月28日。

财富产生不良影响。从这一点看，李嘉图等价定理并没有错。

然而，未来税收收入的提前使用将导致收入再分配在水平方向的变化。如果政府开支依赖于吸收私人储蓄和过度征税，将导致私人投资减少和所谓的挤出效应。李嘉图等价定理也适用于对私人消费的分析。借钱买车的人并不一定比拿现金买车的人穷。借款人无须改变他们当前的消费模式，但其由于借债，他们未来的消费将减少，尤其是在债务到期时。

小　结

以上可以看出，信用、债务起源于远古时期；银行起源于中世纪。债券起源于国债，债券市场起源于国债市场。债券市场和股票市场出现于资本主义发展的早期。由于债券市场在整个金融市场中的基础地位，债券市场不但没有衰落，而且在金融深化的过程中不断发展。今天衍生产品、混合资本工具、合成证券和结构化证券等创新产品不断出现。但是债券市场的基础作用和基准作用没有改变。

人类社会制度经历了一个长期演化的过程。人的自然和社会禀赋（债务是负的社会禀赋）、所有权（债权）的确定，是人类社会"交换和博弈"的行为方式的基础。债务和信用确定了人类社会中的重要关系，社会演化是人类社会"交换和博弈"的结果。奴隶社会无非是奴隶主的"债权人社会"（奴隶是债务人），封建社会是土地所有权人（农民是债务人）的社会，而资本主义社会是资本家的债权人（广义债权包括股权）社会（企业和消费者是债务人）。金融无非是这些关系的货币化和金融产品化。而证券市场就是这些关系的标准化和证券化产品交易的场所。历史上朝代的权力更替是债务人推翻债权人的结果。金融市场使债权债务关系缓和了。

通过对"债"、信用、货币和金融本质的研究，我们要知道四件事情：第一，金融是演化的，演化以自由市场和自然秩序为前提；第二，金融进步先于技术进步；第三，金融的物化过程和人格化过程是反思金融需要解决的核心问题；第四，经济金融化，金融社会化代表未来趋势。

金融是人和人的关系的物化产物，从马克思深刻揭示这个物化的时候开始，这个过程并没有停止，而是不断深入。2008年美国金融危机说明金融市场使人的社会关系的物化达到了前所未有的地步。后现代人反思现代，同时解构金融导致的物化问题，从而推动解构和重构现代金融。后工业化的人反思工业化，解构技术导致的物化，从而推动解构和重构使用价值，再现人力资本创造力。

　　金融制度是演化的结果，从古代美索不达米亚、古代印度和中国，到中世纪的意大利和中国，再到资本主义前夕的荷兰、英国和美国，金融制度的进步是一个不间断的过程。现代对前现代的反思，后现代对现代的反思，能够解构的是构建制度，不能解构和重构的是演化制度。经济金融化，体现了创新经济时期金融家和企业家结合的必然性；金融社会化体现了后现代时期的经济特征。由于大众从被剥削的对象转化为主人，从存款人变为投资人，因而成为小的分散的债权人，而企业家成了债务人。美国从实施401K计划以后，这种转化已经开始。而中国的存款人已经变成理财产品的投资人和股票市场的主要投资人，标志着这一过程已经开始。

第二章 金融的本质

第一节 金融的性质和作用

一、金融的性质

（一）金融是观念上的法律关系

人们把金融和实体经济对立起来，是由于没有完全理解金融的本质。金融中能够看得到的是货币、纸币和硬币，以及实物国库券。记得 1993 年国债无纸化改革时，许多个人投资者还是愿意持有实物国库券，觉得这样看得见，摸得着。持有货币的消费者、持有国库券到期的投资者，主要是从安全的角度考虑，因此，他们喜欢实实在在的东西。但是商人和需要经常交易的人则不仅需要安全，而且需要交易的方便。当然，又方便交易的，又能保值的就是贵金属了。这就是金银作为货币的逻辑。

货币体现的是法律关系，罗马法体系中所包含的民商法规定了这种法律关系。在货币经营业出现以后，没有被客户提取沉淀下来的金银货币可以借出去，这样就从货币经营业演化出了银行业务，从而出现了最早的银行。世界上最早的银行出现在中世纪的意大利，与当时意大利半岛的商品经济的发展有关，如热亚那、阿玛菲等地是欧洲商品经济和贸易最发达的地方。货币业和银行业的出现与法律的发展也有关系。1033 年意大利出现了欧洲第一所大学——博洛尼亚大学。这所大学最早的两个系是法律系和解剖系。而法律系源自罗马法出现后关于法学的原理（法理）的讨论和研究。

金融体现的是法律关系。但是这种关系不同于一般的关系，它必须具有约束力。对于违法者的惩罚，还有中世纪教会对于利息和高利贷的限制，都是看得见的约束。法律的力量还必须从人们的观念上得到体现，这涉及哲学上的认识论。人的知识分为个人知识、公共知识。公共知识分为所有知识的与集和所有知识的交集，前者代表一个社会的知识总量和分布，后者代表共有知识，是"交换和博弈"的前提，在市场经济中具有特殊的意义。在"交换和博弈"发生以前，法律关系作为交换和博弈的规则已经存在于人们的观念中，成为共识。这个共识在认识上就是"知识的交集"，存在于"人际知识"（interpersonal knowledge）中。市场作为交换和博弈的场所，也存在于人们的观念中。交换是所有权的转移，货币所体现的跨期交换在法律上就是债务所体现的权利和义务关系，存在于人们的观念中。金融就是这种与货币有关的权利义务关系的共识观念。

（二）金融的"质"和"量"的规定

原始金融来自债权债务关系。金融的历史可以追溯到"债"的概念形成的时候。"债"是最早的社会关系的形式，这一点已经被人类历史学家所证实。经济学家认为货币起源于商品交换，这是凭借事后想象来撰写的货币、商品经济历史。其实，人类社会的行为范式"交换和博弈"可以从早期社会关系的"债"开始。在"交换和博弈"这一范畴中，交换可以分为早期的"社会交换"和商品经济以后的"商品交易"。"债"从"社会交换"那个时候就开始了。金融的质的规定涉及的是信用的本质问题，信用是法律关系得到保障程度的指标。①

1. 金融范畴的质和量的对立统一

马克思说，商品是两重物，是使用价值与价值的统一体。但是商品的两重性是由体现在商品中的劳动二重性决定的，"一切劳动，从一方面看，是人的力量在生理学意义上的耗费，而作为相同的人类劳动，它形成商品价值。从另一方面看，一切劳动是人的力量在某种由特殊目的决定的生产形式上的耗费，而作为具体的有用劳动，它生产使用价值或效用。"② 使用价值是看得见的，而价值是看不见的。价值服从经济学的规律。在分析货币的起源时，马克思从交换价值出发，探索商品背后隐藏着的"价值"。马克思说："前一个商品起主动作用，后一个商品起被动作用。前一个商品的价值表现为相对价值，或者说，处于相对价值形式。后一个商品

---

① 1988年，笔者在写博士论文时，许毅老师要求笔者把信用这个核心问题弄清楚。笔者用了很多时间研究马克思关于信用的论述。这些年从事财政金融工作，对于马克思关于信用的论述有了新的认识，马克思的思想对于理解金融的本质具有重要意义。

② 马克思，恩格斯. 马克思恩格斯全集：第四十九卷［M］. 北京：人民出版社，1982：186.

起等价物的作用，或者说，处于等价形式。"① 货币结晶是交换过程的必然产物，交换领域扩大的历史过程，使商品本性中潜伏着的使用价值和价值对立发展起来，这个矛盾的解决就是货币的产生。把交换价值从价值中抽象出来后，马克思再回过头来研究交换价值，把交换价值作为价值的形式来探讨。② 在简单的、个别的或偶然的价值形式的分析中，首先分析了价值表现的两极：相对价值形式和等价形式。马克思首先研究相对价值形式的内容，也就是研究相对价值的质的规定性。"不同的物的量只有化为同一单位后，才能在量上互相比较。不同物的量只有作为同一单位表现，才是同名称的，因而是可通约的。"③ 那么，什么是等价形式呢？"一个商品的等价形式就是它能与另一个商品直接交换的形式。"④ 马克思首先分析价值表现所包含的质的等一性，然后才分析价值表现所包含的数量关系。因为商品的等价形式不包含价值的量的规定。由商品和货币起源发展出来的价值的质和量的规定，不仅是理解信用范畴质和量的规定的前提，也是理解经济和金融范畴质和量的规定的前提。

2. 货币体现的是人和人的经济关系

这种质的规定，即价值所体现的是人和人的关系。马克思指出，货币不是物，而是社会生产关系。"金银天然不是货币，但货币天然是金银"。⑤ 金银作为货币是由其方便交换的特性产生的。金银的贵重（体积小，价值大）、容易分割的特点，使其成为货币的天然选择。

马克思说到的人和人的关系，指的是法律和制度框架下的人和人的经济关系。这种经济关系就是笔者的"经济学元理论"中提出的"交换和博弈"⑥ 的关系。交换和博弈是人类社会关系得以维持的形式，是人的行为的出发点。法律是交换和博弈的规则，而交换的实现是价值功能的体现。市场是交换和博弈的场所，这个市场可以是可以看得见的商品市场，也可以是看不见的人和人之间的社会市场，或者是处于这两者之间的金融市场。金融市场只是人和人之间以交换价值为基础的法律关系不断产品化和标准化，从而方便交易产生的半可见的市场。

只有当价值的实现是人们追求的目标，信用、金融才有了功能的意义，成为

---

① 马克思，恩格斯. 马克思恩格斯文集：第五卷 [M]. 北京：人民出版社，2009：62.
② 高坚. 中国的国债问题 [M]. 北京：中国财政经济出版社，1993：18.
③ 马克思，恩格斯. 马克思恩格斯文集：第五卷 [M]. 北京：人民出版社，2009：63.
④ 马克思，恩格斯. 马克思恩格斯文集：第五卷 [M]. 北京：人民出版社，2009：70.
⑤ 马克思，恩格斯. 马克思恩格斯文集：第五卷 [M]. 北京：人民出版社，2009：108.
⑥ 高坚："经济学元理论"公众号，第4章：社会交换和博弈。

实现目标的一种手段。交换和博弈作为人的有目的行为得以实现的形式，赋予了金融以特殊的功能。马克思对货币起源和本质的分析，为阐明货币的职能奠定了基础。马克思在《资本论》和《政治经济学批判》中论述了货币有五种职能：价值尺度、流通手段、贮藏手段、支付手段、世界货币。纸币的产生源自货币作为流通手段的功能。纸币是国家强制流通的价值符号。为什么价值符号可以执行流通手段的职能呢？这是因为货币在执行流通手段的职能时，只是起瞬间的作用。通常卖主把商品换成货币，只是为了马上用这些货币去购买另外的商品。所以货币充当流通手段，不一定要具有价值。对此马克思曾经指出："在货币不断转手的过程中，单有货币的象征存在就够了。"[1] 因此，为了降低交易成本，纸币是必要的选择。

如前所述，货币首先是由支付手段产生的，最初是用来偿还人身债务的。贵金融是一般等价物，但只有贵金融才能作为贮藏手段。纸币和硬币最初是贵金属的证券化，后来成为国家实力的证券化。国家的实力决定货币的价值，而货币政策和金融市场的供求决定货币的价格（汇率）并影响货币价格（汇率）的波动。这里国家实力是经济、制度和国家的国际地位的综合指标。而风险是一个国家实力的潜在漏洞，各个国家的利率水平体现了经济增长水平和风险溢价水平。发展中国家利率水平高，反映了经济增长率、通货膨胀水平和投资的风险溢价因素。货币的价值尺度功能源自买者愿意支付的价格，而这恰恰是主观价值的体现。金融的产生源自货币和银行。而银行源自贵金属管理，就是马克思说的货币经营业。从这个意义上说，中央银行从事的是证券化的贵金属即纸币的经营业。金融市场体现的是权益的交易，因为有了货币，权益的交易成为可能。资产的产权，包括知识产权，有专门的市场。金融市场只是标准化的产权和现金流的索取权的交易场所。资产索取权和现金流索取权不同。产权资产因为有了流动性，才能够成为资本。债权是现金流索取权，而股票是公司价值的索取权，证券化资产的索取权是资产的索取权。影响这些索取权得以实现的因素有很大不同（见图 2-1）。货币资本是证券化的资本品（资产），代表了对于资本品的回报的索取权。如熊彼特所说，贷款只是提供了对于资本品的购买力，并不是资本本身。而真正的资本体现在企业家精神得以存在的企业中。

---

① 马克思，恩格斯. 马克思恩格斯全集：第四十四卷. 北京：人民出版社，2001：152.

合同保护 名义索取权的实现	经济组织保护	不确定性	事后保护
·债券比较明确 ·现金流证券化相对明确 ·资产证券化不够明确 ·股票对应公司最不明确	·债券受到保护少，道德风险严重 ·现金流证券化有资产隔离、信托和SPV保护 ·资产证券化也有资产隔离、信托和SPV保护	·现金流确定性最大 ·现金流证券化不能保证现金流的稳定 ·资产证券化不能保证资产收益的稳定 ·股票不能保证分红的稳定	·债券可以由投资人大会事后争取权益 ·现金流证券化对资产没有索取权 ·资产证券化，对资产有事后抵押品处置权 ·股票损失基本没有保护

图 2 - 1　影响不同索取权实现的因素

资料来源：笔者绘制。

二、金融和创新经济

(一) 重新理解生产要素

在古典经济学以后，沿着亚当·斯密《国富论》指引的方向，韦伯首先提出了经济领域 (economic sphere) 的概念。新古典经济学的增长理论聚焦资本和劳动的结合，以及技术作为全要素增长率的作用。后来，比较经济研究证明制度、文化和传统对于经济增长具有不可或缺的作用。生产要素不是经济增长的决定因素。经济增长的决定因素，可能在经济系统以外。企业不仅是生产要素结合的技术平台，更重要的是生产要素得以实现的制度形式。企业家的使命不是实现生产要素的技术组合，而是适应各种环境的要素 (不局限于生产要素) 创新组合。随着经济进步，各种制度因素，如公司法、公司治理和公司文化的重要性得到广泛承认。资本市场成为企业以外资源配置的最强大的杠杆。熊彼特说："经济发展的实现必须以企业家、创新和信用创造这三者的结合为前提。导致经济发展的原因分为内因和外因两种。相较而言，外部因素是次要的，因此，有必要将其与内部因素区分开来。外部因素可归结为战争、贵金属供应、地理发现、人口变化、经济制度五种。内部因素则包括消费者嗜好、生产要素和商品供应方法三类。"[①] 第二次世界大战后，世界性战争消失，20 世纪 70 年代金本位废除，地理发现也不再成为经济增长的外部因素。只有人口变化和经济制度仍然是决定经济增长的外部因素。熊彼特所说的创新具有特定含义。在熊彼特看来，经济发展不是原有要素的规模的扩大，而是不断地

[①] ［美］约瑟夫·熊彼特. 财富增长论——经济发展理论［M］. 李默，译. 西安：陕西师范大学出版社，2007：18.

创造新的组合。

（二）从"物化"的解构和"人格化"的重构理解企业家的出现

从中世纪到资本主义早期，货币推动的社会从人格化转向非人格化，产出和利润增加了，但是劳动者被物化了。关于这方面，马克思有很多精彩的论述。"物的世界的增值同人的世界的贬值成正比。"① "工人在劳动中耗费的力量越多，他亲手创造出来反对自身的、异己的对象世界的力量就越强大，他自身、他的内部世界就越贫乏，归他所有的东西就越少。"② 工人"在运用人的机能时，却觉得自己只不过是动物。动物的东西成为人的东西，而人的东西成为动物的东西"③。"人们本身劳动的社会性质反映成劳动产品本身的物的性质"④。马克思努力还原物与物的关系背后所体现的人和人的关系，并认为人和人的关系是这种关系的本质。"商品形式和它借以得到表现的劳动产品的价值关系，是同劳动产品的物理性质以及由此产生的物的关系完全无关的。这只是人们自己的一定的社会关系，但它在人们面前采取了物与物的关系的虚幻形式。"⑤

马克思知道劳动者必须突破原有的界限，而无产阶级突破自己的界限，必须实现生命对于形式的超越。"形式—超越—形式—超越，这种无穷无尽的辩证历史（也是现代文化的冲突），特别清晰地体现在某些叙事中，它们表达并创造了无产阶级这一特性/身份/认同，既作为此时此地的一个阶级，也作为面向不太遥远的未来的一种革命主体。"⑥ 这里说的"超越"就是无产阶级从物化转向人格化。

"马克思在《哥达纲领批判》中论述表明，共产主义就是对实存状况的超越，就是对这种状况的颠覆。不仅如此，还有一点值得注意，由于共产主义被视为对形式和僵化的克服，它自身的特征事实上多少属于不可言说。共产主义这种特性将由未来赐予。"⑦ 马克思认识到这种时代的超越是一个演化过程。马克思写道："从资本主义社会产生出来的；因此它在各方面，在经济、道德和精神方面都还带着它脱胎出来的那个旧社会的痕迹。"⑧

① 马克思，恩格斯. 马克思恩格斯全集：第四十二卷 [M]. 北京：人民出版社，1979：90.
② 马克思，恩格斯. 马克思恩格斯全集：第三卷 [M]. 北京：人民出版社，2002：268.
③ 马克思，恩格斯. 马克思恩格斯全集：第四十二卷 [M]. 北京：人民出版社，1979：94.
④ 马克思，恩格斯. 马克思恩格斯全集：第四十四卷 [M]. 北京：人民出版社，2001：89.
⑤ 马克思，恩格斯. 马克思恩格斯全集：第四十四卷 [M]. 北京：人民出版社，2001：89 – 90.
⑥ 基思·特斯特. 后现代性下的生命与多重时间 [M]. 李康，译. 上海：上海文艺出版社，2020：46 – 47.
⑦ 基思·特斯特. 后现代性下的生命与多重时间 [M]. 李康，译. 上海：上海文艺出版社，2020：58.
⑧ 马克思，恩格斯. 马克思恩格斯全集：第十九卷 [M]. 北京：人民出版社，1963：21.

因为现实社会不能没有界定。但是重新规定无产阶级和资产阶级的债权债务关系并不能使无产阶级真正实现超越，因此新的社会必然存在某些弊病。"但是这些弊病，在共产主义社会的第一阶段，在它经过长久的阵痛刚刚从资本主义社会里产生出来的形态中，是不可避免的。"① 马克思对于权利平等有自己的理解。他认为，如果全体个人都享有平等权利，就落入了"资产阶级的限制"的陷阱。② 马克思阐述了社会主义社会第一阶段的性质："它不承认任何阶段差别，因为每个人都像其他人一样只是劳动者；但是它默认，劳动者的不同等的个人天赋，从而不同等的工作能力，是天然特权。"③ 人的不平等，不再是原始债务导致的不平等，也不再是阶级地位差异导致的不平等，而是以个人能力不平等为前提的。这种不平等导致社会交易成本的增加，这就是"交换和博弈"在"社会交换"领域中所发生的成本。但是技术进步使这种成本的降低成为可能。"在迫使个人奴隶般地服从分工的情形已经消失，从而脑力劳动和体力劳动的对立也随之消失"，④ 从而共产主义高级阶段的出现成为可能。

因此，社会必须找到一种新的框架，它是对前现代的解构，又是对现代的重构。在这个框架下纯劳动力已经消失，而生产过程中存在的只是管理、知识劳动（科技和工匠）和中间产品。个人以知识资本的所有者或者存量资本的所有者（中间产品）参与生产过程。利润的取得不是压榨劳动者，而是企业家的创新。创新是一种"超越"，但是它是有界限的，因为创新会被新的创新所取代。创新不是一般的超越，而是通过"新组合"实现超越。资本主义出现以来的实践证明，劳动者突破原有的"界限"并不一定能够实现"超越"，而只有通过创新才能真正实现超越。

创新者必须意识到形式和存在之间的关系，意识到生命和意志的意义。每个人在自己所处的"界限"以内，通常有三种不同"意志"："求定意志""求知意志"和"求变意志"（见图2-2）。创新者具有求知意志和求变意志。求知意志和求变意志是人类具有的稀缺资源。因为求定意志是与生俱来的，而求知意志由人的好奇心决定，求变意志由当时所处的环境的压力和动力决定。这里的压力来自"界限"的制约，动力则来自机遇。求定意志具有永恒性，而求变意志具有周期性。这里政府、知识分子和企业家具有不同的意志倾向。这些倾向是我们理解他们行为的重要依据。

---

①③ 马克思，恩格斯. 马克思恩格斯全集：第十九卷［M］. 北京：人民出版社，1963：22.

② 基思·特斯特. 后现代性下的生命与多重时间［M］. 李康，译. 上海：上海文艺出版社，2020：59.

④ 马克思，恩格斯. 马克思恩格斯全集：第十九卷［M］. 中共中央马恩列斯编译局，译. 北京：人民出版社，1963：22-23.

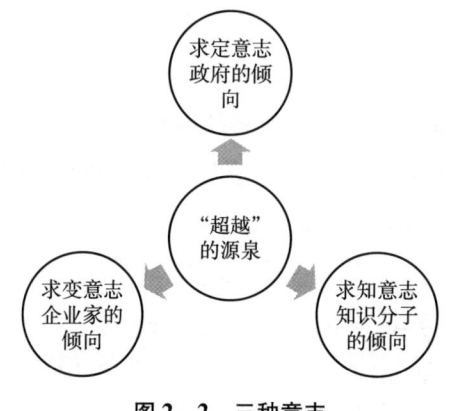

图2-2 三种意志

资料来源：笔者绘制。

文化和习惯等意识形态影响求变意志。马克思和恩格斯天才地指出：经济基础决定上层建筑，上层建筑反作用于经济基础。意识形态属于上层建筑，其对于经济基础的反作用体现在促进个体的求变意志。中国是具有创新文化的国家，这种创新文化在改革开放以后推动了中国企业家的大批出现。有了思想解放，原本世代务农的农民的求变意志使他们成为企业家。但是只有具有求知意志传统（崇尚学习）的地区和具有求变意志（崇尚迁徙）传统的地区，如江浙、广东、福建地区，成为企业家的摇篮。

经济学的问题在于，在经济学中的"人"，即理性经济人，其实是作为"物"来看待的。理性经济人其实就是经济动物，他们只有欲望（效用），而没有"意志"。这是因为经济学已经放弃和远离它的哲学传统。哲学家叔本华说："人类还能够真正对各种各样的动机进行选择。这是因为，这些动机同时存在于抽象的意识中，彼此相互排斥，相互较量，在较量中取得胜利的动机才能够支配意志，才能够起决定作用。这一过程实际就是通过考虑所进行的意志的抉择，意志的本性就在这起决定性作用的动机上表现出来。"[1] 意志是人的生命的体现，能够连接人的理性与动机等心理因素从而与外部世界所产生的现象联系起来，产生人的行为、行动和决策。"现象，这个生命意志的客体性，就是这世界，也就是在其部分和形态的所有复杂性中的世界。生存本身和生存的种类，不管是整体还是部分，都是来源于意志。意志，它是自由的，无所不能的。"[2] 经济学缺少哲学基础而不能解释诸如企业家的行为等社会现象，也不能完成对于演化过程的过去的反思和对于

---

① ［德］叔本华. 作为意志和表象的世界［M］. 景天，译. 北京：中国华侨出版社，2016：29.

② ［德］叔本华. 作为意志和表象的世界［M］. 景天，译. 北京：中国华侨出版社，2016：302.

制度的解构。

（三）前现代性、现代性和后现代性

1. 后现代性是对现代性的反思

从社会学的角度来看，"交换和博弈"必须有"意志"的参与。交换涉及市场，是改变原有身份和界限的手段，而博弈是以对对方的行为判断为基础的。为了进行有效的博弈，首先要有自己的求知意志和求变意志，还要判断对手的求知意志和求变意志。此外，博弈还需要必要的知识（包括博弈论知识）和信息。博弈论只是博弈所需要的知识的一部分。求知意志使交易双方反思上次"交换和博弈"的结果所形成的规则，这种反思可能导致从两个渠道对原有规则进行解构：一是通过政治渠道，改变规则，如通过新的立法和改变监管规则。通常通过对手之间新的"交换和博弈"，对原有的规则进行解构，并重构新的规则（见图2-3）。二是通过降低交易成本，主要是信息成本，使博弈出现"共赢"的结果。在这个过程中，技术具有双重作用：一是降低了交换和博弈的交易成本；二是技术使人成为客体而不是主体，人易于被求定意志主导。"技术能力日益增长，意味着'人'已经成为技术活动和秩序安排的客体而不是主体。"①

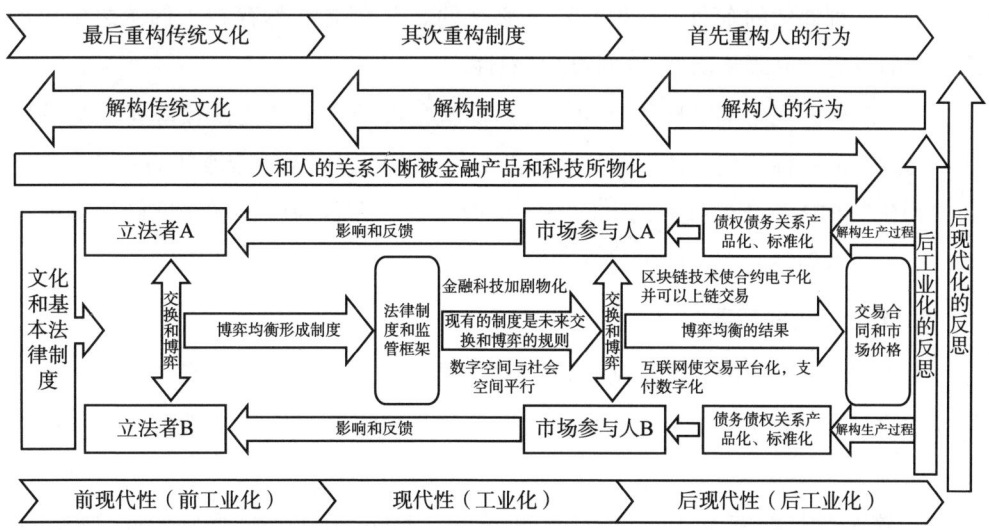

图2-3　后现代化对于现代金融和后工业化对于技术进步的双重反思

资料来源：笔者绘制。

---

① ［英］基思·特斯特. 后现代性下的生命与多重时间［M］. 李康，译. 上海：上海文艺出版社，2020：166.

一方面，技术进步使新组织的建立更加容易，因而加速了分工，使交易成本增加，但是另一方面技术进步会使各类交易成本降低。"技术进步对于交易费用的影响是不确定的。一方面，技术进步可以产生诸如新的有效的度量方法使交易成本降低；另一方面，技术进步意味着出现更复杂的商品从而提高交易成本。技术进步为设计新的降低合约成本的经济组织提供了机会，但已出现的少量系统经验资料表明，在发达的工业国家，技术进步的效应是提高了交易成本。"①

这里最重要的是如何实现"反思"。反思是一种从结果寻找原因的过程。如果反思的过程存在假设，那么反思就不会成功。"所有自然科学都是以假设为基础的，也就是从后果认识原因。而这些假设经常出错，只能依靠较为正确的假设逐渐替代错误的假设。只有在实验中，才使用从原因认识后果这种可靠的方法，但是实验却是按照假设进行的。"② 这也是经济学不能反思过去的原因，因为经济学的假设是常常是脱离实际的。社会学家区分了"技术型知识阶层"和"反思型知识分子"。"从知识分子的角度来看，知识阶层是只等被动收割，不求主动耕耘。"③ 从这个意义上说，把人当作经济动物的主流经济学家充其量不过是技术型知识阶层。

从现代性角度反思现代，感到一切都是必然的，所有的改变都没有出路，创新只能是前人做的，现代人已经没有机会了。而从后现代性角度反思现代，则发现大多数已经发生的东西都是偶然的。"在后现代性下，个体性的背景与意义会被领会和践行为一种偶然的东西，而根本不是必然的。"④ 但是必然存在于偶然之中，后现代性的反思，必须从偶然性中找出必然性。

从后现代的视角反思现代金融，必然性就是市场这个"交换和博弈"的场所是不会改变的；标准化和证券化这个降低交易成本的方向是不会改变的；从非人格的"物化"向人格化的服务的方向是不会改变的；在行为解构和制度解构的前提下，进行金融创新的方向是不会改变的。

2. 金融深化的后果

由于制度和技术的双重限制，"后现代社会的某些方面就像是乌尔里希·贝克所描述的'风险社会'"。⑤ 在这个社会中偶然性多于必然性，"黑天鹅"事件增

① ［冰岛］思拉恩·埃格特森. 经济行为与制度［M］. 吴经邦，等译. 上海：商务印书馆，2004：21.

② ［德］叔本华. 作为意志和表象的世界［M］. 景天，译. 北京：中国华侨出版社，2016：29.

③ Gouldner，1975；第24页。转引自基思·特斯特. 后现代性下的生命与多重时间［M］. 李康，译. 上海：上海文艺出版社，2020：36－37.

④ ［英］基思·特斯特. 后现代性下的生命与多重时间［M］. 李康，译. 上海：上海文艺出版社，2020：191.

⑤ ［英］基思·特斯特. 后现代性下的生命与多重时间［M］. 李康，译. 上海：上海文艺出版社，2020：161.

多。其实这正是后现代性的一种体现。"如果说现代涉及通过形式的物化来埋葬偶然性，那么后现代性就蕴含了通过超越形式而显现偶然性。不过，在后现代性中的生命斗争还意味着拒绝直面这种偶然性的无界限性。"①

金融的出现就是直面这种社会的不确定性。这里科斯定理又派上了用场：奴隶社会以某种方式确定所有权（产权），如债务人和债权人。只要权力和权利是明确的，债务人就会通过"社会交换"赎回自己的债务。如果没有"社会交换"，奴隶社会的债务人身份是赎回不了的，只有在战争时可能被奴隶主"解放"。所谓"社会交换"，就是在一级市场上，奴隶把自己当成货币，而在二级市场上，奴隶主之间把奴隶当作货币。因此，金融成为解决原始债务问题的手段，这是债务物化的第一阶段。在第二阶段，交换关系和生产关系被物化，形成商品和生产资料。从经济史上看，这是轴心时代即古代希腊哲学家和中国孔子的时代以后的事情。从社会学上看，就是人类社会进步的逻辑从前现代到现代的展现。马克思指出，劳动力的物化和生产关系的物化，到资本主义时期走到了顶点。

在整个人格物化的过程中，金融都起到了非常重要的作用。金融可以帮助量化这种风险，并使其变成可以交换的产品。同时风险社会驱动金融领域中发展出巨灾保险等新的领域。科斯定理说，只要产权确定，没有交易成本，那么资源就可以到最有效率的地方去。制度起到了产权确定的作用，而金融起到了降低交易成本的作用。

人和环境的关系以另一种"社会交换"的形式出现，从人把自然当作神，到人征服自然，再到自然报复人类。人类对于自然所拖欠的"债务"越来越大。工业化带来的直接灾难，即各种事故不断发生，气候变暖问题已经到了必须全世界采取措施应对的时候了。这赋予了金融以新的含义，这就是公司的 ESG 理念的来源，也是绿色债券理论的来源。

人类从对神灵的原始债务，发展到奴隶社会奴隶对奴隶主的社会债务，到商品经济和市民经济的义务，而现代社会要求人们更多承担社会责任。围绕人类身份由于责任的重新定位，人和人之间又开始围绕承担责任和逃避责任进行不断的博弈。博弈的目标是规则的重构，比如美国的量化宽松政策、美国的国家债务，促使人们重新反思原有的国际金融秩序。不对现代进行反思，就不能突破现代的限制，实现超越现代而进入后现代。

3. 如何破解"解构"和"重构"的困境

虽然金融深化和技术进步在提高市场效率方面取得了毫无疑义的成就，但是也

---

① ［英］基思·特斯特. 后现代性下的生命与多重时间［M］. 李康，译. 上海：上海文艺出版社，2020：183.

会导致物化的加深。物化会在一定程度上掩盖风险。然而，金融深化和技术进步并不一定导致金融风险的增加；相反，金融和技术进步也可以减少金融风险。比如，相对于贷款而言，债券本身就减少了流动性风险。再比如会计制度使资产和负债的关系以一种见物不见人的方式得以连接。同样科技进步不仅导致了进一步的物化，同时也能帮助人了解人的行为，比如互联网技术、AI 技术、区块链技术等的应用可帮助我们了解人的行为，从而做到以人的行为为基础进行信用判断，从而为贷款决策提供依据。互联网金融的确在这方面已经做出了成绩。公司类信用债市场中，理解人的行为所依赖的理念尤其重要。在熟人环境中，"交换和博弈"以"社会交换"的形式出现，而在陌生人环境中，"交换和博弈"以市场交易的形式出现。前者出现在"社会市场"中，后者出现在经济市场中。随着市场规模的扩大，现代社会的人们主要生活在陌生人市场中。为了提高经济效率，企业不断地通过产品化、产业化、标准化降低生产成本和交易成本。生产链、供应链和债务链不断延长，从而使人和人的真实关系远远隐藏在深处，不为消费者和使用者所知。"人格化交换从本质上讲会将经济活动范围限制在熟人圈里，需进行重复的面对面的交易。非人格化交换需要大量的政治、社会和经济制度，这就'破坏了'原始社会数百万年演化而成的内在遗传特征。成功的市场交易和政治民主都需要我们能处理这些问题。"[①]

对于"人造物品"化的反思，是后现代性对于现代性的反思的主要内容。反思的结果是解构人的行为、解构人类社会的各种制度、解构文化和传统。但是，人们容易做的是重构人的行为，制度和文化的重构相对不容易。对于现代金融的反思导致了几种后果：首先，只要社会交易成本低于市场交易成本，人们就愿意进入熟人环境。例如美国地区银行，就愿意在熟人环境下从事存贷款业务。其次是对行为的反思导致了银行的改革，例如，个性化服务、量身定制、消费者服务，私募基金、投行和财务顾问业务。最后是技术进步，使陌生人的习惯和行为可以通过数据跟踪。如互联网金融通过大数据实现了对消费者行为模式的掌控，从而降低信用成本，实现了小额消费信贷。

4. 反思的动力是"求知意志"

经济通过金融化，金融通过深化适应社会的后现代性。在后现代社会中，金融的外延和内涵都会有很大不同。后现代社会的人不仅是理性人，而且是"意志人"。确定规则的是具有求定意志的管理者，发现问题和反思问题的是具有求知意

---

① 道格拉斯·诺斯. 理解经济变迁过程 [M]. 钟正生，等译. 北京：中国人民大学出版社，2007：65.

志的社会精英，而解决问题的是具有求变意志的企业家和金融家。解决问题就是超越和创新。从这个意义上说，金融的后现代性也就是超越和创新。

在金融领域，人们的理念是不同的。能够进步的是具有"求知意志"和"求变意志"的那些人，这些人能够反思过去，迎接未来。但是大多数人都只具有"求定意志"，他们不愿意反思，也不善于反思。公司之间、企业之间的区别也在于这一点。投资者投资的不是公司，而是人。

人的行为不仅受到理念的影响，还更多地受到制度的约束。产权、交易成本、组织都会影响经济行为。在这方面，老制度经济学和新制度经济学提出了很多有价值的见解。同时社会学和政治学也涉猎制度对于人的行为的影响。相对而言，提到制度最少的是新古典经济学。新古典经济学也有部分贡献，主要是提供了理解制度作用的一个基准。制度的进步主要通过改革解决。在关于监管和未来市场提高效率的途径一章，我们会进一步分析和阐述这个问题。

如果从前现代的视角看现代，我们看到的是宿命，看不到前途。如果从后现代的视角看现代，现代则不过是偶然性的堆积。从现代视角看现代，我们看到的是满足、不求进取。先从前现代视角到现代视角，再从现代视角到后现代的视角，需要"超越"，而能实现超越的只有那些具有求知意志和求变意志的人。他们通过反思，发现这些偶然的现象是由那些以前的背景决定的，而背景是在变化。只有了解了背景才可以通过解构发现背后人和人的行为的作用，从而有可能进行重构。从这个意义上说，已经虚拟化的金融，并非必须沿着必然的路径前行。总之，理解金融，必须从社会学开始。"经济学用一句话来概括，不过仍然是一门社会科学；而金融不过是社会学的一门技术。"[1]

第二节 金融和后现代性

一、企业和金融

（一）金融家与企业家的创新结合

从支持实体经济的角度来说，重要的不是货币资本家，而是以资本市场为平台的金融企业家与工业企业家的结合，从而进行资源的重新配置，也就是熊彼特所说的

---

[1] ［美］杰拉尔德·F. 戴维斯. 金融改变一个国家［M］. 李建军，汪川，译. 北京：机械工业出版社，2011：52.

"新组合"，这才是经济发展的不息的动力。公司金融和公司法所体现的股东利益极大化并不是亘古不变的真理，而是货币资本家和企业家为了避免事后博弈无效而进行的事先的合同安排。从本质上来说，货币资本家取得的是承担下行风险的回报，企业家则取得上行潜力所取得的回报。因此，当企业家对未来上行潜力有信心时，宁愿通过债权融资，而对于未来有更多不确定性时，则通过股权融资。股东的法律关系的确定形式就是由货币资本家和企业家之间为防止事后不能取得最优价格（博弈的无效）而在事先签署的法律合同，该法律关系体现了对未来上行潜力的权益的共享。

（二）生产要素的重新组合和人格化

现代主流经济学是见物不见人的理论。把企业看作生产单位，把市场主体的人理解为理性经济人，导致很多认识上的误区。经济发展的动力不是企业，不是生产要素，而是企业家。企业家是有"意志"的"人"，而不是"经济动物"。人是有知识和技能的，是可以激励的，这种激励只在一定的制度框架下存在。企业是法律关系的网络，是一种组织形式，是整个制度体系的一部分。从这个意义上说，方法论个人主义是正确的，方法论集体主义也是正确的，但是理性经济人的假定则是错误的。根据熊彼特的思想，资本不是生产要素，而是企业家和生产要素之间的桥梁。熊彼特的思想对于理解金融的本质具有重要意义。资本转化为购买力以后，是物，并且以物的形式进入生产要素。具有人格的资本家和企业家都是"企业要素"，不是生产要素。在企业中有意义的是金融企业家和实业企业家，他们的双重创新实现了企业的创新增长。熊彼特认为，金融和实体经济是完全融合的关系，金融只有帮助实体企业找到要素的"新组合"（熊彼特为创新的定义），才能实现自己的使命。把金融理解为资金融通和金融服务，没有体现现代市场经济的本质特征。金融企业家与实业企业家的创新结合，在不同的时期具有不同的形式，取决于金融发展和金融深化的阶段、金融工具和支付手段的进步。从资本主义开始，美国曾经出现过银行资本主义、公司资本主义、金融资本主义、管理资本主义和股权资本主义等不同阶段，其主线就是金融深化和金融化。

看起来，债券像一张纸，像一个凭证，它属于"物"，但是它本质上反映的是人和人（包括自然人和法人）之间在一定的制度环境下的关系。与"物化"对立的是人性化（"人格化"）。但是当物化的秩序、技术、产品已经产生时，我们必须面对着非人性化的世界。"人性化互动背景与非人性化互动背景之间有一点重要差异，在于行动者依赖什么样的因素来求取其行动的成功。我们都会依赖我们可能所知甚少的他人的行动，而我们理解上的缺失也往往是靠刻板印象化的预设来填充的。在复杂的环境中，我们依靠这些人的行动来满足我们的需要，探索广阔的世界。鉴于他们数量众多，常规例行化的互动是不可能的，我们只能以非人性化的方式相互关联。"① 债券在市场中被反复洗涤，我们不知道它原来的样子。为此，以上花费篇幅努力把债的本质问题说清楚。

（三）金融社会化

在后工业化时代，金融这一古老的行业并没有衰退，而是积聚了新的能量。以美国为例，"金融市场向更广阔领域的渗透正在很多领域改变着社会组织，从公司和政府的治理结构到家庭的日常决策，不一而足。"② "后工业化社会的转型确立了以金融市场为中心的社会秩序，这一新的秩序替代了大众所熟悉的公司资本主义。"③ 这说明美国已经进入了金融资本主义的时代。金融深入整个社会，说明"社会交换"的物化过程还没有结束。一方面对于公司资本主义的反思，导致了对于工业化时代原有经济秩序的解构，另一方面对于工业化时代的超越，导致资本的进一步社会化。"金融市场的触角不仅伸向了公司领域，也不断进入了更多的社会和政治生活领域。从公司股票到房产抵押贷款，以及保险和法律诉讼费用都进行了证券化，越来越多的社会成员，直接或间接地参与金融市场之中，成为市场的交易者。"④

"不管是不是自愿的，一个社会越是证券化，就会有越多的家庭变为投资者和发行商，就会有越多的社会实体卷进金融网络之中。"⑤ 经济金融化，金融社会化，这正是后工业时代的特征。这个过程也与美国在二战后兴起的"新自由主义"有关。"许多新名词被杜撰出来形容这种新的分配方式，从'金融的民主化'到'日常生活的金融化'，不一而足。在美国之外，它被称为'新自由主义'（neoliberalism）。作为一种意识形态，新自由主义意味着不仅是市场，而是整个资本主义（我必须不断提醒读者这两者是不同的）成为几乎一切事物的组织原则。"⑥正是在这种思想主导美国政治生活的背景下，美国和英国的政治家和各届政府采取资本社会化的政策。"在美国，有 401（K）退休计划及其他无数鼓励普通公民入

① ［英］齐格蒙特·鲍曼，［英］蒂姆·梅. 社会学之思：第 3 版 ［M］. 李康，译. 上海：上海文艺出版社，2020：131.

②③ ［美］杰拉尔德·F. 戴维斯. 金融改变一个国家 ［M］. 李建军，汪川，译. 北京：机械工业出版社，2011：4.

④ ［美］杰拉尔德·F. 戴维斯. 金融改变一个国家 ［M］. 李建军，汪川，译. 北京：机械工业出版社，2011：6.

⑤ ［美］杰拉尔德·F. 戴维斯. 金融改变一个国家 ［M］. 李建军，汪川，译. 北京：机械工业出版社，2011：7.

⑥ ［美］大卫·格雷伯. 债：5000 年债务史（增订典藏版）［M］. 孙碳，董子云，译. 北京：中信出版集团，2021：442.

市投资的方法；但同时也鼓励他们借款。撒切尔主义和里根主义一个共同的指导原则是，只有普通劳动人民能够至少渴望拥有自己的房子，经济改革才能获得广泛支持。为了做到这点，无尽的抵押贷款再融资计划把人们认为其价格只涨不跌的房屋当作'ATM'——正如一句流行广告语所说的。"① 如果说这种现象是政治家的驱使，不如说是社会发展趋势使然。这是"交换和博弈"这一人类行为的范式，从"社会交换"向"市场交易"转化，以及"市场交易"向"社会交换"反渗透过程的映射。后工业化进程中的技术进步，如数字经济和"元宇宙"的概念并不能改变这一过程，只能改变这一过程得以实现的形式。

二、社会金融化

（一）金融化体现在社会的方方面面

现代资本主义是一个动态的过程。从公司资本主义到管理资本主义，从管理资本主义到股权资本主义，从股权资本主义到金融资本主义。贯穿整个过程的是一个金融化的过程。"20 世纪 90 年代的时候，评论家们认为这是一个'市场胜利'的时代，但实际上，这更是金融市场胜利的时代"。②

金融化首先表现在资本流动和股票交易达到了前所未有的程度。"国际商品贸易的规模超过了第一次世界大战前的水平，但更让人兴奋的是金融资本的流动达到了一个前所未有的高度，每天的跨境交易在数万亿美元以上。1980 年以后，大概有超过 40 个国家第一次开放了本国的股票市场（比如匈牙利、越南、中国、萨尔瓦多、洪都拉斯、马拉维、斯威士兰、阿曼、科威特、巴巴多斯、特立尼达和多巴哥）。"③

金融化还表现在证券化遍及生活的各个领域。"在金融市场能够交易的产品也不断扩充，不仅限于普通交易的股票和债券。股票和债券是资本类资产，也就是说，是一种对未来现金流索偿的权利。从原则上说，只要定价合理，任何能够产生现金流的东西都可以成为可交易类的资本资产（即证券化）。"④ 特别是房屋抵押贷款的证券化，是美国大规模信贷资产证券化的开端。"以房屋抵押贷款为起点，在 20 世纪 80 年代对债务进行打包的实践活动不断扩张，其中就包括汽车贷款和信

---

① ［美］大卫·格雷伯. 债：5000 年债务史（增订典藏版）［M］. 孙碳，董子云，译. 北京：中信出版集团，2021：442.

②③ ［美］杰拉尔德·F. 戴维斯. 金融改变一个国家［M］. 李建军，汪川，译. 北京：机械工业出版社，2011：33.

④ ［美］杰拉尔德·F. 戴维斯. 金融改变一个国家［M］. 李建军，汪川，译. 北京：机械工业出版社，2011：34.

用卡应收账款。在第一个实践中，对未来清算的合理估计就意味着衍生证券就能够被创造出来并被用来交易。"①

（二）技术进步和金融进步

在这个过程中技术进步和金融进步是相辅相成的。"信息通信技术的快速发展提高了收集较有价值信息的能力，从而能够创造出新的证券种类以便于将未来预期的支出转化为具有合适面值的债券。"② 不可否认，美国金融资本主义的出现，离不开政府的支持和金融理论的进步。"比尔－克林顿在政策制订中应对债券市场的反应是非常有名的，当然这其中的大部分功劳要归给财政部部长罗伯特·鲁宾。"③ 在金融理论上的贡献主要是有效市场理论、资产定价理论和期权定价理论。这些建立在主流经济学基础上的金融理论无疑为各类资产证券化提供了不可缺少的理论根据和估值方法。

资产就是微观经济学中作为企业生产要素的资本。金融资本主义的出现，要求我们重新理解资产。我们把资产分为三类：第一类是可以转化为货币的基础资产，这些是具有银行信用的"安全资产"，银行对于企业的贷款形成的债权就属于这一类。因为贷款属于货币形式，流动性好，可以按照市场价格购买任何资产以固定回报偿还。第二类是可以证券化，但是只有商业信用的实物资产。企业使用这些资产时类似于租赁，支付租金。第三类资产，其产出具有很大的不确定性，必须和公司管理、技术、创新等投入相结合，不能做资产证券化，只能由公司证券化（股票价值）来定价，这就是股权资产，需要定期或不定期支付红利。这三类资产反映了金融与企业结合程度的不同。其中只有股权资本是必须和企业紧密结合的。这也符合熊彼特的思想，银行贷款提供的是购买力，并不是真正意义的资本。而资本必须与具有创新意识的企业家结合才能够成为资本，这也是前面提到的金融家和企业家创新结合的本意。

除了金融家和企业家，企业要素和生产要素都可以外包。"'原始设备制造商'（OEM）遍及从计算机到热狗快餐的各个行业，他们仅仅拥有自己的品牌，反而把设计、生产、销售和运输产品的工作全部外包。"④ 金融的这种特殊作用，使人们

---

① ［美］杰拉尔德·F. 戴维斯. 金融改变一个国家［M］. 李建军，汪川，译. 北京：机械工业出版社，2011：34.

② ［美］杰拉尔德·F. 戴维斯. 金融改变一个国家［M］. 李建军，汪川，译. 北京：机械工业出版社，2011：35.

③ ［美］杰拉尔德·F. 戴维斯. 金融改变一个国家［M］. 李建军，汪川，译. 北京：机械工业出版社，2011：37.

④ ［美］杰拉尔德·F. 戴维斯. 金融改变一个国家［M］. 李建军，汪川，译. 北京：机械工业出版社，2011：11.

把公司理解为法律合约的网络。金融市场提供这些法律合约的价格和公司经营状况的信息。这一看法支持了现在兴起的公司治理的功能主义理论。

（三）金融民主化

金融民主化、资产组合社会化揭开了现代金融的另一个维度。美国 401K 以后，普通民众变成股民和债权人。"毫无疑问，富人在古代是主要的债权人，但现在形势已经逆转了。"[①] 拥有举债经营能力的公司管理人和企业主是最富有的人，他们同时也是现在最主要的债务人。这就是所谓的"金融的民主化"。[②]

哈佛经济学家奥利弗·哈特（Oliver Hart）将企业的剩余索取权和剩余控制权加以区分。剩余控制权既是所有权与使用权的分离所必要的，同时在信息不对称的情况下也是管理层出现道德风险的主要原因。但是公司治理的功能主义认为，分散的股权所弱化的控制力可以降低股票的价格，不管是否恶意，市场就会有人收购股票，从而提升股票价格，并增加股东对于股权的控制力。这进一步说明，在有效市场的框架下，金融家和企业家的创新结合可以得到有效的实施。

在这个过程中，银行的地位在两个方面受到挑战：一方面，银行贷款正在被公司债所取代；另一方面，银行吸收存款的功能被共同基金所取代。在美国，前者体现在公司脱媒的过程中，后者体现了这样的事实：401K 使存款人变成了投资人。在中国，这个过程同样在发生，前者体现在公司债市场的发展，后者则体现在银行理财业的发展。因此，银行业必须考虑这个传统行业的转型问题。在美国，大的商业银行已经不再做存贷款业务，而是转而从事信用卡和消费者服务。前花旗银行首席执行官约翰·里德在 1996 年就曾断言，银行将变为"利用智能网络对代码进行应用的行业"。[③]

所有这些并不意味着金融行业的衰落，恰恰相反，意味着金融在经济中的主导作用在加强。但是金融市场发挥的作用并不是交易的作用，而是信息的作用。"工业化社会是围绕着大型的公司转，后工业化社会（包括公司在内）是围绕着金融市场及其发出的信息转。"[④]

其实债务和资本只是同一硬币的两面，就像资产负债表表达的是公司财务报表

---

①② ［美］大卫·格雷伯. 债：5000 年债务史（增订典藏版）［M］. 孙碳，董子云，译. 北京：中信出版集团，2021：455.

③ ［美］杰拉尔德·F. 戴维斯. 金融改变一个国家［M］. 李建军，汪川，译. 北京：机械工业出版社，2011：15.

④ ［美］杰拉尔德·F. 戴维斯. 金融改变一个国家［M］. 李建军，汪川，译. 北京：机械工业出版社，2011：25.

的两个方面：资产和负债。资本主义社会展现的不过是原始债务社会的另一个方面，在这里"社会交换"中债务的物化，是和货币资本化的过程一致的。但是这是在社会不断通过解构和重构超越自己的过程中实现的。这样从后现代的视角我们看债务的本质就更加清晰了。

三、金融的内生化

前现代和现代的金融是银行和资本市场，金融是外生的。后现代的金融是与创新结合的金融，因而是内生的。根据熊彼特的思想，资本是企业家和生产要素的中间环节。金融内生化，意味着金融和企业实现了新的创新组合。

（一）金融从外生向内生发展

中国过去40多年的金融史是美国200多年的金融史的浓缩版。美国的金融正在从现代金融向后现代金融过渡，中国金融领域混合了前现代金融、现代金融和后现代金融的多重元素，但是仍然处于现代金融阶段，以传统金融业为主。传统金融业为企业提供资本或融资工具。传统金融，认为银行的功能是向企业提供流动资金，而金融是资金的融通。对于生产过程来说，金融只提供了对于生产资料的购买力，因而是外生的。但是在工业化时代，以信贷为主体的早期金融却是企业得以实现产品进入市场的前提。熊彼特说，"我们可以对信贷现象做出如下定义，即信贷在本质上是为了给予企业家以购买力而进行的对购买力的创造，而不是现有购买力的转移。原则上，购买力的创造标志着在劳动分工制度下及私有财产实现发展的方法。凭借信贷，企业家在对社会商品的流通还不具备正式的要求权之前，便取得了参与社会商品流通的机会。"① 可以说，没有金融，就没有工业化和现代化。中国的金融发展也为中国的工业化和现代化输送了血液。

当商业银行转化为投资银行时，债务重组、公司上市、并购以及企业财务顾问业务成为金融业务的创新模式。企业内生金融的发展是从财务和公司金融开始的，这时主要是由从商业银行派生出来的投资银行帮助设计方案。"金融中介从银行到市场转变的最大受益者是投资银行。投资银行和经纪业发挥着联系投资者和市场的作用，他们帮助公司或其他发行者向市场承销证券，包括股票、债券，向投资者提供策略，特别是兼并方面的策略。他们着重向富人和机构提供投资建议，通过为个

---

① ［美］约瑟夫－熊彼特：财富增长理论—经济发展理论［M］. 李默，译. 西安：陕西师范大学出版社，2007：156.

人、机构及对冲基金等客户在市场上买卖证券而获得佣金。"①

（二）金融向供应链的介入

传统商业银行主要提供流动资金，因为银行吸收的是短期存款，不适合做长期贷款。长期资本是由资本市场提供的，这就是公司债券和股票。银行提供的是购买力，是流动资金，而不是资本。经济"发展把资本这个新的要素引进了经济过程，从而引申出一个令人感兴趣的第三市场，那就是资本市场。"② 由于资本市场的出现，银行资金使用（贷款）和资金来源（存款）两个方面发生变化。前者表现在银行从满足企业的不同金融需求转移到服务于价值链和其他金融机构，后者则表现在作为银行存款来源的储蓄转化为共同基金的投资对象。"也许银行业管理解除和证券化发展最明显的结果就是创造了如花旗集团这样的金融大集团，它们横跨投资银行业、商业银行业和其他金融服务。另外一个同样重要的结果就是银行价值链分割成独立的部分，然后它们的重组又成了银行的竞争者。"③ 其中重要的变化是金融开始服务全球化导致的产业链延长。随着全球化，制造业发展出来了代工生产（OEM）。"OEM 模式说明生产商价值链的很多部分可以分成独立公司。"④ 银行不仅可以放贷，而且也可以将贷款转让，进行证券化。这导致了大量银行竞争者的出现。"由于以抵押贷款为基础的证券允许贷方将贷款卖给第三方，这使银行、互助储蓄银行之外的实体进入到抵押贷款行业。"⑤ 当然，银行这时也增加了自己的竞争对手。

（三）自金融和财务公司的出现

自金融是企业和公司的直接融资行为，是金融脱媒的表现形式之一。金融从间接融资向直接融资转变，实际上就是"去中心"的过程，使企业和投资人直接结合起来。资本市场的融资虽然是直接融资，但是也有金融中介的服务。而企业的自金融是与科技金融同时发展起来的。"企业自金融，即企业与金融相结合，并利用金融手段为企业提供服务。"⑥ "我国在近 10 年内，开始有企业主动开展自金融服务，一些行业龙头企业尝试利用自身的实力和对产业链条的深入了解，以及对客户

---

① ［美］杰尔拉德·戴维斯. 金融改变一个国家［M］. 李建军，汪川，译. 北京：机械工业出版社，2011：106－107.

② ［美］约瑟夫－熊彼特：财富增长理论—经济发展理论［M］. 李默，译. 西安：陕西师范大学出版社，2007：179.

③④ ［美］杰尔拉德·戴维斯. 金融改变一个国家［M］. 李建军，汪川，译. 北京：机械工业出版社，2011：120.

⑤ ［美］杰尔拉德·戴维斯. 金融改变一个国家［M］. 李建军，汪川，译. 北京：机械工业出版社，2011：121.

⑥ 段伟常，梁超杰. 供应链金融 5.0［M］. 北京：中国工信出版集团，2019：16.

数据的掌控能力，实现产业链上的自金融。"①

在美国，从 20 世纪 90 年代开始，从企业自身发展出来的金融公司开始向传统银行挑战。"商业银行遇到了一些竞争者，那就是一些公司以资产融资的形式放贷，与银行相比，资产融资者通常以客户的资产和设备为依据来放贷而不是以现金流，它们比银行更善于评估资产，还能够提供银行没有的增值服务。这种行业的原型就是通用资本——通用电气的金融部门。"② 国际上，财务公司一般可分为企业附属财务公司和非企业附属财务公司两类，以企业附属财务公司为主。

在中国，金融内生化的某些形式上至少在 2000 年以后就发生了，其中一个重要变化就是出现了企业集团下面的财务公司。在我国，财务公司是指依据《公司法》和《企业集团财务公司管理办法》设立的，为企业集团成员单位技术改造、新产品开发及产品销售提供金融服务，以中长期金融业务为主的非银行机构。

（四）互联网金融和科技金融

哈耶克在《货币的非国家化》中指出，废除中央银行制度，允许私人发行货币，并自由竞争，这个竞争过程将会发现最好的货币。在制度经济学家看来，确定产权的成本，属于交易成本。区块链技术的出现，使所有权确定的成本降低了，更重要的是使原来没有意义的部分产权变成有意义的产权，比如，区块链技术的应用使原来不能进入市场的数据可以进入市场。

区块链和互联网从两个不同的方向解决金融问题。电商用的是信用卡解决线上交易中的信用问题，而区块链是通过加密货币解决交易中的信用问题。许多电子支付方式都可以根据信用和现金这两个概念进行分类，比特币显然属于现金类。

数据经过处理产生有用的价值，从而可以成为交易对象。与数据有关的所有权关系可以转变成为合同。这些合同又可以转化为可以通过区块链系统进行交易的智能合约，智能合约必须具有可验证性等特点。

信用卡交易是目前主要的线上支付方式。在亚马逊这样的网站购物，必须了解其流程。首先，输入你的信用卡信息，点击发送，亚马逊收到这些信息后反馈给"系统"，这一系统包括信息处理器、银行、信用卡公司及其他中介。信用卡的所有权是通过身份、卡号和个人密码确定的；区块链有所不同，它是通过公钥和私钥确定的。公钥相当于卡号，而私钥相当于个人密码。区块链技术可以使各种不同货

---

① 段伟常，梁超杰. 供应链金融 5.0［M］. 北京：中国工信出版集团，2019：16.
② ［美］杰尔拉德·戴维斯. 金融改变一个国家［M］. 李建军，汪川，译. 北京：机械工业出版社，2011：125.

币的所有权进行换手。区块链技术中，货币的所有权的确定包括三个方面：私钥、比特币地址和签名。

产业链自金融的发展是金融内生化的主要表现形式。"银行业本质上是金融功能的一种实现形式，而技术也是金融功能的实现形式，所以技术的进步完全可能颠覆现有的银行模式，通过创造新的金融中介形式，实现技术对银行的替代。"[①]

数字化金融的出现，得益于科技进步的作用。"金融与民生领域的区块链应用价值被逐步得到广泛的认可，各行业区块链解决方案纷纷被提出。区块链技术具备分布式、防篡改、高透明和可追溯的特性，非常符合整个金融系统业务需求，因此目前已在支付清算、信贷融资、金融交易、证券、保险、租赁等细分领域落地应用。"[②] 与此同时，科技进步迅速渗透到所有的传统金融领域。"金融科技已经全面覆盖客服、风控、营销、投顾和授信等各大金融业务核心流程，衍生出互联网银行、直销银行、互联网保险、互联网证券、消费金融、小额信贷、网上征信、第三方支付等一系列金融创新活动。"[③] 可以预见，金融科技的未来发展将会给整个金融领域带来颠覆性的革命。

（五）金融资产的数据化

金融产品把人和人的关系"物化"成为金融资产，后现代性要求对于其背后的人和人的法律关系进行解构。金融产品是一种法律合约，它体现的价值是以法律制度为前提的。同时价值是交换和博弈的结果，是主观价值和客观价值之间的均衡，也是博弈力量的均衡，因此，每个金融产品的价值都会打上权力的烙印。后现代金融要求对于金融资产进行解构和重构，其中重要的一点就是要以人的行为为基础，将人的行为，从而信用数据化，成为判断金融资产价值的重要依据。

权益的明确是交换和博弈的基础。权益是一种对于资产或现金流的索取权，金融也是权益的实现方式。在互联网时代，人们对基于区块链的身份验证需求尤为突出。在美国，人们早就发现"在现实世界中使用社会保障号、州酒类购买身份证件、驾驶执照、护照、国民身份证等形式确定个人身份的制度并不完善。"[④] 由于有了区块链技术，"所有身份数据都经过加密和哈希化处理，然后存储在区块链

① 段伟常，梁超杰. 供应链金融5.0［M］. 北京：中国工信出版集团，2019：15.
② 段伟常，梁超杰. 供应链金融5.0［M］. 北京：中国工信出版集团，2019：7.
③ 段伟常，梁超杰. 供应链金融5.0［M］. 北京：中国工信出版集团，2019：11－12.
④ ［美］大卫－舍瑞尔，阿莱克斯－彭特兰编著：金融科技前沿—全球数字化变革的探索之旅［M］. 涂勤，彭玉珏，译. 北京：经济科学出版社，2018：42.

里，因此身份数据不会被篡改或修改。"① 其深远意义是解决了与金融有关的权益的确认，为交易奠定了基础。"促进土地和商品流通的第一步是要保障所有权，使人们能够放心地交易。"②

数字经济的进步，特别是区块链技术的进步，使权利的确定变得相对容易。通过数字化，各种索取权，包括资产、债权和股权，都可以确定、溯源，并实现金融资产的存储和交易。"在不采用中央认证中心的情况下，区块链能够提供强大的共识安全，这种特质使区块链更适合所有权的认证。所有权涉及数字资产、知识产权和实物财产，其中实物财产包括实物产品和土地。"③ 艺术品市场确权的 NFD，解决了艺术品的溯源和交易的问题。数字技术使原来无法利用的个人数据成为一种新的资产。个人的思想意识和行为都是有价值的信息，可以构成数据资产。"个人数据是个人的宝贵资产，可以给予企业和政府，但要它们用服务作为回报。"④

区块链技术的应用可以覆盖全部与金融有关的权益。"各类金融资产，包括债权、物权、股权、债券、票据、仓单、基金份额等都可以被表示为数字资产，成为可以通过区块链架构实现链上价值传递的数字资产，实现弱中心化的数字资产存储、转移、交易等新模式。"⑤ 交易中的移动支付体现了技术带来的方便。"在金融监管下通过移动设备进行支付，我们称之为移动支付。消费者不使用钞票、硬币、银行卡或支票，而是使用他们的移动设备（通常是智能手机）来支付商品和服务价款。"⑥ 随着数字技术的进步和普及，金融内生化和金融深化都会不断深入。

第三节　宏观经济和金融市场

一、国民经济体系

为了了解金融体制在日常生活中的作用，需要了解国民经济的职能和作用。国

---

① ［美］大卫－舍瑞尔，阿莱克斯－彭特兰编著：金融科技前沿—全球数字化变革的探索之旅［M］. 涂勤，彭玉珏，译. 北京：经济科学出版社，2018：43.

② ［美］大卫－舍瑞尔，阿莱克斯－彭特兰编著：金融科技前沿—全球数字化变革的探索之旅［M］. 涂勤，彭玉珏，译. 北京：经济科学出版社，2018：49－50.

③ ［美］大卫－舍瑞尔，阿莱克斯－彭特兰编著：金融科技前沿—全球数字化变革的探索之旅［M］. 涂勤，彭玉珏，译. 北京：经济科学出版社，2018：45.

④ ［美］大卫－舍瑞尔，阿莱克斯－彭特兰编著：金融科技前沿—全球数字化变革的探索之旅［M］. 涂勤，彭玉珏，译. 北京：经济科学出版社，2018：50.

⑤ 段伟常，梁超杰. 供应链金融5.0［M］. 北京：中国工信出版集团，2019：12.

⑥ ［美］大卫－舍瑞尔，阿莱克斯－彭特兰编著：金融科技前沿—全球数字化变革的探索之旅［M］. 涂勤，彭玉珏，译. 北京：经济科学出版社，2018：72.

民经济的基本职能是分配稀有资源，以便生产出社会需要的商品和劳务。

图2-4中左侧框表示各种生产要素，右侧框表示向公众销售的商品和劳务。国民经济通过组织这两者之间产出和投资的流动（即生产的流动和支付的流动），实现生产和分配。国民经济从再生产的角度来看，就是生产、流通、分配和消费。国民经济系统的这种分配作用是通过商品经济社会中，生产单位和消费单位之间的商品和劳务的流动及生产性劳务的流动实现的（见图2-5）。

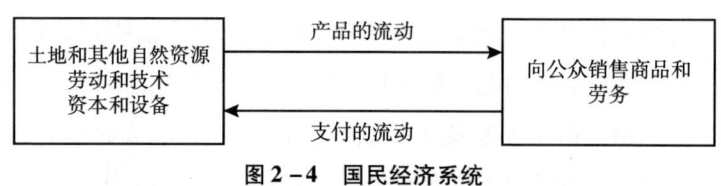

图2-4　国民经济系统

资料来源：笔者绘制。

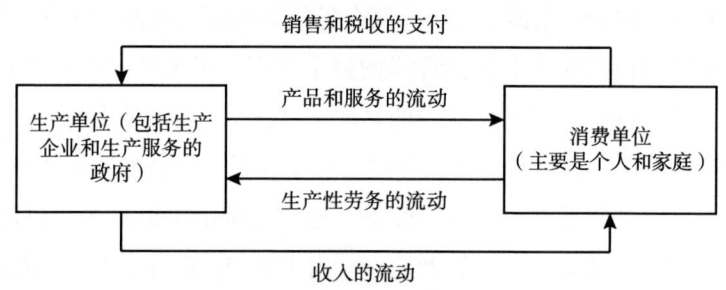

图2-5　国民经济的支付流动

资料来源：笔者绘制。

宏观经济的数量关系需要通过国民经济核算解决。国民经济核算是麦迪森对人类历史建立长期增长计量观察的基础。作为现代宏观经济学分析的基础框架，它不仅需要严格的统计学逻辑，还需要大会计的视角。所谓"大会计"就是国家的会计，它起源于"政治算术"，或者说是起源于政府不得不面对的，因国际和国内的政治压力所产生的财政问题。

金融体系是现代国民经济不可缺少的组成部分，其重要的职能有三个：一是提供完成交易的支付手段，二是引导储蓄转化为投资，三是提高经济运转的效率。金融体系包括参与主体、金融工具、金融机构、金融市场和金融基础设施五个组成部分。经济活动中对商品和劳务的支付、储蓄、借贷和投资都是在金融体系的框架中进行的。金融市场的参与主体包括发行人（借款人）、投资人（贷款人）、中介服务人等。金融机构包括银行、证券机构、各类基金、保险公司等，其作用是创造进行交易的金融工具。金融工具是资金交易中各方承担权利义务的手段，包括股票、债券、基金产品、衍生产品等。金融市场是金融工具交易的场所。

国民经济的载体是三大基本部门：企业部门、家庭部门和政府部门，资金流量表体现的是资金在这三个部门之间流入流出的情况。在不存在金融体系时，这三大经济部门之间的关系如下：企业部门和家庭部门向政府部门缴纳税金；政府部门向企业部门和家庭部门提供服务；家庭部门向企业部门提供生产投入和劳务支付。由于金融体系的存在，上述直接关系变成为间接关系。金融体系是企业部门和家庭部门金融关系的中介。家庭部门的储蓄通过金融体系投入企业，企业部门通过负债形式，借入金融体系提供的资金进行投资。金融体系的作用见图2-6和图2-7。

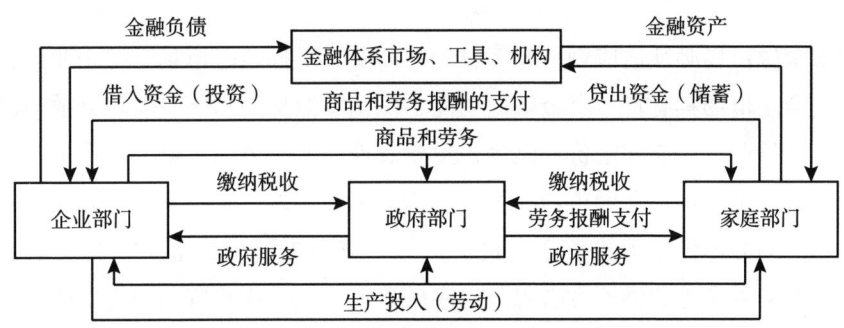

图2-6 国民经济中的金融体系

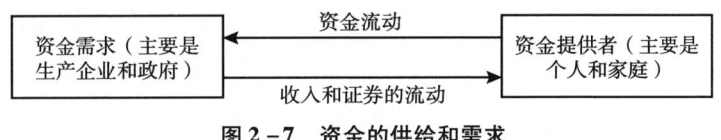

图2-7 资金的供给和需求

资料来源：笔者绘制。

金融市场和金融体系为储蓄向投资的转化提供渠道。债券、股票等有价证券和其他金融索取权为公共储蓄提供有收益、低风险的工具。储蓄通过金融市场转化为投资。金融市场的主要作用是实现资本（资金）在生产消费之间、生产要素之间、生产单位和消费单位之间的合理流动及生产要素的最佳组合，将资金从供给单位转移到资金的需求单位。

从我国金融市场的发展历史来看，目前金融市场主要有七项职能（见图2-8），这些职能主要体现了我国金融市场以传统银行业为主的特征。

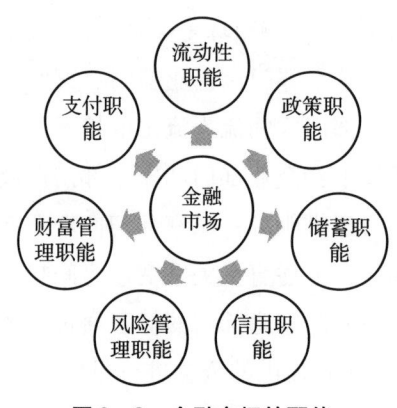

图 2-8 金融市场的职能

资料来源：笔者绘制。

未来金融市场必须适应创新经济发展的需要，发挥金融市场支持企业创新发展的作用。金融市场具有货币资金融通功能、优化资源配置功能、风险分散与风险管理功能、经济调节功能和定价功能等，主要表现在四个方面：第一，货币资金融通功能。融通货币资金是金融市场最主要、最基本的功能。金融市场一方面为社会中资金不足的一方提供了筹集资金的机会，另一方面为资金的富余方提供了投资机会，为资金的需求方和供给方搭起了一座桥梁。第二，优化资源配置功能。货币资金总是流向最有发展潜力、能为投资者带来最大利益的地区、部门和企业，而金融资产的价格变动则反映了整体经济运行的态势和企业、行业的发展前景，是引导货币资金流动和配置的理想工具。第三，风险分散与风险管理功能。第四，定价功能。定价功能主要是通过资本市场实现。为了更好发挥资本市场的定价功能，需要进一步实现金融市场的深化，推动股票市场、债券资本市场、资产证券化市场和衍生产品市场的发展。

现代金融理论更加强调，金融既是制度进步的原因，又是制度进步的结果。金融通过自身的深化提高服务实体经济的质量。熊彼特认为，金融是创新因素，金融家和企业家的结合是实现创新的前提。传统信贷只提供购买力，不提供实现创新所需要的资本。只有量身定制的金融服务才能提供创新的手段。总之，传统经济中银行资金的供给只服务于传统经济，而只有深化的金融才能提供创新手段。

二、经济体系中的金融市场

（一）金融市场与商品市场和要素市场

经济体系中存在着商品市场、金融市场和要素市场。产品市场是实物商品交换的市场，要素市场是土地、劳动力和生产资料的市场，而金融市场是为实现交换活动的资金融通的场所和储蓄转化为投资的金融产品交易市场。金融市场、商品市场和要素市场与生产单位和消费单位之间存在着交互流动的关系（见图2-9）。

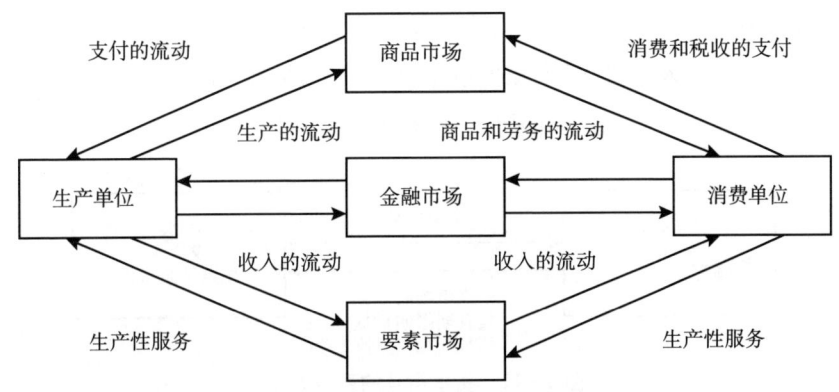

图2-9　金融市场与商品市场和要素市场之间的关系

资料来源：笔者绘制。

（二）金融市场的分类

按照传统的理论，金融市场是商品经济社会中资金融通的场所，这一理解抽象掉了金融市场的本质。按照本书的理论金融市场实际上是消费者跨期安排的实现场所。

货币市场和资本市场是金融市场的基本组成部分。资本市场的分类见图2-10。

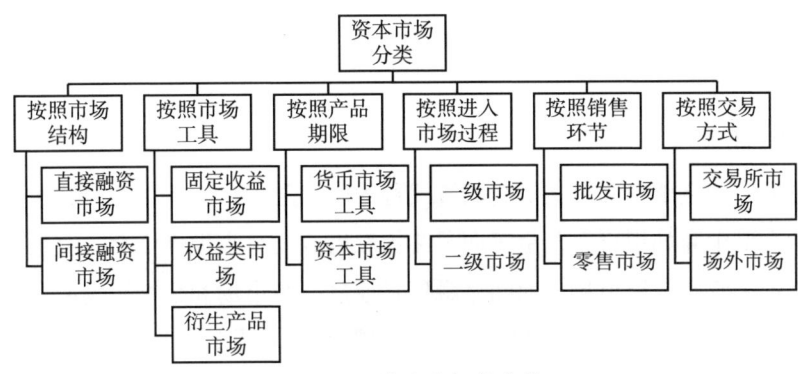

图2-10　资本市场的分类

资料来源：笔者绘制。

（三）各种融资方式

在金融市场中，资金的融集方式可以分为直接融资、半直接融资和间接融资三种。

1. 直接融资

借款人直接向贷款人（或者发行人向投资人）融资不通过金融中介的融资方式。直接融资时，资金融入方和资金贷出方通过债务合约或标准化债务合约即债券产品在一级市场上实现融资交易。在资本市场中，债券融资是一种直接融资方式（见图2-11）。

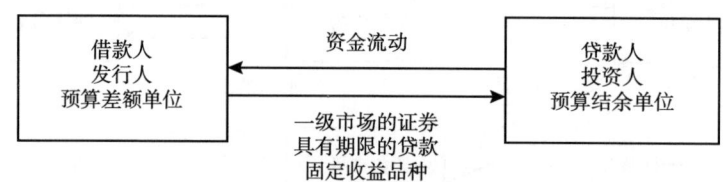

图2-11 资本市场的直接融资

资料来源：笔者绘制。

2. 半直接融资

通过不固定的中介人融资的方式称为半直接融资。半直接融资时，通常通过承销商向投资人分销（见图2-12）。

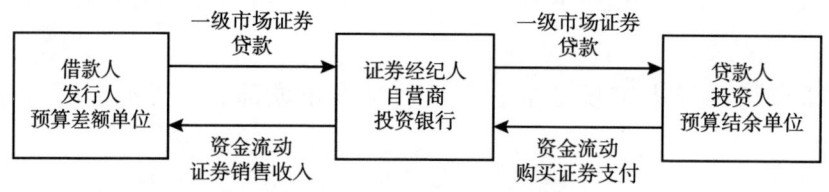

图2-12 资本市场的半直接融资

资料来源：笔者绘制。

3. 间接融资

通过固定的金融中介募集资金的方式称为间接融资。间接融资时，主要通过相对固定的金融中介如银行、基金等向最终借款人或发行人提供资金。直接融资和半直接融资都未脱离一级市场，而间接融资是通过一级市场和二级市场两个阶段才将借款人（发行人）和贷款人（投资人）联结起来（见图2-13）。由于银行不是使用自有资金而是使用存款人的资金进行贷款，因此银行是中介机构，银行贷款是典型的间接融资方式。间接融资具有成本高、缺少流动性等缺点，但是可以为客户进行量身定制的安排。

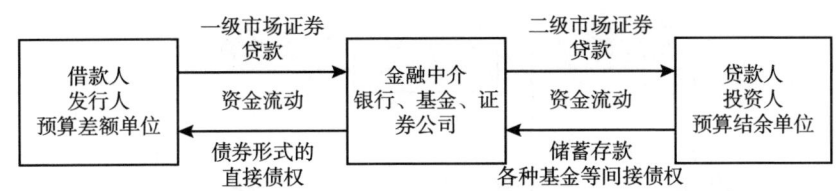

图 2 – 13　资本市场的间接融资

资料来源：笔者绘制。

（四）金融深化和金融市场发展

1. 金融深化的过程

金融深化和金融市场的发展是同一过程的两个层面。这个过程是由市场参与人降低交易成本的努力、不断增加的需求和创新动机推动的。金融市场发展过程中各个子市场的发展顺序见图 2 – 14。

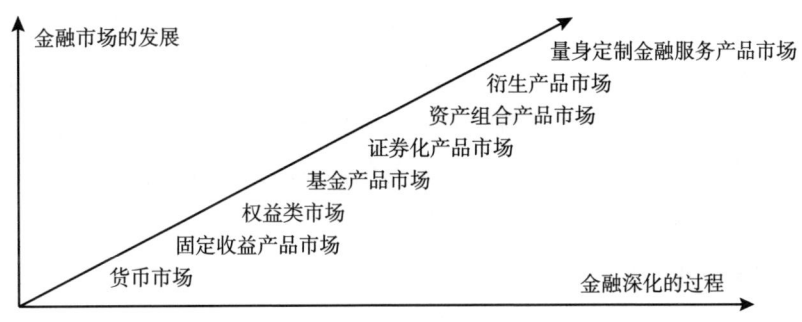

图 2 – 14　金融市场的发展和金融深化的过程

资料来源：笔者绘制。

金融市场的效率与金融深化的程度、市场参与人的金融意识、金融产品和工具的多样化程度、衍生产品市场的发展、市场中介的专业化程度、金融基础设施的技术水平，以及法律制度环境的完善程度和监管能力等多种因素相关。金融基础设施包括市场的分布，交易手段的技术配置，如结算、清算、通信、报价手段等。金融基础设施是金融市场不可分割的组成部分，也是金融市场发展的前提条件。金融基础设施的发展取决于科技手段的应用和金融服务机构的专业化程度。

2. 资本社会化

在金融深化的过程中，传统的存贷款业务转向资本市场业务。商业银行更多做消费者服务业务，包括结算、信用卡和其他量身定制的服务。存款转化为理财业务和共同基金，企业发行标准化的公司债券和股票（见图 2 – 15）。

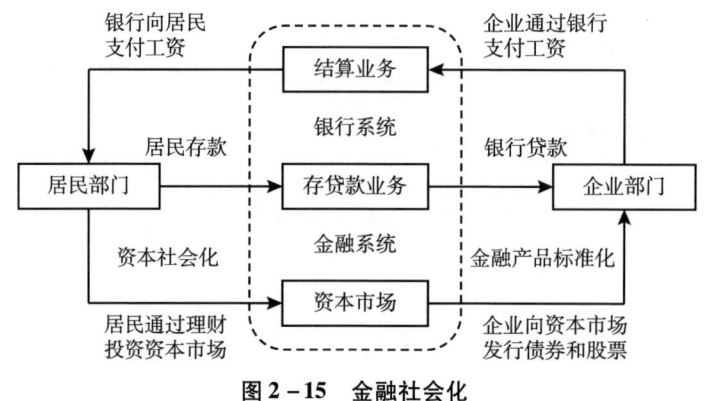

图 2 – 15　金融社会化

资料来源：笔者绘制。

这个过程也是资本社会化的过程。在美国，自实行 401K 计划以来，消费者已经不再将收入减去消费的剩余放在储蓄账户，而是直接通过 401K 计划投入共同基金中，消费者成为分散的债权人和股东。在中国，银行定期存款已经转化为理财产品，进行净值管理的理财业务将逐渐和资本市场业务统一起来。美国只有小的地区性商业银行还有存贷款业务，这是因为那里是熟人社会，人和人之间信任度高，信用成本低。而大的商业银行，特别是跨国商业银行则更多做结算、汇总、信用卡服务、消费者服务业务。商业银行和投资银行的混业经营，由于格拉斯·斯蒂格尔法案而停止，现在已经重新恢复。

3. 套利和创新

银行家是货币提供者，解决企业的融资需求。而金融家帮助企业发现市场机会，并以财务顾问和资金提供方双重身份参与企业活动。金融家和企业家一样，具有套利和创新两种功能。套利者帮助企业达到现有生产要素的可能性边界。这可能是通过提供服务、降低交易成本、提供信息等方式来实现的。对于实体经济来说，金融本身就具有套利的特点。就像人们认为商人就是赚取价差的中间人一样，金融家也被认为是通过拼缝赚取价差的中间人。金融家和企业家一样具有套利和创新的双重职能（见图 2 – 16）。

金融家的行动在于发现机会，机会有两种：套利机会和创新机会。前者导致经济在现有条件下达到均衡，把经济推向现有的可能性边界。创新者是创造新的生产可能性边界。两者都对经济增长做出贡献。

套利分为两类，笔者称为经济套利和信息套利。信息套利是真正意义上的套利，是指不付出任何成本取得利润。这是一种极端情况。任何一种套利都要付出某种成本。经济套利是指付出生产要素以外的其他成本而取得套利机会。但是这里套

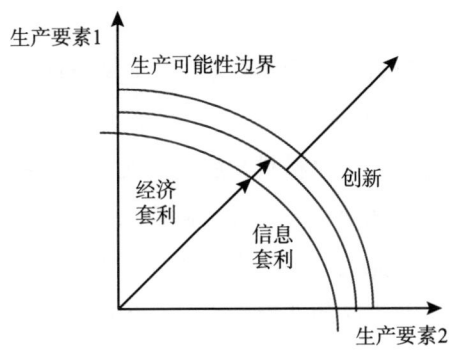

图 2-16　金融家的作用：套利和创新

资料来源：笔者绘制。

利分为纯套利，即不付出任何成本和付出成本是不同的。其实套利者不可缺少的是信息成本。

金融市场的效率来自金融市场的结构、产品和工具的多样性，市场中介的专业性、金融基础设施的发达程度。而这些都是通过市场参与人，包括政府和金融家的活动实现的。

三、资本和资本市场

我们在这里所说的"资本"是经济学意义上的资本，不同于法律和财务意义上的资本。要理解货币、债务和金融就必须要理解资本和资本品。资本和资本品不是一个概念。理解资本意义重大，其实债务就是负的资本。资本品是使用价值，资本是购买资本品的价值。其实资本品就是资产。即使是专业的经济学家和金融学家，在谈到这些概念时，也常常混淆它们的本质区别。

（一）资本品

原始人加工过的石头，成为资本品，因为加工过的石头是工具，可以用来得到早期人类需要的东西，如食品和更精细的工具。但是石头本身不是资本品。因此，能够成为资本品的，一定是经过加工的自然品。加工需要劳动和知识（包括经验），这就产生了资本品的价值。

资本不用于消费，而是能够带来财货的工具。作为能够带来价值的"本钱"，资本并不是生产中消耗的生产要素。理解资本才能理解为什么主流经济学最优时边际利润为零，才能理解熊彼特关于资本不是生产要素，而是企业家和生产要素的中间环节的思想的伟大学说。资本应该属于资本家。其实工业资本家就是企业家，而银行家是金融资本家。

银行用于贷款的钱是银行的"资本"（注意不是银行的法律和财务意义上的资本金），但是对于取得贷款的企业来说，并不是资本，而是购买力，它购买的对象是资本品，如机器，也可以购买原材料和雇用工人，原材料和工人则不是资本。企业必须增加自己的投入，如知识投入，包括科技知识、管理知识和工匠知识。企业必须通过创新得到利润，才能使购买的机器成为资本。贷款购买的机器是潜在资本品，加入企业家、科学家及工匠的知识投入后，才成为真正的资本。利用估值空间的是金融资本，利用资产的创造能力空间的是工业资本，利用商业模式空间的是商业资本。其实工业资本包括利用科技创新空间的科技资本。

（二）资本的作用

资本品具有使用价值，而资本具有价值。资本有如下作用：

1. 资本是衡量资本品价值的尺度

收入是投入劳动和资本的所得，是一定数量的货币。收入可以用于消费，也可以用于投资。货币可以对应商品，也可以对应资本品。当货币对应商品时，它体现的是购买力，体现了不变价值。而货币对应资本品时，它体现了增值的可能和可变价值。利润是资本品贡献的价值体现。

2. 资本是企业家和生产要素的中间环节

熊彼特认为，资本是企业家和生产要素的中间环节。资本是可以购买资本品的资金，或者企业、商业和投资的风险准备。从这两个方面来看，资本都不是生产要素。资金之所以可以成为资本，只是因为资金的稀缺性，或者资金的套利机会。但是没有套利机会取得的资金就不是资本。

熊彼特天才地预见到了这一点，虽然他没有明确的论证。他说，资本不是生产要素，而是企业家和生产要素的中间环节。"一般来说，如果某人拥有某种商品，他不能以直接交换的方式去获得他所需要的生产品，相反地，他只有先卖出他拥有的商品，然后把卖出的商品后的收入当作资本来使用，再去获得他所需要的生产品。"[①] 熊彼特的思想隐含了事先资本和事后资本的区分。

3. 事先资本和事后资本

为了说明资本的性质，可以把资本分为事先资本（capital a priori）和事后资本（capital a posteriori）。如果事先资本不加上其他要素的投入就可以获得利润，这就

---

① ［美］约瑟夫·熊彼特. 经济发展理论［M］. 李默，译. 西安：陕西师范大学出版社，2007：176.

是套利。套利的定义就是不付出成本就可以取得回报。而事先资本预期通过自己努力，与其他要素的结合和重新组合，即创新才可以获利，这就不是套利。能否盈利是一个事后事件，这样以盈利为标准确定的资本就表现为事后资本。因此，事先资本就是套利资本。进入成熟经济和有效市场的创新企业把资本品看成事后资本，这时的套利企业把资本看成事前资本。

4. 资本品、资本和供需关系

资本品体现的是使用价值，使用价值满足消费者的需要（不是需求），进而创造需求，从这个意义上说是供给创造需求。而需求受收入和价格的约束，这里价格既是消费者的支出，又是生产者创造的利润，即资本的回报。资本回报的增加会促使企业家增加生产，从这个意义上说是需求创新供给。

5. 没有套利就没有资本

资本品是可以用来交换的比较优势。要把资本和资本品区别开来，把资本品定义为能够带来价值的工具或手段。这里的工具或手段可以分为物质的和非物质的，这就是通常人们所说的物质资本或知识资本。机器是科技知识的载体，因此称为中间产品。这里定义科技知识是资本，还是科学家是资本，取决于由谁使用。企业主雇用科技研发人员，是把研发人员当作资本；企业主使用研发人员的知识，是把知识当作资本。但是研发人员提供多少知识，有不确定性。而对于研发人员来说，他的科学技术知识是资本，他使用的科研手段也是资本。

过去把生产工具，如机器当作资本，而原材料不作为资本，现在统一称为中间产品。因为它们都是人们过去知识的结晶。我们说劳动，其实都是知识劳动，如工匠知识，纯体力劳动已经不存在了。

资本品只是套利时有用。资本品的价值取决于有用性和稀缺性。资本品在被购买时对于购买方有价值，取决于三种情况：一是购买者认为买得便宜。因此，买来就能创造价值，甚至转手卖给别人就能产生价差回报；二是尽管买得不便宜，但是他使用的效益或效率会比别人的高；三是市场存在（套利）机会，有资本就可以抓住机会。

这样就形成了一个命题：没有套利机会就没有资本。证明（反证法）如下：假定没有套利机会，那么根据有效市场理论，资本品的价格充分反映了它现在的价值，是充分竞争条件下的均衡价格，这说明没有利润可赚，这与资本品的定义"能够带来价值"的工具或手段相矛盾。因此，通常定义的资本只是在套利条件下存在。

（三）资本市场

熊彼特区分了资本和资本品（生产手段），"资本既不是生产手段的总体，又不是它的一部分，无论是从原始的生产手段上说，还是从生产出来的生产手段上说，都可以说明这一点。资本也不是消费品的储存量，它是一种特殊的要素，如同在理论上存在着一个消费品市场和一个生产品市场一样，也必然存在着一个资本市场。"① 熊彼特这里说到的是一个广义的资本市场，不仅包括股票、债券等标准化产品的市场，也包括非标准化的知识产权市场、资产交易市场和贷款市场等。熊彼特认为，"发展把资本这个新的要素引进了经济过程，从而引申出一个令人感兴趣的第三市场，那就是资本市场。"② 熊彼特的思想隐含了深刻的洞见，这就是资本和资本市场与创新经济有关，由于有了创新（要素的重要组合）经济，才催生了资本市场。从这个意义上理解我们通常说的资本市场，即标准化的资本市场，交换的对象其实就是证券类资本品，而购买证券付出的货币就是购买力。中国资本市场的主板上市公司进入了传统经济，缺少创新动力，因此主板市场更像是一个资产市场；比较而言，创业板更具有资本市场的性质。而债券市场中的利率债市场更像是利率的赌场。这是因为利率债市场的套利空间在于市场利率的变化，而影响利率的因素除了经济的周期变化，主要是财政货币政策的变化，债券市场与生产要素即资本品的创造没有直接关系。而公司信用类债券市场则不仅取决于利率水平的变化，更取决于企业的经营管理和效益所产生的偿债能力，因而购买公司信用类债券的资金具有资本的性质。而在经济进入后工业化时代以后，偿债能力取决于企业的创造力，离不开创新因素。

四、现代金融市场理论

（一）有效市场理论

市场价格反映全部已知信息的观点称为"有效市场假定"。③ 有效市场理论（Efficient Markets Hypothesis，EMH）是西方主流金融市场理论，又称为有效市场假设。该理论是预期学说在金融市场理论中的应用，是现代金融理论的重要基石。

---

① ② ［美］约瑟夫·熊彼特. 经济发展理论［M］. 李默，译. 西安：陕西师范大学出版社，2007：178.

③ 滋维·博迪，亚克历斯·凯恩，艾伦·J. 马库斯. 投资学：第四版［M］. 朱宝宪，等译. 北京：机械工业出版社，2000：280.

有效市场理论认为，现有的市场不仅反映了全部有效信息，而且市场价格是交易对象价值的最好反映。"金融经济学的核心主张是，股票市场能够很好地预测公司的未来并且在估价之中给予反馈。"① 资本资产定价模型（CAPM）、套利定价理论（APT）以及期权定价模型（OPT）都是在有效市场假设之上建立起来的。有效市场的假定基于市场的充分竞争。

1964 年奥斯本提出了"随机漫步理论"，他认为股票价格的变化类似于化学分子的"布朗运动"（悬浮在液体或气体中的微粒所做的永无休止的、无秩序的运动），具有"随机漫步"的特点，也就是说，它变动的路径是不可预期的。1970 年法玛也认为，股票价格收益率序列在统计上不具有"记忆性"，所以投资者无法根据历史的价格来预测其未来的走势。

"根据有效市场假说（EMH），被进行交易证券的价格（股票和债券）代表了它们未来现金流最好的估计。"② 基于现有信息进行交易的市场就是有效市场。换句话说，有效市场就是交易结果反映了全部现在信息的市场。"有效市场假说主张一只证券的价格是'信息功效'，也就是说它代表的是基于所有公开信息基础上的一种对价值的无偏估计。"③ 随机漫步理论说明市场已经反映了全部信息，有效市场理论则进一步说明，市场是对价值的最好估计。

这个结论使市场人士感到失望，他们全力研究各家公司的财务报表与未来前景以决定其价值，并试图在此基础上做出正确的金融决策。市场是随机的，但是金融市场仍然有经济学的规律可循。萨缪尔森认为，金融市场并非不按经济规律运作，恰恰相反，这正是符合经济规律的作用而形成的一个有效率的市场。格罗斯曼（Grossman）和斯蒂格里茨（Stigliz）指出，只要收集信息能够产生更多投资收益，投资者就会有动机花时间和资源去发现和分析新信息。这样，在市场均衡中，有效的信息收集行为应该是有成果的。④

根据法玛的论述，在资本市场上，如果证券价格能够充分而准确地反映全部相关信息，便称其为有效率。也就是说，如果证券价格不会因为向所有的证券市场参加者公开了有关信息而受到影响，那么，就说市场对信息的反映是有效率的。对信息反映有效率意味着以该信息为基础的证券交易不可能获取超常利润。有效市场理

---

①② ［美］杰拉尔德·F. 戴维斯. 金融改变一个国家［M］. 李建军，汪川，译. 北京：机械工业出版社，2011：35.

③ ［美］杰拉尔德·F. 戴维斯. 金融改变一个国家［M］. 李建军，汪川，译. 北京：机械工业出版社，2011：35 - 36.

④ 滋维·博迪，亚克历斯·凯恩，艾伦·J. 马库斯. 投资学：第四版［M］. 朱宝宪，等译. 北京：机械工业出版社，2000：280 - 281.

论实际上涉及两个关键问题：一是关于信息和证券价格之间的关系，即信息的变化会如何影响价格的变动；二是不同的信息（种类）会对证券价格产生怎样的不同影响。法玛定义了与证券价格相关的三种类型的信息：一是"历史信息"，即基于证券市场交易的有关历史资料，如历史股价、成交量等；二是"公开信息"，即一切可公开获得的有关公司财务及其发展前景等方面的信息；三是"内部信息"，即只有公司内部人员才能获得的有关信息。对信息类型的分类现在成为金融市场监管的主要依据。

（二）金融深化理论

1973 年，美国经济学家罗纳德·麦金农和爱德华·肖在其先后出版的《经济发展中的货币与资本》和《经济发展中的金融深化》两部名著中，从不同的角度对发展中国家金融发展与经济增长之间的辩证关系作出了开创性的研究，提出了"金融抑制理论"和"金融深化理论"。金融深化（Financial Deepening）的主要含义是，政府放弃对金融市场和金融体系的过度干预，放松对利率和汇率的严格管制，使利率和汇率成为反映资金供求和外汇供求对比变化的信号，从而有利于增加储蓄和投资，促进经济增长。

金融深化理论亦称"金融自由化理论"，是研究发展中国家金融与经济发展的关系的一种理论。该理论认为，发展中国家要发挥金融对经济发展的促进作用，必须放弃它们所奉行的"金融压抑"政策，推行"金融自由化"或促进金融深化。也就是说，政府当局应放弃对金融市场和金融体系的过分干预，放松对利率和汇率的控制，并有效抑制通货膨胀，使金融和经济形成相互促进的良性循环。金融深化理论的代表人物是美国当代经济学家麦金农、E. 肖、弗莱和西班牙经济学家加尔比斯。

多数经济学家认为货币与实质资本（投资对象）的关系是替代关系，即保有的货币余额多些，实质资本数量就会少些；反之，若在一定的收入水准下增加实质资本的数量，就应相应减少人们保有的货币余额。麦金农认为，这种替代关系的假说并不适用于经济相对落后的发展中国家。

因为发展中国家的经济大多是"分割"经济，即企业、政府机构和居民等经济单位相互隔绝，因而，各部门既无法获得统一的土地、劳动力、资本品及一般商品价格，又难以获得同等水平的生产技术。由于资本市场极为落后，间接金融的机能不健全，因此，众多的小企业要进行投资和技术改革，只有通过内部融资即依靠自身积累的办法来解决。

在投资不可细分的情况下，投资者在投资前必须积累很大一部分货币资金，计划投资规模越大，所需积累的实质货币余额就越多。麦金农认为，在发展中国家货币与实质资本的关系是同步增减的互补关系。

（三）金融压抑理论

罗纳德·麦金农教授首先提出了"金融压抑"的概念，认为金融压抑对经济发展构成严重障碍。根据麦金农和肖的论述，金融抑制是这样一种金融现象，即由于政府过分干预金融市场和实行管制的金融政策，以及未能有效地控制通货膨胀，使金融市场特别是国内资本市场发生扭曲，利率和汇率不足以反映资本的稀缺程度。简言之，如果政府对它们的国内资本市场过度征税，限制利率水平，那么从金融意义上说经济就是被"抑制"了。他的著作《经济发展中的货币和资本》对于金融压抑的危害进行了深入分析，奠定了金融发展理论的基础。麦金农在《经济自由化的顺序——向市场经济转型中的金融控制》一书中给出了金融自由化的政策顺序，对发展中国家特别是包括中国在内的中央计划经济国家的转型产生了深远影响。麦金农的研究涉及金融工具理论和金融发展理论两个不同的理论方向。近年来，经济学家和经济史家研究认为自由开放的金融业和发达有效的金融市场在经济增长中具有至关重要的作用。

第四节　作为标准化债务的债券

债券就是标准化的债务。从前面讲到的金融史可以看出，债券的前身是以债务为基础的收条、借条、代保管单、纸币、票据等，一旦标准化，并在市场中可以交易，就具有了债券性质。现代债券的要素进一步统一，如本金、票面利率、利息支付方式、期限等，债券标准化的内容包括债务要素标准化和面额标准化。

一、决定债券性质的因素

（一）债券属性

理解固定收益产品，理解债务和债券，就要理解法律、经济和金融。经济的主体不是理性经济人，而是具有自由意志的行动人。人的行为方式不是追求最大利益，而是实现目标。实现目标的手段不是生产，而是交换和博弈。生产要素不是资本和劳动，而是知识和中间产品（见图2-17）。

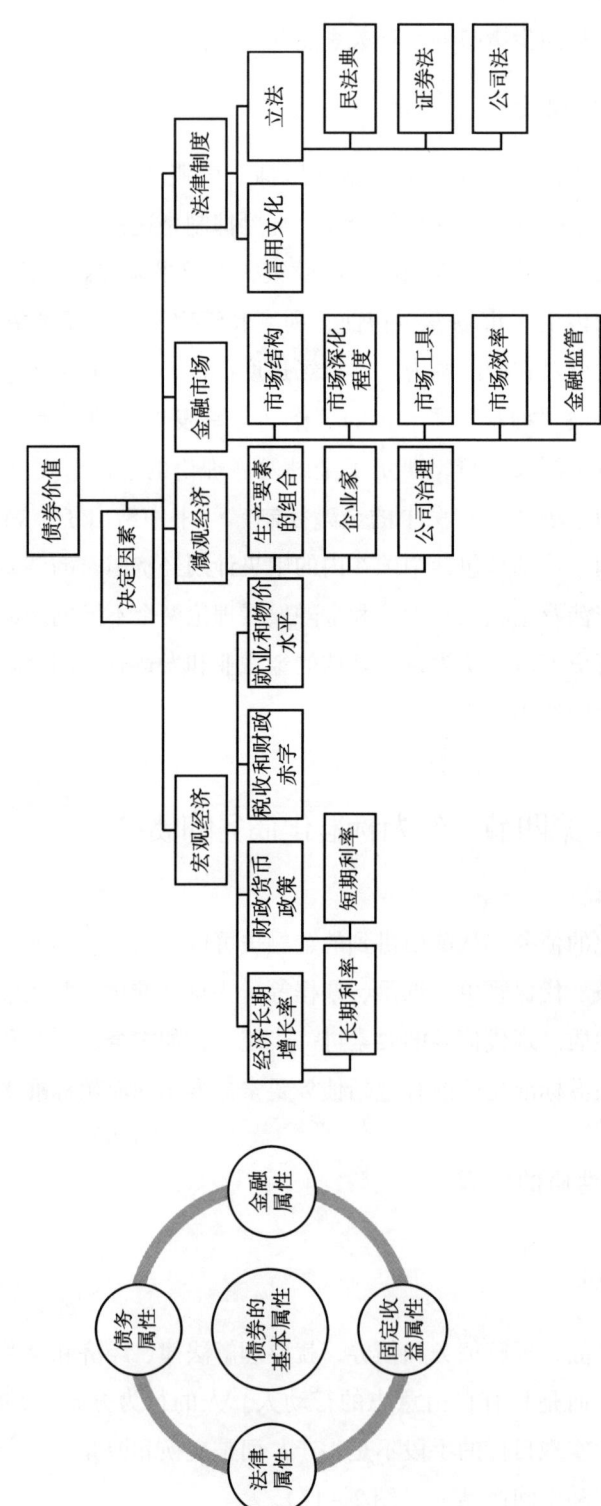

图2-17 债券属性和影响其价值的因素

资料来源：笔者绘制。

理解公司债，要理解公司的价值，而公司的价值是新投入企业中的科技知识、管理知识、默含知识和中间产品（过去知识的物化）结合的产物。企业家、股东和团队之间的交换和博弈决定剩余索取权和剩余控制权，公司的价值受其决定。

一国政府债券的存量代表了该国的负债。然而，债务的概念与债券的概念是不同的。总的来说，债务是法律概念，债券则是市场概念。债券是标准化的债务。借款人的债务属于负债的范畴，债券发行属于融资的范畴，债券交易则属于市场的范畴。发行人发行债券的目的除了融资，还包括提供市场工具，促进市场交易。市场交易正是通过市场工具的交换实现的。债券市场不仅是金融市场的重要组成部分，而且是市场经济的一项关键制度安排。同样地，国债不仅是发行人（如中国财政部）融资的工具，还有维持经济稳定、加快经济发展的作用。

熊彼特指出，作为金融家参与实体经济和作为银行家参与实体经济是不同的。金融家是以共担风险的形式参与企业的创新，而银行家则不参与这种风险共担。因此，银行投入企业的是货币而不是资本，只有金融家投入的是资本。熊彼特认为，资本是企业家和生产要素的中间环节。"资本是交换经济中的一项要素。交换经济的过程表现在资本方面，就是生产手段被移交给企业家。"① 资本的特点是股权性质。如果市场不是充分有效的，那么金融家就不愿意参与具有风险共担机制的股权投资。投资本质上是战略性的（林华，2022），长期投资本质上是股权投资，债务投资是股权投资的变种。"理论上，经济是完全可以依靠股票融资运转的。但由于信息不对称造成考核成本过高，投资者难以约束经济和企业家的行为。而债务融资则为投资省去了这些麻烦，因为一切已经事先约定，只要企业不倒闭，投资者就可以收到固定回报。"② 虽然事前债务合约给予了债权人较多的保险、较少的风险和固定的回报，但是由于合同的不完全性，债务融资的不恰当使用可能给债权人和债务人都带来更大的危险。"与股权融资相比，债务融资突然终止的危害性更大。这是因为债务合约具有固定期限，存量债务需要进行滚动展期；而股权融资是永久性的，无须在特定期限内偿还本金，甚至收入分配（股息）也有一定自主空间。"③ 只是在循环经济时（熊彼特说的传统经济），债务融资才具有意义；而对于发展经济（熊彼特说的创新经济），债务融资的意义将变得有限。

---

① ［美］约瑟夫·熊彼特. 经济发展理论［M］. 李默，译. 西安：陕西师范大学出版社，2007：178.

② 余永定："推荐序"，见［英］阿代尔·特纳. 债务和魔鬼——货币、信贷和全球金融体系重建［M］. 王胜邦，等译. 北京：中信出版集团，2021：XIX.

③ ［英］阿代尔·特纳. 债务和魔鬼——货币、信贷和全球金融体系重建［M］. 王胜邦，等译. 北京：中信出版集团，2021：56.

信贷作为非标准化的债务合约，解决了企业在产品还没有变现前就得到生产所需要的原材料、机器和工人等生产要素的问题。"从这种意义上讲，我们可以对信贷现象作出如下定义，即信贷在本质上是为了给予企业家以购买力而进行的对购买力的创造，而不是现有购买力的转移。……上述说法意味着把生产要素托付给了企业家，也只有这样，从完全均衡状态的简单循环体系中出现经济的发展才有实现的可能，这种功能构成了现代信贷结构的基石。"① 也就是说信贷服务于循环经济，只是提供给发展经济的一种辅助的功能。因此，金融服务于实体经济，也体现在当实体经济进入创新经济时期，作为金融工具的债务合约的意义也局限在提供企业用于购买生产资料的购买力，而主要不是承担投资的风险。金融服务创新经济要体现在能够承担更多风险的股权投资，这也为企业维持合理杠杆率水平提供了理论根据。

（二）债务作为市场工具的特性

债券是标准化的债务，具有三个基本特征：安全性、盈利性和流动性。这三个特征之间具有密切的关系。安全性指的是债券发行后将定期支付利息，到期时将偿还本金；或者到期时一次性还本付息。与此相反的是，股票持有人能获得股利收益，但无法撤回他们的股本投资。盈利性指的是除了可收回的本金，还能获得一定数量的利息收入。利息是在本金基础上实现的收益。与贷款这一间接投资不同的是，债券属于直接投资，因此债券投资人要求获得比存款更高的回报。流动性指的是资产变现的能力。由于发行量大，债券采取标准化的发行程序，交易结算程序大为简化，具有较强的流动性。债券的这三大基本特性可以在一定条件下转化。债券的投资者通常通过宏观经济和政策分析，研究市场参与人的变化、储蓄和投资关系、供需关系等把握债券的上述三大特性。

（三）经济因素和金融因素

经济因素很多，分为直接因素和间接因素。直接因素主要与利率水平、发行人信用，如政府信用和公司信用有关。目前市场分析主要看直接因素，对于间接因素的分析缺少完整的理论框架，散见于一些宏观经济趋势的判断、财政货币政策和产业政策的研判、监管动向的理解等。对宏观经济的判断以主流经济学为基础，目前由于传统凯恩斯主义政策和菲利普曲线的失效，对于经济周期和经济趋势的判断出现失准的情况。本书希望采用创新经济理论判断宏观经济和微观经济，因此将介绍

---

① ［美］约瑟夫·熊彼特. 经济发展理论［M］. 李默，译. 西安：陕西师范大学出版社，2007：156.

一些创新经济的理论框架。在这个框架中，宏观经济总量是企业的加总。而企业的利润是企业家的创新能力和团队之间的协同效应产生的。生产要素不是资本和劳动，而是新投入的知识和作为生产要素的中间产品。这里知识包括管理知识、科技知识和技能知识。消费不完全是物质消耗，也会转化成为知识投资和人口再生产。而收入减去消费的余额转化为家庭跨期安排形成的"生存保障基金"①，而不是经济学中所说的"储蓄"。创新经济的形成和金融深化的过程是一致的，即金融服务从银行业向标准化的资本市场业发展，从资本市场业向量身定制服务的方向发展。而未来金融的使命是管理居民的"生存保障基金"。前面说过，"利息"的本意是货币的"后代"创造的。"生存保障基金"可以理解为"对于后代的投资"，为自身的后代的投资和货币后代的创造应该是相等的。

（四）法律属性

1. 民法

债务是法律用语，债券是金融用语。债券是标准化的债务，因此，债券的债务属性决定信用的性质。债务合约所体现的法律关系，就是人和人的关系，是人和人之间的债权债务关系。民事法律关系最早来自债务关系。作为人类的行为范式，"交换和博弈"广泛应用于社会领域。民法是社会领域"交换和博弈"的规则。作为社会动物，人和人之间一直存在养育子女、赡养老人、帮助邻里的关系。一方有难，大家都会伸出援助之手。这种互相帮助、助人为乐的传统，在任何民族都存在。直到今天的中国北方农村，还有"帮工"的做法。人们的平等意识使他们认识到，每个人都有义务在别人困难的时候帮助别人，也有权利享受别人的帮助和回报。这种关系称为"帮助"和"回报"的关系。反过来，如果一方给另一方造成损失，也会得到报复，称为"损失"和"报复"的关系。平等意识还产生如"杀人偿命"、偷窃砍掉胳膊等"血债要用血来还"的报复思想。

这些思想形成道德伦理，说明广义的"债"是普遍存在的。而民法所规范的"债"是商品经济出现以后的事情，与道德伦理中的"债"不同，有以下几个要素：第一，这里"债"是有标的物的，可计量的，如借一头牛，借一斗粮。或者是给一方造成损失，如损坏庄稼等。偿还的对象也有标的物，可计量，即双方认可的某种实物或商品及数量。第二，当时的传统、道德和法律支持这种债权债务关系

---

① 注："生存保障基金"是奥地利经济学派的思想，见［奥］里夏德·冯·施特里格尔. 资本与生产［M］. 詹江. 沈路，译. 上海：上海财经大学出版社，2020：129－135，书中把"生存保障基金"译为"维持生计基金"。

的确定。第三，有商品经济作为参照，"债"所体现的权利和义务关系存在着后来商品经济所体现的类似的等价关系，因此可以通过民法加以规范。这些与"债"有关的人和人的关系，从伦理层面转为法律层面，就形成了债务合约，是一种合同，由民法典规范。

《中华人民共和国民法典》（以下简称《民法典》）第六百六十七条规定，借款合同是借款人向贷款人借款，到期返还借款并支付利息的合同。第六百六十八条规定，借款合同应当采用书面形式，但是自然人之间借款另有约定的除外。借款合同的内容一般包括借款种类、币种、用途、数额、利率、期限和还款方式等条款。第六百六十九条规定，订立借款合同，借款人应当按照贷款人的要求提供与借款有关的业务活动和财务状况的真实情况。此外，第六百七十条规定，借款的利息不得预先在本金中扣除。利息预先在本金中扣除的，应当按照实际借款数额返还借款并计算利息。第六百七十一条规定，贷款人未按照约定的日期、数额提供借款，造成借款人损失的，应当赔偿损失。借款人未按照约定的日期、数额收取借款的，应当按照约定的日期、数额支付利息。第六百七十二条规定，贷款人按照约定可以检查、监督借款的使用情况。借款人应当按照约定向贷款人定期提供有关财务会计报表或者其他资料。

债务合约转化成为标准化的债券以后，增加了很多金融属性。但是金融性质本质上也是人和人的关系，主要是发行人、投资人，以及中介商和服务商之间的关系。不过这些关系是由《中华人民共和国公司法》（以下简称《公司法》）、《中华人民共和国证券法》（以下简称《证券法》）和监管部门的部门规章规范的。在法律的规范下，市场参与人之间存在的关系是"交换和博弈"的关系，这些市场关系及其背后的逻辑由经济理论和金融理论所揭示。

因此，谈到国债就不能不谈到国家治理、宏观经济，以及财政货币政策，等等。而谈到中央政府债券就不能不谈到国家预算、经济增长、利率水平、储蓄投资和投资人偏好等。而谈到公司债券时就不能不谈到宏观经济政策和产业政策，以及公司治理、公司经营、产业、要素市场、商品市场等，还要具备金融市场、市场结构等理论知识。仅仅把债券看成一种金融工具，忽略其背后的债务关系，就不能把握各类债券的性质、收益和风险。

2. 经济法律

（1）剩余索取权和剩余控制权

哈佛经济系教授奥利弗·哈特（Oliver Hart）对于公司治理和合同理论都有重要贡献。哈特的重点研究领域包括契约理论、企业理论、公司金融和法律经济学等。《企业、合同与财务结构》是其代表作，他在书中进一步发展了产权理论，提出了"不完全合同"理论。哈特对于公司金融和产业组织理论的贡献之一是认为股东具有剩余索取权和剩余控制权。这对于理解公司债的性质非常重要。

（2）交易成本和不完全合同

由于存在着交易成本，企业合同是不完全的。科斯（Coase，1937）和威廉姆森（Williamson，1975）区分了四种交易成本，其中两个发生在合同发生时，两个发生在合同发生以后。第一，以后可能发生的问题，参与谈判的各方未必能够在合同谈判时看得到。第二，即使能够看到，可能有无数种情况，合同不可能全部都涵盖。第三，监督合同执行需要调查对方执行情况，从而发生成本。第四，执行合同需要请律师，从而发生与法律有关的成本。科斯和威廉姆森认为，如何降低交易成本是企业组织设计的首要考虑因素。

由于事后可能发生合同中未规定的情况，合同双方可能发生争执，解决问题的办法就是事后博弈，这就像事先没有合同一样。当然，不完全合同也可以看作有合同和无合同的一种中间状态。事后博弈有两种结果：一种是通过第三方提出解决方案，另一种是由双方中的一方提出初步解决方案，双方再讨论。

第三方解决，最普遍的就是仲裁。由于仲裁也需要很高的成本。那么内部仲裁或者选择一家财务顾问也许是可行的选择。威廉姆森（1975）赞成内部仲裁的办法。但能够帮助解决问题需要有一定的权威。

（五）债券是债务凭证

从法律的角度看，债券是一种债务凭证，反映了双方或多方之间依据协议、合同或法律条款形成的特定权利义务关系。在这种权利义务关系中，享有权利的人叫作债权人，承担义务的人叫作债务人。债权人可以要求债务人依据合同或法律履行义务，实现债权人的权利。债权人和债务人之间的这种权利义务关系就是债务的本质。债券把债务标准化了，从而债务可以分散更多投资者或债权人。然而，并非所有的贷款协议都可以进行证券化，成为债券。在两种情况下，债权人可能不愿意把债务转化成为债券：一是在利率下行时，贷款合同的利率高，而债券利率低；二是双方达成的价格（利率）虽然和市场不同，但是双方有其他方面的合作或长期合作关系。

债券是规范化、标准化的借款协议，不是通常意义上的借款凭证。借款凭证是非标准化的借款合同，不能在集中市场如交易所中交易。债券与借款凭证的区别如下：一是债券总额能进一步拆分，许多投资者可以在相同的条款下同时持有债券总额的一部分。二是债券能按当前的市场价格转让给第三方。也就是说，可以在债券持有人之间转让，这种转让与债权人没有关系。

债券利息是债券生命周期内定期支付给债券持有人的货币收入。债券报价中应说明其利率和期限。债券利率精确到小数点后两位，债券通常有面值。债券市场必须在法律和制度框架下运行，但是债券市场也服从金融学的规律，仅有法律框架还远远不够。

二、债权类资产分类

随着金融市场的发展和金融在宏观和微观经济中的作用不断加强，对债券市场的理解不断深化。对于不同种类的债券市场工具的性质、收益和风险特点，要有判断和定性，这样才能让投资者了解，也需要监管部门采取适当的监管措施。债券市场的研究需要从法律和市场两个方面入手。法律上的债权债务关系决定债券的性质和分类方法。下面是债权类资产发行主体和品种的分类。

（一）债权类资产的法律意义和标准化分类

债权和债务标准化以后方便交易。交易可以分为集中交易和场外交易。债务和债权都是法律用语，它们是相对而言的。一笔债发生，对于债权人是债权，对于债务人是债务。

1. 表外业务和债权类资产的迅速增加

近些年来，由于表外业务的发展，各类非标准化债权资产迅速增加。所谓"非标"业务，是指金融市场中投向于非标准化资产的业务，如信托收益权、资管收益权等。投资"非标"业务可绕开银行或债券审批部门，既可为银行带来更高收益，又可使银行在做大"非标"资产规模的同时，不局限于存贷比的限制，所以一度在银行盛行。

2. 软贷款

软贷款是在特定时期内，国家允许特定银行通过发放软贷款作为项目资本金。由于软贷款本身是贷款，而且其来源是存款或债券发行的收入，因而属于债权。国家开发银行最早向国家重点项目发放软贷款，以补充项目的资本金，这种做法一直延续到2016年。由于国家开发银行可以发行长期债券，而且软贷款也有期限，因此，并没有形成较大的风险。2022年新冠肺炎疫情期间，软贷款重新成为政策性银行拉动经济的工具。

3. 股权和债权的确认

1993年版的《中华人民共和国公司法》（以下简称《公司法》）存在诸多立法上的缺陷。比如对股权和债券的划分采取固定标准，没有考虑到复合证券、期权、复合融资计划，以及优先股等新的市场工具，导致司法实践中难以处理有关的问题，有时候简单把这些金融工具确定为"明股实债"，司法对其合法与否的摇摆、困惑态度受制于僵化的股债划分标准。

4. 非标准化债权

近年来随着金融市场和金融创新的发展，出现了不同种类的债务工具。随着非标业务的迅速发展，出现了很多非标准化债权。

（二）债权类资产确认规则

近 10 年来，金融市场上发展出来各种非标准化的债券业务，除了标准化的可转债以外，也发展出来混合类股权加债权的"明股实债"或"明债实股"等产品。为了规范市场，中国人民银行、银保监会、证监会、外汇局于 2020 年 7 月 3 日发布了《标准化债权类资产认定规则》。该规则主要为了规范金融机构资产管理产品投资，强化投资者保护，促进直接融资健康发展和有效防控金融风险。该规则定义标准化债权类资产为依法发行的债券、资产支持证券等固定收益证券。主要有国债、中央银行票据、地方政府债券、政府支持机构债券、金融债券、非金融企业债务融资工具、公司债券、企业债券、国际机构债券、同业存单、信贷资产支持证券、资产支持票据、证券交易所挂牌交易的资产支持证券，以及固定收益类公开募集的证券投资基金等。除这些债券种类以外，可以定义为债权资产的需要符合以下条件：一是等分化，可交易；二是信息披露充分；三是集中登记，独立托管；四是公允定价，流动性机制完善；五是在银行间市场、证券交易所市场等国务院同意设立的交易市场交易。根据监管部门联合发布的意见，债权类资产分类见图 2 - 18。

由于债券的分类既涉及发行主体，又关系到监管部门，同一主体发行的债券在不同监管部门和交易场所监管和交易规则也有所不同，因此，债券的分类是动态的，随着发行主体相对规模和市场作用以及监管体制的变化而变化。

（三）标准化债券及其分类

按发行主体分，中国债券分为政府债券、政府支持机构债券、金融债券、企业信用债券、资产支持证券和熊猫债券。这些债券由于具有固定收益性质，从市场角度也称为固定收益工具。经过 30 年的努力，中国的固定收益工具品种已经初步达到发达国家的水平。但是和美国相比，中国的政府类债券比重偏大；而在政府债券中，地方政府债券发展较快。相对而言，美国债券衍生产品市场更为发达。总的来说，中国金融市场的发展仍然具有初级阶段的特点。

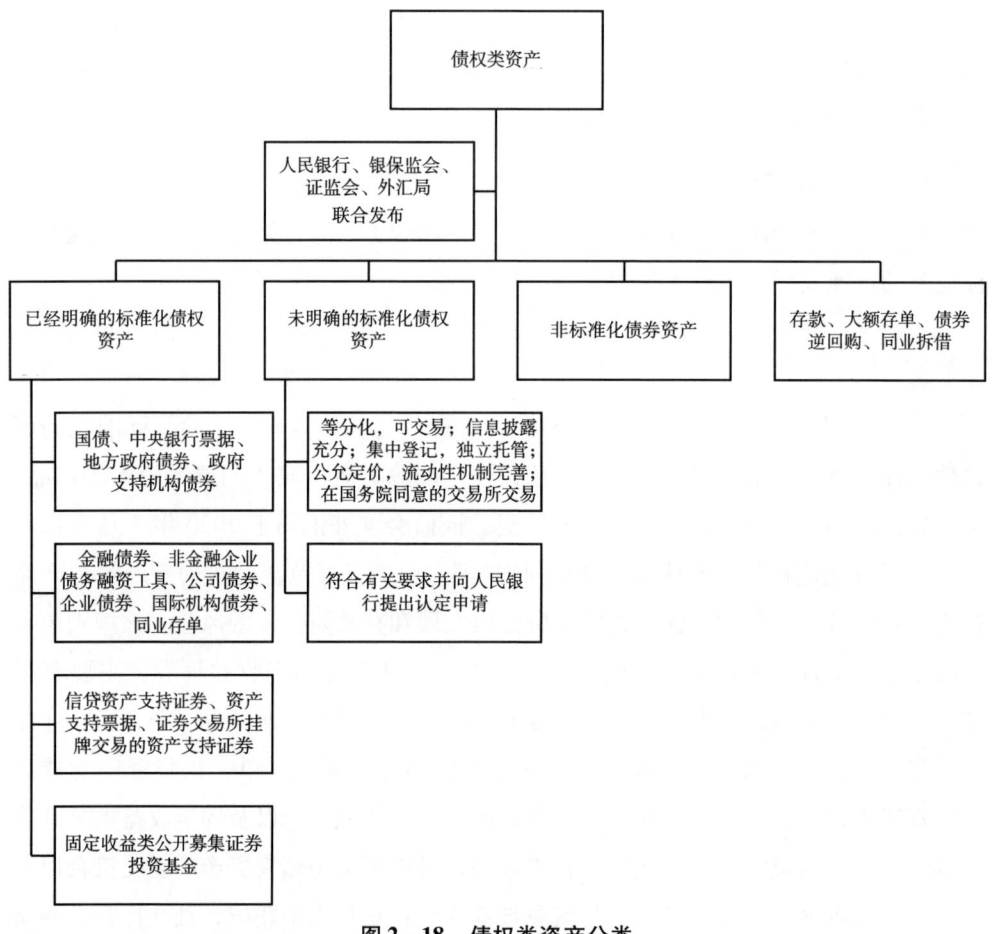

图 2-18　债权类资产分类

资料来源：笔者绘制。

21 世纪最初的 20 年里，中国债券市场发生了翻天覆地的变化，其中最为显著的莫过于非政府债券市场的发展。这些发展都应归功于 1991 年到 1996 年中央政府债券市场改革。中国的非政府债券市场是分散化的，主要由银行间债券市场、交易所债券市场和柜台交易市场组成。金融债券主要在银行间债券市场交易，公司债券主要在交易所市场交易。

从 1996 年国债市场化改革开始，发行体主体不断扩大。在我国首先有国债，然后出现了企业债，后来发展出金融债券，这是按照发行主体的性质分类的。债券也可以按照对应的现金流分类，资产支持证券有现实的现金流，投资者的收益以现金流为基础；以信用为基础的债券，则并不和现金流对应，而是看发行体的信用。债券类别和债券品种见表 2-1。

表 2－1　　　　　　　　　　　　　**债券类别和债券品种**

分类		债券种类	备注
以信用为基础，按照发行主体性质	政府	国债、地方政府债券、中央银行票据	以国家信用为基础
	金融机构	政策性金融债、商业银行债、非银行金融机构债券、证券中介机构债券、基金债券	以机构信用为基础
	企业	企业债券、公司债券、非金融企业债务融资工具、可转换公司债券、中小企业私募债券等	以公司信用为基础
	外国发行体	熊猫债券	以国家信用或机构信用为基础
以偿还性质为基础，按照债券对应的现金流的来源分类的债券	以信用为基础的债券	上述各类债券	
	以资产为基础的债券	信贷资产支持证券、非金融企业资产支持票据、资产支持专项计划这类债券的预期收益和预期现金流有关	
	以基础债券为基础的债券	国债期货、金融期货、期权	
按照投资人的偏好分类的债券	利率债		投资人偏好是指风险偏好
	信用债券		
	垃圾债券		

资料来源：笔者制作。

在中国，早期市场分为企业债券和公司债券，根据非公司类发行体与公司类发行体的标准进行区别。后来，市场简单地按照主管部门来区分：国家发展改革委审批的定义为企业债券，而证监会审批的定义为公司债券。这些区分标准都不十分准确。根据这些债券的性质，现在统一采用公司信用类债券的概念。公司信用类债券包括非政策性金融债券、企业债券和狭义的公司债券；非金融企业债务融资工具、可转换公司债券、中小企业私募债券，以及票据等。

（四）利率类债券和信用类债券

1. 利率债市场和信用债市场

利率债是指风险较低的中央政府债券（国债）、地方政府债券、政策性金融债券和中央银行票据。信用债是依靠企业的信誉而发行的债券，具体包括非政策性金融债、企业债、公司债、短期融资券、中期票据、本息分离债、资产支持证券、次级债等品种。二者的区别如下：

（1）发行人不同

利率债的发行人一般都是中央或地方政府，或者是以国家信用作背书的发行人，如中央政府债、地方政府债券和政策性金融债等。而信用债的发行人是企业、上市公司、城投公司等。

（2）风险不同

利率债的发行人有主权地位或国家背书，基本上没有信用风险。信用债的发行主体受到实体经济周期变化的影响，也受到企业或公司管理人管理能力和偿债意愿的影响，因此，信用风险要高一些。但是利率债和信用债都存在利率风险和流动性风险。

（3）价格不同

收益率是金融产品的价值。利率债的收益率低，信用债的收益率高。信用贷款通常是指无抵押贷款，即凭借发行人自己的信用地位（如评级）及其他征信信息就可以取得的贷款，但是信用贷款要求的回报一般要比抵押贷款高。

2. 利率债券市场

在中国，发展最早和规模最大的是利率债券市场。利率债券市场的风险主要受到利率水平的影响。而利率水平则由经济增长速度、经济周期和财政货币政策等因素决定。由于债券利率随市场利率浮动，利率债市场采取浮动利率债券形式可以避免债券的实际收益率与票面收益率之间出现重大差异，使发行人的成本和投资者的收益与市场变动趋势相一致。

3. 信用债券市场

公司信用类债券市场风险取决于宏观经济变化、行业起伏、产品周期、企业的经营状况和道德风险等多种因素。2014 年 3 月，我国债券市场发生首例实质违约的债券。自此之后，市场违约事件不断发生，至 2020 年 4 月 30 日，我国共有 593 只债券违约（含技术性违约），涉及主体 161 家，金额 5118.2 亿元。[①] 随着刚性兑付被打破，信用利差的定价变得更加市场化，市场上也出现了针对发行主体类型的较明显的信用利差分化，体现了信用主体的差别，如民企相对于国企之间的利差。

市场违约债券的处置方法包括司法诉讼类和非司法诉讼类。相关市场制度和法

---

① 池光胜. 历史上违约的信用债处置结果如何？［EB/OL］.（2020 - 05 - 06）［2022 - 03 - 08］.

规需要进一步完善，以保障投资者应有权益，否则会对市场的融资和价格发现功能造成一定破坏。

4. 公司信用类债券

2020 年底中国人民银行等监管部门发布了《公司信用类债券信息披露管理办法》，规定公司信用类债券（以下简称"债券"）包括企业债券、公司债券和非金融企业债务融资工具；同时明确企业公开发行的企业债券、公司债券以及银行间债券市场非金融企业债务融资工具的发行及存续期信息披露适用该办法。

在公司信用类债券中，非金融企业债务融资工具、公司债、企业债分别占 50%、35%、10%。这些品种在管理主体、上市场所等方面存在一些差异，部分投资者认为应统一公司信用类债券的管理主体。[①]

与利率债相比，信用债存在较高的信用风险。市场违约债券的处置方法非常重要，相关市场制度和法规需要进一步完善，以保障投资者应有权益，否则会影响市场的融资和价格发现功能。

5. 高收益债券

高收益债券主要是中小微企业发行的债券、违约处置债券等。目前比较多的是违约处置债券。一级市场中的中小企业债券和私募债券发行的数量仍然比较少，二级市场的违约处置债券相对较多。这个市场也就是欧美的所谓"垃圾债券市场"，交易的是投资级别以下的债券。这部分债券有高风险、高收益的特点。

利率债和信用债的分类如图 2-19 所示。

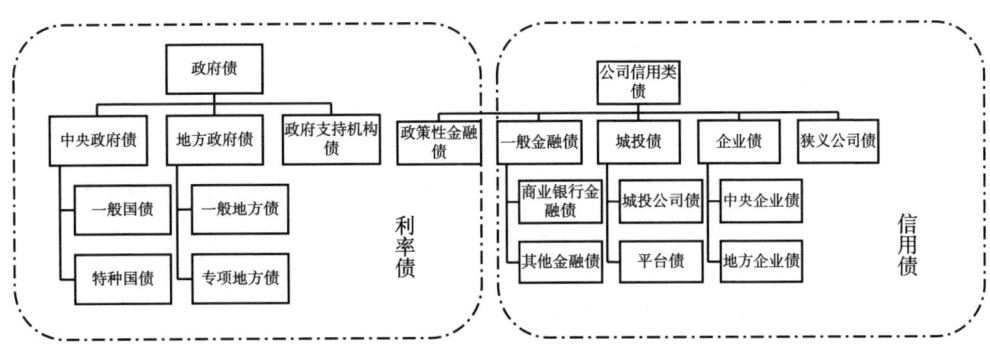

图 2-19　利率债和信用债的分类

资料来源：笔者绘制。

---

① 光大固收研究（张旭、危玮肖）. 债券市场正走在统一监管的大路上［N］. 信用债观察，2020-12-30.

三、债权和股权

（一）债权和股权的区别

债权和股权并不存在绝对的界限。低杠杆化企业的债权相当于低资本化企业的股权。尽管债权和股权的分配方式不同，但是它们都以企业的收入为前提（见图2-20）。

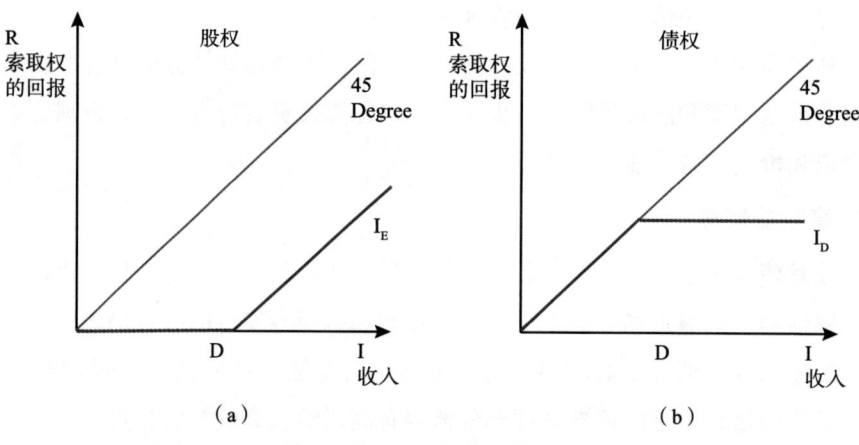

图2-20 股权和债权的异同

注：R=股权或债权的回报
D=股权或债权的数额
I_E=股东回报
I_D=债权人回报
资料来源：笔者参考有关资料绘制。

随着企业收入的增加，债权有利息支付，最终以本金支付为限。股权无利息支付，但是当企业的收入增加时，其回报可以随着企业收入的增加而增长。

（二）债券、股票和银行存款的区别

通过与其他金融工具进行比较，可以增加对债券性质的了解。股票和债券都是证券，它们的区别表现在以下几点：

一是股票是公司所有权的象征，是资本注入公司的一种形式。股票持有人成为公司股东后，拥有根据出资比例分享公司利润、参与公司经营管理的权利。债券持有人定期赚取利息收入，在债券到期时收回本金，但无权分享利润，也无权参与公

司的经营和管理。

二是股票持有人能定期分得股利，但即使公司最终倒闭关门，也不能撤回股本投资。债券持有人定期收到固定的利息收入，因为利息与公司的业绩没有直接关系。股票没有期限，股东一旦购买了股票，就不能从公司撤资，但可以将股票转让给其他投资人。债券一般都有期限，发行人必须在债券到期时偿还本金。债券一旦发行并在市场中进行交易，其收益将受到市场波动的影响。

三是债权人具有优先于股东的偿付权。公司若宣告破产，在对股东进行任何偿付以前，必须首先完成对所有债权人的偿付。

四是与债券相比，股票价格的波动幅度较大。虽然股票和债券的价格都由市场利率和公司业绩决定，但股票价格主要取决于公司业绩，而债券价格主要取决于市场利率水平。

五是中国的法律规定，债券利息从税前利润中支付，而股票的股利则从税后利润中支付。这一规定反映了股东是公司的利益相关人。

债券与银行存款之间也存在着不同之处：首先，公司债券是融资成本相对较高的直接融资工具，因为公司的信用比银行要低。相应地，银行存款利率也相对较低，使银行有合理的利差收入。其次，银行存款对于不同客户有不同的期限和利率组合，而同一种债券对所有投资人都只有唯一的规定权利义务的法律条款。最后，通过银行存款筹资的速度慢于发行债券筹资的速度。

总之，从投资者的角度来看，固定的现金流回报是债务合约的一个优势。"现代经济学理论认为，债务合约对于推动经济增长发挥了至关重要的作用。不仅如此，债务合约的固定性质，即不论借钱融资的商业项目成败如何，债务人都应向债权人支付固定的回报，凸显了其独特的价值。"[①] 与债务合约相比，"股权合约将投资者置于不可控风险的境地。全面掌握项目收益实情的成本高，难度大：套用金融学理论术语，即投资者面临'高成本的状态查证'（state verification）的挑战。相反，债务合约的收益是事前约定的，只要项目没有真正破产，就可获得固定收益。"[②]

我们以后会讲到，股票和债券之间并没有不可逾越的鸿沟。银行贷款和债券只有非标准合同和标准合同的区别。

---

① ［英］阿代尔·纳特. 债务和魔鬼——货币、信贷和全球金融体系重建［M］. 北京：中信出版集团，2021：53.

② ［英］阿代尔·纳特. 债务和魔鬼——货币、信贷和全球金融体系重建［M］. 北京：中信出版集团，2021：54.

小　结

金融的本质不容易说清楚，需要有历史的跨度、后现代的视角和对于后工业时代创新本质的认识。

第一，金融源自社会，而不是源自经济。在没有出现韦伯所说的"经济领域"之前，"金融领域"的萌芽就已经出现了，金融植根于原始的"社会领域"。原始社会关系的界定，离不开"原始债务"，这是一种社会关系决定的"人生债务"，最早的货币正是作为偿还债务的支付手段出现的。而货币作为交换手段，是在商品经济出现以后。在从社会信用（荣誉）、商业信用发展到国家信用过程中，货币的内在价值由"社会交换"和"市场交易"的价值所决定。我们理解金融的本质不能离开社会的视角。

第二，金融通过市场传递了资产和资本的价值信息。有了货币，就有了货币经营业，这就是银行的前身。中世纪意大利的银行已经发展成为股份公司，有自己的柜台和贷款业务。出现了股份公司和贷款，就有了与金融有关的典型的股权和债权。而股权和债权的标准化，就形成了标准化的股票和债券。标准化方便交易，使信息传播的速度大幅度加快。

第三，企业是将货币转化为资本的转换器。资本计量企业对于货币购买力的主观估值。每个企业将货币购买力转化为资本的能力是不同的，这是因为企业提供的人力资本不同。创新决定了企业对于货币购买力提供的资本品的赋能，在后工业化社会，重要的是中间产品和企业投入的人力资本。前者是过去知识的凝结，后者是投入的新知识。以上思想超出了主流经济学理论的框架，因为资本和货币都重新定义了。对于企业来说，货币只是购买力，是经过企业赋能以后才转化为资本。因此，资本市场使投资人看到了各个企业投入知识的相关信息，即关于人力资本投入的数量和效果。资本市场还能通过股价反映出企业家的作用和公司管理和治理的情况。

第四，金融是资产的跨期安排形式。影响资产跨期安排的是个体关于消费和储蓄的安排。而这种安排与个体对于货币的信心以及市场对于创新和套利机会的认知有关。现代虚拟货币是国家债务（财政部发行的债券和中央银行发行的货币）的证券化。其内在价值取决于国家经济实力和制度实力，而其支付手段的功能由国家法律保证。人们持有货币是为了满足对于货币的需求，包括交易需求、经营需求、投机需求、预防需求等，其总量形成了经济中对于货币的总需求。交易需求、经营需求和投机需求最终形成投资，预防需求最终形成储蓄。经营需求中包括创新需求，而投机需求中包括套利需求。当经济中"企业家成批出现"（熊彼特语）时，创新需求增加，原有均衡打破，经济进入繁荣期；由于预期收入增加，交易需求增加。这时市场出现机会，用于市场套利的投机需求增加，直到企业产能增加，生产过剩开始出现。随后经济进入萧条和危机，预防需求增加，其他货币需求减少，由此形成经济周期。在后工业化时期，套利机会减少了，如果创新经济的增长低于传统经济，经济增长速度就会下降。经济周期是市场自我调整的方式，影响这种调节方式的是金融中介和财政货币政策。

第五，金融服务要从物转向人。金融中介的作用是，"从家庭部门和中央银行手中购买货币。因此必然存在两种超额货币需求，其一是金融中介所动员到的货币可能超过实体经济需要，其二是金融中介还可能（几乎是一定）把货币配置于非生产领域。"①凯恩斯主义的逆周期货币政策会误导市场。财政货币政策的目标是服务于（"物化"的）经济增长，还是服务于（"人格化"的）消费者资产的跨期安排，是我们需要反思的核心问题。

---

① 吴晓灵. 货币经济学的责任［Z/OL］.（2021 - 11 - 05）［2022 - 03 - 08］."独角兽 DIGITLIZA-TION"公众号.

第三章 中国的金融业和金融市场

我国金融业的发展经历了长期曲折的过程。改革开放以前一直到改革开放后的前10年，我国金融经历了长时期的"金融压抑"阶段，金融资源由国家统一使用，没有资本市场，没有中央银行，也没有市场化利率。这一期间金融效率低下，与国民经济发展不相适应。直到20世纪90年代中国才逐渐建立起资本市场。1990年上海证券交易所和深圳证券交易所成立，从此股票市场开始形成。1991年国债开始市场化改革，并于1996年完全实现市场化招标发行，在这个基础上债券市场不断发展完善。随着改革开放和经济规模的扩大，保险业、信托业和基金业也发展起来了。进入21世纪以后，法律制度和监管不断完善，金融基础设施全面改善，对外开放迅速发展。我国金融资产的总规模不断扩大。但是从金融业银行主导，金融分业监管、市场分割等方面看，我国与发达国家金融市场有很大差距，金融市场的效率偏低，制约中国经济从传统经济向创新经济的发展。

债券市场的发展建立在金融市场发展的基础之上，金融市场的结构、基础设施、中介服务和金融监管等因素影响债券市场的发展。本章介绍我国金融业和金融市场的概况，希望读者对中国金融领域、金融市场和金融行业有一个概括的了解。

第一节 金融市场的起步和发展

一、中华人民共和国成立初期到改革开放初期的金融业

（一）专业银行体系的建立

要理解中国的金融业和金融市场，必须要首先了解中国经济体制的现状和发展过程。中华人民共和国成立初期实行苏联式的计划经济体制。在这样的体制下，金融体系主要就是银行业和保险业。银行只为企业提供流动资金贷款，不做长期贷款。没有金融中介，没有资本市场，也没有中央银行，更没有市场利率。银行的存贷款利率由国家确定，长期不变。从1949年到1990年之前没有金融市场，金融不

过是计划经济的附属工具。

1949 年中国统一货币，清理贷款，完全实现计划经济的金融管制。这一时期的特点是财政收支平衡、实行信贷计划，发行货币严格控制。1953 年，中国按照苏联模式，全面建立起集中统一的计划经济体制。1955 年 2 月，国家基于苏联银行模式对传统银行进行改造，全国公私合营银行并入当地的中国人民银行储蓄部。1956 年底，对农业、手工业和资本主义工商业的社会主义改造基本完成后，中国建立了单一的公有制体系，确立国有部门在国民经济中的主导地位。1962 年 3 月 10 日，中共中央和国务院作出《关于切实加强银行工作的集中统一，严格控制货币发行的决定》（即"银行工作六条"），以稳定货币为主要目标。为了支持农业发展，1972 年中国农业银行重新恢复。这一时期没有金融市场的概念，理论上认为利息是阶级剥削的产物，在实践中实行低存款利息的政策。国家采取低利率手段实现产业政策的做法在很多发展中国家都存在，经济学家麦金农把这种情况称为"金融压抑"。

（二）改革开放初期的财政和银行改革

中国金融市场的基础是在改革开放初期奠定的。从新中国成立到改革开放前，财政和金融都是"收支两条线"，即"统收统支"。历史上中国金融附属于财政。中央政府的预算安排由国务院确定，财政是会计，金融是出纳。改革开放前，银行只是特许贷款和存款机构。改革开放后，财政改革和金融改革同时开始，相伴而生。20 世纪 80 年代初期的财政改革后，才有了金融和金融市场。1979 年邓小平就对银行改革提出了要求，指出要把银行办成真正的银行。

1979 年第一次全国金融学会全体大会上，理论界出现了"大财政、小银行"与"大银行、小财政"的讨论。[①] 这时财政部和人民银行在这个问题上的意见不统一。关于银行作用的争论实际上是如何处理财政与银行关系的问题，因此，当时就把金融体制改革与财政体制改革联系起来讨论。讨论中，不同的思想碰车了。[②] "这里有部门利益问题，也有认识问题。因为这个时候，财政部考虑的是放权会导致财政收入的进一步减少。"[③] 新中国成立以来，财政收入占国民收入的比重都在 30% 以上，1980 年下降为 28.7%，1981 年下降为 26.2%。从 1979 年到 1981 年三年间通过企业基金、利润留成、盈亏包干等形式，由国家留给企业的财力共有 280

[①]　刘鸿儒. 突破—中国资本市场发展之路（上卷）［M］. 北京：中国金融出版社，2008：26.
[②③]　刘鸿儒. 突破—中国资本市场发展之路（上卷）［M］. 北京：中国金融出版社，2008：28.

多亿元。国家预算外资金为国家预算收入的一半。[1] 预算外资金的产生是由于放权给企业和事业单位以后，在预算以外，由企业、事业单位留用并自行支配的资金。"国民收入中通过财政不能集中的初次分配部分，在使用前基本上存在银行里。关于银行作用问题按传统的观点对待就不适应了。"[2] 当时金融理论界的观点认为，银行自主经营，暂时对于预算安排会有影响，但是银行搞活了，经济增长了，最终银行上缴财政的收入和税收都会增加。当时主持经济工作的国务院副总理姚依林同志也提出：银行要搞活，在财政有困难的时候要把银行搞活，有利于度过财政困难。[3] 在国务院领导的支持下，这场争论的结果有利于银行改革。"这次争论之后，银行贷款范围扩大了，如建立了技术改造贷款、固定资产贷款制度。1984 年企业流动资金全部改由银行贷款，取消了财政拨款。"[4]

改革开放初期，银行业开始有了初步分工，建立了按照行业发展的银行业分工体系，增加了贷款种类。1979 年中国银行从人民银行分离出来，同年国家允许中国人民银行开办中短期设备贷款，突破了银行只能发行流动资金的限制。1983 年，中国工商银行从人民银行分离，决定由人民银行行使中央银行职能。后来，曾经作为财政部一个职能司局的建设银行也独立出来。这样，专业银行体系逐渐形成。1986 年国务院发布了《中华人民共和国银行管理暂行条例》，银行监管进一步正规化。这一时期的特点是银行脱离财政体制，成为独立的经济实体，银行的经营范围有所扩大。

与此同时，各地成立了以投资为目标的国际信托投资公司。1981 年恢复发行国债，出现了非正式的国债市场。实践证明，这一新的变化对于金融业以后的发展具有深远的影响。1984 年上海飞乐音响发行股票，成为证券业发展的重要事件。同时，个别地方企业开始发行债券。但是这一时期并没有证券市场，股票和债券发行仍然停留在非正式的一级市场中。

总的来说，这一时期金融业处于缓慢发展阶段。这是由于改革开放初期，金融业的基础十分落后，人们对于金融的认识仍然停留于计划经济时期。事实上，一直到 20 世纪 80 年代末期，中国的金融一直具有"金融压抑"的特点。

（三）银行改革、企业改革和自下而上的金融创新

1985 年的金融改革提到了人民银行作为中央银行的地位和独立性问题。"人民

---

① 刘鸿儒. 突破—中国资本市场发展之路（上卷）[M]. 北京：中国金融出版社，2008：27 – 28.
② 刘鸿儒. 突破—中国资本市场发展之路（上卷）[M]. 北京：中国金融出版社，2008：28.
③ 刘鸿儒. 突破—中国资本市场发展之路（上卷）[M]. 北京：中国金融出版社，2008：27.
④ 刘鸿儒. 突破—中国资本市场发展之路（上卷）[M]. 北京：中国金融出版社，2008：29.

银行作为中央银行是最重要的调节机构之一，要加强其地位和独立性。"① "人民银行要通过综合信贷计划、金融政策、外汇政策和信贷利率、汇率、准备金等各种调节手段来控制货币供应量和贷款规模，做到既能控制通货膨胀又能促进经济发展和经济结构合理化。"②

20世纪80年代中期，除了国有企业增加了自主经营权，向市场化改革的方向发展，民营经济也开始迅速发展起来。金融改革的顶层设计，只是明确了方向，金融市场的萌芽是由民间创新产生的。这一时期，很多集体所有制企业，特别是乡镇企业已采取合资入股、发行股票和债券等筹集资金；农村自由借贷活动日益活跃；上海等地试办了票据贴现业务；住宅逐步商品化，出现了买方的抵押贷款和分期付款。③

（四）证券业务的出现和国债市场的建立

1981年财政部发行国库券，成为资本市场发展的起点。20世纪80年代后期，地方开始出现公司债券和股票，银行也开始发行金融债券。1986年和1988年，财政部决定开展国库券流通转让试点。1986年8月，沈阳市信托投资公司开办窗口交易，代客买卖股票和企业债券。④ 这些成为最早的有价证券转让市场。到20世纪80年代末期，国内对于证券市场已经进行了充分论证。1989年3月15日证券交易所研究设计联合办公室成立（以下简称"联办"）。联办集中了一批海外归来的优秀学子，他们对证券交易所的设立和证券市场的发展起到了积极的推动作用。1990年上海证券交易所和深圳证券交易所正式成立，标志着中国金融市场迈上了一个新的台阶。

从1991年开始，财政部推动国债市场化改革，建立国债承销制度、推进国债无纸化改革和招标发行，到1996年国债市场基本建立起来。从此中国的债券资本市场建立在稳固的基础之上。

（五）中国金融市场的出现和发展

我国金融市场起步于20世纪90年代，虽然1984年已经有初步的同业拆借市场，但是整个20世纪80年代，中国还没有现代意义的金融市场。1990年和1991年上海和深圳两个证券交易所先后建立，出现了股票市场。与此同时，1991年开

---

① ② 刘鸿儒．突破—中国资本市场发展之路（上卷）［M］．北京：中国金融出版社，2008：32.
③ 刘鸿儒．突破—中国资本市场发展之路（上卷）［M］．北京：中国金融出版社，2008：38.
④ 刘鸿儒．突破—中国资本市场发展之路（上卷）［M］．北京：中国金融出版社，2008：51.

始的国债市场化改革，标志着债券市场开始建立。这些为证券市场的建立和发展奠定了基础。

20世纪90年代最重要的金融事件是交易所市场的建立和国债市场化改革。90年代后期，银行间债券市场的建立，推动了债券二级市场的发展。此后，《中华人民共和国证券法》《中华人民共和国公司法》《中华人民共和国信托法》相继出台，法律制度不断完善。同时，证监会的工作也不断加强，监管领域扩大。1998年国家开发银行开始通过市场化办法发行政策性金融债，成为财政部以外的第二大发行体。由于国家开发银行的市场化创新，债券品种不断增加，债券二级市场进一步活跃。

但是2008年以前，金融市场主要经历了制度建设、市场建设和基础设施建设。这一时期是发行主体扩大和品种增加的时期，金融市场的深化程度仍然远远不够。

从2000年初，央行和证监会互相开放银行间债券市场和交易所债券市场。2008年金融危机以后，通过扩张的货币政策刺激经济，保持了经济的增长速度，但是也使地方政府债务迅速增加。

回忆链接 ···

财政改革和金融改革

很多经济学家认为价格改革是市场经济建立的起点。放在中国这种看法是不准确的。对这个问题，在20世纪90年代制度经济学兴起之后大家才有了新的认识。产权经济学是制度经济学的重要分支，道格拉斯·诺斯的产权理论从经济史的角度阐明了产权和制度对于经济发展的重要性。从这个意义上说，财政体制改革找到了正确的出发点。试想，产权的确定如果没有经济主体作为利益主体，就没有市场经济。价格改革发挥作用的前提是经济主体产权的确定。这说明，从计划经济到市场经济的关键环节是产权的确定。

20世纪80年代，不仅中央和地方的关系得到初步解决，国家和企业的关系、企业和个人的关系、财政和金融的关系也都得到了初步解决。改革开放前，金融业（当时主要是银行业）附属于财政。1982年，我到财政部工作时，在财政部灰色庄严的老楼中，除了财政部、税务总局，还有人民银行、建设银行、中国银行的部分机构。而当时建设银行只是财政部的一个司局，一个机构两块牌子。当时没有独立的央行——人民银行的行长就是由时任财政部副部长吕培俭兼任的。

因此，20世纪80年代的改革，也是财政向金融分权的一个过程。第一步不是建立金融市场，而是使金融机构成为市场主体。可以说，80年代的财政体制改革为金融改革奠定了基础。金融改革的第一步，不是改革股票市场和债券市场，而是使金融机构摆脱财政功能，成为独立的金融实体。有了独立的金融机构，国债市场化的基础才奠定起来。1991年国债承购包销就是通过金融机构实现的。

1990年证券交易所出现，无纸化的股票交易使国债无纸化发行成为可能。虽然整个20世纪80年代，国债发行采取的是行政分配，但是财政体制改革中出现的新经济实体，特别是金融实体，确为国债市场化改革提供了制度基础。

改革开放初期，银行像出纳，财政像账房。现代银行治理是银行脱离财政、成为独立经济实体以后的事情。我毕业后去财政部参加面试，走在财政部老楼的走廊时，听见的是打算盘的声音。我当时想，这个单位有点像账房。当时，财政主要负责中央、地方和企业的财务管理。财政部的国库功能委托人民银行代理。

从计划经济向市场经济的转变推动了财政体制的改革，而财政体制改革则带动了税收体制改革和国债市场化改革。我认为，国债市场化改革是财政体制改革进程中起决定性作用的一步。因为只有经历了国债的市场化改革，财政才会成为市场经济的财政。当时，国外经常说我们的财政功能不全，说中国的财政部就像是国外财政部的"预算局"。由于国债进行市场化改革，国库现金管理才有了意义，才使财政部从外国人眼中的"预算局"变成了包括预算功能和国库功能的真正适应市场经济体制、行使公共财政职能的财政部。

（资料来源：高坚. 债券市场改革历程、意义及展望［J］. 北京：债券，2022–11–04.）

二、金融市场的多元化、层次化、多样化和国际化

2008年以后，市场规模扩大、发行体增加、品种增加的趋势有所缓和。金融有不断"深化"的趋势。

（一）金融混业经营

2008年国务院批准国家开发银行实行"一托二"的公司制改革。国家开发银行下设国开金融和国开证券两个公司，开始了金融业混业经营的时代。随着银行利率的放开，银行业存贷款利差不断下降，银行开始收购保险、信托、证券、租赁等机构，普遍实现混业经营。2010年末期，随着美国金融危机和利率市场化进

程的展开，金融业混业经营迅速发展。从国家开发银行"一托二"开始，到各大国有商业银行实现混业经营，这一时期的特点是以存贷款为基础的商业银行业务持续萎缩，而证券资本市场业务不断扩展。2010年以后，央行分阶段放开了贷款利率和存款利率，金融进一步市场化。2012年以后，债券市场有了长足发展，表现在品种增加、债券业务扩大。政策性金融债券、公司债和城投债以前所未有的速度发展。与此同时，与市场有关的基础设施也经历了快速发展时期。金融市场的新变化进一步改变了债券市场的发行人结构和投资人结构，机构投资者和市场中介都经历了前所未有的发展。

这一时期另一个重要现象是很多大型企业在集团化的同时开始建立金融公司，涉足金融业务。同时，各级地方政府开始建立金融办，把原来引进投资的职能改变为金融管理职能。

（二）基金业和财富管理业的发展

2013年国家为支持创新企业发展，对私募股权基金实行备案制，门槛降低。此后私募股权基金如雨后春笋般地发展起来，全国很快有几万家私募股权基金管理公司。但是遇到了2017年以后去杠杆，以及实施资管新规，资金来源减少，又经历了整合、提升，基金行业的质量有很大改善。2017年企业债券违约现象开始增加，使金融市场的风险迅速积聚。由于经济的周期变化，2017年不良资产处置业务迅速增长。在债券等产品迅速增加的条件下，各种公募和私募基金开始迅速扩张，资产管理和财富管理业务不断扩大。但是由于非银行业务的资金大部分来自银行，而不是直接来自个人和机构投资者，而银行的资金属于短期资金，与资产的期限不匹配，提供长期资金主要依赖于保险和各种基金，但是保险业和基金业相对不发达；同时，银行从事基础设施贷款由于资产负债不匹配，增加了风险隐患。

（三）非银行业务和表外业务的发展

2010年以后，随着我国科技和新兴产业的兴起，科技金融和金融科技都有了长足发展。互联网和金融的结合，使金融插上了翅膀。移动支付领域的进步，使中国人的生活方式出现了翻天覆地的变化。2016年以后，数字经济的发展和区块链技术的应用使金融科技行业不断进步。经过近30年的发展，我国初步形成了具有一定规模和结构、完整的市场类别和品种相对齐全的金融市场体系。

在2017年以前，非银行业务和表外业务迅速发展，银行资金通过各种通道，特别是信托贷款、委托贷款等，使银行和金融机构的风险迅速积聚。在这种背景下，国务院出台资管新规，规范和约束表外业务和影子银行业务，减少了金融领域的各种"乱象"。2018年以后去杠杆，在一定程度上减少了地方政府和国有企业的债务水平，但是资金链最脆弱的民营企业首先出了问题。此后，国家采取各种措施扶持民营企业和中小微企业。

（四）资管新规发布

2018年4月27日，央行、银保监会、证监会、外汇局联合发布《关于规范金融机构资产管理业务的指导意见》（以下简称"资管新规"）。资管新规出台的背景是，同类资管业务的监管规则和标准不一致，也存在部分业务发展不规范、监管套利、产品多层嵌套、刚性兑付、规避金融监管等问题。国家出台资管新规主要目的在于规范金融机构资产管理业务、统一同类资产管理产品监管标准、有效防范和控制金融风险、引导社会资金流向实体经济，更好地支持经济结构调整和转型升级。

同年7月20日，各个监管机构迅速出台相关文件。央行发布《关于进一步明确规范金融机构资产管理业务指导意见有关事项的通知》并进行相关解释，银保监会发布《商业银行理财业务监督管理办法（征求意见稿）》并公开征求意见，证监会发布《证券期货经营机构私募资产管理业务管理办法（征求意见稿）》《证券期货经营机构私募资产管理计划运作管理规定（征求意见稿）》并公开征求意见。一行两会同时发文，针对资管新规部分内容进行修正，并出台资管新规配套细则，就过渡期内有关具体的操作性问题进行明确，以促进资管新规平稳实施。

总之，这一时期金融市场范围、产品都在不断扩大，金融市场的现代化和国际化取得了新的进展。但是金融创新更多是套利创新，而不是管理创新和产品创新。银行业占据统治地位，资本市场深化表现在板块的增加，并没有在市场专业化、新产品多样化和技术应用方面有实质上的进展。金融市场的结构性问题、监管分割的问题，近年来有所改善，但是问题仍然突出。2020年中央经济工作会议强调发展直接融资，防范系统性风险，要求监管部门在公司信用类债券风险披露管理方面加强监管的统一协调。

2020年高收益债券市场开始成为债券市场的一个新的领域。进入2021年，全球新冠肺炎疫情形势严峻，经济萧条，金融不确定性上升，中国经济运行总体平稳。在金融供给侧结构性改革的引领下，金融监督管理部门进一步贯彻落实党的十九大和第五次全国金融工作会议精神，推动金融机构服务实体经济，防控金融风险，深化金融改革，扩大对外开放，取得了显著的成效。

第二节　当前中国金融市场的架构

目前，我国金融市场包括货币市场、债券市场和股票市场，以及外汇市场、期货市场、黄金市场、贷款市场、保险市场等。货币市场包括同业拆借市场、回购市场、票据市场。债券和股票市场分为集中交易的交易所市场和场外市场。集中交易的市场主要是交易所市场，包括上海证券交易所、深圳两家证券交易所和北京证券交易所。债券的场外市场主要是银行间市场，也包括商业银行的柜台市场。

一、金融市场及分类

（一）金融市场的概况

中国金融市场按照期限和流动性分为货币市场和资本市场。如果加上产品细分，则还包括外汇市场、黄金市场和保险市场等。其中，资本市场是金融市场的主体。资本市场按照是否标准化分为标准化市场和非标准化市场。其中，标准化市场又可以分为股票市场、债券市场和衍生产品市场。非标准化市场又可以分为贷款市场和没有流动性的固定收益产品市场（见图3-1）。

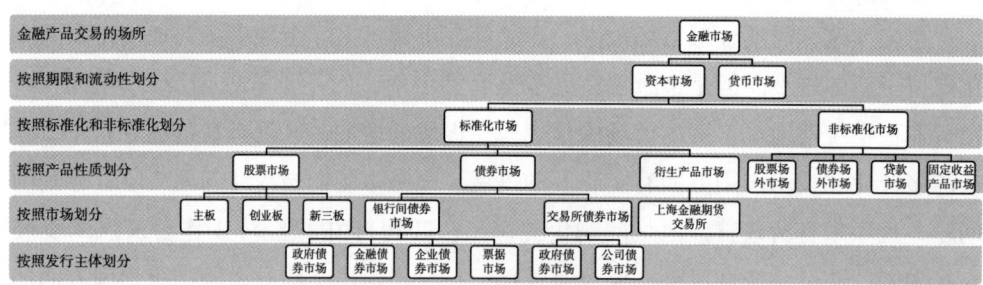

图3-1　中国金融市场分类

资料来源：笔者绘制。

标准化的金融市场包括货币市场、资本市场、衍生产品市场、外汇市场、黄金市场等。其中，货币市场包括短期政府债券市场、承兑贴现市场、同业拆借市场、证券回购市场、短期商业票据市场等。货币市场不仅是短期资金融通的场所，也是中央银行调控宏观经济运行的重要场所，具有期限短、流动性强、安全性高和收益性低等特点。资本市场包括证券市场和中长期银行信贷市场、保险市场、融资租赁市场等。资本市场是期限在 1 年期以上的中长期金融工具交易的场所，主要由中长期信贷市场、中长期债券市场和股票市场构成。作为中长期资金融通的场所，资本市场具有期限长、收益性高、流动性弱等特点。金融衍生产品市场是货币市场和资本市场的派生市场，包括掉期市场、期货市场和期权市场等。掉期市场、期货市场和期权市场作为风险管理的手段，是重要的对冲风险和锁定风险的工具；但是作为投资配置，则具有高风险、高回报的特点。中国金融市场结构见图 3－2。

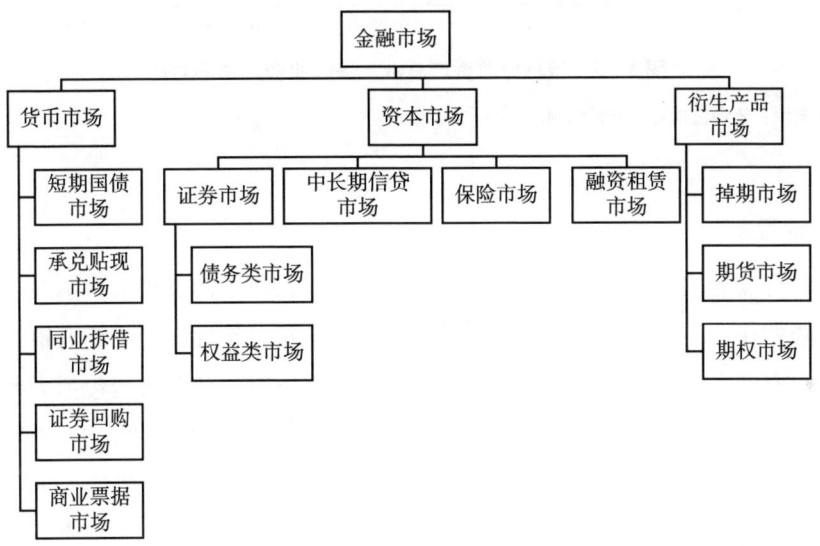

图 3－2　中国金融市场

资料来源：笔者绘制。

（二）金融业的现状

中国 1990 年以前没有金融市场。1990 年开始建立两个证券交易所。1991 年开始建立国债市场，法律制度和金融监管在 2000 年以后逐步得到完善。2010 年市场规模迅速扩大，目前已经发展成为世界第二大规模的金融市场。参与金融市场的主体构成金融行业。

我国的金融体系以银行为主导，银行服务体系是我国金融体系的核心，因此银行业的改革和发展在我国金融体系乃至整个经济体系的改革进程中都占据着重要的地位。在我国经济体制渐进式改革的大背景下，我国银行业的改革经历了长期、渐进的过程。

金融业是按照业务性质分类的金融产业，主要指银行、证券、保险、信托、租赁等金融行业。金融业是我国非常重要的一个产业，是不同金融企业开展业务的领域。近些年来我国金融业获得了很大发展，但是市场结构、监管、公司债市场等方面还存在着诸多问题（见图3-3）。

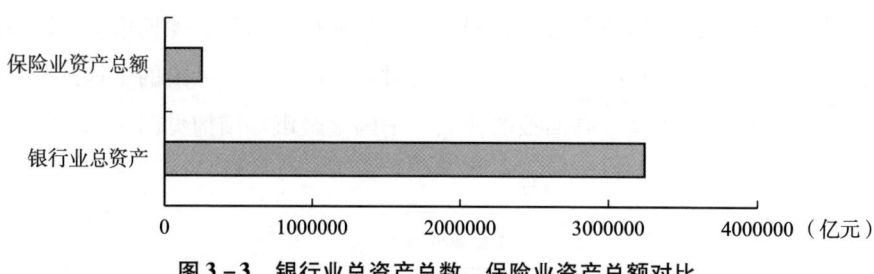

图 3-3　银行业总资产总数、保险业资产总额对比

资料来源：笔者根据有关资料绘制。

1. 银行业

以银行业为主导是中国金融体系的主要特点，银行业的发展对我国经济发展起到了重要的作用。目前，我国金融领域中的银行包括政策性银行、商业银行等。政策性银行有国家开发银行、进出口银行和农业发展银行。商业银行包括大型国有商业银行、股份制商业银行、城市商业银行、农业商业银行等。1986年12月19日，邓小平在题为"企业改革和金融改革"的谈话中指出："金融改革的步子要迈大一些。要把银行真正办成银行。我们过去的银行是货币发行公司，是金库，不是真正的银行。"① 改革开放以来，随着宏观经济体制由计划经济向市场经济转变，金融领域发生了政府推进式演进的结构性变迁。尤其是金融在经济运行中资金配置功能作用的不断提升，客观上要求对金融体系做进一步改革。

中国的银行业的发展在宏观经济体制结构性变迁的背景下经历了一个快速发展过程。截至2021年5月，中国银行业总资产超过324万亿元，跃居世界第一位。② 无论是资产充足率、资产规模和质量、盈利水平等硬性指标，还是管理能力、企业文化、经营理念等软实力，中国银行业都实现了历史性的跨越。

2. 保险业

保险业和银行业都是我国金融领域中最早的行业。我国保险业经历了曲折发展的过程。中国人民银行、财政部等曾在不同的历史时期行使过对保险业监管的职

①② 邓小平. 邓小平文选：第三卷［M］. 北京：人民出版社，2001.

能。1949 年 10 月新中国成立后，中国人民保险公司成立，受中国人民银行领导。从 20 世纪 50 年代后半期起，我国保险业进入长时间的低谷状态，对保险业的监管也停滞不前。

改革开放以后，保险业进入了新的发展阶段。1979 年 4 月，国务院批准逐步恢复国内保险业务，保险业仍由中国人民银行监督管理。1985 年 3 月 3 日，国务院颁布的《保险企业管理暂行条例》规定："国家保险管理机关是中国人民银行。"之后，中国人民银行逐步建立和加强了监管保险业的内设机构。1995 年 7 月，中国人民银行成立保险司，专司对中资保险公司的监管。同时，中国人民银行加强了系统保险监管机构建设，要求在省级分行设立保险科，省以下分支行配备专职保险监管人员。

随着银行业、证券业、保险业分业经营的发展，为了更好地对保险业进行监督管理，国务院于 1998 年 11 月 18 日批准设立中国保监会，专司全国商业保险市场的监管职能。

保险行业的主体是保险公司。保险公司是以经营保险业务为主的经济组织。保险公司的业务包括保险业务和资管业务，强调按照客观经济规律、自然规律、技术规律，增强业务的专业性。保险公司的精算业务依据大数法则和概率论确定风险的概率。保险公司的保户越多，承保范围越大，风险就越分散。保险业分为财产保险和人身保险两大类。财产保险包括财产损失保险、责任保险、信用保险、保证保险、农业保险等。人身保险是以人的寿命和身体为保险标的的保险。

3. 信托业

按照《中华人民共和国信托法》规定，"信托是指委托人基于对受托人的信任，将其财产委托给受托人，由受托人按委托人的意愿以自己的名义，为受益人的利益或者特定目的，进行管理或者处分的行为。"信托业的金融功能，简单说就是"受人之托、代人理财"。

信托在国外已有 3800 年的历史，因为它一头连着货币市场，一头连着资本市场，一头连着产业市场，既能融资又能投资，被认为具有多重金融功能。信托的应用范围，可以和人类的想象力相媲美。

中国的信托业始于 20 世纪初的上海。1921 年 8 月，在上海成立了第一家专业信托投资机构——中国通商信托公司，1935 年在上海成立了中央信托总局。新中国成立至 1979 年以前，金融信托在高度集中的计划经济管理体制下，没有能得到应有的发展。

1979 年 10 月，国内第一家信托机构——中国国际信托投资公司宣告成立，此后，从中央银行到各专业银行及行业主管部门、地方政府纷纷办起各种形式的信托投资公司。2018 年以来，随着资管新规出台，监管政策影响下以单一信托为主的通道业务受限，信托利用自身多功能优势逐步推进转型。信托业务转型的重点之一是优化资金来源结构。截至 2020 年第四季度末，集合资金信托与管理财产信托占比达到 70.06%，同比 2019 年第四季度末的 62.91% 上升了 7.15 个百分点。信托业将继续逐步减少以单一信托形式的通道类业务，朝着提升主动管理能力的方向不断取得成效。[①]

从资金来源看，截至 2020 年第四季度末，集合信托规模为 10.17 万亿元，占比 49.65%，同比上升 3.72 个百分点，比第三季度末（49.42%）上升 0.23 个百分点。[②] 事务管理类信托为 9.19 万亿元，同比 2019 年第四季度末 10.65 万亿元减少 1.46 万亿元，较 2017 年末历史高点 15.65 万亿元减少 6.46 万亿元，业务占比为 44.84%，同比 2019 年第四季度末 49.30% 下降 4.46 个百分点。按照资管新规压缩下来的集合信托规模大多是以监管套利、隐匿风险为特征的金融同业通道业务。按照监管部门要求，事务管理类业务量与占比一直不断下降，金融机构之间多层嵌套、资金空转现象明显减少。[③]

4. 基金业

中国基金业走过了 20 年发展历程，目前在金融领域呈上升趋势。传统意义上的公募基金获得了长足的发展，基金公司数量近 150 家，管理规模超过 22 万亿元。公募基金规模超过 25 万亿元，非货币基金规模超过 16 万亿元。[④] 截至 2021 年 10 月末，私募管理基金规模 19.69 万亿元。从管理人数量来看，存续私募基金管理人 24569 家。[⑤] 当前，中国基金业向资产管理和财富管理的方向发展，处于一个创新发展的重要机遇期。一部分中国基金公司正在努力转型成为具有现代意义的开放、包容、多元的财富管理公司。

通过不断的体制改革，中国基金业获得广阔的外延发展空间，可以积极发展各种类型的资产管理机构，促进私募基金规范化、透明化发展。目前主管部门积极推动做好社保基金、保险资金、养老基金、住房公积金等投资资本市场的衔接和服务，积极为银行、保险、信托等专业机构和产品参与资本市场创造

---

① 根据殷醒民. 2020 年度中国信托业发展评析整理。
② 曾刚. 2019 年度中国信托业发展评析［EB/OL］.（2020 - 03 - 20）［2022 - 03 - 08］.
③ 2020 年信托业评析：压降融资类业务近 1 万亿元、事务管理类 1.5 万亿元［EB/OL］.（2021 - 03 - 08）［2022 - 03 - 08］.
④ 魏来. 公募基金公司规模 TOP10 出炉［EB/OL］.（2022 - 01 - 27）［2022 - 03 - 08］.
⑤ 根据公开资料整理，2021 - 11 - 25.

良好条件。

目前基金公司正在管理团队、客户对象、产品设计、风控机制等各个方面实现全面升级，努力建设专业精良、治理完善、诚信合规、运作稳健的现代财富管理机构。各类基金公司正在努力树立以客户为中心的理念，把客户权益放在优先位置，把投资人的价值增值作为公司发展的基础；提升核心竞争能力，包括投资管理能力、产品设计创新能力、销售服务能力、风险控制能力和公司管理能力等。与此同时，基金公司也在努力探索特色化发展道路，结合自身的比较优势，寻求适合自身定位的个性化、差异化发展模式。基金公司也按照 ESG 标准，弘扬诚信文化、受托文化，强化勤勉尽责和对标意识。

大力发展包括基金在内的财富管理行业，有利于推进资本市场健康发展，特别是优化投资者结构、促进上市公司完善公司治理，有利于优化国民资产配置，推动我国社会保障和养老体系的建设，更好地服务民生。基金业的发展也有利于完善金融体系，改善直接金融与间接金融的比例关系，优化社会融资结构，化解金融风险。

2022 年，银行业、保险业、证券业金融机构总体稳健，股票市场和债券市场平稳运行。截至 2022 年 6 月末，金融业机构总资产 407.42 万亿元，保持合理增长；商业银行资本充足率和不良贷款率分别为 14.87%、1.67%，保险公司平均综合偿付能力充足率 220.8%，证券公司风险覆盖率、资本杠杆率中位数分别为 291%、32%，均大幅优于监管标准。[①]

（三）中央银行的货币政策

从 20 世纪 90 年代初期央行开始行使货币政策职能以来，一直实行稳健的货币政策，即保持货币币值的稳定，并以此促进增长。具体而言，中央银行采取的多目标制，既包含价格稳定、促进经济增长、促进就业、保持国际收支大体平衡四大年度目标，又包含金融改革和开放、发展金融市场这两个动态目标。为了实现货币政策目标，需要设置一个中间目标，比如 M2、社会融资等。一般而言，政府工作报告都会设定 M2 的目标。央行设定的目标会根据具体情况有一些变化，2016 年首次设置社会目标，2018 年未设具体目标，2019 年开始设定相对目标，即 M2 和社会融资增速与国内生产总值名义增速相匹配。2020 年则要求引导 M2 和社会融资明显高于上年。与此同时，央行增加了利率的引导作用，特别是

[①] 易纲. 国务院关于金融工作情况的报告（2022 年 10 月 28 日在十三届全国人民代表大会常务委员会第三十七次会议）[EB/OL]. (2020 - 10 - 29) [2022 - 03 - 08]. 中国人大网.

引进了 LPR 定价机制。由于近年影响经济变化的因素复杂,政策微调的使用较多。

二、金融市场各个组成部分

(一)货币市场

1. 货币市场概述

货币市场是指期限在一年以内的金融产品交易的市场,是金融市场的基本组成部分。货币市场是短期资金市场,主要交易融资期限在一年及一年以下期限的金融产品。和资本市场相比,货币市场是流动性和换手率最高的市场,最能反映市场的变化。货币市场的主要功能是保持金融资产的流动性,保证市场参与人手中的金融资产随时转换成可以流通的货币。货币市场和资本市场既有联系,又有区别。由于该市场所容纳的金融工具主要是政府、银行及企业发行的短期信用工具,具有期限短、流动性强和风险小的特点,货币市场工具的变现能力在现金货币和存款货币之后,可以称为"准货币","货币市场"由此得名。货币市场提供短期资金的市场价格,是决定收益率曲线的主要因素。

2. 货币市场工具

主要的货币市场工具由短期国债、大额可转让存单、商业票据、银行承兑汇票、回购协议和其他货币市场工具构成,包括一年以内(含一年)的银行定期存款、大额存单;剩余期限在三百九十七天以内(含三百九十七天)的债券;期限在一年以内(含一年)的债券回购品种;期限在一年以内(含一年)的中央银行票据;中国证监会、中国人民银行认可的其他具有良好流动性的金融工具。

此外,还有短期的借贷市场上可供交易的金融工具,主要包括中央政府发行的短期国库券和其他短期债券;地方政府发行的短期债券;银行承兑汇票,包括由商业承兑汇票转化的和根据信用证签发的两种承兑汇票;银行发行的可转让定期存单;商业本票,包括基于合法交易行为的交易性本票和经金融机构保证的融资性本票;商业承兑汇票等。银行的超额准备金和外汇等,也是重要的货币市场工具。

3. 同业拆借

同业拆借市场是非常重要的金融市场,也是近几年具有不同信用的银行实现套利的场所。同业拆借市场的业务包括同业拆借、同业拆放、资金拆借,是金融机构之间进行短期、临时性头寸调剂的市场。同业拆借市场的主体是具有法人资格的金融机构及经法人授权的金融分支机构，这些机构有调剂短期资金的需要，通常在同业市场上进行短期资金的融通行为。

同业拆借利率是拆借市场的资金价格，反映了短期资金的供需情况，是货币市场的核心利率，代表收益率曲线的短期部分。同业拆借能够及时、灵敏、准确地反映货币市场乃至整个金融市场短期资金的供求关系。当同业拆借率持续上升时，反映资金需求大于供给，预示市场流动性可能下降；当同业拆借利率下降时，情况相反。拆借利率的升降，会引导和带动其他金融工具利率的同步升降。因此，它被视为观察市场利率趋势变化的风向标。中央银行把同业拆借利率的变动作为把握宏观金融动向和实施货币政策的指示器。

同业拆借市场按有无中介机构参与可分为两种情况：直接交易和间接交易。这两种交易方式形成不同的拆借利率。在直接交易情况下，拆借利率由交易双方通过直接协商确定，或者通过讨价还价的博弈确定，因此双方都是价格决定方（price setter）；在间接交易情况下，拆借利率根据借贷资金的供求关系通过中介机构公开竞价或撮合确定。当拆借利率确定后，拆借交易双方就只能是这一既定利率水平的接受者（price taker）。

同业拆借有两个利率：拆进利率和拆出利率。拆进利率表示银行愿意借款的利率；拆出利率表示银行愿意贷款的利率。一家银行的拆进（向其他银行借款）实际上也是另一家银行的拆出（为其他银行提供贷款）。同一家银行的拆进和拆出利率相比较，拆进利率（bid rate）永远小于拆出利率（offered rate），其差额就是银行的收益。

提高同业拆借利率，会导致银行间借款减少，也就是拆借资金减少。拆借资金减少，则不利于资金的融通。但是适当地提高同业拆借利率对于准备金较为充分的银行可以增加收入，但是对于准备金不是很充分、资本充足率较低的银行则会扩大支出。

同业拆借利率的确定和变化要受制于银根松紧、中央银行的货币政策意图、货币市场上其他金融工具的收益水平、拆借期限、拆入方的资信程度等多方面因素的影响。一般情况下，同业拆借的利率低于中央银行的再贴现利率或再贷款利率。宏观方面，提高同业拆借利率，银行必然会减少贷款，维持资本充足率，以满足日常营运。贷款减少则会使社会资金周转变慢，不利于经济发展。提高同业拆借利率，也可以起到一定的抑制通货膨胀的作用。

在国际货币市场上比较典型的、有代表性的同业拆借利率有三种：伦敦银行同业拆放利率（LIBOR）、新加坡银行同业拆借利率（SIBOR）和香港银行同业拆借利率（HIBOR）。伦敦银行同业拆放利率是伦敦金融市场上银行之间相互拆放英镑、欧洲美元及其他欧洲货币时的利率，由报价银行在每个营业日上午 11 时对外报出。报价分为存款利率和贷款利率两种，资金拆借的期限为 1 个、3 个、6 个月和 1 年等几个档次。新加坡银行同业拆借利率和香港银行同业拆借利率的生成和作用范围是两地的亚洲货币市场，其报价方法和拆借期限与伦敦银行同业拆借利率并无差别。

4. 短期国债

短期国债，即短期政府公债，是重要的金融市场和国债市场工具。在英美各国，短期公债又称国库券。英国是历史上最早发行国库券的国家。短期国债市场又称国库券市场，是货币市场的重要组成部分。国库券的期限一般都在 1 年以内，以 3 个、6 个、9 个月为多。在一些国家如日本，国库券也有 2 个月期限的。各国政府发行短期国债，主要为了满足先支后收而产生的临时性财政资金需要。由于短期国债以国家信用作担保，不存在或基本上不存在信用风险，而且期限较短，流动性强，同时又可以获得高于同期存款的利息，因此，短期国债在金融市场具有重要的地位和作用。

短期国债的发行多以拍卖方式进行，即由财政部公布发行数额，投资者或承销商参加投标。发行人根据招标规则，通常为多种价格和单一价格招标，确定价格、利率和数量。从各国情况来看，美国的短期国债市场最为发达。在美国，不仅国库券定期发行，发行数量大，发行频率高，而且从发行到流通都有完备的基础设施和管理制度。我国由于国库由央行代理，短期国债发行得并不多。

短期国债不仅是重要的金融工具，也是国库现金管理的工具，是财政部为了保持合理头寸和满足临时性资金需要而发行的短期债券。短期国债是政府的直接负债，相对于其他货币市场工具，风险最低。通常各个国家的政府有最高的信用地位[①]，一般不存在到期无法偿还的风险，因此，机构投资者通常踊跃投资短期国债。由于短期国债的风险低、信誉高，金融机构、很多个人都愿意将短期资金投资到短期国债上，并以此来调节自己的流动资产结构。

中国短期债券市场不够活跃，是由于长期以来财政部不发行短期国债。1994年财政部曾经发行过两期短期国债，主要是为了配合人民银行的公开市场操作。但是当时财政部预算司认为这样增加了还本付息的频度，因此以后很多年都没有再发行短期国债。当时财政部不注重债券市场的发展，没有财政政策和货币政策配合的

---

① 有些国家的跨国公司有比主权更高的信用评级。

主动意识。从体制上看，财政部的国库放在人民银行，由人民银行代理国库，导致了财政部当时没有完整的国库现金管理，短期预算资金安排以向中央银行借款的形式解决。

中国企业发行债券都是为了解决长期资金的问题，因此债券期限通常都是 3～5 年。企业债券发行期限过长，如果流动性不好，投资人就不愿意购买。通常需要短期流动资金，企业使用银行贷款更加方便。因此企业债和公司债券基本也没有短期债券。

5. 大额可转让存单

大额存单是银行存款的证券化。大额可转让定期存单亦称大额可转让存款证，是银行发行的一种定期存款凭证，凭证上印有一定的票面金额、存入和到期日以及利率，到期后可按票面金额和规定利率提取全部本利，逾期存款不计息，可流通转让，自由买卖。大额可转让定期存单通常不记名，不能提前支取，可以在二级市场上转让。大额存单发行者多是大银行，发行对象多为城乡居民和企事业单位，期限多在 1 年以内。

可转让存单最早产生于 20 世纪 60 年代的美国。当时美国政府对银行支付的存款利率规定上限，上限往往低于市场利率水平。为了吸引客户，商业银行推出可转让大额存单。大额存单是由银行业存款类金融机构面向非金融机构投资人发行的记账式大额存款凭证。购买存单的客户随时可以将存单在市场上出售变现。这样，通过再投资，客户能够以实际上的短期存款取得按长期存款利率计算的利息收入。

从国际经验看，不少国家在存款利率市场化的过程中，都曾以发行大额存单作为推进改革的重要手段。从我国的情况看，近年来随着利率市场化改革的加快推进，除存款外的利率管制已全面放开，存款利率浮动区间上限已扩大到基准利率的 1.5 倍，金融机构自主定价能力显著提升，分层有序、差异化竞争的存款定价格局基本形成。同时，同业存单市场的快速发展也为推出面向企业和个人的大额存单奠定了坚实基础。

我国首批大额存单于 2015 年 6 月 15 日起发行，首批发行机构包括工商银行、农业银行、中国银行、建设银行、交通银行、浦发银行、中信银行、招商银行、兴业银行 9 家银行，均为市场利率定价自律机制核心成员。目前已经扩大到多家银行。

大额存单的推出，有利于有序扩大市场化定价范围，健全市场化利率形成机制；也有利于进一步提高金融机构的自主定价能力，培育企业、个人等零售市场参与者的市场化定价理念，为继续推进存款利率市场化进行有益探索并积累宝贵经验。同时，规范化、市场化的大额存单可以逐步替代理财等高利率负债产品，对于降低社会融资成本也具有积极意义。

6. 商业票据

商业票据是发行体为满足流动资金需求发行的、为解决企业上下游之间和供应链之间短期融资的工具。近些年来，票据市场经历了令人瞩目的增长，市场规模达到百万亿元级。随着中国实体经济恢复向好，供应链金融活动将会更加活跃，商票融资方式也会逐步多样化。

从法律上说，商业票据是指商业上由出票人签发，无条件约定自己或要求他人支付一定金额，可流通转让，持有人具有索取权的凭证或有价证券。商业票据具有索取权力，包括付款请求权和追索权。各国的票据法都要求对票据的形式和内容保持标准化和规范化。票据是可流通的证券。除了票据本身的限制，票据是可以凭背书和交付而转让的。商业票据的种类较多，包括：

①短期票据，是货币市场中的短期信用工具，最短期限是 30 天，最长是 270 天。②单名票据，发行时只需一个人签名就可以了。③融通票据，为短期周转资金而发行。④大额票据，面额是整数，多数以 10 万美元为倍数计算。⑤无担保票据，无须担保品和保证人，只需靠公司信用担保。⑥市场票据，以非特定公众为销售对象。⑦大公司票据，只有那些财务健全、信用好的大公司才能发行商业票据。⑧贴现票据，以贴现的方式发行，在发行时先预扣利息。

一般来说，应收账款持有企业可将应收账款转换成商业票据。其做法是，商品销售方要求购买方将应付货款开具商业承兑汇票，销售方将收到的应收票据再与银行签订贴现协议进行商业票据贴现。商业票据通常有评级，通过评级对商业票据的质量（即债权实现的可靠程度）进行评价并按质量高低分成若干等级。商业票据贴现可分为卖方付息和买方付息两种形式，分别可进行卖方和买方付息。因此，企业可视需要分别对应收账款和应付账款进行商业票据贴现融资。商业票据与债券不同，债券的信用与借款人及资金投入的项目有关，而商业票据的信用和票据开发方的企业信用（应付款的安全性）及企业适应经济周期的能力有关。

7. 央行票据

央行票据主要承担短期政府债券的功能，可以对调控货币供应量、调节商业银行流动性水平、熨平货币市场波动和引导利率走势发挥重要作用。首先，央行票据承担着调控货币供应量的职能。例如，在人民币升值预期等因素的影响下，外汇储备增加使我国外汇占款扩大，为了减少外汇占款增加对基础货币供给增长的负面影响，央行大量发行央行票据，进行对冲。其次，中央银行票据可以调节商业银行流动性水平，防止信贷过快增长。目前在公开市场操作中，央行票据的认购主力是商业银行，定向央行票据主要面向资金面宽裕尤其是贷款增速过快的银行发行。再次，中央银行票据可以用来熨平货币市场波动。随着我国参与全球化程度加深，投机资本对国内房地产等市场的投资将会影响国内经济，由此产生的经济波动需要灵活的货币政策工具来调节。因此，今后的货币政策将会以公开市场操作为主，中央银行票据在其中扮演了重要角色。最后，中央银行票据有助于形成市场基准利率。中央银行票据因其灵活性和主动性而成为货币市场的"风向标"，引导银行间市场、交易所市场和相关债券市场形成相应期限的市场利率，其一级市场收益率逐渐成为利率的定价基准。当然，要充分发挥央行票据的功能，还必须做好与其他货币政策工具，如存款准备金等的合理组合。

8. 同业存单

同业存单是作为同业存款的替代品出现的，有助于完善同业借贷市场 Shibor 报价的短、中、长期利率曲线。2013 年 8 月，央行已考虑在银行间市场尝试发行同业存单，并择机推出相关政策，以此掀起存款利率市场化改革的前奏。

2013 年以来，监管层一再警示银行间市场同业业务期限错配的风险。在一系列严格的监管政策影响下，银行不得不重新配置同业资产，不少股份制银行买入返售业务有所收敛，但是，银行间市场的同业存放业务依旧十分活跃，并且线下交易也很普遍，这给央行带来监管难题的同时，也提供了试点发行同业存单的契机。

之后央行发布同业存单管理办法，对同业存单的定义，发行及交易对象，期限及定价方式，核准程序及金额、发行、流通、转让方式，监管归属问题等关键要素进行了规范。2013 年 12 月 8 日，央行发布《同业存单管理暂行办法》，该办法自2013 年 12 月 9 日起施行。

9. 银行承兑汇票

银行承兑汇票是由在承兑银行开立存款账户，由存款人出票，向开户银行申请发行的票据。银行审查同意承兑后，必须保证在指定日期无条件支付确定的金额给收款人或持票人。银行承兑汇票是商业汇票的一种。银行承兑汇票的主要投资者是货币市场共同基金和市政实体。用银行承兑汇票为商业交易融资称为承兑融资。银行承兑汇票在市场上贴现销售，其特点是信用好、承兑性强、灵活性高、有效节约了资金成本。

对出票人签发的商业汇票进行承兑是银行基于对出票人资信的认可而给予的信用支持。我国的银行承兑汇票每张票面金额最高为 1000 万元（含）。银行承兑汇票按票面金额向承兑申请人收取万分之五的手续费，不足 10 元的按 10 元计。承兑期限最长不超过 6 个月。承兑申请人在银行承兑汇票到期未付款的，按规定计收逾期罚息。

10. 其他货币市场工具

此外还有与外汇有关的货币市场工具，包括如下内容：

①欧洲美元。欧洲美元指存放在美国境外的外国银行或者美国银行境外分支机构里的美元存款。欧洲美元出现于 20 世纪 50 年代初，曾因其具有供应充裕、运用灵活、存放及借贷不受任何国家外汇法令的干预和限制等特点，为各国政府或大企业提供了巨额资金，对战后西欧各国的经济恢复和发展起了积极的推动作用。由于欧洲美元存托在美国境外的银行，是不受美国联邦储备系统监管的美元，其存款比类似的美国境内的存款受到更少的限制，从而有更高的收益。

②联邦基金。联邦基金是在联邦储备银行存款的存款机构的隔夜贷款（overnight loans）。这种贷款不是由联邦储备体系发放的，而是由银行之间相互拆放的。银行从联邦基金市场借款，通常是由于该银行在联邦储备体系账户中的存款余额不能满足监管者的要求。该银行可以从其他银行借款来补充不足存款余额，通过联邦储备体系的电子支付系统将借入款项转移到借款银行账户中。这个市场对于银行的借贷需求非常敏感，这种贷款的利率被称作联邦基金利率（federal funds rate），它是银行系统中信贷市场松紧情况和货币政策立场的晴雨表。联邦基金利率高，说明银行系统中的资金紧张；联邦基金利率越低，说明银行的借贷相对宽松。

（二）资本市场

资本市场是金融市场的主体。我国资本市场分为股票市场、债券市场、贷款市场等。现在发展起来的证券化产品市场，也属于资本市场。

1. 资本市场概述

广义资本市场是指证券融资和经营一年以上中长期资金借贷的金融市场，是政府、企业、个人筹措长期资金的场所。通常狭义资本市场是指标准化金融产品的交易场所。广义资本市场包括长期借贷市场和长期证券市场。在长期借贷中，主要是银行的基础设施贷款、固定资产贷款和房地产贷款等，也包括银行对个人提供的购买住房的消费信贷。

长期证券市场包括股票市场和中长期债券市场。长期证券市场上的交易对象是一年期以上的证券。因为在长期金融活动中，涉及资金期限长、风险大，具有长期较稳定收入，类似于资本投入，故称之为资本市场。股票代表公司股份的股权资产，股票市场是企业筹措长期资金的场所。尽管改革开放以后，特别是20世纪90年代以后，资本市场有了很大发展，但是目前其规模仍然小于银行的借贷市场（见图3-4）。但是随着公司债券市场的迅速发展，以直接融资和标准化产品为特征的资本市场将会逐渐取代以间接融资和非标准化产品为特征的传统的银行借贷业务（见图3-5）。

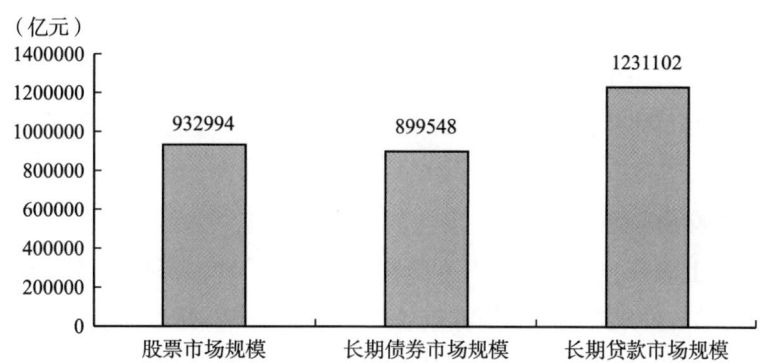

图3-4　长期贷款市场、股票市场和长期债券市场的比较

资料来源：笔者绘制。

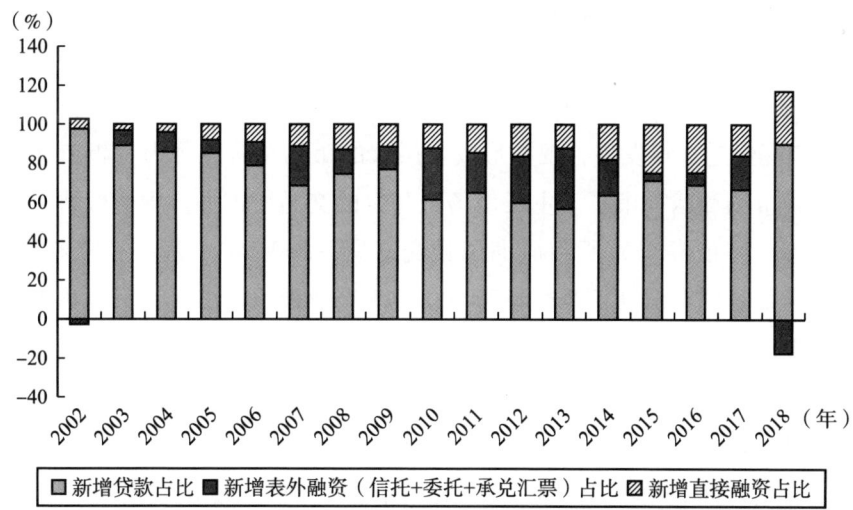

图3-5　2002～2018年中国直接融资和间接融资比重变化趋势

资料来源：笔者绘制。

2. 中国证券市场发展概况

证券市场是金融市场的重要组成部分，具有融通资金、资本定价与资源配置等功能。证券市场的发展过程始终与实体经济紧密依存，对引导储蓄转化为社会投资和促进实体经济发展具有不可替代的重要作用。20 世纪 90 年代初开始，中国证券市场历经 20 余年的发展，主要经历了如下四个阶段：

（1）早期证券市场

这一时期有证券业，但是没有证券市场。改革开放初期，就有了发展股票市场的建议，但是当时占统治地位的思想还是把股票市场看作资本主义的东西，在中央政府层面并没有被认可。1984 年 7 月，北京天桥股份有限公司和上海飞乐音响股份有限公司经中国人民银行批准向社会公开发行股票。1986 年 9 月 26 日，上海建立了第一个证券柜台交易点，这是新中国证券正规化交易市场的开端。直到 20 世纪 90 年代，证券市场才正式建立起来，代表性事件就是证券交易所的建立。

（2）证券交易所建立

1990 年，上海证券交易所（以下简称"上交所"）和深圳证券交易所（以下简称"深交所"）的成立是中国证券市场的重要里程碑，标志着中国证券市场开始其发展历程。两家证券交易所为上市股票提供了必要的交易平台和流动性，而中国证券经纪业和投资银行业也随之出现。

1991～1996 年的国债市场化改革，推动了债券市场的建立和发展。伴随着国债无纸化的进程，上交所和深交所在 20 世纪 90 年代初期开始成为国债二级市场的主要交易场所。从此，资本市场不断发展和完善。

（3）股票市场的分层结构

股票市场经过多年发展，现在形成多层次的市场结构，分为主板市场、二板市场、三板市场和四板市场。主板市场是基本的交易所市场。中国股票市场的主板市场包括上海证券交易所和深圳证券交易所。2004 年 5 月，经国务院批准，中国证监会批复同意深圳证券交易所设立中小企业板块。二板市场也称为创业板市场，以美国 NASDAQ 为模式。中国的二板市场特指深圳创业板。二板市场在上市门槛、监管制度、信息披露、参与者条件、投资风险的认定等方面均与主板有较大区别。建立二板是为了支持高成长的中小企业。2012 年 4 月，深圳证券交易所发布《深圳证券交易所创业板股票上市规则》，规定了上市和退市等规则。三板市场是在证券公司层面的交易活动场所，其法律依据是 2001 年开办的"代办股份转让系统"。代办股份转让服务业务是指证券公司以其自有或租用的业务设施，为非上市公司提供的股份转让服务业务。四板市场即区域性股权交易市场，属于为特定区域内的企业提供股权、债权转让和融资服务的私募市场，一般由省级人民政府负责监管。建立四板市场的主要目的是促进企业特别是中小微企业股权交易和融资，鼓励科技创新和民间资本投资中小企业。目前，全国有十几家股权交易中心属于四板市场。

股票交易的场外市场是指柜台市场，在这里投资人通过证券公司的柜台进行交易。由于电子报价系统的应用，场外市场和场内市场的区分逐渐模糊。为了方便个人投资人和一些机构法人，在遵循监管要求的基础上，证券公司成立了股票投资基金，基金期限由基金发起人确定。经证监会批准，基金期限可延长一年。在出现受益权总份数低于事先确定的份数或其他不可抗拒自然力的情况下，基金可提前清盘。

股票投资基金的公司治理结构与其他基金类型相同。基金管理人是经合法批准的基金管理公司；受益人是基金的持有人，包括个人和机构这两类受益人；托管人是受委托保管股票资产和国债资产的机构；经营机构通常是由管理公司和托管公司指定的经营国债基金或股票投资基金的银行或证券公司。

基金的发行对象为国内外一切具有合法地位的自然人和法人。每一基金单位享有同等的权利，包括受益权自动再投资、赎回权、剩余资产分配权以及基金合同规定的其他任何权利。基金的发行与认购方式由基金管理人指定的销售机构依合同有关条款确定，并以招募说明书的形式公布。受益凭证有不记名凭证和记名凭证这两种形式。不记名凭证有面额，记名凭证可以有面额，也可以没有面额。受益人可以持有凭证，也可以委托销售公司代为保管。受益人持有代保管公司开具的凭证，持有人登记名册交托管公司保管，副本交由管理公司保管。最低认购数额为一定的基金单位，并以一定的倍数递增。招募手续费（佣金）通常为每一基金单位的1%。募集额达不到一定规模，基金不能够成立。

（4）多层次资本市场的建立

近年来，多层次资本市场建设速度加快。2009年10月创业板的推出标志着多层次资本市场体系框架开始形成。进入2010年，证券市场制度创新取得新的突破，2010年3月融资融券的推出、4月股指期货的推出为资本市场提供了双向交易机制，这是中国证券市场金融创新的又一重大举措。2012年8月、2013年2月转融资、转融券业务陆续推出，有效地扩大了融资融券发展所需资金和证券的来源。2013年11月，党的十八届三中全会召开，全会提出的金融领域改革将为证券市场的发展带来新机遇。2013年11月30日，中国证监会发布《关于进一步推进新股发行体制改革的意见》，新一轮新股发行制度改革正式启动。2013年12月，新三板准入条件进一步放开，市场正式扩容至全国。随着多层次资本市场体系的建立和完善和新股发行体制改革的深化，新三板、股指期权等制度创新和产品创新的推进，中国证券市场逐步走向成熟。2015年10月29日，党的第十八届中央委员会第五次全体会议审议通过了《中共中央关于制定国民经济和社会发展第十三个五年规划的建议》，明确了要加快金融体制改革，提高金融服务实体经济效率，积极培育公开透明、健康发展的资本市场，推进股票和债券发行交易制度改革，提高直接融资比重，降低杠杆率。同时要求开发符合创新需求的金融服务，推进高收益债券及股债相结合的融资方式。2016 年 3 月 31 日，国务院批转国家发展改革委《关于 2016 年深化经济体制改革重点工作的意见》，提出要深化资本市场改革，推进股票、债券市场改革和法治化建设，促进多层次资本市场健康发展，提高直接融资比重。2017 年 1 月 26 日，国务院办公厅出台《关于规范发展区域性股权市场的通知》，指出规范发展区域性股权市场是完善多层次资本市场体系的重要举措，在推进供给侧结构性改革、促进大众创业万众创新、服务创新驱动发展战略、降低企业杠杆率等方面具有重要意义，并从市场定位、监管体制、运营机构、监管底线、合格投资者、信息系统、区域管理、支持措施八个方面对区域性股权市场作出专门的制度安排。

经过 20 多年的发展，在上市公司的数量、融资金额、投资者数量等各方面，中国资本市场均已具备了相当的规模，在中国经济的发展中正发挥着越来越重要的作用。截至 2021 年 12 月 31 日，中国沪深股市共有 A 股 2809 只股票，B 股 101 只。沪深股市中，风险警示板（ST 板，*ST 板）54 只；中小企业板 777 只。证券市场投资者规模日益壮大，其结构也在不断优化，共有证券公司 140 家，证券投资基金管理公司 150 家。中国证券市场在优化资源配置、促进企业转制、改善融资结构、加速经济发展等方面发挥着重要作用。截至 2021 年 7 月，中国证监会核准 34 家证券公司在境外设立子公司，2019 年以来新增 3 家；核准设立外资参、控股证券公司 17 家，其中，外资控股证券公司 9 家，2019 年以来新增 7 家。截至 2021 年 7 月底，共有 247 家机构在协会从业人员管理系统办理从业人员执业。[1]

（三）贷款市场

信贷市场的主要功能是调剂暂时性或长期的资金余缺，促进国民经济的发展；另外信贷市场也是中央银行进行信贷总量宏观调控，贯彻货币政策意图的主要场所。信贷活动的实质就是储蓄资金从盈余单位向赤字单位的有偿转移。以银行为代表的金融体系的介入形成了信贷机制，促进了经济体系中资金的流动、运转和融通。中央银行对货币和信用的宏观调控政策主要有两大类：一类是货币总量政策。货币政策在收缩或放松两个方向调整银行体系的准备金和货币乘数来影响货

---

[1] 根据公开资料整理。

币信贷的总量；另一类是信贷结构政策。中央银行可以通过各种方式干预银行系统的资金配置，从而实现信贷结构变化，实现经济结构调整的目标。不难看出，这两大类政策工具都作用于银行系统，并影响银行信贷资金流向和信贷市场的利率水平。

资金通过债权人向债务人的流动，以发行债券的形式进入债券市场，是主要的融资方式，债券市场属于标准化的资本市场。银行资金通过贷款向实体经济的流动，类似于私募市场，属于非标准化的资本市场。银行间的资金流动发生在拆借市场中，拆借市场属于货币市场。信贷合同进入市场进行转让则属于与上述市场完全不同的市场，称为信贷转让市场（以下简称"信贷市场"），这是一种非标准化的市场。目前不良资产处置和全国统一贷款转让系统都属于信贷市场。与此对应的标准化的信贷转让市场就是信贷资产证券化（ABS）市场。

信贷市场是金融市场体系的有机组成部分。信贷市场可以促进资本的再分配和利润的平均化。资本总是从利润低的行业向利润高的行业流动，以保证企业获得最大的利润。银行可以利用信贷市场交易表内资产，因此信贷市场的开放有利于银行信贷资产出表，增加新增贷款空间，提高资本充足率，也有利于不良资产的处置。信贷市场也可以成为中央银行进行信贷总量宏观调控，贯彻货币政策意图的重要场所。信贷市场对商业银行转变贷款经营模式、提高风险管理能力和推动利率市场化都具有重要意义。特别是在我国间接融资比重仍高于直接融资比重的背景下，贷款转让市场有助于实现资本市场与信贷市场的有效链接。

同时，信贷市场的出现，有助于推动利率市场化、实现资本市场与信贷市场的有效链接和实现宏观审慎管理。信贷市场也有助于加强金融监管改革，降低银行系统的杠杆率、有效应用拨备计提等监管政策和工具，提高金融机构资本质量和资本充足率、建立与经济周期调节相适应的杠杆率要求、开展前瞻性拨备管理，减缓顺周期影响。

作为信贷市场主要交易场所的全国统一贷款转让系统开始发挥信贷市场的作用，其建立和完善不仅能够为商业银行提供贷款集中度和结构管理的新手段，还有助于商业银行破解严格资本约束与有限资本补充渠道之间的难题，为商业银行开展贷款转让提供平台与工具，促进商业银行合理转移信贷资产风险，增强信用风险管理能力，提高信贷资产经营水平。借助于这一新的途径和渠道，商业银行将逐步改变贷款的传统经营模式，由贷款持有到期向贷款流量管理转变。不断扩大信贷投资和交易等各个环节收益，从而优化业务和收益结构。这对商业银行加快推进经营转型，促进可持续健康发展均有重大而深远的意义。

信贷市场属于非标准化市场，贷款转让合同是信贷市场的交易品种，中国银行间市场交易商协会提供有关法律文件，主要是《贷款转让交易主协议》。该协议由主协议、补充协议和交易确认函三部分组成。其中，主协议包括订立条款、基础条款、核心条款和一般条款四个部分。它对贷款转让交易所涉及的主要事项进行了约定，交易双方可以按照自身的需要在补充协议中对主协议约定的事项进行修订和补充。交易确认函针对特定一笔贷款转让交易进行具体约定。

（四）私募基金市场

私募基金包括投资于标准产品的私募证券基金和投资于非标准产品的私募股权基金。私募股权基金是向不特定投资人非公开发行的，或者说向特定投资人募集的一种集合投资。其方式包括基于签订委托投资合同的契约型集合投资基金和基于共同出资股份公司的公司型集合投资基金。

作为多层次资本市场的重要组成部分，私募股权基金在支持创业创新、推进供给侧结构性改革、提高直接融资比例方面都发挥了重要作用。经过 30 多年的发展，中国私募股权活跃机构数量和市场规模增长了几百倍。但从总体规模上看，当前中国私募股权投资占 GDP 的比重仍然偏低，长期发展有较大的空间，通过资本助力产业升级以及创新企业的成长任重而道远。

回顾历史，我国私募股权行业高速扩张与资本市场的改革红利密不可分。中国本土私募股权投资诞生于 1985 年，当时国家科委和财政部等联合设立了中国新技术创业投资公司，目的是扶持各地高科技企业的发展。1992 ~ 2002 年，私募股权基金在经济调整中得到洗涤。这一时期出现了更多制度化的私募股权投资企业，并在 1999 ~ 2000 年的互联网泡沫时期达到发展的高峰。[①] 1992 年，第一家外资投资机构美国国际数据集团（IDG）进入中国。1995 年通过的《设立境外中国产业投资基金管理办法》，鼓励大批外资投资机构进入中国。2006 年新《中华人民共和国合伙企业法》通过，使国际私募股权基金普遍采用的有限合伙组织形式成为中国私募股权基金的基本法律架构，从而大力推动了行业的健康发展。2013 年中央编办明确私募股权基金管理职责分工，2014 年《私募投资基金管理人登记和基金备案办法（试行）》等一系列法规出台，明确了私募股权投资的监管制度，基金的发展逐步规范化。

2015 年，移动互联网、人工智能等新兴技术崛起，受政府主导的"大众创业、万众创新"的鼓舞，资金面流动性充裕，促成了私募股权市场的发展，表现在基

---

① 陈十游. 我国私募股权投资市场发展回顾与展望［C］. 创新与发展：中国证券业 2020 年论文集：295.

金募集规模、募集数量大幅上升。2017 年全年资金募集规模约 1.8 万亿元，总体管理规模超过 8 万亿元，比 2013 年分别增长了 7 倍和 1 倍以上。但是这个时期的快速增长主要是建立在过度扩张的影子银行体系上，真正意义上的长期限资金仍然缺位。在国内人民币基金的出资人结构中，严格意义上的长期基金仅占 25% 左右。随着 2018 年资管新规落地，在金融去杠杆的背景下，影子银行信用收缩，银行的资金渠道被大幅切断，私募股权行业结束非理性繁荣，全面回调。2018 年，共有 96 只美元基金完成募资，募资金额 2503.29 亿元人民币，是 2017 年同比规模的一倍多。2018 年，资管新规发布，市场监管趋严，行业向规范化方面发展，叠加宏观经济下行及中美贸易摩擦等影响因素，募资金额大幅下跌 34.3%。2019 年，全年募资额 12444.04 亿元人民币，仍低于 2016 年的市场水平，但降幅缩小至 6.6%。2020 年上半年受疫情的影响，募资额仅 4300 亿元，同比下降 29%。[①]

此外，投资人对超额收益和本金回报的普遍失望和怀疑情绪，也是私募股权募资雪上加霜的关键内因。中国私募股权基金 10 年中为投资人创造了约 12.5% 的费后 IRR，绝对回报不低，但与公开市场、房地产（及建立在地产高收益率上的非标债权）相比，相对回报并不高。以公募基金为例，其在过去 20 年内为投资人创造了费后 14.5% 的年化回报。本金回流方面，私募股权基金的退出总额仅相当于募集总额的 16%。这一方面是因为半数以上的基金未进入退出期，更重要的原因在于人民币基金退出机制和渠道的匮乏。[②] 近些年的情况说明，我国私募股权基金的发展不可避免地受到长期股权资金来源的制约，同时也受到近年来基金业管理水平和项目质量下降的影响。前面说到，我国已经进入了创新经济阶段。在创新经济条件下，金融领域中的私募股权投资基金将发挥更为重要的作用。

（五）外汇市场

外汇市场的功能是决定各国货币之间的汇率。外汇的即期交易主要通过现汇市场实现。从 20 世纪 70 年代早期开始，主要货币之间的汇率已经可以自由浮动，货币的相对价值由市场力量决定。外汇市场的报价实现了标准化，由于美元在国际金融体系中的重要性，货币报价都是美元标价的。[③] 影响一国汇率变动的

---

① 陈十游. 我国私募股权投资市场发展回顾与展望［J］. 中国中证网，2020 – 12 – 29.

② 陈十游. 我国私募股权投资市场发展回顾与展望［C］. 创新与发展：中国证券业 2020 年论文集：296.

③ 弗兰克·J. 法博齐，弗朗哥·莫迪里亚尼著. 资本市场：机构与工具（第二版）［M］. 唐旭，等译，北京：经济科学出版社，1998：680.

关键因素是各国之间相对的通货膨胀率。现汇汇率进行调整以便适应两个国家间的相对通货膨胀率，就是所谓的购买力平价。如果没有政府管制，由于存在着无风险套利，汇率在两个国家内部应该是相等的。美国以外的另外两个国家的汇率可以从它们与美元的汇率中推算出来，这样可以计算出来理论交叉汇率。从投资者角度来看，以外国货币计价资产的现金流量使投资者面临本国货币的不确定性。如果非本国货币产生的现金流出现波动，本国的汇率就会出现波动，这就是外汇风险。有很多衍生产品工具可以用来管理汇率风险。货币互换可以锁定汇率，减少汇率风险；外汇期货可以对冲汇率风险。由于种种原因，国家货币当局可以为了该国的汇率稳定干预外汇市场，因此，当前的外汇制度有时候称为"有管理的"浮动汇率制。①

为了方便对外汇市场的监管，在对外汇市场实行管制的国家，一般都设有相应的监管机构，有的国家授权中央银行对外汇市场进行监管，有的国家设立外汇管理局履行监管职责。我国由中国人民银行授权外汇管理局对外汇业务和外汇市场实行监管。

外汇市场监管的客体具体分为对人和对物的监管。人是指自然人和法人，一般国家根据自然人和法人居住地的不同，把自然人和法人划分为居民和非居民。居民是指在外汇管制国家以内居住和营业的本国和外国的自然人和法人；非居民是指在外汇管制国家以外居住和营业的法人和自然人。对居民和非居民的管理在政策上是有差别的。多数国家对居民的监管较严，对非居民则较宽。物是指外汇及外汇资产，包括外国货币（钞票、铸币）、外币支付凭证（汇票、本票、支票、银行存款凭证、邮政储蓄凭证等）、外币有价证券（政府公债、国库券、股票、息票等）以及其他在外汇收支中所使用的各种支付手段和外汇资产。一些国家把黄金白银等贵金属也列入监管对象之内。

根据不同的对象，外汇市场监管的形式分为直接监管和间接监管两种。直接监管就是外汇监管机构对外汇市场的需求和供给直接从数量上进行控制，在管制严格的国家，要求所有外汇收入都要出售给国家指定的外汇银行，所有外汇支出都要经过批准。间接监管是相对于直接监管而言的，主要采取间接影响外汇供求的一些措施，包括设立外汇平准基金、干预市场汇率、进口许可和配额制等。

---

① 弗兰克·J. 法博齐，弗朗哥·莫迪里亚尼著. 资本市场：机构与工具（第二版）[M]. 唐旭，等译，北京：经济科学出版社，1998：680.

三、利率体系

(一) 现行利率体系概况

中国最早的市场化利率是 1996 年国债市场化改革后形成的。此后,人民银行不断推动存贷款利率的市场化,逐步建立了市场化的利率体系。"经过近 30 年来持续推进利率市场化改革,目前我国已基本形成了市场化的利率形成和传导机制,以及较为完整的市场化利率体系,主要通过货币政策工具调节银行体系流动性,释放政策利率调控信号,在利率走廊的辅助下,引导市场基准利率以政策利率为中枢运行,并通过银行体系传导至贷款利率,形成市场化的利率形成和传导机制,调节资金供求和资源配置,实现货币政策目标"(见图 3-6)。[1]

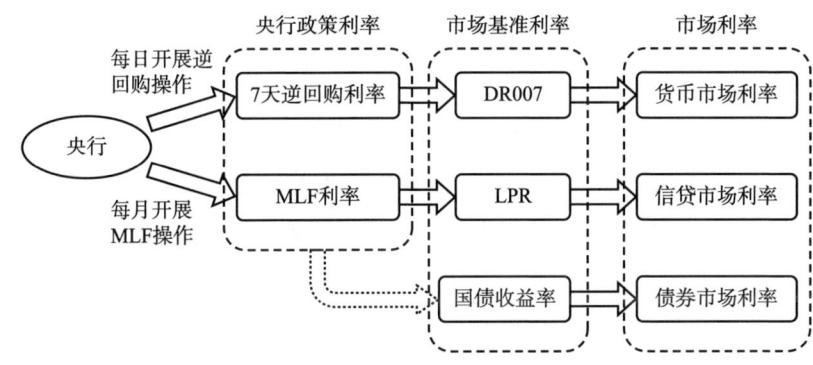

图 3-6 中国的利率体系与利率市场

资料来源:易纲. 中国的利率体系与利率市场化改革 [J]. 金融研究,2021(9).

国债的发行与交易有助于形成市场基准利率。国债的发行影响金融市场上的资金供求状况,从而引起利率的升降。在国债市场充分发展的条件下,某种期限国债发行时的票面利率就代表当时无风险市场利率的预期水平,而国债在二级市场上交易价格的变化又能够及时地反映出市场对未来利率预期的变化。国债作为财政政策和货币政策配合的结合点,成为国家实施积极财政政策的主要手段。

1994 年财政部和人民银行达成协议,财政部发行短期国债,央行通过购买短期国债实行公开市场操作。但是后来财政部认为短期国债的发行导致还本付息快速增加,因而没有坚持下来。2000 年以后,由于外汇储备增加,央行发行央行票据,

---

① 易纲. 中国的利率体系与利率市场化改革 [J]. 金融研究,2021(9).

进行公开市场操作。

从我国货币调控的实际情况看，1999 年至 2014 年上半年，央行投放基础货币最主要的渠道是通过买卖外汇形成外汇储备相应占用的人民币净额。这就是央行投放的基础货币，表现为央行的"外汇占款"。央行外汇占款的余额从 1999 年末的 1.41 万亿元快速增长到 2014 年 5 月末高峰时的 27.3 万亿元。但从 2014 年下半年开始，央行外汇占款快速减少，到 2017 年才开始趋于平稳，到 2018 年末下降到 21.25 万亿元，比 2014 年高峰时减少了 6 万多亿元。[①]

央行自 2013 年起陆续创设短期流动性调节工具（SLO）、常备借贷便利（SLF）、中期借贷便利（MLF）等创新型货币政策工具增加流动性供给。同时适时增加 14 天、28 天、2 个月等不同期限逆回购品种，丰富公开市场操作工具箱，维护银行体系流动性稳定和货币市场利率平稳运行。

央行在《2013 年第一季度货币政策执行报告》中开始关注土耳其央行的利率走廊机制并同期创设 SLF 工具，这标志着我国央行开始尝试利率走廊的调控模式。2014 年 1 月，常备借贷便利操作试点，我国央行探索发挥 SLF 利率作为货币市场利率上限的作用。2015 年第一季度，央行首次正式提出利率走廊，2015 年 11 月央行下调金融机构 SLF 利率，这标志着 SLF 利率作为利率走廊上限功能的确立。自 2016 年起，央行建立公开市场每日常态化操作机制，持续在 7 天逆回购利率上滚动操作，释放央行利率信号，稳定市场预期，形成公开市场操作引导市场利率在政策利率附近波动的模式。[②]

目前，我国特色利率体系可以分为两大类，即政策利率和市场利率。后者可再分为五小类，包括银行间市场利率、交易所交易产品隐含利率、存贷款利率、标准化债权利率、非标准化债权利率。从 R 向 DR、FDR 的过渡[③]，是推动短端政策利率向中长端利率传导的重要环节。形成短端与长端利率有效联动的必要条件之一是短端利率受政策调控有效，且波动可控。通过构建利率走廊可以培育有效可控的短端政策利率。

（二）公开市场操作利率

随着金融市场的发展和外汇储备的变化，公开市场操作的方式也有了新的变

---

① 王永利. 法定存款准备金不应缴"储备货币"[J]. 金融观察，2021，12（4）.

② 肖卫国，兰晓梅. 公开市场操作、货币市场利率与利率走廊 [J]. 武汉大学学报（哲学社会科学版），2019，72（4）.

③ 注：R 是传统市场利率，即整个银行间的质押式回购加权平均利率，存在交易对手风险和质押品风险，是综合的资金价格。DR 利率是指存款类机构的质押式回购加权平均利率，FDR 是全国银行间同业拆借中心推出的银行间回购定盘利率。

化。"近年来，随着外汇占款持续下降，我国公开市场操作通过央行票据对冲外汇占款的模式已不再适用，人民银行不断开展公开市场业务工具创新，我国利率调控模式发生了显著变化。"①

为了实现对利率水平的全面调控，近年来市场工具不断增加。"公开市场操作7天期逆回购利率是央行短期政策利率，目前利率水平为 2.2%。央行通过每日开展公开市场操作，保持银行体系流动性合理充裕，持续释放短期政策利率信号，使存款类金融机构质押式回购利率（DR）等短期市场利率围绕政策利率为中枢波动，并向其他市场利率传导。同时，通过以常备借贷便利（SLF）利率为上限、超额准备金利率为下限的利率走廊的辅助，将短期利率的波动限制在合理范围。其中，SLF 是央行按需向金融机构提供短期资金的工具，由于金融机构可按 SLF 利率从央行获得资金，就不必以高于 SLF 利率的价格从市场融入资金，因此 SLF 利率可视为利率走廊的上限。目前 7 天期 SLF 利率为 3.2%，也就是 7 天期公开市场逆回购利率加 100 个基点。"② 尽管如此，利率水平并没有反映资金的实际供求。

学者认为利率不仅是手段和工具的问题，也存在着体制障碍。"有学者证实了我国政策利率传导过程中存在的体制性障碍。制度刚性是制约中国货币政策传导由 M2 增长率逐渐向名义政策利率转变的重要原因，贷存比、对贷款的数量限制和企业预算软约束，历史上短期利率波动较大、国债收益率基准性有限、高存款准备金率等因素都会不同程度地弱化政策利率通过银行体系的传导。基于这些限制因素，有学者认为，商业银行可以考虑把与利率走廊配套的政策利率保持紧密联动的基准利率作为阶段性的选择"③。

虽然金融体系制度性问题没有根本解决，但是中央银行公开市场操作的精细程度和透明度有所提高。"中央银行通过公开市场操作调节货币市场短期利率水平的增强能够为利率走廊调控模式的形成提供市场条件，而利率走廊有助于降低中央银行公开市场操作的使用频率和幅度，降低操作成本，有助于提高货币政策透明度。另一方面，公开市场操作通过开展有效的流动性和预期管理，能够增强利率走廊机制下利率操作的效果，增强对短期市场利率的引导。"④

关于利率走廊，主要是利率走廊与准备金制度的关系。"利率走廊实施的条件之一是中央银行实施零准备金或低准备金制度。准备金需求变化不仅适用于公开市

---

① ③ ④ 肖卫国，兰晓梅. 公开市场操作、货币市场利率与利率走廊 [J]. 武汉大学学报（哲学社会科学版），2019，72（4）.

② 易纲. 中国的利率体系与利率市场化改革 [J]. 金融研究，2021（9）.

场操作，利率走廊调控在零准备金情况下仍十分有效。商业银行由于受最小准备金成本的约束，只有当准备金需求为零时，拆借市场的政策利率才等于目标利率。因此，完善的准备金制度安排是利率走廊系统发挥作用的基础条件，我国需进一步推动准备金制度转型，为商业银行提供接近对称的机会成本。"[1] 这说明央行利率传导机制与银行体系的各种制度的改进密切相关，需要协同前进。

（三）中期借贷便利（MLF）利率

银行体系流动性管理面临来自资本流动、财政收入支出变化及资本市场 IPO 等多方面的扰动，受到多方面挑战。为保持银行体系流动性总体平稳适度，支持货币信贷合理增长，中央银行需要根据流动性需求的期限、主体和用途不断丰富和完善工具组合，以进一步提高调控的灵活性、针对性和有效性。2014 年 9 月，中国人民银行创设了中期借贷便利（medium-term lending facility，MLF）。[2]

MLF 利率是央行中期政策利率，与公开市场操作 7 天期逆回购利率等共同构成了央行政策利率体系。MLF 利率代表了银行体系从中央银行获取中期基础货币的边际资金成本。"2019 年以来，人民银行逐步建立 MLF 常态化操作机制，每月月中开展一次 MLF 操作，通过以相对固定的时间和频率开展操作，提高操作的透明度、规则性和可预期性，向市场连续释放中期政策利率信号，引导中期市场利率。以一年期同业存单（AAA＋）到期收益率为例，近两年除 2020 年一季度受新冠肺炎疫情冲击影响，与 MLF 利率出现临时性偏离以外，其他时间基本围绕 MLF 利率为中枢波动。"[3]

（四）贷款市场报价利率（LPR）

1. LPR 的作用

2019 年 8 月，人民银行推进 LPR 改革，报价行在 MLF 利率的基础上，综合考虑资金成本、风险溢价等因素报出 LPR，充分反映市场供求状况。经过两年来的持续演进，金融机构新发放贷款已基本参考 LPR 定价，存量贷款也已完成定价基准转换，LPR 已代替贷款基准利率，成为金融机构贷款利率定价的主要参考基准，贷款利率的市场化程度明显提升。[4] 贷款市场报价利率（loan prime rate，LPR）是银行体系的利率形成机制。其形成过程首先由各报价行根据其对最优质客户执行的贷

---

① 肖卫国，兰晓梅. 公开市场操作、货币市场利率与利率走廊 [J]. 武汉大学学报（哲学社会科学版），2019，72（4）.

② 中期借贷便利_百度百科（baidu. com）.

③④ 易纲. 中国的利率体系与利率市场化改革 [J]. 金融研究，2021（9）.

款利率，按照公开市场操作利率加点形成的方式报价，然后由中国人民银行授权全国银行间同业拆借中心计算得出并发布利率。各银行实际发放的贷款利率可根据借款人的信用情况，考虑抵押、期限、利率浮动方式和类型等要素，在贷款市场报价利率基础上加减点确定。[①]"改革后，贷款利率隐性下限被打破，LPR 及时反映了市场利率略有下降的趋势性变化，有效发挥方向性和指导性作用，引导贷款实际利率有所下行，并且形成了'MLF 利率→LPR→贷款利率'的利率传导机制，货币政策传导渠道有效疏通，贷款利率和债券利率之间的相互参考作用也有所增强。"[②]

2. LPR 的进一步传播路径

LPR 作用路径见图 3－7。

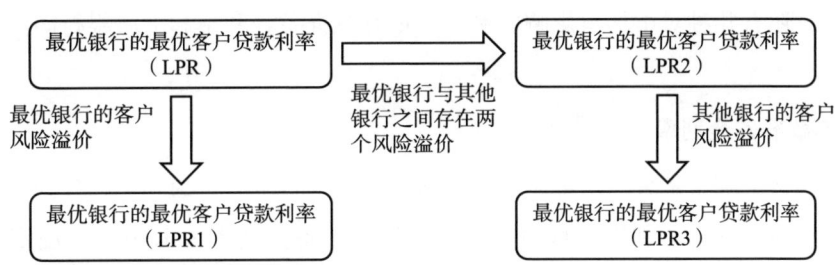

LPR=最优银行的最优客户贷款利率；
LPR1=最优银行的其他客户贷款利率=LPR+客户风险溢价；
LPR2=其他银行的最优客户贷款利率=LPR+银行风险溢价+客户风险溢价=LPR1+客户风险溢价；
LPR3=其他银行的其他客户贷款利率=LPR3+客户风险溢价。

图 3－7　LPR 作用路径

资料来源：笔者根据《博瞻智库》资料整理。

（五）国债收益率

经过 20 多年的努力，我国国债市场发展迅速，国债收益率曲线日益成熟，国债收益率曲线的基准性应用不断深化，已成为反映我国宏观经济运行状况的"晴雨表"和公认的无风险基准利率。

1999 年，在管理部门指导下，中国第一条国债收益率曲线由中央结算公司发布，经过 20 多年培育建设，中国国债收益率曲线得到各界高度认可，已成为我国债券市场权威定价基准。目前我国财政部、人民银行、银保监会官方网站均发布了由中央结算公司技术支持的中国国债收益率曲线，其中三个月期限的国债收益率被国际货币基金组织纳入 SDR 利率篮子。自 2009 年起，财政部陆续指定使用国债收

[①] 中国人民银行网站。
[②] 易纲. 中国的利率体系与利率市场化改革［J］. 金融研究，2021（9）.

益率曲线作为国债和地方政府债券发行定价的基准。截至 2021 年末，中国国债收益率曲线累计支持超过 30 万亿元国债和地方政府债券的市场化招标发行。中国国债收益率曲线具有国内经济先行指标的作用，同时是各类金融资产的定价参考基准以及市场风险管理及投资业绩考核的计量参考，可用作股权类证券和国债期货等金融衍生工具定价的参考，以及商业银行存贷款及内部转移定价的参考和协议存款定价的参考。人民银行指导利率自律机制建立了存款利率市场化调整机制，自律机制成员银行参考以 10 年期国债收益率为代表的债券市场利率和以 1 年期 LPR 为代表的贷款市场利率，合理调整存款利率水平。

（六）其他利率

此外，还有几种对市场有影响的利率，如存款准备金利率和上海银行间同业拆借利率。

1. 存款准备金利率

存款准备金利率是央行对金融机构存入央行的准备金支付的利率，分为法定准备金利率和超额准备金利率。目前，我国的法定准备金利率为 1.62%。法定准备金利率的确定应有利于平衡各方面利益，支持金融机构可持续发展。2020 年超额准备金利率由 0.72% 降至 0.35%，与活期存款基准利率一致，统一了居民在商业银行的活期存款利率与商业银行在央行的超额准备金利率水平，比较公平。同时，降低了商业银行超额准备金的收益，提高了其闲置资金的机会成本，有利于促进银行提高资金使用效率，鼓励其用好自有资金增加信贷投放支持实体经济。[①]

2. 上海银行间同业拆借利率

21 世纪初期，国家开发银行推出了两种浮动利率债券：以 1 年期存款为基准的浮动利率债券和以 7 天回购为基准的浮动利率债券，旨在为银行和债券市场中介机构提供新的市场工具和风险对冲手段，并为利率市场化作出贡献。其中以 7 天回购为基准的债券即 DR007 至今仍然是基本浮动利率品种。后来，2007 年人民银行推出了上海银行同业拆放利率（Shibor）。Shibor 是依据信用等级较高的银行报价团自主报出的人民币同业拆出利率计算的算术平均利率，是单利、无担保、批发性利率，包括隔夜到 1 年期的 8 个期限品种，形成了完整的期限结构，可为不同期限金融产品定价提供参考。目前 Shibor 已被应用于货币市场及债券、衍生品市场各个层次的金融产品定价。自 Shibor 建立以来，人民银行持续对 Shibor 进行监督管理，有

---

① 易纲．中国的利率体系与利率市场化改革［J］．金融研究，2021（9）．

效地保证了 Shibor 的报价质量。同时，按照借鉴国际共识与最佳实践的总体思路，人民银行积极参与国际基准利率改革，指导国内利率自律机制。同时中国银行间市场交易商协会分别发布了境内伦敦银行间同业拆借利率（Libor）转换系列参考文本，为境内金融机构应对 Libor 退出提供了有利条件。①

　　总体来说，金融系统存在多种结构性问题，在一定程度上限制了利率传导机制，影响中央银行利率对经济的调节作用。在金融体系中，银行体系过大，间接融资成本高。同时，银行贷款的抵押担保条件，不适应轻资产的创新企业和中小企业的融资要求。这样银行利率不能综合反映由供需决定的实体经济的利率水平。今后必须大力推进公司信用类债券市场的发展，充分发挥债券市场支持实体经济的作用，通过债券市场反映实体经济的资金供求情况。

第三节　金融业监管框架

　　我国金融业起步于改革开放初期，20 世纪 90 年代以后，随着证券市场的出现，金融业发展速度加快。伴随这一过程金融监管不断加强，经过近 30 年的发展形成了现在的金融监管框架。监管架构的演变经历了四个阶段：

一、分部门监管阶段（1980～1990 年）

　　20 世纪 80 年代金融业还在起步阶段，没有现代意义的金融市场。当时金融业主要包括银行业、保险业。直到 90 年代初期，证券业才随着股票市场的建立和国债市场化改革发展起来。最初金融监管属于中国人民银行，人民银行负责管理银行业、非银行业、证券和保险业。银行由人民银行银行司管理，证券、信托和保险业由人民银行金融管理司监督管理，非银行业务由人民银行非银行司监督管理。这一期间国债发行和流通市场由财政部国债司管理。到 20 世纪 90 年代末期，银行、证券、保险开始分业监管，先后成立了证监会、银监会和保监会。到 2018 年以后，银行和保险监管合并。此外财政部从国有金融企业所有者的角度和企业财务角度管理金融业。

二、全国统一监管市场的形成（1993～1998 年）

　　1992 年中国证监会成立，标志着中国证券市场统一监管体制的初步形成。证

---

①　易纲. 中国的利率体系与利率市场化改革 ［J］. 金融研究，2021（9）.

券监管部门建立了统一的市场监管体系并持续完善相关监管条例和规则，从而有力地推动了中国资本市场的发展。1993 年国务院先后颁布了《股票发行与交易管理暂行条例》和《企业债券管理条例》，此后又陆续出台若干法规和行政规章，初步构建了基本的证券法律法规体系。1993 年以后，B 股、H 股发行出台，债券市场品种呈现多样化，发债规模逐年递增，证券中介机构在种类、数量和规模上也迅速扩大。1998 年，国务院证券委撤销，中国证监会成为中国证券期货市场的监管部门，并在全国设立了派出机构，建立了集中统一的证券期货市场监管框架，证券市场由局部地区试点进入全国性市场发展阶段。1998 年中国保险监督管理委员会成立，负责保险行业的监管，至此形成了"一行两会"的金融监管架构。

三、依法治市和市场结构改革（1999～2008 年）

1999 年《中华人民共和国证券法》的颁布和 2006 年《中华人民共和国证券法》《中华人民共和国公司法》的修订构成了我国证券市场的基本法律框架，使我国证券市场的法制建设进入了一个新的历史阶段。在此期间，我国政府在加强市场管理的同时进行了一系列市场化改革，包括券商综合治理和股权分置改革。为了贯彻落实国务院相关政策，2004 年 8 月，中国证监会在证券监管系统内全面部署和启动了综合治理工作，实行了证券公司综合治理、上市公司股权分置改革、发展机构投资者在内的一系列重大举措。2004 年 2 月，国务院发布《国务院关于推进资本市场改革开放和稳定发展的若干意见》，明确了证券市场的发展目标、任务和工作要求，成为资本市场定位发展的纲领性文件。自 2004 年 5 月起，深交所在主板市场内设立中小企业板块，为中小企业提供了融资和股票交易的平台。2005 年 4 月，经国务院批准，中国证监会发布了《关于上市公司股权分置改革试点有关问题的通知》，启动股权分置改革试点工作。2006 年 9 月，中国金融期货交易所批准成立，有力推进了中国金融衍生产品市场的发展，进一步完善了中国资本市场体系。

四、金融整顿和新的监管理念（2015～2020 年）

2015 年以后，金融整顿成为监管工作的重点。金融整顿的主要对象是影子银行、非标准化业务。2018 年成立了银行保险监督管理委员会，从此"一行三会"的监管架构转变为"一行两会"的监管架构。2020 年国务院和中国人民银行加强了对金控的监管，明确了金控必须从顶层开始监管，不能仅仅对金控下面的子公司进行金融监管。

总之，中国金融业监管经过多年的探索和实践，有了很大进步。在监管理念方面，中国证监会始终强调"加强监管，放松管制"，并将坚定不移地坚持市场化取向，努力做到"放得更开，管得更好"，进一步优化有利于行业发展的外部环境，以建立一个开放、包容、多元的金融管理体系。我国资本市场实现注册制、AB 股权构架上市、集体诉讼、过错推定和隐含的倒置推定等，标志着资本市场监管理念的开放、包容和创新。这个过程中最重要的是监管理念的变化。认识到监管不是通过行政手段防止出现风险，而是通过市场本身产生的约束防止风险；通过市场工具对冲风险和分散风险，通过市场参与人之间的制约控制风险。而监管者主要提供公平竞争环境，提高市场服务。政府通过提供平台服务也成为市场的一员。

现在的问题是，有些市场功能还不够完善。例如，对于股票做空机制，我们只注意投机的一面，而忽略了做空机制可以使市场具有约束上市公司的能力。做空本身也增加了市场对冲风险的功能。应该认识到，市场越发达，投机机会越少。

小　　结

这一章主要介绍金融业和金融市场的历史发展，说明债券市场得以发展的经济和金融环境。我国金融体系以银行为主，金融市场的结构尚不能适应经济发展的需要。虽然资本市场有了很大发展，但与金融体系的总量相比，与 GDP 相比，资本市场，特别是债券资本市场规模偏小。金融市场的功能和开放程度与发达国家相比还存在一定差距。这是由于我们多年来把金融当作政府和企业融资的工具，没有重视金融的自我演化功能。金融市场的主体是金融机构，包括银行、证券、保险、信托和基金等，它们有自我创新的动力。一方面，以资本市场和衍生产品市场发展为标志的金融深化仍然不断深入，另一方面，金融社会化的过程已经展开，消费者的储蓄行为开始转化为投资行为。与此同时，银行的存款业务也在继续向理财方向发展。

但是与此同时，影子银行和各种金融乱象也在不断增加，金融系统的系统性风险进一步积聚。"商业银行与影子银行部门间的金融创新行为在导致影子银行迅猛发展的同时，还会造成系统性金融风险的积聚，这类风险将放大银行危机事件爆发的概率，对实际经济与金融稳定构成潜在威胁。"① 但是影子银行来自银行系统的派生，部分原因在于银行系统不能满足多样化的需求。影子银行业务也有向量身定制方向发展的合理部分。影子银行在资管新规后大幅度减少，自 2019 年起，债务违约风险开始出现，对金融系统的稳定性形成新的冲击。

这使我们重新考虑中国金融体系和金融业发展的未来。经济学家发现，一方面，银行服务不足限制了经济的发展；另一方面，信贷的过度扩张也给经济带来负面的影响。"银行服务不足将带来巨大的社会代价。大量文献表明，银行服务不足的国家比其他国家经济发展更为缓慢。"② 中国在改革开放以前，并不存在着真正的银行业，只存在计划经济的贷款机构。改革开放后的40年来，银行业有了翻天覆地的变化，银行业发挥的作用有目共睹，但是近年来银行业的作用出现了新的拐点。"2006 年，我国规模以上工业企业利润与金融企业利润的比值为4.8∶1；2019年，我国规模以上工业企业利润与金融企业利润比值为2∶1。短短13年，工业企业利润在整个经济总量中权重的迅速萎缩和金融企业利润权重的大幅提升，说明了经济的金融化趋势已经十分显著。"③ 姚东旻归纳了国内外学者的研究，认为不能得出信贷和经济增长的直接因果关系。④ 根据中国的情况，在改革开放的初期，经济中红利较多，套利机会较多，这时银行体系更为有效。这比较容易解释，在熊彼特所说的循环经济时期，信贷发挥相对重要作用，但是进入发展经济（创新经济）阶段，投资银行业和基金业则发挥更大的作用。

2010 年以后，尽管金融业继续高速扩张，金融系统对于经济的贡献远远不如2010 年以前。中央银行注入流动性，越来越多地停留在金融系统内部。这不仅表明金融系统的贡献率在降低，而且表明"有效市场"理论受到挑战。"事实表明，所有市场都存在一定程度的不完备和不完美。"⑤ 不能忘记的是，金融伴随着整个社会进入了后现代社会。后现代性在金融领域中的表现就是对金融深化所带来的人和人的关系的物化的解构。反思国内外金融发展，后现代金融关注人的意志、理念和市场参与人之间的互动，例如投资人和发行人之间、监管部门和市场参与人之间、金融服务部门与金融机构和投资人之间的互动等。

① 周上尧，王胜. 中国影子银行的成因、结构及系统性风险 [J]. 经济研究，2021（7）.
② ［美］查尔斯·凯罗米里斯，史蒂芬·哈伯. 人为制造的脆弱性——银行业危机和信贷稀缺的政治根源 [M]. 廖岷，等译. 北京：中信出版集团，2021：8.
③ 张云东. 破除"美国金融模式迷信"！中国金融要走自己的路 [J]. 中国金融信息中心，2022－03－14.
④ 姚东旻. 灾害的经济学分析——地震、居民储蓄与经济增长 [M]. 北京：社会科学文献出版社，2021：286.
⑤ ［英］阿代尔·纳特. 债务和魔鬼——货币、信贷和全球金融体系重建 [M]. 北京：中信出版集团，2021：35.

　　金融业的结构和特点应该服从经济发展阶段的特点。目前我国经济进入创新经济阶段，创新是经济发展的主要动力。以民营企业为主的制造业以及以中小企业为主的服务业和商业，也是科技创新和商业模式创新的主体。但是占中国金融业主体的银行业和证券业，并不能有效地支持创新经济。银行业以抵押担保为主，适应具有硬资产的重工业和加工业，目前这些领域属于熊彼特讲的循环经济，银行贷款和债券市场支持的企业也主要属于循环经济。股权投资和债权投资既体现发行人的特点，也体现了投资人的特点。创新经济以风险投资为主，而循环经济以债务合约为主。股权投资具有战略性，而债权投资只具有策略性。根据创新经济的原理，资本市场具有价格发现的功能，但是这主要通过市场中介的创新实现。我国进入创新经济，金融体系和金融业的结构也必须适应这一经济发展阶段的特征。

第四章　债券市场架构

本章从市场角度说明中国债券市场的基本架构和主要交易场所的情况。从 1991～1997 年国债市场化改革以后，债券市场发展不断深化，市场结构逐渐形成，市场参与人和市场主体逐渐增加。发行人从财政部、地方政府向公司和企业延伸；投资人从个人投资人向机构投资人发展，市场中介和服务机构日趋完善。交易所债券市场和银行间债券市场的一级、二级市场基本衔接，债券在银行间市场和交易所市场的跨市场托管逐步实现。由于互联网和交易平台的应用，集中交易市场和场外市场也有统一的趋势。

第一节　债券市场及其基本架构

债券市场是金融市场的重要组成部分。债券市场一方面是由各类市场主体，如发行人、投资人、市场中介，以及监管部门组成的组织架构；另一方面适应不同发行人和投资人需要形成分层市场。债券发行和债券兑付体现发行人和投资人之间的关系；债券二级市场体现投资人之间以及市场中介和投资人之间的关系。发行人也常常通过回购、行使提前赎回选择权等方式参与二级市场。

一、债券市场的类别和品种

债券市场有很多分类方法。债券市场的品种可以按照发行主体、付息方式、募集方式划分，也可以按照发行人和投资人的选择权性质和信用等级划分。

按照发行主体划分的债券种类见图 4-1。

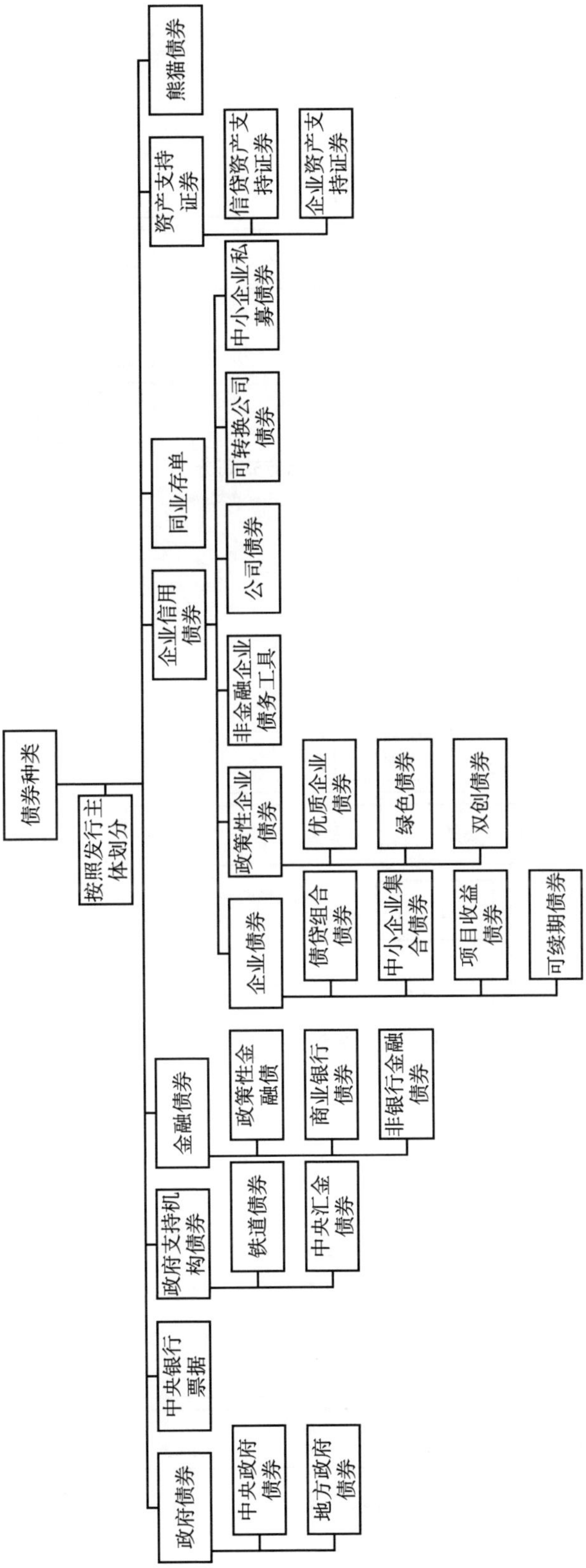

图4-1 按发行主体划分的债券种类

```
债券种类
  │
按照发行主体划分
  │
  ├─ 政府债券
  │    ├─ 中央政府债券
  │    └─ 地方政府债券
  │
  ├─ 中央银行票据
  │
  ├─ 政府支持机构债券
  │    ├─ 铁道债券
  │    └─ 中央汇金债券
  │
  ├─ 金融债券
  │    ├─ 政策性金融债
  │    ├─ 商业银行债券
  │    └─ 非银行金融债券
  │
  ├─ 企业债券
  │    ├─ 贷款组合债券
  │    ├─ 中小企业集合债券
  │    ├─ 项目收益债券
  │    ├─ 可续期债券
  │    ├─ 政策性企业债券
  │    ├─ 优质企业债券
  │    ├─ 绿色债券
  │    └─ 双创债券
  │
  ├─ 企业信用债券
  │    ├─ 非金融企业债务工具
  │    ├─ 公司债券
  │    ├─ 可转换公司债券
  │    └─ 中小企业私募债券
  │
  ├─ 同业存单
  │
  ├─ 资产支持证券
  │    ├─ 信贷资产支持证券
  │    └─ 企业资产支持证券
  │
  └─ 熊猫债券
```

资料来源：笔者绘制。

按照付息方式划分见图4-2。

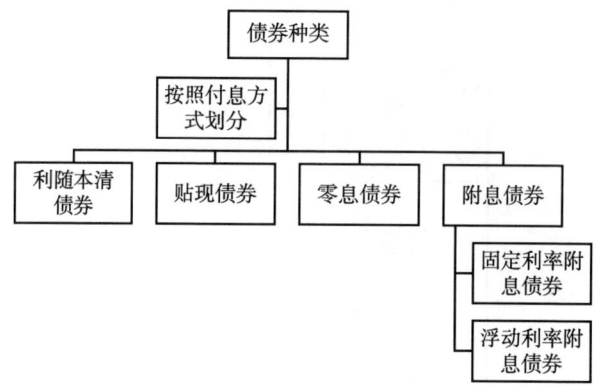

图4-2　按付息方式划分

资料来源：笔者绘制。

按照募集方式划分见图4-3。

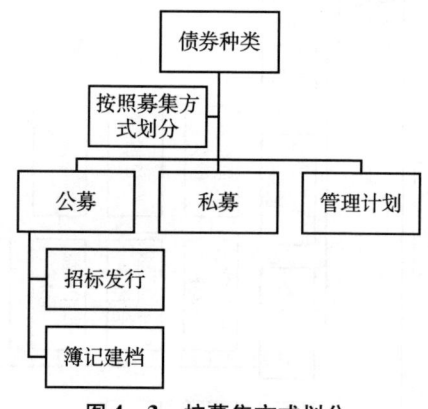

图4-3　按募集方式划分

资料来源：笔者绘制。

按照发行人和投资人的选择权划分见图4-4。

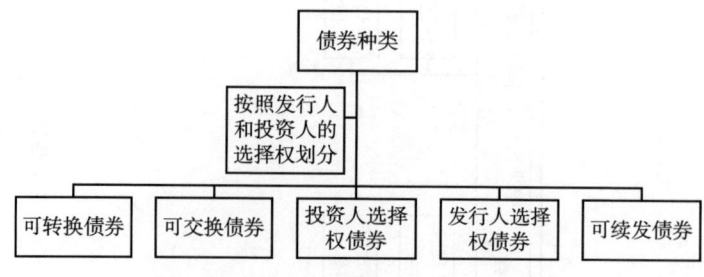

图4-4　按发行人和投资人的选择权划分

资料来源：笔者绘制。

按照信用等级划分见图 4 – 5。

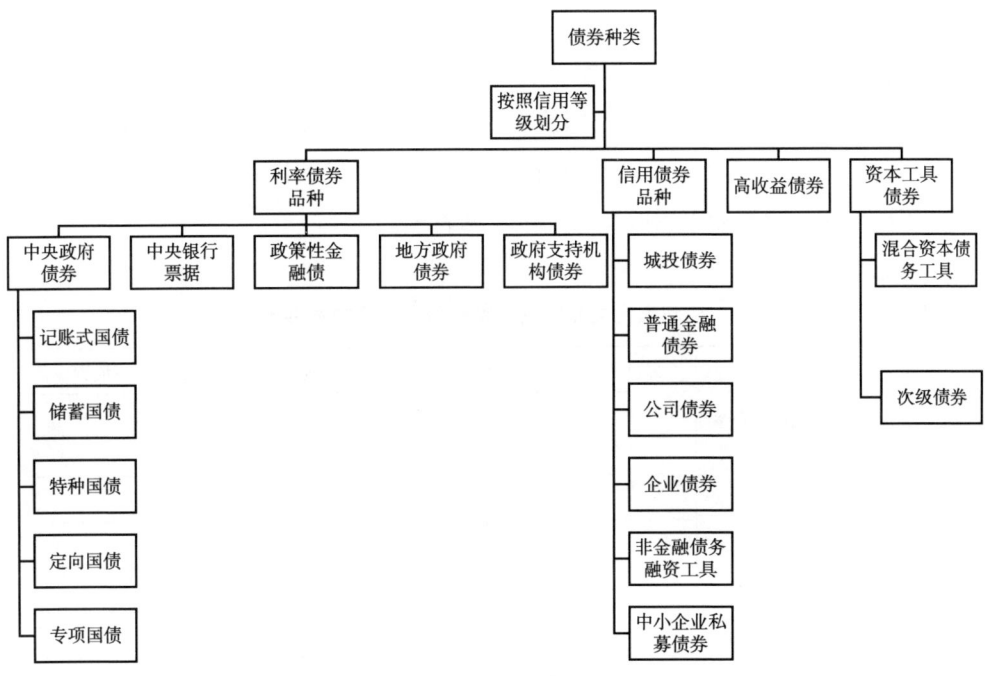

图 4 – 5　按信用等级划分

资料来源：笔者绘制。

根据发行主体的信用不同，债券可分为利率债券和公司信用类债券（早期称为企业类债券，包括金融企业发行的金融债券和非金融企业发行的公司债等）。政府债券和政策性金融债又被称为利率债，各类企业发行的债券就是公司信用类债券。相对于政府债和政策性金融债，公司信用类债券有一定的违约风险，所以称为信用债。

从中国整体债券市场来看，占比最大的是国债即中央政府债券以及地方政府债券，占比在 35% 左右，其次是金融机构发行的金融债，占比在 35% 左右，剩下的大部分是企业类债券。也就是说政府、金融债占到 70% 左右，剩下 30% 左右是非金融企业发行的公司信用类债券。

监管分类和市场分类略有不同，根据监管机构明确的概念，中国的公司信用类债券主要分为以下三类：一是国家发展改革委监管的企业债、证监会监管的公司债；二是银行间交易商协会监管的中期票据和短期融资券、政策性银行发行的政策性金融债、商业银行和证券公司发行的金融债。三是地方政府平台发行的城投债。此外，还有次级债和信贷资产证券化产品等。

二、债券市场品种

中华人民共和国成立以来，各个时期债券品种有其时代的特点。一直到 20 世纪 90 年代末期，债券市场主要是国债市场。早期债券品种主要是用于经济建设的公债。多样化的市场品种主要形成于 20 世纪 90 年代的国债市场化改革时期和 2000 年以后非政府债券市场的发展时期（见表 4 - 1）。

表 4 - 1   中华人民共和国成立以来债券市场的发展

年份	国债	央行票据	地方政府债券	金融债	企业公司债券
1951	人民胜利折实公债	—	—	—	—
1955	建设公债	—	—	—	—
1958	—	—	地方建设公债	—	—
1981	国库券	—	—	—	—
1984	—	—	—	—	企业债券
1985	—	—	—	特种贷款金融债	—
1986	—	—	—	大额可转让定期存单	—
1993	无纸化国库券	—	—	—	—
1994	储蓄债券 短期国库券	央行融资券	—	派购发行金融债券	—
1996	10 年期附息记账国债 贴现国债			特种金融债券	
1998	—	—	—	市场化发行政策性金融债券	—
2000	—	—	—	—	一年期定存基准浮动利率企业债券
2001	—	—	—	非银行金融机构债券	—
2002	商业银行柜台发行的记账式国债	央行票据	—	—	—
2003	—	—	—	境内美元债券	中小企业集合债券

年份	国债	央行票据	地方政府债券	金融债	企业公司债券
2004	凭证式国债（电子记账）	—	—	商业银行次级债； 证券公司短期融资券； 以7天回购利率为基准的浮动利率金融债	—
2005	—	—	—	商业银行普通债； 国际机构债（熊猫债）	信贷资产支持证券； 企业资产支持证券
2006	—	—	—	—	可转债
2007	特别国债	—	—	以Shibor为基准的浮动利率金融债	公司债； 以Shibor为基准的浮动利率企业债、短期融资券
2008	—	—	—	—	可交换债； 中期票据
2009	—	—	地方政府债	—	中小企业集合票据
2010	—	—	政府支持机构债	—	企业资产支持票据
2011	—	—	—	—	非公开定向债务融资工具
2012	—	—	—	—	中小企业私募债券
2013	—	—	—	同业存单	可续期债券
2014	—	—	—	证券公司短期公司债券； 保险公司次级债； "三农"专项金融债； 商业银行柜台发行的政策性金融债	永续中期票据； 项目收益债； 项目收益票据
2015	—	—	定向承销政府债券	专项金融债券、基金债券	非公开市场发行的项目收益债券
2016	—	—	自贸区发行的地方政府债	绿色金融债； SDR计价债券； 扶贫专项金融债	绿色企业债； 绿色资产支持证券； "双创"公司债； 项目集合企业债券

年份	国债	央行票据	地方政府债券	金融债	企业公司债券
2017	—	—	地方政府专项债券创新品种	—	企业债券的专项债券品种； 市场化债转股专项企业债券
2018	—	—	PPP 项目专项债券		跨市场交易铁道债； "一带一路"债券； 优质企业债券
2019	在澳门发行的人民币国债	—	在商业银行柜台发行的地方政府债	无固定期限资本债券； "债券通"绿色金融债； 以 LPR 为基准的浮动利率金融债	以 LPR 为基准的浮动利率超短期融资券、信贷资产支持证券、企业资产支持证券
2020	抗疫特别国债	—	—	"抗疫"主题金融债	"疫情防控"公司债、银行间市场债务融资工具、资产支持证券

资料来源：中央国债登记结算有限责任公司，《债券市场概览》2020。有补充修改。

地方政府债券市场在 2014 年后得到了快速发展。地方政府债务不同于地方政府债券。前者是地方政府发生的各种债务的总和，后者则是地方政府发行的标准化债券。地方政府相关债务的种类较多，有的偏于政府债务，有的偏于公司债务。有的是银行贷款形成的，有的是发行债券形成的。后者可以称为地方政府类债券。地方政府类债券信用受多种因素的影响，具有较大的复杂性。

三、市场总体构架

债券交易的三大市场包括银行间债券市场、证券交易所市场和柜台交易市场，其中政府债券和金融债券主要在银行间市场交易，公司债券主要在交易所市场交易。债券市场可以按照交易场所、发行人和投资人的关系、发行主体、投资人的性质，或者债券产品进行分类。按照发行人和投资人之间的关系，我国债券市场分为一级市场、二级市场和衍生产品市场。一级市场又可以分为信用债市场和利率债市场。利率债市场包括国债、政策性金融债和地方政府债市场；信用债市场包括城投债、企业债、公司债市场等。从发行种类划分，包括各类债券、可转债、资产支持证券、票据等。

（一）债券市场的监督管理架构

1. 监管的简要历史

一直到 20 世纪 90 年代末期，中国的国债市场都由财政部监管。90 年代后期，国债二级市场转由新成立的国家证券委和之后的证监会管理。目前，中央和地方政府债券一级市场仍然由财政部统一管理。中国企业发债最早由国家计委管理。国家计委和后来的发改委审批项目同时提供资金配套，企业完成项目审批到募集资金的过程就是融资过程。另外，证监会管理的公司债发行主体主要是上市公司（2007年开始），2015 年新公司债将发行主体扩展到全体企业。除了国家发展改革委、证监会，还有人民银行主管的银行间交易商协会批准发行债券产品。银行间交易商协会从 2005 年创设短期融资券，2008 年开始创设中期票据，现在基本上形成超短期融资券、短期融资券、中期票据、定向工具等完整体系。

2. 监管的特点

早期人民银行监管金融市场时，证券市场刚刚起步。在没有债券市场时，监管主要是对发行的审批。而审批者不是从风险角度，更多是从融资角度和发行人在国家战略中的地位的角度决定是否批准。如财政部负责发行国债和进行国债市场监管，国家计委负责企业债审批，都是从通过融资解决国家基础设施建设的角度出发的。1995 年国家证监会成立，统一监管证券市场。目前三大监管体系的框架是历史上形成的。从本质上看，这三大监管体系下的债券融资工具没有差别，都属于利率债和信用债，属于政府和企业直接融资工具。监管逻辑没有太大差别，只是监管主体不同。但是随着市场的发展，从融资角度审批的必要性减少。发行市场改革的方向是从审批制向备案制发展。证监会主管的公司债和交易商协会主管的短期融资券和中期票据主要是面向各种类型的企业。地方政府融资平台也可以通过交易所发行公司债或者通过交易商协会发行短期中期票据等，但是证监会和交易商协会对地方政府债的审核越来越严，所以地方政府融资平台在这两个交易所发行债券越来越少。2023 年国务院机构改革将中国证监会转为国务院直属机构。新的证监会接管了原来国家发展改革委负责的债券市场监管职能，在一定程度上实现了债券市场的统一监管。

由于历史原因，债券市场的制度结构具有中国的特色。各类发行体、监管框架、交易结算、交易场所、场外市场的整个架构见图 4 - 6。

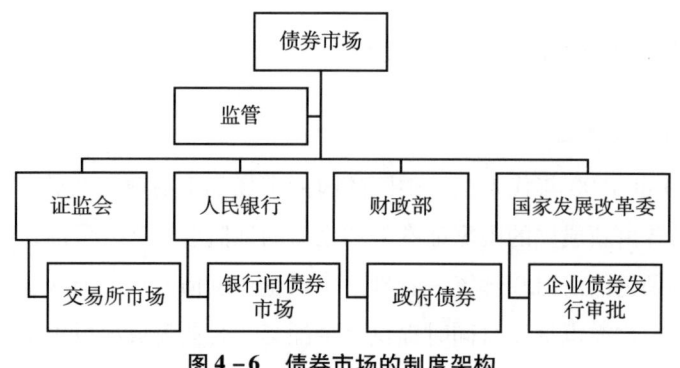

图 4-6　债券市场的制度架构

资料来源：笔者绘制。

债券市场监管框架的最大特点是债券审批分散在不同部门，其中国债由财政部上报国务院批准发行。国家发展改革委员会为企业债券的法定注册机关，发行企业债券应当依法经国家发展改革委审批。[1] 发改委指定相关机构为企业债券的受理、审核机构。其中，中央结算公司为受理机构；中央结算公司、中国银行间市场交易商协会为审核机构。债券市场分别由人民银行和中国证监会管理。这一情况基本上是历史上形成的。目前公司信用类债券注册制改革不断深化。

（二）国债市场体系

国债和中央政府债券都是在同等意义上的表述，但是国债是中央政府的债务，强调的是债务的层面，而中央政府债券侧重的是标准化的债务产品和市场工具，强调的是市场层面。1996 年国债市场化取得成功以后，用中央政府债券表述财政部发行的国债更为准确。本书把中央政府债券定义为财政部作为市场主体所发行的债券，和前面所说的国债的内涵有很大不同。在金融市场中，国债市场具有特殊的地位（见图 4-7）。国债市场横跨货币市场和资本市场，是金融市场定价的基准。[2]

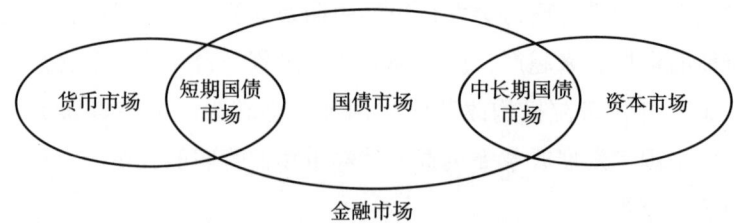

图 4-7　国债市场在金融市场中的地位

资料来源：笔者绘制。

---

① 2023 年机构改革后，这项职能划归中国证监会。

② 高坚. 国债市场［M］. 北京：经济科学出版社，1997：9-12.

国债市场作为金融市场的核心部分，是一个完整的体系。国债市场体系包括交易场所、产品、指数和市场工具，以及市场中介服务机构等。国债的交易场所包括集中市场和柜台市场。国债市场品种既是市场体系的基本组成部分，也是交易的对象和工具，包括国债现券、国债期货和国债回购等。市场中介包括承销商、做市商、服务商等。[①] 国债市场体系见图4-8。

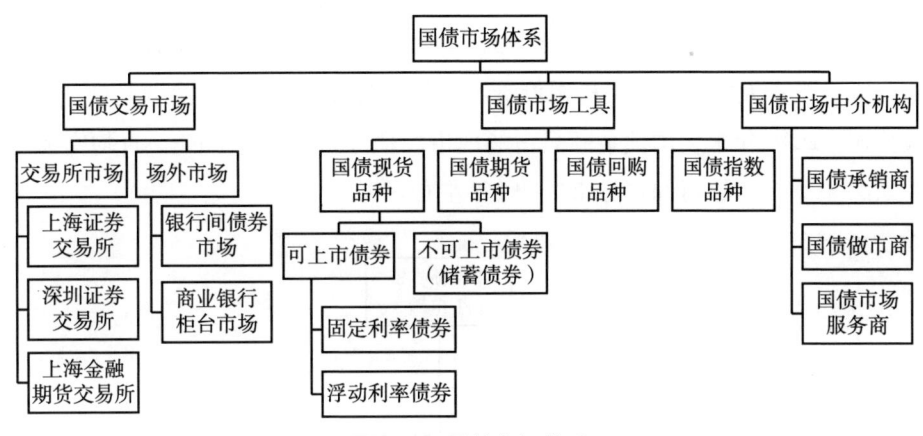

图4-8　国债市场体系

资料来源：笔者绘制。

从市场结构看，国债分为一级市场、二级市场和衍生产品市场（见图4-9）。国债现券和衍生品在交易所市场和柜台市场交易，国债期货在金融期货交易所交易。

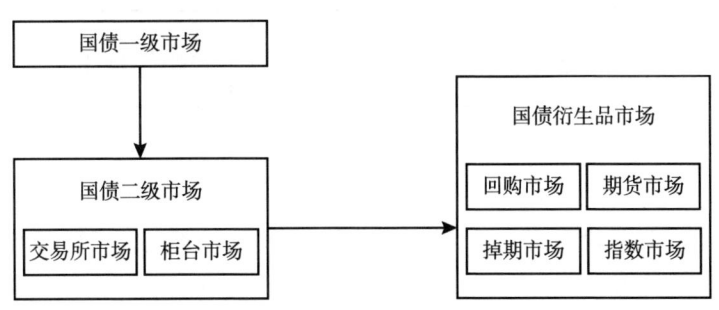

图4-9　国债市场架构

资料来源：笔者绘制。

（三）债券市场的交易架构

从市场交易方式来看，主要分为场内市场和场外市场（见图4-10）。场内市

---

① 高坚. 中国债券资本［M］. 北京：经济科学出版社，1997：10-12.

场以中国证券登记结算公司托管结算为基础，分为上海证券交易所和深圳证券交易所，是主要的集中撮合交易的市场。中国证监会监管的债券市场还包括私募债券市场。发行人包括财政部、上市公司、国有企业、AA 级以上的民营企业等。投资人主要是非银行机构公募基金、银行理财、资管计划等各类非法人产品账户以及个人投资者。场外市场以中央结算公司为基础，主要是银行间债券市场和商业银行柜台市场。银行间市场的交易方式是询价谈判，商业银行柜台市场的交易方式是双边报价。银行间市场的发行人主要是财政部、国家开发银行、其他政策性银行和四大商业银行等。投资人主要是各类机构投资者，其中活跃的投资机构主要是商业银行和保险公司。2016 年末，国债余额只占场内市场债券余额的 8.66%。日均交易量为 40 亿元左右，只占银行间债券市场的 1% 左右。[①]

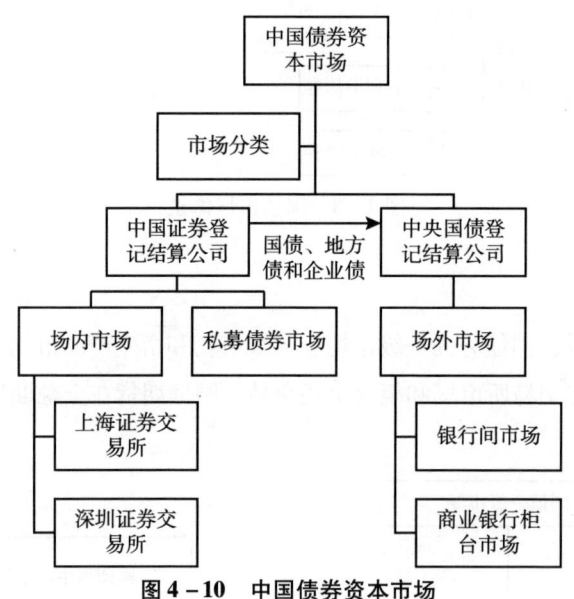

图 4 - 10　中国债券资本市场

资料来源：笔者绘制。

由于债券市场的投资者主要是银行、保险等机构投资人，银行间市场的债券交易数量明显大于交易所场内市场的交易量，每笔的交易额数量大，适合询价交易，不适合集中交易。

对于跨市场交易券种（国债、地方政府债、企业债等），中央结算公司担任总托管人，中国证券登记公司进行分托管。对于每个市场的特有券种，中央结算公司和中国证券登记公司分别采取一级托管的方式。不同体系交易的债券在登记、托

---

① 吴晓求. 中国债市须摒弃"谁审批、谁监管"的发展思路和监管原则 [N/OL]. 新京报，(2020 - 12 - 21) [2022 - 03 - 08]. https：//news. ifeng. com/c/82NoJ34fmjJ. 2020 - 12 - 21.

管、结算等方面存在明显不同。这种制度设计使两个市场体系的门槛不同，限制了债券市场的融合和一体化。一是同类债券在不同机构、不同市场登记托管，存在同券不同号、同号不同券的现象，难以形成统一的市场。二是不同托管结算机构账户类型设置不同，账户互不通用，形成了交叉复杂的账户结构，投资者不得不开立多个托管结算账户对接三套系统，参与不同市场。三是托管结算体系分割导致市场主体运行成本较高，增大了跨市场交易的操作成本和操作风险，阻碍了市场要素的自由流动和市场主体的良性竞争。建立组织统一、运行高效、风险可控的登记托管结算体制是推动债券市场高质量发展、打造国内外债券市场双循环的内在要求。在现有基础上推动债券市场基础设施互联互通，需要明确中央结算公司为各类债券的总登记托管机构，并由总登记托管机构负责清分和最终结算，其他债券托管机构在总登记托管机构开户，债券市场互联互通在多级托管体系下开展。为了实现市场的统一，今后应进一步推动建立统一的债券市场登记托管结算系统，由统一的后台对接多元化的前台。统一整合后，保证投资者能够在统一的登记托管系统内完成债券交割，实现通过统一账户体系自由选择交易场所，参与各类债券品种的交易。① 中国债券市场结构见图 4 - 11。

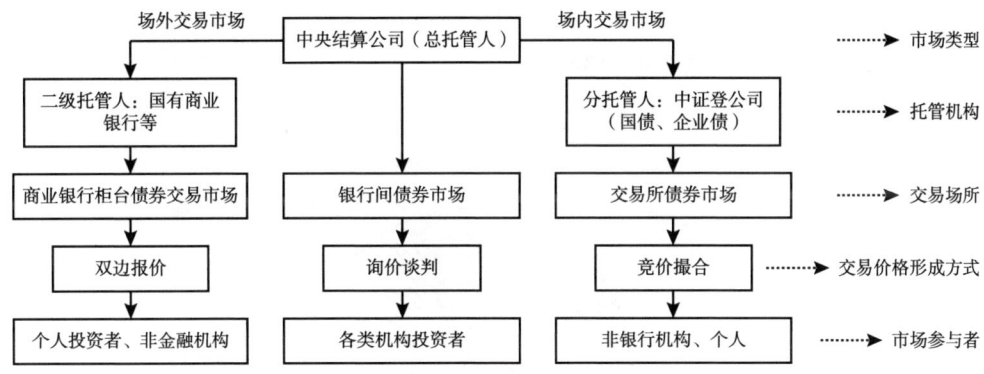

图 4 - 11　中国债券市场结构

资料来源：中国银行间市场交易商协会教材编写组. 现代金融市场：理论与实务 ［M］. 北京：北京大学出版社，2018：154.

四、目前中国债券市场品种和市场工具的发展

固定收益产品是从非标准化的债务合约，通过证券化转化成可以进入市场的标准化产品。根据条款内容，一般即期合约转化为债券，包括浮动利率和固定利率债券。而跨期合约，即远期合约，转化为期货产品；选择权合约转化为期权产品和可

---

① 中央结算公司，2021 - 09 - 18.

转债产品（见图 4 – 12）。

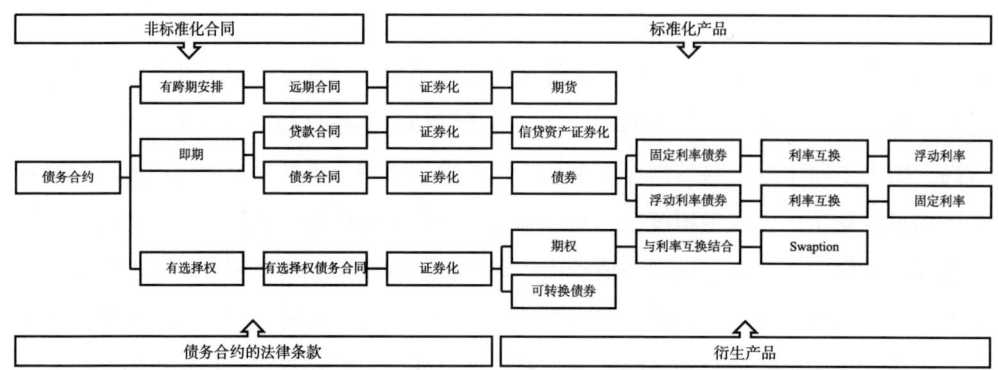

图 4 – 12 理解固定收益金融产品的形成

资料来源：笔者绘制。

图 4 – 12 可以帮助理解固定收益产品的演化逻辑。债券市场中的固定收益品种基本上是从发行人和投资人的角度进行分类的。

目前，债券市场的现券成交主要集中在银行间市场，占比 93.76%。其余的现券成交在交易所市场（见图 4 – 13）。

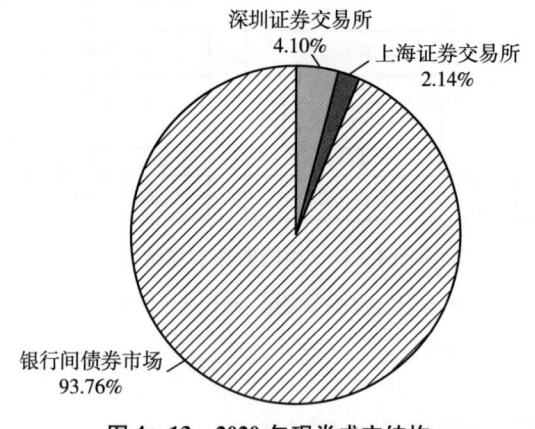

图 4 – 13 2020 年现券成交结构

资料来源：Wind 数据。

1. 银行间市场的交易品种

由于历史原因，我国并没有统一的债券市场，债券交易场所由银行间市场和交易所市场两个市场组成的。目前，银行间债券市场是我国规模最大的债券市场。2019 年，债券市场共发行各类债券 45.3 万亿元，较 2018 年增长 3.1%，增幅较上年回落 3.7 个百分点。银行间债券市场发行债券 38.0 万亿元，占债券市场发行总量的 83.9%，仍是我国债券主要发行场所。银行间债券市场交易品种有回购和现券买卖两种。在银行间市场交易的债券是经人民银行批准的记账式债券如政府债券、中央银行票据和金融债券等。参与者主要是银行、证券公司、信托公司等金融机构。[①]

近年来，我国债券市场的交易品种和可交易债券数量不断增加。金融债券在2017 年前一直是成交额最大的品种，平均占比为 37%，但是 2014 年以来同业存单发展迅速，由 2014 年的 0.55% 大幅度攀升到 2017 年前 11 个月的 35.63%，超过金融债券成为市场第一大交易品种。国债成交额变动不大，稳定在 12% 左右。由于央行公开市场操作调整的原因，央行票据占比从 2010 年 27% 下降到零。

目前，在银行间市场可流通的债券包括国债、地方政府债、同业存单、金融债、中期票据、短期融资券、定向工具、国际机构债、企业债、政府支持机构债以及资产支持证券，包括信贷 ABS（银保监会主管）、企业 ABS（银监会主管）和ABN（交易商协会主管）。2020 年，同业存单、金融债券和国债三大品种成交额占市场比重接近 80%，构成了银行间交易市场的主体（见图 4 - 14）。

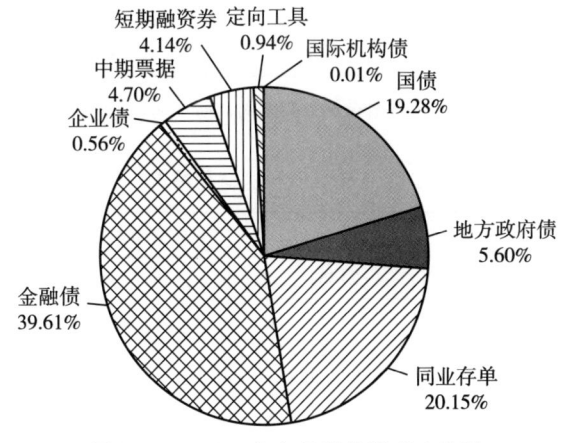

图 4 - 14　2020 年各品种债券成交统计

资料来源：Wind 数据。

2. 交易所市场交易品种

目前可交易品种包括国债、地方政府债券、金融债、企业债、公司债、政府机

---

① 中国人民银行网站. 2019 年金融市场运行情况［EB/OL］.（2020 - 01 - 19）［2022 - 03 - 08］. http：//www. pbc. gov. cn/goutongjiaoliu/113456/113469/3960639/index. html.

构债和 ABS（证监会主管）、可转债和可交换债券。① 交易所债券品种及交易情况见表 4 - 2、表 4 - 3。

表 4 - 2 各类债券的发行主体、发行方式、投资人和监管机构

债券品种	发行主体	发行方式	投资人	监管机构
记账式国债	中央政府	公开招标	境内法人和自然人	财政部
地方政府债	地方政府及其所属机构	招标和公开承销	境内法人和自然人	人民银行、财政部、证监会
金融债	国家开发银行（上交所）	承销/分销	银行金融机构及其他机构	人民银行
企业债	中央政府所属机构、国有独资企业、国有控股企业	承销	个人和机构投资者	证监会
公司债	有限责任公司/股份有限公司	公开与非公开发行	合格投资者	证监会
非公开发行公司债	有限责任公司/股份有限公司	非公开发行	合格投资者	证监会
可转换公司债	上市公司本身	公开发行/承销	合格的个人和机构投资者	人民银行、证监会
分离交易可转债	上市公司	公开发行/承销	合格的个人和机构投资者	人民银行、证监会

资料来源：交易所、银行间市场债券品种分析（附案例，sohu. com）。

表 4 - 3 交易所各类债券的交易情况

证券类别	数量（只）	成交金额（元）	成交量
公募品种	2146	2477919655	25176447
国债及地方政府债	1713	307515	3110
企业债	15	3438132	34370
公司债	410	2347640026	24045645
可转债	8	126533981	1093322
债券回购	9	73163681000	731636810
非公募品种	795	2910650460	28070000
私募债	689	2860341660	27570000
可交换私募债	60	50308800	500000

① 中国人民银行网站. 2021 年金融市场运行情况［EB/OL］.（2022 - 01 - 30）［2022 - 03 - 08］. http://www. pbc. gov. cn/goutongjiaoliu/113456/113469/4463448/index. html.

续表

证券类别	数量（只）	成交金额（元）	成交量
证券公司次级债	36	0	0
证券公司短期公司债	10	0	0
资产支持证券	496	491452550	5020000

（信息来源：深交所固定收益信息平台 - 截至 2017 年 5 月 12 日）

资料来源：交易所、银行间市场债券品种分析（附案例，sohu.com）。

3. 衍生产品市场

金融衍生品是基于或衍生于金融基础产品（如货币、汇率、利率、股票指数等）的金融工具，它也是以传统金融品为基础衍生出来的、作为买卖对象的金融产品。与其他金融工具不同的是，金融衍生品自身并不具有价值，其价值是从可以运用衍生品进行买卖的货币、汇率、证券等的价值中衍生出来的。金融衍生品主要包括远期、期货、掉期（互换）和期权，还包括具有远期、期货、掉期（互换）和期权中一种或多种特征的混合金融工具。[①] 最早的衍生产品是国债期货，1992 年首先在上海证券交易所试运行，1994 年扩大到更多交易场所。1995 年因"国债期货"事件关闭。2015 年重启国债期货时，国债期货品种逐渐增加。

五、我国债券市场的规模和流动性指标

（一）发行量不断扩大

我国债券市场规模不断扩大，超过了银行贷款和股票市值的增长速度。到 2019 年我国债券的发行量、托管量和交易量都迅速增加。2020 年，债券市场共发行各类债券 57.3 万亿元，较 2019 年增长 26.5%。其中银行间债券市场发行债券 48.5 万亿元，同比增长 27.5%。截至 2020 年 12 月末，债券市场托管余额为 117 万亿元，其中银行间债券市场托管余额为 100.7 万亿元。2020 年，国债发行 7 万亿元，地方政府债券发行 6.4 万亿元，金融债券发行 9.3 万亿元，政府支持机构债券发行 3580 亿元，资产支持证券发行 2.3 万亿元，同业存单发行 19 万亿元，公司信用类债券发行 12.2 万亿元。2019 年末外资持有中国债券突破 2 万亿元。[②]

[①] 根据公开资料整理，2019 – 10 – 29.

[②] 中国人民银行网站. 2020 年金融市场运行情况［EB/OL］.（2021 – 01 – 26）［2022 – 03 – 08］. http://www.pbc.gov.cn/goutongjiaoliu/113456/113469/4169040/index.html.

转入 2020 年，由于新冠肺炎疫情后的宽松货币政策和国家提前发布发行专项债券的额度，中国债券一级市场发行迅速增加。从债券市场存量规模看，截至 2020 年末，全国债券市场存量债券余额 114.33 万亿元，较 2019 年末增加 17.24 万亿元。至 2020 年 12 月底全部未偿债券名义余额总计人民币 114.28 万亿元。①

（二）债券市场的交易量增加

2020 年我国债券市场现券交易量明显增加，债券收益率整体上移。2020 年，债券市场现券交易量 253 万亿元，同比增长 16.5%。其中，银行间债券市场现券交易量 232.8 万亿元，日均成交 9350.4 亿元，同比增长 12%。交易所债券市场现券成交 20.2 万亿元，日均成交 830.4 亿元，同比增长 142.6%。②

2020 年，银行间市场信用拆借、回购交易量 1106.9 万亿元，同比增长 14%。其中同业拆借累计成交 147.1 万亿元，同比下降 3%；质押式回购累计成交 952.7 万亿元，同比下降 17.6%；买断式回购累计成交 7 万亿元，同比下降 26.3%。③

（三）投资者数量进一步增加

此外，我国债券市场投资者数量进一步增加，结构进一步多元化。根据中国人民银行 2021 年 1 月 26 日发布的数据，截至 2020 年末，我国银行间债券市场各类参与主体共计 27958 家，较上年末增加 3911 家。其中，境内法人类共 3123 家，较上年末增加 41 家；境内非法人类共计 23930 家，较上年末增加 3734 家。④ 2020 年末，银行间市场存款类金融机构持有债券余额 57.7 万亿元，持有债券占比 57.4%，与 2019 年末基本持平；非法人机构投资者持有债券规模 28.8 万亿元，持有债券占比 28.6%，较上年末下降 1 个百分点。公司信用类债券持有者中存款类机构持有量较上年末有所增加，存款类金融机构、非银行金融机构、非法人机构投资者和其他投资者的持有债券占比分别为 27.9%、6.4%、63%。⑤

2020 年主要品种债券发行量和 2020 年债券成交量分别见图 4 - 15 和图 4 - 16。

---

① Wind 资讯，2021 - 01 - 04.

②③ 中国人民银行网站.2020 年金融市场运行情况［EB/OL］.（2021 - 01 - 26）［2022 - 03 - 08］. http：//www.pbc.gov.cn/goutongjiaoliu/113456/113469/4169040/index.html.

④ 中国人民银行."2020 年银行间债券市场各类参与主体 27958 家"［N/OL］.经济日报，（2021 - 01 - 27）［2022 - 03 - 08］. http：//www.ce.cn/xwzx/gnsz/gdxw/202101/27/t20210127_36264707.shtml.2021 - 01 - 27.

⑤ 中国人民银行."人民银行发布 2020 年金融市场运行情况"［EB/OL］.（2021 - 01 - 26）［2022 - 03 - 08］. http：//www.pbc.gov.cn/goutongjiaoliu/113456/113469/4169040/index.html.

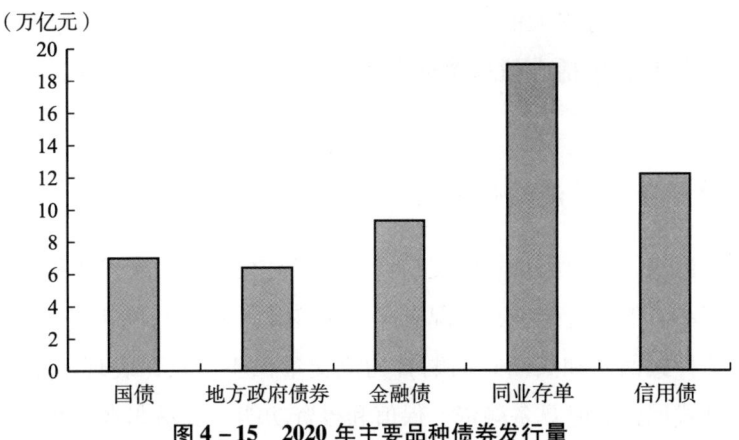

图 4-15 2020 年主要品种债券发行量

资料来源：根据公开数据整理。

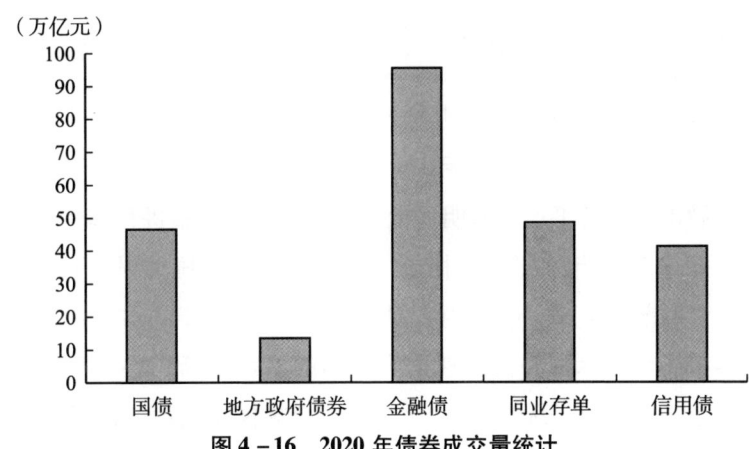

图 4-16 2020 年债券成交量统计

资料来源：根据公开数据整理。

（四）市场行情变化

债券市场行情变化受到宏观和微观多种因素的影响。其中利率债券和信用债券的行情变化分别受到利率水平和企业经营状况的影响。而利率水平又受到宏观经济增长指标、价格指标，以及财政货币政策的影响。企业经营状况取决于经济周期和产业变化及创新程度等多种因素影响。信用债券还要受到担保、还款意愿等因素影响。利率债和利率水平变化密切相关，而信用债和经济周期，以及市场事件密切相关。二级市场债券到期收益率的变化能够快速反映市场的供需变化。利率债市场主要以 10 年期国债和 10 年期国开债为代表，两者收益率变动非常同步。在银行间市场交易最活跃的品种包括国债和国开债，国开债数量仅次于国债，但交易活跃，在债券市场中具有特殊地位。至今国开债仍然是最好的债券收益率基准。各类基金和证券公司都有强大的研究机构，提供市场分析报告。债券市场行情分析需要参考各类指数，包括中债总净价指数。这些分析报告是债券市场投资者的必读文件。

（五）债券市场的流动性分析

很长时间以来，银行间市场的交易量大，但是交易的活跃程度和日均交易量比交易所市场要小。但是近年来，情况有了很大变化。从银行间市场的流动性来看，现券交易、质押式回购和买断式回购日均成交量稳步增长，表现出了较好的流动性。由于质押式回购同时具备融资、保值和投资功能，交易非常活跃，日均交易量在各类交易品种中最大。2020 年 4 月，银行间质押式回购日均交易额达到 4.8 万亿元，同比增长 0.7 万亿元，其中 4 月 7 日以 5.3 万亿元创下历史新高。[①]

（六）银行间市场的换手率

2018 年中国国债的年换手率已达到 1.5，与美国等成熟市场差距缩小，接近乃至超过东南亚主要发达国家国债换手率。受 2015～2017 年短期限债券做市占比提高因素影响，做市商报价平均价差明显抬升，在对期限因素进行调整后，市场的做市报价平均价差与 2013 年水平基本相当，新发行 10 年期国债报价平均价差近年来也呈收窄趋势，回落至 10 个 bp 以内，但仍略高于 2013 年的水平。从稳定性指标看，我国债券市场与国际主要代表性国家市场的差距逐渐缩小。截至 2020 年末，我国债券市场余额达 18.6 万亿美元，比全球债市规模排名第三的日本债券市场高出近 4 万亿美元。因此，我国债券市场备受国际投资者关注，债券市场对外开放已成为全球投资者的诉求。与此同时，我国债券市场对外开放频频发力，市场基础设施和交易制度逐步完善。截至 2021 年一季度末，海外投资者持有我国债券规模达 3.65 万亿元，较 2013 年底增长超过 9 倍。[②] 中国债券市场的稳定性在 2015 年以后稳步上升，目前位居全球第二，仅次于日本。

（七）柜台市场

如前所述，中国债券市场包括交易所市场、机构场外市场和商业银行柜台市场。商业银行的柜台市场在国债市场化改革以前就已经存在。那时国债发行除了分配到厂矿、企业事业单位，还由银行的柜台向个人发售一部分，也成为个人在一级

---

① Wind 资讯，2020 - 04 - 30.
② 陈健恒，韦璐璐. 中国债券市场的外循环之路 [J]. 债券，2021 (7)：62 - 65.

市场上购买国债的一个重要渠道。从 1991 年以后，国债向机构发行，个人开始在交易所柜台、证券公司柜台和商业银行柜台购买国债。1994 年财政部发行储蓄国债，也称为凭证式国债，也在柜台向个人发行。凭证式国债并不在市场中交易。①

　　商业银行债券市场柜台交易是 2000 年以后逐渐发展起来的。为了使个人投资人也能买到当时银行间市场发行和交易的国债，人民银行于 2002 年 4 月发布了《商业银行柜台记账式国债交易管理办法》。同年 6 月，经国务院同意，人民银行批准，工商银行、农业银行、中国银行、建设银行等国有商业银行开始在北京和上海两地开展记账式国债柜台交易业务试点。② 之后，2007 年，财政部和人民银行为推动商业银行柜台市场的发展，将柜台交易的记账式国债扩大到新发行的有利于建立国债收益率曲线的品种，并进一步扩大到民生银行、北京银行、南京银行和招商银行 4 家。此后，地方政府债券也进入商业银行柜台市场。③

　　2019 年财政部发布公告，允许浙江省和宁波市开始通过商业银行柜台市场发行地方政府债券，个人和中小机构均可认购地方债券。根据财政部公告，这次发行的浙江债券为棚改专项债券，期限 5 年，招标确定的发行利率为 3.32%，柜台销售额度 11 亿元。宁波债券为土地储备专项债券，期限 3 年，招标确定的发行利率为 3.04%，柜台销售额度 3 亿元。④ 这标志着我国地方债券柜台发行成功推出。

　　公告明确，地方债券柜台发行成功推出后，个人和中小机构可以通过商业银行柜台网点或网上银行、手机银行等渠道认购地方债券，起投金额 100 元。投资者既可以持有到期享受稳定利息收入，又可以在需要资金时随时向承办银行卖出或开展质押融资。⑤ 这一探索旨在拓宽我国地方债券发行渠道，满足个人和中小机构投资者需求，丰富全国银行间债券市场柜台业务品种。

　　根据新的规定，地方政府公开发行的一般债券和专项债券均可通过商业银行柜台市场在本地区范围内（计划单列市政府债券在本省范围内）发行，其中以专项债券为发行重点，从而更好地发挥其稳投资、扩内需、补短板的作用。继宁波和浙江之后，四川、陕西、山东、北京四省市也作为首批试点地区通过商业银行柜台市场发行了地方政府债券。

---

① 高坚. 中国债券资本市场［M］. 北京：经济科学出版社，2007：110.
② 中国人民银行网站. 中国人民银行令〔2002〕第 2 号 – 商业银行柜台记账式国债交易管理办法［EB/OL］.（2002 – 02 – 25）［2022 – 03 – 08］. http：//www. pbc. gov. cn/jinrongshichangsi/147160/147171/147358/147400/2875764/index. html.
③ 中国政府网. 四家银行获准承办商业银行记账式国债柜台业务［EB/OL］.（2007 – 05 – 30）［2022 – 03 – 08］. http：//www. gov. cn/govweb/zfjg/content_630890. htm.
④⑤ 中国政府网. 地方债券首次推出商业银行柜台发行［EB/OL］.（2019 – 03 – 25）［2022 – 03 – 08］. http：//www. gov. cn/xinwen/2019 – 03/25/content_5376751. htm.

六、债券市场对外开放的简要情况

(一) 外债余额情况

我国外债规模增速放缓,外债币种结构继续优化,境外投资者配置境内人民币债券需求稳中略升。根据国家外汇管理数据,截至 2020 年末,我国全口径(含本外币)外债余额 156650 亿元人民币(等值 24008 亿美元,不包括中国香港特区、中国澳门特区和中国台湾地区对外负债),较 2020 年 9 月末增长 925 亿美元,增幅 4%。这期间外债主要源于境外投资者增持人民币债券。[①] 外资持有的比例目前看在 2% ~ 4% 的水平。[②] 中国人民银行有关负责人表示,随着中国债券市场被更广泛地纳入国际主流指数,中国债券市场在全球负利率范围扩展背景下保持较高的收益水平,外资投资空间较大。

2020 年中国新冠肺炎疫情防控取得成绩,经济维持正增长,吸引包括外债在内的国外资金注入是重要原因。目前我国外债规模增速放缓,外债币种结构持续优化,境外投资者配置增加人民币债券需求稳中有升。从外资持有占比来看,目前我国债券市场上外资持有比重约为 2.76%,这个水平明显低于发达国家。

2020 年交易商协会积极推动熊猫债券市场发展。境外机构在境内发行熊猫债方面,截至 6 月末,各类境外主体在银行间债券市场累计发行熊猫债超过 2100 亿元人民币。目前,境外投资者可以通过多种渠道进入中国银行间债券市场。在在岸(on shore)市场,境外投资者可通过"全球通"和香港"债券通"两种渠道入市;在离岸(off shore)市场,境外投资者可通过自贸区和澳门 MOX 两种渠道入市。自 2010 年三类机构获准入市以来,债券市场开放走过了十余年的发展历程。在此过程中,采取"中央确权 + 代理结算"制度体系的全球通模式得到了国际众多投资者的认可,成为境外投资者进入中国债券市场的主渠道。截至 2020 年末,通过全球通模式入市的境外投资者债券托管余额为 2.19 万亿元,约占境外机构持有总规模的 76%。[③] 全球通模式覆盖了准入范围内的全部境外投资者类型,以境外大中型投资者为主,户均持债 20 亿元以上(债券通模式下户均持债不到 4 亿元)。截至 2020 年末,境外机构连续 25 个月增持境内债券,持有面额达到 2.88 万亿元,

① 国家外汇管理局网站. 国家外汇管理局公布 2020 年末中国全口径外债数据 [EB/OL]. (2021 – 03 – 26)[2022 – 03 – 08]. http://www. safe. gov. cn/safe/2021/0326/18623. html.

② 国家外汇管理局网站. "2020 年上半年外汇收支数据情况"新闻发布会文字实录 [EB/OL]. (2020 – 07 – 20)[2022 – 03 – 08]. http://www. safe. gov. cn/xiamen/2020/0720/1537. html.

③ 李波. 以主渠道活力推动债券市场对外开放 [J]. 债券,2021(8):72 – 78.

市场占比达到 2.76%。[①]

（二）中国债券进入全球指数

近几年，债券市场对外开放的标志性市场是全球三大指数均已纳入中国债券。

1. 彭博巴克莱全球综合指数

2020 年 11 月中国债券纳入彭博巴克莱全球综合指数。截至 2020 年 10 月，中国债券权重为 5.95%。高盛研究部预计，在全面纳入后，中国债券权重将达到 6.25% 左右。中国分项指数包含 318 只债券，包括政府债和政策性银行金融债。[②]

2. 摩根大通全球新兴市场政府债券指数（JPM GBI - EM）

该指数于 2020 年 12 月完成中国债券的纳入。GBI - EM 指数仅包含政府债，不包含准政府债和企业债。该指数采用一项基于主观判断的流动性标准。目前指数包含 13 只债券，但随着新基准的引入，成分债券的数量预计会增加。[③]

3. 富时罗素全球政府债券指数（WGBI）

该指数将从 2021 年 10 月开始纳入中国债券，并于 2022 年 9 月完成。具体落实取决于富时在 2021 年 3 月评估已宣布的改革措施是否已对市场可投资性做出预期的实际改善。[④] 这些市场增强措施包括改善二级市场流动性、改善外汇市场结构，以及完善全球结算和托管流程等项工作。富时未公布中国的预期权重，但高盛研究部预计将在 5.7% 左右。WGBI 将只纳入规模为 350 亿元人民币的政府债，政策性银行金融债或企业债暂时不包括在内。[⑤]

（三）外国投资者可以使用的市场工具

对冲工具可供境外投资者使用，包括债券远期、债券回购、远期利率协议、在岸利率互换、无本金交割利率互换（离岸）、在岸国债期货、离岸国债期货（正在研究，还未推出）、在岸外汇衍生品、离岸外汇衍生品。但是，具体可用工具取决于外国投资者的投资渠道。

（四）近期债券市场国际化的新动向

2019 年，债券市场对外开放继续稳步推进，成效显著。国际评级机构进入银

---

① 中央结算公司，2021 - 09 - 18.
②③ 根据公开资料整理，2021 - 01 - 14.
④ 根据公开资料整理，2020 - 09 - 25.
⑤ 中央结算中心.

行间债券市场开展业务取得实质性进展，首家外资评级机构获准开展信用评级；银行间债券市场持续纳入国际指数，彭博巴克莱全球指数、摩根大通全球新兴市场政府债券指数系列陆续涵盖人民币债券，这都将成为激活境外投资人配置中国债券需求的新契机。

投资人直接入市、通过债券通渠道入市规模持续扩大。截至 2019 年 11 月末，入市的境外投资者数量已达到 2518 家，持债总规模达到 2.20 万亿元，占银行间市场债券市场总托管余额的 2.6%。[1] 国债于 2020 年初进入摩根（JPMorgan）的新兴市场指数。2019 年在国际资本市场利率明显下降的时候，中国财政部重返国际资本市场发行债券。[2]

（五）跨境债券市场规模及其增长速度

2019 年以来，境外机构积极配置中国债券，多元化程度进一步提高，所投债券品种更加丰富，增速相对平衡，没有出现跨境资金大进大出、快进快出的现象。截至 2020 年末，债券市场总托管量达到 104.32 万亿元，境外机构连续 25 个月增持境内债券，持有面额达到 2.88 万亿元，同比增加 1 万亿元，增长 53.7%，市场占比达到 2.76%。主要持有券种和增持券种均为记账式国债和政策性金融债，占其持有总量的 97.92%，占增持总量的 98.48%。[3] 从图 4-17 可以看到中国债券市场规模的增长速度。

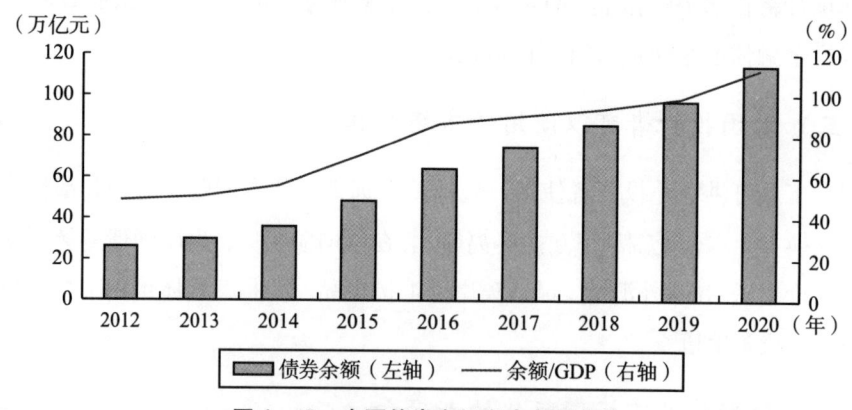

图 4-17　中国债券市场历史存量变化

资料来源：Wind 数据。

---

① 根据公开资料整理，2020 - 01 - 02.

② 根据公开资料整理，2021 - 11 - 11.

③ 中央结算公司. 2020 年债券市场统计分析报告 [J]. 债券，2021 (1)：86 - 92.

当前中国经济延续总体平稳、稳中有进的发展态势，债券收益率与发达国家相比处于较为合理的区间，且信用债券违约率整体处于较低水平，具备收益和安全的双重吸引力。近年来，境外投资者持续增持中国债券，充分反映了国际市场对中国经济的信心和对中国债券市场对外开放的认可。

七、我国债券市场的特点

（一）政府在债券市场中的主导性

债券市场的发展，从无到有的阶段是最困难的。我国债券市场的发展是从国债开始的，20 世纪 90 年代初期，国债率先进行市场化改革，其推动力主要来自国债发行当时遇到的困难。国债改革初期，银行利率是计划利率，国债改革首先与传统的计划经济体制下的银行体系发生了冲突，表现为国债利率与计划利率不一致。因为计划利率低于市场利率，国债通过市场发行决定的利率就会高于银行存款利率。这样，仅仅从成本考虑的国债市场化改革就遇到了阻力。当然一部分阻力来自部门的利益，国债改革改变了通过银行系统渠道的做法，和传统的银行体制发生了矛盾。其实最大的阻力是认识问题：一是建立国债市场，就要有中介服务机构，而它们的商人身份和利益驱动，与当时理想主义与利他主义的计划经济时期的思想是格格不入的。其次，个人是出于爱国原因去购买国债，但市场会与个人购买国债的热情发生矛盾。因此，这个改革的艰难程度可以从市场发展的曲折历程中看出来。

改革开放后，在发行国债市场的同时，企业也尝试发行股票和债券，但是和国债一样，没有市场，很快出现很多问题。由于没有监管部门，企业的市场行为不规范，企业债务违约的现象较为普遍。到了 20 世纪 90 年代末期，新成立的证监会主要监管股票市场，债券市场仍然是多部门监管，导致监管重复和监管真空。而当时的国家计委批准发行的主要是重点建设债券和专项债，用于国家重点建设，但国家计委和后来的国家发改委并不监管债券的一级和二级市场。

20 世纪 90 年代末期国家开发银行开始发行金融债券，成为市场上的主要发行体，发行数量仅次于国债。开行通过发行债券投资国家重点建设项目，和原有的重点建设债券的用途是一样的。1999 年，三峡、广东核电和铁道部是国家计委批准发行的主要发行体，其债券由国家开发银行承销。2000 年以后，地方政府平台成为主要债券发行体，从此地方政府平台债迅速增长。2008 年以后，国家允许地方政府发行债券，各级政府成为主要发行体，这种情况一直持续到今天。

政策性金融债券可以理解为国家投资债券的延伸。公司债券和企业债券是银行贷款的转化。与此同时，中央和地方政府债从用于经济建设转化为弥补赤字为主。地方政府平台债券是投资性质的，而地方政府债券是弥补赤字的。

（二）银行和保险是主要投资人

中国的金融体系中，银行仍然是主体。在整个金融市场中，中国的债券市场的存量相对较小。原因是改革开放初期，中国思想理念上对于债务的认识偏于保守。目前，虽然市场分割为交易所市场和银行间市场，各自有自己的投资人基础，但是由于银行和保险是主要投资人，银行间市场的规模明显大于交易所市场。国债最初在交易所市场发行，1998年商业银行从交易所市场撤出，此后银行间市场建立。我国商业银行仍然为主要投资人，但是银行倾向购买持有，限制了市场的流动性。

（三）公司债券规模相对较小

如前所述，我国公司债市场远远没有达到其应该有地位，发挥自身作用。截至2019年6月30日，公司债发行数量为981只，合计发行规模达10686.865亿元。而2018年上半年的发行数量为590只，发行规模5814.035亿元。[1] 2019年上半年，公司债无论是发行数量还是发行规模较上年同期均实现增长，但是和银行资产相比，中国公司债券规模仍然偏小。虽然我国企业债券市场逐渐放开，但是我国企业债券市场规模相对小。目前来看，我国城投债券的发行体主要集中在交通运输、水电、煤炭和制造业等综合实力较强的行业，公司债、城投债和企业债等公司信用类债券发行的规模小于规模庞大的国债市场和股票市场。[2] 按照新的分类，现在我国企业债属于公司信用类债券，和国际市场比较，在欧美和日本，公司债券是债券市场中最大的品种。

（四）短期国债和短期公司债市场不发达

中国早期短期债券市场不够活跃，主要是当时财政部不发行短期债。当年笔者在财政部工作时，曾经在1994年发行过两期短期国债，主要是为了配合人民银行的公开市场操作。但是当时财政部预算司认为这样增加了还本付息的频度，因此以后很多年都没有发行。当时财政部没有债券市场的概念，也没有财政政策

---

① Wind 资讯，2019 - 07 - 05.

② 陈思遥. 关于企业债券市场发展的思考［J］. 财经界（上旬刊），2020（7）：54.

和货币政策配合的理念。从体制上来看，财政部的国库放在人民银行，由人民银行代理国库，导致了财政部很长时间没有国库现金管理的职能，也没有发行短期债券的必要，因为短期预算资金安排可以临时向以中央银行借款的形式解决。

中国企业发行债券都是解决长期资金的问题，债券期限通常都是3～5年。企业债券发行期限过长，如果流动性不好，投资人也是不愿意买的。企业短期流动资金通常使用银行贷款更加方便。因此企业债和公司债基本也没有短期债券。事实上，剩余期限为1年或1年以内的债券，特别是国债的交易更为活跃。

（五）市场分割

目前，债券市场分为银行间市场和交易所市场。对于债券市场的分割，有观点指出，交易所市场和银行间市场交易分割，形成同债不同价的问题。长期以来，两个市场相互独立、分割封闭，既不能实现跨市场发行，又不能进行跨市场交易。进入银行间市场交易受到了严格的资格限制，除了央行、财政部和一些金融机构、基金管理公司等，个人投资者只能在交易所债券市场交易，不能进入银行间市场。这种相互分裂的格局，不利于统一债券市场的形成，也不利于我国基准收益率曲线的建立。同时这种分割状态会导致为争取市场份额而放松监管标准。近几年来，这种情况有了明显改观。在监管理念和监管标准统一的前提下，多个市场组织良性有序竞争，有助于维持市场活力、激发市场潜能、推动市场创新。在充分理顺债券市场管理分工和各部门职责定位的基础上，债券市场深化改革的重点在于形成统一制度规则下有序竞争、市场要素自由流动的债券市场。实际上，近年来两个市场的诸多规则已经和正在逐步统一。

（六）监管分割

目前，交易所市场和银行间市场由不同部门监管。由于企业（公司）发行债券时，债券品种被部门化，分割成多个券种，因此批准和监管的主体不同，被分割到不同的交易市场进行交易，形成"九龙治水"的多头监管格局。这容易产生垂直管理、市场分割、监管套利、效率低下等弊端。目前监管改革的目的是推动完善债券市场法制，健全分类趋同、规则统一的法律制度，在此基础上形成统一的监管理念和监管标准。监管部门应在上述法律框架下按照债券市场管理分工和各自职责定位严格依法行政，防范监管套利。[1]

---

[1]　中央结算公司，2021－09－18.

（七） 市场基本信息

本章主要综合介绍债券市场的历史和现状。债券市场包括一级市场和二级市场，本章重点介绍债券的二级市场。债券市场基本信息如表4-4所示。

表4-4 债券市场基本信息

项目	内容
主要交易场所	银行间债券市场 交易所债券市场 中金所国债期货市场 商业银行柜台债券市场
债券品种	政府债券 中央银行票据 地方政府债券 政府支持债券 金融债券 城投债券 公司信用债券 熊猫债券
主要投资人	政策性银行 商业银行 保险公司 公募基金/银行理财产品/资管计划/信托产品 私募基金/银行理财/资管计划/信托产品
交易方式	现券交易 回购交易 债券借贷 债券远期 债券衍生品 $\begin{cases}利率衍生品 \\ 信用衍生品\end{cases}$
交易时间	银行间债券市场（09：00~17：00） 交易所债券市场（09：30~11：30；13：00~15：00） 商业银行柜台市场［柜台流通业务：10：00~15：30；储蓄国债（电子式）业务：08：30~16：40］ 中金所国债期货市场（非最后交易日：09：30~11：30；13：00~15：15；最后交易日：09：30~10：30）
结算机制	全额结算 净额结算 $\begin{cases}双边净额结算 \\ 多边净额结算\end{cases}$
结算方式	DVP（银行间债券市场）
结算周期	境内投资人：T+0，T+1 境外投资人：T+0，T+1，T+N

项目	内容
债券托管机构	中央国债登记结算有限责任公司（中央结算公司或中债登） 中国证券登记结算有限公司（中证登） 银行间市场清算所股份有限公司（上清所）
中央对手方	中证登 上清所 中金所
其他中介机构	货币经纪公司 结算代理人 估值机构 评级机构 会计师事务所 律师事务所 绿色债券评价认证机构
主管和监管部门	中华人民共和国财政部 中国人民银行 国家发展和改革委员会 中国证券监督管理委员会 中国银行保险监督管理委员会 中国外汇管理局
市场规模	发行量：42 万亿元 托管量：118 万亿元 交易量：1711 万亿元
世界市场排名	第二

资料来源：中国债券市场概览（2021 年版）. 中央结算公司. 中国债券市场概览（2021 年版）（chinabond. com. cn）. https：//www. chinabond. com. cn/cb/cn/yjfx/zzfx/nb/20200608/154540283. shtml. 本书略有修改。

第二节　债券发行市场状况

一、债券发行市场概况

我国债券市场经过 40 年的发展，形成了符合国际惯例的发行方式和有中国特色的发行系统。

（一）发行方式

与世界各国一样，我国债券市场分为公募发行和定向私募发行两种方式。债券公募发行是主流发行方式。

1. 公募发行方式

（1）招标发行

招标发行是各国发行国债的通常做法，最早源自荷兰人拍卖郁金香的方法。我国最早的债券招标发行是 1995 年的划款期招标。招标发行的方式包括由发行人确定招标方式、中标方式等发行条件和在市场上公开竞标的办法。通常由一级自营商或承销团成员投标，按中标额度认购或承销债券。债券发行按照标的划分，有划款期、数量、价格、利率和利差等招标方式，最主要的是价格和利率招标。招标分为多种价格美国式招标和单一价格荷兰式招标。我国实行过限定价差招标、混合式招标等方式，且招标方式与中标方式有多种组合。目前，政府债券、金融债券、规模较大的公司信用类债券多采用招标发行。

（2）簿记建档发行

簿记建档发行实际上是一种建立需求曲线的方式。簿记管理人发挥重要作用。发行人和主承销商协商确定利率或价格区间后，由簿记管理人（一般由主承销商担任）与投资者进行一对一的沟通协商，投资者确定在不同利率档次下的申购订单，管理人将订单汇集后按约定的定价和配售方式确定最终发行利率或价格，进行配售发行。目前，企业信用债券、金融债券、信贷资产支持证券、非金融企业债务融资工具等也较多选择这种发行方式。

2. 私募发行方式

私募发行方式又称不公开发行，是指面向少数特定投资人发行证券的方式。发行人根据少数特定投资人的需求，与债券认购人协商决定债券票面利率、价格、期限、付息方式、认购数量和缴款日期等发行条件，以及认购费用和认购人权利义务，并在此基础上签署债券认购协议。私募发行是债券公开发行的补充。

3. 柜台发行方式

商业银行柜台债券发行通常在银行间市场招标发行时同时进行，并根据银行间债券市场招标定价结果确定发行价格。承销商成员进行分销时向个人和机构销售。其中，关键期限记账式国债在银行间市场与柜台同时分销，由承销商使用银行间债券市场自营中标的额度进行柜台分销；政策性金融债和地方政府债由发行人确定柜台上市债券品种，并进行柜台额度追加招标，由承销商进行柜台分销；储蓄国债仅在柜台发行，由发行人单独确定发行价格。

（二）发行系统

中央结算公司提供一体化综合发行服务平台，满足大规模、高频度、低成本、低风险、高效率的发行需求。

1. 灵活支持招标和簿记建档等多样化发行方式

发行系统可以支持多券种同时招标发行或簿记建档发行，具有弹性招标（弹性配售）、当期追加发行和续发行等多样化选择，可以实现多种招标（簿记建档）方式和中标（配售）方式，还可以根据发行人个性化需求，灵活选择投标（申购）指定功能，并对标位差、价位点、投标（申购）量及投标（申购）连续性等多种招标（簿记建档）控制要素进行灵活组合设置，满足债券发行的多样化需求。

2. 有效满足发行人的个性化发行需求

中央结算公司为各类发行人提供了定制发行系统。系统有效支持多元化发行需求，可支持不同种类、不同付息方式、不同招投标（簿记建档）的发行方式。

3. 积极支持区域发行需求

中央结算公司建立上海总部和深圳分公司，形成区域化的发行系统架构，实现异地地方政府债券招标发行及企业债、金融债和资产支持证券簿记建档发行，为债券发行参与方提供了更加便捷的服务。

4. 有力支持债券远程发行

中央结算公司提供的簿记建档远程发行系统可支持企业债券、金融债券和资产支持证券远程簿记建档发行。簿记建档远程发行系统能够明确角色划分，实现权限隔离，且具备发行应急支持相关功能，可保障远程发行业务平稳运行，能够满足市场成员对簿记建档场所灵活性及系统的安全性、高效性、便捷性的需求。

（三）跨境发行

根据《国际开发机构人民币债券发行管理暂行办法》，中央结算公司为国际开发机构在银行间债券市场发行金融债提供发行、登记、托管等支持。自 2005 年起，国际金融公司、亚洲开发银行、金砖国家开发银行均开始发行熊猫债。

国际开发机构在中国境内申请发行人民币债券，应向财政部等窗口单位递交债券发行申请，由窗口单位会同人民银行、发展改革委、证监会、国家外汇管理局等部门审核通过后，报国务院批准。发行人所筹集的资金通过购汇汇出境外使用须经国家外汇管理局批准。发行人从境外调入人民币资金用于人民币债券还本付息应向人民银行备案；从境外调入外汇资金用于人民币债券还本付息应经国家外汇管理局核准。

（四）自贸区发行

根据中央结算公司发布的《中国（上海）自由贸易试验区债券业务指引》，中央结算公司为自贸区债券提供发行支持，符合条件的发行人应与中央结算公司签订《债券发行、登记及代理兑付服务协议》，并在中央结算公司开立发行账户。2016年12月，首单自贸区债券发行。①

二、发行市场的特点

（一）三种主要的发行方式

国债发行大体经历了三种发行方式：行政分配、承购包销和招标发行。1981年改革开放后发行国库券，主要采取行政分配的发行方式。1991年以后，国债主要采取承购包销的发行方式。1996年起国债采取招标加一级自营商承购包销的发行方式。国债一级自营商制度是承销加做市相结合的制度。由于国债市场不断深化，承销团的作用逐渐淡化。1998年国家开发银行市场化发债采取和财政部同样的招标发行方式，由中央结算公司提供发行服务技术支持。1998~2003年，企业债券的主要承销商是国家开发银行。目前承销商主要承销金融债、地方政府债和企业债。商业银行和证券公司是主要的债券承销机构。2017年前10位承销商中，商业银行占8位。公司债和企业债主要由证券公司承销。

（二）利率债和信用债券

目前，国债、地方政府债、政策性金融债和央行票据称为利率债。这些债券有国家或地方政府的背书，其利率变化以国债利率的收益率曲线为基准定价。其中金融债和国债之间有微小的税收利差。

信用债是依靠企业的信誉发行的债券，具体包括企业债、公司债、短期融资券、中期票据、本息分离债、资产支持证券、次级债等品种，其利率水平以国债或开发银行金融债的收益率曲线为基准。个人可以直接参与的是企业债、公司债和本息分离债。利率债和信用债有以下不同：

1. 发行人不同

利率债的发行人是中央政府、地方政府或有中央政府背书的政策性银行；而信用债的发行人是商业银行、上市公司、各类企业和城投公司等。

2. 信用风险不同

利率债的发行人主要是政府和政府的政策性机构，有中央政府信用背书，一般

---

① 中央国债登记结算有限责任公司. 债券市场概览（2019）.

认为没有信用违约风险。而信用债的风险要高一些，其发行主体偿债能力受企业公司治理、制度完善、股权结构、业务经营、杠杆率水平等多方面的影响。信用债及其发行主体还会受到国家政策、经济环境、行业周期等大环境导致的系统性影响，[①] 投资者面临发行主体不能按时足额还本付息的信用违约风险。

3. 流动性风险不同

利率债虽然信用风险为零或较低，但是仍然存在流动性风险。由于换手率高，一般比信用债流动性好。通常参与利率债交易的机构较多，价格透明，日均交易次数相对频繁，买卖价差相对较小。而信用债通常买卖价差较大，全天成交次数较少。不过我国的国债和政策性金融债大量为银行持有，其流动性远低于海外成熟市场的流动性。

4. 价格和收益率不同

利率债的收益通常低于信用债，其收益率与基准利率的利差较小；而信用债与基准利率的利差较大。一般情况下，信用风险越高的信用债，收益率也就越高。在基准利率变化或者市场发生恐慌的时候，信用债价格下降和收益率提高的幅度要比利率债大。

（三）债券发行的定价方式

我国债券发行有招标发行和簿记建档两种定价方式。信用债发行基本上采取簿记建档的方式发行，利率债券和地方政府债券及政府机构债券基本上采取招标方式发行。我国国债招标主要采取多种价格的美国式招标和单一价格的荷兰式招标两种。2000 年之后也采取过混合招标的方式。簿记建档是一个流程，包括前期预路演、正式路演等推介活动和后期的簿记定价配售等销售环节。簿记建档人一般是负责销售债券的主承销商。前期预路演后，簿记建档人和发行人共同确定申报价格空间；然后进行正式路演，并在路演时由发行人和投资人进行一对一的路演问答。簿记建档人一旦接受申购订单，公证机构同时开始验证原始凭证，并统一编号，确保订单有效和完整。簿记建档人把各个申报价格和数量记入电子系统，产生价格需求曲线。然后根据发行人对价格的认可范围和需求数量，最后确定价格。可以看出，簿记建档本质上也是一个公开拍卖或招标的过程，只不过在整个过程中存在投资人和发行人及簿记建档人的大量互动，使投资人对发行人的情况有更多的了解，也使发行人对市场的需求和价格偏好有更多的了解。

---

① 信用债和利率债有什么区别？［EB/OL］.（2020 - 09 - 18）［2022 - 03 - 08］. https：//www. sac. net. cn/tzzyd/tzabc/nwwd/202009/t20200918_143972. html.

中证交（中央结算公司前身）于1993年即率先提供中资美元债等债券的远程线上招标发行服务。中央结算公司1998年起率先支持国债、国开债等远程线上招标发行服务。目前国债、地方债、政策性银行债等远程线上招标发行服务主要由中央结算公司提供。

三、债券一级市场发展的特征和问题

我国的债券一级市场已经在世界上名列前茅。"2021年，债券市场共发行各类债券61.9万亿元，较2020年增长8.0%。其中，银行间市场发行债券53.1万亿元，同比增长9.2%。交易所市场发行8.7万亿元，同比增长1.0%。"① 债券市场经过长期发展，出现了很大变化，这些变化有如下特征：

（一）市场融资功能显著增强

2020年以来债券发行又有了新一轮的爆发式增长。市场融资功能显著增强，服务实体经济能力持续提升。债券市场是实体经济利用金融市场拓展直接融资的重要渠道。截至2019年11月末，公司信用类债券累计发行8.8万亿元，同比增长27.3%，占直接融资规模的21.5%。其中，上海清算所托管的非金融企业债务融资工具累计发行5.7万亿元，占公司信用类债券总发行规模的65.4%。针对各方高度关注的民营企业融资问题，监管部门遵循市场化、法制化原则，推动民营企业债券融资支持工具业务发展，加大民营企业、中小企业融资支持力度。② 针对民营企业遇到的融资问题，2022年3月，证监会表示，拟于近期推出一系列政策措施，进一步拓宽民营企业债券融资渠道，增强服务民营经济发展质效。③ 债券市场在解决中小企业融资问题上也不断发力。近年来，为拓宽中小企业融资渠道，缓解其融资难的问题，我国债券市场开展各类积极探索，债券品种不断创新，推出双创专项债、小微企业贷款专项金融债以及民营企业债券融资支持工具等。

（二）投资者结构进一步完善

投资者类型不断丰富，市场流动性持续改善。从投资者类型和数量看，银行间市场从成立时以商业银行为投资人主体，发展到目前涵盖境内外主权机构、商

---

① 徐佩. 新形势下利率债投资策略的思考［J］. 债券，2022（3）.
② 根据公开资料整理，2019－12－13.
③ 中国证监会网站. 推动完善民企债券融资支持机制增强服务民营经济发展质效［EB/OL］.（2022－03－28）［2022－03－08］. http：//www.csrc.gov.cn/csrc/c100028/c2206490/content.shtml.

业银行、证券保险公司等各类金融机构以及各类资管产品，投资人数量约 3 万家。2019 年，新增境内投资人 9359 户，境外投资人 1332 户。从债券持有结构看，各类型投资者的债券持有比重日趋均衡，非银行类投资者持有比重达到约 40%。市场流动性持续改善，2019 年 1~11 月，债券市场交易规模达 936.32 万亿元，同比增长 7.2%，其中现券交易规模 191.41 万亿元，同比增长 27%；回购交易规模 744.91 万亿元，同比增长 3%，债券市场服务投融资需求的功能日益凸显。①

（三）债券市场规模占比不断增加

2001 年以来，中国债券市场以债券托管量显示的未清偿余额不断上升。根据 Wind 数据，债券余额占 GDP 的比例也从 2001 年的 27.6% 上升到 2020 年的 187%，上升约 160 个百分点。

从整个金融市场来看，2022 年 1 月，债券市场共发行各类债券 45119.1 亿元，截至 1 月末，债券市场托管余额为 134.8 万亿元。1 月，银行间债券市场现券成交 20.9 万亿元，日均成交 9945.0 亿元，同比增加 22.9%。相对而言，1 月末，上证指数收于 3361.4 点，较上月末下跌 278.3 点，跌幅为 7.6%；深证成指收于 13328.1 点，较上月末下跌 1529.3 点，跌幅为 10.3%。②

从社会融资规模看，近年来中国社会融资规模存量逐年增加，2020 年中国社会融资规模存量达 284.83 万亿元，较 2019 年增加了 33.42 万亿元，同比增长 13.3%。其中，企业债券余额为 27.62 万亿元，同比增长 17.2%；政府债券余额为 46.06 万亿元，同比增长 22.1%；非金融企业境内股票余额为 8.25 万亿元，同比增长 12.1%。从结构看，企业债券余额占比 9.7%，同比高 0.3 个百分点；政府债券余额占比 16.2%，同比高 1.2 个百分点；非金融企业境内股票余额占比 2.9%，与上年同期持平。2015 年以后债券市场变动的情况不仅表明了债券市场在整个金融市场的比重正在不断扩大，同时也反映了银行在货币宽松时增加的流动性，并没有完全进入实体经济，而是用于购买债券，特别是利率债。③

（四）债券品种不断增加

债券市场的交易品种丰富，目前包括国债、地方政府债、央行票据、金融债、

---

① 根据公开资料整理，2019 - 12 - 13.
② 中国人民银行网站.2022 年 1 月份金融市场运行情况［EB/OL］.（2022 - 02 - 28）［2022 - 03 - 08］. http：//www.pbc.gov.cn/goutongjiaoliu/113456/113469/4488147/index.html.
③ 中国人民银行："2020 年社会融资规模存量统计数据报告"（2021 - 01 - 28）。

公司债、企业债、可转换债、可交换债、短期融资券、中期票据、定向工具、国际机构债、政府机构支持债、资产支持债券、熊猫债等。债券的发展不仅体现了发行主体变化、债券品种设计的变化，也体现了发行理念的变化。近几年绿色债券和ESG债券有很大发展。

（五）发行主体多元化

在20世纪90年代，债券市场由国债主导，企业债券占有债券市场份额很少。1998年银行间债券市场开始出现，并逐渐成为主要的债券发行和交易场所。1998年国家开发银行开始实现市场化发债，成为第二大发行体。以后其他政策性银行和主要商业银行也开始市场化发债。之后几年，企业债券的主要发行体是三峡、广核和铁道部。2000年以后，我国债券市场发行主体迅速增加，地方政府债券、公司债券、中小企业债券等成为活跃的债券品种，票据市场也开始出现。

与此同时，机构投资者也逐渐从银行、保险公司扩大到财务公司、基金公司、信托公司，以各种债券产品和年金的方式参与。2004年，国家开发银行首先发行次级债券补充资本金。之后商业银行和证券公司也广泛参与了次级债的发行。"2005年对国际开发机构、财务公司放开，允许发行'熊猫债'、财务公司金融债。2009年对金融租赁公司、汽车金融公司放开，允许非银行金融机构发行金融债。2012年对资产管理公司放开，允许发行金融债券。"[1] 2009年资产管理公司也开始发行金融债券。2014年以后，中国的同业业务和资管业务蓬勃发展，银行间市场的参与主体不断增加，逐渐形成了从央行到国有大型商业银行，再从国有大型商业银行到中小银行，最后从中小银行到非银行金融机构的流动性传导层级。[2] 到2019年末，银行间市场的发行主体共有九大类。目前各类财务公司、租赁公司、保险公司、证券投资基金，社保基金，以及非金融机构和境外机构都成为银行间债券市场的参与者。

"从结构上看，我国银行间债券市场从最初单一的商业银行参与，发展成为目前以做市商、结算代理人和从事自营交易的金融机构等合格机构投资者为主，其他结算代理交易的中小金融机构和非金融机构法人及通过商业银行柜台参与债券市场的中小企业和个人投资者等积极参与的，分层有序的债券市场。"[3] 银行间债券市

---

① 根据公开资料整理，2017 - 10 - 23.

② 中国人民银行网站. 中国人民银行发布《参与国际基准利率改革和健全中国基准利率体系》白皮书［EB/OL］.（2020 - 08 - 31）［2022 - 03 - 08］. http：//www. pbc. gov. cn/goutongjiaoliu/113456/113469/4079810/index. html.

③ 吴晓求，等. 中国资本市场研究报告（2018年度）［M］. 北京：中国人民大学出版社，2018：33 - 34.

场的发展体现了中央银行的支持和推动,中央结算公司和上清所的努力,以及市场参与人的创新(见图4-18)。

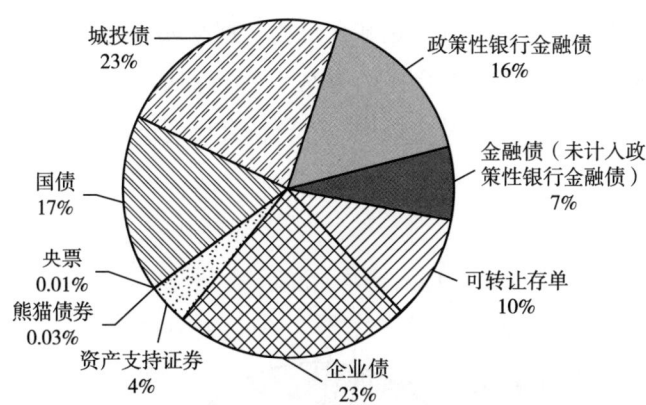

图4-18 国债、金融债和企业债三大类别的占比

资料来源:万得、高盛研究部。中国国内债市详细构成,2020年9月。

截至2020年3月底,中国政府债务总量为17万亿元左右,约2.43万亿美元,占中国 GDP 的比重仅为17%。即使是再加上地方政府的债务,占比也才41%,远不如美国、日本。①

总体来看,中国债市可以划分为三大类别:政府债券、金融债券和企业债券。自2018年以来,这三大类别债券的增速较为一致。

(六)非政府债券发行主体局限在 AA 级以上

从债券发行主体来看,企业债券发行主体主要是较高评级企业(融资方的主体评级需要在 AA 级以上,国内最高等级 AAA)。对发行企业可持续经营能力要求较高,一般能够进入中国债券市场融资的企业都是当地比较大型、有竞争力的企业。从企业所有制类型来看,国有企业发行规模占据主导地位(超过2/3),民营企业占比相对较小,约占1/5;外商发行债券规模在1/10左右,近几年有较大提升。从债券发行市场来看,主要集中在银行间市场,远远高于交易所市场。

(七)持有人结构不断多元化

从债券市场投资机构来看,目前债券市场参与主体由各类机构构成,主要是商

---

① 根据公开资料整理,2021-01-10.

业银行、保险公司、证券公司、资管公司等金融机构、境外机构等。从投资占有比例看，商业银行依然处于绝对优势，投资占比超过六成，其次才是保险公司、证券公司、资管公司和非金融机构，占比近 1/3。

银行仍是最大的持有者，其次是基金机构。据高盛研究部测算，截至 2020 年 9 月底，商业银行持有国内债券余额的 49%。银行业的持有比例过去几年显著下降，而持有比例升幅最大的是基金机构。外资持有比例正在上升，但市场份额只有 2.7%[①]（见图 4 – 19）。

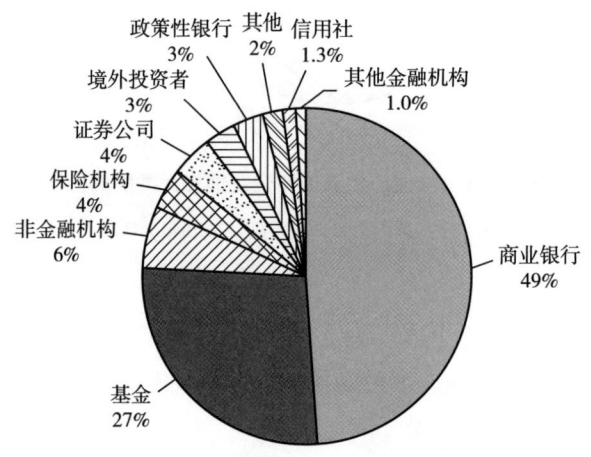

图 4 – 19　各类投资者持有债券的比重

资料来源：中国债券信息网、上海清算所、深交所、上交所。按持有者类型细分的债券持有结构，截至 2020 年 9 月。

四、主要发行市场

财政部发行的国债有两个含义：从国家债务的角度，称为国债；从债券资本市场工具的角度称为政府债券。财政部发行的国债，因采取市场化的发行方式，成为市场工具，并具有市场基准作用，也称为中央政府债券。政府债券市场是政府债券发行和交易的场所，是最基本的债券市场。

（一）中国政府债券发行市场

政府债券市场可以分为短期国债市场、长期国债市场[②]及地方政府债券市场。

---

① 根据公开资料整理，2021 – 01 – 14.
② 市场上习惯称为国债市场的就是中央政府债券市场。

1. 短期国债市场

短期国债市场，顾名思义即短期政府公债发行和流通的市场。在英美各国，短期公债又称国库券。国库券市场是货币市场的重要组成部分。

国库券的期限一般都在 1 年以内，尤以 3 个、6 个、9 个月为多。在一些国家如日本，国债也有 2 个月的。各国政府发行短期国债，主要是为满足先支后收而产生的临时性财政支出需要。由于短期国债以国家信用作担保，不存在或基本上不存在信用风险，而且期限较短，流动性较强，同时又可以获得高于同期存款的利息，因此，短期国债成为金融市场上十分抢手的投资工具。

短期国债的发行多以拍卖方式进行，即由财政部公布发行数额，投资者或承销商投标，提出认购的数量和认购价格，发行人根据投标情况，按一定规则进行配售。从各国情况来看，美国的短期国债市场最为发达和典型。在美国，不仅国库券的发行数量大、发行频率高，而且从发行到流通都有完备的技术支持和管理制度。由于我国国库由央行代理，短期国债发行得并不多。

20 世纪 90 年代，新发行的国库券主要为中央银行、大型商业银行、个人投资者及证券承销商所认购。2000 年以后，各类机构投资者，如商业银行、保险公司、公募基金，还有外国银行也是重要的投资者。中央银行、商业银行和证券承销商并不完全是为自己购买，它们会在二级市场上交易。中央银行认购主要是为了进行公开市场操作；商业银行购买短期国债主要是为了调节流动性资产储备，实现流动性与盈利性的协调平衡，同时也代理客户进行国库券买卖；证券承销商认购国库券，一部分属于自营性买卖，另一部分则为客户买卖作代理。

国库券的发行均采用公募投标方式。投标有竞争性投标和非竞争性投标两种方法。所谓竞争性投标，是指通过竞价的方式取得希望购买国库券的数量和价格的投标方式。由于竞标结果产生的是均衡价格，可能不同于竞标者希望的价格。这种投标通常由银行及证券经纪商以及其他机构投资者参加。竞争性投标书必须标明认购的数量和认购价格，参加该投标的机构往往会因为投标价格低于其他投标者的出价而买不到国库券。因为国库券是折价或低于面值发行的，所以投标价格总要低于票面额。

所谓非竞争性投标，是指国库券投资者愿意用平均水平的价格，获得希望得到的一定数量的国库券时所进行的投标。非竞争性主要是指在价格上不参与竞争，投标书只标明数量而不标明价格，成交时以财政部所接受的竞争性投标价格的平均数作为成交价格。一些小的公司和机构投资者及个人投资者多参与非竞争性投标。

2. 长期国债市场

长期国债市场是指 1 年以上中央政府公债发行和流通的市场。中央政府发行长期国债，主要用于筹集长期稳定性资金，弥补中央政府财政支出的不足，为政府资助公共基础建设及长期经济开发项目提供资金。我国的长期国债以记账式附息国债为主体。长期国债多采用公开方式发行，但不同国债公开发行的程序和销售方式有所不同。最主要的发行方式有如下三种：

（1）拍卖投标发行

这种方式是由财政部公布发行数量，由大的投资者和政府证券承销商向财政部投标，投标内容包括认购价格（利率）和认购数量（非竞争性投标不提出价格，只提出数量），然后根据投标价格高低和投标性质向投标人分配债券。

（2）中央银行包销

中央银行包销即财政部所发债券由中央银行认购，然后卖给投资者。中央银行通常不会包销全部债券，因为一些有闲置资金的感兴趣的投资者在政府发债之前已经预先订购了一部分，中央银行只需包销其余下的部分。英国的政府公债基本上采取这种方式。

（3）通过推销人员推销

各国国债发行基本上都是由中央银行代理发行。国债推销团多由中央银行组织，既可由银行组成，又可由证券公司组成，最常见的还是由两方面混合组成。推销人一旦与发行人就有关条件达成一致，即可着手推销国债。

就这种发行方式而言，债券的利率、期限、认购价格、付款时间等均由财政部在发行前决定，投资者提出认购单，标明愿意认购的数额。为了促进债券的销售，财政部可以制定较高的利率或较低的认购价格。如果认购额超过发行额，则采取按一定比例分配的方式。

3. 地方政府债券市场

地方政府为促进本地区的经济发展，加快基础设施建设和经济开发，除了税收收入外，还需要筹集大量的资金，以弥补地方财政收入的不足。筹集资金的一个重要渠道就是发行地方政府债券，从而形成地方政府债券市场。地方政府债券可以分为普通债券和收益债券，普通债券以地方政府的税收作为担保，其偿还也是从地方政府的税收中支付；收益债券一般用于地方政府的特别项目，其本息偿还依赖于这些项目的收益。

同公司债券相比，地方政府债券的最重要特点就是可以免税。在美国，州和州之间可以互相免税，以鼓励互购地方政府债券。地方政府债券通常根据地方的有关法律发行。这类法律规定地方财政部门可以代表当地政府根据可预计的收入来源发行地方政府债券。地方政府债券的发行必须精确地预计未来的收入，从而保证还款来源。在预测的基础上，地方政府将债券的发行纳入预算，其方案经地方议会通过，由地方政府的行政长官批准执行后，即可从事地方政府债券的发行。

地方政府债券一般采用公募的发行方式，也可以与小的投资团体达成协议进行私募。公募债券发行通常由投资银行、商业银行及证券承销商组成承销团来包销，有的则由证券公司等分销。包销发行可以由包销商或承销团进行包销数额和包销价格的投标，也可以由发行者与承销商直接磋商有关包销条件。

与中央政府相比，地方政府也具有相当高的信用地位，因为它在该地区内有各种税收权力，但即便如此，也很难保证其不出现违约风险。所谓违约风险，就是指地方政府对所发行的债券到期难以偿还。普通债券以地方税收收入作为担保，收益债券以项目收益来保证偿还，但是一旦出现地方税收收入下降，项目收益不好的问题，那么这些债券的保证就会打折扣，使风险增大。尤其在经济衰退、萧条时，这种风险就更大。中央和地方政府债券的转让流通市场远不如短期国债的二级市场活跃，也不如其发行市场发达。这是因为认购长期政府债券多是用剩余资金，是为追求高收益而进行的长期性投资。其转让流通的主要形式及程序类似于公债券。

4. 政府债券市场的层次

证券市场是有价证券交易的场所。政府通过证券市场发行和买卖公债，意味着公债进入了交易过程，而在证券市场中进行的公债交易的场所即为政府债券（公债）市场。毫无疑义，政府债券市场是证券市场的构成部分，同时又对证券市场具有一定的"挤出"作用。政府债券市场按照交易的层次或阶段可分为两个部分：一是政府债券的一级市场，二是政府债券的二级市场。

（1）政府债券的一级市场

政府债券的一级市场，即政府债券的发行市场，是以发行债券的方式筹集资金的场所。在这个市场上，具体决定政府债券的发行时间、发行金额和发行条件，并引导投资者认购及办理认购手续、缴纳款项等。政府债券的发行市场没有集中的具体场所，是无形的观念性市场。政府债券市场由筹资人（通常是代表政府的财政部）、投资人和中介人构成。政府债券可以直接发行，即由政府自行办理债券的发行手续，也可以间接发行，即由政府委托中介机构办理债券的发行手续。政府债券发行市场的中介主要有投资银行、承购公司和受托公司等证券中介机构。它们代表政府的投资人处理一切有关债券发行的实际业务和事务性工作。

（2）政府债券的二级市场

政府债券的二级市场，即政府债券的交易市场，也可称为流通市场或转让市场。它是买卖已发行的政府债券的场所,为政府债券所有权的转移创造条件和提供方便。交易市场一般是有形市场,具有明确的交易场所。在这个市场上,投资人可以根据对政府债券行情的判断,随时买进或卖出债券。债券的买卖方式包括场外交易、交易所交易和柜台交易。债券交易市场的中介有交易商和经纪商。

政府债券的一级市场与二级市场是紧密联系、互相依存、互为条件的。一方面,一级市场是二级市场的基础和前提,只有具备了一定规模和质量的发行市场,二级市场的交易才有可能进行;而且,一级市场上债券的发行条件、发行方式等对二级市场上债券的价格及流动性都有着重要影响。另一方面,二级市场的交易又能促进一级市场的发展,二级市场为一级市场所发行的债券提供了变现的场所,使债券的流动性有了实现的可能,从而增加了投资者的投资兴趣,有利于新债券的发行;二级市场上形成的债券价格以及流动性,是决定一级市场上新发债券的发行规模、条件、期限等的重要因素。

(二)金融债券市场

金融债券主要是由金融机构发行的债券。我国最早发行金融债券的是国家开发银行。目前,各个政策性银行都发行金融债券,而金融债券主要在银行间市场发行并交易。1994 年国家开发银行开始发行政策性金融债,当时以派购的形式向商业银行发行,利率和派购额度由央行确定,大约 6%。1998 年开行进行市场化发行改革,按照国债的发行方式,在银行间市场进行招标发行。此后,开行成为金融债券的最大发行体和债券的第二大发行体,发行总量仅次于国债。2004 年以后中国人民银行开始允许商业银行发行金融债券补充次级资本等。

金融债券分为政策性金融债券和普通金融债券,政策性金融债券是金融债券的主体,由政策性银行发行。其他商业银行发行的普通金融债券、次级债券和混合资本债券品种通常具有特殊用途,发行总量较小。近些年来金融债券的发行主体有了很大变化。除了银行、保险发行金融债券以外,证券公司、信托公司和基金也开始发行金融债券。国外金融机构发行的债券都属于公司债。

五、各交易场所的简要历史和概况

(一)各交易场所的简要历史

中国债券市场集中的交易场所包括交易所市场、银行间市场、商业银行柜台市场和自贸区市场。基本交易场所是银行间市场和交易所市场。这两个市场具有不同的投资人基础、市场主体、服务机构、市场基础设施和监管部门。[①]

我国最早的债券市场是交易所市场，包括上海证券交易所、深圳证券交易所、商品交易所和一些地方交易中心。交易所市场是集中的标准化交易的场内市场，通过证券交易所固定收益证券综合电子平台进行交易，有利于提供大笔集中交易。交易所市场在 20 世纪 90 年代取得了较快的发展。[②]

交易所市场起步较早，但由于前期监管还不完善，特别是托管结算方面的问题，产生了很多风险苗头。1997 年，我国股票市场出现较多泡沫，许多资金疯狂涌入股市。商业银行也通过在交易所债券市场进行回购交易，向证券公司融出了大量炒股所需要的资金，使股市泡沫进一步放大。为此，国务院决定商业银行退出证券交易所市场。后来，人民银行相继发布《关于各商业银行停止在证券交易所证券回购和现券交易的通知》和《关于开办银行间国债现券交易的通知》，要求商业银行撤出交易所，停止在交易所市场的回购交易。为了保证银行持有的债券能够继续交易，人民银行决定建立银行间债券市场，由商业银行办理国债现券交易的债券托管与结算，统一通过中央结算公司进行。此后，人民银行以中央结算公司为中心，以金融基础设施建设为突破点，进而推动银行间债券市场的快速发展，使我国债券市场发展进入了快车道。从市场组建之初，中央结算公司就借鉴国外成熟市场经验，实现了债券无纸化和集中登记托管，促进了安全性和效率的提高，实现了一级托管和代理结算模式，初步奠定了中国债券市场发展的基础。此后我国债券市场迎来了爆发式的增长，债券市场的规模和容量不断扩大。2000 年以后债券市场参与主体多元化发展、活跃度增加，除政府债券外，金融债券、企业债券等券种相继推出，各类券种期限持续丰富，发行方式不断创新，新的交易机制及交易方式加速涌现。与此同时，二级市场流动性有所提高，市场互联互通加强。银行间债券市场的建立对于整个债券市场的发展具有重大影响。此后，银行间市场逐步发展成为国债发行和交易的最大场所，形成了银行间债券市场为主，交易所债券市场为辅的市场格局。从国际经验来看，债券市场的交易场所也主要以场外市场为主，这也证明了我国债券市场交易场所的格局演变是符合市场发展规律的。[③]

（二）各交易场所托管情况

截至 2021 年末，我国债券市场总托管量达到 117.8 万亿元[④]（见图 4 - 20），

---

①②③ 中央结算公司，2022 - 10 - 28.
④ 截至 2021 年末的债券托管规模，不包括同业存单。

银行间子市场和交易所子市场分别占 87% 和 13% 。银行间子市场占主导地位，其债券托管余额为 102.28 万亿元，由中央结算公司和上海清算所两家托管机构服务不同券种。其中，中央结算公司服务券种包括国债、地方政府债、政策性金融债、商业银行金融债、企业债、资产支持证券、国际机构债，托管量为 87.20 万亿元，占主导地位。上海清算所托管债券以短融、超短融为主，托管规模为 15.08 万亿元。2021 年末交易所子市场托管量为 15.52 万亿元，由中国结算公司提供托管服务，服务券种包括交易所债券市场特有券种（公司债、中小企业私募债、可转债、可交换债等），跨市场交易券种（国债、地方政府债、企业债等）。跨市场交易券种由中央结算公司担任总托管人，中国证券结算公司进行分托管。①

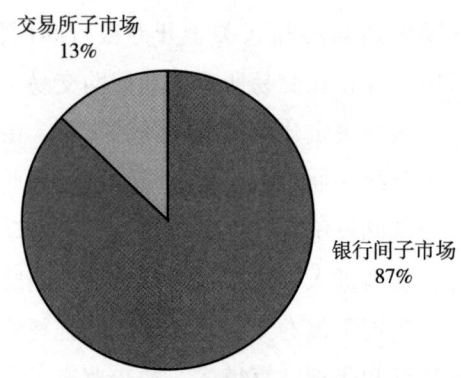

图 4 - 20　中国债券市场托管量

资料来源：中国债券信息网，截至 2021 年 12 月末，托管量不包括同业存单。中央结算公司（2022 - 10 - 28）提供。

第三节　交易所债券市场

在债券资本市场中，证券交易所债券市场主要服务于非金融企业，上市公司等，对于创新经济发展具有不可替代的作用。近年来，各交易所努力提高国际竞争力，展现了广阔的发展前景。

一、证监会直属的证券交易所

我国最早的债券市场是交易所市场，这是因为上海证券交易所和深圳证券交易

---

① 中央结算公司，2022 - 10 - 28.

所建立于 1990 年，而财政部于 1991 年开始实施国债发行的市场化改革。20 世纪 90 年代，我国交易场所包括上海证券交易所、深圳证券交易所、商品交易所和一些地方交易中心。交易所市场是集中的标准化交易的场内市场，通过证券交易所固定收益证券综合电子平台进行交易，有利于提供大笔集中交易，适合交易频繁的投资者。市场体系包括参与主体、交易客体、交易平台、交易方式和交易制度等几个方面。

20 世纪 90 年代初期国债二级市场和一级市场托管主要依托交易所市场，推动了交易所债券市场业务的迅速发展。1998 年以后，交易所市场主要由非金融机构和各类社会投资者参与。交易制度主要采取竞价交易机制和做市商制度，机构和个人投资者通过券商进行债券交易和结算。交易所债券市场债券的发行由中国证监会负责审核，托管机构为中国证券登记结算有限公司上海分公司和深圳分公司，分别对应沪、深证券交易所。交易所债券市场的市场参与者包括证券公司、基金公司、保险公司、企业、符合证监会标准的商业银行以及个人等投资者。商业银行柜台市场和自贸区市场是银行间市场的延伸，是场外市场。为了取长补短，交易所作为集中的场内市场，增加了场外市场的交易方式，而银行间市场也增加了集中交易的方式，场内场外有融合的趋势。

（一）交易所债券市场的简要历史

上海证券交易所和深圳证券交易所最早都是股票交易所。20 世纪 90 年代初期，随着国债二级市场的建立，国债也开始在交易所市场交易。上海证券交易所最早交易国债，并成为主要的国债和债券二级市场交易场所。20 世纪 90 年代初期，上海证券交易所在国债无纸化交易方面发挥了重要作用，最早进行有纸国库券的登记、托管和记账交易。随着无纸化进程的加快，国债交易数量也逐年增加。受上交所国债市场的带动，接着深圳证券交易所的国债交易也发展起来了，1996 年国债招标发行在深圳证券交易所举行。

1991 年以后交易所的债券市场主要从事国债二级市场的无纸化交易。当时上海交易所把一部分有纸国债进行托管和交易，从此有了交易所债券市场。1993 年一部分无纸化国债直接在上海证券交易所进行交易，从而交易所直接参与了国债市场。1996 年国债实现市场化和无纸化，国债二级市场产品全部进入交易所交易。1996 年国债在深圳和上海两个证券交易所发行挂牌，从此交易所成为国债发行和交易的重要场所。1997 年交易所债券回购数量增加，引发风险。1998 年银行间市场建立以后，由于金融机构转入银行间市场，交易所市场的资金来源受到影响，交易所国债市场萎缩。这一时期人民银行推动银行间市场的发展，国债开始跨市场发行。1999～2007 年，交易所债券市场交易规则不断完善。2002 年交易所对债券交易方式进行改革。

21 世纪初期，交易所主动推动债券交易业务，推出新的品种和交易工具，放宽一些市场门槛，使得交易所的债券市场有了新的发展。2002 年 3 月 25 日，上海证券交易所对国债试行净价交易。2002 年 10 月 21 日上海证券交易所推出新的国债回购品种。深圳证券交易所于 2003 年 1 月 2 日正式推出 AAA 级企业债券回购交易，同时大幅调低债券交易费率。

2002 年 7 月 12 日上海证券交易所开发完成了"国债远程招标系统"，表明交易所市场国债远程招标模式的启动。2002 年 8 月 15 日总额 200 亿元的 2002 年记账式（10 期）国债，首次通过新开发的"国债发行远程招标系统（证券交易所市场）"以非现场方式完成招标。

2003 年交易所进一步完善国债回购制度，为交易所市场走向健康发展的道路奠定了基础。国债回购是上海证券交易所于 1993 年 12 月开办的以国债现券折算标准券为交易标的的交易品种，此后，国债回购成为证券公司重要的融资渠道之一，对国债顺利发行和流通发挥了积极作用。自 2003 年以来，证券公司历史积累风险相继爆发，部分证券公司为实现融资，违背国债回购中不得擅自将客户国债用于回购融资的相关规定，违规挪用客户国债并通过国债回购进行融资，既侵犯了客户权利，又形成较大的市场风险；当时德隆系证券公司、武汉证券公司、甘肃证券公司、大鹏证券公司、科技证券公司等一批券商违法交易损害客户利益被关闭，交易所债券市场出现了较大风险。国债回购风险的存在也说明，国债回购制度设计上也存在一定的漏洞，致使违规行为有可乘之机。为及时化解这一风险，杜绝违规挪用行为，中国证监会组织上海证券交易所和中国证券登记结算有限责任公司认真研究论证，提出了新的国债回购制度改革思路，并按照稳妥有序、分步实施、新老划断的原则形成国债回购制度改革方案。方案包括建立质押库以及按账户申报交易等制度，切断券商挪券通道，从源头上做到防范挪用、串用风险；通过交易系统对回购交易申报进行前端检查，从技术上对挪用行为予以了限制；通过推出投资者债券查询系统，在加强投资者保护的同时，形成对挪券行为强有力的外部监督和制约。可以说，新的机制保障了国债回购市场的健康快速发展，促进了"新老交替"目标的实现。国债回购制度改革的成功，为平稳发展交易所债券市场夯实了基础。

2004 年前交易所的发债主体都比较少，只有国债和企业债，交易工具只有现券和质押式回购，2004 年才推出买断式回购。2003～2004 年金融机构如保险公司等进一步撤离交易所市场，使得交易所市场变为个人投资人和企业债的市场。①

2004 年 4 月 27 日，中国证券登记结算有限责任公司为严控国债回购市场风险，出台了《关于加强债券回购业务结算风险管理的通知》，明确了对回购欠库处理及到期违约处罚程序。2004 年 5 月 8 日，中国证券业协会的《债券质押式回购委托协议指引》、上海证券交易所的《债券交易实施细则》和中国证券登记结算有限责任公司的《债券登记、托管与结算业务实施细则》发布。2004 年 8 月 30 日，中国证券监督管理委员会发布《关于对证券公司结算备付金账户进行分户管理的通知》，进一步加强了客户交易结算资金的管理工作。2004 年 10 月 18 日，中国证券监督管理委员会发布新修订的《证券公司债券管理暂行办法》，规定证券公司定向发债担保金额原则上不少于 50%，不提供担保的，发行公司债应该明示风险，认购人、转让人、受让人应当签字确认。

2004 年 11 月 4 日，中国人民银行、财政部、中国银行业监督管理委员会和中国证券监督管理委员会联合发布《个人债权及客户证券交易结算资金收购意见》（以下简称《收购意见》），对于居民个人在"问题金融机构"中的委托理财、国债回购和信托产品及金融机构自行发行的债券等，国家仅对本金 10 万元以下的全额收购。根据《收购意见》，国家充分尊重投资者的自主选择权，投资者可以自主决定是否接受有关部门或其委托单位对债权的收购。

2005 年 4 月 28 日，交易所调整债券大宗交易。上海证券交易所对大宗交易的有关规定进行了适当调整。主要体现在以下三个方面：第一，降低了进行大宗交易的数量门槛。按调整后规定，债券现券或回购交易单笔买卖数量在 1 万手（含）以上或交易金额在 1000 万元（含）以上的，可以采用大宗交易方式，较原先规定的标准有较大幅度降低。第二，取消大宗交易成交价格限制。调整后，债券现券或回购大宗交易的成交价格，由买卖双方自行协商确定，改变了原来大宗交易的成交价格由买方和卖方在当日最高和最低成交价格之间确定的规则。与股票市场不同的是，由于流动性等原因，债券小额成交与大额成交在定价上的差异往往较大。因此，债券大宗交易无法以二级市场小额交易为定价基准。而这一条件修改后，交易双方可以通过一对一谈判的方式定价，增加了债券大宗交易的灵活性。第三，取消公布买卖双方所在营业部名称。交易双方名单不亮相，有利于机构隐身操作。上海证券交易所对大宗交易实施细则的调整，有利于进一步提高交易所债券现券及债券回购大宗交易的活跃度和交易效率。改革后的交易所大宗交易具备了银行间债券市场一对一谈判定价优势，使交易所债券市场在现有的连续撮合交易的基础上，增添

---

① 高坚. 中国债券资本市场［M］. 北京：经济科学出版社，2007：34.

了符合机构投资者交易特点的交易方式。而随着交易所债券大宗交易的参与者逐步增多，交易所债券市场的流动性和市场地位也将逐步提升。

为了完善交易所债券市场回购制度，有效防范市场风险，保障债券投资者的合法权益，上海证券交易所、深圳证券交易所和中国证券登记结算有限责任公司联合拟定的《标准券折算率管理办法》已经中国证监会批准，自 2005 年 1 月 1 日起实施。2005 年以后上海证券交易所和深圳证券交易所发展了各自有特色的债券市场业务。

2005 年首个企业资产证券化产品"联通收益计划"上市交易。2006 年交易所推出可转债，以后又推出了公司债券。按 2008 年修订的《上海证券交易所债券交易实施细则》的规定，交易所债券市场上交易的债券包括国债、公司债券、企业债券、可转换公司债券。交易方式既包括现货交易和质押式回购交易。

（二）上海证券交易所

根据上海证券交易所网站资料，上海证券交易所包括 23 个部门，以及 3 个下属机构——上海证券交易所发展研究中心、上海证券通信有限责任公司、上证所信息网络有限公司，通过它们的合理分工和协调运作，有效地担当起证券市场组织者的角色（见图 4 - 21）。

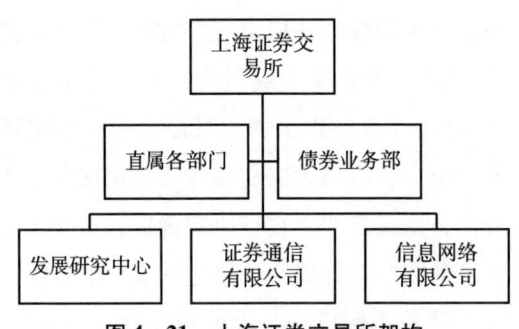

图 4 - 21 上海证券交易所架构

资料来源：笔者根据有关资料绘制。

1. 上海证券交易所证券业务和发展战略

上海证券交易所致力于创造规范、透明、开放、有活力、有韧性的市场环境，主要职能如下：提供证券集中交易的场所、设施和服务；制定和修改上交所业务规则；按照国务院及中国证监会规定，审核证券公开发行上市申请；审核、安排证券上市交易，决定证券终止上市和重新上市等；提供非公开发行证券转让服务；组织和监督证券交易；组织实施交易品种和交易方式创新；对会员进行监管；对证券上市交易公司及相关信息披露义务人进行监管，提供网站供信息披露义务人发布依法披露的信息；对证券服务机构为证券发行上市、交易等提供服务的行为进行监管；设立或者参与设立证券登记结算机构；管理和公布市场信息；开展投资者教育和保护；法律、行政法规规定及中国证监会许可、授权或者委托的其他职能。[①]

经过30余年的快速成长，上交所已发展成为拥有股票、债券、基金、衍生品4大类证券交易品种、市场结构较为完整的证券交易所；拥有可支撑上海证券市场高效稳健运行的交易系统及基础通信设施；拥有可确保上海证券市场规范有序运作、效能显著的自律监管体系。依托这些优势，上海证券市场的规模和投资者群体也在迅速壮大。

截至2021年末，沪市上市公司家数达2037家，总市值52万亿元；2021年全年股票累计成交金额114万亿元，日均成交4691亿元，股票市场筹资总额8336亿元；债券市场挂牌24058只，托管量15.2万亿元，现货成交16.9万亿元；基金市场上市只数达538只，累计成交15.3万亿元；衍生品市场全年累计成交8233亿元。沪市投资者开户数量已达31081万户。[②]

目前上交所已经成为全球第三大证券交易所和全球最活跃的证券交易所之一。截至2021年底，上交所IPO数量及融资金额均位列全球第三，总融资额位列全球第二；股票成交金额超过114万亿元，在全球交易所中排名第四。[③]

2. 上海证券交易所债券市场业务

根据2022年上海证券交易所发布的债券市场指南，上海证券交易所债券交易相关业务可分为交易类、融资类和风险管理类三种类型。交易类业务包括债券现券交易与债券预发行交易；融资类业务包括债券通用质押式回购（以下简称通用回购）交易、债券质押式协议回购（以下简称协议回购）交易、债券质押式三方回购（以下简称三方回购）交易与债券借贷业务等；风险管理类业务包括信用保护工具等。上海证券交易所债券交易主要在新债券交易系统债券集中竞价交易平台（以下简称新债券交易系统）与固定收益证券综合电子平台（以下简称固定收益平台或固收平台）等核心债券交易系统上进行。[④]

上海证券交易所债券市场的交易主体和债券投资者群体相对多元化，包括证券公司、保险、银行、财务公司、银行理财、公募基金、基金专户、企业年金、券商资管、信托、保险资管、私募基金、社会保险基金、期货资管、一般法人/组织、

---

①②③　交易所介绍 | 上海证券交易所（sse. com. cn）.
④　关于修订《上海证券交易所债券交易业务指南第1号——交易业务》的通知 | 上海证券交易所（sse. com. cn）.

QFII、RQFII、个人等。现有债券交易方式包括匹配成交、点击成交、询价成交、竞买成交与协商成交；结算方式包括多边净额结算或逐笔全额结算等。①

（1）债券交易业务

上海证券交易所开展的交易类业务包括债券现券交易和债券预发行交易。现券交易是指交易双方以一定的价格转让债券现券产品所有权的交易行为。现券交易的交易品种包括国债、地方政府债券、政策性金融债券、政府支持机构债券、公司债券、可交换公司债券、非上市公司非公开发行的可转换公司债券、企业债券、资产支持证券等。

债券预发行交易是指在债券发行前特定期间进行交易并在债券发行完成后进行交收的债券交易行为。其中，国债预发行交易，是指在关键期限（1年、3年、5年、7年、10年期）的记账式国债招标日前特定期间进行交易，并在国债招标完成后进行交收的债券买卖行为。

除交易业务外，上海证券交易所根据市场发展情况和债券投资者需求提供相关非交易服务，包括债券分期偿还、回售及其转售、转股、换股、转托管、质押券出入库业务等。前述非交易业务主要在上交所综合业务平台和固收平台进行。②

（2）融资类业务

上海证券交易所开展的融资类业务包括通用回购交易、协议回购交易、三方回购交易、债券借贷业务等。通用回购交易指资金融入方将符合要求的债券申报质押，以相应折算率计算出的质押券价值为融资额度进行质押融资，交易双方约定在回购期满后返还资金，同时解除债券质押的交易。通用回购由登记结算机构进行质押券集中管理并作为中央对手方组织集中清算交收。

协议回购交易是指回购双方自主协商约定，由资金融入方将债券出质给资金融出方融入资金，并在未来返还资金和支付回购利息，同时解除债券质押登记的交易。

三方回购交易是指资金融入方将债券出质给资金融出方以融入资金，约定在未来返还资金和支付回购利息，同时解除债券质押，并由上海证券交易所、证券登记结算机构等根据相关规定提供相关的担保品管理服务的交易。

债券借贷业务是指债券借贷双方自主协商约定，由债券借入方以一定数量的债券为质物，从债券借出方借入标的债券，同时约定在未来特定日期归还标的债券和支付债券借贷费用。③

①②③ 关于修订《上海证券交易所债券交易业务指南第1号——交易业务》的通知｜上海证券交易所（sse. com. cn）。

（3）风险管理类业务

在上交所开展的风险管理类业务包括信用保护工具等。信用保护工具是指信用保护卖方和信用保护买方达成的，约定在未来一定期限内，信用保护买方按照约定的标准和方式向信用保护卖方支付信用保护费用，由卖方就约定的一个或多个参考实体或其符合特定债务种类和债务特征的一个或多个、一类或多类债务向买方提供信用风险保护的金融工具。[①]

（三）深圳证券交易所

深圳证券交易所较早从事国债发行和交易。1996 年国债第一次电子系统招标发行就是在深圳证券交易所进行的。深圳证券交易所的债券交易主要在固定收益部门进行。交易的债券品种有公司债券、各种债券类基金产品。

1. 交易所发展的新目标

深圳证券交易所致力于全面提升多层次资本市场的包容力，对接实体经济重点领域和薄弱环节，服务更多不同成长阶段的企业，拓宽多层次资本市场覆盖面，发挥资本市场的支持、引导、带动作用，优化资源配置，服务国家长远发展战略。深交所发展目标的特点是对接社会多样化财富管理需求，服务更多不同类型的市场参与主体，完善风险管理工具和产品交易平台，发挥交易所市场组织和创新服务功能，提升资本市场的深度和质量（见图 4 - 22）。

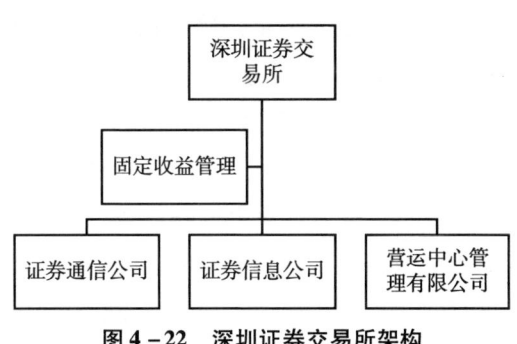

图 4 - 22　深圳证券交易所架构

资料来源：笔者根据有关资料绘制。

交易所致力全面提升多层次的资本市场，完善信息披露监管机制，提高上市公司透明度，构建以诚信约束为核心的差异化监管体系，建立健全投资者服务与保护

[①] 关于修订《上海证券交易所债券交易业务指南第 1 号——交易业务》的通知|上海证券交易所（sse. com. cn）.

工作机制，让市场自身的约束性力量得到充分发挥。深圳证券交易所的工作旨在完善市场交易监管，提高市场运行透明度，实现交易信息、监管规则、监管措施有效公开，促进市场良序运作、参与者归位尽责，让市场风险定价与配置的效率得到长足提升。

深圳证券交易所努力全面提升竞争力，建设全球最具特色的交易所。深圳证券交易所立足核心系统自主研发，提高技术发展和管理水平，以高可用性、高扩展性、高性能容量的新一代交易系统为核心，建设安全、高效、自主、可靠的综合性技术支持服务平台。立足实现长远发展战略，提高自身治理和管理水平，适应新时期中国改革开放和经济社会发展要求，建设以自身鲜明特色为基础、进而在全球范围内拥有核心竞争力的证券交易所。

2. 固定收益与上市基金

债券市场是资本市场服务实体经济的新平台，交易所努力通过债券产品支持中小企业。截至 2014 年 4 月底，深交所上市债券 442 只，托管总面值 2159 亿元。为拓宽未上市中小微企业融资渠道，2012 年推出中小企业私募债券试点，已有 200 只通过备案，金额 270 亿元。119 家企业完成 131 只私募债发行，募集资金 151 亿元，交易所服务促进中小企业规范发展功能逐步显现。[①]

适应创新经济发展，深圳证券交易所积极推进基金特色创新。基金产品是顺应财富管理需求和壮大机构投资者的重要创新领域，上市基金是深交所基金产品创新的特色。2013 年，首个小额贷款类资产证券化产品阿里小贷 1 号和 2 号专项计划在深交所挂牌转让，募集资金 10 亿元，是小额贷款类资产证券化的首次尝试，对于落实小微企业金融支持具有重要的示范意义。[②]

交易所资产证券化产品有助于服务实体经济，对于盘活各类社会存量资产有独特优势。截至 2014 年 4 月底，深交所主板上市公司 480 家，总股本 4443 亿股。[③] 2015 年公司债新政改革后，深交所陆续推出创新创业公司债、创新创业公司私募可转债等，直接或间接支持民营科技企业融资约 250 亿元。[④] 与此同时，深交所大力推动知识产权 ABS 可复制、规模化发展，实现融资近 130 亿元，实现专利、商标和版权全覆盖，助力打通民营科技企业知识产权创造过程中的"融资、交易、运营"业务链条。深交所还拓展运用第三方增信、供应链核心企业信用等方式，缓解民营企业融资难题。[⑤] 截至 2022 年年初，深交所债券市场累计发行具有增信措

---

① 根据公开资料整理，2019 – 06 – 24.
② 根据公开资料整理，2013 – 07 – 09.
③ 根据公开资料整理，2016 – 05 – 10.
④⑤ 根据公开资料整理，2022 – 03 – 28.

施的民营企业债券超过 3100 亿元；发行核心企业供应链应付账款 ABS 超 6900 亿元，累计帮助多行业、数万家供应链上游中小企业提前回款，实现低成本融资。①

3. 服务内容

深圳证券交易所提供信息披露、上市公司公告、法律规则、市场数据、总价交易公开信息、定期报告、投资教育等信息服务。同时交易所建立投资人和上市公司之间的互动平台"互动易"。互动易是由深交所官方推出，供投资者与上市公司直接沟通的平台，一站式公司资讯汇集，提供第一手的互动问答、投资者关系信息、公司声音等内容，整合了公司公告、股东信息、公司财务与融资等综合信息，帮助投资者更了解上市公司。深圳证券交易所的官方刊物是 1991 年起发行的《证券市场导报》。

4. 深圳证券交易所债券市场的新动向

2021 年 3 月 13 日，根据中国证监会统一部署，深交所发布《关于修订〈深圳证券交易所债券交易实施细则〉债券分期偿还相关条款的通知》及《关于挂牌期间非公开发行公司债券分期偿还业务的通知》，将债券分期偿还业务减记方式由减少持仓调整为减少面值，并明确业务触发时相应债券面值、除权参考价计算方法及信息披露要求等规定。②

本次规则实施后，债券分期偿还采用减少面值方式处理的，债券发行人在分期偿还本金时，投资者账户中的债券持仓数量保持不变，一张债券对应的债券面值相应减少。同时，债券应计利息以调整后的债券面值为依据进行计算。③ 为确保调整后的深市债券分期偿还业务的顺利开展，深交所联合中国证券登记结算有限公司全面梳理现行业务，明确业务调整风险点，做好针对性技术操作安排，组织市场参与机构协同有序推进，确保新老业务安全平稳衔接。本次规则修订有利于统一跨市场债券品种的二级市场估值，提升转托管业务效率，促进债券市场发展互通互联和协调统一。

（四）交易所市场和银行间市场之间的融合

以上可以看出，作为重要的金融产品交易场所，上海证券交易所和深圳证券交易所正在发挥着越来越大的作用。在没有银行间债券市场以前，商业银行参与债券发行和交易主要通过交易所市场。商业银行退出交易所债券市场最早要追溯到

---

① 根据公开资料整理，2022 – 03 – 28.

②③ 深圳证券交易所网站. 深交所完善债券分期偿还方式　推动债券市场协同发展 [EB/OL]. http://www.szse.cn/aboutus/trends/news/t20200313_575067.html. 2020 – 03 – 13.

1997 年，当时的央行仍然兼具银行监管的职能。鉴于当时银行资金进入股市，以及交易所市场债券交易诸多乱象，央行发布《关于各商业银行停止在证券交易所证券回购及现券交易的通知》，要求一律停止在证券交易所（指上海证券交易所，深圳证券交易所，各省、市、区证券交易中心）证券回购和现券交易。[①]

银行间市场是银行从交易所市场退出的产物。自 1998 年起，银行撤出交易所以来，债券市场分成被割裂的两大市场：银行间市场和交易所市场。分离后，由于银行间市场资金充裕，逐步发展成为机构投资债券市场。而交易所债券市场由于资金来源萎缩，导致债券市场相对发展较慢。由于两类市场的发行主体和发行条件不同、投资人群体不同、登记托管系统不同、评级机构资格认定不同、交易场所差异，最主要的是监管部门不同，限制了债券市场的一体化发展。鉴于市场分割问题，市场参与人呼吁推动完善债券市场法制，健全分类趋同、规则统一的法律安排，在此基础上形成统一的监管理念和监管标准，监管部门按照债券市场管理分工和各自职责定位严格依法行政，防范监管套利。[②]

由于债券市场的重要性重新得到了交易所的重视，2009 年开始证监会也希望打造自己的债券固收平台，希望商业银行能够重返交易所市场，最终证监会和央行达成共识，允许上市商业银行参与交易所市场债券交易，但仅限于现券交易，不能参与回购。交易所为银行自营资金直接参与交易提供专用席位，但是鉴于一直禁止商业银行从事回购交易，同时将参与主体限制在上市商业银行的范畴，过去几年少数未上市商业银行也有一些擦边球，或者通过公募基金的专户投资。

从 2018 年开始，银行间和交易所在统一评级机构准入方面已经基本做到互认，在债券执法方面也开始联合。但是，两边的投资者群体仍然有较大的差异，其中交易所债券市场一直梦寐以求的就是全面放开商业银行在交易所开户直接投资债券。但是此前在法规层面仍然存有障碍。[③]

2019 年 8 月，人民银行、银保监会和证监会发布《关于银行在证券交易所参与债券交易有关问题的通知》[④]，扩大在交易所债券市场参与现券交易的银行范围。《关于银行在证券交易所参与债券交易有关问题的通知》的下发，带来了以下变化：交易所投资范围扩大到所有银行自有资金（农商行除外），不局限于上市商业

---

① 深圳证券交易所网站. 深交所完善债券分期偿还方式　推动债券市场协同发展［EB/OL］.（2020 – 03 – 13）［2022 – 01 – 30］. http：//www. szse. cn/aboutus/trends/news/t20200313_575067. html.

② 中央结算公司，2021 – 09 – 18.

③ 根据公开资料整理，2019 – 08 – 19.

④ 中国证监会网站. 关于银行在证券交易所参与债券交易有关问题的通知［EB/OL］.（2019 – 08 – 16）［2022 – 03 – 08］. http：//www. csrc. gov. cn/csrc/c100028/c1000934/content. shtml.

银行。交易范围局限于现券交易，不包括回购。①

因为没有具体对交易席位、交易单元、结算参与人资格的问题进行落实，很多银行在操作层面仍然困难重重。由于监管机构和规章制度不同，银行间市场和交易所市场在交易制度、投资者基础和债券发行人的市场准入以及结算、登记托管等方面存在差异，导致两个市场相对割裂且存在监管套利空间。从 2020 年开始，监管部门有监管政策统一融合的趋势。允许更多银行机构根据自身需要在交易所市场参与债券投资，有利于打通两个市场的资金端和资产端，服务金融市场，服务实体经济，推动整个债券市场的发展。

2020 年 7 月 19 日，人民银行、证监会联合发布《中国人民银行、中国证券监督管理委员会公告》（〔2020〕第 7 号），同意银行间与交易所债券市场相关基础设施机构开展互联互通合作。

二、交易所债券市场的交易方式

（一）交易所债券交易方式的基本类型

交易所市场是各类投资者包括机构和个人进行债券买卖的场所。交易所市场是场内市场，投资者将买卖指令输入交易所的电子系统，由电子系统集中撮合完成交易。根据交易方式的不同，债券交易分为现券交易、回购交易、债券借贷、债券衍生产品交易。其中主要方式是现券交易和回购交易。

1. 现券交易

上海证券交易所采取竞价方式，和股市的交易方式一致。传统的交易所债券市场通常只采用竞价撮合的交易方式，即按照时间优先、价格优先的原则，由交易系统对投资者买卖指令进行匹配，最后达成交易。我国上海和深圳证券交易所除了沿用传统的竞价撮合交易方式外，近年也在相应的平台引入了场外交易方式。

（1）固定收益电子平台

交易所的固定收益电子平台定位于机构投资者，为大额现券交易提供服务。该平台包括两层市场：一层为交易商之间的市场，采用报价制和询价制；另一层为交易商与普通投资者之间的市场，采用协议交易的模式，通过成交申报进行交易。该平台可以进行现券交易、买断式回购操作，以及质押券的申报和转回，但不能进行质押式回购操作。

---

① 根据公开资料整理，2019 - 08 - 07.

（2）竞价和询价系统之间的交易

交易所市场的竞价和询价系统之间也可以进行交易，但系统内债券实行 T + 0 交易，跨系统实行 T + 1 交易模式。即当日通过竞价系统买入的债券，可于当日通过该系统卖出，但要于次一交易日才能通过固定收益综合电子平台卖出。

（3）交易的清算和结算

交易所债券市场通过交易所的交易系统和中国证券登记结算有限责任公司的后台结算系统完成债券交易和结算，资金清算由清算银行完成，机构投资者和个人通过券商进行债券交易结算。[①] 交易所市场的债券清算和结算主要采取的是中央对手方的净额结算机制，由中国证券登记结算有限公司负责债券交易的清算、结算，并作为交易双方共同的对手方提供交收担保。[②] 证券交易所债券市场包括上海证券交易所和深圳证券交易所两个债券市场，投资者实行会员制，市场参与者主要包括证券公司、基金公司、保险公司、企业和个人等投资者。在两个证券交易所上市的债券有国债、企业债券、可转换债券等。在进行交易时，遵循"价格优先、时间优先"的原则，采用公开竞价的方式进行。交易系统结算主要用到以下四种数据：成交数据、清算数据、交收数据、持仓数据，这些数据都是根据交易过程得来的，通过一步一步地加工计算，最后形成账户上的持仓数据。[③] 证券公司代理客户买卖债券，从中赚取佣金或手续费。

2. 回购交易

投资者在进行债券回购业务时，通过证券商向交易所申报"回购登记"，交易所及中国证券登记结算有限责任公司根据"回购登记"申报，将该投资者账户下债券当日交易结束后的实际余额，按比例折合成"标准券"，相应记入证券商回购结算主席位的标准债券账户，当日投资者可通过证券商回购结算主席位将该债券用于回购业务。[④]回购交易流程如下：①交易系统前端检查。在交易日，交易系统将融资回购交易申报中的融资数量和该证券账户的实时最大可融资额度进行比较，如融资要求超过该账户实时最大可融资额度属于无效委托。②交易撮合。交易所主机将有效的融资交易申报和融券交易申报撮合配对，回购交易达成，交易所主机相应成交金额实时扣减相应证券账户的最大融资额度。③成交数据发送。交易所将回购交易成交数据实时发给结算公司。④标准券核算和清算。[⑤]

---

①④　根据公开资料整理，2020 – 06 – 17.

②③　根据公开资料整理，2020 – 07 – 24.

⑤　上海证券交易所债券业务部. 上海证券交易所债券回购交易业务介绍 ［EB/OL］. http：// bond. sse. com. cn/trainings/btraining/books/c/4311036. pdf.

（二）债券市场进一步放开

近年来，各交易所采取多项措施，放开市场资格准入，增加市场交易品种。

1. 债券交易参与人和结算参与人

目前，法律制度对债券交易参与人和结算参与人的资格有明确规定。上交所还有如下规定：

（1）关于债券交易参与人

规定近 1 个会计年度年末净资产超过 100 亿元、债券交易较为活跃，且符合相关经验技术要求的银行，可申请成为债券交易参与人，直接参与债券交易。

（2）关于结算交易人

规定近 3 个会计年度年末净资产超过 200 亿元、近 3 个会计年度连续盈利，且符合相关风险评价、经验技术要求的银行，可以申请成为结算参与人，直接办理债券交易的结算业务。

这意味着上交所彻底放开了交易所两个最重大的资格准入，一个是结算参与人资格，另一个是债券交易席位。这两项资格已经很久没有向金融机构放开。同时也是落实此前监管部门要求放开除农商行外的非上市银行进入交易所进行债券交易的举措。

符合条件的银行向交易所申请这两项资质之后，就可以直接开户参与交易所市场债券交易，同时也自行办理债券交易结算。部分结算参与人资格条件更加苛刻，所以如果只取得债券交易席位，没有获得结算参与人资格，可以通过甲类结算参与人做结算（甲类都是券商）。如果两项资格都没有获得，只能委托证券公司参与交易，走券商经纪业务。

2. 结算参与人与模式

中国证券登记结算有限责任公司的结算参与人分为三类：证券公司类结算参与人、银行类结算参与人和其他类结算参与人。对于商业银行而言，结算参与人意义重大，不仅可以直接参与结算不需要甲类代理，实际上托管行的托管资质也与结算参与人挂钩。

（1）证券公司类结算参与人

证券公司类结算参与人分为甲类和乙类。证券公司类结算参与人（甲类）可以接受其他结算参与人或者直接参与交易但没有取得中证登结算参与人资格的机构的委托，办理委托结算业务。证券公司类结算参与人（乙类）不可接受委托办理委托结算业务。①

（2）银行类结算参与人

银行类结算参与人是经监管部门批准取得相关托管人资格的商业银行，按规定可参与证券交易所债券交易的商业银行等，主要包括托管银行、QFII 托管银行和上市商业银行。② 商业银行做交易所的托管资质，首先必须成为交易所的结算参与人，否则无法帮助客户做托管人结算。

2020 年，沪深交易所新发布了《关于银行参与交易所债券交易结算有关事项的通知》，投资范围方面，相关认可银行可以参与债券、资产支持证券以及以其为投资标的的基金交易，但未明确可以进行回购操作。通知第一条规定政策性银行、国有大型商业银行、股份制商业银行、城市商业银行、在华外资银行及境内上市的其他银行可以进入上交所参与以下品种的交易：一是债券和资产支持证券现券的竞价交易，债券品种包括但不限于国债、地方政府债券、金融债券、企业债券、公司债券（含可转换公司债券、可交换公司债券）等；二是以债券和资产支持证券作为投资标的的基金的认购、申购、赎回与交易；三是上交所认可的其他品种的交易。通知分别对债券交易参与人和结算参与人的准入进行了详细规定，其中后者的准入相对更为严苛。成为债券交易参与人和结算参与人的银行，可以直接参与债券交易，并自行办理债券交易结算；成为债券交易参与人但未成为结算参与人的银行，可以直接参与债券交易，并委托经中证登认可的结算参与人进行结算；不具有债券交易参与人资格和结算参与人资格的银行，应当委托证券公司参与债券交易，并通过证券公司经纪业务模式进行结算。

（3）其他类结算参与人

其他类结算参与人是指中证登核准的其他合格机构，主要是保险公司、财务公司、清算中心、信托公司等结算参与机构。

（三）银行参与交易所债券市场交易的政策变化

1. 商业银行进入交易所市场

1990 年，上海证券交易所和深圳证券交易所成立，开辟交易所债券市场，成为银行以及金融机构交易债券的主要场所。交易所债券市场在这段时期占据我国债券市场主导地位。1997 年，由于大量银行信贷资金通过交易所国债回购违规进入股市，加剧股市炒作，导致股市过热产生严重泡沫，中国人民银行出台《关于各

---

① 根据公开资料整理，2021 - 12 - 13.
② 根据公开资料整理，2019 - 07 - 26.

商业银行停止在证券交易所证券回购及现券交易的通知》，要求商业银行退出交易所债券市场。[①] 同年全国银行间债券市场成立。2010 年，证监会、人民银行和银监会联合发布《关于上市商业银行在证券交易所参与债券交易试点有关问题的通知》，允许上市商业银行参与交易所债券市场的现券和回购交易，交易所债券市场和银行间债券市场的相同债券得以实现跨市场交易。[②]

2019 年，证监会、中国人民银行和银保监会联合发布《关于银行在证券交易所参与债券交易有关问题的通知》，除了非上市农商行、农信社以外绝大部分商业银行都获准进入交易所债券市场参与现券交易。[③]

2. 政策性银行进入交易所市场的规定

2019 年，沪深交易所联合中国结算公司发布了《关于银行参与交易所债券交易结算有关事项的通知》。通知规定，政策性银行和商业银行（非上市农商行除外）可以进入交易所参与两大类品种的交易（这是落实此前证监会和银保监会发布的 81 号文精神）：一是直接参加债券的交易。如债券和资产支持证券现券的竞价交易，债券品种包括但不限于国债、地方政府债券、金融债券、企业债券、公司债券（含可转债、可交债）等，不包括回购。二是参与债券基金，如以债券和资产支持证券作为投资标的的基金的认购、申购、赎回与交易。

（四）政府债券交易系统的发展

直到 1998 年以前，国债主要在交易所市场交易。交易所的国债交易系统随着业务发展、科技手段进步等不断完善。

1. 国债的交易和结算

记名国债的购买或出售交易与股票类似，交易完成后，债券的损益登记在债券持有人的证券账户中。不记名国债在交易前必须进行托管，再通过交易系统完成交易。不记名国债的买方有权从托管债券的证券中介机构处提取纸质债券。

传统上，交易所债券市场采取和股票交易同样的模式，即竞价撮合的交易方式，后来也引进了场外交易的模式。交易所的固定收益电子平台主要为了方便机构投资者，这个平台包括两层市场：一层为交易商之间的市场，采用报价制和询价制。另一层为交易商与普通投资者之间的市场，采用协议交易模式。通过成效申报的方式进行交易。平台可以进行现券交易、买断式回购操作、质押券的申报和转回，不能进行质押式回购操作。

---

①②③　根据公开资料整理，2020 - 07 - 20.

国债现货交易的申购单位为"手", 1 手等于 1000 元面值。单次申购量不得超过 10000 手, 变动幅度为 100 手, 委托买入数量必须为 1 手或其整数倍。上海证券交易所规定, 国债现货交易本系统内适用 T + 0 结算机制, 跨系统适用 T + 1 结算机制。投资者和证券中介机构可在交易后 1 天（如遇节假日则相应顺延）结算。

2. 国债的存托与兑付

作为国债交易的法定存托单位, 中央结算公司的建立标志着我国国债托管系统的正式启用。债券现货交易遵循先托管后交易的原则, 交易前必须先将债券托管在中央结算公司的深交所或上交所托管账户中。

国债到期时, 投资者可根据到期国债兑付公告, 到指定的证券自营商处办理兑付手续。根据财政部公布的到期国债兑付公告, 交易所于到期兑付前一个工作日摘牌, 并对债权登记日登记在册的投资者支付本息。图 4 - 23 展示了国债的兑付流程。

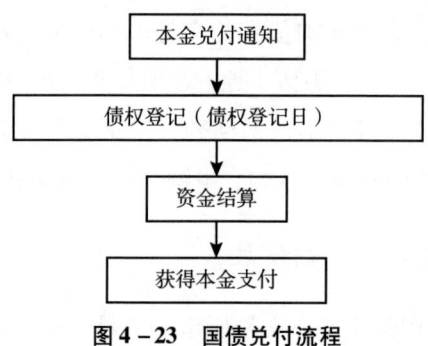

图 4 - 23 国债兑付流程

资料来源: 笔者绘制。

对到期兑付的国债, 交易所在收到财政部的兑付资金后, 根据债权登记日各自营商的国债账户余额, 将国债本息划入投资者的现金账户。投资者在其托管的证券自营商处领取国债本息。

3. 交易所国债交易费用

（1）深交所交易费用

在委托证券公司进行国债交易时, 投资者必须向证券公司支付一笔佣金。佣金必须低于交易价值的 1%。此外, 在深交所进行国债现货交易的证券中介机构有义务向深交所支付佣金, 佣金额度占交易价值的 0.05%。

（2）上交所交易费用

作为投资者的代理人, 证券公司可代表投资者履行国债现货交易, 与此同时, 投资者必须向证券公司支付佣金, 佣金为上海本地 1 元; 异地 3 元。佣金直接从投资者的账户中扣除。佣金必须低于交易价值的1%。在上交所进行国债现货交易的证券中介机构必须向上交所支付佣金，佣金额度占交易价值的0.1%。

（五）交易所市场的主要债券品种

20世纪90年代，在银行间市场建立以前，交易所交易的债券品种主要是国债。1998年银行间市场建立以后，国债发行进入银行间市场。虽然财政部仍然在交易所发行国债，但是越来越多的国债开始在银行间市场发行。

目前在沪、深证券交易所交易的债券品种有国债、地方政府债、金融债、企业债、中小企业私募债、公开发行公司债、非公开发行公司债、可转债、可交换债、分离债、资产支持证券等。沪、深证券交易所债券市场提供的交易方式既包括现货交易，又包括质押式回购交易和协议回购交易。在上海证券交易所和深证证券交易所交易的非政府债券主要都是公司债券。2020年债券交易情况见表4-5和表4-6。

表4-5　　　　　　　　　上海证券交易所2020年债券交易情况一览表

类型	成交笔数	成交金额（万元）	加权平均价格
金融债	153879	9346162.93	102.206
企业债	110815	47642905.59	74.526
中小企业私募债	112300	303409670.2	99.729
公开发行公司债	416118	402234089	99.047
非公开发行公司债	10872	26623477.11	97.116
可转债	153799361	260722003.8	131.251
可交换债	572026	14250328.15	106.532
企业资产支持证券	11486	44815775.33	95.511
质押式回购	128672098	25282350170	2.425
报价回购	33077221	410113365.9	2.897
协议回购	164767	212626164.8	5.617

注：加权平均价格是以交易量为权重的平均价格。
资料来源：上海证券交易所。

表4-6　　　　　　　　　深圳证券交易所2020年债券交易情况一览表

证券类别	成交金额（万元）	成交量（万张）
国债	122095.08	1256.65
地方政府债	308390.15	3056.82

续表

证券类别	成交金额（万元）	成交量（万张）
政策性金融债	6426123.93	63944.45
政府支持债券	43993.97	440.00
企业债	1601735.26	15971.66
公司债	71929135.58	721118.05
可交换公司债	524394.73	4820.23
可转债	714539964.65	4066575.53
非公开发行公司债券	46666673.57	455095.14
非公开发行可交换公司债券	3307847.05	17627.70
证券公司次级债	5135495.12	50315.66
证券公司短期债	56804.58	560.00
债券回购	2781891043.53	27856573.87
质押式回购	2770783441.40	27707834.41
质押式协议回购	11107602.13	148739.46
ABS	22173367.30	223020.01
企业资产支持证券	19785284.93	199549.89
不动产投资信托	2388082.36	23470.12

资料来源：深圳证券交易所。

三、交易所市场债券现货交易的操作程序

为建立健全国统一的债券二级市场，一个基本前提是要有标准化的结算和清算系统。国债管理人的目的是建立一个有效的批发市场，为国债市场的积极参与者构建一个完善的市场交易框架，同时能致力于推动国债衍生产品市场的全面发展。国债管理人的这一目标导向将有助于市场自动交易系统的开发和使用。

如前所述，中国国债市场曾有一段时间以个人投资者为主，国债交易采用手工操作方式。随着国债市场从以个人投资者为主的零售市场转变成以机构投资者为主的批发市场，电子传输系统在国债交易中开始得到应用，这极大地提高了国债市场的交易效率。在电子交易框架下，国债二级市场的具体操作程序如下。

（一）开立账户

通过上交所或深交所购买或交易记账式国债的投资者，必须到证券公司的证券营业部或清算公司的证券登记机构开立证券账户，上述证券公司和清算公司都是交易所的会员。

1. 深交所账户

（1）个人投资者

个人投资者可以通过所在地的证券营业部或证券登记机构办理证券账户，需提供本人有效身份证及复印件。委托他人代办理的，还需提供代办人身份证及复印件。

（2）法人

法人（任何组织实体，包括公司和国有企业，法人作为经济单位履行职能，法人可以与其他实体间达成法律关系，法人依法独立享有民事权利和承担民事义务）持营业执照（及复印件）、法人委托书、法人代表证明书和经办人身份证办理证券账户。

（3）证券投资基金、保险公司

证券投资基金和保险公司需到深圳证券交易所直接办理证券账户。开户费用为个人 50 元/每个账户，机构 500 元/每个账户。

2. 上交所账户

（1）个人投资者

个人投资者可以到上海证券中央登记结算公司在各地的开户代理机构办理有关申请开立证券账户的手续，带齐有效身份证件和复印件。

（2）法人

法人需提供法人营业执照副本原件或复印件，或民政部门、其他主管部门颁发的法人注册登记证书原件和复印件；法定代表人授权委托书以及经办人的有效身份证明及其复印件。委托他人代办的需提供代办人身份证明及其复印件，以及委托人的授权委托书。

（3）开户费用

个人纸卡 40 元/每个账户，个人磁卡本地（上海）40 元/每个账户，异地（上海之外）70 元/每个账户；机构 500 元/每个账户。

（二）债券在交易所市场的发行和上市

根据国债发行公告，不记名国债（暂停发行）和记名国债可通过交易所交易系统的电子主机公开发行。在发行期间，投资者可到指定的证券自营商处办理委托手续，通过交易所交易系统直接购买国债。投资者也可以从指定的证券自营商处直接购买国债。上市国债发行认购办法不同于股票。图 4 - 24 展示了国债发行流程，表 4 - 7 列出了国债的申购规则。

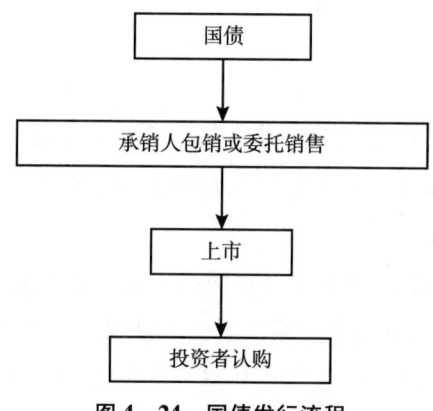

图 4 - 24　国债发行流程

资料来源：笔者绘制。

表 4 - 7　　　　　　　　　　　　　　国债申购规则

发行模式	国债发行可采用挂牌分销和合同分销这两种模式。"挂牌分销"是指承销商在交易所市场挂牌销售国债，各会员单位自营或代理投资者通过交易席位申报认购。"合同分销"是指国债承销商同其他机构或个人投资者签订分销协议进行分销认购
申购账户	深交所账户、上交所账户或基金账户
申购代码	深交所：1016×× 或 1017×× 上交所：751×××
申购价格	挂牌认购价格为 100 元
申购单位	以"张"为单位（以人民币 100 元面额为一张），债券卖出最小申报数量单位为 1 张，债券买入最小申报数量单位、债券回购买卖最小申报数量单位为 10 张
申购费用	无须交纳任何费用

资料来源：笔者根据有关资料整理。

1016×× 和 1017×× 是国债申购和国债交易代码。每一个代码都包含 6 个数字，前 4 个数字代表深交所，固定为 1016 或 1017；"××"表示后两个数字，这两个数字依具体上市国债的不同而不同，并且可以是 1~9 中的任何两个数字。在深交所上市的每一种国债都有一个专门的申购代码。

类似地，751××× 也是国债申购和国债交易代码。每一个代码都包含 6 个数字，前 3 个数字代表上交所，固定为 751，"×××"表示后 3 个数字，这 3 个数字依具体上市国债的不同而不同，并且可以是 1~9 中的任何 3 个数字。在上交所上市的每一种国债都有一个专门的申购代码。

（三）交易所债券市场的托管清算

1. 托管方式

中国证券登记结算有限责任公司①（以下简称"中证登"）负责交易所债券市场的登记、托管和结算。其中，上海证券交易所交易债券的托管和结算由中证登上海分公司负责，深圳证券交易所交易债券的托管和结算由中证登深圳分公司负责。

中证登采取集中登记、二级托管和集中净额结算制度。作为交易双方共同的交收对手方，中证登对债券交收负有担保责任。对于竞价交易系统达成的交易，中证登分别与各结算参与人进行结算，资金清算基本上通过交易所与各结算参与人指定的清算银行实施。对于固定收益电子平台达成的交易，中证登提供了两种清算模式，对于交易商间的交易，中证登作为中央担保者并根据交易所成交结果与交易商进行净额结算。但交易商与客户达成的交易，则实行纯券交割的结算模式。

2. 交易所债券市场的中介服务机构

交易所债券市场中介服务机构由三部分组成：债券交易组织机构、债券托管结算机构和债券业务服务机构。交易所债券市场通过交易所的交易系统和中国证券登记结算公司的后台结算系统完成债券交易和结算。

四、交易所债券市场发展的意义

交易所债券市场的发展有力地促进了证券市场的完整性，满足投资者多样化需求，极大地提高了证券交易所的核心竞争力。具体表现在如下几个方面。

（一）促进市场完整性

完整性更高的证券市场可以满足不同市场环境下的投资需求。例如，在通货膨胀的宏观环境下，股票可能比债券更吸引投资者，而在经济增长放缓的情况下，债券投资更有吸引力。由于股票债券之间有跷跷板的作用，同时从事股票和债券交易的证券交易所可以"两条腿走路"，避免收入剧烈波动。2002 年和 2003 年是股市低迷期，交易所股票交易量大幅下降，而债券市场交易活跃。上海证券交易所债券品种成交金额占其证券总成交金额的 64.9% 和 74.3%，成为稳定交易所收入的主

---

① 中国证券登记结算有限公司在前后文中有时称为"中证登"，或"中国结算公司"、"中国证券结算公司"。

要因素。① 由于投资人的偏好不同，上海证券交易所的债券业务通常大于深圳证券交易所的债券业务。

（二）满足投资者多元化需求

近年来，随着各发达国家金融混业管制的不断放松，向客户提供"一站式"服务已经成为全球金融服务业的发展趋势。在这一背景下，各国证券交易所也纷纷摒弃"精品店"式交易所的战略定位，转而以"金融超市"为目标，向投资者提供多元化产品。② 债券筹资因成本低、收益稳定且风险较小，深受融资者和投资者的普遍欢迎。通过积极发展债券市场，推出更多债券类产品，满足不同投融资者的不同需求，已经成为各国交易所争夺的重点。

（三）债市和股市联动发展

上市公司通过公司债市场融资，与债券投资者的权利义务关系明确，还本付息的硬约束有助于公司治理机制的改善和上市公司质量的提高。从交易所角度来看，股市和债市联动发展还可以达到场地、设施、客户、人才、信息等要素和资源的共享，有效降低自身的运作成本，获取规模经济和范围经济的好处，提高自身竞争能力。

（四）回购市场是连通资金市场和股票市场的渠道

债券市场重要的机构投资者，如保险公司、财务公司等，现金十分充裕，是回购市场主要的资金提供方，可以通过回购市场对自己的短期资金作有效的安排。而股票市场投资者，如证券公司，则可以通过回购方式融得资金，投资股票，实现资产流动性、收益性和安全性的统一。大力发展交易所债券回购市场，既有助于充分合理利用社会金融资源，又可有效发挥其股票市场"资金蓄水池"和"稳压器"的作用，大大提高证券市场整体效率。

第四节　银行间债券市场

银行间市场指银行间同业交易的市场。包括银行间的外汇市场（interbank

---

① Wind 资讯，2004 – 01 – 03.
② 根据公开资料整理，2020 – 06 – 17.

foreign exchange market）和银行间的货币市场（interbank money market），亦即拆放市场。

一、银行间债券市场概况

（一）银行间市场的架构

银行间债券市场和交易所债券市场是中国两个基本的债券市场。目前，银行间市场被中国人民银行定位为机构投资者进行大宗交易的场外市场。

1. 主要发行体

20 世纪 90 年代末期，银行间债券市场主要是国债和政策性金融债券的发行场所。银行间债券市场交易的国债是指由中央政府发行的债券。与其他类型债券相比较，国债的发行主体是中央政府，具有较高的信用度，被誉为"金边债券"。政策性金融债是指我国政策性银行（国家开发银行、中国进出口银行、中国农业发展银行）为筹集信贷资金来源，经国务院、中国人民银行批准，采用市场化发行方式，向中资商业银行、商业保险公司、城市商业银行、农村信用社联社以及邮政储汇局等金融机构发行的债券。

金融债券的发行人资格由国务院审批，总的发行额度由中国人民银行根据融资需求和货币政策需要确定，主要的发行方法为公开招标。

国家开发银行是这一市场最主要的参与人，也是政策性金融债的主要发行人。自 1998 年首次市场化发行金融债券至今，国开行推出了基准债、含权债、浮息债、柜台债、绿色金融债、战'疫'和脱贫攻坚等系列债券创新产品，建立了滚动续发模式、预发行交易、置换招标、弹性招标、做市支持等创新机制，成为境内债市最活跃的发行体之一。[①] 到 2020 年，国开行已累计发行金融债券 20 万亿元，存量近 10 万亿元，占中国债券市场存量的 9.2%。[②] 随着银行间市场的发展，债券发行主体迅速扩大。从市场参与主体看，银行间市场参与者呈现快速增长势头。截至 2021 年末，非金融企业债务融资工具持有人共计 1885 家。随着境外机构、保险机构和基金及理财子公司规模的扩张，广义资管产品的配置思路成为影响市场的新生力量。[③]

2. 机构投资者市场

由于银行间市场本身就是机构市场。银行间市场的投资者全部为机构投资者。

---

①② 根据公开资料整理，2022 – 06 – 18.
③ 根据公开资料整理，2022 – 03 – 24.

到 2021 年，商业银行是国债和政策性金融债券的主要投资人。目前，中国银行间债券的参与人包括商业银行、农信联社、保险公司、基金公司等银行和非银行金融机构。银行间市场的投资人结构见图 4－25、图 4－26 和表 4－8。

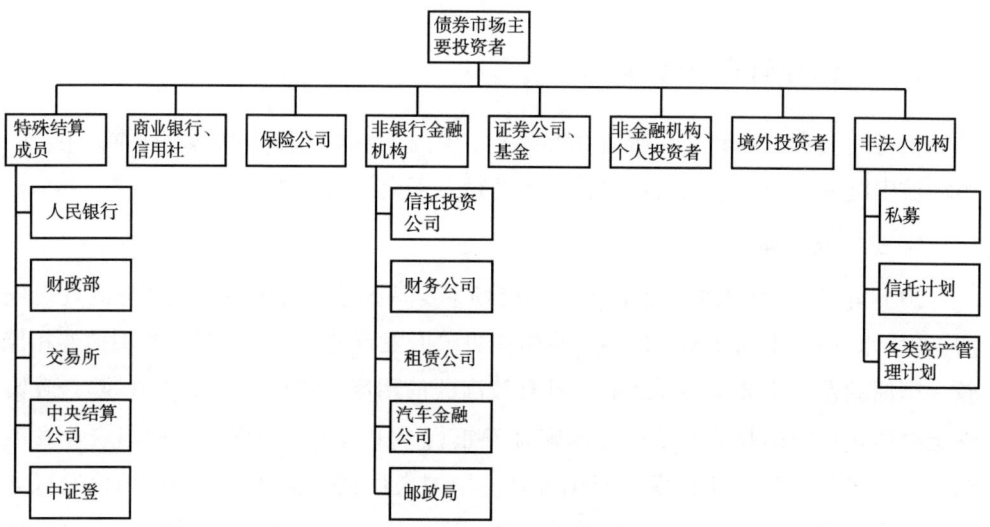

图 4－25　银行间债券市场债券持有人结构

资料来源：笔者绘制。

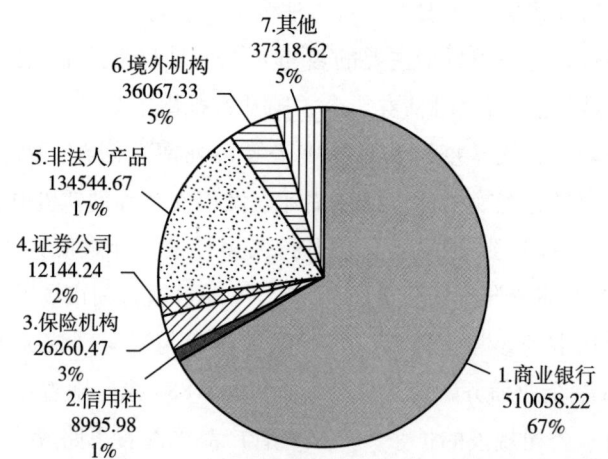

图 4－26　2021 年银行间债券市场的投资者金融债券持有结构

资料来源：中央结算公司。

表 4-8　　　　　　2021 年银行间债券市场的投资者金融债券持有结构　　　　单位：亿元

银行间债券市场	国债	地方政府债	政策性银行债券	商业银行债券
合计	209029.50	292959.59	196607.87	66792.57
1. 商业银行	134655.81	253331.83	104598.50	17472.09
2. 信用社	1997.46	1518.19	5268.73	211.60
3. 保险机构	5916.40	10229.78	5818.43	4295.86
4. 证券公司	5933.28	3060.34	2079.12	1071.51
5. 非法人产品	15315.75	11029.25	66331.61	41868.06
6. 境外机构	24532.08	115.40	10849.31	570.53

资料来源：央行结算公司。

银行间债券市场的主要投资人包括银行、保险公司和投资基金，金融中介主要是各证券公司。银行的角色一般是投资人，不做金融中介。不过中国的情况比较特殊，一方面四大国有商业银行持有大量债券，另一方面中国的证券公司规模较小，很难用自有资金承担金融中介的任务，因此四大国有商业银行也常常扮演金融中介的角色。中国人民银行作为金融市场的主管部门，也希望由四大行担任金融中介，发挥引导市场的作用。

截至 2020 年末，银行间债券市场各类参与主体共计 27958 家，较上年末增加 3911 家。其中境内法人类主体共 3123 家，较上年末增加 41 家；境内非法人类主体共计 23930 家，较上年末增加 3734 家；境外机构投资者 905 家，较上年末增加 136 家。[①] 2021 年银行间债券市场的投资者托管面额结构如图 4-27 所示。

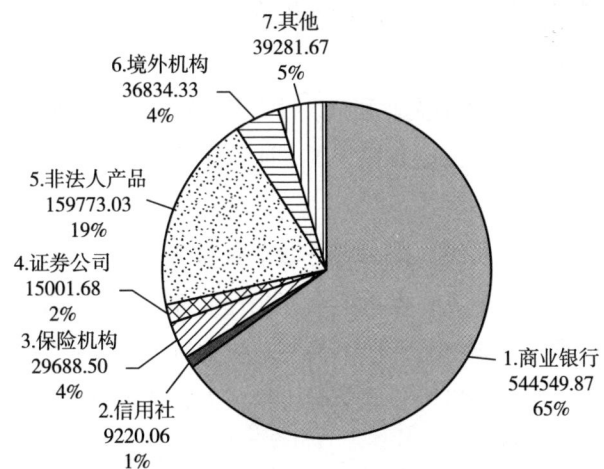

图 4-27　2021 年银行间债券市场的投资者托管面额结构

资料来源：中央结算公司。

---

① 中国人民银行网站. 2020 年金融市场运行情况 ［EB/OL］. （2021-01-26）［2022-03-08］. http：//www.pbc.gov.cn/goutongjiaoliu/113456/113469/4169040/index.html.

2020 年末，银行间市场存款类金融机构持有债券余额 57.7 万亿元，持债占比 57.4%，与上年末基本持平；非法人机构投资者持债规模 28.8 万亿元，持债占比 28.6%，较上年末下降 1 个百分点。公司信用类债券持有者中存款类机构持有量较上年末有所增加，存款类金融机构、非银行金融机构、非法人机构投资者和其他投资者的持有债券占比分别为 27.9%、6.4%、63%。[①]

（二）银行间市场的特点

1. 机构投资人市场

与国际主要市场一样，我国银行间债券市场参与人以机构为主，包括政府、银行、保险公司、证券公司、非法人产品、境外机构等。债券的定价方式包括招标、询价和谈判等，二级市场的价格主要通过谈判来确定。全国银行业同业拆借中心是债券交易成交的法定机构和交易的辅助平台。中央托管结算机构以中央结算公司为主。[②]

2. 创新市场

国开行作为最主要的市场参与人之一，发起了多项金融创新，包括引入浮动利率债券、零息债券、超长期固定利率债券、发行人和投资人选择权债券、本息分离债券（STRIP）、远期债券、附带选择权的利率互换债券、与回购利率挂钩的浮动利率债券等。

3. 多元化市场

银行间市场是多元化、多层次的场外机构市场，有如下几个特点。

（1）金融机构属性

最初是金融机构市场，没有企业和个人投资者，后来扩大到非金融机构。但是银行间债券市场的主要参与者是银行、保险公司、证券公司、非法人产品以及境外机构等。

（2）多层次性

银行间市场分为三个层级。第一层是做市商和结算代理人。它们可以从事债券的自营业务、债券的承销业务，也承担结算代理业务。第二层是可以从事自营交易的金融机构，可以直接参与交易，但不为其他机构进行代理。第三层是通过结算代理进行交易的中小企业金融机构和非金融机构法人，这类机构只能通过有结算代理资格的机构间接参与交易。

银行间债券市场的核心是第一层和第二层，这两个层级的投资者的定价能力和

---

① 中国人民银行网站 . 2020 年金融市场运行情况 ［EB/OL］.（2021 - 01 - 26）［2022 - 03 - 08］. ht-tp：//www. pbc. gov. cn/goutongjiaoliu/113456/113469/4169040/index. html.

② 中央结算公司，2022 - 10 - 28.

风险识别能力较强。第三层是大型金融机构与中小金融机构，以及金融机构与非金融机构连接的市场，这是银行间市场资金与社会资金进行交换的层面，对于扩大银行间市场的功能具有重要意义。[①]

4. 资金量大，交易频率小

由于银行间债券市场的投资人主要是银行和保险公司等，和交易所市场相比，银行间市场具有资金量大、交易频率小的特点。

（三）银行间市场在债券市场中的地位

1. 债券市场主板地位基本确立

随着银行间债券市场规模的急剧扩张，其在我国债券市场的份额和影响力不断扩大。1997 年底，银行间债券市场的债券托管量仅 725 亿元，[②] 2020 年底银行间债券托管量已达到 73.89 万亿元；从二级市场交易量来看，2020 年银行间债券市场的现券交易量为 253 万亿元，同比增长 16.5%；银行间市场信用拆借、回购交易总成交量为 1106.9 万亿元，同比增长 14%。其中同业拆借累计成交 147.1 万亿元，同比下降 3%；质押式回购累计成交 952.7 万亿元，同比增长 17.6%；买断式回购累计成交 7 万亿元，同比下降 26.3%。[③] 银行间债券市场已经逐步确立了其在我国债券市场中的主板地位。

2. 市场功能逐步显现，兼具投资和流动性管理功能

银行间债券市场的快速扩容为商业银行提供了资金运作的平台，提高了商业银行的资金运作效率。从 1997 年至 2012 年（3 月），商业银行的债券资产总额从 0.35 万亿元上升到 11.7 万亿元，占债券总托管量的 57%。[④] 形成商业银行庞大的二级储备。商业银行相应逐步减少超额准备金的水平，在提高资金运作收益的同时，显著增强了商业银行资产的流动性。此外，银行间债券市场也已成为中央银行公开市场操作平台。1998 年人民银行开始通过银行间市场进行现券买卖和回购，对基础货币进行调控，随着 2000 年来我国外汇占款的快速增长，2003 年人民银行开始通过银行间债券市场发行央行票据，截至 2012 年底，央行票据发行余额 1.9 万亿元，有效对冲了外汇占款。[⑤] 2014～2020 年我国债券市场存量一直呈增长趋

---

①　沈炳熙，曹媛媛．中国债券市场——30 年改革与发展［M］．第二版．北京：北京大学出版社，2014：36 - 37.

②　根据公开资料整理，2006 - 04 - 29.

③　中国人民银行网站．2020 年金融市场运行情况［EB/OL］．（2021 - 01 - 26）［2022 - 03 - 08］．http://www.pbc.gov.cn/goutongjiaoliu/113456/113469/4169040/index.html.

④⑤　根据公开资料整理，2021 - 12 - 20.

势，中国人民银行数据显示，2020 年 12 月我国债券市场存量为 116.72 万亿人民币。作为直接融资的渠道之一，债券融资规模的增长为实体经济提供更多资金支持。经过多年努力，我国银行间债券市场种类更趋齐全，结构更加合理，品种更加丰富。

（四）银行间债券市场交易的主要品种

从 21 世纪初期开始，国家开发银行引进了各种债券创新品种（见图 4 - 28）。这些债券都在银行间市场挂牌上市。目前银行间债券市场中存在着丰富的债券发行和交易品种。按照付息方式划分，包括零息债券和附息债券。零息债券指债券合约未规定利息支付的债券。这类债券通常以低于面值的价格发行，投资者通过以债券面值的折扣价买入来获利。附息债券的本意是指在债券券面上附有息票，按照债券票面载明的利率及支付方式支付利息的债券，目前一律采用记账方式。到期一次还本付息的债券大多数是在国债市场没有建立以前发行的。这种债券也称为息票累积债券——跟附息债权类似，规定了票面利率，但是只有在债券到期时债券持有人才能一次性获得本息，债券的存续期内不进行利息支付。按利率固定浮动性质分，可以分为固定利率债券和浮动利率债券。固定利率债券具有固定利息率和固定的偿还期，是一种比较传统的债券品种。这种债券在市场利率相对稳定的情况下比较流行，但在利率急剧变化时风险较大。浮动利率债券是利率根据市场利率定期调整的中、长期债券。利率按标准利率（同业拆放利率或银行优惠利率）加减一定利率基点确定。浮动利率债券有利于投资人防范利率风险。

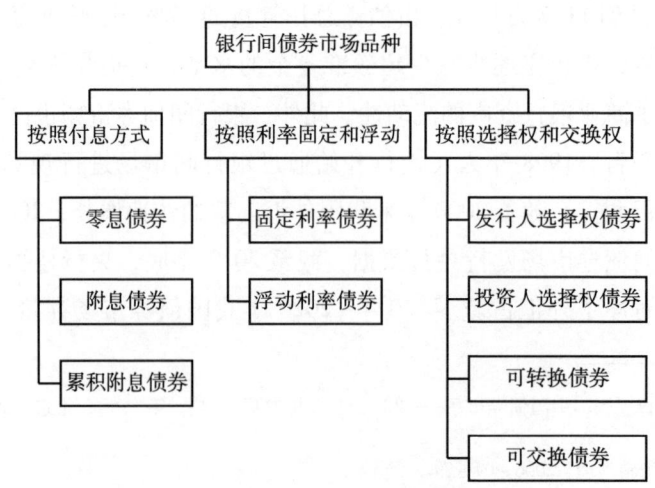

图 4 - 28　银行间市场债券品种

资料来源：笔者绘制。

（五）银行间市场的服务机构

中央国债登记结算有限责任公司为市场参与者提供债券托管、结算和信息服务；全国银行间同业拆借中心为市场参与者的报价、交易提供中介及信息服务。经中国人民银行授权，同业中心和中央结算公司可披露市场有关信息。中央国债登记结算有限责任公司成立于1996年12月。作为中国债券市场核心运行平台，中央结算公司为债券市场提供包括债券发行、登记托管、交易结算、付息兑付、估值、担保品管理、信息披露在内的一条龙全生命周期服务。[①]

全国银行间同业拆借中心成立于1997年6月6日，其主要职能是提供银行间外汇交易、人民币同业拆借、债券交易系统并组织市场交易，提供外汇市场、债券市场和货币市场的信息服务等。

二、银行间市场的境外投资者

（一）境外投资者资格和额度

经过多年的努力，我国债券市场的改革发展取得了显著成效，目前已成为世界第二大债券市场，具有多元化的投资者结构，以及国债、政策性金融债、金融债、公司信用类债券等多样性的债券产品序列。同时，随着人民币跨境使用范围的逐步扩大，我国债券市场对外开放步伐不断加快。自2010年以来，人民银行先后允许符合条件的境外央行或货币当局、主权财富基金、国际金融组织、人民币境外清算行和参加行、境外保险机构参与银行间债券市场。2015年7月，人民银行对于境外央行类机构（境外央行或货币当局、国际金融组织、主权财富基金）进入银行间市场投资推出了更为便利的政策。为进一步推动银行间债券市场对外开放，便利境外机构投资者投资银行间债券市场，2016年人民银行在认真总结对外开放工作经验的基础上，发布方便境外投资者的新政策，旨在便利更多类型的境外机构投资者依法合规投资银行间债券市场，[②] 引入更多符合条件的境外机构投资者，取消投资额度限制，简化管理流程。[③] 此外，经国务院批准，人民银行和外汇局已取消了RQFII试点国家和地区，以及QFII/RQFII额度限制。

---

① 中央结算中心，2021 – 09 – 18.

②③ 中国人民银行网站. 中国人民银行有关负责人就境外机构投资者投资银行间债券市场有关事宜答记者问［EB/OL］.（2016 – 05 – 27）［2022 – 03 – 08］. http：//www. pbc. gov. cn/goutongjiaoliu/113456/113469/3070371/index. html.

境外机构投资者通过不同渠道投资银行间市场的政策原则上趋向统一。上述改革措施进一步提高了境外机构投资者入市投资的便利性，有助于提升我国金融市场开放的广度和深度，推动人民币国际化。①

在中华人民共和国境外依法注册成立的商业银行、保险公司、证券公司、基金管理公司及其他资产管理机构等各类金融机构，依法合规面向客户发行的资管产品，以及养老基金、慈善基金、捐赠基金等人民银行认可的其他中长期机构投资者，可根据 2016 年《中国人民银行公告》的相关规定投资银行间债券市场。符合条件的境外机构投资者可自主决定投资规模，没有投资额度限制。在备案时，境外机构投资者应根据自身情况真实、准确地填报拟投资规模等信息。2020 年 5 月 5 日，中国人民银行（以下简称"人民银行"）和国家外汇管理局（以下简称"外管局"）发布了《境外机构投资者境内证券期货投资资金管理规定》（中国人民银行、国家外汇管理局公告〔2020〕第 2 号）。《境外机构投资者境内证券期货投资资金管理规定》的出台，正式取消了 QFII/RQFII 的额度限制，拓宽了境外投资者投资境内金融市场的渠道，是继"沪港通/深港通"、"债券通"以及一系列境内期货、证券和公募基金领域的对外开放新政之后，推出的又一重要利好政策。② 这使我国债券市场的对外开放走上了一个新的台阶。

（二）结算代理人相关信息

符合条件的境外机构投资者可通过人民银行上海总部、中国银行间市场交易商协会、全国银行间同业拆借中心、中央结算公司及银行间市场清算所等银行间市场中介机构的官方网站查询具备银行间市场结算代理资质的结算代理人名单。自 2010 年以来，已有多家结算代理人受托为境外机构投资者提供代理交易和结算服务。2020 年，汇丰中国成功协助境外客户完成全市场首单境外机构基于集中清算模式的人民币利率互换交易，满足了境外投资者在境内投资债券的风险管理需求。③

（三）投资收益汇出和参与银行间外汇市场

境外机构投资者投资银行间债券市场汇入的本金既可以是人民币，又可以是外币。资金如需汇出，可以直接人民币汇出，也可在境内兑换为外币后汇出，汇出的

---

① 国家外管局网站. 中国人民银行　国家外汇管理局进一步便利境外机构投资者投资银行间债券市场 [EB/OL]. (2019 - 10 - 16) [2022 - 03 - 08]. http：//www. safe. gov. cn/safe/2019/1015/14367. html.

② 根据公开资料整理，2020 - 07 - 07.

③ 根据公开资料整理，2022 - 03 - 10.

资金币种结构应保持与汇入时的本外币比例基本一致。资金的汇入汇出以及购汇、结汇等操作流程应当遵守中国人民银行和国家外汇管理局的有关规定。

2015年人民银行就境外央行类机构进入中国银行间外汇市场有关事宜发布《中国人民银行公告〔2015〕第31号》。根据公告，境外央行类机构（境外央行和货币当局、国际金融组织、主权财富基金）可通过人民银行代理，通过中国银行间外汇市场会员代理以及直接成为中国银行间外汇市场境外会员三种方式中的一种或多种进入银行间外汇市场，开展包括即期、远期、掉期和期权在内的各品种外汇交易。境外人民币业务清算行和符合一定条件的人民币购售业务境外参加行也可以进入银行间外汇市场，参与挂牌的各品种外汇交易。目前，其他境外机构投资者暂不能直接进入银行间外汇市场。未来，人民银行将继续研究推动外汇市场的对外开放，循序渐进地扩大进入银行间外汇市场的境外机构范围，更好地满足市场参与者的需要。

（四）境外投资者参与的各类交易

各类境外机构投资者现阶段均可在银行间债券市场开展现券交易，并可基于套期保值需求开展债券借贷、债券远期、远期利率协议及利率互换等交易。境外人民币业务清算行和参加行还可在银行间债券市场开展债券回购交易。未来人民银行将根据市场发展情况，适时允许其他境外机构投资者开展债券回购交易。

（五）开立人民币专用存款账户

开立人民币专用存款账户是债券市场对外开放的重要举措，符合条件的境外机构投资者可按照《人民币银行结算账户管理办法》《境外机构人民币银行结算账户管理办法》《中国人民银行关于境外机构人民币银行结算账户开立和使用有关问题的通知》等银行结算账户管理规定，在境内银行开立人民币特殊账户，纳入人民币专用存款账户管理，专门用于债券交易的资金结算。每家境外机构只能开立一个人民币特殊账户，并应当出具中国人民银行上海总部的备案回执，无须出具基本存款账户开户许可证，并由开户银行报中国人民银行当地分支机构核准。

（六）操作流程

根据中国人民银行公告，符合条件的境外机构投资者可根据人民银行上海总部发布的境外机构投资者备案实施细则，填写投资备案表并通过银行间市场结算代理人提交至人民银行上海总部。备案完成后，境外机构投资者的结算代理人即可按规定办理相关开户、联网手续。已进入银行间债券市场的境外机构投资者不需重新备案，原获批额度自动过渡为该境外机构投资者的拟投资规模。为保证境外机构信息的完整性，境外机构投资者如需变更相关信息，需及时向人民银行上海总部提交相应材料。

（七）人民银行的管理举措

人民银行对于发展银行间债券市场有很多新的举措，主要包括如下几个方面：

一是规范备案管理。若境外机构投资者自备案完成之日9个月内汇入的投资本金不足其备案拟投资规模的50%，需重新报送拟投资规模等信息。

二是明确资金汇兑管理。要求境外机构投资者根据相关规定办理外汇登记，资金汇出入不设限制，但投资者汇出的资金币种结构应保持与汇入时的本外币比例基本一致，上下波动不超过10%。

三是加强事中事后监测。加强对境外机构投资者投资行为和跨境人民币资金大额异常流动的日常监测，督促结算代理人认真履行真实性审核和信息报送义务。

三、银行间债券市场的操作程序

银行间债券市场本质上是一个场外市场，属于机构投资者参与的批发市场。银行间债券市场的交易既不需要实体交易场所，又不需要经纪人和自营商。银行间债券市场的交易在各家银行、保险公司和证券公司等银行间市场成员中进行，交易的达成由参与交易的银行协商议定。

1997年6月，中国人民银行要求各商业银行撤出交易所债券市场，所持债券由中央登记结算公司负责登记托管结算，银行间债券市场自此成立。[1] 1997年，银行间债券市场创立之初，只有16家商业银行总行参与。[2] 目前市场成员已涵盖了境内商业银行、政策性及开发性金融机构、信托公司、各类基金、财务公司、金融租赁公司等金融机构、境外央行和商业性金融机构以及工商企业等非金融机构各类企事业法人单位。[3] 另外，还有理财产品、信托计划、保险产品、基金等非法人机构参与投资。2016年2月14日，中国人民银行《银行间债券市场柜台业务管理办法》规定，具备相关资质的企业和个人投资者也可以通过债券的柜台业务参与银

---

① 根据公开资料整理，2020 – 07 – 20.

② 中央结算公司。

③ 根据公开资料整理，2021 – 04 – 12.

行间债券市场投资。[①]

（一）做市商制度和双边报价业务

做市商制度是 20 世纪 90 年代初期，财政部国债司为了推动国债市场化率先推出的旨在活跃国债二级市场的一项制度。银行间市场的价格形成制度采用的是做市商的双边报价制度。双边报价是指金融机构根据自身情况，对全国银行间债券市场可进行现券交易的债券，在一定的债券买卖差价范围内，连续报出买入价格和卖出价格，以便维持市场流动性，满足市场需求。

1. 询价制度

我国银行间债券市场的交易流程一般分为一对一交易询价、达成交易意向后的实质谈判、交易要素的匹配、前台交易指令确认、后台清算和结算等各个环节。银行间债券市场场外交易的特点决定了每一笔成交都是自主报价、自选对手、自行结算以及信用交易。各家交易机构的交易员一旦确认交易要素并且确认前台交易指令之后就会进入债券实质性交割步骤。交易要素的匹配确认，是买卖双方通过一对一的询价和谈判，对交易标的债券的价格、数量和结算方式、清算时间等进行确认匹配的过程。对于已经确认的交易，经交易前台点击确认之后直接传输到中央结算公司或上海清算所进行债券的实质性交割登记和资金的清算划转。通常这一过程是不可逆的。券款清算结算的过程需要按照匹配确认的交易指令对于计算好的债券交割数量和资金支付金额进行交换。

2. 登记、托管、结算

登记、托管及结算属于债券市场的核心基础业务。中央结算公司为一级托管机构，为各类型的机构投资者开设债券交易账户。从托管体系看，中央结算公司和上海清算所负责对银行间债券市场的全部债券进行托管和簿记工作。中央登记托管结算机构在债券结算业务中发挥重要的组织作用，其工作包括向资金支付系统发起资金支付报文，同时，通过自身维护的证券结算系统办理债券持有人的变更登记，实现债券和资金同步交收。[②]

按照是否对交易主体之间的权利义务进行轧差，债券结算类型可以分为全额结算与净额结算。全额结算适应于交易金额大、交易笔数少的批发性市场；净额结算

---

①　中国人民银行网站. 中国人民银行公告〔2016〕第 2 号（全国银行间债券市场柜台业务管理办法）[EB/OL].（2016 - 02 - 05）[2022 - 03 - 08]. http：//www. pbc. gov. cn/tiaofasi/144941/3581332/3588365/index. html.

②　中央结算公司，2022 - 10 - 28.

适合交易频繁和活跃的市场，尤其是在交易所的撮合交易模式。由于债券市场具有以场外市场为主，大宗交易占主要份额的行业特点，因此在国内外实践中，债券全额结算占比普遍高于净额结算。全额结算时结算机构不对交易主体之间的权利义务轧差，按照实际交易的债券及所对应的资金数额进行清算和交收。从全额结算的程序来看，全额结算因不涉及轧差计算，由结算机构完成交易前台传输的交易信息的获取、确认、匹配，并依据结算合同完成交收。全额结算下，交易双方一一对应，将现金流与支付义务进行了匹配，使合约项下的支付义务得以清晰展现，有利于保持交易的稳定和结算的及时性，降低结算本金风险。净额结算时结算机构对交易主体之间的权利义务进行轧差计算，按照轧差计算后各交易主体应收应付债券和资金的数额进行交收。从净额结算的程序来看，由结算机构完成交易前台传输的交易指令的获取、确认、匹配，对确认后的交易指令进行轧差计算，并依据轧差计算后的结果完成交收。净额结算要求指定时间段内所有的结算都顺利进行，如果有某个参与者无法进行结算，则可能对其他参与者的结算带来影响，甚至给整个市场带来系统性风险。[1]

根据债券所有权转移或权利质押与相应结算资金的交收之间不同的制约形式，债券结算方式包括券款对付（DVP）、见券付款（PAD）、见款付券（DAP）、纯券过户（FOP）。目前，除个别业务外（主要是境内美元债的交易结算），银行间债券市场的交易均采用 DVP 结算方式进行结算。此外，在结算货币方面，目前我国银行间债券市场结算参与成员使用自身在支付系统的清算账户或通过中央结算公司特许清算账户进行资金结算，均使用中央银行货币结算。在结算周期方面，我国领先于很多发达国家的债券市场，银行间债券市场早就实现 T+0 或 T+1 的结算周期（T 为交易达成日）。实践中，境内机构结算周期以 T+0 为主，全球通[2]的结算周期主要集中在 T+0、T+1；相比而言，香港债券通结算周期较长、中间成本较高，以 T+2 以上为主。[3]

（二）银行间市场的价格形成

1. 双边报价

双边报价业务是现代证券市场旨在维持市场流动性的一项重要制度。根据这项制度，有规定资质的金融机构必须对全国银行间债券市场的现券交易的债券，在一

---

[1][3]　中央结算公司，2022-10-28.

[2]　全球通指各类境外投资者直接在中国银行间债券市场入市，香港债券通指部分境外投资者通过香港间接入市。

定买卖差价范围内，连续报出买入和卖出价格，以满足市场需求。

我国银行间债券市场属于机构投资者参与的批发市场，其价格形成制度采用的是做市商的双边报价。2000 年以来，中国人民银行大力推动银行间市场的双边报价业务。2001 年 3 月，中国人民银行下发了《中国人民银行关于规范和支持银行间债券市场双边报价业务有关问题的通知》，规定金融机构申请成为中国人民银行批准的双边报价商的资格条件，应遵守的业务规范和给予双边报价商的相应便利。

2. 双边报价商的做市商制度

开展双边报价业务的机构是做市商。根据中国人民银行的规定，双边报价商的权利包括中国人民银行同意经商债券发行人同意，双边报价商享有在一级市场购买债券的便利；中国人民银行通过公开市场业务支持双边报价商的融资需要；中国人民银行根据货币政策的需要和双边报价商对债券的报价与交易情况，通过公开市场进行现券交易和融资业务；可以获得全国银行间拆借中心的双边报价系统提供的技术支持。同时规定双边报价商有义务参与公开市场活动，人民银行通过公开市场业务支持双边报价。

（三）券款对付的结算机制

券款对付（Delivery Versus Payment，DVP）是指交易达成后，在双方指定的结算日，债券和资金同步进行相对交收并互为约束条件的一种结算方式。券款对付的特点是结算双方交割风险对等，是一种高效率、低风险的结算方式。DVP 一般需要债券结算系统和资金划拨清算系统对接，同步办理券和款的交割，是国际债券结算行业提倡且较为安全高效的一种结算方式，也是发达债券市场最普遍使用的一种结算方式。券款对付的实现，可使相互并不熟悉或信用水平相差很大的交易双方安全迅速地完成债券交易结算。支付和市场基础设施委员会与 IOSCO 联合发布的《金融市场基础设施原则》明确指出：为减小风险，金融市场基础设施应采用 DVP 结算，并建议在一级、二级市场都应实现 DVP 结算。中国人民银行公告〔2013〕第 12 号文件明确规定"全国银行间债券市场参与者进行债券交易，应当采用券款对付结算方式办理债券结算和资金结算，中国人民银行另有规定的除外"。[①]

2004 年以前，在正式的"券款对付"结算条件暂不完全具备的情况下，银行间债券市场成员之间的交易结算主要采取结算方式如下：一是纯券过户（FOP），指不管资金收付情况，只根据付券方指令，直接向其对方划付债券的结算方式；二

---

① 中央结算公司，2022 - 10 - 28.

是见券付款（PAD），指交易双方中的一方在确认收到对方应付的债券后，再向对方划付资金的结算方式；三是见款付券（DAP），指交易双方中的一方在确认收到对方的应付款项后，再向对方划付债券的结算方式。这三种结算方式债券清算功能和资金结算功能相互独立，债券的交割过户由中央结算公司负责，资金在人民银行进行清算，考虑到分离的债券过户和资金清算存在结算本金风险和效率不高等问题，2004年，通过债券托管结算体系和央行的支付体系对接实现了实时券款对付结算（RTS + DVP）。[①]

鉴于"券款对付"结算方式代表未来发展的方向，人民银行指导中央结算公司对系统进行了多次开发和升级改造，中央结算公司积极推动DVP结算机制，并全面覆盖银行间债券市场的所有参与主体。2004年，中央结算公司的中央债券综合业务系统与大额支付系统实现联网运行，建成使用央行货币的全额实时券款同步交割结算机制，根除了债券交易中的结算本金风险，是中国金融基础设施达到国际先进水平的主要标志之一。经过中央结算公司的努力，2008年实现了非银行机构DVP结算机制。2013年，根据监管部门要求，银行间债券市场参与者的债券交易全面采用DVP结算方式。2017年，中央结算公司对原中债综合业务平台进行重构和升级，自主打造功能更完善、架构更合理、技术更先进的中债新一代综合业务平台，该系统于2020年10月正式上线，推动了我国金融基础设施现代化水平全面提升，以及安全高效的数字化金融系统生态加快形成。[②]

目前，除个别业务外（主要是境内美元债的交易结算），我国银行间债券市场的交易均采用DVP结算方式进行结算。我国政策规定采取"券款对付"结算方式的结算双方必须为全国银行间债券结算成员。结算成员为支付系统直接参与者，其他间接参与者必须与直接参与者建立代理关系，并且与中央结算公司签订相关业务协议（见图4-29）。[③]

（四）中央对手方结算机制

上海清算所于2009年11月28日成立，是中国人民银行认定的合格中央对手方，获得美国商品期货交易委员会许可，可向美国清算会员自营交易提供清算服务，同时是我国大额存单和公司信用类债券的登记托管结算中心。作为专业的独立清算机构，上海清算主要为银行间市场的债券交易、外汇交易、利率和汇率衍生品交易等提供全面的、以中央对手为主的集中清算服务。

---

①②③　中央结算公司，2022 - 10 - 28.

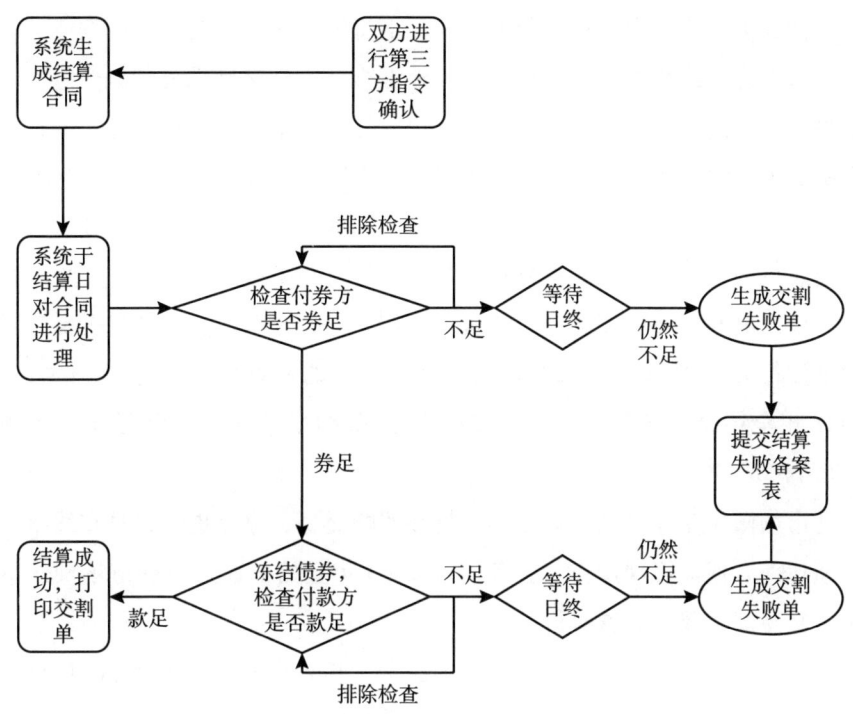

图4-29 银行间市场债券结算流程

资料来源：中国债券信息网。

上海清算所在2015年3月30日正式推出债券净额清算业务。债券净额清算涵盖债券现券、质押式回购、买断式回购交易的中央对手清算业务。所谓债券净额清算，就是债券交易中央对手清算的结算方式，其核心机制是中央对手方清算，即上海清算所作为中央对手方介入合约交易的对手方之间，通过合约替代，成为所有买方的卖方和卖方的买方，并提供担保交收。上海清算所推出的债券净额清算业务对所有债券交易均统一轧差，在任何情况下中央对手方必须保证合约的正常进行，即便买卖中的一方不能履约，中央对手方也必须首先对守约方履行交收义务，然后再向违约方追究违约责任，从而提高资金和债券的使用效率，降低成本。对交易相对频繁的机构以及现券与回购套做的机构，净额清算机制将有效提升资金和债券使用效率。相对于传统的双边全额逐笔清算，净额清算仅需在日终进行批次轧差处理，可降低市场机构中后台的操作风险并减少操作量，对提升结算安全和效率有明显的作用。

（五）中央结算公司的债券系统

中央结算公司的债券系统提供中央债券簿记业务、债券发行业务、公开市场操作业务、债券柜台业务中心相关业务、债券信息统计业务以及客户查询业务。系统与大额支付系统、跨境人民币支付系统、外汇交易中心交易系统相连。[①]

中央债券簿记业务包括债券发行、登记、托管、结算及清算业务。发行人和主承销商协商确定利率或价格区间后，由簿记管理人（一般由主承销商担任）与投资者进行一对一的沟通协商，投资者确定在不同利率档次下的申购订单，管理人将订单汇集后按约定的定价和配售方式确定最终发行利率或价格，进行配售发行。目前，企业信用债券、金融债券、信贷资产支持证券、非金融企业债务融资工具等多选择此种发行方式。[②] 截至 2021 年底，该系统中的托管债券总量达到 87.2 万亿元，2021 年全年通过该系统发行的债券达到 22.84 万亿元，全年系统结算额达到 1043.47 万亿元。[③]

公开市场操作业务包括办理现券交易和回购交易，以及提供每日在线报告、统计和国债代理人现金管理操作等服务。[④] 从 2003 年开始，通过公开市场操作系统完成的所有交易都实现了券款对付结算。

债券柜台业务提供与柜台交易相关的服务。柜台交易的债券实行两级托管制，中央结算公司是债券的一级托管人，负责债券交易账户和代理人账户，经批准可办理记账式债券柜台交易的商业银行为二级托管人。

从 1998 年起，银行间债券市场所有可交易的政府债券都是记账式债券，可以直接进入中央债券簿记系统。从 2003 年起，中央企业债券开始在中央债券簿记系统中登记，并采用无纸化记账式债券形式。从 2004 年开始，凭证式储蓄债券也通过中央债券簿记系统进行登记。

中央结算公司先进的债券业务系统支持金融创新产品，使其可直接进入系统交易，比如本息分离债券（系统中登记的债券本金和利息可分开交易）、2002 年推出的可回售债券、2004 年推出的次级债和企业债券以及短期票据等。资产支持证券和由国际机构发行的人民币债券现在也可以通过中央债券簿记系统进行登记结算。2005 年，中央债券簿记系统的服务范围进一步扩展，已能负责远期债券交易的结算。

此外，中央结算公司的结算系统与全国和国际支付系统间逐渐实现了连接。2004 年 11 月 8 日，中央结算公司的债券系统与全国支付系统实现了连接，从而使券款对付结算成为可能。目前已有 100 家机构通过中央债券簿记系统参与券款对付交易。2014 年央行和证监会联合发布《关于开展金融市场基础设施评估工作的通

---

① ③ ④ 中央结算公司，2022 - 10 - 28.
② 根据公开资料整理，2021 - 04 - 20.

知》，明确国内金融基础设施的准入门槛。国际清算组织对金融基础设施专设一个委员会，制定的基本准则《金融市场基础设施原则》也是目前央行和证监会认可的标准。

（六）债券交易类型和交易方式

银行间债券市场的债券交易包括债券的现货交易和债券回购交易，其中债券回购分为质押式回购交易和买断式回购交易两种。

债券质押式回购交易是指融资方（正回购方、卖出回购方、资金融入方）在将债券质押给融券方（逆回购方、买入反售方、资金融出方）融入资金的同时，双方约定在将来某一指定日期，由融资方按约定回购利率计算的资金额向融券方返回资金，融券方向融资方返回原出质债券的融资行为。

债券买断式回购交易（亦称"开放式回购"，简称"买断式回购"），是指债券持有人（正回购方）将一笔债券卖给债券购买方（逆回购方）的同时，交易双方约定在未来某一日期，再由卖方（正回购方）以约定的价格从买方（逆回购方）购回相等数量同种债券的交易行为。《全国银行间债券市场债券交易管理办法》规定，全国银行间债券市场回购的债券是经中国人民银行批准可在全国银行间债券市场交易的政府债券、中央银行债券和金融债券等记账式债券。

银行间债券市场参与者以询价方式与自己选定的交易对手逐笔达成交易，这与我国沪深交易所的交易方式不同。交易所进行的债券交易与股票交易一样，是由众多投资者共同竞价并经结算机构配合磋商成交的。

四、银行间债券市场和债券交易所债券市场的比较

（一）发行主体差异

银行间市场参与主体以政府和金融机构为主，主要发行体为财政部、地方政府、政策性银行、商业银行、保险公司以及非金融企业等。交易所市场参与主体主要是企业和上市公司。近年来两个市场都进一步放开，银行间市场向企业债放开，交易所市场向银行和其他金融机构放开。

交易所场内交易的参与者比较广泛，适合不同发行主体和投资者（如保险公司、基金公司、财务公司、企业、个人投资者），只要通过交易所开户都能参与交易，而银行间债券市场交易，顾名思义主要是一些银行类的金融机构进行交易的地方。不过现在已经放开了一些准金融机构资管产品等进入，但个人投资者是不能进

入交易的，而一般企业只能通过代理机构参与。一般在银行间市场交易的单项金额比较大，所以交易方式也有不同，而在交易所交易是通过交易系统撮合，自动完成债券交割和清算，交易双方都不清楚对方是谁，跟买卖股票一样。

（二）交易活动的差异

财政部和国开行在银行间债券市场发行和交易的债券，收益率略有差别。2020年末财政部在银行间市场发行的 10 年期国债收益率为 3.27%，同期国开行在银行间债券市场发行的 10 年期国开债收益率为 3.70%。证券交易所的政府债券收益率比起银行间债券市场波动更大。

两个市场的交易活动存在显著不同，银行间债券市场的交易更为活跃。由于证券交易所债券市场和银行间债券市场的投资人结构不同，投资偏好自然也不相同。据粗略估计，证券交易所市场的机构投资人与个人投资人比例约为 6∶1。证券交易所市场注册的个人投资人数量很少，交易却非常活跃。但是从总量上看，银行间市场成交额远大于交易所成交额（见图 4－30）。

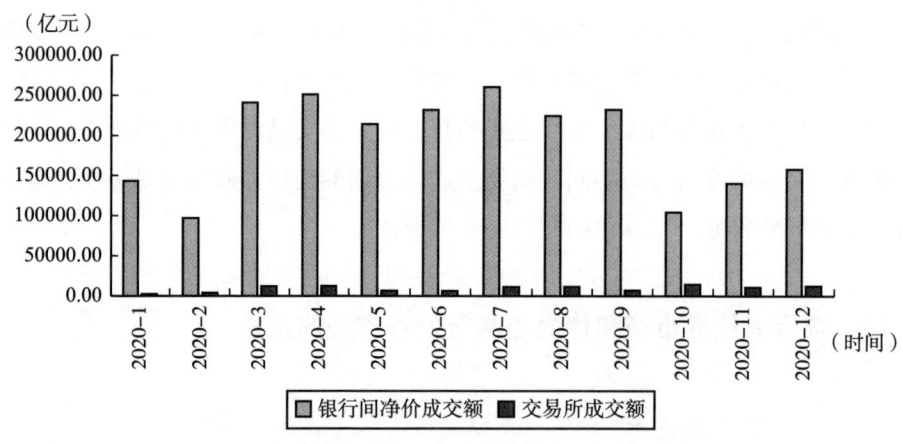

图 4－30　2020 年银行间与交易所市场成交额比较

资料来源：笔者根据 Wind 数据绘制。

（三）投资者主体差异

投资者主体的差异是银行间市场与交易所市场的主要不同。简单地说，银行间债券市场是金融机构（包括银行、证券公司、基金公司、保险公司等）进行债券买卖和回购的市场。而交易所市场是所谓的二级市场，是面向所有投资者（包括上述机构投资者，以及个人投资者）开放的市场。中国的债券市场中，前者占了绝大部分，而作为个人投资者，只能依托机构投资者进行交易和投资。

在机构投资者中，商业银行是名副其实的主力。商业银行是我国债券市场最主要的投资主体，从其所投债券品种来看，利率债占比最大，主要原因如下：第一，利率债的利息部分具有免税效应，可以增加净利润；第二，央票、国债、政金债等风险资本占用为零，对资本紧缺的中小商业银行而言，这是一种风险资本占用较低的投资品种；第三，利率债交易活跃，具有较高的流动性，可以提高抗风险能力；第四，通过和基金管理人合作，可以在同业存单（NCD）投资、基础客户资产发行、债券投标、资产托管、零售代销等方面扩大合作成效。[①] 商业银行投资债券还由于银行既有各类储蓄存款，又有央行注入的流动性，是储蓄资金的主要来源。中小商业银行投资债券，特别是利率债券，收益稳定，比贷款风险小。

（四）基本交易要素对比

银行间债券市场参与者以询价方式与自己选定的交易对手逐笔达成交易。交易所市场进行的债券交易与股票交易一样，是由众多投资者共同竞价并经结算机构配合磋商成交的（见表4-9和表4-10）。

表4-9   两大市场基本交易要素对比

	市场要素	银行间市场	交易所市场
发行主体	市场投资人	机构投资者，包括可直接参与市场交易的金融机构和委托金融机构间接参与的非金融机构	除存款类金融机构以外的机构投资者
	托管人	中央结算公司	中国证券登记公司
	市场成员	各类银行、非银行金融机构、个人（柜台市场）、企业事业单位委托代理	非银行金融机构、非金融机构和个人
	交易方式	询价交易，自主完成债券结算和清算	撮合交易，自动完成债券交割和资金清算
	投资特点	安全性较好，收益性一般，流动性较差	安全性一般，收益性较好，流动性较好
	登记结算机构	中央国债登记结算有限责任公司，银行间市场清算所股份有限公司	中国证券登记结算有限公司
	结算方式	实时全额逐笔结算，T日或T+1日完成资金交收	多边净额结算制度，担保交收，T日清算并办理债券过户，T+1日完成资金交收

[①] 根据公开资料整理，2022-03-31.

市场要素		银行间市场	交易所市场
发行主体	质押品种	可双方协商确定	交易所上市交易的国债、地方政府债券、政策性金融债、信用债（债项评级 AAA 级，主体评级 AA 级及以上）、债券型基金产品
	回购期限	1 天，7 天，14 天，21 天，1 月，2 月，3 月，4 月，6 月，9 月，1 年	1 天，2 天，3 天，4 天，7 天，14 天，28 天，91 天，128 天
	回购规模上下限	不设上下限	起点金额 10 万元，最高不超过 1000 万元

资料来源：笔者根据有关资料整理。

表 4 – 10　　　　　　　　　　三大市场交易要素的比较

	银行间债券市场	交易所债券市场	银行柜台债券市场
市场性质	场外交易	场内交易	场外交易
发行和交易券种	国债、金融债、央票、短融、中期票据、企业债、资产证券化产品	国债、企业债、公司债、资产收益凭证	国债
衍生交易工具	远期利率协议、利率互换等	可分离交易可转债、普通可转债	
投资者类型	各类机构投资者	所有投资者（一部分商业银行除外）	个人和企业投资者
交易类型	现券交易、质押式回购、买断式回购、远期交易	现券交易、质押式回购	现券交易
交易方式	一对一询价交易	一对一询价交易和自动撮合	银行柜台报价
结算体制	逐笔全额结算	日终净额结算	逐笔全额结算
结算时间	T + 0 或 T + 1	T + 0	T + 0
债券托管机构	中债登	中证登	商业银行

资料来源：上海证券交易所—中信证券联合课题组．交易所债券市场产品创新研究［EB/OL］. cn/train-ings/research/researchb/c/4007934. doc.

五、银行间债券市场存在的主要问题

经过近几年的快速发展，银行间债券市场在市场规模上有了质的飞跃，但是在市场结构、制度建设等方面仍然存在明显的制约因素，影响银行间债券市场流动性和运作效率的进一步提高。主要表现在如下几个方面。

（一）债券审批没有放开

2008 年以前，企业债券发行采取的是额度控制、行政审批的方式。20 世纪 90 年代末期，每年额度不大，只有 40 亿元。2003 年以后迅速增加。近年来，债券市场审批有了新的进步。企业债券发行审批经历了从行政审批到核准制，再到注册制、备案制的过程。2008 年 1 月以后，国家发展改革委将企业债的发行简化为核准程序①。与此同时，自 2008 年起，人民银行也将企业短期融资券、中期票据改为在银行间市场交易商协会注册，实现了由审批制向注册制的过渡。近期公司债和可转换债券均已实行注册制。目前监管发展的趋势是审批制向备案制发展，但是审批并未完全放开。

（二）银行间债券市场和交易所市场分割

目前不同品种的债券在不同市场上交易。从 1998 年银行间债券市场建立以来，形成了交易所市场和银行间市场两个不同的市场体系。不同的债券品种由于监管和审批的原因，只能在不同的市场中交易。国债、地方政府债、政策性金融债和企业债可以在两个市场同时发行和交易。

（三）两个不同的托管结算体系共存

中央国债登记结算公司和中国证券登记结算公司分别负责交易所市场和银行间债券市场的登记、结算和托管。中央国债登记结算公司受人民银行、银保监会、财政部和发改委监管，而中国证券登记结算公司受中国证监会监管。两大登记、结算、托管体系在制度上和技术上都有很大差别。对于非银行金融机构和 2009 年以后的商业银行来说，虽然没有跨市场交易的限制，但是如果在两个市场进行投资和交易，必须要在中债登和中证登同时开户。但是由于存在不同的登记、结算和托管体系，跨市场交易受到客观限制。这种监管体系的分割不仅导致监管竞争，也给市场套利提供了机会，不利于债券市场的长期发展。

（四）金融市场参与人行为对市场效率的影响

金融市场的行为结构影响投资人对金融产品未来供求的预期。金融市场交易不是由一种工具的当前收益决定的，而是由它在未来某个时点的预期收益的现在

---

① 中国政府网. 发展改革委关于企业债券简化发行核准程序的通知［EB/OL］.（2008 - 01 - 04）［2022 - 03 - 08］. http：//www. gov. cn/gzdt/2008 - 01/04/content_850682. htm.

价值所决定。因此，如果参与者预期未来需求会上升，即使价格高，当前需求也可能会上升而不是下降。经济学家把这种情况称为投资者的"非理性繁荣"，它导致资产定价过高，与经济表现不符，并且意味着泡沫破裂时会导致缺乏可用资本。但我们认为金融市场行为本质上是投机性的，如果不考虑道德因素，它指的是对预期结果具有前瞻性，基于期望和承诺而不是基于当前价值是这一行为的结构性特征。

我国债券市场主要以银行和保险公司为主，这些机构奉行的都是长期持有的投资策略，由于交易少，债券的流动性差，不利于市场价格发现功能的实现。相对而言，预期的非理性可能由于群体情绪的影响，也可能是金融知识不够，但是更多是由于急功近利的投机心理。我国比较盛行的投资套利心理，在专业的个人投资人群体和某些公募基金中也普遍存在。专业的个人投资者、私募证券基金和一些公募基金都具有较大的投机性。实践证明，市场参与人的行为对于市场效率和市场的健康发展具有极为重要的作用。

（五）监管理念需要提升

监管理念是金融理论的进步和金融实践发展的产物。中国金融监管的历史较短，理论研究不够，经验相对不足，需要认真总结国内外的经验教训。监管功能不过是市场的派生物，发达市场力量本身就有互相制约和自我约束的功能。中国政法大学教授刘纪鹏认为交易所应该是市场主体，通过竞争实现自律管理，而不应该是有政府级别的行政组织。很多学者认为现在的监管部门的主要职责不是管理而是监督。中国人民大学教授郑志刚认为，资本市场管理要突出法治和市场力量。他指出，"未来监管当局需要做的，也许只是通过降低集体诉讼门槛，让小股东发起的集体诉讼这一法制力量成为包括打击财务造假在内的资本市场制度建设的主导力量；通过引入和培育做空机构和股东投票代理机构，让这些主观唯利是图的市场机构客观上在做监督财务造假和完善公司治理的行为；通过制定共同执行的交易规则，引导主要的交易所在提供高质量的交易服务上开展有序竞争，不断推动资本市场的服务水平的提升。[①]"一刀切的监管，会导致历史上存在的"一管就死，一活就乱"的监管实践出现恶性循环。

金融和金融市场发展面对传统问题的反思，也必须迎接社会、经济、市场和科技发展的新的挑战。对于当前金融创新和金融科技的挑战，经济学家刘元春认为，"一个系统的稳定只有在顺畅运动中才有意义，金融业的快速发展会让金融

---

① 郑志刚. 资本市场的制度建设：从监管思维到法制思维. 经济学原理公众号, 2022 - 02 - 17.

监管与金融创新之间形成一种系统性矛盾，这种辩证的矛盾实际上是发展中的必然。当前，金融科技迅猛发展，经济内循环势不可当，在此背景下如何深化对金融业和金融监管的理解，是时代的命题。[①]"因此，从后现代性角度对于现代性的反思，解构人、机构和组织的行为，如何通过新的市场和规则，提升金融市场的效率，管理控制各类金融风险，是金融发展和监管理念在理论和实践的结合上必须直面的课题。

（六）市场流动性仍然较低

虽然我国银行间债券市场交易量大幅增长，但在很大程度上源于债券存量增长，总体来讲流动性仍然较差。市场流动性可以从换手率指标进行判断，2018 年国债的换手率达到 1.5 左右，而发达国家债券市场的换手率一般在 10 左右。这反映了我国债券市场虽然总量快速扩张，但是市场微观结构和运行效率仍然有待改进。现券市场流动性不足使债券市场作为流动性管理的效果大打折扣，也影响了债券市场的价格发现功能，降低了市场的运作效率。

（七）缺乏适当的市场分层

从成熟市场来看，债券二级市场一般分为两个层次，即交易商间市场（inter-dealer market）及交易商和客户间市场（dealer to customer market）。在交易商客户间市场中，交易商为客户提供报价维持市场流动性，然后通过交易商间市场调整债券头寸，管理存货变动。交易商作为流动性中心有效联系两个市场，在市场组织上发挥着核心作用。反观我国银行间市场，这种合理分层的市场结构还没有形成，无论是否具有做市商资格都可以提供报价，挫伤了做市商提供市场流动性的积极性，也导致了市场价格信号的混乱。此外，至 2011 年，银行间市场缺乏专业的经纪商，特别是做市商之间的经纪商，做市商难以实现匿名交易，影响了做市商对外报价的信心。

（八）没有突出商业信用的地位

目前银行间债券市场中以商业信用为基础的债券发展还相当滞后。从当前银行间债券市场债券存量来看，截至 2005 年 12 月底，银行间债券市场债券存量为72172 亿元，其中，国债、政策性金融债和央行票据为 68966 亿元，商业银行次级债券、证券公司债以及企业债、融资券等以商业信用为基础的债券只有 3206 多亿

---

① 武良山，等. 金融大监管［M］. 北京：中国人民大学出版社，2021：1.

元，占整个债券存量的比例不到 5%。这种状况对银行间债券市场的发展乃至金融结构的发展都是不利的，也不利于企业融资渠道的畅通，影响资源配置效率。在当前银行主导的金融体系下，我国迫切需要加快发展以商业信用为基础的债券市场，以满足企业的融资需求，也分散银行的风险。缺少商业信用市场也不利于投资者的培育。如果债券市场只是政府债券和准政府债券，投资者会误以为这是一个零信用风险的市场，投资者风险意识和风险防范的能力就得不到培养和提高，也难以建立投资者对债券发行者的有效监督约束机制。

（九）缺少多样化的市场工具

目前，可供投资人选择的投资工具还有限，公司债券的替代投资工具除了政府债券就是股票。股市初现衰退的时候，个人投资人纷纷撤资，并出于安全考虑将投资转向了政府债券。2001～2005 年，由于政府债券投资额迅速上涨，政府债券收益率应声而落。

投资人出于特定的偏好，希望投资于更加多元化的市场工具，非政府债券市场的发展对这部分投资人非常有利。公司债券等工具的风险和回报率介于政府债券和股票之间，能够吸引包括保险公司和投资基金在内的投资人。这部分投资人为了更高的收益率，愿意承担一定的风险。

资本市场由股票市场和债券市场组成，股票市场的股利收益率应该以债券市场的收益率为基础。因此，中国有必要开发更全面的债券品种，为发现股票的公平价值、追踪股票市场的变动提供有用的参考。目前市场不能满足各类投资者调整投资组合的需要。机构投资者需要不同风险—收益的债券资产来满足其资产组合的需要，以商业信用为基础的债券需要占有相当比重。深圳市与中央结算公司正在合作探索科创公司信用类债券融资试点项目，对于完善多层次债券市场具有重要意义。[①]

（十）做市商制度尚没有真正发挥作用

做市商的作用是通过做市活跃市场。目前我国的做市商制度发挥的作用还有所欠缺，表现在如下三个方面：一是做市权利义务不平等，做市商缺乏做市内在动力。做市商在不享受任何政策优惠的情况下承担真实连续报价义务，就不可避免地影响了做市商的积极性与主动性。二是做市商的价格发现功能不够显著。从境外成熟市场来看，做市商报价能有效提高价格透明性，市场其他成员在进行相关券种交

[①] 中央结算公司，2021 - 09 - 18.

易时，主要参考做市商报价。目前，我国做市商报价往往价差过大，大部分都是在被动报价，未能显示价格的形成机制。三是现有做市商机构类型难以满足市场要求。目前银行间债券市场做市商主要为商业银行。近年来由于存款快速增长，商业银行需要配置大量的债券资产，主要采用"买入—持有"的投资策略，没有发挥中介的职能。做市商功能的发挥需要引入更广泛的机构类型。

（十一）市场缺乏利率风险管理工具，影响市场的进一步发展

随着债券市场的快速发展，市场规模的急剧扩大，债券资产在各市场参与者资产结构的比重不断上升，隐藏着巨大的利率风险。在成熟市场中，市场参与者可以通过利率期货、期权、互换等衍生品种规避和管理利率风险，但是我国目前尚缺乏足够的利率风险管理工具。一旦市场利率上升，债券价格将大幅下跌，债券投资者将被迫承担利率风险。利率风险管理工具的缺乏也影响了做市商的积极性，由于做市商的存货风险都是敞口的，导致其必然压缩存货规模，影响了做市商为市场提供流动性的能力。

（十二）目前实行的会计制度隐藏着较大的系统风险

银行间市场长期以来基本采用成本法计价。这意味着投资者的账面资产可以不受市场价格波动的影响，市场参与者也因此缺乏二级市场交易的动力。这种会计处理方式隐藏着较大的系统风险，它使得金融机构的债券账面价值与实际价值可能存在较大的偏差，这种风险是一个行业性和系统性的风险。根据国际会计准则，金融资产全部应当按照公允价值进行估值，国际会计准则委员会将公允价值定义为"公允价值为交易双方在公平交易中可接受的资产或债权价值"，一旦我国会计制度与国际接轨，金融机构在银行间市场持有的大量债券需要重新估值，可能对市场参与者的资产负债表形成很大冲击。

此外，债券市场刚兑和抵押要求使债券市场更像贷款市场，国债的基准作用有待于提高，缺少垃圾债券市场等。

第五节 债券市场监管体系

一、债券市场的监督管理的现状

债券市场是我国金融市场的重要组成部分，债券的发行、交易等环节均受到监

管部门的严格的监管。本节将从我国债券监管体系开始，介绍我国债券行业的监管现状以及相关政策。

（一）债券监管体系的历史发展和现状

1. 早期国债市场由财政部管理

早在国债市场建立以前，就有了从事国债发行和交易的机构。当时财政部和人民银行同时监管国债有关的机构，国债服务部由财政部监管，信托投资公司和早期证券机构由人民银行监管。当时人民银行的金融管理司监管除了银行以外的全部金融业务。从 20 世纪 80 年代到 90 年代后期，债券市场以国债为主，财政部一直是债券市场的监管部门。国债发行按照国务院每年颁布的《国库券条例》执行。国债中介机构最初由财政部管理，后来中介机构中出现了信托公司、证券公司等，由人民银行管理。

1986 年和 1988 年财政部允许国债流通转让，并出台了有关的管理办法。但是总的来说，1991 年以前，不存在真正意义的债券市场，监管还是地方的、局部的、分部门的，没有统一的和真正意义的市场监管。1991 年财政部实现国债承购包销，当时出台了关于承销商和一级自营商管理的办法。这一时期国债发行由财政部实施，20 世纪 90 年代财政推动国债一级和二级市场的建立，这一时期与国债有关的债券市场管理实际上由财政部负责。同时，由于新成立的证券委和证券监督管理委员会主要管理股票市场，新机构担心承担债券交易乱象的责任，并不急于接受债券市场的管理工作。1992 年，中国人民银行成立了证券管理办公室，处理证券监管的问题。同年 8 月国务院成立了证券委和证券监督管理委员会，但是当时证券委办公室仍然主要管理股票市场，以国债市场为主的债券市场还主要由财政部管理。1992 年开始，国债二级市场的监管一直由当时隶属于地方政府的上海证券交易所和深圳证券交易所管理，直到后来两个交易所隶属于新成立的中国证监会。

2. 1992～2007 年债券实行分部门管理

20 世纪 90 年代中期，财政系统的国债服务部由财政部管理，证券中介机构由人民银行监管。1992 年 12 月 27 日，国务院发布《关于进一步加强证券市场宏观管理的通知》，明确国债由财政部发行监管；金融机构债券、投资基金证券由人民银行负责审批；国家投资债券、国家投资公司债券由国家计委负责审批；中央企业债券由中国人民银行和国家计委审批；地方企业债券、地方投资公司债券由省级或计划单列市人民政府负责审批。在债券发行和交易还没有完全实现市场化的情况下，监管主要是在审批环节上，也就是在准入环节上。和股票市场不同，由于缺少统一债券管理部门，债券市场实行多部门管理，这种情况一直延续到今天。

2003 年，中国证券监督管理委员会、中国银行业监督管理委员会和中国保险监督管理委员会三大监管机构成立，分别负责监管中国的证券业、银行业和保险业。在股票市场和债券市场监管方面，发挥作用的机构包括财政部，负责政府债券管理；中国人民银行，负责监管银行间债券市场；国家发展改革委，负责监管企业债券一级市场。以上各机构的职能分工存在重叠的部分。

在目前的制度安排的形成过程中，也涉及市场主体的监管关系问题。例如，人民银行之所以希望大力发展银行间债券市场，是因为该市场的主要参与人处于人民银行的管辖范围内。监管部门之间的协调，对于监管的统一程度具有直接的意义。

3. 2007 年以后国债和企业债二级市场由证监会管理

2007 年 8 月，中国证监会发布《公司债券发行试点办法》，规定中国境内发行公司债券适用该办法，并需要中国证监会核准。随后国家发展改革委明确，上市公司发行公司债券不在国家发展改革委管理范围。这样就形成了以审批为中心，按照发行体和主管部门的特殊的债券管理体制，形成了市场分割的局面：企业债由国家市计委（后来的发改委）审批发行，国债和企业债券集中交易由证监会管理，国债和金融债券发行和交易由人民银行管理的架构。监管部门的分割，也出现了监管竞争的情况。银行间市场、交易所市场都在 2000 年中后期降低了门槛，吸引更多的发行人，并活跃市场交易。2008 年人民银行规定短融和中期票据等企业融资债券工具由行业组织自律管理。

目前中国债券市场的法律制度与发达国家相似，但由于中国的法律体制具有一定特色，金融系统发展处于特定阶段，因此又具有自身的特点。全国人民代表大会是资本市场的立法者，负责制定监管资本市场的《中华人民共和国证券法》。国务院是颁布资本市场行政法规的行政主体，其他一些机构也会颁布相应的监管规定。

4. 目前债券市场仍然处于分部门管理的现状

由于历史原因，债券市场的监管仍然处于多个监管部门管理的格局。目前国债发行由财政部报国务院审批，企业债、公司债由证监会审批，金融债、短期融资券、中期票据、央票由人民银行审批。历史上形成了谁审批，谁监管的状况。由于国债和债券市场的市场化，二级市场主要由人民银行（银行间债券市场）和中国证监会监管（交易所债券市场）。由于多部门审批，事实上形成了同一种类的发行主体，在不同的交易场所，发行不同种类债券的格局，形成了"多头监管、垂直管理、相互分割、自成体系"的特点。各个监管部门，为了竞争市场总量，不断竞争降低门槛。在债券发行和交易还没有完全实现市场化的情况下，监管主要是在审批环节上，也就是在准入环节上。和股票市场不同，由于缺少统一债券管理部门，债券实行多部门管理，这种情况一直延续到今天。近几年，债券市场监管统一的呼声逐渐提高，引起中央政府重视，明确了在部际协调和统一托管基础上，实现债券市场一体化。2023年机构改革方案，增加了证监会监管债券市场的权力。

（二）银行间债券市场的自律管理

1. 人民银行管理的银行间市场

1997年国务院为解决银行资金入市的问题，决定让银行撤出交易场所。1997年，中国人民银行发布了《关于各商业银行停止在证券交易所回购证券及现券交易的通知》，要求各国有商业银行、其他商业银行、城市合作银行必须按照中国人民银行规定的时间，停止在证券交易所的证券回购和现券交易；商业银行的证券回购业务按照中国人民银行的规定，在全国统一的同业拆借网络办理，交易成员必须经中国人民银行批准。由于银行手中仍然持有债券，这些债券的交易需求就由人民银行的同业拆借系统完成，从而建立了一个新的债券发行和交易市场。1997年夏天，人民银行发布了《关于开办银行间国债现券交易的通知》，规定从1997年6月16日起，全国银行间同业拆借中心开办国债现券交易业务，交易成员必须经中国人民银行的批准。银行间债券市场正式成立，人民银行成为银行间债券市场的监督管理部门。

由于证券业的出现，当时监管也有分业管理的要求。而银行间市场出现的积极意义是债券市场和债券品种，特别是交易活跃的国债为人民银行的货币政策提供了工具。但是由于银行间市场本身是货币市场，其市场参与人主要是银行和其他金融机构，因此，具有资金充足和交易不活跃两个特点。从此以后，就出现了交易所市场和银行间市场两个不同监管框架下的债券市场。

银行间市场最早交易的主要是国债，后来，由于银行间市场资金充裕，而且银行也是国债的主要投资人，财政部也在银行间市场发行国债，成为第一家跨市场发行的发行主体。1998年国家开发银行开始发行金融债券，人民银行只允许在银行间市场发行。这样人民银行就把更多的债券发行主体吸引到银行间市场中去。人民银行为了推动银行间债券市场的发展，希望更多的发行主体到银行间市场发行。自从国家开发银行在国债市场化改革的基础上开始市场化发行金融债券，其他政策性银行也逐渐发行政策性金融债券。之后国有商业银行、保险机构等金融机构也陆续在银行间市场中发行金融债券。从此，由中国人民银行监管的银行间债券市场成为发行量和交易总量最大的债券市场。

2. 银行间市场自律组织的成立

2007 年 9 月，中国人民银行成立了由机构投资者组成的自律组织——银行间市场交易商协会（以下简称"交易商协会"）。交易商协会负责自律管理、推动市场创新、服务市场成员等事宜。交易商协会成立以后，银行间市场自律管理制度不断加强和完善，逐渐形成了事前、事中、事后管理等多个方面的自律管理制度。自律覆盖会员管理、债务融资、市场交易等环节。交易商协会以自律管理为基础，不断推出银行间公司信用类债券市场的产品创新和机制创新。补充了政府行政监管的缺失和不足，方便市场参与人的准入和交易等市场活动。债券市场监管不同于审批。审批只涉及准入，监管应该包括发行、交易、评级、中介机构和市场基础设施的管理等。从这个意义上看，只有人民银行和中国证监会才实行了严格意义上的债券监管。

（三）作为国有债务的企业债的管理

由于国有企业的债务是和中央与地方政府紧密相关的。因此，企业债的管理一直相对集中于国家层面，早期主要由国家计委和各级计委（后来的发改委）管理发行审批，由后来成立的中国证监会管理债券发行上市和二级市场交易。

1. 企业债券管理由国务院颁布条例

1993 年，国务院发布《企业债券管理条例》，规定中央企业发行企业债券，由中国人民银行会同国家计委审批；地方企业发行企业债券，由中国人民银行省、自治区、直辖市、计划单列市分行会同同级计委审批。

1997 年国务院证券委员会制订《可转换公司债券管理暂行办法》，规定上市公司和重点国有企业可以发行可转换公司债券。可转换公司债券的发行由中国证监会审批。

这个过程的监管体制的特点是由金融体制过渡时期的特点决定的。证券业成为一个新的行业，和银行业逐渐脱离；由于没有债券的一级和二级市场，各个部门更关心审批的权力；当时各个部门还是把债券仅仅作为融资手段，特别是投资手段，而投资又是国家计委的职能。

2. 企业债券管理的分工

1999 年中国人民银行向国务院报送了《关于企业债券改由国家计委审批的请示》，建议由国家计委统一负责下达企业债券发行总规模和审批企业债券的发行，但是金融债券的发行仍然由中国人民银行审批。2003 年中国证监会公布《证券公司债券管理暂行办法》，规定经中国证监会批准，证券公司可以发行债券，从而使证券会具有债券发行的审批权力。

由于短期融资券属于货币市场工具，按照国务院的《企业债券管理条例》规定，企业发行短期融资债券仍然按中国人民银行有关规定执行。之后中国人民银行和证监会联合发布了《证券公司短期融资券管理办法》，明确证券公司短期融资券由中国人民银行和中国证监会联合管理，其他短期融资券由人民银行管理。

（四）《中华人民共和国证券法》关于监管的规定

目前大多数法规针对的都是一级市场的债券发行，至于二级市场的债券交易则没有专门的法律。《中华人民共和国证券法》（以下简称《证券法》）对二级市场的债券交易做了相应规定。

1. 1998 年《证券法》

中国首部与证券相关的法律是 1998 年 11 月 29 日九届全国人大第六次代表大会批准的《中华人民共和国证券法》，自 1999 年 7 月 1 日起实施。《证券法》主要作用在于监管股票市场，同时也监管二级债券市场。《证券法》第二条规定，在中国境内，股票、公司债券、存托凭证和国务院依法认定的其他证券的发行和交易，适用本法。但是除非另有规定，债券交易同时还受到其他法律和行政条例（包括与债券一级市场相关的法律规章）的限制。《证券法》的通过，对规范债券的发行和交易、保障投资人合法权益起到了重要作用。

2. 2005 年《证券法》

2005 年《证券法》得到修正。党的十六届中央委员会经济委员会根据政策目标起草了新的法案，目标是发展健全的资本市场和劳动市场，鼓励直接融资，提高市场工具的品种和数量，保障公平交易。草案强调了保护个人投资人利益，并要求证监会设立专门的基金，在投资人合法权益受到损害时提供支持，例如在投资人因交易不公平而遭受损失时进行赔偿。

3. 早期《证券法》不能适应市场发展

但是在制定《证券法》之时，证券市场还处在非常初级的阶段。随着市场的发展，该法无法再适应市场条件的要求。最初国债二级市场尚不存在，国债一级市场采用行政派购制，但是到了 20 世纪 90 年代末，情况发生了变化，发行主体增加，国债一、二级市场都建立起来了。此外，最初设计证券市场、股票市场和债券市场的目的在于帮助经营不善的国有企业融资并摆脱困境，而不是为了向投资人提供投资渠道。当时还没有诸如保障投资人权益的概念。事实上，直到不久以前，投资人的权益都没能够得到充分保护。

由于缺乏统一的债券一级市场法规，且由于多个监管机构的存在，不同机构的监管职能存在重叠。

4. 2019 年新的《证券法》

2019 年 12 月 28 日，《证券法》由第十三届全国人民代表大会常务委员会第十五次会议第二次修订通过，自 2020 年 3 月 1 日起施行。《证券法》第十二章第一百六十八条规定国务院证券监督管理机构依法对证券市场实行监督管理，维护证券市场公开、公平、公正，防范系统性风险，维护投资者合法权益，促进证券市场健康发展，但是并没有明确各个证券监管管理机构的分工职责。

在中国经济从计划经济向市场经济转型的过程中，债券市场法律制度的发展和制度安排的进步，是整个中国经济转型过程的缩影。

如果把监管当作约束机制，约束机制的发展离不开激励机制的进步。自 20 世纪 90 年代初债券市场改革以来，债券市场激励机制已逐步得到完善，在激励机制和约束机制的共同作用下，中国的债券市场得以发展。

20 世纪 90 年代初，中国大力发展激励机制，制定了许多优惠政策，例如赋予一级自营商做市商的地位，允许收取更高的手续费，向市场参与人提供灵活的结算日期和优惠的税收政策等。机构投资人和金融中介机构等因此得到了发展，反过来又为招标销售奠定了基础，提高了一级自营商参与国债分销的积极性。与之相反的是，股票市场至今没有类似的发展过程。

（五）监管构架和监管机构

从证券公司监管的角度看，我国证券业强调以资产流动性的净资本指标为核心进行监管，监管相对简单，有利于行业的整体风险控制，尤其是净资本指标为核心的监管有效性显著，但是这种监管模式的市场化程度低，忽略了市场本身的内生约束和自律组织自我约束的作用，也不利于市场的创新发展。

1. 截至 2022 年监管体制下各个部门的分工

中国债券资本市场的监管经历了一个历史过程，目前监管构架反映了不同债券品种历史上以发行审批为主的监管理念向规范市场参与人行为、保护投资人利益和促进市场健康发展的理念发展。债券市场监管机构包括发改委、财政部、人民银行、银监会、证监会和保监会等。其中人民银行监管的一级市场和二级市场占有债券市场的主导地位。人民银行负责银行间市场各类发行主体一级市场和二级市场的监管；国家发展改革委一直负责企业债券发行市场的审批[①]，目前企业债券已经改

---

① 2023 年机构改革后，此项职能转由中国证监会行使。

为注册制；证监会负责交易所债券市场、公司债一级市场和二级市场的监管。债券市场的监管体系可以分为债券发行监管、挂牌交易和信息披露监管、清算结算和托管监管、市场参与主体的监管以及评级机构等相关服务机构的监管等。中国目前监管构架的特点是债券业务实行分市场、分券种多头监管（见表4–11）。

表4–11　　　　　　　　　　　　　债券业务监管情况

监管机构	一级市场和债券品种的主管部门管理	交易商协会自律管理	二级市场和交易场所自律管理
财政部	国债、地方政府债券、熊猫债券	—	—
人民银行	中央银行票据、金融债券、证券公司短期融资券、非金融企业债务融资工具、信贷资产支持证券、熊猫债券、同业存单等	银行间市场非金融企业债务融资工具的发行注册由人民银行主管的交易商协会进行行业自律性监管	银行间债券市场、商业银行柜台市场
发展改革委	企业债券、熊猫债券、铁道债券	—	—
证监会	公司债券、证券公司短期融资券、可转换债券、可交换债券、企业资产支持证券、熊猫债券、国债期货	—	上海证券交易所、深圳证券交易所、中金所
银保监会	银行业机构发行的金融债、信贷资产支持证券	—	—
银保监会	保险公司次级定期债券、保险公司金融债券	—	—
外汇局	熊猫债券	—	—

资料来源：中央国债登记公司. 中国债券市场概览（2019年版）. 本表格略有修改。

2. 中国证券监管管理委员会及其监管的交易场所

（1）中国证券监督管理委员会的建立

国务院证券委和中国证监会成立以后，其职权范围随着市场的发展逐步扩大。1993年11月，国务院决定将期货市场的试点工作交由国务院证券委负责，中国证监会具体执行。1995年3月，国务院正式批准《中国证券监督管理委员会机构编制方案》，确定中国证监会为国务院直属副部级事业单位，是国务院证券委的监管执行机构。证监会依照法律、法规的规定，对证券期货市场进行监管。1997年8月，国务院决定，将上海、深圳证券交易所统一划归中国证监会监管；同时，在上海和深圳两市设立中国证监会证券监管专员办公室。同年11月，中央召开全国金融工作会议，决定对全国证券管理体制进行改革，理顺证券监管体制，对地方证券监管部门实行垂直领导，并将原由中国人民银行监管的证券经营机构划归中国证监会统一监管。

（2）中国证监会监督管理职能的增强

1998 年 4 月，根据国务院机构改革方案，决定将国务院证券委与中国证监会合并组成国务院直属正部级事业单位。经过这些改革，中国证监会职能明显加强，集中统一的全国证券监管体制基本形成。1998 年 9 月，国务院批准了《中国证券监督管理委员会职能配置、内设机构和人员编制规定》，进一步明确中国证监会为国务院直属事业单位，是全国证券期货市场的主管部门，进一步强化和明确了中国证监会的职能。2016 年 2 月 5 日，中国证监会网站发布数据显示，截至 2016 年 2 月 4 日，证监会受理首发企业 766 家，其中，已过会 109 家，未过会 657 家。未过会企业中正常待审企业 625 家，中止审查企业 32 家。① 2017 年 9 月 26 日，工业和信息化部与中国证监会联合召开座谈会，双方签署了《工业和信息化部　中国证券监督管理委员会战略合作协议》。2022 年证监会监管会议要求，围绕建制度、强监管、严执法、促发展、防风险、构合力等综合施策，监管效能不断提升，行业规模稳步增长，机构运营总体稳健，各类风险继续收敛，行业文化建设成效初显，市场生态不断优化。② 证监会的职能如图 4 - 31 所示。

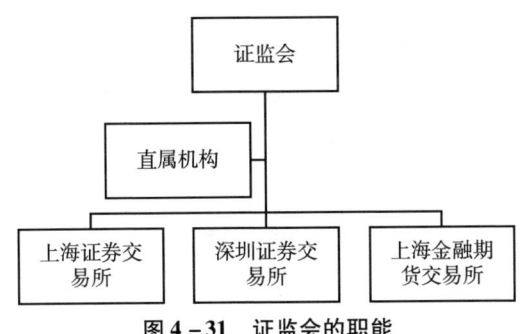

图 4 - 31　证监会的职能

资料来源：笔者绘制。

3. 各类债券品种的监管

目前债券主体和各类债券品种的监管，涉及不同监管机构（见表 4 - 12）。这是由于一级市场审批、注册和备案分别由不同部门负责，二级市场分为交易所市场和银行间市场，各个市场的发行主体也有所不同。

---

① 根据公开资料整理，2016 - 02 - 06.

② 中国证监会网站. 中国证监会召开 2022 年机构监管工作会议［EB/OL］.（2022 - 02 - 25）［2022 - 03 - 08］. http：//www. csrc. gov. cn/csrc/c100028/c1961727/content. shtml.

表 4 – 12　　　　　　　　　　各类债券的发行主体和监管机构

债券品种	发行主体	监管机构
国债	财政部	财政部、中国人民银行、证监会
地方政府债	指定省、市政府	财政部
央行票据	中国人民银行	中国人民银行
同业存单	银行存款类金融机构	中国人民银行
政策性银行债	商业银行法人	中国人民银行
企业债	具有法人资格的企业	发改委、中国人民银行、证监会
公司债	股份有限公司	证监会、中国人民银行
中期票据	具有法人资格的非金融企业	中国人民银行
短期融资券	具有法人资格的非金融企业	中国人民银行
可转债	上市公司	证监会
国际机构债	国际机构	中国人民银行、财政部、发改委、证监会

资料来源：前瞻产业研究院整理。

4. 各类市场功能的监管

二级市场主要分为银行间债券市场和交易所债券市场。这两个市场的组织架构、交易的基础设施，包括托管、清算和结算则分别由中国人民银行、财政部、发展改革委和证监会监管（见表 4 – 13）。

表 4 – 13　　　　　　　　　　中国债券监管体系

监管类别			监管机构
产品发行审批监管（发行时信息披露监管）	国债、地方政府债券		财政部
	中央银行债：央行票据		人民银行
	金融债	政策性银行债	人民银行
		特种金融债	
		非银行金融机构债	
		商业银行债	人民银行、银保监会
		证券公司短期融资券	
		证券公司债券	人民银行、证监会
	保险公司债券		银保监会

监管类别			监管机构
产品发行审批监管（发行时信息披露监管）	非金融机构债	企业债	发改委
		中期票据	人民银行（非金融机构债券通过交易商协会完成注册，并实行自律管理）
		短期融资券	
		超短期融资券	
		中小企业集合债券	
		中小企业集合票据	
		资产支持证券	人民银行、银保监会、证监会
		可转换债券	证监会
		分离交易可转化债券	
		公司债券	
	国际机构债券		人民银行、发改委、证监会、财政部
交易场所监管	交易所市场（沪深两市）		证监会
	银行间市场		人民银行
	商业银行柜台市场		人民银行、银保监会
清算、结算和托管机构监管	中证登		证监会
	中央结算公司		人民银行、财政部、银保监会、发改委
	上清所		人民银行

资料来源：上证债券信息网、前瞻产业研究院整理。

5. 公募和私募发行的法律程序

我国债券可以分为公募发行和私募发行。公募发行的债券经审批后，可以在公开市场中发行；私募债券可以在特定的投资者范围内发行。我国的国债、政策性金融债券、金融债券、企业债和公司债大部分在公开市场中发行。

总之，发行审批一直是债券市场监管的主要内容，中国历史上债券发行包括"审批制""核准制"和"注册制"。企业债由国家计委和后来的国家发展改革委审批（2023 年机构改革后，该项职能并入中国证监会）；金融债券由人民银行审批。后来出现的公司债券则由证券监督管理委员会审批。财政部发行的国债完全由全国人大审批后实行。

6. 投资人保护

投资者保护是指法律对投资者合法利益的保障。由于委托代理机制产生的信息不对称导致公司的管理者以及大股东可能由于自己的私利侵犯投资者的权益，投资者保护机制就是为解决这一问题而产生的。我国存款人和投资人保护制度包括客户交易结算资金第三方存管制度、存款保险制度、个人债权收购制度、证券投资者保护基金制度和保险保障基金制度。

目前我国的债权人保护制度主要有银行的债务委员会和投资人的债券持有人会议。关于债券持有人会议，《中华人民共和国证券法》（以下简称《证券法》）和《公司债券发行与交易管理办法》都有规定。"法律规章并未对会议的召集程序等事项作出强制性规定，均注重当事人的意思自治。[①]"近些年来，由于债务违约现象频频出现，我国出现了民间的债务和债券持有人维权机构，同时出现了债权人进驻公司，争取债权人利益的新动向。由于债券违约增加，债券持有人会议比较活跃。"在司法实践中，法院对决议效力的认定主要是从当事人意思自治角度加以考量的，而当会议决议在程序与内容上有瑕疵时，决议效力的认定、决议表决形式是否合理以及异议债券持有人权益的救济等问题均有待探讨。[②]"这里涉及不同持有人的权益，因此程序问题显得十分重要。"建议将公司债券持有人会议的召集、表决等程序与对会议决议效力的认定以法律或法规的形式予以明确[③]。在最高人民法院发布的《全国法院审理债券纠纷案件座谈会纪要》"中，虽然对债券持有人会议的程序与决议效力予以规范、明确，但是主要秉承发挥当事人意思自治的理念，对于其后出现的召集程序不符合规则等新问题，仍需进一步完善相关规定[④]。在企业违约增加的情况下，债务重组、债转股等国有企业常用的债务解决方案，也会应用到中小企业。法律规范十分重要，但是法律规范要与道德规范结合起来。关于债券持有人会议的法律效力，不仅是保护投资者权益的问题，也涉及债券持有人应该承担一定风险的问题。

二、债权类资产管理

（一）债权类资管业务的概念

1. 资管产品

未来基金资管和券商资管用来分拆信托或发起类信托产品是一种趋势。目前，资管业务用来发行固定收益类信托产品，是证监会提倡的金融创新的结果。基金资管是证监会监管的产品之一，证监会监管产品统一要求资金托管某一指定银行，基

---

①②③④ 李俊辉. 公司债券持有人会议程序与决议效力研究 [J]. 债券, 2022 (12): 56-59.

金资管及券商不能接触客户资金，以便保证资金安全。

2012 年以来，相关部门针对资产管理市场密集出台了一系列"新政"，预示着"泛资产管理时代"已经到来。而伴随着信托收益率的不断下滑，信托公司新发项目不断减少，在这个财富管理混乱的年代，除了信托产品继续火爆外，不少投资者将目光转向资管产品，资管产品逐步受到追捧。在信托资管规模迅速增长的情况下，安全的投资产品成了市场主流的需求，因此，2012 年底中国证券会批准券商、基金公司开展运营类信托业务，于是各项资管计划成为这些机构的重要业务。

2018 年 10 月 22 日，证监会发布相关实施细则，从法律关系、规则"术语体系"、监管标准、投资运作制度体系、经营机构主体责任、风险防控、一线监管等方面对相关资管产品进行规范。

2. 信贷延伸类资产管理

资管产品的运营范围包括公开募集证券投资基金、特定客户资产管理计划、集合资产管理计划、定向资产管理计划、私募投资基金、债权投资计划、股权投资计划、股债结合型投资计划、资产支持计划、组合类保险资产管理产品、养老保障管理产品等。银行非保本理财产品，资金信托，保险资管机构、金融资产投资公司发行的资管产品等，以及社会保险基金投资的产品，都具信贷延伸的特征。

3. 主动类和被动类资管产品

资管分为被动资管和主动资管，形成不同策略，具体情况如下：

（1）主动类资管

主动管理是一种创新活动，发现市场机会，进行要素或资源的重新组合，实现创新收益，或者一定时期的垄断收益。主动管理分为两类：市场机会套利和创新新产品。市场机会套利可以帮助实现原有机会的均衡。而创新式主动管理可以打破原有均衡，创造新的均衡。

①主动资管——套利类。

目前资管产品包括期货公司、期货公司子公司。期货公司是以套利为主要策略的金融机构。

②主动资管——创新类。

主要指私募投资基金的发行和销售。主管部门明确提出除国家另有规定外，非金融机构不得发行、销售资管产品。"国家另有规定的除外"是指依据金融监管部门颁布规则开展的资产证券化业务。

（2）被动类资管

社会保险基金投资比较复杂，包括投资到标准化产品，也包括投资到依据人力资源社会保障部门颁布规则发行的养老金产品，由于投资方向受到限制，属于被动类资管。债券是被动类资管的产品组合中的重要组成部分。

（二）非标准化债权类资产

1. 非标准化债权产生的历史背景

中国金融市场以银行为主，当银行贷款不能直接对接一部分企业，特别是中小企业和民营企业时，金融机构把银行理财等业务延伸，通过结构化处理，成为银行的表外业务。监管指向2012年以来商业银行理财直接或通过非银金融机构、资产交易平台等间接投资于"非标准化债权资产"业务迅速增长的潜在风险隐患。

银监会在2013年3月25日下发的《关于规范商业银行理财业务投资运作有关问题的通知》中指出，商业银行理财资金直接或通过非银行金融机构、资产交易平台等间接投资于"非标准化债权资产"业务增长迅速。一些银行在业务开展中存在规避贷款管理、未及时隔离投资风险等问题。这一期间商业银行理财资金直接或通过非银行金融机构、资产交易平台等间接投资于"非标准化债权资产"业务增长迅速，风险增加，到了必须进行整顿的时候。

2. 非标准化债权的定义

2018年4月，人民银行、银保监会、证监会和外汇管理局联合发布《关于规范金融机构资产管理业务的指导意见》，规定标准化债权类资产应当同时符合五大条件：等分化，可交易；信息披露充分；集中登记，独立托管；公允定价，流动性机制完善；在银行间市场、证券交易所市场等经国务院同意设立的交易市场交易，并规定"除标准化债权类资产之外的债权类资产，均为非标债权"。

（三）非标准化债权的管理

资产管理产品投资非标准化债权类资产，需要满足投资的期限匹配、限额管理、信息披露等监管要求。为有效防范和控制风险，促进相关业务规范健康发展，2013年的文件最早提出了两项要求：

1. 限制比例

《关于规范商业银行理财业务投资运作有关问题的通知》要求规范商业银行理财产品所有非标准化债权类投资，并设定理财产品余额为35%的上限，且不得超过银行上年度总资产的4%，新规定自2013年3月27日起生效。

2. 产品与标的物对应管理

针对理财投资非标准化债权资产中存在的风险，监管部门重申一贯强调的

"坚持资金来源运用一一对应原则"，即每个理财产品与所投资资产（标的物）应做到一一对应，做到每个产品单独管理、建账和核算。对于存量部分，即对于《关于规范商业银行理财业务投资运作有关问题的通知》印发之前已投资但尚未达标的非标准化债权资产，商业银行应比照自营贷款，按照《商业银行资本管理办法（试行）》要求，于2013年底前完成风险加权资产计量和资本计提。同时，增量部分如果无法达到相关要求，商业银行应立即停止相关业务，直至达到规定要求。在此基础上，《关于规范金融机构资产管理业务的指导意见》及其配套文件对于资管产品投资非标准化债权类资产做出了更严格的要求。

3. 财务报表的处理

商业银行应实现每个理财产品与所投资资产（标的物）的对应，做到每个产品单独管理、建账和核算。单独管理指对每个理财产品进行独立的投资管理；单独建账指为每个理财产品建立投资明细账，确保投资资产逐项清晰明确；单独核算指对每个理财产品单独进行会计账务处理，确保每个理财产品都有资产负债表、利润表、现金流量表等财务报表。

4. 信息披露

商业银行应向理财产品投资人充分披露投资非标准化债权资产情况，包括融资客户和项目名称、剩余融资期限、到期收益分配、交易结构等。理财产品存续期内所投资的非标准化债权资产发生变更或风险状况发生实质性变化的，应在5日内向投资人披露。

5. 投后管理

商业银行应比照自营贷款管理流程，对非标准化债权资产投资进行投前尽职调查、风险审查和投后风险管理。商业银行应当合理控制理财资金投资非标准化债权资产的总额，理财资金投资非标准化债权资产的余额在任何时点均以理财产品余额的35%与商业银行上一年度审计报告披露总资产的4%之间的低者为上限。

商业银行应加强理财投资合作机构名单制管理，明确合作机构准入标准和程序、存续期管理、信息披露义务及退出机制。

商业银行代销代理其他机构发行的产品投资于非标准化债权资产或股权性资产的，必须由商业银行总行审核批准。商业银行不得为非标准化债权资产或股权性资产融资提供任何直接或间接、显性或隐性的担保或回购承诺。商业银行要持续探索理财业务投资运作的模式和领域，促进业务规范健康发展。商业银行应严格按照上述各项要求开展相关业务，达不到上述要求的，应立即停止相关业务，直至达到规定要求。

6. 投资期限

商业银行理财产品直接或间接投资于非标准化债权类资产的，非标准化债权类资产的终止日不得晚于封闭式理财产品的到期日或者开放式理财产品的最近一次开放日。封闭式资产管理产品期限不得低于 90 天。信息披露内容包括按照具体内容、格式和要求披露，定期报告、临时报告、重大事项公告、投资风险披露。

三、债券市场监管的最新动态

（一）债券市场监管面临的新形势

1. 债券市场加强监管的必要性

（1）整治金融市场乱象

经过多年金融市场的整顿，债券市场也朝向规范的方向发展，但是乱象依然存在。在这一背景下，监管层继续出拳整治金融市场乱象，延续了防风险、去杠杆的监管思路。在对市场摸底和检查结束之后，监管陆续推出一系列针对商业银行业务的政策，涉及委托贷款、大额风险暴露等。政策重点仍在于控制金融交易杠杆、打击资金空转套利等，意在引导银行回归业务本源。同时机构改革拉开序幕，金融体系一监管、穿透监管和审慎监管的趋势更加明朗。债市的规范化要求进一步增强，监管对债市交易、存续债券管理等要求均有所强化。

（2）资管新规及配套细则

2018 年 4 月下旬资管新规正式落地，明确打破刚兑、消除多层嵌套、禁止资金池和净值化管理等基本原则维持不变，各类金融机构资产管理产品的监管标准相对统一，大资管行业进入全面覆盖、统一监管的新阶段。资管新规落地之后，银保监会和证监会分别针对商业银行理财业务、信托、期货、理财子公司等领域推出相关监管细则，补充和细化了资管新规的执行要求，给机构业务行为和交易模式带来一定调整压力。

（3）担保的新政策

中国人民银行于 2021 年 12 月 30 日公布了《动产和权利担保统一登记办法》，明确将需要登记的范围确定为应收账款质押、存单质押、融资租赁、所有权保留等各种类型，将所有非标融资的增信模式均纳入监管范围。同年 12 月 31 日中国人民银行发布了《地方金融监督管理条例（草案征求意见稿）》，明确地方金融组织的范围包括小额贷款公司、融资担保公司、区域性股权市场、典当行、融资租赁公司、商业保理公司、地方资产管理公司。同时，各个地方金融组织原则上不得跨省级行政区域开展业务。

（4）从监管发行人到监管服务机构

2018 年地方政府融资监管核心仍在于打击地方政府违法违规和变相举债行为，值得注意的是监管对象已从地方政府、地方融资平台等融资方扩展到资金方和中介机构，从多维度入手来遏制地方政府隐性债务增量。在严控地方政府隐性债务风险之余，监管也更加注重疏堵结合，继续"开前门"。同时监管还聚焦国有企业去杠杆问题，推进"僵尸企业"出清，并强化国有金融机构的监管，防范实体经济与金融风险交叉扩散。

2. 适应市场发展需要

（1）支持实体经济融资

金融去杠杆过程中实体经济融资难、融资贵的问题逐渐突出，近年来监管层多次发文引导金融机构加大对实体经济的资金支持力度，鼓励向小微企业和民营企业投放资金；同时强调疏通货币政策传导机制，推动资金向实体经济流动。民营企业融资难度上升这一问题也引起了广泛重视，国务院多次会议明确支持民营企业融资。新的措施对于提高投资者风险偏好、修复市场信心具有积极作用。

（2）债市对外开放

2018 年我国面临的外部环境有所变化，但对外开放的脚步不停。新的开放措施包括沪深交易所开展"一带一路"债券试点、债券通改革进一步与国际接轨、财政部扩大外资收益免税范围等，同时沪伦通 CDR 业务相关监管框架也完善起来，债券市场的对外开放继续推进。

（二）债券市场制度建设持续推进

1. 推进信用债券注册制改革

2020 年 2 月 29 日国务院办公厅印发《国务院办公厅关于贯彻实施修订后的证券法有关工作的通知》，要求公开发行公司债券应当依法经证监会或者国家发展改革委注册。2020 年 3 月 1 日《国家发展改革委关于企业债券发行实施注册制有关事项的通知》，明确企业债券发行实施注册制的有关事项，中央结算公司为受理机构，中央结算公司、交易商协会为审核机构。2020 年首批注册制企业债券正式推出。中央结算公司对外发布企业债券注册发行业务问答，对新旧制度转换下的政策衔接提供解读与指引，提升了注册制下企业债券服务实体经济水平。与此同时，公司债注册制改革也加快速度。证监会修订《公司债券发行与交易管理办法》公开征求意见，上交所发布规则健全优化公司债券注册制发行上市审核规则体系。

2. 改进评级制度

2020 年以来，为进一步深入贯彻落实公司信用类债券部际协调机制精神，强化对信用评级机构的自律管理，证券业协会和交易商协会继续加强在评级自律规则标准统一和联合市场化评价等工作的协同，加大对评级机构的监测调查力度和对违规行为的查处力度。目前，已形成对债券市场信用评级机构业务运行及合规情况季度通报的惯例。信用评级是债券市场的重要基础性制度安排，关系到资本市场健康发展大局。近年来，我国评级行业在统一规则、完善监管、对外开放等方面取得长足进步，但也存在评级虚高、区分度不足、事前预警功能薄弱等问题，制约了我国债券市场的高质量发展。各协会要求评级行业认真总结经验教训，坚持职业操守，勤勉尽责，努力提高评级能力，提升评级质量。监管机构、发行人、投资人等各方应各尽其责，共同推动我国评级行业健康发展。

3. 统一公司信用类债券信息披露

2020 年 12 月，人民银行会同国家发展改革委、证监会联合发布《公司信用类债券信息披露管理办法》（以下简称《信批管理办法》），统一公司信用类债券信息披露标准，进一步推动债券市场持续健康发展。该办法对公司信用类债券信息披露的要件、内容、时点、频率等提出统一要求，是完善债券市场基础性制度的重要举措，也是规范和统一公司信用类债券信息披露标准的重要制度性安排。与现行的制度相比，《公司信用类债券信息披露管理办法》进一步明确了信息披露的原则，以及在法律制度和管理方面的责任。[①]

《公司信用类债券信息披露管理办法》的发布有利于提高债券市场信息披露质量和透明度，强化市场化约束，保障投资人合法权益，是债券市场在统一监管、互联互通进程中迈出的坚实的一步。但也应清醒地意识到，债券市场制度仍存在着若干需要完善的地方。[②] 企业债中债权代理人的功能存在短板、同一主体不同券种的持有人会议规则存在差异，这些都不利于投资者权益的保护。随着公司信用类债券规则的进一步统一、债券市场互联互通的进一步推进，公司信用类债券将迎来高质量发展。[③]

4. 统一信用债法律基础

2021 年 8 月，人民银行、发展改革委、财政部、银保监会、证监会和外汇局联合发布《关于推动公司信用类债券市场改革开放高质量发展的指导意见》，从完

---

① 刘方根. 持续完善基础建设，推动债市稳健发展 [J]. 债券，2021 (5)：6.
②③ 根据公开资料整理，2022 - 02 - 27.

善法制、推动发行交易管理分类趋同、提升信息披露有效性、强化信用评级机构监管、加强投资者适当性管理、健全定价机制、加强监管和统一执法、统筹宏观管理、推进多层次市场建设、拓展高水平开放等多方面提出了具体意见。第一，该意见明确《证券法》为基础法律，同时指出《中国人民银行法》也是上位法之一。此次意见指出《证券法》是公司信用类债券市场的基础法律，是对先前分散立法现状以及非金融企业债务融资工具不受《证券法》规范的突破，有利于信用债市场法律基础的统一。此外，该意见还提出制定公司债券管理条例，进一步统一公司信用类债券的各类细则。第二，首提"分类趋同"原则，强调同类公司信用债逐步统一相关规则。此前三类债券分别由不同监管部门制定各自的规则，该意见出台后三个主管机构将加强协调，通过公司债券管理条例等规则推进三类债券的相关规则逐步实现统一。第三，重申统一公开发行信用债的信息披露规则，着重提出统一非公开发行信用债的信息披露要求。此次意见明确"着重对非公开发行公司信用类债券的发行转让、信息披露、投资者保护、法律责任等进行统一规范"，强化了对非公开发行市场规则统一与法律干预。第四，强调投资者保护，执行和统一合格投资者标准。第五，重申债市统一执法，明确《证券法》为债券市场统一执法的基础，证监会为执法机构。①

（三）违约处置机制

1. 健全债券违约处置机制

为了防范系统性风险，监管部门要求建立债券违约处置机制体系。中国人民银行发布公告，明确银行间债券市场到期违约债券转让有关事宜，到期违约债券应通过银行间债券市场的交易平台和债券托管结算机构予以转让，并采用券款对付结算方式办理债券结算和资金结算。2020年3月，交易中心发布《银行间市场到期违约债券转让规则》。8月，中央结算公司与上清所联合发布《全国银行间债券市场债券托管结算机构到期违约债券转让结算业务规则》，标志着银行间市场到期违约债券转让结算机制的建立。

2. 细化明确债券违约、置换等相关规定

2020年6月，中国人民银行、发改委和证监会联合发布《中国人民银行、发展改革委、证监会关于公司信用类债券违约处置有关事宜的通知》，围绕构建统一的债券违约制度框架，对发行人恶意逃废债务、债券募集文件不够完整、市场化违

---

① 中央结算公司，2021 – 09 – 18.

约处置机制不健全等若干问题提出统一的解决方向，推动债券市场违约处置向市场化、法治化迈进。

（四）债券监管发展规划

在债券市场监管方面，有关部门的相关规定和政策包括多个方面，涉及银行间市场准入、发行、托管交易结算、公开市场和双边报价制度等，主要包括商业银行参与债券市场的相关问题；交易所债券市场的市场准入；债券统一托管、登记、结算等方面的内容以及企业债的相关规定。由于 2020 年我国债券发行量的大幅度增加，当年制定了诸多债券市场监管的规定和政策，以保证债券市场的稳定运行①。

1. 债券市场发展规划

2019 年深改委第十次会议通过《统筹监管金融基础设施工作方案》，指出要加强对重要金融基础设施统筹监管，推动形成布局合理、治理有效、先进可靠、富有弹性的金融基础设施体系。2021 年人民银行、发展改革委、财政部、证监会和外汇局联合发布《关于推动公司信用类债券市场改革开放高质量发展的指导意见》，从完善法制、推动发行交易管理分类趋同、提升信息披露有效性、强化信用评级机构监管、加强投资者适当性管理等方面对推动债市高质量发展提出了具体意见。②

2021 年央行工作会议公布的十大方面的工作中，金融改革方面涉及的重点就是债券市场的改革。央行表示，将牵头制定债券市场发展规划，推动完善债券市场法制，促进基础设施互联互通。

2. 理财业务管理规划

在新的形势下，银保监会将深入把握理财参与债券市场、参与直接融资体系建设的工作着力点，主动适应发展直接融资体系对理财业务监管提出的新要求，完善理财业务规则体系。债券是理财产品的重要投资工具，促进债券市场高质量对外开放和互联互通将增加债券产品的流动性，建立反映市场供需的新的收益率曲线，便于理财产品的估值。

（五）债券统一监管趋势

1. 债券市场监管的指导思想

债券市场的主要监管涉及发行人资格、场内场外交易、清算结算托管，以及

---

① 根据公开资料整理，2021－02－26.
② 根据公开资料整理，2022－08－04.

合格投资者等。债券市场监管的重点包括债券的发行、上市、交易、信息披露、托管等环节。发行制度、交易规则、市场结构、托管体系是监管改革的重要方面。信息披露是监管的重点，债券的信息披露的主要载体是发行人的财务报告和信用评级机构的报告。

（1）债券市场监管进一步法制化

如前所述，我国债券市场监管制度逐渐建立和发展。20 世纪 80 年代和 90 年代债券市场以国债市场为主，国债立法由国务院和全国人大依照立法程序进行。当时每年都有国库券条例，国债市场监管主要由财政部实施。90 年代后期中国证券委和中国证监会成立以后，国债二级市场和国债期货市场由证监会管理。中国证监会对于证券市场的监管依据证券法、公司法、国务院的相关法规，以及证监会的部门规章（见表 4 – 14）。

表 4 – 14　　　　金融机构业务与债市规范化管理相关监管政策

发文日期	监管部门	文件名称	文件要点
2018 年 1 月 5 日	银监会	《商业银行委托贷款管理办法》	该办法分为五章，重点规范了以下方面的内容：一是明确委托贷款的业务定位和各方当事人职责。二是规范委托贷款的资金来源。三是规范委托贷款的资金用途。四是要求商业银行加强委托贷款风险管理。五是加强委托贷款业务的监管
2018 年 1 月 13 日	银监会	《关于进一步深化整治银行业市场乱象的通知》（4 号文）	银监会印发该通知，在全国范围内进一步深化整治银行业市场乱象，着力引导银行业回归本源，合规经营。通知对2018 年深化整治银行业市场乱象提出一些具体且操作性强的工作要求，明确设定评估、检查、督查和整改等环节，以评估检验质效、以检查锁定问题来切实促进整改和规范
2018 年 4 月 9 日	银保监会、发改委、工信部、财政部、农业农村部、央行、国家市场监管局	《关于印发〈融资担保公司监督管理条例〉四项配套制度的通知》	银保监会与发改委等多个部门合作下发了该通知，这也是银保监会下发的 1 号文。四项配套制度包括《融资担保业务经营许可证管理办法》《融资担保责任余额计量办法》《融资担保公司资产比例管理办法》和《银行业金融机构与融资担保公司业务合作指引》，新规对融资担保行业进行了重新梳理，并明确要求融资担保业务必须持牌经营，加强了监管并拓宽了金融监管的覆盖范围。同时银保监会称各地可根据该条例及四项配套制度出台实施细则，实施细则应当符合该条例及四项配套制度的规定和原则，且只严不松
2018 年 4 月 24 日	银保监会	《商业银行大额风险暴露管理办法》	为推动商业银行加强大额风险暴露管理，有效防控集中度风险，中国银行保险监督管理委员会发布了《商业银行大额风险暴露管理办法》明确了商业银行大额风险暴露监管标准。规定了风险暴露计算范围和方法，从组织架构、管理制度、内部限额、信息系统等方面对商业银行强化大额风险管控提出具体要求。该办法自 2018 年 7 月 1 日起施行

续表

发文日期	监管部门	文件名称	文件要点
2018 年 5 月 25 日	银保监会	《商业银行流动性风险管理办法》	为更好地适应当前商业银行流动性风险管理需要，银保监会对《商业银行流动性风险管理办法》作出修订，主要内容如下：一是新引入流动性匹配率、优质感动性资产充足率、净稳定资金三个量化指标；二是进一步完善流动性风险监测体系。对部分监测指标的计算方法进行了合理优化；三是细化了流动性风险管理相关要求，如日间流动性风险管理、融资管理等。新规自 2018 年 7 月 1 日起开始实施
2018 年 1 月 5 日	央行、银监会、证监会、保监会	《关于规范债券市场参与者债券交易业务的通知》	为督促市场参与者加强内控和风险管理。规范债券市场参与者债券交易业务。一行三会特发布该通知，对债券交易机制、内控机制、参与者行为进行了规范，并重申了市场参与者的禁止性规定。该通知规定了一年时间为过渡期。意在给予一定适应时间，平稳有效降低债券市场风险
2018 年 4 月 12 日	央行	《关于证券公司短期总资券管理有关事项的通知》	为进一步规范证券公司短期融资券管理，央行发布该管理办法，提出证券公司应加强流动性管理，并加强了对证券公司发行短期融资券的要求，包括规范开展资管业务，强化法人风险隔离，规范资金池等，并要求证券公司发行短期融资券实行余额管理
2018 年 4 月 23 日	银行间交易商协会	《关于切实加强债务融资工具存续期风险管理工作的通知》	文件进一步细化和明确对主承销商开展非金融企业债务融贷工具存续期风险管理相关要求，同时配发了《关于切实加强债务融资工具存续期风险管理工作的指导意见》和《存续期风险管理信息表格》两个附件，强化主承销商对发行人的风险监测责任，以便及时向市场传递信息，反馈发行人的实际偿付能力

资料来源：笔者根据有关资料整理。

（2）放松准入，提高市场效率

证券监管制度作为证券市场的制度，体现的是激励和约束的统一。监管的依据是法律和规章，监管部门对接市场，需要考虑市场发展的要求和市场参与人的诉求。"从本质上说，国力竞争的不是 GDP，甚至也不是技术，而是市场的效率，是制度的效率，包括金融市场的效率。制度不是单纯的约束机制，而是激励机制和约束机制的统一。当年国债市场化改革时，监管制度还没有建立起来。金融市场有了改革和创新，才发展起来。很多时候，系统性风险是由于监管不当导致的，英国和美国历史上都有这样的实例。监管要适应金融深化的内在要求，以提升金融市场的效率为目标，通过市场本身的发展，提升信息传递的效率，提供对冲与分散风险的手段。监管要鼓励创新，限制套利，努力发挥市场作用，降低系统性风险和其他各类风险。①"证券监管正是按照这一思路不断前行，推动监管制度完善，推动债券

---

① 见武良山，周代数，王文韬. 金融大监管：大变局下的监管逻辑与市场博弈［M］. 北京：中国人民大学出版社，2021：003.

市场深化和保护投资人利益。

（3）统一监管机制，依法监督市场

统一而有效的监管体系是债券市场发展的重要前提。目前存在的多头监管体系既有历史演变的特征，又有整个金融体系的印记。专家建议通过修改《证券法》和有关监管法规、规则，从法律上解决证券监管部门对于债券市场的统一管理问题。企业债券发行和公司债券发行应用统一标准，由一个部门实行备案管理，统一并完善信息披露制度，提高市场的透明度。改革的重点是在现有的框架下做到登记和托管的统一。从监管逻辑上来看，债券融资属于直接融资，直接融资是资本市场的职能，应该按照资本市场的监管逻辑进行监管，证监会作为资本市场主要监管机构，应该承担债券市场统一监管责任。[①] 监管架构的设计既要考虑金融效率和金融稳定的结合，又要考虑监管机构的性质和职能。

2. 债券监管统一达成共识

第五次全国金融工作会议中提出要推进现代金融监管框架的构建，此后债券市场在统一监管标准和监管理念方面推进的速度明显加快。2018 年 9 月，人民银行、证监会联合发布 2018 年第 14 号公告，对逐步统一银行间债券市场和交易所债券市场评级业务资质、加强对信用评级机构监管和监管信息共享、推进信用评级机构完善内部制度、统一评级标准、提高评级质量等方面进行了规范。2018 年 11 月，中国人民银行、证监会、国家发展改革委联合发布《关于进一步加强债券市场执法工作有关问题的意见》，强化监管执法，加强协同配合，建立统一的债券市场执法机制。

3. 债券市场统一监管标准

虽然部际协调还是一种过渡思路，但也是走向监管统一的重要一步。多年来形成的中债登和中证登两个登记托管机构，不利于债券市场的统一。两个登记托管机构应该统一标准，允许跨市场交易。

（1）债券信用评级行业互联互通

中国证监会正在与中国人民银行继续加强监管协作，深入贯彻中央关于落实公司信用类债券部际协调机制精神，进一步推动银行间市场与交易所债券市场互联互通，不断加强监管协作，切实保护投资者合法权益和社会公共利益，促进信用评级行业规范发展。[②]

---

① 根据公开资料整理，2019 - 03 - 04.

② 国新办. 证监会 8 月 17 日新闻发布会 ［EB/OL］. （2018 - 08 - 17）［2022 - 03 - 08］. http：//www. scio. gov. cn/xwfbh/gbwxwfbh/xwfbh/zjh/Document/1635912/1635912. htm.

债券市场基础设施实现互联互通，有利于切实便利债券跨市场发行与交易，促进资金等要素自由流动，形成统一市场和统一价格，为货币政策顺畅传导和宏观调控有效实施奠定坚实基础。

（2）建立统一管理和协调发展的债券市场

2018年8月24日国务院金融稳定发展委员会专题会议强调进一步深化资本市场改革，坚持问题导向，聚焦突出矛盾，更好服务实体经济发展。会议要求抓紧研究制定健全资本市场法治体系、改革股票发行制度、大力提升上市公司质量、完善多层次资本市场体系、建立统一管理和协调发展的债券市场、稳步推进资本市场对外开放、拓展长期稳定资金来源等方面的务实举措。[①]

（3）银行间债券市场和交易所债券市场评级机构资质互认

为了推动统一监管标准，2018年9月中国人民银行、中国证监会以及中国银行间市场交易商协会决定协同债券市场评级机构业务资质的审核或注册程序，对于已经在银行间或交易所债券市场开展评级业务的评级机构，将设立绿色通道实现评级业务资质互认。[②]

4. 统一监管协调机制

（1）证监会依法对银行间债券市场、交易所债券市场统一执法

根据《关于进一步加强债券市场执法工作有关问题的意见》，中国人民银行、中国证监会、国家发展和改革委员会继续按现行职责分工做好债券市场行政监管。根据这一文件，人民银行、发展改革委发现涉及债券违法活动的线索，须及时移送证监会审理；同时明确了证监会依法对银行间债券市场、交易所债券市场违法行为开展统一的执法工作。该文件确立了人民银行、证监会、发展改革委协同配合做好债券市场统一执法的协作机制。[③]

（2）证监会在债券市场发展中发挥重要作用

债券市场的发展需要统一规划，协调发展，统一在一个部门非常重要。从近期出台的监管文件可以看出，债券市场统一监管已经形成大致框架，证监会依法取得债券市场统一监管的"牵头权"。从融资逻辑上来看，债券融资属于直接融资，资本市场是直接融资的场所，应该按照资本市场的融资逻辑进行监管，证监

① 中国政府网．国务院金融稳定发展委员会召开防范化解金融风险专题会议［EB/OL］．（2018-08-27）［2022-03-08］．http：//www．gov．cn/guowuyuan/2018-08/27/content_5316849.htm.
② 2018年9月11日中国人民银行、中国证监会第14号公告。
③ 中国人民银行网站．强化监管执法 做好协同配合 建立统一的债券市场执法机制［EB/OL］．（2018-12-03）［2022-03-08］．http：//www．pbc．gov．cn/goutongjiaoliu/113456/113469/3676877/index.html.

会作为资本市场主要监管机构，应该统一监管债券市场。从法律逻辑上来看，证监会对债券市场监管有证券法作为上位法支持，从监管能力上来看，证监会监管债券市场与监管股票市场性质的监管逻辑基本相同，并为唯一具有执法机构的部门。

（3）目前中央银行在银行间债券市场监管作用在于银行是债券市场的主要投资人

中央银行对于银行间债券市场的监管不仅是历史上形成的，也由于银行目前是债券市场的主要投资人。从债券发行量看，银行间市场明显大于交易所市场。在债券投资机构中，银行处于主导地位。银行作为债券市场参与主体受到中国人民银行和中国银保监会的监管。但是银行"持有到期"的行为会影响债券市场的流动性。为了推动市场的发展，银行的监管部门应该鼓励银行多向实体经济贷款，减少持有债券数额。从债券市场的发展规律来看，保险公司、各类公募基金、基金会等在参与债券市场方面会发挥越来越大的作用。证券法规定，在中华人民共和国境内，股票、公司债券和国务院依法认定的其他证券的发行和交易，适用该法。同时证券法规定了证监会的监管职能，但是人民银行监管的非金融企业债务融资工具和国家发展改革委监管的企业债不属于证监会的监管对象。因此，随着债券市场的发展，监管统一势在必行。

（4）监管改革要分步实施

我国债券行业应实行集中统一的债券监管体制，但是这个过程可能分两步走：第一步，建立部际协调机制和委员会机制，推动统一托管和跨市场交易。第二步将国务院债券委的职能并入或统一到一个部门中，确定这个部门为国务院直属机构和债券市场的主管部门。地方债券监管机构在设置和隶属上也应由地方政府移交到上述部门中，作为该部门在各地的派出机构，由该部门垂直领导，实行集中统一管理制度。2020年以来，债券市场统一监管已经提到议事日程上，有很多重要举措，包括推动建立公司信用类债券信息披露的统一标准，实现信用行业统一监管，增加债券市场的互联互通等。2023年机构改革后，证监会承担更多债券市场监管职能，向统一监管的方向迈出了重要一步。

从长远来看，证券监管应该区分监督和管理两个职能，证监会应该更多履行法律规定的监督职能，而把管理服务职能转为交易所和由下而上的各类协会执行。交易所的工作重点除了制订交易规则和市场规范以外，主要是保证流动性。为此就要突出市场的经纪职能和做市职能及其分工，其中最重要的是发挥做市商（dealer）的做市职能（market making）。

第六节　未来债券市场发展的思路及政府推动债券市场的举措

一、未来债券市场发展需要完善的领域

（一）完善债券市场中介体系，形成合理的市场架构

中介机构的作用是保证债券市场交易活跃和高效的不可或缺的重要因素，是市场高效运行的润滑剂。为此，对尚未进入银行间债券市场的中小金融机构以及非金融机构，需要进一步完善银行间市场的债券交易和结算代理制度。同时主管部门要扩大银行间债券市场的覆盖面，增加市场的深度，进一步推动服务于做市的交易商间经纪商制度，逐步形成合理的分层的市场结构，改善债券市场的流动性。

（二）完善做市商制度，加强市场组织

1. 分层结构和做市商

境外成熟债券市场都建立了完善的做市商制度，做市商在维持市场流动性方面发挥了重要作用。美国等成熟债券场外市场有分层结构，在发行人和投资人之间存在着做市商、经纪商和承销商（见图 4－32）。

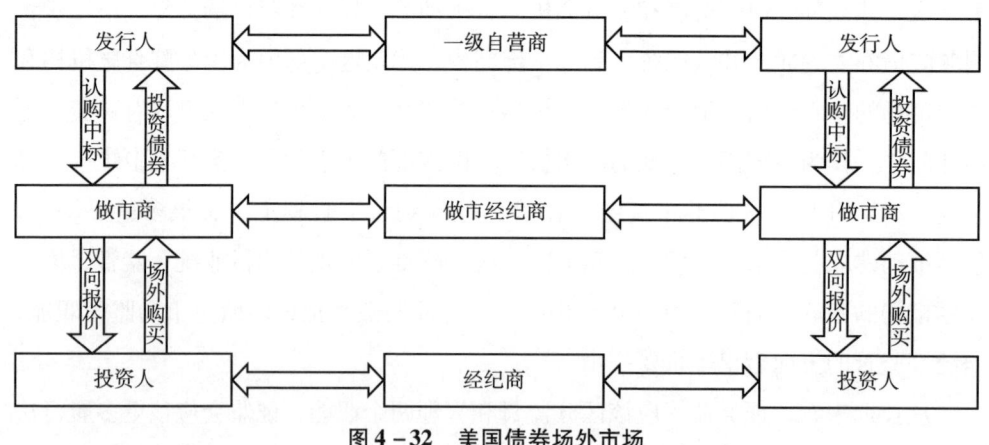

图 4－32　美国债券场外市场

资料来源：笔者绘制。

我国债券市场的基础设施不断夯实，市场功能持续完善。市场中介的功能也正在从经纪业务向做市业务和投行业务发展。国债市场建立初期发挥重要作用的国债

一级自营商近年来已经转向市场交易商，从事做市业务（dealer business）。

我国银行间市场本质上属于场外市场，采用询价交易机制，信息比较分散，需要推动做市商在市场中进行价格发现和促进市场流动性，发挥市场组织的功能。因此，市场管理者应着手从国债承销商中选择资金实力雄厚、信誉良好、交易活跃的银行和证券公司担当做市商，拓展做市商的机构类型；推出做市商制度配套的政策支持，包括融资融券制度以及卖空机制，解决做市商的后顾之忧；同时，加强对做市商的考核监督，实行优胜劣汰，促进做市商之间的竞争，提高市场效率。

2. 做市商双向报价制度

做市商制度是一种报价驱动式的交易机制，与竞价交易中的隐性报价不同，做市商要同时进行显性买卖双向报价，并在其主动报出的价格上实现买卖。按照报价，投资人愿意购买，做市商就必须卖；投资人愿意卖，做市商就必须买。做市商有义务维持价格稳定和市场的流动性。目前做市商制度由一名或多名做市商负责提供买卖双边报价，投资者的买卖指令传达到做市商，并实现交易，这种制度更像某种代理制度。

3. 目前做市商在交易方式上缺乏避险机制

目前我国债券市场以现券和回购交易为主，除国债期货市场外，没有做空的机制。做市商持有的债券组合价值变动受到市场利率的影响。在这种情况下，债券盈利只能依靠利率走低。由于缺少避险和套利工具，做市商为了规避存量债券组合的风险，只能通过调整买卖报价吸引客户反向交易，调整头寸；或者与其他做市商之间调整头寸。如果有做空机制就可以通过反向操作对冲风险，减少做市商的后顾之忧。

（三）推动市场交易产品创新，满足市场发展要求

债券市场产品创新包括如下四个方面：

一是增加交易品种，优化债券结构。就目前市场交易品种看，中长期债券居多，短期债券比重很小，影响了市场的活跃程度。发行机构可以考虑采用滚动发行方式，适当增加短期债券品种的发行。此外，鼓励大型公司通过企业债进行融资，提高信用产品在银行间市场的比重。

二是鼓励商业银行在债券市场发行债券。商业银行发行不同用途的金融债券，不仅可以增加债券品种，而且可以有效解决商业银行附属资本不足的问题，有利于降低银行经营成本，增强其竞争力。

三是引进物价指数债券等新型金融工具。物价指数债券可以消除债券价格中的通胀风险贴水。欧美很多国家都发行这种物价指数债券，很受投资者的欢迎。我国应该对此进行积极尝试。国外物价指数债券与我国20世纪90年代初期发行的保值公债类似，但是当时保值用的物价指数与现在不同，指数与利率挂钩的方式也不相同。

四是加快金融衍生品的开发推广，如利率互换和债券期货等，为市场参与者提供对冲利率风险的工具。

（四）加快市场基础建设步伐，创造良好运营环境

债券基础设施是债券市场制度和技术结构的基础。促进债券市场基础设施建设具体包括如下内容：

1. 建立统一的债券登记托管结算体制

当前我国债券市场呈现"两个子市场、三个后台"的总体架构。面对日新月异的市场创新和日趋紧密的跨境连接，分散化、碎片化的市场后台会影响市场效率以及与国际市场的联通。监管部门应按照"交易前台多元化、托管后台一体化"的国际经验，加强顶层设计，理顺前后台关系，推动实现市场后台有机整合、合理布局、分工协作，兼顾安全与效率。近期推动的债券市场互联互通应落实有效穿透、明确主场结算等原则，实现跨市场直通式安排。专家认为，实施中央结算公司与交易所前台的直联，可以为市场提供示范。

2. 进一步完善中央托管机构跨境互联的系统建设

应关注境外市场投资者参与中国市场的便利性问题，在坚持主场原则、穿透监管的前提下，通过规范统一使用SWIFT报文标准、高效接入人民币跨境支付系统CIPS、完善境外客户服务系统和门户网站、提供多语言服务功能等一系列举措，不断提高对境外投资者的客户服务水平。明确境内外账户、法人类/非法人产品账户的法律地位与权利的差异，理顺各方权利义务关系，切实保障投资者利益。

3. 完善会计制度、防范系统风险

随着银行间市场规模的不断扩大，会计处理问题日益成为市场关注的焦点。如前所述，目前的成本法计价虽然受到市场参与人的支持，但隐藏着较大的系统性风险，其与公允价值可能存在较大的偏差，也限制了债券市场流动性的提高。因此，必须尽快推动银行间市场按照市场公允价值进行计价。关于具体公允价值的标准，可由行业性协会制定，价格采样范围应该包括银行间市场、交易所市场；对于某些交易特别不活跃的券种，可以根据收益率曲线进行测算[①]。

---

① 中央结算公司，2021 – 09 – 18.

二、政府部门推动债券市场的举措

（一）服务实体经济融资需求

历史上，银行体系一直是为中国企业提供融资的主要渠道。国债主要用于弥补财政赤字和用于国家重点建设。2020 年以来，国家明确了发展债券资本市场的目标。新冠肺炎疫情暴发以来，为了有效拉动经济，债券发行迅速增加，2020 年初国家下达近 3 万亿元的地方政府专项债券，与此同时，市场中各类发行体发行的债券也迅速增加。2020 年 5 月，中央提出了"构建更加完善的要素市场化配置体制机制，进一步激发全社会创造力和市场活力"①。

2020 年《政府工作报告》安排 2020 年政府债券筹集资金总额达到 8.51 万亿元，比 2019 年增加 3.6 万亿元。同时，拟安排地方政府专项债券 3.75 万亿元。2020 年安排抗疫特别国债 1 万元，以 10 年期为主，由财政部统一安排发行，中央结算公司提供技术支持。利息由中央财政承担，本金 30% 由中央财政偿还，70% 由地方财政偿还②。

2020 年人民银行将"国债""地方政府专项债券"和"地方政府一般债券"纳入社会融资规模统计，合并为"政府债券"指标。

（二）支持民营经济发展

2022 年以来国家有关部门采取各项政策推动债券市场定向扩容，支持民营、创新品种债券发行。

1. 扩宽民营企业融资渠道

2022 年 3 月 28 日，证监会发布公告指出拟于近期推出一系列政策措施，进一步拓宽民营企业债券融资渠道，主要措施包括推出科技创新公司债券、将优质民企纳入成熟知名发行人名单、推出信用保护工具、放宽受信用保护的民营企业债券回购质押库准入门槛、将民营企业债券相关指标纳入证券公司分类评价体系、加强宣传推介力度、提升信息披露质量七个方面③。

---

① 中国政府网. 中共中央　国务院关于构建更加完善的要素市场化配置体制机制的意见［EB/OL］.（2020－03－30）［2022－03－08］. http://www.gov.cn/gongbao/content/2020/content_5503537.htm.

② 根据公开资料整理，2022－06－01.

③ 联合资信研究中心.【债市研究】：2022 年债券市场发展报告［J］. 债券，2023－02－21.

2. 完善民营企业融资机制

2022 年 3 月 5 日，2022 年《政府工作报告》指出落实支持民营经济发展的政策措施，鼓励引导民营企业改革创新，完善民营企业债券融资支持机制。2022 年 4 月 18 日，人民银行、外汇局印发《关于做好疫情防控和经济社会发展金融服务的通知》，指出积极支持民营企业健康发展，完善民营企业债券融资支持机制，鼓励金融机构加大民营企业债券投资力度[①]。

3. 是创设民营企业信用保护工具

2022 年 5 月 11 日，证监会发布通知开展民营企业债券融资专项支持计划，专项支持计划由中国证券金融股份有限公司（简称"中证金融"）运用自有资金负责实施，通过与债券承销机构合作创设信用保护工具等方式，增信支持有市场、有前景、有技术竞争力并符合国家产业政策和战略方向的民营企业债券融资[②]。

4. 加大对民营企业的服务力度

2022 年 7 月 22 日，证监会、发改委和全国工商联联合发布《关于推动债券市场更好支持民营企业改革发展的通知》，指出加强服务引导，具体包括加大债券融资服务力度，积极推动债券产品创新，培育多元化投资者结构，畅通信息沟通渠道；同时指出加强监管规范，包括加强民营企业信用体系建设，开展联合奖罚工作，提高信息披露质量、引导中介机构归位尽责和完善债券违约处置机制。为落实上述通知，2022 年 7 月 29 日，中国结算公司修订发布《中国证券登记结算有限责任公司受信用保护债券质押式回购管理暂行办法》，适当放宽相关民企债券、科创债券开展受信用保护回购业务的发行人主体评级要求，进一步增强了受信用保护债券回购业务对服务民营经济和实体经济的支持作用。上述政策的发布有助于进一步推动民营企业债券的发行[③]。

5. 降低民营企业交易费用

2022 年 10 月 28 日，发改委发布《关于进一步完善政策环境加大力度支持民间投资发展的意见》，督促金融机构对民营企业债券融资交易费用能免尽免。2022 年 5 月 10 日，国家发改委等四部门发布《关于做好 2022 年降成本重点工作的通知》，指出建立健全多层次资本市场，完善民营企业债券融资支持机制，提升民营企业直接融资能力[④]。

---

①②③④ 联合资信研究中心．【债市研究】：2022 年债券市场发展报告［J］．债券，2023 – 02 – 21.

（三）发挥国债收益率定价基准作用

1999 年，中央结算公司率先编制并发布国债收益率曲线。20 多年来，中债国债收益率曲线编制技术日趋成熟，应用广度和深度不断强化，得到监管部门和市场机构的广泛认可，成为债券资产公允价值计量重要基准。2015 年，中债 3 个月期国债收益率被纳入特别提款权（SDR）利率篮子，成为国际认可的人民币全球定价基准。

2020 年 5 月，中央强调"深化利率市场化改革，健全基准利率和市场化利率体系，更好地发挥国收益率曲线定价基准作用，提升金融机构自主定价能力"。2020 年财政部也表示要继续推动国债收益率发挥定价基准作用。

小　结

本章向读者介绍债券市场的概括情况。我国债券资本市场近年来有了快速发展，但是相对而言，债券市场的规模、在金融市场中的地位和监管理念等与发达国家相比仍然有一定差距。这是因为多年来发展债券市场的理念主要是为了解决中央政府和企业的融资问题，而中国有发达的银行体系，债券市场只需要发挥补充的作用。从投资者的角度，对于刚性兑付的依赖，以及从发行人的角度，只想借钱扩张，不想承担还款责任，都是影响债券市场健康发展的重要问题。

债券市场的发展要脱离"物化"思维，就要注意市场参与人之间的互动。监管部门要和监管对象互动，采取人性化的监管服务，而不是采用"一刀切"的非人性化（物化）的政策。中国金融业监管经过多年的探索和实践，有了很大进步。我国资本市场实现注册制、AB 股权构架上市、集体诉讼、过错推定和隐含的倒置推定等，标志着资本市场的不断成熟。这个过程中最重要的是监管理念的变化，认识监管主要应通过市场本身产生的约束，防止不当行为和风险。也要认识到市场参与人自我管理风险的能力，如通过市场工具对冲风险和分散风险，通过市场参与人之间的制约控制风险。而监管者主要提供公平竞争环境，提高市场服务。同时，政府监管部门可以通过提供平台服务也成为市场的一员。

第五章　债券市场建设

第四章介绍债券市场现状和监管部门的相关努力，第五章提出债券市场发展的建设性意见。债券市场建设旨在提高市场效率，建立财政货币政策的实现路径，是国家支持金融市场发展的制度建设的重要组成部分。市场效率主要来自市场准入、交易成本、监管合理性和效率、服务、基础设施、品种、做市能力等多个因素（见图5-1）。

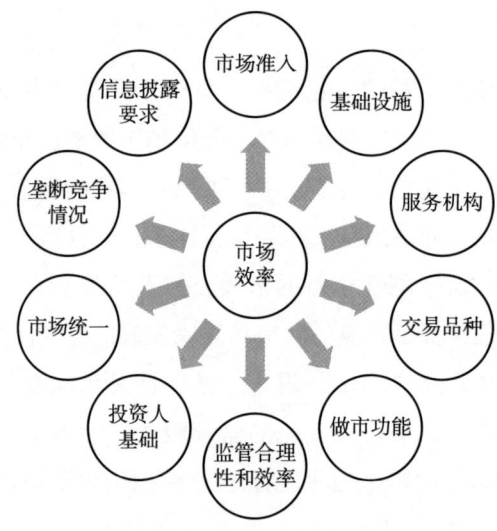

图5-1　影响金融市场效率的因素

资料来源：中央结算公司。

第一节　完善发行与交易机制

一、增加品种，扩大准入

（一）增加债券市场的品种，适应投资人的需要

如果不考虑衍生产品，我国目前债券市场基础债券品种多样化程度与发达国家

类似。但是作为市场基础的国债市场品种仍然有提升的空间。国债市场①是央行进行公开市场操作的平台，也是金融机构进行流动性管理的主要工具。国债价格决定基准利率水平和无风险收益率曲线的形状。

1. 金融市场对国债需求增加

目前，中国债券市场中国债规模比重偏低，绝对规模和相对规模相较发达国家成熟市场有较大差距。2020 年末我国国债市场存量规模为 19.44 万亿元，占 GDP 比重为 19%②；2020 年上半年，美国发行了 4 万亿美元的债券，国债规模达到了 27 万亿美元。③ 但美国的 GDP 全球最高，其债务占 GDP 比例为 107%。④

随着中国金融改革不断深化，金融市场对国债的需求与日俱增。与此同时，在开放的经济环境下，境外投资者参与中国金融市场的积极性不断提升，首选投资标的就是以国债为代表的安全资产，国债市场发展和开放在很大程度上决定了金融开放以及人民币国际化的广度与深度。市场希望进一步扩大国债发行规模，以满足宏观调控、流动性管理、金融市场发展和对外开放的需求。

2. 国债浮动利率品种需要丰富

目前我国浮动利率品种的发行数量仍然比较小，而且浮动利率品种中证券化资产占据多数。这些资产的利率波动与资产价值、信用等级变化相关性较大，而与隐含远期利率相关性不大，不能增加投资人判断市场利率趋势的新信息。"从债券品种来看，我国浮动利率债券主要为资产支持证券（ABS）及资产支持票据（ABN），存量约为 1.05 万亿元，在我国浮动利率债券余额中占比达 73%。ABS 及 ABN 主要挂钩利率为存款利率和贷款利率，包括 1 年期定期存款利率、中长期贷款利率、个人住房公积金贷款利率等，这些利率波动幅度均有限。在我国浮动利率债券余额中占比紧随其后的是政策性金融债，存量为 2571 亿元，占比约为 18%"⑤，这些债券品种不适合作为市场定价的基准。国债设有浮动利率品种，这对国债的基准作用十分不利。今后发展浮动利率的国债品种对国债市场发展具有非常重要的意义。

3. 政策性金融债券的浮动利率品种需要增加

可以看出，基础债券的浮动利率品种相对分散。国家开发银行是浮动利率债券

---

① 这里"国债市场"等同于"中央政府债券市场"。
② 中央结算公司，2021 – 09.
③ 根据公开资料整理，2020 – 10 – 22.
④ 根据公开资料整理，2021 – 04 – 11.
⑤ 陈越. 关于创新我国浮动利率债券发行方式的探讨［J］. 债券，2022（1）.

的创新者，在 2000 年初期首先推出了以一年期存款和 7 天回购为基准的浮动利率债券。目前增加了以 Shibor 为基准和以 LPR 为基准的浮动利率债券。现在政策性银行发行数额占比在下降。目前浮动利率发行数量占债券总量比重减少，反映了市场需求较小。我国债券投资人主要是银行和保险公司，他们的资金来源是银行存款和保费收入。这些银行和保险公司过去主要认购以 1 年期存款为基准的浮动利率债券。利率市场化以后，金融机构更需要管理利率风险，增加政策性金融债浮动利率品种与规模具有重要意义。

（二）允许私募基金参与债券市场

减少市场壁垒，允许市场参与人平等进入各个市场对于提高市场效率非常重要。外汇交易中心官网数据显示，截至 2021 年 9 月 9 日，银行间市场本币市场成员中共有 408 家私募基金；而根据基金业协会月报，7 月末在协会备案的存续私募基金管理人为 24326 家，反映私募基金参与债券市场比重偏低。为进一步激发债券市场活力，建议培育风险偏好更为多元化的投资者群体，适度降低机构投资者入市的注册资本金门槛，允许在基金业协会依法备案、通过托管行安排的私募基金进入银行间市场，并通过承销商（一级市场）、做市商（二级市场）进行交易，会增加市场透明度，避免利益输送；同时，在中央登记托管机构直接开立债券账户，实现穿透监管。

（三）对境外机构全面开放回购交易

回购交易是投资者进行流动性管理的基本工具。目前，虽然银行间债券回购仅允许境外央行类机构以及人民币参加行、清算行参与，但是境外央行类机构参与境内回购业务仍需签署 NAFMII（中国银行间市场交易商协会）回购主协议，导致业务参与积极性不高。同时，注重资金及资产充分使用的境外资管机构更需要开展回购业务，它们的需要目前不能得到满足。

对境外商业机构全面放开回购业务可以分步进行，先放开逆回购，在控制杠杆的情况下放开正回购，以促进流动性提升，解决投资者关心的问题。同时，逐步解决国际通用回购协议和国内回购主协议的等效性，允许境外机构投资者参与银行间债券回购市场时可自主选择签署回购交易主协议，例如国际通行的 GMRA 协议（全球回购主协议），便利其开展业务操作。在交易规则对接国际的同时，要将仲裁权和司法管辖权掌握在境内，从而掌握对外开放主动权。

（四）扩大国债期货投资者范围

国债期货是利率风险对冲的重要工具，具有标准化、防范利率风险与流动性风险交叉传染等优势。期货最主要的功能是套期保值，即在期货市场上进行与所持债券现券数额相等，方向相反的操作。商业银行持债规模较大，利率风险对冲需求强烈。商业银行参与国债期货市场也有助于促进现货市场平稳运行，提高金融体系的抗风险能力。

目前，我国国债期货市场参与机构和规模有限，仅有五大国有商业银行获批，且要求参与国债期货交易主要用于套期保值并以风险管理为目的。大部分商业银行的利率风险对冲工具仍主要为利率互换、债券远期，缺少多样化的对冲工具。

此外，国债期货尚未对境外投资者放开，无法满足其开展标准化利率风险对冲的需要，制约了境外投资者进入中国债券市场的积极性；同时也导致境外投资者只能通过卖出现货债券来管理风险敞口，带来了一定的跨境资金流动风险。

我国应适度扩大国债期货市场参与机构的数量和规模，允许银行间市场成员参与国债期货交易，并稳妥放开境外机构参与国债期货市场，向它们提供对冲市场风险的工具。同时，建立完善国债期货监管协调、信息报送制度，以防范跨市场风险。

二、改进发行方式

（一）改进储蓄债券的发行方式

20 世纪 90 年代初期，财政部大力推进国债发行的市场化改革，同时推动存量债券和新发行的债券在交易所托管，并进入市场交易。1993 年国债进入市场后，价格跌破面值，当时个人投资者是国债的主要投资者，为了减轻他们对于二级市场损失的担心，财政部决定推出面向个人发行不进入市场的储蓄债券。1994 年我国正式引进储蓄债券时主要是为了解决个人投资者的需要。储蓄债券是三联单形式，也称为凭证式国债，后来这种凭证式国债改为电子形式。

随着 1996 年国债市场化改革的成功，国债发行主体债券转变为以记账式附息国债为主，投资人的主体也逐渐转变为机构投资人。个人投资者逐渐失去了购买国债的兴趣。传统固定利率中长期储蓄国债，在银行理财不断发展的今天，对于个人投资者并无很大的吸引力。最近学者指出与储蓄债券有关的问题："近两年储蓄国债发行市场出现降温，这除了受我国居民整体储蓄率下行的影响，也与发行定价机制因素有关。在利率市场化改革不断深入的背景下，现行储蓄国债发行定价的灵活性有待提升，且年度内基本不会调整每期发行规模，难以及时应对需求变化。在市场环境变化和价格波动的情况下，容易出现发行完成率不足 100% 的情况"。①

虽然学者建议各种合理的储蓄债券的利率设计，但是笔者认为，储蓄债券应该以英格兰银行曾经发行的年金和永续债券的形式为主，由于存在国家信用，其发行利率可以低于市场上同类债券的利率。此外，凭证式国债可借鉴电子或储蓄国债的发行方式，在中央结算公司登记托管。②

（二）以中债估值作为发行定价比较基准

中央结算公司在多年发展实践中构建了一整套中债价格指标体系，已发展成为全面反映人民币债券市场价格及风险状况的基准价格指标体系。在二级市场交易中，市场机构广泛采用中债估值作为公允价值计量基准和交易偏离监测基准。在银行间市场，外汇交易中心规定当现券交易价格偏离中债估值超过一定标准（利率债 1%、信用债 2%）时向其报备说明；在交易所市场，证券业协会要求现券交易价格偏离中债估值超过 1% 时向风险管理部门备案说明。在一级市场，行业协会也要求相关券种在发行价格显著偏离中债估值时作出具体说明。

中债估值比对机制可以进一步推广到全部公司信用类债券，将中债各信用等级收益率曲线作为债券发行定价参照基准，以识别异常定价，提升发行效率。特别是部分商业银行认购结构化发行的信用债，容易扭曲债券定价，压低债券利率。监管部门可以要求直接或间接认购自己发行债券的商业银行公布相关信息，并通过中债估值比对机制，及时识别商业银行自融行为，督促其信息披露，解决违规自融和低效发行问题。③

三、完善税收制度，提升交易活跃度

（一）对国债利息和资本利得征税

在发达金融市场中，国债具有无信用风险和高流动性两个特征，国债收益率曲线也因此成为金融市场的基准利率。而我国国债的流动性低于政金债的流动性（见表 5-1），扭曲了各类债券之间的正常定价关系，影响了债券市场运行效率，制约了国债收益率曲线基准利率作用的发挥。

---

① 白龙，张卫云，祝庆. 关于我国储蓄国债合意定价模式的思考 [J]. 债券，2021，12 (16).
② 中央结算公司，2022-10-28.
③ 中央结算公司，2021-09-18.

表 5-1   **2020 年底国债和国开债换手率**   单位：万亿元

国债类型	托管量	现券交易量	回购交易量	现券换手率%	回购换手率%
记账式国债	19.44	45.93	302.91	2.36	15.58
国开债	9.77	56.39	204.94	5.77	20.98

资料来源：中央结算公司。

税收制度方面存在的不合理安排是造成国债流动性偏低的一个主要原因。我国对国债持有期间利息收入免所得税和增值税，对国债买卖价差形成的资本利得则不免税。这种税收制度下，为了获得最大税收节约效应，商业银行等金融机构主要出于配置的目的大量投资国债并持有到期，很少用于交易，从而影响了国债二级市场的活跃度和流动性。国际上，主要国家对国债利息收入和资本利得几乎都征税。其中，美国国债利息收入和资本利得均征收联邦税，英国对居民企业投资者购买国债从双重不征税演变到双重征税。

我国应该改革国债税收制度，对国债利息和资本利得均征税，以增强市场主体交易积极性，提高国债市场流动性，消除利息免税导致的定价扭曲效应，促进国债收益率曲线定价基准作用的发挥，支持债券市场高效运行。

（二）推动理财与公募基金税收政策统一

目前，我国对公募基金的债券投资差价收入全部免税，而银行理财则需缴纳增值税、所得税。在此制度下，银行理财会倾向于为了降低交易成本、提高收益率而拉长投资期限，或者通过自行发起的公募基金或投资发起一家基金，间接投资债券基金，从而实现避税。这些都在一定程度上影响了债券市场的运行效率和活跃度。随着公募基金和银行理财在各项监管指标上逐渐拉平，推动银行理财享受与公募基金同等的税收政策，是非常必要的。

第二节 发挥中央登记托管优势

市场的统一性是市场效率的重要标志。由于历史原因，中国债券市场仍然处于分割状态。从技术上统一托管和从制度上统一监管是解决市场统一问题最重要的两个环节。

一、统一托管

（一）坚持以一级托管为主的中央登记托管制度

中央登记托管是指中央托管机构（CSD）依据法律或中央政府部门授权，同时履行对债券的中央登记和中央托管职能，实现债券中央登记和中央托管的一体化，使得债券权益的转移、维护和管理仅通过中央登记托管机构的账户体系即可完成，债券交收和变更登记同时发生，能够有效提升交易结算的安全和效率。

中国债券市场曾因分散托管和缺乏统一登记而经历曲折发展阶段。为扭转混乱局面，在充分结合国际经验和国内现实的基础上，中国债券市场于20世纪90年代建立了一级托管为主的中央登记托管制度，成为市场20年来高效稳健运行的重要基石和基本保障。一级托管具有法律关系清晰、穿透性强等特点，与中央登记结合，可以最大限度地兼顾市场安全和效率。基于中央登记托管制度构建的"全球通"一级账户模式安全、高效、透明，成为境外投资者进入中国债券市场的主渠道，目前全球通下境外机构持债量占境外机构持债总量的75%。

现在中国债券市场结算周期已领先于很多发达国家和成熟的债券市场，境内结算实现T+0或T+1，跨境结算实现T+2或T+3并提供4天以上、10天以下的非标准结算周期安排。其中，"全球通"模式结算周期主要集中在T+1，明显短于多级托管体系的"债券通"模式（见表5-2）。①

表5-2　　　　　2021年1~4月境外机构结算笔数（按结算周期）

交易时间	全球通			债券通			境外机构合计		
	结算笔数	占比（%）	累计占比（%）	结算笔数	占比（%）	累计占比（%）	结算笔数	占比（%）	累计占比（%）
T+0	1753	13.1	13.1	103	0.5	0.5	1856	5.6	5.6
T+1	6609	49.2	62.3	6769	34.1	34.6	13378	40.2	45.8
T+2	3237	24.1	86.4	9108	45.9	80.5	12345	37.1	82.9
T+3	1638	12.2	98.6	3530	17.8	98.2	5168	15.5	98.4

---

① 中央结算公司，2021-09-18.

交易时间	全球通			债券通			境外机构合计		
	结算笔数	占比（%）	累计占比（%）	结算笔数	占比（%）	累计占比（%）	结算笔数	占比（%）	累计占比（%）
T+4	153	1.1	99.8	283	1.4	99.7	436	1.3	99.7
T+5	28	0.2	100.0	58	0.3	99.9	86	0.3	100.0
T+6	2	0.0	100.0	5	0.0	100.0	7	0.0	100.0
T+7	1	0.0	100.0	3	0.0	100.0	4	0.0	100.0
T+10	0	0.0	100.0	3	0.0	100.0	3	0.0	100.0
总计	13421	100.0	—	19862	100.0	—	33283	100.0	—

资料来源：中央结算公司，2021-09.

　　以一级托管为主的中央登记托管结算制度设计凝聚着我国债券市场发展的经验和教训，是监管部门智慧的结晶，是被实践证明有效且兼具安全性与效率的模式，应坚定不移地贯彻落实。坚持中央登记托管制度的核心是要坚持"中央确权"和"穿透监管"，并对贯彻不到位的情况予以完善。①

　　比如，"债券通"业务中，中国香港金管局中央债务工具系统（CMU）作为境外二级托管机构应按要求向境内总托管机构报送投资者信息。但由于缺乏明细信息的真实性复核机制，并且次日报送，使得信息的真实性、完整性、及时性难以保证，影响了信息报送的效率和质量，存在一定风险隐患。一个可行的办法是由CMU系统每日及时向总托管机构报送账户信息，并由总托管机构向终端投资人提供信息复核服务，通过"三角核对"确保数据准确，并进一步发挥托管行功能，在总托管机构开立代理账户的同时，为终端投资者在总托管机构单独开立债券托管账户，从而兼容穿透监管制度优势和境外多级服务需求（见图5-2）。又如，银行理财产品投资债券应在中央登记托管机构独立开户，而非开立混同账户，如此既可发挥强穿透管理优势、防范挪用风险，又可提高结算效率、降低操作风险。境外机构投资者通过CMU会员进入CMU系统，境内由中央结算公司进行代理结算（中央确权+结算代理行模式）；境外中小投资者则可以通过托管行连接中央结算公司（中央确权+托管行模式）。②

---

　　①②　中央结算公司，2021-09-18.

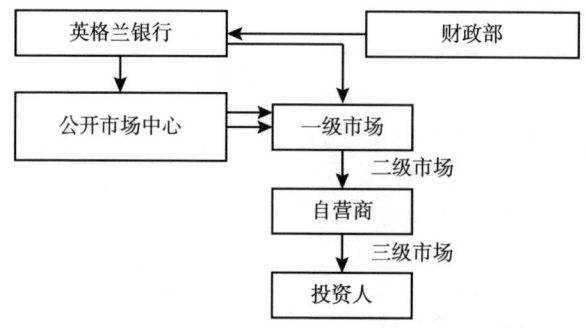

图 5 – 2　全球通、债券通入市渠道（方案）示意图

资料来源：笔者绘制.

（二）统筹整合债券市场登记托管结算后台

中国债券市场登记托管结算基础设施曾因治乱而统一，但近年来又出现一定程度的分散化。目前我国债券市场共设立三家登记托管结算机构——中央结算公司、上海清算所（以下简称上清所）、中国证券登记结算有限责任公司（以下简称中证登），三家机构按照券种和市场分别进行登记、托管和结算，导致债券市场登记托管结算体系分散化，增加了市场重复建设和机构之间的沟通成本，形成信息碎片化，加剧了债券市场分割，降低了债券市场的安全和效率。[①]

国际上，由统一后台支持多元化前台是通行模式。各国纷纷通过整合托管结算后台，达到促进市场要素自由流动、降低交易成本、提高市场效率的目的。目前大多数国家设置了单一登记结算机构，全世界设有 3 家登记结算机构的，只有中国和印度。

为进一步提升债券市场能级与效率，需改善市场分割现状。多层次债券市场格局下交易前台趋于灵活、多元化，更加需要依靠集中化、一体化的登记托管结算后台来确保交易"活而不乱"、前台"多而不散"。监管部门应该统筹整合债券登记托管结算机构，并基于统一的登记托管结算体制，实现债券中央托管结算机构与多个交易前台直连，打破市场分割，提升市场效率与竞争力。短期可尽快推动中央登记托管结算机构与交易所直连。2014 年"平安银行 1 号小额消费贷款资产支持证券"在上海证券交易所（以下简称上交所）上市，投资者利用在中央结算公司的托管账户实现跨市场交易结算，就是直连方式的成功实践。中期目标是整合形成统一的债券登记托管结算体系，保证投资者通过一个账户自由选择交易场所，参与各

[①]　中央结算公司，2021 – 09 – 18.

类债券品种交易，从而提高资产管理效率，降低交易成本。[①]

二、提高结算效率

（一）推动实现发行缴款 DVP 结算

目前，银行间债券市场已全面实现使用央行货币的券款对付（DVP）结算机制，保障了债券交易的安全高效，成为中国债券市场和金融基础设施达到国际先进水平的主要标志之一。为了提高债券发行缴款效率，防范操作风险，可以在一级市场推行发行缴款 DVP 结算机制。

若使用发行缴款 DVP 结算，发行人先设置发行款收缴时间，在该时间内，中央结算公司通过系统从承销团成员的账户中自动实时、逐笔扣除发行款并汇缴发行人，同时对债券进行债权确认和办理上市，这样能够显著提高发行效率。[②]

以中央结算公司发行的债券为例，在通常模式下，债券缴款日当天承销团成员需将各自认购债券的发行款通过线下方式上缴给发行人，发行人核对收缴发行款无误后以书面方式告知中央结算公司，中央结算公司再给该只债券进行债权确认并办理上市。[③]

目前，开展发行缴款 DVP 结算的条件已具备。中央结算公司已完成系统的开发、测试和上线，业务指引规则也已发布。应该进一步完善发行缴款 DVP 结算机制，推动该项服务落地。[④]

（二）提高 ISIN 编码申请效率

国际证券识别编码（ISIN 编码）是国际标准化组织制定的证券编码标准。在债券市场，ISIN 编码解决了跨场所债券的唯一识别问题，彭博、万得等国内外信息商都将其作为信息采集的关键字段。ISIN 编码也是境外投资者识别境内债券的重要手段，对我国债券市场对外开放至关重要。

我国债券市场 ISIN 编码的申请流程较长。托管机构基于发行文件信息向全国金融标准化技术委员会证券分技术委员会（以下简称"证标委"）发起申请，证标委审核申请材料后，一般需要 3~5 个工作日通过资本市场标准网披露新发债券的 ISIN 编码。由于申请流程较长，大部分债券的 ISIN 编码滞后于起息日或上市日。以地方债为例，ISIN 编码披露时间比起息日期晚 6~7 日。

[①②③④]　中央结算公司，2021 – 09 – 18.

在债券发行量增长的背景下，为提高 ISIN 编码审核效率，充分发挥 ISIN 编码在债券全生命周期的作用，应该逐步实现以系统对接方式提高申请效率，由 ISIN 编码分配管理部门为债券中央登记托管机构开立服务终端，并升级为接口级。[①]

第三节　加强信息披露

信息披露有助于交易各方的信息交流，方便市场参与人的决策。信息披露可以帮助减少市场的不确定性，减少信用风险，从而促进市场交易效率的提高。

一、进一步改进公司信用类债券的信息披露

（一）推动公司信用类债券信息披露标准统一和数据共享

标准统一和数据共享既可减轻市场机构的操作负担，简化内部流程，又可提高信息披露效率，降低失误率和操作风险。监管部门应该要求实现存续期信息披露的"一次编辑、一次上传、多方共享、多平台披露"。并以此为最终目标，分步推进公司信用类债券信息披露环节的标准化升级和数据共享，通过信息披露平台的互联互通为实体企业减负。[②]

一是分步推进标准统一和数据共享。基于现状，一步实现最终目标困难较大，可以分步推进。第一步，先在单个券种内实现，如实现企业债市场在中央结算公司、沪深交易所的标准统一和数据共享。第二步，实现企业债和非上市企业公司债的标准统一和数据共享。第三步，推动实现企业债、公司债和债务融资工具等整个公司信用类债券市场的标准统一和数据共享。

二是建立信息披露标准协同机制。交易所对企业债的监管参照公司债，公司债标准发生变化，企业债也跟着同步变化；受政策变动、市场变化等因素影响，规范文本和格式要求经常更新。为保证信息披露标准的长期统一，需要推动实现企业债信息披露标准统一和数据共享。

三是推动建立债券共享信息披露系统。共享信息披露系统可以分步实施，短期将审核受理系统作为单个券种存续期信息披露系统，由受理审核机构根据情况，将信息披露文件共享给其他披露平台。以企业债为例，发行人将 XBRL（可扩展商业

---

①② 　中央结算公司，2021 – 09 – 18.

报告语言）格式信息披露文件上传给中央结算公司，中央结算公司根据跨市场情况同步推送至沪深交易所。未来需要推动相关监管部门统筹跨券种的共享信息披露机制，要求所有公司信用类债券发行人在一个信息披露系统上报送 XBRL 格式文件，系统根据发行人的发债类型和跨市场情况，自动将文件推送给其他相应的信息披露平台。

四是允许部分发行人自主上传信息披露文件。为进一步便利发行人参与，降低信息披露平台对纸质盖章页的依赖程度，共享信息披露系统可同时对发行人和主承开放，借鉴股票市场做法，支持有能力有意愿的发行人自主上传信息，以身份识别代替盖章等烦琐流程。同时，可查阅发行人上传的文件，对文件内容和上传时效进行督导。①

（二）完善私募债、违约债信息披露

2020 年 12 月，中国人民银行、国家发展改革委、证监会联合发布《公司信用类债券信息披露管理办法》，统一了两大信用债市场的信息披露制度，改善了此前不同券种信息披露要求不同的问题。2021 年 8 月 18 日，人民银行、发展改革委、财政部、银保监会、证监会和外汇局联合发布《关于推动公司信用类债券市场改革开放高质量发展的指导意见》，提出分类趋同原则，按照公开发行和非公开发行的分类标准逐步统一同类公司信用债相关规则，明确指出"着重对非公开发行公司信用类债券的发行转让、信息披露、投资者保护、法律责任等进行统一规范"。②

目前，私募债公开披露信息较少、标准尚未统一。为进一步提升私募债信息披露质量，必须在未来制定的公司债券管理条例等规则中推动私募债信息披露标准统一。一是实现债券发行前及时披露发债企业相关信息。债券发行前较为详尽的企业信息披露，有助于市场参与及第三方估值机构对发债企业财务及经营状况进行了解，进而进行合理的市场定价。私募债发行主体应参照《公司信用类债券信息披露管理办法》相关要求，及时披露发债企业最近三年经审计的财务报告及最近一期会计报表、募集说明书、信用评级报告等。二是债券存续期内按时披露定期报告。参照《公司信用类债券信息披露管理办法》相关要求，企业在每个会计年度结束之日起 4 个月内披露上一年年度报告，在每个会计年度的上半年结束之日起两个月内披露半年度报告，定期报告的财务报表部分应当至少包含资产负债表、利润表和现金流量表。编制合并财务报表的企业，除提供合并财务报表外，还应当披露母公司财务报表。三是完善对发行结果的披露要求。公司信用类债券发行结果反映

---

① ② 中央结算公司，2021 - 09 - 18.

了债券一级市场发行情况，是一级市场价格可靠性判断的重要参考。私募债发行结束后应及时披露发行结果公告，发行结果公告内容包括但不限于当期债券的计划发行总额、实际发行总额、发行利率、发行价格、投资申购家数、合规及有效申购家数、最高及最低申购利率等信息。四是使用规范信息披露格式，发行人通过权威渠道以标准化形式披露信息。发行人可使用 Excel 或参照 XBRL 格式，按照标准化、电子化格式及时全面地披露财务信息。①

此外，在债券违约及违约后处置过程中，存在信息披露缺失、不及时、披露内容不完整的情况，应该进一步推动完善违约债信息披露制度。一是加强债券发生违约的信息披露。目前部分债券发生违约时，发行人及中介机构未及时或未发布违约公告，增加了市场参与者认定债券违约事件的难度。发行人及中介机构应及时、准确披露债券违约信息，特别是违约本息金额等重要信息。二是对于进入破产诉讼程序的违约债发行人，加强重整计划、和解计划等重要文本的披露。当前重整计划、和解计划等文本信息披露情况良莠不齐，部分违约债发行人未披露重整计划、和解计划，或未披露上述文本的完整内容，如重整计划中未包含债券持有人所属债权人分组的释义等。三是加强违约债或对应债权偿付的信息披露。对于依据重整计划将债券对应债权进行处置的，以及自筹资金或引入战投偿付违约债的，应及时披露相关偿付、履约情况，包括偿付日期、偿付本金、利息金额、还本处理方式（减张数或减面值）、债权、债券余额等重要信息。在偿付完毕或未能履约时，应及时披露相关信息。四是加强违约债发行人定期报告的信息披露。目前，存在违约债发行人未披露或未按时披露定期财务报告，导致债券持有人及第三方机构无法了解违约债发行人的财务经营情况，因此要求违约债发行人应按照相关法规按时、完整披露定期报告，加强信息透明度。②

（三）推动 ABS 底层资产信息穿透式、标准化披露

近年来我国资产证券化市场发行规模大幅增长，但二级市场流动性水平较低。以中央结算公司托管的信贷 ABS 为例，2020 年换手率为 21.83%，远低于全部债券 198.54% 的换手率。其中一个主要原因就在于基础资产信息披露不穿透，标准化水平较低，披露格式（PDF）不便抓取，导致投资者难以进行精准估值与风险分析，从而制约了投资意愿。③

1. 实现穿透披露法律体系

从国际经验来看，作为最成熟的资产证券化市场，美国构建了成熟完备的穿透

---

①②③　中央结算公司，2021 – 09 – 18.

披露法规体系，通过上位法律和规章条例明确要求对主要的六类 ABS 产品实行基础资产逐笔披露的制度，并实现了穿透披露与隐私保护的兼顾。

我国银行间市场的信贷资产证券化起步较早，信息披露法规相对完善，产品特征与美国等成熟 ABS 市场最为接近，并且信息登记制度实现了对基础资产的穿透登记，提升了底层数据的标准化水平，为推动基础资产信息逐笔披露创造了条件。今后应推动信贷 ABS 产品入池资产重要信息逐笔标准化披露，为投资者和第三方估值机构提供充分的风险评估和决策参考，促进信息对称化，激发市场活力。在法律层面，建议在资产证券化上位法中对信息穿透披露作出全局性规定，确立信息穿透披露以及隐私保护的法律基础和监管依据。①

2. 给发起机构适当激励

制度层面，初期可对自愿逐笔披露的发起机构给予激励政策，比如放开发行规模限制、享受利率优惠等；待市场接受度提高后，再就各类产品的基础资产逐笔披露要求出台制度规范。操作层面，2020 年中央结算公司中债研发中心联合多家专业机构发布的课题报告《中美资产支持证券信息披露比较研究（2020）》② 基于中美比较研究制定了信贷 ABS 底层资产逐笔披露的要素标准，在实现信息穿透披露的同时，充分考虑了有效性、便利性以及对底层资产借款人隐私的保护，得到业内共识。本着便捷高效、无须发起人重复报送的原则，建议统筹协调现有资源，以银登中心登记的证券化产品底层信息为基础，参考课题报告要素标准建议（见表 5-3、表 5-4），适度调整和脱敏后向投资者提供。③

表 5-3　　企业类业务信贷 ABS 逐笔资产信息披露标准建议

序号	要素名称	要素说明
1	披露日期	本期基础资产统计基准日
2	资产编号	基础资产对应的贷款发放机构内部唯一编号
3	资产类别	对公贷款，微小企业贷款，租赁资产
4	贷款合同金额（元）	单位为元。若"资产类别"选择"对公贷款"或"微小企业贷款"，填写贷款发放时的金额；若"资产类别"选择"租赁资产"，填写租赁合同载明的租金本金总额
5	未偿本金余额（元）	单位为元。截至当前披露日期的未结清贷款本金余额/租金本金余额

---

① ③ 中央结算公司，2021-09-18.
② 中债研发中心联合课题. 中美资产支持证券信息披露比较研究（2020）[EB/OL]. 2021-01-19.

序号	要素名称	要素说明
6	保证金余额（元）	单位为元。仅在"资产类别"选择"租赁资产"时填写
7	利率类型	包括固定利率，浮动利率
8	当前执行利率（%）	单位为%。当前披露日期的实际执行贷款利率。须折算为年化利率
9	基准利率类型	仅在"利率类型"选择"浮动利率"时填写。包括1年期贷款市场报价利率（1年期LPR）、5年期贷款市场报价利率（5年期LPR）
10	浮动利率利差	仅在"利率类型"选择"浮动利率"时填写。单位为%。贷款利率在基准利率之上的加点
11	贷款发放日	贷款合同上载明的贷款发放日期或者租赁合同上载明的出租人向承租人计收租金的起始日期
12	首次还款日	贷款或租金的首次还款日期
13	贷款到期日	贷款合同上载明的贷款到期日或者租赁合同上载明的租金到期日
14	还款方式	包括等额本金、等额本息、到期一次还本、其他
15	还款频率	贷款利息的偿还频率，包括按月、按季、按半年、按年、随本清
16	本金还款规则	仅在"还款方式"选择"其他"时填写。贷款本金的具体还款计划
17	当前连续逾期天数	填写截至当前披露日期，处于逾期状态的基础资产的连续逾期天数
18	贷款外部评级	评级机构对基础资产的信用评级结果
19	评级机构	外部评级报告上载明的评级机构全称
20	贷款内部评级	机构内部对基础资产的信用评级结果
21	担保方式	填写资产入池时的担保方式。包括信用、保证、抵押、质押、其他
22	抵质押物初始评估总价值（元）	单位为元。仅在"担保方式"选择"抵押""质押"时填写，为贷款发放时抵质押物评估价值合计
23	抵质押物类型	仅在"担保方式"选择"抵押""质押"时填写。包括金融质品、应收账款类押品、房地产类押品、其他类押品。分类标准依据：银保监会1104报表《G13押品情况统计表》
24	借款人类型	包括企业、个人
25	借款人性质	仅在"借款人类型"选择"企业"时填写。例如，央企（全资、控股、参股）、地方国企（全资、控股、参股）、民企、外资
26	借款人全称	仅在"借款人类型"选择"企业"时填写。经有关部门批准正式使用的全称，与营业执照企业名称一致

续表

序号	要素名称	要素说明
27	借款人证件号码	仅在"借款人类型"选择"企业"时填写。借款人为机构的填写统一社会信用代码,若无统一社会信用代码,填写组织机构代码
28	借款人所在地区(省)	借款人注册地址或住址的所在地区。分类标准依据:《GB/T 2260—2007 中华人民共和国行政区划代码》
29	借款人所在地区(市)	借款人注册地址或住址的所在地区。分类标准依据:《GB/T 2260—2007 中华人民共和国行政区划代码》
30	借款人行业	仅在"借款人类型"选择"企业"时填写。借款人所属行业
31	保证人类型	仅在"担保方式"包括"保证"时填写。包括企业、个人
32	保证人全称	仅在"保证人性质"选择"企业"时填写。经有关部门批准正式使用的全称,与营业执照企业名称一致
33	保证人证件号码	仅在"保证人性质"选择"企业"时填写。保证人为机构的填写统一社会信用代码,若无统一社会信用代码,填写组织机构代码
34	保证人所在地区(省)	保证人注册地址或住址的所在地区。分类标准依据:《GB/T 2260—2007 中华人民共和国行政区划代码》
35	保证人所在地区(市)	保证人注册地址或住址的所在地区。分类标准依据:《GB/T 2260—2007 中华人民共和国行政区划代码》
36	保证人行业	仅在"保证人类型"选择"企业"时填写。保证人所属行业

资料来源:中央结算公司。

表5-4 个人类业务信贷 ABS 逐笔资产信息披露标准建议

序号	要素名称	要素说明
1	披露日期	本期基础资产统计基准日
2	资产编号	基础资产对应的贷款发放机构内部唯一编号
3	资产类别	个人消费贷款,个人住房抵押贷款,个人汽车贷款,信用卡
4	贷款合同金额(元)	单位为元。填写贷款发放时的金额
5	未偿本金余额(元)	单位为元。截至当前披露日期的未结清贷款本金余额
6	利率类型	包括固定利率,浮动利率
7	当前执行利率(%)	单位为%。当前披露日期的实际执行贷款利率。须折算为年化利率
8	基准利率类型	仅在"利率类型"选择"浮动利率"时填写。包括:1 年期贷款市场报价利率(1 年期 LPR)、5 年期贷款市场报价利率(5 年期 LPR)
9	浮动利率利差	仅在"利率类型"选择"浮动利率"时填写。单位为%。贷款利率在基准利率之上的加点
10	贷款发放日	贷款合同上载明的贷款发放日期

续表

序号	要素名称	要素说明
11	首次还款日	贷款的首次还款日期
12	贷款到期日	贷款合同上载明的贷款到期日
13	还款方式	包括等额本金、等额本息、等本等息、到期一次还本、其他
14	还款频率	贷款利息的偿还频率，包括按月、按季、按半年、按年、利随本清
15	尾付比例	仅在"还款方式"选择"等额本金""等额本息"或"等本等息"时填写。贷款在贷款到期日的本金还款比例
16	资产历史表现	使用数字序列按月记录从资产发放日至今的资产历史表现情况。0、1、2、3、4、5、6分别表示正常，拖欠1个月、拖欠2个月、拖欠3个月、拖欠4个月、拖欠5个月、拖欠6个月及以上
17	贷款内部评级	机构内部对基础资产的信用评级结果
18	担保方式	填写资产入池时的担保方式，包括信用、保证、抵押、质押、其他
19	抵质押物初始评估总价值（元）	单位为元。仅在"担保方式"选择"抵押""质押"时填写，为贷款发放时抵质押物评估价值合计
20	抵质押物类型	仅在"担保方式"选择"抵押""质押"时填写。当"资产类别"选择"个人住房抵押贷款"时，包括金融质押品、应收账款类押品、房地产类押品、其他类押品。当"资产类别"选择"个人住房抵押贷款"时，包括新房，二手房。当"资产类别"选择"个人汽车贷款"时，包括新车、二手车
21	抵押物所在地区（省）	仅在"资产类别"选择"个人住房抵押贷款"时填写。抵押物坐落位置的所在地区，参照《GB/T 2260—2007 中华人民共和国行政区划代码》
22	抵押物所在地区（市）	仅在"资产类别"选择"个人住房抵押贷款"时填写。抵押物坐落位置的所在地区，参照《GB/T 2260—2007 中华人民共和国行政区划代码》
23	借款人所在地区（省）	借款人注册地址或住址的所在地区，分类标准依据：《GB/T 2260—2007 中华人民共和国行政区划代码》
24	借款人所在地区（市）	借款人注册地址或住址的所在地区，分类标准依据：《GB/T 2260—2007 中华人民共和国行政区划代码》
25	借款人职业	借款人职业
26	借款人行业	借款人行业
27	借款人年龄（岁）	单位为岁。填写资产入池时的借款人年龄
28	借款人家庭年收入（元）	单位为元。填写贷款发放时的借款人家庭年收入。若未采集相关信息，填写"0"

资料来源：中央结算公司，2021 - 09 - 18.

二、改进债券评级制度

客观公允的外部公开评级能够便利债券市场投资人按照风险偏好甄别、选取投资标的，起到提升市场运行效率、降低市场运行成本的作用。改进债券评级制度，就是努力实现客观公允的外部公开评级。

（一）建立"发行人付费、投资者选择"评级机制

为解决债券评级结果虚高、评级质量下降的问题，近期监管部门采取了取消强制评级、鼓励投资人付费等政策以提升评级机构的客观中立水平，降低对外部评级的依赖度。

1. 无债项评级债券

目前，公司债、非金融企业债务融资工具领域已取消强制信用评级要求。2021年8月以来已经开始出现无债项评级的债券。2021年8月公布的《关于促进债券市场信用评级行业健康发展的通知》《关于推动公司信用类债券市场改革开放高质量发展的指导意见》等文件均鼓励投资者付费评级模式，但是目前传统的发行人付费模式仍具有规模经济优势。

2. 投资者付费模式的问题

投资者付费模式本身也存在诸多问题。一是投资者付费模式不能完全解决利益冲突的问题，在投资者和中介机构之间也可能存在利益关联，同时也存在"搭便车"现象等新问题。二是广泛采用投资者付费模式，取消外部评级可能导致债券发行成本提高，最终由发行人承担附加成本。三是如购买评级的投资者较少，仅依靠投资者付费的评级模式可能影响信用债市场交易的活跃程度。如投资者购买不同评级机构的产品可能导致交易中的沟通存在障碍，最终导致交易成本增加。四是投资者付费模式下发行人配合度较低，提供信息可能存在不客观、不及时、不全面等问题，从而间接影响评级结果的有效性、及时性和全面性。这说明，评级报告内容和评级结果同样面临来自发行人方面不配合的压力。

3. 发行人付费，投资者选择

专家认为可以探索在发行人付费的传统模式下，实行"发行人付费、投资者投票选择"机制，突破发行人选择评级机构的传统模式，由投资者投票选择评级机构。一方面可以通过制度切断发行人和评级机构之间的利益关联、减少利益冲突，提高评级机构服务的客观中立性；另一方面也可以利用传统的发行人付费模式

的规模效应，提高债券市场运行效率，降低市场运行成本。

（二）参照中债隐含评级，推动商业银行风险资本精准计提

银行业金融机构在资产端和负债端持有的债券规模已超过百万亿元。目前在商业银行资本管理中，其他金融机构和一般企业债权的风险权重均为100%（其他商业银行和符合条件的小微企业的风险权重分别为25%和75%），不利于风险的差异化管理。

解决上述问题可以参照五级分类贷款差异化风险计提的方式，对银行持有的其他金融机构和一般企业债权设置更加细分的风险权重，研究推行与中债市场隐含评级[①]挂钩的差异化风险资本计提规则，通过高风险多计提、低风险少计提的方式，帮助银行节约资本。对于采用内评或评级公司评级设置风险权重的银行，可以采用中债市场隐含评级作为比较基准，提升资本管理的可比性和公允性。

三、提高风险处理机制

由于2019年以来，债务违约案例增加，债务风险管理意义凸显。一直没有做起来的信用风险缓释工具的意义开始重现。同时已经暴露违约风险的债券处置也被提到日程上。

（一）支持信用风险缓释工具[②]

1. 支持信用风险缓释工具发展

健全信用风险分担机制方面，继续支持信用风险缓释工具发展。继2018年四季度银行间债券市场通过鼓励发行信用风险缓释凭证（CRMW）以推动民企债券融资后，2019年1月，沪深交易所联合中国结算发布《信用保护工具业务管理试点办法》，明确了信用保护工具总体业务框架、参与者要求、业务开展模式、交易结算方式、信息披露以及风险防控安排等内容，推进交易所市场信用保护工具业务市场化、规范化开展。4月，中共中央办公厅、国务院办公厅印发《关于促进中小企业健康发展的指导意见》，要求进一步完善债券发行机制，使用信用风险缓释凭证等债券融资支持工具支持民营企业债券融资。12月6日，上交所发布《关于开展信用保护凭证业务试点的通知》，在前期信用保护合约试点的基础上，开展信用

---

① "中债市场隐含评级—债券债项评级"由市场价格信号和发行主体相关信息提炼出来，可以动态反映市场投资者对债券的信用评价，能及时、客观体现债券风险状况，提升信用风险监测效率。

② 联合资信评估有限公司. 2019年度债券市场发展报告［R］. 2020 – 02.

保护凭证业务试点，12 月，首批信用保护凭证落地，共 4 单合计名义本金 1.33 亿元，有效支持企业债券融资 44.6 亿元。

2. 支持公募基金和保险资金投资信用衍生品

2019 年 1 月 15 日，证监会发布《公开募集证券投资基金投资信用衍生品指引》，允许除货币基金之外的公募基金以风险对冲为目的投资信用衍生品，基金业协会同步发布《证券投资基金投资信用衍生品估值指引（试行）》，规范证券投资基金投资信用衍生品的估值，保护基金份额持有人利益，上述政策有助于民企债务融资支持工具等信用衍生品的发展。5 月 15 日，银保监会发布《关于保险资金参与信用风险缓释工具和信用保护工具业务的通知》，允许保险资金参与信用风险缓释工具和信用保护工具业务对冲风险。上述政策对健全信用风险分担机制、提高债券市场服务实体经济能力发挥了积极作用。

（二）违约常态化背景下，违约处置机制进一步完善

1. 债券违约事件有所增多

2019 年，债券市场新增违约发行人 46 家，涉及违约债券 136 期，到期违约规模合计约 838.23 亿元。债券市场新增违约主体家数、涉及期违约债券期数较上年分别增加 6.98%、23.64%，到期违约规模较上年略有下降，违约事件的发生呈现常态化的趋势。① 此外，另有 28 家之前已经发生违约的发行人未能按时偿付其存续债券利息或本金，共涉及违约债券 66 期，到期违约规模合计约 364.73 亿元。

2. 违约处置机制进一步完善

（1）推动违约债券转让业务

2019 年 4 月 9 日，北京金融资产交易所推出以动态报价机制为核心的到期违约债券转让业务，提高违约债券处置效率，为无意参与债券重组的投资者提供了退出通道。② 同年 5 月 24 日，沪深交易所联合中国结算发布《关于为上市期间特定债券提供转让结算服务有关事项的通知》《关于为挂牌期间特定非公开发行债券提供转让结算服务有关事项的通知》，为特定债券以及兑付存在重大不确定性且发行人或受托管理人发布公告明确提示风险的债券和存在不能按约定分配收益等情形的资产支持证券提供转让服务，进一步丰富违约处置方式。③

---

① 陈诣辉，王自迪，吴旻. 2019 年信用风险缓释工具市场研究报告［R］. 联合资信、联合评级债券市场研究部.

② 董欣焱，刘晓光，夏妍妍，刘艳. 2019 年度债券市场发展报告（上）［EB/OL］. 2020 - 02 - 12.

③ 什么是特定债券转让服务？［EB/OL］. 中国证券业协会. 2019 - 05 - 31.

（2）进一步明确债券回购违约处置

2019 年 6 月 17 日，全国银行间同业拆借中心、中央国债登记结算有限责任公司（以下简称中债登）和上清所均发布了与债券回购或债券担保违约有关的试行处置细则，明确了违约处置的范围、方式和流程，明确债权方可提出处置申请，保障债权方的权益。2019 年 9 月 27 日，北京金融资产交易所发布《北京金融资产交易所有限公司债券回购违约处置实施细则（试行）》，对债券回购违约处置申请、核验及转让信息公示、成交及结算、监测与管理等方面作出细化要求。①

（3）加快完善非金融企业债务融资工具违约处置和相关配套机制

2019 年 12 月 27 日，银行间交易商协会发布《银行间债券市场非金融企业债务融资工具违约及风险处置指南》《银行间债券市场非金融企业债务融资工具受托管理人业务指引（试行）》《银行间债券市场非金融企业债务融资工具持有人会议规程（修订稿）》，明确市场参与各方的职责和权力，丰富违约前保护措施和违约后处置方式，完善受托管理人和债券持有人会议制度，为市场化处置违约债券提供操作指南。②

（4）加快完善市场主体退出机制

2019 年 7 月 16 日，发改委等 13 部委联合发布《加快完善市场主体退出制度改革的方案》，要求达到法定破产条件的市场主体依法通过破产程序进行清理或推动利益相关方庭外协议重组。③ 上述政策措施进一步丰富完善了我国债券违约处置机制，有利于债券市场长期健康发展。

四、促进 ESG 标准化

（一）推动绿色债券环境效益指标标准化

近年来，我国绿色债券市场发展取得突破性进展，成为推动绿色发展与低碳转型的一大亮点。不过目前绿色债券环境效益信息披露质量不高，在一定程度上制约了绿色债券市场的发展。

1. 统一信息披露

目前，中国人民银行、沪深交易所及银行间交易商协会均公布了绿色债券信息披露相关标准，但不同类别绿色债券的信息披露标准有所差异。在申报阶段，金融

---

① 根据公开资料整理，2019 – 09 – 30.
② 根据公开资料整理，2019 – 12 – 27.
③ 根据公开资料整理，2019 – 07 – 18.

债、企业债及非金融企业债务工具均要求对环境效益进行披露，但对披露内容没有明确标准，目前绿色债券环境效益信息披露完整度和全面性明显不足。研究发现，完全未披露的绿色信用类债券占比大于 50%，且披露的债券大多以定性描述为主，缺少定量分析数据。大部分披露报告仅对债券可能实现的正面效益略有描述，对募集资金投向项目可能产生的环境风险很少披露，需要努力建立全国统一的环境效益信息发布共享平台。因相关要求未明确，不同绿色债券的环境效益信息披露报告按债券品种分散发布在中债信息网、交易所网站等平台，投资者难以从单一渠道全面获取环境效益信息。因此，要建立统一的绿色债券环境效益信息披露标准，推动绿色债券环境效益信息披露标准化，并提高发行人披露相关信息的积极性。

2018 年受中国金融学会绿色金融专业委员会委托，中债金融估值中心有限公司与中节能联合开展《绿色债券环境效益信息披露制度及指标体系研究》，根据 2015 年版《绿色债券支持项目目录》初步提出构建绿债环境效益指标体系。在此基础上，中央结算公司和深圳中心根据 2021 年版《绿色债券支持项目目录》，结合对债券募集说明书的分析，更新并优化形成针对 205 个行业的 43 个环境效益量化指标，发布"中债—绿色债券环境效益信息披露指标体系"（以下简称"绿债指标体系"），引起市场广泛关注。今后应鼓励发行人按照绿债指标体系进行披露，建立统一环境效益信息披露制度，进一步细化绿色债券环境效益信息披露指引。

2. 构建环境效益信息披露平台，推进绿色债券数据库应用

环境效益信息披露以绿色债券发行人为主，中介机构为辅。发行人主要负责环境效益信息披露数据填报，中介机构主要对发行人环境效益信息填报工作进行辅导。对符合绿色债券环境效益信息披露标准的债券，推动跨境交易。允许"实质绿"债券在卢森堡、新加坡等国际交易所进行境外交易，在中央结算公司办理结算；允许境外投资者以绿色债券作为质押品进行回购交易。

3. 差异化监管和建立激励机制

有关激励政策包括，在宏观审慎评估（MPA）指标体系中增设绿色债券发行、投资和承揽承销等指标及其分值；对"实质绿"[①]债券的发行机构给予利息所得税的税收优惠；对商业银行持有的绿色债券适当降低风险计提；对符合绿色债券环境效益信息披露标准的债券发行不设评级门槛，并优先审批，对优质发行人的后续发

---

① 实质绿债券包括贴标绿色债券以及依据债券发行文件中募集资金用途、发行人所处行业、主营业务及主要产品等信息判断满足中国人民银行《绿色债券支持项目目录（2015 版）》、国家发展改革委《绿色债券发行指引》、国际资本市场协会《绿色债券原则，2015》和气候债券倡议组织《气候债券标准》其中一个标准的非贴标绿色债券。

行无须再次审批。

（二）推动债券市场 ESG 评价体系标准建设

债券是物，但是它反映的是人和人的债权债务关系。这里的人和人可以是法人，也可以是自然人。债务人通常是企业法人，而企业做的事情需要满足社会需求和社会需要。虽然行为经济学对于理解人的行为有新的见解，但是并没有对理解"社会责任"提供更多贡献。主流经济学家认为存在市场和政府的"双失灵"，因而需要社会责任[①]。公司要有社会责任，债券发行人也要有社会责任。如果市场主体是社会人，而不是经济人，那么，由道德和文化决定的人的行为就是愿景，而不是经济目标，如利润、收入和回报等。企业是企业家精神和他们所从事的事业的载体，而不是生产单位和盈利单位。因此，实现 ESG 理念是企业回归本原的必然结果。

1. ESG 理念

当前，践行可持续发展理念已成为全球普遍共识，环境、社会、治理（以下简称"ESG"）评价作为关注企业可持续经营能力的价值理念和评价标准，受到国内外投资者的广泛关注，并在中国债券市场逐渐兴起。随着"碳达峰"和"碳中和"政策的出台和落实，ESG 理念及相关产品在国内的关注度和需求与日俱增。整体而言目前中国债券市场 ESG 发展仍面临信息披露质量不高、应用场景不够丰富等客观问题，国内债券市场 ESG 实践尚有较大的发展空间。

目前国内债券市场对公司信用类发行主体 ESG 信息方面尚无统一的披露框架、标准和强制性要求，除重点排污单位等适用特定披露要求的企业外，多数债券发行企业并无可遵循的监管要求来披露自身 ESG 信息。企业实践方面，因缺乏披露的激励与外部约束，债券发行人普遍存在 ESG 信息披露量较少、标准化程度低、披露不够及时准确、可比性差等问题。据内部统计，以 2020 年期间存续债券的近 4000 家发行人为样本，仅有 528 家企业披露 2020 年社会责任报告[②]，占比约 13.3%。在已披露相关信息的发行人中，超过 30% 的发行人存在披露不连续、载体不固定的问题，且较多发行人的披露内容以定性与正面宣传为主，缺少绿色债券披露的实质性内容。当前 ESG 数据库与评价分析工具的应用实践有待提高。国内的 ESG 评价对象主要还集中在信息披露质量较好的上市公司，市场认可度较高的债券发行人 ESG 数据库与评价分析工具较为缺乏，进一步导致固定收益领域 ESG

---

① ［法］让·梯若尔. 如何促进公共利益［M］. 张昕竹，马源，等译. 北京：商务印书馆，2020.
② 该统计中的社会责任报告，包括社会责任报告、环境社会及管治报告、可持续发展报告、环境报告书四类披露内容相对相似的公告。

指数和 ESG 投资策略等金融产品匮乏。

2. 建立 ESG 标准

中债 ESG 评价体系是中央结算公司充分结合国际主流框架方法，深度融合中国国情与债券市场特点，自主研发的 ESG 评价体系，通过金融科技手段集成大量非结构化数据和另类数据，对债券发行主体 ESG 信息进行全面采集分析，是首家实现中国债券市场公募信用债发行主体全覆盖的 ESG 评价体系，涵盖债券市场 4000 余家发行主体。中债 ESG 评价指标由环境绩效（E）、社会责任（S）、公司治理（G）三项汇总而成，共包含二级指标 14 个，三级指标 39 个，底层计算指标 160 余个。中债 ESG 评价体系的推出，填补了国内债券市场 ESG 评价的空白，为引导和完善中国债券市场 ESG 评价体系与标准形成，引导企业可持续发展，提升 ESG 信息披露质量，保护债券投资者利益，推进债券市场 ESG 实践与应用发展发挥了重要作用。基于中债 ESG 研究与相关工作实践，为进一步推动完善国内债券市场 ESG 发展，需要加快完善债券市场 ESG 信息披露机制，适时推进中债 ESG 评价体系成为债券市场 ESG 评价的行业标准，同时鼓励金融创新，积极推动债券市场 ESG 评价分析工具与数据库建设，共同推进债券市场 ESG 生态建设。

小　结

提高债券市场的效率，就是要建立有效的市场。实现这个愿景，可以目标导向，也可以问题导向。本章的内容是从问题导向出发，根据当前债券市场中存在的问题，一个一个地提出解决办法。对于债券一级市场和二级市场的交易效率，主要是要放松准入限制。从审批制改为注册制和备案制，降低门槛，提高了发行效率。债券市场的基础设施可以大幅度地降低债券市场的外生交易成本，从现在市场分割这一实际问题出发，统一托管和结算，就可以提高市场效率。2020 年以来，评级问题突出，引起市场的关注和监管部门的重视。市场的功能是传递信息和知识，因此，评级服务的公正、信息质量优良等就是先决条件。此外，国债的基准作用、货币政策的传导机制，都是金融市场制约宏观经济和微观经济的重要问题。切实解决这些问题，可以大大提高市场的效率。考虑到近年来市场风险的增加，监管部门的风险处理机制也显得极为重要。最后，提高债券市场的效率，需要创新和制度进步，因此，提高市场效率主要应该依靠市场主体（监管是市场的服务主体）的创新思想和创造能力。

第二编　国债和国债市场

第二编在第一编的基础上阐述国家债务和经济之间的关系，强调国家债务管理的意义。在这里国家债务只是从债务和经济的关系的角度加以分析，国债作为标准化的产品和市场工具的功能将在第三编第十章中央政府债券市场中加以介绍和分析。第二编共有四章，其中第六章和第七章分别从历史的角度介绍新中国成立前中国国家债务的情况和新中国成立以后国债市场发展的历程。第八章分析国家的预算管理和债务管理，说明国家债务和国家预算之间的关系，分析国家债务的合理规模，并阐述国家债务的作用。第九章说明财政货币政策和国债市场建设之间的关系。

第六章　新中国成立前的中国国家债务

本章主要讲中国国债的历史。因为中国的债务债券史主要是国债的历史，理解国债的历史对于理解中国金融市场的建立和发展具有重要意义。国债具有财政功能、融资功能和市场功能。马克思讲到国债时，更多地强调其国家财政功能。按照马克思的说法，资本主义和国债具有密切的联系。在谈到国债的融资功能和市场功能时，我们把国债作为政府债券。而当我们提到政府债券市场时，我们把政府作为市场主体，更多地强调政府作为市场参与者的作用。国债可以分为国民债务（national debt）和国家债务（state debt）。这两者的内涵有很大不同。前者是一个国家国民的对外债务，后者是指国家对于国民的债务。本章中我们讲的国债主要是国民债务，通常我们也称为外债。

第一节　清朝的外债和内债

一、清朝外债产生的社会政治背景

（一）从盛世到衰落

恩格斯说："根据唯物史观，历史过程中的决定因素归根到底是现实生活的生产和再生产。"① 对于清朝国家债务的认识不能脱离当时的政治经济条件，特别是鸦片战争时期中国社会变化的历史背景。

"清朝的历史，特别是 17 世纪到 18 世纪中叶，不但完成了统一祖国的大业，社会经济发展也发展到我国历史上的顶峰。"② 经济史家认为当时中国 GDP 占世界的 1/3。"清朝统治者'以小兵临大国'，入关之初，保持着如临深渊、如履薄冰的勤奋与谨慎，也充满了青春向上的勃勃生机。"③ "然而就在康、乾两朝鼎盛之际，统治阶级居功自傲，放弃了文治武功、励精图治的积极进取精神。"④ 从此，清朝逐渐走向衰落。

（二）鸦片战争和外债的开始

谈到中国近代史上的对外债务，不能脱离当时的背景。鸦片战争是近代中国外债的开端。马克思说："中国在 1840 年战争失败后被迫付给英国的赔款，大量的非生产性鸦片消费，鸦片贸易所引起的金银外流，外国竞争对本国生产的破坏，国家行政机关的腐化，这一切就造成了两个后果：旧税捐更重更难负担，此外又加上了新税捐。"⑤

偿还战争赔款，就只有依赖外债了。1840 年鸦片战争中国战败的直接后果就是，"在《南京条约》中，300 万元'行欠'直接由私债转化为公债（即外债）；另一方面，由于战争失败，中国在承担巨额的战费开支和无可估量的战争损失之后，又不得不背负战争的赔款，于是清政府在国库一空如洗的情况下，不得不涉足

---

① 马克思，恩格斯. 马克思恩格斯全集：第三十七卷［M］. 北京：人民出版社，1971：460.

②④ 许毅，王国华. 由康乾盛世到嘉道中落的教训，清代外债史论［M］. 北京：中国财政经济出版社，1996：53.

③ 许毅，王国华. 由康乾盛世到嘉道中落的教训，清代外债史论［M］. 北京：中国财政经济出版社，1996：54.

⑤ 马克思，恩格斯. 马克思恩格斯选集：第二卷［M］. 北京：人民出版社，1972：3.

于债河。从这种意义上讲，近代中国外债与战争有着不解之缘。"①

对于这段历史，最早的综合性资料还是外国人写的，载于 1941 年 3 月法国商务参赞事务所（没有找到笔者和成文时间，时间是由译者考证后加上的）所写的中国外债简史。根据他们的资料，中国外债历史始于 1887 年。按照他们的说法，在鸦片战争以前，中国财政用于应付行政费用还有一定结余，国内军队武器由国内提供，不需要外汇。中国发行外债是在鸦片战争后，培养军队和购买武器增加了对外汇资金的需求，才开始发行外债。"中国在外债政策上的改变，这与要创设和培养一支强盛的军队是分不开的"。② 经济史家一般认为，中国外债史也是中国开放史与基础设施建设史。因为海关的发展，盐税管理和铁路的建设也是在这一时期实现的。

二、早期外债（1874～1894 年）

（一）民国以前的国债与财政

中国早期外债数量并不大，借债比较谨慎。对于中国外债研究最早的还是 1934 年元旦亨利·巴尔写的《中国外债研究》。亨利·巴尔曾经是中法工商银行巴黎总行总经理的代理，他写的《中国外债研究》是最早的中国外债问题的研究。根据他的说法，中国外债当时有两个特点：一是有担保，二是以贷款为主。根据他的研究，中国的对外举债可追溯至 1874 年，即自中国政府为获得借款而求援于外国各类金融团体的时候开始。这些借款的偿还都是以中国各种资源作担保的。③ 早期国家外债是以银行贷款的形式出现的。"中国签订第一笔外债的日期在 1865 年，是向伦敦一家银行商借的外债，本金为 1431664 镑。该贷款用于俄国在伊利的丧亡人员之赔偿。在此后的十年里，中国为进行绥靖讨伐，也发行了一批公债。在以后借款中，最大的一笔外债，是从东方银行（Oriental Banking Corporation）借入的，总金额 200 万银两，利息九厘"。④

（二）1894 年以后的外债

1. 债务长期化

"自 1894 年起，为了应付中日战争以及嗣后日本根据马关条约向中国的索赔，中国才不得不向列强诸国大量举债"。⑤ "此后，1901 年的外交会议决定了总额为

---

① 许毅. 鸦片战争与近代中国外债的开端. 清代外债史论 [M]. 北京：中国财政经济出版社，1996：125.
② 许毅. 鸦片战争与近代中国外债的开端. 清代外债史论 [M]. 北京：中国财政经济出版社，1996：74.
③ 上海市档案馆、财政部财政科学研究所编写. 中国外债档案史料汇编 [G]. 1988：1.
④ 上海市档案馆、财政部财政科学研究所编写. 中国外债档案史料汇编 [G]. 1988：7.
⑤ 上海市档案馆、财政部财政科学研究所编写. 中国外债档案史料汇编 [G]. 1988：1－2.

4.5 亿两白银的庚子赔款"。①

这一时期，由于战争赔款，只能借长期债务，性质和原来为了解决流动性的债务当然不同。另外，由于列强争夺在中国经营建设铁路的特权，也帮助中国政府发行债券。"这些长期债券是在对中国很有利的条件下发行的，利率 5%，发售率高于 90%。这些条件和中国于第一次世界大战后所取得的借款条件相比，要优越得多"。②

2. 政府对外债务以关税和盐税为抵押品

这一时期债券借款人都是政府部门。借款人有三个：财政部、交通部和铁道部。由财政部借入的外债大都是以税收担保的。担保品为关税、盐税和其他种类抵押品。

根据史料，中国设立海关的历史可以回溯到 1842 年期间，也即可创始于 1842 年 8 月 28 日中英《南京条约》的签署日。从那时候开始，中国的五个港口对外开放，与此同时，一整套合理的商品进出口税率也随之而订出。以关税为担保的外债包括当时四厘半息的金币借款和应付给列强的庚子赔款。以关税为担保的中国外债基本上可以分为两大类：第一，向美国谷物平价公司借款，共 9000000 美元用于购买小麦。"这笔借款是由一种特别附加税作担保的，也即除了海关关税外，再征收 10% 的救济水灾附加税。这种用作担保的特别附加税后来减至 5%。但在 1933 年一年之内还是征收到 14135000 美元之多"。第二，金融复兴公司的麦棉贷款。"这笔信用贷款是用中国的各项统税作担保的。它同样也受到上述的救济水灾附加税作担保，当然该附加税首先要担保的是谷物平价公司的贷款"。③

直到 1909 年，中国的盐税由各省自己管理，然后这些省份把盐税纯收入中的一部分上交北京财政部。这笔纳税给中央政府的盐税总额每年从未超过 13000000 中国银两。1910 年，中国政府决定在北京集中管理盐税的收入，并在北平设立了一个中央盐务局。但是很快辛亥革命爆发了。辛亥革命以后北京政府与外国银行团确立一笔以盐税作为担保的借款，并且根据这个借款协议成立了盐务稽核所。④ 可见，盐税在担保外债方面具有重要的作用。

三、用于经济建设的外债

（一）隶属于中国铁道部的外债

早在 1863 年外国人就企图在中国建造铁路并获得铁路建设和运营的特权。由

---

① ②　上海市档案馆、财政部财政科学研究所. 中国外债档案史料汇编［G］. 1988：1 – 2.
③　上海市档案馆、财政部财政科学研究所. 中国外债档案史料汇编［G］. 1988：17.
④　丁君涛. 民国盐务管理体制研究（1912 – 1937）——以盐务稽核所为核心［D］. 2012.

于苏州是贸易中心，距离上海西郊约 60 千米，当时上海的一些外国商人曾经向当时的清朝政府请求从上海到苏州之间建造一条铁路的特许权。当时清朝政府拒绝了这个请求。两年后，为了使上海和吴淞在运输上能够畅通无阻，外商又提出在两地之间建造一条铁道的请求。当时考虑到在吴淞的港口航道被泥堵塞，不能行大型轮船，清朝政府批准了这个请求。11 年后的 1876 年淞沪铁路开始投入使用。但是次年中国政府在接管了这条铁路后把它拆毁了。

到了 1881 年，经中国政府同意，位于渤海湾附近的开平煤矿的中国经理决定建造一条长约 7 千米的小型铁道，目的是能短距离运输开采出来的煤块。这条小型铁路可以看作北京到沈阳铁路的源头。该铁路线于 1887 年通至天津，然后又连通山海关。1894 年，这条铁路被清政府收归国有。

（二）与洋务运动结合的主动型外债

直到中日甲午战争以后的 1894 ~ 1895 年，清政府因形势所迫，改变了策略。当时由于法国、俄国和德国三国的干预和斡旋，日本只好同意向中国交还根据 1895 年 4 月 17 日签订的马关条约中由日本占领的威海湾与辽东半岛。为了报答俄国的斡旋，中国政府于 1896 年 8 月 29 日与刚刚成立的华俄道胜银行订立了一项合同，允许俄国的西伯利亚铁路通过中国东北境内连通符拉迪沃斯托克（原名海参崴）。这个合同也标志着列强为争夺在华建造铁路特权而掀起的斗争的开始。

到 1898 年，德国获得了在山东建造铁路的许可和对胶州湾的租赁权；俄国获得建造哈尔滨到旅顺的铁路特权，以及对辽东湾的租赁权；法国获得在云南建造铁路的特权和对广州湾的租赁权；比利时为法国和比利时联合体（辛迪加）争得建造平汉铁路的权利；英国获得租赁威海湾的权利和建造沪宁铁路、浦信铁路、沪杭甬铁路、广九铁路，以及北京联合体所属的铁路等的特权。[①]

四、洋行的对外债务

（一）"行欠"的基本情况

关于行欠的情况，有详细资料记载，经历了三个阶段：初期、发展期和膨胀期（见表 6－1）。

---

① 上海市档案馆，财政部财政科学研究所 . 中国外债档案史料汇编 ［G］. 1988：17.

表 6-1　　　　　　　　　鸦片战争关于行欠一览表　　　　　单位：万亿元

阶段	序号	时间	行名	行商	欠款数	外商	归还法	惩罚
第一阶段生产期	1	乾隆二十四年 1795年	资元行	黎光华	50000	东印度公司	家产查抄变抵，不足部分由其子弟按股匀还	抄家
	2	乾隆三十九年 1774年	聚丰行	蔡国辉	待查			
	3	乾隆四十二年 1777年	丰进行	倪宏文	1726	公司	一半由其兄弟，一半由地方官代贴	充军伊犁
	4	乾隆四十三年 1778年	广顺行	陈某	20000	公司		
第二阶段发展期	5	乾隆四十五年 1780年	泰和行	颜时瑛	947800	港脚商	抄家除扣缴完饷外，俱付夷人收领，余由保商严文岩石等分作十年从"行用"中清还	充军伊犁
	6	乾隆四十五年 1780年	裕源行	张天球	306600	港脚商		充军伊犁
	7	乾隆四十九年 1784年	义丰行	蔡昭复	16000	公司		抄家
	8	乾隆五十六年 1791年		吴昭平	17500	公司	着各行分五年按六次摊还，官府先动支代偿	充军伊犁
	9	乾隆六十年 1795年	而益行	石中和	59800		狱死，其兄充军伊犁	
	10	嘉庆元年 1796年	万和行	蔡世文	228167	公司	行商联保追还，后由广利行卢观恒负担	自杀
	11	嘉庆十四年 1809年	万成行	沐士方	240000	港脚商	行商分三年代为偿还	充军伊犁
	12	嘉庆十五年 1810年	会隆行	郑崇谦	979000	公司、美商港脚商	抄家变抵，不足部分由众商分十年摊还	充军伊犁
	13	嘉庆十五年 1810年	达成行	倪秉发	410000	公司港脚商	抄家变抵，不足部分由众商分十年摊还	充军伊犁未及狱死
第三阶段膨胀期	14	道光三年 1823年	丽泉行	潘长跃	308565		政府分各商摊还	亡故
	15	道光五年 1825年	西成行	黎光远	497000	美商港脚商	分限五年由众商还清	充军伊犁
	16	道光七年 1827年	同泰行	麦觐廷	350000（特征）			
	17	道光八年 1828年	福隆行	关成发	1330000	美商港脚商	行商限七年偿还	充军伊犁

续表

阶段	序号	时间	行名	行商	欠款数	外商	归还法	惩罚
第三阶段膨胀期	18	道光十六年1836年	兴泰行	严启昌	1583007	散商	公行在八年内分期无息偿还	
	19	道光十七年1837年	天宝行	梁承禧	700000	散商	公行在十年内摊还，单利6厘	

资料来源：梁廷枏：《粤海关志》；Morse：《The Chronicles（1635－1834）》《史料旬刊》《文献丛编》《清代外交史料（嘉庆道光朝）》；梁嘉彬：《广东十三行考》；［英］格林堡：《鸦片战争前中英通商史》。

这段历史最重要的在于说明，在没有金融体系和金融市场的情况下，这些债务的发生最终也要转换为公债。"洋行商人用'行用'摊还破产行所负外商债务，使行欠在脱离商业信用的基础上，由'私债'转变为半'公债'。虽然清政府也三令五申禁止欠债，并惩办洋商，但清政府对于洋行所欠债务又是承认的，并积极采取措施予以解决。有时由于外商催逼，行商筹款一时来不及，清政府就令官府先代为垫款"。[1]

（二）关于"行欠"的概念

由于广东对外贸易的发展，清朝政府推行了广东洋行制度。"广东洋行制度，是清政府吸取前代管理对外贸易经验，从防范西方海盗商人掠夺侵略出发而建立起来的一套管理制度"。[2] 洋行实际上是征收关税的税务机关。内外商人必须通过洋行纳税后才能进行贸易。"在这种制度下，行商作为封建政府特许的官商，本身是一个肥缺，同时又是封建官府官吏勒索敲诈的对象"。[3] 以洋行为核心的中外贸易实际上联结了中外商人，因此，洋行也成为商业信用的核心。"中西贸易的扩大，使中西商人之间的资金往来频繁。除现货交易外，赊购购销、预付订金也大量出现，商业信用十分活跃"。[4] 引起债务的有下列三种情况。

第一种情况是赊货。"根据广东洋行制度，外商到广州首先需要投行，即投靠一家洋行，认其作保。然后把带来的货物交给行商代销。行商接收货物后，'先将价值议定，俟转售后，陆续给价'。于是就形成了外商对行商的赊货"。[5] 如果货款

---

① 上海市档案馆，财政部财政科学研究所．中国外债档案史料汇编［G］．1988：121.

② 许毅，等．清代外债史论［M］．北京：中国财政经济出版社，1996：107.

③ 许毅，等．清代外债史论［M］．北京：中国财政经济出版社，1996：110.

④⑤ 许毅，等．清代外债史论［M］．北京：中国财政经济出版社，1996：111.

不能及时返回外商，就形成了外商的不良应收款。第二种情况就是预付订金。主要是东印度公司收购茶叶时的垫款。"十八世纪三十年代以后，东印度公司在广州的大班对中国行商垫款收购丝茶已成定例，并预付其全部收购款的50%～80%"。①第三种情况为外商对行商的高利贷款。"在当时的广州，年息一般都在18%～20%左右，高的几乎达到40%"。②

所谓"行欠"，就是银行对国外的欠款，实际上也是国家的对外债务。行欠是洋行商人个人欠下的无力偿还的债务，表面上看，不属于公债，但是由于洋行代表政府并享有垄断对外贸易的特许权，实际上当时清政府也必须承担连带责任。早期，行欠具有商业信用的性质，主要是开放对外贸易后产生的。"在鸦片战争前，由于不存在银行制度，中西商人之间除了现货交易外，很大部分是采用商业信用如赊购赊销、预付订金等方式进行的。因此，在正常的贸易中，不但洋行商人欠有外商大量债务，而且外商也欠下洋行大量债务，两者几乎难分高下。只是由于中外商人在对外贸易中的地位不同、支付债款的方式不同等，外商一般能如期支付债款，而洋行往往发生不能如期支付债款的情况，结果破产而形成行欠"。③

（三）基本教训

洋行对外债务问题反映的是整个社会政治、经济和金融中存在的问题：第一，财政拮据。第二，外国入侵，国力军力不济。第三，没有国内金融体系和市场，对于债务缺少有效管理。因此，归纳起来当时的债务问题，一是经济问题和国内政治问题，二是国际政治问题，三是金融体系和金融市场的问题。大多数研究只强调了前两个方面，而忽略了最后一个方面。

五、清朝历史上的国内债务

在历史上，历朝历代中国都发行过货币，从增加货币供给、稀释存量货币的角度来看，内债和货币本质上没有区别。但是债务是对特定投资人的，也是要偿还的，从这个意义上说，发行货币和发行内债还是不同的。"在近代中国，严格意义上的内债迟于外债而产生。中国近代外债起源于19世纪50年代，而内债即使算上它的原始形态，也迟至19世纪90年代才产生。1894年的'息借商款'、1898年的

---

①②　许毅，等. 清代外债史论［M］. 北京：中国财政经济出版社，1996：112.

③　许毅，等. 清代外债史论［M］. 北京：中国财政经济出版社，1996：120.

'昭信股票'以及 1911 年的'爱国公债',是清末清政府发行的三次内债。从总体上看,这三次国内公债都失败了。这说明,在建立金融组织机构和公共信用之前,封建王朝是无法操纵公债这一近代经济机器的。同样的情况也适应于清末直隶、湖北等地方政府和邮传部在实施新政的背景下发行的几次内债。这几次内债以发行内债始,以转化为外债终".①

在没有政府信用的情况下,发行内债和管理内债是困难的。那么为什么发行外债是可以的?这是因为当时大部分外债都是直接和项目挂钩,而且有税收和财政的担保。

第二节　民国时期的国家债务

关于民国时期的债务,由于有财政部专门机构进行清理,因此债务情况比较清楚。这个专门机构成立于 1923 年 8 月 10 日,全名为"财政整理会",隶属于民国时期的财政部。财政整理会有三项任务:一是审核无切实担保的中央各机关之内外债务本息数。二是根据以上审定的债务数额,研究清理和清算的办法。三是讨论债务整理后中央财政解决的办法。②

一、无担保和担保外债

(一)无担保外债

根据财政整理会 1925 年 2 月 23 日"财政整理会关于内外债合并整理事致临时执政呈稿"中说,从财政部角度来说,经查实无确实担保的内外债,已经达到 6 亿元。交通部无法偿还的外债还有 1.8 亿多元。财政整理会认为,用"二五附税"偿还,可能偿债基金不够,希望能够进行债务重组。这个报告认为,当时各债权国也有这样的做法,即借新还旧。但是要有两个条件:一是要原合同规定和借新还旧的权利,二是借新还旧时市场利率要比原发行时低。很多债务合同都规定了中国不能增加条件。③

① 许毅,等. 清代外债史论[M]. 北京:中国财政经济出版社,1996:590.
② 财政科学研究所,中国第二历史档案馆. 民国外债档案史料(第一卷)[M]. 北京:档案出版社,1990:350.
③ 财政科学研究所,中国第二历史档案馆. 民国外债档案史料(第一卷)[M]. 北京:档案出版社,1990:359.

（二）担保外债

对于有确实担保的外债，根据 1928 年财政部整理债务案，"我国外债起于赔款（以前少数借款或属于地方者不计），内债始于昭信股票，昭信股票尚未具债务之形式。赔款及因赔偿所借之款，还本付息胥有确定数目与期限，确然国债也"。[1]还本付息有确定数目与期限，应该算作国债。这些国债虽然没有完全纳入预算，但是还本付息的支出，由中央政府指派各省分别额外担负，和常年由中央财政税收安排的支出没有关系。

民国时期的国家债务有内债和外债。当时基本上是以部门名义的借款，财政部直接借款很少。当时借款主要用于基础设施，分为交通部债款和项目债款。

交通部债款不同于财政部债款，因为财政部代表国家，而交通部代表国家部门。根据"交通债款总说明书"，交通部当时分为路政、电政、邮政和船政。借债主要是路政，其次是电政。邮政和船政没有借款需求。[2]

二、民国时期财政部管理的债务

（一）财政部管理的有确实担保的外债

直到晚清以前，中国没有对外债务。如上一节所述，晚清时期债务急剧上升。民国时期的外债，主要是晚清延续下来的债务。但是后来由于"民国肇造，百度更始，外约有庚续之效，内政开鼎新之基。建置频繁，国用浩大。重以军旅叠兴，迄无宁岁，先后举债益多。"[3] 这些对外债务包括以下几笔：一是民国元年的华比借款，总额为 125 万英镑，期限 1 年，利率五厘，按 97 元贴现发行，以一般预算收入和京张铁路的利润和财产为担保；二是克利斯浦借款，总额1000 万英镑，实际缴款额为 500 万英镑，偿还期 40 年，利率五厘，按 89 元贴现发行，以盐税为担保；三是民国二年的"善后借款"，总额为 2500 万英镑，期限 47 年，利率五厘，按 84 元贴现发行，以盐税、关税和直、鲁、豫、苏四省的中央税为担保；四是狄思银行借款，总额 40 万英镑，期限 5 年，利率五厘，

① 财政科学研究所，中国第二历史档案馆.民国外债档案史料（第一卷）［M］.北京：档案出版社，1990：408-409.
② 财政科学研究所，中国第二历史档案馆.民国历届政府整理外债资料汇编（第一卷）［M］.北京：档案出版社，1990：7.
③ 财政部经营有确实担保外债说明书.见财政科学研究所，中国第二历史档案馆：民国历届政府整理外债资料汇编［M］.第一卷，许毅主编，1985：237.

以田赋或关税担保。①

（二）财政部管理的无确实担保外债

民国初期积累的晚清同治、光绪年代的债务，以及民间企业零星债务，因不能及时偿还，有的利转本，所以债务总额增加，到 1927 年时，累积大量对外债务余额。此外，还有少量零星借款，多是用于海外留学，如自民国元年到民国五年的华比银行留欧学费垫款；民国七年的中法实业银行的留欧学费借款；民国八年东京台湾银行留日学费借款等。其他原因的借款包括购货价款、国库券发行收入和期票款、赔偿损失款、外国政府代垫费用和积欠国际机关经费款和付息垫款等。这些债务与正式外债有所不同，但也形成对外债务负担。②

（三）民国时期财政部经管无确实担保内债

财政部无担保借款包括三类：公债、借款和国库券。公债包括整理债券、盐余借款、国内银行短期贷款和各银行垫款。国库券包括特种兑换流通支付的各类短期债券和一般国库券。整理债券相当于用于债务重组发行的债券（见表 6 - 2、表 6 - 3）。

表 6 - 2　　　　　民国时期财政部无抵押国内公债欠本息表（短期债券）　　　单位：元

债务名称	发行额	发行期	利率	本金	利息	过期利息	共计
八厘债券银元部分	56391300.00	民国十一年一月	周息八厘	56391300.00	11947602.00	2932347.60	71271249.60

表 6 - 3　　　　　民国时期财政部无抵押国内公债欠本息表（整理债券）　　　单位：元

债务类别	总额	批准期	利率	实际发行数	未支付利息	未支付本息
整元债券	25600000.00	民国十年三月	周息六厘	12150000.00	2406000.00	14556000.00
整八债券	8800000.00	民国十年三月	周息七厘	1210000.00	303800.00	1513800.00
总计				13360000.00	2709800.00	16073800.00

此外，还包括盐余借款和国内短期借款。

---

① 财政部经营有确实担保外债说明书．见财政科学研究所，中国第二历史档案馆：民国历届政府整理外债资料汇编［M］．第一卷，许毅主编，1985：236 - 238.

② 财政部经营无确实担保外债总说明书．见财政科学研究所，中国第二历史档案馆：民国历届政府整理外债资料汇编［M］．第一卷，许毅主编，1985：451 - 453.

三、借款主体

从借款主体看，分为交通部借款、路政借款和电政贷款三类。其中交通部借款（"部欠款"）又分为两类：短期借款由交通部直接向国内银行、外国银行及中外合资银行通过商业借款或银行透支方式形成短期借款；中长期贷款由交通部收归国有的四川、湖南、江苏、浙江、安徽、湖北铁路和同蒲、洛潼等商业性铁路的股本及借款，多为发行债券方式定期偿还利息。[①]

路政借款分为三种：一是各个铁路项目的外债，由各外国银行、公司承借或公司发行债券，或者向外国政府发行国库券。这些款项用于京奉、京汉、津浦、京绥、沪宁、沪杭甬、正太、道清、广九、吉长、四洮、陇海、滨黑、宁湘、浦信、同成、汉粤川、株钦周襄和胶济各铁路的对外负债。[②] 二是各个铁路项目发行的内债。路政也发行内债，由本国银行承销或由项目发行，用于京汉、京绥、津浦、沪杭甬、吉长、烟潍、株萍各个铁路。三是当时购买车辆、铁轨、机械、枕木等材料的借款，称为"路料债"，用于各铁路项目的采购费用（见表6-4）。

表6-4 　　　　　　　　　　**交通债款总表** 　　　　　　　　单位：元

类别	外债	内债	料债	短期借款	赎路借款	合计
交通部借款				9369895.01	35709761.43	45079656.44
各类路政（铁路）借款	441752988.30	25175520.74	42638556.47			509667065.51
电政借款	35876981.71		6515950.27			42392932.01
合计	477629970.04	25175520.74	49154506.74	9369895.01	35709761.43	597039653.96

资料来源：财政科学研究所，中国第二历史档案馆. 民国历届政府整理外债资料汇编（第一卷）［M］.北京：档案出版社，1990：7.

四、各类债款

民国时期的对外借款主要是交通部管理的铁路借款和电政部管理的电报、电话和无线电三个领域的对外借款。这里包括清朝晚期留下来但转由民国政府管理的外债。铁路借款中包括少量内债。这些外债不同于财政部举借的外债。

---

①② 财政科学研究所，中国第二历史档案馆. 民国历届政府整理外债资料汇编（第一卷）［M］.北京：档案出版社，1990：7.

交通债款就是交通部作为债务人的外债款，也就是以交通部的名义举借的外债。它不是财政部举借的外债。民国时期，交通系统的需求最大，外债数额也最大。交通部的债务可以分为三类：一是交通部本部债款；二是公路债款；三是电信邮政债款。从债券的性质又可以分为外债、内债、料债、短期债款、赎路款。

（一）交通部本部债款

交通部本部欠款中一类是短期贷款，这是指向国内银行和国外银行及中外合资银行短期贷款和透支形成的债务。第二类是赎路款。这是指交通部把各地铁路股权国有化，也承担原来的债务。其中主要部分发给这些原铁路证券所有者，变成对于他们的债务，或者承担原来对外的还款责任。

（二）各路债款

各路债券是指铁路公司的欠款。主要是外债，包括向外国银行、公司发行的外债和向外国政府发行的国库证券，主要用于京奉、京汉、津浦、京绥、沪宁、沪杭甬、正太、道清、广九、吉长、四洮、陇海、滨黑、宁湘、浦信、同成、汉粤川、胶济等铁路的外债（见表6－5）。[①] 根据《交通部经管各项债款说明书》，当时"库藏空虚，民力凋敝，大宗资金无从筹集，除京奉、京汉两路及电政初办时，曾由国库支拨少数官款外，其余多由借款办理。"[②]

表6－5　　　　　　　　　　交通债款总表（外债）　　　　　　单位：元

款目	截至民国十四年底止共欠本息折合银元数	备考
路政债款	520907121.54	
电政债款	39616506.55	
其他债款	1444137.28	
合计	561967765.37	

资料来源：许毅. 民国历届政府整理外债资料汇编［G］. 财政科学研究所、中国第二历史档案馆，1985：139.

（三）电政债款

电政债款包括电报、电话和无线电三个领域所借的债务。债款包括外债和料

---

① 许毅. 交通债款总说明书［G］//民国历届政府整理外债资料汇编（第一卷），财政科学研究所、中国第二历史档案馆，1985：7.

② 许毅. 交通债款总说明书［G］//民国历届政府整理外债资料汇编（第一卷），财政科学研究所、中国第二历史档案馆，1985：137.

债，而不包括内债。其中电报方面的外债包括清朝留下来的外债和民国时期借的外债，共有四笔：一是清光绪二十六年七月初十沪烟沽正水线借款，由中国电报总局督办盛宣怀与英国大东公司、丹麦大北公司联合签订合同，借款 21 万英镑，用于两公司承办安装从直隶大沽口经山东烟台直达江苏吴淞口的水线一条；二是同年九月初四，中方借款人为烟沽副水线公司，中方与英国、丹麦三方签订借款合同，债款 4.8 万英镑，用于安装从烟台到大沽水线；三是清宣统三年三月十二日，当时的邮传部与上述大东、大北两公司签订的预付报费合同，由两公司预付 50 万英镑，作为借款；由中国应该取得的欧美摊分报费及中北报费为担保。四是民国九年二月十日与日本东亚兴业株式会社签订垫款合同，借款为 1500 万日元，用于扩充及改良有线电报工程费垫款。这里料债为用于购买材料的贷款，相当于流动资金贷款（见表 6 - 6）。

表 6 - 6 　　　　　　　　　　　　　　电政债款总表 　　　　　　　　　　　　　　单位：元

类别	外债	料债	合计
电报	20659839.22	312222.97	20972062.19
电话	13142501.89	6043875.44	19186377.33
无线电	2074640.63	159851.86	2234492.49
合计	35876981.74	6515950.27	42392932.01
总计	42392932.01		

资料来源：财政科学研究所、中国第二历史档案馆：民国历届政府整理外债资料汇编［M］.第一卷，许毅主编，1985：124.

电政贷款分为两种：一是电政外债，是向外国公司、银行的贷款或垫款，用来建立和更新电报、电话和无线电信等设备的借款。二是电政"料债"，相当于购买电报、电话设备的应付款，或商业票据。

综上，民国时期外债主要是晚清留下来的外债、财政部各项担保外债、铁路邮政项目外债和一些短期欠款形成的临时债务。

第三节　对于清朝和民国时期外债的认识

对于中国近代的外债，很多人都简单地加以否定。其实研究这段历史并得出有益的结论是非常有意义的。重要的是我们要历史地看待中国对外债务形成的背景和原因。

关于中国历史上的外债，大多数学者还是持负面看法。马克思认为，我们判断历史时，一定把它们置于当时特定的历史条件下。马克思说，"在黑格尔那里，恶是历史发展的动力借以表现出来的形式。[①]"清朝外债主要还是从赔款开始的。早期中国外债数量不大，能够如数偿还，而且有各种资源作为担保。这些债务具有解决短期流动性的问题。后来，主要和国内的基础设施建设结合，应该也属于洋务运动有关的历史。对于中国民族工业的发展还是起到了积极作用。

总之，"1840年以来，帝国主义列强对中国进行疯狂侵略，采取炮艇政策，用武力打开了中国闭关自守的大门；随之而来的实行经济入侵，占领和瓜分中国市场，进行剥削和掠夺。其中重要的一环，是通过外债形式，控制经济命脉，进而操纵政局，使中国沦为半殖民地。回顾自1853年第一笔对外贷款以来，旧中国历届政府所举借的外债，绝大部分是以损害国家主权作为交换条件的。这些外债，有的是从战争赔款转化而来的，如甲午赔款、庚子赔款；有的是帝国主义为了攫取势力范围，加强经济侵略，强迫当时的政府向他们举借的。因此，旧中国的外债史，实际上是帝国主义的经济侵略史"。[②]但是也要看到，外部力量逼迫中国开放门户，也代表近代中国历史上对外开放的开端。

清朝和民国时期外债还用来引进外资，实现中国式的资本主义原始积累。因此，"必须肯定，旧中国近百年来所举借的外债，在客观上也起了引进外资、引进技术的作用。根据粗略计算，这些对外借款大约三分之一是用于路矿等经济建设方面。这对于中国近代工业的建立和成长，对于中国资本主义生产方式的形成和发展，起了不可忽略的作用"。[③]

许毅和财政部科学研究所最早研究和整理了我国外债史料，并提出了很多深刻的见解。根据许毅的研究，中国资本主义原始积累有三种形式。"第一，晚清洋务运动利用国家权力形成的集中而有组织的社会力量，购买洋枪洋炮来武装自己，买机器来发展军事工业，稳固自己的统治和镇压人民革命运动。可是它的结果是发展了中国新兴的近代化、社会化的大生产，这是产生中国资本主义生产关系的特殊性。第二，国家政权利用国家财政、直接运用国库或国家信用（包括内外债）来创办工业，这是中国式的第二种原始积累的形式。这种形式其他国家也有。第三，大官僚（包括曾国藩、李鸿章、左宗棠、张之洞以及后来的蒋、宋、孔、陈等）利用职务上的便利，挪用或侵占公款，创办近代化的工矿企业，这是第三种中国资

---

① 马克思，恩格斯. 马克思恩格斯选集：第四卷［M］. 北京：人民出版社，1972：233.
②③ 清代外债史料，由财政部财政科学研究所整理。

本原始积累的形式"。①

开放导致外部资金和思想的进入，这些也为中国基础设施的早期发展和民族资本主义的发展奠定了基础。"中国资本主义生产方式不是依靠传统的典型的资本主义原始积累发展起来的，而是依靠特殊的原始积累形成的"。②

小　结

我们说过债务和债权在法律上的安排是由当时的制度决定的，制度包括前人博弈的结果，也包括现实的博弈结果对前人博弈结果的修正。在国际关系中，外交和战争就是博弈的过程。国家外债常常与战争结局（博弈的结果），如战后势力范围的安排和战争赔款直接相关。这个道理，古今中外是一样的。中国历史上的外债主要发生在鸦片战争以后。问题主要在于清朝晚期政府不求进取，国力衰退，导致外敌入侵。这是一个大的背景。鸦片战争以后，中国统治者明白技术和武器的重要性，举借外债有不得已而为之的一面，也有励精图治的一面。客观上外债对于引进技术，发展当时十分落后的工业基础和基础设施有积极的作用。

---

①② 中国财政科学研究院研究小组.许毅财经学术思想研究［M］.北京：中国财政经济出版社，2017：186.

第七章 新中国国债市场的发展历程

本章共分三节，覆盖中华人民共和国成立后的国债发展历史。第一节介绍中华人民共和国成立初期和改革开放初期国债发行的历史。这个时期的特点是国债发行依靠行政分配的方式。第二节介绍国债市场化改革的历史，是本章的重点。第三节介绍国债市场化改革以后国债市场的发展，反映国债市场与时俱进的变化。

第一节 国债市场化改革以前的国债发行

中央政府债券市场，也称为国债市场。财政部发行的国债有两个含义：从国家债务的角度，称为国债；从债券资本市场工具的角度，称为政府债券。财政部发行的国债，因采取市场化的发行方式，成为市场工具，属于政府债券。政府债券市场是政府债券发行和交易的场所，是最基本的债券市场。中央政府债券是财政部代表国家发行的债券，是央行货币政策的主要工具，是衍生产品的基础债券，具有广泛的投资人基础。中央政府债券市场在金融市场中具有重要地位，同时也是其他债券市场的基准。中央政府债券市场可以分为短期国债市场、长期国债市场。我国20世纪50年代发行人民胜利折实公债和建设公债，一直到1958年。之后的23年国债中断发行，直到改革开放后的1981年，财政部重新发行国债，10年后，国债市场才逐步建立起来。国债市场发展历经艰辛，是改革开放时期金融市场成功发展的缩影。

一、中华人民共和国成立初期的国债

中华人民共和国成立初期，发行国债是弥补预算不足的主要手段。中华人民共和国成立初期到1958年，中国经历了中华人民共和国成立以来国债发行的第一阶段，先后通过发行胜利折实公债和建设债券，帮助国家渡过了最困难时期。

"1953年，中国第一个五年计划开始实施。1953年12月，中央人民政府颁布了《1953年国家经济建设公债条例》，决定从1954年起发行国家经济建设公债，

筹集经济建设资金"。① 经济建设公债发行一直维持到 1958 年。

"1958 年，随着前期公债还本付息数额的增加，中央政府认为依靠公债筹集资金意义不大。因此，1958 年 4 月政府发布《关于发行地方公债的决定》，决定从 1959 年起，不再发行全国性的公债，但允许地方在确有必要时发行地方公债。1959 年后，只有安徽、黑龙江等少数几个省份自行发行了少量地方经济建设公债"。②

这期间，国家先后发行了"人民胜利折实公债"和"国家经济建设公债"。下面分别介绍新中国成立之初最早发行的这两只公债的情况。

（一）发行人民胜利折实公债

1. 发行人民胜利折实公债的背景

新中国成立之初，由于长期战乱，人民政府面临的是整个国民经济处于崩溃状态的烂摊子，财政赤字上升，物价猛烈上涨。为了解决财政赤字问题，医治战争创伤，恢复和发展经济，以利于安定民生，1949 年 12 月 2 日，中央人民政府委员会第四次会议上，政务院正式提出了发行公债的提案。陈云在会上作了《发行公债弥补财政赤字》的报告。会议正式通过了《关于发行人民胜利折实公债的决定》，决定 1950 年发行人民胜利折实公债，总额为 200 万元，于 1950 年内分两期发行，第一期在 1950 年 1～3 月定期发行。会议还通过并颁发了《一九五〇年第一期人民胜利折实公债条例》。规定第一期发行公债总额为 1 亿元，按照当时各大行政区城市的多寡大小、人口多少及政治经济情况分配各区推销任务。条例强调在推销人民胜利折实公债时，必须贯彻民主精神，做到公平合理，反对强迫摊派。各县（市）可按不同行业分配预定数字，自报公认的办法，鼓励踊跃认购。

人民胜利折实公债是一种以若干种类和数量的实物的市价为募集和还本计算单位的公债。由于当时处于严重的通货膨胀状态下，为了保护公债购买者的经济利益不受通货膨胀的影响，也为了公债推销更为顺利，该项公债的发行采用了"折实"形式，规定公债的募集和还本付息均以实物为计算标准，其单位定名为分。每分以上海、天津、汉口、西安、广州、重庆六大城市的大米（天津为小米）3 千克、面粉 0.75 千克、白细布 1.33 米和煤炭 8 千克的批发价，用加权平均的办法计算。此项平均市价，每 10 日公布一次。

2. 人民胜利折实公债的特点

人民胜利折实公债第一期发行是 1950 年 1～3 月，共发行了 1.48 亿分，年息 5

---

①② 陆一. 无偿的博弈：国债期货事件始末［M］. 上海：上海三联书店，2020：16.

厘，分 5 年偿还。后因国家财政经济状况好转，第二期停止发行。该公债券面额有
1 分、10 分、100 分、500 分四种。该公债从 1951～1955 年分期偿还，第一年抽签
偿还公债总额的 10%，之后每年递增 5%。归还时也按上述实物的市价折合成现金
归还。于发行截止日起每满一年，抽签还本付息一次，于 1956 年 11 月 30 日全部
清偿完毕，该公债不得代替货币进入市场流通，不得向银行抵押、贴现、不准
买卖。

人民胜利折实公债的发行，在当时特定的政治、经济环境下，形成了自己独特
的推销方式。该公债的推销对象，主要为大中小城市的个体工商业者、城市殷实富
户和富有的退职文武官。这是在广大劳动者处于贫困状态下的唯一选择，不将公债
主要负担放在社会较富裕的阶层身上，是难以完成公债推销任务的，这体现了
"合理负担"的原则。由于国家当时在统一财政经济方面采取了一系列重要措施，
第一期人民胜利折实公债的顺利发行。这期国债的顺利发行，使大批通货回笼，预
期赤字迅速减少，对稳定物价、促进经济建设起到了重大作用。

可以看出，尽管当时国民经济十分困难，政府在国债发行时还是采取了保护投
资者利益、自愿认购和合理负担的原则。这一原则在以后国债发行中也得到了普遍
体现。

（二）国家经济建设公债

1953 年，中国开始实施第一个国民经济和社会发展五年计划。尽管国民经济
恢复工作进行得十分顺利，但生产率仍极为低下，国民收入增长缓慢，国家缺少建
设资金。1953 年底，中央人民政府委员会决定发行国家经济建设公债筹集建设
资金。

国家经济建设公债主要面向城市私营工商业者、公私合营企业的私方人员、机
关团体职工等对象发行。所发公债不得当作货币流通，不得向国家银行和公私合营
银行抵押。国家经济建设公债自 1954 年起发行至 1958 年止，共发行五期。计划发
行 30.3 亿元。1954～1957 年每年发行 6 亿元，1958 年发行 6.3 亿元。其中，1954
年发行的公债为 8 年期，后 4 年发行的 4 期均为 10 年期。利率均为年息 4 厘。国
家经济建设公债连续发行了五年，由于人们购买热情高涨，实际发行量大大超过原
定计划数。所筹资金极大地促进了国民经济恢复时期经济重建工作的开展。1958
年后，中国政府停止了公债发行，国家经济建设公债本息于 1968 年全部偿还。在
当时，由于全国各界人士的踊跃认购，各年度都圆满完成任务。1950～1958 年国
家公债发行情况见表 7-1。

表 7 - 1 　　　　　　　　　　　1950 ~ 1958 年国家公债发行情况

公债种类	计划发行数（万元）	实际完成数	
		金额（万元）	为计划数的百分比（%）
合计	333042.6	384763.6	115.5
1950 年人民胜利折实公债	26500	26012.3	98.2
1950 年东北生产建设折实公债	3542.6	4204.6	118.7
1954 年国家经济建设公债	60000	84406.6	140.7
1955 年国家经济建设公债	60000	62176.8	103.6
1956 年国家经济建设公债	60000	60268.0	100.4
1957 年国家经济建设公债	60000	68076.7	113.5
1958 年国家经济建设公债	63000	79618.6	126.4

注：（1）1950 年人民胜利折实公债和 1950 年东北生产建设折实公债，原以"分"为计算单位，现折算人民币为计算单位。

（2）1954 ~ 1958 年发行的国家经济建设公债，均为货币公债。

资料来源：笔者根据资料整理。

　　1950 年居民的认购能力有限，主要是由工商界认购完成的，这部分占总认购额的 70%（见表 7 - 2）。可以看出，各年完成情况都非常好。1950 年人民胜利折实公债完成状况略低于计划安排，是因为中华人民共和国成立初期，经过连年战乱，人民手中积蓄有限，但是工商界做出了贡献。1950 ~ 1958 年主要年度的人民胜利折实公债和建设公债发行情况如表 7 - 2 至表 7 - 8 所示[①]，购买国家公债的情况如表 7 - 8 所示。

表 7 - 2 　　　　　　　　　　　1950 年人民胜利折实公债发行情况

发行对象	计划发行数（万元）	实际完成数		
		金额（万元）	为计划数的百分比（%）	各阶层购买数占合计数的百分比（%）
合计	26500	26012.3	98.2	100.0
职工	2670	3017.4	113.0	11.6
农民	3180	1794.9	56.4	6.9
工商界	18000	18364.7	102.0	70.6
市民及其他	2650	2835.3	107.0	10.9

注：（1）1950 年人民胜利折实公债，由前中央人民政府委员会批准发行，第一期公债原计划发行一万万折实分，实际完成 9818 万折实分。表中所列折人民币的数字，是按当年推销公债时，每"分"实际平均折收现款 2.65 元计算的。人民胜利折实公债第二期公债，没有发行。

（2）表中所列各阶层购买公债的数字，是根据 1950 年公债推销工作总结中所统计的比例估列的，数字不够准确，仅供参考。

（3）1950 年人民胜利折实公债，分 5 年做 5 次偿还，公债利率为 5 厘，每年付息一次。

资料来源：笔者根据资料整理。

---

① 缺少 1955 年相关数据。

表 7 – 3   1950 年东北生产建设折实公债发行情况

发行对象	计划发行数（万元）	实际完成数		
		金额（万元）	为计划数的百分比（%）	各阶层购买数占合计数的百分比（%）
合计	3542.6	4204.6	118.7	100.0
职工	353.6	487.8	137.9	11.6
农民	425	290.0	68.2	6.9
工商界	2410	2968.5	123.2	70.6
市民及其他	354	458.3	129.5	10.9

注：（1）1950 年，除全国范围内发行了人民胜利折实公债（东北大区未发行）外，在东北地区，由前东北人民政府发行了东北生产建设折实公债，这次公债原计划发行 3000 万折实分，实际完成 3557 万折实分。此外，该区又发行了东北榆陶铁路修建公债 54 万折实分，实际完成 72 万折实分。两项公债合计，原计划发行 3054 万折实分，实际完成 3629 万折实分。这些公债折人民币的数字，是按当年推销公债时，每"分"实际平均折收现款 1.16 元计算的。

（2）表列各阶层购买公债的数字，是根据 1950 年公债推销工作总结中所统计的比例估列的，数字不够准确，仅供参考。

（3）1950 年东北生产建设折实公债，分 5 年做 5 次偿还，公债利率为 5 厘，每年付息一次。

资料来源：笔者根据资料整理。

表 7 – 4   1954 年国家经济建设公债发行情况

发行对象	计划发行数（万元）	实际完成数		
		金额（万元）	为计划数的百分比（%）	各阶层购买数占合计数的百分比（%）
合计	60000	84406.6	140.7	100.0
职工	9490	24865.9	262.0	29.5
农民	18000	14092.3	78.3	16.7
工商界	30000	40124.4	133.7	47.5
市民及其他	2000	2847.4	142.4	3.4
军队	510	2476.6	485.6	2.9

注：（1）列表计划发行数是前中央人民政府委员会通过的数字。

（2）表列实际完成数是中国人民银行总行编报的数字。

（3）1954 年国家经济建设公债，分 8 年做 8 次偿还，公债利率为 4 厘，每年付息一次。

资料来源：笔者根据资料整理。

表 7 – 5   1956 年国家经济建设公债发行情况

发行对象	计划发行数（万元）	实际完成数		
		金额（万元）	为计划数的百分比（%）	各阶层购买数占合计数的百分比（%）
合计	60000	60268.0	100.4	100.0
职工	23000	27062.9	117.7	44.9

发行对象	计划发行数（万元）	实际完成数		
		金额（万元）	为计划数的百分比（%）	各阶层购买数占合计数的百分比（%）
农民	19000	13174.2	69.3	21.9
工商界	13500	14257.7	105.6	23.6
市民及其他	2500	2654.5	106.2	4.4
军队	2000	3118.7	155.9	5.2

注：（1）列表计划发行数是全国人民代表大会常务委员会通过的数字。
（2）表列实际完成数是中国人民银行总行编报的数字。
（3）1956年国家经济建设公债，分10年做10次偿还，公债利率为4厘，每年付息一次。
资料来源：笔者根据资料整理。

表7-6 **1957年国家经济建设公债发行情况**

发行对象	计划发行数（万元）	实际完成数		
		金额（万元）	为计划数的百分比（%）	各阶层购买数占合计数的百分比（%）
合计	60000	68076.7	113.5	100.0
职工	28000	37716.5	134.7	55.4
农民	20000	15919.4	79.6	23.4
工商界	7500	9993.3	133.2	14.7
市民及其他	2500	21264.0	85.1	3.1
军队	2000	23211.0	116.1	3.4

注：（1）列表计划发行数是全国人民代表大会常务委员会通过的数字。
（2）表列实际完成数是中国人民银行总行编报的数字。
（3）1957年国家经济建设公债，分10年做10次偿还，公债利率为4厘，每年付息一次。
资料来源：笔者根据资料整理。

表7-7 **1958年国家经济建设公债发行情况**

发行对象	计划发行数（万元）	实际完成数		
		金额（万元）	为计划数的百分比（%）	各阶层购买数占合计数的百分比（%）
合计	63000	79618.6	126.4	100.0
职工	32300	41188.7	127.5	51.8
农民	18000	22075.7	122.6	27.7
工商界	8200	10834.2	132.1	13.6

续表

发行对象	计划发行数（万元）	实际完成数		
		金额（万元）	为计划数的百分比（%）	各阶层购买数占合计数的百分比（%）
市民及其他	20000	24928.0	124.6	3.1
军队	25000	30272.0	121.1	3.8

注：（1）列表计划发行数是全国人民代表大会常务委员会通过的数字。
（2）表列实际完成数系财务决算数，分阶层数字是估列的。
（3）1958年国家经济建设公债，分10年做10次偿还，公债利率为4厘，还本时一次付给利息。
资料来源：笔者根据资料整理。

表7-8　　　　　　　　　　　　1950～1958年购买国家公债情况　　　　　　　　单位：万元

公债种类	总额	职工	农民	工商界	市民及其他	军队
1950年人民胜利折实公债	26012.3	3017.4	1794.9	18364.7	2835.3	—
1950年东北生产建设折实公债	4204.6	487.8	290	2968.5	458.3	—
1954年国家经济建设公债	84406.6	24865.9	14092.3	40124.4	2847.4	2476.6
1955年国家经济建设公债	62176.8	19908.7	14461.9	23751.5	2263.5	1791.2
1956年国家经济建设公债	60268	27062.9	13174.2	14257.7	2654.5	3118.7
1957年国家经济建设公债	68076.7	37716.5	15919.4	9993.3	2126.4	2321.1
1958年国家经济建设公债	79618.6	41188.7	22075.7	10834.2	2492.8	3027.2
合计	384763.6	154247.9	81808.4	120294.3	15678.2	12734.8
各阶层购买数占合计数的比例（%）	100.0	40.1	21.3	31.2	4.1	3.3

注：表列各年公债都是按实际完成数编列的。
资料来源：笔者根据资料整理。

1958～1980年，中国政府没有发行新的国债。1968年中国政府向全世界宣布，中国是既无内债，又无外债的国家。

二、20世纪50年代我国的对外债务

（一）"一五"时期引进技术设备的背景

1953年开始了国民经济的第一个五年计划，根据过渡时期的总路线和我国当时所处的环境，确定"一五"计划的基本任务之一是集中力量进行大规模的重工业基本建设，以及在民用和军工方面建立起一批大型骨干企业。为此需要为这批大型骨干企业提供成套的技术设备。但是当时我国工业生产技术水平还难以提供先进

的成套设备。1952 年，我国钢产量虽然达到了 135 万吨，成品钢材达到 106 万吨，但是钢材的品种不够齐全，特别是我国还不能生产制造成套设备需要的许多特种钢材，机械工业的加工能力还远远不能适应需要。[①]"在第一个五年计划实行之前，我国还是不能制造大型的精密机器和成套设备"。[②]

（二）"一五"计划引进技术设备和对苏联债务的背景

1949 年 1 月，苏共政治局委员米高扬到河北省西柏坡与中共领导人会谈。2 月 6 日毛泽东向米高扬提出需要 3 亿美元贷款、300 辆汽车，以及各种必要的物资、机器、石油产品和造币用的银子等援助，希望能够从 1949 年起在三年内分期提供。1949 年 6 月 21 日，刘少奇、高岗、王稼祥组成的中共中央代表团赴苏联访问。在 6 月下旬至 7 月上旬的初步会谈中，希望获得苏联 3 亿美元的贷款，由于中国国内正在建立统一管理经济的机关，解放区正在不断扩大，缺乏专家与资料，一时无法向苏联提出全部订货货单，希望苏联主要专家来华与中国共同商定全部或主要部分货单。8 月 14 日，苏联专家的负责人柯瓦廖夫及苏联专家 220 人离开莫斯科来华，中苏两国专家共同研究苏联帮助中国建设的具体项目。1950～1953 年初确定 50 个项目。[③]

20 世纪 50 年代我国的国外公债是中华人民共和国成立初期国家债务的组成部分。早在"一五"计划以前，我国就曾经着手从苏联引进技术设备，从此发生了中华人民共和国成立后的第一笔外债（对外公债）。当时朝鲜战争爆发，美国加强了对中国全面的经济封锁和禁运，中国只能向建立友好关系的苏联举借外债。1950 年 2 月毛泽东主席亲自率领代表团去莫斯科与苏联政府谈判。1950 年 2 月 14 日，中国政府与苏联政府签订了《中苏友好同盟互助条约》，并签订了《中苏关于贷款给中华人民共和国的协定》。该协定规定贷款用于偿付为恢复和发展中国经济而由苏联交付的机器设备与器材。借款条约签订后，苏联立即开始为我国贷款项目进行准备。[④]

1950～1952 年，准备的项目达 50 个。其中签订订货合同的，只有一部分，如鞍山钢铁公司的大型轧钢厂、七号炼铁炉和无缝钢管厂。这三大工程于 1950 年开始设计，1952 年破土动工，1953 年 12 月先后竣工投产。以上这些项目，有的是在恢复时期已经施工，有的当时还没有施工。但是绝大部分已经纳入"一五"计划

---

①④　高坚. 中国的国债问题 ［M］. 北京：中国财政经济出版社，1993：159.

②　中华人民共和国国民经济发展的第一个五年计划。

③　根据公开资料整理，2016－12－17.

中，因此都属于"一五"计划中引进技术设备的一部分。1953 年 5 月 15 日，中苏两国在莫斯科签订了《关于苏维埃社会主义共和国联盟政府援助中华人民共和国中央人民政府发展中国国民经济的协定》。协定规定到 1959 年，苏联将帮助中国新建 141 项大规模工程。按照当时商定的援助项目，总贷款金额在 30 亿 ~ 35 亿卢布。同年 9 月，中苏两国政府议定，由苏联帮助中国建设的工业项目增加到 156 项，即比 5 月的协定项目增加了 15 项。[①] 同时扩大协定规定的 141 项设备的供货范围。"一五"时期引进并完成的 156 个项目，为我国建立独立完整的国民经济体系打下了重要基础。实际上，"一五"计划执行过程中，从苏联引进的大型项目后来又增加到 166 项。此外，还有从东欧社会主义国家引进技术设备 68 项。[②]

（三）债务条约和偿还情况

根据《中苏友好同盟互助条约》及《关于贷款给中华人民共和国的协定》，1950 年 2 月中国政府取得苏联的第一笔贷款，总额 12 亿旧卢布（约 3 亿美元），利率 1%，规定 10 年内分批还清。此项贷款除一部分用于向苏联购买急需的军需物资外，主要用于国内改造和新建 50 个工业项目。

1951 年 2 月和 1952 年 11 月，中国政府又取得两笔分别为 10 亿旧卢布和 10.36 亿旧卢布（共约 5 亿美元）的抗美援朝军需借款，利率为 2.5%。

此外，中国政府还采取中苏合资形式，开办了中苏有色金属公司、中苏石油公司、中苏民用航空公司和中苏轮船船修厂四个"平权合股"公司，中苏各占 50% 股份。这是新中国最早的一批外债，也是新中国利用外债解决国内财政不足的一次尝试。

1954 年 10 月，又取得苏联 5.2 亿卢布的长期贷款，到 1958 年中国向苏联借款，共计 14.06 亿新卢布（约 74 亿旧卢布，15 亿美元）。[③]

由于中苏关系自 1962 年以后恶化，中国希望尽量提前偿还苏联的外债。1965 年以前，中国偿还了苏联全部贷款。

（四）156 个重点项目情况

苏联东欧援建的 156 个项目是指中华人民共和国"一五"计划（1953 ~ 1957

---

① 另一说法是 1955 年 7 月全国人大一届二次会议讲解"一五"计划时，"一五"计划从苏联引进大型技术设备项目已增至 156 项（见李德彬. 中华人民共和国经济史简编（1949 ~ 1985）[M]. 长沙：湖南人民出版社，1987：168. ）。

② 高坚. 中国的国债问题 [M]. 北京：中国财政经济出版社，1993：160.

③ 陆一. 无偿的博弈：国债期货事件始末 [M]. 上海：上海三联书店，2020：15 - 16.

年）期间对新中国工业领域的援助的统一称呼。这 156 个项目简称"156 项"重点工程，都是中国第一个五年计划时期从苏联与东欧国家引进的重点工矿业基本建设项目。以这些项目为核心，以 900 余个限额以上大中型项目配套为重点，初步建立起来了中国北方工业经济体系。20 世纪 50 年代任中央财委主任与国家基本建设委员会主任的陈云说："第一个五年计划中的 156 项，那确实是援助，表现了苏联工人阶级和苏联人民对我们的情谊"。[1] 这一系列项目曾帮助了中国工业经济的发展，奠定了新中国的工业基础。

第一个五年计划期间，中国政府把苏联援建的 156 项工程和其他限额以上项目中的相当大的一部分摆在了工业基础相对薄弱的内地。考虑到资源等因素，将钢铁企业、有色金属冶炼企业、化工企业等选在矿产资源丰富及能源供应充足的中西部地区；将机械加工企业设置在原材料生产基地附近。在最后投入施工的 150 个项目中，包括民用企业 106 个、国防企业 44 个。在 106 个民用企业中，除 50 个布置在东北地区外，其余绝大多数布置在中西部地区，其中中部地区 29 个、西部地区 21 个；44 个国防企业，除有些造船厂必须摆在海边外，布置在中部地区和西部地区的有 35 个。[2]

引进大型项目主要集中在以下产业：钢铁工业方面，苏联帮助设计和供应设备改建鞍山钢铁公司，新建武汉钢铁公司、包头钢铁公司。电力工业方面，"一五"计划建设 92 个电站，属于苏联设计和提供设备的大型电站有 24 个。煤矿工业方面，"一五"计划建设限额以上项目共 194 项，其中苏联设计和提供设备的项目共有 27 个，如阜新矿务局的海州露天矿，辽源矿务局的中央立井等。石油工业方面，"一五"计划建设单位共 13 个，其中属于苏联设计和提供设备的有两个。机械工业方面，主要建设单位有 80 多个，其中属于 156 项的有 26 个，如长春第一汽车制造厂、武汉重型机床厂、哈尔滨汽轮机厂、哈尔滨电机厂、哈尔滨锅炉厂、洛阳拖拉机厂等。此外还有民主德国设计和提供设备的第二砂轮厂，西安仪表厂等。在化学工业方面，"一五"计划新建和改建的项目比较多，其中由外国设计和提供设备的，有苏联设计的两个氮肥厂、两个染料厂，捷克设计的电影胶片厂，民主德国设计的化纤厂等。在造纸工业方面，这一期间计划限额以上的建设单位共 10 个，其中有一个由苏联设计并提供设备。此外军工部门也引进了一大批技术设备。[3]

150 个项目实际完成投资 196.1 亿元，其中在东北的投资 87 亿元，占实际投

---

① 李颖. 细节的力量：新中国的伟大实践［M］. 上海：上海人民出版社，2019.
② 郭朝先. 百炼成钢：中国工业创造世界瞩目奇迹［N］. 新京报，2021－06－28.
③ 高坚. 中国的国债问题［M］. 北京：中国财政经济出版社，1993：160－161.

资额的 44.3%，其余绝大多数资金都投到了中西部地区，即中部地区 64.6 亿元，占 32.9%；西部地区 39.2 亿元，占 20%。[①]

(五)"一五"时期对外债务的特点

我国第一个五年计划期间对外债务的特点反映了当时特定的历史环境。首先，债务主要是对苏联东欧国家的债务，这和当时社会主义阵营的友好关系有关。债务主要是贷款方式，并不是可以上市的公债。这和改革开放以后中国在国际资本市场上发行的外债完全不同。其次，引进设备主要用于重工业，这和当时以重工业为主导发展经济的指导思想是分不开的。这个时期各个主要工业部门都有引进，但是主要是用于加强重工业的建设。引进的技术设备主要用于冶金、动力、石油化工、矿山、机械、电子、汽车、拖拉机、飞机和军工等重工业部门。再次，技术设备的引进和技术的引进相结合。20 世纪 50 年代从苏联和东欧各国引进科学技术的成就和生产经验方面的资料共 5000 多项。聘请了苏联、东欧国家的专家来华工作，派遣国内技术人员去苏联和东欧国家学习和实习。最后，引进设备和利用外资相结合。当时出口创汇能力受到当时相对落后的经济基础的制约。20 世纪 50 年代我国引进的技术设备共使用外汇 27 亿美元，引进的时间集中在"一五"时期和"二五"时期的前两年，但是"一五"期间我国每年平均出口总额只有 13.66 亿美元。因此，1950 年与苏联谈判时，决定对 20 世纪 50 年代我国从苏联引进的技术设备的费用的一部分使用记账外汇和贷款支付。当时苏联向中国提供 78 亿旧卢布的贷款，用于建设 156 项重点工程。[②]

(六) 20 世纪 50 年代对外债务和引进设备的意义

1949 年，我国工业总产值中，重工业只占 26.4%，其中机械工业不到 2%。根据我国当时具体情况和所处的国际环境，仅仅依靠中国自己的力量不可能建立比较完整的工业体系和实现社会主义工业化的目标。由于"一五"时期引进了大批成套设备，我国在短期内建成一批为国家工业化所必需的、过去又非常薄弱或根本没有的基础工业。引进设备的结果是初步形成各种制造行业，如冶金设备制造业、发电设备制造业、采矿设备制造业等。[③] 到了"二五"时期，机器设备自给率已经提高到 80%。[④]

---

① 根据公开资料整理，2016 - 12 - 17.

② 高坚. 中国的国债问题 [M]. 北京：中国财政经济出版社，1993：161 - 162.

③ 高坚. 中国的国债问题 [M]. 北京：中国财政经济出版社，1993：162.

④ 李德彬. 中华人民共和国经济史简编 (1949～1985) [M]. 长沙：湖南人民出版社，1987：171.

通过引进先进设备，我国建立了新兴的工业部门，如石油化工、无线电、汽车、拖拉机、飞机和军工产业。"一五"时期我国工业增长速度平均每年增长18%。这一时期引进的技术设备和科学技术成就"帮助我国许多经济部门解决了不少生产上的关键性问题和许多技术的困难"。[1] 通过借债和引进技术，我国设计能力也有了很大提高。20世纪50年代初期，我国建设了几个大型工程项目，从勘察地质、选择厂址、收集资料、设计方案到供应成套设备、指导建筑、安装和试运行，基本上由供应设备的国家负责。[2] 1958年和1959年我国和苏联签订两项关于新建和扩建工业企业的协定，其中大部分项目由我国自己勘察和设计，仅由苏联供应主要的设备。[3] 在1959年2月7日商定的78个援助项目中，中方利用苏联的设计资料和技术资料，承担了大部分勘察设计工作和大部分配套设备的制造任务。到20世纪50年代末，中国开始进入以模仿为基础的自行设计阶段。[4]

三、"既无内债，又无外债"时期

1955年我国开始用大量出口矿产品和农产品来偿还苏联债务，1956年初提前全部还清债务。1958年国家预算安排中已经没有国外债务。到了1968年，国家内外债全部还清。1969年5月11日，《人民日报》宣布我国成为世界上第一个"既无内债，又无外债"的国家。[5] 提前偿还苏联债务，有苏联逼债的原因。随着中苏两国在意识形态领域的分歧加深，国家关系开始破裂，苏联政府停止了对华援助，撕毁合同，撤走专家。同时由于生产的发展和税收的增加，我们已经没有继续发行国内公债的必要。不可否认，中华人民共和国成立后，占统治地位的思想观念认为国债总是与资本主义相联系的，国债只能应急时使用，不能长期发行，也是我们在经济困难的情况下，提前偿还债务的原因。

第一个五年计划胜利完成后，对"大跃进"预期乐观，预算中没有打上赤字，也没有债务安排。当时希望自力更生，挖掘潜力，反对保守思想，对于可能产生的困难估计不足。[6] 这说明，当时停止内债和外债是由于国际和国内特定的条件决定的，同时这两者又是互相影响的。外债受到国际环境的制约，已经停止了。国内受

---

① 人民日报出版社. 辉煌的十年（上册）[M]. 北京：人民日报出版社，1959：424.
② 高坚. 中国的国债问题 [M]. 北京：中国财政经济出版社，1993：163.
③ 人民日报出版社. 辉煌的十年（上册）[M]. 北京：人民日报出版社，1959：423.
④ 根据公开资料整理，2022 – 10 – 03.
⑤ 高坚. 中国的国债问题 [M]. 北京：中国财政经济出版社，1993：165.
⑥ 陈如龙. 中华人民共和国财政大事记 [M]. 北京：中国财政经济出版社，1989：159.

到当时"大跃进"主导经济思想的制约，也决定停止发行国内公债。此外，当时中央向地方分权，将国家公债转移为地方公债也是一个因素。1958年4月2日，中共中央作出了《关于发行地方公债的决定》，决定从1959年起停止发行全国性公债，根据地方的建议由地方筹集建设资金，允许地方发行公债。

之后20年既无内债，又无外债，但是国民经济是在限制财政支出增长的情况下进行的。这20年我国国民经济没有获得快速发展，没有大规模的筹资来源是一个重要因素。这20年虽然没有发债，但不等于经济中没有债务，这些债务以社会各个方面的"欠账"的形式存在。例如，职工工资维持不动，企业没有新的投资，基础设施基本没有进展。1979年和1980年连续出现较大数额的财政赤字并不是当年收支出现了不平衡，而是弥补过去的欠账。这一点对于认识我国历史上的债务是非常重要的。[①]

四、20世纪70年代我国对西方的国家债务

事实上，我国既无外债，又无内债的时间很短，对外债务从20世纪70年代就开始恢复了。因为经济发展所需要的关键设备，必须从国外引进，从而发生对外债务。

（一）20世纪70年代初期的"四三方案"

20世纪70年代初期，随着中国在联合国合法席位的恢复，对外经济关系有了很大发展，同中国建立经济技术交流的国家日益增多，这为中国大规模引进外资创造了良好的国际环境。1973年1月，国家计划委员会为了增加设备进口，扩大经济交流，向国务院请示，提出从国外进口43亿美元成套设备和单机的方案，即所谓"四三方案"。这个方案确定之后，又陆续追加了一批项目，达到51.4亿美元，除间接按现汇交易支付外，成套设备的项目大部分采取延期付款方式，签订卖方信贷合同。贷款主要来自法国、联邦德国、英国、美国和意大利等。"四三方案"共签订了220项进口设备合同。引进项目包括13套大化肥项目、4套大化纤项目、3套大石油化工项目、一个烷基苯工厂、43套综合采煤机组、3个大电站、武钢1.7米轧机等项目。到1979年底，这些项目绝大部分都已建成投产，完成基本建设投资（包括国内配套工程在内）约240亿元。[②]

当时由于没有经验，投资规模扩大，占预算内投资的14%~21%，但是投资高峰没有错开，造成年度计划平衡困难，项目上下游安排和部门与地区之间安排不

---

① 高坚. 中国的国债问题 [M]. 北京：中国财政经济出版社，1993：165-167.
② 左春台，宋新中. 中国社会主义财政简史 [M]. 北京：中国财政经济出版社，1988：488-490.

平衡。国内资源和配套不平衡，贻误了建成投产的时间。如进口 13 套大化肥设备，每年需要上千万美元购买进口配件。此外，设备管理和技术及经验不足，也造成设备没有达到预定目标。可以想象，"文革"期间各项制度不健全，当时社会的状态还没有回到以经济建设为中心的轨道上。

（二）20 世纪 70 年代后期的引进外资和举借外债

20 世纪 70 年代另一次大规模引进外资是在 1977～1978 年。当时批判"四人帮"盲目排外、拒绝引进先进技术、一切从头摸索的闭关锁国的做法，开始重新考虑引进外资和先进设备。1977 年 7 月 17 日，国家计划委员会向国务院提出 8 年内引进新技术和成套设备的规划。中央政治局原则上批准了这个规划。国家计划委员会在规划中提出，在"五五"后 3 年和"六五"计划期间，除了抓紧把 1973 年批准的 43 亿美元进口方案中在建项目尽快建成投产外，根据长期规划的目标和任务，准备再进口一批成套设备、单机和技术专利，主要包括三个方面：在支农工业方面，主要进口粉煤和重油为原料的两套大型化肥装置、以天然所或裂解尾气为原料的 2 套化肥关键设备、高效低毒农药的 4 套整体原料装置等；在轻工市场方面，主要进口 3 套大型石油化工成套设备、北京 30 万吨乙烯综合利用工程、4 套化纤成套和关键设备、2 套年产 200 万～300 万平方米的合成革装置、3 套合成洗涤用品原料生产装置；此外进口一批燃料、动力原材料工业方面的新技术和关键设备，如地震勘探船、数字地震仪等设备，以及年产 1000 万吨的露天煤矿成套设备，60 万千瓦的原子能电站，年产 1200 万吨的采矿设备等。此外，在其他方面也进口一些急需的新技术关键设备。[①]

上述各项 8 年内共需要外汇 65 亿美元，国内配套工程的基建投资需要 400 亿美元。在"五五"末和"六五"初引进的项目进入建设高峰时期，每年约需要基建投资 80 亿～90 亿美元，占年度预算基建投资的 1/5 左右。这些支出大大超出了我国外汇支付能力。1977 年我国出口额为 75.9 亿美元，进口额为 72.1 亿美元，结余很小。由于 1978 年签订的 84 亿美元合同中多数是现汇合同，一到货就需要支付现汇，造成人民币和外汇双重紧张，于是不得不向国际金融市场举借 70 多亿美元高利的现汇。[②]

（三）1978 年增加外债规模

1978 年我国出口总额为 97.5 亿美元，而进口总额达到 108.9 美元，逆差 11.4

---

①② 高坚. 中国的国债问题 [M]. 北京：中国财政经济出版社，1993：173.

亿美元。用进出口顺差来支付引进设备贷款已不可能，只好通过向国外借款来解决。1978 年我国从日本、美国和联邦德国引进 22 个大中型项目，使用外汇总额为 78 亿美元。按照合同规定，必须用现汇支付款项。因此，当时由中国银行吸收海外稳步的存款和从欧洲金融市场筹借贷款，总数为 51 亿美元。当时国际金融市场的现汇贷款实行浮动利率，在 20 世纪 80 年代初的最高利率曾经达到 20%。中国银行从欧洲金融市场借到的商业贷款，年利率达 15% ~ 16%，最高达 18%。不仅如此，我们借的商业贷款是美元，而我们引进设备的日本和德国货币相对于美元升值，这样还款时需要更多的美元掉期成日元和马克偿还设备借款。为此，国家决定尽快偿还这些设备用款。[1]

（四）国家统借统还外债

1978 年引进设备在外汇支付上的困难和国际市场中商业贷款的高利息，使外债不可持续。1979 年和 1980 年我国国际收支处于最困难时期。1980 年我国外汇收支逆差达到 13 亿美元。当时只好大幅度减少签订新的引进合同。经过 1981 年和 1982 年的努力，偿还了 51 亿美元高利贷性质的借款，到 1982 年底全部还清。1978 年引进技术设备使用外汇总额是 78 亿美元，后来与外商协商，减少了部分订货，外汇数减少为 75 亿美元。偿还了 51 亿美元后，余下的 24 亿美元将全部由我国外汇储备偿付[2]。党的十三届三中全会以后，党中央及时作出决定，纠正了当时利用国外借款方面只考虑用款，而没有考虑还款的问题。1979 年 12 月国务院作出决定，借外债要纳入国家财政计划，从而利用外资逐步走上正常轨道[3]。

1979 年，一些合同开始兑现，而使用外汇部门没有人民币和外汇，当时外贸部被迫垫付。为此，外贸部多次向国务院告急。国务院于 1979 年作出借外债不能与财政脱钩的决定，要求财政部负责清理各部门 1978 年、1979 年对外签订的借款合同，并确定由国家财政统借统还。[4] 由国家财政统借统还的外债有六种类型：外国政府贷款、国际金融组织贷款、现汇贷款买方信贷、发行外币债券和借用国家外汇储备的外汇。1979 ~ 1988 年共借入 169. 03 亿美元，其中除现汇贷款利率较高外，其余都是中长期的低息贷款。这是因为这一期间我们实行了改革开放，国

---

① 高坚. 中国的国债问题［M］. 北京：中国财政经济出版社，1993：175.

② 李德彬. 中华人民共和国经济史简编（1945 ~ 1985）［M］. 长沙：湖南人民出版社，1987：533 - 534.

③ 左春台，宋新中. 中国社会主义财政简史［M］. 北京：中国财政经济出版社，1988：491.

④ 高坚：中国的国债问题［M］. 北京：中国财政经济出版社，1993：176.

与国之间的双边优惠贷款增加了，所以当时使用的外国贷款主要是双边和多边的优惠贷款。① 到 1988 年，外国政府贷款共借入 27.7 亿美元，占全部外债累计借入额的 16.4%。主要包括第一批日本海外协力基金贷款 11.09 亿美元，用于秦皇岛港口、京秦铁路线等的建设，贷款条件较为优惠，年利率为 3%，期限为 30 年（含宽限期 30 年）。

从 20 世纪 80 年代后期起，国家统借统还外债大部分采取了部门、单位自还的办法。统借统还外债逐步减少，其份额从 1981 年的 99.3% 下降到 1988 年的 20.3%。② 国家统借统还外债主要用于国家的基础设施项目和重点建设项目，也有一部分用于平衡国际收支和偿还外债。1979～1988 年国家统借统还外债中有 146.18 亿美元用于基本建设，投资项目 89 个。在全部投资额中，用于能源、交通、基础原材料的投资项目有 34 个，利用外资金融 99.87 亿美元，占用于基本建设外资总额的 68%，投资结构相对合理。用于平衡国际收支和偿还外债的共有 23.07 亿美元。③

五、恢复发行国债和行政分配的发行方式

从 1981 年恢复发行国债，到 1991 年开始国债市场化改革，可以分为两个阶段：一是行政分配发行方式阶段（1981～1988 年）；二是流通转让试点阶段（1988～1990 年）。

（一）从 1981～1988 年恢复发行国债早期阶段

1. 1981 年恢复发行国债的背景

为了解决历史遗留的问题，加快国民经济发展的步伐，扩大企业自主权，增加对农民的补贴，逐步提高人民的生活，1979～1981 年国家财政收入连续三年下降，尽管在财政收入中列入了国外借款，但仍然出现了很大赤字。1979 年和 1980 年的国家财政分别出现了 170.67 亿元和 127.50 亿元的财政赤字。其中向银行透支 170.23 亿元，成为导致物价上涨的重要原因。为了解决当时的问题，1981 年 1 月 26 日国务院公布《国务院关于平衡财政收支，严格财政管理的决定》，这个决定指出，由于近年来国家财政连续发生赤字，银行发了不少票子，市场物价上涨。为了确保 1981 年财政收支平衡，消灭赤字，国家必须对财力分配和使用采取集中统一的原则，因而决定发行国库券和借用地方财力弥补财政赤字。此前，1981 年 1 月

---

① ② 高坚：中国的国债问题 [M]. 北京：中国财政经济出版社，1993：176.
③ 高坚. 中国的国债问题 [M]. 北京：中国财政经济出版社，1993：176–177.

国务院通过了《中华人民共和国国库券条例》，决定从 1981 年开始，发行国库券。"发行国库券，主要是为了适应当前国民经济的调整和稳定经济的需要，目的是平衡国家财政收支，稳定市场物价。在国家财政连续两年出现赤字的情况下，除了努力增产增收，厉行节约，大力压缩基本建设战绩外，发行一定数额的国库券，可以把分散的资金适当集中起来，以利于财政收支的平衡，保证建设急需"。① 当时发行国库券的出发点，是为了把已经分散出去的资金以发行国库券的方式集中起来。因此，国债发行的主要目标是替代曾经分配给企业、用以扩大企业自主权的那部分资金，保证财政收入不因放权而减少。

1981 年发行的国债主要面向国有企业和政府机构。1981 年的国库券条例规定，国库券的发行数额由国务院确定。发行款的缴款期自当年 1 月 1 日起至 6 月 30 日止，从 7 月 1 日起开始计算利息。国库券利率定年息 4 厘，偿还本金时一次支付利息，不计复利。1981 年国库券面额为 10 元、100 元、500 元、1000 元、1 万元、10 万元、100 万元七种。② 还本付息从第六年起，一次中签，按照发行额分 5 年作 5 次偿还，不作货币流通，不得自由买卖。发行的国债直接弥补财政赤字，而不是计算为财政收入。1981 年计划发行 40 亿元，实际执行结果为 48.66 亿元。③ 最初，人们以为 1981 年的这次国债发行是中央政府迫不得已的一次行动，不会再有第二次，但是从 1981 年以后，国债发行没有停止过。

2. 1982～1987 年的国债发行

到了 1982 年，中央财政状况仍没有明显好转的迹象，为筹集资金、确保政府开支，中央政府决定继续发行国债。由于改革开放激发了国民的爱国热情，1981 年国库券的发行取得了圆满成功。1981 年国债发行的成功为 1982 年国债发行打下了基础。与此同时，得益于改革开放政策的实行，城市和农村的生活水平得到显著改善，居民存款增长迅速。1982 年城乡储蓄存款余额比 1978 年增长 2 倍以上（见表 7-9）。

表 7-9　　　　　　　　　　1978～1982 年城乡储蓄存款余额　　　　　　　单位：亿元

年份	总计	城镇储蓄	农村社员储蓄
1978	210.6	154.9	55.7
1979	281.0	202.6	78.4
1980	399.5	282.5	117.0

① 佚名. 踊跃认购国库券 [N]. 人民日报，1981-03-09.
② 高坚. 中国的国债问题 [M]. 北京：中国财政经济出版社，1993：181.
③ 高坚. 中国的国债问题 [M]. 北京：中国财政经济出版社，1993：180-181.

年份	总计	城镇储蓄	农村社员储蓄
1981	523.7	354.1	169.6
1982	675.4	447.3	228.1

资料来源：国家统计局. 中国统计摘要（1983）［M］. 北京：中国统计出版社，1983：86.

从 1982 年开始，国债分销就采取面向个人的形式。1982 年国库券的面额改为 5 元、10 元、50 元、100 元四种，主要向个人发行，面额改为小面额。1982 年共发行了 40 亿元的国债，其中 18 亿元分配给了国有企业，另外的 22 亿元由个人持有。自 1982 年以来，从国债发行中所筹集到的资金已被认为是政府一般收入的一部分。

1981～1984 年国库券主要通过国家行政分配的方式向企业和个人发行。国务院国库券推销委员会办公室设在财政部综合计划司，由综合计划的债务处负责，各级政府的财政部门同样设立同级的国库券推销委员会，负责本级有关国库券发行的工作。

这一期间，经过各级国库券推销委员会的努力，依靠有关部门的支持和广大人民群众的爱国热情，国库券发行年年超额完成任务。但是由于物价上涨，人民银行在这一期间向上调整了储蓄存款利率，高于以前各期和当期国库券发行利率，使个人投资者觉得购买国库券不如放在银行作为储蓄存款。同时一些群众反映，国库券偿还期限太长，加上分年抽签还本，不便于购买者有计划地安排使用资金。为了改变这种情况，1984 年 10 月 27 日，国务院发布的《中华人民共和国 1985 年国库券发行条例》，对国库券的发行做了较大改进：一是利率有所提高，居民认购的国库券从年息 8% 提高到 9%。这样国库券的利率已经高于同期限银行定期储蓄存款的利率。单位、部门和地方购买的国库券的年息也从 4% 提高到 9%。二是国库券的还本付息原来从第六年起分 5 年做 5 次偿还，改为在购买后的第六年一次还清。三是个人购买的国库券可以在各银行贴现，但仍然不准买卖和转让。四是对单位购买的国库券 100 元以下的发给收据，可以记名，可以挂失。五是开展了代保管业务。这时最重要的是逐渐从以爱国热情为基础的发行方式向方便个人和企业投资者及适当承认个人的经济利益为基础的政策转变。

1985 年国库券发行数额增加 20 亿元，达到 60 亿元，增加的部分完全向个人发行。这样国库券发行对象的重点已经从单位、部门和地方转移到以向个人发行为主。随着工农业生产的发展，城乡人民收入增长很快，城乡人民的储蓄存款以每年 100 多亿元的速度增长。到 1984 年底，城乡居民的储蓄存款已经达到 1000 多亿元。特别是在农村，搞活经济以后，富裕乡镇不断涌现，"万元户"不断增多，增加向个人发行国库券的条件已经具备。城镇居民的收入虽然没有增长这么快，但是只要比储蓄利率高，城镇居民还是有积极性的。

1986 年国库券的发行利率又有了进一步提高。对个人发行的部分定为年息 10%，对单位发行的部分定为年息 6%。1987 年和 1986 年基本相同。1987 年计划发行 55 亿元的重点建设债券，后来实际发行了 54 亿元。当时希望实行"借、用、还"统一的尝试，准备发行后转贷给用款人，但是受到体制限制，没有成功。这一时期，国债的变化主要有两点：第一，国债的发行数量有了较大增加。从 20 世纪 80 年代初期的 40 亿元，增加到 90 亿元左右。第二，由于还本付息出现并增加，债务净收入变为净支出。第三，国债由原来单一的国库券变为国库券和建设债券两个品种。这两个品种在用途上有所不同。① 1987 年，政府发行了总额为 54 亿元、利率为 6% 的重点建设债券，专门用于基本建设项目。这种指定用途的国债融资将借款、资金的使用以及资金的偿付等因素都结合起来，从而确保了资金使用方对借款的偿还。

3. 改革开放初期国债发行的特点

1981 年到 1987 年国债发行方式变化不大。1981～1984 年，国债发行量一直保持在每年 40 亿元的水平，1985 年的发行量增大到 60 亿元。1986 年，面向个人的国债年利率上涨到 10%，面向机构的国债年利率上涨到 6%。这一期间国债发行有以下几个特点：

（1）大部分债券都是通过行政分配的方式发行

银行早期并不投资国债，银行的主要责任是向国有企业提供贷款，因为当时中国既不存在证券市场又没有真正意义上的金融中介，更不存在机构投资者，国债发行只能通过行政办法摊派给个人。为了鼓励个人投资者购买国债，这一期间国债的票面利率高于储蓄存款利率。

此外，国有企业为了支持国家建设，也用自有资金购买一部分国债。这时部分单位持有的这种类型的国债也称为特种国债。为减轻国家预算还本付息的压力，后来部分特种国债进行了延期偿还。

（2）票面利率较高

面向国企的债券与面向个人的债券具有不同的利率，后者的利率比前者高。例如，在 20 世纪 80 年代初，面向国企的债券的票面利率是 4%，而面向个人的债券的票面利率是 8%。在 20 世纪 80 年代末之后，国债的票面利率比同期银行存款的

---

① 高坚. 中国的国债问题［M］. 北京：中国财政经济出版社，1993：183－185.

利率高出 1~2 个百分点。20 世纪 50 年代和 80 年代发行的国债主要由个人持有，因为国债发行的目的是经济建设，个人购买国债的行为被宣传成是爱国表现，从而面向个人投资者出售国债被当成一项国策。个人是储蓄存款的主要持有者，也是国债筹措资金的主要来源。由于不存在市场中介和机构投资者，个人投资者就是国债的唯一购买者。

（3）国债发行期较长

由于国债主要出售给个人，因此出售过程中不可避免地会牵涉很多环节和程序。为方便国债的分销以及个人的购买和交易，也受到了当时技术的局限，政府采用了实物债券这种形式，实物债券需要花时间印制，相关分销系统也十分烦琐。结果在 1991 年之前，每期国债的发行都至少需要 6 个月的时间。如果不改变这种发行方式，国债发行期不难缩短，国债发行效率将很难提高。

（4）债券以面值发行，到期时一次性还本付息

这一时期国债按面值发行，既没有折价又没有溢价，因为债务收入的计算采用的是现金收付制财务会计制度，折价或溢价发行将会导致会计处理上的麻烦。国债利息到期时一次性支付，按单利计算，这样做既方便了投资者，又便于财务会计上的处理（1993 年的第 3 期国债首次采用了利息年度支付法，尽管当时的大部分国债仍采用到期时一次性支付利息的做法）。

（5）以无记名国债为主

为简单起见，这一期间主要发行纸质不记名债券。自中国开始发行国债以来，不记名债券就一直占据主导地位。不记名债券以各种面值发行，它们的利率和期限均保持固定，不记名债券可以转让，但不能挂失。

（6）二级市场不活跃

当时的情况是，个人持有的国债在柜台市场交易，机构投资者和券商中介持有的国债在交易所交易。中国拥有分布广泛的银行柜台和邮政网点，个人投资者很容易通过柜台市场交易国债。但券商中介对柜台交易并没有多大的参与积极性，因为它们需要的国债买卖价价差很高。

（二）国债流通转让试点阶段（1988~1990 年）

1. 1988 年的国债市场

1988 年，国债发行量从 60 亿元增加到 90 亿元。在发行国库券的基础上，财政部开始发行重点建设债券。因为资本建设投入的增加导致实际支出增大，使得原来安排的预算支出和从中央银行的借款捉襟见肘，需要发行重点建设债券以弥补资

金缺口。该重点建设债券的期限为两年，票面利率为 9.5%，并首次尝试通过柜台市场发行，以改变当时仍在使用的行政摊派发行方式。债券的预计发行量为 70 亿元，但实际销售出去的只有 30 亿元，导致这次发行失败的原因主要有两点：一是投资者不太认可该次发行的利率水平；二是发行手段（即通过柜台市场发行）不够有效。[①]

为降低并最终消灭向中央银行透支和借款的做法，财政部决定面向银行和非银行金融机构发行财政债券，以取代从中央银行获得的直接借款。财政部最初的想法是由财政部来偿还这些财政债券的本金和利息，保证偿还的及时性和可靠性，并通过取消向中央银行的透支和贷款，使财政部与中央银行间建立起一种更为市场化的关系。

尽管国债的到期期限和国债品种的多样性均有一定程度的进步，但二级国债市场的缺失严重限制了国债的流动性，国债流动性不足极大地影响了个人投资者在市场上变现的方便性，也损害了国债的信誉。因此，在 1988 年的 4 月和 6 月，国务院批准在 61 个城市发起了国债交易和转让的试点改革。但国债转让必须遵守相关法律规章的要求，并且只能在政府指定的交易所内进行。国务院规定，任何在指定场所以外进行的国库券买卖活动都是违法的，同时规定经办国库券交易业务的单位，必须是经过国家批准允许开办交易业务的金融机构[②]。事实证明，这次国债转让市场的开放是中国债券市场发展史上的一个里程碑。

与此同时，随着国债发行对象越来越向个人倾斜，向国有企业发行的国库券占全部发行的比重越来越小。特别是大多数企业正在实行承包制，面临流动资金紧张的问题。在这种情况下，国务院决定将原来向企业发行的国库券改变为向条件比较好的企业发行特种国债。具体内容如下：一是将向企业发行的国债明确为特种国债，区别于向个人发行的国库券；二是特种国债不是向所有国有企业发行，而是向条件比较好的企业发行，发行对象比较集中；三是发行对象扩大到效益比较好的非国有企业。1989 年特种国债发行对象扩大到更多企业和单位，包括经济条件比较好的全民所有制企业、集体所有制企业、私营企业、金融机构、企业主管部门、事业单位和社会团体等。企业主管部门、事业单位和社会团体用它们掌握的预算外资金购买特种国债。此外，国债发行对象还有全民所有制企业职工退休养老基金管理机构、行业保险基金管理机构、交通部车辆购置附加管理机构（有附加费收入）等。[③]

---

① 高坚. 中国的国债问题 [M]. 北京：中国财政经济出版社，1993：106.
②③ 高坚. 中国的国债问题 [M]. 北京：中国财政经济出版社，1993：186.

2. 1989～1991 年的国债市场

1989 年特种国债发行向企业和事业单位的扩大以及国债流通转让的试点，有助于缓解投资者对国债发行方式的不满以及投资者所面临的在市场上变现的压力。财政部认为这一做法应作为一个成功经验加以推广，并着手在其他一些地级市开展活跃国债流通转让的试点工作。到 1990 年，市场上可转让的国债品种已从两种增加到六种，除国库券之外，财政债券也可以在二级市场上流通。到 1990 年底，证券市场的交易量已达 120 亿元，其中国债交易量占 80% 以上。1991 年，国债流通转让试点城市从 1988 年的 61 个增加到超过 400 个城镇，二级国债市场也从当初的地方市场发展成为一个全国性的市场。①

1989 年市场价格上涨幅度较大，为保护投资者的利益，财政部发行了保值债券，保值债券能提供通货膨胀保护，有利于保护投资者的利益。财政部也将面向机构和企业发行的国债转换成特种国债，以便同面向个人的国债区分开。财政部做出这种转换的目的是区分偿还次序，首先保证偿还个人持有的国债，从而缓解国债本金和利息的偿还给财政预算造成的压力。②

到 1990 年，银行存贷款利率显著上涨，财政部也相应地提高了国债的票面利率（面向个人的 3 年期国债的票面利率为 14%，5 年期特种国债的票面利率为 15%）。在 1989 年和 1990 年，由于国债交易活跃，二级市场中专门从事国债交易的证券中介机构的数目明显增长。③

随着国债流通转让市场的发展，国债交易逐渐升温，交易价格不断上涨，一级市场的收益率接近二级市场收益率水平。在 1988 年放开流通转让试点时，80% 的债券持有人都卖掉了手中持有的国债。在 1990 年中后期，储蓄存款利率的下调使得国债的供求达到平衡。在 1990 年中到 1991 年初的这段时间内，国债市场从供大于求的状态转变成供不应求，最终导致个人投资者很难买到国债。由于供不应求，国债价格也急剧飙升，流通转让市场的收益率显著下滑。例如，在 1991 年 1 月到 4 月这段时间内，1990 年发行的国债的价格每月都上涨将近 3 元，其收益率从 20% 跌到约为 10%，比当时的两年期储蓄存款的利率还低。二级市场的发展为一级市场的国债发行和承销创造了积极的条件。④

国债流通转让市场的发展增加了债券市场的中间业务，证券中介机构的数目也有显著增长。到 1990 年底，在金融和财政领域，市场中总共存在 300 多家券商和国债服务公司，在银行领域，共存在 700 多家信托投资机构和券商。此外，养老基

---

①④ 高坚. 中国债券［M］. 北京：经济科学出版社，1999：74.

②③ 高坚. 中国债券资本市场［M］. 北京：经济科学出版社，2007：106.

金和其他基金在中国也迅速发展起来，为以后机构投资者的发展奠定了基础。①

与此同时，中央银行和专业银行之间的职能分工也逐渐明确，市场上出现了大量的股份制银行（如交通银行）。随着银行系统的发展，信托投资公司、租赁公司等金融企业纷纷涌现，这些非银行金融机构无一例外地都将国债投资作为它们关注的焦点。

在市场发展过程中，个人投资者的金融意识也大幅提升，他们开始将自己的国债知识、证券知识及金融知识转化成投资意识、风险意识及自我保护意识。当时，个人投资者和机构投资者对国债的投资热情空前高涨，出现了所谓的国债热。在交易价差收窄的情况下，机构投资者开始更多地关注国债的收益率而不是流动性。随着投资者风险意识的日益觉醒，他们开始从理性角度看待国债投资，从而注重研究国债的真实价值。投资者金融意识的提升是国债发行方法从行政摊派成功转型到市场化发行的决定性因素之一。这时国债的交易所市场发展得并不成熟，因为大部分个人投资者都缺乏必要的市场知识，并且交易所开户手续也相当麻烦，只有少数个人投资者愿意进入交易所市场。由于交易所市场存在活跃的国债交易和较小的交易价差，券商和机构投资者主要在交易所交易国债。

1991年正式推行承购包销机制之前，财政部进行了深入的可行性分析。为满足承销人对发行的要求，财政部针对国债调运和转让制定了一系列的新规章，从而保证了承购包销机制在健全的法律框架下运行。

3. 20 世纪 80 年代的国外债务

1979年明确了对外债务实行国家统借统还的政策。1979年以来，我国利用外资的方式，最初是从国际金融机构获得商业贷款，即举借外债为主，后来逐步向吸引外商直接投资的方向转变。根据国家统计局的数字，1979 ~ 1982年，我国实际利用外资124.6亿美元，其中对外借款为106.9亿美元，占85.8%；外商直接投资17.8亿美元，占14.2%。但是到1989年底，我国实际利用外资达到577.9亿美元，其中借款397.2亿美元，占68%；外商直接投资184.6亿美元，占32%。对外借款的比重有所下降，但总额和比重仍然超过外商直接投资。②

1979年到20世纪80年代后期，我国外债经历了五个阶段。第一阶段（1979 ~ 1982年），是尝试使用优惠外国贷款阶段。1979年，作为中国政府对外融资机构的中国银行与日本输出入银行首次签订了贷款协议，从而结束了20世纪70年代"既无内债，又无外债"的状况。之后中国银行又与日本民间银行团签署了短期贸

---

① 高坚. 中国债券 [M]. 北京：经济科学出版社，1999：74.

② 高坚. 中国的国债问题 [M]. 北京：中国财政经济出版社，1993：189 – 190.

易贷款和中期贷款协议。到1982年我国共签署对外借款合同27个，金额135.5亿美元，实际对外借款106.9亿美元。第二阶段（1983~1984年），这一阶段由于借款条件不够完善，投资环境也不够理想，外债的实际增长比较缓慢。这两年签订的对外贷款项目90个，协议金额34.3亿美元，实际使用23.5亿美元。第三阶段（1985~1989年），由于投资环境有了较大改善，投资管理得到了改善，加之投资立法不断健全，对外商的优惠措施不断增加，对外开放地区不断扩大，外商投资环境有了很大改善，从而导致外商直接投资迅速增加。1979~1989年共签订对外借款项目429个，协议金额347.3亿美元，实际使用达到235.9亿美元。其间，财政部代表中国政府于1987年在法兰克福发行了3亿马克债券，是中华人民共和国成立以后中国政府第一次发行主权债券。公开在国际资本市场发行的主权债券可上市交易，直接面对投资人，与外汇借款及外商投资所借外债有本质的不同。第四阶段（1989~1990年），由于国际制裁，国内经济进行治理整顿，利用国外借款速度迅速减慢。第五阶段（1990年以后），我国国际经济环境有所缓和，外商直接投资也逐渐增加。① 1990年，外资开始主动投资中国企业和项目。从1993年起，财政部重新代表中国政府在国际资本市场发行主权债券，用于偿还国家统借统还外债和重点建设项目发生的外债。

改革开放早期利用外资和国外借款对国民经济恢复和发展起到很大作用。1986年，邓小平说："对借外债要作具体分析。有些国家借了很多外债，不能说都是失败的，有得有失。他们由经济落后的国家很快达到了中等发达国家的水平。我们要借鉴两条，一是学习他们勇于借外债的精神，二是借外债要适度，不要借得太多。要注意这两方面的经验。借外债不可怕，但主要用于发展生产；如果用于解决财政赤字，那就不好"。② 20世纪80年代，我国引进外资不仅带来了资本，也带来了技术。这一时期我们大胆引进外资，但是控制了债务规模，取得了很大成功。

中华人民共和国成立后和改革开放初期，国债发行采取了行政分配的方式，鼓励投资人用"爱国"精神认购国债，不符合市场经济的做法。如我们在讲到"债务"的本质时所说，通过"爱国"方式推销国债，是符合以伦理和道德为基础的社会关系的。国家为人民夺取了政权，通过改革开放让人民富强起来，因此，人民在认购国债的过程中，依靠"爱国"精神，认购国债，是对国家的一种回报。

---

① 高坚. 中国的国债问题［M］. 北京：中国财政经济出版社，1993：190.

② 邓小平. 企业改革和金融改革（1986年12月19日）［M］//邓小平文选：第三卷. 北京：人民出版社，2001.

第二节　国债市场化改革的起步

一、国债承购包销的背景

中国的一级国债市场成形于 1991 年，当时财政部在国债发行中引入了承购包销机制，从而在某种程度上改变了过去所使用的行政摊派发行方式。

（一）个人投资者对于持有国债不方便的抱怨

在 1991 年之前，中国不存在一级国债市场，缺少购买国债的机构投资者，个人投资者的金融知识有限。在这种情况下，国债发行主要通过行政摊派和政治动员相结合的方式进行。虽然通过国债发行，重大建设项目的资金需要的确得到了保证，财政预算赤字也通过发行国债得到了弥补，但代价十分高昂。同时，投资者对于国债行政式的摊派发行颇有微词。现在年长的一代人还记得当时国债从工资中扣除的情景。应该承认，爱国热情在早期国债发行中发挥了关键作用，但是一旦国债连年发行，这种热情就淡漠了。1991 年之后债券市场迎来了一个新的改革时代——一级国债市场的出现。

回忆链接 ●━━━━━━━━━━━━━━━━━━━━━━━━━━━━━━━━━━━━●

改革开放以后，为弥补由于分权增加的财政赤字，1981 年国家重新发行国债。这一次不是由于经济困难，而是因为 1979 年和 1980 年，国家向企业放权，中央向地方分权，导致连续两年财政收入迅速下降。当时对国有企业采取分权的方式扩大企业的自主权。国家和企业的关系方面，国家留给企业一定的自主财权。一开始允许企业设立企业基金，后来改为利润留成。其做法就是把利润留成分为奖金、福利基金和企业发展基金，彻底改变国家统收统支的计划经济做法。工人有了奖金和福利，就有了积极性。企业有了发展资金，有了自主发展的动力。与此同时，国家鼓励城乡发展乡镇企业和个体经济。有了政策，沿海江浙这一带首先发展起来了。个人有了积极性，企业有了自主权，提高了劳动生产率。地方政府有了积极性，努力促进生产发展，增加税收，也逐渐有一定能力推动基础设施的建设。

财政部是国家和企业之间利益分配格局博弈的焦点。我刚到财政部的时候，天天开会就是谈分权。但是对于财政部来说，分权意味着减少收入，日子会很难过。

我经常参加讨论放权的会议，留下了深刻的印象。我记得当时工交司司长陶省隅每次开会都和那些中央企业吵得很厉害。当时要按中央的要求向企业放权，但是财政部和企业之间是讨价还价的。

另外是中央和地方的关系，先后实行了总额分成、包干制度等。各省、自治区和直辖市都是量身定做的。在总额分成时期，经济相对落后地方需要中央转移支付，成为补助地区。但是经济相对发达的东南沿海，比如浙江省、上海市、山东省都是90%上缴中央，自留10%。这些地区缺少积极性，就经常找财政部抱怨。在一年一度的财政部工作会议上，地方的财政厅领导会向财政部各个司局争取，力求在每年财政体制的安排上能够适当增加利益。为了鼓励地方增收的积极性，后来在财政体制上也采取了农村联产承包制的办法，在20世纪80年代中后期，改成承包制。上海市比较典型，1987年105亿元交中央，超过105亿元的部分上海市留用，超过165亿元部分再跟中央分。承包体制对地方政府的好处是新增部分地方政府可以多拿，这和原来总额分成时不同，那里每增加一个单位的税收地方政府只能拿10%。1987年，上海市的城市建设与改革开放以前相比基本上没有什么变化。1987年以后，浦东区开发和新的财政体制支持了上海市经济的迅速发展。每年财政会议期间，地方财政厅局都会向财政部预算司以及后来成立的地方预算司争取利益，在中央和地方的财政体制划分上"讨价还价"，关键是确定基数和分成或包干比例。

分权增加了地方和企业的积极性，但是导致财政收入占GDP的比重下降。到了1981年，中央财政有270亿元的赤字。那时的财政收入和现在不可同日而语，当时我记得就是七八百亿元。中央决定发行国债来弥补赤字，这是下了很大决心的。1981年发行国债的公告和宣传材料说明，中央政府由于改革开放出现了赤字，是暂时的，中央政府不得已而发债，希望大家爱国，支援国家建设，保证完成发行任务。那时工薪阶层是认购国债的主体。那时候国库券比存款利率还高，大家觉得和储蓄一样。我们当时并不是特别需要那笔钱，很多机关干部，像我们那时候虽然收入不高，但是支出也比较低。生活方式比较简单，需求也比较低。大家都是国家干部，觉得支援国家建设，没有什么问题。

1982年，我被分配到财政部综合计划司的综合处工作，发行国债就由综合计划司的债务处负责。我当时耳濡目染，知道国债发行并不容易，听到更多的是各方面对于国债发行问题的反馈。

1982年赤字的问题并没有解决，所以1982~1984年还继续发行国库券。1985年财政出现了盈余，是把发债收入计算到财政收入以后才出现结余，其余年份都是赤字。国债连续发行出现的问题是，虽然当时利率不低，比银行存款利率高，但是期限都是十年的，比较长。所以1986年和1988年国家通过财政部进行流通转让试点，严格来说也不是现在意义上的二级市场。流通转让就是允许国库券提前兑付，兑付时可以得到 100 元面值的人民币。当时财政部面临的主要问题是保证国债成功发行，以便保证预算的执行。而保证国债每年的成功发行，核心则是有无国债市场的问题。以后国债市场发展的历史证明，有了市场，不仅国债发行效率提高了，而且发行成本也会降低。

（高坚．我所经历的中国债券资本市场的历史［J］．金融时报，2017 – 08 – 30．本书略有修改。）

（二）1991 年以前国债市场化改革的尝试

在 1991 年引入承购包销机制之前，中国曾进行过好几次债券市场改革的尝试，但都没有成功。早在 1985 年，财政部就试图通过市场方式发行国债（例如由上海的承销机构承销的一笔总额为 5000 万元的国债）。在接下来的几年里，财政部又尝试使用柜台销售方式发行国债（例如 1989 年发行的保值国债），这些改革尝试并没有获得成功。原因是国债的票面利率显著低于二级市场的真实收益率。但是 1988 年开始的国债流通转让试点取得较大成功，后来试点范围逐步扩大。1990 年国债市场中流通交易的国债品种从最初的 2 种国库券扩大到 6 种国库券和财政债券。

1990 年，得益于国债定价后市场利率的两次下调，国债终于具有明显的利率优势。为了充分利用这次市场机会，财政部决定在柜台市场上再次发行 20 亿元的国债。这些改革努力全都以实现市场导向的国债发行为目标，但直到 1991 年，实施承购包销发行方式的各项前提条件才发展成熟。

回忆链接

随着对于国债重要性认识的提高，1988 年财政部开始筹建国家债务管理司（国债）。国债司是在综合司债务处的基础上筹备建立的，当时综合司分配张家伦和我参加国债司筹备组并任命为筹备组副组长。后来，由于缺少法律方面人才以及我在政法学院毕业的背景，1989 年 1 月我被任命为财政部条法司副司长。在条法司工作两年后，1990 年底财政部任命我为新成立的国债司的副司长。

当时国债司面临的主要问题是国库券不好卖，怎么解决国债推销难的问题。这个推销还不是我们现在销售的概念，而是行政分配国库券，保证发行任务的完成。当时国务院有中央国库券推销委员会，国债司主要的工作是行使中央国库券推销委员会办公室的职能。财政部在地方财政厅局成立了国债服务部。这些国债服务部就是财政部直接领导的专门管理国债发行兑付的机构。当时财政部国债司的任务就是分配国库券的指标。

由于 1986 年、1988 年允许国债流通转让，出现了国债的中介。转让就是允许按面值兑付，并没有真正意义上的国债二级市场。当时出现外汇券和国库券的黑市，商贩那里有黑市价格，国库券黑市和 1986 年、1988 年国库券那时候的流通转让有关系。因为可以提前兑付，有人就会有积极性到农村去收国库券。杨百万就是因此而出名的人物，那时他到农村低价收购国库券，然后到银行按面值兑付。由于是在面值以下甚至不到面值一半去收购的，所以他赚了钱，在当时还算是有金融意识的。这样杨百万也就成了早期金融专家。

国债的行政分配发行方式，就是按照行政渠道分配任务和指标。这个指标和任务是怎么分配的呢？当时按照两个标准：就是按各省的 GDP 和人均收入。富裕一点的省份多分一些，贫穷一点的省份就少分一些。整个 20 世纪 80 年代发行的国库券都是 40 亿元左右，发行额没有很大变化。现在看来，当时国债的发行量并不大。到 90 年代后，发行量逐渐增加。1991 年的时候发行 100 亿元，发行量增加是由于兑付数量增加，新发行并没有明显增加。但那时候看，发行 100 亿元国库券，就是挑战性的任务。

（高坚. 我所经历的中国债券资本市场的历史 [J]. 金融时报，2017 - 08 - 30. 本书略有修改。）

（三）国债二级市场的初步发展和中介机构的出现

1. 努力推动国债流通转让市场的发展

由于 20 世纪 80 年代后期国债流通转让试点的成功，到 1990 年，市场上可交易的国债品种已从 2 种增加到 6 种，除国库券之外，财政债券也可以在二级市场上流通。到 1990 年底，证券市场的交易量已达 120 亿元，其中国债交易量占 80% 以上。1991 年，国债发行试点城市从 1988 年的 61 个增加到超过 400 个城镇，二级国债市场也从当初的地方市场发展成为一个全国性的市场。

回忆链接

设想一下，发国库券如果通过行政摊派方式发行，就需要印刷纸质的实物国库券，因为个人投资者还是希望见到看得见、摸得着的债券凭证。印刷国库券需要提前一年把版面设计好，交给上海印制人民币的造币局。所以国库券没有票面利率，因为利率总是变化。当时利率由国务院决定，原则上依据第二年的存款利率，按照大体比存款利率高1~2个百分点的原则来确定。这是为了增加国库券的吸引力，以后成为一个惯例。设计版面不是由国债司，而是由造币局完成的。由于技术的进步，当时采用了很多防伪措施，甚至比人民币的防伪措施还多。设计完交给国债司审核，由国债司领导在后面签字，就算认可了，可以到工厂开始印刷。国库券印刷完了，需要运输到全国各个国库券发行点，这是很不容易的工作。当时我记得，早年从造币局运出6~10大卡车国库券，还要上飞机、火车，才能到达全国各地。

印制国库券在当时有几个问题，第一个问题就是国库券面值印多大为好。如果是摊派国库券到个人，需要国库券面额越小越好，这样千家万户都可以承担一点。但是有时候市场稍微好一些的话，很多老百姓还希望多买国库券，作为储蓄。因为觉得国库券比储蓄划算，所以工薪阶层中一部分人有点积蓄就买国库券。愿意购买国库券的人一般都是退休的工人、机关干部。他们需要大面额的，便于保管。但是可能分配到这一地区的国库券都是小面额的，就会占很大体积，不好保管。我见过有人最后领回一口袋国库券，真不知道回家后往哪里放。但是如果国库券分配给不愿意购买国库券的个人，就需要大家都负担一点，使用小面额的就比较合适。

还有一个问题就是反复运输。例如，分到黑龙江少一点，因为它的人均收入低，分到广东多一点，因为广东富裕。但是国库券分到广东以后，却卖不出去，而分配到黑龙江的那部分，还不够卖，大家抢着买。这是因为广东投资渠道多，对于国库券没有兴趣；而黑龙江投资渠道少，觉得买国库券是最好的选择。结果国库券运到广东去，卖不好，要拿回来，再调运到黑龙江。这样就发生了二次运输的成本。

（高坚. 我所经历的中国债券资本市场的历史［J］. 金融时报，2017－08－30. 本书略有修改。）

随着二级国债市场的建立和发展，证券中介机构的数目也有显著增长。到1990年底，财政系统的证券公司、国债服务部等达到700多家。此外，养老保险和各种专款专用的基金也发展起来了。同时银行系统出现了中央银行和专业银行的分工，并出现了综合性银行，如交通银行。信托投资公司和租赁公司也开始出现。这些非银行金融机构开始把国债作为重要的投资工具。[①] 到1990年底，在财政领

---

① 高坚. 我国国债发行市场的建立与发展［J］. 当代中国史研究，1996：2.

域，市场中总共存在 300 多家券商和国债服务公司。在银行领域，共存在 700 多家信托投资机构和券商。

在市场发展过程中，个人投资者的金融意识也大幅提升，他们开始将国债知识、证券知识及金融知识转化为投资意识、价值意识和风险意识。投资者金融意识的提升是国债发行方法成功转型的决定性因素。在正式推行承购包销机制之前，财政部进行了深入的可行性分析。为满足承销人对直接机构发行的要求，财政部专门针对国债调运和转让制定了一系列新的规章制度，保证承购包销机制能够在健全的法律框架下运行。

2. 成立中国国债协会

为了推动国债的市场化改革，经民政部批准，1991 年 8 月财政部国债司组织建立了中国国债协会。中国国债协会是由财政证券公司、国债服务部和银行系统经营国债业务的金融机构（包括证券公司和信托公司）等按照有关法律自愿参加组成的行业性组织。协会是财政部与国债经营机构之间的桥梁和纽带。会员大会是国债协会的最高权力机构，协会设有理事会和常务理事会，还设有办事机构，负责办理会员大会和理事会的决议事项，处理日常工作。协会的主要职能是在会员之间交流债券业务的经验，沟通有关债券业务信息，提高业务技能和服务质量，提高债券交易的业务水平。协会的主要职能是协助、配合财政部做好国债的发行、交易和兑付等工作；研究债券投资理论、政策、方法以及政府债券业务发展中存在的问题，向财政部国债司和有关部门提出建议等。[①] 协会早期在联系国债中介、服务机构和发展投资者关系方面发挥了重要作用。

（四）确定国债市场化改革的目标

根据上述情况和前文所述的债券市场目标，财政部在 1991 年着手国债市场改革时强调了"六化"，这"六化"目标在以后几年逐步推进，并在 1996 年及以后各年基本实现。

1. 利率市场化

利率应直接由市场供求而非行政手段来确定。一级市场采取招标发行的方式；二级市场通过交易所竞价交易和银行及证券中介机构柜台交易。

2. 市场层级化

市场必须有明确的职能分工和层级结构。国债市场已经从原投资人和发行人构

---

① 于春宝. 证券业务实用手册 [M]. 济南：山东人民出版社，1998：481.

成的二级结构发展为投资人、中介和发行人的三级结构。在此基础上，中介机构进一步分化为经纪商和自营商，投资人也进一步分化为机构投资人和个人投资人。承购包销制的发展能够促进机构投资人、金融中介、批发商和自营商的发展，是国债发行从行政分配转向市场化的关键一步。

3. 债券无纸化

国债实行记账发行，降低印刷、运输、保管、交易和销毁成本。这一过程在1993年初步启动，而在1996年全面实现。在债券无纸化方面，记账式债券所占比例从1991年的10%上升到1996年的80%。至于交易的电子化，由于国债交易主要在交易所进行，电子交易系统的主机承担着记录、数据处理、信息呈现的功能，使无纸化国债的优势初步显现。

4. 交易电子化、网络化

交易所交易和场外交易通过计算机化的电子交易系统进行，交易信息的传递实现电子化。1993年提出的交易电子化，到1996年已经全面实现。凭证式国债已经改变为电子化的储蓄国债。2000年以后，随着互联网技术的广泛应用，通过手机、电脑终端进行在线交易已经成为场外交易的主要形式。

5. 品种多样化

国债品种包括可上市和不可上市国债，记账式、无记名式和记名式国债，以及长期、中期、短期结合的国债品种和系列。

1993年国债开始在证券交易所交易，为电子化交易奠定了基础。短期国库券的发行和储蓄债券的引入大大丰富了债券工具的品种，增加了债券工具的数量。债券市场改革作为一个持续的进程，有其不同的阶段，而改革的第一步最为重要。将承购包销制定为改革的第一步，毫无疑问是正确的选择。承购包销制可以在不改变利率体制的情况下尽可能得到发展，并有助于市场化发行制度结构的建立，可以借此推动以机构为基础的债券市场。

6. 程序标准化

最后，在程序的标准化方面，国库券实现了按季度和按月份的滚动发行。在金融基础设施方面，财政部推动清算系统和托管系统、法律框架和制度框架等的建设，为债券市场提供了有力的支持。从1996年起，国债发行有固定的时间表和稳定的发行方式，但是和财政政策、货币政策及专项政策有关的国债发行，如特种国债和专项国债则没有固定的时间表。

1991～1996年，国债市场围绕上述目标有了较大发展。1991年承购包销制建立，1993年一级市场自营商制度建立，市场向制度化方向迈进，由零售市场发展到批发市场。尽管银行存贷款利率仍然由国务院决定，但是自1996年起国债的票面利率已经通过招标的方式决定，形成了市场化利率。在市场层级化方面，中国国债市场由零售市场发展成为批发市场。批发市场对发行人而言更有效率，不过零售市场仍具有其重要性。零售市场向零售投资人配售债券，方便了债券的购买、交易和兑付。

虽然国债市场化改革为国债市场的发展奠定了坚实基础，但是中央政府债券市场的发展必然与整个金融市场的发展、市场主体和工具的多样化、债券基础设施的发展、法制和监管的加强和提升同步发展。从2010年以后，中央政府债券市场迎来了新的发展机遇。

二、承购包销发行方式和一级国债市场的建立

如前所述，在1991年之前，国债是通过政治动员加行政摊派的方式来分销的。1991年之后，债券市场迎来了一个新的改革时代。1991年，财政部组织了中国首次国债承购包销活动，标志着市场化发行的开端。

（一）国债承销合同的签订

1991年4月20日，财政部与中国工商银行信托投资公司签署了承销合同（中央承销部分），由中国工商银行信托投资公司担当本次国债发行的主承销商。财政部组织的这次中国首次国债承购包销，共有70家证券中介机构参与了承购包销活动，总承销额度为25亿元，占计划发行量的25%。地方承销部分的运作模式与中央承销部分相同，其中地方财政厅（局）和地方银行系统各自负责20亿元国债。财政部要求银行、邮局和一些券商通过柜台市场向个人投资者销售国债。承购包销机制的引入标志着中国国债发行在市场化的道路上迈出了坚实的一步。

国债发行从行政手段过渡到市场手段并不是偶然的，它反映了这样一个事实，即制度变迁使得新的销售手段成为可能。换句话说，承购包销机制的引入是在金融中介机构发展的基础上实现的，它为国债一级市场的形成创造了条件。

（二）国债承购包销改革的意义

承购包销制度的出现代表一级国债市场的组织架构初步形成，财政部和承销商作为法律上平等的市场参与人，承担相应的权力和义务。在招标发行没有实现以前，国债一级市场并没有完全建立起来，但是承购包销制度的建立对整个金融市场的发展具有三个方面的重大意义：一是一级市场的初步形成为二级市场的进一步发

展奠定了基础，一级市场和二级市场的协调发展又为整个国债市场的全面发展提供了必要条件；二是承购包销的出现使得国债的目标从个人和国有企业转向了金融机构，从而改善了国债发行的效率，降低了国债发行的成本；三是国债发行由金融机构承销，为中央银行的公开市场操作提供了必要制度框架，并为中央银行使用新的金融工具来调整货币供给和实现货币政策目标奠定了市场基础。

（三）国债承销机制的建立和市场化改革的深入

1991年承购包销机制的成功引入标志着国债市场化改革的重要进步，但引入承购包销机制实际上只是市场化改革中的一个初步尝试，这是因为承销机制只在中央范围内使用，尚未在全国推广。承销合同的基本条款和条件以及国债票面利率水平仍由国务院决定，而不是由发行人和承销人通过直接谈判确定。承销团并不能够负责所有国债的销售，因此改革初期的国债发行综合采用了中央承销、地方承销以及行政摊派等多种手段。国债发行方法上的这种过渡性的折中反映了中央和地方之间以及中央各部门之间的认识差距和利益冲突。

为了照顾地方财政部门的要求，中国在1992年实施了地方承销机制。然而，由中央承销转向地方承销是一种倒退，因为地方承销的实施要求中央政府与地方政府之间具有某种配额关系，本质上是一种行政手段，尽管它也包含有一定的市场元素。地方承销机制的出台表明中央政府和地方当局之间已确立了一种更为紧密的行政关系。

为解决中央承销人和地方承销人之间在国债分配上的冲突，财政部在1992年将所有债券发行责任都分配给了省、自治区和直辖市。这些债券的承销协议由地方财政厅（局）与各自管辖范围内的证券中介签署。尽管这样做的确在很大程度上缓解了中央政府和地方政府之间在国债发行渠道方面的冲突，但从中央政府到地方政府之间的债券分销渠道本质上仍是行政主导，不是市场导向。

三、国债市场化改革的十字路口

（一）经济过热时投资人对国债收益率要求提高

1991年国债发行市场化已拉开帷幕，接下来要做的是进一步推进市场导向的改革，并采取必要的措施来创造和发展有利的经济和金融环境，以促进国债市场向纵深发展，但遗憾的是，1992年中国在国债发行的市场化改革上并没有取得多大的进展。结果，进入1992年下半年，由于投资过热、融资收紧以及利率的不断上涨，国债市场环境也开始恶化。一开始表现为经纪商很难向个人投资者分销国债，因为二级市场国债价格不断下跌，利率又在不断上涨。那些财务上陷入困境的经纪商由于无法获得充足的短期融资，不得不在二级市场上抛售国债，这导致国债价格急剧下跌并引起了机构持有者的恐慌。最终，二级市场的价格波动对1993年的国债发行造成了直接的负面影响。

中国脆弱的金融基础设施无法承受投资热、房地产热和股市热的三方夹击。融资热对早已失去控制的利率来讲无异于火上浇油，中国金融市场上展开了一场利率战，不断上涨的利率水平进一步助长了投资者对二级市场利率水平的预期。在1993年初，国债二级市场的收益率平均约为20%。

如前所述，尽管国债发行中采用了承销机制，但承销合同的条款和条件以及国债票面利率水平并不能完全由发行人和承销人通过谈判来确定。由于银行存款利率受到管制，加之国债定价原则又是"必须高于同期存款的利率"的一定幅度，因此政府设定的国债票面利率水平不可避免地会偏离市场现实。在1993年实际发行国债之前，政府所确定的3年期和5年期国债的票面利率分别为9.5%和10.5%，相比二级市场利率高出了6~8个百分点（600~800个基点）。

财政部对于当时形势早有预判。"1993年底，我们关于财政、银行、外贸、企业等方面的改革为国债市场进一步改革，包括整个证券市场的进一步改革提供一个良好机遇，在1993年底准备为配合银行改革在国债市场搞比较大的改革"[1]，并明确提出了要进一步发展到利率市场化，建立市场结构和金融基础设施的目标。[2]

（二）1993年国债发行出现困难

在这种情况下，尽管最初决定1993年的国债将采用承购包销方式发行，但证券中介不愿意接受中央政府所开出的发行条件，这导致中央承销与地方承销模式不再可行。考虑到这种不利条件，经过仔细和全面的权衡后，财政部决定重新采用柜台发行的方法，推出了各种门对门的国债营销服务，同时保持原有的行政分配的发行机制不变。

在实行柜台发行之后，各地面向终端投资者的国债销售基本上没有多大的进展。1993年国债发行遇到了较大困难，在向市场的询价过程（即由承销商登记各个投资者愿意认购的国债数额和愿意接受的国债收益率，以便计算对国债的总的需求）进行到一半时，认购量只占计划发行量的1/10。为加快国债的销售，国务院要求各级地方政府多方组织和动员，调动各种资源来购买国债，行政摊派手段再一

---

[1][2] 高坚. 国债市场现状及存在的问题 [N]. 中国证券报，1994-12-02.

次解决了这次国债发行的燃眉之急。各级地方政府使尽浑身解数，最终得以完成 300 亿元的国债销售任务。

（三）无纸化和一级自营商制度的建立

1993 年的国债交易终于落下帷幕，财政预算赤字最终得以弥补。然而，政府在这次国债发行中又重拾早已过时的行政摊派手段，使来之不易的市场化改革又走上了回头路，并且还极大地伤害了投资者和金融中介已经建立起来的信心。这一年财政部在国债发行上恢复了行政分配的方式，却在国债发行制度上取得了进展，这就是一级自营商制度的建立和无纸化国债的发行。建立一级自营商制度是为了进一步推动一级国债市场和二级国债市场的发展，优化国债市场的中介机构。为此，财政部与中国证监会共同制定了《中华人民共和国国债一级自营商管理办法（试行）》，根据该管理办法的要求，财政部和证监会共批准了 19 家证券中介和银行作为首批国债一级自营商。

建立了一级自营商制度之后，财政部能够建立稳定的询价机制，确保今后通过中央承购包销来销售国债。中央承销人可以获得手续费和价差收入。一级自营商制度的建立颇费周折，但它再次传达了市场化改革的信号。事实上，尽管发行方式一波三折。自 1991 年以来，中央承销机制一直得以维持。此外，1993 年首次引进的无纸国债也通过中国证券市场研究设计中心（SEEC）的自动报价系统面向市场发行并进行交易。1991 年发行的无纸国债有实物债券的保证，但到 1993 年，无纸国债不再有对应的实物债券。

（四）国债市场化改革面临的挑战

到 1993 年底，经济改革进入了一个全新的阶段。由于中央银行禁止对政府提供财政透支，因此财政部必须努力寻找新的融资途径，以弥补日益高涨的财政赤字。1993 年，财政部从中央银行借款 688 亿元。1994 年，由于中央银行禁止向财政部提供直接借款，财政收入和财政支出之间的缺口进一步扩大。在金融领域，金融改革不断取得进展，中央银行主要关注于货币政策，专业银行无须再承担任何与政策相关的任务。金融市场改革对金融发展的重大影响表现在三个方面：一是中央银行作为货币金融管理机构的独立性得到了保证，财政部不再在未得到中央银行批准的情况下向中央银行透支或借款。为弥补财政赤字，财政部只能借助发行国债作为唯一的融资手段；二是中央银行可以通过公开市场操作来实施货币政策，这要求商业银行可以持有并交易国债；三是商业银行在实施企业化改革后，倾向于将国债作为最具流动性的资产来持有。因此，一方面，银行系统的改革要求国债发行和交易进一步市场化；另一方面，银行系统的改革又为国债发行和交易的市场化提供了条件。

在 1994 年的财政预算中，1290 亿元的财政赤字准备通过发行国债来弥补。最终通过对内发行国债筹得 1020 亿元（相当于 1993 年国债发行量的两倍），剩余的通过对外举债来融资。在 1993 年财政预算极其吃紧的情况下，财政部只有两个融资选择，即要么走回头路，通过强化行政摊派手段来发行国债，要么继续深化改革。经过广泛的讨论后，财政部国债司决定选择后者，即继续推进国债的市场化改革。财政部的改革方案包括国债的分销，主要面向银行和非银行金融机构；修改一级自营商制度，要求银行参加一级自营商组织；丰富国债产品的期限，多样化产品种类（即提供期限为半年和 1 年的短期国债）；要求专业银行承销短期国债，为中央银行进行公开市场操作提供方便；建立并发展无纸化记账式国债交易系统，暂时由上海证券交易所担当交易中心和清算中心的功能；而向个人投资者发行储蓄债券，以满足他们对国债投资的需求；继续通过私募方式向养老基金和保险公司分销 5 年期国债。

这些改革方案在设计上考虑得十分周全，事实证明这些改革方案极具前瞻性。然而，在 1994 年初，国民经济运行中又出现了一个新的变数：1994 年第 1 季度，零售价格指数急剧上涨，上涨幅度接近 20%。通货膨胀的出现迫使中央银行不得不控制货币供给的增长。由于担心由专业银行持有国债会导致货币供给增大，财政部决定直接面向公众投资者或个人投资者发行国债。在 1994 年 4 月 1 日，两年期、票面利率为 13% 的国债开始公开发行，发行期截至同年 6 月 1 日，该国债可上市交易；3 年期的凭证式储蓄国债通过银行分销系统面向大众投资者发行。国债到期后，持有者可凭国债单据到银行柜台办理总兑付手续，每年的到期收益率为 13.96%。

四、推动国债市场化改革的努力

（一）储蓄债券的推出

考虑到个人投资者面临的风险敞口，根据美国发行储蓄债券的经验，财政部决定面向个人投资者发行不可上市的储蓄债券，以便将大部分可上市交易的政府债券从个人投资者转向机构投资者。作为对可上市债券的一种补充，储蓄债券给个人投资者提供了一种新的没有任何市场风险的金融工具。考虑到个人投资者的需要，储蓄债券被设计成凭证式。凭证式储蓄债券需要登记，遗失后可挂失。凭证式储蓄债券可通过银行系统的柜台认购，方便个人投资者购买。

随着国债一级市场的进一步完善，新的发行方法也逐渐被引入。然而，由于国债发行条款仍由国务院预先设定，新债券的发行面临众多的市场不确定性。如前所述，1993 年的国债发行就碰到过政府设定的票面利率显著低于二级国债市场收益率的情况。在这种情况下，国债就很难销售出去，结果，很多地方政府为完成国债销售任务，不得不再次使用过时的行政摊派方法。

根据 1993 年建立的一级自营商制度，19 个一级自营商获得授权，可以参与当年的第三次国债发行的承销工作。国债期限扩展和国债品种的多样性在 1994 年都得到了进一步的发展。

回忆链接

发行储蓄债券是为了适应个人投资者的需要。1993 年我在检查国库券发行工作的时候，发现了几个问题。第一个问题就是老百姓对二级市场价格的敏感性。1993 年有一次我到宣武区国债服务部检查国库券的发行工作，并实地查看一下销售情况。我看到大厅里排两个队。因为那一年国库券有 3 年期、5 年期的，但是每期分两批卖。有一批是已经发了两个月的国库券，卖 98 元，说明价格跌破了面值。国债价格跌是合理的，因为当时市场利率升高。但是大多数人都在排队购买新发行的国库券，按面值卖 100 元。其实这是同一国库券，到期日、期限和票面利率都相同，不过一手券和二手券的价格不同。但是 98 元的二手国库券没人买，而这个 100 元价格的原始国库券排一个很长的队。可见那时候个人投资者完全没有金融意识。当时个人投资者认为二手券是被人炒过的，他们要买原始国库券，就像股民购买原始股票一样。

这个问题对我有一个启发，就是说老百姓对二级市场的价格很敏感。其实二级市场是为了投资者变现方便，如果不看价格，投资人持有到期的话，本金和利息偿还有保证，不受二级市场的影响。国库券作为金边债券不存在信用风险，但是国债和其他债券一样存在着市场风险。为了解决这个问题，国债司推出了不上市的储蓄债券。我研究美国国债时，知道美国很早就发行不同系列的储蓄债券，当时我并不理解为什么美国政府要发行不上市的债券，这回理解了。1994 年财政部开始发行储蓄债券，这是不上市的，但可以提前兑付的国债，没有二级市场风险。凭证式国债只卖给个人投资者，提前兑付时交 2% 的手续费。储蓄债券当时是开三联单的凭证，所以也称为凭证式国债。

（高坚. 我所经历的中国债券资本市场的历史（上）［N］. 金融时报，2017 - 08 - 30.）

（二）配合中央银行公开市场操作发行短期国债

与此同时，二级国债市场也实现了快速发展。1994 年活跃的国债期货市场进一步推动了国债即期（现货）市场的发展，从而促成了国债一级市场和国债二级市场间的协调。为了配合中央银行的公开市场操作。从 1994 年开始，财政部共发行了三种到期期限低于 12 个月的国债。这些短期国债主要面向专业银行和商业银行发行。短期国债的发行使得中央银行在 1996 年 4 月的公开市场操作成为可能。短期国债的发行进一步丰富了中国的国债品种，在中国国债市场发展史上具有标志性意义。

1995 年进行了国债划款期招标发行的尝试，进一步采取完全市场化的价格招标或利率招标发行的条件已经具备。财政部明确提出了国债滚动发行、增加短期和贴现品种配合中央银行公开市场操作，实现一级和二级市场协调发展，并明确指出，国债市场化是为了配合央行的公开市场操作。①

随着国债二级市场的发展，市场工具不断增加。国债回购市场作为一个重要的市场工具已经出现，并起到了积极作用。因为大多数市场经济国家的央行都是通过回购来买卖商业银行持有的国债的，② 回购市场为中央银行的公开市场操作提供了一种现成的手段。

（三）国债市场化的一些有益探索

在国债利率没有市场化以前，行政分配的一级市场与供求决定的二级市场经常出现矛盾。国债销售方式如何从计划经济下的行政派购方式发展成目前市场化的一级自营商制度，是 20 世纪 90 年代初期中国国债市场化改革需要解决的问题。需要指出的是，为了保证国债发行任务的完成，这一转型过程中经常出现一些非标准化的实践，如行政分配的方式。用奥利弗·E. 威廉姆森（Oliver E. Williamson）的话来说，这些非标准化的实践都是"为了保障交易的实现"③。我国早期发行国债的一些做法和政策都属于非标准化的实践，但是在当时的特定条件下是必要的。

1. 国债发行"以旧换新"的政策

在国债到期日过于集中的情况下实施以旧换新政策，目的主要在于完善国债期限结构，建立完整的收益率曲线。《财政部关于切实做好国库券"以旧换新"工作

---

① 高坚. 努力创造央行实行公开市场操作的条件［J］. 金融时报，1996 – 04 – 10.

② 高坚. 国债市场是央行公开市场操作的基础［J］. 金融时报，1995 – 08 – 31.

③ Oliver E. Williamson. The Economic Institutions of Capitalism，Firms，Markets，Relational Contracting. Free Press，1985：39.

的紧急通知》中明确规定："国家从政策上鼓励持有当年到期国库券的投资人在规定的时间内提前兑付旧券，同时办理购买当年发行的 2 年期国库券，并享受旧债利率提高一个百分点的优惠。"

2. 上门服务政策

为促进向个人销售国债，财政部要求各银行、邮局和国债服务部门主动到各厂矿、企事业单位、学校、部队和类似机构提供上门服务，向这些机构的工作人员销售国债。20 世纪 90 年代初以来，这一政策对国债销售发挥了重要作用。

3. "拆长卖短"政策

为满足个人投资人对短期债券的需要，一些证券中介机构将中期国债和长期国债拆成短期国债销售给个人，当然这样做法不仅违反财政部的规定，中介机构本身也要承担风险。

4. 投资人选择权政策

1993 年 5 月，财政部为促进当年发行的 3 年期和 5 年期组合国债的销量，提高灵活性，决定 3 年期国债在持有 3 年后可转换为 5 年期国债。

5. 时间优先和利率优先政策

1993 年，由于乱集资、乱拆借现象比较普遍，国债发行遇到困难，国家决定在发行国债时采取时间优先和利率优先政策。时间优先政策指的是，国债发行先于其他债券的发行，国债发行完毕才能发行其他债券。利率优先政策指的是，国债利率高于其他债券利率。这项政策对保障国债发行起到了重要作用，但同时也限制了其他债券的发行。

6. 保护个人投资人利益政策

1993 年储蓄利率提高，为保护投资人利益，政府决定调整已发行国债的利率，以保持这些国债的价值。第一次调整是在 1993 年 5 月 14 日，1993 年 3 月到期的国债券票面利率从 10% 调整为 12.52%，5 年期国债的票面利率从 11% 调整为 14.06%。第二次调整是在 1993 年 7 月 11 日，将 1993 年发行的 3 年期国债利率从 12.52% 调整为 13.96%，5 年期国债利率从 14.06% 调整为 15.86%，调整后的国债利率仍然分别比同期限定期存款利率高出 1.72% 和 2%。随着储蓄利率的变化，国债二级市场收益率也根据市场逐年进行调整，反映真实的需求关系。这说明保护个人投资者利益是当时的重要选项。

7. 税收优惠政策

对持有国债期间的利息收入实行免税政策。在早期投资人主要是个人投资人的情况下，这一措施是积极的。国债的免税政策主要是为了鼓励个人购买国债，后来这一政策一直维持下来（在国债投资人以机构投资人为主的时候，这一政策会导致投资人长期持有国债，影响国债市场的流动性）。但是随着市场化改革的实现，国债市场的投资人主要是机构投资者时，这一措施不仅没有必要，反而限制了国债收益率曲线作为债券市场基准的功能。

总之，早期发行国债的灵活政策具有一定益处，但是不符合市场原则。政府试图承担市场风险以保护投资人的做法，显然不利于帮助投资人增加风险意识。后来债券市场的刚性兑付也与此有关。1996 年后，随着市场的成熟，上述政策多数已经废止。

（四）国债二级市场的发展

自 1991 年引入承购包销发行方式以来，国债发行就改由金融中介承销，并通过与地方财政厅（局）达成国债分销安排，经由各个金融中介、银行和邮政储蓄分布在全国各个地方的网点和柜台，将国债再次转售给个人投资者。在这期间，各种因素共同推动了中国国债市场的发展。多项改革的推出，比如新的调运方法、国债托管和结算机制的建立等，给市场提供了很多机会。然而，国债市场的发展仍受两个现实因素的制约：一是金融市场在功能、机构、监管等方面仍然处于初期阶段；二是银行改革滞后于整个经济改革。由于国债利率还没有市场化，这些情况导致国债一级市场具有明显的两种不同体制摩擦的过渡特征。

1. 以融资为目标的国债和以市场为目标的国债共存

20 世纪 90 年代，中国新发行国债的期限一直在递减。20 世纪 80 年代初，新发行国债的期限为 10 年或 8 年。到 80 年代末，大部分新发行国债的期限为 8 年或 5 年。1991～1993 年，市场上新发行国债的期限主要有 5 年和 3 年两种。到 1994 年，占主导地位的是期限为 3 年和 2 年的国债，并且市场上首次发行了期限为 12 个月和 6 个月的短期国债。1994 年，首次发行了最短期限为 3 个月的国债。发行期限变短的原因主要是居高不下的通货膨胀率导致投资回报升高，加之国债二级市场较低的流动性，这两项因素共同作用，抑制了投资者购买长期国债的热情。

2. 市场导向的发行方法与行政决定的国债票面利率并存

中国在 1991 年首次采用承购包销机制来发行国债，这意味着从行政摊派、定额分配发行向市场导向发行的转变。1993 年，中国在国债一级市场实行了一级自营商制度，由一级自营商在国债一级市场上认购国债。这进一步深化了一级市场的市场化改革，并推动了二级市场做市制度的形成和市场流动性的提高。然而，在银行存款利率进行市场化改革之前，国务院确定的国债的票面利率主要依据银行存款的利率，根据国债的发行难度，在同期银行存款利率的基础上加 1 ~ 2 个百分点，这就形成了市场导向的发行方法与票面利率决定方式的矛盾。

3. 无纸债券与实物债券并存

20 世纪 90 年代初期，由于电子交易平台的出现，发展无纸债券是大势所趋。从 1993 年开始试点，到 1996 年国债全面实现无纸化招标发行，中国已经连续四年发行无纸化债券，证明无纸化债券是成功的。无纸化股票在交易所市场成功发行和交易后，无纸债券的实施变得更为容易。随着国债市场存托机制和结算机制的发展，在纸制国库券进行托管并交易后，无纸债券的交易也于 1991 年和 1992 年在交易所的国债二级市场中实现。1993 年，新发行的国库券向机构发行的部分率先采取无纸化方式。这样中国国债市场中就出现了实物债券和无纸债券并存的局面。当时预计在未来很长一段时间内，中国的国债仍会面向个人发行，因此纸制国债无疑仍会继续存续一段时间。

4. 不成熟的基础债券市场和衍生产品市场共存

1993 年 10 月和 12 月上海证券交易所正式推出了国债期货和回购 2 个创新品种，但囿于当时分散的债券托管模式，限制了市场的扩大和发展。1995 年发生 "327" 国债期货风波，国债期货市场暂停交易，导致我国在长达 18 年的时间内没有标准化的国债衍生产品。直到 2013 年才再次推出 5 年期国债期货交易品种，并在中国金融期货交易所交易。此后，国债期货品种不断创新，中金所相继推出 10 年期和 2 年期国债期货交易，不断完善国债期货期限品种。但是，国债期货交易的市场化进程不够充分。监管部门需要不断完善交易机制和投资者结构，积极推动债券持有量最大的银行等金融机构参与国债期货市场交易。

5. 交易所电子结算与柜台交易手工结算并存

交易所国债交易采用电子结算方式。随着存托制度和结算制度的确立，电子结算方式的使用预计会有进一步的提升。将各种清算和结算系统与国债保管和结算程序相整合，就能形成一个全国范围内的相互连接的网络。由于技术上的限制，柜台交易在未来一段时间内仍会继续采用非电子结算方式。

1981 ~ 1994 年我国国债发行情况见表 7 – 10。

表 7 - 10　　　　　　　　1981 ~ 1994 年我国国债发行情况

发行年份	券种	发行日期	计息日期	计划发行数（亿元）	实际发行数（亿元）	利率（单位）	利率（个人）	偿还年限
1981	国库券	1.1	7.1	40	48.66	4%		5 ~ 9 年
1982	国库券	1.1	7.1	40	43.63	4%	8%	5 ~ 9 年
1983	国库券	1.1	7.1	40	41.58	4%	8%	5 ~ 9 年
1984	国库券	1.1	7.1	40	42.53	4%	8%	5 ~ 9 年
1985	国库券	1.1	7.1	60	60.61	5%	9%	5 年
1986	国库券	1.1	7.1	60	62.51	6%	10%	5 年
1987	国库券	1.1	7.1	60	62.87	6%	10%	5 年
	重点建设债券	4.1	7.1	55	54	6%	10.50%	3 年
	小计			115	116.87			
1988	国库券	1.1	7.1	90	92.16	6%	10%	3 年
	财政债券	5.1	7.15	10	9.65	7.50%		5 年
	财政债券	5.1	7.15	70	56.42	8%		2 年
	国家建设债券	4.25	交款日	80	30.54	9.50%	9.50%	2 年
	小计			250	188.77			
1989	国库券	3.1	7.1	55	56.07		14%	3 年
	特种国债	6.1	交款日	50	42.84		15%	5 年
	保值公债	7.1	9.1	120	125	14.14%	14.14%	3 年
	转换债	7.1	7.1	22.78	22.78	原定		3 年
	小计			170	197.23			
1990	国库券	6.1	7.1	55	93.46		14%	3 年
	财政债券	6.1	9.15	70	71.09	10%		5 年
	特种国债	6.1	交款日	45	32.68	15%		5 年
	转换债		7.1	150.4	150.04	8%		5 年
	小计			190	281.25			
1991	国库券	4.1	7.1	100	199.41		10%	3 年
	财政债券	9.1	10.15	70	64.63	9%		5 年
	特种国债	4.15	交款日	20	17.21	9%		5 年
	转换债		7.1	70.83	70.83	8%		5 年
	小计			190	281.25			

续表

发行年份	券种	发行日期	计息日期	计划发行数（亿元）	实际发行数（亿元）	利率（单位）	利率（个人）	偿还年限
1992	国库券（1）	4.1	4.1	63.55	92.15		10.50%	5 年
	国库券（2）	7.1	7.1	210	246.79		9.50%	3 年
	百实物国库券	7.1	7.1	36.45	28.25		10.50%	5 年
	财政债券	9.1	10.15	70	65.14	9%		5 年
	转换债	7.1	7.1	30.82	30.82	8%		5 年
	小计			380	432.33			
1993	国库券（1）	3.1	3.1	80	73.19		15.86%	5 年
	国库券（2）	3.1	3.1	200	226.35		13.96%	3 年
	国库券（3）	7.1	7.1	20	15.23		15.86%	5 年
	财政债券	9.1	10.15	70	66.55	13%		5 年
	小计			370	381.32			
1994	国库券（半年）	1.25	1.25	50	50.28		9.80%	半年
	国库券（1）	1.31	2.7	80	82.35		11.98%	1 年
	国库券（3 年）	4.1	交款日	600	700.07		13.96%	3 年
	国库券（2）	4.1	4.1	270	285.23		13%	2 年
	定向债券	4.1	4.1	20	20	15.86%		5 年
	小计			1020	1137.93			
合计				3025	3379.34			

资料来源：高坚. 我国国债发行市场的建立与发展 [J]. 当代中国史研究，1996 (2).

第三节　国债招标发行和国债市场化的实现

一、国债实现招标发行的尝试

（一）国债招标试点的背景

1995 年初，国债期货市场被叫停，这给国债二级市场造成了明显的负面影响。为了保证国债的顺利发行，必须在国债市场化改革方面有新的突破。这个突破首先要体现在国债利率的市场化，从行政分配方式转变到招标发行方式。财政部此前也尝试进行过国债招标，但是这些努力没有得到主管部门的认可。1995 年第二期国债发行时，财政部国债司抓住机会，进行了国债划款期招标的试点。

回忆链接 ∙∙

当时我认为，在市场利率和银行利率差不多时，就是推进国债利率市场化的最佳时机。1991年国债发行改革的第一步——实现承购包销发行正是在这样的时机实现的。1995年，时机又出现了。1995年8月1日，在上海讨论第二期国债发行时，国务院确定的票面利率与市场利率较为接近，但还是偏低。我们认为可在划款期和手续费上填补这个差额。上午九点半左右，我给当时在北戴河开会的时任财政部副部长刘积斌汇报上海会议情况时，希望得到同意的答复，以便做一个划款期招标的试点。此前，国债司已研究了各种向招标过渡的方式，其中比较可行的是划款期招标，因为这样可以不用改变国务院确定的利率。在和上海市财政局综合处负责人商量后，我们都认为当时是一个试行划款期招标试点的机会。这个建议迅速得到了刘积斌副部长的肯定答复。1995年在国债招标试点完成后，我向刘积斌副部长作汇报，提出这次还不是价格或利率招标，能否采取国际上通行的招标办法，立即得到了他的认同。1996年1月，财政部在深圳证券交易所发行国债时实现了无纸化价格招标发行，刘积斌副部长亲临此次发行现场。1996年，刘仲藜部长和刘积斌副部长都亲临10年期记账式附息国债的发行现场。

（高坚. 我所经历的中国债券资本市场的历史（上）［J］. 金融时报，2017 – 08 – 30.）

∙∙

在这一期间，财政部经常探讨采用招标方式来销售国债的可行性。承销人和投资者的购买意愿是招标方式得以实施的前提条件。当时，这种购买意愿并不存在。因此关键是要给承销人提供竞价激励。财政部国债司发现，强制分配给承销人的国债认购配额的回报率低于成功的竞价所获得的回报率，这说明招标机制使承销人得到好处，或者说产生了竞价激励。1995年发生了一起对国债市场发展具有深远影响的标志性事件，那就是国债招标发行的试点。1995年财政部在上海锦江饭店进行了手工操作的以划款期为标的的招标试点。招标发行试点对象是1年期的国债，招标中使用手工出价法，首次招标大获成功。

因为无法改变国债的票面利率和面值，国债划款期招标的标的设计为缴款期。当时采取手工方法，投标载明缴款日期和每个缴款日期的数量。财政部设计的是一种结算日招标机制，即由投标人报出自己愿意接受的国债结算日和愿意认购的国债金额，结算日最接近发行日的投标是成功的投标，按投标的结算日距离发行日的时间由近到远依次选定成功的投标，直到这些成功投标的累计认购金额等于发行金额。这样缴款期晚于数量招满时的缴款的投标没有成功。财政部这次采取的是多种价格的美国式招标。从招标结果看，有部分投标的一级自营商没有中标，多数机构中标了，说明招标实现了竞标过程。这就证明，划款期招标的试点是成功的。

（二）国债市场化改革实现以前国债发行困难增加

1. 取消利率保值贴补导致对不上市国债需求增加

1995 年，财政部取消了对可交易国债的保值补贴，但对于向个人投资者的不可交易凭证式国债仍保留保值政策。由于保值补贴较高，个人投资者认购热情十分高涨，这导致了对凭证式储蓄债券的较大需求，并减少了投资国库券和特种国债的意愿。

2. 国债期货市场中止后对可上市国债需求下降

1995 年国债期货市场关闭之后，市场对可上市国债的需求下滑，这导致国债价格连续 4 个月低于面值。幸好保值债券的补贴率得到提高，投资者对凭证式国债的认购热情仍很高，国债销售的成功使人们暂时忘记了 1993 年的销售窘境所带来的不安情绪。

（三）中央国债登记公司的建立推动了无纸化国债的进程

从 1981 年恢复发行国库券以来，实物国库券不仅存在运输保管问题，而且交易非常不方便。从 1992 年起，一部分国库券在上海证券交易所托管登记，在交易所和股票一样进行无纸化交易。1993 年财政部发行第一次 20 亿元无纸化国债，没有对应的实物国库券，当时是在上海证券交易所直接进行登记托管，上市后无纸化交易。因此先有无纸化的国债二级市场，才有无纸化的国债一级市场。1992～1994年连续出现金融机构利用国债代保管单以国家信用名义超发国债的情况。为了完善债券市场建设、整顿市场秩序、整治市场乱象，财政部国债司着手建立国债登记托管公司。当时，中国人民银行正在准备行使中央银行的职能。为了实现国债发行和中央银行的货币政策之间的配合，财政部和中国人民银行共同议定并报经国务院同意后，在原中国证券交易系统有限公司的基础上改组设立了中央国债登记结算有限责任公司（以下简称中央结算公司），承担国债和国内其他债券的统一登记、托管和结算职能。中央结算公司属于全国性非银行金融机构，1996 年 12 月在国家工商管理局登记注册。

二、国债市场化改革基本目标的实现

1996 年在中国国债发展史上具有特别重要的意义。财政部在这一年成功地运用市场导向的发行方法，向市场发行了 1952 亿元的国债。这次发行圆满完成预算目标，为支持国民经济建设发挥了重要作用。特别是银行积极参与国债市场，这使银行开启了资产负债管理的先河，加快了银行业重组和银行企业化的步伐。

（一）公开招标发行

1995 年国债划款期招标的试点，为 1996 年国债全面实行利率和价格招标奠定了基础。经财政部领导同意，1996 年国债的发行改由通过市场招标方式进行。1996 年 1 月财政部在深圳证券交易所进行了第一次由交易所电子系统进行的国债招标发行。同时，国债一级市场实现了无纸化，无纸债券逐渐取代了纸质债券。从 1996 年国债正式实现招标发行以后，国债招标发行方式的实施在整个市场引起了积极的反响。这一年，财政部根据附息国债、零息国债和贴现国债的特点分别测试了两种招标方法，即价格招标和收益率招标。其中贴现国债使用价格招标的方法，而附息国债使用收益率招标的方法。财政部也考虑对利率和期限都固定的不记名债券采用结算日招标法，但是之后没有实行。此外，为使国债供给和需求保持一致，财政部既使用多重价格招标方式，又采用单一价格招标。这些灵活且多样化的国债发行方法符合中国当时市场的供需状况，也与中国国债市场当时的发展水平相一致。

1996 年，中国首次发行了 3 年期国债、7 年期国债以及 10 年期国债，进一步丰富了国债的期限结构。财政部当时设想根据不同的投资人设计不同的品种。例如向银行销售短期债券，从而为中央银行在 1996 年 4 月尝试进行的公开市场操作提供必要的条件。由于实现了市场化，期限对于投资人的影响减小，因为长期债可以短期持有。

到 1996 年，中国债券市场的主体框架已基本确立。债券市场在发行方式、期限结构、创新品种等方面已经发生了根本性的变化。这标志着中国债券市场已经初步形成。

自 1996 年以来，招标方法在国债销售中已得到广泛使用。随着各种招标方法的成功实施，国债发行机制也完全市场化。仅在 1996 年，公开招标发行中就用到了多种销售技巧，比如设定基本承销额，设定最高、最低投标量和投标价格区间，以及从差额招标（余额分销）过渡到不设强制性配额和投标区间限制的全额招标方式。为与中国市场的实际情况保持一致，在借鉴国际上通用的密封报价、按投标价由高到低依次募入这一招标方式的基础上，我们采用了具有中国特色的二次加权，并在多重价格招标中采用了可变出价间距。这一年，国债市场化改革的目标基本实现，公开招标的发行方式在国债市场得到全面实施。

（二）从零售市场转向批发市场

从零售市场转向批发市场显著提高了国债的发行效率。在 1994 年和 1995 年期间，零售市场发行量占国债发行总量的 2/3，但到 1996 年，通过零售市场出售给个人投资者的国债数量开始下降，零售市场规模只占整个国债市场的 1/7。与此同时，通过一级自营商出售给机构投资者的国债数量在当年国债发行总量中所占的比例明显上升。此外，在国债发行主要面向批发市场之后，国债发行期从原来的 2～6 个月减至 1.5 天，结算日和发行日之间的时间间距也从原来的两个月减至 10～20 天。这说明国债的发行效率已经有了明显的提高。

（三）解决多年市场遗留问题

1996 年的国债市场化改革从根上解决了财政部长期以来面对的国债问题。

1. 行政分配方式限制长期国债发行和品种多样化

直到 1995 年，国债的票面利率决定权一直属于国务院。国务院根据每次国债发行的具体情况来确定国债价格和票面利率。实际操作程序是先由财政部向国务院提交一个国债发行方案（包括财政部所建议的国债票面利率），在得到国务院的批准后即按国务院同意的票面利率发行国债。当时中国金融市场并没有放开，利率仍受中国人民银行管制，因此作为一种金融工具，国债的市场化程度也受到由国务院确定并由人民银行执行的利率水平的影响。作为国债市场的主要投资者，个人投资者会比较国债的票面利率与相同期限银行存款的利率，把银行同期存款利率作为参照物，因此中国的国债定价就以银行存款利率为基准。国债票面利率会比相同期限的银行存款利率高出一个百分点，以补偿投资者因持有国债而承受的流动性成本，因为与银行存款相比，国债不能提前兑付，也没有市场，变现的成本很高。

2. 以个人为主的投资人基础不利于债券市场的发展

个人是否购买国债取决于国债所带来的流动性成本与国债投资的机会成本（即将投资于国债的资金转而投资于其他金融资产所能获得的回报）的大小。在 1995 年之前，大部分国债的分销工作都很难开展，为实现国债发行目标，政府不得不一次次地诉诸行政手段。多年来，政府机构每年在国债发行上都要花上半年的时间。究其原因，在行政分配的发行时期，财政部在确定国债票面利率时无法以市场供求为基础。财政部在确定国债结算日和国债发行手续费上有一定的主动权，因此可在一定程度上调整国债收益率。1991～1995年，财政部经常通过调整国债交割日和发行手续费，以使国债的到期收益率相比二级市场的收益率水平更为接近。

（四）长期国债和国债品种的多样化

1. 债券品种包括短期、中期、长期

1996年一共发行了7种不同的国债，包括3个月期、6个月期、12个月期、3年期、5年期、7年期以及10年期国债，其中3个月期、7年期和10年期国债是新发行的基准国债。经过多年的努力，中国已基本实现了国债多样化目标。从此财政部可以根据具体的融资需要来调整债务结构，以使债务的发行安排与资金需求保持一致。多样化的国债结构有助于收引各类投资者，并进一步丰富了市场中介可以使用的金融工具种类。国债品种实现多样化后，债券市场可以担当资本市场的功能，为金融市场发展和支持实体经济做出贡献。

通过进一步丰富国债品种并调整国债发行条款以满足不同投资者的需要（即个人投资者和各种机构投资者如养老基金的需要），国债发行已能吸引各种投资者购买，因为投资者都能找到适合自己的国债品种。长期国债面向机构投资者，短期国债是为了配合中央银行的公开市场操作和未来建立收益率曲线。在增大短期国债发行量的同时，长期国债的发行频率也在同步增长，目的是错开债务偿还高峰。中国债券市场还尝试引入了本息分离债券（即债券的本金和利息可分开交易），以进一步多样化国债工具。当时财政部国债司的很多增加国债品种的想法，后来在国家开发银行的市场化发债的进程中得到了实现。

2. 形成以市场化的可交易的记账化国债为主，以不可交易的对个人发行储蓄债券（凭证式国债）为辅的策略

国债发行主体品种实现主要对机构发行的记账式国债以后，财政部国债司面临个人投资者购买国债困难的问题和投资者担心国债在二级交易市场可能低于面值的问题。为了解决这个问题，1994年财政部引进了储蓄债券，因为是记名的三联单，也称为凭证式国债。1997年在国债市场化大踏步前进的时候，财政部也同时增加了向个人发行的储蓄债券。1997年共面向国内发行了总额达2405亿元的国债，其中凭证式储蓄债券占1636亿元，不记名债券占395亿元，记账式债券占344亿元，剩下的30亿元是指定用途的国债。国债市场在1997年实现了稳定发展。1997

年发行的主要是不可上市交易的凭证式国债，用以满足个人投资者的需要，并创下凭证式国债发行的新高。此外，同年发行的395亿元的不记名国债专门面向个人投资者发行。个人投资者的国债需求为实现1997年的国债发行目标提供了市场条件。

（五）投资人基础的扩大和市场基础设施的建立

国债市场化改革后，随着一级国债市场的逐渐完善，二级国债市场的表现也十分出色。这就为发行长期记账式附息债券打好了基础。尽管国债价格在1997年上半年略有下滑，到下半年，因市场传言利率即将发生变化，特别是在10月23日上调利率之后，二级市场价格下跌，但市场对新发行国债价格很快又恢复了信心。在这之后，国债市场价格特别是长期附息国债的市场价格急剧上涨，表明机构投资者和个人投资者对国民经济和国债市场的长期走势看好。

随着金融改革的深入，机构投资者的数量有显著增长。很多养老基金的代管理资产急剧扩张，根据监管机构的说法，这些养老基金的全部资产中有80%是国债。机构投资者的参与改变了国债市场的产品构成。

债券无纸化需要建立债券市场的基础设施。为实现债券无纸化，第一步是对不记名债券实施保管制度，并通过柜台市场或证券中介进行不记名债券的交易。第二步是为国债建立专用账户系统，以方便个人投资者和机构投资者购买记账式国债。在柜台销售中，纸质债券暂时由券商（即临时保管人）持有。在这期间，财政部公布了国债存托和国债保管管理的统一监管要求，要求中规定了国债登记、存托、清算及结算方法，财政部对于监管要求的加强进一步推进了国债市场的基础设施建设的完善。

1997年，除了两笔记账式国债交易是通过公开招标方式来销售的之外，其他国债交易的票面利率均由国务院决定，无记名国债发行量萎缩。1997年原计划发行两期无记名债券，但最终只发行了一期，因为第一期发行的无记名债券的二级市场交易价格低于面值，结果原计划第二次发行的无记名债券就转换成了等量的凭证式国债，并于同年发行。虽然1996年国债市场化改革取得了很大成功，但上下对国债市场发展方向的理解并不一致，实现完全市场化的国债发行仍有很长的一段路要走。

（六）现代意义上的国债市场开始初步形成

到1996年，国债市场化改革的基本目标和重要步骤全部实现，包括招标发行、多品种、无纸化、长期国债。1997年，财政部发行了2年期零息国债，该债券采取贴现发行的办法。零息国债的发行增加了新的国债品种，极大地鼓舞了二级市场的信心。同年发行的 10 年期附息国债采用公开招标方式发行，票面利率由市场决定。由于当时市场利率水平偏高，这期国债票面利率达到 11.83%。但是 10 年期附息国债在发行后的收益率与二级市场的收益率相一致。这两个国债品种随后成为市场上表现最为出色的债券。有了这些市场基础的支撑，国债发行方法也很顺利地过渡到自由公开招标，招标中不对期限和票面利率施加任何限制，这不仅提升了一级自营商和承销商的信心，而且进一步提高了中国国债市场的分销效率。1997 年，在国务院的领导下，中央各部委通力合作，国债发行任务圆满完成。国债的成功发行为国民经济建设提供了宝贵的资金，使中央预算规划能得到全面贯彻，同时也使适度从紧的财政和货币政策能得到切实实施。1998 年国债恢复行政分配的发行方式，国债市场化改革进入缓慢发展阶段。

中国国债市场在 1995～1997 年经历了前所未有的快速发展。随着利率的市场化，国债的票面利率逐渐下降。新发行国债的收益率与二级市场上相关国债的收益率基本持平，并再略高于同期银行存贷款利率。无纸国债已被市场接受，并且因为实现了面向机构招标发行，从 1996 年开始，有纸的无记名国债完全取消，而机构是无纸国债的主要投资者。因此，中国国债市场已从由个人投资者占据主导地位转变成由机构投资者占据主导地位，从以零售市场为主逐步转变成以批发市场为主。随着国债市场效率的提高，国债发行期也明显缩短，原来发行一次国债需要将近半年的时间，现在只需要半小时就可以完成一次国债发行。

与此同时，国债发行方法也从承购包销式转变成招标发行，但一级自营商制度仍然保留。1996 年后，承购包销方式逐渐停用，但机构仍会投资于国债，主要是因为承销团和国债发行人财政部之间仍存在着权利义务关系。为确保债券发行的顺利进行，承销团成员仍需认购基本承销配额。

1997 年原计划发行两次无记名（有纸）债券，但最终只发行了一次，因为第一次发行的不记名债券其交易价格低于面值，结果原计划第二次发行的不记名债券就转换成了等量的凭证式国债，并于同年发行。

（七）国债市场化改革的巩固和发展

1. 保证国民经济计划和预算安排的完成

20 世纪 90 年代末期，为支持国民经济和金融业的发展，财政部发行国债的数额和债券品种进一步增加。1997 年共面向国内发行了总额达 2405 亿元的国债，其中凭证式储蓄债券占 1636 亿元，不记名债券占 395 亿元，记账式债券占 344 亿元，剩下的 30 亿元是指定用途的国债。[①] 发行数额进一步扩大，保证了国民经济计划和预算安排的完成。

2. 一级国债市场与二级国债市场的协调发展

随着一级国债市场的逐渐完善，二级国债市场的表现也十分出色。这就为发行长期附息债券打好了基础。尽管国债价格在 1997 年上半年略有下滑，但到下半年，因市场传言利率即将发生变化，特别是在 10 月 23 日上调利率之后，市场对国债价格很快又恢复了信心。在这之后，国债市场价格特别是长期附息国债的市场价格急剧上涨，表明机构投资者和个人投资者对国民经济和国债市场的长期走势均看好。

3. 监管框架和法律框架的建立

中国一直在努力构建国债市场的统一保管、结算及清算系统，目的是消除市场分割状态，降低交易成本，管理交易风险，以及为中央银行的公开市场操作创造条件。通过监管国债市场的交易模式和交易方法，交易日和收益率计算方法得到统一。此外，随着做市商制度的建立，国债市场的流动性也有显著提高。

在这期间，财政部公布了国债存托和国债保管管理的统一监管要求，要求中规定了国债登记、存托、清算及结算方法，该监管要求的公布进一步推进了国债市场的基础设施建设。

1997 年，除了两笔记账式国债交易是通过公开招标方式来销售的之外，其他国债交易的票面利率均由国务院设定。实现完全市场化的国债发行仍有很长的一段路要走。

三、国债市场化改革的反思

1991～1997 年的国债市场化改革是中国债券发展史乃至整个金融发展史上具有重要历史意义的事件。但是改革经历了曲折的过程，由于金融市场发展阶段的局限、部门之间利益的平衡、债券基础设施和监管的滞后，这一时期国债市场具有很多过渡性质。同时，整个 20 世纪 90 年代国债发行市场的发展经历了艰难和反复，前面指出，改革既涉及利益问题，又涉及认识问题。整个国债改革的历史反映了不同层面对于国债市场化的认识的曲折过程。

（一）坚定不移地走市场化的道路

从 1981 年至今，尽管财政部都能圆满完成各年的国债发行任务，但任务的完

---

① 高坚. 中国债券资本市场［M］. 北京：经济科学出版社，2007：118.

成过程无疑充满了艰辛。整个 20 世纪八九十年代，国债发行有些年度比较顺利，但大部分年度都是困难重重。1981～1990 年，国债发行依赖于行政摊派，1991 年和 1992 年尝试采用承购包销方式，但到 1993 年又再次回到了行政分配的老路上去。1994 年，国债发行依赖于债券期货。1995 年依赖于保值贴补债券。1996 年采用了公开招标方式。1997 年依赖于银行系统的充足资金。每年的情况都有所不同。只有 1991 年和 1996 年是真正的市场导向发行，特别是 1996 年所采用的招标发行方式，成为中国国债发行机制上的一个重大突破。

在 1996 年之前，国债票面利率由国务院设定，国务院统一公布国债发行条款、条件及利率。由于缺乏市场基础，通过这种方式设定的国债发行条款和条件往往会背离实际市场收益率水平。

1981～1996 年，国债发行一直是横亘在主管机构面前的一道难题，即使在引入承购包销机制之后，发行难的问题仍未得到解决。例如，1991 年的国债销售工作进行得十分顺利，这并不是因为一级市场交易中引入了承购包销机制，而是因为国务院设定的票面利率恰巧与二级市场的收益率接近。但到 1992 年上半年，国债市场变得极其不稳定（与 1991 年的市场状况差不多）。当时，由于银行存款利率下调，国债票面利率也有所降低，但仍略高于市场利率水平。此外，机构投资者对投资前景十分乐观，因此 1992 年的第一笔国债的销售工作也进行得十分顺利。但第二笔国债就没有这么好的运气了，由于国债发行条款是在上半年确定的，承销合同也在上半年就签好了，但在第二笔国债真正发行时，市场条件与上半年相比有了显著改变，结果原来设定的票面利率水平与市场真实条件之间有很大的偏离，市场对第二笔国债发行的反应十分冷淡。

1991 年，中国国债市场引入了承购包销机制，取代了先前使用的行政摊派方式。1993 年，国债分销面临严重困难。年初进行的国债交易遭遇寒潮，为保证顺利筹到资金，行政摊派手段再次派上用场。承购包销机制的确是一种更为进步的发行方式，并且事实上也促进了国债市场的进一步发展，但由于国债票面利率受中央政府管制，因此财政部与承销团成员之间的契约关系并不能真正建立在市场机制之上，这导致承购包销机制不能像预想得那样发挥作用。承购包销机制发挥效用的一个前提条件是，国债利率应由发行人和承销团通过谈判来确定。

在国债销售遭遇困境时，市场中也出现了很多不同的声音，争论焦点在于债券的定价是否应由市场来决定，以及国债发行是否应回到行政摊派的老路上去。显然，利率市场化是债券市场改革的关键所在，但现实一再告诉我们，将受管制的利率转变成市场化的利率是一项十分艰巨的任务。

1997～2003 年，得益于市场利率下调和国债价格的不断上涨，投资者对国债投资表现出了极大的兴趣。在这一期间，投资者购买国债的热情产生了国债面值的溢价。当然，这并不意味着国债市场已实现良性循环。如果国债发行方法不能实现完全市场化，稳定的一级市场就不可能建立起来。

（二）建立高效率低成本的国债市场

中国债券市场的发展历史表明，国债市场应具有明确的市场发展目标，这个目标就是建立高效率低成本的债券市场。国债市场的建立应能满足财政预算安排的要求。"高效率"意味着债券发行过程简短而高效；"低成本"是指实现债券交易成本的最小化，使之对发行人和投资者来讲都可接受。1996年，财政部国债司提出的目标是利率市场化、债券无纸化、交易电子化、产品多样化、程序标准化，这个目标是前瞻性的。此外，当时国债司还提出要拥有健全、发达的金融基础设施，包括债券登记制度、保管制度、结算和清算制度，以确保债券市场能健康发展。健全的国债市场需要建立在完善的金融市场的基础之上，实践表明，实行集中统一的债券托管体制在大幅提高市场效率的同时也大幅降低了债券发行和交易的成本与风险，为中国债券市场的高速和规范发展奠定了坚实基础。在着手发展货币市场、股票市场和银行间债券市场的时候，应仔细权衡这些市场的发展对国债市场的影响。

（三）维护政府债券市场的信誉

维护政府债券的良好信誉至关重要，因为只有这样，政府才能随时通过金融市场满足筹集资金的需要。为实现这一目的，政府一是要为投资人提供有吸引力的收益率，二是要保持自身作为借款人的良好信用。因此，政府必须废除一切强制性销售手段，也不应为国债提供税收优惠。总之，政府作为借款人，不应享有其他借款人所没有的特权。中国在这方面有很多经验教训。20世纪90年代初，财政部为了确保国债的销售，规定其他发债人设定的票面利率不得高于国债利率。即使是在今天，在中国购买国债也享有税收优惠，其实并无必要。

（四）兼顾各方面的利益

如前所述，市场的建设只能通过政府部门以政府和投资人及市场参与人之间的双赢和多赢为目标实现。中国政府对这一点有充分的认识，因此在改革过程中一直强调兼顾各方面的利益，重视大多数人民的福祉。例如，中国在20世纪90年代着手建设机构投资人基础时，就兼顾了个人投资者的利益。1994年，发售面向个人投资者的储蓄债券，就是为了保证大多数债券都能通过记账的方式在市场上发行，同时满足个人投资者的需要。在改革过程中，中国一贯采用这种渐进的方式。

（五） 国债在财政货币政策配合时的作用

国债市场的建立为中央银行通过国债进行公开市场操作准备了条件。但是在20世纪90年代，国债主要是筹资手段，在财政货币政策的结合方面仍然显得不足。公开市场操作中国债发挥作用不足的原因主要有以下两点：第一，国债规模仍然较小。2009年后，政府债务占债务总额的比重开始上升，但国债占债务规模的比重保持在14%～16%。中国央行从法律层面而言，是不允许直接持有国债的。目前，央行资产负债表中"对政府债权"一共约有1.5万亿元，主要是由于历史遗留原因。2007年成立中投公司的时候，财政部发行1.55万亿元特别国债，通过复杂的交易方式才最后由央行持有。[1] 央行持有的政府债务存量规模一直较少，不足以满足通过公开市场操作进行货币供应调节的要求。2013年，央行持有的国债规模占其总资产的4.8%，2017年底则下降到4.2%，这一数据远低于美联储的54%和日本央行的85%的水平。第二，短期国债的占比较少。1993年以前从未发行过1年期及1年期以下的国债。1994年财政部发行两期1年以内的短期国库券。2006年实行国债余额管理制度之后，短期国债发行量明显增加，于2010年达到5937亿元，占全年发行量的33%。随着国债余额管理制度的实行，不同期限国债发行的规模开始增加，国债期限结构更趋合理化。但也应该注意到，我国目前的国债期限结构仍存在短期国债品种不多、发行规模占比较低等问题。相比于美、日等发达国家多样的短期国债期限品种结构，我国1年期以下的短期品种只有3个月、6个月和9个月三种。2005年至2017年，短期国债的绝对规模虽由411亿元增长到1.8万亿元，年发行比重由6%增长到13%，总量呈现较快增长，但其总体比重较美、日等国家短期国债发行额占比都不低于70%的水平仍相去甚远。

综上所述，中国的债券资本市场经历了起步、曲折进步、高速发展几个阶段。近十年随着金融市场的发展，有了长足进步，但是总体来看，债券市场受到整个金融市场和金融业发展的制约。中国直接融资所占比重有很大提高，但是间接融资的比重小于很多发达国家，债券市场在经济中的地位和作用还有待于进一步提高。

---

[1] 根据公开资料整理，2020－07－23.

小　结

中国债券市场是从国债开始的。理解中国国债的历史，就要理解中国内外环境的变化和中国经济体制的变化，特别是我们对于国债的认识的变化。在前现代时期，我们认为债是恶的东西，但是又避不开，因为国家举债是世界各国发展经济的普遍做法。现代时期，从被动到主动，充分利用国债发展经济。到了后现代，需要反思国债和财政货币政策的关系及作用机制。因为现代化时，过多使用凯恩斯主义财政货币政策，导致经济不稳定和通货膨胀。后现代性的表现之一是民粹主义抬头，这是凯恩斯主义造成的通货膨胀导致收入再分配和贫富差距加大的结果。反思之一，认为国债是和货币是直接挂钩的，或者说是等同的，出现了各种新的理论，包括 MMT 理论。反思之二，对国债的需求，就是对无风险资产的需求，包括资产组合中使用的无风险债券，保险的安全资产配置，及对国债期货的需求。前者涉及货币供需，后者涉及金融工具。这些反思告诉我们，国债逐渐偏离了弥补财政赤字的需要，而是为了满足宏观经济政策和金融市场对于国债工具的需求。

总之，国家债务和市场工具好比一个硬币的正反两面，必须从这两个方面及其联系来理解国债和中央政府债券市场。

本章主要作为理解中国债券资本市场的背景知识。中国的债券资本市场不能脱离改革开放的背景，也不能脱离中国金融市场发展的环境。作为承上启下的部分，国家债务和国债市场从理论到实务，从债务和债券的理论过渡到债务和债券的实践。

第八章 国家的预算管理和债务管理

从人类发展史来看，人与人之间债务关系的历史和人类文明的历史一样长远。中世纪，民间债务普遍存在，但是有高利贷和教会对利息的限制。随着银行业的发展，债务管理的概念出现了，中世纪的意大利就有负责管理教会债务的银行。在资本主义初期，英格兰银行就是管理皇家财产的银行，其发行的债务就是现代意义上的国债。其实当时的英格兰银行实际上是为皇家（政府）管理财务的部门，相当于现在的财政部。目前多数国家的国库部就相当于中国的财政部。有些国家在国库部以外还有一个预算局。国库管理是财政部的一项重要职能，也是实现国家信用的保证。英格兰银行早期曾经有过违约的记录，后来在债务发行方面采取了哈布斯堡家族管理财务的办法，发行永续债券和年金，同时加强了债务管理。国债管理最早从英格兰银行开始，二战以后有了很大发展。国际货币基金组织对成员国的债务管理进行指导，并提出具体要求，发挥了重要作用。国家债务管理包括与国债发行规模有关的内容、国库和预算管理的内容、财政货币政策协调机制的内容和市场建设的内容。20世纪90年代开始，我国财政部国债管理由新成立的国家债务管理司负责，后来转入金融管理司，并不利于预算管理、债务管理和国库管理的统一。直到2000年以后成立了财政部国库司，才逐步实现了债务管理和国库管理的统一。根据美国财政部债务管理的经验，实现统一管理的优点之一是财政部可以发行短期国库券，调节国库的短期需求，同时也可以为市场提供短期工具，有助于建立完整的国库券收益率曲线。

第一节 政府的预算管理、国库管理与债务管理职能

国债及其相关的债务管理既与政府国库和预算管理职能密切相关，又与金融市场紧密相连。国债市场是政府重要的融资渠道，发达国家积累了有效管理国家债务的经验，管理目标主要是提升政府作为市场参与人的形象，确保政府债券的顺利销售。为了提高国债的信用，政府有必要保障市场交易的公平性、公开性、流动性、透明性，建立健全的基础设施（交易、存托、清算、归档和簿记系统）。

一、预算制度和国家预算结构

（一）公共财政法律规章

1. 公共财政是市场经济的组成部分

财政是国家经济体系的组成部分，财政收入和支出反映了国家在经济中的作用。公共财政是市场经济的组成部分，在社会发展的过程中发挥着保证社会公平和经济发展的作用。在市场经济条件下，政府的作用是弥补市场失灵和提高市场效率。我国要发展社会主义市场经济，就必须构建与之相适应的财政模式——公共财政。我国经济体制的转变和市场经济的逐步建立，客观上要求我国财政必须从计划经济时期的生产建设型财政向公共财政转变。就目前而言，应着手构建公共财政体系的基本框架。

2.《预算法》和国家债务

目前，中国针对公共财政的唯一的法律是《中华人民共和国预算法》（以下简称《预算法》），其中规定了确定债券发行规模的法律程序。根据《预算法》规定："国债发行规模需要得到中央政府的批准，财政融资要求包含在财政部提交给全国人大的预算报告中，也包含在发改委提交的社会发展报告中，因此国债发行也要经过全国人大审查通过。提交给全国人大的预算报告以预算草案为基础。财政部预算司在起草当前预算草案时会提出目标收支额，收支差额原则上通过发行国债来解决。"

随着20世纪90年代初国债兑付高峰的出现，还本付息成为国家预算支出的重要负担，因此国债发行规模也必须加以严格控制。自此，财政部开始研究国债发行的适当规模，并采取措施控制财政赤字和新发行债务。1993年以前，财政部曾试图调整新发行债券的期限结构，缓解国债兑付高峰。这一时期国家债务规模和现在比是微不足道的，当时债券余额的规模不到预算收入的20%。由于20世纪90年代初，经济增长率较低，财政收入增长不快，偿付到期债务的能力不高，国家十分重视对债务规模的控制。1997年以来，中央政府开始采取积极财政政策的同时制定了维持预算赤字稳定性的政策，因此债务融资并未出现显著增长。实际上，债务的绝对规模并不一定是债务问题的主要原因，保证经济增长才是财政问题的"硬道理"。

3. 复式预算

目前，建设性预算中的新发行国债包括偿还到期债务和弥补建设性项目赤字两大部分，一般情况下，财政部国债管理部门负责编制国债发行计划，预算司负责编制预算（含赤字）和再融资计划，两大计划协调后，初步确定债务发行规模。

国债投资人关心国债发行收入的用途，希望财政部提高国债预算安排的透明度。20 世纪 90 年代初，财政部在编制单式预算的同时，也开始编制复式预算。复式预算不仅提高了预算安排的透明度，而且明确了建设资金的来源和使用。债券发行款原本被看作收入的一部分，在复式预算中作为弥补建设性财政赤字的资金来源。

4. 一般预算和建设预算

在复式预算中利用国外借款收入安排的基建拨款从线下移到线上，这样一来，预算中的收支项目能够更好地反映资金来源和资金用途之间的关系。表 8 – 1 是复式预算中建设性预算的收支科目。

表 8 – 1　　　　　　　　　　国家预算的建设性预算收支

收入	支出
一、建设性收入	一、建设性支出
1. 经常性预算结余	1. 生产性基本建设支出
2. 专项建设性收入	（1）国内基本建设支出
3. 国有企业上缴利润	（2）利用国外借款收入安排的基础拨款
4. 生产性企业亏损补贴	2. 挖潜改造和新产品试制费
5. 调入资金	3. 增拨企业生产资金
二、债务收入	4. 地质勘探费
1. 国内债务收入	5. 农业生产支出
（1）国库券收入	6. 城市维护建设支出
（2）其他国债收入	7. 支援经济不发达地区的发展基金
2. 国外借款收入	8. 商业部门简易建筑支出
3. 银行借款	二、国内外债务还本付息支出
	1. 国内债务还本付息支出
	（1）国库券还本付息支出
	（2）归还向人民银行借款的利息
	2. 国外借款还本付息支出

资料来源：笔者根据国家预算科目整理。

从表 8 – 1 中可以看出，债券发行收入的用途可以分为两类：一是建设性支出，其中外债列在"利用国外借款收入安排的基建拨款"项下，体现为生产性建设支出；二是还本付息支出，包括内债和外债的还本付息支出。

（二）预算制度

1. 预算通过程序和时间表

中国的财政年度为每年的 1 月 1 日至 12 月 31 日，每年 9 月末开始下一年度的预算编制准备工作，由中央各部财务司（局）和地方政府财政厅（局）根据财政部预算编制指南编制下一年度预算。财政部收集并审阅各部门提交的预算，汇总成国家预算草案提交国务院，经国务院批准后正式提交全国人民代表大会审议通过。1994 年颁布的《中华人民共和国预算法》规定，全国人民代表大会负责批准每年的中央预算和中央预算执行情况报告，地方人民代表大会负责审查并批准相关地方政府的总预算草案和预算执行情况报告。

2. 综合财政和预算外

20 世纪 80 年代中国政府的可支配财政资源包括国家预算和预算外的收入和支出，预算内外的统一管理称为"综合财政"。随着中国国民经济结构的多元化发展，许多以前曾经列入国家财政预算收入和支出的项目，都已经变成了预算外项目。但是，预算外收支仍然接受中央政府不同程度的管理。为了加强对预算外项目的管理，20 世纪 90 年代以后，财政部逐步将预算外收支纳入预算管理的范畴。

3. 中央预算和地方预算

国家预算由中央政府预算和地方政府预算两大部分组成。中央预算由中央各部门的预算组成，包括地方政府上缴给中央政府的各项收入和转移支付支出。地方预算由各省、自治区和直辖市的总预算组成，地方各级总预算由本级政府预算和汇总的下一级预算组成，包括中央对地方的转移支付、返还或补贴。1994 年《预算法》规定，国家预算按复式预算编制，分为政府收入和政府支出两大类，地方政府预算原则上不列赤字。

4. 公共预算安排和财政赤字

目前，国家财政预算包括公共预算和建设预算。公共预算包括政府行政管理、国防、社会发展和社会保障等方面的支出，以及维持上述支出所征收的税收收入和其他一般性收入。建设预算收入为国企上缴的利润，建设预算支出则包括与各项经济建设相关的支出和国家发展改革委管理的专项建设基金（其本质为生产性支出）。《预算法》规定："中央政府的公共预算不列赤字，中央政府建设预算的资金缺口可以通过发行国内外政府债券来解决，但借债应当有合理的规模与结构。"

1994 年以前，中央政府预算赤字依靠向中央银行透支和发行国债来弥补。考虑到货币扩张的风险，中央政府在处理政府对央行的直接借款和透支方面采取了非常严格的控制手段。1993 年颁布的《中共中央关于建立社会主义市场经济体制若干问题的决定》明确规定，从 1994 年开始，财政部不得再向中央银行透支，所有预算赤字只能通过发行国内外政府债券来解决。预算管理立法的加强，要求财政部加紧推出恰当的债务工具。

5. 国库集中收付制度

2001 年，中央财政启动国库集中收付制度改革，建立以国库单一账户为基础、资金缴拨以国库集中收付为主要形式的国库管理制度。2005 年底，36 个省、自治区、直辖市和计划单列市也全部实施了改革。2006 年 4 月，国库集中支付改革已经扩大到全部中央部门。政府采购制度从 1996 年开始试点，经过大力推行，政府采购规模逐渐扩大，从 1998 年的 31 亿元上升到 2007 年的 4000 亿元。

（三）政府国库管理职能

1. 国库单一账户

财政部主要有三项职能：预算管理、国库管理和财税管理。国库管理是国家财政管理部门的基本职能，包括现金管理、债务管理、账目管理和资产负债管理，是预算管理的基础。国库管理的目标是保障政府预算账户的效率和安全。大多数市场经济国家都为政府收入设立了专门的银行账户，称为国库单一账户（treasury single account），开设在央行。另外，还为养老金和社会保障基金开设了附属账户，由政府直接管理。统一的账户能够加强国库资金管理，提供实时信息，提高国库管理的效率。

2. 中央银行代理国库

中央银行通常代理政府履行国库管理职责，这就是国库代理制度。美国由美联储设立税收与公共债务账户，日本设立的国债稳定基金和兑付基金，都是国库代理制度的例子。中国的国库代管制度并未能充分发挥国库管理的作用，特别是国家财政管理当局未能执行国库现金管理的职能，导致基本不发行短期国库券，难以发挥国库券现金管理的作用。

3. 短期国库券和国库现金管理

前面曾提到过，在国债市场化发展初期，市场中的短期国库券发行数量较少[①]，因此收益率曲线缺少短期区间的数据。1999 年，中央结算公司开始编制并

---

① 财政部于 1994 年发行过两期短期国库券。

发布国债收益率曲线，直接采集交易结算数据，用直线法将各样本债券的收益率连接起来，由于缺乏短期国债的交易数据，该收益率曲线并不完整。此外，缺少短期债券工具还会导致货币市场缺少定价基准。这一情形直到2005年才逐渐改观。2005年，全国人大授予财政部对国债实行余额管理的职能，为财政部发行短期国库券，实现现金管理职能奠定了法律基础。

（四）政府债务主管部门的职能

政府债务主管部门和财政部国库司①是中国国债发行和管理的主管机构。政府债务管理的制度包括会计管理制度、政府债务兑付制度、凭证式储蓄债券管理制度等。国债一级市场和二级市场管理的制度结构包括新发行政府债券的销售渠道和销售程序、二级市场中介服务结构，以及国债市场与其他金融市场的互动关系。

1. 财政部债务管理的职能

财政部的主要管理职能如下：编制和执行国家预算；监管预算收支的执行情况；起草并执行财政税收政策；管理中央政府债务。其中管理中央政府债务包括管理中央政府债务市场即国债市场。国债市场是确保国债发行成功的关键因素，世界各国政府都非常重视，力求管理的高效率和低成本。

财政部负责债务管理的部门经过了三次调整：1981～1989年由财政部综合计划司债务处负责，1989～1998年由国债司负责管理，1998年政府机构改革以来由金融司负责管理，自2004年起，由财政部国库司负责管理。财政部国债管理的五项基本职能如下：

（1）拟定政府内外债政策和有关条例

制定政府国外债务的转贷制度，管理统借外债的国内转贷，制定政府内外债务的财务会计制度和预算管理办法。编制政府内外债务借入、偿还的年度和中长期计划，审编政府内外债务的会计统计报表和预算、决算。提供用于偿付政府预算债务的资金。研究国内外资本市场动态，提出国家内外债务管理的对策，研究国债运行机制的改革。

（2）办理国债发行和还本付息

在英国和许多其他国家，由中央银行负责债券发行和兑付的具体操作；在中国，则由财政部负责债券发行和兑付的日常操作事宜。

---

① 从1981年恢复发行国库券以后，国债发行和管理的职能先后属于财政部综合计划司债务处、财政部国债司、财政部金融司，2004年以后转为财政部国库司。国债、地方政府债的发行和管理目前是国库司的一部分职能。

（3）管理和监督国债二级市场

财政部和有关监管部门共同管理国债二级市场。目前中国证监会、中国人民银行和银保监会也参与监管国债交易及参与制定国家各种债券及证券市场的政策和管理办法，并监督相关财务制度的执行。

（4）监管内外债的使用

根据国务院授权，负责我国政府在国际金融市场的筹资工作；审批及管理由财政部通过发行外债筹资的项目。

20世纪70年代末至80年代中期，在集中型经济管理体制还没有被完全打破的情况下，国家外债基本上是财政统借统还，财政部在国家外债管理中居于主导地位。20世纪80年代末90年代初，在国家统借统还贷款逐步减少的情况下，财政部没有相应调整外债管理制度，使国家统借统还贷款分散在各个部门的管理之下。

2004年以来，财政部金融司负责在国际资本市场筹资，国库司仅负责内债的发行和管理。财政部政府债务主管部门和职能尽管几经调整，但是始终全面负责中国的国债管理。世界各国的债务管理经验表明，政府债务主管部门间的合理分工是有效行使债务管理职能的根本保证。表8-2为中国相关各部门的分工情况。

表8-2 政府债务管理的主要职能和分工

职能	内容	主要部门	辅助部门
规划筹资需求	测算政府借款需求；保持债务合理水平；与政府、国务院和全国人民代表大会协调债务政策	财政部	中央银行、发展改革委
确立债务政策	制定债务管理目标和战略；决定发行数量、品种、时机、频率和方法；发展基准债务结构	财政部	中央银行
组织国债发行	确定发行渠道和销售方式；管理承销或招标操作；组织安排发行承销团	财政部	中央银行和一级自营商、中央结算公司
组织二级市场	管理市场流通的国债；提高市场流动性；组织安排市场干预和市场关系	财政部	一级自营商、经纪商和银行、中央结算公司
兑付政府债务	安排国债兑付事宜	财政部	一级自营商、经纪商和银行、中央结算公司
行政管理与核算	管理债务操作的会计系统；管理债务持有人记录；国债兑付核算；国债登记和托管	财政部	中央银行和总会计部门、中央结算公司
国债的清算与结算	管理和发展国债结算和清算系统	财政部	中央银行、中央结算公司

资料来源：笔者制作。

通常债务主管部门设在财政部。政府债务主管部门在财政部的地位及与其他部门之间的关系见图 8-1。

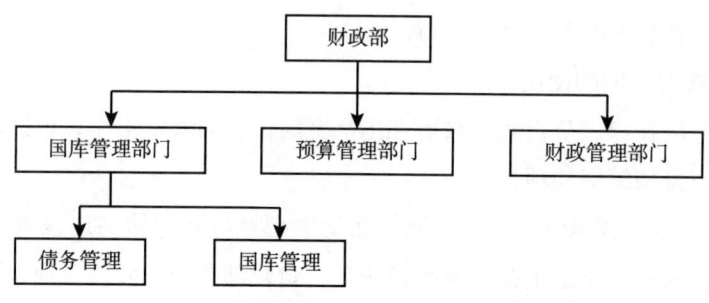

图 8-1　政府债务主管部门在财政部的地位

资料来源：笔者绘制。

2. 政府债务管理的改革职能

从 20 世纪 80 年代起，中国积极推动全面改革开放，所有的政府部门都有责任推动相关领域的改革。中央各个部门都设有负责自身改革并由国家经济体制改革委员会指导的改革司。因此，中国的政府债务主管部门不但具有管理职能，还具有改革职能。

改革是制度安排的进步，虽然改革职能有多种实现途径，但是必须实现双赢或多赢结果。因此，任何改革方案都必须照顾到全体市场参与人的利益。前面列举了对经济发展至关重要的一系列政府职能，主要属于建立健全的制度结构的范畴。在债券资本市场中，政府的职能包括建立一定的激励机制、监管发行人和金融中介、保护投资人利益、保障公平交易。在考虑市场建设时，有必要思考改革的总体安排、改革的起步及恰当的后续步骤。

二、债务管理部门和其他预算管理部门间的关系

（一）政府债务管理部门与预算和现金管理部门间的关系

1991 年以前，中国的国债发行采取行政派购的方式，实物券的分配与调运、国债款的缴纳和上划，以及发行账务的核对委托中国人民银行的国库司和发行司进行。审计国库管理部门的债券账目是政府债务管理的一项重要任务，审计的内容主要是债券的印制数减去发行款入库数是否等于待销毁债券数。由于国库券的发行期较长，经常发生国债发行收入款与其他国库资金串户的情况。此外，国债发行收入

款的跨年度上划，也会给会计核算造成一定困难。直到 1994 年，中国人民银行才完成 1981 年、1982 年、1985 年、1986 年和 1987 年的券款审计工作。财政部自行完成 1989~1991 年特种国债和 1993 年国库券的审计工作。国债实际发行额和发行收入款的审计安排是国债还本付息的基础，如果账务不清，就很难保证国债的还本付息数额和发行数额一致。而债券兑付也存在同样的问题。由于会计核算制度尚不健全，曾经发生已兑付的债券和作废的债券同时销毁的情况，违反了债券兑付管理的规定。与国债有关的会计核算不健全，主要表现在以下三个方面：

第一，国库会计科目设置无法反映国债品种的变化。中华人民共和国成立初期，我国每年发行一次国债，会计分录非常简单。随着国债市场的发展，国债品种逐渐增加，但是会计科目并没有进行相应调整。

截至 1994 年，国债有 4 个品种，其中两种通过不同渠道上划发行款，但是国库会计科目只有"本年国债"和"上年国债"两项。4 个国债品种，两个划款渠道，却都记录在同一个科目中，无法反映每种国债发行款上划的实际情况。

第二，国库会计核算体系是按照税收征收体系设计的，无法适应国债资金上划下拨的需要。税收入库后就不能再转移，但是国债发行款有时候还用于兑付上几年的国债。因此，原有的国库管理办法无法满足国库发行款顺利划拨的需要。

第三，国库科目年初就确定下来，但是国债发行计划要等到每年 3 月的全国人民代表大会批准确定。因此，如果发行办法进行了调整，国库发行款划拨渠道将随之发生变化，原有的国库科目就不能再适应这些变化。上述各种问题已经在 2000年以后，特别是国库司成立以后逐步得到解决。

（二）政府债务管理部门和预算管理部门间的关系

政府债务管理部门与预算管理部门必须进行有效协调。由于国债的发行兑付月报和年报采用了现金收付制，而政府债务管理采用的会计核算制度为权责发生制，因此造成了发行统计数据和预算数据的不一致，为政府债务的监督和管理造成困扰。因此在债务管理实践中出现过很多问题，如当年决算中的债券发行款不反映本年度债券发行的实际情况；个别年份的国债余额出现负数；在采用现金收付制的情况下，账目常常未能按照预算管理要求，提前或推迟计入决算。在采用权责发生制的情况下，政府债务难以和预算、决算数据保持一致。这些情况都会造成决算编审的困难。此外，短期国库券由于折价发行，预算中的发行款不能反映全额面值。但是根据要求，本年度发行的期限在 1 年以内的短期国库券，其债券发行款和还本付息支出的净值应列入预算中。

（三）国外债务管理和预算管理间的关系

目前我国国外债务管理和预算之间存在的问题主要有两个方面：外债收支预算的科目设置问题和外债预算的编制问题。我国政府预算中有关外债收支的预算科目管理办法，是财政部根据改革初期中央财政以统借统还为主体的外债格局设置的。随着改革的深化，中国金融市场逐步开放，外债管理不断加强，统借统还制度被废止，外债预算科目的会计核算已经无法适应新的条件，造成了诸多问题。

1. 不能真实反映国外借款收入

多年来，国外借款收入科目的数据是根据"以支定收"的原则填列的，即按照当年利用国外借款收入安排基建的实际数额填写国外借款收入科目。当时这样设计，主要是为了防止由于外债收支（支出包括投资和还本付息）不平衡而造成国内财政收支不平衡。但是近年来，随着外债品种的增加，上述原则已无法适应变化。原因主要在于，实际借入的外债和当年用于基建支出及其他专项国外借款间的差额，无法在当年的国外借款收入科目中得到反映，造成国债管理部门决算中的外债数据与相关外债统计数据不一致。

2. 外债支出分类不清

现行预算科目中，利用国外借款收入安排基建的支出从基本建设支出类统借统还基建支出款中得到反映，但是用于其他目的的外债，如发行新外债偿还旧外债的款项等，无法从预算科目中得到反映。

此外，1986 年以来，国家预算中列入了中央财政统借统还的外债，但是由于受到外债管理体制的限制，很难明确区分不同类别的开支。如统借自还（CBIR）的外债，很难按类别区分有多少用于基本建设支出、技术改造支出、企业支出和行政支出，因此，将自还外债混入基建支出项目是不合理的。

3. 本、息无法分别得到反映

列入中央财政预算的债务支出科目不仅包括统借统还外债还本付息支出，还包括统借自还外债的财政补贴和垫付的利息支出。为统借自还外债垫付的本息列为预算中的债务项，从借款人的角度来看，属于未来需要收回的项目。因此，如果本金和利息无法从预算科目中分别得到反映，将不利于以后收回相应的垫付资金。

4. 统借统还外债收入属于预算收入

统借统还外债还本付息具体开支由中央政府预算进行安排，预算中同时列出下一年的还本付息支出。这部分外债收入资金由中央财政进行核算，可以和其他财政资金一样核算，以保证决算编制的准确性、完整性和及时性。

统借自还外债通过国家授权的相关借款窗口借入，直接转贷给主管部门、企业和地方，借款窗口同时负责协调还款。各级地方财政部门是统借自还外债的最终债务承担者，需要加强外债使用的财务管理和财政监督。

1986 年，统借自还外债列入了财政决算中。20 世纪 90 年代，编制外债预算和决算的主要问题在于，缺乏收集统借自还外债准确收支数据的可靠渠道。因此，在编制统借自还外债的收支预算时，有时会参考原国家计划委员会的外资利用计划数据；在编制决算时，则会采用经贸部全国外资利用的统计数据。

（四）国库现金管理

中央国库现金管理（以下简称"国库现金管理"）是指在确保中央财政国库支付需要前提下，以实现国库现金余额最小化和投资收益最大化为目标的一系列财政管理活动。

中央国库现金管理是财政部的一项重要职能。国库现金管理既可以提高国库资金的使用效率，又可以保证财政部定期向市场提供短期债券供给。同时国库现金管理也有助于与中央银行配合进行公开市场操作，加强国库资金的动态分析。同时有助于财政部了解国库收支情况、银行体系资金的流入和流出，国债兑付和发行收入的情况。

1. 把握现金变化的规律

虽然国库收入和支出呈现了无规律的变化，但是主要资金的变动是有规律的。科学的预测和收入支出的管理是非常重要的。国库管理要保证预算安排的各项支付，短期国库券是平滑资金安排最有效的手段。在美国，短期国库券实行定期发行，但是每期发行数额是根据预算安排和国债发行兑付等安排变化的。确定国库资金最低额，加强国库资金的动态分析，了解央行货币政策的变化，建立有效的短期国库券市场，都是行之有效的办法。同时，偿债基金、国债平准基金是很多国家行之有效的方法。

2. 建立偿债基金

18 世纪，英国人瓦尔波提出由政府建立用于偿债的基金。当时，英国政府每年从预算中提取一定资金，专门用于偿还债务。但是执行中没有完全实现预定的目标。后来，英国预算制度中的国民公债基金发挥着平准基金的作用。公债基金来源包括常规预算拨款、英格兰银行发行局的利润，其中，英格兰银行发行局的利润包括英格兰银行对国营公司和地方政府贷款的利息收入等。1906 年，日本设立减债基金，资金来源分为三部分：预算安排按照国债总额 1.6% 从一般会计预算中拨转平准基金、一般会计拨款和一般会计结余[①]。

3. 国库单一账户

2001 年以来，中国财政部构建了以国库单一账户体系为基础、资金缴拨以国库集中收付为主要形式的财政国库管理制度，一般公共预算收入科目（税收收入、非税收入、债务收入、转移性收入）均进入央行国库单一账户。而缴税（费）方式通常决定收入资金进入什么账户，成为什么性质的资金。在美国，税收直接缴入财政部在各商业银行开设的账户，且一直停留在该账户，直到有支付需要才提取，其资金性质就是商业银行存款。在英国、法国等国家，税收直接进入财政部在央行的单一账户，其资金性质就是央行负债科目里的"政府存款"。对于实行国库单一账户的国家和地区而言，有一点相同之处，无论税费代理机构是谁，国库库款账户都只有一个，"财政是会计、央行国库是出纳"的角色不会改变。

4. 注意中央银行和主要金融机构与货币政策有关的活动

2004 年，国内央行公开市场业务报告就明确将财政库款随机变化视为货币政策制定和执行的一个重要外生因素。研究国库库款与货币政策相关性的基本前提是了解国内财政资金运行的基本机制，进而是商业银行、中央银行等与货币政策紧密关联的金融机构与财政国库库款的基本关系，最后是财政国库库款与货币政策的关系[②]。

5. 国库现金管理遵循安全性、流动性和收益性相统一的原则

随着中国国库现金管理不断成熟，2006 年财政部、中国人民银行印发《中央国库现金管理暂行办法》，旨在深化财政国库管理制度改革，提高国库现金的使用效益。中国财政部管理的国库现金即中央国库现金，是指财政部在中央总金库的活期存款。该办法明确现金管理的原则和操作方式。国库现金管理遵循安全性、流动性和收益性相统一的原则，从易到难、稳妥有序地开展。国库现金管理的操作方式包括商业银行定期存款、买回国债、国债回购和逆回购等。在国库现金管理初期，主要实施商业银行定期存款和买回国债两种操作方式。

（五）复式预算和外债管理

20 世纪 80 年代，财政部实行复式预算后，遇到两个问题。首先，根据复式预算编制原则，国家预算收支科目是按照经济性质和经济用途分类的。复式预算也规定了外债的使用方式。如果没有收集统借自还外债数据的渠道，就很难按照这类外

---

① 马晨. 国债市场与投资研究 [M]. 北京：中国经济出版社，2002：185 – 193.

② 周莉萍. 国内财政国库库款与货币政策：一个分析框架 [J]. 金融评论，2019（4）：34.

债的经济性质或者经济用途进行分类，不能适应复式预算的编制要求。其次，自1986 年统借自还外债列入国家预算以来，为了不影响财政收支平衡，统借自还外债通过两个账户得到反映（即"国外借款收入"和"基本建设支出—利用国外借款收入安排基建支出"）。这部分外债的还本付息支出并没有在国家预算中得到反映，在预算中出现财政借款越多还款越少，甚至只借不还的情况。

1. 建设预算体现债务科目

为了实现建设预算体现的债务科目，需要改进预算的会计核算方法，逐一反映各项外债科目，根据复式预算编制法将外债收支列入建设性预算中。为了在国家预算中全面反映债务收支情况，需要在复式预算中的建设性预算内增加明细款项，也可以在经常性预算和建设性预算之外单独设立债务预算。

2. 20 世纪 80 年代早期统借统还外债

对于统借统还外债项目，我国建立了外债预算和决算管理制度，并采用工业部门和其他部门所使用的财务会计报表报送程序。这样就可以建立起中央、地方编制统借外债预、决算的财务制度，提高复式预算的长期规划能力，进而加强财政部门对利用国外借款收入安排项目的监督和管理。

3. 地方和事业单位的外债管理

地方财政部门的外债也纳入了预算管理。地方财政部门的外债科目和外债相关科目包括地方政府自借外债、地方用于公共事业并直接由财政偿还的外债和地方政府设立的偿债基金。

20 世纪 90 年代，对于事业单位通过哪些来源偿还其所使用的外债，还没有统一规定。20 世纪 90 年代后期，中国利用从国际金融机构和外国政府举借的债务发展教育、公共卫生、科学研究和环境保护等项目，这些资金的使用者大多为事业单位，其偿还外债的资金来源包括公共事业收入盈余、同级财政经费拨款、部门基本建设投资拨款和其他自有资金。国家债务预算准确反映了这些事业单位的外债偿还情况。

第二节 财政赤字及其弥补

一、历史上财政融资方式

（一）1994 年以前的财政筹资

1979 年，中国实行改革开放以前，政府财政在几乎一半的时间里都是赤字，全部通过向央行借款来弥补。改革开放以后，除了 1985 年以外，财政每年仍然出现硬赤字（把债务收入计算为财政收入以后出现的赤字）。1979 年和 1980 年的赤字由 1981 年发行的国债弥补，因此 1981 年国债发行款没有计入同年的预算收入。1989 年起发行的国债都不作为预算收入，而是用于弥补突发性事件导致的赤字。恢复国债发行的最初原因在于，国债可以代替向央行透支或借款。不过直到 1994 年，预算执行中出现的赤字仍然是由发行国债加上向央行透支或借款共同解决的。

到 1992 年底，国家累计财政软赤字 4223 亿元，其中通过发行债券弥补 1145 亿元，通过外债弥补 1329 亿元，发行重点建设债券弥补 54 亿元，发行财政债券弥补 281 亿元，发行其他债券弥补 449 亿元。另有 1320 亿元硬赤字，其中通过发行国库券弥补 49 亿元，通过保值公债弥补 125 亿元，通过向央行透支借款弥补 826 亿元。还有一小部分硬赤字通过发行财政债券和外债弥补。

中国的统借统还借款是指以中央政府的名义借款、还款，款项用于国家专项建设。因此，统借统还借款在预算中同时列收列支。统借统还借款从形式上表现为弥补财政赤字的手段，实际上直接用于建设项目。

1993 年下半年，中国两次在国际资本市场发债，用于偿还到期外债，发行均已计入预算。由于预算执行过程中财政赤字扩大，外债实际上用于弥补赤字，而不是专项建设。

（二）中国的财政赤字

财政赤字是财政收入和财政支出的差额，在实践中有不同的内涵和不同的定义，需要具体情况具体分析。

1. 公共部门赤字

公共部门赤字包括政府赤字和全部中央政府下属国有企业的净收支差额。中国除了有硬赤字和软赤字，还有地方财政通过预算外资金弥补的赤字以及国有企业获得的银行贷款弥补的赤字。按照这一定义，财政部发行国债的收入、国家发放给国有企业的补助和银行向国有企业的贷款等，都应该算作公共债务。在现行统计中，银行提供给国有企业的贷款没有计算在财政赤字内，这部分贷款中属于政策性贷款的部分应该计为公共部门赤字。

1994 年银行系统改革以来，中央银行不再直接提供政策性贷款，而是由新成立的政策性银行，如国家开发银行、进出口银行和中国农业发展银行等行使这一功能。国有商业银行尽管已经成为法律意义上的市场化主体，但仍参与发放部分政策性贷款。世界银行在评估中国财政赤字对国民经济的总体影响时，就使用了广义的公共部门赤字的概念。

2. 国家财政赤字

国家财政赤字包括中央和地方的预算赤字，是以发行债券和借款弥补的赤字，以及按照预算应该拨款而尚没有拨款的支出。中国目前通行的统计标准并没有将待拨款支出计入国家财政赤字中。

3. 中央政府的财政赤字

中央政府的预算赤字包括预算收支差额、中央政府发行的债券（若发行款计入预算收入）、对地方政府和中央部门的预算拨款。

4. 中央财政软赤字

中央财政软赤字包括中央政府发行的债券以及向央行的透支和贷款。20 世纪 90 年代中国执行复式预算（即经常性预算和建设性预算），采用了软赤字的概念。国际货币基金组织的政府财政统计中也运用了复式预算的概念。

5. 中央财政硬赤字

1993 年以前，通过央行透支和贷款弥补的赤字称为硬赤字，没有计入年度预算报告的预算赤字中。不同内涵的赤字对国民经济具有不同影响。1992 年前，中国的预算报告使用了硬赤字的概念；1993 年试行复式预算，开始同时报告硬赤字和软赤字。1994 年正式实行复式预算以后，中国的预算报告也开始使用软赤字的概念。

6. 预算赤字和基本赤字

预算赤字指的是政府支出加上到期还本付息的再融资减去税收收入。基本赤字指的是政府支出减去税收收入（见表 8 - 3）。中国的基本赤字没有出现过大幅增长，部分预算支出用于偿还国债利息。

表 8 - 3　　　　　　　　　　　　　预算赤字和基本赤字

收入	加/减	支出	等于
税收收入	减	政府经常性支出 政府建设性支出 支付的国债利息	基本赤字
基本赤字	加	发行内债、外债弥补的赤字 利用央行透支、贷款弥补的赤字	预算赤字

资料来源：笔者制作。

（三）发行国债在预算中的作用

1. 债务收入与税收收入的比较

财政收入的主要来源一般包括税收收入、国有企业收入和社保收入等，而债务收入与其他财政收入之间存在着很大的差别。税收收入取决于经济整体表现、税基、税收结构和税收制度等。税收收入稳定性高，有法律依据。与税收收入不同的是，债务收入取决于金融市场的情况和融资规模等，具有一定的不确定性。市场条件有利时，政府根据自身融资需要，可以随时通过发行债券筹集资金。当然，税收收入与债务收入之间最大的区别在于，税收收入无须偿还，但是债务必须偿还。

根据李嘉图等价原理，税收收入和债务收入作为财政收入来源的一部分，具有一定的共同点。只要政府不断更新债务，税收收入和债务收入就没有太大区别。因此，政府在考虑如何增加财政收入时，需要同时注意税收收入与债务收入的共性与区别。政府在考虑发行债券以弥补预算赤字时，尤其要注意债务融资的特殊性。

2. 各种债务工具的优缺点

税收收入与债务收入对提高财政收入具有不同的影响，见表8-4，不同的财政收入工具具有不同的性质，因此政府在提高财政收入的同时，必须根据具体目标选择适当的工具。

表8-4　　　　　　　　　　　各种财政工具的优缺点

工具	优点	缺点
税收收入	成本低	加重企业和个人负担
增发国债	成本低	通货膨胀的风险
国内借款	方便，没有通货膨胀压力	货币贬值的风险
国外借款	可进入其他市场	政府面临汇率的风险
商业票据	可进入高流动性的市场	政府无汇率风险；存在登记方面的法律要求；利率风险；短期波动性；无法预计长期借款成本

资料来源：笔者制作。

一般来说，在税收收入增长有限的情况下，或者是政府收入降低、支出增加导致周期性预算赤字的情况下，政府会选择债券作为融资工具。20世纪90年代后期，由于税收占国民收入总值的比率下降，中国增加了债券融资的总额。当然这一时期情况比较特殊，之所以税收占比下降，是因为20世纪80年代初开始的经济分权，再加上后来积极财政政策导致财政支出增加。

二、宏观经济中财政赤字与外汇储备的关系

（一）财政赤字、政府债券与外汇储备

一国的财政赤字、政府债券和外汇储备之间具有密切的联系。财政赤字（G－T）意味着债务总量的增加。债务总量包括私人部门（DPS）持有的债券和中央银行（DCB）持有的债券，公式为

$$G - T = \Delta DCB + \Delta DPS \qquad (8-1)$$

Δ 为增量。根据定义，经常性账户（CA）、资本性账户（CP）和官方储备（OR）的总和应该为 0，即

$$CA + CP + OR = 0 \qquad (8-2)$$

因此，经常性账户的盈余应该等于国外净资产的减少（ΔF），政府外汇储备的增加应该等于央行持有的外汇储备的减少，即

$$CA = - \Delta F \qquad (8-3)$$

$$OR = - \Delta R \qquad (8-4)$$

净出口（EX－IM）应该等于国外净资产的增加，也等于央行外汇储备的增加，即

$$EX - IM = \Delta F = \Delta R \qquad (8-5)$$

货币（M）等于央行持有的债券加上储备，即

$$M = DCB + R \qquad (8-6)$$

因此，

$$\Delta M = \Delta DCB + \Delta R \qquad (8-7)$$

也就是说，央行可以通过两种方式增加基础货币，即购买国内债券或者增加外汇储备。这两种操作都属于公开市场操作。

上面一系列方程式揭示了经济中的重要关系，表明了中央银行能够发挥的作用。21 世纪初，中国人民银行为了抵消外汇储备持续上升的影响，通过发售央行票据强化了公开市场操作。只有在债券市场发展成熟的情况下，公开市场操作才能真正发挥作用。

（二）弥补财政赤字的手段及其经济后果

理论上，弥补财政赤字的手段主要有四种：投放货币、动用外汇储备、发行内

债、发行外债，用公式表示为

$$财政赤字 = 投放货币 + 发行外债 + 发行内债 \qquad (8-8)$$

如果按照本币和外币分类，则为

$$财政赤字 = (投放货币 + 发行内债) + (动用外汇储备 + 发行外债) \qquad (8-9)$$

公式右边的"投放货币 + 发行内债"表示国内资源弥补的部分，"动用外汇储备 + 发行外债"表示国外资源弥补的部分。如果按照对货币政策的影响分类，公式可表示为

$$财政赤字 = (投放货币 + 动用外汇储备) + (发行内债 + 发行外债) \qquad (8-10)$$

公式右边的"投放货币 + 动用外汇储备"表示中央银行弥补的部分，"发行内债 + 发行外债"表示债务融资弥补的部分。

为了进一步解释弥补赤字的各因素，可以用下面的公式表示财政赤字和弥补财政赤字的资金来源：

$$D = B + BE + DCG \qquad (8-11)$$

其中，D 为财政赤字，B 为政府内债，BE 为政府外债，DCG 为财政透支。

D 表示给定年份政府的收支差额，也就是财政赤字。向央行透支以弥补赤字的办法简单易行，但是会增加基础货币，直接导致通货膨胀。动用外汇储备相当于向银行征税或征收铸币税。剩下的办法就是发行内债和外债。

影响基础货币（M0）的因素包括财政部向中央银行透支，以及商业银行和国有企业向中央银行再贷款。一方面，国外资产增加，同时外汇占款上升，意味着基础货币供给发生了变化；另一方面，居民持有的现金增加，同时央行储备金增加，也意味着基础货币供给发生了变化。

第三节　债券发行授权制度

一、各国国债发行的法律规章

（一）发行审批和发行限额

不同国家在不同时期有不同的国债发行法律规章。接下来将逐一比较不同国家国债发行相关法规的基本特点。

1. 债券发行的审批和用途

发达国家通常会对国债发行收入的用途作严格限制。例如，日本政府规定，公

债收入只能用于公共事业投资，具体用途必须得到日本国会批准。德国《联邦基金法》规定，国债发行收入只能用于投资支出，具体数额不能超过投资对象的信用限额。美国、英国、法国没有专门规定国债发行收入用途的法规，但是英国规定公债发行收入纳入国家贷款基金，用于国有企业、地方团体等事业单位贷款，以及用于支付国债利息等。

2. 发行限额

关于发行总额，美国和法国设定了明确限制。美国规定了借款总额的上限，不过历史上，其规模上限曾经多次被提高。1983 年 5 月 26 日，美国国会规定"永久上限"为 13890 亿美元；1989 年 11 月，上限提高到 31227 亿美元；1990 年 5 月 31 日，上限又下降到 30290 亿美元。美国对联邦普通债和政府担保债的总额设定了上限，根据该国《第二自由公债法》的规定，总额上限为 23000 亿美元。由政府发行并由联邦银行担保的长期债券，法定利率设定为 4.25%，发行额超过 2500 亿美元时可适当上调。2013 年以来，美国国会不再调整债务上限。2019 年债务上限为 22 万亿美元，当时出现一次债务暂停。2021 年 7 月，美国债上限恢复，债务"技术性"违约风险再现，2021 年 12 月美国国会上调了债务上限。在法国，各种期限公债的发行额由经济财政部和民政部的联席会议决定。尽管各国法律制度有所不同，但都针对国债发行收入的用途和筹资目标进行了行政管理和限制。

（二）我国国债发行的有关法律

目前，除了《证券法》以外，中国并没有专门针对债券发行市场的法律法规，但是国务院多项法规中都涉及财政部门发行债券的条款。过去，《预算法》规定，地方政府不得发债。2018 年《预算法》修正后，规定地方政府可在国务院确定的限额内，通过发行地方政府债券举借债务。

1. 《国库券条例》

1981～1992 年，国务院每年都会根据全国人大批准的预算报告，制定《中华人民共和国国库券条例》（以下简称《国库券条例》）。1992 年颁布了统一的《国库券条例》，规定了国库券发行数额、发行目标，以及期限、利息、发行时间、兑付日期等发行条件。此外，该条例还规定了伪造实物债券的惩处措施。执行过程中若出现争议，财政部具有司法解释权。目前，1992 年的《国库券条例》依然有效。

2. 向国务院授权过渡

20 世纪 90 年代初期，启动国债市场化改革，相关的法律文件主要是《国库券条例》和中国人民银行颁发的《国库会计核算业务操作规程》。

中国人民银行作为财政部的财政代理人，负责国库操作和财务报表会计核算。1996 年以前，中国人民银行还负责一部分实物券的销售、还本付息、行政派购发行收入的结算。中国人民银行根据财政部提供的信息提前一周发布新债发行公告，提供关于发行日期、兑付日期、交付日期、发行总量等信息。

自 1996 年起，由财政部负责在国债公开发行前一周发布《国库券发行公告》，提供发行日期、兑付日期、发行总量等信息。自 1998 年起，国开行和进出口银行发债时采用了同样的规则。

财政部同时还参与制定了一系列国债市场管理法规。1992 年的《国库券条例》原本只是操作指南，但是在国债市场化改革的过程中，是国债发行的基本依据。

随着国债市场的进一步发展，1992 年的条例无法适应国债事业发展的需要。因此，财政部于 1995 年会同国务院法制办共同起草了新的条例。同年，《中华人民共和国国库券条例》提交国务院法制办送审。但是由于国债市场改革步伐加快，新起草的条例已经不能适应市场发展要求，因此财政部请求国务院推迟颁布草案。1996 年，随着国债市场化的实现，国债发行逐步实现固定时间表。国债发行不仅与预算安排结合，也与国库现金管理结合。与此同时，国债余额管理成为新的管理模式。

二、关于发行主体授权的有关法律

财政部作为中央政府的代表，可以根据《国库券条例》，围绕自身融资目标，自主选择各种内外债工具和发行技术。由于国务院只规定了发行总量的上限，没有限制单笔发行的规模，因此财政部可以根据预算支出的安排和偿还到期债务的需要，自主决定单笔发行的数额。财政部与证监会共同负责管理国债一级自营商。此外，1993 年成立的中国国债协会作为行业自律协会，同样发挥着监管的作用。

（一）财政部发行国债的授权法律

1994 年以前，财政部在中国人民银行只设有一个账户，所有政府开支都记入这一个账户，并且通过这一账户从央行取得无息透支。1994 年初，国务院决定禁止财政部向央行借款或透支。这一决定后来纳入了 1994 年颁布的《中国人民银行法》中。1987 年以前，中国银行代表中央政府在国际资本市场发债。自 1987 年起，财政部正式代表主权国家发行外债，即在国际资本市场上筹集外币资金。

1. 通过预算法授权

全国人大负责批准财政部的国债发行计划，并在审批国家预算报告中的融资项目（包括预备发行国债总额）时正式核实批准国债发行总额。全国人大通常在每年3月召开会议，因此国债国内发行的有关事项于每年3月底确定。

在《中国人民银行法》和《预算法》（1995年12月12日颁布）颁布实施以前，财政部发行的国债数额经常超过批准或规定的规模。之所以会出现这样的情况，除了因为经常发生意料之外的预算开支（如用于干旱或洪涝灾害地区的应急资金），财政部也希望在市场条件有利的情况下多发行一些国债。

2. 国债余额管理

2005年之前，发行短期债、中期债和长期债都需要得到中央政府的批准。2005年11月，全国人大将国债余额的管理权转交给财政部，也就是说，国务院只负责批准国债发行规模，财政部可以自行选择国债品种，并决定是否增发短期国债。这一改变为财政部利用短期国库券进行现金管理提供了条件。

3. 外债管理

但是由于国家外汇管理局需要平衡外债，因此在国外发行国债仍需要得到国务院的单独批准。财政部直接向国务院提交外债发行报告，再由国务院将报告分发给相关机构，如国家发展改革委或外管局。国开行和进出口银行首先将外债发行报告提交给国家发展改革委，经国家发展改革委和外管局联合签署后呈交国务院审批。

4.《预算法》规范地方债发行

地方政府债券市场由财政部、国家发展改革委和人民银行共同监管。财政部负责监督或代理地方政府债券的发行。

（二）政策性银行和商业银行的授权法律

1. 政策性银行的授权法律

由于金融机构是国家特许的国有企业，其发行的债务具有广义国家债务的性质。政策性银行和商业银行的发行有明确的国家授权。中国人民银行负责批准国开行、进出口银行和其他金融机构每年的发债规模；国开行、进出口银行和农业发展银行自行决定每次发债的时机和发行规模。2005年，国务院决定将国债发行监管内容从每年发行总量变更为债务余额；国开后来也受到相同的待遇。债务余额（未偿付债务的总量）控制是管理发行规模的一种手段，发债人发行的债务总量不能超过一定的上限（首次发行量减去已偿还本金）。债务余额控制制度的优势在于，能够让发行人发行短期债券，有很大的灵活性，为现金管理奠定基础。根据规定，发行人的债务余额规模可以暂时超过政府设定的上限，只要在年底控制在上限以内就符合规定。

2. 商业银行发行债券的授权法律

过去，国家发展改革委负责审批公司债券的发行规模，公司债券利率受到管制，由发改委和人民银行共同设定。中国银行业监督管理委员会负责审批次级债的发行。2004 年，银监会颁布了《商业银行次级债券发行管理办法》，规定商业银行只能在银行间债券市场通过招标或私募的方式发行次级债，还规定了商业银行发行次级债的上限。国开行和进出口银行等政策性银行也可以出于资本金的需要，在遵守这一办法的前提下发行次级债。

第四节　政府的负债管理和债务管理政策

负债管理涉及财政部的国库管理和央行的资产负债表管理，债务管理政策提炼了国际、国内一些成功的经验和做法。

一、负债管理

（一）负债管理的必要性

前面的章节曾讨论过，政府对债务和债券的认识程度对于债券市场的发展至关重要。中国政府经历了思想转变的过程，现在已经逐渐意识到建立债券市场、促进债券销售和交易的重要性。与此同时，债务管理对中国来说还是全新的议题，需要进一步研究。

20 世纪 80 年代，许多国家都积累了大量债务。政府债务主管部门发现，政府的负债总额会随着市场条件和外部金融环境的变化而变化，如利率和汇率的变化会带动债务的增长。80 年代后期，国债余额迅速增加，市场和金融环境对负债管理和债务偿还的影响越来越大。此后多年来，国家不仅非常重视对外资产负债管理，也开始重视国内政府的资产负债管理。

在计划经济时期，资产负债管理的必要性并不明显，因为当时的银行利率是受到管制的。人民银行调节利率时，通常会同时按比例调节存贷利率，因此资产和负债会自动匹配。当时的中国几乎没有外债，市场上可用于风险管理的工具少之又少。随着国债市场的建立和发展，资产负债管理成为财政部债务管理的重要工具。

（二）政府负债管理和金融市场

资产负债管理能够帮助政府债务主管部门利用对冲的方式，从整体上对资产负债进行匹配管理。拉尔斯·里斯伯格和安德斯霍尔姆隆德（Lars Risbjerg and Anders Holmlund）教授曾指出："资产负债管理体现的思想是，应该尽可能将整个资产负债表（即资产方和负债方）纳入风险分析的范畴中，从整体上评估风险敞口。原则上，管理者可以通过匹配资产和负债各自的风险特征，将风险降至最低。资产负债表的一方可以对冲另一方的风险。"[①]

1970 年以来，技术进步促进了市场发展，各国政府逐步放松管制，市场也因此波动更大。在激烈的竞争下，金融机构很难再通过存贷利差获得可观利润。金融管制的放松给金融机构带来了两大挑战：

第一，金融中介的职能因为借款人和投资人市场行为的变化而发生了变化。投资人不再将存款作为唯一的投资选择，借款人也不再将贷款作为唯一的资金来源。投资人和借款人都希望直接参与市场。金融环境的变化，要求金融中介必须帮助客户进入市场，同时还要帮助客户管理风险。

第二，利率和汇率的频繁波动极大地影响了金融机构的资产价值和利润水平。市场参与者除了要面对信用风险，还需要面对市场风险。这一变化要求金融机构将风险管理的重点从信用风险管理转移到市场风险管理上。同时也对财政部的负债管理提出了新的要求。

（三）负债管理和风险分担

在实际中，并非所有的风险都能通过风险管理消除。因此，风险管理的目标不是避免所有的风险，而是尽量降低风险。但是，风险确实可以进行转移、分散和对冲。每个人都希望避免风险，不过每个人对风险的确认和偏好都有所不同，可以将市场参与人分为风险中性、风险厌恶和风险爱好型三类。风险意味着不确定性，因此风险管理的作用就在于获取信息，减少不确定性。举例来说，由于信息不对称，不同的市场参与人会面对和承担不同的风险。认为某种资产有风险的人，可以与认为该资产风险不大的人进行交换。风险越大，期望收益越高，因此一些市场参与人可能愿意为了更高的利润而承担更大的风险，另一些人则为了降

---

① Lars Risbjerg and Anders Holmlund. Analytical Framework for Debt and Risk Management. Advances in Risk Management of Government Debt. Paris：OECD Press，2005：42.

低风险宁愿牺牲部分潜在利润。市场参与人面对不同的风险，或者说，对某些人构成风险的，对另一些人则算不上风险，因此同一个风险管理措施能够同时降低交易双方的风险。

金融机构从本质上讲就是风险承担者，必须承担其他市场参与人不愿承担的风险。个人通常都是风险厌恶者，因此必须有人去承担风险才能促成交易。另外，专业的机构投资人和金融中介对市场有更深入的了解，可以取得与风险水平相对应的利润，由此促进了风险管理机制的健全与完善。

资产组合经理通常利用资产多元化来管理风险。组合内各资产之间的相关性越小，风险越分散。资产负债管理的对象是市场风险，而不是信用风险。管理的办法主要是对冲。风险可以理解成信息不对称带来的不确定性，资产的买卖双方由于信息不对称而面对不同程度的不确定性，因此可以通过资产交换实现双赢。

二、负债管理领域的发展

（一）负债管理内容

政府债务管理也称为"负债管理"，就是根据政府的债务和风险管理要求，利用最新市场技术和市场工具进行管理的一种制度。负债管理的目标在于降低未偿付政府债务的风险。由于资产和负债紧密相关，政府的负债管理通常也和资产管理结合起来的。这里所说的资产既包括国内资产，又包括国外金融资产。随着现金和储备等国内资产的增加，政府需要考虑如何从整体上管理国外资产和国内资产。政府负债管理的内容体现在以下四个方面。

1. 降低政府债务风险

负债管理的任务是判断政府债务管理政策是否恰当，评估政策是否成功。确保资产和负债在期限上的匹配。为了提高负债管理技术，政府首先要明确负债管理的目的和重点，确定负债管理的具体目标。目标应通过一些具体的指标得到体现，如规定政府债务的类型、国债风险管理的指标要求等。此外，还应建立政府债务的参照基准，用于度量债务风险。负债管理应采用全新的会计制度，保证对政府资产负债的有效评估。政府债务主管部门必须将现有的债务结构转换为可度量的标准化工具，确定债务管理的标准。

2. 确定负债管理的职能

政府的负债管理必须有一定的法律制度为保障，明确政府债务主管部门的权限。相关问题包括政府债务主管部门是否与一个或多个政府部门建立关系，是否负责监督管理所有的政府债务，是否有能力管理所有的资产负债。

界定政府债务主管部门与货币当局间关系的本质在于，政府债务主管部门是否有义务支持政府的货币政策。确定政府债务主管部门的权责范围，例如，债务主管部门由政府或议会授权管理资产负债风险，控制债务成本。

3. 负债管理主要是应对利率风险

根据世界各国的债务管理经验，政府负债管理的目标是降低市场风险，降低偿债成本。市场随时都在变化，利率上升，债务价值下降；利率下降，债务价值上升。债务价值下降代表降低债务成本。债务价值的变化还取决于负债是浮动利率还是固定利率。利率上升，浮动利率债券的利息也会上升，因此政府必须尽量防范市场和金融环境变化造成的债务成本上升。国家开发银行的经验表明，从发行人的角度考虑，如果收益率曲线相对陡峭，债券利率的上升程度不及市场，那么最好选择浮动利率债券；反之，则最好选择固定利率债券。如果政府需要在通货膨胀的情况下对债券进行保值，就必须考虑到保值补贴造成的额外成本。此外，提前兑付也会增加利息成本（比如 1994 年曾提前兑付不可上市储蓄债券）。这种情况下，政府会多支付利息补贴。有鉴于此，从 20 世纪 90 年代中期开始，政府就取消了通货膨胀保值补贴。

4. 降低汇率变动造成的风险

汇率变动通常会引起由本国货币表示的外债价值的变化。2005 年 7 月 20 日，中国政府宣布中国将从固定汇率制转变为参考一篮子货币，有管理的浮动汇率制。这一转变会将中国的外债暴露于汇率变动的风险之下。为了管理汇率风险，中国引入了汇率互换市场和外汇期货市场。为了应对汇率风险，债务主管部门必须设定一定的基准，交易员和负债管理员才能据此制定目标，评估负债管理绩效。

（二）国债管理战略分析

国债管理战略分析是对国债发行成本和风险进行定量预测和分析。在国债管理中采用数量化的分析和辅助决策工具，有助于提高国债管理的科学性和前瞻性，降低国债筹资成本，防范国债管理面临的风险，从而提升债务管理的精细化程度。2001 年，世界银行和国际货币基金组织联合发布《政府债务管理指引》，明确指出政府债务管理的目标是在中长期内以较低成本和风险满足财政筹资需要，以及促进政府债券市场的发展。在随后对该指引的修订中，均继续重申这一目标。

2013 年 12 月，财政部国库司在国债领域第三次得到世界银行技术援助，开展"中国国债管理战略计量分析"项目研究。中央国债登记结算有限责任公司担任该项目咨询顾问机构，由中央国债登记结算有限责任公司骨干研究人员和国内知名高校研究团队组成专项课题组，对计量模型的构建做了详细、规范、严谨的理论论证和实证研究。

该课题为量化分析技术在债务管理中的运用提供了重要理论基础。课题以国债管理战略的成本与风险为主线，在对国债管理战略理论、国债管理战略的计量分析方法，以及主要国家（美国、日本、加拿大、英国、瑞典、丹麦及新兴经济体中的巴西和土耳其等）的国债管理战略计量分析经验进行研究的基础上，结合中国实际情况，构建中国国债管理战略计量分析模型，并进行实证分析。

课题用债券的发行利率作为成本的度量指标，用未来发行利率的不确定性作为风险的度量指标，假定七种发债方案，分别为"2014 年方案（2014 年实际执行的发债方案）""短期债方案""中期债方案""长期债方案""均衡方案""均衡偏长期债方案"和"均衡偏短期债方案"。对每种方案进行 10000 次模拟，计算出了每种方案对应的成本、风险和其他统计指标。

研究结果表明，如果单就各方案的成本（平均付息）和付息金额的方差来看，二者的确存在此消彼长的关系：短期债券在国债管理战略中占比较大时付息成本比较小，但各项风险都比较大；长期债券比例越大，未来付息成本会相对比较大，但其方差、尾部风险和情景风险较小。因此，需要综合考虑成本和不同种类的风险，选择综合表现较好的国债管理战略。研究项目成果为制订政府债券发行计划、优化政府债券结构和发债节奏、提升债务管理能力、实现债务管理政策目标等方面提供了定量分析的基础[1]。

（三）政府债务管理部门的组织形式

为了实现高效的政府债务管理，需要有恰当的组织结构和制度结构。决策制定过程须要做到直接、透明，并以法律程序为基础，各有关负责部门应高效地行使职责。

在许多国家，财政部负责制定债务管理决策，并授权债务主管部门起草债务管理指南、决定政府债务管理政策。同时作为债务管理职能的一部分，财政部负责向国会报告。

债务政策的执行主要有两种方式：其一，大多数国家都有直接受财政部管辖的债务主管部门，中国也是如此；其二，在一些国家，中央银行负责管理政府债务。如果中央银行作为政府的国库代管机构，财政部也会同时授权中央银行作为债务主

---

① 中央结算公司，2021 – 09 – 18.

管部门。这一做法有两大优势：①中央银行能够在债务管理的市场操作中更好地与市场参与人合作；②债券市场和货币政策之间能够更好地协调。

在许多国家，财政部与中央银行之间既有分工又有合作。例如，中央银行负责管理可流通国债，财政部或另一个独立的债务管理部门负责管理不可流通国债。在一些国家，由财政部管辖的独立债务管理部门负责招聘高素质的债务管理人才。

为了有效管理政府债务和债券市场的日常事宜，债务管理部门需要与预算和现金管理部门密切合作，及时获得政府收支数据、支出安排和现金账户状况。债务管理部门需要及时向预算和现金管理部门提供新发行国债和国债还本付息的数据。政府债务管理部门可以通过发行短期国库券，协助预算部门安排日常支出。中国财政部直到 2005 年才赋予现金管理职能，此前很少发行短期国债（1994 年发行过一次）。

总而言之，政府部门对于债券资本市场具有重要作用，因此，有必要在负责政府债务管理的财政部下属的各部门之间、央行和财政部之间，或者财政部与独立债务管理部门之间建立正式的沟通平台。在央行负责国库管理的情况下，财政部和央行之间必须进行有效合作（后面还会详细讨论这一问题）。

三、一级市场和二级市场的行政管理职能

（一）一级市场的行政管理职能

债务管理部门需要有效的会计核算制度，确保债务主管部门能够掌握与政府债务有关的所有金融活动。传统的预算和政府债务核算制度建立在现金管理原则的基础上，因此金融资产和金融负债是分开的，只有现金项目列入会计核算中。有效的债务管理应该以权责发生制会计核算为基础。这种核算方式适用于折价发行的国债。实行现金收付制的情况下，折价发行的国债的利息成本通常计为兑付时支付的本金；实行权责发生制的情况下，折价的部分以成本处理，不必考虑实际支付日期。

在广义的会计核算制度下，债务管理部门应该有自己的债务偿付时间表，以便准确、及时兑付到期国债。根据国债存托制度，债券的还本付息资金通常要通过一系列账户转账：首先要从政府账户转到中央国债登记结算有限责任公司的账户，然后转到国债持有机构的账户；若为跨市场交易国债，则首先要从政府账户转到中央国债登记结算有限责任公司的账户，然后转移至中国证券登记结算有限责任公司的账户，最后转到国债持有机构的账户。从托管机构账户转到债券持有机构（如证

券公司）账户过程中的行政管理工作通常由中央银行、商业银行和中央国债登记结算有限责任公司等机构负责[1]。行政管理工作涉及国债的登记、印制和转运，这些工作已被计算机簿记系统所取代。

一级市场管理职能来自市场关系、投资者关系（IR）和了解客户（Kye）的要求。无论采取哪一种国债销售方式，新发行债券销售渠道的组织都是一项重要工作。债务主管部门需要与银行进行直接或非直接的接触，协商制定合适的销售程序。如果采用承购包销式发行国债，政府需要与承销团中的重要成员保持接触。如果采用招标制发行国债，政府就需要从所有参与投标的金融机构中，挑选出最有实力的投标人并与其接触。有时候政府也以公开发行的方式，在一级市场直接销售不可上市债券（储蓄国债），或者通过授权的经纪人或银行系统销售债券（相应费用由政府承担）。如果采用定向私募的方式，政府债务主管部门可以与银行或机构投资人建立直接关系，也可以通过经纪人代理销售债券。为了配合央行的货币政策，政府债务主管部门通常与央行保持密切联系。不管采用哪一种销售方式，政府债务主管部门都必须与市场保持直接接触，以确保债券发行的成功。

（二）二级市场的行政管理职能

二级市场必须保持高流动性，因此，政府需要与金融机构建立合作关系，建设健全的法律体制。国际经验表明，健全的金融基础设施，包括国债的联网簿记系统，国债的存托、登记、清算和结算系统等，具有十分重要的作用。中国在1991年启动国债市场改革时就大力投入基础设施建设，到1997年时各种系统已基本就位。

许多人认为，为了保障债券一级市场的稳定性，政府有时候必须直接或间接干预二级市场。这样做可以减轻供求不平衡造成的压力，更重要的是可以稳定市场价格，或暂时为新债发行创造有利条件（特别是在通过承购包销制发行长期债券时）。在实施市场干预方面，政府债务主管部门通常会建立专门的机构，或者授权给央行。

在债券市场发展初期，政府的干预还是有必要的。但是经验表明，政府的职能应该限制在制定规则和执行规则的范围内。财政部和中国人民银行等政府机构在一级债券市场中属于市场参与人的角色，由财政部实施市场准入限制或行政指导，都在一定程度上制约市场的发展。

---

[1] 中央结算公司，2021 – 09 – 18.

四、财政部和中央银行在债务管理方面的合作

(一) 国务院领导下统一实行财政货币政策

政府债务主管部门在任何债务活动中都要考虑货币政策的需要；同样地，货币政策的制定者（或者说货币当局）在实施货币政策的同时也要考虑债务管理的需要。要实现这一点，就应当加强财政部各部门与负责协调财政政策和货币政策的委员会之间的合作。在中国，中央银行是政府的财政代理部门，有关政策禁止中央银行为财政部提供借款。

国务院作为中国最高行政机构，负责制定中国的债务管理政策和货币政策。因此，财政部和中央银行可以根据国务院制定的政策统一行动。1994 年银行系统改革之前，中国人民银行只相当于财政部下属的一个司，央行的货币政策必须支持财政部的政策目标。预算赤字主要通过中国人民银行透支来解决，仅有一小部分通过发行国债弥补。随着商业银行持有的政府债券越来越多，可提供给企业的流动资金出现不足。在银行缺乏现金和流动性的情况下，中央银行不得不通过所谓的再贷款向银行提供资金，从而导致基础货币的增加。

(二) 部门之间关系的协调

央行实施控制货币供给、稳定经济的政策目标，不可避免地受到债务政策的影响。自 1981 年起，财政部开始通过发行国内政府债券来弥补财政赤字，债券发行款纳入预算收入。自 1982 年起，预算收支的实际缺口（即硬赤字）仍通过央行的透支和贷款来解决。一直到 1993 年，中央政府停止向央行透支。此后，财政部再无法以这种方式弥补财政赤字。从改革之初直到 1993 年早期，中央银行在安排信贷资金方面没有考虑到财政部发行国债和透支的因素，更没有因此减少贷款安排。1993 年下半年，银行系统改革为政府债务管理政策和货币政策之间的协调奠定了基础。改革取得的成果之一是财政部不再向中央银行透支或借债。央行的独立性有所提高，其主要职责调整为维持适当的货币供给，稳定经济。财政部向银行和非银行金融机构发行短期国库券，允许银行和非银行金融机构持有国债作为流动性较好的金融资产，这为央行的公开市场操作做好了准备。不过由于担心偿债高峰的出现，财政部在 2006 年之前没有定期发行短期国库券。

1994 年银行系统改革之后，央行在执行货币政策时变得相对独立了。同世界许多国家的情况一样，财政部的权限高于央行，因此二者之间的合作并非一帆风

顺，这给政府债务管理带来了一定的影响。中国人民银行在 20 世纪 90 年代中期未能完全投入国债一级市场改革，不过央行在着手安排公开市场操作之后，认识到了债券市场对于公开市场操作的重要性，与财政部之间的合作也越来越顺利。

经验表明，良好的制度安排有助于提高二级债券市场的效率。央行在行使政府的财政代理机构职能时，应该设计并确立协调债务管理目标和货币政策的制度，才能更好地发挥作用。

（三）国债发行时与中央银行的各种合作方式

国债发行的组织结构是国债管理制度的保证，国债发行的组织结构有以下四种类型：

①财政部委托中央银行发行债券。中央银行通过招标确定国债发行条件，或者与银团或承销团成员进行协商确定发行条件。英国正是采用了这一国债发行方式。

②财政部委托中央银行进行国债发行的特定操作，如组织银团或承销团；由财政部决定定价形式、债务工具、债务期限等发行条件。

③财政部和中央银行分工负责国债发行。中央银行负责组织对银行系统招标；财政部负责向机构投资人和证券公司销售国债。或者中央银行通过招标、承购包销等方式组织发行，财政部直接组织随买式发行。

④财政部直接组织发行。财政部直接邀请承销团成员，或者通过招标的方式组织一级市场销售。美国正是采用了这一国债发行方式。

中国财政部和中央银行在国债发行方面的组织结构与美国类似。财政部直接组织承销团，或者邀请一级自营商进行投标，同时还通过随买的方式向个人投资人销售储蓄债券。由于委托代理成本不同，销售政府债券的制度安排也有所不同。根据委托—代理理论，委托人出于效率的考虑向代理人授权。财政部之所以直接组织一级市场发行，而不是授权给中央银行，是因为招标制可以降低国债销售成本、简化销售程序、提高销售效率，财政部组织招标的成本要低于授权给其他机构的成本。

（四）中央银行在国债发行中的作用

一些发达国家规定中央银行不得直接向财政部购买国债。不过在特殊情况下，法律允许央行在一定范围内认购国债。例如，日本的中央银行可以在国会规定的上限内购买和持有国债。在美国，1981 年以前，联邦储备银行可以认购 50 亿美元以内的普通债和政府担保债，不过目前的美国法律禁止联邦储备银行直接认购国债。德国的《德国联邦银行法》规定，联邦银行只能做经纪人，不得直接认购国债，但是可以向联邦政府提供 60 亿德国马克以内的短期信贷。类似地，在法国，《法兰西银行法》规定，法兰西银行不得直接认购国债，但政府可以在经济财政部和民政部联席会议认可的情况下向法兰西银行借款，借款上限由国会批准。英国的政策有所不同，英格兰银行有时可以购买公开招标发行的部分国债，有时则可购买发行的所有国债。

总的来说，世界各国都对中央银行购买政府债券作出了限制，这样的制度安排对于保证中央银行货币政策的独立性具有重要作用。中央银行和财政部之间的法定关系能够平衡政府宏观经济政策的目标。2000 年以来，中国中央银行的独立性不断提升，在国务院框架下行使货币政策。

五、政府发展债券二级市场的目标与债务管理

不同国家发展国债市场有不同的目标，根据偿还政府债务管理的重要性，主要包括以下方面：

（一）要保持良好的信用，政府必须保证按时偿还债务

倘若政府偿还债务时遇到了困难，也应该采用以新债偿还旧债的方式，而不是延期偿还。20 世纪 90 年代初曾经出现过国有企业持有的国债未能按期还本付息的情况，之后中国的国债都是按期偿付的。财政部意识到了维持信誉的重要性，提高了债务偿付预算安排的优先级，也就避免了延期偿债的局面再次出现。

（二）降低政府筹资成本

降低筹资成本是指政府在每一次发债时都能以尽可能低的成本筹集到所需资金。若政府还本付息的债务负担过重，债务主管部门就必须注重采取系统、高效的债务管理技术（特别是风险管理技术），降低未偿付债务的成本。实现降低筹资成本的一个重要方面是尽可能降低各种手续费。许多国家（包括 20 世纪 90 年代后期以前的中国，国债通过银行系统、证券公司、邮局进行发售）债券发行和债券结算的手续费都较高。如今，大多数国家通过债券发行技术的改进和创新，成功地降低了手续费。例如，以招标的方式发行国债就大幅降低了发行费用，基本不支付手续费；不过在一些国家，银行和证券公司协助收集标书，仍会收取手续费。此外，大多数国家利用中央托管系统来降低结算和兑付的手续费。由于中央结算公司的成立，中国在 2000 年以后也成功地实现了这一目标。

（三）保证政府能够有效控制成本和风险

管理资产组合的风险，也是降低政府成本的重要目标。这一新的目标进一步延

伸了政府降低筹资成本的传统目标。根据现代资产管理理论，政府债务主管部门应力求从整体上降低总的负债成本，使用衍生产品工具对冲、分散负债组合的风险。对成本和风险的有效控制，要求管理者充分考虑内债的成本和风险、有效进行资产负债管理和现金管理。

（四）调整政府资产负债结构

目前已有一些国家将政府债务管理的职能扩大到对资产负债的综合管理。为实现这一长期目标，政府债务主管部门必须从资产负债管理的角度来考虑债务的货币组合和期限结构。债务主管部门在这方面可能遇到的问题是，如何准确预测政府的资产负债状况，此外还需要了解管理的资产在什么条件和何种程度上会受到汇率及利率变动的影响。近些年来，大多数国家利用现代债务管理技术改进了债务管理。

（五）降低国库现金管理对市场的影响

为实现这一目标，一级市场新发行债券的票面利息必须与二级市场上同期限债券的收益率相一致。有时人们也将这一目标解读为保持有序的市场条件。也就是说，政府作为发债人，必须经常向市场参与人通报借款计划、新债发行的时间表和发行条件。要保持有序的市场条件，通常要求政府提高国债在二级市场的流动性，政府债务主管部门尽可能不干涉二级市场，并在不得不采取干涉措施时提前通知主要的市场参与人。

事实上，新发债的收益率通常都参考了二级市场的收益率，二级市场的收益率从新券（on-the-run bonds）中得到反应。这并不意味着新发债的收益率必须与二级市场的收益率完全相等，因为有时候旧券（off-the-run bonds）缺乏流动性，不宜作为参考基准。假如市场尚没有相同类型的债券，新发债就会成为市场收益率的参考。这种情况下，新发债增加了市场上的债券品种，也增加了新的价格信息。

（六）增加政府债务工具的种类和分布

如果发行的国债有逐渐增加的趋势，政府债务主管部门就应努力增加债务工具的种类和数量。随着国债发行量的增加，政府需要吸引新的投资人，满足这些投资人对国债投资工具的需要。举例而言，为满足银行、部分资产管理机构和基金公司的需要，可发行固定利率或浮动利率的中期国债；为满足风险厌恶型投资人和风险爱好型投资人的需要，可发行可上市或不可上市的短期国债。

在通货膨胀的情况下，对债券实行保值有助于吸引传统的投资人，比如说物价指数联动债券能吸引投资人购买长期债券。零息债券由于无须支付利息税，受到了高收入投资人的青睐。政府在选择债务工具时应注意必须保证能够在发行条件不断变化的情况下选择适当的债务工具。这时必须结合债务发行的目标，不同的发债目标需要不同的债务工具，因此在进行选择时，既应该保持灵活性，又应该牢记发债的目标。较好的做法是，发债人不要过早选择一种固定的发行技术，以便在市场条件发生变化的情况下，灵活地选择其他发行技术。国债工具的发展必须与金融中介行业的发展相结合。

（七）确保国债二级市场的有效运行

保持有效的国债二级市场，对国债的发行至关重要。首先，有效的二级市场能确保新发债券的合理定价，保障定价更贴近市场条件。其次，有效的二级市场能确保政府随时可向市场投放新的国债。最后，有效的二级市场使得政府可随时对市场进行干预，以便减少债券发行和债券兑付对市场造成的负面影响。不过政府应尽可能少干预市场。

国债二级市场有效运行的一个标志就是较高的流动性。也就是说，二级市场必须有效地分流和吸收一级市场新发行的国债，加快债券在投资人之间的换手率和交易频率。政府要想提高交易的活跃程度，必须开发更加多元化的债务工具和金融衍生品，建设高效的债券托管记账系统，建设先进的债券清算结算系统。

（八）形成有效合理的国债期限结构

有效合理的债务结构是指，发债人为避免集中兑付、满足投资人不同的偏好，有必要在期限结构中囊括长期、中期和短期的期限。这样的期限结构有助于建立有序的市场条件，减少政府债务操作对市场的不利影响，还有利于实现政府财政政策、货币政策和现金管理政策的整合。这是因为，政府不管是兑付债券，还是借新还旧，都会导致现金流的变化。

（九）保证新发行债券的成功发行

这一目标的实现依赖于选择最有效的销售技术。政府应根据本国特定的经济条件和市场条件，选择一种销售技术，或几种销售技术的组合。选择销售技术时需兼顾其他债务管理目标，如减少对二级市场的不利影响，或增加对二级市场的有利影响。此外，选择销售技术时还应考虑增加政府债务工具品种的长期目标，这一目标必须与货币政策的目标相协调。

六、政府债务管理目标与其他政策目标的关系

保证债务管理的政策目标与政府的宏观政策目标相一致，是政府债务主管部门的重要职责。由于国债发行人既是市场参与者又是政策制定者，债务主管部门能够较为容易地制定出与宏观政策目标相一致的管理策略。如前所述，债券市场并不是在真空中运行的，其他的政府政策工具与债务工具相互影响、相互作用。

（一）促进金融市场的健康发展

金融市场是债券市场的基础，因此金融市场的健康发展对债券市场的发展至关重要。没有健康的外部环境，国债市场很难实现自身的发展目标。例如，1993 年的股票热、投资热、房地产热就导致市场利率水平上升，妨害了政府的筹资安排。金融市场是政府债券市场的外部环境，金融市场的发展是政府债券市场发展的基础和前提条件。20 世纪 80 年代以来，香港特别行政区政府债券一级市场的建立和发展以及二级市场的迅速发展，都以发达的金融市场为基础。因此，政府债务主管部门应努力促进整个货币市场和资本市场的建立和发展，为政府债券市场提供有利的金融环境。现有经济体制改革的关键在于金融改革，而建立和发展国债市场是金融改革的重要组成部分，对于宏观调控机制的建立具有重要意义。积极促进国债市场的发展并以此推动金融改革，是 20 世纪 90 年代中国面临的紧迫任务，至今仍然是主要任务之一。

（二）促进整个证券市场的发展

建立和发展国债市场的意义远超过国债市场本身，对整个证券市场都具有重要影响。和世界上大多数国家一样，中国的证券市场也是从国债市场发展起来的，国债市场提供了从储蓄到投资的转换渠道。此外，国债市场的收益率为整个证券市场提供了参考基准。政府债券在整个债券市场中占主导地位，是公司债券、金融债券、中央政府部门债券和市政债券的定价基准。因此政府在考虑债券规模、进入市场的时机、推出新的市场工具等问题的时候，必须注意政府债券市场对整个证券市场产生的影响。

（三）努力促进个人的长期储蓄

亚当·斯密在《国富论》中指出，增加个人储蓄，提高储蓄率，能够促进国家经济的发展，增加国民财富。1994 年以来，储蓄债券（凭证式国债）的发行吸

收了个人手中的闲散资金，属于政府鼓励储蓄的一项政策。政府债券是个人持有的主要金融资产。通过有吸引力的政府债务工具吸收个人存款，能够有效减少个人消费，增加政府重点建设项目的投资。许多国家向个人投资人发行储蓄债券，有效地吸引了个人投资。由于储蓄债券的发行目的和发行用途与其他政府债券有所区别，一些国家将储蓄债券的发行列入了国民储蓄计划。

（四）促进收入和财富的合理分配

为了防止个人持有的金融资产在通货膨胀的情况下遭受损失，一些国家发行了不可上市的通货膨胀挂钩债券即物价指数联动债券，以保护散户投资人的利益，避免通货膨胀情形下不合理的收入再分配对个人投资者的不利影响。

然而笔者认为，政府应采用债券市场之外的办法来实现其政策目标，否则频繁地向个人和机构配售或私募发行会危害市场的健康发展。在 20 世纪 90 年代机构投资人要求财政部定向配售的例子不胜枚举。今天发行国债基本上是公募招标方式，很少有私募发行或配售的情况，但是地方政府发行债券时则很普遍。

第五节　国债管理制度

中央政府债券通常也称为国债，其实这种理解是不准确的。国债本身含义是国家债务，但是国库券是国债券，是债券品种，是标准化的国家债务。因此国债管理制度也应该包括标准化的国家债务。

一、国债管理制度

（一）国债年度发行额管理

我国自 1981 年恢复国债发行至 2005 年，一直通过控制国债年度发行额的方式控制国债规模，每年由全国人民代表大会审批中央政府全年国债发行数额，具体方式如下：一是每年年初，财政部根据当年国债还本数额，以及为弥补预算赤字对新增国债的需求制定债务预算，并提交国务院审议。二是经国务院审议通过后，报请每年 3 月初召开的全国人民代表大会审议批准。三是财政部按照全国人大批准的债务预算制订国债年度发行计划，并将全年国债发行方案上报国务院，经批准后执行。

（二）国债余额管理

自 2006 年起，我国开始实行国债余额管理制度，其主要规定和程序如下：一是国务院每年向全国人大作预算报告时，报告当年年度预算赤字和年末国债余额限额，全国人大予以审批。一般情况下，年度预算赤字即为当年年度新增国债限额。二是在年度预算执行中，如出现特殊情况需要增加年度预算赤字或发行特别国债，由国务院提请全国人大常委会审议批准，相应追加年末国债余额限额。三是当年期末国债余额不得突破年末国债余额限额。四是国债借新还旧部分由国务院授权财政部自行运作。五是每年一季度在中央预算批准前，由财政部在该季度到期国债还本数额内合理安排国债发行额度。

（三）国债计划管理

国债计划管理是指每年在全国人大批准的当年年末国债余额限额内，财政部对当年国债发行币种结构、品种结构、期限结构、各种国债每期发行额、全年发行次数、发行利率控制上限等国债发行要素实行计划管理的有关制度，包括两个方面：一是年度国债计划管理，包含关键期限记账式国债年度发行时间表和全年国债发行计划。二是季度国债计划管理，以年度发行计划和关键期限记账式国债年度发行时间表为依据，制订并提前对外发布有关国债发行品种、期限、招标日期或发行日期等内容的发行计划，通常在上一季度末对外发布。

（四）国债行政管理

1981～1989 年，国债管理由财政部综合计划司债务管理处实施；1998 年以前，国债发行与管理由国债司实行；1998～2003 年，国债发行与管理由金融司负责；2003 年以后，由新成立的国库司负责。各省财政厅局设立相应处室管理国债事务。早期国债管理主要和行政分配的发行方式有关。当时国务院国库券推销委员会办公室设在财政部。同时从行政机构延伸出来的国债服务部服务于国债发行、流通转让和兑付。人民银行国库司早期参与国债发行与分配。

（五）国债预发行制度

2013 年 3 月，财政部会同人民银行、证监会下发《关于开展国债预发行试点的通知》，正式启动国债预发行试点。试点旨在充分发挥一级市场价格发现功能，进一步完善国债市场化发行机制。同年 7 月，确定 7 年期记账式国债为首批试点券种。

1. 实现国债预发行功能

预发行交易有两个主要功能：一是价格发现，二是价格平滑。价格发现功能主要指招标日前，一级市场参与者通过预发行交易了解市场需求，发现市场价格；而价格平滑功能主要是指招标日后到国债上市日前，参加投标的承销商能够通过预发行交易，减少国债中标价格与二级市场国债价格的差距，降低自身的损益波动。

当前，我国试行的预发行交易主要是为了实现价格发现功能，为一级承销团提供价格发现的工具。但因为招标日后不能进行预发行交易，因此承销团只能通过分销或回购的方式来对冲国债的价格波动。我国国债从发行公告日到国债实际上市时间跨越较长，通常为 2～3 周，如果行情发生重大变化，会导致招标后持有中标国债的风险增大。因此，我国预发行制度会延长交易时间段，为一级市场提供价格平滑的工具。①

2. 促进国债一级、二级市场的衔接

2013 年，国债预发行率先在交易所债券市场开展，运行平稳。推出国债预发行，有利于减轻国债承销风险，增强国债分销广度、深度和透明度，促进国债一级、二级市场衔接。2013 年财政部、中国人民银行、中国证券监督管理委员会《关于开展国债预发行试点的通知》明确国债预发行，是指以即将发行的记账式国债为标的进行的债券买卖行为。国债招标日前 4 个法定工作日至招标日前 1 个法定工作日可进行国债预发行交易。国债预发行必须于上市日前完成结算。全国银行间债券市场、证券交易所债券市场为开展国债预发行试点的指定交易场所。财政部会同中国人民银行、中国证券监督管理委员会提前公布开展国债预发行试点的具体券种。②

2014 年 6 月，财政部会同中国人民银行、证监会下发《关于关键期限国债开展预发行试点的通知》，决定将国债预发行券种由 7 年期记账式国债扩大至全部关键期限记账式国债（1 年期、3 年期、5 年期、7 年期、10 年期）。交易场所符合《关于关键期限国债开展预发行试点的通知》规定后即可开展关键期限记账式国债预发行交易。2017 年 7 月，财政部同意全国银行间同业拆借中心、中央国债登记结算有限责任公司，依据《全国银行间债券市场债券预发行交易规则》和《中央国债登记结算有限责任公司债券预发行业务结算规则》在银行间债券市场开展国债预发行业务。

---

① 广发期货发展研究中心国债组. 中美国债招标和预发行制度 [N]. 期货日报，2013－04－23.

② 财政部　中国人民银行　中国证券监督管理委员会关于开展国债预发行试点的通知 [EB/OL]. (2021－02－24) [2022－03－08]. https://www.chinabond.com.cn/cb/cn/zqsc/flfg/jgbmgf/fxywl/gz/20210224/156552734.shtml.

3. 承销团余额限制

在我国试行预发行的规则中，对国债承销团和非承销团在预发行交易中的净卖出余额进行了限制，规定承销团甲类成员净卖出量不得超过当期国债计划发行量的6%，承销团乙类成员不得超过1.5%；规定非承销团成员不得净卖出。通过对卖空的严格限制，防止对国债价格的故意打压，确保了财政资金募集成本的稳定性。

美国的预发行交易适用于各期限的各种券种，而我国试行预发行交易的具体券种有待公布。美国及其他各国的预发行制度都适用于各期限的国债和其他一些政府机构债券，而我国在预发行试点阶段，开展国债预发行试点的具体券种需要财政部会同中国人民银行、中国证券监督管理委员会提前公布。

4. 预发行中的多种价格招标

预发行交易是多种价格招标（美国式）制度下的产物，比现行美国实行的单一价格招标（荷兰式）的历史要长，而多种价格招标制度下招标结果也对各竞标者的竞标价格更为敏感。当前，我国国债招标制度对不同期限的国债分别实行多重价格招标、单一价格招标和混合价格招标的制度，因此我国试点预发行交易或将首先运用在多重价格招标的国债中，即在对1年期（不含）以下记账式国债招标中首先运用。[①]

（六）国债的续发行管理

财政部于上世纪90年代就建立了国债续发行机制，2000年以后，财政部普遍实行国债续发行。从2003年5月对当年发行的2003第1期国债进行续发行后，财政部先后对2001年第5期国债、2004年第3期国债、2004年第5期国债、2007年第11期国债等几期债券进行了续发行。续发行机制可以增加市场价格发现的机会，对市场中流通的债券给出当前比较公允的价格，这有利于更好地发挥一级市场的"灯塔作用"。

（七）国债兑付保障管理

债券的还本付息是债券发行人承担的法律义务，因此，许多国家为了确保及时兑付、保障政府信用，都将国债的还本付息纳入制度安排中。

1. 偿债基金

日本设立了国债整理基金（又称"减债基金"），根据该国《财政法》的规定，上年国债余额的1.6%和总账剩余资金的50%必须补充到国债整理基金中。在

---

① 广发期货发展研究中心国债组．中美国债招标和预发行制度［N］．期货日报，2013 - 04 - 23．

法国，国债发行收入上缴和兑付支出通过预算外的专门国库资金账户进行，根据该国《预算组织法》的规定，每年的预算结余需要补充到国库兑付预备金中。在英国和美国，法律一度规定设立专门的偿债基金，后来取消了这一规定。目前，两国均通过国家贷款基金的余额偿还国债。

2. 还本付息制度

还本付息制度是国债兑付保障管理的基本制度。还本付息的根本保障是债务使用效益、预算安排保证和及时偿还的技术系统。美国对个人持有的储蓄债券通过财政直接记账系统偿还本息或进行再投资。发达国家的一些法律制度和制度安排值得中国借鉴。第一，应严格规范国债发行收入的用途，并通过政治体制（如议会制度）和法律制度环境加以保障。第二，随着金融系统的日益完善，各项法规也应该进行调整。第三，政府应将国债作为重要的宏观经济政策调控工具，为此，国会批准预算，应适当放松对国债发行规模的管制。第四，确定国债兑付制度和兑付程序。

西方国家通过市场的自然演化（即渐进式发展）实现了债券资本市场的发展。前面提到英国的英格兰银行发行了最早的现代意义的国债，由于保证了国债的按期还本付息，维持了国债的良好信誉，为以后国债管理奠定了基础。

（八）报告制度

我国国债管理实行严格的报告制度。20 世纪 80 年代由国债推销委员会负责向国务院报告国债发行进度，具体包括以下内容：①缴款进度。在发行期内每月初报送前月累计缴款入库数，上报数据与国库统计数据进行核对；核对结果必须一致，不允许存在误差；各级人民银行国库部门配合月报数字的统计、对账工作。②发行进度。通过互联网记录并报送发行情况。③发行与缴款进度分析。分析与发行、缴款过程相关的问题和经验。

1996 年以来，我国的国债发行采取一级自营商招标制度，市场主体掌握更多数据。1998 年以后，由于登记结算机构的出现和托管、结算、清算制度的完善，报告工作主要由结算和清算公司完成，如证券交易所和中央国债登记结算有限公司的相应部门完成。

二、国债的一级自营商制度

（一）一级自营商管理制度

1. 一级自营商制度的产生

为建立真正的柜台交易市场，重振现有的银行间债券市场，中国希望引入经纪自营商作为市场基础设施建设和制度安排的一部分。另外，中国加入世界贸易组织之后，由中国证券公司和外国投资银行共同组建的合资证券公司受到了市场的欢迎，人们也寄望于这些合资证券公司能够在市场中介业务方面有良好表现。

国债一级自营商，是指具备一定资格条件，经财政部、中国人民银行和中国证监会共同审核确认的银行、证券公司和其他非银行金融机构。其主要职能是参与财政部国债招标发行，开展分销、零售业务，促进国债发行，维护国债市场顺畅运转。1993 年一级自营商的证券公司数量达到 19 家。[1] 之后一级自营商数量不断增加，1997 年超过了 40 家，到 2004 年 12 月已达 52 家。[2]

2. 一级自营商管理办法

为完善中国国债市场一级自营商制度，规范一级自营商行为，财政部、中国人民银行、中国证券监督管理委员会共同起草了《中华人民共和国国债一级自营商管理办法》。

一级自营商是国债一级市场和二级市场的主要参与人，直接向国债发行部门承购或投标购买国债，是发行人和投资人之间的纽带。一级自营商作为二级市场做市商，起到了保障国债市场顺利运行的作用。世界上大多数成熟的资本市场都建立了一级自营商制度。

（1）国债一级自营商申请过程

凡具备国债一级自营商资格条件的金融机构都可以向主管部门提出书面申请，提交相关材料。国债管理部门、中央银行和其他有关主管部门共同审查确定国债一级自营商资格。

在美国，国债一级自营商由美国财政部和联邦储备委员会共同审查核准。在中国，由于国债一级自营商也参与股票承销和交易，因此中国证监会也参与审批。《中华人民共和国国债一级自营商管理办法》规定，由财政部、中国人民银行和中国证监会成员组成的小组审定国债一级自营商资格。

（2）审查批准

国债一级自营商的资格审查和确认由财政部和中国证监会共同负责。按照这个办法，成立国债一级自营商资格审查委员会（以下简称"审委会"），负责有关具体工作。审委会由财政部、中国证监会各派 2 名人员负责，共 4 名委员组成。审委会主任由财政部委派，副主任由证监会委派。财政部由国债司负责有关工作，包括

---

① 高坚. 中国债券资本市场［M］. 北京：经济科学出版社，2017：114.
② 高坚. 中国债券资本市场［M］. 北京：经济科学出版社，2017：348.

召集审委会会议，受理金融机构申请、初审和审委会其他日常事务，以及国债发行承销团的组织等。证监会由证券机构部、证券发行部负责有关工作，除出席审委会会议外，主要负责对证券经营机构的经营状况及业务活动进行监管，以及发放资格证书的有关事宜。

①基本程序。初步确认的基本程序：凡第一次申请国债一级自营商资格，并经自查符合中华人民共和国国债一级自营商管理办法第二条规定资格的金融机构，可直接向财政部国债司提出书面申请。金融机构提出以上申请时应同时提交下列文件：法人营业执照、国家主管部门颁发的有价证券经营许可证书、公司概况和上年经营业绩、证券交易所（系统、中心）提供的国债交易量证明、（证券）评级机构出具的信用等级证书、主管部门认为需要提交的其他文件。

②审委会审议。财政部国债司对金融机构提交的申请及各项文件进行初审，审委会审议财政部国债司初审结果，并向财政部、中国证监会领导提出审定报告。财政部、中国证监会负责人联合签批审委会审定报告，就提出申请的金融机构是否成为国债一级自营商作出决定。同时，财政部、中国证监会向经确认的金融机构颁发资格证书。财政部国债司会同证监会机构部每年对获得资格的国债一级自营商进行一次复审。复审内容包括被复审机构上一年经营业绩；参加国债承销及履行承销合同义务的情况；在公开的国债二级市场上的国债交易量；在本机构经营范围内的业务活动有无违反法律、规章的行为；信用评级结果；其他需要审查的情况。

审委会对财政部国债司复审结果进行审议，并作出复审结论。复审合格的结论由审委会主任签发后发给金融机构，同时报财政部、证监会备案。复审不合格的结论报财政部、中国证监会负责人决定是否暂停或吊销该金融机构的国债一级自营商资格。

（3）承担义务

《中华人民共和国国债一级自营商资格确认实施细则（试行）》第五条对《中华人民共和国国债一级自营商管理办法》的若干解释和补充："凡被确认为国债一级自营商的专业银行、保险公司以及其他无权经营股票业务的金融机构，不享有该办法第三条第四款规定的担任企业股票发行主承销的权利。财政部、中国证监会责成证券交易所（系统、中心）于每年1月31日以前向审委会报送全体国债一级自营商在该市场内的国债交易量。审委会汇总后向社会公布其排名录。已获得资格的金融机构参加某期国债承销之后被取消国债一级自营商资格的，仍须履行该期承销合同规定的各项义务。鼓励国债一级自营商逐步建立、扩大自己的国债分销网点，以及组织自己的国债分销团。金融机构初次被确认为国债一级自营商之后第一次参加国债一级承销业务时，其承销量不得低于该期国债承销计划总量的4%。"

3. 一级自营商的年审制度

根据《中华人民共和国国债一级自营商管理办法》及《中华人民共和国国债一级自营商资格审查与确认实施办法》的规定，财政部定期对国债一级自营商资格进行审查。审查的主要内容有财务报表、国债工作总结，其中包括参加国债承销的记录、国债二级市场交易情况，有无违反《中华人民共和国国债一级自营商管理办法》的行为，有无违反国家有关法律、政策及规定的行为。

4. 一级自营商管理办法的废止

2006年，财政部、中国人民银行、中国证券监督管理委员会联合发布《国债承销团成员资格审批办法》，同时废止《中华人民共和国国债一级自营商管理办法》《国债一级自营商资格审查与确认实施办法》。

（二）一级自营商的市场功能

1. 承销功能

国债一级自营商是指具备一定资格条件，经财政部、中国人民银行和中国证监会共同审核确认的银行、证券公司和其他非银行金融机构。其主要职能是参与财政部国债招标发行，开展分销、零售业务，促进国债发行，维护国债市场顺畅运转。实行国债一级自营商制度是国际上较为通行的做法。

国债一级自营商是国债市场上中介机构中层次较高、责任重大、地位举足轻重的机构，是国债市场上稳定的中坚组织。为了明确国债一级自营商的权利与义务，各国都制定了相应的规章制度，称为"国债一级自营商制度"。建立健全国债一级自营商制度，明确其权责，是世界各国通行的做法，是国债市场走向规范化和现代化的标志。

承销商必须具备的条件如下：具备法定最低限额以上的实收货币资本。有能力和资源履行国债一级自营商的各项义务；在中国人民银行批准的经营范围内依法开展业务活动，在前两年中无违法和违章经营的记录，具有良好的信誉；在申请成为国债一级自营商之前，有参与国债一级市场和二级市场业务一年以上的良好经营业绩。

2. 一级自营商的做市功能

做市商要实现实时的双向报价，需要有再融资工具的依托，特别是国债回购市场的支持。这样的支持体系能帮助做市商在做市的过程中开仓或平仓，取得融资支持和对冲风险。因此，许多国家的政府债务主管部门都将金融系统和回购市场作为促进国债二级市场发展的重要市场基础设施。

中国在 1993 年建立起国债回购市场，作为金融中介机构的融资工具。回购市场能帮助缺乏流动资金的证券公司减轻短期融资压力。不过国际经验显示，证券公司和投资银行更愿意利用股票和短期票据来筹措资金。目前，美国大多数投资银行都在一个或多个证券交易所市场上市。股权融资则通过发行长期债券来实现，包括抵押贷款债券和金融债券。短期融资或者现金管理主要指的是商业票据的回购和发行。美国许多大型证券公司的负债比率都超过 90%。

1997 年，银行撤出了股票市场，证券公司与银行的联系也被彻底中断。从那个时候起，许多证券公司开始挪用客户保证金账户中的存款。为了解决金融中介机构融资难的问题，中国人民银行允许中介机构在银行间债券市场发行短期票据。2006 年，中国财政部考虑开放债券融资（发行债券而不是借入现金），这是帮助金融中介机构解决财务困难的切实之举。

三、国债承销团制度

（一）国债承销团的建立

1991 年财政部首次组建国债承销团，此后国债承销团在国债发行过程中发挥重要作用。2000 年，财政部开始组建银行间债券市场国债承销团。2006 年，财政部、人民银行、证监会联合发布《国债承销团成员资格审批办法》。2017 年 8 月，财政部、人民银行、证监会联合印发《国债承销团组建工作管理办法》，2020 年 10 月修订。

国债承销团按照国债品种组建，包括储蓄国债承销团和记账式国债承销团。财政部会同人民银行负责储蓄国债承销团组建工作，会同人民银行、证监会负责记账式国债承销团组建工作。财政部会同有关部门根据市场环境和国债发行任务等确定国债承销团成员的数量。

（二）国债承销团的选择

1. 选择条件

财政部会同有关部门从具备下列基本条件的报名机构中选择国债承销团成员：

①在中国境内依法成立，经营范围包括债券承销。除外国银行分行外，其他报名机构均应具有独立法人资格；外国银行分行参与承销政府债券，应取得其总行对

该事项的书面授权。

②财务稳健，资本充足率、偿付能力或者净资本状况等方面指标达到监管标准，治理结构较为健全，内控机制较为完善，具有较强的风险防控能力。

③设有专职部门负责国债业务，并具有较为健全的国债承销、交易和风险管理制度。

④有能力履行国债承销协议约定的各项义务。

⑤拟作为储蓄国债承销团成员的，必须依法开展经营活动，近3年内在储蓄国债、个人储蓄存款、理财产品销售等经营活动中没有重大违法记录，注册资本不低于人民币10亿元或者总资产不低于人民币300亿元，营业网点在50个以上的存款类金融机构。

⑥拟作为记账式国债承销团成员的，必须依法开展经营活动，近3年内在债券承销、交易等经营活动中没有重大违法记录，注册资本不低于人民币5亿元或者总资产不低于人民币200亿元的存款类金融机构，或注册资本不低于人民币10亿元的非存款类金融机构。

⑦近3年在反洗钱和反恐怖融资工作中无重大违法记录。

⑧若为上一届国债承销团成员的，应当在上一届国债承销团有效期最后一年未触发退团条件或未主动退团。

2. 组建方式

国债承销团采用第三方专家评审的方式组建。财政部会同有关部门建立专家库，从中抽取专家组成专家评审委员会，由评审委员会成员按照规定的评分指标体系和方法对符合基本条件的报名机构进行独立评分，根据评分确定国债承销团候选成员名单，经公示、签订承销主协议等程序后，组成新一届国债承销团。

专家由金融行业自律性组织和金融市场中介服务机构等推荐。专家应当具备以下条件：①具有良好的职业道德，在评审过程中能以客观公正、廉洁自律、遵纪守法为行为准则。②从事相关领域研究或实务工作满10年，具备大学（含）以上文化程度，精通国债业务。③愿意以独立身份参加评审工作，并接受财政部、人民银行、证监会的指导和监督。④没有违纪违法等不良记录。⑤不属于财政部、人民银行、证监会、银保监会等主管部门在职工作人员。

3. 成员调整方式和评分指标体系

财政部会同有关部门对推荐的专家进行确认后，汇总形成专家库。每次组建国债承销团或增补新成员时，财政部应当会同有关部门对专家库进行复核，将不符合条件的专家调整出专家库，并根据需要进行适当增补。

财政部负责从专家库中随机抽取专家组成人数为奇数且不少于 7 人的评审委员会。评审委员会成员不能在报名机构或其利益关联机构中任职。抽取专家时，财政部、人民银行、证监会派观察员到场监督。

财政部会同有关部门根据国债市场情况和业务发展需要，建立评分指标体系。储蓄国债承销团评分指标包括储蓄国债业务开展情况、储蓄存款和理财产品情况、业务渠道情况、风险防控能力、资本经营状况、研究创新能力六个方面。记账式国债承销团评分指标包括国债一级市场情况、国债二级市场交易及做市情况、国债持有情况、其他债券承销交易情况、资本经营及风险防控状况、研究创新能力六个方面。[①]

四、促进国债发行的各项制度

（一）国债批发制度

一些国家花费了数年时间，才在金融市场发展的后期阶段建立起金融中介行业。中国的情况与此不同，早在 20 世纪 80 年代就初步建立起金融中介系统。当时确立了专门的国债服务部，银行也纷纷组建证券公司。事实上，由于中国金融中介行业的发展走在了一级市场的建立之前，使 1991 年通过金融中介进行的承购包销活动得以实现。

发展有效的国债批发市场提上日程之后，如何安排市场参与人的组织结构成为关键的一环。一种办法是选择一些经验丰富、财力雄厚的银行和证券公司作为交易的中介，即一级自营商。为实现这样的安排，政府债务主管部门可以与一级自营商订立协议，规定一级自营商在一级市场和二级市场的职能、权利和义务。

中国在引入承购包销制两年之后建立起了一级自营商制度，此后这一制度在债券市场的发展过程中起到了非常重要的作用。1998 年以后，财政部和国家开发银行都有自己的一级自营商团队。此外，2003 年以来，中国人民银行建立了交易央行票据的一级自营商体系。一级自营商有权利也有义务参与债券发行指标。2005年，央行的公开市场操作已经有 52 家一级自营商。由于公开市场操作的主要工具是财政部发行的国债，因此，央行和财政部的一级自营商体系逐渐融为一体。

（二）国债做市商制度

在国债一级市场上，一级自营商负有国债的承销、定价以及向个人投资人和

---

① 中央结算公司，2021 - 09 - 18.

机构投资人销售的义务。在国债二级市场上，一级自营商作为做市商，负责双向报价。国际经验还表明，一级自营商在二级市场上还担负有改善市场交易相关系统的义务，如屏幕显示系统、自动报价系统，以及包括通过记账方式实现债券投资管理等服务。通常，一级自营商会就市场基础设施的设计向政府债务主管部门提出建议。

从国际债券市场的发展经验来看，债券交易绝大部分在场外市场进行，而在场外市场中做市商居于"核心"位置，发挥着活跃市场、稳定市场的重要作用。做市商制度有助于市场的公开、有序，是保障债券交易效率，提高市场流动性和稳定市场运行的有效手段，是场外债券市场有效运行的重要基础制度。

1. 财政部推动国债二级市场的做市商制度

做市商制度最早是由财政部推出的促进国债发行的一项重要制度，做市商承担维持市场流动性义务并享有相应权利。做市商制度最早和一级自营商制度相结合，主要在交易所市场实行。这项制度后来在银行间市场中有了新的发展。银行间市场的做市商是经中国人民银行批准在银行市场开展做市业务，连续报出做市券种的买卖双边报价，并按照报价与其他投资者达成交易的市场参与人。

2. 人民银行推动的银行间市场的做市商制度

2000年4月30日央行发布了《全国银行间债券市场债券交易管理办法》，其中第十二条首次提出了"双边报价商"的概念，并明确了金融机构经批准可开展债券双边报价业务。根据这一文件，央行于2001年4月6日发布了《中国人民银行关于规范和支持银行间债券市场双边报价业务有关问题的通知》，详细规定了申请成为全国银行间债券市场双边报价商的必要条件。同年8月，人民银行批准9家商业银行为双边报价商，构建了初步意义上的中国债券做市商制度。

2007年，银行间债券市场正式推出做市商制度。中国人民银行于2007年1月9日发布了《全国银行间债券市场做市商管理规定》，这一规定降低了做市商准入标准，加大对做市商的政策支持力度，使更多数量的不同类型金融机构有机会参与银行间债券市场的做市业务。新规定自2007年2月1日起施行。[①]

2008年，交易商协会公布了做市商评价指标体系，要求做市商由满足最低要求的自发报价向竞争性的主动报价积极转变。2011年，财政部发布公告，就新发关键期限国债做市有关事宜提出了要求。

做市商制度在引导市场理性报价、活跃市场交易等方面发挥了重要的作用，促

[①] 全国银行间债券市场做市商管理规定 [EB/OL]. (2007 - 01 - 09) [2022 - 03 - 08]. http://www.pbc.gov.cn/tiaofasi/144941/3581332/3584928/index.html.

进了银行间债券市场的流动性，做市商的双边报价已成为市场定价的重要参照。但相对于银行间债券市场的快速发展而言，现行做市商制度还不能完全适应市场发展的需要，在促进市场流动性提高方面的作用发挥还不够充分。为此，中国人民银行结合当前市场实际，制定并发布了《全国银行间债券市场做市商管理规定》，从降低做市商准入标准、加大对做市商的政策支持力度、放宽做市商的相关业务要求和加强对做市商的考核管理等方面对现有做市商制度框架作了进一步完善，使更多数量的不同类型金融机构有机会参与银行间债券市场的做市业务，同时有利于增强做市商的做市能力，提高做市商业务开展的主动性和灵活性，并有效强化对做市商的激励约束。

（三）国债的保值贴补政策

保值政策自 1988 年 9 月 10 日起实施，于 1991 年取消，又于 1993 年 7 月 11 日恢复，最后于 1996 年 4 月 1 日终止。[①]

1. 1988 年的保值贴补政策

20 世纪 80 年代后期，中国经济出现严重通货膨胀，中央政府针对这一情况制定了保护储户财产价值的保值政策。我国实行的银行存款保值政策以中国人民银行的规定为依据："3 年期储蓄存款年利率加上保值补贴率，相当于同期的物价上涨幅度；5 年期和 8 年期储蓄存款年利率加上保值补贴率后，高于同期物价上涨幅度。"[②] 当时的 3 年期以上银行存款利率与价格指数挂钩，随预期通货膨胀率进行调整。事实证明，保值贴补政策有助于稳定存款和国债发行，但是也有很多负面作用，特别是带动了资产价格和商品价格的波动。

1988 年发行的所有未到期国债均实行保值，至 1991 年自动停止。1993 年 7 月起实行保值补贴的债券按品种可分为四类，分别是 1992 年第 3 期、1992 年第 5 期、1993 年第 3 期和 1993 年第 5 期。1988 年银行存款保值办法以到期时的利率为基础。不久之后，债券持有人也享受到类似的保值政策。财政部于 1993 年 7 月就保值政策发表公告，宣布"1992 年、1993 年国库券均参照人民银行《关于实行人民币储蓄存款保值的有关规定》，从 1993 年 7 月 11 日起实行保值"[③]，同时，"保值补贴率按兑付时人民银行公布的保值补贴率计算"。

2. 1993 年的保值贴补政策的探讨

1993 年 7 月国债保值基础利率为 1991 年 12 月 1 日以前的 3 年期、5 年期、8 年期国债的基础利率，分别为 13.14%、14.94%、17.64%；1991 年 12 月 1 日以

---

① 高坚. 中国国债（修订本）[M]. 北京：经济科学出版社，1997：270.

②③ 高坚. 中国国债（修订本）[M]. 北京：经济科学出版社，1997：271.

后，以调整后的银行利率作为基础利率。国债补贴率参照银行存款利率制定，但主要问题在于如何确定国债的基础利率。1995 年到期国债兑付前，共有 3 种方案：一是以票面利率为基准，原因是国债属于固定利率债券，票面利率一旦确定，就应以票面利率为基础；二是以调整后的银行利率为基准，理由是存款人和债券持有人应享受同样的政策待遇，既然银行存款的保值利率以调整后的利率为基础，国债的补贴率也不例外；三是以比银行调整后的利率同样的幅度为基础。因为在设计国库券的票面利率时是按照比同期银行存款高一定幅度的原则进行的。一旦银行存款利率调整了，国库券的保值基础利率也应该按照同样的幅度提高①。

3. 国债的固定利率和保值贴补政策

当时的主要观点是，由于国债属于固定利率市场工具，基础利率不应该随其他金融工具收益率的变化而变化。尽管国际金融市场上也有浮动利率债券，但那是在债券发行时就明确了的。当时中国发行的国债全部为固定利率债券，因此第一种方案更为合理，最终得到采用。国债的票面利率原本高于银行存款利率，因此国债调整后的基础利率也应当高出相应的幅度。了解这段历史有助于理解 1995 年发生的国债期货事件。

（四）国债的代保管制度

国债代保管业务始于 1981 年。由于实物国库券不方便携带、容易丢失，政府为照顾投资人利益，向投资人提供储存和保管实物券的服务。随着国债回购业务的发展，证券公司率先自发开展代保管业务，以便利用代保管的实物国库券，更方便地实施回购操作。与此同时，一些证券公司为了应对现金短缺的困境，还以国家信用为担保，利用代保管的实物国库券进行卖空操作。② 这种非法行为破坏了国债市场信誉，影响了国债市场的正常运行。③

鉴于这种情况，财政部在 1995 年开始实行统一的国债代保管凭证，加强对国债市场卖空行为的监督和管理。财政部 1995 年第 4 号文件④规定，统一代保管凭证只能作为已售出实物国债的代保管证明，不能在二级市场流通转让，也不能用于再销售、抵押或回购，严禁利用代保管凭证超发或卖空国债。尽管如此，一些机构

---

① 高坚. 中国国债（修订本）[M]. 北京：经济科学出版社，1997：271.
② 出于保管方面的考虑，个人投资人更倾向于持有托管凭证而不是实物券。托管凭证是托管公司开具的债券托管证明，托管凭证的总额必须与库房中的托管债券总额一致。但是，有部分托管公司向投资人出售的托管凭证超过了托管债券总额，这就是卖空国债的行为。销售款流入托管公司，相当于托管公司以政府融资的利率实现了融资。
③ 高坚. 中国国债（修订本）[M]. 北京：经济科学出版社，1997：278.
④ 高坚. 中国国债（修订本）[M]. 北京：经济科学出版社，1997：279.

仍然利用代保管凭证非法筹资，或进行超发、卖空操作。有鉴于此，财政部于1997 年取消了国债代保管业务。以上反映了国债市场从行政分配方式向市场化发行方式转变不同时期的国债管理政策的变化。[①]

（五）国债的统一税收政策

1. 税收政策法律规章

为鼓励个人投资人和机构投资人投资国债，财政部实行了一系列税收优惠政策，如免征所得税和营业税等。20 世纪 90 年代以来，由于股票市场低迷，部分机构投资人踊跃投资于国债市场，国家税务总局也开始针对机构投资人的二级市场交易征收资本所得税和利息税。

个人投资人和机构投资人之间的税收标准不统一，一级市场和二级市场的税收标准不统一，给国债市场的发展带来了负面影响。从市场效率角度来看，不论是对待个人投资人和机构投资人的税收减免，还是对待一级市场收入和二级市场收入的税收政策，都应该采取一视同仁的态度。其他一些国家的个人投资人在投资国债时也享有税收上的照顾，但只有在一级市场不发达的情况下才有必要这样做。一旦国债一级市场发展起来，政府就应该放弃这种做法。建立起国债市场、取消市场准入限制之后，市场机制会自行实现均衡定价，因此没有必要实施特殊的税收政策。

2. 税收政策要兼顾各方面的利益

政府债务主管部门已经意识到，在对政府债务工具征税时应做到尽可能慎重。例如，在征收代扣缴利息税时，必须考虑到对一级市场和二级市场国债销售的影响；在对一些国债品种实行免税政策时，必须考虑到对另一些国债品种的影响，同时考虑是否有必要对所有国债实行相同的政策。

目前证券交易所债券市场和银行间债券市场都实行相同的税收政策，对中资银行征收营业税，外资银行则没有这项税收。因此，中资银行在与外资银行竞争时，具有税收上的劣势。这种情况在 2000 年以后得到改观，税收政策逐渐统一。

第六节　国家债务规模理论和实践

一、认识信用和债务性质、功能及其和国民经济的关系

国家兴起以后，债务表现为"双刃剑"，对国民经济可能产生积极或消极的影

---

① 高坚．中国国债（修订本）[M]．北京：经济科学出版社，1997：279.

响。国家债务占 GDP 比重增加会导致一国经济的薄弱和脆弱性，原因如下：国债是必须用未来收入偿还的负债；国债可能引发通货膨胀；国债会对私人投资产生挤出效应。长期以来，对国债的认识一直以消极的一面为主，然而第二次世界大战后，人们对债务的认识发生了巨大的转变，越来越意识到债务积极的一面，即债务能在经济发展中发挥重要的积极作用。政府债券作为证券化国债，被市场参与人视为金融产品、支付方式和中央银行公开市场操作的工具。

尽管对债务规模有不同认识，但是债务的迅速增长是不争的事实。"就像安·佩蒂弗在其研究《金钱的生产》中所记述的那样，国内生产总值（GDP），大致界定为特定时间范围内某个经济体生产出的物品与服务的测量值，其全球总额在2015 年达到 77 万亿美元，而债务负担则是这个数值的 286%。"① 估计 2020 年全世界金融资产的总额达到 300 万亿美元以上。全世界流通现金约 8 万亿美元，黄金约9 万亿美元，全球货币总量（M2）为 105 万亿美元；全球政府债务 100 万亿美元规模，全球总债务 250 万亿美元。② 截至 2000 年底，全球债券市场的总存量已达到 31.4 万亿美元，几乎与当年世界各国国内生产总值的总和持平。

（一）对于国家债务的认识

1. 资本主义早期债务

如前所述，国家债务伴随整个资本主义的发展过程。面临着紧迫的债务问题的国家并不只有中国。英美两国也经历了类似的债务问题。1790 年，"英国国债达到2.72 亿英镑，这一数据对 18 世纪晚期的全球经济而言是相当可怕的，堪与 20 世纪末美国 5 万亿美元的债务相比。毕竟在当时的英国，500 英镑一年就算得上可观的收入，足以让人过上体面的生活；要是有 1 万英镑的资产，在同时代的人里面已经算得上富翁了。"③

"英国人民非常关注国家债务的问题。显然，在英国政治学家和经济学家的脑海中，西班牙沉重债务的问题还历历在目。"④ 很难说清特定的债务规模究竟合适不合适。"债务规模本身并不是问题的关键所在。像美国这样富裕高产的国家能够

---

① ［英］齐格蒙特·鲍曼，蒂姆·梅. 社会学之思（第 3 版）［M］. 上海：上海文艺出版社，2020：123.

② 根据公开资料整理，2013 - 12 - 30.

③ John Steele Gordon，Hamilton's Blessing. The Extraordinary Life and Times of Our National Debt ［M］. New York：Walker and Company，1997：1.

④ John Steele Gordon，Hamilton's Blessing. The Extraordinary Life and Times of Our National Debt ［M］. New York：Walker and Company，1997：2.

轻而易举地兑现债务偿付，1819 年的英国也做到了这一点。"① 问题的关键在于，债券发行收入是不是得到了有效利用。此外，投资人的信心是政府筹资计划的基础。政府债券只要定价公平、偿付及时，就能受到投资者的欢迎。发行政府债券的收入只要投入生产建设和社会发展中，就会对国民经济产生积极影响。显然，英国在 18 世纪的经验证明，一国的国债规模并不一定与该国的实力和富裕程度呈逆相关。与此相反，英国经验表明，一国的国债在筹措恰当、偿付及时的情况下，可以成为非常有效的政策工具……当然，关键就在于筹资和偿付。西班牙的债务在上述两个方面都有问题，本质上是国王的私人债务，贷款人大多数为外国银行，期限都很短。另外，西班牙和其他欧洲大国的税收体制也很混乱，随意性强，效率极低，能不能及时支付利息很值得怀疑。据估计，法国波旁王朝末期，也就是 18 世纪 80 年代，法国人民缴的税，最终进入国库的还不到 50%，剩下的都流进负责收税的那些农场主的口袋里。② 上面种种国际经验和历史教训显然值得中国深思和汲取。

国债的积极作用早已经被认识到。"18 世纪英国的经验证明，一个国家国债的规模并不一定与其实力和繁荣状况负相关。完全不是这样，事实上英国的经验表明，国家债务只要通过适当方式募集和偿还，就可以成为国家政策强有力的工具。"③ 国债是支持中世纪以来国家兴起的不可缺少的工具。早在 1781 年，美国首任财政部部长亚历山大·哈米尔顿在给罗伯特·莫里斯的一封信中说，"一个国家的债务，如果不超过必要，将是这个国家的赐福。国债是我们国家的强有力的纽带。国债产生了征税的必要性，如果税收不形成压迫，则国债成为支持工业发展的动力。"④ 哈米尔顿提到了"不超过必要"的意思就是适度。而偿还国债的税收，如果不形成对于经济的"压迫"，那么国债对于工业的发展就是积极的。

2. 中国对于国家债务问题的认识

中国对债务和国债认识的转变过程可以大致分为四个阶段。改革开放前是第一阶段，对债务的认识完全是消极的，认为国债是一个阶级剥削另一个阶级的手段。改革开放初期是第二阶段，这个时期国债被赋予了积极的含义，认为国债收入用于

① John Steele Gordon, Hamilton's Blessing. The Extraordinary Life and Times of Our National Debt［M］. New York：Walker and Company, 1997：5.

② John Steele Gordon, Hamilton's Blessing. The Extraordinary Life and Times of Our National Debt［M］. New York：Walker and Company, 1997：3 - 4.

③ John Steele Gordon, Hamilton's Blessing. The Extraordinary Life and Times of Our National Debt［M］. New York：Walker and Company, 1997：3.

④ John Steele Gordon, Hamilton's Blessing. The Extraordinary Life and Times of Our National Debt［M］. New York：Walker and Company, 1997, back cover.

经济建设而非消费，就能够发展生产力。国债恢复发行后是第三阶段，这时认为国债是一种解决财政问题的融资手段；国债从长期看，与税收具有等价作用（李嘉图等价）；国债制度是财政制度的组成部分。金融市场建立后是第四阶段，国债被看作现代金融市场和宏观经济管理的工具。总之，对于国家债务性质的认识是经济和社会进步的指标。表8-5展示了一直以来对国债的各种态度和观点。

表8-5　　　　　　　　　　　　　　对国债的态度

时间和经济流派	主流观点
古希腊和古罗马时期思想家	统治阶级扩大消费的一种手段，社会经济的毒瘤
18世纪资本主义体系形成时期；马克思的观点	社会发展的一个杠杆，资本原始积累的一种手段
社会主义计划经济理论	发展经济的一种手段
社会主义市场经济理论	弥补财政赤字的一种方法，减轻通货膨胀压力的一个手段
	将消费资金转变为积累资金的有益方法
新古典经济学理论	在当前使用未来收入的方法；由于后代人将受益于这项当前投资，因此将偿还该债务的义务转给他们就显得合理了
新古典经济学理论	证券市场中不可或缺的一种金融产品
	经济发展的推动力量

资料来源：笔者制作。

（1）早期对于国债性质的认识

在中国，对国债最初的认识略显狭隘、肤浅，甚至是全盘否定的。1958~1981年，中国没有发生任何政府债务，因为社会主义经济学理论不倡导这种做法。然而，之后的新古典经济学理论却为特殊情况下发行国债提供了理论上的支持。例如，所谓的后代偿还理论对发行国债的做法给予了肯定。无论经济学理论倡导何种观点，如今世界各国政府都频繁发行政府证券，用于融资、创造市场工具和推行财政政策。总体而言，世界各个国家发行的政府债券总额一直呈增长趋势，从未有减少。

在中国，对债务相关问题的看法也是与时俱进的。中国在20世纪六七十年代暂时停止了国债发行，直到1981年才重新启动国债发行。鉴于国人对债务的反感，转变观念花费了大量努力。中国改革开放之后的许多年里，发行国债都被视为弥补财政赤字的手段，国债总是与财政赤字和银行票据过度发行联系在一起的，认为国债发行必然会引发通货膨胀。今天中国人已经意识到，政府债券（国债的一种）不仅是弥补财政赤字的方法，而且是政府投资的手段。世界上其他国家的成功经验也证明，只要政府债券的发行收入能得到有效利用，带来的回报将足以偿还到期债务。

（2）承认国债的重要性，但是否定国债市场的必要性

20世纪80年代，中国源源不断获得债券发行款，从中获益匪浅，但对建立债券市场未表现出足够的关注。20世纪90年代初，国债的还本付息成为政府的一项负担，进一步加剧了政府对债券再融资的依赖性。需要指出的是，如果不存在真正的债券市场，国债市场的作用也就无法真正被人们认识。

20世纪80年代，中国并没有真正的债券市场概念。债券发行被看作一种"分配"，并产生了"行政派购"的做法。债券交易被看作"流通"或"转让"，而非市场行为。到了20世纪80年代后期，债券兑付难、交易难的问题凸显，一时间怨声载道，加剧了日后债券发行的难度。由于债券发行在20世纪80年代后期变得日益困难，中国逐渐意识到，如果不建立完善的债券市场，国债发行将无以为继。20世纪90年代出现了承销团，债券开始进入证券交易所市场交易。这一重要的新现象改变了人们对债券市场的认识。国人开始了解到，债券不仅是债务凭证，而且是市场工具。虽然公众逐步接受了债券市场的概念，但是早期仅将其理解成帮助个人投资者买卖债券的途径。

人们对拉美债务危机、欧洲债务危机记忆犹新，这也是我们对于债务规模比较谨慎的原因。中国的主流财政理论主张财政平衡，尽量不发生预算赤字，同时减少国债发行。市场参与人也多认为国债具有市场工具意义、货币政策意义，而没有其他意义。

（3）认识到国债作为安全资产的重要性

仅从市场工具去理解国债，还远远不够。最近学者更多强调国债作为市场需求的"安全资产"的意义。"如果考虑国债的金融功能就会发现，国债是现代金融体系的基石，国债规模占比不宜过低。国债最核心的金融功能缘于其安全资产属性，在现代金融范式转变、安全资产持续短缺的大背景下，国债对缓解经济摩擦、维护现代货币市场运行、支持货币政策调控的重要性日益凸显。充分运用国债的金融功能是提升国家治理能力、防范金融风险的重要基础，也是治理全球经济失衡和维护全球经济金融稳定的必要条件。①"前文指出，当英格兰银行成立后发行货币时，它是以国债为基础的。从这个意义上说，当时货币是以国债的信用，即皇家信用（国家信用）为基础的。信用货币时期，货币的发行以某种安全资产为基础。没有足够的安全资产，市场就会缺少必要的流动性。政府债券作为标准化国债的凭证，是中国最安全的投资产品。20世纪90年代以来，银行和证券中介机构屡屡将政府债券用作其他借款的抵

---

① 王永钦，刘红劭. 国债——现代金融体系的基石［J］. 债券，2021（9）.

押品或担保品。在这种条件下，政府债券与信用工具的功能类似。

（二）市场参与人债券市场意识的转变

随着债券市场的不断发展，国人对债务的基本认识走向了另一个极端。人们看到了债务积极的一面，而且许多人将持有政府债券视为一种福利，因为政府债券的回报率要高于银行存款等其他投资方式。因此许多个人投资者抱怨，债券发售主要面向机构而不是个人，给个人投资人造成极大不便。换言之，他们希望重新实行行政派购制，并据此解决过去国债交易难、兑付难的问题。一些投资人抱怨无法买到政府证券：过去不想买国债的时候，政府强迫他们买；想买的时候，却不知道哪里能买到。因此，财政部不得不增加面向零售投资人的发售额。

1996 年，中国政府发行了 10 年期国债。受中央银行降息和市场预期的影响，二级市场上这期国债的价格很快飙升到 137 元。这一市场表现是由于央行降低利率导致的，当时政府部门有人说招标利率高了，并以此否定国债的市场化改革。1997年，一家保险公司希望财政部增发这期国债并只对该公司定向私募发行，以便直接赚取利润。

20 世纪 90 年代中期，只有证券公司和银行才理解收益率和资本利得这样的概念。这些机构甚至仍将金融中介机构看作商人。商人日常进行的债券交易被视为投机行为，财政部和上海证券交易所倡导建立的期货市场也被视为一个投机市场。

然而，20 世纪 90 年代至 21 世纪初发生的事件，促使中国政府开始重新审视债券市场。20 世纪 90 年代初，财政部进行了一系列市场改革，以缓解与债券兑付、交易和发行有关的各方面压力。20 世纪 90 年代后期，政府开始处理不良贷款。为此，政府成立了资产管理公司，作为回收银行不良贷款的特别手段，这些不良贷款之后通过公开招标出售。由于竞标人数量不多，这些资产的售价通常较低，因此不存在财务激励。当时，资产管理公司无法对这些资产合理定价，原因就在于没有活跃的公司债券市场作为定价的基准。于是许多人建议，银行资产的价格应参考公司债券和证券化银行资产的信用等级来制定。

（三）债务规模迅速增加必须引起重视

1. 债务规模仍然可控

2000 年以后，伴随着经济发展和投资需求的增加，发债主体迅速膨胀。地方政府城投债券不断增加，金融债和企业债发行主体和发行数量如雨后春笋般出现。

2008 年，地方政府债务达到 GDP 的 80% 左右，地方政府债务及其隐性债务的问题开始显现。直到 2010 年以后，地方政府债务进行清理和置换，债务规模的发展有所控制。

2012 年负债率（年末债务余额与当年 GDP 的比率）为 53.45%，低于国际通用的政府债务风险控制标准参考值（60%）。债务率方面，2012 年全国政府负有偿还责任债务的债务率为 105.66%，若将政府负有担保责任的债务按照 19.13%、可能承担一定救助责任的债务按照 14.64% 的比率折算，总债务率为 113.41%，处于国际货币基金组织确定的债务率控制标准参考值范围内，但若包括或有债务进行比率折算后的债务率为 153.89%，略超出国际货币基金组织确定的债务率控制标准参考值上限 150%。从债务率和负债率的角度来看，中国的政府债务水平仍处于警戒线以内的水平，债务风险总体可控。[①]

截至 2020 年末，地方政府债务余额 25.66 万亿元，控制在全国人大批准的限额 28.81 万亿元之内，加上纳入预算管理的中央政府债务余额 20.89 万亿元，全国政府债务余额 46.55 万亿元，按照国家统计局公布的 2020 年 GDP 初步核算数 101.6 万亿元计算，政府债务余额与 GDP 之比即负债率为 45.8%，低于国际通行的 60% 警戒线，风险仍然总体可控。[②] 但是 2020 年新冠肺炎疫情期间，地方专项债规模增长很快，债务规模不断推升。

总体来说，我国的国债规模仍然处于可控范围。目前，地方政府债务和城投债务扩张较快，公司债规模接近美国等发达经济体系。目前的问题是债务规模过大，违约风险增加，合理的债务规模和债务的动态管理显得十分重要。

2. 中国企业和家庭的债务规模值得注意

和政府债券可控程度相比，中国企业和家庭债务规模值得引起重视。国际金融协会（IIF）2019 年 7 月 18 日发布的一份报告指出，依据中国政府公开的金融业数据，中国债务规模已经达到非常高的程度。[③]

（1）中国企业和家庭债务

根据国际金融研究所（IFF）的估计，2020 年第一季度，中国的国内债务总额占国内生产总值（GDP）的 317%，高于 2019 年第四季度的 300%，为历史最高水平。[④] 尽管中国努力抑制影子银行放贷，导致实体企业债务缩减，但金融企业和地方政府的净借款攀升导致中国总债务超过 40 万亿美元。这份报告也强调世界各地

---

①　根据公开资料审计署发布全国政府性债务审计结果（全文）（4）整理，2013 – 12 – 30.

②　根据公开资料整理，2021 – 01 – 28.

③　根据公开资料整理，2022 – 02 – 06.

④　根据公开资料整理，2021 – 12 – 17.

的债务水准普遍升高。

国际金融协会（IIF）报告指出，尽管当局努力抑制影子银行放贷（特别是对中小企业），导致非金融企业债务缩减，但其他领域的净借款已经导致中国总债务超过40万亿美元，约为全球总债务的15%。[①]

（2）中小微企业的民间借贷

由于众所周知的原因，中小微企业从正规银行贷款所取得的债务，仅是其债务总额的小部分。它们的债务，更多来源于金融监管部门无法统计的高利贷和民间融资。西南财大2013年7月发布的《银行与家庭金融行为》调查报告显示，2013年中国的民间借贷规模就高达8.6万亿元。此后没有比较专业的调查数据。但我们都知道，2014~2018年才是中国民间借贷市场高速发展的时期。仅以这五年居民收入增长速度累计54.16%保守估算，2018年底中国民间借贷的规模就高达13.3万亿元（1.93万亿美元），其中约一半用于购房、购车等居民消费投资，另一半约1万亿美元成为小微企业债务。[②]

3. 地方政府的隐性债务问题突出

2019年3月博瞻智库的研究报告披露，"地方政府隐性债务规模到底有多高？40万亿应该是有的"，地方政府的债务比较复杂，包括城投债、银行贷款、非标、PPP、投资基金等来源渠道。由于口径的差异和出发点的不同，地方政府显性债务之外的隐性债务的测算结果之间差异较大，2017~2018年的地方政府隐性债务规模基本为10万亿~50万亿元，其中40万亿元（合5.82万亿美元）是比较集中的测算结果。[③]

财政部数据显示，截至2021年12月末，全国地方政府债务余额304700亿元，但隐性债务数据并未公布。2021年多数省份债务管理较有成效，表现为债务规模下降、隐性债务风险得到缓释、融资成本下降、债务率或债务风险等级维持可控水平等。[④]

总之，中国的债务问题不能仅仅从国债、地方政府债务、公司信用类债务等的数量去考虑，还应该考虑大量银行贷款所形成的企业和个人债务。"中国目前尚处于中等收入国家水平，却面临着信贷指导模式（重工业过度投资）和银行自由化（房地产过度投资）造成的双重危险之中。"[⑤]现在的问题是，整个社会的杠杆率非常高。未来控制全社会杠杆率需要经济发展思路、宏观政策思路和公司治理思路都要有新

---

① 根据公开资料整理，2022－02－06.

②⑤ ［英］阿代尔·特纳. 债务和魔鬼——货币、信贷和全球金融体系重建［M］. 王胜邦，等译. 北京：中信出版集团，2021：144.

③ 根据公开资料整理。

④ 许宏才. "积极防范化解地方政府隐性债务风险"［EB/OL］. 中国政府网. 2021－12－16.

的进步。对于存量债务也要逐步得到解决，但是必须直面利弊关系的抉择。阿代尔·特纳认为，中国可能面临三种不同的选择，但是"三个可能的政策选项都伴随着风险，中国面临着艰难的抉择。第一种选择'将一切交给市场'，让公司部门和地方政府在其能力范围内去杠杆，超出能力范围的则选择违约。但这将导致经济下行，其严重程度可能是政府不愿意看到的。第二种选择是'让信贷激增继续'，对大量举例的公司部门和地方政府投放更多信贷。但这种方式依旧延续了信贷导向型的经济发展模式，可能贻误转型时机，为未来埋下更大的金融隐患。第三种选择是公开对部分债务进行社会化（socialize）：核销银行体系的不良贷款，对银行、国有企业，以及过量举债的地方政府提供救助，中央政府通过发债为这些救助行动提供融资。"[①] 笔者认为第一种和第三种选择结合是可行的，而且从 20 世纪 90 年代的历史上看，我们多次都是这样做的。

二、关于国家债务规模的理论

（一）预算收入和平衡的关系

与企业和家庭一样，政府需要平衡预算收入和支出。但是政府通常会有一些私人部门不具备的选择。图 8 - 2 给出了政府预算收入和支出的平衡关系。

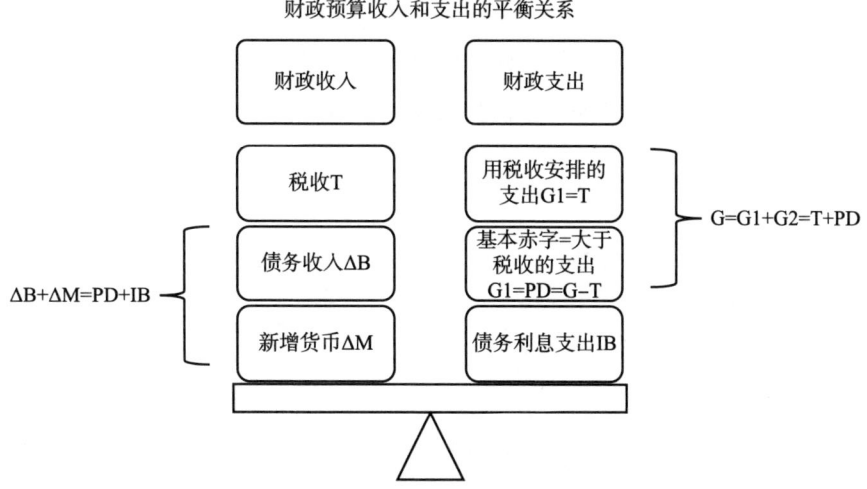

财政预算收入和支出的平衡关系

图 8 - 2　政府预算收入和支出的平衡关系

资料来源：笔者绘制。

① ［英］阿代尔·特纳. 债务和魔鬼——货币、信贷和全球金融体系重建 ［M］. 王胜邦，等译. 北京：中信出版集团，2021：144 - 145.

右侧包括两类：政府经常性支出和政府的利息支出。经常性支出包括公共消费和投资支出。左侧则是税收，如果税收收入小于政府支出，就会出现财政赤字。

$$Deficit (De) = G + iD - T \qquad (8-12)$$

赤字也可以分为基本赤字和全部赤字。基本赤字（primary deficit）不包括利息支出，表示税收和公共支出的差额。

$$Primary dificit (PD) = G - T \qquad (8-13)$$

政府可以通过三种方式弥补财政赤字：发行政府债券、向中央银行借款和出售国有资产。出售国有资产通常是个别行为，不能作为一种经常性的方法。有些国家政府会直接发行货币用于公共支出，由于这样会直接导致通货膨胀，现代很少有国家会这样做。但是大多数情况下，中央银行可以在公开市场上购买国债，这样的结果是政府部门之间产生债权债务关系，债务利息也由一个部门转到另一个部门。由于中央银行通常会向财政部上缴利润，如果把政府看作一个整体，中央银行持有的国债通常不作为公共债务。

为了更好地了解财政赤字、经济发展和债务之间的关系，我们可以只分析通过发行公共债务的方式融资弥补财政赤字的情况。如果没有通过发行货币弥补财政赤字，预算约束可以通过下式表示：

$$T + \Delta B = G + iD \qquad (8-14)$$

如果债务不增长（$\Delta B = 0$），税收就要保证公共支出和以往债务的利息支出。

$$T - G = iD \qquad (8-15)$$

保持公共债务绝对不增加是一种不切合实际的想法，最好的办法是保持一个较低的债务比率（$\Delta B/Y$）。按照马斯特里特条约，这个比率应该不高于3%。

（二）动态债务模型（Manfred Gartner）

假定价格水平是一个常数，$P = 1$，那么国内生产总值（GDP）就既代表名义收入，又代表实际收入。让 $b \equiv \dfrac{B}{Y}$；$g \equiv \dfrac{G}{Y}$；$t \equiv \dfrac{T}{Y}$；$\Delta b \equiv \dfrac{\Delta B}{Y}$；$\Delta (b) = \Delta\left(\dfrac{B}{Y}\right)$，就可以得到下式：

$$\Delta b + t = g + ib \qquad (8-16)$$

或者

$$t - g = ib - \Delta b \qquad (8-17)$$

公式左边是赤字率，即预算赤字占 GDP 的比重；公式的右边是债务比率，即用于还本付息的债务减去新增债务。由于 $b \equiv \dfrac{B}{Y}$，$B \equiv bY$，b 和 Y 的微小的变化对

于新增债务 ΔB 的影响近似地表示为

$$\Delta B = \Delta bY + \Delta Yb \qquad (8-18)$$

两边同时除以 Y，可以得到下式

$$\Delta b = \Delta(b) + yb \qquad (8-19)$$

这里 $y = \Delta Y / Y$，是新增加的 GDP。

$$\Delta(b) = -yb - t + g + ib \qquad (8-20)$$

$$\Delta(b) = g - t + (r - y)b \qquad (8-21)$$

这是一个差分方程。我们把这个方程称为动态债务方程。当债务不增长时，即 $\Delta b = 0$，就是债务比率的稳定状态，或者说是最佳债务比率：

$$b^* = \frac{g - t}{y - r} \qquad (8-22)$$

注：b = 债务率；g = 政府支出/GDP 比率；t = 税率；Δb = 新增债务率；Δ(b) = 债务率的变化；B = 存量债务；G = 政府支出；T = 税收；y = 经济增长率；i = 利率；ΔB = 新增债务；ΔY = 新增 GDP；b* = 最优债务率。

财政赤字越大，稳态的债务比率就越高；经济增长速度越是高于利率水平，稳态债务增长率就越低。由于目前中国的财政赤字稳定在 3% 以下，经济增长率高于利率水平，债务比率可以控制在较低的水平。假定未来赤字率为 3%，利率水平维持在 3%，如果经济增长率为 6%，未来稳态债务率为 100%。

有学者指出，我国利率水平偏低，有利于债务的可持续性。"中长期看，宏观意义上的利率水平应与自然利率基本匹配。由于自然利率是一个理论上抽象出来的概念，具体水平较难估算，实践中一般采用'黄金法则（golden rule）'来衡量合理的利率水平，即经济处于人均消费量最大化的稳态增长轨道时，经通货膨胀调整后的真实利率 r 应与实际经济增长率 g 相等。若 r 持续高于 g，会导致社会融资成本高，企业经营困难，不利于经济发展。r 低于 g 时往往名义利率也低于名义 GDP 增速，这有利于债务可持续，即债务杠杆率保持稳定或下降，从而给政府一些额外的政策空间"[1]。但是"r 也不能持续明显低于 g，若利率长期过低，会扭曲金融资源配置，带来过度投资、产能过剩、通货膨胀、资产价格泡沫、资金空转等问题，超低利率政策难以长期持续"[2]。

（三）通过差分方程计算利率对于债务水平的动态影响

通过差分方程可以更方便地表示债务水平和以前各年度的赤字水平和利率水平

---

[1][2]　易纲. 中国的利率体系与利率市场化改革［J］. 金融研究，2021（9）：1–12.

之间的关系。假定从去年开始借的债务，今年开始偿还利息，那么今年的债务发生额等于去年债务乘利息率，即 rB_{-1}，加上今年的财政赤字 D_0。假定利率为 r 不变，那么一直到第 t 年的债务发行额见表 8 – 6。

表 8 – 6　　　　　　　　　　　　　第 t 年的债务发行额

时间	关系
0	$B_0 = rB_{-1} + D_0$
1	$B_1 = rB_0 + D_1$
2	$B_2 = rB_1 + D_2$
⋮	⋮
T	$B_t = rB_{t-1} + D_t$

资料来源：笔者制作。

这样债务水平是不断增加的。即使财政赤字保持稳定，由于累积债务的还本付息不断增加，债务发行额也会不断增加。每年债务受到上一年债务水平、利率水平和各年赤字水平的影响。通过递归替代的方法，可以得出

$$B_t = r^{t+1}B_{-1} + r^t D_0 + r^{t-1}D_1 + r^{t-2}D_2 + \cdots + rD_{t-1} + D_t \tag{8–23}$$

因此，初始年赤字对于当前发债水平的影响如下：

$$\frac{\partial B_t}{\partial D_0} = r^t \tag{8–24}$$

上式称为债务乘数。初始年度赤字对于当前发行新债务的影响等于利率水平的以时间距离计算的几何级数。可见，赤字水平通过利率水平影响未来的债务水平。由于利率水平通常小于 1，因此，债务乘数会随着时间推移，向零接近。

各年财政赤字和新发生的债务对于未来发债数额的累计影响是利率的函数。

$$\frac{\partial B_{t+j}}{\partial D_t} + \frac{\partial B_{t+j}}{\partial D_{t+1}} + \frac{\partial B_{t+j}}{\partial D_{t+2}} + \cdots \frac{\partial B_{t+j}}{\partial D_{t+j}} = r^j + r^{j-1} + r^{j-2} \cdots + r + 1 \tag{8–25}$$

当利率小于 1 时，各年财政赤字对于未来债务水平的长期影响是一个利率的函数。

$$\lim_{j \to \infty} \left[\frac{\partial B_{t+j}}{\partial D_t} + \frac{\partial B_{t+j}}{\partial D_{t+1}} + \frac{\partial B_{t+j}}{\partial D_{t+2}} + \cdots \frac{\partial B_{t+j}}{\partial D_{t+j}} \right] = 1 + r + r^2 + \cdots = 1/(1-r) \tag{8–26}$$

要求出过去赤字影响目前债务水平的平均利率水平，也是非常容易的。

$$r^{t+1}B_{-1} + r^t D_0 + r^{t-1}D_1 + r^{t-2}D_2 + \cdots + rD_{t-1} + D_t - B_t = 0 \tag{8–27}$$

这是一个解一元高次方程的问题。N 次方程应该有 n 个解，难以通过代数方法求解，但是可以通过对数求解。

现在的债务水平是过去赤字水平、新发行债务和利率水平累计影响的结果。如果一国的利率水平高，债务水平累积得快，偿债压力大，就会导致借新还旧的问题，这样债务增加速度就会加快。

三、政府债务规模控制的标准

（一）历史上债务危机的经验教训

今天真正的经济危机和金融危机就是债务危机。"事实上，现代经济中，货币、信贷几乎是债务的同义词"。① 国家出现债务，具有一定必然性。因为税收由税法规定，税收收入相对稳定。但是国家会出现自然灾害、经济周期、战争等不确定因素，导致财政支出增加。因此国家债务可以有效地解决财政收支的不确定性问题，保证政府和财政职能的正常发挥。

1. 国债是现代国家的伴生物

由于税收具有政治成本，因此，亚瑟·F. 伯恩斯指出："政府征税的意愿明显低于其消费倾向"。② 这说明，国债是现代国家如影随形的伴生物。"不论是古代罗马帝国、中国古代封建王朝还是现代欧美各国，获得财富一直以来都是政府最关心的事之一。现在，税收收入和债券销售收入常常是中央政府最大的资金来源。为政府活动筹资用哪种方式，是当前税收收入，还是用发行债券的销售收入（也就是负债），会对整个经济产生深远影响"。③

但是债务应该有相对合理的规模，不能无限制地增加国债发行和增加债务余额。世界各国对于债务规模都有控制，特别是很多国家都有债务危机的教训，比如20 世纪 80 年代拉美债务危机和2019 年的欧洲债务危机。

2. 拉美国家的国家债务

拉美国家在经济起步阶段国内储蓄水平较低，本国资金比较匮乏，为了加速本国经济的发展，扩大投资规模，加快资本积累，这些国家普遍选择了以举借外债的方式发展本国经济。因此，外债的积累是这一地区国家的普遍现象。根据联合国的统计，1982 年底拉丁美洲地区外债总额为 3287 亿美元。1979 年世界经济形势恶化，欧美国家相继采取紧缩政策，利率的提高吸引了国际资本从拉美国家向欧美地

---

① 翟东升. 货币、权力与人——全球货币与金融体系的民本主义政治经济学 ［M］. 北京：中国社会科学出版社，2019：317.

②③ ［美］托马斯·索维尔. 经济学的思维方式 ［M］. 吴建新，译. 成都：四川人民出版社，2018.

区回流。这使得拉美国家的借贷成本不断提高，1982 年国际商贷利率一度高达
21%。据联合国的统计，1982 年底拉丁美洲地区外债总额为 3287 亿美元。据统
计，1970～1982 年拉丁美洲地区的外债总额由 212 亿美元攀升至 3287 亿美元，墨
西哥、阿根廷等国家外债余额占 GDP 比重超过 50%。[1] 拉美国家所欠的外债中，
有相当一部分为债务利息转化而来。欧美地区货币政策的收紧不仅加重了拉美国家
的债务负担，还导致资金从该地区大量流出，使得这些国家入不敷出，直接导致了
债务危机的爆发。

3. 欧债危机

欧债危机也是一样。危机从希腊开始，波及整个欧洲。作为欧盟援助计划的主
要受益国，希腊曾在 2003～2007 年经济快速增长，平均年增长率达到 4%。高增
长主要来自财政和经常项目的双赤字以及加入欧元区后更容易获得廉价的贷款带来
的基础设施建设的拉动以及消费信贷。但是，金融危机严重影响了居民消费能力，
导致经济下滑，货币高估使得出口始终不振，而且没有灵活的货币政策，政府不得
不依靠大量投资和消费拉动经济，于是赤字不断累积。赤字与出口下滑的恶性循
环，最终使得希腊的主权信用风险逐步积累，并在这次经济危机中完全暴露出来。

但是这里需要指出的是，拉美债务危机主要是外债引起的危机，这是真正的国
家债务导致的经济危机。而内债相当于向国民发行的固定收益的股票，内债出了问
题相当于国家经营出了问题，或者市场流动性出了问题。欧债主要是内债，由于国
家经济低增长，财政收入有限。就欧盟而言，随着全球制造业逐步向新兴市场国家
转移，欧元区的制造业在全球化中渐渐失去了市场，非高科技产品处于价格劣势，
市场不断被挤压。由于科技水平很难短期内提升，而币值又要保持稳定，不能以高
科技产品占领市场的国家就无法享受贬值带来的益处。同时欧盟基本上是银行主导
金融体系，而银行受到巴塞尔协议关于资本要求的限制，不能过多承销政府发行的
国债。

4. 历史国债问题的经验教训

（1）议会监管和发达的国债市场

前面提到，国债制度的最早出现与英国的光荣革命有关。革命限制了国王的权
力，使国王不能随意安排支出，财政收支由国会决定，国债制度从此建立起来。
"选票民主越成熟，中央政府赤字率越低"[2]，主要是由于议会对于赤字的控制。

---

[1] 根据公开资料整理，2018－08－20.

[2] 翟东升. 货币、权力与人——全球货币与金融体系的民本主义政治经济学 [M]. 北京：中国社会科
学出版社，2019：328.

"英国国债的发行额在 1739 年为 4400 万英镑，到拿破仑战争结束后的 1816 年增至 7 亿英镑，当然其背后也有政府为接连不断的战争筹备军费之需。这些巨额国债依靠投资家的资金顺利消化。议会掌握主导权之后，英国再也没有出现过不履行债务的问题（财政崩溃），这在全世界也属罕见"。① 可见议会监督和发达健全的国债市场极其重要。英国经济学家沃尔特·白芝浩曾经说过，"在当时的英国，国债不仅具有很高的信用，变现能力也很强"。② 说明国债市场发挥了重要作用。

美国 1791 年开始发行国债，主要是为了内战筹资。如前所述，1917 年美国国会确定了债务上限对财政部发行国债加以约束。当时确定的上限为 115 亿美元，后来上限不断调整，2019 年国会确定的上限为 22 万亿美元。债务上限是立法控制债务的方法，但是限制了政府处理经济问题的灵活性。

（2）关键是保持经济增长

微观债务与经济周期有关，而宏观债务，即国债则与经济长期发展密切相关。只有发行国债的资金用于经济发展，国债才可以理解为国家向居民发行的固定收益的股票，居民可以得到固定回报，同时享受经济发展带来的好处，特别是公共基础设施带来的方便。"国家并不是公司。国民经济政策，即使是在一个小国，也需要考虑在商业生活中常常无关紧要的某些类型的反馈。例如，即使是最大的公司，也只会把一小部分的产品卖给自己的员工；然而即使是极小的国家，大多数商品和服务也主要是卖给国内的"。③ 宏观经济与微观经济具有本质的不同。中国的债务主要是内债，是中国人欠自己的债。④

美国著名的经济史学家查尔斯·P. 金德尔伯格（Charles Kindleberger）在其名著《世界经济霸权 1500～1990》中曾意味深长地说，一个国家的经济最重要的就是要有"生产性"，历史上的经济霸权大多经历了从"生产性"到"非生产性"的转变，这就使得霸权国家有了生命周期性质，从而无法逃脱由盛到衰的宿命。

实际上，这种"生产性"不仅是霸权国家盛衰的重要基础，而且是一般国家经济繁荣与衰退的基础。欧洲国家的主权债务危机有其历史、体制和自身的原因，但最根本的原因是这些国家的经济失去了"生产性"。当然，债务危机还有货币、监管体制、金融体系等多种原因。

（3）控制财政赤字

中国很长时间坚持平衡财政，使财政政策失去了作用。近几年赤字率有所增

---

① ② ［日］板谷敏彦. 世界金融史［M］. 王宇新，译. 北京：机械工业出版社，2018：114.

③ 克鲁格曼. 成功的商人不懂宏观经济［N］. 中国日报，2014 - 11 - 04.

④ 徐高. 宏观分析需要宏观思维［Z/OL］."徐高经济研究"公众号，2021 - 08 - 08.

加，但是总的来说，赤字还是得到了有效的控制。但是国债占 GDP 比重不断攀升意味着经济存在结构性的问题，需要进行结构改革来解决。必须引起重视的是目前在经济增长减速的情况下我国国债规模和还本付息都达到了新的高峰。2022年国债发行总规模增长较多，积极的财政政策继续稳健实施，国债筹资任务加重。存量国债付息成本增加，国债付息支出占中央本级公共预算支出的比重上升，中央财政付息负担加大。月度国债到期规模分布不均衡、到期日随机分布，加剧库款流出波动。①

（4）重视宏观杠杆率和资产负债表的变化

瑞－达利欧认为，"债务危机的管理存在两大障碍：①政府不知道如何妥善处理债务危机；②存在政策或法律限制，政府没有采取必要行动的权力。换言之，无知和缺乏授权。"② 管理政府债务需要认知和法律两个方面。虽然经济理论提供了认识债务问题的某些数量关系，但是缺少对于债务本质的认识。经济学家研究了经济危机的历史，认为资产负债表的变化是重要因素。如果整个国家的杠杆率过高，一定出现因为还债而没有新增投资的情况，从而导致经济衰退。如果经济保持一定的增长速度，国家、企业和个人就会有一定的现金流用于还债，投资还可以继续维持。但是如果经济增长明显下降，那么就没有新增现金流用于还债，只能用现有资产变现去还债，这样就出现了经济长期衰退的现象。这时货币政策不起作用，出现所谓"流动性陷阱"，人们不仅不会去增加消费和投资，还会增加预防性储蓄。日本"失去的 20 年"，本质上就是这个问题，中国目前有类似的迹象，要引起高度重视。

（二）举债能力与财政收入和支出的关系

关于政府债务管理和政府债券市场的发展，已有大量相关文献。政府债务与政府债券市场尽管紧密相关，并存在共性，但并不是完全等同的。政府债务管理是政治经济和宏观经济的概念，而政府债券市场管理则是金融市场的概念。前者通常由议会监督，在美国由国会监督，在中国由全国人大以法律或预算审批的形式进行监督；后者由财政部、中央银行和证监会等进行监督管理。

1. 考察举债能力和后果

判断政府债务的规模是否适度，通常有以下五个标准：

①债务吸收能力。是否有足够的社会资金吸收政府债务。

---

① 王小龙. 初心不改走国债市场化改革之路　坚定不移推进国债管理迈向新时代［J/OL］. 债券，2021－12－29.

② 瑞－达利欧. 债务危机［M］. 赵灿，熊建伟，刘波，译. 中信出版集团，2021－154.

②举债能力。政府是否有足够的能力偿还未来积累的债务。

③政府债务对中央银行货币供给的影响。政府债务对价格总水平会产生什么样的影响。

④政府债务对私人投资的影响，即所谓的挤出效应。政府债务会减少多少私人投资。

⑤证券市场的容量。证券市场是否能够容纳未偿付的政府债务。

这些指标都很重要。债务吸收能力主要取决于国民储蓄。由于中国是高储蓄的国家，债务吸收能力较强。举债能力也很重要，主要取决于税收潜力。如果经济增长，税收潜力大，举债能力就高。中国仍然属于较高增长速度的国家，在未来若干年，政府举债能力也没有问题。至于对于货币供给和价格水平的影响，可以减少央行直接购买国债。目前中国中央银行只能在二级市场上购买国债。政府投资对于私人投资的"挤出"效应，取决于私人投资意愿。因为中国政府主要投资基础设施，"挤出"效应并不明显。从证券市场的容量来看，中国国债曾经主导债券市场，但是随着公司债的发展，国债所占比重开始下降。由于金融机构配置国债的需求增加，加上利息免税等特殊因素，中国的国债收益率偏低。

2. 预算收入指标

1993年以后，由于税收制度的改革和经济的平稳发展，预算收入出现快速增长的局面，每年的增长额达到500亿~1000亿元，2000年以后更是超过2000亿元。这样的增速也是1979年改革开放以来的最高水平（见表8-7）。这说明政府的举债能力大大加强了。

表8-7　　　　　一般公共预算收支总额及增长速度

年份	一般公共预算收入（亿元）	中央（亿元）	地方（亿元）	一般公共预算支出（亿元）	中央（亿元）	地方（亿元）	一般公共预算收入增长速度（%）	一般公共预算支出增长速度（%）
1978	1132.26	175.77	956.49	1122.09	532.12	589.97	29.5	33
1979	1146.38	231.34	915.04	1281.79	655.08	626.71	1.2	14.2
1980	1159.93	284.45	875.48	1228.83	666.81	562.02	1.2	-4.1
1981	1175.79	311.07	864.72	1138.41	625.65	512.76	1.4	-7.5
1982	1212.33	346.84	865.49	1229.98	651.81	578.17	3.1	8.0
1983	1366.95	490.01	876.94	1409.52	759.60	649.92	12.8	14.6
1984	1642.86	665.47	977.39	1701.02	893.33	807.69	20.2	20.7
1985	2004.82	769.63	1235.19	2004.25	795.25	1209.00	22.0	17.8

年份	一般公共预算收入（亿元）	中央（亿元）	地方（亿元）	一般公共预算支出（亿元）	中央（亿元）	地方（亿元）	一般公共预算收入增长速度（%）	一般公共预算支出增长速度（%）
1986	2122.01	778.42	1343.59	2204.91	836.36	1368.55	5.8	10.0
1987	2199.35	736.29	1463.06	2262.18	845.63	1416.55	3.6	2.6
1988	2357.24	774.76	1582.48	2491.21	845.04	1646.17	7.2	10.1
1989	2664.90	822.52	1842.38	2823.78	888.77	1935.01	13.1	13.3
1990	2937.10	992.42	1944.68	3083.59	1004.47	2079.12	10.2	9.2
1991	3149.48	938.25	2211.23	3386.62	1090.81	2295.81	7.2	9.8
1992	3483.37	979.51	2503.86	3742.20	1170.44	2571.76	10.6	10.5
1993	4348.95	957.51	3391.44	4642.30	1312.06	3330.24	24.8	24.1
1994	5218.10	2906.50	2311.60	5792.62	1754.43	4038.19	20.0	24.8
1995	6242.20	3256.62	2985.58	6823.72	1995.39	4828.33	19.6	17.8
1996	7407.99	3661.07	3746.92	7937.55	2151.27	5786.28	18.7	16.3
1997	8651.14	4226.92	4424.22	9233.56	2532.50	6701.06	16.8	16.3
1998	9875.95	4892.00	4983.95	10798.18	3125.60	7672.58	14.2	16.9
1999	11444.08	5849.21	5594.87	13187.67	4152.33	9035.34	15.9	22.1
2000	13395.23	6989.17	6406.06	15886.50	5519.85	10366.65	17.0	20.5
2001	16386.04	8582.74	7803.30	18902.58	5768.02	13134.56	22.3	19.0
2002	18903.64	10388.64	8515.00	22053.15	6771.70	15281.45	15.4	16.7
2003	21715.25	11865.27	9849.98	24649.95	7420.10	17229.85	14.9	11.8
2004	26396.47	14503.10	11893.37	28486.89	7894.08	20592.81	21.6	15.6
2005	31649.29	16548.53	15100.76	33930.28	8775.97	25154.31	19.9	19.1
2006	38760.20	20456.62	18303.58	40422.73	9991.40	30431.33	22.5	19.1
2007	51321.78	27749.16	23572.62	49781.35	11442.06	38339.29	32.4	23.2
2008	61330.35	32680.56	28649.79	62592.66	13344.17	49248.49	19.5	25.7
2009	68518.30	35915.71	32602.59	76299.93	15255.79	61044.14	11.7	21.9
2010	83101.51	42488.47	40613.04	89874.16	15989.73	73884.43	21.3	17.8
2011	103874.43	51327.32	52547.11	109247.79	16514.11	92733.68	25.0	21.6
2012	117253.52	56175.23	61078.29	125952.97	18764.63	107188.34	12.9	15.3
2013	129209.64	60198.48	69011.16	140212.10	20471.76	119740.34	10.2	11.3
2014	140370.03	64493.45	75876.58	151785.56	22570.07	129215.49	8.6	8.3
2015	152269.23	69267.19	83002.04	175877.77	25542.15	150335.62	8.5	13.2
2016	159604.97	72365.62	87239.35	187755.21	27403.85	160351.36	4.5	6.3

年份	一般公共预算收入（亿元）	中央（亿元）	地方（亿元）	一般公共预算支出（亿元）	中央（亿元）	地方（亿元）	一般公共预算收入增长速度（%）	一般公共预算支出增长速度（%）
2017	172592.77	81123.36	91469.41	203085.49	29857.15	173228.34	7.4	7.6
2018	183359.84	85456.46	97903.38	220904.13	32707.81	188196.32	6.2	8.7
2019	190390.08	89309.47	101080.61	238858.37	35115.15	203743.22	3.8	8.1
2020	182913.88	82770.72	100143.16	245679.03	35095.57	210583.46	-3.9	2.9
2021	202554.64	91470.41	111084.23	245673.00	35049.96	210623.04	10.7	0.0

资料来源：《中国统计年鉴2022》。

中国的预算收入主要是税收和费用收入，也包括中央国有企业上缴的利润。这是财政部以股东的身份收取的分红。2022年增加向中央银行收取外汇储备投资回报及货币政策投放货币的利差收入等，使财政部可以在不增加赤字水平的同时，增加对于地方政府的转移支付及对冲减税政策减少的收入。2022年以后这种财政收入的潜力仍然存在，可以成为稳定赤字水平和债务规模的缓冲器。

（三）预算收入占国内生产总值比率

1994年，中国税收体制改革之后，政府的预算收入有了大幅提高。预算收支占国内生产总值（GDP）的比率在经历了一段时期的下降后，又开始稳步回升。1995～2022年中央财政收入占国民生产总值（GNP）比率如表8-8所示。

表8-8 　　　　　　　　　　1995～2022年中央财政收入占GNP比率

年份	中央财政收入（亿元）	国内生产总值（亿元）	中央财政收入占国内生产总值比率（%）
1995	3440.33	61339.89	5.61
1996	3892.88	71813.63	5.42
1997	4570.57	79715.04	5.73
1998	5364.32	85195.51	6.30
1999	6523.75	90564.38	7.20
2000	7826.22	100280.14	7.80
2001	9802.07	110863.12	8.84
2002	12048.04	121717.42	9.90
2003	10816.84	137422.03	7.87

年份	中央财政收入（亿元）	国内生产总值（亿元）	中央财政收入占国内生产总值比率（%）
2004	14640.38	161840.16	9.05
2005	16814.30	187318.90	8.98
2006	20456.62	219438.47	9.32
2007	27749.16	270092.32	10.27
2008	32680.56	319244.61	10.24
2009	35915.71	348517.74	10.31
2010	42488.47	412119.26	10.31
2011	51327.32	487940.18	10.52
2012	56175.23	538579.95	10.43
2013	60198.48	592963.23	10.15
2014	64493.45	643563.10	10.02
2015	69267.19	688858.22	10.06
2016	72365.62	746395.06	9.70
2017	81123.36	832035.95	9.75
2018	85456.46	919281.13	9.30
2019	89309.47	986515.20	9.05
2020	82770.72	1013567.00	8.17
2021	91461.80	1149237.00	7.96
2022	94880.00	1210207.00	7.84

资料来源：1995~2005年中央和地方政府财政收入根据《1995-2005年财政收入和支出占GNP比率》进行调整，2006~2022年中央和地方政府财政收入数据来源为Wind；国内生产总值（现价）数据来源为Wind。

可以看出，由于1994年分税制改革，1995年以后中央预算收入占GDP比重稳步上升，2007年到2015年稳定在10%左右，以后逐年有所下降。2022年为7.84%，相当于2000年左右的水平。但是如果把中央政府预算收入和地方政府预算收入加到一起，按照全国预算收入计算，则2015年达到22%，以后略有下降，2022年为16.83%（见表8-9）。

表8-9　　　　　　　1995~2022年中央和地方政府财政收入占GNP比率

年份	中央和地方政府财政收入（亿元）	国内生产总值（亿元）	中央和地方政府财政收入占国内生产总值比率（%）
1995	6578.87	61339.89	10.73
1996	7856.53	71813.63	10.94
1997	9298.74	79715.04	11.66

年份	中央和地方政府财政收入 （亿元）	国内生产总值 （亿元）	中央和地方政府财政收入 占国内生产总值比率（%）
1998	10728.65	85195.51	12.59
1999	12690.04	90564.38	14.01
2000	15058.04	100280.14	15.02
2001	18708.08	110863.12	16.87
2002	21915.39	121717.42	18.01
2003	20732.27	137422.03	15.09
2004	26649.69	161840.16	16.47
2005	32122.01	187318.90	17.15
2006	38760.20	219438.47	17.66
2007	51321.78	270092.32	19.00
2008	61330.35	319244.61	19.21
2009	68518.30	348517.74	19.66
2010	83101.51	412119.26	20.16
2011	103874.43	487940.18	21.29
2012	117253.52	538579.95	21.77
2013	129209.64	592963.23	21.79
2014	140370.03	643563.10	21.81
2015	152269.23	688858.22	22.10
2016	159604.97	746395.06	21.38
2017	172592.77	832035.95	20.74
2018	183359.84	919281.13	19.95
2019	190390.08	986515.20	19.30
2020	182913.88	1013567.00	18.05
2021	202538.80	1149237.00	17.62
2022	203698.50	1210207.00	16.83

资料来源：1995~2005 年中央和地方政府财政收入根据《1995－2005 年财政收入和支出占 GNP 比率》进行调整，2006~2022 年中央和地方政府财政收入数据来源为 Wind；国内生产总值（现价）数据来源为 Wind。

事实上，预算收入占 GDP 比率在 20 世纪 90 年代中期以前一直都在下降，从 1995 年开始才稳步上升（见表 8－10 和表 8－11）。

表 8 - 10 部分国家预算收入占 GDP 比率 单位: %

国家	1979 年	1985 年	1992 年	1993 年
美国	32	33.7	34.5	34.3
法国	41.4	46.7	47.1	48.3
德国	43.8	47.1	55.1	54.8
英国	38.1	43.4	39.8	39.5
澳大利亚	31	35.6	36.7	36.9
瑞典	54	57.8	61	58.4
中国	28.4	22.4	13.1	12.6
新加坡	23.9	38.1	32.6	35.1
马来西亚	28.4	35	31.5	31.4
泰国	14.9	17.3	20.1	20.1

资料来源: 笔者根据有关资料整理。

许多研究都指出中国预算收入占 GDP 比率偏低的情况。世界银行的研究认为，该比率偏低，主要与中国的人均收入有关。[①]

(四) 中央财政收入占全国财政收入比率

由于 20 世纪 80 年代初的分权政策[②]，中央财政收入占全国财政收入的比率也有所下降。

1. 20 世纪 90 年代初中央财政收入下降

到 20 世纪 90 年代中期，中央财政收入占全国财政收入的比率下降到不足 30%。该比率从 1995 年开始反弹，到 1998 年上升到 50% 左右，2011 年以后略有下降（见表 8 - 11）。

表 8 - 11 1990 ~ 2005 年中央财政收入占全国财政收入比率 单位: %

年份	中央财政收入占全国财政收入比率	中央财政净收入占全国财政收入比率
1990	33.8	30.3
1991	29.8	27.7
1992	28.1	27.0

---

① World Development Report. *The State in a Changing World* [R]. Oxford: Oxford University Press, 1997.
② "分权"指的是中央政府实行的与地方政府的收入分配政策，以替代计划经济下由国家财政统收统支的做法。

年份	中央财政收入占全国财政收入比率	中央财政净收入占全国财政收入比率
1993	22.0	23.3
1994	55.7	20.8
1995	52.2	21.3
1996	49.4	20.8
1997	48.9	22.8
1998	49.5	21.9
1999	51.1	20.6
2000	52.2	21.8
2001	52.38	19.4
2002	54.96	19.4
2003	54.64	19.4
2004	54.9	17.8
2005	52.3	—

注："中央财政净收入"指的是中央财政收入加上地方净上解收入的总和。"地方净上解收入"指的是地方上解收入减去中央的返还和补助。"—"表示数据不可得。

资料来源：《中国统计年鉴2006》《中国财政年鉴2005》。

2. 中央财政赤字和政府债务余额增加

自政府实行积极的财政政策以来，中央财政支出持续增加，财政赤字扩大，政府财政对债务的依存度随之上升（中央财政赤字和财政债务的情况见表8-12）。

表8-12　　　　　　　1950~2005年中央财政赤字与中央债务　　　　单位：亿元

年份	中央财政赤字	总债务	其中		
			内债	外债	其他内债
1950		3.02	3.02		
1951		8.18	0.01		2.68
1952		9.78		9.78	
1953		9.62		9.62	
1954		17.20	8.36	8.84	
1955		22.76	6.19	16.57	
1956		7.24	6.07	1.17	
1957		6.99	6.84	0.15	
1958		7.98	7.98		

年份	中央财政赤字	总债务	其中		
			内债	外债	其他内债
1979	98.07	35.31		35.31	
1980	86.90	43.01		43.01	
1981	51.02	121.74	48.66	73.08	
1982	34.59	83.86	43.83	40.03	
1983	83.07	79.41	41.58	37.83	
1984	43.62	77.34	42.53	34.81	
1985	20.22	89.85	60.61	29.24	
1986	106.53	138.25	62.51	75.74	
1987	80.02	223.55	63.07	106.48	54.00
1988	161.93	270.78	92.17	138.61	40.00
1989	176.41	407.97	56.07	144.06	207.84
1990	115.14	375.45	93.46	178.21	103.78
1991	217.01	461.40	199.30	180.13	81.97
1992	228.79	669.68	395.64	208.91	65.13
1993	298.87	739.22	314.78	357.90	66.54
1994	666.97	1175.25	1028.57	146.68	
1995	662.82	1549.76	1510.86	38.90	
1996	610.00	1967.28	1847.77	119.51	
1997	558.45	2476.82	2412.03	64.79	
1998	958.01	3310.93	3228.77	82.16	
1999	1791.60	3715.03	3702.13		
2000	2596.87	4180.10	4153.59	23.10	3.41
2001	2596.30	4604.00	4483.53	120.47	
2002	3690.90	5679.00	5660.00		19.00
2003	3197.70	6153.53	6029.24	120.68	3.61
2004	3191.80	6879.34	6726.28	145.07	7.99
2005	2999.60	6922.87	6922.87		

资料来源：《中国统计年鉴2006》《中国财政年鉴2005》。

（五）政府债券的发行与还本付息

税收收入的增加无法完全满足财政支出的要求。原有债务到期，加剧了政府的再融资压力。表 8 – 13 总结了国内政府债券和统借统还外债的发行与还本付息情况。

表 8 – 13　　　　　　　1980 ~ 2005 年政府债券的发行和还本付息　　　　　　单位：亿元

年份	政府债务	其中			政府还本付息	其中		
	发行总额	内债	外债	其他内债	还本付息总额	内债还本付息	外债还本付息	央行还本付息
1980	43.01		43.01		28.58		24.40	4.18
1981	121.74	48.66	73.08		62.89		57.89	5.00
1982	83.86	43.83	40.03		55.52		49.62	5.90
1983	79.41	41.58	37.83		42.47		36.56	5.91
1984	77.36	42.53	34.83		28.90		22.73	6.17
1985	89.85	60.61	29.24		39.56		32.59	6.97
1986	138.25	62.51	75.74		50.17	7.98	34.50	7.69
1987	223.55	63.07	106.48	54.00	79.83	23.18	51.96	4.69
1988	270.78	92.17	138.61	40.00	76.76	28.44	42.59	5.73
1989	407.97	56.07	144.06	207.84	72.37	19.30	45.84	7.23
1990	375.54	93.46	178.21	103.87	190.07	113.42	68.21	8.44
1991	461.40	199.30	180.13	81.97	246.80	156.69	80.22	9.89
1992	669.68	395.64	208.91	65.13	438.57	342.42	80.26	15.89
1993	639.22	314.78	257.90	66.54	336.22	224.30	89.22	22.70
1994	1175.25	1028.57	146.68		499.36	364.96	107.17	27.23
1995	1549.76	1510.86	38.90		882.96	784.06	71.69	27.21
1996	1967.28	1847.77	119.51		1355.03	1266.29	60.76	27.98
1997	2476.82	2412.03	64.79		1918.37	1820.40	70.76	27.21
1998	3310.93	3228.77	82.16		2352.92	2245.79	76.60	30.53
1999	3715.12	3702.13		12.99	1910.73	1792.53	90.99	27.21
2000	4180.10	4153.59	23.10	3.41	1579.82	1552.21	27.61	
2001	4604.00	4483.53	120.47		2007.73	1923.42	84.31	
2002	5679.00	5660.00		19.00	2563.13	2467.71	95.42	
2003	6153.53	6029.24	120.68	3.61	2952.24	2876.58	75.66	
2004	6879.34	6726.28	145.07	7.99	3671.59	3542.42	129.17	
2005	6922.87	6922.87			3923.37	3878.51	44.86	

资料来源：《中国统计年鉴 2006》《中国财政年鉴 2005》。

四、政府债务规模的控制指标

（一）衡量债务规模的指标

目前，衡量政府债务的规模有两种办法：一是指标分析，即根据统计资料、实证数据、比率计算的固定公式进行计量分析，得出债务管理各项指标。二是要素分析，按照字面意思，就是对政府债务管理的各项要素进行分析。

包括世界银行和国际货币基金组织在内的一些国际机构，以及许多国家的债务主管部门等，经常采用指标分析法将该国指标和基准比率进行比较，以评估一国的债务管理水平。需要考察的指标包括该国的债务依存度和还本付息比率等。只有在实证数据无法提供有力证据时，才采用要素分析作为对指标分析的补充。

其中最主要的指标是负债率、债务率和偿债率。负债率指年末债务余额与当年国内生产值的比率。马斯特里赫特条约要求的红线为60%。债务率是年末政府债务余额与政府综合财政实力的比率。国际货币基金组织（IMF）要求的参考指标为90%～150%。偿债率是当年还本付息总额与政府财政实力的比率。公认的警戒线为20%。各国的实际情况和经济发展阶段不同，指标反映的问题也不一样，这些静态指标只能做参考。

1. 财政债务依存度

财政债务依存度变化分为四个阶段。第一阶段（1981～1990年），在国债市场化改革之前，这一时期由于发行国债困难，财政赤字控制在较低水平，该阶段财政债务依存度在逐年下降。

第二阶段（1990～1998年）财政债务依存度较第一阶段高，主要原因在于地方政府财政状况恶化，中央政府对地方的财政拨款大幅上升，导致中央财政出现较大赤字。

第三阶段（1998～2004年）财政债务依存度出现大幅上升，原因除了1996年国债市场化改革导致国债发行相对容易外，还在于1998年以来中国实行的积极财政政策。在积极的财政政策下，用于支持基础设施建设的长期国债数量增加，中央财政支出大幅上升，对地方政府的拨款也出现增长。与此同时，中央财政收入大幅上升，但收入增长幅度小于支出增长幅度。在这样的背景下，财政债务依存度从1997年的10.4%上升到1998年的14.9%，进一步上升到2000年的25.5%。此后，中央财政收入的增长速度超过了支出增长速度，财政债务依存度因而逐年下降，从2000年的25.5%下降到2004年的17.4%（见表8－14）。

表 8 - 14   1981～2004 年中央财政债务依存度

年份	中央财政支出（亿元）	中央发行的政府债券总额（亿元）	债务依存度（%）
1981	625.65	314.58	50.3
1982	651.81	304.97	46.8
1983	759.60	269.59	35.5
1984	893.33	227.86	25.5
1985	795.25	25.62	3.2
1986	836.36	57.94	6.9
1987	845.63	109.34	12.9
1988	845.04	70.28	8.3
1989	888.77	66.25	7.5
1990	1589.75	115.14	7.2
1991	1645.56	217.01	13.2
1992	1766.94	228.49	12.9
1993	1956.69	398.87	20.4
1994	4143.52	666.97	16.1
1995	4529.45	662.82	14.6
1996	4873.79	608.84	12.5
1997	5389.17	558.45	10.4
1998	6447.14	958.01	14.9
1999	8238.94	1791.60	21.7
2000	10185.16	2596.87	25.5
2001	11769.97	2596.27	22.1
2002	14123.47	3096.87	21.9
2003	15681.51	3197.68	20.4
2004	18302.04	3191.77	17.4

注：1981～1989 年的中央财政支出与债券发行总额使用的是中央本级财政数据，1990～2004 年的数据为中央与地方在分配后的中央财政数据。

资料来源：《中国财政年鉴 2005》。

第四阶段（2004～2022 年）多数年份中央财政债券依存度有所下降，但是由于疫情影响，2002 年以后这个指标显著上升（见表 8 - 15）。

表 8 – 15   2005～2022 年中央财政债务依存度

年份	中央财政支出（亿元）	中央发行债券总额（亿元）	债务依存度（%）
2005	20259.99	2999.5	14.81
2006	23492.85	2748.96	11.70
2007	29580	2000	6.76
2008	36334.93	1800	4.95
2009	43820	7500	17.12
2010	48330.82	8000	16.55
2011	56435	6500	11.52
2012	64375	5500	8.54
2013	68491.68	8500	12.41
2014	74161.11	9500	12.81
2015	80639.66	11200	13.89
2016	86890.35	14000	16.11
2017	94908.93	15500	16.33
2018	102388.47	15500	15.14
2019	109475.01	18300	16.72
2020	118313.5	27800	23.50
2021	117202.3	27500	23.46
2022	132512.65	26500	20.00

资料来源：国开证券根据有关资料整理。

2. 中央政府债务负担比率

中央政府债务占 GDP 比率揭示了政府的债务负担，具体计算公式为

$$政府债务占 GDP 比率 = 政府债务余额/GDP \qquad (8-28)$$

中央政府债务占 GDP 比率见表 8 – 16。从表 8 – 16 中可以看出，中央政府债务占 GDP 的比率从 1994 年的 5.9% 上升到 2005 年的 17.9%。

表 8 – 16   1994～2005 年中央政府债务（余额）与 GDP 的关系

年份	内债（亿元）	外债（亿美元）	中央政府债务（亿元）	GDP（亿元）	债务占 GDP 比率（%）
1994	2282	545	2827	48197.9	5.9
1995	3084	528	3612	60793.7	5.9
1996	4339	582	4921	71176.6	6.9

年份	内债 （亿元）	外债 （亿美元）	中央政府债务 （亿元）	GDP （亿元）	债务占 GDP 比率（％）
1997	5539	563	6102	78973.0	7.7
1998	12420	604	13024	84402.3	15.4
1999	13109	681	13790	89677.1	15.4
2000	17592	672	18264	99214.6	18.4
2001	20806	712	21518	109655.2	19.6
2002	25621	617	26238	120332.7	21.8
2003	28806	789	29595	135822.8	21.8
2004	31849	828	32677	159878.3	20.4
2005	32072	766	32838	183084.8	17.9

注：外债以美元计算。"总债务"指的是按照当年汇率将外债转换为人民币计价后的外债余额与内债余额的总和。债务数据表示年末余额，"总债务"表示内债与外债总额。

资料来源：《中国统计年鉴 2006》《中国财政年鉴 2005》。

2006 年以后我国债务负担率较 1998～2005 年有较大下降，但是到 2020 年以后上升历史高位，达到 20% 以上（见表 8－17）。

表 8－17 　　　　　　　　　2006～2021 年中央政府债务负担率

年份	国内债务 （亿元）	国外债务 （亿元）	中央政府债务 （亿元）	GDP （亿元）	债务占 GDP 比率 （％）
2006	34380.24	635.02	35015.26	219438.47	15.96
2007	51467.39	607.26	52074.65	270092.32	19.28
2008	52799.32	472.22	53271.54	319244.61	16.69
2009	59736.95	500.73	60237.68	348517.74	17.28
2010	66987.97	560.14	67548.11	412119.26	16.39
2011	71410.80	633.71	72044.51	487940.18	14.77
2012	76747.91	817.79	77565.70	538579.95	14.40
2013	85836.05	910.86	86746.91	592963.23	14.63
2014	94676.31	979.14	95655.45	643563.10	14.86
2015	105467.48	1132.11	106599.59	688858.22	15.47
2016	118811.24	1255.51	120066.75	746395.06	16.09
2017	133447.43	1322.72	134770.15	832035.95	16.20
2018	148208.62	1398.79	149607.41	919281.13	16.27
2019	166032.13	2005.91	168038.04	986515.20	17.03

续表

年份	国内债务 （亿元）	国外债务 （亿元）	中央政府债务 （亿元）	GDP （亿元）	债务占 GDP 比率 （％）
2020	206290.31	2615.56	208905.87	1013567.00	20.61
2021	229643.71	3053.58	232697.29	1149237.00	20.25

资料来源：国开证券根据公开数据整理。

3. 债务偿付比率

债务偿付占中央财政支出的比率以及债务偿付占总支出的比率如表 8 - 18 所示。从表中可以看出，债务偿付占总支出的比率在经历了 20 世纪 80 年代的下滑和 20 世纪 90 年代的稳步上升后，在 21 世纪初又出现下降，因此整体上并没有明显的上升。由于地方政府可能不会承担偿债负担，债务偿付占中央财政支出的比率就是衡量政府还本付息能力的实际指标。从表 8 - 18 中可以看出，中央政府内债偿还比率比债务偿付占总支出比率大得多。可以推断的是，债务偿付占中央财政支出的比率越高，债务偿付占全国总预算支出的比率也越高。

表 8 - 18　　　　　　1981 ～ 2005 年政府债务还本付息支出与预算支出的关系　　　　单位：％

年份	内债还本付息支出/中央 财政预算支出	外债还本付息支出/中央 财政预算收入	债务还本付息 支出/总支出
1981	0	10.05	5.52
1982	0	8.52	4.51
1983	0	5.59	3.01
1984	0	3.24	1.7
1985	0	4.97	1.97
1986	0.95	6.00	2028
1987	2.75	9.44	3.53
1988	3.38	9.08	3.08
1989	2.17	8.14	2.56
1990	11.29	18.92	6.16
1991	14.36	22.63	7.29
1992	29.26	37.47	11.72
1993	17.10	25.63	7.24
1994	20.80	28.46	8.62
1995	39.29	44.25	12.94

续表

年份	内债还本付息支出/中央财政预算支出	外债还本付息支出/中央财政预算收入	债务还本付息支出/总支出
1996	58.86	62.99	17.07
1997	71.88	75.75	20.78
1998	71.85	75.28	21.79
1999	43.16	46.01	14.49
2000	28.12	28.62	9.94
2001	33.35	34.81	10.62
2002	36.44	37.85	11.62
2003	38.77	39.79	11.98
2004	44.87	46.51	12.89
2005	44.19	44.71	11.56

注：1986 年开始内债的还本付息，因此 1981～1985 年的债务支出为 0。

资料来源：《中国统计年鉴 2006》。

表 8-19　　　　　　　　　　2006～2021 年政府债务负担率

年份	内债还本（亿元）	内债付息（亿元）	外债还本（亿元）	外债付息（亿元）	中央财政预算支出（亿元）	中央财政预算收入（亿元）	全国财政预算支出（亿元）	内债支出/中央财政预算支出（%）	债务支出/中央财政预算收入（%）	债务支出/总支出（%）
2006	6567.73	940.79		34.60	22222.04	19272.04	38373.38	33.79	39.14	19.66
2007	6550.60				26871.08	24421.08	46514.85	24.38	26.82	14.08
2008	7376.00				35431.72	32531.72	61386.00	20.82	22.67	12.02
2009	9271.40		52.53		43865.00	35860.00	76235.00	21.14	26.00	12.23
2010	10500.57	1584.08	17.15	20.80	46660.00	38060.00	84530.00	25.90	31.85	14.34
2011	10963.98	1962.16	112.21	25.72	54360.00	45860.00	100220.00	23.78	28.49	13.04
2012	8927.56	2178.69	81.15	22.62	64120.00	55920.00	124300.00	17.32	20.05	9.02
2013	7617.64	2464.33	143.74	22.44	69560.00	60060.00	138246.00	14.49	17.06	7.41
2014	8748.73	2758.27	208.93	26.28	74880.00	64380.00	153037.00	15.37	18.24	7.67
2015	10196.30	2841.58	151.27	25.33	81430.00	69230.00	171500.00	16.01	19.09	7.71
2016	17201.65		213.97		85885.00	72350.00	180715.00	20.03	24.07	9.64
2017	25176.18		225.18		95745.00	78612.00	194863.00	26.30	32.31	13.04
2018	22014.39		250.33		103310.00	85357.00	209830.00	21.31	26.08	10.61

年份	内债还本（亿元）	内债付息（亿元）	外债还本（亿元）	外债付息（亿元）	中央财政预算支出（亿元）	中央财政预算收入（亿元）	全国财政预算支出（亿元）	内债支出/中央财政预算支出（%）	债务支出/中央财政预算收入（%）	债务支出/总支出（%）
2019	24011.20	4519.03	318.48	47.59	111294.00	89800.00	235244.00	25.64	32.18	12.28
2020	30649.69	5490.11	218.49	48.84	119450.00	82770.00	247850.00	30.26	43.99	14.69
2021	44568.88	5821.89	226.04	45.80	118885.00	89450.00	250120.00	42.39	56.64	20.26

注：（1）内债支出＝内债还本＋内债付息；债务支出＋内债还本付息＋外债还本付息。

（2）中国财政年鉴还本付息数据因2006年后采用国债余额管理而不再更新，2022年版中国财政年鉴中数据也仅到2005年，本数据根据财政部和Wind数据得来，但黄框中数据暂未获得。

（3）内债付息数据较为线性，可预测填入，对最终占比数据影响较小，且外债还本付息数据整体规模有限，因此是否可预测而得出最终数据。

资料来源：国开证券根据公开资料整理。

从表8-19可以看出，2006年以来，债务负担率总体呈下降趋势，直到2021年才大幅度上升。

（二）中国债务指标的若干特点

1. 债务指标的特点

尽管中国的整体负债比率水平相对较低，但是和发达国家相比，中国的债务增长更为迅速。中国的债务指标有以下四个特点。

第一，中国所有的外债都是公债，包括中央政府、地方政府、中央部门、金融机构、银行和国有企业等发行的外债。由于发行外债受到管制，私人部门无法操作。

第二，内债市场的主要借款人是中央政府、地方政府和政策性银行。2000年以前，地方政府不能发行债券，无法进行债务融资。

第三，与其他国家相比，中国中央各部门的债务规模相对较大，应纳入中央政府债务中。此外，中央企业的债务规模也应该纳入中央政府债务总规模。

第四，中央政府负责内外债的还本付息，其中外债还包括地方政府和相关部门统借统还的部分。尽管债务偿付占总支出比率保持在可以接受的水平上，但其比率比其他许多国家的高得多。因此，有必要减少财政支出和赤字，降低未来发行新债的规模。

2. 专项基金和政策性银行贷款

根据世界各国的经验，各级政府都没有必要对重点项目进行直接投资。2003

年以来，中国通过对国家能源交通基金（由国家发展和改革委员会管理）的运用，减少了中央政府直接投资的规模。1994 年以后，直接投资逐渐由政策性银行和商业银行的贷款所取代。此外，一部分企业需要的商业银行贷款也被债券资本市场工具所取代。在这样的背景下，金融市场经历了从间接融资到直接融资的转变。由于开发性银行的投资代替了财政的基本建设支出，财政得以突破吃饭财政和建设财政的传统观念，实施现代公共财政，适当控制财政赤字的规模。2003 年以来，新发行的政府债券规模逐渐减小。一直到 2020 年新冠肺炎疫情暴发后，国债规模才有了新的增加。

（三）我国外债的基本情况

1. 各项外债指标

国家外汇管理局 2019 年 6 月 28 日发布数据，截至 2019 年 3 月末，我国全口径（含本外币）外债余额为 19717 亿美元，较 2018 年末增长 65 亿美元，增幅 0.3%。[①]

我国外债规模增速放缓，外债币种结构继续优化，境外投资者配置境内人民币债券需求稳中略升。数据显示，2019 年一季度外债规模的增加主要由本币外债推动，本币外债占比较 2018 年末上升 0.8 个百分点。2019 年一季度，债务证券余额较 2018 年末增加 4.3%，占全口径外债余额的比重为 22.6%。[②]

根据国家外汇管理局公布 2020 年 6 月末中国全口径外债数据，截至 2020 年 6 月末，我国全口径（含本外币）外债余额为 150964 亿元人民币（等值 21324 亿美元，不包括中国香港特别行政区、中国澳门特别行政区和中国台湾地区对外负债，下同）。[③]

从期限结构看，中长期外债余额为 64352 亿元人民币（等值 9090 亿美元），占 43%；短期外债余额为 86612 亿元人民币（等值 12234 亿美元），占 57%。短期外债余额中，与贸易有关的信贷占 39%。[④]

从机构部门看，广义政府外债余额为 20880 亿元人民币（等值 2949 亿美元），占 14%；中央银行外债余额为 2825 亿元人民币（等值 399 亿美元），占 2%；银行外债余额为 70348 亿元人民币（等值 9937 亿美元），占 46%；其他部门（含直接投资：公司间贷款）外债余额为 56911 亿元人民币（等值 8039 亿美元），占 38%。[⑤]

---

① ② 2019 年一季度我国全口径外债余额为 19717 亿美元 [EB/OL]. 中国政府网, 2019 − 06 − 28.

③ ④ ⑤ 国家外汇管理局公布 2020 年 6 月末中国全口径外债数据 [EB/OL]. 国家外汇管理局门户网站, 2020 − 09 − 25.

2. 债券品种和债务工具

从债务工具看，贷款余额为 33696 亿元人民币（等值 4760 亿美元），占 22%；贸易信贷与预付款余额为 22945 亿元人民币（等值 3241 亿美元），占 15%；货币与存款余额为 32072 亿元人民币（等值 4530 亿美元），占 21%；债务证券余额为 40123 亿元人民币（等值 5667 亿美元），占 27%；特别提款权（SDR）分配为 679 亿元人民币（等值 96 亿美元），占 0.5%；公司间贷款债务余额为 17324 亿元人民币（等值 2447 亿美元），占 11.5%；其他债务负债余额为 4125 亿元人民币（等值 583 亿美元），占 3%。[①]

3. 币种结构

从币种结构看，本币外债余额为 56899 亿元人民币（等值 8037 亿美元），占 38%；外币外债余额（含 SDR 分配）为 94065 亿元人民币（等值 13287 亿美元），占 62%。在外币登记外债余额中，美元债务占 84%，欧元债务占 7%，港币债务占 4%，日元债务占 2%，特别提款权和其他外币外债合计占比为 3%。[②]

根据国家外管局的资料，我国外债主要指标均在国际公认的安全线以内，外债风险总体可控。全口径外债数据解读详见《2020 年上半年中国国际收支报告》。[③]

4. 大型企业境外负债增加迅速

中国的大型企业，不仅在国内的金融市场上借债，还有很多企业在海外金融市场借款或发行债券。在中国金融机构控制房地产信贷资金投放时，从海外金融市场以更高的资金成本发债是很多房企的无二选择。经济学家向松祚曾经披露，中国企业海外债规模在 1 万亿~1.2 万亿美元，折合人民币在 7 万亿~8 万亿元。[④]

5. 外债风险指标

根据各国通用的债务风险指标，我国外债情况如下表：

表 8－20　　　　　　　　　　　　外债风险指标　　　　　　　　　　单位：%

年份	偿债率	负债率	债务率
1985	2.7	5.1	56.0
1986	15.4	7.1	72.1

---

①② 国家外汇管理局公布 2020 年 6 月末中国全口径外债数据［EB/OL］. 国家外汇管理局门户网站，2020－09－25.

③ 2020 年中国国际收支报告［EB/OL］. 中国政府网，2021－03－26.

④ 根据公开资料整理，2022－02－06.

续表

年份	偿债率	负债率	债务率
1987	9.0	9.2	77.1
1988	6.5	9.8	87.1
1989	8.3	9.1	86.4
1990	8.7	13.3	91.6
1991	8.5	14.6	91.9
1992	7.1	14.1	87.9
1993	10.2	13.5	96.5
1994	9.1	16.4	78.0
1995	7.6	14.5	72.4
1996	6.0	13.5	67.7
1997	7.3	13.6	63.2
1998	10.9	14.2	70.4
1999	11.2	13.9	68.7
2000	9.2	12.0	52.1
2001	7.5	15.2	67.9
2002	7.9	13.8	55.5
2003	6.9	13.2	45.2
2004	3.2	13.4	40.2
2005	3.1	13.0	35.4
2006	2.1	12.3	31.9
2007	2.0	11.0	29.0
2008	1.8	8.5	24.7
2009	2.9	8.4	32.2
2010	1.6	9.0	29.2
2011	1.7	9.2	33.3
2012	1.6	8.6	32.8
2013	1.6	9.0	35.6
2014	2.6	17.0	69.9
2015	5.0	12.5	58.6
2016	6.1	12.6	64.4
2017	5.5	14.3	72.6
2018	5.5	14.3	74.8
2019	6.7	14.5	78.3

续表

年份	偿债率	负债率	债务率
2020	6.5	16.3	87.9
2021	5.9	15.5	77.3

资料来源:《中国统计年鉴2022》。

从各项外债风险指标来看,外债发行稳健,风险总体可控。

五、宏观杠杆率反映的债务规模和结构

(一)我国宏观杠杆率保持稳定

简单地理解国家债务水平的指标是宏观杠杆率。宏观杠杆率是一国总债务与国内生产总值(GDP)之比。总债务包括国家债务、企业债务和个人债务。我国2000年以后增长最快的是公司信用类债务,而2010年以后增长最快的是个人债务。由于GDP是分母,如果经济增长速度快于债务增长速度,宏观杠杆率就下降。反之,就会上升。和发达国家相比,我国宏观杠杆率还不算高。"国际清算银行(BIS)最新数据显示,2021年三季度末美国(281.1%)、日本(416.8%)、欧元区(282.1%)杠杆率分别比2019年末高26.0、36.4和25.0个百分点"。[①]从这几年情况来看,我国宏观杠杆率提高并不快。根据中国人民银行网站的信息,"同期我国杠杆率比2019年末高19.1个百分点(275.1%),增幅比美元、日元、欧元地区分别低6.9个、17.3个和5.9个百分点,增幅相对而言并不算高"。[②]

与此同时,我国宏观杠杆率的年均增幅有所下降。"2017年以来宏观杠杆率增幅总体稳定,杠杆率年均增长约4.8个百分点,比2012~2016年年均增幅低8.6个百分点。2017~2019年我国宏观杠杆率总体稳定在253%左右,初步实现稳杠杆目标。2020年新冠肺炎疫情暴发后,杠杆率阶段性上升至280.2%。2021年回到272.5%"。[③]

虽然,我国宏观杠杆率近年来增长稳定,但是由于前期增长迅速,按照人均GDP计算,我国的杠杆率则非常高,应该引起重视。

(二)债务结构发生变化

根据中国人民银行的资料,"近年来,在持续获得融资支持的同时,企业部门

---

①②③ 陈果静. 我国宏观杠杆率增幅总体稳定 [N]. 经济日报, 2022 – 03 – 16 (07).

杠杆率保持基本稳定，且杠杆结构持续优化。2017~2019年，随着稳杠杆政策的有序推进，企业部门杠杆率稳定在152.2%左右"。[1] 特点是表内业务的贷款和债券有所上升，表外业务迅速下降。企业杠杆率相对稳定的另外一个原因是非国有企业融资增长缓慢。上述资料显示，"近年来我国住户部门杠杆率增幅稳定。我国住户部门杠杆率由2012年的33.8%上升至2021年的72.2%，这9年的年均增幅为4.3个百分点，且历年增幅波动不大"。[2] 个人小微企业贷款有所增长，但是住房类贷款有所减少。

总的来说，地方政府的杠杆率增长快，公司信用类债务稳定增长，个人部门的杠杆率有下降趋势。如果区分国有部门和非国有部门，则政府类和国有企业类的杠杆率相对高，而非国有单位的杠杆率相对低。

（三）与房地产有关的债务迅速增加

很长时间以来，我国个人既购房用于个人居住，又把房地产投资当作储蓄和投资手段。这说明我国的金融市场还不够发达，没有培育出足够值得个人投资者信任的适合个人投资的工具和为个人理财及财富管理服务的机构和产品。

另外，商业银行近年来业务发展主要依靠房地产贷款。2010年以后，银行减少了制造业投资，大量增加了房地产有关的贷款和资产证券化业务。银行青睐房地产贷款与房地产的特点有关。"从银行个体角度来看，以房地产为抵押的信贷业务似乎比其他信贷业务风险更低，也更易于管理。一些情况下也确实如此。20世纪中叶以前，一些发达经济体不鼓励银行发展房地产信贷市场，甚至采取多种限制。如日本、英国、加拿大都对银行房地产抵押信贷业务实行管理。一旦管理放开，这些银行机构对房地产信贷便趋之若鹜"。[3] 这是因为，"以房地产（特别是供给增加相对困难的现在房地产）为抵押发放贷款可能导致信贷供给、信贷需求和资产价格的自我强化周期"。[4] 这也是中国房地产市场长期高位运行，房地产价格居高不下的原因。从2020年开始，房地产企业债务危机出现，揭示了潜在的金融风险，深层次原因就在于个人非居住性住房需求的不正常膨胀，以及银行通过创造信用无限增加按揭贷款的供给，导致房地产泡沫的出现。直接原因是房地产企业高杠杆的商业模式和风险管控能力，导火索是管理三条红线和各地不同程度的房地产价格管控。

---

①② 陈果静. 我国宏观杠杆率增幅总体稳定［N］. 经济日报，2022-03-16（07）.
③④ ［英］阿代尔·纳特. 债务和魔鬼——货币、信贷和全球金融体系重建［M］. 北京：中信出版集团，2021：71.

（四）地方政府和国有企业的预算软约束

国有单位的杠杆率高于非国有单位，与科尔奈的预算软约束理论有关。"按照科尔奈教授的观察，在前社会主义国家匈牙利，政府从'国家父爱主义'出发，鼓励国有银行将无法按时偿还债务的国有企业预算约束软化，或者延长债务到期期限，或者允许举新债来还旧债。预算软约束由此一方面使经营管理不善的国有企业继续存在，占用和耗费大量社会资源，另一方面则加剧了国有银行资金营运效率低下、呆坏账严重等问题，拖累了国有银行运行的稳定"。[①] 地方政府、国有银行、国有企业的预算软约束是导致国有单位杠杆率居高不下的主要原因。由于国有单位有国家信用或者隐含的国家信用，各类国有银行争相给国有企业贷款，而忽略了贷款单位本身的信用、市场前景和偿债能力。这一点是中国宏观杠杆率与其他国家不同的地方，也是需要在管理宏观杠杆率时必须考虑的因素。

小 结

我国财政经历了"吃饭财政""建设财政"向"公共财政"发展的过程。在这个过程中，预算管理、国库管理和债务管理的职能不断完善。"国债"包含两个意思：一是国家债务，包括通过借款方式出现的债务和中国政府发行的外债。二是国债券，如财政部发行的国库券、附息国债等。财政部代表中央政府发行的债券是国家债务的证券化，因此称为中央政府债券。中央政府债券的信用由国家征税的权力和财政支出支持并由经济的效率所决定。因此，债务管理、预算管理和国库管理是统一的。归根结底，财政服务于国民经济的能力是国债信用的根本体现。经济增长，税基扩大，国有中央企业上缴利润增加都会提升国家信用。国债管理制度的目标是实现高效率低成本地发行国债。从20世纪90年代开始，国债市场化改革和无纸化有效地保证了国债高效率低成本发行目标的实现，同时无纸化也大大降低了国债兑付成本。

对于一个国家来说，外债是真正意义上的国家债务，其规模需要得到有效控制。国家的对内债务和发行货币，等于对居民发行的股票，如果经济处于增长状态（股票增值），就可以不必担心发行数量的增加。当然，债务规模过大，利率就要

---

① 郑志刚，等. 存在退市风险公司的救助困境与资本市场的"预算软约束"[J]. 世界经济，2022，43（3）：142－166.

上升。偿债和利息支付成为中央政府预算安排的首要困难。耶鲁大学的陈志武教授研究发现，近现代的主要国家中国库殷实的国家后来都走向了衰落，而当年负债累累的国家，后来都走向了民主法治，并进入了发达国家的行列。① 中国在改革开放以后，改变了原来"既无外债，又无内债"的政策，通过发行国库券，弥补由于改革增加的赤字，不仅实现了经济增长，而且在建立国债市场的过程中，推动了中国资本市场的建立和发展。国债规模要从整个宏观经济的角度来考虑，特别是经济效率和"挤出效应"等，是考虑国债发行规模的重要因素。"关键还在于政府的融资成本和民间的投资回报率，只要纳税人的投资回报率高于政府公债利息，最优的国策是少征税，把钱留给老百姓去投资创业，藏富于民，政府尽量用公债来弥补财政赤字。相反地，如果公债利息高于民间投资回报率，那么靠赤字负债发展是下策"。②

政府债务规模还涉及国富和民富的问题，陈志武教授还研究发现，超级大国也是负债大国。富有的国家需要的货币多，国债是这些货币借以存在的安全资产。民主和法治可以保证这些负债产生最大的经济效益，即投资到最需要的地方去。同时也保证政府的投资通过最有效益的机构去做，如中国国家开发银行在 2000 年以后对于基础设施的投资是因为国家开发银行管理投资和项目的专业能力超过了其他银行。

国债市场的发展为整个债券资本市场和金融市场提供了基准，也为财政货币政策的结合提供了可以操作的工具。"国债的存在与交易给市场提供了评估政府政策与制度优劣的具体工具，通过国债价格的涨跌，立即反映出市场对国家未来的定价，对具体政策与制度的评估"。③ 中国财政部 1996 年发行首只 10 年期附息记账式国债，一路价格上涨，收益率下行，反映了市场对中国经济前景的信心。今后国债市场的规模不仅要考虑融资的需要，更重要的是考虑经济发展和财政货币政策的需要。

①② 陈志武. 金融的逻辑：治国的金融之道［Z/OL］. "经济学原理"公众号，2015 – 11 – 18.
③ 陈志武. 政府有钱不如民间富有［Z/OL］. "经济学原理"公众号，2021 – 11 – 09.

第九章　债券资本市场、货币政策和宏观经济

宏观经济与债券资本市场紧密联系，一方面宏观经济会影响税收和国债发行规模，另一方面国债发行会增加投资和政府支出，并可发挥财政政策的作用，刺激经济的恢复和发展。财政和货币政策之间的配合，涉及各自功能的发挥。但是两者的主要结合点是国债市场，而国债市场又是整个债券市场的基础。

第一节　债券资本市场和货币政策的实施

财政货币政策的结合如果通过市场，就必然和债券资本市场发生联系。根据《中央银行法》，央行不能够直接购买国债，但是在二级市场上买卖国债则是非常重要的货币政策手段，这就是公开市场操作。

一、国债市场与公开市场操作

中国的金融市场和金融活动长期以来依靠行政手段调控，在改革开放后的多年依旧如此。20世纪90年代的多数时间中商业银行的贷款业务通过存贷比来控制。行政手段对政府机构而言简便易行、低成本高效率，但调节金融活动的效果欠佳，也会妨害金融市场的发展。中国在建立起相对发达的债券市场后，才开始通过公开市场操作的方式实施货币政策。

公开市场操作有别于其他市场运作，通过市场体现了央行和市场参与者之间以及央行和财政部之间的关系。从这个意义上来说，公开市场操作和财政部发行国债有类似的地方，但是目标有所不同。通常财政部发行国债不是为了实行财政部政策，而是为了融资弥补财政赤字。但是赤字的增加本身体现了扩张型的财政政策。而央行进行公开市场操作完全是为了实行国家的货币政策。由于财政部发行的国债是公开市场操作的主要工具，因此，债券市场成为财政政策和货币政策的结合点。

（一）公开市场操作的架构

财政部和国家开发银行分别是20世纪90年代和21世纪初金融创新的引领者，并以此促进了金融市场的发展。技术的进步，例如电子交易系统的诞生，为记账式债券的交易奠定了基础。

多个政府机构对于债券市场的发展功不可没，财政部和中国人民银行等机构对推动债券市场的改革发挥了积极作用。政府债务主管部门，如过去的财政部国债司、金融司和如今的财政部国库司以及货币政策主管部门中国人民银行货币政策司是公开市场操作的实施机构。

1. 为公开市场操作准备债务工具

为了建立有效的国债市场，必须有适当的债券市场工具。为了设计出恰当的交易工具，政府必须考虑应该如何保障并促进国债的销售，同时又能满足投资人和市场参与人对于债券市场工具的需求。健全的债券市场必须同时满足买卖双方的需求，这里买方为投资人，卖方为政府。在中国，经过30年来国债市场化改革的探索，可以说已经发展出完整和系统的市场工具。后文将会作详细介绍。

2. 公开市场操作的两种方式

公开市场操作的制度安排有两种典型方式：美国方式和英国方式。美国方式是在一级市场由财政部组织发行国债，在二级市场由纽约联邦储备银行进行公开市场操作。英国方式是在一级市场由财政部委托英格兰银行发行国债，在二级市场由英格兰银行进行公开市场操作（见图9-1和图9-2）。

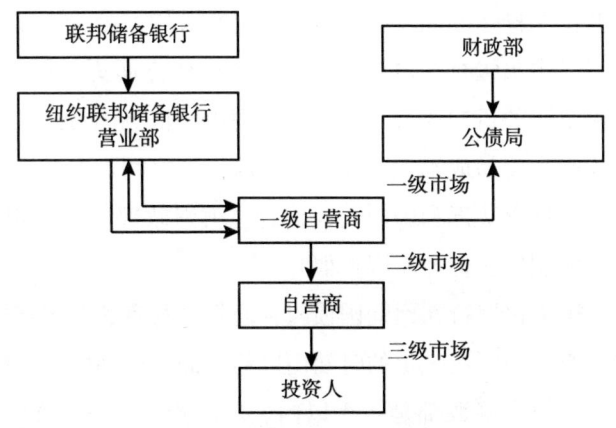

图9-1　制度结构：美国方式

资料来源：笔者绘制。

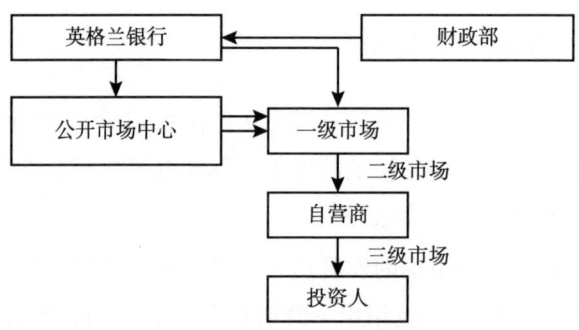

图 9 - 2　制度结构：英国方式

资料来源：笔者绘制。

在美国，公开市场操作由纽约联邦储备银行营业部实施，具体安排由营业部总经理负责。一旦总经理决定了公开市场操作的特定形式，纽约联邦储备银行就会通知一级自营商对中短期国债报价。一级自营商作为二级市场的做市商，担负有报价的义务。一级自营商接到通知后，会根据市场收益率水平进行报价。公开市场操作有两种形式：一是单向交易，如公开买卖；二是回购。公开市场操作部门若认为市场走势有望长期持续下去，就会使用公开买卖的办法，通常会采用招标发行方式。招标时，一级自营商对证券价格投标或报价。投标按照价格进行排序，卖出的价格由高到低排列，买入的价格由低到高排列，按顺序撮合，直至达到需要的交易额为止。

市场上可供选择的债券包括短期国债、中期国债和长期国债，不过公开市场操作的主要对象只有短期债券产品。负责公开市场操作的总经理如果希望影响短期市场，通常会采取回购的办法。

不同国家公开市场操作的制度安排也不同。在英国，公开市场操作与国债招标均由中央银行执行。中央银行在协调这两种市场操作方面更为得心应手。在美国，这两种市场操作由不同的机构执行。因此，有理由相信英国方式的交易成本更符合低成本高效益的原则。交易成本主要发生在政府机构之间。在中国，与公开市场操作有关的政府机构包括财政部和中国人民银行。就财政部与中央银行的关系来看，中国公开市场操作的制度结构与美国相似。

相对而言，中国人民银行在回购国债时，通常会与有意愿出售国债的一级自营商签订回购协议，双方约定在一定的时间内以约定的价格回购标的国债。回购协议的期限为 1～15 天，但大多数都是 7 天以内。国际资本市场上的开放式回购交易中，规定一级自营商有权提前终止回购协议，但目前中国禁止提前终止协议。

（二）中国中央银行公开市场操作的早期历史

中国人民银行（以下简称央银）成立于1948年12月1日，自那时起就作为中国的货币当局，同时还从事商业银行业务。自1994年起，中国人民银行专门行使中央银行的职能，不再从事商业银行业务，也就成为真正意义上的中央银行。

1. 1994年公开市场操作使用短期国债

1994年，中国人民银行首次通过外汇交易开展公开市场操作。1994年财政部发行两期一年期以内的短期国债专门用于中央银行的公开市场操作。从1996年开始，公开市场操作成为货币政策的基本手段。中央银行开展公开市场操作，可以根据货币政策目标，通过公开买卖有价证券和外汇实现，也可以调整商业银行的准备金规模。

2. 使用外汇储备对冲

由于外汇储备的攀升，外汇占款也出现急剧增加。为了对冲外汇占款的增加，有必要通过公开市场操作收回商业银行的资金。非银行金融机构和新建立的银行没有央行的再贷款，因此央行只能通过公开市场操作进行必要的调节。

中国为实现货币政策目标，已经采用了包括存款准备金和再贴现窗口在内的一些方法，但是由于早期利率受到管制，这些方法都缺乏效率。因此，公开市场操作已成为再调节的主要手段。

3. 中央银行发行票据

中国的外汇储备头寸在21世纪初迅速增长。由于流通的短期国债品种较少，自2002年起，央行开始发行票据，并通过买卖央行票据调节货币供给。央行票据由央行通过招标的方式，通过一级交易商贴现发行短期债务凭证，其期限为3个月至3年，是2002~2013年央行调节货币供应量和短期利率的重要工具。但由于央行票据发行成本高，且2013年后国际收支趋于平衡，以往由外汇占款投放主导的基础货币创造方式已发生改变，公开市场从单向回笼对冲流动性，逐渐转向投放与回笼并举，逆回购渐成央行公开市场操作的重要工具。因此，2013年后央行票据一直处于停发状态。

经济学理论认为，固定汇率制下，一国的货币政策是没有自主权的。货币当局为了消除超额货币供给造成的压力，必须更多地参与公开市场。

4. 公开市场操作的统一清算机构

为了实现国债无纸化，财政部决定建立负责记账式国债交易的清算结算机构，并于1995年筹建中央国债登记公司。不久以后，财政部接受了中国人民银行的建议，即以人民银行的全国电子交易系统为基础组建记账式国债交易机构。该电子交易系统与人民银行的结算系统直接相连。1996 年，中央国债登记结算有限责任公司正式成立，承担统一的国债登记、托管、清算、结算职能。中央国债登记结算有限责任公司为央行的公开市场操作提供了技术支撑。

此外，国家开发银行及其他银行和金融机构发行的金融债券也在中央国债登记结算有限责任公司进行登记托管，为央行针对政府债券和金融债券进行的公开市场操作提供了无纸化交易的基础设施。1997 年，中央国债登记结算有限责任公司开始承办公开市场业务的债券登记、托管和结算业务，为公开市场业务提供相应的技术平台和业务支持，从而极大地方便并加快了央行的公开市场操作。

（三）中央银行买卖国债对货币政策的影响

中央银行的货币政策传导路径包括传统行政路径和市场路径。市场路径是通过调控流动性水平进而影响金融中介机构资产负债表，实现改变实体经济资金成本、影响宏观经济活动的政策目标。中央银行向商业银行和存款机构购买国债，导致商业银行和存款机构的超额准备金增加，从而增加基础货币（M0）的供给。央行向其他机构购买国债，其他机构的存款也会同时增加。两种方式对基础货币供给的影响是相同的。

1. 中央银行买卖国债影响货币政策的机制

央行向商业银行和存款机构出售国债，商业银行和存款机构的超额准备金和存款同时减少，如此一来，央行就能实现紧缩银根的政策目标。央行向非银行机构和个人出售国债的情况也是如此，因为同样起到降低准备金或者存款的作用。由于存款是流通货币的一部分，存款的减少就意味着狭义货币 M1[①] 的减少。2000 年以来，许多非银行金融机构也能够参与银行间债券市场，这也是央行提振银行间债券市场的一项举措。随着非银行金融机构和国有企业的参与，央行货币政策对实体经济的效果得到明显提升。

2. 政府债券对货币供给的影响

国债对中央银行货币供给的影响，取决于国债的发行对象。如果政府直接向中央银行举债，则货币供给的增加量等于发债量。如果政府直接向商业银行举债，则货币供给的增加取决于货币乘数，变化幅度等于货币乘数的倒数。货币乘数越大，货币供给受到的影响越小。如果政府直接向个人举债，通常来说个人的

---

① 狭义货币一般用字母 M1 来表示：M1 = M0（流通中货币）+ 企业活期存款 + 机关团体部队存款 + 农村存款。狭义货币的供应量是中央银行制定及执行货币政策的主要依据之一。

存款会减少，也就减少了银行系统的资金来源。由此可见，市场化的公开市场操作是中央银行一种强有力的货币措施，能够对货币的总需求产生较为直接的影响。

中央银行可将公开市场买卖国债作为日常操作工具，可以在鼓励持有国债资产且具备资质的金融机构灵活调整准备金数量的同时，更好地发挥国债收益率的定价基准作用，提高货币政策传导效率，并进一步改善国债市场流动性。2000年初期，人民银行曾短暂地通过公开市场购买国债，对于引导市场利率变化和提升国债流动性发挥过一定的积极作用，但后来因受客观因素的制约停止了国债现券的买卖。

3. 中央银行通过国债买卖引导利率水平

从国际经验来看，国债现券买卖是美联储重要的货币政策执行工具。美联储通过对国债资产的买卖来调节银行体系的准备金供应，进而引导货币市场利率在政策目标的范围内运行。美联储一直是美国国债流通市场的主要参与者之一，公开市场操作中的国债现券交易曾长期占到公开市场操作账户资产余额的90%以上。美联储公开市场买卖国债在边际上能影响银行体系的准备金供应，从而影响联邦基金利率等货币市场利率。

美联储可通过改变国债的供给来影响不同期限国债的相对价格，进而影响国债收益率曲线的形状。根据市场分割理论，由于不同投资者对债券期限长短的偏好不同，不同期限之间的国债市场之间套利不完全，导致市场短期利率向长期利率的传导并不通畅。2008~2012年，在美国短期利率逼近"零下限"后，美联储通过大量购买长期债券，成功压低了长端国债收益率。

4. 中央银行参与国债买卖可以提高国债的流动性

美联储作为国债现券交易的"最后做市商"，其参与国债买卖能鼓励金融机构持有并交易国债资产，进一步提升国债市场的流动性。2020年3月初，随着新冠肺炎疫情在美国本土蔓延，美国国债市场买卖价差急剧上升，市场深度骤降，国债流动性迅速恶化。此时美联储承担"最后做市商"的职能，从一级交易商大量买入国债以提供国债交易的流动性。从3月15日起至当月底，美联储购买速度达到每日750亿美元，并增加了中长期国债的购买，从而在很大程度上帮助改善了美国国债市场的流动性。2020年美联储在公开市场购买国债规模与一级交易商在二级市场上的国债交易规模表现出很强的相关性（见图9-3）。

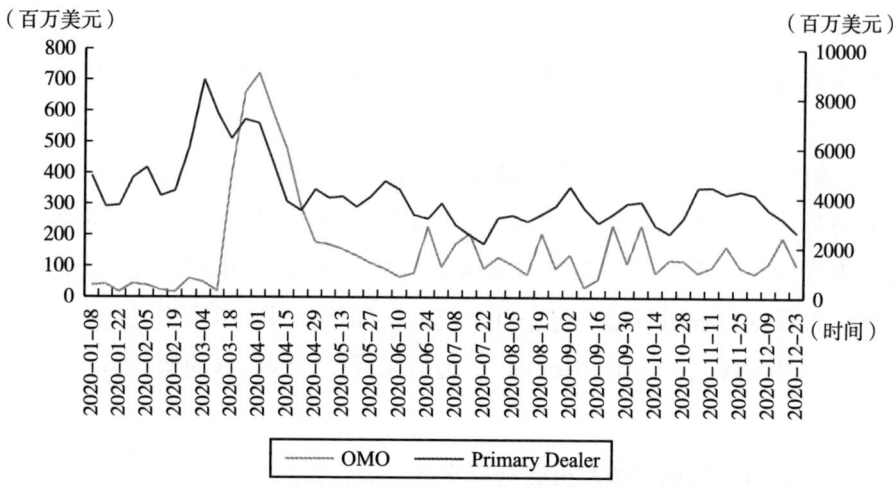

图 9 - 3   2020 年美联储 OMO 与一级交易商场外国债交易规模对比

资料来源：纽约联邦储备银行，中央结算公司整理。

5. 人民银行公开市场操作支持国债市场发展

20 世纪末 21 世纪初，中国人民银行加快了改革步伐，减少了再贷款融通等一些行政性手段，相应地增加了包括公开市场操作在内的市场工具。因此，建立具有流动性的债券市场符合中央银行自身的利益。此外，随着外汇储备日益充足，发行央行票据对冲外汇增加对汇率的影响开始成为中央银行的一项重要工作。

2000 年以后，中国人民银行采取了一系列促进债券市场繁荣的有效措施。随着中国逐渐建立起现代债券资本市场的框架，国人对债务和国债本质的认识发生根本性的转变，逐步分清了债务和债券的区别。随着政府债券市场的不断发展，人们逐渐意识到国债也能在债券市场交易，成为一种金融产品，与其他金融产品具有相同的特征。国人也认识到政府债券也是银行持有的流动性最强的金融资产，中央银行在公开市场操作中买卖政府证券，可以调节货币供给，稳定经济。中央银行的公开市场操作是调控宏观经济的一种手段，政府债券在其中充当了宏观经济调控工具的角色。

综上所述，为了使国债最大限度地发挥其积极作用，应注意做到以下两点：①有效地使用债券发行收入；②建立低成本高效率的债券市场。这不仅是政府、政府机构的任务，更是政府债务主管部门必须完成的使命。

6. 国内通过公开市场买卖国债的条件已经具备

随着中国国债规模的扩大和国债流动性的改善，国内重启公开市场国债买卖的条件现已成熟。中央银行购买国债资产既有利于改善自身资产负债表的结构，又有利于畅通货币政策传导效率，更有利于提高持有国债的金融机构的国债交易动机。因此，中国人民银行适时重启公开市场买卖国债现券，可以进一步改善国债市场流动性，更好地发挥国债收益率曲线的定价基准作用。

（四）中央银行货币政策的影响

1. 对资产负债表的影响

中央银行是国家合并资产负债表的管理者。央行有可能超出授权，改变国家资产负债表，从而对财政收入和支出产生影响。"如果中央银行只购买（或贷出）政府债券，国家合并资产负债表的结构就会改变，其长期负债会被货币负债所取代。如果它购买（或贷出）私人企业债券，国家合并资产负债表就会扩张，其资产组合就会改变，风险敞口也会受影响。在这种情况下，任何净损失都以铸币税收减少的形式注入财政部，这意味着在较长时期内要么增加税收，要么减少支出（而净收入则相反）。①"这种情况会导致财政部增加债券的发行或增加税收或减少财政支出。

2. 对银行监管的影响

美国次贷危机以后，人们意识到了银行资本充足率和流动性的重要性，因为银行的风险可能转嫁给债务人。"银行必须持有更多的资本和流动性，同时提高对银行最低准备金的要求，因为这些银行的倒闭无疑会造成系统性后果；通过将损失转嫁给债券持有人而非纳税人，各方已就跨境金融机构问题制定了标准并达成了协议；衍生产品必须集中清算，非标准合约必须满足最低抵押品要求；衍生品交易的信息被保存在一种新型基础设施——交易数据库中；此外，'影子银行'的风险也不断受到监控。②"这是因为在企业、居民和金融机构这三个部门中，一个部门的资产可能是另一个部门的负债，风险可以迅速从一个部门传递到另外一个部门。

（五）货币政策的传导机制

1. 非存款金融机构比存款金融机构对于价格更为敏感

在金融中介机构中，非存款类金融机构比存款类机构对政策信号更加敏感，风

---

① ［英］保罗·塔克. 未经选举的权力：西方央行及监管机构授权原则［M］. 许余洁，译. 北京：中信出版集团，2021：449.
② ［英］保罗·塔克. 未经选举的权力：西方央行及监督机构授权原则［M］. 许余洁，译. 北京：中信出版集团，2021：373.

险偏好相对高，在政策传导过程中的作用不可忽视。而DR作为存款类金融机构间的回购利率指标，并不能反映包含非存款类金融机构在内的全市场流动性和资金供需情况。从外汇交易中心披露的数据看，有非存款类金融机构参与的回购交易规模远大于仅存款类机构参与的交易规模。特别是在我国流动性分层供给格局下，市场流动性不足一般伴随着流动性分层，DR所代表的银行间流动性与市场整体状况会出现较大偏差。如果货币政策只关注DR，那么政策传导效率将无法最大化，政策效果也会受到一定干扰。

2. 基准回购利率更能反映流动性状况和融资利率水平

在此背景下，中央结算公司借鉴美联储于2018年新推出新基准利率——有担保隔夜融资利率（secured overnight financing rate，SOFR），编制并发布了基准回购（benchmark repo，BR）利率指标。BR遵从国际基准利率改革精神，基于最为真实可靠的结算数据作为指标样本。相比DR指标，BR最大的优势是覆盖银行间市场全体参与机构，可以充分体现全市场各类金融机构的流动性状况和融资利率水平。此外，BR剔除了担保品对回购利率的影响，使其更加精确地反映货币价格的本质。在统计方法上，采用与美联储SOFR类似的加权中位数方法。相比于传统的加权平均法，对极端值的扰动更加稳健，可以满足市场基准利率稳健运行的要求。相比于其他利率指标，BR在可靠性、代表性、稳健性等方面均有优势，是更具潜力的短端基准利率指标。货币当局在货币政策的执行过程中，可研究将BR纳入观察指标和操作目标（见图9-4、图9-5）。从下图可以看出，隔夜BR始终稳定在高点上，其波动率明显小，作为观察指标更好。[①]

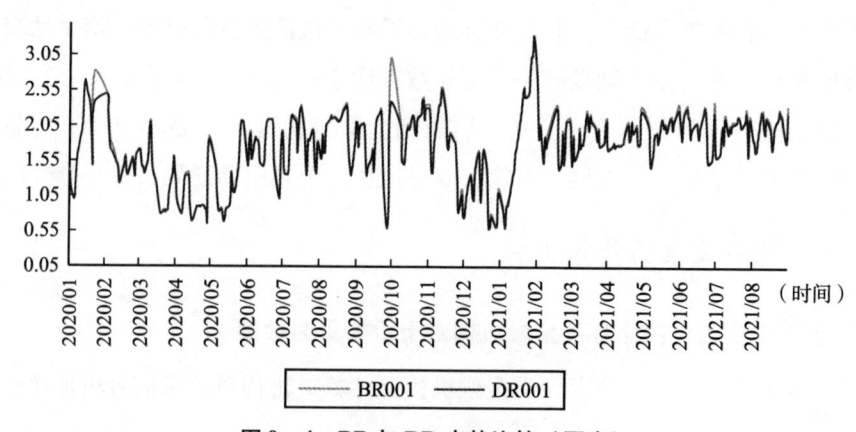

图9-4 BR与DR走势比较（隔夜）

资料来源：中央结算公司。

---

① 中央结算公司，2021-09-18.

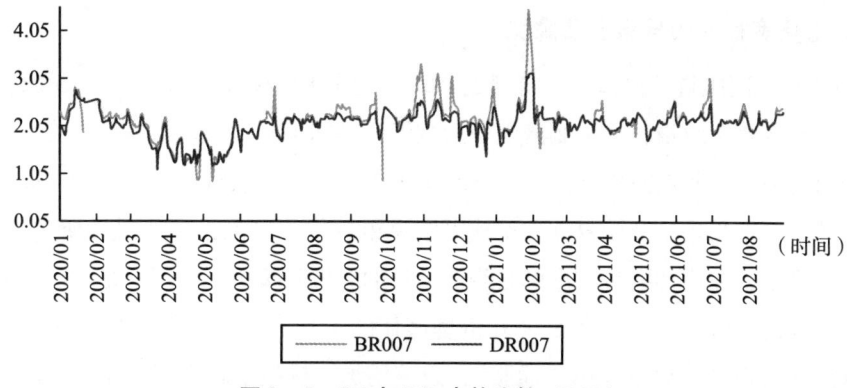

图 9-5 BR 与 DR 走势比较（7 天）

资料来源：中央结算公司。

（六）公开市场的与时俱进

中央银行公开市场操作的运用，是在金融市场发展的基础上实现的。在经济结构和金融市场的变动中，采取灵活的操作方式。尽管中央政府仍在某种程度上采用贷款限额管理和其他行政手段来调控金融活动，但公开市场操作正在逐步取代这些行政手段。

1. 金融市场的发展和浮动汇率制

中国金融市场的制度安排主要通过行政手段而非市场手段来实现，这样政府可以通过法律手段和监管手段降低外生交易成本。中国实行浮动汇率制以后，货币政策更为有效。20 世纪 90 年代的最后一轮经济周期中，中国成功实现了经济的软着陆，这一成功完全可以归功于中国的货币政策。

2003 年，中国银行业监督管理委员会成立，负责监管银行与非银行金融机构。尽管银监会在建立法律制度、监管银行与非银行金融机构中发挥了重要作用，但一些重大问题仍未能得到圆满解决。

2. 以银行为主体的金融市场不能适应创新经济

从 2012 年以后，我国经济进入创新经济阶段。在创新经济时期，企业分为循环类创新企业和颠覆类创新企业。银行以抵押担保为基础进行贷款的商业模式不能适应创新经济的需要。虽然适应创新经济的私募股权基金业有了很大发展，但是与银行的贷款余额相比，基金投资的相对规模较小，不能适应创新企业发展的需要。

由于银行业分为政策性银行、国有商业银行、股份制银行和城商行及农商行，资金从大型国有商业银行向其他银行传递时，资金形成体内循环。这种情况在 2018 年以后资产荒的情况下更为明显。

3. 量化宽松政策导致通货膨胀

2008 年美国次贷危机以后，特别是 2020 年新冠肺炎疫情期间，欧美国家普遍采取量化宽松的货币政策，加上刺激消费的政策，其结果导致不可抑制的通货膨胀。实践证明凯恩斯主义和新凯恩斯主义经济政策不能起到稳定经济增长的作用。以财政政策为主的经济增长理论开始复苏，挑战以中央银行货币政策为主的凯恩斯主义政策。根据这一理论，在增加财政支出刺激经济增长的经济政策中，国债只是为了增加财政支出而采取的筹资手段，而不是公开市场操作的工具。经过几年量化宽松政策，美国、欧洲通货膨胀（以下简称"通胀"）迅速增加，挑战了新出现的 MMT 理论。

4. 我国与时俱进的公开市场操作

近年来，在公开市场操作中，人民银行综合运用资产负债表调整和法定存款准备金率调整两种方式，分别从基础货币的规模和效率角度调节流动性。基础货币的规模和效率共同决定了货币的派生能力。

资产负债表的调整手段包括买卖外汇、逆回购、对金融机构贷款及再贴现等。人民银行通过调整资产负债表影响基础货币规模，进而通过商业银行信贷投放等资产运用，实现对流动性的调节。在 2012 年之前，人民银行主要通过买入外汇投放流动性。在 2012 年之后，外汇流入放缓，人民银行通过逆回购、对金融机构贷款及再贴现投放流动性。2019 年 10 月末，外汇占款占人民银行资产规模的 59%，比 2011 年末回落 24 个百分点；金融机构债权占人民银行资产规模的 31%，比 2011 年末提高 24 个百分点。[①]

人民银行还运用宏观审慎政策、信贷政策等多种政策工具，从期限、价格及信贷投向等方面优化流动性结构，为实体经济发展提供有力保障。[②]

二、公开市场操作工具的多样化

（一）国债市场的改革发展为央行的公开市场操作奠定了基础

1996 年以来，国债市场的发展为央行提供了可用于实现货币政策的市场基础设施和市场交易工具，为央行的公开市场操作创造了有利条件。

1. 实现了国债发行方式的改革

中国国债市场的设计考虑到了发行人和投资人两方面的因素。与股票一级市场长期受到控制不同，国债市场从放开一级市场开始。此外，从 1991 年国债市场化

---

① ② 阮健弘，黄健洋. 流动性的客观评估与合理调节 [J]. 债券，2019（12）：7 – 12.

改革以来，财政部还考虑到了央行开展公开市场操作的需要。如前所述，早在1994年，财政部就发行了短期政府债券，如半年期和1年期的国库券，它们都是为央行的公开市场操作而专门设计的。

国债的发行方式由承购包销制到招标制的转变，是国债发行市场化过程中具有决定性意义的一步。众所周知，世界上几乎所有的发达国家和半数以上的发展中国家都采用招标方式发行国债，特别是发行短期国债。招标制有一大优势，就是提供了一种市场化、竞争性的价格决定机制。1996年，中国采用的招标制包括基数承购价格招标和划款期招标。之后招标方式有了很大改变。国债一级自营商为央行的公开市场操作提供了现成的制度基础。由于我国的货币市场和资本市场尚待形成，国债二级市场有待进一步发展，市场基准利率尚不稳定，因此国债发行的投标价格具有一定的随意性。为此，招标方法中设计了基本价和最低价，作为一级自营商投标时的指导价。同时，为了确保国债交易的成功，必须有一定数量的一级自营商参与投标，以保证对国债有足够的需求。实践证明，当时采用的招标制符合我国国债发行市场的现状。一级国债市场的发展尽管步子小、时间短，却为中国的公开市场操作铺平了道路。

2. 实现了国债的定期滚动发行

国债实行滚动发行，提高了发行的频率。根据市场情况合理安排国债发行计划，合理设计市场交易工具，既满足了财政预算的资金需求，又有助于降低发行难度，减少发行成本，提高了市场吸收新发债券的能力。这一点对于投资人和中介机构安排资金、确保二级市场流动性方面具有重要作用。

3. 国债品种增加

国债发行期限和品种的设计，充分考虑到了央行公开市场操作的需求。此外，针对银行持有国债的需求，设计了短期国债品种。短期国债流动性强，对商业银行来说是理想的金融资产。短期债券品种的增加，促进了政府债券在期限和种类上的多样化。国债的品种和期限种类的增加，扩大了投资人的选择基础，丰富了市场交易的方式，使二级市场交易更为活跃，也提升了市场的流动性。20世纪90年代财政部零息国债的发行，使国债发行和兑付方式有了新的发展。贴现国库券和贴现中期国债都属于零息债券。

4. 一级市场和二级市场协调发展、相互促进，使整个国债市场活跃发展

1997年新发行债券的上市价格和发行价格非常接近，这是国债市场建立以来前所未有的新局面。国债一级市场的透明度有所提高，充分体现了公开、公正、公平的原则，促进了投资人和承销人购买国债的积极性。政策性银行和商业银行参与国债一

级市场，是短期国债的主要投资人。20 世纪末，银行成为国债的主要投资人。

5. 发展公开市场业务一级交易商制度

中国人民银行从 1998 年开始建立公开市场业务一级交易商制度，选择了一批能够承担大额债券交易的商业银行作为公开市场业务的交易对象，2012 年公布的公开市场业务一级交易商共包括 49 家。这些交易商可以运用国债、政策性金融债券等作为交易工具与中国人民银行开展公开市场业务。

（二）公开市场工具的发展

1. 央行票据作为主要的市场工具

央行采用的公开市场操作工具还具有重大意义：它极大地促进了国债市场的进一步发展。1998 年以来，央行决定采用香港金融管理局的实践办法，在公开市场操作中发行短期票据并通过买卖票据来吸收或增加货币市场的流动性。

2. 政策性金融债券作为公开市场操作的工具

为了实现公开市场操作的目标，央行选用的市场交易工具必须具有较高的信用和流动性。中国人民银行主要在银行间债券市场开展公开市场操作，目前交易的产品仅有国债和政策性金融债券。银行间债券市场的政策性金融债券在数量上远超过国债，因此人民银行在 1997 年和 1998 年选择了政策性金融债券作为公开市场操作的工具。

1998 年，国家开发银行以市场化的方式发行了第一笔非派购政策性金融债券。在现有的监管制度下，国家开发银行的发债对象主要是商业银行，使商业银行增加了持有的债券，为央行开展公开市场操作提供了有用的工具，并改善了公开市场操作的效果。

3. 短期市场交易工具

2014 年，央行下发文件，增加了短期市场交易工具的品种。较为常见的工具包括常设借贷便利（standing lending facility，SLF）、中期借贷便利（medium-term lending facility，MLF）、公开市场短期流动性调节工具（short-term liquidity operations，SLO）、抵押补充贷款（pledged supplementary lending，PSL）以及国库现金定存等。此后，央行的公开市场操作变得更加频繁（见表 9 - 1）。

表 9 - 1　　　　　　　　　　2012 ~ 2016 年公开市场操作天数

项目	2012 年	2013 年	2014 年	2015 年	2016 年
当年公开市场操作天数	92	92	108	100	264

资料来源：笔者根据有关资料整理。

（三）公开市场操作工具的选择

市场人士认为，对于发展中国家和体制转轨国家，公开市场操作工具的选择可以根据经济金融发展的约束要求，采用多种形式的操作工具。中央银行票据作为现阶段中央银行公开市场操作的主导工具，是一种无奈但现实的选择。作为公开市场操作的工具必须满足一定条件：能够成为公开市场操作工具的资产必须具有债券工具的一般特征；与基础货币的增减有着直接的关系；能够同度量地增减基础货币；能够适应中央银行的操作方法。

中国公开市场操作工具的改进必须遵循一定原则。例如，工具的使用应该结合中国经济和金融的运行需要；应满足与财政政策配合的需要。考虑中国国债期限品种的制约，有五种途径可以解决操作工具的短缺：大力发展政府的债券市场；发行以国家外汇储备为资产基础的外汇储备债券；积极推动国有金融机构发行金融债券；发行以中央银行为债务人的中央银行票据以及将各级财政在中央银行的借款和透支证券化。[①]

未来的操作工具构架应该体现以国债为主并与其他操作工具并行的一个多层次、多方位的操作工具群。在这个构架中，财政政策和货币政策相互协调配合是第一位的，所有工具的使用都应该有利于财政政策和货币政策的配合，都要有利于财政政策和货币政策操作平台的搭建。公开市场操作及改进的方向是对操作目标的改进、大力发展债券市场、对操作过程和结构进行改革、加大与其他货币政策工具的协调配合，防范操作工具可能带来的风险。[②]

三、财政部和央行之间的合作的制度基础

在中国，中央银行和财政部之间的协调并无特殊的制度安排，不过两个部门确实努力展开合作。1994年和1996年，财政部向银行和非银行金融机构发售了短期国债，主要目的就在于配合央行于1996年4月开展的公开市场操作。

（一）公开市场操作委员会

许多国家都设立了经济政策委员会或货币政策委员会一类的制度化体制。一些国家的政府为协调两机构的职能而设立了顾问委员会。2001年，中国为了在不同机构间（特别是财政部和中国人民银行间）协调货币政策，成立了公开市场操作

---

①② 张红地.中国公开市场操作工具的选择［M］.上海：上海三联书店，2005.

委员会，成员主要来自中国人民银行、财政部和其他一些政府机构，这是非常可喜的一步。中国公开市场操作委员会的职能由国务院行使，而在英国等一些国家，央行在公开市场操作中作为财政部的代理机构，这样的立法安排不利于两大宏观经济政策之间的协调。

（二）财政部和中央银行共同推动债券资本市场的发展

由于债券市场是金融市场的基础，中国政府在制定相关政策时，应当优先考虑债券市场。20世纪90年代初期，股票市场先于债券市场得到发展。财政部早年推动国债市场的发展，主要动机是保证国库券的发行。1997年以后，由于财政部无须担心资金筹措问题，财政部工作的重点是财政政策的运用和国债资金的使用，而没有考虑债券市场发展的战略。这一期间，关心国债二级市场发展的是中央银行。

仅仅依靠财政部的努力，还不能完全实现发展国债市场和债券资本市场的需要。必须发展相应的制度，为债券市场提供支持。中央政府的作用主要在于提供法律基础。在过去的多年间，政府部门的观念是，只有资本主义国家才存在国家债务，社会主义国家不必有国家债务。人们认为政府如果为了投资而借债，那么只要能完成筹资目标就万事大吉，并不重视具体使用何种工具，以及投资人基础、市场基础设施和市场中介服务机构的建设。很长一段时间，我们把资本市场等同于股票市场，这是我们很长时间不重视债券市场发展的主要原因。

随着市场经济的发展和对国债性质的深入了解，人们已经认识到政府债券是一种金融产品，也是一种安全资产。因此，为了流通的目的而建立国债市场就成为一种必要。正因为如此，国债市场的建立和发展是政府债务主管部门的重要任务。

如前文所述，中央银行的一大职能就是通过国债交易开展公开市场操作，只有商业银行参与国债交易，央行才能发挥这一职能。因此，央行也应该关心国债市场的建立和发展。对个人投资人而言，国债是一种金融商品，既是储蓄工具，又是投资工具。那些进入交易所市场投资国债和其他债券的个人投资者也关心国债二级市场的发展。

总之，债券市场是整个金融市场的基石，债券市场的目标远超过债券市场本身。有人认为政府建立债券市场仅仅是为了更好地销售债券，这种看法忽略了债券市场对金融发展和金融深化的特殊作用。以债券市场为基础的金融市场的发展，将是未来经济和社会进步的重要催化剂。

（三）财政部和中央银行之间的分工合作机制

政府在市场中发债能够将储蓄转换为公共投资，引导资金注入或流出政府账户。不论资金的流动方向如何，由于政府债务的规模大，足以对整个国民经济的流动性资产和利率水平造成巨大影响。因此，政府债务管理政策必须与中央银行的货币政策相协调。

1. 央行行使国库职能

政府债务主管部门与央行之间的协调，取决于两机构的制度结构及其历史变迁，以及二者的交互关系。二者的经济职能在不同国家有不同的分工，因此二者间的协调方式也有所不同。最关键的一点在于，央行是否应该行使财政职能，以及应在多大范围内行使这一职能。假如央行在事实上行使政府债务管理的职能，那么央行与债务主管部门之间的协调就变成了央行的内部协调。这种体制的好处在于，中央银行能与证券市场参与人之间形成更多联系。

2. 中央银行管理政府现金和支付业务

在大多数情况下，中央银行仅管理政府的现金和支付业务，或者负责新债发行的市场操作及到期债务的还本付息。这种情况下，财政部债务主管部门或者直接隶属于中央政府的债务主管部门应当出面协调二者的关系。需要强调的是，完善的制度安排和法律结构是协调两机构关系的基础和保障。中国市场化改革初级阶段债券市场发展缓慢，与财政部和中国人民银行之间协调不力有关。中国人民银行在20世纪50年代曾负责国债销售，但并不是法定的财政当局。

3. 协调货币政策目标

两个部门在协调处理债务管理和货币政策的过程中，遇到具体问题时应坚持一条重要原则，那就是债务主管部门在制定债务管理政策时，必须考虑到特定时期货币政策的目标。同时，国债操作要考虑到对利率变化方向的影响。央行还应考虑利率政策对国债发行的影响。

2004年，中国政府数次调整利率，未来利率的不确定性打击了投资人的投资热情，对国债销售造成了一定压力。有时经济出现通货过剩的情况，政府债务主管部门或者负责行使财政职能的中央银行会发行新债，吸收流通货币。实施紧缩性经济政策时，政府债务主管部门或负责行使财政职能的中央银行会面向非银行金融机构发行长期国债，限制非银行金融机构持有的资金量。政府债务主管部门在配合央行的公开市场操作时，应努力保持二级市场的高流动性，丰富债券投资工具的品种，以便协助央行开展有效的货币政策。这些原则通常通过政府债务管理立法或银行系统立法得到保障，仅依靠法律手段还是不够的。总而言之，政府债务管理政策与货币政策的协调必须得到制度框架和立法框架的保障。

4. 债券市场与金融体系互相协调

目前中国金融业正在经历从传统的银行业务向投资银行业务、证券市场业务转型。其内在逻辑是金融深化总是表现为从非标准化的银行业向标准化的证券业，再向以资产管理、财富管理和金融服务的量身定制的金融服务业方向发展。在这个过程中，债券市场的发展，特别是公司债券市场的发展对于中国未来经济发展具有不可估量的意义。虽然国债的发行数量已经低于公司债市场的发行量，但是国债的基准作用和在财政货币政策方面的影响力，仍然使其在债券市场的发展中继续发挥重要作用。

中国政府已经逐渐意识到，制定和确立国债市场目标具有极其重要的意义。为了实现政府的筹资目标，发展健全的国债市场势在必行。健全的国债市场必须具有功能完备、配置合理、层次分明、结构完整的市场体制，具有高效益、低成本的一级市场，具有流动性较强的二级市场，并且还配备发达的衍生品市场。

国债一级市场和二级市场是整个债券市场体系中不可分割的组成部分。在市场体系中，市场参与人的偏好必须具有多样性；市场参与人的角色必须充分分化，形成供需双方，如买家和卖家，套期保值者和投机者，以及买家、卖家和中介。我们在国债市场化改革的三十年中已经初步实现了这些目标。为了提高经济效率，债券市场体系应当与金融和经济体系的其他组成部分相互协调。未来，市场的统一、监管的协调、基础设施的健全、市场品种的多样化，是债券市场发展的方向。国债市场将在统一税收政策、定期发行、建立有效的收益率曲线等方面发挥不可替代的作用，而整个债券市场的发展将为中国未来经济发展奠定坚实的基础。

第二节　储蓄投资结构和债券资本市场

一、国民储蓄的融资作用

改革开放前的中国，扣除消费支出后的家庭净收入远不足以用于房地产投资或证券投资。尽管当时的储蓄率较高，但个人储蓄全部都是银行存款的形式。

改革开放提高了企业和个人的收入，国家对个体所有制企业、集体所有制企业和乡镇企业大力扶持，让一部分人先富起来，特别是中国东部和沿海地区发展迅猛，国民收入的分配模式和消费模式随之发生巨大转变。

（一）国民储蓄率的变化

历史上，许多国家的国内政府债券资金来源都是该国储蓄，包括国内储蓄和国外储蓄。一国的投资等于该国国内储蓄与国外储蓄的总和。银行存款、股票和债券等都是从储蓄转换而来的投资。如果没有外国投资，一国的财政资源就取决于储蓄的总量。中国一直属于世界上储蓄率最高的国家之一，1952 年 12 月 1 日到 2020 年 12 月 1 日中国总储蓄率期间平均值为 36.7%。[①] 2000 年以来，储蓄率连续多年超过 30%。2004 年储蓄率为 45.26%。[②] 改革开放以来，中国储蓄率随着人均收入增长波动上行，至 2008 年达到 50.78%。高储蓄率为国民经济增长提供了重要支撑。2008 年后中国储蓄率转向下行，到 2019 年下降至 44.41%。储蓄率下降对资本深化形成较大影响。[③] 资本形成是国民储蓄运用的主要去向。2009～2017 年中国资本形成较国际金融危机前有所下降，但仍然快于同时期国民总储蓄的增速（见表 9 - 2），导致国内资本积累的资金约束整体趋紧。

表 9 - 2	2000～2017 年中国储蓄率数据	单位: %
年份	国民总储蓄率	资本形成率（投资率）
2000	36.70	33.73
2001	38.39	35.69
2002	39.43	36.27
2003	42.51	39.70
2004	45.26	41.97
2005	46.38	40.27
2006	48.14	39.88
2007	49.86	40.42
2008	50.78	42.43
2009	50.63	45.47
2010	50.90	46.97
2011	48.83	47.03
2012	48.71	46.19
2013	47.68	46.14
2014	47.86	45.61
2015	45.77	43.03
2016	44.44	42.66
2017	44.75	43.17

---

① 根据 CEIC 中文数据库资料整理，2022 - 12 - 20.

②③ 根据公开资料整理，2021 - 04 - 28.

年份	国民总储蓄率	资本形成率（投资率）
2018	44.18	43.96
2019	44.41	43.07
2020	45.07	43.12

资料来源：国家统计局。

截至 2018 年 8 月末，中国全国本外币存款余额为 180.47 万亿元，其中，人民币存款余额为 175.24 万亿元，住户存款余额为 68.74 万亿元人民币。按照 13.9 亿人口来计算的话，人均住户存款约为 4.945 万元。[①]

个人储蓄存款的持续增长得益于中国经济的快速发展。改革开放为中国经济注入了新的活力，经济发展提高了国民收入，特别是个人收入。近年来，中国为提高个人收入出台了一系列政策，使居民生活标准稳步提升，个人储蓄存款也稳步增加。较高的储蓄率为中国经济的发展奠定了基础，也为国债市场的发展铺平了道路。

（二）个人储蓄用途和投资方向的变化

个人储蓄是中国经济增长的主要动力，经济增长反过来又能提高居民收入和储蓄。随着经济发展和家庭收入的增长，个人的消费行为和储蓄行为都发生了一定的变化。

1. 个人消费和储蓄结构的变化

改革开放前甚至直到 20 世纪 80 年代，个人储蓄主要用于赡养父母、抚养子女、退休养老和应急，奢侈品消费未成气候，更不用说投资。从 20 世纪 90 年代开始，个人存款不再是唯一的储蓄形式。1994 年，北京市城市社会经济调查队对北京市居民的金融资产、储蓄心理、投资计划等进行了一项调查。调查结果表明，个人对收入盈余的使用情况发生了重大变化。个人储蓄的主要用途包括支持子女或老一辈（在所调查家庭中占 23.8%）和退休养老（16.9%），排在第三位的是子女结婚或突发事件（15.6%），用于买房的占 12.9%，用于购买高质量消费品和获得利息收入的分别占 11.8% 和 8%。前三大用途从本质上讲属于中长期消费（总计占 56.3%）。在这样的背景下，财政部推出了凭证式储蓄债券，以满足对政府债券不断上升的需求。凭证式国债至今仍然是财政部发行的重要债券品种。

---

① 根据公开资料整理，2018 – 09 – 27.

2. 收入增加和投资机会的扩大

收入的上升除了引起消费者行为的变化，也促使民众考虑如何利用收入盈余保障未来生活。改革开放以后，政府不再承担个人养老和医疗费用，个人必须自行安排将来用于养老医疗和子女教育等方面的支出。因此，将钱存入银行以期获得利息收入的人减少了，希望购买保险和投资的人则增加了。不过，直到 20 世纪 90 年代中期，中长期个人储蓄存款仍然是最主要、最稳定的银行存款来源，高于企业储蓄和政府储蓄。

经济发展创造了更多商机，房地产、债券和商业等方面的投资越来越受个人欢迎。投资债券的个人属于不同的社会阶层。普通劳动人民仍然将钱存入银行，他们更愿意购买储蓄债券；与此相反，一些富人成为专业的投资人，倾向于购买股票和可上市国债等债券。2020 年以后，由于股市持续低速，投资机会减少，个人购买债券特别是国债的开始增多。

3. 直接投资证券等金融产品

1996 年以来，由于中国证券市场债券品种增加，利率期限结构趋于多元化，投资人的选择范围越来越大。1997 年，随着消费者能够选择的证券工具增多，证券市场的预期回报率较高，证券投资成为消费者的重要选择，而将钱存入银行的传统选择地位下降。在有意愿投资于证券市场的人群中，国债是他们的主要选择。

2000 年以后，居民金融资产持续增加。中国人民银行调查统计司城镇居民家庭资产负债调查课题组于 2019 年 10 月中下旬在全国 30 个省（自治区、直辖市）对 3 万余户城镇居民家庭开展了资产负债情况调查。调查显示：第一，城镇居民家庭户均总资产 317.9 万元，资产分布分化明显；家庭资产以实物资产为主，住房占比近七成，住房拥有率达到 96.0%；金融资产占比较低，仅为 20.4%，居民家庭更偏好无风险金融资产。第二，城镇居民家庭负债参与率高，为 56.5%，负债集中化现象明显，负债最高的 20% 家庭承担了总样本家庭债务的 61.4%；家庭负债结构相对单一，负债来源以银行贷款为主，房贷是家庭负债的主要构成，占家庭总负债的 75.9%。第三，城镇居民家庭净资产均值为 289.0 万元，分化程度高于资产的分化程度。[①] 居民金融资产的增加，对金融市场的发展提出了更高的要求，特别是对财富管理业的需求将逐年增加；同时对债券资本市场的发展意义十分深远。

4. 社保条件的改善使储蓄倾向提高

1991~2000 年这 10 年是我国社会保障制度的探索性改革阶段，也是我国社会

---

① 中国人民银行调查统计司城镇居民家庭资产负债调查课题组［J］. 中国金融，2020（9）.

制度框架形成的重要时期。[1] 1998 年，由于社改、教改、医改三大方案的出台，国民对未来生活成本的预期上升，因此央行多次降息仍然制止不了储蓄率上升的势头。个人的边际储蓄倾向从前些年的 50% 上升到 1999 年的 70%。在消费低迷、投资疲软的情况下，货币需求有所下跌，银行贷款增长缓慢。存款的增加导致银行系统的贷款与存款比率下降，无风险的国债和低风险的政策性金融债券成为银行最主要的投资选择，使这两种债券得以在市场中以较低的利率顺利发行。与此同时，银行存款利率连续下调，对未来利率进一步下调的预期使得国债成为首选的投资工具。1999 年股市升温，吸引了大量个人投资，不过个人投资人的首选还是安全性更高的国债。1999 年以来，由于中国居民的个人收入稳步增长，个人投资人的投资渠道有限，风险预期上扬，以及资本市场回报偏低，风险偏高；或者说，缺乏有利可图的投资机会等原因，金融资产以储蓄的形式不断积累，个人储蓄稳步增长。2014 年，我国连续第 10 年提高企业退休人员养老金，人均养老金水平将超过 2000元。此外，全国有 1.41 亿人参加城乡居民基本养老保险，人均每月领取养老金水平为 82 元。[2] 社会保障体系的进步，不仅增加了居民的边际储蓄倾向，也扩大了金融体系中长期资金的来源，成为创新经济发展的新驱动力。

5. 投资房地产和理财

央行数据显示，截至 2021 年 9 月末，中国居民存款余额达到 101 万亿元，也就是说目前中国居民存款总规模已经超过 100 万亿元（见表 9 - 3）。

表 9 - 3   2021 年前三季度人民币存款结构情况

项目	9 月末余额（亿元）	同比增速（%）	当年新增额（亿元）	同比多增额（亿元）
人民币各项存款	2291808	8.6	166088	- 15423
住户存款	1010914	10.8	84904	- 14601
非金融企业存款	679289	4.6	20170	- 34705
机关团体存款	315173	1.0	15717	942
财政性存款	56884	20.7	12112	5834
非银行业金融机构存款	215220	21.4	31779	27014
境外存款	14329	13.4	1404	92

资料来源：中国人民银行。

---

[1] 根据公开资料整理，2017 - 04 - 01.

[2] 根据公开资料整理。

从表 9–3 可以看出，中国居民的财富主要集中于存款、房产、银行理财等市场，尤其是房产，而股票、基金等占比较小。可以说，一直以来中国居民财富的一部分集中于房产，另一部分集中于广义存款（货币基金、银行理财）。

但是与发达国家相比，中国居民的债务率偏高，这是近年来出现的新情况。根据李扬提供的资料，"2020 年，中国居民的'债务余额/可支配收入'为 137.9%，高于英国（135.9%）、法国（120.0%）、日本（108.5%）、美国（95.0%）、德国（90.8%）等国"。① 居民债务率提高，新增加收入用于偿债，也降低了居民的边际消费倾向。

（三）储蓄率是经济增长的重要因素

1. 中国仍然是高储蓄率的国家

银行存款、股票和各种债券都是将储蓄转换为投资的工具。一国能够用于投资的资金上限就是该国的国内储蓄和国外储蓄的总和。普遍观点认为，与世界其他国家相比，中国经济增长的一大比较优势就是储蓄水平较高。世界各主要国家的储蓄率见表 9–4。

表 9–4　　　　　　　　　世界主要国家的储蓄率　　　　　　　　单位：%

国家	总储蓄占 GDP 比重						
	1999 年	2000 年	2001 年	2002 年	2003 年	2004 年	2005 年
美国	19	17	15.2	14.1	13.4	13.4	13.5
日本	28.4	27.6	26.2	—	—	—	—
德国	24.1	22.3	21.5	22	19.5	20.4	—
法国	22.5	22.1	21.5	21.3	12.9	12.6	12.6
英国	16.8	15.4	14.5	13.9	14.8	14.8	14.2
意大利	23.4	21.2	21.1	21	19.8	20.3	19.8
俄国	27.5	38.7	34.8	31.8	—	—	—
韩国	32	31.3	29.1	27.5	—	—	—
中国	39.5	39	40.9	43.4	34.9	—	—

注："—"表示数据不可得。
资料来源：2006 年 6 月《国际金融统计》（*International Financial Statistics*）、《中国统计年鉴 2006》。

① 李扬. 2022 年：稳定经济大盘最重要［J］. 国际金融，2022（1）：17.

随着 21 世纪的到来，中国的储蓄在 21 世纪头两年出现了更加迅猛的增长，这主要是由于经济增长带来了居民收入的增长。这时中国的储蓄率为 40% 左右，可能是全世界最高的，比发达国家和绝大多数发展中国家的都高（见表 9 - 4）。

2. 储蓄与投资是中国经济增长的重要因素

高储蓄率支撑着中国经济的增长和债券市场的发展，但也可能是 20 世纪末通货紧缩的主要原因。詹姆斯·里德尔（James Riedel）、金菁和高坚的研究表明，中国的储蓄并没有得到有效利用。他们研究了中国储蓄与投资的关系，得出的结论是，尽管投资是中国经济增长的主要原因，但同时也是薄弱的一环，会对经济的可持续发展构成威胁。[①] 尼克拉斯·K. 拉迪（Nicholas K. Lardy）认为："改革并没有能提高中国的资本配置效率和资本利用效率。过去 20 年内，居民储蓄虽然出现大幅度上升，但国有银行将很大一部分储蓄注入了未改造的亏损企业，导致企业对银行的债务巨幅增加"。[②] 目前我们已经意识到，较高的储蓄率会导致所谓的"动态无效率"（dynamic inefficiency），因此必须调整。政府出台了多项鼓励国内消费的经济政策，但是由于社会保障体系还不健全，鼓励消费仍然是非常困难的任务。此外，储蓄的有效利用有益于保持经济增长的动力。实践证明，直接融资能大大降低交易成本，目前中国也正在从间接融资转向直接融资，这一趋势无疑会改善储蓄转化为投资的效率。

3. 推动投资进入实体经济

中国公司债券市场的规模相对较小。如果能将更多储蓄投向公司债券市场，将能够降低该市场的融资成本。但是，中国目前仍然存在利率扭曲、市场分割等结构性问题，因此最重要的一步是设计并建设金融市场激励机制，为此政府有必要放松法律监管，引入创新观念，鼓励各部门和各机构（如政策性银行）的金融创新。

较高的储蓄率与宏观经济政策有关，包括利率管制、汇率制度、财政政策和货币政策等因素。这一观点的理论依据是托马斯·J. 萨金特（Thomas J. Sargent）的动态回归模型[③]。图 9 - 6 中两条曲线的交点代表财政政策和货币政策均达到最优。一国的宏观经济政策导向取决于该国在曲线上的初始位置。中国位于最优点的右下方，也就是说，财政政策较之货币政策得到更为积极的运用。事实上，20 世纪末，

---

① James Riedel, Jin Jing, Gao Jian. Investment, Financing Investment, and Growth in China [J]. working paper, August 2004.

② Nicholas R. Lardy. China's Unfinished Economic Revolution [M]. Washington, DC：Brookings Institution Press, 1998：ⅶ.

③ Thomas J. Sargent. Dynamic Macroeconomic Theory [M]. Cambridge, MA：Harvard University Press, 1997：24.

中国实施的的确是积极的财政政策和紧缩性的货币政策。图9-6中的A点代表初始位置，政策组合会随着箭头的方向移动，也就是说，最优政策组合应该是扩张性的货币政策加上稳健的财政政策。

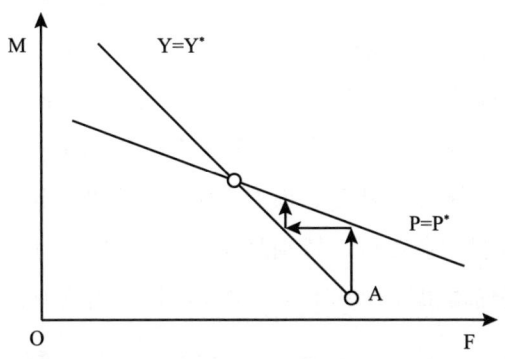

图9-6 中国财政政策与货币政策相互作用

资料来源：笔者根据有关资料绘制。

图9-6中，纵轴（M）代表货币供给水平，横轴（F）代表财政支出水平，Y代表总产出（GDP），P代表价格水平，*表示最优水平。图中A代表财政货币政策的实施的起点；纵向箭头为货币政策，横向箭头为财政政策。可以看出，首先货币政策的实施使价格达到潜力均衡点，然后财政紧缩，稳定物价水平，然后实施货币政策。依此类推，达到价格和产出的最优状态。这一新古典模型的理论路径在现实中很难做到。现在经济学家普遍认为经济增长主要受到企业家行为的影响，财政货币政策可以影响企业家行为，但是还有很多其他因素影响企业家行为，如企业的营商环境、税收的变化、金融条件等。

二、债券投资的资金来源

（一）金融体制的变化对资金来源的影响

城镇居民存款和个人持有的现金是个人投资政府证券的主要资金来源。中国采用行政派购的办法销售政府债券期间，各省的认购任务主要取决于该地区存款和工资的总额。近年来，市场上的金融资产数量不断增加，个人存款和工资已经无法完全反映个人投资于国债和其他债券产品的能力。20世纪90年代后，个人持有的国债数量大幅上升，个人收入也取得可观增长，收入的增长维持了对债券的需求。但是2000年以后，机构投资者如保险机构、银行和公募基金成为债券的主要投资者。

债券投资的增加还应归功于20世纪末的金融管制放松。1998年，中国将原来不允许商业银行持有国债的政策调整为鼓励商业银行投资债券。人民银行为了降低商业银行的不良贷款率，使银行资产多元化，向商业银行敞开了购买国债的大门。1998年以来，商业银行成为国债和其他债券的主要投资人。商业银行投资国债和金融债券的资金主要来自个人储蓄存款，实际上是将个人投资转换为政府投资。

实践中，国债和金融债券的回报率高于存款利率，因此银行可以通过投资这类债券获得无风险收益。截至2004年，债券占银行总资产的比例从1997年的4.98%上升到20%。部分农村商业银行，特别是城市商业银行，将债券作为主要的投资工具，成为事实上的储蓄银行。2021年，86%的国债由商业银行持有。

（二）金融市场发展提供新的资金来源

1. 保险和邮储资金

近年来保险业的发展，为债券投资提供了长期稳定的资金来源。截至2018年末，保险公司的保费收入达到3.8万亿元，保险公司购买的债券总额达到1.6万亿元。保险公司的负债性质多为长期负债，其发展为发行长期债券提供了支持。

2003年以来，邮政储蓄存款的使用转向证券领域，成为债券投资的重要资金来源。国家邮政局曾经是行政机构，过去将邮政存款上划给中国人民银行，但如今设立的邮储银行已成为经济实体，有权以一级自营商的身份参与国债投标。2018年，经过多年发展，邮储银行总资产已达到9.35万亿，成为国内第五大商业银行，也是金融市场和零售金融领域的"排头兵"，依其金融实力成为名副其实的金融航母。①

2. 投资主体的变化

前文已经讲过，中国最主要的储蓄形式就是存款，特别是个人存款。改革开放以来，政府对储蓄的利用也越来越多。个人大多数都是储户，只有少数是投资人。长期以来，国内都将存款当成预防性措施，而不是投资。目前，对未来生活成本上升的预期是储蓄的主要动力。

由于个人的投资渠道有限，储蓄存款就成为个人金融资产的主要形式。1998年以来，银行一直是国债和其他债券的主要投资人。保险公司、养老基金和投资基金等机构投资人也开始成为长期国债的重要投资人，不过银行仍然是国债投资的主

---

① 根据公开资料整理，2018 – 12 – 14.

力。由于银行资金运用不适合长期投资，长期国债在债券总余额中只占到很小一部分。另外，存款的周期性变动很可能会引起债券市场的波动。目前国内已经认识到，政府和国有银行大规模使用个人储蓄，会造成不利的挤出效应。由于社保体制的改革，购买社保的资金成为社保基金的重要资金来源。随着个人收入的提高，个人投资也逐步上升。2004 年以后，储蓄存款下降，说明个人转向了其他的投资选择。目前，个人储蓄主要有三个投资渠道：一是金融资产投资，如基金和国债等；二是房地产投资；三是股票市场投资。尽管长期债券的预期价格在升息后有所下降，但 2000 年以前公众仍然将国债作为主要的投资工具，国债投资持续上升。2010 年以来，国债投资主体发生变化，机构成为主要的投资主体。这里所说的机构还是以银行为主，而不是以养老保险等机构为主。但是必须承认银行为主的投资人基础不利于提高债券市场的流动性。

第三节　债券市场、债务政策与宏观经济

政府的财政政策和债务政策都属于政府经济政策的范畴。我们尽管无法通过市场对政府政策的有效性进行评价，却能够借助成本收益分析来评判其效果。政府和私人部门对资源的利用效率，一直以来都是个热点议题，本节将围绕这一议题进行深入探讨。

一、政府债务的经济效应

（一）改革和债券资本市场

1. 分权、国债和税收

值得注意的是，我国早期的改革方案都试图实行各级政府之间、政府与国有企业之间的财政分权，这意味着地方政府和国有企业能留存更多资金。事实上，财政分权要求中央政府削减收入、扩大开支，因此增加了财政赤字。为了弥补财政赤字，中央政府必须通过发行债券，筹集资金。1994 年以前政府也通过向中央银行借款的方式弥补财政赤字。

20 世纪 80 年代初期的分权有助于建立激励机制，增加地方政府、国有企业和职工的积极性，促进经济的发展。增加的债务将由繁荣经济带来的未来税收收

入增加额得到偿还。实践证明,国债为20世纪80年代的经济改革提供了必不可少的支持。

与此同时,商业银行的市场化改革和央行的结构化货币政策会为国有企业增加流动性,国有企业经营能力增强,税收增加,企业创造的部分利润也会转化为财政收入。但是国有企业发生债务,也会由财政承担连带责任。从某种意义上说,国有企业的债务也是国家债务的一部分。

2. 法律环境、公司治理和债券市场

证券市场总体上可分为两类:权益市场和债券市场。固定收入证券作为一种债务工具,代表了一种借贷关系,因而属于债券资本市场。债券是政府机构、事业单位、金融机构、公司和其他实体发行的凭证。债券凭证上包含了债券的面值、利率、到期日和担保等基本法律条款,从而明确界定了发行人和投资人各自的权利和义务。债券发行人通常都会同意在债券到期前定期向投资者支付一定数额或相当于本金一定比例的利息,或者在债券到期日一次性还本付息。这些条件能否保证取决于国家治理和公司治理。

债券能否很好地发挥作用,取决于是否存在适当的法律制度环境。债券是代表特定产权的法律文件,产权必须在证券券面明确说明,或者在记账式债券的法律文件中得到说明,产权可以在交割实物证券时合法转让。债券体现的权利和义务可以转让,但必须同时转让权利和义务。分权、放权、明确产权都是通过改革实现的。

(二) 政府债务的"挤出"效应

在以私人部门为国民经济主体的市场经济中,政府债务具有挤出效应,即公共投资会减少私人部门的投资。20世纪80年代初,中国政府发行国债对国有企业的资金积累和投资产生了一定影响,这是因为国有企业是国债的主要摊派对象,目的在于减少国有企业的留存收益。当时发行的国债都是长期债券,其中一部分后来又采取了发新债还旧债的办法,因此有效控制了国有企业生产规模的扩张。20世纪80年代甚至90年代,私人部门在中国的国民经济中仅占很小比例,政府债务的挤出效应也就并不明显。

2008年以后,地方政府债务规模迅速扩大。特别是地方政府投资平台、中央国有企业的债务规模不断扩大,民营企业和中小企业融资困难开始显现。2015年以后,特别是2020年新冠肺炎疫情期间,专项国债发行增加。银行大量认购国债,中小微企业融资困难问题进一步显现。2021年出现的新情况是非金融部门(企业和个人)的杠杆率下降。"金融部门杠杆率的变化与政府部门相同——无论是负债端还是资产端，都在陡峭下降。2021年第二季度，资产方统计口径下的金融杠杆率由第一季度末的52.8%下降到51.3%；负债方统计口径下的金融杠杆率由62.3%下降到61.7%"。[①] 这表明，经济在下行时，优良的资产在减少。这一情况反映出政府债务的挤出效应在扩大。

地方政府债务和地方政府经济增长存在非线性关系。蔡纪雯、刘颖的研究发现，"我国地方政府债券规模对经济增长的影响呈现先上升、后下降的倒'U'型"，[②] 早期对经济呈现正的效应，后来则带来负的效应。这可能是对实体经济和民营企业"挤出效应"的表现。他们认为，这种情况"凸显出科学把握地方政府融资规模的重要意义，在曲线拐点到来之前，要考虑规模缩减或安排债券退出机制。同时，在不同地域差异化负债背景下，上述影响机制即地方政府债券规模对经济增长的正、负效应在陡峭化程度方面存在差异。相较高债务地区，低债务地区单位政府债券带来的经济增长效应及经济抑制效应均更为突出，地方政府应合理遏制约束非理性融资冲动及行为。"[③] 当然，各地的情况有很大不同。对于地方政府债务的举债规模，要强调地方政府的自我约束；并参考各个地区经济的特点，制定因地制宜的政策。

（三）政府债务对财政支出的影响

20世纪90年代初，随着国债兑付日期的临近，财政预算支出中增添了债务兑付科目。政府的债券发行款列入预算收入，用于弥补财政赤字。发债有助于政府平衡收支，但是还本付息成为政府沉重的债务负担，因此政府在评估债务收入和支出时，有必要关注债务的净收入，即债务收入减去债务支出后的净额。债务净收入为正，则债务收入大于债务支出；债务净收入为负，则债务收入小于债务支出。显而易见，债务净收入为正时有助于政府平衡预算，反之则会增加预算安排的难度。

假如政府采用滚动发债的方式（发新债还旧债），那么只要政府能保证兑付，就可以不断通过举借新债来偿还旧债，债券的本金随之更新。从这个意义上来讲，政府债务的性质与税收相似。政府的负担只剩下需要偿付的利息。在一定程度上，应计未付的利息几乎就是政府全部的债务负担。在分析政府的偿债能力时，人们主要关注的就是政府支付利息的能力。因此，大多数国家将利息列为经常性支出，将本金偿付列入资本性支出。

---

① 李扬. 2022年：稳定经济大盘最重要［J］. 国际金融，2022（1）：18-19.
②③ 蔡纪雯，刘颖. 我国地方政府债券规模与经济增长的非线性关系研究［J］. 债券，2023（129）.

（四）商业银行而非中央银行持有国债的意义

许多国家的法律都禁止中央银行直接购买国债。例如，日本《银行法》第五条规定，日本银行禁止在一级债券市场购买国债。《中国人民银行法》也包含类似条款。事实上，商业银行购买和持有国债与中央银行购买国债相比，对货币政策的影响大为不同。

一方面，商业银行持有国债有助于资产组合的多元化，银行可通过买卖有价证券进行资产负债管理；另一方面，银行持有债券是央行开展公开市场操作的前提条件。商业银行购买国债，央行无须发行更多货币。政府发债的对象无论是个人还是商业银行，商业银行的贷方账户都会减少相同的金额。即便个人用现金购买国债，结果也大致如此。

从历史上看，银行在流动性紧张时，为了维持法定存款准备金率，往往会向中央银行申请再贷款（即直接向中央银行贷款）。央行通过发放贷款增加了基础货币（M0）投放量，基础货币的增量等于再贷款总额除以货币乘数。举例而言，目前中国的货币乘数为6，那么基础货币的实际数量就等于所需货币总量的1/6。由此可见，央行直接购买国债和商业银行购买国债，对货币投放量的影响显然不同。

事实上，世界上所有的商业银行都参与国债买卖，一些国家甚至通过立法强制要求商业银行购买并持有国债。像印度和巴基斯坦就规定商业银行必须将一部分信贷资金用于购买国债。

刘朝阳、王雨楠基于国家统计局关于GDP核算的方法，结合我国债券市场实际，探索了债券融资对GDP影响的量化分析方式，估算了债券融资企业对GDP的直接贡献度，并进一步估算了债券融资对GDP的间接贡献度[1]。根据作者的计算，债券融资企业对GDP的直接贡献度和间接贡献度见表9－5。

表9－5　　　　　2021年债券融资企业对GDP直接贡献度和间接贡献度　　　　单位：%

企业类型	债券融资比例	直接贡献度	间接贡献度
非金融企业信用债	11.03	33.92	3.75
金融债	8.9	5.34	0.48
债券融资企业整体	—	39.26	4.23

资料来源：刘朝阳，王雨楠. 债券融资对GDP影响的量化分析 [J]. 债券，2023－06－25.

---

[1] 刘朝阳，王雨楠. 债券融资对GDP影响的量化分析 [J]. 债券，2023－06－25.

可以看出，债券融资企业对于 GDP 的直接贡献度整体达到 40% 左右，而非金融企业债券融资对于 GDP 贡献度最高。

二、宏观经济和债券市场收益率水平

(一) 货币供需与债券供需的关系

债券是标准化的债务合约，属于虚拟经济。债券的供求与商品供需不同，商品的供需对应的是实体经济，而债券的供需对应的是虚拟经济，主要受货币供求的影响。货币供需与债券供需的趋势相反：

$$货币供给 > 货币需求$$
$$债券需求 > 债券供给$$

1. 货币供给

货币供给取决于可以找到数据的因素：

$$\frac{M}{H} = \frac{cr + 1}{cr + rr} \tag{9-1}$$

其中，M = 货币存量；H = 高能货币；$cr = \dfrac{C}{D}$ = 货币存款比率；C = 货币；D = 存款；$rr = \dfrac{TR}{D}$ = 准备金存款比率（准备金率）；TR = 准备金。

货币供给的数据都可以从中央银行和商业银行的活动数据中找到，因此货币供给的计算相对简单。

2. 货币需求

货币需求受到更多变量的影响，有很多不同的理论模型。这里介绍"Baumol – Tobin Model"。

$$\frac{M_t}{P_t} = \left(\frac{\delta}{2}\right)^{0.5} c_t^{0.5} R_t^{-0.5} \tag{9-2}$$

其中，$M_t = t$ 时的货币存量；$P_t = t$ 时的价格水平；δ = 平均交易成本；$c_t = t$ 时的消费水平；$R_t = t$ 时的利率水平。[①]

但是由于货币供给是可以计算的，而货币需求取决于复杂的因素，过去依靠多种经济理论，如菲利普曲线等。但是现在经济条件变化了，这些规律不起作用了，

---

① Bennett T. McCallum. Monetary Economics – Theory and Policy [M]. New York：Macmillan Publishing Company, 1989：51.

需要不断开发出新的理论。

3. 货币需求理论不适应经济的变化

传统的债券分析框架把债券收益率的波动归结为通胀缺口和产出缺口的影响。经济增长速度越高，通胀越高，债券收益率也应该越高；反之，债券收益率应该越低。如果我们把经济增长和通胀叠加，可以把这个逻辑框架简单地理解为债券收益率应该跟经济的名义增速相关。所以，在分析债券市场行情的时候，需要对经济基本面和通胀情况进行分析，判断经济和通胀的变动方向，从而对债券收益率走势有所把握。

2021 年第一季度，美国长期国债利率上升，当时主要反映的就是通货膨胀预期和货币政策逐步退出宽松的预期。从美国通货膨胀保护债券所反映的通货膨胀预期来看，2021 年一季度美国的通货膨胀预期在逐步升高。中国 1990 年前后曾经发行过保值公债，后来很快取消了。随着 PPI 的逐步走高，中国债券投资者担心通货膨胀压力带来的货币政策收紧，从而推升债券收益率。[①]

由于凯恩斯主义政策失效和菲利普曲线失灵，宏观经济中经济增长、就业和物价指标对于市场利率的影响机制，已经和传统分析框架不同。经济增长周期更多受到企业家创新程度以及技术冲击等的影响，因素更为复杂。[②]

（二）经济周期与长期短期收益率曲线的关系

在经济的周期变化过程中，长短期利率都会随着经济周期的变化而变化，但是短期利率变化的幅度大一些，而长期利率变化幅度小一些，见图 9－7。

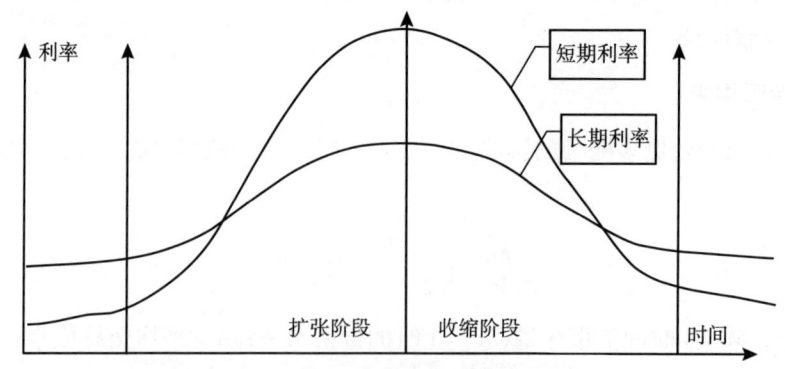

图 9－7　经济周期和长短期利率变化

资料来源：笔者参考有关资料绘制。

---

① 中金固定收益. 中金固收：传统债券分析框架真的有失灵么？［EB/OL］. 启明星证券研究终端，2021－07－24.

② 参考高坚"经济学元理论"公众号，第 17～19 章。

因此，经济进入繁荣时期的高峰时，收益率曲线会偏平，甚至是倒挂的（inverse yield curve）。当长期收益率低于短期收益率时，标志着通常向上倾斜的收益率曲线倒挂。克利夫兰联储研究指出，在过去七次经济衰退之前的每次衰退中，收益率曲线倒挂预示衰退到来，只有两次出现误报。杜克大学商学院教授坎佩利·哈维（Campell Harvey）1986 年在芝加哥大学发表的论文表明，收益率曲线倒挂（短期利率高于长期利率）会导致 12 个月至 18 个月内发生经济衰退。自坎佩利·哈维的论文发表以来，3 次曲线倒挂全部得到了验证。上一次收益率曲线倒挂是在全球金融危机之前①。但是根据关于收益率曲线形状的"预期理论"，短期利率受到货币政策的影响，而影响长期利率的经济因素可能跨越周期，因此影响因素是不同的。2022 年 3 月，美国又发生了收益率曲线倒挂的情况。这次 10 年期美国国债利率与 7 年、5 年、3 年期国债利率发生倒挂。如果长期经济预期不好，短期联储频繁调整利率，就会出现这种情况。"短期国债利率与美联储利率政策变化更密切，而长期国债利率则与经济增长前景关系更密切"。② 这种情况并不一定导致全球性的经济危机。

小　结

债券市场是与宏观经济关系最为密切的资本市场的组成部分。国债市场作为财政货币政策的结合点，具有特殊的作用。如果把财政和中央银行的资产负债表合并，而国债的概念扩大到财政部管理的负债和中央银行资产负债表中的负债，那么基础货币就是这部分国债所对应的最安全的资产的证券化。法律规定这部分货币的可用范围及支付和交易的功能，决定了市场对于货币的需求和它的流动性。财政部对于实体经济的服务（如基础设施投入）和支持能力，以及央行投入银行系统的货币的效益，决定货币的安全稳定性，最终决定经济的增长，也决定市场的利率水平。因此，广义的国家债务所对应的资产（包括财政支出产生的资产和国有资产）的效率，以及投入银行系统中的基础货币的效率，是最重要的指标。换句话说，国家以发行国债的方式从投资人那里筹集的资金和央行发行货币（对于全体国民的负债）可以迅速转化成为经济中生产力更高的新资产。但是这个过程需要有效的金融市场，因此金融市场的效率就成为经济增长的决定

---

① 根据公开资料整理，2019 − 08 − 15.
② 娄飞鹏. 美国国债利差倒挂影响几何？［J/OL］. 中国银行保险报，2022 − 04 − 18.

性因素，而债券市场是整个金融市场的基石。债券既是债权的证券化，也是债务的证券化。对于前者，通过市场，债权有了流动性和价格，从而增加了投资人（债权人）的积极性；对于后者，债务人和债权人被市场分割，从而可能会产生道德风险，以及信用和债务危机。

第三编　政府债券市场

从第三编起开始介绍中国的债券资本市场。这里把债券作为标准化的债务和市场工具，从主要发行主体的角度分别介绍各个相关市场的情况。第三编介绍政府债券市场，共包括两章，第十章介绍中央政府债券市场，第十一章介绍地方政府债券市场。

第十章　中央政府债券市场

本章具体介绍中国国债市场的发行和兑付。相对而言，国债的内涵更为宽泛。当财政部作为发行主体时，国债称为中央政府债券，内涵更为具体。

第一节　中央政府债券品种设计

国债品种的设计主要为了适应发行人、投资人和各类市场参与人的需要。一般国债和特别国债的设计是为了适应发行人的一般需要和临时需要。记账式国债、储蓄国债和不同的期限结构是为了适应投资人的需要设计的。不同国债期限品种、固定浮动利率品种和衍生产品是为各类金融中介服务机构和活跃市场参与人设计的（见图 10 – 1）。

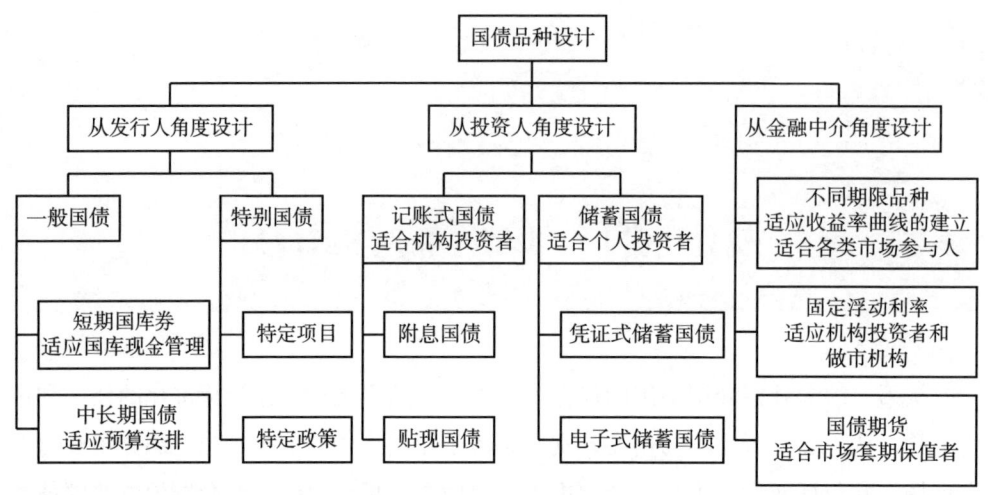

图 10 - 1　国债品种设计

资料来源：笔者绘制。

一、一般国债和特别国债

（一）一般国债和特别国债的区别

我国国债分为一般国债和特别国债。一般国债发行用于弥补财政赤字；特别国债是一国基于某特殊背景发行的用于应对重大公共项目或服务于重大政策的国债产品，主要用于特定政策目标和支持特定项目，不列入财政赤字，不需要通过预算安排来还本付息，但是纳入中央财政国债余额管理，在发行时需要调整当年国债余额上限。[①] 特别国债的发行通常基于资金紧迫需要，由国务院提请人大常委会审议增发，并相应调整本年国债余额管理限额，随后由财政部根据议案规定执行发行工作，在决策上更加便捷高效。而一般国债作为常态化工具，其发行往往基于程序化审批决策，由国务院于每年年初提请人大审议本年度发行额度，由财政部制订全年发行计划，并根据实际需要确定每期发行额度。[②] 其后续资金的使用情况通常会由国务院在预算中通过设置相关科目来专门反映，而一般国债是国家用于弥补财政赤字，与公共预算配套的常态化工具。[③]特别国债仍属于政府债务，需符合国债余额管理制度要求，但由于发行目的的特殊性，其预算管理具有一定弹性。[④]一般国债和特别国债的区别如表 10 - 1 所示。

---

① ③ ④　张颖. 回眸国债恢复发行四十年中的三次特别国债 [J]. 中国财经报，2022 - 01.
②　王一峰. 特别国债发行对流动性的影响研究 [J]. 债券，2020 (5).

表 10 − 1 一般国债和特别国债的区别

特征	一般国债	特别国债
资金用途	弥补财政赤字，补充预算资金来源	用于应对重大危机或服务于重大政策
发行审议	由国务院于每年年初提请人大审议年度发行额度，财政部制订全年发行计划，并根据实际确定每期发行额	由国务院提请人大常委会审议增发，并相应调整国债余额管理限额，由财政部根据议案规定执行发行工作
发行期限	包括各种期限	以中长期为主
发行方式	公开发行	公开发行与定向发行相结合
是否纳入财政赤字	纳入	不纳入
收支管理	纳入一般公共预算	纳入政府性基金预算
是否纳入国债余额管理	纳入	纳入

资料来源：张颖. 回眸国债恢复发行四十年中的三次特别国债 ［J］. 中国财经报，2022 − 01. 略有修改。

（二）特别国债发行的历史

一般国债从 1981 年起发行。1998 年以后才发行特别国债，共计新发 3 次特别国债，分别是 1998 年、2007 年和 2020 年。其中，2007 年发行的部分特别国债在 2017 年到期后开展了 6964 亿元续发行。2007 年，经国务院同意、全国人大常委会批准，财政部发行了 15500 亿元特别国债，作为中国投资有限责任公司的资本金来源，期限主要为 10 年和 15 年，并于 2017 年起陆续到期。对 2017 年到期的 2007 年特别国债本金，财政部向有关银行定向发行 2017 年特别国债偿还。2022 年 12 月，2007 年特别国债中有 7500 亿元即将到期。经国务院批准，财政部将延续 2017 年的做法，继续采取滚动发行的方式，向有关银行定向发行 2022 年特别国债 7500 亿元，所筹资金用于偿还当月 2007 年特别国债到期本金。发行对象、资金用途和使用方案如表 10 − 2 所示。[①]

表 10 − 2 特别国债的发行对象、数额、使用用途和使用方案

年份	发行对象	发行额度（亿元）	资金用途	使用方案
1998	四大商业银行	2700	提升国有商业银行风险处置能力，补充四大商业银行资本金	央行通过降准、再贷款等工具为四大银行释放流动性资金。四大银行通过货币政策工具释放的资金认购财政部发行的特别国债，最后财政部将发行特别国债获得的资金向四大银行进行股权注资

---

① 任妍 . 7500 亿元特别国债发行积极财政加力护航稳增长 ［J］. 债券，2022 − 12 − 22.

年份	发行对象	发行额度（亿元）	资金用途	使用方案
2007	农业银行、其他债券市场参与人	15500	向央行购买外汇资产，注资成立中投公司	农业银行向财政部认购1.35万亿元的特别国债，央行再购买农业银行持有的特别国债。同时，财政部面向债券市场发行2000亿元特别国债。财政部用总计获得的1.55万亿元人民币购买央行的2000亿美元外汇现券，用于成立中投公司
2017	债券市场参与人	6964	2007年国债到期后续发行	财政部通过定向发行和公开招标发行特别国债。这次发行属于续发行
2020	市场参与人	10000	公共卫生体系建设和抗疫支出	全部面向记账式国债承销团进行市场化公开招标发行，期限以10年期为主，辅之5年期和7年期
2022	市场参与人	7500	积极财政政策	3年期固定利率附息国债。在银行间市场面向银行定向发行。这次发行属于2007年国债的续发行

资料来源：王一峰. 特别国债发行对流动性的影响研究 [J]. 债券，2020（5）. 有补充修改。

2020年抗疫特别国债是为应对新冠肺炎疫情影响，由中央财政统一发行的特殊国债，不计入财政赤字，纳入国债余额限额，全部转给地方主要用于公共卫生等基础设施建设和抗疫相关支出，并带有一定财力补助的性质。2020年3月27日，中央政治局会议明确发行特别国债。2020年6月15日财政部发布通知明确，为筹集财政资金，统筹推进疫情防控和经济社会发展，决定发行2020年抗疫特别国债。预计发行总计1万亿元，从6月中旬开始发行，7月底前发行完毕。根据财政部的安排，2020年6月15日发行2020年抗疫特别国债（一期）和2020年抗疫特别国债（二期）；6月16日发行2020年抗疫特别国债（三期）；7月3日发行2020年抗疫特别国债（四期）；6月18日，财政部采取市场化方式，公开招标发行首批1000亿元抗疫特别国债。特别国债发行由2018～2020年国债承销团承销。截至2020年7月30日，2020年抗疫特别国债实现发行总额1万亿元。其中，7000亿元可以作为基建投资的资本金，3000亿元进入一般预算，可以转移支付到地方用于民生等领域[①]。

以上国债适应发行人需要设计的品种。适应投资人需要的国债分为记账式国债、储蓄国债及不同期限品种的国债。

二、我国储蓄国债

（一）储蓄国债的基本情况及特点

储蓄国债是我国政府面向个人投资者发行，以吸收个人储蓄资金为目的，满足

---

① 根据公开资料整理。

长期储蓄性投资需求的、不可流通转让的国债品种，其优势主要体现在信用等级高、利息免税、收益稳定等方面。①

1. 储蓄国债概况

我国储蓄国债分为储蓄国债（凭证式）和储蓄国债（电子式）两种，期限以3年期和5年期为主，仅在2014年5月发行过少量的1年期凭证式国债。两种储蓄国债均为固定利率产品，利率设定参照银行定期存款利率，高出其约0.5~1.5个百分点，5年期储蓄国债利率略高于3年期储蓄国债利率。2012年（国债改为代销模式）至2021年8月，3年期、5年期储蓄国债利率均随基准利率呈逐渐下降趋势，3年期利率从5.58%降至3.4%，5年期利率从6.15%降至3.57%。中国人民银行、财政部每3年通过招投标组建新一届储蓄国债承销团，按照相关制度文件定期对承销团成员进行考评。承销团成员全部为银行业金融机构，2021~2023年，储蓄国债承销团成员为40家，较2018~2020年增加了民生银行、成都农商银行、赣州农商银行。其中，中国工商银行、中国农业银行、中国银行、中国建设银行、交通银行、中国邮政储蓄银行等国有商业银行是储蓄国债销售的主要力量，占比达77.2%。② 2021年上半年，我国共发行储蓄国债8期，发行完成率为91.9%。这8期国债发行利率固定，为近年来同期限新低，利差也处于历史低位。从上海市的发售情况来看，多家承销团成员在发行期内没有全部完成发售计划。③

我国储蓄国债有以下特点：一是产品期限包括3年期和5年期两种，期限较长。二是商业银行的一般性储蓄存款可以浮动分层定价，但我国储蓄国债发行利率为固定利率，总体上在央行公布的银行定期存款基准利率基础上作适当上浮形成。如自2017年以来，在央行基准利率未变的情况下，3年期储蓄国债发行利率高出基准利率1.05~1.25个百分点。三是储蓄国债不能上市流通，没有二级交易市场。这些特征意味着我国储蓄国债定价对短期利率变动不敏感，且基本不受流动性的影响。因此，储蓄国债深受风险偏好低、投资风格稳健的老年群体青睐。该群体对流动性需求较弱，追求产品的绝对收益，对产品年限并不敏感。④

2. 记账式国债与储蓄国债的区别

我国国债早期只发行一种纸质的国库券。1996年国债市场化改革取得成功，国债分为记账式国债与储蓄式国债两类。记账式国债又名"无纸化国债"，是由财政部通过无纸化方式发行的、以电脑记账方式记录债权并通过证券交易所的交易系统发行和交易的债券，是一种可以记名、挂失的国债品种。最主要的记账式国债品

①② 孙维仁，张淑霞，张洪沫. 我国储蓄国债发展前景研究［J］. 债券，2021-09-03.
③④ 白龙，张卫云，祝庆. 关于我国储蓄国债合意定价模式的思考［J］，债券，2021-12-16.

种是长期附息国债，1996 年首次发行。记账式国债可以分为附息国债和贴现国债。储蓄国债是财政部面向个人投资者发行、以吸收个人储蓄资金为目的，满足长期储蓄性投资需求的不可流通记名的国债品种，包括凭证式和电子式。储蓄国债于1994 年首次发行。财政部发行两类国债的目的是适应不同的投资者。

记账式国债采用面向国债承销团成员公开招标的方式发行。其参与主体包括从事国债承销业务的商业银行、证券公司、保险公司和信托投资公司等金融机构。从机构类型看，主要包括中资银行、证券公司、外资银行、保险公司以及政策性银行等各类机构。

记账式国债和储蓄国债都是中央政府债券，具有相同的国家信用并免缴利息所得税。记账式国债和储蓄国债的差别如表 10 - 3 所示。

表 10 - 3   记账式国债和储蓄国债的差别

类别	记账式国债	储蓄国债（电子式、凭证式）
发行对象	个人和机构都可认购	只限于个人购买
购买手续	需开立个人国债托管账户，并指定对应的资金账户（银行卡或存折）	银行网点购买，以及网上银行抢购
记录方式	以电子方式记录债权	以纸质凭证方式记录债权
付息方式	前者方式多样，既有按年付息的，也有利随本清的	只能到期一次性还本付息
发行时间	记账式国债发行时间表	凭证式：3～11 月的每月 10 日发行 电子式：6 月、7 月、8 月、10 月的 10 日发行
兑付方式	到期后本金与利息自动转入资金账户，并享受活期利息	需投资者自己到网点办理兑付，逾期不计利息
期限	短期、中期、长期、超长期	一般为中短期（1 年、3 年、5 年等）
购买渠道	中国工商银行、中国建设银行等开办了柜台记账式国债业务的银行或证券公司购买	可到首批试点银行（中国工商银行、中国农业银行、中国银行、中国建设银行、交通银行、招商银行各网点购买
二级市场	既有收益的机会，也有损失的可能。如果持有到期，则获得到期收益；但如果未到期在二级市场变现，就可能遭遇卖出价低于买入价的情况，需要承担价差损失，甚至遭遇亏本。当然也有可能卖出价高于买入价，这样不但得到相应期限的利息，还能获得价差收益	在发行时就对提前兑取条件进行了规定，即投资者所能获得的收益是可以预知的，投资者无论是持有到期还是提前兑取，都不必承担利率变动风险

资料来源：笔者根据公开资料制作。

3. 电子式储蓄国债和凭证式储蓄国债的区别

凭证式储蓄国债是早期为方便个人投资人设计的品种；电子式储蓄国债出现得比较晚，是为适应技术的发展，方便个人投资者而设计的。电子储蓄国债是以电子方式记录债权的储蓄国债品种。与传统的凭证式储蓄国债相比较，电子储蓄国债的品种更丰富，购买更便捷，利率也更灵活。电子式储蓄国债与以往凭证式国债不同，需要开立国债托管账户。以电子记账方式记录债权，免去了投资者保管纸质债权凭证的麻烦，安全性更强。电子式储蓄国债虽不能流通转让，但持有半年以上，就可以提前兑取、用于质押贷款和实现非交易过户。客户在购买储蓄国债的同时，相当于获得了一个优良的融资工具，当需要小额贷款时，可以用储蓄国债作为质押品，到原购买银行质押贷款。

投资者购买储蓄国债后，可以因各种需要提前兑取储蓄国债，而凭证式储蓄国债与电子式储蓄国债在提前兑取计息规则方面有所差异。凭证式储蓄国债提前兑取是按持有时间长短，采取分档计息的办法，来支付相应利息的。而电子式储蓄国债的提前兑取计息规则是通过扣除存款天数的方式来计算利息的。因凭证式和电子式储蓄国债提前兑取的规则不同，有可能出现持有天数一样，但最终得到的利息却不同的情况。一般来说，凭证式储蓄国债的利息支付方式为到期后一次性还本付息，而电子式储蓄国债的利息支付方式为按年付息。相对而言，电子式储蓄国债的利息支付方式提高了资金流动性，方便了个人投资者（见表10-4）。

表 10-4　　　记账式国债、电子式储蓄国债和凭证式储蓄国债的区别

类别	记账式国债	电子式储蓄国债	凭证式储蓄国债
发行对象	机构投资者	个人投资者	个人投资者
购买方式	承销和分销渠道	网购或柜台购买	网购或柜台购买
登记方式	国债托管账户和资金账户	国债托管账户和资金账户	存单式纸质凭证
交易和兑付	二级市场交易	不上市交易，可提前兑付	不上市交易，可提前兑付
本金偿还	二级市场交易可能发生盈亏	提前兑付时，本金按照面值偿还	提前兑付时，本金按照面值偿还
到期兑付方式	自动将本息转入资金账户，按照活期付息	自动将本息转入资金账户，按照活期付息	逾期不支付利息
提前兑付罚息	不可提前兑付，但可上市交易	收取1%手续费，持有6个月以内不支付利息，6个月至到期日按照较低利息率支付	持有6个月以内不支付利息，6个月至到期日按照较低利息率支付

资料来源：笔者根据公开资料整理。

（二）储蓄国债的销售和定价

我国储蓄国债的认购起点为 100 元，认购额为 100 元的整数倍。销售渠道有银行柜台、网银和手机银行三种。2012 年，国债销售方式由包销改为代销，同时推出储蓄国债（电子式）网银销售渠道。预计 2021～2023 年有 40 家承销团成员全部开通柜台销售渠道，其中 28 家开通网银销售渠道。2021 年 5 月起，中国工商银行、中国邮政储蓄银行、招商银行和江苏银行 4 家银行开通了储蓄国债（电子式）手机银行销售通道，进一步拓展了投资者购买渠道。从年份来看，我国储蓄国债销售完成情况每年差异较大。[①] 2012～2020 年完成情况为 79.42%～99.43%。分类别看，2012～2020 年，储蓄国债（电子式）完成率高于储蓄国债（凭证式），除 2012 年、2017 年和 2020 年外，其他年度完成率均接近 100%。电子式储蓄国债因其便捷的购买途径和先进的债权记录方式获得更多个人投资者的喜爱。[②]

储蓄国债销售情况与个人储蓄和投资的机会成本有关。国内学者普遍认为，在利率市场化程度越来越高的情况下，现行储蓄国债的定价机制有待进一步完善。学者们认为，应采用固定利率与浮动利率相结合的方式，以适当的方法参考市场利率、通货膨胀率、其他风险投资产品收益率等因素，以定量的方法进行定价测算。[③] 储蓄国债的定价，也要参考其他利率，如存款利率和理财利率；应该高于存款利率，但是也要体现不同信用的差异，低于理财利率。分档利率可以将固定利率和浮动利率相结合。

（三）储蓄国债的发展前景

由于记账式国债的发展和其他投资渠道的增加，个人购买储蓄国债的意愿减弱。随着我国经济社会的蓬勃发展，储蓄国债品种少、购买渠道局限、利率设定不够灵活等问题，在一定程度上影响了我国储蓄国债市场的健康发展。[④]虽然储蓄国债年发行量在国债年发行量中的占比从最初的约 80% 逐步下降到约 10%，但其起购点低、收益稳定的特性仍受到一部分个人投资者欢迎。因此，可以对不同地区设置不同的个人购买上限，让更多的民众获得购买机会。[⑤]笔者认为，储蓄国债不宜设计成一种普惠或福利债，应该设计成为体现投资者需要的、以市场供求为基础的、不上市的国债品种。

借鉴发达国家储蓄国债品种丰富、利率设计多元化的经验，可以设计期限、利

---

①②④ 孙维仁，张淑霞，张洪沫. 我国储蓄国债发展前景研究 [J]. 债券，2021 - 09 - 03.

③⑤ 白龙，张卫云，祝庆. 关于我国储蓄国债合意定价模式的思考 [J]. 债券，2021 - 12 - 16.

率多样化的新品种。针对具有较高资金流动性偏好的投资者，设计持有期限在1年内的多种期限短期国债，以帮助投资者实现资金流动和收益稳定的双赢。根据持有期限不同采取不同的利率设定方式，如3年或3年以内的中短期国债采用固定利率，5年期以上的长期国债采用"固定+浮动"利率，参照通货膨胀指数制定浮动利率。在鼓励投资者长期持有国债的同时，最大限度地减少市场变化冲击，维护储蓄国债的市场稳定。[1]

储蓄国债的发展要适应居民储蓄从节约、节俭向"生存保障基金"的方向发展，不能就储蓄论储蓄。由于储蓄国债比较适合少部分担心二级市场波动的居民，其目标投资者相对较少。从长远来看，居民储蓄要参考美国401K计划，从理财向财富管理的方向发展。

三、政府债券的期限结构

从国际经验来看，大多数计划经济国家利用银行贷款筹资，解决财政亏空；而市场经济国家主要利用发行国债，弥补财政赤字。虽然1981年财政部恢复发行国库券，通过国债券向个人及企业筹集长期资金，弥补财政赤字，但是在改革开放初期，政府出现临时需要，也会向中央银行借款。1994年金融改革后，中国人民银行开始行使中央银行的职能，国家禁止财政部向中央银行直接借款，因此财政部不得不通过发行债券来弥补不断增加的财政赤字。1996年以后，中国债券市场由行政派购转变为招标发售，从单一品种发行模式转变为多品种发行，市场参与人在选择投资工具时也有了更多的灵活性，中国开始通过市场化手段发行国债弥补政府赤字。

（一）政府债券市场期限结构的历史演变

1. 发达债券市场债务工具的设计和种类

就发达的债券市场来看，主要的债务工具有四种：一是短期债券，用于满足政府的季节性资金需求。二是1~10年期的可上市中期债券，用于满足个人投资者、银行及证券中介机构的需要。三是期限在10年以上的长期债券，用于满足保险公司等机构投资人为匹配负债期限而持有长期债券的需要。四是不可上市的储蓄债券，用于满足不愿承担市场风险的个人投资者的需要。

---

[1]　孙维仁，张淑霞，张洪沫. 我国储蓄国债发展前景研究［J］. 债券，2021－09－03.

究竟采用哪种债务工具，取决于政府的筹资目标、投资人的偏好，以及债券市场发展的阶段。中国将基础设施投资列入了预算支出中，因此发行长期债券主要是为了弥补建设项目的赤字；发行短期债券则完全是为了央行的公开市场操作和国库现金管理的需要。在债券市场发展的早期阶段，财政部不具备现金管理的职能，因此没有必要发行短期国库券。

2. 中国政府债务期限结构变化简史

债券市场发展的早期阶段，债券工具的设计通常没有将发行人的需要考虑在内，而是为了满足投资人的需要，以便更好地完成债券的销售目标。从 1981 年财政部恢复发行国债开始，国债的期限通常为 10 年和 8 年的长期国债。从 1981～1986 年，中国的政府债务工具只有长期国债这一个品种，通过行政分配的办法发售给国有企业和个人。20 世纪 90 年代，由于个人投资者不愿意购买长期国债，国债的期限逐渐缩短。直到 20 世纪 90 年代后期，中国才逐步建立起国债市场。由于早期的国债没有二级市场，长期国债流动性差，很难被投资人特别是个人投资人接受。

此后，市场上增加了一系列新的债券工具。1987 年财政部发行了国家重点建设债券，1988 年发行了国家建设债券，销售对象都是个人。1988 年财政部还发行了由银行认购的财政债券。1989 年发行了特种债券，最初面向企业，后来面向养老保险基金。1989 年，中国还首次发行了与通胀挂钩的保值公债，这一品种后来再未发行过。20 世纪 80 年代后期，市场上最常见的是 3 年期和 5 年期的国债。到 20 世纪 90 年代初，占市场主导地位的仍是 3 年期国债。

20 世纪 90 年代以后，这些债券品种逐渐固定下来，但是主体还是面向个人的无记名国库券。1990 年发行面向个人的无记名国库券、面向企业的特种国债和面向银行的财政债券。1993 年首次发行了无纸化的记账式国债，1996 年以后这个品种成为中央政府债券的主体。长期记账式附息国债的引进是债务工具发展的里程碑事件。

1994 年，中国发行了 5 种期限的债券：6 月期、1 年期、2 年期、3 年期和 5 年期，以 2 年期和 3 年期国债为主。1995 年 3 年期和 5 年期债券居多。1994 年，为方便向个人销售债券而发行了储蓄债券（即凭证式储蓄债券）。1995 年和 1996 年两年共发行 4 种国债：无记名债券、记账式债券、凭证式债券和特种债券。1999 年上半年，中国国家开发银行开始发行浮动利率债券。从此以后，中国发行的国债按照利息支付方式可分为固定利率债券和浮动利率债券两大类。

总之，20 世纪八九十年代，政府筹资主要依靠长期债券，中期债券主要是为了满足投资人的需要。发债时债券品种的选择没有考虑到债券市场的发展状况，仅以操作简单为原则。后来财政部提供了发债的固定时间表，使市场对于债券供给有了合理预期。与此同时，国开行设计了期限结构和利率支付模式的合理安排计划，与金融机构的资产配置安排相对应，使市场同时对债券供需有所了解。

3. 20 世纪 90 年代财政部建立国债收益率曲线的努力

20 世纪 90 年代中期开始，财政部就致力于实现国债期限品种的多样化。1996 年我国第一次发行了 10 年期和 7 年期的长期附息国债，同时发行了 3 个月期限和 6 个月期限的短期国债。其中 10 年期、7 年期和 3 个月期限的品种是 1996 年第一次发行的。引进这些新的国债品种，使我国国债期限品种多样化取得了突破性进展。国债期限品种的多样化也缓解了国债的偿债高峰，丰富了市场工具，同时为建立我国国债的收益率曲线提供市场数据。

1996 年首次发行附息国债对于提高国债市场的流动性，增加市场化程度更高的债券品种和市场工具，起到了非常积极的作用。但是由于长期附息国债和中短期零息国债的收益率之间没有可比性，如何判断收益率水平的高低就成为一个难以解决的问题。由于没有科学确定的收益率曲线，对于发行定价高低的评价缺少科学的根据。通常收益率曲线包括附息国债收益率曲线、远期国债收益率曲线和零息国债收益率曲线。这三种收益率曲线存在内在联系，只有转化为零息国债的收益率曲线才可以进行比较。因此，关键是通过科学的方法确定零息国债的收益率曲线。所谓零息国债的收益率，就是国债的即期利率（spot rate），实际上就是计算各年国债票面利率的现值时所使用的贴现率。有些期限品种的空白，可以通过"拆鞋带"的方法计算得出。[①]

根据贴现率和隐含远期利率绘制的国债收益率曲线可以提供很多市场信息。1996 年财政部确定发行战略时就充分考虑了收益率曲线的形状。"国债收益率曲线偏平，说明要么发行长期国债比较便宜，要么发行短期国债比较贵。"[②] 这就是说，当收益率曲线偏平的时候，发行长期国债有利。

4. 国债和政策性金融债的期限结构

中国一直都希望丰富国债期限的种类，直到 1994 年才取得了实质性的进步。到 1996 年，中国成功发行了 7 年期和 10 年期的附息国债，还发行了 3 个月的短期国债。迄今为止，3 月期国债是期限最短的国债，50 年期国债是期限最长的国债。

---

① 高坚. 国债市场 [M]. 北京：经济科学出版社，1997：86－90.

② 高坚. 当前国债收益率曲线及降低国债筹资成本的思考 [N]. 中国证券报，1997－11－21.

国债的期限结构影响政府债务的市场结构。适当的期限结构可以促进债券在一级市场的发行和在二级市场的交易。合理的期限结构意味着债券品种中包括长期、中期和短期债券等多种类型的债券。这些债券工具的选择既要考虑发行人的需要，又要考虑投资人的需要。丰富和多样化的债券品种可以适应不同发行人和投资人的广泛需要，从而增加市场的深度和广度。

国债市场的期限结构受到多方面因素的影响，如居民储蓄、消费结构、金融系统、投资人结构、政府筹资的要求和二级市场的流动性等。从发达国债市场的经验来看，平衡合理的国债期限结构能够满足投资人和发行人的不同偏好。世界上最为发达的国债市场都具备多元化的期限结构，美国国债市场的期限结构最为丰富，包括超长期国债、短期及中期债券品种以及各种衍生产品品种。

经验表明，良好的期限结构有助于发行人和投资人的多元化发展。20世纪90年代后期机构投资人的发展，为长期可上市债券在21世纪初的登场奠定了基础。2002年，财政部发行了20年期债券，国开行发行了20年期和30年期的债券。然而由于市场利率的上升，长期债券的发行工作中断了3年。2005年，国开行恢复发行20年期和30年期的债券。财政部2009年首次发行50年期超长期限国债。目前，中国债券市场包括了超长期、长期、中期和短期四种期限的债券。

进入2010年以后，财政部逐步建立了定期公布国债收益率曲线的制度。2014年财政部第一次公布1年、3年、5年、7年和10年等关键期限国债收益率。2015年、2016年陆续增加公布了3个月和6个月等短期国债和30年期超长期国债收益率。2021年1月15日，财政部在网站首次公布2年期国债收益率[①]。

（二）国债市场的期限品种

1. 短期国债

一般情况下，政府发行1年期以内的债券主要有三个目的：①弥补政府的短期财政赤字。②满足政府季节性资金需要。③帮助中央银行吸收银行和非银行金融机构多余的流动性资产。

（1）短期国债主要用于国库券现金管理

短期国债的期限结构通常为3个月、6个月、9个月。此外，债务主管部门出于现金管理的目的，还可以通过发行特种债券来协调短期债券的发行和兑付时间。加拿大、法国、爱尔兰、日本和美国曾发行过这类特种债券，中国还没有发行过。

---

① 陈健恒，东旭. 中国国债收益率曲线的健全之路［N］. 中国财经报，2021 – 11 – 11.

中国人民银行发行央行票据之前，国家开发银行是唯一通过发行短期金融债券进行现金管理的机构，短期金融债多为 3 月期和 6 月期的债券。此外，国开行还发行过 3 个月期的滚动式远期债券。

（2）财政部 1994 年发行的短期国债

由于我国国库由人民银行代理，财政部通常没有发行短期国债的需要。央行也要求商业银行必须或自愿持有一定的流动性资产，从而方便特定的货币政策的实施。有时候中央银行需要对流动性进行管制，但是商业银行又没有自己的存单，就可能希望政府债务主管部门发行短期国债。如果中央银行尚未建立起有效的银行间货币市场，发行短期国债就成为实施货币政策的优选方案。

1994 年财政部为了配合央行的公开市场操作，主动发行了两期短期国库券。这种情况下，发债不再是为了政府筹资的需要，而是为了配合央行对银行系统流动性进行调控，目的就在于为央行的公开市场操作提供必要工具，而非出于融资需要。

（3）1994 年以后财政部不再发行短期国库券

1994 年以后，短期国债并没有定期发行。2006 年以前，财政部可以自行调整预算支出的时间安排，不需要利用短期债券弥补财政赤字，因此很少发行短期国债。但是短期国债对于央行的公开市场操作意义重大，央行可以通过买卖短期国债调控金融系统中的货币供给。2003 年，中国人民银行为了融资的需要发行了央行票据，来取代短期国库券。

在那些将法定准备金率作为货币管理工具的国家，货币当局为了维持自身货币主管部门的地位，可能会反对非银行金融机构过多持有短期国债。法定准备金率是中国中央银行的货币管理工具之一，因此中国的央行票据仅面向银行发售，非银行金融机构通常无法持有短期票据。

2. 中期和长期的可上市国债

中国政府长期以来通过长期债务工具筹资，然而发行长期债券的能力关系到债券市场的发展程度。20 世纪 80 年代大部分时间里，由于长期债券发售不利，政府通过行政手段向个人销售。因此，20 世纪 90 年代初期发行的债券期限有所缩短，大部分是 3 年期和 5 年期的债券。

（1）财政部从 1996 年起发行长期附息记账式国债

1996 年，由于债券还本付息的压力过重，财政部尝试了扩展债券的期限。1996 年 6 月，财政部发行 10 年期记账式国债债券，市场反应良好，并最终成为市场的基准。这些发行业务的成功应归功于市场条件的改善，特别是机构投资者基础的建立和二级市场流动性的提高。

设计长期和中期国债时，既要考虑目前和未来的政府债务规模、金融系统的利率结构、证券市场的资本供给结构、投资人多元化的需求等，也要考虑国债二级市场的状况、利率和税率的灵活性和外汇政策等因素。

（2）长期国债适应机构投资人的需要

政府债务主管部门在设计可上市债务工具时，一是要考虑到投资人的需要，二是要考虑到通过标准化的债券建立有效的国债二级市场的需要。发达的市场经济国家在过去20年中发展中期和长期国债的经验表明，批发式的发行市场和活跃的二级市场缺一不可。

从中国的经验来看，如果良好的机构投资人基础还没有建立起来，则有必要发展零售市场作为对批发市场的补充。早在1991年，财政部就认识到通过行政手段发行国债的方法已难以为继，在积极改善和扩大国债零售市场同时，开始通过承购包销的办法发展批发市场。目前的零售市场仅包括销售凭证式储蓄债券和商业银行的柜台市场，整个债券市场已经转变为机构和批发市场。

第二节　中央政府债券的发行方式

国债发行技术随着金融市场的发展而不断变化。历史上各国发行国债采取了多种不同的发行模式。

一、基本国债发行方式

（一）选择国债发行方式的标准

从世界范围来看，各国的目标无不是要创建一个高效率低成本的国债市场，这种国债市场具有如下特征。

1. 利率及利率的变化均由市场供求关系决定

由于市场资金的充足性是一个相对概念，因此市场资金的供给与需求可以通过市场利率来调整，这里的利率可由市场中的债券价格来代表。当市场利率较高时，债券价格会下降，反之亦然。从债券发行人的角度来看，债券价格上升时，供给会增加；债券价格下降时，供给会减少。因此债券的供给曲线会向上倾斜。与此相反，从债券投资者的角度来看，债券价格上升时，需求会下降；债券价格下降时，需求会上升。因此债券的需求曲线会向下倾斜。供给曲线和需求曲线的交点就是市场均衡点，见图 10 - 2 中的点 A。

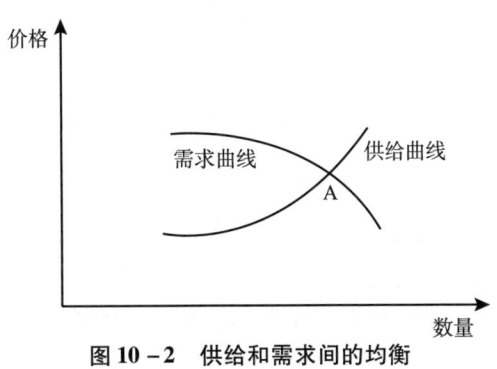

图 10 - 2 供给和需求间的均衡

资料来源：笔者绘制。

当利率水平位于均衡点处时，发行人能以最小的成本获得最大的发行收益。因此，在具有成本效益的国债市场中，国债的利率水平应根据资金的供给和需求来设定。

2. 市场是批发市场，不是零售市场

零售分销程序繁杂，发行期漫长，发行成本高昂，在国债发行中使用零售分销法并不可取。唯一的例外是储蓄债券的发行，大部分国家都使用零售分销法来发行储蓄债券。在批发市场中，一级市场中的承销团成员也是二级市场中的卖方和买方。批发市场有助于提高市场效率，降低发行成本。

3. 机构投资者的积极参与

机构投资者具有稳定的资本基础，并偏好长期投资，这两个特征使得机构投资者成为国债的主要买家。来自机构投资者的直接投资有助于降低国债发行成本，同时也使长期国债的发行成为可能。

4. 外国投资者的积极参与

在发达市场经济体中，由外国投资者持有的国债一般占全部国债余额的 15%。外国投资者的积极参与有助于形成一个合理的国债持有人结构，从而进一步提升国债市场的稳定性。外国投资者的参与也有助于交流国内外信息。

（二）各种国债发行方式的比较

发达国家一般采用某一种发行方法或综合采用多种发行方法。可以将发达国家的国债发行模式划分为美国和意大利模式，德国、日本和加拿大模式，以及英国模式。美国和意大利模式主要使用公开招标发行方式，但面向个人投资者的国债发行使用直接分销方式（见图 10 - 3）。

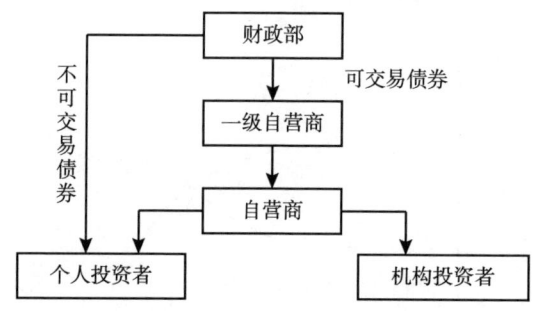

图 10 - 3　公开招标与直接分销模式

资料来源：笔者绘制。

德国、日本和加拿大模式主要使用承销法，但也会使用公开招标发行方式（见图 10 - 4）。

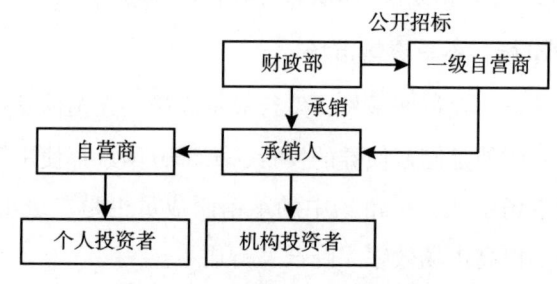

图 10 - 4　承销与公开招标模式

资料来源：笔者绘制。

英国模式会综合采用随买法、公开招标以及直接分销法，但以随买法为主（见图 10 - 5）。

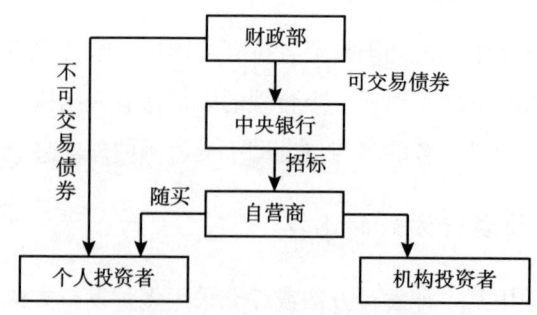

图 10 - 5　随买法与直接分销模式

资料来源：笔者绘制。

由于各个市场具有不同的历史发展轨迹，市场具体条件也十分迥异，因此各个市场所采用的国债发行模式十分多样化。从图 10 - 3、图 10 - 4 及图 10 - 5 中可以看出，尽管国债发行模式表现出多样化的特征，但各个国家的一级国债市场仍具有某些共同特征。

因此，中国国债市场的发展应在充分考虑个体历史环境差异性的基础上，有意识地借鉴世界上大多数国家成功的发行模式。从世界各国的发行经验中，我们能得出以下六条一般性结论：

1. 社会系统、经济系统及金融系统对债券市场的发展均有重大影响

金融系统建立在复杂的制度框架的基础之上，以该制度框架为依托，市场参与者就能从金融交易中获得价值增值。资金借贷并不是资本主义社会中才有的现象，但人类社会只有在发展到资本主义阶段，与资金借贷相关的制度安排才得以建立（即银行业的发展，银行在借款人和贷款人之间充当中介作用），从而金融资源开始作为资本的功能出现。

如前所述，比较金融优势只能通过交换来实现，而市场为这种交换提供了有效的场所。如果贷款能在市场中交易，就必须转化为标准化的债券。债券是一种可交易的贷款，债券市场自然就是一个成本有效的贷款交易场所。然而，债券交易只有在一定的制度框架下才能发生，该制度框架包括法律、金融监管、金融中介和服务等基础设施。

完善的银行系统和发达的货币市场是健全的债券市场得以建立的必要前提。但转型经济体在发展债券市场时，可以先着手开展相关工作，没有必要非得等所有前提条件都已到位后才开始债券市场的建设工作。美国经历了多年的制度演化才最终建立起债券市场。中国可以通过金融主管部门加速债券市场的建立过程。政府在债券市场的建立过程中可以发挥重要作用，但政府的角色不能超出监管职能。

中国债券市场的发展过程有力地证明，虽然发展中国家的制度建设尚不健全，与债券市场相关的制度安排并没有完全到位，发展中国家也能建立自己的债券市场。中国的经验表明，成功的债券市场建设得益于两个关键因素：一是要有明确的发展目标；二是要合理安排改革次序。例如，中国首先建立起了机构投资者基础和金融中介行业，从而为一级债券市场的发展扫清了障碍。

对于金融主管部门来讲，激励机制无疑十分重要。中国在建立债券市场的过程中非常强调激励机制的设计，例如，中国的债券发行综合采用了承销法和拍卖法，兼顾了承销商和投资人的利益。除了监管之外，政府在其他领域的参与越少越好。如前所述，市场参与者自身会通过金融创新来多样化金融工具。世界金融史表明，

放松金融监管对制度演化至关重要。

2. 放开二级债券市场能给市场参与者提供极大的激励

在国债市场改革之初，既不存在货币市场，又没有稳健的机构投资者基础。随着国债二级市场的形成，机构投资者和金融中介行业逐步形成。虽然在1986年和1988年的流通转让市场还不是真正意义上的债券二级市场，但是作为二级债券市场的初级形式，流通转让市场是债券二级市场发展的一个必要步骤。正如我们在前面反复提到的，如果没有国债招标发行和国债一级市场的建立，国债二级债券市场也不可能得到健康发展。正是一级债券市场和二级债券市场之间的相互作用，推动了一、二级市场的协调发展。

3. 各国的债券销售模式可能会有所不同

各国所采用的债券发行模式是该国债券市场历史演化的结果，因此各国的发行模式都包含该国所独有的特征，并不存在具有普适性的发行模式。美国的发行模式建立在一级自营商制度的基础之上，而英国的发行模式是使用中央银行作为发行代理人，政府证券通过中央银行系统销售。各国在发行模式上所表现出的差异源于不同国家的制度发展历史所具有的特异性。美国模式明显优于英国模式，因为美国模式对市场参与者如一级自营商有更多的激励。然而，尽管英国模式存在这样的缺陷，但对英国来讲，改变目前所采用的发行模式将会导致交易成本升高，因此，在决定是否改变发行模式之前，有必要对改变所能带来的收益及改变将导致的交易成本做一番比较。中国所采用的销售模式类似于美国模式，因为中国也采用一级自营商制度，但由于历史原因，中国的一级自营商主要是银行，与券商相比，银行的交易积极性较低。作为对一级自营商制度的补充，中国也采用长期承销合同这种发行方式。承销合同对一级自营商的行为施加了约束，承销合同要求一级自营商在每次拍卖政府债券时都必须投标。

4. 各国都倾向于使用一种主要发行方式，同时也会采用其他发行方式作为补充

世界各国的经验表明，单一发行模式无法满足资本市场中多样化的投融资渠道的要求。以美国为例，多年来储蓄债券一直面向个人投资者发行，目的是激发个人投资者的储蓄积极性。与美国类似，中国的凭证式储蓄债券也面向个人投资者发行，以满足个人投资者对国债投资的需要。

尽管各国分别面向机构投资者和个人投资者发行了可交易债券与不可交易债券，但推出多样化的可交易债券主要是为了满足机构投资者的不同需要。固定的发行时间表有利于投资者早做安排，多样化的债券工具又能满足投资者的不同需求。

5. 市场参与度越高，债券销售就越具竞争性，定价也就越公平

公开招投标日益成为一种主要的债券发行方式，这种发行方式逐渐得到大多数国家的认可。例如，公开招投标方式在日本的承购包销机制中所占的比重日益增大，市场普遍认为公开招投标是最有效的债券发行方式，因为公开招投标方式所确定的债券利率水平能最大限度地反映市场供求状态。世界上大多数国家都已经或正在转向以公开招投标发行为主。

（三）各国基本债券发行方式

大多数国家中央政府债券的发行，都采取市场化的发行方式，主要有以下三种。

1. 公募招标的发行方式

第一个采用招标投标这种交易方式的国家是英国。1782年，英国政府出于对自由市场的宏观调控，首先从规范政府采购行为入手，设立了文具公用局，作为负责政府部门所需要公用品采购的特别机构。继英国之后，世界上许多国家陆续成立了类似的专门机构，许多国家还通过专门的法律确定了招标采购的要求及专职招标机构的地位。1809年，美国通过了第一部要求密封投标的法律。二战以来，招标投标影响不断扩大。相当多的国家进行深入研究与实践探索，认为招标不仅是市场服务，对规范行为、优化采购也意义重大，因此，招标投标由一种与交易有关的市场服务过渡为政府强制行为。这使招投标在法律上得到了保证，于是招投标成为"政府采购"的代名词。

对于政府工程采购，英国财政部颁布了一系列相关文件和操作规程，既有法规性的，又有一般指导性的，作为政府机构发包工程时的参考依据。私人工程由政府和公用事业部门以外的企业和商业界投资兴建，对于其采用何种方式实施工程，只要其遵守英国建筑法规，政府不干预具体采用什么样的招标方式。

美国、英国和大多数国家政府债券都采取这种发行方式。招标发行方式是通过投标人的直接竞价来确定价格（利率）水平，发行后投标按照价格高低排列，从高价到低价（低利率排到高利率），从高价（低利率）选起，直到达到需要的发行数量为止，所确定的价格恰好是供求决定的市场价格及利率的边际水平。

2. 公募招标发行的种类

公募招标发行的种类如下：

英式拍卖或多重价格封闭式拍卖。这是美国财政部目前使用的拍卖方法。在英式拍卖中，投标人需在指定的时间内递交标书。标书内容必须严格保密（即只有投标人和拍卖人知道标书内容)。标书中应包含投标人愿意支付的国债价格和愿意认购的国债金额，发行人将竞价收益率由低到高排列。投标人愿意支付的国债价格反映了投标人的竞价能力和投标人所面对的实际市场条件。由于成功的投标人是出价最高的投标人，因此这种拍卖方法也被称作第一价格拍卖。

从某种意义上讲，在这种拍卖方法下，成功的投标人永远处于不利地位。投标人因担心投标失败，会报出一个高于自己预期的价格，报价越高，损失就越大，这就是所谓的"赢者诅咒"。由于赢者诅咒现象的存在，这种拍卖方法可能会导致投标人失去投标兴趣。

荷兰式拍买或单一价格拍卖。这是荷兰早期拍卖郁金香的方法。采取荷兰式拍卖时，投标人在标书中报出价格和数量，但是价格统一由最后中标价格决定。这种拍卖方法鼓励投标人投出较高价格。

3. 竞争性招标和非竞争性招标

美国国债招标时面对两种类型的投标人，即竞争性投标人和非竞争性投标人。竞争性投标人需要报出自己愿意接受的收益率。非竞争性投标人不参与收益率或价格的决定，其单次投标不能超过100万美元。短期国债通常在星期一进行拍卖（如遇节假日则往后顺延）。国债拍卖公告在每个拍卖日的上一周的星期二通过新闻媒体公开发布，拍卖公告也会发送给联邦储备银行及其分支机构。在收到全部标书之后，公债局的工作人员就开始根据英式拍卖程序来确认中标人，所有的非竞争性投标人都按平均收益率认购国债，该平均收益率是竞争性投标人的所有中标收益率的加权平均值。

二、承购包销发行方式

采用承购包销方式发行时，由发行人和辛迪加集团签订承购包销合同。合同中的有关条件是通过双方讨价还价确定的。由于辛迪加集团的成员通常是金融系统中有实力的大银行和证券中介机构，它们对于市场情况非常熟悉。辛迪加集团希望承购时得到较低的政府债券价格和较高的利率水平，这样有利于在一级市场中分销、二级市场上交易和持有到期获得回报。发行人要求较高价格和较低的利率，以便降低发行成本，因此两者之间存在着竞争关系，这使讨价还价的结果能够达到符合市场预期并和二级市场价格一致的发行价格和利率水平。

（一）承购包销发行方式的基本特征

在证券市场术语中，"承销"或"承购包销"指的是一种债券分销方法，即发行人与同一组银行或金融机构签订承销合同，明确发行人和承销人的相关权利和义务，以确保债券发行工作得到完满履行。承销法具有以下两个关键特征：

一是发行人和承销人之间的权利义务关系由承销合同界定，在确定发行条款和发行条件时，承销人和发行人具有相同的发言权。发行人和承销人之间的这种关系不同于派购和定额分配时的行政关系。

二是如果承销人不能将债券全部售出，剩下的债券必须由承销人自己购买。从这个意义上讲，在承销合同签订完毕后，国债发行工作实际上即已宣告结束。

在证券市场中，通常使用银团或辛迪加集团承销来表示发行人通过与一组银行或金融机构的承销合同来体现各种权利和义务关系，实现其销售目标的方式。这种方式在我国通常称为"承购包销"发行方式。承购包销发行方式发行国债有两个特点：一是发行人和承销人之间的权利义务关系是通过承销合同确定的。因此，与历史上我国实行的派购发行方式不同，在确定发行条件方面，发行人和承销人之间具有平等的关系。二是承销人向投资人分销不出去的部分，由承销人自己认购。这样，一旦签订了承销合同，发行任务的完成就有了保证。

（二）政府债券的承购包销发行方式

1. 各国集团认购政府债券的实践

金融市场以银行体系为主的国家，如德国和日本，通常都采取承购包销的方式发行国债。20世纪80年代以来，德国和日本都引进了招标方式来发行政府债券，特别是短期政府债券的销售技术。但是承购包销仍然是发行中长期政府债券的主要方式。

日本发行国债主要采取间接发行的方法，分为委托募集和认购募集两种方式。委托募集是委托证券中介机构代理销售，销售不出去的部分证券中介机构不承担义务。认购募集由证券中介机构分销，分销不出去的部分中介机构自行认购。后者相当于我国20世纪90年代初期发行国债时实行的承购包销方式。

日本的中长期政府证券（10年期附息债券和5年期贴现债券）的发行会采用所谓的团体（承销团）认购法，即将证券出售给一组银行、证券中介及其他金融机构。在实施团体认购法时，第一步由日本银行同认购团体签订认购合同，合同签订完毕后，认购团体负责将国债分销给投资者。日本国债的认购团体共包括839家成员（1990年的数据），其中38家成员是行业代表，这些行业代表可以作为代理人代表行业协会，或者代表认购团体中的其他成员，同发行人就发行条款和条件展开谈判，并代表其他成员签署国债承销协议。

日本的国债发行委托日本的中央银行即日本银行进行操作。认购集团与日本银行之间签订认购合同，然后向投资人分销。如果分销额不足发行额，就由认购集团自行认购。这种办法可以保证预定发行总额全部完成。日本的 10 年期附息国债和 5 年期贴现国债都是采取这种方法发行的。

2. 承购包销政府债券的基本方法

（1）承销团的组成

通常由一家主干事，若干家副主干事和几十家银行、保险公司或其他金融机构组成。通常主干事和一般干事之间也有承销和分销的协议，确定承销团内部的权利和义务。主干事可以承担无限责任，也可以承担有限责任，取决于承销团的法律架构。我国自 1991 年实行承购包销的方式发行国债以来，干事团内部实行有限责任。

（2）承销团的份额

承销团的份额可以采取固定份额的办法，也可以采取变动份额的办法。日本采取的是固定份额的方法，我国在 20 世纪 90 年代初期采取变动份额的方法。固定份额方法的优点是可以使承销人对自己应该承担的份额心中有数，有利于及早安排资金。我国的金融体系处于发展过程，发行数额和品种不稳定，只能采取相对灵活的变动份额的办法。1993 年实行一级自营商制度早期，按照规定，一级自营商至少承担全部发行额的 1%。

三、其他发行方式

（一）向个人直接发售的发行方式

中国改革开放以来国债发行主要面向个人投资者。居民收入减掉消费支出，剩下的就是国债投资的主要资金来源。因此，政府债务政策的一个重要内容就是如何吸引个人（零售）投资者。例如，美国政府专门制定旨在吸引个人投资者踊跃购买政府证券的政策。大部分国家都有专门面向个人投资者的特殊政策，比如，设计为个人投资者量身定制的不可交易的储蓄债券。发行储蓄债券的主要目的是激发个人投资者的购买热情，因为那些买入并一直持有到期的个人投资者是储蓄债券的理想投资者。由于储蓄债券一般不可交易，可以最小化个人投资者的风险敞口。同时，鼓励个人投资者参与非竞争性投标。例如，美国的个人投资者可以参与政府证券的非竞争性投标，并可以按竞争性投标人的所有中标收益率的加权平均值认购国债。

20 世纪 80 年代至 90 年代中期，中国国债主要向个人发行，是一种直接发售的方式。目前储蓄国债也是直接发售。上市国债，特别是在银行间市场发行的债券，后来也通过代销方式在证券公司和银行的柜台发行。

（二）"随买"发行方式

随买发行方式的特点是根据市场情况销售，如果销售到一定程度，市场利率变化，则本期停止销售，然后调整利率，销售下一期，像"水龙头"调节水的流量一样，调整债券的发行流量。这些根据市场的不同阶段和投资者的群体不同而确定的发行方式，在很多国家都使用过。

在向零售投资者和存款人出售不可交易的债券时，政府债务管理人通常会采用随买发行法。在一些市场经济体中，中长期可交易国债的发行会综合采用随买法、拍卖法和承销法。

1. 随买发行方式的两种类型

在国债利率极其不稳定且融资需求又十分庞大的国家，政府债务管理部门可能会选择采用随买发行法，目的是确保国债发行的持续性，并使国债发行条款能与不断变动的经济条件保持一致。随买发行法有两种类型：一种选择是由国债经纪人在二级市场中直接向投资者分销国债，这要求经纪人是国债的唯一承销人。从投资者的角度来看，采用这种发行方法，一级市场认购和二级市场购买没有什么差别。另一种选择是使用银行和邮局的分销平台作为代理向投资者销售国债。这两种方法在根据市场状况调节国债价格方面有很大不同。

如果国债市场中有大批成熟的证券中介和基金管理人，那么由国债经纪人直接在二级市场中分销国债就是一个更好的选择。相反，如果一国拥有完善的国债零售发行网络，那么该国就可以通过银行系统和邮政系统向零售投资者销售国债。政府债务管理人也可以通过采用一些灵活的手段比如提高销售佣金来鼓励银行和邮局积极销售国债。如果要求银行以低于市场价格的水平销售国债，就更有必要给银行提供一些优惠条件。为确保国债销售工作的顺利进行，政府债务管理人应努力使新发行国债的息票率与市场上可比债券的收益率保持一致。如果政府债务管理人能经常通过经纪人或政府债务管理分支机构来调节国债发行价格，那么采用第一种选择即由经纪人在二级市场中直接向个人投资者销售国债更为可取。在这种情况下，政府债务管理人能根据实际市场条件的变化随时调整国债发行价格。如果有迹象表明国债供大于求，这时应下调国债发行价格，使其略高于二级市场的收益率水平。如果市场利率下滑，政府债务管理人就应适当提高国债发行价格以降低发行成本。总之，政府债务管理人在调整国债发行价格时必须非常小心，因为市场变化可能只是暂时的，而频繁调整国债发行价格可能会导致投资者对国债市场失去信心。

通过银行系统分销国债可能无法做到灵活调整国债发行价格，因为分布在全国各地的银行网点很难做到同时改变债券发行价格，这会导致不同网点国债息票率和国债销售价格的不一致。

为使第二种选择即通过银行和邮局网点来分销国债也能做到灵活调整国债发行价格，以使发行价格能及时反映实际市场条件的变化，政府债务管理人需要使用一种或多种债务工具，这些债务工具都具有标准化的条款，对个人投资者很有吸引力。如果政府债务管理人希望面向一个广泛且多样化的投资者基础推销国债，那么使用标准化的债务工具就显得尤为重要。非标准化的或碎片式的债务工具将会导致各个分销网点的国债销售流程发生中断或无法保持流程的一致性。

2. "随买"方式发行国债具有灵活性的优点

通常"随买"方式被政府债务管理者用来向小投资人或储蓄债券投资人发行不可上市的债券。一部分国家也将随买技术和招标方式结合起来销售可上市的中长期政府债券。

为了解决银行在柜台销售政府债券灵活调整政府债券价格的问题，政府债务管理者应该使用一种或少数几种债务工具。同时债务工具的期限必须是标准的。这样有助于吸引小储蓄者的投资，特别是在政府债务管理希望向广泛众多的人口推销政府债券的时候。如果使用不标准的或零散的债务工具就可能导致销售过程发生中断。

政府债务管理者在发行条件方面保持高度的灵活性，不仅有利于完成发行目标，而且可以帮助政府在特定的市场条件下，实现政府债务管理者的其他目标。在随买方式发行政府债券时，为了取得最有利的发行条件，政府债务管理者可以在发行的操作技术方面采取较为灵活的方式。例如，当市场利率水平下降时，可以停止或减慢新债券的发行，然后调高发行价格改变发行条件，再继续发行。如果市场利率提高，可以使发行条件和二级市场的收益率水平衔接起来，使发行直接从一级市场转入二级市场。这种高度灵活性可以帮助政府债务管理者维持市场的供求平衡，支持政府或中央银行的利率政策。例如通过中断发行的办法来减轻市场供给方面的压力，或在市场利率开始下降时，保持政府债券的利率水平不变，使市场利率不至于进一步下降。保持一级市场的利率比二级市场收益率高一定的幅度，可以鼓励投资人直接在一级市场上购买债券，而不是购买二级市场上的政府债券，从而减轻二级市场的需求压力。如果中央银行为了改变投资人对于未来利率水平的预期而调整收益率曲线时，政府债券管理者就可以通过调整发行的期限帮助中央银行实现这一目标。当然究竟政府债务管理者可以在多大程度上利用一级市场和二级市场的交叉来实现其灵活性，取决于市场的发达程度和是否有政府债务市场的专家，即一级自营商的做市功能。[①]

第三节　中央政府债券的招标发行

各国中央政府的债券发行普遍经历了历史演变的过程。由于招标发行具有高效率低成本的特点，目前中央政府债券普遍采取招标发行的方式。现代招标发行的实践严格建立在招标理论发展的基础之上。

一、国债的招标发行的理论

（一）招标发行理论的提出

国债招标发行是在商品招标发行的基础上发展起来的。美国早年对国债的招标发行理论进行了研究。威廉姆·魏克雷（William Vickery）和米尔顿·福里德曼（Milton Friedman）以及保尔·米特哥罗（Paul Mitgrom）都对招标理论做出了贡献。他们对不同的招标方式进行了较为科学的分类。当时在理论界和金融界对招标的分类有混乱和矛盾的地方。威廉姆首先使用标准的分类法，将招标分为两类：第一类按报价顺序分类，第二类按照公开和秘密报价分类。此外，他还按照主客观标准进行分类，分为主观投标和客观投标。主观投标是按照对于标的物的主观评价投标的方法，客观投标是按统一的标准投标的方法。根据威廉姆确定的分类方法，招投标分为以下四种方法。

1. 多种价格秘密招标

这是美国财政部目前采取的招标发行方法，称为英国式招标方法（但是英国把这种方法称为美国式招标）。按照英国式招标方法，投标人在规定的时间内递送投标的标书，标书中包括他们愿意投标的国债数量和价格（利率）。投标内容是秘密的，只有投标人和招标人知道标书内容。招标人将投标结果按照其价格（或者相应的收益率）高低排列。投标人愿意支付的价格反映了他们参加投标的能力。最有把握中标的是报价最高的投标人。这种招标方式也称为"第一价格招标"，也就是现在我们说的多种价格"美国式招标"。中标人中标的价格就是自己投标的

---

① 高坚. 中国债券——国债的理论与实务 [M]. 北京：经济科学出版社，1999：79 – 83.

价格。

使用这种招标方式，成功的投标人总是吃亏的。报价最高的投标人对于价格的选择超过了其他投标人。由于所有的投标人都担心投标失败，所以不敢报低价格。但是报价越高，其成本越高，这就是前面提到的所谓"赢者的诅咒"（winner's curse）。按照实际报价确定中标价有两个缺点：第一，招标前的市场交易使市场价格水平和招标价格一致，如果选择当时的市场价格投标，就会降低成功投标的概率，只有选择高于市场价格的投标价格，才会增加中标的可能性。这样影响了投标人参与的积极性，从而减少了投标的竞争性。第二，主要的投标人投标前会经常交流对市场的看法，这种信息交流可以形成对投标人有利的价格。威廉姆认为最好是设计一种能使招标结果达成共识的市场水平的招标方法。

2. 单一价格秘密投标

与多种价格秘密投标的方法一样，单一价格秘密投标的标书仍然是加封的。但是招标的结果是所有的投票人都按照同一价格中标。这种招标方式也称为"第二价格招标"。最后确定的中标价是最低中标价。这种方法通常称为单一价格"荷兰式招标"。按照这种方式，报高价的投标人更有成功的把握，但是可以按照最低中标价定价。这种方式的优点是投资人愿意自己参加投标，而不愿意通过一级自营商进行投标。美国财政部在20世纪90年代曾经尝试采取"荷兰式招标"取代"美国式招标"，但是据说美国政府还没有得出荷兰式招标优于美国式招标的结论。

3. 公开叫卖降序排列

这是历史上荷兰拍卖鲜花的方法。投标人集中在一个场地，拍卖人按照降序报价。在拍卖单一商品或证券时，当有一个投标人愿意支付该价格时，拍卖即宣告停止。对于多单位商品或证券，最积极的投标人将会获得成功。但招标活动继续进行，之后的商品或证券将以逐渐降低的价格出售。按照这种方式招标，有经验的投票人并不用最高的价格购买，因为这样会使投标价格停留在高于市场水平的价格上。按照这种招标方式发行国债时，投标人有交流信息的积极性，并愿意集中投标或通过一级自营商投标。

4. 公开叫卖升序排列

招标人按照不断上升的价格顺序向一组投标人招标。投标人按不同价格报价，当招标人收到足够的投标后招标即宣告停止。这种方法通常用于拍卖只有唯一一件的艺术品。

使用这种方法销售多单位证券时，当招标人报出第一价格时，全部有关各投标人报出他们需要购买的数量。招标人公布对这一价格的全部需求数量，然后不断提高价格，继续公布按照各个提高的价格的需求数量，直到全部需求小于招标数额为止。这时招标人可以确认前次价格是完成全部发行的最高价格。换言之，决定招标成功价格的是第二个最高价格。全部按照高于招标决定价格投标的投标人和一部分按照招标决定的投标人获得成功。一部分没有达到招标决定价格的投标人可以按比例部分中标。

由于是公开投标，投标人知道证券公认的价值，因此从投标人的角度来看，这种招标方式减少了投标成功者的不满。如果一个投标人对证券价值的评价远远高于其他竞争对手，这种投标也会在价格远离公认价格的投标之前中止。

（二）招标理论的进一步发展

美国学者米尔顿早在 1959 年就多次提出改进美国国债招标方式的建议。[①] 米尔顿赞成单一价格秘密投标的"荷兰式招标"的国债发行方式。米尔顿认为，由于这种方法消灭了操纵市场而获得额外回报的可能性，减少了少数投标人操纵市场的积极性。同时他也认为，如果按照不同价格中标则财政部的发行收入有可能高于法定的发行数额。米尔顿说，当前的发行技术（指"美国式招标"）减少了对投标的需求，使购买以后持有国债的机构投资人对招标价格更为敏感。投标人不愿意向希望得到尽可能高价格的招标人（美国财政部）暴露自己的真实估价。

米尔顿认为以单一价格中标的招标方式使招标结果反映投资人购买国债的真实意愿成为可能。这种招标方式能够允许投资人越过中介机构直接在招标中按照自己的意愿投标。米尔顿认为，单一价格使招标的需求曲线和二级市场的需求曲线相一致，从而导致一级市场的价格和二级市场的价格相一致，减少了中介机构进行投机的可能性。这是因为如果投标人在招标中脱离投资人的预期进行报价，在二级市场上的分销就会发生困难。

米尔顿主张招标技术要统一国债的一级市场和二级市场，因此，国债一级自营商的存在只有利于承担财政部可能确认的成功招标价格的风险。然而，在实际招标过程中参加竞买的仍然只是一部分投资人，这些投标人可能对价格变动十分敏感。大多数参加投标的投资人在招标时面对着难以预测的市场变化。如果他们投标时的报价不适当，就可能导致承担损失。为了防止在投标时承担风险，投标人宁愿在投标前就卖空国债。国债的预发行制度就是根据这一实际情况制订的。一般来说，如果一级自营商提供分配国债券的服务，就需要在一级市场的招标价格和二级市场的交易价格之间有一个差额，否则一级自营商就不会有积极性参加投标国债。然而这

---

① 米尔顿·福里德曼. 如何销售国债 [M]//高坚. 中国债券. 北京：经济科学出版社，1999：111.

种差额大到一定程度就可能导致提供他们操纵市场的机会。①

二、各种招标发行方式的比较

(一) 英式招标和荷兰式招标的比较

英式拍卖发行将首先满足收益率报价最低的投标人的认购要求，然后按收益率报价由低到高的顺序依次满足其他投标人的要求，直到全部国债都销售完毕为止。

在美国，国债拍卖使用招投标方式进行，美国每年会进行 160 次国债招投标，年筹资额达 1.5 万亿美元。每次国债发行的筹资规模由美国财政部金融管理服务局决定，财政部助理部长授权公债局履行国债的具体发行操作。美国国债的发行程序如下：第一步是报价，包括所发行国债的类型、发行规模、拍卖日以及发行期。以短期国债为例，在国债拍卖公告中，发行人会要求投标人以国债面值为基础报出自己愿意认购的国债金额。根据"统一发行说明书"，最低认购金额不能低于 10000美元，并且认购金额必须是 5000 美元的整数倍。

在美国每次拍卖结束之后，公债局会通过各种新闻媒体公布拍卖结果，并逐一通知各个投标人，告诉他们最终的中标额度。仍以短期国债为例，拍卖一般在上午11：30 开始，在下午 1：00 结束，交割日一般在拍卖日的次一日。

荷兰式拍卖是单一价格封闭式拍卖。在荷兰式拍卖中，标书也是密封的。拍卖结束后，债券将以统一价格出售给所有投标人。该统一价格是最低中标价格，因此荷兰式拍卖也称为第二价格拍卖。

如前所述，英式拍卖法的原理是按实际投标价来确定中标价，这种拍卖法具有两大缺陷：一是预发行国债交易往往会导致投标价格与发行前的市场价格相同，不利于竞争。二是主要投标人之间经常会相互交流各自对市场未来走势的看法，并形成统一的市场预期，最终目的是垄断招标，拉低中标价。拍卖理论权威、诺贝尔奖得主威廉·维克瑞（William Vickery）认为，为避免上述缺陷，发行人应在拍卖的设计上下功夫，以使拍卖结果与普遍认同的市场价格保持一致。

从理论上看，美国财政部所使用的是英式拍卖法。由于美国财政部的国债拍卖很具代表性，这里将通过描述美国财政部的国债拍卖设计来解释英式拍卖法的相关特征。美国财政部意识到了英式拍卖法中所固有的赢者诅咒现象，并在 20 世纪 80年代后半期用荷兰式拍卖法取代了英式拍卖法。20 世纪 90 年代中期，美国财政部

---

① 高坚. 中国债券 ［M］. 北京：经济科学出版社，1999：75－79.

的官员告诉笔者，对荷兰式拍卖法和英式拍卖法孰优孰劣的问题，他们尚未得出最终结论。

在荷兰式拍卖中，出价最高的投标人当然可以参与认购，该投标人以最低中标价格认购国债。荷兰式拍卖法的优点是投标人都愿意直接参与竞标，而不是通过一级自营商间接参与拍卖。

因此，美国学者米尔顿·弗里德曼（Milton Friedman）建议国债发行采用单一价格封闭式拍卖（即荷兰式拍卖）。弗里德曼认为，荷兰式拍卖能消除投标人通过市场操纵行为获取巨额利润的可能性，同时还能降低少数投标人垄断招标的可能性。单一价格拍卖使得拍卖结果能反映国债投资者的真实意愿，并使国债投资者愿意绕过金融中介直接参与国债竞价。按弗里德曼的说法，单一价格拍卖能使拍卖中的需求曲线与二级市场的需求曲线保持一致，这样就能协调一级市场和二级市场，从而能显著降低金融中介的投机可能性。这是因为，如果拍卖投标价不是以投资者的预期为基础，中标人就很难在二级市场上分销国债，因此，如果国债投资者没有机会获取潜在回报，投标人就不会有操纵市场的动机。

（二）美国和英国对于采取两种招标方式的看法

各种招标方法在实践上都不是完美的。美国和英国的招标方式具有代表性，虽然都属于英式招标，但是也有所不同。

1. 美国的招标发行方式

前面曾提到过，多重价格美国式招标在世界各国中的应用较为广泛。目前，美国和英国都已尝试采用单一价格招标制。从20世纪90年代早期开始，为消除赢者诅咒现象，美国曾尝试采用过单一价格招标。单一价格招标和多重价格招标这两种招标方式孰优孰劣目前仍没有定论，理论上的意见认为，单一价格招标有利于扩大投标人基础，并能增加对国债的需求，因此能给发行人带来有利的结果，但对单一价格招标的统计结果表明，上述优势并不成立。因此，尽管招标理论支持采用单一价格招标制，但实证经验并不能对单一价格招标制的上述优点提供全面支持。

2. 英国的招标发行方式

与美国类似，英国国内对单一价格招标制和多重价格招标制孰优孰劣的看法也存在很大分歧。英国政府正在等待美国政府对单一价格招标制的试行结果。根据英国政府的一项调查，终端投资者表示单一价格招标制可能会提高他们的投标参与度，但一级自营商（造市商）则认为，实行单一价格招标后，他们可能会缩减投标规模。由于终端投资者和一级自营商对单一价格招标的态度截然相反，在是否应将当前的多重价格招标制改变成单一价格招标制这个问题上，英国政府迄今仍未出台任何具体的计划，因此英国的金边债券发行一直沿用多重价格招标法。

第四节　中国中央政府债券发行方式的演变

国债和中央政府债券都是在同等意义上的表述，但是国债是中央政府的债务，强调的是债务的层面，而中央政府债券侧重的是标准化的债务产品和市场工具，强调的是市场层面。1996 年国债市场化取得成功以后，用中央政府债券表述财政部发行的国债更为准确。

一、政府债券发行方式的选择

（一）我国中央政府债券实现市场化发行

1. 早期国债发行方式从行政分配向市场化方式转变的概况

债券市场实务的发展历史告诉我们，债券发行方法的不断完善可以极大地提高一级债券市场的发行效率。作为一级债券市场的主要参与者，发行人和投资者无疑都能从这种改善中获益。自 1981 年以来，中国国债发行方法经历了四个阶段的演变：第一阶段为 1981～1990 年，国债发行采用行政摊派的方式；第二阶段为 1991～1993 年，国债发行采用承购包销方式；第三阶段为 1994～1995 年，国债发行采用柜台销售方式；第四阶段为 1996 年至今，国债发行采用招投标方式（见表 10 - 5）。

表 10 - 5　　　　　　　　1981～2020 年采用的国债发行方法

年份	行政摊派	承购包销	柜台销售	招投标发行
1981～1990	不记名国债			
1991		不记名国债		
1992		不记名国债		
1993	不记名国债	记账式国债		
1994		不记名国债	凭证式国债	
1995		不记名国债	凭证式国债	记账式国债

年份	行政摊派	承购包销	柜台销售	招投标发行
1996～2001			凭证式国债	记账式国债
2002～2003			凭证式国债、记账式国债	记账式国债
2004			凭证式国债、储蓄式国债（电子式）、记账式国债	记账式国债
2005			凭证式国债、记账式国债	记账式国债
2006～2008			凭证式国债、储蓄式国债（电子式）、记账式国债	记账式国债
2009～2020			储蓄国债（凭证式、电子式）、记账式国债	记账式国债

资料来源：笔者制作。

大多数国债都是在公开市场，即银行间市场和交易所市场发行的，属于没有特定用途的普通债券。但是有些国债发行有特定用途，或者有特定投资人对象。1997～2000 年发行过定向债券（特种定向债券），有专门用途。2017 年，凭证式国债更名为储蓄国债（凭证式），只向个人投资者发行。

目前国债主要分为记账式国债、储蓄国债和专项国债三种。记账式国债是最大的国债品种。记账式国债通过中央结算公司招标发行，在中央结算公司总托管，并在银行间债券市场和交易所债券市场交易。记账式国债分为贴现国债和附息国债两种。目前贴现国债有 91 天、182 天和 273 天 3 个品种。附息国债有 1 年、3 年、5 年、7 年、15 年、20 年、30 年和 50 年等多个品种。储蓄债券通过商业银行柜台面向个人投资者发行，分为凭证式和电子式两种，早期为凭证式，后来发展出来电子式。电子式储蓄国债在中央结算公司总托管。20 世纪 90 年代国债市场化改革确定了目前国债市场的基本框架。

2. 行政分配为基础的国债发行方式

国债发行方式的改革是国债市场化改革的重要内容。1991 年国债市场化改革以前，国债发行采取行政分配的方式。行政分配①发行方法有两种形式：一种是完全定额分配，另一种是定额分配加柜台销售。1981～1985 年，当时国债刚刚恢复发行不久，这时的国债发行完全采用定额分配形式。1985～1990 年，国债发行方

---

① 在本书中，"行政摊派"和"行政分配"在同一意义上使用。

式为定额分配加柜台销售，后来在 1993 年曾再次使用过这种发行方式。国债的柜台销售通过银行网点进行，政府并不强迫个人投资者购买，但鼓励个人积极认购国债（见表 10 – 6）。

表 10 – 6 行政分配发行方法

时间	发行方式
1981 ~ 1985 年	完全定额分配
1985 ~ 1995 年	定额分配加柜台销售

资料来源：笔者制作。

作为一种行政发行手段，定额分配这种发行方式的实行可以一直追溯到 20 世纪 50 年代的计划经济时代。尽管定额分配发行方式实施起来比较简单，但这种发行方式具有以下四大缺陷。

（1）发行对象定位于非金融机构

定额分配发行方式的目标销售对象并不是金融机构，主要面向国有企业和政府机构以及个人，很多国企和政府机构的资金实际上非常紧张，它们不仅拿不出多余的钱来购买国债，事实上它们自己也急需资金。农村和城镇居民虽说有一点储蓄，但这些储蓄主要以银行存款的形式持有。个人手头一般只持有少量现金，以备不时之需，因此个人也拿不出钱来投资长期国债。由于中国缺乏市场化的利率制度，个人仅有的一点现金一般都会存进银行，而不是投资于国债。

（2）不能发挥国债市场作用和基准作用

与很多发达国家不同，中国早期国债价格并不能作为资本市场中的其他证券的定价基准，因为受行政摊派发行方式的影响，国债价格已严重扭曲。在 1981 年到 1986 年这段时间，国债收益率的无序波动对刚刚形成的市场机制造成了毁灭性的打击。如果国债通过行政手段来发行，那么购买国债理所当然地就变成了一种义务，国债价格对债券持有人来讲大打折扣。在手头现金紧张时，债券持有人第一个想到的就是出售国债，哪怕出售价格低于当初的购买价格。这意味着只要国债可流通，个人投资者马上就会卖掉它们，个人投资者的这种行为往往导致二级国债市场的价格急剧下跌。二级国债市场的价格走势又会对一级市场新国债的发行价格带来负面影响。

（3）国债发行成本十分高昂

由于国债主要面向个人投资者发行，为满足个人投资者的特殊需要，国债发行面值都比较低，这就增大了与国债发行相关的印制成本、运输成本以及存储成本。

主要面向个人投资者发行国债毫无疑问会增大国债发行的管理费用和销售费用，同时国债发行期也会显著拉长。国债发行期的拉长导致国债发行会面临更多的市场不确定因素，随着市场实际条件发生改变，继续按原来设定的发行条款来发行国债就遇到了困难。此外，发行期过长还将导致财政融资需求无法得到及时满足。面向个人投资者发行也不利于推行无纸债券，因为在那个时代，个人投资者更偏好持有纸质债券。

（4）市场流动性严重不足

大部分个人投资者在购买国债后都会持有相当长一段时间，这不利于债券市场流动性的提高。在整个 20 世纪 80 年代，国债投资人倾向是买入并一直持有至到期，而不是积极地参与二级市场的国债交易。尽管在 1988 年，国债已在 62 个城市实现了可转让，但这种转让更多的是在到期前赎回国债，而不是真正意义上的二级市场交易。国债流动性不足致使国债发行中出现了一个恶性循环：市场流动性的缺乏引起了机构投资者的不满，严重打击了机构投资者的认购积极性，这导致更多的国债流向个人投资者，从而进一步加剧了流动性的不足。

总之，行政分配发行对国债信誉造成了负面影响，增大了国债发行成本，损害了国债的内在价值。为推动国债市场的良性发展，必须逐步淘汰行政分配发行方法，并着手建立起市场导向的发行机制。

图 10 - 6 展示了行政分配发行方法下的国债发行结构。

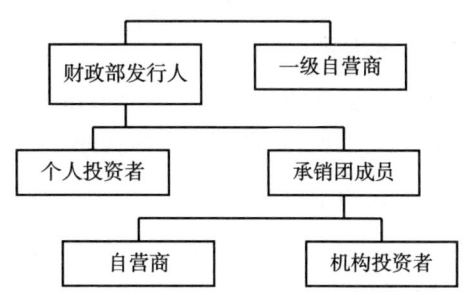

图 10 - 6　行政分配发行方法下的国债发行结构

资料来源：笔者绘制。

这一期间国债收益率主要与银行存款利率挂钩。在国债和银行存款利率都没有放开以前，国债曾经参考银行存款利率，由国务院确定，大体上比银行存款高 1 ~ 2 个百分点。

（二）市场导向的国债发行

1991 ~ 1996 年，经过财政部国债司的努力，国债市场化改革获得成功，市场导向的国债发行方式得到普遍使用。但是这6年的时间，国债市场化改革并不是顶层设计的结果，而是财政部国债司根据具体情况，不断探索和创新、不断推出新的改革方案，并根据实践经验和出现的问题，适时改进并努力实施的结果。

1. 承购包销的发行方式

中国国债市场的市场化改革开始于1991年。承购包销机制的实施拉开了市场化改革的序幕。从1991~1994年，中国在国债发行中使用了承购包销法（见表10-7）。

表10-7 承销法

年份	承销方式
1991	中央承销
1992	地方承销
1994	中央承销，储蓄债券采用柜台销售方式

注：在中央承销团中，由财政部直接与各个金融机构签订承销合同；在地方承销团中，由地方财政厅（局）代表财政部与当地金融机构签订承销合同。
资料来源：笔者制作。

在发行人、承销人及投资人尚不够成熟时，采用承购包销法比较合适，招投标发行法对发行人和承销人有更高的要求。

2. 国债的招标发行

（1）承销与招标相结合的方式

1996年引入的招投标发行法有两种形式：一是有限制招标。这是一种初级形式，即招投标发行中会预先设定基本承销额（基数认购），设定最高、最低投标量和投标价格区间，在这种形式的招投标发行中，国债价格并不能完全由市场供求关系决定。二是无限制招标。这种形式的招投标发行对承销额（没有基本承销额要求）和投标价格不设任何限制，是一种更加市场化的发行方式。表10-8展示了这两种形式的招投标发行方法。

表10-8 招投标发行方法

时间	发行方法
1996年的第1期到第7期国债	基数认购，区间投标，差额招标，余额分销
1996年的第8期国债，1997年的第1期和第4期国债	自有投标，变动价位，二次加权，全额招标

资料来源：笔者制作。

（2）招标发行机制的确立

随着国债发行方式逐步从行政分配过渡到市场导向的发行机制，国债交易工具也发生了根本性的变化。不记名债券本质上只适用于行政分配发行方式，并且主要面向个人投资者发行；记账式债券是为招标发行机制量身打造的国债品种。随着记账式债券在市场的日益推广，招标发行机制也得以确立起来。

（3）市场化改革的继续深化

自 1991 年引入承购包销机制以来，中国的国债发行体制已日益市场化。然而，只要利率尚未完全市场化，承购包销机制的引入最多只是国债分销手段上的一次变更，采用承购包销机制并不意味着国债发行已从行政分配转化成真正意义上的市场导向销售。因此，一旦承购包销机制下的国债发行遭遇困境，比如在承购包销发行价格低于市场实际收益率时，为完成国债销售任务，行政手段就会成为它们的首选。在这种情况下，由于主管部门对行政手段已是驾轻就熟，行政发行机制很可能会死灰复燃。1993 年国债发行再次恢复使用行政分配手段就是一个很好的例子。

世界上大多数国家的经验表明，完善的国债发行机制是国债市场健康、稳定发展的关键。为建立健全国债市场，我们有必要继续深化国债发行方式改革，即应以市场为基础，引进竞争机制，完善国债的招标发行制度。

3. 国债续发行

国债续发行（re-opening）始于国债市场化改革的初期。1993 年就有了国债的续发行。近年来，国债、政策性金融债券建立了续发行机制。债券的续发行可以增加债券的可交易规模，通常发行人考虑的是保持二级市场的活跃，增加流动性。

追加发行的新券和老券之间会有不同的价格。新老券价格不同，形成利差，主要是由于投资者对于流动性的偏好，也可能与回购、做空等市场操作有关。如果原投资人更多是买后持有类，则新券会增加有效供给，也就是增加流动性。[①]

中国金融监管部门的《关于进一步明确规范金融机构资产管理业务指导意见有关事项的通知》，"在过渡期内，对于封闭期在半年以上的定期开放式资产管理产品，投资以收取合同现金流量为目的的并持有到期的债券，可使用摊余成本计量，但定期开放式产品持有资产组合的久期不得长于封闭期的 1.5 倍"。[②]

---

①② 冯雪，董相町，王金．摊余成本法定期开放型债券基金发行对新老券利差的影响［J］．债券，2020（12）：70－71.

二、我国政府债券早期发行方式的特点

(一) 在市场不发达情况下的招标采取多种方式

中国的招标发行法可根据投标方式（手工投标或电子投标）、报价形式（封闭式或开放式，出价逐降式或出价逐升式）、招标模式（多重价格或单一价格）、招标标的（缴款期招标、价格招标或收益率招标）、有无基本承销额要求、全额招标还是差额招标、有无投标区间限制以及出价机制（固定价位还是变动价位）等维度来划分，具体细节如表 10 - 9 所示。

表 10 - 9　　　　　　　　　招标发行方法的细分

项目	招标方式	报价形式	招标模式	招标标的	有无基本承销额要求	全额招标/差额招标	有无投标区间限制	价格间隔
1995 年，1 年期债券	手工投标	封闭式/出价逐降式	多重价格	缴款期	有	差额招标	预先设定投标区间	固定
1996 年，1 年期债券	电子投标	封闭式/出价逐降式	单一价格	价格	有	差额招标	预先设定投标区间	固定
1996 年，6 个月期债券	电子投标	封闭式/出价逐降式	单一价格	价格	有	差额招标	预先设定投标区间	固定
1996 年，3 年期债券	电子投标	封闭式/出价逐降式	单一价格模式和多重价格模式均有	缴款期	有	差额招标	预先设定投标区间	固定
1996 年，1 年期债券	电子投标	封闭式/出价逐降式	单一价格	价格	有	差额招标	预先设定投标区间	固定
1996 年，3 年期债券	电子投标	封闭式/出价逐降式	单一价格	价格	有	差额招标	预先设定投标区间	固定
1996 年，10 年期债券	电子投标	封闭式/出价逐降式	单一价格	收益率	有	差额招标	预先设定投标区间	固定
1996 年，3 年期债券	电子投标	封闭式/出价逐降式	单一价格	收益率	有	差额招标	预先设定投标区间	固定
1996 年，7 年期债券	电子投标	封闭式/出价逐降式	多重价格	收益率	无	全额招标	无限制	变动

续表

项目	招标方式	报价形式	招标模式	招标标的	有无基本承销额要求	全额招标/差额招标	有无投标区间限制	价格间隔
1997年，1期国债	电子投标	封闭式/出价逐降式	多重价格	价格	无	全额招标	无限制	变动
1997年，4期国债	电子投标	封闭式/出价逐降式	多重价格	收益率	无	全额招标	无限制	变动

资料来源：笔者制作。

1996年是国债市场化改革的关键一年，出现了完全创新的发行方式和多样化的品种（见表10-10）。

表10-10　　1996年国债发行利率、银行存款利率及二级市场债券收益率间的大小比较

国债品种	发行日	到期期限	发行利率	同期银行存款利率	招标日	91天回购利率	二级市场上到期期限相同的现货债券的收益率
记账式一期国债	01/08～01/30	1年	12.11%	1年期定期存款利率：10.98%	1月6日	14.00%	无期限相近国债
记账式二期国债	02/12～02/16	6个月	10.53%	6个月期定期存款利率：9.00%	2月10日	12.95%	1995年发行的1年期国债，剩余期限0.54年，收益率为9.88%
记名国债一期	03/10～03/31	3年	14.50%	3年期定期存款利率：12.24%	3月3日	13.20%	1995年发行的3年期国债，剩余期限1.99年，收益率为13.88%；另有1995年2月发行的保值国债，即期收益率为11.29%
记账式三期国债	03/15～03/20	3个月	9.92%	3个月期定期存款利率：3.15%	3月13日	12.70%	1995年发行的1年期国债，剩余期限0.45年，收益率为11.19%
记账式四期国债	04/02～04/18	1年	12.04%	1年期定期存款利率：10.98%	3月31日	12.50%	1996年发行的1年期国债，剩余期限0.79年，收益率为11.88%

续表

国债品种	发行日	到期期限	发行利率	同期银行存款利率	招标日	91天回购利率	二级市场上到期期限相同的现货债券的收益率
凭证式一期国债	05/15～16/30	5年	13.06%	5年期定期存款利率为13.86%，5月23日降为12.06%			

资料来源：笔者制作。

（二）两条不同的渠道

图10-7展示了招标发行机制下的政府债券的发行结构。财政部通过两个基本渠道来分销可流通政府证券，一个渠道是一级自营商网络，该网络涵盖交易所债券市场和银行间债券市场，网络中所涉及的主要机构是券商和保险公司；另一个渠道是银行间承销商网络，该网络仅涵盖银行间债券市场，网络中所涉及的主要机构是银行和保险公司。可流通政府债券就通过这两个网络销售给参与可流通政府债券交易的机构投资者和个人投资者。此外，财政部还通过银行网点和邮政网点向个人投资者分销不可流通的储蓄债券，如退休人员等投资者群体，他们只愿意投资于非流通债券。

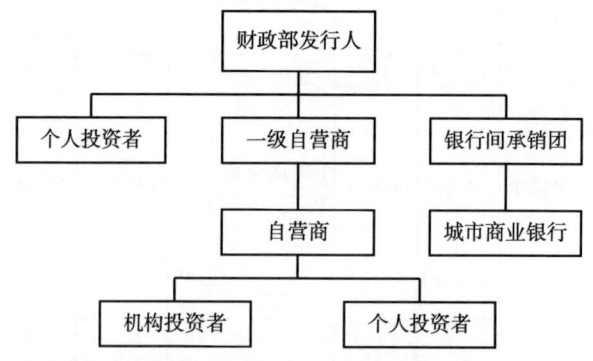

图10-7 招标发行方法下的政府债券发行机构

资料来源：笔者绘制。

（三）与一级自营商合作共赢

如前所述，为了在利率条件等不确定的情况下，保证国债的成功发行，一级自营商制度曾经是一项重要制度。后来，当金融市场逐步发展起来，市场对于国债的需求增加，一级自营的作用逐渐降低。2006 年 7 月 4 日经财政部、中国人民银行、中国证券监督管理委员会审议通过并公布的《国债承销团成员资格审批办法》同时废止了 1993 年 12 月 31 日财政部、人民银行、证监会发布的《中华人民共和国国债一级自营商管理办法》和《国债一级自营商资格审查与确认实施办法》。其中凭证式国债承销团成员不分类。记账式国债承销团成员分为甲类和乙类。上一年度记账式国债业务综合排名位于前 25 名以内的可申请为甲类。甲类成员相比于乙类成员在权利方面多了两条：参加记账式国债季度筹资分析会；在本机构当期国债中标额的规定比例以内进行追加认购。但甲类成员在义务方面，多了一条：按季度报送国债市场运行分析报告，并就改进国债发行和促进国债市场发展提出建议。

第五节　中国中央政府债券的发行机制探讨

一、国债发行目标的若干技术问题

(一) 基本因素

为了保证成功的发行，招标技术的应用必须考虑到当时的市场条件、供需关系、投标人的技术水平等情况。根据中国早期的经验，在设计招标发行机制时，必须考虑到以下三个因素。

1. 基本承销额

基本承销额是指承销国债的一级自营商按照发行总额的一定比例认购的国债额度。最小的基本承销额占当期国债发行总额的 1%。基本承销额制度始于 1996 年 2 号国债的发行。为使承销数额差距较大的承销人在投标时具有同等的地位，1996 年 3 号国债增大了对银行的基本承销额要求，但 1996 年 5 号国债对银行的基本承销额要求又恢复到 1% 的水平，银行和其他承销人面临一样的基本承销额要求。虽然不断减少基本承销额要求，但该制度仍得以延续。2000 年以后，国债承销团甲类成员最低投标为当期国债竞争性招标额的 4%，最高投标限额为当期国债竞争性招标额的 35%；乙类最低投标额为 1.5%，最高投标限额为当期（次）国债竞争性招标额的 25%。国债承销团甲类成员最低承销额为当期国债竞争性招标额的 1%；乙类为 0.2%。竞争性招标结束后 20 分钟内，国债承销团甲类成员有权通过投标追加承销当期国债。国债承销团甲类成员追加承销额上限为该成员当期国债竞争性中标额的 50%，且不能超出该成员当期国债最低承销额。

2000 年以后投标人基础已从一级自营商扩大到包含信用质量较高的金融机构，这些金融机构也开始积极申请成为一级自营商组织中的一员。为确保国债的市场需求，有必要确立承销人对于发行的承诺。目的是为国债招标发行奠定坚实的直接参与者基础。实践证明，2000 年以来，我国进一步发展了国债承销团制度，有力支持了国债发行，培育了大量机构投资者。同时，监管部门广泛开展了多种形式的投资者教育，促进了国债二级市场的发展。

2. 基本价格

基本价格有三重含义：①投标指导价的上限。②分销价格。③承销人能够承担的最低价格。1996 年的 1 号、2 号和 3 号国债发行的基本价格都由财政部根据市场情况制定。考虑到基本价格应和招标结果相联系，1996 年 5 号国债的发行采用了美国式招标加 0.3 元的方法，但不得超过相同期限的国债上次招标发行基本价格加减 0.05 元的范围。这样既体现了由基本价格决定的市场销售价格同招标结果间的相关性，使承销人能获得一定的批零价差，又可以使市场销售价格和上次发行的价格相差不大，从而能避免市场发生较大的波动。

3. 最低价格

最低价格是指允许投标人报出的最低价格。最低价格由财政部根据市场情况确定。1996 年 5 号国债的发行采用了复式招标，以美国式招标阶段决定的加权平均中标价为基础，减去 0.3 元即为最低价，但该最低价不得低于上次国债招标发行的最低价水平。

（二）市场供需

近几年实践经验证明，混合式招标方式兼有荷兰式和美国式招标方式的优点，较好地引导了国债承销团成员理性投标，调动了国债承销团成员投标的积极性。同时，逐步减少了国债招投标中的相关限定，如投标利率上下限、试点商业银行记账式国债柜台额度分配等，提高了国债发行的市场化程度。

招标发行能形成需求压力。需求压力来自两方面：一是基本承销额压力；二是单一价格压力。承销商所面临的压力来自通过基本承销额确定的基本价格与中标价之间的价差（见图 10－8）。

假设需求曲线 A 是既定的，供给曲线代表财政部对国债的供给，是一条直线，这意味着财政部在任何情况下的国债供给都是 200 亿元。图 10－8 表明，供给曲线和需求曲线的交点处的价格为 88.70 元，这比财政部想要的价格即 88.82～89.20 元要低，但在财政部想要的价格区间内，市场需求只有 50 亿～100 亿元。

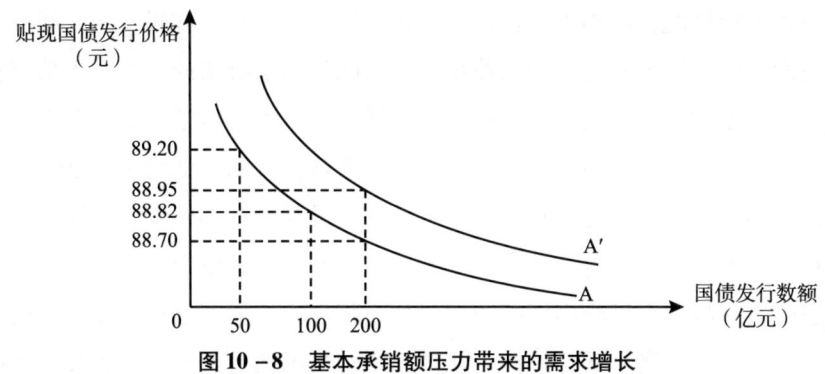

图 10-8 基本承销额压力带来的需求增长

资料来源：笔者绘制。

由于对一级自营商有基本承销额要求，因此需求曲线会向上平移，形成新的需求曲线 A′。供给曲线和新的需求曲线的交点处的价格为 88.95 元，处于财政部认可的价格范围内。这样，整个国债发行既满足了 200 亿元的发行任务，又使价格处于可以接受的范围内。

单一价格压力鼓励投标人投高价，尽管全部投标人的价格都是按照最低中标价确定的，但该中标价仍会高于多重价格投标模式下的加权平均价。由于投高价更有可能中标，而每个投标人的中标价和自己的投标价并不直接挂钩，因此单一价格制能增大对国债的需求，具体情况如图 10-9 所示。

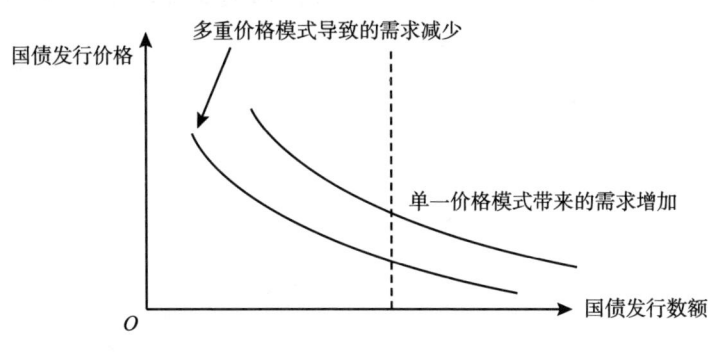

图 10-9 单一价格压力带来的需求增长

资料来源：笔者绘制。

由于招标发行中预先设定了基本价格和最低价格，因此投标价能控制在一定的范围内，从而能有效地控制中标的价格水平。[1]

––––––––––––––

[1] 高坚. 中国债券资本市场 [M]. 北京：经济科学出版社，2007：150-165.

在国债发行早期，承销人是投资人的代表。虽然发行人和投资人之间有共赢和合作的一面，但是国债发行人和国债承销人之间的利益诉求的对立是国债招标发行中的一对固有矛盾。发行人希望尽可能地降低发行成本，承销人希望最大化国债承销收益。发行人在决定国债发行规模时永远以发行成本的高低为判断准绳，投标人在确定国债购买量时，潜在收益是最为重要的衡量基准。国债发行规模与发行价格之间存在正向关系，发行价格越高，发行人希望发行的国债数量就越多；发行价格越低，发行人就越没有供给国债的动力。与之相反，国债需求量与发行价格之间存在反向关系，发行价格越低，承销人就越愿意购买国债；发行价格越高，承销人的国债需求意愿就越小。

国债发行价格与国债供求规模之间的这种关系可以用坐标图来表示（见图10－10），纵坐标表示价格，横坐标表示数量，坐标系中的任一点都表示价格和数量的对数。将一定价格水平下发行人愿意供给的国债数量表示成坐标系中的一个点，将所有这些表示不同价格水平下的国债供给数量的点连接起来，就形成了一条曲线，也就是国债供给曲线。类似地，国债需求曲线表示不同价格水平下，承销人愿意购买的国债数量。如前所述，发行人愿意供给的国债数量与发行价格之间存在正向关系，因此供给曲线表现为向上倾斜（见图10－10），供给曲线是一条左低右高的曲线。与此相反，由于承销人的国债需求量与发行价格之间存在反向关系，因此需求曲线会向下倾斜，即表现为左高右低的形状。供给和需求曲线并不是直线，这是因为市场参与者只对特定范围内的价格表现出价格敏感性，因此两条曲线都具有一定的凸性。

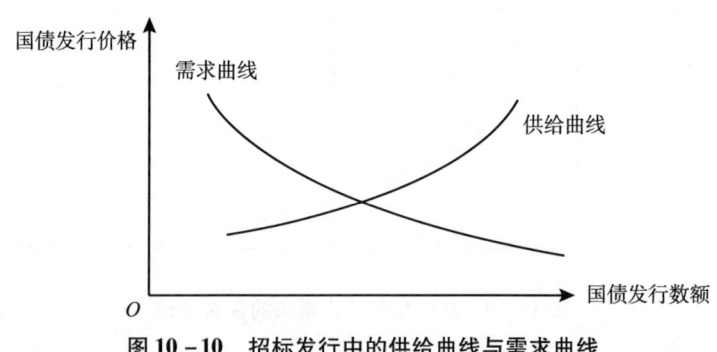

图10－10　招标发行中的供给曲线与需求曲线

资料来源：笔者绘制。

实际上，作为政府债券的发行人，财政部常常受到多种因素的制约，比如必须保证财政预算安排所需要的融资，国债发行规模要合适，国债发行附带有稳定利率水平的任务，以及发行价格要以市场承受能力为基础等。如果价格是发行人的首要考虑因素，发行人就会在既定的需求曲线上找出必须保证的价格点，并找到与该价格点相对应的需求数量，然后确定通过公开发行可以完成的国债发行任务。如果公开发行是首要考虑因素，那么国债发行价格就可以退居次要地位，即价格应服从于公开发行这个首要目标；如果价格是首要关注因素，那么发行数量就应灵活处理，并秉持数量服从价格这一原则。2000年以后，财政部重点考虑发行数量和价格，在市场突变时曾经多次出现发行"流标"的情况。

假设发行人采取价格优先政策，并确定即将发行的债券的价格为98元，根据该价格信息，发行人可以在需求曲线上找到对应的点，然后在横坐标上找到与该点相对应的发行数量（见图10-11），该发行数量为150亿元。这就可以保证这一价格水平的发行数量。同样地，如果发行人采取数量优先的政策，并确定发行量必须保证达到200亿元，根据该数量信息，发行人可以在需求曲线上找到对应的点，然后在纵坐标上找到与该点相对应的发行价格（见图10-11），该发行价格为96元。

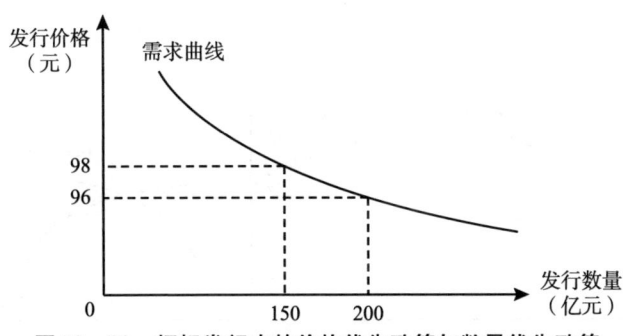

图10-11　招标发行中的价格优先政策与数量优先政策

资料来源：笔者绘制。

事实上，由于政府预算的刚性约束，发行数量往往必须得到保证。为了保证数量优先的原则，政府在价格方面不得不采取灵活的政策。有时政府为稳定货币政策和财政政策，必须维持一定的利率水平。在数量限制不是太严格的情况下，也可以采取价格优先政策。

我国现阶段发行国债，既要完成发行数量目标，又要保证发行利率和现行货币政策间的一致性，这决定了发行方法选择的难度。为实现多重目标，我国在国债招标发行中采用了基本承销额制度和价格招标方式。过去我国基础认购价格由财政部确定，由于基数认购部分（基本承销额）的价格是固定的，因此这一部分的收益率曲线就十分平坦，这样做有助于维持现有的利率水平（见图10-12）。

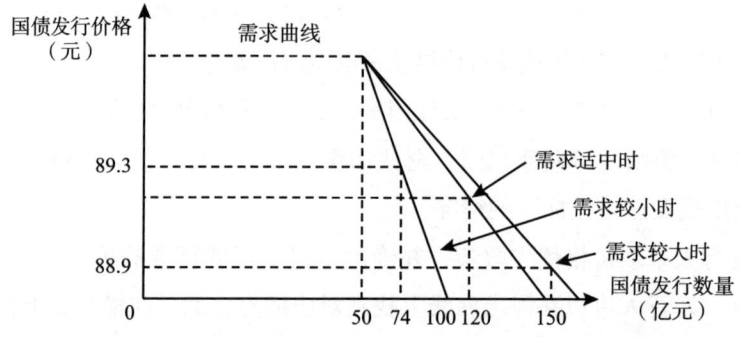

图 10 - 12 基本承销制度和价格方式在国债发行中的应用

资料来源：笔者绘制。

供求分析是制定招标规则的基础。需求随价格而变动，如图 10 - 13（a）所示。如果供给是有弹性的（即供给可以随价格变化而变化），同时如果供给具有弹性，那么供给曲线如图 10 - 13（b）所示。财政部在发行国债时必须找出供求平衡点。

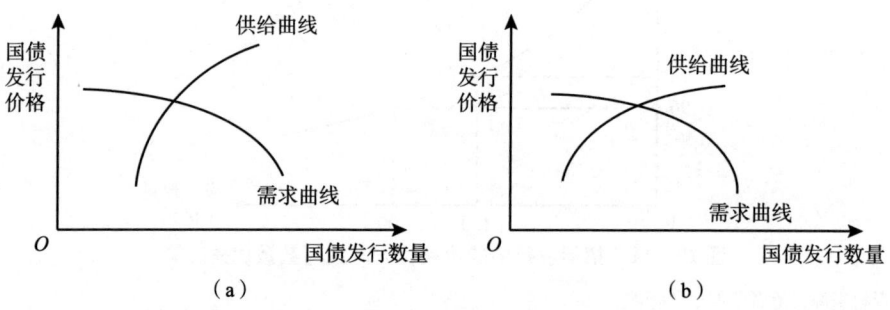

图 10 - 13 不同的供给弹性下的供求平衡分析

资料来源：笔者绘制。

如果财政部在发行国债时有自己的数量和价格目标，这时供给曲线就是一条直线。在价格优先时，供给曲线是一条水平直线；在数量优先时，供给曲线是一条垂直直线。如果发行国债的目标只是弥补财政赤字，即采取数量优先政策，发行价格服从于发行数量要求，这时就会存在一条垂直的供给曲线，这种情况下的需求曲线如图 10 - 14 所示。

在供需无法实现平衡时，为了完成国债发行目标，发行人可以有两个选择：①调整发行价格；②调整国债发行数量。

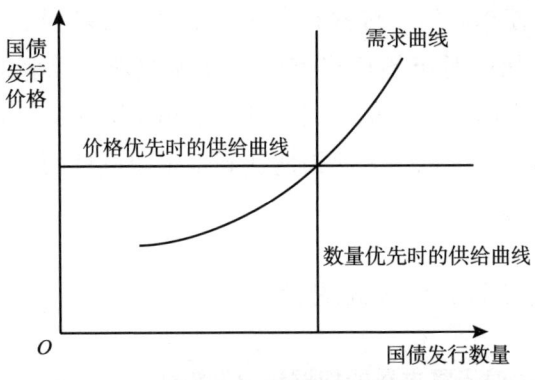

图 10 – 14　财政赤字不断增大时的需求曲线

资料来源：笔者绘制。

当无法通过市场手段来实现国债融资时，发行人唯一的选择就是采用行政分配手段来完成国债发行任务，这时供求不平衡，并且投资人对行政分配的条件无法接受，如图 10 – 15（a）所示，C 点代表行政分配的价格和数量。寻找新的平衡点可以是改变供给曲线，也可以改变需求曲线，或同时改变供给曲线和需求曲线，具体如图 10 – 15（b）和图 10 – 15（c）所示。可以通过减少投标数量或增大基本承销额这两种方式来改变供给曲线，需求曲线的改变可以通过改变价格来实现。

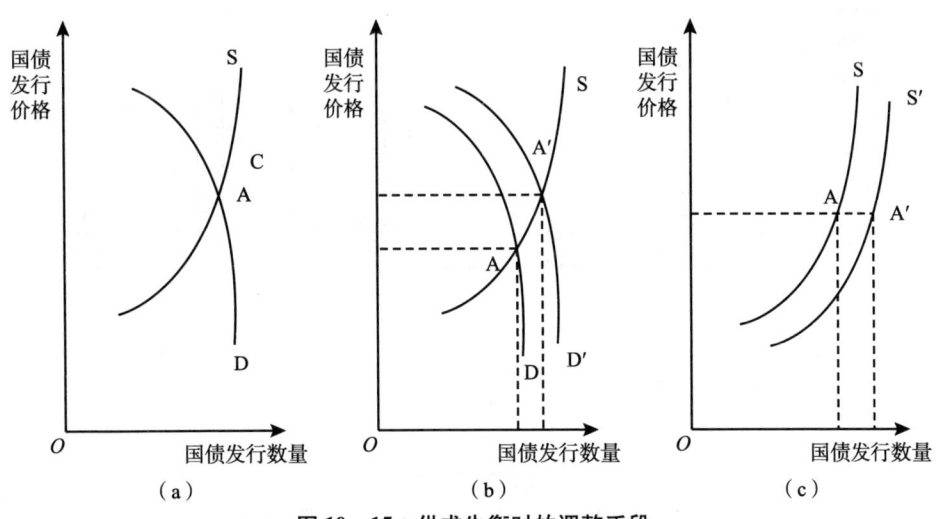

图 10 – 15　供求失衡时的调整手段

资料来源：笔者绘制。

现行阶段发行国债的价格基本完全由承销团投标决定，因此，在国债发行额确定的前提下，承销团对于新发行国债的需求就是决定性因素。承销团不仅有自己的需求，也有很多客户的委托需求。因此，承销团成员会在投标前在市场上了解委托方的需求。这个过程有点像簿记建档的过程，了解委托方对每个价位的需求数量，从而对市场价格有相对准确的判断。承销团成员既参加投标，有参与价格决定的权利，也有完成基本承销额的义务。这要求他们对市场价格判断比较准确，若中标额多次未能达到承销团成员的基本承销额，则会被取消承销团成员资格。

（三）招标发行的其他考虑因素

1. 市场不稳定时对于需求量的把握和招标策略

1996 年在刚刚实行招标发行机制时，市场对国债的需求量不是很大，为保证完成国债发行目标，在招标发行机制中设定了基本承销额要求。随着国债发行规模的增大，市场需求更显不足，从而带来发行成本方面的压力。在招标发行机制引入之初，作为中国所特有的一种制度安排，基本承销额要求对中国招标发行结果具有直接影响，但是也应该承认基本承销额的制度安排只是过渡期所采用的一种权宜手段。从图 10 − 16 中可以看出，由于把握市场并实行有效招标策略，1996 年的前四期国债发行的供求基本持平，同时国债供给量有上升趋势。

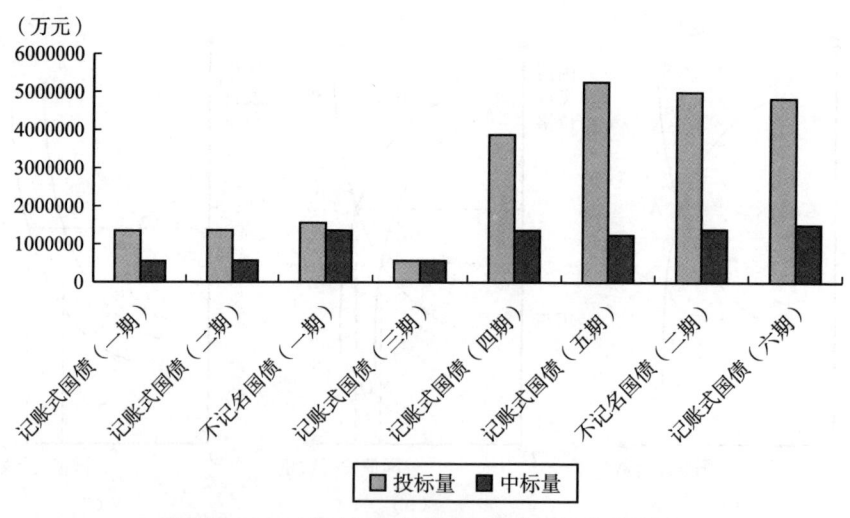

图 10 − 16　1996 年政府债券招标发行的供求数据

资料来源：笔者根据有关资料绘制。

2. 定价合理是把握需求量的关键

见图 10 − 16，从记账式四期国债（10 年期国债）开始，市场对国债的需求开始增加，需求的增加在很大程度上是因为记账式四期国债的定价较为合理，特别是国债在二级市场的表现十分出色，对以后几期国债的需求有较大的刺激作用。

2000 年，国家开发银行共发行 13 期金融债，具体的投标和中标细节如图 10 - 18 所示。2003 年，国开行共发行 30 期金融债，具体投标和中标细节如图 10 - 19 所示。具体数据如图 10 - 17 至图 10 - 20 所示。

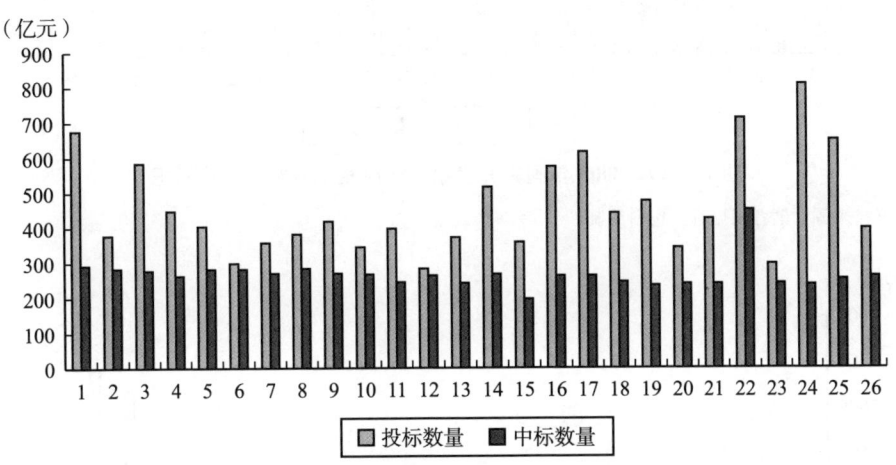

图 10 - 17　2008 年政府债券招标发行的供求数据

资料来源：笔者根据有关资料绘制。

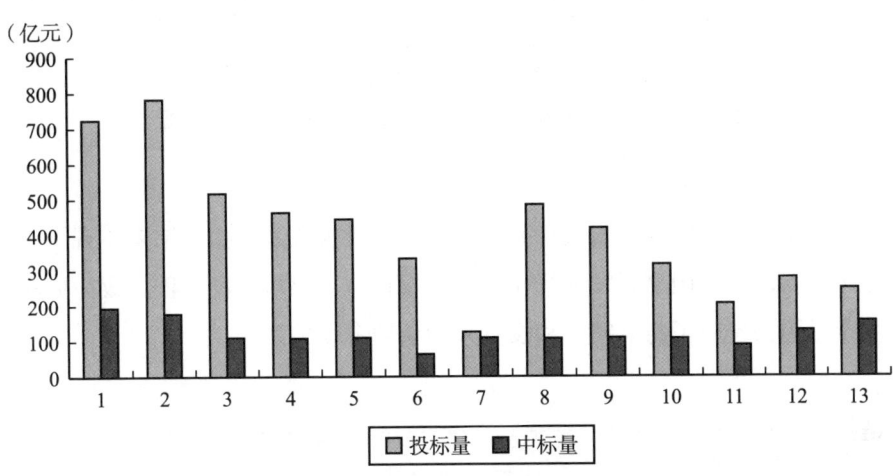

图 10 - 18　2000 年国家开发银行金融招标发行的供求数据

资料来源：笔者根据有关资料绘制。

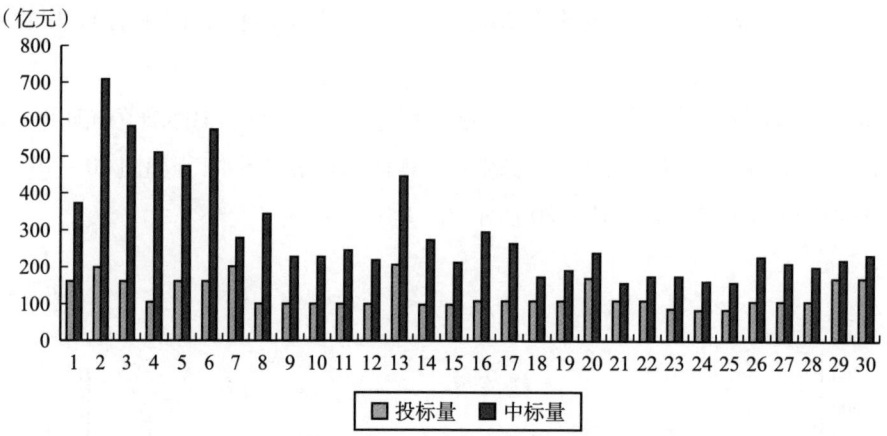

图 10 – 19　2003 年国家开发银行金融招标发行的供求数据

资料来源：笔者根据有关资料绘制。

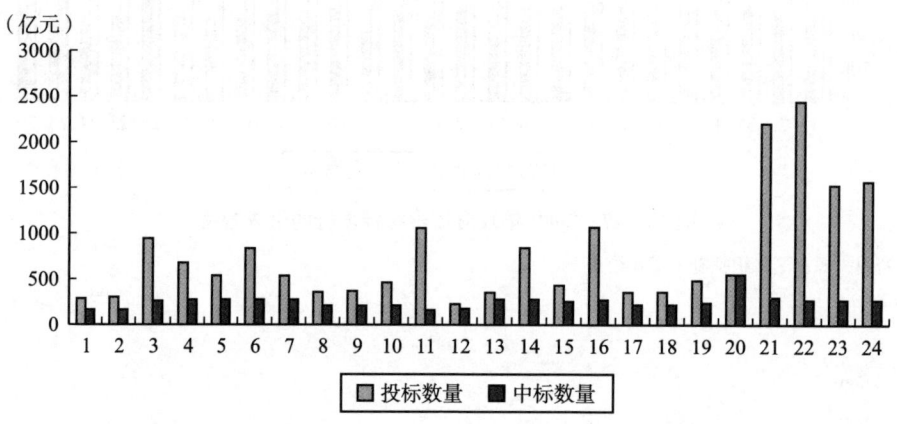

图 10 – 20　2008 年国家开发银行金融招标发行的供求数据

资料来源：笔者根据有关资料绘制。

以上数据表明，国家开发银行充分把握市场供求关系，招标结果体现了市场的充分竞争。财政部和国家开发银行作为两大发行体，取得市场信任，成为成功发行体，主要是因为建立了与承销商和投资人的长期合作关系。

回忆链接 ∞∞

改革中依靠谁也很重要。市场参与人最希望改革，因此，要发挥他们的积极性。给市场积极性，是双赢的结果。因为国债是招标发行的，大家积极性高，就一定会把中标收益率降下来。有时候发行人的融资成本高了，这不等于发行人吃亏了。因为投资人得到了好处，就会增加下一次投标的积极性，而降低发行人的成本。1994 年财政部发行全球债后，由于发行时市场利率已经变化，债券上市后，承销商和投资人有些亏损，下一次在国际资本市场发行时，投资人的积极性降低了，财政部发行成本就上升了，但是投资人感觉是赚了钱，1996 年财政部发行扬基债时，簿记建档压下了收益率水平，结果降低了财政部的发行成本。1996 年国债第一次实行正式的招标发行时，银行类的一级自营商投的价格比较低，结果落标了。他们在下一次发行时投标价格较高，导致发行收益率略低于二级市场。但是总的来说，1996 年国债发行受到市场欢迎，主要是因为发行方式的改革，使财政部和市场的关系从行政关系发展到平等的市场关系。机构投资人对于国债内在价值的判断大大不同于个人投资人，因此国债发行成本大幅度降低。国家开发银行市场化发债以前，通过行政方式分配给各个银行的债券成本高于以后通过市场发行的成本。这说明，改革使发行人、承销人和投资人都得到了好处，实现了共赢。

（高坚. 我所经历的中国债券资本市场的历史［J］. 金融时报，2017 – 08 – 30.）

二、中国早期招标发行机制：模式与特性

招标发行就是一种一级市场的定价方式。为了保证国债发行的成功，创造合理的供需条件，财政部早期国债发行采取了多种不同的灵活招标发行方式。例如，价格招标主要应用于短期国债的发行，因为短期国债一般会贴现发行。使用单一价格荷兰式招标是为了给国债定价引入竞争机制，以鼓励投标人报出更高的价格（更低的国债利率）。单一价格荷兰式招标主要应用于相对不太成熟的投标人，在招标机制刚刚引入之初，中国的大部分投标人都缺乏必要的市场信息，也不具备有效投标所需的技能。[①]

（一）国债市场形成时期的招标方式

招标发行机制的设计应以产生足够的竞争和实现市场出清价为目标。为提高市场对国债的需求水平，发行机制中可以设定基本承销额要求，或者可以通过减少国债发行数量来增大需求；增大非竞争性招标数额会使需求曲线发生平移，也可以采用变动价位法以使供给曲线发生扭转，这两种手段都可以提高对国债的需求。多重价格招标模式可以通过增大需求，使国债发行利率保持在一定的区间内或促使国债发行利率降到更低的水平。下面考察两种可能发生的情景。

1. 变动价位招标

在多重价格招标模式中，供给曲线和需求曲线均向右下方移动，两条曲线的交

---

① 本节主要内容参见高坚. 中国债券资本市场［M］. 北京：经济科学出版社，2007：102 – 136.

点发生平移，国债发行利率水平保持不变，但发行数量增加（见图 10 - 21）。由于基本承销额要求的影响，当市场需求曲线从 D 移至 D′处时，供给曲线从 S 移至 S′处，两条曲线的交点从 A 移至 A′处，国债发行利率（r）保持不变，但发行数量从 Q 移至 Q′处。

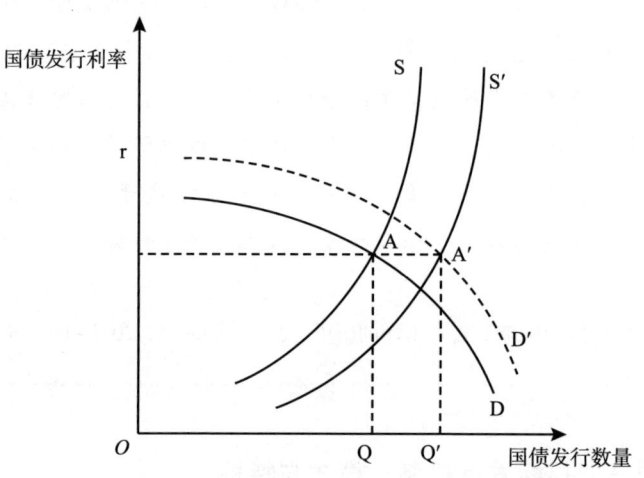

图 10 - 21　基本承销要求对国债供求曲线的影响

资料来源：笔者绘制。

2. 基本承销额的确定

供给曲线和需求曲线进一步扭转，两条曲线的交点向右下方偏移，国债发行利率下降，发行数量增加（见图 10 - 22）。由于变动价位的作用，当市场需求曲线从 D 移至 D′处时，供给曲线从 S 移至 S′处，两条曲线的交点从 A 移至 A′处，国债发行利率从 r 移至 r′处，但发行数量从 Q 移至 Q′处。

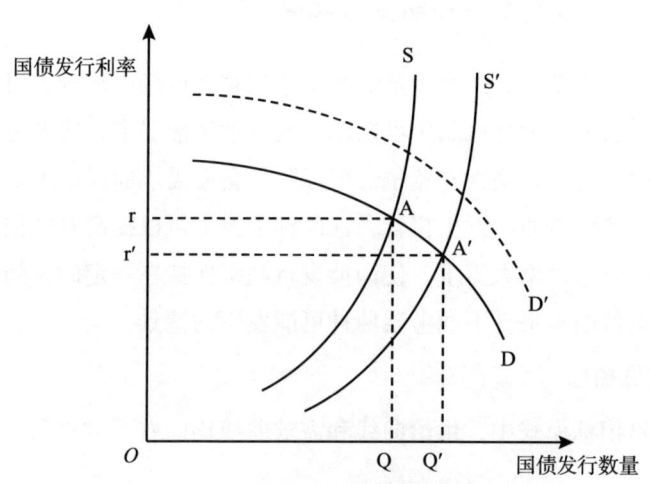

图 10 - 22　变动价位对国债供求曲线的影响

由此可见，发行时确定变动价位会增加供给；发行时确定基本承销额会增加需求。变动价位法和基本承销额要求都可以改变国债供求水平，从而能达到降低国债发行利率或增大国债需求的目的。与基本承销额要求相比，变动价位法更加市场化并且更为有效。综合采用这两种手段能形成市场动能，有助于发行人实现既定发行目标。

3. 各种招标发行方式间的比较

从试行国债招标发行方式以来，每一次国债发行都会在总结之前的发行经验的基础上，对国债发行方法作出新的改进，加入新的创新元素。在20世纪90年代中期刚引入招标发行方式时，中国在国债发行中尝试过多种不同的招标发行技巧。

1996年发行1号国债时，采用的是荷兰式招标而不是美国式招标，同时设定有投标总额限制。发行2号国债时规定了每次投标的最低数额和最高数额，并采用了多重价格模式和连续价位投标。此外，1997年在发行记账式二期国债时采用了二次加权和变动修正区间等方法。发行3号国债时只规定了投标数额的下限，取消了对投标数额上限的要求。发行4号国债时采用了二阶段多重价格和单一价格相结合的复式招标法。发行5号国债时取消了区间限制，没有基本承销额要求，同时采用了变动价位和二次加权等方法。

每一次尝试都考虑到了中国国债市场的特殊情况和要求，这些招标发行技巧的应用直接带来了国债发行的成功。随着中国国债市场的不断发展，涌现出更多的金融创新模式，2000年以后国债发行方式不断健全形成了固定的国债发行机制。

（二）中国发行招标发行的经验

1. 变动价位和基本承销额的尝试效果

中国国债的发行经验初步表明，在对国债的需求较为强劲时，采用多重价格招标制能取得更好的效果，而在对国债的需求十分疲软时，采用单一价格招标制更为合适。当然，这只是一个粗略的近似规律的经验，尚不能作定论。

1996年，中国在国债招标发行中同时采用连续报价和非连续报价两种机制。国家开发银行主要使用连续报价机制，在连续报价机制下，投标人只能以一定的价差连续报价（变动幅度设定为0.01%），不允许跳跃报价。相反，其他发行人比如财政部更愿意采用非连续报价机制，在非连续报价机制下，投标人可在给定的价格区间内随意报价，没有连续报价的限制。

连续报价机制的主要优点在于，价格集中在一个相对较小的区间能更好地反映投资者的一致意见，因为在不确定的市场环境中，投资者对市场走势会持有不同的看法，因此采用连续报价机制能调和投标价格的波动性，特别是在国债的连续发行中，这种方法优势明显。相反，非连续报价所形成的价格倾向于更为多样化，因此在国债的连续发行中，最后的中标利率会更具波动性。

考虑到连续报价和非连续报价机制间的这种差异，对银行和经纪公司这样的金融机构来讲，由于这些机构是代表它们的客户参与竞标，因此采用非连续报价机制更符合这些机构的投标要求。不同的客户对债券收益率的要求也会有所不同，众多客户的要求加在一起就形成了一个非连续的收益率区间。在代表客户参与竞标时，非连续报价机制的使用允许这些金融机构方便地报出非连续的竞标价，从而没必要在投标区间上达成妥协，这有助于这些金融机构吸引到更多的客户。

考虑到中国的实际情况，对短期债券和其他一些类型的债券工具来讲，投资者对这些债券未来表现的看法没有太大的分歧，因此这些债券适用连续报价机制。还有一类债券工具只对更为理性和更成熟的投资者才具有吸引力，对这类债券工具应使用非连续报价机制。

2. 招标方式的设计要考虑一级自营商等市场中介行为

在设计招标发行机制时，应确保这种机制下所确定的价格能完全反映充分竞争条件下的市场供求状态。对招标机制施加过多的限制显然不利于该机制功能的发挥。但在特定条件下，综合采用招标发行机制和承购包销机制，同时设定基本承销额要求和可变出价间距（变动价位），可能有利于保持国债定价水平同市场实际利率水平的一致性。

就价格招标和收益率招标这两种招标标的而言，中国的国债发行实践表明，价格招标适合于贴现国债和零息国债，而收益率招标适合于附息国债。1997年中国也在考虑建立国债预发行制度，以给国债招标发行提供各种基准指标，这一目标在2000年以后得以实现。考虑到中国国债市场仍欠发达且不够稳定这一事实，国债招标发行模式的设计应根据每次发行时的具体供求状况量身定制。

作为理性的市场参与人，投标人当然希望能以最低的价格获得最大的承销量。与单一价格招标模式一样，多重价格招标模式也会促使投标人在投标价上发生分化，而不是指引这些投标人达成一个统一的报价，因此投标价格会表现出正态分布特征，从而能确保国债招标发行最终取得成功。但是，在多重收益率招标中，投标人的报价收益率越高，该投标人就越不可能中标。这种悖论必然会促使投标人仔细权衡投标价格（收益率）水平。

单一价格招标能够鼓励投标人给出较高的价格报价或较低的收益率报价，这种激励效应对发行人有利，但不利于投标人的收益最大化。因此单一价格招标可能会打击投标人的参与积极性。在确定选择哪种招标模式时，有必要对单一价格招标模式和多重价格招标模式的优缺点仔细比较。

多重价格招标模式下的投标结果能表现出正态分布特征，因此可以收窄投标区间，这样最终的加权平均价格与市场价格间就更为一致。变动价位可以划分成四个区间：①变动幅度较大的区间。②变动幅度居中的区间。③变动幅度较小的区间。④变动幅度最小的区间。在变动幅度较大的区间，每一次投标的边际成本相对较高，因此投标人会尽量避免在这一区间出价。变动幅度最小的区间的边际成本较低，在这一区间投标，每次出价的价格增幅都很小，因此这一区间中标的概率也较低，在这一区间出价会面临更大的竞争压力。这种价位设计不仅能保证发行人以较低的成本获得融资，同时能避免投标人的出价范围过宽。因此，多重价格招标有助于实现国债的公平定价。

3. 不合理标位的剔除

对于经验不太丰富的投标人来讲，他们的出价往往会偏离平均价格水平，二次加权能剔除这些投标人的不合理的出价，因此有助于确保招标收益率与市场实际收益率间的一致性。财政部近年来也采取标位剔除的方法（见表 10 – 11）。

表 10 – 11　　　　　　　　　2019 年记账式国债标位限定参数

记账式附息债

国债期限	标位变动幅度	最高最低标位差（标位）	投标剔除（标位）	中标剔除（标位）
1 年、2 年	0.01%	25	50	15
3 年、5 年、7 年		30	75	15
10 年		35	100	20
1 年续发	0.01 元	25	50	15
2 年续发	0.02 元	25	50	15
3 年续发	0.03 元	30	80	15
5 年续发	0.05 元	30	65	15
7 年续发	0.06 元	30	75	15
10 年续发	0.08 元	35	105	20
30 年续发	0.18 元	30		
50 年续发	0.22 元	30		

国债期限	标位变动幅度	最高最低标位差（标位）	投标剔除（标位）	中标剔除（标位）
30 年	0.01%	30		
50 年		35		

记账式贴现债

国债期限	标位变动幅度	最高最低标位差（标位）	投标剔除（标位）	中标剔除（标位）
91 天	0.002 元	40	60	25
182 天	0.005 元	35	50	25

资料来源：笔者制作。

（三）财政部在市场供需不稳定时采取的各种招标发行方式

国债的招标发行法可根据多种维度做进一步划分，比如按招标方式来分，有多重价格招标和单一价格招标；按招标标的来分，有缴款期招标、价格招标和收益率招标三种形式；按招标阶段性来分，有多次投标的复式招标和一次投标的单式招标之分；按招标发行额来分，有差额招标和全额招标两种方式。

1. "基数认购，区间投标，差额招标，余额分销"方式

在国债市场发展的早期，财政部面临的问题之一是一级自营商对国债竞价发行的反应十分冷淡，没有多大的参与积极性。为此，财政部给不同的一级自营商设定了不同规模的基本承销额（基数认购），以强制一级自营商参与国债竞价，目的是提高市场对国债的需求量。此外，财政部还设定了投标区间。由于我国国债市场相对不够发达，市场上流通的国债数量和国债品种都很有限，同时国债市场上缺乏成熟的投标人，投标人对市场的看法差别较大，为使中标价格能保持在合理的范围内，预先设定投标区间就很有必要。另外，在招投标发行方式刚刚引入之初，投标人倾向于合谋操纵国债发行价格，预先设定投标区间能防范投标人的市场操纵行为，从而能确保国债招投标发行的成功。

1996 年的国债招投标发行基本上属于差额招标方式，即留出一部分作为基本承销额（见表 10－12）。

表 10 – 12　　　　　　　　　　　　　招标发行模式

招标模式	多重价格（美国式）		单一价格（荷兰式）	
招标标的	缴款期	收益率	缴款期	价格
差额招标	1995 年 1 年期国债	1996 年 5 号国债	1996 年 4 号国债	1993 年 1 号、2 号、3 号国债

资料来源：笔者制作。

2. 差额招标的发行方式

自 1996 年以来，中国在国债发行中开始采用差额招标方式，中国的差额招标方式在设计上同时参考了德国短期国债和日本附息国债的方式，德国短期国债和日本附息国债均采用基数认购和招标相结合的发行方式。此外，中国在招标发行中既使用多重价格模式（英国式或美国式），又使用单一价格模式（荷兰式）。中国的招标发行机制是在充分考虑到中国市场的具体条件，同时又广泛借鉴国际经验的基础上设计出来的。

与美国和其他发达国家的招标发行机制不同（美国采用的是全额招标制），在差额招标制中，真正采用招标发行方式的国债只占全部国债发行额的一部分。也就是说，当期发行的国债并不会全都采用招标机制。同是采用差额招标方式，中国的招标机制在设计上与日本的又有所不同，日本在发行附息国债时，采用承销法发行的部分与采用招标机制发行的部分采用不同的发行方式，但在中国的差额招标制中，基本承销额（即配额部分）的认购价格取决于招标结果，这意味着招标机制实际上贯穿于整个国债发行的过程。

3. "自由投标，变动价位，二次加权，全额招标"方式

在试行阶段，实践证明"基数认购，区间投标，差额招标，余额分销"方式是成功的，主要表现在这种方式有效地提升了市场对新发行国债的需求。但这种方式的实行也带来了一些负面结果，突出表现在竞价过程中的激烈竞争往往会导致最后的中标价落在价格区间的上限或收益率区间的下限，使招标决定出来的收益率低于市场实际收益率水平，影响承销人和投资者的认购积极性，因此有必要采用"自由投标，变动价位，二次加权，全额招标"这种更为优化的发行模式。这种发行模式具有四个突出的特征（同时也是四个明显的优点）。

一是取消了基数认购，即不再设置基本承销额要求。原来强制性要求的承销配额部分转化成非竞争性招标部分。非竞争性招标部分由一级自营商认购。

二是取消了预先设定的投标区间限制。投标人可自由竞标，这有利于完全根据市场供求状况来确定中标价格，标志着国债发行的市场化程度更强。

三是采用变动价位（可变出价间距）。在自由竞标机制下，采用变动价位能确保投标价既不太高又不太低。变动价位的特点是，越往上，价差间距（价位差）越大；越往下，价差间距越小。这样，投标人不愿意向上投得过远，而向下投标即使投很多价位也不会走得很远，这就保证了投标价能落在一个合适的范围内。表10 – 9 展示了1997 年记账式二期10 年期附息国债的可变出价间距。此外，在变动价位下，投标人被要求连续出价。

四是剔除了偶然性报价。二次加权是指在第一次加权确定出的加权平均收益率的基础上划定一个区间，比如在加权平均收益率上下各50 个基点，出价收益率超过此范围的投标将自动出局，不进入二次加权平均收益率的计算。1996 年的7 年期附息国债和1997 年的2 年期零息国债的招投标发行都用到了二次加权法，事实证明这两次国债发行相当成功，招标结果和市场完全衔接（见表10 – 13）。

表 10 – 13　　　　1997 年第二期10 年期记账式付息债权的可变出价间隔　　　　单位：%

出价范围	出价间隔
9.0 以下	0.5
9.0 ~ 9.6（不含）	0.2
9.6 ~ 9.8（不含）	0.1
9.8 ~ 9.9（不含）	0.05
9.9 ~ 10.1（不含）	0.02
10.1 及以上	0.01

资料来源：笔者制作。

4. 二次加权发行方式

1997 年10 年期附息国债的发行在设定二次加权区间时采用了变动区间法，即第二次加权的区间根据第一次加权中的平均中标价水平确定。第一次加权确定出的平均收益率越低，区间设定就越小，在设定了这样一个区间后，再在此基础上进行二次加权平均收益率的计算。这样招标过程中的不合理的较低报价就能被剔除，从而确保了最后的中标价能与市场实际收益率水平保持一致。

这种复杂的二次加权结构是中国所特有的，实践证明，这种结构十分适合市场尚不够发达时期的中国国情。中国国债发行经验表明，固定区间的二次加权适合于国债需求较低的情况，而变动区间的二次加权适合于国债需求较为强劲时的情况。

三、国债市场价格形成机制的发展

(一) 二级市场定价机制的新发展

20 世纪 80 年代以来，随着电子信息技术的快速发展，全球金融市场的交易机制也发生了巨大的变化。目前，全球大多数的证券交易所都已经全部或部分采用了指令驱动式（order driven）交易方式。与传统的报价驱动式（quote driven）交易方式不同，指令驱动市场中的流动性并非由做市商提供，而是由投资者提交的限价指令（limit order）提供。

我国二级市场上，银行间市场采用报价驱动方式，交易所传统上采用指令驱动方式，2000 年以后也推出了报价驱动的交易平台。总的来看，报价驱动适用于大宗批发性交易和大型机构对微小散户的交易，个性化和灵活性强，但价格发现的效率较低，信息的实效性与透明度不够，需要辅之以有效的做市商制度和同业经纪人制度；指令驱动方式适用于小额零售，其价格发现效率和信息透明度较高，但个性化和灵活性不够，机构投资者的大宗交易的成交效率难以保证。

询价交易方式又称柜台交易方式，OTC 方式，例如，银行间外汇市场交易主体以双边授信为基础，通过自主双边询价、双边清算进行的即期外汇交易，这与报价驱动、指令驱动的交易方式都有区别。银行间债券市场实行的是询价交易方式，由买卖双方进行谈判确定交易价格，这是报价驱动型市场的典型交易方式。交易市场实行的是订单驱动撮合成效定价方式，由计算机系统自动对买卖双方的订单进行匹配成交。①

目前在我国国债市场中，这两种价格发现机制都在使用，但其正面优势也都发挥得比较充分，促进了国债市场的发展，但各自的劣势也都没有得到有效的克服。从国际经验来看，报价驱动是国债交易的主流模式，但需要同时建立起有效的做市商制度和同业经纪人制度。目前，我国已成功建立做市商制度和同业经纪人制度。

(二) 做市商双边报价

在这方面，我国已经做了一些有益的探索。中国人民银行于 2001 年建立了双

---

① 王平，刘玉廷. 金融工具（债券）公允价值问题研究 [M]. 北京：中国财政经济出版社，2012：115.

边报价商制度，2004 年改称为做市商，并强化了做市商对提高市场流动性和价格合理性所承担的权利和义务。2007 年，人民银行又制定发布了《全国银行间债券市场做市商管理规定》，对做市商的权利与义务作了更具体的规定。2004 年，银监会批准在国内设立货币经纪公司，目前已有两家成立。上交所 2008 年推出的固定收益交易平台也采用了做市商制度。但目前来看，效果还不够理想，需要进一步强化和完善。

（三）国有商业银行的双边报价

而国债柜台市场的做市商制度为我们提供了一个好的案例。2002 年以来，工商银行、农业银行、中国银行、建设银行在国债柜台交易的双边报价中始终表现出连续性好、价差小的特点。

表 10－14 统计了银行间国债市场、交易所国债市场和柜台市场 2002～2018 年的交易情况。从表中数据来看，银行间市场和交易所市场是两个最主要的场所，其交易量占总交易量的绝大部分份额。从 2002 年以来，银行间市场的交易量保持了快速的增长势头，交易所市场的交易量有所下降。这与发达国家国债市场中场外交易规模占绝对比重的特点相一致。

表 10－14　　　　　　　2002～2008 年三个市场的年度国债现券交易量

年份	银行间（亿元）	增长率（％）	交易所（亿元）	增长率（％）
2002	2716.94	—	8708.69	—
2003	8201.00	201.846930	5756.10	－33.90400
2004	5318.14	－35.152540	2966.46	－48.46410
2005	10872.92	104.449680	2779.09	－6.31628
2006	12541.67	15.347763	1369.76	－50.71190
2007	21447.00	71.005935	1272.00	－7.13702
2008	34819.31	62.350494	1803.37	41.77405
2009	38737.66	11.253381	1364.18	－24.35340
2010	74756.69	92.981937	855.91	－37.25820
2011	84816.84	13.457194	862.64	0.78611
2012	91434.64	7.802464	512.42	－40.59840
2013	55143.09	－39.691250	440.37	－14.06190
2014	57023.97	3.410907	423.33	－3.86846
2015	95622.71	67.688622	1436.11	239.23940

年份	银行间（亿元）	增长率（%）	交易所（亿元）	增长率（%）
2016	124797.00	30.509792	1470.11	2.367767
2017	119283.80	−4.417729	875.62	−40.43840
2018	186850.57	56.643706	579.95	−33.76750

资料来源：Wind，银行间和柜台市场的数据来自中央国债公司，交易所数据来自中国证监会网站。

第六节　当前中国政府债券发行方式

我国国债市场发行定价机制在经过了较长时期的摸索后，已逐渐完善。目前记账式国债的发行全部通过统一招标完成。在采用国际比较通行的荷兰式和美国式招标一段时间后，2004年财政部在广泛征求意见的基础上，综合荷兰式招标和美国式招标的特点，设计推出了创新型的国债招标方式——混合式招标，并在2004年第三期国债中开始使用，目前已成为国债发行招标的主要方式。国债的招标标的以利率招标和价格招标为主，数量招标主要用于每期国债发行的利率或价格招标确定以后的追加发行。目前，财政部在积极准备推出国债预发行机制（when-issued trading），以进一步提高国债发行的可预测性及自觉性，减少不确定性和盲目性。

银行间债券市场的债券发行方式主要有公开招标发行和簿记建档两种。目前政府债券、政策性金融债券和铁道债券通过中国人民银行发行系统进行公开招标发行。央行票据通过中国人民银行公开市场操作系统进行招标发行。其他债券通过簿记建档方式发行。

一、目前我国中央政府债券招标发行及其时间表

（一）三种不同的招标方式

当前我国对10年期（不含）以上的记账式国债采用单一价格招标方式，对1年期（不含）以下记账式国债采用多重价格招标方式，对关键期限（1年、3年、5年、7年、10年）的国债采用混合式招标方式。除了上述两种招标方式以外，我国对发行期限为关键期限（1年、3年、5年、7年、10年）的国债采取多重价格招标和单一价格招标的混合招标方式。对于高于加权平均中标利率的中标利率，采取多重价格招标方式，各中标承销团以中标利率和数量承销；对低于加权平均中标

利率的中标利率，采取单一价格招标方式，各中标承销团以加权平均中标利率承销。

以上所说的三种招标方式适用于竞争性投标。在竞争性招标之前，会进行非竞争性招标，即竞标者只投标数量，而成交价格服从于竞争性投标中产生的价格。在国债招标时，发行额度先满足非竞争性招标（数量较少），然后把剩余未分配的额度用于竞争性投标。

（二）国债的定期发行

1. 招标利率和价格的确定

根据财政部 2021 年印发的国债招标发行规则，记账式国债通过竞争性招标确定票面利率或发行价格。竞争性招标时间为招标日上午 10：35～11：35。

竞争性招标确定的票面利率保留 2 位小数，一年以下（含一年）期限国债发行价格保留 3 位小数，一年以上（不含一年）期限国债发行价格保留 2 位小数。竞争性招标方式包括单一价格招标、修正的多重价格招标等，招标标的为利率或价格。

单一价格招标方式下，标的为利率时，全场最高中标利率为当期（次）国债票面利率，各中标国债承销团成员（以下简称中标机构）均按面值承销；标的为价格时，全场最低中标价格为当期（次）国债发行价格，各中标机构均按发行价格承销。

修正的多重价格招标方式下，标的为利率时，全场加权平均中标利率四舍五入后为当期（次）国债票面利率，低于或等于票面利率的中标标位，按面值承销；高于票面利率的中标标位，按各中标标位的利率与票面利率折算的价格承销。标的为价格时，全场加权平均中标价格四舍五入后为当期（次）国债发行价格，高于或等于发行价格的中标标位，按发行价格承销；低于发行价格的中标标位，按各中标标位的价格承销。

记账式国债发行招标通过财政部政府债券发行系统（以下简称"发行系统"）进行。发行系统包括中心端和客户端。2021～2023 年记账式国债承销团成员（以下简称"国债承销团成员"）通过客户端远程投标。

2. 中标原则

按照低利率或高价格优先的原则对有效投标逐笔募入，直到募满招标额或将全部有效标位募完为止。

最高中标利率标位或最低中标价格标位上的投标额大于剩余招标额，以国债承销团成员在该标位投标额为权重平均分配，取整至 0.1 亿元，尾数按投标时间优先原则分配。如无特殊规定,10 年期以下期限(含)记账式国债可以进行追加发行。竞争性招标结束后 20 分钟内,国债承销团甲类成员有权通过投标追加承销当期(次)国债。追加投标为数量投标,国债承销团甲类成员按照竞争性招标确定的票面利率或发行价格承销。国债承销团甲类成员追加承销额上限为该成员当期(次)国债竞争性中标额的 50%,且不能超出该成员当期(次)国债最低承销额,计算至 0.1 亿元,0.1 亿元以下四舍五入。追加承销额应为 0.1 亿元的整数倍。

3. 投标标位变动幅度

利率招标时,标位变动幅度为 0.01%。价格招标时,91 天、182 天、1 年、2 年、3 年、5 年、7 年、10 年、30 年、50 年期国债标位变动幅度分别为 0.002 元、0.005 元、0.01 元、0.02 元、0.03 元、0.05 元、0.06 元、0.08 元、0.18 元、0.21 元。

(三)招标发行时间安排

目前,大部分市场经济国家都建立了固定发行时间表制度,这样投资者就能形成理性预期并能提前为购买国债做好准备。例如,美国财政部制定固定的国债拍卖时间表:3 个月期和 6 个月期的短期国债每周拍卖一次,期限为 52 周的短期国债每个月拍卖一次;3 年期和 10 年期的中期国债每个季度拍卖一次;30 年期的长期国债每半年拍卖一次。

我国各期限国债发行时间已经形成了固定的时间表。国债招标发行均安排在周三或周五的上午 10:35~11:35(特别国债除外),周三发行 1~10 年期国债,周五发行贴现国债和超长期国债。关键期限国债(1~10 年期)每月发行一次,每次发行 500 亿元左右;3 个月期国债每周发行一次,每次 100 亿元左右,6 个月期国债每月第一周发行,每次 100 亿元左右;超长期国债发行次数相对较少。国债余额年增长速度一般与名义 GDP 增速大体一致。2019 年我国国债发行额为 3.75 万亿元,净发行额为 1.78 万亿元。

国债发行利率有以下规律:①大多数时候发行利差为负(发行利率减去二级市场利率),6 月、1 年、30 年、50 年期国债的这一特征并不典型。②国债发行利差存在明显的季节性规律,1~2 月配置性需求较强,发行利差一般最低。这是近几年 1~2 月债市大概率走强的重要原因。③不同期限国债发行利差具有明显的正相关性,反映债市供需的变化具有一定的持续性。3 月~10 年各期限的发行利差之间的相关性较强,相关系数平均为 0.54。超长期国债例外,其发行利差代表性可能不好。④国债发行利差与国债收益率具有明显的正相关性,可辅助研判债市走势。单次发行招标指标容易受暂时因素的影响，未必反映趋势变化。各期限国债发行利差均值和3个月期国债一个月内4次发行利差的均值能更全面地反映整个月债市供需情况。在研判债市走势时，需综合考虑发行利差偏离均值的程度、国债收益率的高低、当前国债收益率是否已经大体反映供需的变化以及其他影响国债收益率的因素。

国债发行招标时间也有固定的时间表。①国债招标发行均安排周三或周五的上午10∶35～11∶35。②周三发行1～10年期国债，一般每月第一周发行3年期、7年期，第二周发行2年期、5年期，第三周发行1年期、10年期，但具体安排也可能会有变化。③周五发行贴现国债和超长期国债。3个月期国债每周发行一次，6个月期每月第一周发行，30年期、50年期一般每月第三周发行，但并非总是如此，2020年5月第四周发行了50年期国债（见表10-15）。[①] 同时，财政部每季公布发行计划表。

表 10 - 15 **国债招标发行时间表**

招标日期	星期三	星期五	备注
每月各期限国债发行安排招标时间：上午10∶35～11∶35	第一周：3年期、7年期 第二周：2年期、5年期 第三周：1年期、10年期	3个月期：每周发行一次 6个月期：每月第一周 30年、50年期：一般第三周周五发行，每月发行1～2次	时间安排可能会有调整 30年和50年期不会安排在同一天发行 财政部按季公布国债发行计划表

资料来源：张革金融团队. 中信期货：国债发行招标有何规律？［EB/OL］. 启明星证券研究.（2020 - 06 - 18）［2022 - 01 - 30］.

（四）当前我国中央政府债券招标发行的市场效率指标

我国利率债发行与定价方式主要有两种：公开招标和簿记建档。公开招标主要用于国债、政金债等的发行，簿记建档则主要用于发行地方政府债。

我国国债招标对象主要是记账式国债，储蓄式国债不以招标形式进行认购。2016年以前一年以下的贴现债采用美国式招标，一年以上的国债采用混合式招标；2016年后规定十年以下的国债全部采用混合式招标，十年以上采用荷兰式招标。混合式与荷兰式招标的主要区别在于对中标利率的确定上，前者为全场中标利率的

---

① 张革金融团队. 中信期货：国债发行招标有何规律？［EB/OL］. 启明星证券研究.（2020 - 06 - 18）［2022 - 01 - 30］.

加权平均，后者为中标利率中的最高值。[①]

1. 边际倍数和全场倍数

投标倍数分为全场倍数与边际倍数，其中全场倍数为实际投标量与计划发行量之比，边际倍数和边际利率是与混合式招标相关的概念。中标价位中，最高的利率（或最低价格所对应的利率）即边际利率；在边际利率上的投标量与中标量之比，即边际倍数。边际倍数主要出现在美国式招标和混合式招标中。美国式中标又称多价位中标。在竞标结束后，发行系统将各承销商的有效投标价位按照一定顺序进行排列，直至募满预定发行额为止。在此价位以内的所有有效投标均以各承销商的各自出价中标。其中，所有中标价位按照中标量进行加权平均后的价格即是本期债券的票面价格或票面利率。对于单一价格的荷兰式招标，边际价格就是最低中标价格。在这个价位上的投标量和中标量之比就是边际倍数，体现的是价格选择的集中程度和相对于招标确定的价格的投标准确程度。

边际倍数 = 边际投标量/边际中标量

全场倍数是全场投标量和全场中标量之比，体现了需求的大小。

全场倍数 = 全场投标量/全场中标量

全场倍数越大，说明投标人的参与意愿越强，对该债券的认可度越高。边际倍数越大，说明认购者对边际利率的看法越一致。另外，边际利率与票面利率的利差则反映了市场对该债券未来的走势。利差较大，反映大家对该债券的走势分歧较大；利差越小，则市场的看法越趋于一致。

2. 一级市场和二级市场利率

目前，国债发行一级市场利率普遍低于二级市场利率。这部分因为国债二级市场流动性不是很好，一些需要大量配置国债的机构倾向于在一级发行市场竞标申购国债。[②]从观测的利率债 2018 年至 2019 年 4 月国债认购的全场倍数看，最近招标的国债全场倍数多数位于均值以下，表明国债配置热情不足；国开债平均全场倍数 3.30，虽然高于国债的 2.3，但最近招标的国开债全场倍数亦多数小于均值，10 年期国开债 2018 年 3 月中旬以来的 5 次招标全场倍数均低于均值，表明国开债配置热情虽然略好于国债，但长期配置热情并不高。[③]

---

① 周岳，肖雨．从利率债一级招标看市场情绪［J］．岳读债市，2019 - 04 - 23．

② 中信期货张革金融团队．中信期货：国债发行招标有何规律？［EB/OL］．启明星证券研究终端．（2020 - 06 - 18）［2022 - 01 - 30］．

③ 周岳，肖雨．从利率债一级招标看市场情绪［EB/OL］．启明星证券研究终端．（2019 - 04 - 23）［2022 - 01 - 30］．

二、国债混合招标方法的评价

（一）单一价格和多重价格混合招标的特征

继荷兰式招标和美国式招标模式后，财政部在 2004 年 4 月又引入了一种新的混合式招标方式，用于发行记账式国债（2004 年记账式三期国债）。这是自 1997 年以来，财政部进行的重大创新之一。单一价格和多重价格混合招标模式能充分利用单一价格模式和多重价格模式的优点，同时又能有效地避免单个招标模式的不足之处。

1. 收益率招标

与单一价格荷兰式招标模式不同，采用混合招标模式，中标人将适用不同的有效收益率，中标人具体适用哪种有效收益率取决于中标人的投标收益率与最终确定的票面利率之间的差异。如果中标人的投标收益率低于或等于票面利率，中标人将按票面利率承销国债；如果中标人的投标收益率高于票面利率，但高出部分不超过票面利率的 10%，中标人将按各自的投标收益率承销国债；投标利率高于票面利率 10% 以上的投标人全部落标。这样中标的选择就具有美国式招标和荷兰式招标的特点。

2. 价格招标

类似地，如果招标标的是价格，全场加权平均中标价格为当期国债发行价格，并且中标人将适用不同的承销价格，这取决于中标人的投标价与国债发行价格间的差异。如果中标人的投标价高于或等于全场加权平均中标价（即当期国债的发行价格），中标人将按全场加权平均中标价承销国债；如果中标人的投标价低于全场加权平均中标价，但低的部分不超过全场加权平均中标价的 10%，中标人将按各自的投标价承销国债；投标价低于全场加权平均中标价 10% 以上的投标人全部落标。价格招标也具有两种基本招标方式的特点。

（二）混合招标的特点

混合招标模式兼有多重价格美国式招标和单一价格荷兰式招标的特征。在混合招标模式下，当招标标的是收益率时，最终确定的票面利率将是所有中标收益率的加权平均值。采用混合式招标方式有助于降低国债发行成本，并且在混合式招标方式下，投标人能更好地理解收益率曲线的走势；此外，混合式招标还能充分利用国债招投标发行方式的价格发现功能。

根据财政部公布的利率招标规则，全场加权平均中标利率为当期国债票面利率（息票率）。中标利率低于或等于票面利率的标位，按票面利率承销当期国债；中标利率高于票面利率但高出部分不超过票面利率10%的标位，按各自的中标利率承销当期国债；投标利率高于票面利率10%以上的标位，全部落标。

与荷兰式拍卖（以满足发行量要求的最高价位为中标利率）相比，混合招标的中标利率为全场加权平均中标利率水平，混合招标的这种特点有助于进一步降低债券发行成本，同时又能避免美式招标中所固有的赢者诅咒现象。例如，假设最低中标利率为3.01%，而最终能吸收全部发行量的边际（最高）中标利率为3.5%，那么在荷兰式拍卖发行（单一价格）中，中标利率将为3.5%，即当期国债的票面利率将为3.5%；而在混合式招标中，全场加权平均中标利率水平肯定比3.5%低，因此当期国债的票面利率也会低于3.5%。即使有一些投标人相互串通拉低中标价（抬高中标利率）并最大化自己的国债承销量，混合式招标中的全场加权平均中标利率水平（即国债的票面利率）依然会比荷兰式招标低。

与单一价格荷兰式招标模式相比，混合招标模式有助于降低单个投标人中标份额相对较大的可能性。混合招标模式借鉴了美式招标法的优点，有助于鼓励投标人理性投标。以收益率招标为例，如果投标人的投标收益率高于票面利率（票面利率的设定以全场加权平均中标收益率为基础）但高出部分不超过票面利率的10%，投标人就可以按各自的投标收益率承销国债，并且在投标收益率低于票面利率时，投标人可以按票面利率承销国债，混合招标的这种制度设计能激励投标人降低收益率报价水平。为避免投标失败，投标人倾向于在一个较窄的区间内报价，因此中标收益率与加权平均收益率会比较接近。在这种招标模式下，投标人更有动力改善其投标技巧。然而，如果投标人之间对市场走势的看法存在比较大的分歧，混合招标就会面临很大的挑战，在极端情形下甚至会发生招标失败[①]。

（三）混合招标的局限性

混合式招标有助于调动承销团成员参与国债投标的积极性，并能提高承销团成员报价的精准度。然而，混合式招标也有自己的局限性。

第一，混合式招标对国债二级市场的表现具有负面影响。在混合式招标机制下，面临投资压力的投标人将不得不给出较高的报价（较低的利率），因此这些投标人的获利空间将很小。另外，中标利率高于票面利率但高出部分不超过票面利率10%的中标人，在成功认购国债后即可到二级市场上通过出售国债来获利。这种局

---

① 高坚．中国债券资本市场［M］．北京：经济科学出版社，2007：166－172．

面会扭曲二级市场的国债价格。

第二，混合式招标很难防范市场操纵行为。实践经验表明，如果投标人能够以较低的价格（较高的利率）获得国债承销机会，那么投标人联手控制价格的动机。

20世纪90年代初发生在美国的所罗门国债事件就是一个很好的例子，所罗门事件警示我们，如果国债招标发行中存在大型投标人垄断现象或来自个人投资者的竞价过多现象，那么招标发行中就可能会发生市场操纵或市场共谋行为。在1991年的所罗门事件中，所罗门兄弟公司除了以自营商的身份参与一级国债市场的竞价之外，还以其客户的名义参与投标，购买国债，并将以客户名义购买的国债转入公司的自营账户中，而所有这一切都是在客户毫不知情的情况下进行的。通过这种市场操纵行为，在美国财政部的几次国债拍卖中，所罗门兄弟公司认购了大量美国国债，控制了94%的两年期美国国债余额。所罗门兄弟公司的所作所为最终得到披露，该公司因此招致了2.9亿美元的巨额惩罚，因这次事件的打击，美国财政部开始转而采用荷兰式拍卖机制。

第三，混合式招标的规则设计存在缺陷。如果投标人的看法发生变化，致使累计投标额显著高于招标规模，根据混合式投标的"全场加权平均"规则，投标利率低于"全场加权平均"中标利率（即当期国债的票面利率）的标位的累计投标额很可能就会超过当期国债的计划发行额。如果面临这种情况，那么在完全认购的基础上，加权平均中标利率会根据最高投标价（最低投标利率）来确定，其他标位也按此原则计算，这会导致国债发行价格与二级市场的收益率发生偏离。

第四，混合招标在目前中国的体制下，容易造成工作人员泄露信息的情况。主要是在招标期间，发行人的工作人员有可能参与招标过程，并操纵定价。

因此，尽管混合招标能降低发行成本，同时还能鼓励投标人理性投标，但考虑到混合招标发行方式所具有的这些局限，有必要进一步完善混合招标规则，以降低发行风险并改善国债市场的运行条件。

三、国家开发银行政策性金融债券的招标发行

在中国债券市场的历史上，开发银行的市场化发行金融债为中国债券市场的发展做出了贡献。1998年国开行第一次远程招标发行，得到了财政部、中国人民银行和中央结算公司支持，并取得了成功。开行吸收了国债发行的经验，开启了政策性金融债券招标发行的先河，并发展了自己的发行策略。

（一）二次招标

2004 年 8 月，国家开发银行在当年的第 13 期债券（04 国开 13）的发行中首次采用了二次招标方式，招标标的为该债券的息票率（票面利率）。2004 年 11 月 17 日，国家开发银行发行了二次招标中的另一只债券，即两年期的浮息票据（FRN），该浮息票据（04 国开 18）与 04 国开 13 具有相同的起息日和支付日。考虑到市利率变化的趋势，开行采取分次发行同一品种，但是采取平均中标利率的办法。如果 04 国开 13 的中标利率比 04 国开 18 高，那么 04 国开 13 将适用它自己的中标利率（即以该中标利率作为票面利率）；否则，04 国开 13 将适用这两笔债券（即 04 国开 13 与 04 国开 18）的平均中标利率。这种被动招标方式是对不确定的利率走势和较低的投标参与率的一个创新性的解决方案，该方案帮助投资者规避了未来的利率不确定性风险，从而保证了一级市场中的债券发行量。

从发行条款来看，04 国开 13 实际上是对 3 个多月之后的两年期远期利率进行招标，且该招标结果可参照 3 个多月之后的两年期实际利率实施某种有利于投资者的修订或提升。因此，04 国开口的投标决策实际上是对该远期利率及该远期利率隐含期权的复合定价。

（二）远期定价策略

04 国开 13 采用了远期定价策略，该债券的发行日为 2004 年 8 月 11 日，起息日和支付日为 2004 年 11 月 23 日（发行日后的 104 天），交割日也在 2004 年 11 月 23 日，这意味着投资者能在当下（2004 年 8 月）锁定该债券的收益率水平，并在 3 个月后（2004 年 11 月）以该收益率水平购买到期期限为两年的债券。基于无套利原则，投标人可以执行两项不同的操作，这两项操作能实现相同的到期收益率。现实中，采用这种方法来计算理论中标利率并不实际，主要原因在于投标人一般无法获知在拍卖日（即定价日）前 104 天的资本回报率。在实际投标过程中，机构更为关注待偿期限约为两年的可流通债券收益率的比较，即代码为 040209 和代码为 040212 的两笔金融债。根据二级市场的业绩数据，代码为 040209 的金融债的当前收益率约为 3.79%，代码为 040212 的金融债的当前收益率约为 3.81%。

（三）期权隐含价值

从期权定价的角度来看，04 国开 13 实际上内含一个欧式期权，该期权以两年

期国开债的远期利率为标的，期权执行价格为预招标利率，期权期限为 3.1 个月
（2004 年 8 月 11 日至 2004 年 11 月 17 日），期权执行方向为卖出，期权覆盖率为
50%（一旦行使期权，不是将全部预招标利率均调高至实际利率，而是将其中
50% 的部分调高至实际利率，即取 04 国开 13 和 04 国开 18 的实际中标利率的
均值）。

由于中国债券市场上并没有期权产品，考虑到未来宏观经济环境的波动性，
可赎回债券和可回售债券的未完成交易均面临较大的不确定性。宏观调控自
2004 年 4 月系列行政政策组合拳出击之后，在投资、信贷等方面已取得立竿见
影的紧缩效果。投资者对市场的未来走势仍抱有观望的态度，因为未来数月内投
资、生产者价格指数、消费者价格指数等方面仍存在不确定性。因此未来三个月
内债券市场环境存在一定的变数，远期利率期权的隐含价值也相对较高。事实
是，04 国开 13 的实际中标利率为 3.9%，这表明内嵌期权的隐含价值已得到了
一定程度的反映。

总之，滚动远期债券 04 国开 13 的发行不仅代表债券发行实务上的一次突破，
同时也极大地推动了债券市场投资和交易活动的发展，从而为理性投资者的形成奠
定了良好的市场基础，此外，滚动远期债券还是一种很好的市场风险管理工具。有
了滚动远期债券这种新的市场工具，发行人就可以牢牢把握市场机会，锁定回报
率，并最小化未来利率上涨的负面影响。利用滚动远期债券的价格发现功能和日益
丰富的各种远期债券工具，投资者就可以绘制收益率曲线并参考收益率曲线来制定
价格决策，投资者还可以有效地对冲利率风险，并频繁地参与债券市场交易，从而
带动二级债券市场的繁荣。

与世界上大多数国家不同的是，财政部在 1997 年之前很少采用多重价格招标，
国家开发银行在 1999 年之后开始使用多重价格招标制，目的是将投标价格稳定在
预先设定的区间范围内。

第七节　国债的兑付

国债兑付即政府向投资人还本付息，兑付质量反映了政府履行合同义务的意愿
和能力。国债从发行、交易到兑付形成一个完整的周期。从法律上说，国债发行合
同中就已经明确了兑付所体现的权利和义务。因此，兑付是国债操作周期的最后一
个环节。发行合同所包含的权利和义务能否履行，还要看是否能按时完成兑付。这
说明，兑付在整个国债操作周期中具有特别重要的意义。

一、本金和利息支付

(一) 本金兑付

国债本金的兑付有以下五种不同的方式。

1. 到期一次性兑付

大多数政府债券都采取一次性兑付的方式，这也是最常见的兑付方式。

2. 分期兑付

20 世纪 80 年代，中国对某些年度发行的国债采取抽签分期兑付的方式。

3. 本金滚动

中国曾面向企业发行过可转换国库券，面向银行和金融机构发行过可转换金融债券，通过本金滚动的方式推迟兑付。

4. 投资人选择兑付

投资人可以选择兑付形式。1993 年发行了一组 3 年期国债和 5 年期国债，持有 5 年期国债的投资人可以在持有满 3 年之后选择兑付。

5. 发行人选择兑付

一些国家的政府可以根据对市场条件的评估，选择提前兑付债券，以便及时利用有利的利率变动。在中国，只有凭证式储蓄债券可以提前兑付。例如，财政部 1994 年以来发行的 3 年期国债可以在到期前的任何时间兑付。凭证式储蓄国债的设计目标就是给予投资人提前兑付的方便。

(二) 利息的支付

利息的支付有以下四种方式。

1. 到期一次性支付

中国在以行政派购为主要销售技术的时期采用过这种付息方式。

2. 按年支付

大多数国家按年支付利息。

3. 每半年支付

美国采用这一方式。

4. 每日支付

债券并不采用这种利息支付方式。

二、兑付方式

（一）国债兑付的基本形式

在 20 世纪八九十年代，国债兑付有以下两种形式。

1. 集中兑付

地方财政部门的兑付期为国债到期日之后的 4 个月内。邮政部门、投资机构和各专业银行的兑付期为国债到期日后的 2 个月内。集中兑付期通常不会跨越财政年度。

2. 常年兑付

集中兑付期结束以后就进入常年兑付期，通常为半年时间。常年兑付调拨的资金纳入下一年度的预算中。

兑付资金的调拨在兑付期开始前进行。地方财政部门的总会计收到兑付资金以后，将资金进一步拨付到各地方政府债务管理部门、中国人民银行分行国库部门以及更低级别的政府债务管理部门。兑付资金和券面的调拨流程会随发行方式的变化而有所调整，流程见图 10–23。

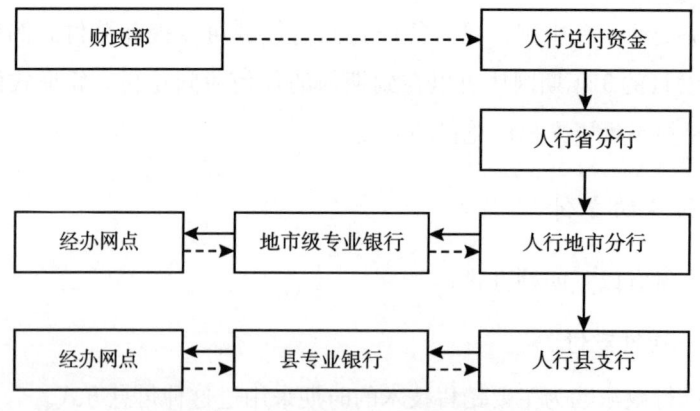

图 10–23 兑付资金及券面操作流程

注：中国人民银行在中央国库下设立了"国债兑付基金"科目。兑付工作开始前，财政部预拨兑付资金。专业银行及其网点在每个工作日结束时填报《经付××××年国债本息款报告表》，随清单提交给中国人民银行当地分支行，并逐级上报至人民银行总行。中国人民银行根据《经付××××年国债兑付款项上划报告表》，通过"支行辖内往来"科目结算支行与专业银行的账目，并逐级向上划转，最后从"国债兑付基金"科目中扣减。兑付后的实物券由中国人民银行地市行销毁。

资料来源：笔者绘制。

1990 年各专业银行及其网点的兑付资金报告流程与中国人民银行的结算流程见图 10 – 24。

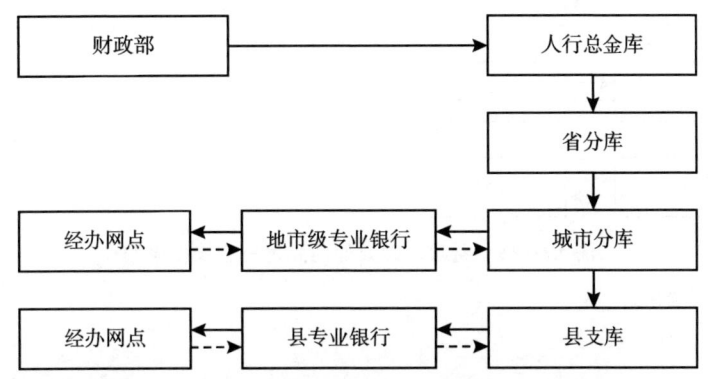

图 10 – 24　1990 年银行系统兑付资金和券面操作流程

注：专业银行及其国税兑付网点与中国人民银行间的报告结算工作程序保持不变。中国人民银行县级或地级支行收到国债兑付报告后，汇总入《中央预算收入报告表》（从财政收入中扣减），并会同预算收入资金提交给上级部门。中央总国库负责制定国债兑付日报告，并向财政部汇报。兑付后的实物券由中国人民银行地市行销毁。

资料来源：笔者绘制。

（二）国债兑付的实施办法

1991 年国债兑付流程与 1986～1989 年的流程相同，只不过兑付资金由中央总金库经手。1992 年的兑付办法是，财政部在兑付前事先拨付 70 亿元备用金，并根据实际兑付要求陆续补足资金。中国人民银行向各专业银行县支行（或人民银行县支行的专业银行账户）下拨 20 亿元供日常兑付使用。兑付中实际发生的兑付款从中央总金库备用金中减扣，已兑付债券的券面交中国人民银行地市分行集中销毁。

地方财政部门和邮政储蓄部门的兑付资金由财政部国债司委托地方财政预算司将兑付资金拨付到省财政预算处，再由省财政预算处拨付到省财政综合债务处，再逐级下拨到地市财政综合债务科和县财政的综合股，最后分配到各经办点。

财政部国债司负责制订不同地区的兑付计划，预算司接到计划以后向各省预算处拨付兑付资金。省预算处向省综合处拨付资金，再层层拨付到各级财政部门及各经办网点。兑付期结束以后，各级财政部门逐级上报兑付收尾报告，经财政部国债司批准后，向地方总会计下达兑付决算，最后再上报给财政部。剩余的兑付资金交回地方总会计保管，以代替中央政府对地方政府的调度款。具体流程见图 10 – 25。

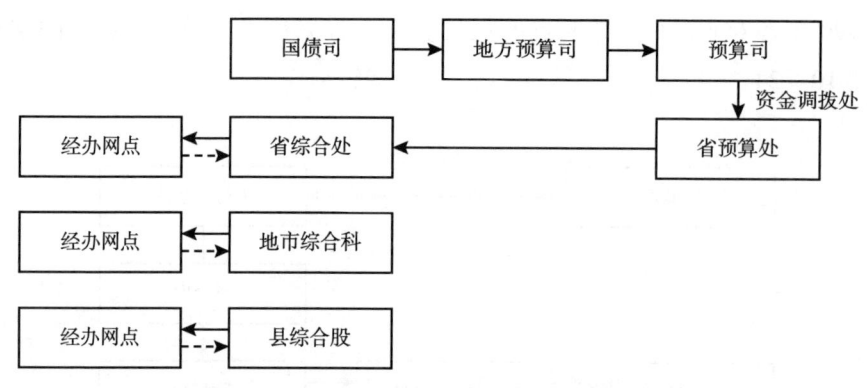

图 10 – 25　财政、邮政部门兑付资金操作流程

资料来源：笔者绘制。

兑付期结束后，各省、自治区、直辖市的政府债务主管部门应在 50 天内结清兑付款，将全部剩余兑付资金划转省级预算总会计。省级以下的结算时间由各省政府债务主管部门自行决定，但必须保证按时结清账务。财政部国债司根据省级总会计的清算报告下达决算，地方总会计根据财政部下达的决算冲转"与中央财政往来"科目。

最初（20 世纪 80 年代早期），中国国库券兑付手续费为本金的 0.15%，后来逐渐增加到 0.2% 和 0.3%。20 世纪 80 年代后期，手续费统一为本金的 0.3%，外加直接支付给兑付工作人员的劳务费 1%。

兑付手续费的分配原则是，保证工作量大的兑付基层单位取得绝大部分手续费。按照财政部的规定，兑付手续费要全部支付给经办单位。

1989 年，为了提高各兑付网点开展兑付工作的积极性，国家决定多收取兑付本金的 1% 作为兑付劳务费。增加的兑付劳务费主要支付给直接办理个人持有国库券兑付业务的机构，如专业银行网点、非银行金融机构和城乡信用社等，财政和银行系统的管理部门均不参加分配。财政部在兑付期前将劳务费预拨给各地财政厅局。直接办理兑付业务的单位，持兑付业务证明到当地财政部门领取劳务费。

（三）兑付工作的组织

国债兑付是一项政策性很强的公共服务，要求做到兑付工作公开、及时、准确。通常在发行条件中确定兑付政策、利率和期限。财政部在兑付期开始前发布兑付公告，向投资人宣布基本兑付政策。与此同时，财政部制定国债兑付流程，下达各地方兑付机构执行。根据国务院和财政部的国债发行规定和相关政策，国债司的《到期国库券还本付息办法》将公布可兑付国债的面额、还本付息办法和对具体问题的处理办法等。

国库券推销委员会或国库券管理委员会负责组织兑付工作。在委员会领导下，由各司、局、地方财政、银行、邮政等部门组成工作小组，共同部署兑付的具体工作。各专业银行也会成立自己的工作小组，并与委员会合作，加强对非银行金融机构的领导。

兑付期前，政府向债券持有人和兑付工作人员宣传兑付政策，并将宣传提纲交给各级工作人员，特别是基层工作人员。宣传提纲中列出了当年国债兑付的种类或号码、利率计算方法、兑付期、兑付地点、兑付手续费和具体问题处理办法等。

三、国债兑付制度

（一）国债多渠道兑付

历史上，中国主要通过银行网点代表财政部兑付国债。随着到期债券数量的不断增加，国债兑付的工作量也越来越大，国债兑付业务经历了从单一渠道到多渠道的发展。

1990 年以前，国债还本付息主要由各个专业银行（即如今的国有商业银行）的柜台办理。但是由于银行网点数量有限，柜台兑付仍会给投资人带来一定的不便。这一事实表明，单一国债兑付渠道已无法满足及时兑付的要求。

1990 年，国务院决定对国债实行多渠道兑付的办法。同年，财政部将部分国债还本付息事宜委托邮电部代办。根据财政部和邮电部委托协议书，邮电部在全国各省会和计划单列市邮政储蓄网点代办 1982～1985 年到期国债的兑付业务。与此同时，国债服务部门和证券公司承担了其余的国债兑付工作。之后，国债和国库券的兑付工作采取多渠道办理的方式，主要渠道包括证券公司、信托投资公司、国债服务部门、邮政储蓄所网点、专业银行柜台和商业银行柜台等。

回忆链接 ●●●

国库券发完了以后，到了期限要进行兑付工作。兑付时要通过国债服务部把国库券收回来，可以想象回收纸质的国库券难度有多大。收回来的国库券要进行销毁，销毁不是烧毁，而是把它拿到造纸厂做成纸浆。销毁是一项很严肃的工作，需要有人监督，不然国库券丢了，谁捡到了还可以去兑付。兑付的国库券要按照严格的规定回收、集中、保管，然后运输到各个销毁点上，这又要发生运输和临时保管的成本。

别看这个现在看来不成为问题的问题，在没有无纸化，没有市场，没有互联网的时代，这些问题就会导致增加很多融资成本。由于印刷、运输、兑付和销毁成本高，国库券发行成本要高于银行吸收存款的成本。

（高坚. 我所经历的中国债券资本市场的历史［N］. 金融时报，2017－08－30.）

为了减轻投资人"兑付难"的问题，政府原则上要求凡是有柜台业务的办事处、分理处、营业厅、储蓄所，以及城市信用社、信托证券部、邮政储蓄所等的柜台都要提供国债兑付服务。

（二）兑付报告制度

建立兑付报告制度的主要目的是让财政部及时了解兑付工作中出现的问题，以便及时采取恰当措施加以解决。兑付报告包括兑付进度报告和兑付收尾报告两种。

1. 兑付进度报告

兑付进度报告又分为旬报（上旬、中旬、下旬）和月报。在兑付高峰期间，各省、自治区、直辖市在兑付月份的每旬后 5 日内报送兑付旬报。月报则在集中兑付期和常年兑付期内各月份结束后 3 日内报送。

2. 兑付收尾报告

兑付期结束后，各省、自治区、直辖市的国债主管部门（及地方财政）填写《××××年财政部门办理国库券还本付息收尾报告表》和《××××年财政部门兑付国债券汇总清单》，于次年 1 月 20 日前上报财政部。财政部根据报告表和清单的信息检查、审核、评估还本付息工作。最后，财政部根据收尾报告发出销毁已兑付国债券的通知。

还本付息数额必须和发行时规定的本金和利息数额相符。偿还的本金等于债券数量乘债券面值。如果要检查利息兑付的准确性，以按年支付的附息债券为例，可以检查已支付利息是否等于总面值乘利率再乘支付次数。财政部根据《××××年财政部门兑付国债券汇总清单》检验兑付工作的结果，检验公式如下：

$$还本付息本金小计＝债券数量×面值$$
$$还本付息利息小计＝本金×利率×支付次数$$
$$本息合计＝本金小计＋利息小计$$

销毁已兑付债券是兑付工作不可或缺的一环。财政部要求《××××年财政部门兑付国债券汇总清单》中本金数额应该和《财政部门国债券销毁情况表》中销毁的债券数额一致。

（三）国债兑付操作程序

为保证国债兑付的及时性、准确性，避免差错，政府规定了严格的国债兑付操作程序。1988 年，财政部、中国人民银行、中国工商银行、中国农业银行、中国建设银行以及中国银行联合公布《银行办理国库券还本付息的几项规定》，对兑付操作程序进行了严格的规定①。

政府和各大银行总行规定，在兑付个人投资人持有的国债时，经办专柜初收人员应严格审查到期债券的数额、号码和面额，核对券面号码是否中签。如果券面的颜色、花纹及号码有涂改、挖补或伪造情况，或者券面残破污损，则拒绝兑付。

在券面审查无误以后，兑付单位填写《个人国库券兑付清单》（以下简称《兑付清单》），计算本金和利息总额后填入《兑付清单》，加盖名章，连同国库券面交与复核员。

复核员复核无误后，在国库券券面加盖"付讫"戳记和复核员名章，点清兑付款，将券面和《兑付清单》交给初收人员进行再次复核。初收人员留存《兑付清单》，向债券持有人支付本息。兑付收回的国库券根据面额分门别类进行整理，每 100 张扎成一捆，加盖经办人名章，其中残破污损的国库券单独捆扎。捆扎后的国库券入库保管，等待销毁。

若持有人为机构投资人，兑付单位填写《××××年单位国库券兑付清单》，一式三联，交原销售单位审核。原销售单位检查国库券是否由本单位签发，印章是否齐全，有无涂改痕迹，兑付栏数额是否计算准确等，然后将第三联存根与收据复印件核对，确认相符。

最后一道环节是确认。第一步是计算偿还的本金金额。在分期兑付的情况下，每期偿还的本金应等于单位购买的国库券总额乘兑付比例。第二步是计算应付利息，应等于偿还的本金乘年利率，再乘偿还年限。计算好的本金和利息填入存根联及收据联的记录栏内，由负责的兑付单位员工盖章签字。《兑付清单》、收据联和存根联交给复核员复核，复核后在三联上加盖个人名章和单位公章，将其中一联交柜台办理转账，一联退交购买单位，另一联留存②。

---

① 高坚．中国债券［M］．北京：经济科学出版社，1999：304．
② 高坚．中国债券［M］．北京：经济科学出版社，1999：304－305．

（四）国债兑付工作中的若干具体问题

1. 提前兑付

1988 年以前，国债持有人面临着诸多不便。举例来说，国债不能进入市场流通，因此投资人若急需用钱，很难在国债到期日前变现。此外，国债也不能携带出境，投资人若出国定居，无法提前兑付。

为此，财政部和中国人民银行在《关于未到期国库券提前兑付问题的通知》中规定，三种情况下可提前兑付国库券：中国公民购买国库券，在全家出国定居，国内又无亲戚朋友代为管理时，经原工作单位和县以上公安机关证明的；归国华侨、港澳同胞购买国库券，在全家离境或回港澳时，经原工作单位和侨务机关证明的；在我国工作和定居的外国人购买国库券，在全家回国时，经原工作单位和外事主管部门证明的。

凡符合上述条件之一的，可以到当地人民银行分支行办理提前兑付，国债券利息根据国库券条例的规定进行计算：满 1 年的付给 1 年的利息；满半年不满 1 年的付给半年利息；不满半年的不付利息。1988 年成立了非正式的二级市场，大多数兑付问题都能通过流通转让市场得到解决。因此，财政部和中国人民银行下发《关于停止办理未到期国库券提前兑付的通知》，规定 1988 年以后发行的国债券不再办理提前兑付业务。

2. 国债的延期偿付

从 20 世纪 80 年代末起，国债的还本付息有了大幅度增长。为缓解偿付压力，财政部和中国人民银行于 1990 年 6 月发布《关于暂停不办理单位持有 1990 年到期国债的兑付的通知》，规定对企事业单位、机关团体、部队和金融机构持有的 1981 ~ 1985 年向单位发行的国债、1987 年向单位发行的国家重点建设债券、1988 年向金融机构发行的财政债券等，推迟办理兑付业务。1990 年 10 月，财政部和中国人民银行发布《关于延期偿还 1990 年到期财政债券的通知》，规定财政债券的兑付工作推迟 3 年。延期偿还的国债券利率进行相应调整。[1]

1981 年以来只发生过一次延期偿付的情况。当时的想法是，国有企业和其他单位都是国家所有，因此，向国有单位还本付息，相当于国家的钱从一个口袋进，再从另一个口袋出。这些不规范的做法受到了相当大的非议，此后再也没有发生过。

---

[1] 高坚. 中国债券 [M]. 北京：经济科学出版社，1999：309.

四、债券的电子化兑付①

20 世纪 80 年代末，为促进新债的销售，银行柜台和证券公司承担了到期债券兑付工作。这一举措无疑进一步确保了到期债券的及时兑付，同时也提高了政府债券的信用水平，促进了新发行债券的销售。国债推销政策鼓励债券持有人在兑付完到期债券后立即购买新债。1993 年之前，银行和证券公司提供买卖、代保管、兑付一条龙服务。这种"以旧换新"的推销手段可以抵消偿还的本金，仅支付相应利息。因此，这一办法可以方便投资人，简化兑付手续，极大地促进了新发行债券的销售。

1993 年，新发行的 2 年期债券也采用了"以旧换新"政策。到期债券持有人购买新债可享受一定的优惠（即享受高于票面利率 1 个百分点的利率，同时可以在到期前 3 个月进行兑付）。1993 年推出记账式国债后就逐渐取消了上述发行政策。1996 年以后，随着中央国债登记结算有限责任公司的成立，可上市政府债券实现了电子化兑付，从根本上消除了兑付难的问题。不过，实物券面一直到 21 世纪初仍遵循上面提到的程序。2006 年，实物凭证式储蓄债券全部转换为电子化储蓄债券，标志着耗时费力的人工兑付方式的终结。

1996 年以来，可上市债券通过电子交易系统销售、交易、兑付，极大降低了兑付手续费。目前，兑付手续费为债券本金一定的百分比。可上市债券的手续费仅支付给承销人或一级自营商。1 年期以内的国债不支付兑付手续费，1~5 年期国债的手续费为本金的 0.05%，5 年期及以上的手续费为 0.1%。

储蓄债券的兑付手续费取决于储蓄债券的品种和不同的兑付系统。凭证式储蓄债券的手续费为 0.72%，其中 0.7% 支付给承销人，0.017% 支付给银行和邮政网点，0.003% 支付给财政部附属国债管理部门。电子化储蓄债券的手续费为 0.43%，其中 0.4% 支付给承销人，0.015% 支付给中央国债登记结算有限责任公司，0.0075% 支付给银行和邮政网点，0.0075% 支付给财政部附属国债管理部门。

五、2000 年以后国债兑付工作的发展

2000 年以后，国债兑付委托中央结算公司代理。2009 年财政部文件明确兑付有关工作的要求，主要包括兑付前的托管安排、上报数据和财政部审核、兑付款逐级拨付、债券登记日和摘牌等。财政部与中央结算公司签订《债券发行登记与代

---

① 高坚. 中国债券资本市场［M］. 北京：经济科学出版社，2007：356.

理付息、兑付协议书》。中央结算公司负责对于债权人利息和本金的支付，并收取财政部拨付的手续费。整个流程见图 10 - 26。

图 10 - 26　2008 年以后国债兑付架构

资料来源：笔者绘制。

（一）记账式国债和特别国债

1. 暂停转托管

记账式国债和特别国债到期或付息日（以下简称兑付日）前 6 个工作日，暂停办理该期国债的转托管业务。

2. 上报托管数据

中国证券登记结算有限责任公司（以下简称"中国结算公司"）上海、深圳分公司于兑付日前 4 个工作日将本公司当期国债托管数额报送中央国债登记结算有限责任公司（以下简称"中央结算公司"）。

3. 预付拨款申请书

中央结算公司对中国结算公司上海、深圳分公司报送的托管数额进行核对，审核无误后，于兑付日前 7 个工作日向财政部报送"预算拨款申请书"。由财政部进行审核。

4. 兑付资金逐级拨付

财政部审核无误后，向中央结算公司核拨兑付资金，拨付时间为跨市场国债、交易所市场国债兑付日前 2 个工作日，银行间市场国债兑付日前 1 个工作日；中央结算公司于收到兑付资金的当日，将相应数额的资金转拨给证券登记公司上海、深圳分公司。

5. 债权登记日

到期记账式国债债权登记日为兑付日前 3 个工作日，债权登记日后即行摘牌；付息记账式国债和特别国债债权登记日为兑付日前 1 个工作日。凡于债权登记日闭市后仍持有当期国债的投资人为当期国债本息所有者，中央结算公司、中央结算公司上海、深圳分公司等应于兑付日当日营业开始前，将兑付资金拨至各投资者资金账户。付息记账式国债和特别国债支付利息后，各交易场所应对其代码做特殊标记，以示区别。

在中央结算公司托管的非上市交易的记账式国债和特别国债，其兑付资金的申请办法比照上述规定办理。

（二）储蓄国债（电子式）

1. 停止债权转移相关业务

储蓄国债（电子式）到期付息和兑付资金的申请办法比照上述记账式国债规定办理。储蓄国债（电子式）付息日或到期日前 15 个法定工作日起停止办理提前兑取、非交易过户等一切与债权转移相关的业务。

2. 预算拨款申请书

中央结算公司应于储蓄国债（电子式）提前兑取资金清算日向财政部报送当期国债提前兑取报表和"预算拨款申请书"，提前兑取资金清算及其他有关事宜按照当期国债发行文件规定办理。

3. 情况报告制度

国债还本付息工作政策性强，关系到国债信誉和投资者利益，各交易场所和登记公司应认真细致地做好工作，并根据上述规定及时向社会公布相关信息，遇有重大或异常情况及时报告。[①]

六、中央结算公司的债券兑付

2000 年以后，随着债券登记、托管、清算、结算基础设施的建立，以及支付方式的进步，债券兑付从纸质国库券的手工兑付转向电子兑付。而兑付方式也从发行人的直接兑付转向代理兑付的方式。作为中国债券市场主要托管结算机构的中央结算公司承担债券的兑付工作。根据 2008 年中央结算公司的文件，债券兑付操作办法如下。

（一）债券发行人

1. 法律依据

债券发行人根据与中央国债登记结算有限责任公司（以下简称"中央结算公司"）签署的《债券发行登记与代理付息、兑付协议书》要求时间，将付息兑付资

[①]　财政部关于 2009 年记账式国债特别国债和储蓄国债（电子式）还本付息工作有关事的通知（财库〔2009〕6 号），中国债券信息网—发行与付息兑付（chinabond.com.cn）。

金足额、按时划付至指定账户。兑付付息资金到账核查联系中央结算公司资金部。

2. 付息完成确认书

兑付付息完成后 5 个工作日内，中央结算公司资金部向发行人出具《兑付付息完成确认书》。

3. 兑付手续费

发行人根据《债券发行登记与代理付息、兑付协议书》收费标准和《兑付付息完成确认书》收费金额，向中央结算公司交纳代理兑付付息手续费。手续费缴纳完成后，向中央结算公司财会部领取手续费发票。

（二）债券持有人

1. 兑付信息查询

通过中央债券综合业务系统客户端或中国债券信息网，查询当日兑付付息提示，核对应收本息金额是否正确，有疑问可咨询中央结算公司托管部或客户服务部。

2. 债权登记日确认权益

交易时，注意债券债权登记日（企业债券债权登记日为付息日前 2 个工作日，其他债券债权登记日为付息日前 1 个工作日），只有在债权登记日持有债券的，可享有当期利息。兑付付息日当日 15：00，仍未收到资金的，可咨询中央结算公司托管部或资金部并注意中国债券信息网兑付付息公告。

（三）基本知识及常见问题

1. 付息债权登记日

企业债券债权登记日为付息日前 2 个工作日，其他债券债权登记日为付息日前 1 个工作日。在付息债权登记日日终持有该只债券的持有人享有当期利息。

2. 到期兑付债权登记日（截止过户日）

债券到期还本付息前 3 个工作日为截止过户日，结算合同日期不能晚于截止过户日日期。截止过户日后债券仍处于非可用状态的，兑付日资金将留置于中央结算公司，待债权债务关系明确后另行支付。

3. 兑付付息日

兑付付息日遇国家法定节假日的，资金支付顺延至节假日后的第 1 个工作日，债券结息日不变，不计复利。

小　结

中央政府债券市场（国债市场）发展的背后体现的是宏观经济的产出水平和周期变化、财政收支的平衡状况、财政部在央行的账户的变动、财政部政策和货币政策之间的关系、中国与其他国家的经济，以及贸易往来和资金流动等经济指标的变化。这些内容我们将在后面进一步阐述。

总之，国债一级市场的效率表现在发行人可以在任何时间以尽可能低的成本成功发行债券。自 1981 年恢复国债发行到 1990 年，中国基本上采用行政派购的方式发行国债。这种发债办法效率低、时间长、成本高，是计划经济的产物。国债市场化改革正是在这样一种背景下实现的。但是国债改革过程充满了思想认识的差异，存在着部门角度的不同和利益的对立等问题。改革的成功需要先进的理念、克服困难的勇气、执着的精神。这一时期的历史不在于让后人了解当时市场发展的状况，而在于说明这个过程背后一代人的努力和这种努力所体现的精神；在于说明国债今天的发展是前人不懈努力的结果。这种"事业家"精神将在未来债券资本市场的发展中发扬光大。

第十一章　地方政府债券市场

本章介绍作为中国债券市场三大支柱之一的中国地方政府债券市场。2000 年以前，由于地方政府债券发行受到《中华人民共和国预算法》（以下简称《预算法》）的约束，地方政府发展主要依靠国家开发银行的政策性贷款。直到 2008 年前后，地方政府债券市场才逐渐发展起来。2015 年以后，由于地方经济发展的需要、历史债务问题等原因，地方政府债券市场的重要性进一步提升。2020 年以后新冠肺炎疫情期间，地方政府专项债成为拉动经济的主要工具。

第一节　地方政府债务和地方政府债券市场

一、2018 年以前地方政府债务的简要历史

20 世纪 50 年代，地方政府曾经发行地方债券，到 1962 年停止发行。1968 年中国偿还了全部内债外债，进入了"既无内债，又无外债"的时期。改革开放初期，地方政府广泛通过地方成立的国投公司等进行融资。2000 年后，为了解决中国基础设施的问题，开发银行开始与地方政府合作，为地方的基础设施融资，使地方基础设施有了显著改观。直到 2008 年以前，并没有形成明显的地方政府债务问题。

（一）2003 年以前的地方政府债务

1. 20 世纪 50 年代的地方政府债券

1950 年，经政务院批准，东北人民政府发行东北生产建设折实公债，这是我国地方债的雏形。1958 年，中央政府允许各省、自治区、直辖市发行地方经济建设公债，并制定了各地发行公债的基本管理制度。在 1959～1961 年，甘肃、东北三省、四川、江西、福建和安徽等省区发行了一批地方经济建设公债。1962～1978年，由于各种政治、经济的原因，我国没有发行过地方政府债。

2. 改革开放初期地方政府发生局部债务

1981 年我国恢复发行国债。地方政府并没有同时恢复发行地方债券。由于给

地方放权，实行总额分成，地方政府行政支出有了一定保障，但是地方仍然有融资需求，特别是南方经济开始活跃，基础设施比较薄弱。当时地方政府发行两种准地方债：一是地方政府担保，由地方政府原行政管理部门转变职能成立的公司从各方面筹集各类建设资金，地方政府融资平台前身开始显现；二是地方国有企业经地方政府或地方人大批准发行的内部债券。根据审计署 2011 年的报告，1979 年我国有 8 个县区举债；1981~1985 年省级政府普遍举债，1985~1990 年扩大到地级市政府大量举债；1991~1996 年县级政府也开始举债。起于 1979 年的地方政府债投资项目往往盈利甚微或不能盈利，部分地方政府债甚至不支付利息，以支援国家建设的名义进行摊派，导致各政府单位与代发债企业之间经济关系缺少严格的法律界定，发行过程中存在流程不规范、资金滥用等情况。

3. 20 世纪 90 年代地方政府依靠国际信托投资公司举债

改革开放初期，少数地方通过投资公司或国际投资公司在国际资本市场上或国内市场上发行债券。后来个别投资公司成为一个经常发行体。20 世纪 90 年代初期，频频在国际资本市场上出现的发行体，除了财政部就是广东国际信托投资公司（以下简称"广国投"）。广国投于 1980 年 7 月成立，1983 年获得中国人民银行批准，成为非银行金融机构。在当时全国数百家信托公司中，广东国投规模仅次于中国国际信托投资公司，也是国家指定的允许对外借贷和发债的地方级窗口公司。广东国投当时为地方政府筹集建设资金，但是以公司本身的经营和财务承担有限责任。之后，由于广东国投不断向海外市场举债，负债余额不断增加。但是广国投缺少债务管理经验，加上公司治理不善，遭遇亚洲金融危机后，出现了严重债务问题。广国投于 1999 年申请破产，旗下广信房地产项目被迫陆续转手。后来，包括广州国投和很多地方政府投资公司的债务连带到地方政府。

4.《预算法》限制地方政府举债

20 世纪 90 年代，财政部开始重视地方政府的道德风险，担心地方政府会在无法偿还债务的情况下，要求中央政府偿还，决定通过财政法规约束地方政府发生债务。按照 1998 年的《预算法》第五条，地方政府编制预算时，必须编制平衡预算，不能编制赤字预算；同时规定地方政府不可以自行发生债务。按照当时的预算法，如果地方政府因为水灾、地震等自然灾害出现财政收入减少，财政支出增加的情况时，一方面会向中央政府申请补贴，另一方面可能通过地方自己的预算外企业收入弥补发生的赤字。

由于预算法限制了地方政府发生债务，地方政府发展经济的要求和资金来源的限制出现了巨大的矛盾。分税制后，地方财政收入没有中央政府财政收入增长得快。地方政府的财政收支缺口增大，导致城市开发建设过程中存在巨大的资金瓶颈。早期解决这一矛盾的办法是由中央政府各部门将来自国内外的专项贷款转贷给地方政府，这些转贷款包括各类国际金融组织贷款和外国政府贷款等外债，以及中央财政周转金、1998 年以后出台的中央政府国债转贷基金等内债。

但是由于 1996 年以前，中国没有债券市场，地方政府发生的债务都不在公开市场中发行。国外双边和多边贷款和中央政府的周转金的偿债义务由中央政府承担，产生了地方政府债务软约束。

（二）2003～2008 年地方政府的债务

1. 开发银行的开发性金融与地方政府的投资平台

改革开放后近二十年的时间内，地方基础设施发展非常缓慢。当时地方政府的预算收入只能用于行政支出和人员费用，没有能力进行经济建设。到 2000 年初期，中国加入 WTO 以后，国外对于中国加工业产品的需求迅速增加，地方的基础设施落后成为经济发展的主要瓶颈。2003 年，国家开发银行开始和地方政府合作支持地方的基础设施发展。开发银行能够投资基础设施，主要是因为开行率先实现了市场化发行债券，使债券的期限可以和长期投资匹配。当时大型国有商业银行通过吸收存款取得资金来源，无法支持长期大额的基础设施投资。同时开行有来自原来中央各部委出的产业和项目专家，具有按照国家产业政策开发基础设施项目的能力。由于当时的领导有和地方政府合作的高度和远见，开行的长期大额投资能力、开发性金融的思想和与地方政府合作的意愿以及地方政府希望发展基础设施的愿望完全吻合。2003 年，国家开发银行创立芜湖模式，成为以后开发性金融的经典。

但是地方政府的担保受到《预算法》第五条的限制，因此，合作模型就以地方政府的投资平台为对接点。这样形成的债务就是地方政府平台债务，这是处于地方政府债和公司债之间的一种债务。由于存在着地方政府的隐性担保，平台债务可以说成是准地方政府债务。但是这些债务主要来自开发银行的贷款，与在市场中发行的债券相比，虽然债务性质是相同的，但是这些债务并不属于债券市场的产品，缺少必要的规范和监管。

平心而论，开行与地方政府合作的项目是地方政府的基础设施，这些项目是地方政府为了经济发展目标规划的重点项目，应该由财政直接投入。但是当时地方政府的财政资金无法满足这些项目的投资需要。20 世纪 90 年代初期的分税制通过税种和共享税的安排，明确了中央和地方之间的新的财政体制，中央政府不会用中央财政的资金投入地方的基础设施。如果地方政府自身不能发生债务，就很难从根本上解决制约地方经济发展的基础设施瓶颈问题。

2. 金融危机以后地方政府债务增加

21 世纪初期，中央政府向地方政府的各种转贷，导致中央财政作为直接债务主体的总负债增加。但是各地方政府的发债额度不高，没有解决城市化进程中各地方政府市政基础设施、公用事业建设资金短缺的问题。据国务院发展研究中心地方债务课题组统计，2004 年，我国地方政府债务余额超过 1 万亿元，而 2004 年地方财政总收入只有 1.19 万亿元，其中蕴含的债务风险不言而喻。中央代发地方政府债 1994～2004 年累计约 3000 亿元，2004 年仅为 150 亿元，相对于地方融资诉求可谓杯水车薪①。2009 年，为应对国际金融危机，增强地方安排配套资金和扩大政府投资能力，国务院批准财政部代理发行地方政府债。但发行主体仅限省级地方政府，发行额度须经全国人大批准。这类地方债本来只有地方政府信用，但由财政部代发、代办还本付息，使其具备了国家信用的显性担保。自 2009 年之后，地方政府债由转贷逐渐变为代发，虽然代发代还实质上仍是国债转贷的延伸和拓展，但当时是既规范地方政府债务又缓解地方财政压力的两全之策。这一期间，地方政府债发行规模迅速扩大。

（三）2008～2011 年的地方政府债务

如前所述，地方政府发行债券受到《预算法》的约束，所以没有直接发行债券。2007 年 9 月，时任财政部部长的金人庆在 APEC 财长会议提交的报告中表示，中国政府正考虑授权地方政府发行债券。2008 年财政部开始允许部分地方政府发行债券，第一批有四个省，当时额度由财政部核批，国家开发银行承揽了全部地方债券的承销。第二批地方政府债券增加了一些省份，允许这些地方政府自行发行债券。直到 2015 年，才允许全国各省份按照要求自行发行地方政府债券。

2008 年美国次贷危机以后，为了刺激经济恢复和增长，中央政府采取投资拉动的政策。2009 年 2 月 17 日，第十一届全国人大常委会第十八次委员长会议听取了《国务院关于安排发行 2009 年地方政府债券的报告》有关情况的汇报，表明地方政府债券发行进入了法律程序。随后，由财政部代理发行的 2000 亿元地方债券分配方案已经基本确定，获各省、自治区、直辖市人大常委会《关于地方政府债券收支安排专项预算调整方案报告》通过后，即可发行上市。此前，新疆维吾尔族自治区政府债券（一期）30 亿元已获准发行，这也是首次全国范围内发行地方

---

① 贾康. 聚焦地方政府"债务风险"[J]. 半月谈，2016（8）.

政府债券。

这一时期的特点是地方政府以自己的名义发行债务，但是债务数额仍然由中央政府控制。2011~2014 年，中央政府规定发行额度，由地方政府根据财政收入安排，债务自行偿还。2011 年下半年，国务院在上海市、浙江省、广东省和深圳市 4 个省市开展地方政府自发代还模式试点，允许 4 个地方政府自行发债，仍由财政部代还本息。债券发行由国家开发银行承销。2013 年，国务院批准新增江苏和山东两省试点，发行和还本付息模式与前 4 个试点省（市）相同，同时首次提出逐步推进建立信用评级制度。试点期间，除试点省市外，其余地区的地方政府债仍沿用代发代还模式。自发代还模式由于仍采取代还形式，中央政府对地方政府偿债仍有实质的担保责任。地方政府债的发行端放开后，地方政府可以就债券期限、每期发行数额、发行时间等要素与财政部协商确定，债券定价机制也由试点省市自行确定。不过，自发代还试点只是改变发债操作环节，由于各省份发债规模仍由国务院批准，由财政部代办还本付息，所以与真正意义上的"自主发债"还有很大的差距。在地方政府日益旺盛的融资需求推动下，2011~2013 年地方政府债券的发行总额分别为 2000 亿元、2500 亿元和 3500 亿元，债务规模日益扩大。

（四）2014 年以后地方政府的市场化举债

允许地方政府发行债券，无疑缓解了地方财政面临的巨大支出压力。地方政府可以根据地方人大通过的发展规划，更加灵活地筹集和安排资金，解决发展中存在的问题。更主要的是，由于地方政府拥有了自筹资金和自主发展的能力，中央政府与地方政府之间的关系将会更加和谐，地方人大在监督地方政府方面将会有更高的积极性，中央和地方财政体制将会得到进一步巩固。

2014 年，上海、浙江、广东、深圳、江苏、山东、北京、江西、宁夏、青岛等 10 个省市开展地方政府债券自发自还模式试点[①]，由发债地区自行还本付息，但发债总额度仍需国务院批准。2014 年修订后的《预算法》和国务院 43 号文，明确了地方政府可以发债，扩大了地方政府的自主财权。2015 年 5 月，财政部启动地方债置换计划，地方政府可以通过发债的形式置换存量贷款。由此，各省、自治区、直辖市以及计划单列市政府开始有组织地自行发行地方债并逐步规范。这一阶段地方政府债规模较大，2016 年地方债发行规模达 6.04 万亿元，其中，新增地方债 1.17 万亿元，置换地方债 4.87 万亿元。[②] 2014 年以前，地方政府债务透明度仍

---

① 财政部国库司. 财政部解读地方政府债券自发自还试点. 新华社，2014 – 05 – 22.
② 该数据来源于 Wind 资讯数据库。

较差，地方政府缺乏必要的信息披露机制，很多信息不能或没有公开，举债主体宽泛，法律没有明确规定发债主体。2014 年以后，这些问题在很大程度上得到了解决，各级政府各自举债，偿债责任清晰，但是也出现很多问题。有些财务实力弱的地方政府举债后，负债统计缺乏统一口径，各级地方政府真实的负债率和偿债率等指标无法确定，缺少债务预警机制，债务风险提高。

二、2018 年以后的地方政府债券市场

（一）2018～2019 年全国地方政府债券发行情况

2018～2019 年，在经济下行、消费需求偏弱、财政收入增速减慢、货币政策效果不够明显的时候，国家投资拉动政策主要体现在地方政府债券的发行，特别是专项债的发行。2018 年全国地方政府债务限额为 209974.30 亿元。其中，一般债务限额 123789.22 亿元，专项债务限额 86185.08 亿元。[①] 截至 2018 年末，全国地方政府债务余额 183862 亿元，控制在全国人大批准的限额之内。其中，一般债务 109939 亿元，专项债务 73923 亿元；政府债券 180711 亿元，非政府债券形式存量政府债务 3151 亿元。[②]

2018 年，全国发行地方政府债券 41652 亿元。其中，发行一般债券 22192 亿元，发行专项债券 19460 亿元；按用途划分，发行新增债券 21705 亿元，占当年新增债务限额的 99.6%，发行置换债券和再融资债券 19947 亿元。[③]

2018 年，地方政府债券平均发行期限 6.1 年，其中一般债券 6.1 年、专项债券 6.1 年；平均发行利率 3.89%，其中一般债券 3.89%、专项债券 3.9%。[④]

综合地方政府债务限额、负债率、当地财力对地方政府债券的覆盖程度等因素看，青海省、贵州省、内蒙古自治区、云南省、辽宁省（含大连市）和黑龙江省一般债券和专项债券偿付压力均较重，其中，青海省和贵州省地方政府负债率较高，均超过 59%，辽宁省（含大连市）新增地方政府债务限额规模偏小，上述省

① 国家发展和改革委员会.2018 年地方政府债务余额情况［EB/OL］.(2019 - 01 - 29)［2022 - 03 - 08］.https：//www.ndrc.gov.cn/fggz/fgzh/gnjjjc/czsz/201901/t20190129_976422.ext.html.
② 中国政府网.截至 2018 年末我国地方政府债务余额达 183862 亿元 风险整体可控［EB/OL］.(2019 - 01 - 23)［2022 - 03 - 08］.http：//www.gov.cn/xinwen/2019 - 01/23/content_5360689.htm.
③ 国家发展和改革委员会.2018 年地方政府债务余额情况［EB/OL］.(2019 - 01 - 29)［2022 - 03 - 08］.https：//www.ndrc.gov.cn/fggz/fgzh/gnjjjc/czsz/201901/t20190129_976422.html? code = &state = 123.
④ 财政部.2018 年全国发行地方政府债券 41652 亿元［EB/OL］.(2019 - 01 - 23)［2022 - 03 - 08］.https：//www.sohu.com/a/290910531_561670.

份集中于西南、西北和东北地区。① 北京市、上海市、西藏自治区和广东省（含深圳市）一般债券和专项债券偿付压力均较轻。

经全国人大批准，2019 年，全国地方政府债务限额为 240774.3 亿元。截至 2019 年 8 月末，全国地方政府债务余额 214139 亿元，2019 年安排新增地方政府债务限额 30800 亿元，其中，新增一般债务限额 9300 亿元、专项债务限额 21500 亿元。各地已安排使用新增债券 22011 亿元。其中，已安排使用新增专项债券 15902 亿元，约占同期已发行新增专项债券的 80%。已安排使用的新增专项债券资金中，用于铁路、公路等交通基础设施 1579 亿元，占 9.9%；用于市政建设 1186 亿元，占 7.5%；用于棚改等保障性住房建设 6238 亿元，占 39.2%；用于科教文卫等民生领域 526 亿元，占 3.3%；用于农林水利 263 亿元，占 1.7%。上述稳投资、补短板领域资金投入约 62%，积极带动有效投资扩大，发挥了对民间投资的杠杆作用。②

（二）2020 年地方政府债券

2020 年，受到新冠肺炎疫情的影响，经济下行明显，财政收入减速。为了应对疫情带来的困难，全国人大批准的地方政府一般债券和专项债的发行额度都有了很大的增长。

1. 发行和还本付息情况

财政部颁发《关于进一步做好地方政府债券发行工作的意见》对政府债券发行工作进行了布置。根据公开资料，2020 年 1～11 月，全国发行地方政府债券 62602 亿元。其中，发行一般债券 22305 亿元，发行专项债券 40297 亿元；按用途划分，发行新增债券 44945 亿元，发行再融资债券 17657 亿元。③

2020 年 1～11 月，地方政府债券平均发行期限 14.8 年，其中，一般债券 15.0 年，专项债券 14.8 年。2020 年 1～11 月，地方政府债券平均发行利率 3.40%，其中，一般债券 3.34%，专项债券 3.43%。④

2. 全国地方政府债务还本付息和余额情况

2020 年 1～11 月，地方政府债券到期偿还本金 20105 亿元。其中，11 月当月

---

① 2018 年中国地方政府债券发行现状及政府债务余额情况统计［EB/OL］.（2019 - 07 - 11）［2022 - 03 - 08］. https：//www. sohu. com/a/326076162_120113054.

② 财政部. 截至 11 月末全国地方政府债务余额 213333 亿元［EB/OL］.（2019 - 12 - 26）［2022 - 03 - 08］. https：//www. chinanews. com. cn/cj/2019/12 - 26/9044285. shtml.

③ 关于进一步做好地方政府债券发行工作的意见（财库〔2020〕36 号）.

④ 2020 年 11 月地方政府债券发行和债务余额情况［EB/OL］.（2020 - 12 - 24）［2022 - 03 - 08］. ht-tps：//finance. sina. com. cn/wm/2020 - 12 - 24/doc - iiznezxs8721381. shtml.

到期偿还本金 3863 亿元。发行再融资债券偿还本金 17585 亿元、安排财政资金等偿还本金 2520 亿元。2020 年 1～11 月，地方政府债券支付利息 7623 亿元，其中，11 月当月地方政府债券支付利息 710 亿元。[①]

截至 2020 年 11 月末，全国地方政府债务余额 255595 亿元，控制在全国人大批准的限额之内。其中，一般债务 127127 亿元，专项债务 128468 亿元；政府债券 253680 亿元，非政府债券形式存量政府债务 1915 亿元。地方政府债券剩余平均年限 6.9 年，其中一般债券 6.3 年，专项债券 7.5 年；平均利率 3.51%，其中一般债券 3.51%，专项债券 3.50%。[②]

3. 地方政府债务的化解政策

（1）地方政府债务的化解方案

为了防范化解隐性债务风险，财政部要求完善常态化监控机制，限制通过新增隐性债务上新项目、铺新摊子；硬化预算约束，全面加强项目财政承受能力论证和预算评审，涉及财政支出的全部依法纳入预算管理；强化国有企事业单位监管，依法健全地方政府及其部门向企事业单位拨款机制，严禁地方政府以企业债形式增加隐性债务。经过中央和地方的共同努力，地方政府隐性债务增长势头得以遏制。从地方公布的化解方案看，主要通过"统筹资金，偿还一批；债务置换，展期一批；项目运营，消化一批；引入资本，转换一批"等方式化解。

（2）限制开发性金融机构"绑定政府信用"

国家要求开发性、政策性金融机构等必须审慎合规经营，综合考虑项目现金流、抵质押物等审慎授信，严禁向地方政府违规提供融资或配合地方政府变相举债。开发性金融机构指国开行，政策性金融机构指农发行、进出口银行，近年来国开行、农发行广泛介入政信业务，由于一些业务绑定了政府信用，有新增隐性债务之嫌。在新形势下，传统的政府性业务也面临转型的难题，比如棚改贷款和专项建设基金，开发性、政策性金融机构也面临转型的挑战。

（3）地方政府贷款的新模式

棚改贷款主要模式是棚改主体将政府购买服务合同向银行质押融资。政府根据合同约定，分期向企业支付采购资金，用于偿还银行贷款。实质上是财政对棚改贷款兜底，有新增隐性债务的可能。

---

① 2020 年 11 月地方政府债券发行和债务余额情况 [EB/OL]. (2020 - 12 - 25) [2022 - 03 - 08]. http://www.gov.cn/shuju/2020 - 12/25/content_5573182.htm.

② 2020 年 11 月地方政府债务余额情况. 国家发展和改革委员会 [EB/OL]. (2020 - 12 - 28) [2022 - 03 - 08]. https://www.ndrc.gov.cn/fggz/fgzh/gnjjjc/czsz/202012/t20201228_1260572.html? code = &state = 123.

（4）发挥政策性银行缓解地方政府债务的作用

专项建设基金操作方式是由国开行、农发行向邮储银行定向发行专项建设债券，然后利用专项建设债券筹集的资金，建立专项建设基金。国开基金或农发基金，采用股权方式投入项目公司。

这些基金也入股了一些民营企业项目，但出于风险和征信考虑，国开基金和农发基金要求当地融资平台按约定回购基金持有的民企项目股权，民营企业则再向地方融资平台回购股权。在近年的隐性债务认定中，一些专项建设基金也被认定为隐性债务。

2020 年 10 月 30 日，国家开发银行表示要聚焦主责主业，发挥战略工具、政策工具作用；改革内部体制机制，完善治理体系；推进融资模式创新，助力重点领域投融资体制市场化改革，更好地发挥开发性金融连接政府与市场的桥梁纽带作用，为推进有效市场和有为政府更好地结合贡献力量。[①]

（三）地方政府债券发行采取授权制

为更好地发挥积极的财政政策作用，保持经济持续健康发展，2018 年年末召开的全国人民代表大会常务委员会会议决定，授权国务院提前下达 2019 年地方政府新增债务限额 1.39 万亿元；授权国务院在 2019 年以后至 2022 年，在当年新增地方政府债务限额的 60% 以内，提前下达下一年度新增地方政府债务限额。得益于上述政策，未来地方政府债券发行时间分布有望均匀化，有利于缓解地方政府债券集中供给压力，更好地发挥政府债券资金对稳投资、扩内需、补短板，支持实体经济的作用。

第二节　地方政府债务问题的性质和特点

一、地方政府债务问题产生的历史背景

（一）地方政府债券的特点

为促进本地区的经济发展，加快基础设施建设和经济发展，地方政府除了税收收入外，还需要筹集大量的资金，以弥补地方财政收入的不足。筹集资金的一个重要渠道，就是发行地方政府债券。地方政府债券的发行流通形成了地方政府

---

① 国开行传达学习党的十九届五中全会精神 ［EB/OL］. (2020 – 10 – 30) ［2022 – 03 – 08］. http：//www.cdb.com.cn/xwzx/khdt/202010/t20201030_7881.html.

债券市场，成为整个债券市场的重要组成部分。地方政府债券可以分为一般债券和项目债券。一般债券以地方政府的税收作为担保，其偿还也从地方政府的税收中支付；项目债券一般用于地方政府的特别项目，其本息偿还依赖于这些项目的收益。

与公司债券相比，在美国持有地方政府债券的优点是可以免税。在美国，州和州之间可以互相免税，以鼓励互购地方政府债券。地方政府债券通常根据地方的有关法规发行。这类法规规定地方财政部门可以代表当地政府根据可预计的收入来源发行地方政府债券。地方政府债券发行时，债务主管部门必须精确地预计未来的收入，从而保证还款来源。在精准预测的基础上，地方政府将债券的发行纳入预算，其方案经地方议会通过，由地方政府的行政长官批准后，即可从事地方政府债券的发行。

地方政府债券一般采用公募的发行方式，也可以与小的投资团体达成协议进行私募。公募债券发行通常由投资银行、商业银行及证券承销商组成承销团来包销，有的则由证券公司等推销。承销发行可以由承销商或承销团进行包销数额和包销价格的投标，也可以由发行者与承销商直接磋商有关包销条件。

地方政府也具有相当高的信用地位，因为它在该地区内有各种税收权力；即便如此，也很难保证其不出现违约风险。所谓违约风险就是指地方政府对所发行的债券没有按照发行条件（即债务合同）按期偿还本息。一般债券以地方税收收入作为担保，项目债券以项目收益来保证偿还，一旦出现地方税收收入下降，项目收益不好，这些债券的偿还就可能遇到困难，使投资人承受风险。尤其在经济衰退和萧条时，地方政府债券的违约风险就更大。地方政府债券转让流通的主要形式及程序类似于公司债券。但是地方政府债券的转让流通市场远不如短期国债的二级市场活跃，也不如其他发行市场发达，这是因为，认购长期地方政府债券主要是为追求高收益而进行的长期性投资。

（二）地方政府债务演变的背景

中国地方政府的债务问题主要出现在 2000 年以后。地方政府债务问题具有复杂性和特殊性，与中央和地方的财政关系、中央和地方企业的隶属关系有关，也与国家开发银行 2000 年以后与地方的合作方式，以及预算法及中央财政解决地方政府债务的政策等密切相关。

1. 地方政府债务演变与中央地方财政体制的演变有关

改革开放前中央和地方收支两条线，地方财政完全依靠中央财政。中央按照基数法安排支出。改革开放后，20 世纪 80 年代初期实行的是总额分成制度，东部发达地区 90% 的财政收入上缴中央，西部和中部地区则大都由中央补贴。80 年代后期实行承包制，新增财政收入先保证与地方事先设定的基数，超额部分再与中央分成。承包制使地方有较大的自主财权，增加了地方政府的积极性。1994 年以后分税制改革，分为中央税、地方税和中央地方共享税。但是由于中央税增长得快，特别是增值税的 75% 归中央。由于地方税增长得慢，地方财政的困难反而加剧了，无法通过投资改善地方的基础设施，只能考虑向银行申请贷款和发债的办法解决财政和发展经济的困难。

2. 多年来，企业隶属关系是中央地方关系的调节器

国有企业隶属于各级政府。当企业发展好、收入高时，中央政府就会将其划转隶属中央，而企业经营不好时就转交地方。但是企业隶属于地方时，地方政府会通过各种方式支持它们发展，从而使它们变成效益好的企业。地方政府早期可以通过地方国有企业调节收入，当税收多时，地方政府会藏税于企业，税收少时再多从企业收税。早期地方还有预算外企业，其收入完全由地方政府所用。

3. 2003 年以后，国家开发银行与地方政府之间的合作，支持地方基础设施的发展

2003 年以后地方政府平台债务开始增加。国家开发银行自 2003 年起推动金融创新的"芜湖模式"，从而开始了与地方政府进行基础设施方面的全面合作。开发性金融创新理念的实施大大加快了中国基础设施发展的进程，虽然这一时期地方政府平台的债务有所增加，但是由于经济高速增长，地方政府具有足够的偿还债务的能力。开发性金融解决了由于地方政府财力不足而不能推动基础设施建设的短板。开发银行在实践中通过"打捆贷款"的方式与地方政府合作，给予地方政府较大的灵活性。地方政府实力强的，平台公司发展成为实力雄厚的经济实体，如杭州城投、上海久事和上海城投。但是很多西部地区的平台，并不是自负盈亏、自我发展的实体，而是地方政府的借款工具。这些平台的债务和偿债就要由地方预算统一安排。

4. 2008 年以后，扩张的财政货币政策维持了中国经济的高速增长，但是使地方政府债务迅速增加

2008 年 9 月，国际金融危机全面爆发后，中国经济增速快速回落，出口出现负增长，大批农民工返乡，经济面临硬着陆的风险。为了应对这种危险局面，中国政府于 2008 年 11 月推出了进一步扩大内需、促进经济平稳较快增长的十项措施。初步匡算，实施这十大措施，到 2010 年底约投资 4 万亿元。随着时间的推移，中国政府不断完善和充实应对国际金融危机的政策措施，逐步形成应对国际金融危机的"一揽子"计划。2008年11月5日，时任国务院总理温家宝主持召开国务院常务会议，研究部署进一步扩大内需、促进经济平稳较快增长的措施。此时各政策性银行和大型商业银行也利用地方政府的各类融资平台大幅度增加贷款，使地方政府债务余额迅速增加。

5. 2010年以后，地方政府债务重新纳入中央财政管理

2008年，地方政府债务积累引起中央主管和监管部门的重视。2013年以后，各类地方债务纳入预算管理，实行规模控制。地方政府债券逐渐实行公募发行。2013年中央要求把控制和化解地方政府性债务风险作为经济工作的重要任务，同时要求把短期应对措施和长期制度建设结合起来，做好化解地方政府债务风险的各项工作。2015年新的《预算法》开始实施后，部分地方政府债务开始纳入预算管理，明确地方政府只能通过发行地方政府债券举借债务，并且接受财政部的统一监管。同时财政部要求对部分地方政府存量债务进行置换。根据新的《预算法》，地方政府债务分为政府债务和隐性债务。此后，与银行贷款有关的平台债务和PPP方式融资形成的债务不再确定为地方政府的直接债务。这些债务和历史上存量的平台债务定义为地方政府的隐性债务。此后，中央不断采取措施加强对隐性债务的管理。2018年财政部要求地方政府债务实行信息公开，并于2019年正式上线运行中国地方政府债券信息公开平台。

6. 地方政府债与国债信用利差加大

早期投资人认为地方政府及其平台发行的债券有政府信用，对其定价基本上比照国债。例如早期发行的第一批江苏地方政府类债券中，10年期债券的发行利率为3.41%，与同期国债收益率基本持平，以后地方政府债券公开发行利率与国债收益率利差扩大，且不同地区利差扩大幅度有所不同。[①] 从利率水平来看，地方政府债券与国债收益率利差有所扩大，不同地区的利差扩大程度也有所不同。以内蒙古发行的10年期债券为例，其发行利率为3.55%，与国债的利差将近有35个基点，而同期宁波市10年期地方政府债的发行利率只有3.33%，与国债的利差只有15个基点。定向置换债的利率上浮幅度变化不大，仍然比国债收益率高50个基点左右。这说明投资人对于地方政府债券的风险意识有了提高。

7. 地方政府债务存在的问题和解决办法

经过多年的努力，地方政府债券市场和政府债务管理不断向规范的方向发展。但是地方政府债务存量依然较大，还本付息压力不断增加，近年来增加了新的不确

---

① 谢水旺. 摸底江苏地方债发行：利率有可能紧贴国债. 21世纪经济报道，2015－05－15.

定性。一是新冠肺炎疫情期间，经济下行，财政收入下降，预算能够安排的还款能力有限；二是地方可用土地减少，房地产市场低迷，用于偿还债务的地方土地基金收入受到较大影响，因此，地方政府债务问题仍然不能掉以轻心。总结地方政府债务的历史，一定要认识到地方政府债务"双刃剑"的特点。地方政府进入市场发行债券，是经济体制和金融市场进步的表现，地方政府债务在今后仍将继续对地方经济发展发挥作用。从长远看，最重要的是要明确，地方政府债务的所有参与者都是法律规范的市场主体，他们之间的利益分配应该由市场决定，而不是政府主导。未来要按照中央根据市场经济原则确定的法律、制度和政策解决这些问题。

二、地方政府债券的法律规范

（一）早期《预算法》限制地方政府债务

1989 年笔者在条法司工作时开始起草预算法，当时指导思想之一是地方政府必须平衡预算，不能发生债务。1993 年，由于担心地方政府的偿债能力，国务院发文制止了地方政府举债行为。1994 年颁布的《预算法》中明确规定：除法律和国务院另有规定外，地方政府不得发行地方政府债券。长期以来，地方政府通过发生债务筹集资金受到《预算法》的约束。由于《预算法》严禁地方政府举债，地方政府发生债务不仅违反《预算法》，而且会动摇现行中央和地方关系的财政体制。如果没有严格的约束机制，地方政府过分举债将会出现事实破产问题。在美国，橘郡破产案已经众所周知。而我国目前法律上尚没有对政府机关破产做出明确的规定。一旦地方政府破产，中央政府必将承担责任。由于《预算法》限制了地方政府举债，地方政府发展基础设施的需求和融资能力约束的矛盾在 20 世纪 90 年代后期变得日益尖锐。市场化方式的特点是发行主体承担还款责任，公开发行，有承销商，可以在交易所挂牌交易。但是当时金融市场发展尚处于早期，地方政府独立的市场化发债条件还不具备。债券市场的健康发展，不仅取决于金融市场和中央地方财政体制的进一步完善，也取决于各类企业公司治理的进步。地方政府债券市场的发展，还取决于地方政府管理债务的能力。

（二）《预算法》的修改意见

1994 年的《预算法》规定地方政府不能举债，显然不能适应地方经济发展的需要。同时，《预算法》的出发点是担心地方发生债务会由中央来偿还，既反映了当时起草的背景，也反映了财政管理的传统思想。随着经济形势的变化，以及对于公共财政问题的新认识，学者们从法律角度研究，提出了新的看法。2010 年以后，地方政府自行举债已势在必行。2015 年《预算法》重新修订，明确了地方政府作为举债主体的法律地位。

1. 新修订《预算法》

针对地方政府债券的原则性规定，新修订的《预算法》首次在法律层面赋予地方政府举债权。第三十五条明确规定了地方政府发行债券必须满足的三大硬性条件：①必须通过发行地方政府债券的方式筹措。②举债规模由国务院报全国人大或全国人大常委会批准。③发行地方政府债券的主体限定为省级政府。

这一新规定是我国为解决新时期地方政府债务危机做出的新举措，它改变了自中华人民共和国成立以来一直奉行的"量入为出，收支平衡"的预算原则。同时，允许地方政府举债，也符合中央提出的解决地方政府债务问题"开前门，堵后门"的思路。

但是，新《预算法》中针对地方政府举债的规定仅仅出现在第三十五条，没有针对地方政府债务的具体问题做出进一步规定，而是授权国务院建立地方政府债务风险评估和预警机制、应急处置机制以及责任追究制度，并授权财政部对地方政府债务实施监督。2020 年国务院公布新修订的《中华人民共和国预算法实施条例》，明确要求进一步加强地方政府债务管理，防范债务风险。

2. 财政部关于地方政府债券的系列规范性文件

以《国务院关于加强地方政府性债务管理的意见》为指导，财政部从 2014 年开始，针对地方政府债券的发行出台了一系列规范性文件。这些文件将地方政府债券分为一般债券和专项债券。两者在发行主体上均为省级政府，但在涵盖范围、偿债资金来源等方面存在差异。例如，在偿债资金来源中，一般债券本金可通过一般公共预算和发行一般债券偿还，而利息只能通过一般公共预算偿还；针对专项债券，本金可通过对应的政府性基金收入、专项收入和发行专项债券偿还，利息不得通过发行专项债券偿还等。

3. 地方政府专项债的绩效管理

地方政府一般债纳入预算管理，专项债如何提高使用效益，防范风险，需要完善管理制度。2021 年 6 月财政部印发了《地方政府专项债券项目资金绩效管理办法》（以下简称《办法》）。《办法》从事前绩效评估、绩效目标管理、绩效运行监控、绩效评价管理、评价结果应用五个环节对专项债券项目资金绩效进行管理。该《办法》规定，年度预算执行结束前，项目单位要自主开展绩效自评，项目主管部门和本级财政部门选择部分重点项目开展绩效评价，选取项目对应的资金规模原则上不低于本地区上年新增专项债务限额的5%，并逐步提高比例。这是我国首次针对专项债出台绩效管理政策，对于健全地方政府举债融资机制、管好用好专项债券、防范化解政府债务风险具有重要意义。[①]

与国家开发银行开发性金融比较，地方政府管理项目具有政府的权威和明确的政策目标，但是通常地方政府的事前评估缺乏专业性，不如银行对于项目的市场化评估准确。同时，政策目标与市场角度对于债务绩效的评估可能存在冲突。

（三）对地方政府债务的审计和限额管理

审计署在2013年底公布了《地方政府债务审计报告》，随后各个省市也陆续推出其地方版的债务审计报告，截至2013年6月底，中央政府负有偿还责任的债务为9.81万亿元，负有担保责任的债务为2600亿元，可能承担一定救助责任的债务为2.31万亿元，合计中央政府债务规模12.38万亿元。地方政府负有偿还责任的债务为10.88万亿元，负有担保责任的债务为2.67万亿元，可能承担一定救助责任的债务为4.34万亿元，地方政府债务规模合计17.89万亿元。中央和地方债务规模总计30.27万亿元。

2015年财政部下发了《关于对地方政府债务实行限额管理的实施意见》，允许地方政府利用3年左右的过渡期发行债券，将其债务存量中的14.34万亿元的短期高利率债务置换为长期低利率的债务。虽然地方政府债务的总体风险可控，但平台债务的再融资风险隐患依然令人担忧。伴随人口结构拐点的出现，房地产市场景气程度不断下降，以土地出让金为主的地方政府偿债来源面临巨大风险，而2015年和2016年又处于债务到期高峰，地方政府面临着巨额的还本付息压力，债务问题依然是制约地方经济发展的因素。

（四）市场化运作方式的规定

过去几年财政部关于地方政府债券政策的初衷是推动地方政府债券发行不断向市场化方向发展。2018年财政部《关于做好2018年地方政府债券发行工作的意见》是推动地方政府债券朝向市场化方向发展的重要文件，它不再要求发行置换债券采用定向承销的方式，而是提出要促进地方政府债券投资主体的多元化，并首次明确了由中国国债协会制定地方政府债券信用评级自律规范，这就改变了以往针对地方政府债券信用评级只作原则性规定的惯例。

在发行时间上，该意见放宽了期限结构，针对一般债务增加了2年期、15年

[①] 凌巍然，王珊珊. 浅谈如何从绩效管理角度完善地方政府债务管理［J］. 债券，2022（2）.

期和 20 年期债券；针对专项债券，增加 15 年期和 20 年期债券。财政部放宽了长期地方政府债券，但也规定了长期债券在债务发行中应该严格遵守的比例。增加超长期债券品种，有利于化解基础设施建设周期长，使用短期借贷存在资金错配的问题。在放开市场化发债的同时，国家首先应该在立法层面理顺中央与地方在地方债券发行中的权责关系。中央政府可以承担有限的救助责任，也应按照偿债能力控制地方政府发债额，遏制地方政府发债冲动。同时，国家有关部门应按照市场化运行方式，构建以信息披露制度为前提、信用评级为保障、事后追责为预防的地方政府债券发行机制。①

第三节　地方政府债券的发行

地方政府债务、地方政府债券和城投债这三个概念具有不同的含义，但是又具有密切的关系。债务和债券有关系，但并不等同。地方政府债务是由于地方政府财政收入短缺和增加经济建设投资等原因发生不同性质的借款。地方政府债券是指由有财政收入的地方政府及地方公共机构发行的债券，是依据地方政府信用、以承担还本付息责任为前提而筹集资金的标准化债务凭证。这里要区分地方政府债务和地方政府债券，前者是早期没有债券市场时地方政府发生的债务，后者是中央政府债券市场建立以后，地方政府以发行债券形式发生的债务。用法律语言表达，地方政府债券是"以省、自治区、直辖市和计划单列市人民政府（以下简称'地方政府'）作为债务人承担按期支付利息和归还本金责任"的可流通记账式债券。地方政府贷款和发行债券都形成地方政府债务。城投债是地方政府投资建立的城投平台公司发行的债券，属于公司信用类债券。由于城投公司执行地方政府的政策性功能，通常有地方政府的隐性担保。

一、地方政府债券的代理发行

2015 年以前地方政府债券发行机制采用发债额度行政批准、代理发行或自行组织发行、财政部统一代理兑付的模式。每年各省发债额度和期限由国务院统一批准，募集资金用于本级或市县政府，最终用途一般为基础设施建设；债券本息统一

---

① 金香爱，李岩峰. 我国地方政府债券发行法治化的路径选择——以新修订的《预算法》实施为背景[J]. 金融理论与实践，2018（12）.

上缴财政部，由财政部代理兑付。若为财政部代理发行，则由财政部国债承销团认购和分销债券；若为省级政府自行组织发行，则承销团成员由省级政府聘请。目前地方政府债券缺乏第三方评级和信息披露材料，其债信取决于财政部代理兑付的国家信用担保，且投资人利息收入免征企业所得税，故实质是由地方政府使用的国债。在代理发行阶段的地方债，其债券信用具有"准国债"特征，但第三方评级和信息披露方面尚不完善。中央财政代理地方政府发行地方债模式见图 11–1。

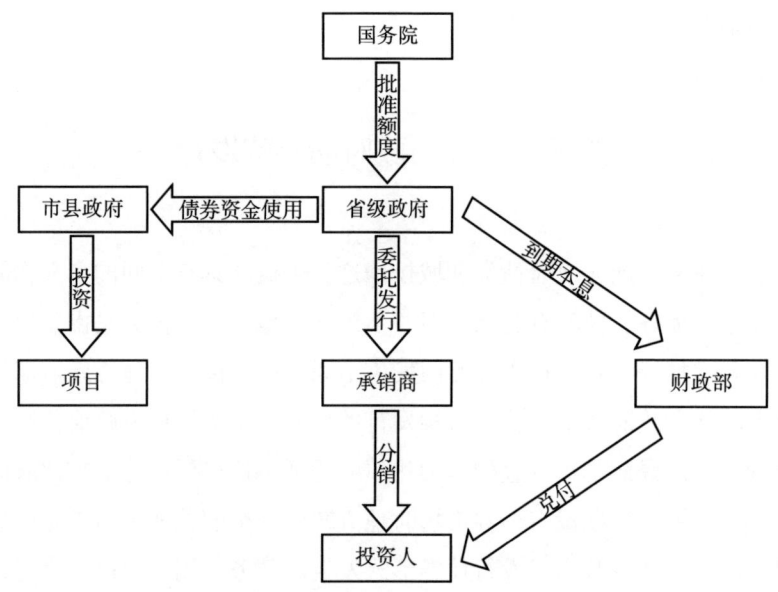

图 11–1 中央财政代理地方政府发债模式

资料来源：笔者绘制。

（一）重新界定地方政府债务

根据财政部 2015 年的定义，地方政府债券（以下简称"地方债"）是指以省、自治区、直辖市和计划单列市人民政府（以下简称"地方政府"）作为债务人承担按期支付利息和归还本金责任，由财政部代理发行、代为办理还本付息和拨付发行费的可流通记账式债券。地方债期限分别为 3 年、5 年，利息按年支付，发行后可按规定在全国银行间债券市场和证券交易所市场（以下简称"交易场所"）上市流通。

（二）发行额度管理

地方债发行实行年度发行额度管理，全年债券发行总额不得超过国务院批准的当年发行额度。地方债每期发行数额、发行时间等要素，由地方政府与财政部协商确定。

（三）发行与上市

财政部代理发行地方债采用市场化招标方式。参与投标机构为 2012～2014 年记账式国债承销团成员。每期地方债招标日 5 个工作日前（含第 5 个工作日），财政部通过财政部网站、中国债券信息网等渠道向社会公布地方债发行文件。发行文件包括债券招标日、发行日、缴款日、上市日、还本付息日等内容。财政部于招标日通过"财政部国债发行招投标系统"组织招投标工作，地方财政部门指派地方政府观察员现场观察招投标过程和招标结果。

招投标结束后，财政部通过财政部网站、中国债券信息网等渠道向社会公布中标结果。招投标结束至缴款日为地方债发行分销期。中标的承销团成员可于分销期内在交易场所采取场内挂牌和场外签订分销合同等方式向符合规定的投资者分销。地方债债权确立实行见款付券方式。承销团成员不晚于缴款日将发行款缴入国家金库××省（自治区、直辖市、计划单列市）分库。地方财政部门于债权登记日（即缴款日次一个工作日）中午 12：00 前，将发行款入库情况告知财政部（国库司）。如地方财政部门在发行款缴款截止日期前未足额收到中标承销团成员应缴发行款，财政部（国库司）将不晚于债权登记日下午 15：00 通知中央国债登记结算有限责任公司（以下简称"中央结算公司"）。

中央结算公司办理债权登记和托管时对地方财政部门未收到发行款的相应债权暂不办理债权登记和托管；对涉及中国证券登记结算有限责任公司（以下简称"证券登记公司"）上海、深圳分公司分托管的部分，中央结算公司应不晚于债权登记日 16：00 书面通知证券登记公司上海、深圳分公司，后者办理债权登记和托管时对地方财政部门未收到发行款的相应债权暂不办理债权登记和托管。对于未办理债权确认的部分，财政部根据地方财政部门发行款收到情况另行通知中央结算公司处理。中央结算公司如在债权登记日下午 15：00 前未收到财政部关于不办理全部或部分债权登记的通知，证券登记公司上海分公司、深圳分公司未在债权登记日下午 16：00 前收到中央结算公司关于不办理全部或部分托管债权的通知，即办理全部债权登记和托管手续。

财政部代理发行地方债，除代为收取向承销团成员支付的发行费，不向地方政府收取其他费用。3 年期、5 年期地方债发行费分别为发行面值的 0.5‰、1‰。财政部于招标日结束前通知地方财政部门当期地方债应支付的发行费金额。地方财政部门于缴款日后 1 个工作日足额将发行费缴入财政部在中国农业银行总行营业部开立的"财政部代理发行地方政府债券往来资金专户"（以下简称"中央财政专户"），并及时报告发行费缴纳情况。地方财政部门因故不能按时缴纳发行费的，应及时报告。

财政部确认中央财政专户足额收到地方财政部门缴纳的发行费后，若承销团成员已足额缴纳发行款，财政部不晚于缴款日后 5 个工作日代为办理发行费拨付；若承销团成员未按时、足额缴纳发行款，财政部不晚于收到地方财政部门确认该承销团成员发行款足额入库报告后 5 个工作日代为办理发行费拨付。地方财政部门未按时足额向中央财政专户缴纳发行费的，财政部采取中央财政垫付方式代为办理发行费拨付。地方债于上市日起，按规定在交易场所上市流通。

（四）还本付息

地方财政部门应当于规定时间将还本付息资金足额上缴中央财政专户。财政部按照有关规定代为办理地方债还本付息。地方财政部门不晚于还本付息日前 5 个工作日将债券还本付息资金缴入中央财政专户，并及时报告还本付息资金缴纳情况。地方财政部门因故不能按时缴纳还本付息资金的，须及时报告。

中央结算公司不晚于还本付息日前 11 个工作日向财政部（国库司）报送还本付息信息。财政部不晚于还本付息日前 10 个工作日通知地方财政部门还本付息信息。

财政部不晚于还本付息日前 2 个工作日将债券还本付息资金划至中央结算公司账户。中央结算公司于还本付息日前第 2 个工作日日终前将证券交易所市场债券还本付息资金划至证券登记公司账户。中央结算公司、证券登记公司应按时拨付还本付息资金，确保还本付息资金于还本付息日足额划至各债券持有人账户。地方财政部门未按时足额向中央财政专户缴纳还本付息资金的，财政部采取中央财政垫付方式代为办理地方债还本付息。

（五）地方政府债务的重整

改革开放初期，中央和地方财政都非常困难。1994 年分税改革以后，中央财政收入增长较快，地方财政收入增长较慢。但是地方的事权，特别是与地方经济发展有关的基础设施建设，加剧了地方财政收支的矛盾。地方政府通过开发性金融利用银行贷款和发行城投债券及地方政府债券，实现了基础设施的快速发展。但是到 2008 年以后，地方政府债务和隐性债务余额增加引起中央有关部门重视。不过这一时期，由于地方经济还维持较高的增速，偿还债务还没有遇到问题。2018 年以后，由于经济下行，特别是受 2020 年新冠肺炎疫情的影响，财政收入的增速下降很多。北方多数省份遇到困难，2021 年底鹤岗财政重整的问题引起广泛注意，大家担心出现美国地方政府破产的情况，债务重整提上了议事日程。

地方政府债务问题，除了受到经济下行影响，也与财政体制、中央地方关系和财政事权安排以及土地财政政策等的变化有关。中国实施分税制，中央政府对地方政府有转移支付。而美国是联邦体制，地方政府相对独立。因此债务重整要纳入财政重整。财政重整主要是债务重组，但是也涉及削减财政支出、增加财政收入等增收节支的措施。《预算法》修订以后，地方债务逐渐阳光化，中央明确要求地方政府历史上的隐性负债必须加以清理，不能发生新的隐性债务。

总之，地方政府的债务问题比较复杂，涉及经济发展、土地政策变化、地方事权增加的影响，也与中央近年来加强地方财政和债务的管理、土地财政和城投债受到了约束有关。多种因素叠加，经济发展相对落后地区的财政遇到了更大的挑战。

二、地方政府债券的自主发行

（一）发行方式

如前所述，由于市场不发达和主体身份不明确，早期地方政府债发行主要依靠两种发行方式：财政部代理发行和地方政府融资平台发行。目前地方政府发行债券的主体身份明确，普遍采取公开招标和定向承销两种发行方式。采用公开招标发行方式的地方政府债，由机构根据自身需求参与招标，对主承销商和副主承销商有最低承销额要求。发行后，债券可以在全国银行间债券市场和证券交易所债券市场流通。地方债券主承销在公开招标时定价的下限基于招标日前一段时间（五个工作日）同期限国债收益率，通常是在过去五个工作日同期限国债收益率上加点发行。

定向承销方式主要用于存量债务置换。采取定向承销方式发行地方债时，省级政府面向县、市政府存量债务中特定债权人，采取簿记建档方式发行地方债，用以置换本地区地方政府相应存量债务。采用定向承销发行方式的地方政府债直接与地方即将到期或者未到期的相关债务对应，只能通过柜台进行交易，在商业银行财报上显示为记账科目的变化，不涉及资金的流动。定向承销方式进一步丰富了地方债的发行方式，有利于推动地方政府高效、便捷地开展存量债务置换。目前地方政府债以公开招标发行为主，采用定向承销发行方式的地方政府债占比较低，原因是定向承销方式发行的利率较高，对地方政府而言融资成本提高，且定向承销方式一般只适用于置换银行贷款存量债务，可适用范围较为有限。

（二）发行期限

地方政府债发行期限有 1 年期以下、1 ~ 3 年期、3 ~ 5 年期、5 ~ 7 年期和 7 ~

10 年期等种类。2017 年全年 3 ~ 5 年期地方政府债发行规模最大，为 14764.57 亿元；其次为 5 ~ 7 年期地方政府债，发行 11939.72 亿元；7 ~ 10 年期、1 ~ 3 年期和 1 年期以下的地方政府债发行量分别为 8788.08 亿元、7988.57 亿元和 100 亿元。2018 年 5 月 8 日，财政部发布《关于做好 2018 年地方政府债券发行工作的意见》，对于公开发行的一般专项债券、公开发行的普通专项债券，增加 15 年、20 年期限。这有助于进一步优化地方政府债务的期限结构，缓解还本付息压力。2021 年地方政府债券的平均期限为 11.95 年，其中一般债券 7.7 年，专项债券 14.16 年。[①] 采用定向承销方式发行的地方债分为一般债券和专项债券，发行期限略有不同：一般债券期限为 1 年、3 年、5 年、7 年和 10 年；专项债期限为 1 年、2 年、3 年、5 年、7 年和 10 年。

（三）2018 年 9 月以后的地方政府债券发行机制调整及市场的变化

2018 年以前，地方债券平均认购倍数为 3 倍，2018 年 9 月及之后，平均认购倍数为 19 倍，出现 20 年期及 30 年期的超长期债券。一、二级市场利差缩小，说明地方政府债券市场效率有所提高。新的发行机制导致地区之间地方政府债券与国债之间的利差相对拉平[②]，与国债之间的利差为 26 个 BP。2021 年发行全场倍数（投标量与计划发行量之比）为 24.33 倍，实际全场倍数取决于发行期限。[③]2021 年发行利率比 2020 年略有下降。

地方政府债券市场既具有政府债券市场的特点，也具有公司债券市场的特点。因为我国地方政府承担很多有风险的基础设施和产业项目。此外，中央政府和地方政府之间存在上解和转移支付的问题，地方政府的财政收入主要依靠税收，而税收取决于经济增长。

在过去很多年里，地方财政收入也依赖于土地收入。"持续增长的土地财政收入在增强地方政府财政实力、支持地方基础设施建设、稳定国内经济发展等方面发挥了重要作用。同时，部分地方政府为了追求经济增长和财政收入，对土地财政过度依赖，在一定程度上推升了房地产泡沫以及隐性债务风险"。[④] 随着可供土地数量的减少和房地产市场的低迷，未来地方债券市场将发挥前所未有的作用。

截至 2022 年 11 月末，全国地方政府债券余额 348741.50 亿元，其中一般债券余额 142436.32 亿元，专项债券余额 206305.18 亿元。地方政府债券剩余平均年限

---

①③　财政部政府债务研究和评估中心. 地方政府债券市场报告 [J]. 债券，2022（2）.

②　周茂彬. 对地方政府债券发行情况及发行机制变化的实证研究 [J]. 债券，2022（2）.

④　王正国，胡博. 健全财政收支管理 助力财政政策提质增效——土地出让金征收管理改革分析 [J]. 债券，2021（9）.

8.5 年（其中一般债券 6.3 年，专项债券 10.1 年），比 2021 年末增加 0.7 年。地方政府债券平均利率 3.39%，其中一般债券 3.39%，专项债券 3.39%。加上非政府债券形式存量政府债务 1622.73 亿元，全国地方政府债务余额为 350364.23 亿元，控制在全国人大批准的债务余额限额 376474.30 亿元之内。①

第四节　地方政府债券的二级市场

一、市场特点

（一）投资者类型

目前，地方政府债发行采用承销团模式和交易所市场认购的方式。承销团一般由银行、券商等机构投资者组成。自 2017 年多个省市地方政府债在上交所发行后，公众投资者也可以参与地方政府债的投资。所有开立证券账户的投资者，包括个人投资者和机构投资者，均可参与交易所地方政府债的认购。投资者可在承销商的分销阶段认购，也可等待地方政府债上市后在二级市场购买。

截至 2022 年 11 月末，银行间债券市场投资者持有地方政府债券 336746.93 亿元，占比 96.60%；柜台市场投资者持有 91.60 亿元，占比 0.03%；其他市场投资者持有 11743.64 亿元，占比 3.37%。银行间债券市场投资者中，商业银行持有 289204.01 亿元，占比 82.97%；保险机构持有 13060.82 亿元，占比 3.75%；公募基金持有 15809.29 亿元，占比 4.54%；其他境内机构持有 18594.81 亿元，占比 5.33%；境外机构持有 78.00 亿元，占比 0.02%。

（二）市场对比

交易所市场是债券集中交易的场所，其投资人主要是非金融企业和个人；而银行间市场是以金融机构为主要参与者的场外市场。这种差别也会影响到地方政府债券的发行。目前来看，大部分省市在交易所市场发行地方政府债前均增补了证券公司为承销团成员。虽然有部分省市在银行间债券市场发行地方政府债之前也增补了部分证券公司进入承销团，但由于激励机制比较薄弱，导致证券公司参与地方政府债投标的积极性并不高。另外，从 2017 年 7 月 7 日起，交易所成功试点个人投资

---

① 财政部政府债务研究和评估中心．地方政府债券市场报告（2022 年 11 月）［J］．债券，2023（1）．

者参与认购地方政府债，这在一定程度上推动了交易所地方政府债市场建设，也拓宽了交易所市场地方政府债的投资者范围。

（三）投资人结构和现券交易结构

地方政府债券市场的主要投资人是商业银行，其他机构持有人和柜台占比很小（见表11-1）。表11-1中非法人产品指公募基金募集的产品。从表11-1可以看出，保险和基金等机构投资人占比很小。

表11-1 地方政府债券2021年12月末投资者持有结构情况

持有机构		金额（亿元）	占比（%）
银行间市场	商业银行	253331.83	83.60
	信用社	1518.19	0.50
	保险机构	10229.78	3.38
	证券公司	3060.34	1.01
	非法人产品	11029.25	3.64
	境外机构	115.40	0.04
	其他	13674.81	4.51
柜台市场		78.68	0.03
其他市场		9975.83	3.29
合计		303014.10	100.00

注：根据中国债券信息网相关数据整理。
资料来源：财政部政府债务研究和评估中心. 地方政府债券市场报告［J］. 债券，2022（2）.

现券交易主要集中在银行间市场，交易所市场非常小（见表11-2）。银行间市场的投资人主要是银行，而银行属于购买后持有的投资人，因此市场交易不够活跃。

表11-2 地方政府债券二级市场现券交易情况

交易市场	12月现券交易情况		全年现券交易情况	
	总金额（亿元）	比重（%）	总金额（亿元）	比重（%）
银行间债券市场	7365.43	94.96	78753.25	97.60
上海证券交易所	388.36	5.01	1921.83	2.38

交易市场	12 月现券交易情况		全年现券交易情况	
	总金额（亿元）	比重（%）	总金额（亿元）	比重（%）
深圳证券交易所	2.28	0.03	18.51	0.02
合计	7756.07	100.00	80693.59	100.00

注：根据中国债券信息网、上证债券信息网、深圳证券交易所官网相关数据整理。

资料来源：财政部政府债务研究和评估中心. 地方政府债券市场报告［J］. 债券，2022（2）.

（四）流动性和换手率

1. 换手率较低

虽然从发行规模来看，地方政府债已经超过国债和政策性金融债，是目前我国托管量最大的债券品种。但地方政府债的交易量和换手率并没有与之相匹配，其流动性远远低于国债和政策性金融债。2017 年全年，国债的换手率为 94.72%，政策性金融债的换手率为 259.22%，同业存单的换手率为 503.04%，而地方政府债的换手率仅为 6.65%，低于其他所有债券品种。这种情况反映了地方政府债券的投资人特点，也反映了它作为不活跃的市场工具的特点。2017 年以后地方债的换手率有所提高，达到 30% 左右，而国债换手率达到 160%，政策性金融债换手率达到220%。[①] 这说明地方政府债券换手率相对较低，与 2017 年相比，2020 ~ 2021 年现券交易换手率进一步降低，这也反映出投资人结构以单一商业银行为主的特点。2021 年上半年地方债现券交易量累计显著下降 47.50%，换手率为 13.16%，较上年同期下降 15.46 个百分点。从期限上看，剩余期限在 10 年以上的地方债成交量较高。从地区看，宁波市、山东省、北京市、厦门市换手率较高。从交易利差方面看，不同期限地方债与国债利差均较去年上半年普遍有所收窄，2021 年第二季度，不同期限地方债与国债利差先振荡收窄后分化。[②]

2. 发行利率人为压低

地方政府债券在市场中不活跃，债券流动性不高的主要原因是发行环节定价的非市场化，即地方政府债发行利率被人为压低，甚至还出现过某些省份地方政府债发行利率低于同期限国债的情况。很难想象，当国债市场化发行已经 20 年后的今天，地方政府债券仍然存在发行人过多行政干预的情况，而不是像国债市场那样，

---

① 林颖颖等. 地方债二次市场：现状、成因及流动性改善建议［J］. 中国货币市场，2021（10）.

② 2021 年上半年地方政府债券市场运行总结［R］. 中债资信研究部报告，2021 – 07 – 23.

做到一级市场和二级市场衔接，发行利率的确定以市场利率为基础。

根据最新数据，2022 年 11 月，地方政府债券平均发行利率 2.83%，环比下降 12bp，同比下降 55bp。其中，一般债券 2.77%，专项债券 2.89%。本月地方政府债券发行期限环比缩短 4.7 年，发行利率随之下降。2022 年 11 月地方政府债券发行利差区间为负 4bp 至 36bp，利差均值为 11bp。环比利差区间扩大，下限下降 11bp，上限上升 5bp，利差均值下降 5bp。不同期限债券发行利差见表 11-3。①

表 11-3　　　　　　　　2022 年 11 月地方政府债券发行利差（分期限）

期限（年）	1	2	3	5	7	10	15	20	30
利差均值（bp）		6	11	9	12	12	10	11	8

资料来源：财政部政府债务研究和评估中心. 地方政府债券市场报告（2022 年 11 月）［J］. 债券，2023（1）.

3. 发行方式没有做到标准化

除了非市场化定价以外，地方政府债碎片化的发行方式使地方政府债的平均发行规模远低于国债，从而大大降低了地方政府债的流动性。流动性低意味着价格反应迟钝，会降低市场参与人管理流动风险的空间。对于利率债和高等级信用债来说，利率风险往往是持有人面临的主要风险之一。对于标准化程度较高、单只发行规模较大的国债和政策性银行债来说，金融机构可以通过目前容量有限的国债期货和利率互换进行风险对冲，但是对于碎片化发行的地方政府债，金融机构难以对冲利率风险。

（五）一、二级市场差异较大

由于发行市场定价的扭曲，地方政府债发行利率长期低于二级市场的利率，导致机构投资者参与地方政府债认购的热情大减。对于地方政府债的主要投资者商业银行来说，由于中标的地方政府债利率低于二级市场估值水平，如果在二级市场出售会承担较大的亏损，因此在客观上缺乏交易动力，通常选择将地方政府债持有到期，从而降低了地方政府债可供交易的数量和地方政府债市场的流动性。

与国债、政策性金融债等债券品种相比，地方政府债的现券交易不够活跃。但受信用债违约案例上升等因素的影响，自 2018 年以来，投资者对地方政府债等利率债的配置需求逐步增加，地方政府债的总体成交量有所上升。由于银行资产配置

---

① 财政部政府债务研究和评估中心. 地方政府债券市场报告（2022 年 11 月）［J］. 债券，2023（1）.

的要求，也由于地方政府债发行定价的非市场化，地方政府债一级市场发行利率和二级市场交易利率存在较大的差异，使商业银行往往将地方政府债持有至到期，而不在市场中交易。这种情况反过来又影响一、二级市场价格的衔接，形成恶性循环。总体来看，地方政府债在银行间债券市场的换手率低于交易所债券市场。

二、地方政府债的托管

（一）托管余额超过国债

地方政府债可以托管在银行间债券市场，也可以托管在交易所市场。而且，目前地方政府债是可以跨市场转托管的。近年来，地方政府债托管量保持稳步增长的态势。截至 2018 年 7 月底，地方政府债托管规模约为 16.86 万亿元。以 2020 年 8 月末数据为例，地方政府债券托管余额为 24.8 万亿元，超过国债 18.2 万亿元的托管余额。①

（二）中央结算公司是地方政府债总托管人

目前来看，地方政府债托管在中央国债登记结算有限责任公司（以下简称"中央结算公司"），原因是商业银行在地方政府债承销中占据主导地位，承销后在银行间债券市场进行分销更为方便。地方政府债在中央结算公司的托管规模一直稳步增长，截至 2021 年 8 月底，地方政府债在中央结算公司的托管规模达到 28.29 万亿元左右；其中地方政府债在中国证券登记结算有限责任公司的分托管规模达到 8080.25 亿元，占比约 2.86%。②

第五节 地方政府专项债券

一、一般债券和专项债券

（一）一般债券和专项债券的区分

根据 2015 年财政部发布的《地方政府一般债券发行管理暂行办法》和《地方

---

① 中国政府网. 债券市场规模突破百万亿元 国际投资者踊跃配置中国资产 [EB/OL]. (2020 - 10 - 11) [2022 - 03 - 08]. http：//www.gov.cn/xinwen/2020 - 10/11/content_5550395.htm.

② 中国债券信息网—中债数据—统计数据。

政府专项债券发行管理暂行办法》两个文件，地方政府债可以分为专项债券和一般债券两类。两者的区别主要在于项目资金投向以及还款来源，其中一般债券是为没有收益的公益性项目筹资而发行的，以一般公共预算收入还本付息；专项债券是为有一定收益的公益性项目筹资而发行的，以政府性基金或专项收入还本付息。近年来，随着债券发行市场化水平不断提升，地方政府专项债券发行规模不断增长、总体占比稳步提高，这与财政部不断加强地方政府债务管理，逐步建立专项债券与项目资产收益对应的制度这一发展方向相适应。

（二）国家关于专项债发行的有关政策

国家政策鼓励发展专项债创新品种和提高发行额度，有助于化解地方政府债务问题。2017 年以来地方政府债务管理明显趋严，而地方债作为政策鼓励的融资渠道近年来迅速拓展。首先，经过近三年债务置换后，城投企业的债务陆续被置换成政府债券，城投企业的流动性压力和财务成本压力得到缓解。其次，政府在地方债的专项债额度内，创设出土地储备专项债券、收费公路专项债券和轨道交通专项债券等创新品种。最后，此前市场对各类创新品种有一定顾虑，主要因为创新品种都属于专项债额度，除非专项债额度有所上升，否则难以发挥更大的作用。而 2018 年专项债净发行额度达到 1.35 万亿元，较 2017 年增加 5500 亿元，相较于 2015 ~ 2017 年 1000 亿元、4000 亿元和 8000 亿元的额度，2018 年专项债发行额度进一步上升。

2020 年 12 月 9 日财政部在《地方政府债券发行管理办法》中明确："专项债券是为有一定收益的公益性项目发行，以公益性项目对应的政府性基金收入或专项收入作为还本付息资金来源的政府债券。"因此，对于有一定收益，公益性事业发展确需政府举借专项债务的项目，由地方政府通过发行专项债券融资，以对应的政府性基金或专项收入偿还。专项债采用记账式固定利率附息债券形式；规定债券期限为 1 年、2 年、3 年、5 年、7 年和 10 年及其他发行管理制度。专项债务收入应当用于公益性资本支出，不得用于经常性支出；规定专项债务利息不得通过发行专项债券偿还。①

从 2018 年 4 月开始，地方政府债发行量开始显现出一定的提速趋势。2018 年 7 月，中共中央政治局会议要求下半年稳投资，尤其是加大基础设施投资领域补短板力度。而在基础设施投资中，专项债将继续发挥主力军的作用。2018 年 8 月 14

---

① 财政部. 什么是地方政府专项债？［EB/OL］.（2021 - 10 - 22）［2022 - 03 - 08］. https：//www. so-hu. com/a/496710784_121123767.

日，财政部公布了《关于做好地方政府专项债券发行工作的意见》，要求加快专项债券发行进度。[①] 2020 年，地方政府债券发行量迅速攀升。截至 2022 年 3 月 27 日，2022 年全国 36 个发行主体成功发行 535 期地方政府债券，已发行规模为 17212 亿元。其中，专项债券 13739 亿元。未来地方债尤其是专项债的发展，将在化解地方政府债务问题中发挥更大的作用。

（三）专项债券的概念和分类

地方政府专项债券是一种专款专用的预算安排，目前仍然是财政资金使用管理方面制度创新的一次尝试。由于地方政府专项债历史较短，目前在筛选合适的投资项目、设计项目投资运营方案、搭建专项债券的全面风险管理体系，取得债券金融市场对项目的认可等方面，都是地方政府发行专项债券要解决的问题。为了建立规范的地方政府融资机制，增强地方经济财政发展的可持续性，必须进一步探索 PPP 与专项债的结合方式，撬动社会投资，创新多元化融资模式，从而有效地控制和管理地方政府债务风险。目前地方政府专项债包括普通专项债和项目收益专项债（见图 11 - 2）。

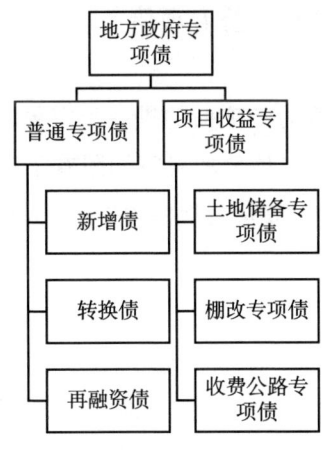

图 11 - 2　地方政府专项债

资料来源：笔者绘制。

二、地方专项债的发展历史

2015 年 4 月 2 日，财政部印发《地方政府专项债券发行管理暂行办法》。文件

---

① 《财政部关于做好地方政府专项债券发行工作的意见》。

指出地方政府专项债券是指省、自治区、直辖市政府（含经省级政府批准自办债券发行的计划单列市政府）为有一定收益的公益性项目发行的、约定一定期限内以公益性项目对应的政府性基金或专项收入还本付息的政府债券。此后的几年，关于地方专项债发行、管理的制度不断完善。

2017 年 7 月 12 日，财政部发布《关于试点发展项目收益与融资自求平衡的地方政府专项债券品种的通知》，与传统意义的普通专项债相区别的项目收益专项债品种问世。文件中提及的项目收益与融资自求平衡的专项债券品种，是从我国实际出发，为鼓励开发收益项目而设计的新债券品种。其中地方政府"市政项目收益债"，将专项债券与项目资产的收益相对应，使投资人可以穿透看到资产的收益，减轻了对地方政府连带责任的依赖。目前已经先后推出土地储备专项债、收费公路专项债、棚户区改造专项债等多种类型的项目收益专项债品种。

财政部 2018 年《财政部关于做好 2018 年债务管理工作的通知》对专项债的发行与管理等做了细化与完善，从项目融资入手，努力革除过往专项债的一些弊端。此外，该文件最明显的信号是在政策上鼓励项目收益专项债的发行，项目收益专项债未来有不断放量的政策趋向。

三、从普通专项债到项目收益专项债

项目收益专项债是基于普通专项债的进一步完善。从发行期限来看，2018 年以后，普通专项债比项目收益专项债的发行期限有了更大的自由度。2018 年 8 月 14 日，厦门市政府发行了一期 10 亿元规模的长达 20 年期的普通专项债。

（一）发行限额

地方政府专项债券的发行一般需要经历上报、审批、通过、下发、发行、承销、评级与认购等几个环节，实际上为支持地方政府债券的顺利发行，货币、财政与监管政策往往也会给予配合，并鼓励金融机构认购地方政府债券。

市县级财政部门需要会同行业主管部门在下半年向省级财政部门上报第二年的专项债券额度需求，并由省级财政部门进行汇总并上报给国务院，最后由国务院报全国人大批准。

全国人大和财政部批准后，财政部将各地区专项债务限额报国务院批准后下发给省级财政部门，省级财政部门在此限额内提出限额方案，并报省级人大批准后下发。

财政部 2018 年在《财政部关于做好 2018 年债务管理工作的通知》中提出了

在严格执行法定限额管理的同时，鼓励各地区按照《关于试点发展项目收益与融资自求平衡的地方政府专项债券品种的通知》文件规定，积极利用上年末专项债务未使用的限额发行项目收益专项债，体现了对项目收益专项债的政策倾斜。发行方式和对应项目方面，项目收益专项债券可以对应单一项目发行，也可以对应同一地区多个项目集合发行，但项目性质必须相同。相对而言，普通专项债多是在不同地区，对不同类型的项目集合发行债券。

（二）项目管理

普通专项债券以单项政府性基金或专项收入为偿债来源。监管要求专项债务收支应当按照对应的政府性基金收入、专项收入实现项目收支平衡，不同政府性基金科目之间不得调剂，但可以"跨项目"。项目收益专项债券明确了不同专项债券对应项目的偿债资金来源，不得通过其他项目对应的项目收益偿还到期债券本金，探索实现不同类型地方政府专项债券"封闭"运行管理，不可以"跨项目"。这样有利于锁定债券风险范围，切实保护投资者的合法权益。同时采取"自负盈亏"的项目融资模式，有利于加强政府对财政资金使用的监管力度。

（三）信息披露

在信息披露方面，项目收益专项债发行时的信息披露要求更为严格。此外，在债券存续期内，普通专项债与项目收益专项债都要求按有关规定持续披露募投项目情况、募集资金使用情况等。目前尚未通过相关公告发现有关项目进展、资金使用等情况的披露。有关部门正在推广 2023 年 4 月 13 日广东省地方政府债券发行试点成功经验，所有绿色债券统一按中债绿色债券环境效益指标进行披露①。

四、地方政府专项债的发行现状与趋势

（一）未来专项债发行将以新增的项目收益专项债为主

根据债券的发行目的，可将专项债划分为新增债、置换债和再融资债等不同类型。新增债即为满足增量的地方政府融资需求所发行的专项债；置换债是根据 2015 年底财政部的《关于对地方政府债务实行限额管理的实施意见》，将通过非政府债券方式举借的地方政府存量债务，通过 3 年的过渡期，在限额内置换成地方政

---

① 中央结算公司，2023 - 06 - 26。

府债券；再融资债即为借新还旧而发行的债券。2018 年 3 季度以前，专项债发行主要为置换或再融资债，新增专项债的发行规模相对较小。

1. 项目收益债占比提高

2018 年 8 月 14 日，财政部公布《关于做好地方政府专项债券发行工作的意见》，要求加快（新增）专项债券发行进度。[1] 在政策刺激下，2018 年新增专项债发行加速，置换或再融资债券规模较小。随着地方债务置换工作完成，未来专项债的发行将以新增债为主。截至 2022 年 6 月底，新增专项债共发行 3.41 万亿元，占 2022 年已下达的 3.45 万亿元专项债发行额度的 99%，发行任务完成情况较以往年度大大提前。[2] 2022 年以来，在国内经济下行压力以及稳增长诉求下，地方债务尤其是专项债作为积极财政政策的重要着力点，需要做到"早发行、早使用"，从而专项债资金的下达成为支撑基建投资增速维持高位的重要举措。[3] 截至 2022 年 11 月，全国地方专项债发行 4.03 万亿元。

置换或再融资专项债几乎全部为普通专项债，一方面因为项目收益专项债直到 2017 年 7 月才开始出现，另一方面因为项目收益专项债主要针对新的融资需求发行而非承担置换功能。在《关于试点发展项目收益与融资自求平衡的地方政府专项债券品种的通知》文件提到，因项目取得政府性基金收入或专项收入暂时难以实现，不能以此偿还到期债券本金时，可在专项债务限额内发行相关专项债券，作为周转金，先期垫付偿还，项目收入实现后归还垫付资金。因此发行的项目收益专项债中会有一定量的再融资债。

新增专项债中，项目收益专项债占比逐渐增多是一种趋势。从项目收益专项债的分类来看，土储专项债的占比最大，其次是棚改专项债和收费公路专项债。当前市场上，项目收益专项债的整体规模尚小，无法完全满足地方在基建投资和改善民生等领域的资金需求。未来项目收益专项债的品种和规模都将有较大的扩张空间，将逐渐承担起过往城投债、贷款、非标等具有的地方政府融资职能，因此，项目收益专项债发行具有明显的政策倾斜。

2. 专项债适应产业政策

除了项目收益专项债，新增专项债中也涌现出更多响应国家宏观政策的创新债项。例如，新增地方专项债券助力中小银行化解风险。2020 年，全国人大批准安排新增专项债券额度 3.75 万亿元。经国务院批准，2020 年 11 月 11 日，已下达用于支持化解地方中小银行风险的新增专项债券额度 2000 亿元，分地区下达额度。

---

[1] 《财政部关于做好地方政府专项债发行工作的意见》（财库〔2018〕72 号）。

[2][3] 张弛. 新增专项债限额收尾 政策敦促"用足用好"资金推动项目建设［J］. 债券杂志，2022（8）.

2020 年 12 月 7 日，中央结算公司支持广东省政府成功发行全国首单支持中小银行发展专项债券，为中小银行补充资本金，助力提升其风险抵御能力和服务实体经济能力。本期债券发行规模为 100 亿元，期限为 10 年，存续期第 6～10 年每年偿还 20% 本金，发行利率为 3.52%，认购倍数 16.16 倍。所募资金将分别支持郁南农信社、普宁农商行、揭东农商行、罗定农商行 4 家中小银行补充资本金 40 亿元、37 亿元、14 亿元和 9 亿元。[①]

（二）专项债发行存在区域分化

自 2015 年以来的专项债累计发行规模看，发行量排名靠前的省份集中在江苏、山东、浙江、广东等东部沿海地区，而新疆、甘肃、青海、宁夏、西藏等西部地区的专项债发行较少。地方债发行规模与其专项债限额有较大的相关性，以 2017 年为例，根据财政部数据统计的专项债限额与实际发行情况具有很高的契合度。

1. 普通专项债

过去几年，普通专项债主要用于存量债务的置换，新增的普通专项债占比较少。其中，新增普通专项债主要分布在江苏、山东、河北、广东等地。因为普通专项债的发行往往对应着不同类型的公益性项目，根据汇总的 2018 年 9 月发行的一些普通专项债投资方向可以看出，普通专项债基本上也是以土储、棚改、城市道路等公益性领域的投资为主。

2. 土储专项债

土储专项债中所指的土地储备是指地方政府为调控土地市场、促进土地资源合理利用，依法取得土地，进行前期开发、储存以备供应土地的行为。土储专项债在项目收益专项债中的占比较高，土储专项债的发行主要分布在江苏、广东、天津等地。

3. 棚改专项债

棚改专项债中所指的棚户区改造，是指纳入国家棚户区改造计划，依法实施棚户区征收拆迁、居民补偿安置以及相应的腾空土地开发利用等的系统性工程，包括城镇棚户区（含城中村、城市危房）、国有工矿（含煤矿）棚户区、国有林区（场）棚户区和危旧房、国有垦区危房改造项目等。棚改专项债的发行主要分布在山东、安徽、江西、江苏等地。

4. 收费公路专项债

收费公路专项债中所指的政府收费公路，是指根据相关法律法规，采取政府收

[①] 中国债券信息网—中债数据—统计数据。

取车辆通行费等方式偿还债务而建设的收费公路，主要包括国家高速公路、地方高速公路及收费一级公路等。收费公路专项债发行主要分布在浙江、广东等地。

（三）专项债定价与二级市场的流动性

不同的专项债品种之间的一级市场发行定价并没有明显的差异，通过对比 5 年期专项债发行利率均值与同时期的 5 年期一般债发行利率均值，可以发现专项债与一般债在一级市场的发行利率的差异并不明显；从专项债与地方政府债整体的二级市场的估值情况来看，也未有明显的分化。从二级流动性的角度来看，无论是普通专项债还是项目收益专项债的流动性都有所增强，且项目收益专项债相较普通专项债换手率更高，这是由于项目收益专项债的发行在 2017 年 7 月以后，而 2017 年以前有较大规模的存量普通专项债，交易相对清淡。

（四）绿色政府债券

绿色债券具有绿色和债券双重特点。绿色政府债券属于专项用途债券，发行人或投资人指定用途并选择了绿色领域。从管理角度来看，问题的重点是绿色债券的认定标准。目前各国和地区有很多成功做法可以借鉴。绿色债券管理与其他专项政府债券并无不同，为了吸引更多投资人，国家信用和政府信用对于绿色债券是非常重要的。

作为债券，绿色政府债券要根据其绿色特点，寻找和扩大投资人基础。绿色债券如果是专项债券，就要考虑其风险特点。用于绿色领域的债券可能有较好的收益，也可能收益不好，这时就要考虑是否给予投资人适当担保或补偿。也可以考虑发行时附带 CDS 类保险产品，或者考虑碳排放指标补偿或奖励。碳排放指标有市场价格，也可以在适当场所进行交易。

绿色政府债券的市场中投资人可能有两类：一类是从债券的安全性、收益性和流动性考虑的，通常活跃的市场中介机构、公募基金和私募证券基金都属于这一类。另一类投资人如各类养老保险基金，银行和一部分个人投资者会选择期限较长、安全性较高的绿色政府债券长期持有。

对于不同类别的投资人，可以设计不同的品种。笔者认为绿色政府债券重点应该考虑长期稳定的投资人基础。我国和国外有很多成功的经验，例如永续债券、年金债券都是 19 世纪英格兰银行代表皇家发行的国债品种，这些债券适合长期投资人和个人投资人。还可以考虑采用有奖债券或者绿色彩票等形式发行绿色政府债券。

绿色债券如果数量有限，会影响流动性。发行方式可以多样化，可以发行长期附息债券，但是本息可以分离交易，这样就会增加其流动性。可以发行以七天回购利率为基准的浮动利率绿色债券，建立固定浮动利率的掉期市场，这些都有助于活跃债券市场；也可以考虑广泛使用数字技术和区块链技术等的应用，如实现数字债券、绿色溯源、数字平台交易等。

第六节 地方城投债

一、城投债券市场

城投债是地方政府融资平台发生的债务。城投债可以按照债务形成方式和使用方向划分。形成方式包括贷款和发行债券；使用方向包括基础设施和特定公益项目。城投债券又称"准市政债"，是地方投融资平台作为发行主体，公开发行的债券，其主业多为地方基础设施建设或公益性项目。相对于产业债而言，城投债主要用于城市基础设施等投资方向。

第一笔城投债起源于20世纪90年代的上海，由于当时债券交易市场不发达，交易不活跃。但正式开始陆续发行并进入市场，是起源于21世纪初国家开发银行为苏州市城投公司设计并发行的城投债。由于国家开发银行是城投的主要贷款人，同时也是当时中国最大的企业债券的承销商，因此作为财务顾问和主承销商，成功地把苏州城投带到市场上来。从2000年初期地方城投债开始发展起来，各省份的城投公司是各地为了向国家开发银行取得贷款而建立的。

（一）城投债的历史

1. 早期历史

地方城投债包括城投贷款和发行债券形成的债务。20世纪80年代，广州国投就在国际资本市场上发行债券，投资地方建设项目。真正意义上的城投债始于20世纪90年代。1992年，为支持浦东新区建设，中央决定给予上海五方面的配套资金筹措方式，其中之一是1992~1995年每年发行5亿元浦东新区建设债券的额度。1992年第一只城投债在上海发行，规模为5亿元。2000年以后，城投债券发展的背景是地方政府投资平台的发展。2000年初期，开行与地方政府的直接合作受到预算法对于地方政府发生债务的限制，开始通过地方政府的投资平台进行贷款。全国各地为了取得开行贷款，建立了很多按照产业划分的平台。

城投公司最早是承担国家开发银行各省级分行贷款的借款主体。国家开发银行推动开发性金融以后，最早支持了地方政府平台发行债券。2003 年，国家开发银行为苏州市工业园区城投公司设计并向国家发展改革委申请发行全国第一笔城投债，国家开发银行以承销商的身份承销这笔债券。此后城投债券迅速在全国发展起来。2008 年全年发行 13 只城投债，规模约 350 亿元，2009 年以来城投债发行逐渐加快。但是城投债利率也随之飙升。

早期城投债利率较高主要有两个原因：一是我国货币政策由适度宽松向稳健转向，人民银行多次提高存款准备金率和存贷款基准利率；二是投资者对地方政府债务风险、城投债风险和信托贷款的担忧，导致城投债券发行产生较高的风险溢价。总体来看，相对于偿付能力，这一时期我国地方政府的城投债务风险总体是可控的。

2. 快速发展阶段

2009 年，在政府"4 万亿"投资计划刺激下，城投债的发行规模较 2008 年实现了跨越式发展，直接融资占社会融资的比例大幅提高。2012～2014 年，在政策鼓励扶持下，投向保障性住房等民生领域的城投债规模开始快速增长，带动城投债发行规模迎来新一波井喷式增长。2015～2019 年，随着《国务院关于加强地方政府性债务管理的意见》的颁布，我国地方债发行体系正式建立，城投债融资相对减少。

3. 平稳发展阶段

2020 年，城投债发行规模及净融资规模大幅增长。从 2020 年开始，央行会同发改委、证监会下发文件，指出要从源头上控制信用债（包含城投债）的无序扩张。此后，监管趋严，行业趋于更加健康的发展。江苏省、浙江省和山东省城投债净融资额位列前三，天津市、山西省和西藏自治区城投债净融资规模大幅下滑。由于地方政府债券发行受到控制，城投公开债发行规模及净融资规模大幅提升。[①] 近年来，中高评级城投公司的净融资额增高，区县级城投再融资有所改善。整体来看，再融资情况改善的区县层级平台仍主要集中在经济发达区域，市场对于下沉资质仍较为谨慎。

（二）城投债的性质

城投债的发行人通常是城投公司。城投公司在法律上是独立的经济实体，是地方政府的融资工具。多数城投公司都是地方政府为了向开发银行借款而组建的。有

---

① 周岳等.2020 年城投发债盘点［R］.中泰证券研究所报告，2021－11－08.

些城投公司，如上海久事和城投公司，因地方政府注资和自身发展，已经成为实力雄厚的经济实体，经过多年发展和政府注资，净资产足够大，有充分的借债和偿债能力。但是西部和北方的一些城投公司，资本金不足，成为自身实力不足的纯融资平台。这些城投公司依附于地方政府的机构，不是完全独立的经济实体。地方政府在可能的情况下，会帮助有困难的城投公司。但是，如果地方政府有困难，也会让其破产，历史上广东国投就是一个例子。多数经济落后地区的城投公司则实力不够雄厚，如果没有财政支持，偿债能力有限，违约的风险较大。

作为债券品种的城投债是根据发行主体来界定的，其性质是公司信用类债券。城投债主要是用于城市基础设施等的投资发行的，从债券品种来看，多为企业债和中期票据。市场人士也把城投债称为"准市政债"，因为资金多用于地方基础设施建设或公益性项目。

（三）城投债的特征

城投债募集资金通常投向资本密集、投资回报期长、具有公共物品性质的市政项目。但从债券的立项、审批和发行、到流通和偿还完全套用企业债的运作模式，实际上是地方政府实现其筹集市政建设资金目标的融资工具。

地方政府一方面在债券发行计划上给予发行企业倾斜，另一方面为发债主体提供诸如隐性担保、开发许可和税收优惠等各种政策，一旦出现兑付问题，地方政府具有强烈责任代为偿还，因此城投债的发行具有很强的政府背书。这些特征使城投债具有非常复杂的属性。

（四）城投债券的监管

早期城投债券监管政策不够明确，监管缺失严重，主要表现在以下两点：①相关的法律法规不完善，基本依照《中华人民共和国证券法》《企业券管理条例》等少数几个法律法规进行管理，缺乏专门的法律法规对城投债进行规范。②作为新生事物，监管层的态度不明朗。一方面，在政策上为城投债的发行打开了缺口，给这一新生事物保留了生存的空间；另一方面，对城投债整体的监管较严，限制较多。

此后，国家主管部门对地方政府企业债券的发行采取积极态度。2005年，国家发展改革委开始审批地方企业债券的发行申请，这样地方政府全资控股国有企业的政府投融资平台可以通过发行企业债券的方式进行融资，这一审批上的变化标志着监管层对于地方政府融资平台以及城投债的态度转暖。2008年1月，发改委财金司发布了《国家发展改革委关于推进企业债券市场发展、简化发行核准程序有关事项的通知》，将企业债审批环节由先核定规模、后核准发行两个环节，简化为直接核准发行一个环节。用于固定资产投资项目的债券，累计发行额的上限由该项目总投资的20%提高至60%。这一改变使得平台公司发债融资空间得到很大的拓展。

2010年以后，由于地方政府债务规模和隐性债务引起监管部门的重视，对城投债的管理也逐步严格。2011年6月，银监会再次下发《中国银监会办公厅关于印发地方政府融资平台贷款监管有关问题说明的通知》，进一步要求对融资平台实施名单制管理，并明确划定了四类可贷款和四类不可贷款的融资平台范围，再次收紧融资平台贷款政策。由于减少了平台贷款，地方资金需求更多转向了发行城投债。

二、城投债发行以来面临的主要问题

（一）城投债与地方政府之间的关系

地方政府城投债虽然不是政府直接发生的债务，但是作为地方政府推动经济发展，特别是基础设施建设的政策工具，具有和企业债券不同的特点，表现在，城投债的信用与地方政府对于偿债的支持和隐性担保有直接关系。

1. 地方政府城投债与地方政府换届

在市场经济条件下，地方政府已成为具有独立经济利益的主体。由于市场和资源有限，各地为了推动本地区经济快速发展，努力争取更大公共项目投资和更多的金融资源。一些地方官员在任期内大举借债，最后把烂摊子留给下任的情况并不少见。因此，发行地方政府债券一定要量力而行，应避免超出地方政府的偿付能力而大量发债。从地方政府"城投债"的偿还期限来看，地方政府一般债务通常期限为3年，城投债等其他形式的政府负债大部分期限为5~10年。这就是说，无论是地方政府债还是城投债的偿还期限都会出现跨越两届地方政府任期的情况，这容易导致"寅吃卯粮"的超前融资与负债的情况。一旦赋予地方政府发债权，就不能排除在地方利益的驱动下，出现一哄而上、竞相举债的可能，最终将导致地方债务危机。如果城投债出现问题，就会导致资金链断裂，引发市场恐慌，给中国经济带来不可预测的风险。因此，2008年以后，中央政府逐渐收紧了地方政府发债的权限，同时也限制了城投债的发行。

2. 地方政府城投债与政绩工程

地方政府有通过城投债进行建设，实现政绩工程的动机。但由于缺乏科学决策程序，个别官员出于个人政绩的考虑，仅凭个人意志拍板，脱离实际，不顾财力，前建后拆、前拆后建的重复建设和盲目投资建设"形象工程"的现象在一段时间内非常普遍，结果导致社会资源浪费严重。由于城投债偿还不直接使用预算安排，难以实现地方人大进行全面监督。在这种情况下，必须确保地方政府发债募集的资金真正产生有效益的资产，实现保增长和改善民生、造福人民的目标。

（二）城投债券的违约风险

1. 2009 年地方城投债券迅速发展

从 2003 年开发银行实施开发性金融战略，到 2008 年以前，国家开发银行为地方政府进行信用建设，做实平台，贷款稳步增长，有力支持了地方基础设施建设和地方经济发展。2008 年以后，城投债务迅速增加。央行统计数据显示，2008 年全国有 3800 多家地方融资机构，管理总资产达 8 万亿元，负债规模急剧扩大。地方融资平台的项目融资中 85% 以上靠银行贷款，其他靠发行债券。在地方政府的大量举债需求之下，2009 年"城投债"规模迅速膨胀。2009 年末期地方政府债务余额为 7 万亿元、已计入同期地方财政收入增长。通过发行债券产生的城投债务未必是地方债务中最具风险的部分，真正令人担忧的是信贷负债的风险。在"保增长"过程中，许多地方政府过度依靠银行资金搞建设，负债规模速度增长。有些地方政府甚至借信贷宽松的机会极力加大地方融资平台建设，而这些融资平台过度负债现象已非常严重。一些地方的债务率远远超过了风险控制警戒范围。个别地区城建融资平台注册资金不足 1 亿元，每年贷款建设规模却高达几十亿元，地方政府过度信贷举债的财政风险正快速转化为银行金融风险。[①] 这种情况很快引起了中央有关部门的注意。

2. 2011 年以后城投债风险初步显露

2010 年 6 月，国务院办公厅发布《国务院关于加强地方政府融资平台公司管理有关问题的通知》，加强对融资平台公司的融资管理和银行业金融机构等的信贷管理。当时城投平台的主要融资渠道是贷款。之后银保监出台的一系列政策，一定程度上遏制了城投贷款的无序增长。2011 年，在银行信贷趋紧的情况下，部分城投公司财务状况开始恶化。随着 2011 年 6 月地方政府债务审计结果的公布，短时间内市场对地方政府债务的关注度大幅提升。[②] 但 2012 年以后，金融脱媒使企业

[①]　九三学社中央经济委员会. 关于警惕地方政府融资平台债务风险建立地方政府债务约束机制的建议 [EB/OL]. (2010 – 03 – 08)［2022 – 03 – 08］. http：//www. 93. gov. cn/lxzn – yzjy/216315. html.

[②]　中国贸易金融网. 地方融资平台贷款风险正迅速显现 ［EB/OL］. (2011 – 06 – 29)［2022 – 03 – 08］. http：//www. sinotf. com/GB/Trade_Finance/1181/2011 – 06 – 29/5NMDAwMDA2OTA5NA. html.

有了各种非标类融资渠道，城投债务又开始高速增长。[①]

2014 年 9 月，国务院发布《国务院关于加强地方政府性债务管理的意见》，要求加快建立规范的地方政府举债融资机制，对地方政府债务实行规模控制和预算管理，且控制和化解地方政府性债务风险。[②] 此后一段时间一直到 2020 年，城投债的风险得到相对有效控制。

3. 2020 年以来地方城投债券形势严峻

从宏观层面上来看，金融资源的流向不够合理，出现畸形配置，大量信贷涌入基建项目和一些过剩行业。土地出让金构成地方政府可用财力的组成部分，是城投公司偿债的基本保证。地方政府从事的融资项目多为基础设施，其盈利往往取决于未来地价的攀升情况。这种以未来土地资源收益做溢价的借债融资方式往往蕴含巨大风险。

到 2020 年底，由于一些地方国企先后违约，打破了 AAA 级国有企业不能违约的信念。2021 年，作为财税体制改革的内容，土地出让收入征收划转，对于以招拍挂方式参与土地市场的城投平台债务的偿还产生压力，影响城投平台的现金流和资产规模，这对城投公司或平台城投债的续借和偿还产生影响。延续近年来趋势，2022 年城投债公开市场发行低迷，净融资额下降，净偿还省份增加，私募债融资占比提高。由于地方城投债发行困难，少数地方需要政府自筹一部分资金，或者自己落实一部分投资人，包括个人柜台购买和公务员认购，要求证券公司再认购一部分。2022 年底，出现城投债展期的情况，多年来的"城投债信仰"开始坍塌。

三、城投债券管理的新动向

（一）政策态度

为防止出现系统性风险，财政部明确城投债券实行分区管理、逐步化解和置换隐性债务的基本态度。

1. 有序可控，逐步化解

中央对隐性债务的态度是有序可控，逐步化解。2018 年 7 月 23 日国常会基本明确地方政府隐性债务处置进入可控有序阶段。2020 年，财政部、中央经济工作会议进一步明确落实地方政府隐性债务防范化解工作，体现了严格防范地方政府债务风险的政策基调。

---

①②　许艳. 城投公司债务风险问题分析［R］. 中金公司研究所报告，2021－06－04.

2. 根据情况，区别对待

2019 年以来中央要求地方债试点置换建制县隐性债务，体现了政策总体有保有压的监管取向，地方债试点置换开前门体现"保"的一面，对应约束城投债发行堵后门体现"压"的一面。考虑到很多企业相对困难，需要借新还旧，因此解决问题，需要区分情况，分步实施，不能采取一刀切的办法。

3. 制定明确的政策标准

根据以上总体思路，有关部门制定相对明晰的政策标准。具体对于不同区域的风险程度，按照颜色划分，而颜色按照债务率的大小划分。债务率更多体现了隐性债务的因素和各地区的综合财力的情况。

（1）政策表述

对于城投债的信用等级，"交易所新规"细则的表述是："红色区域的市级以及县级平台只能借新还旧交易所债券，黄色区域市级可以偿还其他类型债务，但县级只能偿还交易所债券，绿色则不限制。"[1]

（2）地方政府债务率的测算方法

2020 年对于区域分档划分综合考虑了地方政府债务率以及地方政府收入两方面因素。以下公式体现了正常债务加上隐性债务和地方政府综合财力之间的关系：

地方政府债务率 =（地方政府债券 + 地方政府隐性债务）/地方综合财力

其中，综合财力包括一般预算收入、政府性基金收入，以及上级转移收入（或有可能剔除广义刚性支出）。此次分档划分会将地方政府综合财政收入的绝对规模也纳入权重考虑（即经济财政实力较强的优质区域的良性发展态势纳入考虑）。考虑到同一省内不同地级市，甚至各区县债务水平及综合财力情况差异较大，合理预估区域分档应该具体落实到区县一级。[2] 2020 年末地方政府债务率是93.6%，国际上通行的标准在 100% ~ 120%。总体来看，我国地方政府的债务率是不高的，可控的。[3]

（二）风险总体判断

随着经济下行，不少地方城投债面临偿还压力。2020 年地方国有企业违约频发，发出了打破刚兑和违约风险迅速增加的信号。

---

[1][2] 孙彬彬. 如何看待红黄绿划分下的城投债"审批新政"？[R]. 天风证券研究所报告，2021 – 11 – 01.

[3] 财政部：2020 年末地方政府债务率93.6% 总体不高［EB/OL］.（2021 – 12 – 16）［2022 – 03 – 08］. https：//finance. china. com. cn/news/20211216/5710356. shtml.

1. 城投债打破刚兑，风险差异化

从 2017 年 7 月份开始，城投平台的隐性债务增量就已经得到了较好控制；但经营性债务增量则在 2020 年以后有所增长。有关部门应该对城投平台经营性债务实施分类管控，控制高债务风险平台的规模增长。同时，以低息债务置换高息债务，用地方政府债置换平台类隐性债务。此前被纳入的隐性债务，可以用地方政府债置换的，[①] 城投公募债风险依然可控，但城投公募债打破刚兑是一个必然趋势。

2. 地方政府城投债纳入地方财政预算管理

总之，城投债是一个历史性问题，首先要遏制债务增长的势头。目前地方政府债券募集资金纳入地方财政预算管理，由地方人大审核、监督。今后有必要建立地方政府投资建设项目向社会公布制度，让社会公众对政府投资建设项目发表意见和建议，特别是对于争议较大的项目，要进行听证，使公共决策更加科学合理，以确保公共利益最大化。

第七节 地方政府债务的置换

一、地方政府隐性债务的确定

（一）穿透、认定隐性债务的概念

2018 年隐性债务概念被提出来，被界定为地方政府在法定政府债务限额之外直接或者承诺以财政资金偿还以及违法提供担保等方式举借的债务。但如何认定隐性债务涉及多个环节，需要用穿透这个概念来判断。穿透式监管是对地方政府上马项目决策、融资、资金使用、偿还、追责等全环节实行的监管，但各个环节监管的重点不同。在项目决策环节重点关注政府投资与当地经济发展水平、财力状况的匹配度；在举借环节重点关注项目、资本金、现金流、担保方式、信息披露等方面的合规性；在使用环节主要通过跟踪资金流向，确定最终用途，厘清政府债务与企业债务的边界；在偿还环节，重点关注还本付息资金来源的合规性等。这实际上是要求地方政府要学习企业投资项目的管理方式。如果地方政府使用国家开发银行的贷款，项目就按照银行对企业客户的管理方式进行管理。

---

① 中金公司. 城投公司债务风险问题分析 [EB/OL]. (2021 - 06 - 04) [2022 - 03 - 08]. https：//cj. sina. com. cn/articles/view/5115326071/130e5ae7702001dbqs.

在认定隐性债务过程中，可能越过中间环节，直接聚焦项目与融资决策、资金最终用途和实际还款资金来源等因素，判定地方政府是否违法违规新增地方政府隐性债务。认定的重点是确认投资的项目是不是政府决策的，最终的偿还资金来源是不是财政资金或由财政担保。

（二）隐性债务的自查

2021 年，审计部门和财政部地方金融监管局对 2018 年 8 月到 2020 年的隐性债务化解情况进行核查审计，主要落实上年中央经济工作会议提出的"抓实隐性债务化解"工作。这次重点核查和审计内容主要有三方面：一是通过盘活资金资产等方式化解的存量债务是否合规；二是将部分具有稳定现金流的债务转化为企业经营性债务是否合规；三是地方政府和社会资本合作化解的债务是否合规。这些工作的目的主要是完善数据质量，使数据更加准确，便于主管部门了解真实情况。目前，审计、财政和金融监管部成为地方政府债务的监督机构，对地方政府债务实行全面监管。

二、地方政府债务置换

（一）地方政府债务置换的背景与起源

如前所述，早期地方政府缺少债务管理的经验和能力，对于债务的合理规模和风险并没有足够的认识。为了筹集建设资金，地方政府纷纷建立了地方的金融办等机构和融资平台，负责向各个金融机构融资。同时一些欠发达地区并没有实力雄厚的市场主体作为融资平台，大多数平台只是政府的借款工具，并不具备经济实体和自我偿还债务的能力。而地方政府平台债务产生的深层次背景是地方政府财权和事权的不一致。地方政府需要资金，但是地方财政没有用于建设的资金。"地方政府融资平台出现的根本原因是地方政府财权和事权的不统一。一方面，由于事权属地化管理，地方政府承担了从经济发展到社会管理等方方面面的事项，特别是在国际金融危机以及国内经济周期性调整的背景下，地方政府不得不在拉动当地经济增长方面付出更大的努力。但另一方面，地方政府的财权有限，主要的税收收入来自一些税源分散、征管难度大、征收成本高的中小税种，又受到'不能自主发债、不能直接借款、不能提供担保'的'三不政策'制约，只能采取变通方式，由政府发起融资平台筹集资金，以解决事权压身和财权不足之间的矛盾。"[1] 地方政府发

---

① 詹向阳，郑艳文．地方政府债务置换的影响．中国金融．2015 - 10 - 19.

生的债务还包括隐性债务，这是由于各种担保可能出现的债务。早在 2008 年以前，地方政府的债务问题就引起了中央政府的注意。财政部和审计署都专门对地方政府的债务问题进行审计，初步摸清了地方政府债务和隐性债务的数量。2008年以来，地方政府债务问题突出。地方政府没有过多考虑经济减速和财政收入对于还款能力的影响，习惯于举债进行建设和发展。债务问题突出，也由于先前的债务到期需要还本付息，同时各地的城市基建项目投资周期长、公共服务尚待改善，然而再融资因债务潜在问题的暴露而愈加困难。解决这些问题必须化解存量债务，防患于未然。因此，在控制债务规模的同时，对存量债务进行置换，就成为当务之急。

（二）地方政府债券转换的历史

早在 2014 年，专家们建议适当允许部分隐性债务置换为法定债务，减轻隐性债务风险，探索适度延长地方政府隐性债务化解的期限。在必要时可以适当扩大地方政府置换债券发行政策，通过法定债务"加杠杆"方式将部分隐性债务合规性显性化，以舒缓隐性债务的金融风险。

2015 ~ 2018 年，中央政府推出 12 万亿元的地方债置换，其特点是发行地方政府债券置换非政府债券形式的政府债务。这一轮置换后债务主体不变，政府债务余额也不变。2020 年底到 2021 年初，约 6000 亿元"另类"再融资债券发行。[①] 这一次置换中，隐性债务减少的同时政府债务余额增加，因此置换额度取决于地方政府债务余额低于限额的部分。

历史上，政府性债务主要是信托、租赁、定融等非标融资，压降这类融资的方式是用财政资金或自有资金偿还、发债或贷款置换、协商降息等，但具体的处置过程还需要和金融机构协商。鉴于市县城投债违约可能对整个省份形成负面冲击，省级政府也会努力帮助市县兑付城投债。压降成本 8% 以上的高息债务有助于降低全省的利息负担，对城投债投资边际上构成利好，未来地区债务管控将对城投债投资造成一定影响。

（三）地方政府债务置换的进程、现状和面临的约束

债务置换主要是解决两个问题：一是减轻地方政府负担。地方政府债券一般是中长期债，融资成本在 5% 左右，用它来置换短期、高息的银行贷款等存量债务，地方政府可减轻利息负担。二是降低债务风险。公益性基础设施建设项目大多周期

---

① 杨志锦. 隐性债务置换为法定债务面临两大约束 ［N］. 21 世纪经济报道，2021 – 06 – 09.

长、见效慢，发行中长期债券可防范资金期限错配。[①] 随着 2015 年起发行的地方债陆续到期，2019 年再融资债券发行额同比大幅增长。

隐性债务置换为法定债务，面临两个问题：一是 2020 年年末地方政府债务率已逼近 100% 的警戒线，隐性债务置换为法定债务将进一步增加政府法定债务的规模。二是建制县隐性债务风险化解试点已缓释高债务地区风险，如果进一步扩大置换将产生利用化解逃避债务的道德风险。

三、地方政府债务置换的实施方法

地方政府债务置换是用长债换短债或高利率换低利率的债务重组方式，是地方政府为了缓解债务压力，重整债务结构，降低债务风险的一项政策。就其本质上而言，地方政府债务置换仅是债务形式的变化，不会增加财务赤字和债务余额，也不会增加央行的流动性投放，只是将短期高利率的风险债务转换为长期低利率的较安全债务。具体来说，就是将短期银行贷款和信托贷款等债务形式转换为 3 年及 3 年以上期限的地方政府债券。

（一）地方政府债务置换的发行方式

地方政府债务置换的发行方式有定向承销和公开发行两种，与市场常规发行的私募债和公募债对应。所谓定向承销，就是地方财政部门和特定债权人按市场化原则协商确定发行条件，其对象是银行之类的债权人。债权人可充分表达自身意愿，双方协议商定出均可接受的置换利率区间。所谓公开发行，是针对那些无法与地方政府协商一致的特定债权人，地方政府会通过公开发行地方债券等方式筹集资金用来提前归还债务。这种公开发行的置换，利率由市场决定，是一种借新还旧的发行策略。

（二）清理和加强管理地方政府的债务

2014 年 10 月《国务院关于加强地方政府性债务管理的意见》文件的基本精神是通过堵疏结合，修明渠、堵暗道的方法加强地方政府债务的管理。明确地方政府债务的举借主体和责任。地方政府的债务只能通过政府举借，不得通过企业举借，通过企业特别是融资平台公司举借的债务将不再有隐性政府债务的担保，其债务最

---

① 搜狐新闻. 地方政府将发行债券1.6 万亿　1 万亿为"借新还旧"［EB/OL］. (2022 – 03 – 03）［2022 – 03 – 08］. www. news. sohu. com/20150419/n411494695. shtml.

终由企业自身偿还。

1. 存量债务的化解原则

存量债务化解的原则是"债务分类，谁借谁还"。对存量债务进行甄别分类，分为地方政府债务和企业债务。地方政府债务将由政府偿还，地方政府及其部门举借的债务以及企事业单位举借的债务中属于政府应当偿还的部分，纳入预算管理。文件允许各地区申请发行地方政府债券置换，以低成本债务置换高息债务，降低债务负担。

确定为政府性债务的，地方政府负有偿还责任，必要时可通过处置政府资产偿还，具有较高的偿债保证。平台公司发行的债券被定义为企业债务，按照市场化的方式处理。对企事业单位债务中不属于政府应当偿还的部分，将遵循市场规则，由企业自行处理，减少行政干预。对于确实需要政府履行担保或救助责任的债务，地方政府要履行协议约定，做出妥善安排。《关于加强地方政府性债务管理的意见》指出了地方政府可以通过发行地方政府债券置换存量债务，为后续地方政府债务重组奠定了政策基础。此后，财政部又下发了《地方政府存量债务纳入预算管理清理甄别办法》的通知，贯彻上述精神的依据是对地方政府债务甄别和存量债务清理的具体执行文件。

2. 存量债务化解取得进展

在一系列政策通知下发后，各地开始甄别和上报当地政府债务的摸底结果，由审计署和财政部复核审批后，确定截至 2014 年底的地方政府债务的底数，为后续置换政策提供了确定规模额度的基础。2015 年上半年财政部陆续下发三批地方政府债置换计划，第一批和第二批置换规模均为 1 万亿元，第三批为 1.2 万亿元，总共 3.2 万亿元，全部置换 2015 年到期的地方政府性三类债务，完全覆盖 2013 年审计结果中 2015 年债务到期规模 2.8 万亿元。经过这一时期的努力，地方债务问题在很大程度上得到了缓解。

四、地方政府债务置换的影响分析

（一）债务置换化解了地方政府违约可能引起的系统性风险

从审计署披露的结果看，地方政府债务存量大，地方政府的还本付息压力较大。根据审计署的报告，截至 2013 年 6 月底，全国地方政府债务总计 17.89 万亿元，其中，2015 年到期规模为 2.77 万亿元。2013 年后没有公布新的审计结果，预计 2013 年下半年和 2014 年将会新增一定的到期债务，同时在 2013 年的审计结果中，部分省市可能少报瞒报，最终实际的到期规模必定大于 2.77 万亿元。根据地方政府债置换总规模，推测 2015 年到期的规模将近 3.2 万亿元。[①]

1. 融资成本较高

从融资方式来看，地方政府债务的融资成本高，形成了地方政府的利息支出负担。2013 年审计署的审计结果中，银行贷款、发行债券、BT 和信托融资是以前地方政府的最主要的融资方式。2015 年第一季度末银行的一般加权贷款利率 6.75% 作为贷款成本，相对而言，2015 年前发行城投债的成本在 6% 左右，BT 成本一般在 10% ~ 12%，信托成本平均在 10% 左右，综合来看地方政府的债务成本可能在 7% ~ 8%。新置换的地方政府债预计为地方政府节省了 3 ~ 4 个百分点的利息成本，以 3.2 万亿元的总规模而言，合计每年节省 1000 亿 ~ 1200 亿元的利息开支。[②]

2. 基层政府债务占比较大

部分地区存在较严重的债务负担和偿债压力。截至 2013 年 6 月，市、县、乡镇债务总额在地方政府债务余额的比重超过 70%，绝大多数省份的市县级别的债务增长率均高于省级政府的债务增长率。从各省份公布的债务审计报告中可以看出，虽然除云南省外各个省份的债务率水平和负债水平均在可控范围内，但数量众多的市、县、乡镇政府在审计过程中发现不同程度的违规融资、违规使用债务、过于依赖土地出让收入等问题，多个市、县、乡镇政府债务率水平超过 100%，借新还旧率超过 20%，债务偿还压力大，市、县等区域成为债务违约潜在的隐患点。

3. 地产不景气加剧债务压力

地产不景气引发政府性基金收入下降，对地方政府偿债能力形成负面冲击。根据审计署报告，目前大多数省份的债务偿还未来将主要依赖于土地出让金。从各省份承诺以土地出让收入偿还的债务占负有偿还责任债务的比重来看，浙江省最高，比重达到了 66.27%，山西省最低，比重也有 20.67%，平均水平为 38.21%。过去 10 年中，地产投资快速增长，积累了较多的商品房库存。但 2014 年以来，经济增速下滑，地产需求放缓，去库存压力始终存在，土地购置的需求大幅缩减，从 2014 年下半年开始，土地成交价款大幅下滑，2015 年增速下滑到负增长 35% ~ 30% 的水平，地方政府收入的下滑对地方政府偿还到期债务形成了压力。2020 年以后，新冠肺炎疫情和经济下滑，以上地产问题，对偿债的负面影响进一步加大。

在地方政府收入下滑。债务大量到期压力下，地方政府债务置换计划的推行既

---

①② 国家审计署. 国务院关于 2013 年度中央预算执行和其他财政收支的审计工作报告.

化解了存量债务到期的风险，降低了系统性风险，又解决了遗留的隐患问题。首先，将原本通过融资平台形成的地方政府债务通过地方政府债接续，使得地方政府债务的发债和信用主体明确，杜绝了以后通过企业负债增加政府债务可能造成的不易监管和风险主体混淆的隐患。其次，将原本用企业信用风险衡量的高成本债务置换成了用地方政府信用担保的低成本债务，降低了地方政府的利息支出负担。最后，地方政府债的久期更长，用时间换空间，延缓了地方政府到期偿还债务的压力。目前债务对应的基础设施资产虽然建设周期长，回报率低，但只要偿还债务的久期拉得更长就能保证偿还债务，保证债务良性发展和可持续。

（二）地方政府债务置换对银行机构的影响

银行作为地方政府主要的融资机构，其资产负债表在债务置换的影响下发生了较大变化，特别是资产端，主要有以下几点变化。

1. 银行类贷款是主要置换对象

银行的平台类贷款是主要被置换的资产，贷款置换影响银行的表内资产。根据2013年审计署的审计结果，银行贷款形成的政府性债务占地方政府债务总额的56.55%。假设未来几年都采用地方政府债置换平台贷款，将替换银行业至少10万亿元的存量贷款。用长期限地方政府债置换即将到期的融资平台贷款，拉长了债务久期，降低了银行业的坏账风险和潜在的不良资产率。因此，通过债务置换及其期限的重构，将本应在2015年到期偿还的债务延迟到了往后的若干年，得以暂时减缓了地方政府的偿债压力，改善了商业银行的资产负债表质量。在政府债务置换时，银行和地方政府有不同的角度，地方政府提前偿还银行债务，使银行承担提前还贷风险，可能导致资产负债的不匹配。商业银行可以用还贷资金购买地方政府债，实现资产负债的重新匹配。

2. 部分表外业务转为表内

银行主要通过表外理财的方式对接信托贷款、委托贷款等非标类资产，地方政府债置换将使得这部分表外资产转为表内资产。根据2014年理财市场年度报告，15万亿元理财资金投资于非标资产的规模将近3.3万亿元，当然这其中只有部分能够纳入地方政府债务予以置换，但预计影响也在万亿元左右。此外，地方政府债满足了城投类平台的融资接续需求，理财对接的非标类资产的供给相对减少。

3. 发行低成本置换新债对于银行的影响

目前，地方政府债主要分成一般性债券、专项债券和定向置换债。其中一般债券和专项债券都通过市场化方式公开发行，定向置换债非公开定向发行。低成本的地方政府债大量置换银行原有的贷款、非标等高收益资产，导致银行高息资产的稀缺，造成银行资产收益率的被动下降。这是因为，地方政府债与贷款利率存在较大利息差异。

通过地方政府债接续融资平台贷款和非标，造成平台类贷款和非标资产的萎缩，使得银行信贷部门和理财部门面临缺乏高收益资产的局面。但是地方政府债务置换也推动了银行资产管理职能方面的转变，在置换前，融资平台类贷款和非标等资产主要管理的是信用风险，其职能主要在信贷部门，而置换为地方政府债后，其职能部门主要在银行的金融市场部。企业类信用风险转化为地方政府信用风险，在资产管理方面等同于利率债，更关注市场利率的风险管理。

（三）地方政府债务置换对金融市场及实体经济的影响

对于金融市场而言，地方政府债置换计划意味着优质信用产品的减少和利率产品供给的增加，这种供给结构的变化在债券市场上也有所表现。政府债务置换同时对银行资产负债表产生影响，导致优质信用资产的稀缺，造成信用类资产欠配压力增大，信用债收益率下降。具体而言，地方政府债务置换计划对债券市场不同资产的影响表现在以下方面。

首先，利率债方面，地方政府债务置换使得债券供给大幅增加。2015 年计划发行 3.2 万亿元地方政府债用于置换地方政府债务，还有列入地方赤字的 5000 亿元地方一般债券以及 1000 亿元的地方专项债券，总供给将近 3.8 万亿元，而 2014 年地方政府债的总供给只有 4000 万元，增加将近 3.4 万亿元。[①] 银行是利率债的主要配置机构，过去 90% 以上的利率债都由银行持有。地方政府债供给的大幅增加，势必挤压到银行对其他利率产品的配置需求，从 2015 年 3 月开始，不同于信用债收益率的大幅度下降，长端利率债面临收益率居高不下的局面，直到 6 月"股灾"以后，理财资金开始大幅转为配置债券，利率债收益率水平的相对高位使利率债也开始具有吸引力。由于银行配置利率债增加，使利率债价格上升，由此引发了利率债收益率的下行。

其次，信用债方面，一方面，优质信用资产由地方政府债置换，信用资产的供给相对减少；另一方面，由于银行的优质资产平台类贷款以及非标被置换为低收益率的地方政府债，使得银行处在被动降低资产收益率的境地。再加上理财成本居高不下，银行理财缺乏相对优质的高收益的资产，这导致信用债需求旺盛。自 2015

---

① 财政部明确下达 1 万亿地方政府债券置换存量债务额度［EB/OL］.（2015 – 03 – 12）［2022 – 03 – 08］. https：//www.cs.com.cn/xwzx/jr/201503/t20150312_4662994.html.

年以来，信用债收益率大幅下降，而利率债收益率水平相对居高不下，导致信用利差迅速压缩。

最后，还值得一提的是，地方政府债置换对存量城投债的估值产生了重大影响。对于纳入地方政府性债务的城投债而言，将由财政性资金偿还或者担保，这意味着，其信用资质将等同于地方政府信用，相比以企业信用风险衡量的估值水平，存在很大的差异。根据审计署的报告，企业债券、中票和短融形成的政府性债务分别为8827.37亿元、1940.14亿元和355.3亿元，其中企业债券形成的政府性债务城投债在存量中的占比较高，为66.67%；中票次之，为35.69%；短融最低，为23.25%。由于企业类城投债纳入政府性债务可能性更高，其与中票的信用利差呈现不断收缩的趋势，虽然在2014年底受到中证登对企业债券质押率调整的影响，利差大幅扩张，但在冲击过后，城投与中票的信用利差继续收缩，2015年，AA级5年期城投债与中票的信用利差已经收缩到-20BP左右。

（四）地方政府债务置换同样有利于股票市场逐步走向繁荣

债务置换大幅降低了地方政府债务违约引起金融体系巨额坏账风险和宏观经济系统性风险，前期股票市场整体对系统性风险的担忧得到修复。供给端改革的核心是使市场在资源配置中起主导作用，然而，过去地方政府的平台融资具有预算软约束、利率不敏感、隐含政府信用的特点，导致金融体系信贷投放结构过度倾斜于低效的地方政府，私人部门信用遭到挤出。随着债务置换和地方政府举债纳入预算约束，这一挤出效应将逐步消除。

过去地方政府的平台融资是商业银行表内资产在债务置换的过程中，高息资产转变为低息的地方债。由于信贷资产减少，证券资产增加，商业银行本身的资产负债率得到改善，对实体经济的放贷能力和意愿增强。同时以理财为代表的非银行金融体系流动性变得充裕，使得股票市场整体流动性大幅增强，有望提升估值中枢。股票市场的繁荣配合IPO的重新推出，也有助于企业通过股票市场进行股权融资，发展直接融资市场。

对于实体经济而言，地方政府债置换通过债务主体置换降低了一部分社会融资成本，同时通过对金融资产供给格局及金融机构资产负债表的改变进一步带动实体经济融资成本的下降，使得实体经济的融资环境得到改善。以信用债为例，2015年以来信用债的旺盛需求促使信用债收益率大幅下降，吸引企业大量通过发债的方式融资，或置换原有高息债务或投资实体。

地方政府债置换使得实体经济尤其是私人部门的融资环境大幅改善，起到了托底经济的作用。后续地方政府债置换要求有关部门能够尽早公布置换计划和置换规模，并合理安排一年的发行节奏，以便市场有所准备，避免引起债券市场不必要的震荡，从而影响到降低实体经济融资成本的效果。

（五）中国债务置换与各国债务危机处理方式的比较

世界各国应对债务危机的办法包括债务重组，政府购买重要金融企业债务等。20 世纪 80 年代后，美国经济面临转型，从原来的投资和出口驱动转变为消费驱动经济，这期间私人部门不断加杠杆，债务规模不断上行。2008 年次贷危机爆发，居民和金融部门开始去杠杆，为了对冲经济下滑，政府部门开始在加杠杆同时推出量化宽松（QE）政策。在首轮量化宽松政策实施期间，美联储宣布从 2008 年 11 月开始，将购买政府支持企业房利美、房地美、联邦住房贷款银行与房地产有关的直接债务，以及由房利美、房地美、联邦政府国民抵押贷款协会所担保的抵押贷款支持证券。[①] 2008 年后，受到美国次贷危机的牵连，日元大幅升值，日本的出口业务受到重创，经济迅速下滑。日本后续推出多项财政支出刺激和采取货币宽松政策，但收效甚微。2010 年底，日本开始推出 QE 政策，并不断扩大 QE 规模，除了购买国债、企业债外，购买的资产拓展到股票 ETF 等金融资产。欧债危机起于 2009 年，希腊主权债务危机显露后，开始进一步向葡萄牙、意大利、爱尔兰、希腊、西班牙蔓延。为了阻止主权债务危机的进一步蔓延，欧央行出台了大规模的 QE 计划，从 2015 年 3 月起每月购买 600 亿欧元资产，直至 2016 年 9 月，总额高达约 1.1 万亿欧元。[②]

欧美日等央行在面对债务危机和金融危机时，均采用了政府加杠杆和 QE 的方式以化解债务危机的蔓延和经济下滑的压力。但对于中国而言，中国目前的国情无法进行 QE 操作。目前利率等常规货币政策工具尚未失效，依然存在着较大的操作空间。《中国人民银行法》规定："中国人民银行不得对政府财政透支，不得直接认购、包销国债和其他政府债券"，消除了通过央行直接购买地方政府债实行量化宽松的可能。

中国债务问题的解决需要另辟蹊径，地方政府债置换是解决存量高息债务和隐形债务的有效途径。地方政府债置换计划通过对债务进行结构性的调整，使得债务成本降低，久期拉长，达到了地方政府债务良性存续结果，化解了地方政府债务问题。另外，地方政府债置换计划通过对金融机构资产负债表及金融资产价格

---

① 新浪财经．盘点：美国三轮量化宽松政策 [EB/OL]．（2014 - 10 - 30）[2022 - 03 - 08]．https：//finance. sina. com. cn/world/mzjj/20141030/203120689826. shtml.

② 人民网．欧债危机与欧元的命运 [EB/OL]．（2012 - 11 - 10）[2022 - 03 - 08]．http：//theory. people. com. cn/n/2012/1110/c40531 - 19538410. html.

的衍生影响，达到了降低实体经济融资成本及吸引社会融资的效果，起到了托底经济的作用。

小　结

近年来，政策制定者和学术界，从市场规模和债务后果提出了控制债务规模，管理债务风险的意见。从"三驾马车"的政策框架来看，未来国内经济发展将主要依靠投资。而房地产投资、制造业投资增长受到产业结构和外需的限制，地方政府的基础设施投资将成为主要的政策选择。专家们认为，我国地方政府债务对于经济的效应呈倒"U"形，即债务对经济增长的先期表现为正效应，达到高点后，表现为负效应。因此，地方政府债务规模存在最优点。本书认为，解决地方政府债务问题，要理解地方政府债券市场后面的相关利益之间的"交换和博弈"。除了地方财政收支的矛盾，地方政府发展经济的考核指标（KPI）和地方融资平台的融资需求等，也要考虑地方和中央之间的关系，地方政府和金融机构之间的关系以及这些关系背后的人的认知水平和利益诉求。事实上，那些经济潜力大，增长速度相对高的地方，偿债能力强，但是地方政府发债的需求并不一定大；相反，那些增长速度相对慢的地方，发行新债和"借新还旧"的再融资要求都很高，但是他们未来偿债的能力却有限。

从一个较长时期看，地方政府债务问题和中央政府债务问题本质上是一样的，都体现了经济发展和偿债能力之间的矛盾。地方政府债务还有一些自己的特点和复杂性，即地方政府处于多种关系的焦点上。解决地方政府债务就是要通过改革解决好各方面的关系。这些关系包括地方政府和中央政府之间的关系，地方政府和地方政府平台之间的关系，地方政府和银行之间的关系，地方政府和投资人之间的关系。中央和地方之间的关系，主要解决分税制体制下，中央和地方的稳定关系。地方政府不能指望中央政府帮助还债，也不能指望中央政府增加转移支付。同时中央政府也不能因为担心地方政府债务的连带责任而增加对于地方政府发展和融资等方面的约束，财政体制要建立在中央和地方的合理财权事权安排的基础上。地方政府和平台之间要建立法律清晰和透明的关系，平台要发展成为独立的经济实体。地方政府一方面要扶植地方国企和融资平台，另一方面要努力让它们变成为真正的市场主体。地方政府和银行的关系也要变成政府和市场之间的关系，银行要弱化与地方政府的关联关系，完善内部控制体系，构建强有力的风险管控机制。[①]

地方政府债务问题涉及政府财政体制和金融体制改革的问题，因此要明确政府行政管理职能不要与政府的融资职能结合在一起。政府要以市场参与人的身份进入市场，也就是说，政府只是平等的市场主体。1987 年财政部在德国发行马克债，按照市场惯例，经外交部请示国务院批准，首先放弃主权豁免，为财政部以后在国际资本市场融资奠定了法律基础。

只有主体身份清晰、市场公平竞争，各个参与方分享地方政府经济发展的成果，债务问题才能向着规范化的方向发展。但是这并不等于政府债务不再出现问题，问题仍然会出现在经济周期变化上，所以财政货币政策的解决方案与建立规范政府债券市场是并行的，前者解决周期性问题，后者解决长期性问题，特别是通过改革理顺前面提到的各种关系。

总之，解决地方政府债务问题，一是要发展经济，保持经济可持续增长；二是增加地方政府项目的资本金投入，减少对债务融资的依赖；三是理性通过有关政策协调好债权人和债务人的关系，增加各方面的积极性，提高地方政府信用。

---

① 李双建，田国强. 地方政府债务扩张与银行风险承担：理论模拟与经验证据［J］. 经济研究，2022（5）.

第四编　公司信用类债券市场

第四编介绍公司信用类债券市场，共分两章。第十二章介绍公司信用类债券市场的概念、历史演变、产品、市场监管和未来展望；第十三章介绍派生的公司信用类债券市场，包括可转换公司债、永续债、票据和高收益债券市场。

第十二章　公司信用类债券市场概况

政府债券和非政府债券在经济中的地位和作用是不同的。从这一章开始我们介绍非政府债券市场。非政府债券市场包括政策性金融债市场和公司信用类债券市场，最重要的是公司信用类债券市场。公司信用类债券市场作为债券市场三大支柱之一，反映金融与实体经济结合的能力，在金融市场中具有特殊的地位。发达经济体的债券市场中占主导地位的品种是公司债。美国商业银行的贷款已经基本被公司债所取代，而个人在商业银行的存款也完全被401K养老保险计划所取代。我国公司信用类债券也会逐渐取代商业银行贷款，这个过程是长期的，会伴随着国有企业改革和企业公司化的过程，伴随着金融市场的规范发展，特别是伴随着债券市场在金融市场中的作用和地位的提升而逐步实现。我国公司信用类债券的发展经历了企业制度的演化过程，仍然处于公司债券市场发展的早期阶段。虽然公司法和证券法为这个过程提供了重要的法律制度环境，但是公司信用类债券市场所需要的信用文化环境，需要长期历史过程才能建立起来。

第一节 公司信用类债券的基本特征

一、公司信用类债券分类

(一) 债券分类

按照发行主体的性质区分，可以把债券市场分为政府债券市场和非政府债券市场（见图12-1）。企业债和公司债都属于非政府债券市场，政府推动非政府债券市场的发展主要是为了实现政府目标。从中国债券市场发展的历史来看，非政府债券市场的发展应归功于政府政策重点的转变和对债券市场认识的进步。直到2000年以前，中国的债券市场主要是政府债券市场。

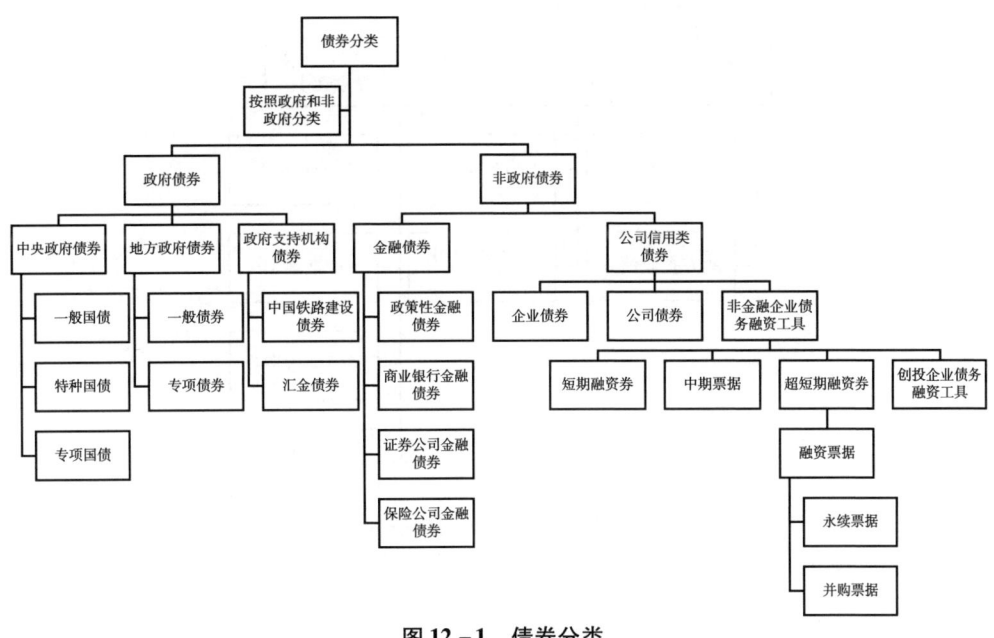

图12-1 债券分类

资料来源：笔者绘制。

非政府债券分为金融债券和公司信用类债券。金融债券分为政策性金融债券和商业性金融债券，公司信用类债券是类概念，具体包括企业债券，商业银行和金融机构发行的金融债，狭义公司债券和非金融企业债务融资工具等，相当于国外的公司债券。地方城投债券也属于公司信用类债券。

2020 年以后，随着监管统一步伐的进步，和各类投资人资产配置的偏好，市场逐渐接受利率债和信用债的分类，目前监管部门把企业债券、非金融企业债务融资工具、公司债券等企业发行的标准化债务融资工具统称为公司信用类债券。公司信用类债主要包括城投债、产业债、公司债和企业债，约占全部债券托管量的25%（见图 12 – 2）。2021 年 8 月中国人民银行、发展改革委、财政部、银保监会、证券会、外汇局发布了《关于推动公司信用类债券市场改革开放高质量发展的指导意见》。该文件指出："债券市场是企业直接融资的重要渠道。近年来，我国企业债券、非金融企业债务融资工具、公司债券等公司信用类债券市场发展取得长足进步，在服务实体经济、优化资源配置、支持宏观调控等方面发挥了重要作用。"

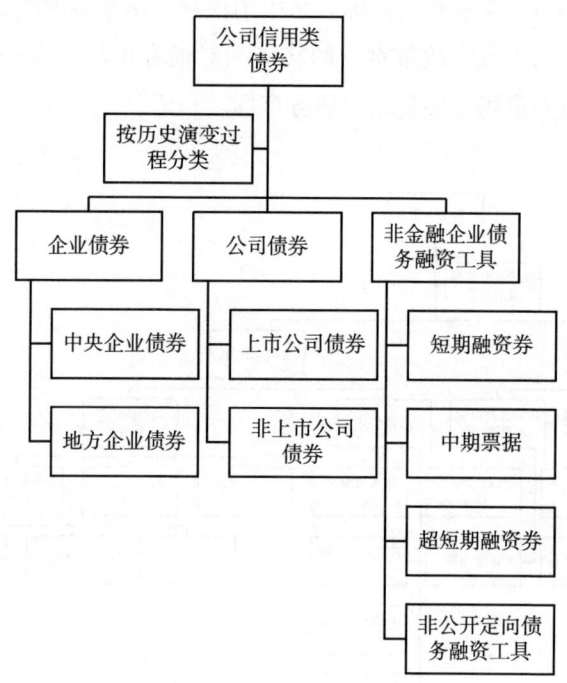

图 12 – 2　公司信用类债券

资料来源：笔者绘制。

（二）公司信用类债券分类

从法律角度来看，公司债券是公司债务的凭据；从市场的角度来看，公司债券属于非政府债券，是重要的市场工具。美国的大部分非政府债券都是公司债券，美国以外的发行人在美国发行的扬基债券，也归类为公司债券。中国的公司信用类债券在相当长一段时间称为"企业债券"，因为当时发行人是国有企业，从组织结构的角度来讲算不上公司。国务院 1993 年发布的《企业债券管理条例》规定，企业债券指的是中国境内具有法人资格的企业在境内发行的债券。自 2001 年中国企业的公司治理改革以来，越来越多的非国有企业获得了发行债券的资格，到今天，中国已经普遍接受了"公司债券"的概念。

（三）企业债券、公司债券（狭义）和非金融企业债务融资工具的概念

在中国债券历史上，企业债券和公司债券有时是指国外所说的公司债券，有时指现在中国统一的概念，即公司信用类债券。世界上发达的债券市场都把非政府债券市场统称为公司债券，根据这样一个基本概念和划分方法，我国作为非政府债券市场的主体的公司债券，其概念的演变从早期的企业债券到公司债券（狭义公司债），再到现在的公司信用类债券（广义公司债），反映了公司债券市场发展的历史过程，也反映了中国债券资本市场演变的特点。从历史上看，我国企业债券和公司债券都属于公司信用类债券。从债券的性质来看，它们的法律特征并没有区别，区别在于发行主体的法律地位和分属的监管部门的监管方式和交易场所的监管方式。

中国早期企业债券与公司债券的发行管理方面有所区别。历史上我国国有企业没有建立现代公司治理架构以前，发行主体是非公司化的企业。由于中国早期发行债券的企业并不是有限责任公司，当时一律称为企业债券。所谓企业债券，是指企业依照法定程序发行，约定在一定期限内还本付息的有价证券，通常泛指企业发行的债券，适用的主体是在中国境内具有法人资格的企业。因此，在公司债的发行由证监会审批以前，政府债券和金融债券以外的发行体发行的债券统称为企业债券。但是后来公司债券的发行由证监会管理，为了有所区别，市场普遍认为企业债特指由国家发展改革委审批的债券。

公司债最初是专门为上市公司发行的债券，由证监会管理，允许在交易所发行。关于公司债券的概念，在教科书中一般这样定义："公司债券是公司依照法定程序发行、约定在一定期限内还本付息的有价证券。"发行债券的公司和债券投资者之间的债权债务关系，公司债券的持有人是公司的债权人，而不是公司的所有者。债券持有人有按约定条件向公司取得利息和到期收回本金的权利，取得利息优先于股东分红，公司破产清算时，也优于股东而收回本金。但债券持有者不能参与公司的经营、管理等各项活动。

非金融企业债务工具是银行间债券市场开发的债券品种。历史上银行间市场的参与者主要是金融机构。为了吸引非金融企业进入银行间市场，中国人民银行努力推动适合非金融企业的债务工具，主要是公司信用类债券品种。这些金融工具不可避免地受到银行间市场特点的影响，特点之一就是银行间市场短期流动性充足，催生了短期融资债券、中小企业集合票据、中期票据等短期债券品种，与企业债和

狭义公司债券有所不同，但从债券市场角度来看，没有本质的不同。在欧美国家，由于企业都公司化了，政府债券和机构债券以外的债券统称为公司债。在美国最大的债券市场是公司债市场。

二、公司债和企业债的不同

（一）发行主体和监管机构不同

随着公司债和企业债主体性质的明确，我国企业债和公司债成为两个不同的债券品种。它们之间有如下不同：企业债券的发行主体可以是股份有限公司和有限责任公司，也可以是尚未改制为公司制的企业法人和符合条件的上市公司。公司债券的发行主体已经不限于原来确定的境内证券交易所上市公司、发行境外上市外资股的境内股份有限公司、证券公司，目前发行范围扩大至所有公司制法人。注册制改革以前，公司债和企业债发行实行核准制。自 2021 年 3 月 1 日起，企业债券和公司债券全部实行注册制。2015 年以后，上市公司的监管从国家发展改革委转移到中国证监会。

（二）发审要求的不同

历史上两类债券在发行审批方面有所不同。由于发行主体不同，监管也有所不同。在企业债券和公司债券发行管理上，《企业债券管理条例》规范的范围是在境内注册的所有企业法人（当然包括公司法人）发行的债券。公司债券的发行依据《企业债券管理条例》和《中华人民共和国公司法》（以下简称《公司法》）有关公司债券的要求。没有按照《公司法》规范的企业，按照《企业债券管理条例》的规定发行企业债券。满足《公司法》发行公司债券的股份有限公司和两个以上的国有投资主体投资设立的有限责任公司，则应按照《公司法》发行一般公司债券（非上市公司债券），同时作为广义的企业债券，也要满足《企业债券管理条例》有关要求。狭义的公司债券就是上市公司债券（见图 12-3）。

由于很长时间内分类定义比较混乱，市场常规看法是按照监管分类。按发行人和监管机构不同分类，公司信用类债券市场主要分为公司债和企业债。公司债券是由股份有限公司或有限责任公司发行的债券，非公司制企业不得发行公司债券。企业债券的发行主体为中央政府部门所属机构、国有独资企业、国有控股企业。公司债由证监会审核，对总体发行规模没有限制。

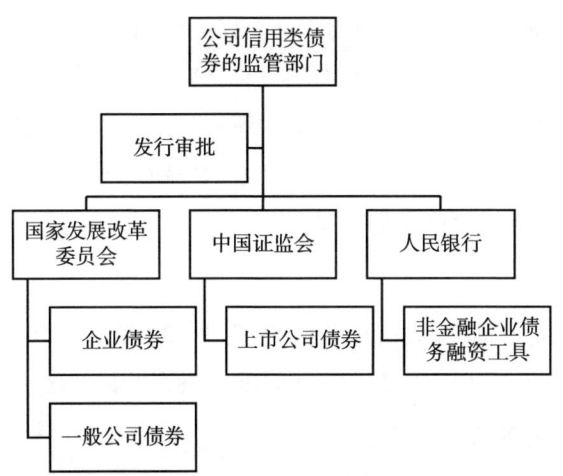

图 12 – 3　公司信用类债券的监管

注：2023 年原国家发改委管理的企业债划归中国证监会管理。
资料来源：笔者绘制。

企业债的注册通知书有效期为 24 个月，首次发行应在 12 个月内完成。从发行条件方面看，公司债发行条件相对比较宽松。公司债可采取一次核准，多次发行的方式。法律依据为《中华人民共和国公司法》第一百五十三条："本法所称公司债券，是指公司依照法定程序发行、约定在一定期限还本付息的有价证券。"公司发行公司债券应当符合《证券法》规定的发行条件，以及《企业债券管理条例》第二条："本条例适用于中华人民共和国境内具有法人资格的企业（以下简称'企业'）在境内发行的债券。但是，金融债券和外币债券除外。除前款规定的企业外，任何单位和个人不得发行企业债券。"第五条："本条例所称企业债券，是指企业依照法定程序发行、约定在一定期限内还本付息的有价证券。"

（三）发行方式不同

发行方式不同表现在以下四个方面：

1. 发行审批程序不同

2020 年以前，企业债券的发行申报程序视企业类型不同而定：中央直接管理企业的申请材料直接申报；国务院行业管理部门所属企业的申请材料由行业管理部门转报；地方企业的申请材料由所在省、自治区、直辖市、计划单列市发展改革部门转报。公司债券的发行申报程序如下：中国证监会在收到申请文件后，在 5 个工作日内决定是否受理：受理初审后，发行审核委员会审核申请文件，作出核准或者不予核准的决定。

自 2020 年起，企业债、公司债的审批流程已全面修改，企业债无须省发改委转报，但省发改委需对募投项目出具专项意见，向中央结算公司申报受理；公司债先报交易所，再报证监会注册，且不同品种流程不同，比如私募公司债，交易所直接受理发行，不需要再报证监会。非金融企业债务融资工具按照银行间市场的监管要求和交易规则在中国银行间市场交易。

2. 发行期限不同

2020 年以前，企业债券的发行期限一般为 3～20 年，以 10 年为主，公司债券的发行期限一般为 3～10 年，以 5 年为主。非金融企业债务融资工具多为中短期。

3. 发行时间要求不同

2020 年以前，企业债券需在批准文件印发之日起 2 个月内完成发行；公司债券可申请一次核准、分期发行。自核准发行之日起，应在 6 个月内首期发行，剩余数量应在 24 个月内发行完毕。首期发行数量应当不少于发行总量的 50%，剩余各期发行数量由公司自行确定，每期发行完毕后 5 个工作日内报中国证监会备案。

4. 发行市场不同

企业债券发行市场包括银行间债券市场和证券交易所市场；公司债发行市场仅为证券交易所市场。非金融企业债务融资工具只在银行间市场发行和交易（见图 12－4）。

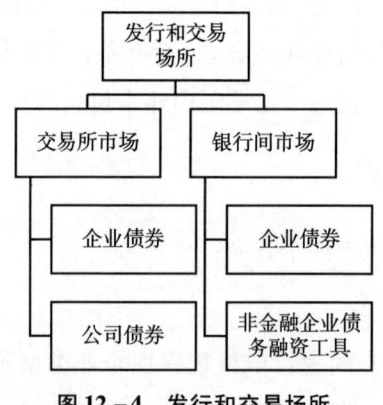

图 12－4　发行和交易场所

资料来源：笔者绘制。

（四）募集资金用途不同

公司债券的募集资金用途由发行人自行决定。与项目融资不同，不强制与项目挂钩。发行公司债的资金可以用于偿还银行贷款、改善财务结构等股东大会核准的用途。但是除金融类企业外，募集资金不得转借他人。从历史上看，国家批准发行企业债主要是解决项目融资的问题。因此，企业债券募集资金用途主要限制在固定资产投资和技术革新改造方面，并与政府部门审批的项目直接挂钩。在银行间市场发行的非金融企业债务融资工具主要解决企业的短期流动性需求，相当于银行发放流动资金贷款的作用。

第二节 公司信用类债券的历史*

早期国家从支持企业投资角度推动企业债的发展，主要是为了支持国家重点建设项目，因此，企业债由原来的国家计委和后来的国家发展改革委根据国家的产业政策审批发行。在 20 世纪 90 年代后期，国家每年批准的企业债券发行只有 40 亿元；到了 90 年代末期，主要发行体只有三峡、广东核电和铁道部等几家。早年发行企业债的主要原因是发行体多是没有经过股份制改造的国有企业。随着国有企业上市和为上市而进行股份制改造的企业的增多，真正意义上的公司债开始出现。

1987 年党的十三大报告指出："改革中出现的股份制形式，包括国家控股和部门、地区、企业参股以及个人入股，是社会主义企业的一种组织形式，可以继续试行。"党的十三大以后，股份制企业如雨后春笋般出现。根据国家体改委 1988 年的统计，当时组建的各种股份制企业共有 3800 多家。股份制企业发展初期，公司治理和企业行为出现很多问题，1989 年进入了治理整顿阶段。邓小平"南方谈话"后，经过国家体改委和有关部门的支持，股份制企业发展进入了新的阶段。从1992 年起，国务院决定进一步积极稳妥地推进股份制改革①。在股份公司的迅速发展的基础上，我国公司债也逐渐起步并发展起来。

中国企业债券市场的发展大致可以分为两个阶段：从 1985～2000 年是起步阶段，这一阶段债券市场初步建立，但债券发行、交易、信息披露等规章制度并不完善，市场比较混乱；2000 年至今是债券市场的发展阶段，金融市场改革力度加大，债券品种不断创新，规章制度逐步完善，中介机构日渐成熟，机构投资者不断扩大。

---

* 第二节中提到的公司债和企业债，均指公司债券和企业债券；同时第二节所提到的公司债，如果没有特殊说明，均指狭义公司债券，和企业债一样，属于公司信用类债券的一部分。

① 刘鸿儒. 突破——中国资本市场发展之路（上卷）[M]. 北京：中国金融出版社，2008：157－159，167.

一、企业债券的出现和发展

企业债券早期是地方政府的工具。20 世纪 90 年代后期，企业债券问题较多，当时的国家发展改革委限制发行数量为每年 40 亿元左右。后来国家推动的是重点企业债券，列入国家计划，由当时的国家计委审批。早期重点企业债券是由铁路、电力、冶金、有色金属、石油、化工等部门国家重点企业向其他企业、事业单位发行的债券。20 世纪 90 年代后期起，由国家开发银行承销，面向市场发行。

（一）1981～2000 年企业债券情况

企业债券市场的出现也与中国银行业融资困难有关，当时国家计委、地方政府都努力去推动企业债发行，解决企业融资困难和国家重点建设项目资金问题。1981 年国库券发行为企业债券市场奠定了思想、市场和法律的基础。

1. 企业债和重点建设债券

1981 年财政部发行国库券以后，地方政府也希望能够通过发行债券的方式为国有企业融资。企业债券早期参照国库券的发行方式，由地方政府出面推动。品种主要有附息企业债券、利随本清的存单式企业债券、产品配额企业债券和企业短期融资券等。附息企业债券是附有息票，期限为 5 年左右的中期债券；利随本清的存单式企业债券，平价发行，期限为 1～5 年，到期一次还本付息。这些债券和 1991 年国债市场化改革以前财政部发行的国库券类似。产品配额企业债券，是由发行企业以本企业产品收入支付利息，到期偿还本金的债券，类似于资产证券化产品。企业短期融资券是期限为 3～9 个月的短期债券，面向社会发行。短期融资券主要用来解决企业流动资金短缺的问题。部分企业债券发行后可以转让。

中国发行企业债券始于 1983 年，主要是地方企业债券。地方企业债券是由中国全民所有制工商企业发行的债券，由地方政府审批，没有公开发行，缺少必要的监管。1985 年 5 月沈阳市房地产公司向社会公开发行了企业债券，成为改革开放以后企业债券发行的开端。

后来地方政府把企业债作为重点建设项目的主要融资手段。1987 年，重点企业债券首次发行。同年，国务院颁布关于企业债发行的第一个基本法规《企业债券管理暂行条例》，规定中国人民银行为企业债的主管机关，企业发行债必须经中国人民银行批准。

以后，企业债券开始作为国家推动债券市场发展的重要工具。在国家财政投资资金不足时，企业债券成为国家组织非财政资金用于经济建设的重要来源。1990年国家计委与人民银行制定了《关于企业债券额度审批制度及管理办法》，将企业债纳入国民经济和社会发展计划。由于国家计委负责推动国家重点建设项目，企业债券的审批由国家计委负责。

2. 企业债市场的监管

为了加强对企业债券的管理，引导资金的合理流向，有效利用社会闲散资金，保护投资者的合法权益，1993年，国务院出台了《企业债券管理条例》。1994年，企业债券品种被划分成两大类：中央企业债券和地方企业债券，反映了企业债发行人与中央政府和地方政府的隶属关系。中央企业债券指直接隶属于中央政府部门的大型企业发行的债券，通常需要得到国务院批准，并在证券交易所上市。地方企业发行企业债券，由中国人民银行省、自治区、直辖市、计划单列市分行会同同级计划主管部门审批。地方企业债券的利率略高于同期限的银行定期存款利率，发行对象主要是个人投资人。如前所述，20世纪90年代末，由于经营不善的公司出现了多起违约情况，中央政府中止了地方企业债券的发行。从2001年开始，我国不再进行中央企业债券和地方企业债券品种的划分。

3. 短期融资债券的出现

短期融资债券也是企业筹措短期资金的重要工具，主要解决企业流动资金的不足。短期融资债券最早出现在1987年的上海，于1989年面向全国推广，用于满足企业的短期融资需求。期限一般是3个月、6个月或9个月，发行对象主要是企业和个人，利率高于同期限的银行定期存款利率。1992年，短期融资债券发行额达228亿元，达到发行巅峰。1997年，部分企业短期融资债券不能按期兑付的信用风险开始暴露，此后人民银行再未审批短期融资债券的发行，企业短期融资债券暂时退出市场。

4. 20 世纪 90 年代初期项目债券和企业内部债券

20世纪90年代地方企业发行了一批专门用途的债券，比较重要的是住宅建设债券。1992年发行了首只住宅建设债券，发行总额为6.43亿元，发行款主要用于当地住宅的建设。

向企业内部人员发行的内部债券也一度很受欢迎。1988年发行了首只内部债券，发行对象主要是企业员工。国有企业发行内部债券，主要是为了提高短期流动性；合伙企业发行内部债券，主要是为了筹措发展资金。此外，20世纪90年代还流行一种地方投资公司债券，最早发行于1992年，发行总额为4.37亿元。债券发行人为地方投资公司，发行款主要用于地方的重点建设项目。这些发行的债券以债权记账的形式存在，并不具有流动性，因此不是现代意义上的债券。

5. 企业债券的低潮时期

20 世纪 80 年代末和 90 年代初，企业债券的发行品种和数量迅速增加。债券的品种包括中央企业债券和地方企业债券、国家投资债券、国家投资公司债券等。由于早期债券管理混乱，出现了通过债券集资等乱象。1993 年国务院在修订暂行条例的基础上颁布了《企业债券管理条例》，开始规范企业债券的发行。直到 20 世纪 90 年代初期，企业债和国债都没有二级市场，债券没有市场价格。从 90 年代中期开始，企业债券的发行和项目同时审批，发行数量受到严格控制。1995 年国家下达的发行指标是 150 亿元。企业债券市场发展的早期阶段没有严格、统一的监管，出现了多起违约事件。20 世纪 90 年代后期，企业债券的发行日渐式微。

由于 20 世纪 80 年代和 90 年代企业债发行和偿还问题很多，90 年代后期，国家控制企业债券的发行数额，发行数量控制在 40 亿元的规模。1999 年，国家批准的最大发行体是三峡、广核和铁道部。由于这三家发行体都是国家开发银行最大的贷款客户，同时开行也是债券市场的创新者，因此，它们的债券也是由国家开发银行承销的。

6. 20 世纪 90 年代的可转换公司债

最早的公司债性质的债券品种是可转换债。1992 年首只可转换债券是"宝安转债"。1997 年国务院证券委发布《可转换公司债券管理暂行办法》后，三家非上市公司和两家上市公司先后发行了可转换公司债券。早期可转换债券的发行虽然有公司债的性质，但是无论从公司的治理规范程度还是债券市场的发展都处于初期阶段。特别是当时没有《公司法》和《证券法》，没有规范的公司债券交易市场和监管制度，因此不属于真正意义上的公司债券。

（二）2000 年以后推动债券市场发展的新动力

20 世纪 90 年代，各地方计划委员会批准了多只企业债券的发行。当时还没有二级市场，发行企业债券的公司多为不合格的地方性企业，发行规模偏小，并且大多未在证券交易所上市。后来出现了多起违约事件，投资人向承销债券的证券公司讨要本息。证监会考虑到证券公司的连带责任，不允许这些债券在证券交易所上市。因此，企业债券市场的实际规模有所下降。

2001 年，中国股市低迷已达 5 年之久，证券交易所市场已经无法满足国有企业的融资和企业公司治理改革的要求。在这种情况下，企业债和公司债券市场成为关注焦点。虽然公司债券并没有政策性金融债券的地位，但是最初中国的各级政府和企业都将公司债券看作执行政府投资政策的金融工具。在这样的背景下，发行人的资格需要得到国家发展改革委批准，地方公司债券的发行需要得到地方计划委员会的审批。当时的企业债券市场只具有产业政策意义，不具有企业自主融资的意义。这一点也能够反映出当时的经济政策主要是解决投资的需要，并没有推动非政府债券市场发展的初衷。

非政府债券市场的发展应归功于政府政策重点的转变和市场意识的提升。本书前面提到过，债券市场是金融市场的组成部分，金融市场是债券市场的外部环境。事实上，从强调融资的重要性到强调金融市场的重要性的认识转变经历了长期过程。早期有关部门没有关注债券市场的发展，缺少金融意识，主要是因为企业以传统的方式从银行筹措资金，基本上可以满足资金周转的需要。国有企业首先考虑政府注资的可能，其次是利用股票市场筹集资金。利用资本市场重组后还可以使用银行贷款。只有这些办法都用尽之后，企业才会考虑债券市场。2001年，只有铁道部和大型企业等少数机构有发行公司债券的资格。

2000年以后，中国加入WTO，国内外市场需求增加，大多数企业都处于扩张阶段，特别是制造业投资大幅度增加，对于长期投资资金需求增加。但是银行主要解决的是流动资金的问题，没有能力提供足够的长期贷款。2000年以后，中国的企业债券市场重新崛起，发行规模和市场结构均迅速发展。机构投资人（保险公司、基金公司、农村信用合作社等）成为投资主力。随着金融市场的改革的推进，债券市场品种不断创新，市场中介活跃，市场基础设施持续改善。2003年，企业债取消托管凭证，中央结算公司与8家企业债券承销商系统联网，实现企业债券托管电子化。

二、公司信用类债券市场的创新发展

（一）2003～2007年公司信用类债券市场的创新发展

2003年，由于宏观经济形势的变化，债券市场的波动性增强。企业为摆脱财务困境，千方百计地设法筹措资金。由于银行愿意贷款给财务状况稳健、财务记录良好的企业，需要融资的企业取得银行贷款的难度变大了。这一期间，只有很少一批实力雄厚的公司得以发行公司债券。

为适应困难企业的融资需要，金融机构开始了新一轮的市场创新。市场参与人希望通过市场工具降低不确定性、规避风险，这是金融创新设计和实施的动因。根据货币理论，如果货币需求大于货币供给，债券供给会超过债券需求。货币扩张期间，债券供给出现短缺，投资人会缩减需求。反之，货币紧缩期间，货币需求出现短缺，发行人会缩减供给。在这两种情况下，市场参与人都有通过创新管理利率风险的动机。2003 年最重要的市场创新就是开发银行推出的浮动利率债券和利率互换等衍生产品。

1. 金融中介推动的创新

金融中介对提高市场效率做出了巨大贡献。在金融中介的努力下，债券销售周期从 20 个工作日缩短到 5 个工作日（从债券完成定价至债券到达终端投资人手中），债券从发行到完成招标的时间缩短到 6 天。

降低发行人和投资人之间的交易成本（交换和博弈的成本），是债券市场创新的主要动力。例如，市场创新使得发行人更注重与机构投资人谈判，在设计发行方式时更照顾投资人的利益。投资工具多元化，满足了发行人和投资人双方量身定制的需要，像可回售债券、可赎回债券、可转债、保证最低收益的债券等，能满足风险厌恶型投资人的需要。各种创新提升了公司信用类债券投资人的亲和力。此外，市场还形成了由专业机构投资人和部分保险公司组成的专业价格谈判联盟，提高了投资人与发行人进行价格协商时的谈判实力和谈判效率。

随着市场环境的变化，金融中介行业也在积极调整。首先，承销团采用了联合主承销人的方式，提高了承销团的协调能力。2003 年中国铁路债券的联合主承销人为国家开发银行和中国国际信托投资公司；2003 年上海轨道交通债券的联合主承销人为国家开发银行和中国银河证券股份有限公司；2004 年中国铁路债券的联合主承销人为中信证券、银河证券和华夏证券。

与此同时，承销人也为债券交易投入了大量的人力、物力和财力，单笔债券发行的规模急剧扩大。多年前，债券发行规模很少超过 20 亿元，但是 2000 年以后，80 亿元到 100 亿元也成了常规发行规模。证券公司为成为债券发行的主承销人，展开了更为激烈的竞争。金融机构只有具备充分财务实力之后，才有资格成为承销团的主承销人。

信用评级是发行企业债券的法定要求。为了满足这一要求，评级机构的低位大幅提升，为了增强投资人信心还采用双重评级制度。例如，2003 年高新技术企业债券由联合和中诚信分别进行独立评级，2003 年中国铁路债券由联合和大公分别进行独立评级。但是以银行为主体的投资人有厌恶风险的特点，只接受 AAA 评级的债券。不过随着包括投资基金在内的机构投资人的出现，投资人的风险偏好有所变化。公募和私募证券投资基金的投资策略是按照资产组合理论设计资产组合，而组合中需要有无风险的国债，也需要有较高回报的债券品种。因此，这些机构愿意接受评级稍低的债券，像 2003 年高新技术企业债券的评级只有 AA 级，但是受到投资基金的青睐。

一方面，这样的变化表明投资人已经接受了"高风险、高回报"的投资理念。另一方面，信用评级机构也越来越注重投资人服务的质量，注重债券发行之后企业的业绩表现。

商业银行曾经是公司债券的主要担保人。2003 年发行的 15 只公司债券均有担保，其中商业银行担保的占绝大部分。这一规定后来被取消。2006 年 5 月，三峡公司征得国家发展和改革委员会同意后发行了三峡企业债券，这是 1998 年以来我国第一只未经担保的企业债券。这表明，国家不会为三峡公司偿还债券承担义务，投资人必须承担债券投资的风险。当然，三峡债是高质量的国家重点建设债券，其他企业债券的担保依然是投资人要求的必要条件。2007 年企业债券发行仍然以银行担保为主，其他担保方式如集团内担保和无担保同时存在。但集团内担保局限于铁道部和个别中央企业，三峡债券是唯一无担保债券。

2007 年银监会下发了禁止银行继续对企业债券提供担保的文件，2008 年后企业债券担保格局发生重大变化，无担保债券、抵质押担保债券和第三方企业担保债券逐步兴起，企业债券定价也将在不同信用水平上拉开差距，信用产品市场的结构更趋完整。继短期融资券在短期信用产品上形成信用利差曲线后，中长期企业债券也将形成以信用为基础的利差曲线（见图 12 - 5）。

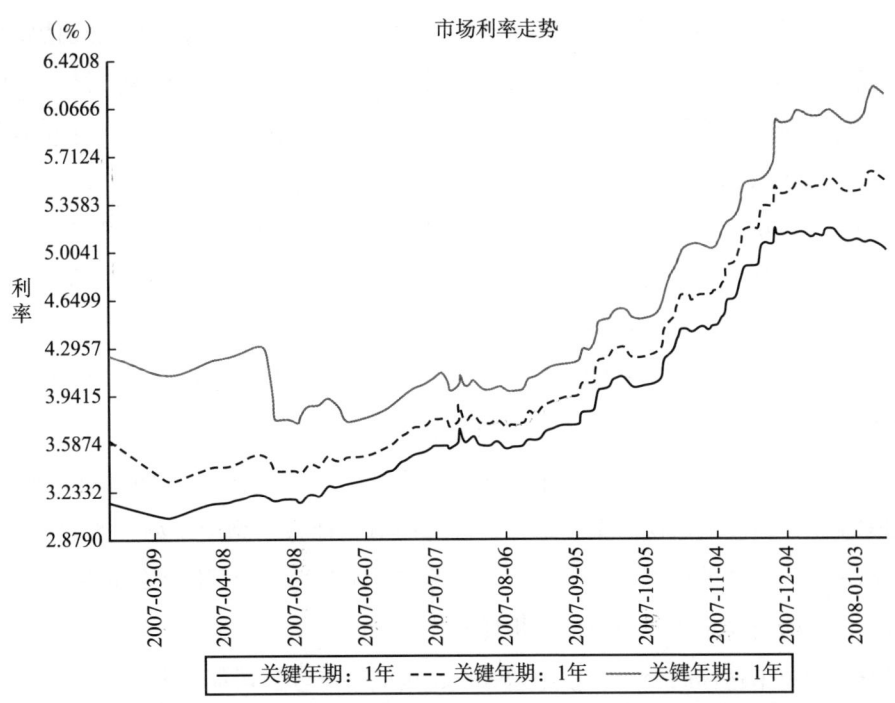

图 12 - 5　不同信用水平短期融资券信用利差有逐步扩大的趋势

资料来源：Wind 资讯。

2. 国家开发银行推动的创新

市场参与人推动的创新主要体现在设计新的市场工具，采用新的销售办法。2004年，由于债券市场环境和投资人投资模式的变化，市场涌现了一大批全新的债券工具和销售技术。21世纪初期，大部分创新都是由国家开发银行主导的，随后得到了各金融机构的广泛采用。金融创新的实例包括浮动利率债券和含权债券。2003年，公司信用类债券市场出现了首只长期债券，这就是国家开发银行设计的30年超长期固定利率"03三峡企业债券"，这个新的债券品种受到了投资人的广泛欢迎。这只债券的票面利率仅为4.86%，而当时银行贷款利率为5.76%，这使发行人降低了发行成本。

金融债券市场的迅速发展，为其他金融机构利用债券市场打开了方便之门。国开行的金融创新产品，特别是浮动利率债券，使金融机构可以通过利率互换锁定利率风险，也可以实现有效的资产组合管理。2003年，中国证监会为缓解证券公司的资金压力，推出了短期融资券产品。为了实现国际清算银行巴塞尔III的要求，国家开发银行率先推出发行人选择权债券，以补充自身的二级资本。这只债券既是一种选择权债券，又是一只次级债券。此后，人民银行也推动了商业银行次级债的发行。商业银行可以利用次级债增加二级资本，以达到资本充足率要求。

商业银行的次级债和证券公司的短期融资券，与公司债券之间存在相似之处。因此，在设计次级债及短期融资券和选择发售方式时，可以大量借鉴公司债发行经验。投资人的偏好是设计债券工具和选择发售方式时的主要考虑因素。随着市场上发行人越来越多，投资人的选择空间也越来越大。发行人之间的竞争，导致债券定价对投资人越来越有力，从而使投资人的注意力从股票市场转向债券市场。

国家开发银行为了让民营企业和中小型企业也能发行企业债券，开发了信用增级和捆绑发行技术。科技部主导的"03高新债"由国家开发银行担任主承销人，债券发行人是若干个中小型高新技术企业。国家开发银行和科技部商定，把单个发行体捆绑在一起，成为一个发行人，由中华人民共和国科技部进行信用增级。这一债券发行方法与外债的统借自还模式相类似。

捆绑发行在公司信用类债券市场属于新事物，为民营企业和中小型企业解决融资问题提供了崭新的解决方案。地方财政部门对当地技术型中小型企业的再担保，也提高了这类企业的信用度。国开行具有标准普尔和穆迪等国际评级机构给出的准主权评级，为自身承销的公司债券担任担保人，能够给予投资人足够的信心。捆绑发行时，少数未达标的公司在信用增级后，也能够进入公司债券市场。由于发行人具有不同的信用级别，投资人必须获得适当的教育、培训，才能形成评估投资的能力，这就催生了投资者教育这一债券市场的新领域。

回忆链接 ●●

1996 年实现的国债市场化改革，迈开了决定性的一步。但是国债还只是实现了期限品种的多样化，其他债券品种还有待于进一步开发。我到开行以后，主要是在多样化市场产品方面下功夫。有些原来在财政部时想做的事情，没来得及实现，开行也提供了一个实现的平台。当时市场中的投资者主要是银行，而银行的利率本质上是浮动利率，同时考虑到证券中介机构多数以市场化的回购利率为基准，所以我们针对投资者的需求设计了两种浮动利率的品种：以一年期存款为基准的浮动利率债券和以七天回购为基准的浮动利率债券。结果这两个品种在市场中都大受欢迎。在 1999～2000 年初期，开行发行的浮动利率债券约占总发行额的 1/3 左右。当时国债很少发行浮动利率债券，开行设计的浮动利率债券成为市场追捧的品种。这是因为按照新的监管要求，无论银行还是证券公司、保险公司都需要进行有效的资产负债管理，由于当时利率处于市场化的债券利率和管制的银行利率双轨制体制中，浮动利率债券产品使这些机构有可能按照将固定利率性质的资产和负债与按照浮动利率性质的资产和负债分别锁定。

同时，开行又具有最大的浮动利率债券存量，自然成为浮动利率和固定利率之间掉期的做市商，这就为固定和浮动利率债券之间的掉期交易准备了条件。不久，当时资金局副局长兼交易中心主任戎志平设计了可操作的掉期方案，经局领导认可后实施，这样在债券资本市场中实现了第一次固定和浮动利率之间的掉期。

（资料来源：高坚．我所经历的中国债券资本市场的历史（下）[N]．金融时报，2017－08－30．）

●●

3. 公司债券创新趋势

（1）2007 年企业债发行出现了新的创新趋势

2007 年企业债券发行市场首次以 SHIBOR 利率为基准进行债券定价。在中国化工集团企业债券的发行中，国家开发银行对 SHIBOR 作为基准进行债券定价做了大胆尝试和创新运用。该期企业债券发行利率由 1 年期 SHIBOR 加上发债主体（中国化工集团公司）自身的风险利差两部分组成，这种利率构成方式标志着我国企业债券利率市场化机制改革又向前迈进了一步。另外，主管部门推广 SHIBOR 体系，为发行人降低成本，推动定价市场化，实现了发行人、主管部门和债券市场多赢的政策意图。目前，以 SHIBOR 作为基准利率定价已经成为浮动利率企业债券发行定价的主流方式。

（2）成功发行国内两只中小企业集合债券

企业债券作为企业债务融资的主要方式，对于降低企业的资本成本，改善企业的资产负债结构有着重要的作用。但是作为一种以信用为基础的直接融资，投资人对企业资信要求很高，大多数中小企业并没有进入这一门槛。国家开发银行作为主承销商在国内首次发行深圳中小企业集合债券，进行了发行主体的创新、发行模式的创新和担保体系的创新等多方面尝试。此只集合债券的成功发行受到了国家主管部门的认可。国家发展改革委等相关领导表示，中小期集合债的发行是 2007 年中国企业债券市场的一个标志性事件，是中小企业直接融资的一种探索。中小企业融资难是世界性的问题，发改委将对企业债券的审核程序进行改进，让合格的企业在更短时间内得到核准。继深圳中小企业集合债券发行后，国内第二只中小企业集合债券——"07 中关村债"也成功发行。

（3）首只资产抵押债券成功发行

2007 年，国内第一只以土地和房产作为抵押的无担保企业债券——"07 湘泰格债"成功发行。该债券是首次在银行间以招标方式发行的企业债券。国家开发银行作为"07 铁道二期债"的主承销商，在发行中利用在银行间债券市场准主权级的信用和作为银行间债券市场主要发行体的优势，推动铁道部和国家相关主管部门采纳了企业债券发行通过利率招标方式的方案。该债券通过中央结算公司债券发行系统发行，成为首只在银行间债券市场采用招标方式发行的企业债券。人民银行特别批准本期债券发行结束后比照国债和金融债，无须申请可以直接在银行间市场流通交易。

（4）承销铁道债券

铁道部作为中国企业债券市场上最大的融资主体，也是开行的最大客户之一。铁道部拥有国家准主权级的信用等级，每年对债券资金的需求高达数百亿，具备利用招标发行的数量基础和信用基础。国开行作为中国债券市场上仅次于财政部的发行主体，对于利率招标发行债券有着深刻的理解和丰富的操作经验，加之国家相应主管部门对国开行企业债券发行中屡次创新表示认可和信任。因此，由国开行担任此次债券发行的主承销商，经主管部门认可，可以比照国债、金融债进行招标发行。采用招标发行不仅能最大限度地降低优质大型企业的债务融资成本，而且可以让更多的机构投资者参与债券的发行。投资人投标认购倍数达到 2 倍以上，在2007 年的市场环境下非常突出。

（二）2000~2012 年公司信用类债券市场的规范发展

1. 主管部门推动企业债券市场发展

2004 年，中国人民银行认为发展债券市场的时机已经成熟，采取了多项措施，推动债券市场的发展，例如发行短期票据等。同年，国家发展和改革委员会完善和规范了企业债券的发行程序，加强和改进债券管理，强调防范和化解兑付风险。

2005 年，《短期融资券管理办法》出台。5 月 26 日，中国国际航空股份有限公司等 5 家企业首次在银行间债券市场以簿记建档方式发行 7 只短期融资券。短期融资券的期限在一年以内，企业发行短期融资券应在交易商协会注册，所募集的资金应用于企业生产经营活动，相对灵活，并且发行短期融资券无担保要求。

2005 年修订的《证券法》规定："累计债券余额不超过公司净资产的百分之四十"，限制了上市公司的融资空间。虽然 2005 年以后公司债券市场有了很大发展，但是到 2013 年中期，上市公司中债券余额占净资产比重接近和超过 40% 的达到 26%，这说明上市公司的债务融资空间有限。[①] 必须承认，这一时期制约企业债券和公司债券规模的因素很多，作为我国企业直接融资方式的公司债券和企业债券的发展较慢；相对于间接融资的银行贷款，规模仍然比较小。

2007 年 8 月，《公司债券发行试点办法》公布施行，企业申请发行公司债券，改由证监会核准。2007 年 9 月 18 日中国证监会发审委审核通过长江电力发行不超过 80 亿元（含 80 亿元）公司债券及第一期发行 40 亿元公司债券的申请[②]，这是《公司债券发行试点办法》实施后的第一只公司债。公司债券对担保没有强制要求，参与试点的"公司"范围仅限于沪深证券交易所上市的公司及发行境外上市外资股的境内股份有限公司。

2. 企业债券发行数量迅速增加

2007 年，试点办法下的第一批企业债开始发行，发行总额达到 992 亿元人民币，发行只数和规模均为历史新高。同年有 81 家发行主体发行企业债券 89 只，发行总额 1720 亿元，较 2006 年企业债券发行规模提高 73%。[③] 发行指数和发行规模均为历年最高。2007 年债市上出现深圳中小企业集合债券（20 家）[④]，均由国家开发银行作为主承销商。该集合债券打破了以往只有大企业才能发债的管理，实现了中小企业发行债券的历史性突破，是对中小企业发行债券的有益尝试。

3. 企业债券发行程序简化

2008 年，发改委对企业债券发行核准程序进行了简化，将先核定规模、后核

① 李振宇，李丹，宿夏荻. 关于公司债券融资规模上限问题的探讨 [J]. 债券，2014（2）.
② 长江电力夺得公司债第一单 [EB/OL].（2007 - 09 - 07）[2022 - 03 - 08]. https：//finance. sina. com. cn/focus/cypcbond/index. shtml.
③ 中国兵器工业集团. 中国兵器工业集团首只企业债券成功发行 [EB/OL].（2007 - 06 - 05）[2022 - 03 - 08]. http：//www. sasac. gov. cn/n2588025/n2588124/c3923774/content. html.
④ 深圳中小企集合债券发行 [EB/OL].（2007 - 11 - 25）[2022 - 03 - 08]. http：//bond. jrj. com. cn/2007/11/000002969784. shtml.

准发行两个环节简化为直接核准发行一个环节。这解决了企业债审核期限长的弊端，降低了企业债的发行门槛，拓宽了募集资金的适用范围，提高了企业进入市场发行债券的积极性。此后，对公司发行企业债不再强制要求提供担保，发行方式方面也鼓励发行人采用更加市场化的方式。同年，中国人民银行推出新的债券融资品种——中期票据，企业申请发行中期票据，需要在交易商协会注册，可以一次注册，分期发行，灵活性高。中期票据期限一般为 3～5 年，采取完全市场化的发行方式，充分利用资金市场的较低利率降低融资成本。同时中期票据取消担保要求，募集资金主要用于生产经营，无具体项目限制。

2010 年中央汇金投资有限责任公司于全国银行间债券市场发行人民币债券 1090 亿元，由国家开发银行主承销，成为第一只政府支持机构债券。

4. 法律制度建设逐渐健全

法律制度进步为公司信用类债券市场的发展奠定了基础，从制度层面助推公司信用类债券市场的健康发展。21 世纪初期，《证券法》《公司法》等相继公布，债券市场监管也得到进一步加强。此后，金融债券、城投债券和公司债券迅速发展起来。2010 年前后，地方政府债券迅速增加。但是总的来说，这一时期国债、企业债券和地方城投债券占据债券市场的主体地位。

（三）2012 年以后公司信用类债券市场迅速发展

1. 资产支持证券的出现

2005 年是我国资产证券化的元年，国开行、建行分别发行两只资产支持证券。资产证券化试点由于金融危机暂停，之后于 2012 年重启。2012 年私募公司债券和非金融企业资产支持票据问世。2012 年 5 月，国家公布了中小企业私募债试点办法。同年 6 月，上海和深圳证券交易所正式接受私募债券备案，私募公司债券起步。2012 年，银行间市场交易商协会正式发布《银行间债券市场非金融企业资产支持票据指引》，开启了非金融企业资产支持债券的先河。首批发行人包括宁波城建投资控股有限公司、南京公用控股（集团）有限公司和上海浦东中桥建设股份有限公司。

2013 年商业银行开始发行二级资本债券。2013 年 1 月，《商业银行资本管理办法（试行）》正式实施。这是在国家开行银行第一次发行补充资本的次级债券以后，商业银行开始发行次级债券补充资本金。2013 年 12 月，中央银行颁布《同业存单管理暂行办法》，恢复同业存单的发行。

2014 年各监管出台政策支持，自此资产支持证券发展迅速。这一期间资产证券化产品包括三大类：一是人民银行、银保监会批准的金融机构信贷ABS；二是证监会、沪深交易所批准发行的企业ABS；三是交易商协会批准的ABS。其中前两类占比较大。

2. 规范公司信用类债券市场

2014年，国家发展改革委发布《企业债券簿记建档发行业务指引（暂行）》《企业债券招标发行业务指引（暂行）》，明确由中央结算公司负责企业债券总登记托管，提供集中的簿记建档和招投标发行服务。2015年国家发展改革委对企业债发行提出了新的要求，包括企业债和政府性债务、政府信用隔离，不能新增政府债务。企业依托自身信用，完善偿债保障措施。2015年国家发展改革委公布《项目收益债券管理办法》，明确规范项目收益债券的发行管理工作，发挥资本市场支持实体经济的作用。同年12月发改委办公厅下发《关于简化企业债券审报程序、加强风险防范和改革监管的意见》，要求企业债券支持实体经济，发挥促投资、稳增长的作用，支持重点领域、重点项目的发展。2018年国家发展改革委办公厅和财政部办公厅联合发布《关于进一步增强企业债券服务实体经济能力、严格防范地方债务风险的通知》，要求规范企业债券的融资职能，增强金融服务实体经济的能力。同时国家发展改革委发布《关于支持优质企业直接融资进一步增强企业债券服务实体经济能力的通知》，明确优质企业支持范围，优化了发行管理方式，实行"负面清单＋事中事后监管"的模式。[①] 此后，债券市场发展的步伐加快。伴随着法律制度的健全，中央政府债券和地方政府债券，以及企业债券、金融债券和公司债券迅速发展。到2019年，已经托管在各个机构的市场化发行的各类债券已经达到了87万亿元。

3. 推动政策类专项企业债

2015~2020年，发改委多次下发专项债券文件，加大企业债券对城市地下综合管廊建设、战略性新兴产业、养老产业和城市停车场专项建设等领域的支持力度。此后，企业债陆续推出城市地下综合管廊建设专业债、城市停车场专项债、养老专项债、战略性新兴产业专项债、配电网建设改造专项债、双创孵化专项债、政府和社会资本PPP项目专项债、市场化银行债权转股权专项债、农村产业融合发展专项债、社会领域专项债等。[②]

4. 债券市场分割问题提上日程

这一时期债券资本市场发展的主要推动力是地方经济发展所需要的基础设施投

---

①② 陈旭，邹健，等．中国债券市场操作手册［M］．北京：中国金融出版社，2020：63－64．

资需求迅速增加。与此同时，在债券市场处于分割的情况下，监管部门只在自己监管的范围内推动市场建设，没有统一的部门明确债券市场发展的长期战略。除了20世纪90年代初期，财政部推动国债的市场化改革以外，债券资本市场并没有被纳入主流金融体系的建设。直到2015年，债券资本市场的发展主要都是自下而上推动的。此后，主管部门和监管部门意识到债券市场发展的重要性，发展债券市场才纳入主要的议事日程。

从2019年起，国务院强调打通两个市场，实现跨市场托管和交易。与此同时，监管部门推动债券市场的对外开放，特别是对外资开放的政策，努力推动中国国内市场与国外市场的一体化。在对外开放方面，监管部门充分发挥中央登记托管的优势，通过中央结算公司"中央确权＋结算代理"的全球通模式为全球投资者、中介机构、境外中央托管机构提供服务。该模式已成为中国债券市场开放的主渠道。从2020年起，中央政府从防范风险的角度把直接融资提到重要位置。2020年底，三大监管部门加强了统一协调，加强对公司信用类债券的信息披露的监管。

总之，公司信用类债券市场的发展，既与国家产业政策导向相伴而生，又与企业公司治理的发展、国有企业与地方政府和中央政府的关系、国家支持实体经济的企业生态变化密切相关。企业债发行规模既与经济周期有关，也与公司信用类债券市场的整体发展有关。我国企业债发行规模见图12－6。

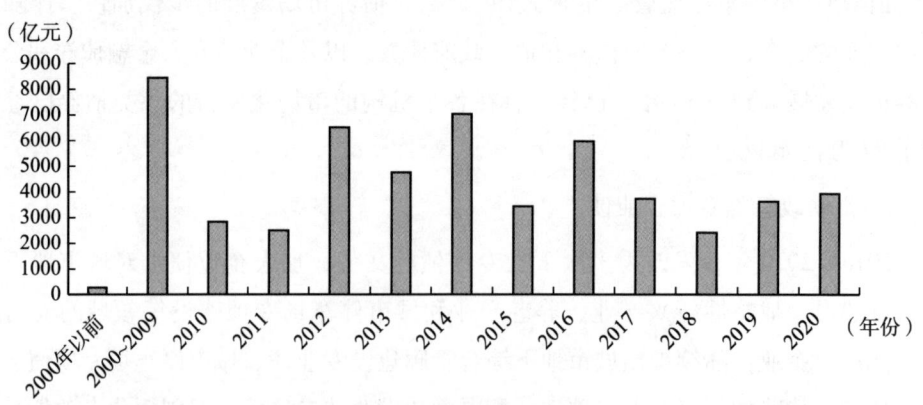

图 12 －6　企业债发行规模

资料来源：笔者根据相关资料整理。

5. 区块链等新兴技术助力公司信用类债券发行

区块链等新兴技术的发展为债券市场带来了新机遇。国内主要金融基础设施探索将其应用于债券发行业务，并成功支持多只债券顺利发行。据海通证券报道，海通证券2023年4月17日使用中债区块链数字债券发行系统成功发行50亿元明珠债。有关经验值得借鉴①。

（四）公司信用类债券市场的特点和问题

公司债券市场尽管取得了一定成绩，但仍然有许多问题留待解决。如与其他债券市场相比规模小（见图12-7）。

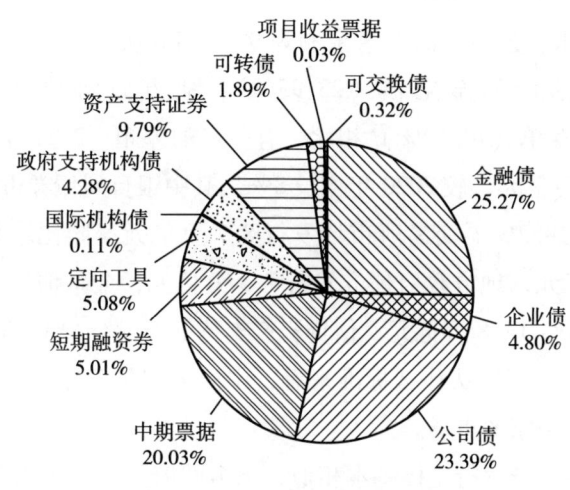

图 12-7 信用债存量品种结构

资料来源：根据 Wind 数据库整理。

1. 公司信用类债券占比上升

虽然中国社会融资规模不断提升，但是以人民币贷款为主的间接融资仍然占据主导地位。企业债券融资占比也在逐步提升，目前已经远超同属于直接融资的股票融资。经过十几年的发展，中国企业债券融资占比逐步提升，从2003年的1.5%提升到2018年的14.85%，企业债券融资规模从2003年499亿元提升至2018年的24993亿元。② 此外，直接融资方式中，企业债券融资占比已经远超非金融企业境内股票融资比例。

和银行贷款相比，公司债券市场融资具有以下优势：①融资成本更低，一般来说债券发行利率低于同期贷款利率；②减少企业融资压力，提供多样化融资渠道；③债券融资成本更加市场化，企业发行债券融资成本能够迅速反映出市场供需情况以及货币政策趋势；④通过债券融资，减少企业对银行贷款的依赖，提升企业对银

---

① 中央结算公司，2023-06-26。

② 数据来自 Wind 数据库。

行的议价能力；⑤发行债券是在公开市场上融资，对企业自身的管理水平以及对资金的使用有具体要求，对企业规范机制要求高，降低融资风险。

相比股权融资，债券融资具有以下几个方面的优势：①能够给企业带来杠杆收益，可事先锁定融资成本，不会分享企业的剩余收益；②不会稀释股权，进而不影响企业控制权；③信息披露成本相对低。

2. 公司债券市场的规模相对国债偏低

截至 2020 年末，公司债的存量余额为 9.53 万亿元，占全部债券市场余额的 7.80%。与占比前四的金融债（23.95%）、地方政府债（22.73%）、国债（17.37%）、同业存单（10.10%）相比，有一定的差距。2021 年，债券市场共发行各类债券 61.9 万亿元，较 2020 年增长 8%。其中银行间债券市场发行债券 53.1 万亿元，同比增长 9.2%。交易所市场发行 8.7 万亿元，同比增长 1%。2021 年，国债发行 6.7 万亿元，地方政府债券发行 7.5 万亿元，金融债券发行 9.6 万亿元，公司信用类债券发行 14.8 万亿元，信贷资产支持证券发行 8815.3 亿元，同业存单发行 21.8 万亿元。① 不管从什么标准来看，中国公司债券市场相对于金融市场的规模都比不上发达国家的市场。

中美两国债券市场发行主体基本相似，都由政府（中央政府和地方政府）、银行与企业（金融企业与非金融企业）组成，但在发行品种和结构方面存在较大差异。② 美国债券市场的特点是，除了国债、州政府债和市政债券以外，都属于公司债券。中美债券市场的不同主要表现在以下三点：一是美国有市政债，因为地方政府有自主举债权，我国地方政府只有中央政府代发的地方政府债，或者通过地方融资平台发的企业债；二是美国的公司债（Corporate Bond）包括所有的非政府信用主体发行的债券，我国的公司信用类债券分为国家发展改革委审批的企业债、银行间市场的债务融资工具（包括中期票据、中小企业集合票据、项目收益票据、短期融资券、超短期融资券和非公开定向债务融资工具）和我国证监会负责监管的公司债（包括非金融企业上市公司债、非金融企业可转债、可分离债、中小企业私募债和可交换公司债）；三是美国金融机构发债归于公司债，称为金融公司债券，我国则对应专门的金融债，而且规模很大。金融债中政策性金融债更为特别，有点类似于美国用于资助与公共政策相关项目的政府支持机构债券。③

3. 价格管制和权宜性操作

当前公司债券的定价依然没有完全市场化，公司债券发行得到批准后，通过承

---

① 数据来自 Wind 数据库。
②③ 许余洁. 中美债券市场差异折射我国债市多种弊端 [J]. 中国银行业，2016（5）.

销团发行，但是其价格并不像政府债券和金融债券一样通过招标的方式确定。目前公司债券大多数采用簿记建档方式发行，但需要遵从上位法的相关规定。在现有的法律制度下，国家发展改革委和人民银行共同决定票面利率。根据规定，公司债券利率不得高于同期限法定存款利率的140%。尽管有一段时间并没有得到执行，该规定仍然具有法律效力。

公司债券在证券交易所市场交易的法律制度逐步完善起来，发行和上市方面的规定包括《证券法》《公司法》《企业债券管理条例》等。2011 年，国家发展改革委修改了《企业债券管理条例》，上一次修改是在 1993 年。过去，一级市场和二级市场的监管互不相干，导致了一系列问题。例如，债券发行的审核重点在于项目是不是国家重点项目，但市场关心的却是发行人的质量及其财务稳健性。发行和上市需要由不同主管部门批准，在发行和公开交易的空档可能出现私下交易，形成灰色市场。另外，市场监管尽管有所加强，但仍因漏洞的存在而整体较弱。

通过比较可以看出：美国的债券整体分类相对清晰，对应的发行主体功能与债券品种定位明确。相对而言，我国的债券品种则显得混乱得多，按对应不同的监管主体的发行机构而非债券性质来命名，带有明显的经济体制特征。[①]

第三节　公司信用类债券市场的基本品种和市场工具

公司信用类债券包括国有企业发行的债券和一般公司债券（非上市公司债券）。市场常规看法是按照监管分类，属于证监会核准，或在上海证券交易所和深圳证券交易所发行的债券为"公司债券"；在国家发展改革委员会注册的为"企业债券"。

一、企业债券市场的分类和主要市场工具

（一）中央和地方企业债券的分类

中国的企业债券分为两大类：中央企业债券和地方企业债券，反映了发行人与中央政府和地方政府的隶属关系。中央企业债券指直接隶属于中央政府部门的大型

---

① 许余洁. 中美债券市场差异折射我国债市多种弊端［J］. 中国银行业，2016（5）.

企业发行的债券。早期的中央企业债券也称为国家重点建设债券。

1. 地方企业债券

第一只地方企业债于 1985 年发行，之后地方企业债一直在不规范的情况下勉强维持。当时地方企业债的期限一般为 1～5 年不等，利率略高于同期限的银行定期存款利率，发行对象主要是个人投资人。个人投资人投资企业债券的利息收入要扣缴 20% 的所得税。20 世纪 90 年代末，经营不善的公司出现了多起违约情况，政府终止了地方企业债券的发行。

这一时期中国的标准地方企业债券可以分为三类：一是附息公司债券。附息公司债券利息支付方式与中央政府发行的附息债券相似，在实物券上附有息票。二是无记名公司债券。无记名式附息公司债券不进行登记，遗失票据造成的损失由持有人自行承担。三是实物债券。实物券的期限最长为 5 年，一般到期一次还本付息。承销人作为经销债券的中介机构，负责在付息日收回息票，并代表发行人支付利息。债券到期时，持有人向承销人要求偿还本金。实物券形式的企业债券多采用私募的方式发行。

按照债券投资方向，地方企业债券可以分为平台类和产业类。平台类企业债券主要是城投债或类城投债，发行主体为地方政府融资平台，或者城投公司。最早平台公司的建立是为了对接国家开发银行的基础设施贷款，后来也成为平台债或城投债的发行主体。平台类企业债对地方政府的基础设施建设发挥了重要作用，成为地方政府利用银行贷款和金融机构资金的主要工具。平台公司可能是治理结构完善并有充足资本金的现代公司，也可能是依靠地方政府补贴的准行政机构。平台债的偿还能力和地方政府的财政收入、土地转让收入等有密切关系。而产业类企业债属于重点基础设施类产业的中长期债务，发行主体主要是能源、水务、公用事业、交通及新兴产业的国有企业。

2. 中央企业债

自 2000 年以来，大多数中央企业债券都以记账的方式发行，多为附息公司债或零息公司债，主要面向机构投资人发行，并在证券交易所交易。这类债券早期是中央企业发行的实物券，期限为 1～5 年不等，按面值发行，到期一次性还本付息。债券发行后可转让或用于贷款抵押。发行对象主要包括企事业单位和城乡居民。

目前，中央企业发行的主要是重点领域，包括铁道、能源、有色金属、原材料等的产业类债券，基本为记账式长期附息债券。中央企业债的信用评级较高，基本为 AAA 级。

（二）平台类企业债券和产业类企业债券

1. 平台类企业债券

平台类企业债券主要是城投债券。这类债券由地方政府融资平台公司发行。2003 年起国家开发银行推动开发性金融战略，与地方政府合作推动地方基础设施建设。根据当时《预算法》第五条，地方政府不能以政府的名义直接举债，因此，开行进行地方融资体系的制度建设，建立代表地方政府的融资平台。这些平台公司有地方政府注入的资本金，承担地方政府的基础设施建设任务，有地方政府回购和隐性担保，其信用等级有时高于其他公司信用类债券。后来有的平台公司发展成为实力雄厚的现代公司，如上海城投和上海久事。有的自身没有实力，完全依靠政府信用借债。随着企业债券市场的发展，这些平台公司也成为主要的债券市场发行主体。这些主体发行的债券通常也称为城投债券（见第十一章第六节）。

2. 产业类企业债券

产业类企业债券的发行人为能源、水利、制造业等大中型国有企业，发行债券的主要用途是企业扩大规模、购买设备等中长期投资。产业类企业债券的发行主体既有中央企业，又有地方企业。

（三）以投资产业的性质和环境保护性质确定的专项企业债券

专项债券主要是按照发行人所投资的产业性质确定的，与以上根据发行人的财务需要发行的债券不同，专项债券通常通过产业政策和环保政策增信。这类债券以战略新兴产业和基础设施产业为主。

1. 战略性新兴产业债券

战略性新兴产业债券是国家产业政策的体现。为了推动战略新兴产业的发展，解决战略新兴领域企业的融资需求，2010 年国务院颁布了《国务院关于加快培育和发展战略性新兴产业的决定》，明确了战略性新兴产业的领域和资金来源。此后，国家发展改革委办公厅颁布《战略性新兴产业专项债券发行指引》。

2. 城市地下综合管廊建设专项债券

2015 年，国家发展改革委发布了《城市地下综合管廊建设专项债券发行指引》，鼓励各类企业发行企业债券、项目收益债券、可续期债券等专项债券，所筹集的资金用于城市地下管廊建设。这些政策性债券准入条件适当放宽。此外，还有债转股专项债券，"双创"专项债券、绿色债券等。

综上所述，公司信用类债券的品种设计包括市场导向和政策导向两大类。前者主要由市场和监管部门推动，后者主要由主管部门推动。

（四）集合类债券

集合类债券包括组合类债券、合成债券、结构化债券、资本损失吸收工具等。组合类债券体现的是发行体的组合，合成债券体现的是市场工具的组合，而结构化债券则是以加权平均的指数为基础的债券组合。

1. 组合类债券

根据发行体的增信需要和财务需要进行分类，公司信用类债券可以分为组合类债券和融资工具类债券。组合类债券产品包括债贷组合债券、小微企业增信集合债券。

（1）债贷组合债券

债贷组合债券均由开发银行参与，有两种形式：国家开发银行发起、债贷统筹安排和国家开发银行主导，金融机构参与。2013 年由国家开发银行首先发起的债贷组合产品是 20 世纪 90 年代末期和 21 世纪初期与铁道部、中广核、三峡以及苏州工业园区进行合作的债贷组合合作模式。国家开发银行在开始贷款的同时承销这些主体发行的债券，并按照这些主体的财务需要进行总体安排。2013 年由国家开发银行担任"综合融资协调人"的 13 岳阳城投债是由国家开发银行主导，协调各个金融机构安排发行的。

（2）小微企业增信集合债券

中国最早的小微科技企业集合债券品种是 2007 年国家开发银行与科技部合作实现的。为了解决中小企业融资困难的问题，2013 年国家发展改革委推出了小微企业增信集合债品种。2015～2019 年共发行 42 只。

2. 合成债券

债券可以拆分和合成。本息分离债券就是一种分拆债券，由国家开发银行首先引进发行。本息分离债券将一只附息债券的本金和若干个单独支付的票息分离为独立的债券品种进行交易。反过来单独的债券品种也可以混合成为合成债券进行交易。合成债券和组合债券不同，前者是不同品种的有机组合，而后者是债务工具的组合。

（1）混合资本工具

混合资本工具是一类合成债券。混合资本工具起源于 20 世纪 90 年代初西方国家发行的信用优先股（trusted preferred stock）。世界上第一只信用优先股由美国 TEXCO 公司于 1993 年 10 月 27 日发行。在混合资本工具中，债权和股权整合到一起，具有债权和股权双重特征。

混合资本工具具有传统债券的偿还性、安全性、收益性和非参与性等特征，但是它的设计条款，又呈现出资本属性。混合资本工具在期限上选择 10 年以上的定期债或永续债的，具有利息递延的特征。当出现资本金不足、经营亏损、未能支付普通股股息等情形时，发行人可以延期支付利息，但必须在派发股息前付清。混合资本工具具有暂停索偿权和吸收损失的特点，债券到期日，若发行人资不抵债、经营亏损或无力支付，则发行人有权选择延期支付本金和利息而不构成违约。这与利息递延共同成为混合资本工具的本质特征。此外，从偿还次序来看，混合资本工具低于或等同于长期次级债务。通常混合资本工具附有息票加码与提前赎回条款，如债务条款中常常规定在一定期限（一般至少 5 年）后发行人可以选择提前赎回，但需经监管机关批准。如不赎回，则债券利率按约定上升。

回忆链接 ●●●

国家开发银行进行的第三个债券品种的创新就是本息分离债券，主要是为了增加零息债券的数量，并增加附息债券的流动性。这个债券把一个债券的若干现金流变成了零息债券，从而增加了债券的品种，也增加了基础债券的流动性。此外，开行率先发行了投资人选择权债券（put option bond）。投资人有选择权，增加了他们的灵活性，从而增加了市场的需求。

2000 年左右，为补充资本金，我们向行领导建议发行次级债作为二级资本，当时主管部门反对使用次级债的名称，后来我提议改称为发行人选择权债券，避开名称的误解。虽然名称不同，但是作用是一样的。后来，外国评级机构认可了，国际会计师事务所也认可了，投资人选择权债券补充资本金的功能也就被认可了。当时，为了增加了解市场对未来利率趋势的判断，资金局发行 3 个月滚动发行远期债券，也做了若干期，但是没有坚持下来。

（资料来源：高坚. 我所经历的中国债券资本市场的历史（下）[J]. 金融时报，2017 - 08 - 30. ）

（2）合成性浮动利率票据

合成债券也包括基础债券和衍生产品的组合。过去五十年来，场外交易市场（OTC）金融衍生工具不断发展，许多为衍生工具推动的合成债券（synthetic securities）不断出现，包括直接合成证券和结构化合成证券。[①] 合成浮动利率债券

---

① 迈哈伊·马图. 结构化衍生工具手册 [M]. 林涛，等译. 北京：经济科学出版社，2000：270.

（synthetic FRN）是指购买一种固定利率的资产，同时又进入利率互换市场，将固定现金流变为不固定现金流所形成的一种合成债券。

（3）合成固定利率债券

利率互换也可以用来创设合成性固定利率资产。投资者先买入浮动利率票据，同时进入利率互换市场，将浮动利率息票转换为固定利率现金流。

（4）合成债务抵押债券

合成债务抵押债券（CDO）是一种多层次的衍生产品，主要用于信用风险转移。它允许多元化的投资者群体获得债务工具池的风险敞口，投资于信用违约掉期和其他非现金资产，从而获得利润。而信用违约掉期（CDS）是一种风险非常高的单一证券，合成债务抵押债券涉及这类证券的投资组合。该工具可分为不同风险等级的部分，使投资者能够选择他们愿意承担的风险程度。因此，合成债务抵押债券使投资者能够获得在风险敞口可接受时来自基础固定收益资产的收入流。

3. 结构化债券

结构化合成性证券活跃于公募和私募债券市场，以私募市场为主。早在1925年，美国 Rand Kardex 公司就发行了一种与黄金挂钩的黄金指数化债券。结构化债券通常由政府债券和非政府债券组合而成，或者由利率债券和信用债组合而成。结构化债券可以由简单的混合型债券（hybrid）构成，也可以由一种基本债务凭证与嵌入衍生工具（embedded derivatives）结合而成。一个结构化债券有两个组成部分：一部分是基础债券，如 MTN、固定利率附息债券、浮动利率票据或存单等。另一部分是标准型或结构化金融衍生工具。[①] 结构化债券常常与指数或利率挂钩，以指数或利率为基准。

（1）以指数为基准的结构化债券

指数化货币期权债券（ICON）的结构化设计目标是使投资者对外汇汇率走势做出保护性预期。比如，如果投资者认为在未来一年时间中美元对欧元的汇价上升，就可以买进指数化期权债券。这样可以支付较低的票息买入指数化期权债券，兑付时可以得到美元对欧元汇率上升的好处。以指数为基准的结构化债券还包括货币幅度票据（currency range notes）等。

（2）以利率为基准的结构化债券

与利率相关的结构化证券是实现某种利率预期的债券工具。这里所说的利率预期包括利率水平变动、交叉市场指数变动、收益率曲线变动等。结构化水平变动的

---

① 迈哈伊·马图. 结构化衍生工具手册［M］. 林涛，等译. 北京：经济科学出版社，2000：274 – 275.

典型是浮动利率票据。投资者可以根据预期购买正向或反向浮动利率票据。反向浮动利率票据的投资者估计短期利率下跌。其他结构化证券包括牛市票据（bull notes）、交叉指数（quanto）和收益率曲线票据（yield curve notes）等。①

在我国，组合债券已经存在多年，但是除混合资本工具近年来有很大发展外，合成债券和结构债券目前少有应用。

4. 资本损失吸收工具（TLAC）

总损失吸收能力（total loss absorb capacity，TLAC）是2008年金融危机以后提出的一个新标准。金融稳定理事会（FSB）于2011年发布《金融机构有效处置机制的关键要素》明确了这一标准。2015年，FSB通过了TLAC国际监管规则，对G-SIBs提出较《巴塞尔协议Ⅲ》更高的损失吸收要求。资本工具的核心特征是属于银行资本，TLAC债务工具的核心特征是吸收损失，二者有交集也有差异。为满足缓冲资本要求计提的核心一级资本工具不计入TLAC，TLAC债务工具是TLAC的重要组成部分，但不计入《巴塞尔协议Ⅲ》资本工具。TLAC债务工具的定位是银行负债端（一般存款与高级债券）与资本工具之间的"夹层"。当银行进入处置阶段且资本工具不足以吸收损失时，可通过将TLAC债务工具减记或转股的方式吸收损失，降低银行对外部资金纾困的依赖。减记或转股的顺序为资本工具→TLAC债务工具→一般负债。债务受偿顺序相反。②

《全球系统重要性银行总损失吸收能力管理办法》在我国具有现实可操作性，一是明确了我国全球系统重要性银行总损失吸收能力（TLAC）的比率、工具等，构建了我国的TLAC监管框架。该办法设定了风险加权比率和杠杆比率两个监管指标，将监管要求分为三个层次：第一层次为最低要求，风险加权比率和杠杆比率应于2025年初分别达到16%、6%，2028年初分别达到18%、6.75%；第二层次是在最低要求基础上，应满足相应的缓冲资本监管要求；第三层次是在确有必要的情况下，人民银行、银保监会有权针对单家银行提出更审慎的要求。二是明确了总损失吸收能力的定义。根据国际统一规则，明确了各类外部总损失吸收能力工具的合格标准，进一步理顺了各类工具的损失吸收顺序。三是确定了监管范围和监管主体。③ 从国际经验来看，虽然资本工具是TLAC的组成部分，但单纯靠资本工具达标成本较高，创设合格TLAC债务工具成为国际实践中银行满足总损失吸收要求的

---

① 迈哈伊·马图. 结构化衍生工具手册 [M]. 林涛，等译. 北京：经济科学出版社，2000：278 – 279.

② 刘一楠，陆本立. 我国全球系统重要性银行补充TLAC缺口研究 [J]. 债券，2022（4）.

③ 中国政府网. 中国人民银行 银保监会 财政部发布《全球系统重要性银行总损失吸收能力管理办法》[EB/OL]. (2021 – 11 – 01) [2022 – 03 – 08]. http：//www. gov. cn/xinwen/2021 – 11/01/content_5648110. htm.

重要途径。2015～2021 年末，全球共有 10 个国家 G－SIBs 发行约 2000 只 TLAC 债务工具，发行总量超 2 万亿美元。①

二、公司债券市场

这里的公司债券特指狭义的公司债券，属于公司信用类债券。

（一）公司债券的法律意义

在交易所交易的由上市公司发行的公司债券称为狭义的公司债券，适用于《公司法》《证券法》，与以国有企业为主的狭义企业债券不同。公司债券也属于广义的企业债券，但是公司债券和狭义企业债券的发行主体的法律地位和监管有很大不同，因此，有必要分开来说明。公司债券是指公司依照法定程序发行的，约定在一定期限还本付息的有价证券。公司债券的发行形成了债券持有人和发行人之间以支付发行收入和还本付息为内容的债权债务法律关系。公司债券是公司向债券持有人出具的债务凭证，债券的发行人即债务人是"公司"，而不是其他组织形式的企业。这里的公司不是一般的企业，是"公司化"了的企业。发行公司债券的企业必须是公司制企业。一般情况下，其他类型的企业，如独资企业、合伙制企业、合作制企业都不具备发行公司债券的法律条件，因而不能发行公司债券。

按照中国有关法律法规，中国的国有企业有其不同于其他国家的特别的特许权特征，可以发行债券——企业债券（不是法律上的公司债券）。而且，不是所有的公司都能发行一般公司债券。从理论上讲，发行公司债券的公司必须承担有限责任，如"有限责任公司"和"股份有限公司"等，其他类型的公司，如无限责任公司、股份两合公司等，均不能发行公司债券。

上市公司发行公司债，需要对公众负责，因此，在监管上也更加严格。发行公司债是公司的重大事件，《公司法》规定，发行公司债券需要公司决策机构，如董事会、股东大会等批准。公司经营管理层不得擅自决定发行公司债券，募集的资金不可以用于偿还银行贷款。由于发行一般公司债券涉及公司股票和投资者的利益，以及金融市场的稳定性，《公司法》规定，发行公司债券必须报经政府有关监管机构批准或核准，或者到政府监管机构登记、注册，否则就属于违法行为。因此，"依照法定程序"主要包含两层含义：①需经公司决策层，如董事会、股东大会

---

① 刘一楠，陆本立. 我国全球系统重要性银行补充 TLAC 缺口研究 [J]. 债券，2022（4）.

等批准。②需经政府监管部门同意。政府监管部门在批准发行公司债券的审查过程中，还有关法律法规在信用评级、财务审计、法律认证、信息披露等方面的要求。

（二）公司债券的性质和特点

1. 公司债券的基本性质

公司债券是指公司依照法定程序发行的，约定在一定期限还本付息的固定收益的有价证券。公司债券作为一种"证券"，它不是一般的物品或商品，而是能够"证明经济权益的法律凭证"。在美国和大多数发达市场经济国家，公司债都是债券市场的基本组成部分，其总量超过国债和股票市值。公司债是基于民法、公司法和证券法所体现的基于债权债务的契约关系。债权所有人不拥有对公司的经营管理权，但是可以给予债权人优先索取利息和优先分配剩余资产的权利。基于公司债券的发行，在债券的持有人和发行人之间形成了以还本付息为内容的债权债务法律关系。

"证券"是各类可取得一定收益的债权及财产所有权凭证的统称，是用来证明证券持有人拥有和取得相应权益的凭证。从法律角度看，证券是载明收益权的标准化合同。公司债券是公司债务的标准化形式，是公司向债券持有人出具的债务凭证。债券必须由其发行人面向其投资者通过"发行（issuing）"才能实现。公司债券"发行"是发行人通过出售自身的信用凭证——公司债券获得资金，同时公司债券投资者通过支付资金购买发行人的信用凭证的一种信用交易过程。

从法理上讲，发行是一种"要约行为"。公司债券发行人一般通过发布公司债券发行章程或者发债说明书方式进行要约，只要承认和接受"要约"条件并愿意支付购买债券所需资金的投资者，都可以成为公司债券投资人。同时，凡是购买公司债券的投资者，都等于认可并接受了"要约"，就必须履行"要约"上的义务并有权获得"要约"上的权益。在公司债券发行过程中，必须按照"要约"的基本特征，在发行章程或发债说明书上明确公司债券的发行人、发行对象、募集资金用途，以及公司债券的所有要素内容，包括发行人、发行规模，期限、利率、付息方式、担保人，以及其他选择权等，因此，发行公司债券作为一种"要约"行为，是公司债券的"出售—购买"契约的执行过程。

从这个意义上说，"有价证券"是一种所有权凭证，一般都须标明票面金额，证明持券人有权按期取得一定收入，并可自由转让和买卖，其本身没有价值，但它代表着一定的财产权利。持有者可凭其直接取得一定量的商品、货币或是利息、股息等收入。由于这类证券可以在证券市场上买卖和流通，客观上具有了交易价格。

2. 公司债的主要特征

公司债券是法律上的债务和证券市场上的标准化交易品种。首先，公司债券反映的是其发行人和投资者之间的债权债务关系，因此，公司债券到期是要偿还的，不是"投资"或"赠与"，而是一种"借贷"关系。其次，公司债券是一种标准化的证券产品，是固定收益品种。因此，与股票作为股权的标准化不同，公司债券到期不但要偿还，而且需在本金之外支付一定的"利息"，这是投资者将属于自己的资金在一段时间内让渡给发行人使用的"报酬"。对投资者而言是"投资所得"，对发行人来讲是"资金成本"。利息确定方式有固定利息方式和浮动利息两种；付息方式，有到期一次付息、间隔付息（如每年付息一次、每 6 个月付息一次）和不支付票面利息（如零息债券）等多种形式。

结构性债券指含权的公司债券，例如可赎回债券或可回购债券。这类债券的发行对象主要是银行和机构投资人，自 21 世纪初以来大受欢迎。此外，自国家开发银行引入浮动利率债券后，许多公司为满足投资人对这类债券的需要，也开始频繁发行这类债券。

此外，短期商业票据也是企业筹措短期资金的重要工具。短期票据最早出现在 1987 年的上海，于 1989 年向全国推广，用于满足企业的短期融资需要。票据的期限一般是 3 个月、6 个月或 9 个月，发行对象主要是企业和个人，利率高于同期限的银行定期存款利率。发行款只能用于短期融资需要，不得用于长期融资或投资于固定资产。

（三）银行间债券市场公司债的发展

1. 人民银行促进银行间债券市场发展的措施

为了促进银行间公司债券市场的发展，人民银行自 2004 年以来采取了一系列措施。2004 年 8 月，人民银行批准 2001 中铁债在银行间市场交易。从此，公司债券逐步进入银行间债券市场，成为跨市场交易的产品。2004 年 12 月，人民银行颁布了《全国银行间债券市场债券交易流通审核规则》，规定了债券在银行间市场交易的程序和手续，特别要求全面的信息披露和合格评级机构的评级。新的规则公布后，又有 6 只一般公司债券正式获准在银行间市场交易。自 2005 年以来，银行间市场开启改革，针对债券市场中存在的问题，央行主管的银行间市场开始实行注册制，强调信息披露，并通过场外市场（OTC）发展机构投资者等方式推动了公司信用类债市场的快速发展。此后，短期融资券的引进，打破了企业债停滞不前的局面，并在此后推动了企业债、公司债的改革。

此后，公司信用类债券在银行间市场和交易所市场协调发展。Wind 数据显示，2019 年信用债年度发行规模为 9.18 万亿元，发行规模是 2004 年的 337 倍。其中，企业债 3624 亿元（可在两个市场发行），公司债 2.54 万亿元（交易所市场发行），非金融企业债券融资工具 6.28 万亿元（银行间债券市场发行）。当前信用债已成为实体企业直接融资的重要渠道，其年度发行规模在债券市场的占比达到 1/4。

2005 年以后，交易所也推动了公司债市场的改革，比如面向机构投资者发行、在场内撮合交易机制之外推出了询价交易机制，也在与银行间债券市场的竞争过程中实现了发展。

2. 审批制改为核准制促进了银行间债券市场的发展

为了进一步活跃公司债市场的交易，人民银行在 2015 年制定了《央行关于公司债券进入银行间债券市场交易流通有关事项的公告》，将公司债券进入市场由审批制改为核准制，允许所有的银行间市场投资人参与公司债券交易。公告鼓励银行间市场的公司债券交易引入做市商制度。此外，人民银行还委托中央结算公司和全国银行间同业拆借中心制定公司债券进入银行间债券市场的操作规则。至 2006 年，银行间公司债券市场的发行和交易法律制度基本确立起来。人民银行的措施促进了公司债券在银行间债券市场的交易，推动了银行间债券市场的健全发展。到 2006 年 6 月底，银行间债券市场交易的公司债券数目达到 132 只，主要的投资人和交易商是国有商业银行。

三、上市公司的狭义公司债券的发行和交易

上市公司债属于狭义公司债券。2007 年 8 月 14 日，中国证监会正式颁布实施《公司债券发行试点办法》，规定公司债券是公司依照法定程序发行，约定在一年以上期限内还本付息的有价证券，是中国证监会最新推出的一种债权融资品种。此后，上市公司发行公司债券由中国证监会核准。2015 年以来交易所市场参考银行间市场经验，推动公司债市场改革创新，逐步形成包括大公募、小公募、私募在内的产品体系。

（一）公司债的发行条件

一般地，公司债发行包括公募（包含大公募和小公募）和私募两种。公募发行是面向社会非特定的多数投资者公开发行，这种方式的证券发行的审核比较严

格，并采取公示制度。公募发行公司债，应当符合下列条件：①具备健全且运行良好的组织机构；②最近三年平均可分配利润足以支付公司债券一年的利息；③国务院规定的其他条件。私募发行是以特定的少数投资者为对象的发行，其审查条件相对宽松，也不采取公示制度。

申报发行公司债的公司越来越多，主要是因为公司债有其他融资渠道无法比拟的优势，首先是费率较低，相较于贷款来说，公司债的利息更低。其次是发行额度大，发行规模少则上亿元，多则上百亿元人民币。还款期限也比较长，一般都是 5 ~ 10 年。

根据 2015 年《公司债券发行与交易管理办法》，公司债券的发行审核、备案主要涉及中国证监会、上海证券交易所、深圳证券交易所、全国中小企业股份转让系统、机构间私募产品报价与服务系统、中国证券业协会等。2020 年 3 月 1 日生效的《中华人民共和国证券法》将核准制改为注册制。证券发行注册的具体范围、实施步骤由国务院规定。大公募债券的审核流程分为受理、审核、反馈、行政许可、期后事项等。小公募债券发行实行简化核准程序，但是需要经过中国证监会核准。私募公司债券采取备案流程，实行事后备案和负面清单管理。

（二）公司债券的品种

1. 公司债券合同分类

由于发行人的实力不同，投资人风险偏好不同，市场中形成的债务合同体现了各方的诉求，因而公司信用类债券产品十分丰富。公司债券可以按照以下多种方式进行分类。

①按债券期限，公司债券可分为短期公司债券、中期公司债券和长期公司债券。根据我国公司债券的期限划分，短期公司债券期限在 1 年以内，中期公司债券期限在 1 年以上 5 年以内，长期公司债券期限在 5 年以上。

②按债券是否记名，公司债券可分为记名公司债券和无记名公司债券。如果公司债券上登记有债券持有人的姓名，投资者领取利息时要凭印章或其他有效的身份证明，转让时要在债券上签名，同时还要到发行公司登记，那么，它就是记名公司债券。无记名债券以债券凭证为基础进行交易。

③按债券有无担保，公司债券可分为信用债券和担保债券。信用债券指仅凭筹资人自己的信用发行的、没有担保的债券。担保债券是指以抵押、质押、保证等方式担保发行人按期还本付息的债券。其中，抵押债券是指以不动产作为担保品所发行的债券；质押债券是指以存单、有价证券、动产等作为担保品所发行的债券。保

证债券是指由第三方的信用担保所发行的债券。

④按债券可否提前赎回，公司债券可分为可提前赎回债券和不可提前赎回债券。如果公司在债券到期前有权定期或随时购回全部或部分债券，这种债券就称为可提前赎回公司债券，反之则是不可提前赎回公司债券。

⑤按债券票面利率是否变动，公司债券可分为固定利率债券、浮动利率债券和累进利率债券。固定利率债券指在偿还期内利率固定不变的债券，浮动利率债券指利率随市场利率定期变动的债券，累进利率债券指利率随着债券期限的增加而累进提高的债券。

⑥按发行人是否给予投资者选择权，公司债券可分为附有选择权的公司债券和不附有选择权的公司债券。附有选择权的公司债券，指给予债券持有人一定的选择权，如可转换公司债券、可交换公司债券、附认股权证的公司债券、可续期公司债券、可退还公司债券等。可转换公司债券的持有者，能够在一定时间内按照规定的价格将债券转换成公司发行的股票；附认股权证的债券持有者，可凭认股权证购买所约定的公司的股票；可退还的公司债券，在规定的期限内可以提前兑付。反之，债券持有人没有上述选择权的债券，即为不附有选择权的公司债券。

⑦按发行方式，公司债券可分为公募债券和私募债券。公募债券指按法定手续经证券主管部门批准公开向社会投资者发行的债券；私募债券指以特定投资者为对象非公开发行的债券，发行手续简单，一般不能公开上市交易。

⑧按持有人是否参加公司利润分配，公司债券可分为参与分配公司债券和非参与分配公司债券。参与分配公司债券指除了可按预先约定获得利息收入外，还可在一定程度上参加公司利润分配的公司债券；非参与分配公司债券指持有人只能按照事先约定的利率获得利息的公司债券。

⑨按发行债券的目的，公司债券可分为普通公司债券、改组公司债券、利率调整公司债券和延期公司债券。普通公司债券是指以固定利率、固定期限为特征的公司债券。这是公司债券的主要形式，目的在于为公司扩大生产规模提供资金来源。改组公司债券是指为偿还到期债务或清理公司存量债务而发行的债券，也称为以新换旧债券。利率调整（置换）公司债券是指面临债务信用危机的公司经债权人同意而发行的较低利率的新债券，用以换回原来发行的较高利率债券。延期公司债券是指公司在已发行债券到期无力支付，又不能发新债还旧债的情况下，在征得债权人同意后可延长偿还期限的公司债券。

⑩按照产业政策划分，可以分为绿色公司债券、双创公司债券、扶贫专项公司债等。此外，还有项目收益专项公司债券。项目收益专项债券与一般公司债券不同，以项目投入产生的资产为基础资产，项目收益为偿债来源，类似于资产证券化

品种。

2. 主要公司债券工具

公司债券的产品包括可转换公司债券、可交换公司债券、永续债券、中期票据、非公开定向债务融资工具等。其中可转换公司债券和可交换公司债容易混淆。可转换公司债券是指上市公司或者非上市公众公司的股东发行的，在一定期限内依据约定的条件，债券的持有人可以选择将其持有的债券交换成所持有的上市公司或者非上市公众公司股份的公司债券。可交换公司债券相当于赋予了投资者以所持债券面值按照约定价格购买标的股票的看涨期权。可交换债券分为公开、非公开两种发行方式。可转换债券和可交换债券中用以交换的标的股份分别属于不同的主体。

（三）公司债券在交易所市场的交易情况

2006年12月，沪深两地的证券交易所共有84只公司债券上市交易。从深圳证券交易所上市交易的公司债券统计数据来看，周转率（债券交易量与GDP的比率）为2%左右，而美国的平均周转率高达200%。与中国的其他金融债券和央行票据相比，公司债券的周转率也明显偏低。沪深两地交易所上市公司债券的日均交易量还不到5000万元，而政府债券在两个交易所的日均交易量超过了10亿元。此后，公司债券交易量迅速增加。表12-1~表12-4分别为沪深两地交易所2016~2020年公司债券（包括公开发行和私募发行公司债）的交易统计，表12-3和表12-4分别为2020年上交所和深交所全品种债券交易数据统计。

表 12-1　　　　　　　　　　上海证券交易所公司债交易情况统计

年份	成交笔数	成交金额（万元）
2020	539290	732267236.3
2019	512146	469666736.8
2018	391274	385602879.3
2017	422837	319590719.7
2016	630373	264002498.6

资料来源：表12-1~表12-4根据上海证券交易所券和深圳证券所官网公布的债券数据整理，2022-05-08。

表 12 - 2　　　　　　深圳证券交易所公司债交易情况统计

年份	成交量（万张）	成交金额（万元）
2020	1176213.19	118595809.2
2019	911939.45	92134282.93
2018	904499.37	90976751
2017	971447.44	98177072.92
2016	829842.66	85081535.03

表 12 - 3　　　　　　　2020 年上交所债券成交统计

类型	成交笔数	成交金额（万元）	加权平均价格
记账式国债	671718	34932524.94	101.361
地方政府债	2590	6116224.08	101.574
金融债	153879	9346162.93	102.206
企业债	110815	47642905.59	74.526
中小企业私募债	112300	303409670.2	99.729
公开发行公司债	416118	402234089	99.047
非公开发行公司债	10872	26623477.11	97.116
可转债	153799361	260722003.8	131.251
可交换债	572026	14250328.15	106.532
分离债	0	0	0
企业资产支持证券	11486	44815775.33	95.511
信贷资产支持证券	0	0	0
质押式回购	128672098	25282350170	2.425
报价回购	33077221	410113365.9	2.897
协议回购	164767	212626164.8	5.617
其他债券	0	0	0
合计	317775251	27055182862	95.641

资料来源：笔者根据相关数据整理。

表 12 - 4　　　　　　　2020 年深交所债券成交统计

证券类别	成交金额（万元）	成交量（万张）
债券现货	850662653.72	5400781.94
国债	122095.08	1256.65
地方政府债	308390.15	3056.82

续表

证券类别	成交金额（万元）	成交量（万张）
政策性金融债	6426123.93	63944.45
政府支持债券	43993.97	440.00
企业债	1601735.26	15971.66
公司债	71929135.58	721118.05
可交换公司债	524394.73	4820.23
可转债	714539964.65	4066575.53
非公开发行公司债券	46666673.57	455095.14
非公开发行可交换公司债券	3307847.05	17627.70
证券公司次级债	5135495.12	50315.66
证券公司短期债	56804.58	560.00
债券回购	2781891043.53	27856573.87
质押式回购	2770783441.40	27707834.41
质押式协议回购	11107602.13	148739.46
质押式三方回购		
ABS	22173367.30	223020.01
企业资产支持证券	19785284.93	199549.89
不动产投资信托	2388082.36	23470.12
汇总	3654727064.56	33480375.82

资料来源：笔者根据相关数据整理。

根据以上数据，近五年来，公司债的成交金额已经超过了记账式国债、地方政府债和金融债的成交金额，是交易所最为活跃的成交品种之一。2020年全年沪深两地交易所成交金额为8.509万亿元，与GDP的比率为8.37%。但债券周转率不高，和美国的平均周转率高达200%相比，仍有一定的差距。

四、非金融企业债务融资工具

（一）非金融企业债务融资工具的性质和特点

非金融企业债务融资工具是具有法人资格的非金融企业在银行间市场发行的债券品种。其主要特点是发行人为非金融企业，发行场所为银行间债券市场。根据《银行间市场非金融企业债务融资工具管理办法》，企业发行债务融资工具应该在银行间市场交易商协会注册，实行分层分类注册发行管理。在银行间市场发行的非金融企业债务融资工具可以在银行间市场公开发行，也可以定向发行。

非金融企业债务融资工具是固定收益债券，和其他固定收益品种一样，其主要的特征是有偿还期限、约定利息和票面价值。非金融企业债务融资工具的发行主体具备若干个基本特征：一是应当具有法人资格；二是应当为非金融企业；三是在银行间债券市场发行、托管、交易和结算；四是投资人主要是金融机构。

非金融企业债务融资工具的发行市场是银行间债券市场，该市场依托于银行间同业拆借中心和中央结算公司，是包括商业银行、农村信用联社、保险公司、证券公司等金融机构进行债券买卖和回购的市场。非金融企业债务融资工具发行对象为银行间债券市场的机构投资者，如银行、证券公司、保险资产管理公司、基金公司等。

1. 实行注册制

《银行间债券市场非金融企业债务融资工具管理办法》第四条和《非金融企业债务融资工具注册发行规则》（2016 年版）规定，企业发行非金融企业债务融资工具必须在中国银行间市场交易商协会注册。非金融企业债务融资工具可以在银行间债券市场公开发行，也可以定向发行。交易商协会对企业发行债务融资工具实行分层分类注册发行管理。[①] 为了保证注册流程公开透明，规范市场参与主体信息披露行为，2011 年中央结算公司上线非金融企业债券招标发行系统和债券业务实时监测系统。2012 年 9 月，银行间市场交易商协会发布《关于非金融企业债务融资工具注册信息系统上线的公告》。此后，中国银行间市场交易商协会组织市场成员创立了所谓"孔雀开屏系统"，并于 2018 年开始对这个系统进行进一步升级。

2. 公开发行和非公开发行

（1）公开发行

根据中国银行间市场交易商协会发布的《非金融企业债务融资工具注册文件表格体系》的公告，非金融企业发行债务融资工具应当向交易商协会注册。

（2）非公开发行注册

根据《银行间债券市场非金融企业债务融资工具非公开定向发行规则》第十二条及附件 2《非公开定向发行债务融资工具注册文件表格体系》，非金融企业非公开定向发行债务融资工具应当向交易商协会注册，其提交注册的文件清单如下：

注册报告由发行人提供，附营业执照、《公司章程》及与其一致的有权机构决议、涉密企业的脱密说明；推荐函由主承销商提供；发行人和投资人达成的非公开

---

① 陈旭，等. 中国债券市场操作手册［M］. 北京：中国金融出版社，2020：300 – 308.

定向发行协议（附投资风险提示、发行人基本情况、投资人名单及基本情况、信用增进机构基本情况、非公开定向债务融资工具发行条款与条件）；定向工具投资人确认函，由投资人提供；近一年经审计的财务报告及母公司（如有）会计报表由发行人提供；信用增进函（如有）（附有权机构决议及有关内控制度（如有）、信用增进机构近一年经审计的财务报告及母公司会计报表）由信用增进机构提供；法律意见书由律师事务所提供；承销协议由发行人与承销机构签订；会计师事务所、律师事务所及其他中介机构资质证明、其从业人员资质证明由相关机构提供。

3. 累计债券余额要求

根据《证券法》的相关规定，公开发行公司债券，应当符合累计债券余额不超过公司净资产的40%；即通俗所称的债券市场40%天花板。在债务融资工具的种类中，交易商协会自律规则对短期融资券、中期票据和中小企业集合票据有40%天花板的要求。40%天花板按照下述公式计算：

$$累计债券余额（分子）/公司净资产（分母）<40\%$$

其中，公司净资产（分母）为最近一期经审计的合并报表净资产。

（二）非金融企业债务融资工具的主要债券品种

1. 非公开定向债务融资工具（PPN）

非公开定向债务融资工具（PPN）是指具有法人资格的非金融企业，为实现融资目的，采用结构化方式，通过发行载体发行的，以基础资产所产生的现金流作为收益支持的，按约定以还本付息等方式支付收益的证券化融资工具。非公开定向债务融资工具在银行间市场以非公开定向方式向特定机构投资人发行，并在特定机构投资人范围内流通。非公开定向工具主要适用的法律法规包括《中国人民银行法》《银行间债券市场非金融企业债务融资工具管理办法》《银行间债券市场非金融企业债务融资工具非公开定向发行注册规则》等。[①]

2. 资产支持票据（ABN）

资产支持票据（ABN）是非金融企业在银行间债券市场发行的，由基础资产所产生的现金流作为还款来源，约定在一定期限内还本付息的债务融资工具。资产支持票据（ABN）的基础资产和财产权利必须产权清晰，没有抵押质押等附带责任。2016年12月12日，中国银行间市场交易商协会（以下简称"交易商协会"）发布了《非金融企业资产支持票据指引（修订稿）》及《非金融企业资产支持票据

---

① 林华，罗桂连，张志军. PPP与资产证券化［M］. 北京：中信出版社，2016：113－116.

公开发行注册文件表格体系》，在基本交易结构（引入 SPV）、基础资产类型、发行方式、评级机构、尽职调查、信息披露等方面进行修改或进一步细化，满足市场发展要求，也为企业发行信托型 ABN 提供了规则指引。

3. 项目融资债券

项目收益债是以项目未来收益作为偿债来源，由项目实施主体或实际控制人为发行人的债券产品。从债券的法律特征看，项目收益债券类似于资产证券化产品，是项目融资的标准化产品。2008 年 12 月 8 日，国务院办公厅颁发《国务院办公厅关于当前金融促进经济发展的若干意见》，其中首次提出了项目收益债的概念。

4. 中期票据

中期票据是一种经监管当局一次注册批准后、在注册期限内连续公募发行的债券。中期票据是比较新的债券品种，在美国资本市场出现有 30 多年历史。它的最大特点在于发行人和投资人可以自由协商确定有关发行条款（如利率、期限以及是否同其他资产价格或者指数挂钩等）。与公司债券一样，早期的中期票据都是无担保、无抵押的纯粹信用债券，但此后各种结构的金融产品（包括传统的资产支持证券）发行也采取中期票据的形式。目前，无论是在发达国家，还是在新兴经济体中，中期票据的地位已经不亚于公司债券。中期票据的特点在于其发行期限为 1 年以上，而且没有期限限制。

第四节　国家开发银行和公司信用类债券承销

随着 2000 年以后公司信用类债券市场的发展，债券承销业也发展起来了。国家开发银行开创了公司信用类债券承销的先河。国家开发银行一直从事长期建设项目贷款，自身的资产和负债在期限结构上是匹配的，但仍然致力于实现其资产组合的多元化。因此，国开行希望努力推动作为其客户的大型企业参与债券市场。通过直接融资降低这类企业的融资成本，国开行也可以分散自身的风险。国开行通过承销企业债券，为公司信用类债券市场的发展发挥了积极的推动作用。

一、企业债券和公司债券承销的早期历史

（一）起步阶段：2000 年 8 月到 2001 年 5 月

1993 年到 1995 年的整顿期过后，企业债券市场进入了新的发展阶段，发行总

量稳步上升。1999 年末，企业债券监管制度出现了新变化。国家发展和改革委员会成为审核企业债券的主管部门，负责企业债券发行的相关工作，以及国务院特批企业债券发行的审批手续。同时，国务院还修改了《企业债券管理条例》。

这一阶段，国开行的主要客户包括铁道部和中国长江三峡工程开发总公司。国家开行银行为这些机构取得了发行配额，并连续为他们发行了数只债券。开行努力向客户提供更好的服务，利用市场机会扩大业务范围，国开行参与了 1999 中国铁路债和 1999 江苏高速债的发行。为了帮助客户拓宽资金渠道，国开行向国家发展改革委和人民银行申请获得了这两支债券承销资格，当时债券主要通过商业银行向个人投资人代销。2000 年 8 月，国开行获准为贷款客户承销企业债券，并于 2001 年 5 月担任 2001 中移动债的主承销人。国开行作为国内唯一能够从事承销业务的银行业金融机构，逐步积累承销经验，成为活跃的市场参与人。

（二）中介行业发展阶段：2001 年 5 月至 2002 年 12 月

自 2001 年 5 月中移动债发行到 2002 年 12 月苏交通债发行结束，是金融中介行业快速发展的阶段。2001 年 12 月，国开行主承销的 2001 广核债成功发行，标志着国开行逐步成为企业债券市场的重要承销人。之后，国开行又主动承销了 2002 神华债、2002 广核债和 2002 江苏交通 3 只债券，成为企业债券市场的积极推动者。

在激烈的竞争下，只有服务质量优良、市场地位牢靠的承销人才能获得发行人的委任。国开行受到来自发行人和投资人两方面的竞争压力，只有提高服务质量，才能站稳市场地位。2001 中移动债是国内首只询价发行的债券，由国家开发银行和中国国际金融有限公司共同推出，国开行联合主承销的份额达到 8.5 亿元。这一次发行的承销量巨大，国开行为了完成销售任务，总分行共同努力，很快就与债券市场的大型机构投资人，包括保险公司、基金公司、农村信用社、大企业等建立了联系。在这一过程中，国开行也建立了自身的机构投资人队伍，并开始广泛应用各种市场技术和销售技术，包括通过超额认购创造价格张力，降低发行成本等。

（三）快速发展阶段：2003 年至 2006 年

2003 年，经济周期处于上扬阶段，央行出台了新的货币政策，债券市场出现较大波动。2003 年前三个季度，市场出现前所未有的增长，一级市场发行和二级市场交易空前活跃。由于央行的货币紧缩政策，二级债券市场的价格有所下降。当年 10 月，央行提高了存款准备金率，市场参与人普遍担心利率会进一步提升。

在以上因素的作用下，企业债券收益率曲线的长端向上移动，二级市场上大部分债券的价格下跌到面值以下。由于债券票面利率受行政管制，无法适应二级市场收益率的变化，一级市场的债券发行难度增大。国开行为帮助市场参与人更好地管理风险，推出了一系列创新的债券工具，包括浮动利率债券和可回售债券。2003年国开行主承销浦发债、上海轨道交通债、苏州工业园债、科技债、铁路债和网通债6只债券，总承销额达46.72亿元；主承销（包括联合主承销）家数和承销量均居业内首位。当时市场上有些承销企业债券和公司债券的证券公司不得不持有部分未售出的债券，但是国开行向终端投资人出售了所承销的全部债券，成功经受住了市场波动的考验。

公司债券市场在2004年和2005年出现一系列新的动态，最值得一提的是地方公司债券发行人数量的增加。这类发行人主要是地方的基础设施开发商，大多数都得到地方政府的隐性担保。这段时期股市低迷，由于公司债券收益率高于政府债券，风险低于股票，吸引了大部分机构投资人和个人投资人。这一期间大多数证券公司将业务重点转向公司债券市场。与此同时，国家发展改革委加快了起草公司债券管理办法的进程，预示公司债券市场即将迈上新的发展台阶。这些都为债券承销业务的发展提供了新的条件。

二、公司债券和公司债券承销业务的快速发展

作为市场参与人，金融机构通常为了自身的利益进行金融创新，但是国开行的创新却有更高的目标。作为政策性金融机构，国开行不仅将自身定位为债券市场的开拓者和创新者，还希望对制度建设作出贡献。为此，国开行首先需要成为声誉良好、成功率高的市场参与人。

（一）市场快速发展时期企业债券承销的开拓者

国开行实现这一市场地位的第一步，是成为银行业中唯一债券市场承销人。国开行不仅在销售、经营和创新各方面名列前茅，而且是公司债券市场最活跃、最有实力的参与人。

2007年度国开行主承销债券16只（企业债12只，短券4只），主承销债券发行规模为395亿元，占全行新增贷款的15%左右。债券承销收入超过1.3亿元，比上年增长58%。2007年在债券市场不景气的情况下，国开行主承销企业债家数在行业内排名第一。之后，国开行保持了稳定的发展节奏，2020年，国开行承销债券金额1209.70亿元。

（二）以解决融资难为目标的各种创新

1. 早期重大承销项目

国开行主承销的企业债券不仅解决了许多企业项目急需资金的问题，而且许多项目关乎重点建设、国计民生和金融市场的发展，体现了服务国家战略发展、服务金融体制改革的使命感和责任担当。其中，有重大影响的债券承销如下：

（1）企业债券发行为世博会融资

"07 世博债"规模 40 亿元，发行主体上海世博土地控股有限公司承担着上海世博会土地收购、征用、储备、经营及相关的基础设施建设任务，并负责世博会结束后土地的再开发。该企业债券的发行解决了我国 2010 年举办世博会所需要的部分资金，意义重大。

（2）中小企业集合债券

首只中小企业集合债券是"07 深中小债"，发行主体为深圳 20 家中小企业。这是中国企业债历史上第一次中小企业通过企业债券进行融资，打破了中小企业融资"瓶颈"，为解决中小企业融资难问题创立了成功的案例，取得了市场和各地政府的高度关注。

（3）"07 神华债"的发行

"07 神华债"的发行主体神华集团是中国第一大煤炭集团，发债募集资金用于集团煤直接液化项目，突破了我国能源紧缺的"瓶颈"，同时兼顾了环境保护问题。

（4）铁道二期债

首只银行间发行的企业债券——150 亿元"07 铁道二期债"的发行主体是铁道部，本次企业债发行采取了银行间债券发行系统利率招标方式，这是中国企业债历史上一次创新的尝试。国开行凭借在银行间市场的优势地位和深厚的发行经验成为牵头主承销商。通过银行间利率招标，为发行人节约了上亿元的融资成本，提升了铁路债券的发行规格，得到了发行人的高度认可和肯定。

2. 2001～2007 年，国开行量身订制的承销服务

自 2000 年以来，国开行累计参与承销债券 123 只（企业债 91 只，短券 30 只，金融债 1 只，次级债 1 只），其中主承销债券 46 只（企业债 36 只，短券 10 只），主承销债券发行规模 1034 亿元（企业债 893 亿元，短券 141 亿元）。2001～2007年国开行累计主承销企业债家数位居行业内第一位。

自 2001 年以来，国开行建立了专业化的客户服务系统，向客户提供财务顾问

服务和项目培训服务，协助客户申请债券发行额度、债券销售和上市等事项。服务涵盖了公司债券发行的整个过程，为客户实现一站式直接融资服务。国开行将客户带入市场，提供全面的信用增级，积极建设公司信用类债券市场的基础设施，为公司债券市场的繁荣发展做出了贡献。

从 2007 年以后，开发银行为中央企业和地方政府做出了很多量身定制的债券承销项目。2007 年首单以 SHIBOR 利率为基准发行债券，帮助中化集团首次以 SHIBOR 利率为基准发行 15 亿元"07 中化债"。2010 年帮助汇金公司发行 1090 亿元公司债券；2011 年帮助上海市政府首发 71 亿元地方政府债；2012 年发行首单保障房私募债，并帮助北京保障房建设投资中心发行首单 60 亿元私募债券；2013 年帮助岳阳城投发行 18 亿元债贷组合债券。

3. 2014 年以来具有影响力的承销项目

（1）2014 年和 2015 年的债券承销

2014 年国开行作为主承销商成功发行国内首单"碳排放"中票，首创国内绿色债券概念。同年 7 月 11 日国开行主承销商发行国内首单郑州交投地坤公司项目受益票据——郑州综合交通枢纽地下交通工程建设，探索市政项目 PPP 模式；并主承发行国内首单"供应链"中票，助力中小企业降低融资成本。2015 年开行作为主承销商发行国内首只以开行债收益率为基准的广西玉柴机器集团 1 亿元浮息中票，强化开行债市场定价锚地位。同年牵头成功续发 300 亿元汇金债，赢得汇金高度赞誉。[①]

（2）2016 年以来的债券承销

2016 年 4 月 8 日，开行主承销协合风电投资有限公司绿色债券，该项目为全国首单绿债，金额 2 亿元，期限 3 年，利率 6.2%。2017 年 5 月 9 日，国开行牵头，成都银行联席主承销，成功发行成都高新投资集团双创债。该项目为全国首单双创债券，金额 5 亿元，期限 5 年，利率 5.6%。同年 9 月 27 日国开行主承销贵州高速公路集团有限公司扶贫专项中票，该项目为全国首单扶贫专项中票，金额 15 亿元，期限 3 年，利率 4.8%。2018 年 11 月 15 日，国开行主承销中国雄安集团雄安债，该项目为全国首单雄安债，金额 6 亿元，期限 3＋N 年（定向永续票据），利率 4.4%。2019 年 6 月 24 日，由国开行牵头，招商银行联席主承销，深圳特区建设发展集团有限公司助力粤港澳大湾区建设债务融资工具成功发行，该项目为全国首单助力粤港澳大湾区建设债务融资工具，金额 10 亿元，期限 3 年，利率 3.7%[②]。

---

①② 资料来源：国家开发银行资金部，2021－09.

（三）深度客户开发和量身订制服务

目前，公司债券的发行人主要是从事国家基础设施建设和能源、交通、基建等支柱产业的大型国有企业，其中大多数都是国开行的长期贷款客户。和其他债券承销人相比，国开行具有客户基础广泛的天然优势。在向大型项目提供贷款的同时，国开行总分行的信贷管理局也积极帮助客户进行全面融资安排，并由此获得客户需求和偏好的第一手信息。

1. 维持长久客户关系

在开发潜在发行人或潜在发债项目的过程中，国开行根据《企业债券管理条例》和《公司法》评估客户的财务状况，帮助客户根据实际情况达到法律要求，制定恰当的发行策略；暂时达不到债券发行要求的项目，国开行会给予积极指导，提供相关顾问服务。

2. 帮助客户申请发行

部分发债项目的申请周期可能有数年之久。像 2004 兖矿债，国开行在 2000 年发现有可能发债融资时，就开始协助兖矿集团申请发行额度。兖矿集团只是省级煤矿企业，达不到公司债券发行人的标准，而且一开始财务状况也不达标。基于这些原因，国家发展改革委不太可能批准这一申请。国开行成立了专门的工作小组，与兖矿集团内部相关部门积极磋商，通过不断联络和沟通，寻找解决问题的办法。

3. 灵活运用债券、贷款和担保结合

当时兖矿集团有一笔来自日本的能源贷款，即日元负债，国开行建议集团还是发行人民币债券。后来债券发行目标有了调整，需要支持三大项目：1000 吨煤新型气化炉项目、年产 20 万吨醋酸工程项目和年产 200 万吨焦炭及配套 20 万吨甲醇项目。

国开行在评估了兖矿集团的财务责任后，还承诺为债券提供担保。经过 4 年的努力，兖矿集团的发债条件终于成熟，于 2004 年获得债券发行额度，其中国开行的不懈努力和有效的客户服务发挥了重要作用。

4. 充分利用贷款业务优势

发债条件相对成熟的项目，或者已取得债券发行额度的项目，对主承销人的竞争通常很激烈。国开行充分利用自身贷款业务的专业优势，提供市场分析报告、项目策划、工作日程安排等，还向大客户提供灵活的贷款利率，作为全国融资安排的一部分。

（四）努力做好承销工作

1. 承担承销义务

承销公司债券首先需要准备申请文件、设计发行计划、组织承销团，等等。国开行的指导原则是在每个阶段都以客户的利益为重。国开行客户服务的重要目标之一，就是实现融资的低成本、高效率。作为承销人，国开行力争缩短发行周期，确保项目一完成，发行款就能汇入发行人的账户中。

公司债券市场发展的早期阶段存在发行周期过长的问题。实行行政派购制的时期，债券发行需要好几个月的时间。显然，如果发债无法按时完成，建设项目也不得不延期。因此，承销人必须充分利用市场机会，设计合理的发行计划。原则上，主承销人与发行人协商，根据发行人的融资目标、市场环境、对期限的特别要求和融资成本等制订发行计划。

2. 密切关注市场变化

主承销人有责任密切关注市场，制定恰当的市场策略。国开行主承销公司债券时，积极关注市场动向，深入研究利率变动，确保发行计划能与市场变动保持同步，并能够根据市场环境的变化进行调整。公司债券发行人情况各异，国开行会对市场变动及客户的经营、财务和成本情况进行全面、仔细的分析，根据不同客户的具体情况设计每一笔债券的发行计划。国开行同时也十分注重投资人的需要和偏好。在制订好发行计划和发行方案后，向各机构投资人发放债券需求调查表，获得投资人的反馈意见，这一努力能够确保发行方案同时满足发行人和投资人双方的需要。

3. 与监管部门保持沟通

国开行在协助发行人申请额度的过程中，负责协调和敦促审批过程。在现有法律框架下，公司债券批准手续仍然十分复杂。公司债券发行必须得到国家发展改革委的批准，债券利率和承销人资格必须符合人民银行和证监会的规定。为了减少批准手续占用的时间，提早准备申请文件是关键。相关部门的员工不一定是市场专家，因此国开行必须随时与监管部门保持联系，回答他们可能提出的任何问题，澄清可能存在的任何投资人不明确的情况，解释还本付息、产品结构、利率和承销团组成情况的各种细节。也就是说，国开行必须投入大量精力，做好协调工作，提供专业服务。为此，国开行制定了专门的工作流程，参与发行项目的工作小组能够全程跟踪批准过程。在提交发行申请文件之前就对发行人的财务报表质量进行严格审核。在提交报告后与政府部门的员工保持密切联系，发现问题及时处理。此外，国开行还负责根据最新数据和市场策略修改申请文件。

（五）债券发行的营销工作

债券发行的营销工作包括集中路演和与投资人一对一面谈。经历了多年的历练之后，国开行形成了高效的销售组织制度，涵盖从品种设计、投资人路演以及与其他金融机构谈判代销协议的各个环节。相关法律文件的内容，如产品调查表、债券信息材料、协议样本等，由国开行总行准备，分发到各分行，再通过国开行的全国销售网络发放到全国各地。国开行精心设计的工作程序是确保发售成功的前提条件，包括以下内容：

1. 员工培训

参加公司债券销售小组的企业员工必须具有专业技能，国开行通过不断的教育培训丰富了他们的债券知识和法律知识储备。在发展承销业务的过程中，国开行通过全国网络建立了公司债券业务操作制度，加强分行员工在企业债券业务领域的培训。国开行颁布了《企业债券承销业务手册》，对员工进行指导，并且设计了一整套考核制度，不断敦促员工自发地提高业务水平。

2. 债券上市保荐

除了积极推动大型国企在一级市场发行债券，国开行也致力于实现公司债券在证券交易所上市，以此活跃二级市场交易。2001年，国开行取得公司债券在沪深两地上市的保荐资格。截至2005年底，共有45只债券在国开行的推荐下，在证券交易所上市。由国开行主承销的2001广核债和2002广核债发行后表现不俗，成为公司债券市场的基准产品。2002苏交通债作为近年来首只上市的地方企业债券，其发行重新建立起投资人对地方企业债券的信心。

3. 监管沟通

值得指出的是，严格的监管制度和烦琐的审批手续增加了公司债券发行的交易成本，而负责审批的各主管部门为了维护自身权力和免除责任，不大可能主动放松或简化审批程序。改革是一项公共品，但参与改革的政府部门并不能从中获得好处，因此政府部门也不具备改变制度的动机。与此相反，金融机构特别是金融中介却具有在现有法律制度下降低交易成本的动机，由此带来的利益可以与发行人和投资人共同分享；发行人和投资人也能够因金融中介的努力而降低自身交易成本。

4. 确定营销和推介策略

在密切关注批准过程的同时，国开行也会不断调整市场策略，制定营销和推介策略。在发行2002广核债和2002苏交通债时，国开行从获得主管部门正式批准到完成定价只用了两天时间，以前所未有的效率获得了发行人的认可。

多年以来，社会上将金融中介看成"商人"，就是说中介只活动于买卖双方，并不创造价值。前面提到过，中介的职能在于降低内生交易成本，实现发行人与中介人的双赢，以及中介人与投资人的双赢。国开行的市场推介举措具有多重意义。债券市场尚不发达，不在于市场参与人的行为，也不在于投资人的非理性行为，而是由于市场建设还没有完全到位。对于政府和市场之间的关系，市场参与人可以通过对话的方式，向政府部门表达自身的观点和要求。市场参与人作为博弈的一方，能够形成所谓的"压力集团"①，据理力争，推动政府从市场服务的角度解决问题。

回忆链接

陈元：我在开发银行工作了 15 年，对开行进行了脱胎换骨的改造。当然，是在开行前期发展的基础上做的这些工作。我之所以能在这十几年当中，从根本上对开行进行一些改造，很重要的是我在人民银行这 10 年，学到了金融、货币、信用、信贷发展的一些基本理念和基本的原理与原则。对于一个好的金融机构，我们都当作一个理想当中的目标去追求。就是到了开发银行之后，我首先的一个目标，就是朱镕基总理叫我到开发银行工作，是要看到一个好银行，不是要看到一个烂银行，或者问题丛生的银行。

所以我到开发银行，由于过去工作的经验和积累，我天然地有一种看法，就拿最好的银行来衡量开发银行，哪条够标准，哪条不够标准。同时也在考虑作为非存款类的金融机构，那么这样一个非典型的银行，它应该是一个什么样的银行。后来就总结出几条，因为银行最基础的概念就是吸收公众存款。在由专业银行改造成为商业银行时，衍生出三个政策性银行。这三个银行实际上都是一个准银行，因为它不吸收存款，它是靠发行债券解决资金来源，它是半个银行，只有贷款发放这一半。像国开行这样的银行，要想办好它，需要解决哪些问题？我觉得首先一个就是要解决资金来源问题。不吸收存款，还要有资金来源。那就得靠发债。过去怎么发债？过去是人民银行摊派，指令性摊派。人民银行有个资金司，就管分配资金的，管信贷指标的。那在人民银行是司局当中的司局，是有最高权威的。这个最终决定国家的货币投放多少，实际操盘的部门。我们的这个债券发行，就由资金司每年个开会，向专业银行布置任务。我觉得这个不是市场化的，不是现代化的，不是一个真正金融现代化的做法。

我们可以做的就是首先把发债市场化，我就开始考虑怎么把开发银行的债券发

---

① "压力集团"是公共选择理论中使用的术语。压力集团由一群说客组成，通过游说政府采取一定的行动，达成本集团的目的。

行从派购转化成市场发债。这个先要找专家，环顾四周看了一下中国发债发得最好的就是财政部。财政部在发国债上是有很多经验的，我就想办法去从财政部要干部，我们就把高坚同志给调来了，当资金局的局长，主持市场化发债。高坚同志来了以后，可以说夜以继日，昼夜地工作，研究市场化发债的一些方法。由于高坚同志对国内发债很熟悉，在国际上发债也很熟悉。他来了以后，把国内的经验和国际的经验结合起来，我们就开始组织市场上的认购银团，商业银行自愿参加，我们向他们路演，介绍我们发债的各项基本要求和发债过程当中采用各种市场化的定价机制，然后确定发债的方式。

很快开发银行的债券发行就从派购发债这个最原始的行政式发债，一步走到国际最前沿的、最先进的发债方式。我们发债方式迅速地在国内被其他金融机构和企业复制过去，学我们的办法，一步就迈上国际先进水平。这是我到开发银行干的第一件事情。我们解决了资金来源，把半个银行所缺少的另一半，也就是资金来源这一半，弥补上、解决好了，国开行成为一个真正的市场主体，而不是一个完全靠政府派购，依赖政府来发债。

（资料来源：宗良，何谐．国家金融记忆｜陈元：见证国家40年金融改革的荣耀［N］．当代金融家，2019－05－05．）

第五节　公司信用类债券市场的管理制度

一、公司信用类债券监管的历史演变

（一）公司信用类债券市场早期发展和监管体系的形成

国家发展改革委是企业债的监管部门，最早企业债的发行主要是配合国家重点投资项目和产业政策。

1. 起步阶段（1993～2004年）

20世纪90年代以后，相关法律陆续出台。中国公司债券发行和承销方面的相关规定包括《证券法》和《公司法》等。1993年颁布的《企业债券管理条例》对发行审批程序作出了规定，同时还规定了发行配额，要求用途符合国家产业政策。由于市场环境的变化，这些规定已不再适用。

20 世纪 90 年代的多起违约事件导致公司债券融资受到了更为严格的管制。20 世纪 90 年代后期，国家计委每年只批准 40 亿元的企业债发行额度。2000 年以后，公司债券市场的焦点从国有企业转变为民营企业和中小型企业，产业发展政策开始强调发行人的多元化。随着经济改革的深入，民营企业和中小型企业成为中国经济的主要力量。然而，这类企业缺乏信用证明，信用评估过程过于烦琐。同时我国高收益债券的投资人基础尚未建立起来，导致这些企业长久以来无法利用债券市场融资，也很难获得银行贷款。

国家发展和改革委员会是中国企业债券市场最主要的监管部门，早期对于企业债券发行实行审批制，审批内容包括审批程序、发行人资格、利率、信息披露等。这一时期企业债券一、二级市场交易限制较多，无法适应新一轮改革的要求。2003 年推出公司债券回购交易后，二级市场交易较为活跃，市场流动性大为提高。2004 年，公司债券上市的核准权移交给了证监会，大大简化了审批程序。同年，中国国铁发行了首只铁路债券，在银行间债券市场和交易所市场实现跨市场交易。

21 世纪初期，经济发展加速，企业融资需求增加，监管部门为放松金融管制，实施了一系列举措。自 2003 年以来，政府部门就扩大证券发行规模、拓宽投资主体、振兴公司债券交易，颁布了若干建设性的政策，主要包括以下内容：

①《保险公司投资企业债券管理暂行办法》，由中国保险监督管理委员会颁布，鼓励保险公司加大对公司债券的投资，实现投资组合的多元化。保险公司参与公司债券市场，极大拓宽了投资主体。

②《实名制记账式企业债券登记和托管规则》，由中央结算公司颁布，进一步规范实名制记账式企业债的登记和托管行为，降低发行成本，防止债券的超额发行和挪用，维护债券发行人和债券持有人的合法权益。[①]

以上两项法规对保障市场安全有效运行起到了积极的作用。记账式债权清算结算规则的改进，加快了实物券的淘汰进程，促进了电子交易系统在公司债券交易中的运用。随着越来越多的投资人参与地方公司债券市场，不仅市场的效率得到提高，投资主体也得到了拓宽。

③《全国银行间债券市场债券交易流通审核规则》由人民银行颁布，对银行间债券市场的交易作出了规定，为公司债券在银行间市场和交易所市场同时交易提供了法律依据。

2. 鼓励发展阶段（2005～2008 年）

这一阶段的特点是监管态度转暖，政策逐步放开。2005 年，国家发展改革委

---

① 中央结算公司，2021 - 09 - 18.

开始接受地方企业债券的发行申请，地方政府全资控股国有企业的政府投融资平台可以通过发行企业债券的方式进行融资，这一审批上的变化标志着监管层对于地方政府融资平台以及城投债的态度产生了实质性变化。

2007年8月14日，证监会颁布了《公司债券发行试点办法》，从审核制度、发行条件、发行价格等方面作出了规定。公司债券的审批与企业债券审批脱离。2007年9月长江电力40亿元公司债在交易所上市，成为第一只现代意义的公司债券。同年，江苏红豆实业股份有限公司公司债券公开发行。2008年以后证监会多次出台相关政策，从此公司债券市场正式建立起来。

2008年1月，发改委财金司发布了《国家发展改革委关于推进企业债券市场发展、简化发行核准程序有关事项的通知》，将企业债审批环节由先核定规模、后核准发行两个环节，简化为直接核准发行一个环节。同时规定用于固定资产投资项目的债券，累计发行额的上限由该项目总投资的20%提高至60%。这一变化使得平台公司发债融资空间得到拓展。

该阶段城投债监管政策多出自发改委，政策核心是着眼于发债企业资质的放松、审批程序的简化和发债规模上限的提高。同时有一些审批的变化以"潜规则"的形式出现，没有形成明文的规定。事实上，这一阶段的放松管制对城投债的发展起到了积极的作用。

3. 整顿阶段（2010～2011年）

整顿阶段的特点是监管加强，风控从严。经历了2009年的爆发式增长后，平台公司举债融资规模进一步膨胀，出现了运作不规范、地方政府违规担保、金融机构信贷管理缺失等问题。监管部门开始意识到城投债市场不断聚集的风险，并开始进行清理。

2009年11月，《财政部关于坚决制止财政违规担保向社会公众集资行为的通知》要求政府融资平台公司等主体由财政担保转向鼓励社会主体参与进行基础设施建设。2010年5月，国务院常务会议领导讲话提出要对地方政府融资平台进行核查和清理，并提出了新的工作重点。这标志着中央政府的最高层开始关注并着手地方政府融资平台的清理工作。

2010年6月国务院《国务院关于加强地方政府融资平台公司管理有关问题的通知》明确要求地方各级政府对融资平台公司的债务进行全面清理，并对融资平台公司进行规范，要求银行和其他金融机构加强对融资平台公司的融资和信贷方面加强管理。通知将融资平台分为不同种类，并明确只承担公益性项目融资并主要依靠财政性资金偿债的融资平台今后不得再承担融资任务。该文件标志着对地方政府债务和融资平台的清理整顿正式开始。

随后，各部委落实国务院文件精神，纷纷出台收紧城投平台融资的政策。11月中旬，发改委下发《国家发展改革委办公厅关于进一步规范地方政府投融资平台公司发行债券行为有关问题的通知》，对城投平台的发债标准进行了明确，事实上收紧了融资平台的发债窗口。

对地方政府融资平台影响最大的是来自银行贷款政策的收紧。2010年8月，银监会落实国务院会议精神，下发了《中国银监会关于加强融资平台贷款风险管理的指导意见》，对地方融资平台贷款风险管理提出了非常明确的监管要求，要求按照平台公司的自身现金流覆盖债务本息的比例将平台公司划分为四类，确定不同的风险权重和拨备比例，并严格不良贷款认定。总体上，该文件大幅加大了融资平台贷款的风险资本占用和拨备计提，加深了市场对融资平台再融资能力的担忧。

2011年6月，银监会下发《中国银监会办公厅关于印发地方政府融资平台贷款监管有关问题说明的通知》，进一步要求对融资平台实施名单制管理，并明确划定了四类可贷款和四类不可贷款的融资平台范围，实行差别政策，客观上再次收紧融资平台贷款政策。

同期，银行信贷趋紧的情况下，部分城投公司财务状况开始恶化。2011年4月，云南省公路开发投资有限公司（以下称"滇公路"）向债权银行发函，表示"即日起，只付息不还本"，将市场对融资平台的再融资担忧抬升至极点，虽然云南省政府此后出面协调，平息了违约风波，但随着2011年6月地方政府债务审计结果的公布，短时间内市场对地方政府债务的关注度大幅提升。期间媒体连续报道云南省公路开发投资有限公司、上海申虹投资发展有限公司、云南省投资控股集团有限公司三则负面信用事件的新闻，引发市场轩然大波。同时叠加市场流动性整体偏紧，监管部门继续收紧城投公司的再融资，导致城投债估值收益率大幅上行，一级市场发行价格跌至谷底。从2010年的《国务院关于加强地方政府融资平台公司管理有关问题的通知》公布为起点，直至2011年9月，中债城投7年AA估值收益率上升超过200bps。

在贷款和城投债监管标准日益严苛的情况下，部分平台公司开辟了信托等影子银行融资渠道，这种融资方式的无序扩张逐渐也被监管部门察觉，并在2012年被多部委联发文叫停。

4. 规范阶段（2012～2014年初）

规范阶段的特点是在加强监管的前提下，增加市场的活力。在上一轮监管中，融资平台贷款和债券融资被限制，融资平台开始借道信托进行融资；当信托渠道被叫停后,又开辟券商基金子公司。这时非标产品融资十分活跃,导致地方债务规模持续增长,同时渠道增多又提高了融资成本,加剧城投平台的信用风险,尤其是这些影子银行融资更为隐蔽和缺少规范,加大了政府融资的系统性风险。

这一时期监管理念的进步表现在监管层开始考虑转变监管思路,采用"有堵有疏,区别管理"的方式进行监管。2013 年 4 月,银监会发布《关于加强 2013 年地方融资平台风险监管的指导意见》,核心原则没有变化,仍以"降旧控新"为重点、以风险缓释为目标。2013 年 4 月,发改委发布《关于全面加强企业债券风险防范的若干意见》,对城投债分三类管理,有保有控。5 月,发改委下发《关于对企业债发行中申请部分企业进行专项核查工作单位通知》,该文件在前文的基础上,加大了企业债发行申请的审核力度。同时为了防止债务风险,发改委支持债务置换的做法。2013 年 12 月,发改委允许融资平台通过发行企业债置换"高利短期债务"。

2013 年下半年,城投债估值收益率经历了 2010 年以后的第二次大幅上行,中债 7 年 AA 城投估值收益率从 2013 年 9 月的 6.49% 大幅上行至 2014 年春节前后的 8.06%。主要原因一是钱荒导致的无风险利率的大幅上行,二是发改委引导城投债自查,三是再次开展全国地方债务审计。归根结底是银行融资受到限制后,城投平台的影子银行融资无序扩张,引发了市场担忧。

2014 年初,随着钱荒的阴霾消散,市场资金面逐渐好转,无风险利率下行,隐含政府信用的城投债需求旺盛,一级市场发行又迎来春天。2014 年 7 月,中共中央政治局会议通过了《深化财税体制改革总方案》,体现了在保持财权事权平衡的基础上,通过顶层设计,解决城投债现有问题的新尝试。在总量控制的背景下,发改委多次发文支持扩大企业债券资金用于棚户区改造。此后,城投债收益率出现明显下行。

(二)公司信用类债券市场快速发展时期和监管体系的完善

1. 发展阶段（2014 年下半年至 2020 年）

2013 年全国范围地方债务审计后,2014 年 6 月,中国证券登记结算公司发布了《关于修订〈质押式回购资格准入标准及标准券折扣系数取值指引〉的通知》,将主体 AA 以下有增信的债券剔除出质押库,意味着主体 AA - 债券被取消回购资格。

2014 年 10 月,国务院颁布《国务院关于加强地方政府性债务管理的意见》,规定截至 2014 年底的存量债务余额应在 2015 年 1 月 5 日前上报;将存量债务分类纳入预算管理;统筹财政资金优先偿还到期债务;2016 年起省级以下政府只能通过省级政府发行地方政府债券。国务院还要求有关部门积极降低利息负担，明确地方政府可申请发行地方政府债券置换，降低利息负担，优化期限结构。

同时，国务院要求对地方债务实行分类管理，不兜底。对于公益性（如棚改项目）、商业性做了比较彻底的划分，城投债一分为二，引入 BOT、PPP 等融资方式，剥离融资平台公司政府融资职能，融资平台公司不得新增政府债务。地方政府新发生的或有债务，要严格限定在有依法担保能力的范围内，并根据担保合同依法承担相关责任。

2014 年 12 月，中国证券登记结算公司发布《关于加强企业债券回购风险管理相关措施的通知》，确定了按主体评级的"孰低原则"，除认定的债项评级为 AAA 级、主体评级为 AA 级（含）以上（主体评级为 AA 级的，其评级展望应当为正面或稳定）的企业债券外，暂时不受理新增企业债券回购资格申请，已取得回购资格的企业债券暂不得新增入库。

2015 年 3 月 8 日，财政部发言人透露，经国务院批准，财政部已下达地方存量债务 1 万亿元置换债券额度，允许地方把一部分到期高成本债务转换成地方政府债券。2015 年国家发展改革委发出通知，要求各地高度重视当年企业债券本息兑付工作，并对 2015 年企业债券本息兑付情况进行进一步排查，杜绝发生资本市场违约事件。这一阶段财政部主管的 PPP 项目有了很大发展。

由于证监会监管的狭义公司债晚于国家发展改革委监管的企业债。2015 年 1 月 15 日，证监会发布《公司债券发行与交易管理办法》，自发布之日起执行。该办法将公司债发行主体从上市公司扩至公司制法人，允许公司债公募发行与私募发行（中小企业私募债并入公司债），并取消公司债券公开发行的保荐制和发审委制度，以简化审核流程。《公司债券发行与交易管理办法》扩大了发行人范围，将公司债券发行主体的适用范围由原来的上市公司扩大到所有公司制法人（不包括地方政府融资平台公司）。该项制度推动公司债市场高效扩容。2015 年公司债发行1.03 万亿元，同比增长 630.61%；2016 年发行 2.79 万亿元，同比增长 170.91%，全年共发行公司债券 1452 只。①

2015 年以后，房地产行业公司债券发展迅速。2016 年国家对房地产行业实行管控，交易所也进行了分类监管。2017 年，在金融强监管和去杠杆大环境下，公司债发行规模同比急降 60.43%。2018 年以来，公司债在宽信用环境下重新恢复增长。其中，2019 年发行 2.54 万亿元，同比增长 53.47%。② 进入 2020 年，国内外受到新冠肺炎疫情冲击导致国内实体经济尤其中小企业承压，债市扩容成为政策对

---

　　①② 数据来自 Wind 数据库。

冲一大重要工具，例如，同年国常会明确指出，要引导公司信用类债券净融资比上年多增 1 万亿元（从宽口径来看，根据现行政策，公司制企业可发行的信用债包括公司债、企业债、ABS、中票、PPN、可转债和可交债等）。受宽信用政策影响，2020 年 1 月 1 日至 8 月 14 日公司债累计发行 1.96 万亿元，同比增长 42.95%；其中，公司债净融资 1.27 万亿元，同比增加净融资 0.29 万亿元。由于 2019 年全年公司债净融资 1.91 万亿元，2020 年公司债需至少发行 2.6 万亿元（2020 年内到期公司债约近 7000 亿元），其净融资超过 2019 年水平。在宽信用政策支持、市场需求带动以及注册制新规推动下，2020 年公司债发行额达到 3.37 万亿元的历史高峰。[①] 目前公司债券市场在公司治理要求、信息披露、交易品种、监管制度等方面都有了很大发展。

2. 公司信用类债券管理趋于严格（2020 年至今）

2020 年起，由于新冠疫情和经济进一步下行、企业债、城投债风险暴露。2020 年，中央经济工作会议再次提及要"抓实化解地方政府隐性债务风险工作"。2020 年 3 月 1 日，国家发展改革委发布《关于企业债券发行实施注册制有关事项的通知》，决定企业债券发行由核准制改为注册制，明确国家发展改革委为企业债券的法定注册机关，发行企业债券应当依法经国家发展改革委注册。国家发展改革委指定相关机构负责企业债券的受理和审核。其中，中央国债登记结算有限责任公司为受理机构，中央国债登记结算有限责任公司、中国银行间市场交易商协会为审核机构。为了简化程序，通知取消了企业债券申报中的省级转报环节。该通知强调了企业债券监管的责任制，明确债券募集资金用于固定资产投资项目的，省级发展改革部门应对募投项目出具符合国家宏观调控政策、固定资产投资管理法规制度和产业政策的专项意见，并承担相应责任；要求省级发展改革部门要发挥属地管理优势，通过项目筛查、风险排查、监督检查等方式，做好区域内企业债券监管工作，防范化解企业债券领域风险。在此基础上 2020 年 11 月 4 日和 12 月 9 日财政部分别发布的《关于进一步做好地方政府债券发行工作的意见》和《地方政府债券发行管理办法》亦均特别强调专项债券的偿付风险问题。因此后续去杠杆的重点应该是化解地方政府债务风险和企业债务风险，其中包括国有企业、地方政府融资平台在内的企业风险也可纳入地方政府债务风险的范畴。由于新冠肺炎疫情和经济下滑，2021 年地方国企发行的企业债出现大量违约现象。2022 年企业债和城投债发行遇到困难，这使企业债和城投债原有的发展和监管理念受到新的挑战。

---

① 数据来自 Wind 数据库。

3. 2023 年机构改革方案进一步统一债券市场监管

公司债券市场监督政策的放松，改善了公司债券上市交易的效率，大大提高了公司债券的流动性和投资价值。积极的政策导向为公司债券市场的发展提供了广阔前景。公司债券监督制度的变化，为市场参与人提供了更大的市场空间，为整个市场的进一步发展铺平了道路。但是由于存在重复监管的问题，市场之间不能打通，存在跨市场套利的问题。同时监管部门存在自身的角度和利益，很难在短期内实现监管制度的统一。在现有的法律制度下，市场创新也存在较大限制。为了实现监管制度的根本性变化，有必要进一步调整制度安排，例如将银监会、证监会和保监会合并为统一的监管实体，避免政府对市场的直接干预，这样才能创造出健全化、统一化、强有力的监管制度。也就是说，改革不应该局限在债券市场本身的范围。监管部门在解决公司信用类债券市场问题时，应该考虑从统一监管、统一托管到鼓励创新等多个方面的制度性改革。2023 年的机构改革在这方面迈出了重要一步。

根据 2023 年 3 月的机构改革方案，证监会调整为国务院直属机构，划入国家发展和改革委员会的企业债券发行审核职责，由证监会统一负责公司（企业）债券发行审核工作。本次机构改革后，企业债券和公司债券的发行审核将统一由证监会负责。由于企业债和城投债都由证监会管理，原来由发改委监管的企业债的概念也不复存在，公司信用类债券的概念将逐渐向国际上公司债的概念统一。证监会对于企业债券的管理角度和理念将和发改委有所不同，因此，规范管理方面会有进一步提升，有利于统一监管，形成统一市场和统一价格，防止监管套利。同时，债券统一监管也意味着未来企业债和公司债将在业务管理层面进一步趋同，有利于简化债券发行监管，也有助于打破刚性对付。统一监管将促进我国债券市场基础设施的进一步完善，也有利于监管规则和产品管理进一步与国际接轨，提升债券市场的效率，为实体经济服务。

二、公司信用类债券风险管理和信息披露

对于投资者来说，公司债有一个优点：在公司解散时，债券所有人可以对公司财产取得比股东优先的清偿。所以公司债虽然有一定的风险，但它仍然是很多投资者青睐的投资标的，因为现代公司治理和公众监督会减少其风险。

（一）公司信用类债券的风险特点

投资公司信用类债券有收益，也有风险，收益和风险存在内在关系。债券的还

款来源是公司的经营利润，但是任何一家公司的未来经营都存在很大的不确定性，因此公司债券持有人承担着损失利息甚至本金的风险。根据收益与风险成正比的原则，要求较高风险的公司债券提供给债券持有人较高的投资收益。债券条款上可能增加一些方便发行人或投资人的规定，例如发行者与持有者之间可以相互给予一定的选择权。债权人的风险管理和债务人的风险管理是相辅相成的。

1. 风险高于政府债券和利率债

公司信用类债券属于非政府债和信用债。无论是非政府债券对应政府债券，还是信用债券对应利率债券，公司信用类债券都是风险相对高的债券品种。除了与其他债券品种共有的利率风险和流动性风险以外，还有信用风险及产业和行业等周期性风险。2020 年债券违约案例增加，暴露刚性兑付导致投资人风险意识淡漠和发行人道德风险等问题。公司信用类债券中，创新创业公司债券的发行主体信用风险更大，由于存在公司治理不善及道德风险问题。此外，由于企业创业期间资本金不足，财务状况的稳健性较差。

2. 债券担保比例高

我国的债券市场尚未建立和完善风险定价机制。发行评级较低的中小型公司债券，必须提供较高比例的抵押或担保才能顺利发行。债券保证条款覆盖的内容包括公司债券的本金及利息、违约金、损害赔偿等。同时，这类公司通常需要第三方担保，国家对担保企业资质要求较高，一般来说，政府背景的担保公司费率较低，市场接受度较高，但是全国各个地区差别较大。民营企业的担保费率较高，市场接受度较低。

3. 对于企业风险债务管理能力的信息不对称

对于投资人来说，不同行业的企业，资产特性不同，债务风险管理的策略也应不同。从发行人的角度来看，对周期性行业，比如地产、采矿、航空业，由于资产收益率呈现周期性，从控制企业资产负债比率考虑，债务融资应该以浮动利率为主，使债务利率不断有重置的机会，以适应新的利率环境，而把固定利率债务作为敞口风险；对非周期行业，则应尽量保持债务成本稳定，债务融资以固定利率债务为主，将浮动利率债务作为敞口风险。这是公司债和企业债务风险管理的基本逻辑。风险管理良好的公司，一般会在公司的风险管理政策中明确规定利率风险敞口识别和计量的方法。比如，某些周期性行业的公司明确规定：公司以浮动利率债务作为无风险的基准情景，所有固定利率债务按敞口风险管理。未上市公司在存续期间的信息披露不充分，投资者无法了解持有未上市公司债的偿债能力的变化情况。

4. 金融工具不足

目前在人民币债务利率风险管理上，企业很难有所作为，原因在于金融机构提供的债务风险管理工具十分有限。无论是浮动利率债，还是利率掉期产品的供给，都无法满足企业债务风险管理的需求。在市场利率大幅下行的情况下，个别企业不惜得罪债券投资者，采取改变债券票息的办法重置债券票面利率。这一方面表现企业发行人违背发行条款，也说明这些企业没有掌握控制债务风险的手段，如选择固定或浮动利率，以及进行掉期交易等。目前这些手段不完善，凸显企业债务风险管理工具缺失的困境。证券公司作为公司债券发行市场的中介具有信息方面的优势，对于发行人的经营状况的了解，可以在一定程度上减少发行人和投资人信息不对称的问题。同时，可以在承销的同时，发行相应的信用风险管理工具，为发行人提供增信支持。

此外，无论是从发行人还是从投资人的角度来看，公司信用类债券的风险管理需要足够的市场工具。在成熟市场主要有两种工具可用：一是合理安排固定利率和浮动利率债务融资的比例；二是通过利率掉期交易，对债务的利率结构进行调整和动态管理。具体使用哪种工具，关键是看融资成本。根据国际掉期和衍生品交易商协会（ISDA）2009年的一项调查，世界500强企业中有416家使用利率衍生产品，占全部500强企业的88.3%，说明掉期等衍生产品是企业风险管理不可缺少的工具。

（二）对公司信用类债券发行人的规定

1. 证监会、中国人民银行的有关规定

2021年，证监会颁布《公司债券发行与交易管理办法》，对公司债券公开发行规定进行了修改。依据该办法，公开发行公司债券的发行人应当符合下列条件：①具备健全且运行良好的组织机构；②最近三年平均可分配利润足以支付公司债券一年的利息；③具有合理的资产负债结构和正常的现金流量；④国务院规定的其他条件。资信状况符合以下标准的公开发行公司债券，专业投资者和普通投资者可以参与认购：①发行人最近三年无债务违约或延迟支付本息的事实；②发行人最近三年平均可分配利润不少于债券一年利息的1.5倍；③发行人最近一期末净资产规模不少于250亿元；④发行人最近36个月内累计公开发行债券不少于3期，发行规模不少于100亿元；⑤中国证监会根据投资者保护的需要规定的其他条件。

注册制实施前，企业债券发行人的资格必须由国家发展和改革委员会审批。企业债券市场的发行人必须满足一定的标准才能发行企业债券，相关规定包括《公

司法》和《企业债券管理条例》等。[1]《企业债券管理条例》对我国的企业债券发行做出了 5 项规定：①企业财务会计制度符合国家发展和改革委员会的相关规定。②企业获得评级，具有偿债能力。③企业经济效益良好，发行企业债前连续 3 年盈利。④所筹资金用途符合国家产业政策。⑤所筹资金必须得到有效使用，具有一定的社会经济效益。企业债券总面额不得超过企业自有资产净值。另外，发行企业债券所筹资金应当按照审批机关批准的用途，用于本企业生产经营，不得用于以下用途：①弥补损失或非生产性支出；②房地产买卖等与本企业生产经营无关的风险型投资。

同时规定，发行企业债券所筹集资金用于固定资产投资时，需由审批机关批准。国家发展和改革委员会指定的重点项目，可部分或全部发行企业债券筹资。国务院为控制企业债券发行总额，规定了企业债券的发行配额。中央企业可以根据融资计划，直接向发改委申请企业债券发行配额。发改委在每年年末审核企业申请与各省报告，编制企业债券年度发行计划，呈交国务院批准。计划得到批准后，国家发展改革委向中央直属企业和各省发展和改革委员会分配债券发行配额。

企业获得发行配额后，需根据债券发行申请文件的相关要求，向主管部门提出发行申请。面向全国投资人发行的债券，需得到国家发展和改革委员会、中国人民银行和中国证券监督管理委员会的联合批准。面向地方投资人发行的债券，需得到省发展和改革委员会的批准，并向国家发展和改革委员会报告。

2. 交易所的有关规定

2011 年上海证券交易所发布《上海证券交易所公司债券上市规则》，对公司债券上市规则进行了修订，推进上市公司发行可交换债券和可分离债券，丰富债券品种。[2] 2022 年上交所发布《上海证券交易所公司债券上市规则（2022 年修订）》，体现了新的监管政策。一是在制度实施标准和规范方面，进一步体现了简明友好的特征，实现审核程序、审核内容及标准的可预期性及透明度有效提升，简化上市挂牌要求，便利市场参与，加强权力运行监督约束。二是在市场建设方面，重视发挥市场内生机制及自主约束机制，强化信息披露要求，压实中介机构把关责任，并完善持有人会议、受托管理制度等投资者权益保护机制，调动各市场参与方责任意识，进一步强化市场约束。三是在市场监管方面，根据市场发展现状完善投资者适当性要求，加大对普通投资者的保护力度，进一步明确各市场主体应当遵守的自律监管要求，细化违规触发点及相应的违规责任追究，对各类违规行为采取"零容

---

① 中央结算公司，2021 - 09 - 18.

② 陈旭，等. 中国债券市场操作手册 ［M］. 北京：中国金融出版社，2020：442.

忍"态度。

根据深、沪证券交易所关于上市企业债券的规定，企业债券发行的主体可以是股份公司，也可以是有限责任公司。申请上市的企业债券必须符合规定条件。由于历史原因，发行公司债券的基本条件是在发行企业债券的基本条件的基础上，为体现公司债券特点提出的进一步要求。从筹集资金用途看，企业债和公司债基本相同，如对于发行利率，公司债也适用企业债的规定，遵照《企业债券管理条例》第十八条"企业债券的利率不得高于银行相同期限居民储蓄定期存款利率的40%"的要求执行。

由于公司债很多是由上市公司发行的，相对于企业债，在资产规模（包括净资产余额）方面，公司债券的规定比企业债券的规定更严格和具体。从盈利方面看，公司债券比企业债券提出了更进一步的要求。

（三）信息披露管理

道德风险是公司信用类债券的主要风险之一。2021年六部委发布公司信用类债券管理办法，突出了公司信用类债券的风险防范问题。随着征信制度、信息披露制度、评级制度和舆论监督制度的健全，以及信息技术手段的应用，目前，在防范道德风险方面已经有了新的进步。

1. 发行人信息披露义务

（1）信息披露义务的内容

根据发行人信息披露的要求，企业应当及时、公平地履行信息披露义务。企业及其董事、监事、高级管理人员应当忠实、勤勉地履行信息披露职责，保证信息披露内容真实、准确、完整，不存在虚假记载、误导性陈述或重大遗漏。

企业的董事、高级管理人员应当对债券发行文件和定期报告签署书面确认意见。监事会应当对董事会编制的债券发行文件和定期报告进行审核并提出书面审核意见。监事应当签署书面确认意见。董事、监事和高级管理人员无法保证债券发行文件和定期报告内容的真实性、准确性、完整性或者有异议的，应当在书面确认意见中发表意见和陈述理由，并披露相关信息。企业不予披露的，董事、监事和高级管理人员可以直接申请披露。企业控股股东、实际控制人应当诚实守信、勤勉尽责，配合企业履行信息披露义务。

（2）信息披露管理制度

企业应当建立信息披露事务管理制度，经企业董事会或其他有权决策机构审议通过。企业发行债券应当披露信息披露事务管理制度的主要内容。企业对已披露信息披露事务管理制度进行变更的，应当在最近一期定期报告中披露变更后的主要内容。

企业应当设置并披露信息披露事务负责人。信息披露事务负责人负责组织和协调债券信息披露相关工作，接受投资者问询，维护投资者关系。信息披露事务负责人应当由企业董事、高级管理人员或具有同等职责的人员担任。

企业信息披露事务负责人发生变更的，应当及时披露。对未按规定设置并披露信息披露事务负责人或未在信息披露事务负责人变更后确定并披露接任人员的，视为由企业法定代表人担任。

2. 债券信息披露制度

目前公司债券信息披露标准不一，信息披露制度中并未明确统一信息披露标准，不同市场和不同品种债券信息披露的要求不一致，使投资人很难进行比较，影响跨市场交易，也不利于系统地接收标准化和电子化的信息，进行有效的信息分析。

近年来，资产证券化一级市场发展迅猛，但是二级市场交易十分不活跃，原因在于信息披露不充分，二级市场投资人对资产池的现金流和信用状况了解不多，难以充分揭示其风险。为了完善信息披露制度，需要统一信息披露标准，以便实行信息标准化、电子化和人工智能分析。

3. 监管部门重视债券市场信息披露管理

为推动公司信用类债券信息披露规则统一，完善公司信用类债券信息披露制度，促进我国债券市场持续健康发展，2020 年 12 月，中国人民银行会同国家发展改革委、中国证监会，制定了《公司信用类债券信息披露管理办法》，自 2021 年 5 月 1 日起施行。

市场自律组织可以根据该办法制定公司信用类债券信息披露的实施细则，依照办法中的原则制定公司信用类债券非公开（含定向）发行的信息披露规则。2021 年 8 月，六部委联合发布《关于推动公司信用类债券市场改革开放高质量发展的指导意见》，提出依法建设全国集中统一的登记结算制度体系，坚持一级托管为主，兼容多级托管的包容性制度安排。按照分类趋同原则，促进公司信用类债券市场发行、交易、信息披露、投资者保护等各项规则标准逐步统一。[①]

4. 关于信息披露的要求

信息披露应当遵循真实、准确、完整、及时、公平的原则，不得有虚假记载、误导性陈述或重大遗漏。同时，信息披露语言应简洁、平实和明确，不得有祝贺性、广告性、恭维性或诋毁性的词句。

---

① 中央结算公司，2021 - 09 - 18.

（1）备案不代表对于风险的判断

公司信用类债券监督管理机构或市场自律组织对债券发行的注册或备案，不代表对债券的投资价值作出任何评价，也不表明对债券的投资风险作出任何判断。债券投资者应当对披露信息进行独立分析，独立判断债券的投资价值，自行承担投资风险。

（2）要求披露的文件

企业应当于发行债券前披露以下文件：①企业最近三年经审计的财务报告及最近一期会计报表；②募集说明书（编制要求见附件1）；③信用评级报告；④公司信用类债券监督管理机构或市场自律组织要求的其他文件。

（3）用途的合规性

企业发行债券时应当披露募集资金使用的合规性、使用主体及使用金额。企业如变更债券募集资金用途，应当按照规定和约定履行必要的变更程序，并于募集资金使用前披露拟变更后的募集资金用途。

（4）公司治理结构的披露

企业发行债券时应当披露治理结构、组织机构设置及运行情况、内部管理制度的建立及运行情况。企业应当披露与控股股东、实际控制人在资产、人员、机构、财务、业务经营等方面的相互独立情况。

企业应当在投资者缴款截止日后一个工作日（交易日）内公告债券发行结果。公告内容包括但不限于本期债券的实际发行规模、价格等信息。债券存续期内，企业信息披露的时间应当不晚于企业按照监管机构、市场自律组织、证券交易场所的要求或者将有关信息刊登在其他指定信息披露渠道上的时间。债券同时在境内境外公开发行、交易的，其信息披露义务人在境外披露的信息，应当在境内同时披露。

（5）定期报告制度

债券存续期内，企业应当按以下要求披露定期报告：

一是企业应当在每个会计年度结束之日起四个月内披露上一年年度报告。年度报告应当包含报告期内企业主要情况、审计机构出具的审计报告、经审计的财务报表、附注以及其他必要信息；二是企业应当在每个会计年度的上半年结束之日起两个月内披露半年度报告；三是定期报告的财务报表部分应当至少包含资产负债表、利润表和现金流量表。编制合并财务报表的企业，除提供合并财务报表外，还应当披露母公司财务报表。

企业无法按时披露定期报告的，应当于第十六条规定的披露截止时间前，披露未按期披露定期报告的说明文件，文件内容包括但不限于未按期披露的原因、预计披露时间等情况。企业披露前款说明文件的，不代表豁免企业定期报告的信息披露义务。

债券存续期内，企业发生可能影响偿债能力或投资者权益的重大事项时，应当及时披露，并说明事项的起因、目前的状态和可能产生的影响。

（四）公司信用类债券的违约处置

公司债发行企业应当健全市场化、法治化违约债券处置的基本标准和流程，保障处置过程平等自愿、公平受偿、公开透明。健全仲裁调解等非诉讼债券纠纷解决机制，探索集体诉讼和当事各方和解制度，健全违约债券转让等市场化出清机制，持续健全债券持有人会议等投资者保护制度。同时，公司债发行人应当以《证券法》为上位法依据，按照"依法合规、商业自愿、能力匹配、风险隔离"原则，完善受托管理人制度。

2020 年 7 月，中国人民银行、发展改革委和证监会联合发布《关于公司信用类债券违约处置有关事宜的通知》，围绕构建统一的债券违约制度框架，对债券违约处置应遵循的基本原则，受托管理人制度和债券持有人会议的功能作用，发行人、债券持有人及各类中介机构的职责义务和权利等进行规范，同时针对发行人恶意逃废债、债券募集文件薄弱、市场化违约处置机制不健全等若干问题统一解决方向，推动债券市场违约处置向市场化、法治化迈进。

该通知明确，债券违约处置应同时坚持底线思维以及市场化、法治化原则，各方应遵守尽职原则和平等自愿原则，充分发挥受托管理人及债券持有人在债券违约处置中的核心作用，要求发行人自我强化契约精神，加大投资者保护力度，丰富多元化的债券违约处置机制，严格中介机构履职，加大债券市场统一执法力度。

三、《证券法》和公司信用类债券市场的监管

（一）《证券法》颁布以来对于公司信用类债券的法律适用规定

《证券法》是监管公司信用类债券的基本法律依据。《中华人民共和国证券法》自 1998 年 12 月首次颁布以来，于 2005 年 10 月进行了较大修订，并分别于 2004 年 8 月、2013 年 6 月、2014 年 8 月进行了个别条款的修正。2013 年，证券法的再次修订被列入十二届全国人大常委会立法规划。历经四次审议，多次研究论证，新《中华人民共和国证券法》于 2019 年 12 月 28 日修订通过，自 2020 年 3 月 1 日起施行。《证券法》的宗旨是为了规范证券发行和交易行为，保护投资者的合法权益，维护社会经济秩序和社会公共利益，促进金融市场的健康发展。

新《证券法》规定，在中华人民共和国境内，股票、公司债券、存托凭证和

国务院依法认定的其他证券的发行和交易，适用《证券法》；《证券法》未规定的，适用《中华人民共和国公司法》和其他法律、行政法规的规定。政府债券、证券投资基金份额的上市交易，适用《证券法》。但如果其他法律、行政法规另有规定的，适用其规定。证券衍生品种发行、交易的管理办法，由国务院依照《证券法》原则规定。《证券法》还规定了证券市场遵循的原则，明确证券的发行、交易活动，必须实行公开、公平、公正的原则。

2020 年新《证券法》的实施从法律层面上明确证券发行注册制，完善投资者保护制度，强化信息披露义务，压实中介机构责任，对于公司信用类债券市场的发展和操作具有深远影响。[①]

（二）新《证券法》对企业债券的影响

企业债券管理曾经由中国人民银行、国家计委（国家发展改革委）、证监会等单一或多部门管理，管理方法主要是审批制。2023 年以前企业债券国内的报批程序如下：国家发展和改革委员会会同中国人民银行、财政部、国务院证券委员会拟订全国企业债券发行的年度规模和规模内的各项指标，报国务院批准后，下达各省、自治区、直辖市、计划单列市人民政府和国务院有关部门执行。[②]

这次《证券法》修订，系统总结了多年来我国证券市场改革发展、监管执法、风险防控的实践经验，在深入分析证券市场运行规律和发展阶段性特点的基础上，作出了一系列新的制度改革。本次证券法修订，体现了市场化、法治化、国际化方向，按照顶层制度设计要求，进一步完善了证券市场基础制度，为证券市场全面深化改革，有效防控市场风险，提高上市公司质量，切实维护投资者合法权益，促进证券市场服务实体经济功能发挥，打造规范、透明、开放、有活力、有韧性的资本市场，提供了坚实的法律保障。

第六节　公司信用类债券的改革发展

一、公司信用类债券的监管制度改革

（一）监管制度改革的方向

2021 年，六部委联合发布《关于推动公司信用债券市场改革开放高质量发展

---

①②　陈旭，等. 中国债券市场操作手册［M］. 北京：中国金融出版社，2020：203.

的指导意见》，指出要"按照市场化、法治化、国际化改革方向，坚持问题导向、目标导向，统筹推进，进一步发挥公司信用类债券市场在促进资本形成、畅通国民经济循环、推动经济转型和结构调整中的重要作用，为加快建设现代化经济体系、加快构建新发展格局提供有力支撑。"该指导意见已经把公司信用类债券市场的发展提高到加快构建发展格局的新高度。现代经济发展依靠现代金融，而现代金融依靠公司债券市场的发展。因此，债券资本市场的发展要为国家的经济发展战略服务。据此，六部委发布指导意见，制定了未来发展的目标。明确要"推动公司信用类债券市场改革开放高质量发展，促进建成制度健全、竞争有序、透明开放的多层次债券市场体系。"

（二）统一监管

1. 统一债券交易行为

六部委发布的意见要求，以分类趋同为原则，按照《证券法》对公开发行、非公开发行公司信用类债券进行发行管理。公开发行公司信用类债券，由国务院证券监督管理机构或者国务院授权的部门注册，相关标准统一。非公开发行公司信用类债券，市场机构应加强自律，行政部门依法监管和指导，相关标准也应统一。债券发行应符合国家宏观经济发展和产业政策，匹配实体经济需求。限制高杠杆企业过度发债，强化对债券募集资金的管理，禁止结构化发债行为。

统一规范债券交易行为，提高市场透明度和流动性，实现交易管理与发行管理有效衔接，防范监管套利，特别应防范以规避公开发行管理和投资者适当性要求为目的、实质上将低信用高风险的债券出售给风险识别与承担能力较弱投资者的违法违规行为。禁止出借债券账户以及任何形式的利益输送、内幕交易、规避内控或监管，禁止为他人规避内控或监管提供便利等违法违规行为。

银行间债券市场和交易所债券市场都是我国债券市场的有机组成部分。推动制度规则分类趋同，允许发行人自主选择发行方式、具体种类和发行场所等，允许满足投资者适当性要求的合格机构投资者自主选择交易平台、交易方式和风险管理工具等，有效发挥市场在资源配置中的作用。目的在于推动发行交易管理分类趋同，防范监管套利。

公司债券主要在证券交易所市场交易。直到 2003 年，人民银行才开始鼓励企业发行人在银行间债券市场发行和交易公司债券。不过，由于证券交易所市场的投资主体更加多元化，对风险的接受程度更高，因此仍然是公司债券的主要交易场所。需要指出的是，公司债券市场、政府债券市场以及金融债券市场均面临一个共同问题，就是证券交易所市场与银行间市场目前仍然互相分割。因此，首先要整合这两个市场，形成统一的公司债券市场。从市场发展的角度来看，重点是解决当前遇到的基础设施的监管不统一的问题。

2. 统一监管标准

当前我国债券市场采取多头监管的机制，公司信用类债券在发行监管、交易和信息披露监管、登记托管结算监管方面涉及多个市场和多个监管机构，在此背景下关于统一监管的讨论从未停止，但是至今进展不大。2021 年 8 月 18 日，中国人民银行等六部委发布《关于推动公司信用类债券市场改革开放高质量发展的指导意见》，明确了对公司信用类债券市场的监管统一的要求，其核心是促进公司信用类债券的规则标准统一，统筹多层次债券市场建设。该意见指出，应认真落实《证券法》，按照分类趋同的原则，逐步统一公司信用类债券发行交易、信息披露、信用评级、投资者适当性、风险管理等各类制度和执行标准。此外，要求依法建设全国集中统一的登记结算制度体系，坚持一级托管为主的基本制度框架，研究探索建立健全兼容多级托管的包容性制度安排。根据该意见内容，当前公司信用类债券市场的监管应逐步在规则标准层面达成统一，目前尚没有在监管机构统一方面实现实质性进展。

在具体操作层面，相关规则标准的统一工作正在稳步推进。执法方面，《关于推动公司信用类债券市场改革开放高质量发展的指导意见》指出，《公司法》和《证券法》是公司信用类债券市场的基础法律，要巩固公司信用类债券的上位法基础，实现市场各项基本制度规则依法统一。在信息披露方面，2020 年 12 月中国人民银行等三部委颁布《公司信用类债券信息披露管理办法》，明确公司信用类债券信息披露的基础性、原则性要求，对公司信用类债券信息披露的要件、内容、时点、频率等作了统一要求。近年来随着技术的进步，XBRL（可扩展商业报告语言）等低成本高效率的信息披露模板将逐步在公司信用类债券市场中普及，可以有效提升信息披露透明度和监管水平。在行业标准方面，2021 年 7 月中国人民银行发布《债券价格指标产品描述规范》和《债券价格指标产品采集规范》，这两项标准由中央结算公司提出并负责起草，对债券价格指标产品的要素范围、输出口径和相关数据模型提出规范，为债券市场信息共享奠定了数据基础。[1]

3. 监管和市场效率

应该承认，目前的监管制度在一定程度上阻碍了公司债券市场的发展。过多的

---

[1] 中央结算公司，2021 - 09 - 18.

政府干预不仅意味着对债券融资的限制，表明现阶段对公司债券市场的约束多于激励。公司债券市场亟待建立有效的市场激励机制，为实现这一目标，首先应放松对市场准入的管制。放松投资管制的目标在于建立恰当的激励机制，限制债券发行款用途的做法并不可取。在这方面近年来有一些新发展，发债筹集的资金可部分用于偿还过去的债务，打破了资金必须用于建设项目的规定，这意味着政策已经发生积极变化。

事实表明，行政审批制度耗时长、效率低。越来越多市场的声音在呼吁，应将审批制改为核准制。在核准制下，发行人对发行时机和发行场所的选择有了更大的灵活性，高质量的企业就能够更便捷地利用债券市场获得金融资源支持。核准制下，每个公司都能够进入债券市场进行融资，公司的信用状况和业绩会通过融资成本得到有效体现。同时，从审批制变为核准制能够帮助投资人转变投资理念和提高资产配置效率，将投资重点从高质量稳健型债券转向高收益债券。在实践中，投资人能够学会全新的理念和思维方式，根据自身风险偏好在风险和收益之间合理取舍。

4. 解决地方政府的显性和隐性担保

据 Wind 资讯统计，2009 ~ 2019 年，城投平台发行的信用类债券（以下简称"城投债"）规模膨胀了 7 倍多，年发行量已超过 3.7 万亿元。更为值得关注的是，经历了数次信用债违约潮后，到 2020 年，城投债至今无一例实质违约。但是 2020 年以来，国企信用债的违约金额有上升的势头，占比提高到 43%，但仍低于其他公司信用类债券。

2014 年以前，我国信用债券市场一直保持刚性兑付，这是因为发行债券的企业多数为国有企业，它们和政府有隶属关系。从数据来看，历史上国企信用债违约率的确显著低于民企。长久以来，债券市场参与人存在对国企信用债的"刚兑信仰"。当企业还款有困难时，各级政府会从维护企业信誉出发，帮助企业进行财务安排，如注资、减少上缴利润等，并帮助与银行实行借新还旧、债务重组等。监管部门也担心违约对于市场信心的影响。因此，各级政府、银行和监管部门都会努力解决企业还款问题。在市场存在"刚兑信仰"的背景下，投资者大多只看重收益率，而忽视企业自身信用风险、行业风险和所处区域经济下行的风险。

2014 年以前，我国债券市场未发生过实质违约事件。从 2014 年"超日债"违约，"刚性兑付"被打破以来，违约现象日益增多。打破刚兑是债券市场的进步，这样可以发挥债券市场的功能，培养和增加投资人的风险控制能力。债券市场出现违约，投资人对以后的债券投资会持谨慎态度，这会增加其他发债企业的压力，促使它们管理好企业，减少违约的可能。通过违约数据检验，投资人和发行人之间的博弈有助于形成债券市场优胜劣汰的竞争机制，促进债券市场功能的发挥和金融市场信用建设。2014～2019年，据Wind资讯统计，我国发生实质违约（包括交叉违约和展期）的债券共720只，总金额为4001亿元，其中国企债券金额占比仅15%，远低于其他股东背景的企业。追根溯源，国企信用债"刚兑信仰"的产生有更为深刻体制和历史原因。

一是国企与政府存在隶属关系和共同利益。国企的成立、发展与政府的支持密切相关。部分国企的债务追根溯源，是为了实现政府的部分财政职能，所以这部分债务在一定程度上受到政府的背书支持。比如，在特定时期，有些国企以自身借债的方式筹集资金用于准财政类支出，政府负有一定的偿还责任，事实上是政府的或有债务。

二是国企承担部分政府政策目标。某些国企为配合实现地方政府的产业规划和经济增长目标，在当地政府主导下开展（超过企业本身所需的）大额投资，从而增加负债，并背负了沉重的债务负担，但是当产业政策发生变化或市场形势发生逆转时，上述投资可能产生大量亏损，造成企业自身无力偿还债务，此时政府出手救助也顺理成章。

三是国企分担一部分政府的社会责任。由于部分国企在特殊的时代背景下背负了较为沉重的职工养老等历史包袱，凭企业自身经营收益无法填补历史上累积的资金缺口，此时债券偿付出现困难，需要政府给予一定的帮扶和化解。

2014年以前，部分国企发行的信用债直接向投资人出示地方政府出具的承诺函，说明该期债券的兑付获得了地方政府的显性背书。但自2014年开始，新《预算法》和《国务院关于加强地方政府性债务管理的意见》相继出台，地方政府违规为任何单位和个人的债务提供担保的行为被明令禁止。自此以后，政府对于国企信用债的背书更多以"隐性"的形式存在。

四是城投债与地方政府具有更加紧密的关系。城投平台公司是指由地方政府及其部门和机构等通过财政拨款或注入土地、股权等资产设立，承担政府投资项目融资功能，并拥有独立法人资格的经济实体。分税制改革后，地方财政收支缺口不断扩大。城投平台公司早期主要是地方政府发展基础设施的借款工具，本身就是政府的融资工具。

5. 加强风险管理

中国人民银行等六部委发布的《关于推动公司信用类债券市场改革开放高质

量发展的指导意见》中明确强调，限制高杠杆企业过度发债，强化对债券募集资金的管理，禁止结构化发债行为。该意见要求强化发行人及相关人员的信息披露主体责任；明确规定严禁政府部门、发行人对发行定价的不当干预；强化发行人及其董事、监事、高级管理人员、控股股东和实际控制人的信息披露主体责任，明确承销机构、会计师事务所、律师事务所、评级机构等中介机构相应的信息披露义务和职责；强化对发行人重大资产重组、资产抵押质押、股权变动及违约处置进展等重要信息的披露。该意见同时要求严惩涉及公司信用类债券的违法行为，对存在级别竞争、买卖评级等违法违规行为，加大处罚和市场退出力度。

二、促进公司信用类债券市场发展的措施

（一）债券市场的创新

创新是金融市场发展的动力所在。监管政策应鼓励金融中介（如证券公司）通过创新实现投资工具的多元化，改进商业模式和销售技术。债券工具的创新包括设计公司债券品种，如抵押债券（发行人同意将部分有形资产作为抵押，债券持有人可在发行人违约的情况下占有抵押资产）和无担保债券；固定利率和浮动利率品种；有选择权和无选择权品种等。

债券发行方面的创新包括财政部和国开行等运用的新型销售技术。过去，债券定价多由发行人和承销人谈判决定；而现在，只有地方企业债券沿用了谈判式定价，其他公司债券均采用市场化的定价方法，包括招标制和询价制等。从 1996 年起，向投资人配售债券的办法也由过去的承销人配售制改为目前的价格竞争配售，通过证券交易所网络的电子交易系统完成。尽管证券交易所交易系统在多年前就完成了这一系列变革，但 2000 年以后，银行间债券市场的发展加速，目前债券市场的主体是银行间债券市场。

（二）利率市场化

债券的票面利率即收益率，是投资人能够获得的回报率，应该反映出供求关系和发行人的信用评级。为了建立市场化的定价制度，有必要采用市场化的销售办法和定价机制。目前，债券的发行方式主要有招标发行和簿记建档两种方式。招标发行是指发行人根据拟发行债券所筹集资金的用途，以及基于对市场资金松紧的分析，确定招标方式、中标方式等发行条件，在市场上通过公开招标发行债券，承销团成员按中标额度承销债券的发行方式。簿记建档是指发行人与主承销商确定利率

（价格）区间后，由簿记管理人记录投资者认购数量和投资者要的债券利率（或价格）水平，投资者根据自己对利率（或价格）水平的判断，确定在不同利率档次下的申购订单，再由簿记管理人将订单汇集后按约定的定价和配售方式确定最终发行利率（价格）并进行配售的方式。簿记建档适合发行规模小、发行频率低的债券发行人。发行人应根据债券特征选择合适的发行方式，从而达到市场化定价的目标。[①] 目前利率债大多采取招标方式发行，而信用债大多采取簿记建档的方式发行。

中国的国债采取招标发行的方式，同时国家开发银行的政策性金融债券也采取招标发行的方式。在美国，除了国债以外，公司债券主要以簿记建档的方式发行。20 世纪 90 年代和 21 世纪初期，财政部在国际资本市场上发行主权债券也是以簿记建档的方式发行的。在簿记建档的过程中，发行人通过负责簿记建档的主承销商（通常由有实力的投资银行担当）反复了解发行人某一定价尝试中投资人反馈的需求，得到每个不同价位上投资人需求的数量，形成一个需求曲线。在这个过程中存在着发行人路演过程中传递的信息对于需求的影响。对于不是特别熟悉市场的发行人来说，有助于投资人了解发行人的信用风险情况。由于国债不存在发行人信用风险的问题，发行时采取招标的方式会提高效率。国债投资人更看重国债在资产组合中的作用，国际投资人特别是保险公司也看重新兴市场主权债的回报。

在我国，簿记建档的工作由承销商进行。通常由主承销商在对投资者询价的基础上确定投资者报价单的利率区间。主承销商公布该利率区间，邀请投资者在规定时间内提供报价单。然后主承销商与发行人在承销订单整理后的基础上确定超额认购的倍数和债券的价格或利率。最后，按照簿记的情况确定配售比例和零售数额。

根据我国的监管要求，债券主承销商在向发行审批机构报送发行申请材料时，还会将利率作为一项需要说明或审批的内容进行报告，因为企业债券和公司债券的发行利率是需要报请主管或监管部门批准的。短期融资券、中期票据等债券发行实行注册制，不需要对利率进行审批，但主承销商在申报发行材料时，需要对利率的确定情况进行说明，注册部门也会根据情况进行指导。这说明主管部门也参与了发行条件的形成。因此，在企业债和公司债券迅速发展的早期，由于有主管部门的一定行政参与，簿记建档的发行方式还不是完全市场化的定价方式。[②] 后来中国人民

[①] 中央结算公司，2021 – 09 – 18.

[②] 沈炳熙，曹媛媛. 中国债券市场——30 年改革与发展（第二版）[M]. 北京：北京大学出版社，2014：178 – 179.

银行对于企业债券确定了利率区间，这仍然有悖于市场化定价原则。

（三）倡导绿色创新

绿色和可持续发展理念已成为债券市场创新的热点。习近平总书记在第七十五届联合国大会的讲话中提出"碳达峰"和"碳中和"目标以来，ESG（环境绩效、社会责任、公司治理）作为践行责任投资的重要理念，相关业务在国内资本市场发展明显提速。2021 年 2 月，国务院印发《关于加快建立健全绿色低碳循环发展经济体系的指导意见》，提出要发展绿色信贷和绿色债券，加大对金融机构绿色金融业绩评价考核力度。该指导意见要求统一绿色债券标准，建立绿色债券评级制度和规范。

绿色债券市场应提高信息披露质量、完善评价标准体系、扩大中国绿色债券市场信息的影响力。2018 年受绿金委委托，中债估值公司联合中节能集团开展"绿色债券环境效益信息披露制度及指标体系研究"，初步提出构建绿债环境效益指标体系。在此基础上，中债研发中心和深圳中心根据 2021 年版《绿色债券支持项目目录》，更新并优化形成对 205 个行业的 43 个环境效益量化指标。"中债—绿色债券环境效益信息披露指标体系"在中债信息网发布，引起市场广泛关注。此外，针对我国绿色债券价格走势编制的中债绿色债券系列指数已在卢森堡交易所网站成功展示，进一步增强了国内绿色债券市场信息的透明度和国际影响力。

在可持续发展理念方面，ESG 概念产品规模迅速增加，市场中涌现出多个 ESG 评价体系。以中债 ESG 评价体系为例，在考虑企业资源消耗、社会贡献和公司管理等国际主流 ESG 评价标准的基础上，结合中国国情考虑本土企业架构和经营特点，在 E、S、G 三个分项下设计 14 个评价维度、160 余个指标，对开展 ESG 投资分析等工作具有重要意义。

目前，绿色债券的准入标准、评级体系已逐步成型。中央结算公司已推出绿色债券指数、气候债券指数和 ESG 评价体系等指标体系。随着绿色债券市场的逐步完善，贯彻落实新发展理念，引导市场资金流向绿色产业成为大势所趋。[①]

（四）发展场外市场

为了适应不同投资人的需要，需要建立独立的场外市场。目前，有必要继续发展证券交易所的公司债券二级市场，此外，也应注意到场外市场有交易量大、保密

---

① 中央结算公司，2021 – 09 – 18.

性高的优势，特别是能给不希望公开交易动向的投资人提供方便。交易所市场根据价格和时间的优先性撮合交易，而场外市场则能更好地满足专业机构投资人的交易需要。这些专业机构投资人主要包括公募基金、保险基金、养老基金等机构投资人，它们实力雄厚，对市场举足轻重。交易所市场的优势包括良好的信息披露，允许小额交易，考虑到公司债券的交易量偏小，交易所市场是效率更高的选择。中央国债登记结算有限责任公司应当成为机构之间的场外市场的平台和中介，并成为公司债券在交易所市场和场外市场发行和交易的统一存托结算机构。目前，监管部门推动两个市场的跨市场托管，有助于实现市场和监管的统一。

（五）加强投资者适当性管理，健全投资者保护机制

1. 投资者合格制度

为了保护投资者利益，必须严格执行投资者适当性管理要求与《证券法》规定的公开发行认定标准。监管部门和自律组织应该按照承担风险能力，采取统一的标准对投资者适当性进行评价。同时，应该统一非公开发行公司信用类债券的投资者标准，严禁通过拆分发行、降低投资者准入门槛等方式变相公开发行，并坚持"卖者尽责、买者自负"的原则，引导投资者提高风险识别能力，自主准确定价，自行承担风险。

为了保证相关法律的健全有效，必须健全市场化、法治化违约债券处置的基本标准和流程，保障处置过程平等自愿、公平受偿、公开透明，完善仲裁调解等非诉讼债券纠纷解决机制，探索集体诉讼和当事各方和解制度。同时，监管部门还应健全违约债券转让等市场化出清机制，完善债券持有人会议等投资者保护制度。此外，国家有关部门应该以《证券法》为上位法依据，按照"依法合规、商业自愿、能力匹配、风险隔离"的原则，完善受托管理人制度。同时，监管部门应与市场参与人一道健全信用风险定价机制，促进形成充分反映信用分层的风险管理机制。

2. 建立投资人协会、投资人俱乐部和投资人大会

建立投资人的维权组织，就是要增加投资人在市场中的博弈能力。投资人可以通过投资人大会发出自己的声音，展示集体的力量。世界各国和各地区都有这样的组织，如日本、中国香港和中国台湾等地区的债权人大会。公司债券的投资人大会并不是商业机构，而是投资人协会或者投资人俱乐部组织。在这些组织中，投资人讨论投资安全性方面的问题，以便运用法律手段保护债权人的权益。投资人大会代表了全体公司债券的债权人的利益，有权与政府部门和公司债券发行人谈判。大会

讨论的内容包括义务豁免、债务重组、债务处置等议案，也可以就延期偿付与发行人协调，并参与违约清算等问题的决定。此外，投资人大会还能在符合法律规定的前提下，积极解决公司破产和债务重组方面的问题。投资人大会可以授权专门的机构负责执行大会决策，还可以根据相关规定和大会决定，代表投资人出面参与司法程序。债权人利益与代理人利益出现冲突时，投资人大会有权解雇代理人或受托人，并委任其他人选执行大会决定。维护与投资人的关系（IR），是公司董事会和管理人的一项重要工作。在投资人大会与发行人的关系方面，相关法律规定债券发行人有义务召集投资人大会，并承担大会费用及执行决策的费用。

就一级债券市场而言，政府与债券市场参与人之间的交换以集中招标为特点，符合公共选择理论。投资人大会或投资人协会从性质上讲属于压力集团，有助于提高一级市场的效率，实现双赢，从而通过双方的"交换和博弈"实现市场的公开、公正和公平。

三、统一市场标准

我国债券市场最初以国债市场和政策性金融债市场为主，2000 年后地方政府债券和城投债券发展迅速。这些债券市场与政府融资需求有关。虽然 2000 年后公司信用类债券也有了很大发展，但是总体来说相对落后。而大多数发达市场经济国家的公司债都是债券市场的基本组成部分。历史上我国债券市场监管主要对应不同发行主体，导致监管政策和监管目标的不统一。对利率债的监管常常体现经济政策目标，而对信用债监管需要保护投资者利益，监管部门常常面临维持市场秩序和支持政府经济目标的选择。

（一）监管、规划和标准的统一

2007 年 1 月召开的第三次金融工作会议强调"扩大企业债券发行规模，同时大力发展公司债券"。之后，公司信用类债市场得到了快速发展，有力地支持了实体经济发展。截至 2021 年 1 月末，非金融企业境内企业债券社会融资规模存量达到 27.83 万亿元，同比增长 16.30%。稳居全球第二、亚洲第一。"目前，我国已形成了以银行间债券市场为主导，包括交易所市场、商业银行柜台市场在内的多元化、分层次的债券市场体系。"[①]

但是债券市场分割管理的情况一直没有解决。第四次全国金融工作会议已经提

---

① 易纲：新中国成立 70 年金融事业取得辉煌成就 [J]. 中国金融，2019 (19).

出了统一监管的框架："完善债券发行管理体制，目前要在部门各负其责基础上，加强协调配合，提高信息披露标准，落实监管责任。加强债券市场基础设施建设，进一步促进场内、场外市场互联互通。同时，要积极创造条件，统一准入和监管标准，建设规范统一的债券市场。"

（二）统一评级标准

第五次全国金融工作会议提出要推进现代金融监管框架的构建，此后债券市场在统一监管标准和监管理念方面推进的速度明显加快。2018 年 9 月，中国人民银行、证监会联合发布《关于加强信用评级统一管理推进债券市场互联、互通的公告》，围绕着逐步统一银行间债券市场和交易所债券市场评级业务资质，加强对信用评级机构监管和监管信息共享，推进信用评级机构完善内部制度，统一评级标准，提高评级质量等方面进行了规范。

2020 年 12 月三监管部门发布《公司信用类债券信息类披露管理办法》，在信息披露的统一监管方面迈出了重要一步，强调应该增强互联互通，建立高收益债券市场，解决投资者教育和评级问题。

（三）统一编码

根据 7 部委的要求，要逐步统一债券发行交易编码规则。建立全球法人识别编码（LEI）与金融机构编码、统一社会信用代码、债券市场基础设施相关信息系统代码的映射及更新机制。推广应用国际证券识别编码（ISIN），实现同机构同码、同券同码，适时推动企业债券、非金融企业债务融资工具、公司债券名称的统一。统一编码有利于债券市场向数字化的方向发展，同时也方便投资人、发行人和其他市场参与人了解和分析市场信息。

四、信息披露和信用评级

（一）增强信披责任

近年来，针对发行人的信批责任方面，监管部门多次发文进行规范约束。2020 年 12 月 28 日，中国人民银行、国家发展改革委、证监会联合制定了《公司信用类债券信息披露管理办法》，自 2021 年 5 月 1 日起施行。该管理办法首次统一了公司信用类债券各环节的信息披露要求。对公开发行的公司信用类债券发行、存续期间相关主体的信息披露做了统一规范要求。而对于非公开发行的债券，提出信息披露问题交由行业自律组织处理。这些规范，有利于提高债券市场的信息披露质量和透明度。

六部委发布的指导意见要求提升信息披露的有效性，强化市场化约束机制。按照公开发行、非公开发行分类趋同的原则，统一公司信用类债券发行和存续期间的信息披露要求，包括披露要件、披露频率、披露时点及重大事项等方面。为更好落实指导意见的要求，鼓励企业债券和金融债券按中债 XBRL 统一格式进行披露，以方便投资者识别分析[①]。此外，该指导意见要求公司信用类债券信息披露应当遵循真实、准确、完整、及时、公平的原则，不得有虚假记载、误导性陈述或重大遗漏；信息披露语言应简洁、平实、明确；债券存续期内，企业发生可能影响偿债能力或投资者权益的重大事项时，应当及时披露，并说明事项的起因、目前的状态和可能产生的影响。债券发生违约的发行人、承销商、受托管理人应当按照规定和约定履行信息披露义务，及时披露企业财务信息、违约事项、涉诉事项、违约处置方案、处置进展及其他可能影响投资者决定的重要信息。指导意见要求强化发行人及其董事、监事、高级管理人员、控股股东和实际控制人的信息披露主体责任，明确承销机构、会计师事务所、律师事务所、评级机构等中介机构相应的信息披露义务和职责；强化对发行人重大资产重组、资产抵押质押、股权变动及违约处置进展等重要信息的披露。

（二）发展独立的信用评级制度

政府债券和金融债券的信用风险可以参考主权评级和准主权评级，但公司债券的财务和经营状况情况各异，需要有评级机构进行专业的信用评级。信用评级的结果能够揭示债券的风险水平，成为投资人的重要参考，特别是对个人投资者而言，是投资的基本依据。中国的投资人已经慢慢学会如何判断债券发行人的信用风险。投资人越来越清楚，信用评级是确定信用风险的重要工具，投资人购买公司债券时，会根据自身对风险和回报的取舍决定投资策略。

信用评级是企业进入公司债券市场的基本要求之一。目前国内信用评级机构的评级质量有待提升，但是在评级技术方面已经取得了显著进步。大公和中诚信等评级机构分别与美国的穆迪和惠誉建立了合资企业。中央结算公司的信用等级曲线、估值、指数、隐含评级、隐含违约率等风险指标体系也逐渐成为反映信用分层、提供给投资者投资决策的重要参考依据。[②]

---

① 中央结算公司，2023 - 06 - 26.
② 中央结算公司，2021 - 09 - 18.

为此，监管部门必须鼓励独立信用评级机构的发展，统一各市场评级标准，提高评级技术，加强对评级机构的监管，允许评级机构为大型机构投资人提供评级材料和信息，促进评级机构之间的竞争。可以考虑改变发行人付费模式，由监管机构付费，或探索实行"发行人付费、投资者投票选择"机制，以便堵住企业和评级机构利益交换的渠道。[①] 同时还应当鼓励权威机构建立信用曲线作为公司债券定价的参考。

（三）提高发债信息收集处理服务水平

自 20 世纪 90 年代后期以来，随着证券市场的发展，包括投资人服务机构在内的信息收集处理研究机构迅速发展起来。信息收集处理机构旨在提供迅捷、准确、完整的发行信息和财务指标，并在债券发行后提供不间断的实时信息披露和财务指标更新服务。

这类研究机构还提供标准化的分析程序，并由专业的分析师编写风险回报分析报告。信息收集处理的目的主要是为了保护投资人的利益，促进客观、公正的评级，收集真实、准确的信息，提供标准化的服务产品。这些工作有信息监督的作用。所有的债券发行人都必须接受金融中介定期和不定期的信息审查，否则难以进入债券市场。这类研究主要由证券公司的研发部门进行，形成定期的研发报告，提供给各类投资者。

（四）改进评级制度

六部委的指导意见要求强化信用评级机构的监管，提升信用评级质量。在银行间债券市场、交易所债券市场等同时开展信用评级业务的信用评级机构应当统一评级标准，按照独立、客观、公正和审慎的原则，充分揭示受评对象的信用风险，并保持评级结果的一致性和可比性。在评级有效期内发生可能影响评级对象偿债能力和偿债意愿的重大事项的，信用评级机构应当及时进行跟踪评级，并公布跟踪评级结果。

评级机构必须加强对跟踪评级滞后、大跨度级别调整、更换评级机构后上调评级等行为的监管约束，提升评级机构风险预警功能。监管部门应当完善评级机构评价体系，充分运用评价结果引导评级机构规范开展业务。

监管部门和自律组织还应构建以违约率为核心的评级质量验证方法体系，推动形成有针对性的评级标准体系。今后信评的发展方向是降低外部评级依赖，在提升

---

① 中央结算公司，2022 - 10 - 28.

投资机构内部评级能力的基础上，逐步弱化和取消行政强制评级要求。此外，今后应鼓励发行人选择开展主动评级或投资人付费评级，发挥双评级、多评级以及不同模式评级的交叉验证。

五、健全定价机制，促进形成充分反映信用分层的风险定价体系

（一）以国债收益率作为债券市场定价基准

国债收益率是债券市场定价基准，因此，财政部应努力丰富国债期限品种，优化国债期限结构，优化国债承销做市联动机制，提升国债流动性，健全反映市场供求关系的国债收益率曲线，更好服务于其他债券品种的定价。

（二）明确发行主体的信用边界

有关部门要贯彻落实《预算法》及其实施条例，厘清政府和企业的责任边界，区分政府、政策性金融机构、国有企业、地方政府融资平台等不同主体的信用界限。各级政府应加快推进地方政府融资平台改革，防范相关隐性债务风险转移。地方政府不应为企业举债融资或为企业发行债券提供担保。目前国家反复强调企业债务不得由政府偿还或由财政兜底，要求相关主体切实做到谁借谁还、风险自担，防范地方政府隐性债务风险。同时各级政府还应引导国有企业优化资产负债结构，完善公司治理机制，政府以出资额为限承担有限责任，不符合有关要求的发行人一律不得注册或备案。此外，配合司法机关依法严惩发行人的控股股东、实际控制人侵占发行人资产等违法违规行为。

（三）规范发行定价机制

公司信用类债券的定价主要是信用定价，而定价是博弈和公平竞争的结果。监管部门应在此基础上规范公司信用类债券发行定价机制，确保价格形成公开、公平、公正，严禁政府部门、发行人对发行定价的不当干预，严禁承销机构通过自承自买、募集资金返存等方式变相压低发行利率、扭曲市场化利率形成机制。主管部门和交易场所应积极稳妥发展国债期货、利率互换、信用风险缓释工具、信用保护工具等利率、信用风险管理工具，完善信用风险缓释工具、信用保护工具资本占用等配套政策和终止净额结算等衍生品配套制度。在风险可控的前提下，稳步扩大衍生品参与主体范围，丰富投资者管理和对冲风险的手段。

小　结

公司信用类债券市场既关系到企业融资、公司治理，又关系到债券市场中的各类不同市场参与人。影响市场变化的因素涉及宏观经济和微观经济两个领域，其中最重要的是宏观经济政策、产业周期波动，以及微观经济中的中小企业创新发展、企业转型、收购兼并等。公司信用类债券市场的发达程度也反映了企业成熟程度和实体经济的活力。因此，公司信用类债券市场代表了中国债券市场的前途和潜力。

1. 用新的思想理念推动公司信用类债券市场的发展

与国债市场不同，公司信用类债券市场涉及众多主体，主体的差异性是这个市场的重要特点。近年来，我国公司信用类债券市场获得了迅速发展，同时也暴露出来一些深层次问题，主要表现在刚性兑付和与道德风险有关的违约现象，需要在投资人和发行人思想认识不断提高的基础上得到解决。虽然随着监管的增强，公司信用类债券的信用评级制度和信息披露有了很大进步，但是信用资源分布受到政府背书和市场垄断等多种因素的影响，增加了投资人判断政府相关发行体（如平台公司、地方国企）潜在风险的难度。另外，中小企业的信用取决于企业管理、产品市场、产业周期等多种因素，这会挑战传统评级理论和方法。因此，围绕公司信用类债券市场的发展，需要采用新的技术，如大数据、区块链等数字技术，了解企业经营的行为特征，实现风险管理的模式转型。与此同时，金融市场参与机构需要丰富公司债券市场的品种，增加衍生产品工具等。公司信用类债券市场的发展，归根结底需要培养合格投资人、专业投资人和长期投资人。同时，需要不断提升投资人的思想理念和风险意识。

我国公司信用类债券市场研究领域相对落后，理解公司信用类债券市场及其发展规律，涉及公司金融理论，企业组织理论等。公司金融涉及企业财务和 MM 定理，也涉及公司治理，公司法律等领域的知识。随着经营理念的变化，未来公司信用类债券市场的发展也涉及 ESG 理论、标准和应用。虽然这些理论会帮助我们理解公司信用类债券市场，并指导企业和投资人参与市场活动，但是从深层次理解公司信用类债券市场，需要我们在本书引言中提到的用后现代的视角去反思金融市场的演化规律。

2. 通过后现代的反思解构和重构公司信用类债券市场

对金融市场反思的意义在于解构人的行为，解构现行体制和制度，解构文化和传统。体制和文化也会被解构，但是需要较长的时间。解构人的行为的含义是，通过反思发现物化的东西背后存在的人和人的法律关系、利益关系，以及他们之间的"交换和博弈"。物质的东西只是交换和博弈结果的"物化"。物质化的金融产品如债券，是人为的产物，反映的是社会关系。实物产品只有最终在使用过程中得以验证，而金融产品物化后人和人之间的关系就不容易看清楚。

这里人和人之间的关系在金融市场范围内包括很多层次。在金融领域基本关系是债权人和债务人之间的关系，也包括发行人和承销人之间的关系，以及承销人之间的关系。中介人把发行人和投资人分开了，投资人拿到债券时，这些关系就都隐藏在背后了。

超出金融市场，通过资产负债表，从负债所体现的人和人的关系转化成资产所体现的人和人之间的关系。一提到资产就进入了实体经济领域，包括生产领域、商品市场领域和消费领域。资产的质量取决于其创造回报的能力，这就涉及生产过程中人和人之间的关系，也涉及市场和需求。生产过程的生产要素必须重新解构，就是把资本和劳动解构成为新知识（科技知识、管理知识、工匠知识）和中间产品（过去知识的凝结），这些知识的背后是人，而不是物。

消费者的储蓄和企业的投资行为也会影响利率水平，利率水平同时还受到财政部和央行这两个部门的财政和货币政策的影响。这里组织和组织之间的关系是人和人的关系的表现形式，也涉及组织中的人和人之间的关系。

这么多关系都会影响到金融产品。与股票相比，债券受到两层保护：一是偿还顺序；二是担保，包括各种增信。偿还顺序的保证要受到服务机构，如审计会计等的服务，而担保抵押质押涉及资产和物品处置上的法律保证等，这会增加新的一层人和人之间的关系。可见，公司信用类债体现了上述全部复杂关系，信息披露只是揭示这些关系的初级形式。

理解人和人的关系，要运用到"交换和博弈"的思想。博弈是在一定的文化和营商环境下实现的。因此，反思人和人之间的关系，我们能够做到的是增加这个社会的公信力，增加社会的信用资源。人的行为受到意志和理念的支配，因此，当我们说到信用的时候，我们想的是支配人行为的理念和意志。总之，公司信用类债的发展潜力就是解构复杂的市场相关人的能力。

3. 理解金融意识和交易成本的重要性

中国公司信用类债券市场的发展经验证明，在债券市场的发展过程中，政府主管部门的金融意识、支持债券市场发展的政策、金融体系和市场架构等对于非政府债券市场的发展都具有重要意义。债券二级市场的发展是和金融体制发展、技术进步两个方面分不开的。当建立制度的交易成本低于技术进步的成本时，制度就会发展，而技术进步和应用的成本低于建立制度的交易成本时，技术就会得到广泛的应用。债券二级市场从一开始就和 ITC 技术的普遍应用结合起来，因为 2000 年以来技术进步的普及成本降低了。这给予我们理解公司信用类债券市场演化规律的线索。以上说明，我们开发信用资源和金融产品创新的潜力是巨大的，公司信用类债券市场的发展空间远大于国债、地方政府债、政策性金融债的发展空间。

第十三章　派生的公司信用类债券市场

第一节　可转换公司债券

可转换债券是一种重要的公司信用类债券品种。可转换债券是可转换公司债券的简称，又简称可转债。它是一种可以在特定时间、按特定条件转换为普通股票的特殊企业债券。

一、可转换公司债券的性质和特点

（一）可转换公司债券的性质

可转换债券兼具债权和期权的特征，发行这类债券时，发行人在招募说明中承诺根据转换价格在一定时间内可将债券转换为公司普通股。转换是一种权利，为此发行人也要承担一定义务，从而增加一定的发行成本。可转换债券的优点为普通股所不具备的固定收益和一般债券不具备的升值潜力。由于可转换债券兼有债券和股票双重特点，对企业和投资者都具有吸引力。1996 年我国政府决定选择有条件的公司进行可转换债券的试点，1997 年颁布了《可转换公司债券管理暂行办法》，2001 年 4 月中国证监会发布了《上市公司发行可转换公司债券实施办法》，极大地规范了可转换公司债市场，促进了其快速的发展。

此外，可转换债券可以具有双重选择权的特征（取决于合同条款）。一方面，投资者可自行选择是否转股，并为此承担转债利率较低的机会成本；另一方面，可转债发行人拥有是否实施赎回条款的选择权，并为此要支付比没有赎回条款的可转债更高的利率。双重选择权是可转换公司债券最主要的金融特征，它的存在使投资者和发行人的风险、收益限定在一定的范围以内。选择权带来的不确定性可以通过对股票进行套期保值进行对冲，从而减少风险，并获得相对确定的收益。

（二）可转换公司债券的类型

可转换公司债券的种类很多，包括可交换债券（可以转换为除发行公司之外的其他公司的股票）、可转换优先股（可以转换为普通股的优先股）、强制转换证券（一种短期证券，通常收益率很高，在到期日根据当日的股票价格被强制转换为公司股票）。

从发行者的角度来看，用可转换债券融资的主要优势在于可以减少利息费用，但如果债券被转换，公司股东的股权会被稀释。从定价的角度看，可转换债券由债券和认股权证两部分资产组成，对可转换债券定价需要满足以下两个条件：一是所对应的股票的价格波动程度，从而对认股权证定价；二是固定收益部分的债券息差（credit spread），它由该公司的信用程度和该债券的优先偿付等级（公司无法偿付所有债务时对各类债务的偿还次序）决定。如果已知可转换债券的市场价值，可以通过假定的债券息差来推算隐含的股价波动程度。

（三）可转换公司债券的特点

1. 可转换公司债适应投资者多样性的偏好

（1）选择权特点

从投资者角度来看，转股权是投资者享有的、一般债券所没有的选择权。可转换债券在发行时就明确约定，债券持有人可按照发行时约定的价格将债券转换成公司的普通股票。如果债券持有人不想转换，则可以继续持有债券，直到偿还期满时收取本金和利息，或者在流通市场出售变现。如果持有人看好发债公司股票增值潜力，在宽限期之后可以行使转换权，按照预定转换价格将债券转换成为股票，发债公司不得拒绝。正因为具有可转换性，可转换债券利率一般低于普通公司债券利率，企业发行可转换债券可以降低筹资成本。

由于可转换债券可转换成股票，可以取得股票价值的增长潜力，如果股票的市价在可转换期内超过其转换价格，债券的持有者可把债券转换成股票而获得较大的收益。影响可转换债券收益的除了利率外，最为关键的就是可转换债券的换股条件，也就是通常所称的换股价格，即转换成一股股票所需的可转换债券的面值。当要转换的股票市价达到或超过转券的换股价格后，可转换债券的价格就会与股票的价格联动，当股票的价格高于换股价格后，由于价格和股票的价格联动，在股票上涨时，购买可转换债券与投资股票的收益变动是一致的，但在股票价格下跌时，由于可转换债券具有一般债券的保底性质，所以其风险性比股票要小。根据发行时的法律条款，可转换债券持有人可以享有在一定条件下将债券回售给发行人的权利，或者发行人在一定条件下拥有强制赎回债券的权利。

（2）股债双重特点

可转换债券兼有债券和股票的特征，具有以下三个特点：①债权性。与其他债券一样，可转换债券也有规定的利率和期限，投资者可以选择持有债券到期，收取本息。②股权性。可转换债券在转换成股票之前是纯粹的债券，但在转换成股票之后，原债券持有人就由债券人变成了公司的股东，可参与企业的经营决策和红利分配，这也在一定程度上会影响公司的股本结构。③可转换性。可转换性是可转换债券的重要标志，债券持有人可以按约定的条件把债券转换成股票，这是债券持有人的权力。

由于可转换债券具有股票和债券的双重属性，对投资者来说是"有本金保证的股票"，对投资者具有较大的吸引力。

（3）可转换债券使投资者获得最低收益权

可转换债券与股票最大的不同就是其具有债券的特性，即便当失去转换价值，作为一种低息债券，投资者以债权人的身份，仍然可以获得固定的本金与利息收益。如果实现转换，则会获得出售普通股的收入或获得股息收入。可转换债券对投资者具有"上不封顶，下可保底"的优点，当股价上涨时，投资者可把债券转为股票，享受股价上涨带来的盈利；当股价下跌时，则可不实施转换而享受每年的固定利息收入，待期满时偿还本金。

（4）可转换债券当期收益较普通股红利高

投资者在持有可转换债券期间，可以取得定期的固定利息收入。通常情况下，转换期可转换债券当期收益较普通股红利高，如果不是这样，可转换债券会很快被转换成股票。

（5）可转换债券比股票有优先偿还的要求权

可转换债券属于次级信用债券，在清偿顺序上，同普通公司债券、长期负债（银行贷款）等具有同等追索权利，但排在一般公司债券之后，同可转换优先股、优先股和普通股相比，具有优先清偿的地位。

2. 可转换债券的筹资特点

（1）筹资灵活性

从发行人角度来看，可转换债券将传统的债务筹资功能和股票筹资功能结合起来，筹资性质和时间上具有灵活性。债券发行企业先以债务方式取得资金，到了债券转换期，如果股票市价较高，债券持有人将会按约定的价格转换为股票，避免了企业还本付息之负担。如果公司股票长期低迷，投资者不愿意将债券转换为股票，企业即时还本付息清偿债务，也能避免未来长期的股权资本的成本负担。

（2）资本成本较低

可转换债券的利率低于同一条件下普通债券的利率，降低了公司的筹资成本；此外，在可转换债券转换为普通股时，公司无须另外支付筹资费用，又节约了股票的筹资成本。

（3）筹资效率高

可转换债券在发行时，规定的转换价格往往高于当时本公司的股票价格。如果这些债券将来都转换成了股权，这相当于在债券发行之际，就以高于当时股票市价的价格新发行了股票，以较少的股份代价筹集了更多的股权资金。因此，在公司发行新股时机不佳时，可以先发行可转换债券，相当于将来变相发行普通股。

（4）公司可能存在一定的财务压力

对于公司来说，可转换债券存在由于持有人不行使转换权而造成的财务压力。如果在转换期内公司股价处于低位，持券者到期不会转股，会造成公司因集中兑付债券本金而带的财务压力。可转换债券还存在回售的财务压力。在有回售条款的情况下，若可转换债券发行后，公司股价长期低迷，投资者集中在一段时间内将债券回售给发行公司，会加大公司的财务支付压力。

二、可转换债券的基本要素

（一）要素特征

可转换债券有若干要素，这些要素基本上决定了可转换债券的转换条件、转换价格、市场价格等总体特征。

1. 有效期限和转换期限

就可转换债券而言，其有效期限与一般债券相同，指债券自发行之日起至偿清本息之日止的存续期间。转换期限是指可转换债券转换为普通股票的起始日至结束日的期间。大多数情况下，发行人都规定一个特定的转换期限，在该期限内，允许可转换债券的持有人按转换比例或转换价格转换成发行人的股票。我国《上市公司证券发行管理办法》规定，可转换公司债券的期限最短为 1 年，最长为 6 年，自发行结束之日起 6 个月方可转换为公司股票。

2. 股票利率或股息率

可转换公司债券的票面利率（或可转换优先股票的股息率）是指可转换债券作为一种债券时的票面利率（或优先股股息率），发行人根据当前市场利率水平、公司债券资信等级和发行条款确定，一般低于相同条件的不可转换债券（或不可转换优先股票）。可转换公司债券应半年或 1 年付息 1 次，到期后 5 个工作日内应偿还未转股债券的本金及最后一期利息。

（二）转换比例和相关条款

1. 转换比例

转换比例是指一定面额可转换债券可转换成普通股票的股数。用公式表示：

$$转换比例 = 可转换债券面值/转换价格$$

转换价格是指可转换债券转换为每股普通股份所支付的价格。用公式表示：

$$转换价格 = 可转换债券面值/转换比例$$

2. 赎回条款与回售条款

赎回是指发行人在债券发行一段时间后，可以提前赎回未到期的发行在外的可转换公司债券。赎回条件一般是当公司股票在一段时间内连续高于转换价格达到一定幅度时，公司可按照事先约定的赎回价格买回尚未转股的可转换公司债券。

回售是指公司股票在一段时间内连续低于转换价格达到某一幅度时，可转换公司债券持有人按事先约定的价格把所持可转换债券卖给发行人的行为。

赎回条款和回售条款是可转换债券在发行时为有关赎回行为和回售行为规定的具体规定。

3. 转换价格修正条款

转换价格修正条款是指发行公司在发行可转换债券后，由于公司尚未送股、配股、增发股票、分立、合并、拆分及其他原因导致发行人股份发生变动，引起公司股票名义价格下降时对转换价格所做的必要调整。

（三）售价组成

可转换债券对投资者和发行公司都有较大的吸引力，它兼有债券和股票的优点。可转换债券的售价由两部分组成：一是债券本金与利息按市场利率折算的现值；二是转换权的价值。转换权之所以有价值，是因为当股价上涨时，债权人可按原定转换比率转换成股票，从而获得股票增值的附加回报。

三、可转债如何定价

(一) 定价特点

可转债理论价值是纯债价值与期权价值之和，影响因素主要包括股票价格、转股价、股票与转债规模、股票历史波动率、所含各式期权的期限、市场无风险利率、同资质企业债到期收益率等。纯债价值可以通过贴现未来现金流计算得出，复杂期权价值可以采用 B/S 期权定价模型、二叉树和随机模拟等数量化方法确定，体现所含赎回、回售、修正、转股期权的综合价值。可转债理论价值与纯债价值、转股价值的关系是，当股票价格下跌时转债价格向纯债价值靠近，在股票价格上涨时转债价格向转股价值靠近，可转债价格高出纯债价值的部分为可转债所含复杂期权的市场价格。可转债的投资收益主要包括票面利息收入、买卖价差收益和数量套利收益等。

(二) 交易方式和清算

1. 转换公式和交易规则

可转债转换公式如下：可转换债券（个股）转换数量 = 可转换债券数量 × 1000/初始转换价格（一手等于 10 只可转换债券）。可转债价格由市场供求决定。

2. 交易托管和清算

可转债实行 T + 1 交易，其委托、交易、托管、转托管、行情揭示、交易时间参照 A 股办理。可转债在转换期结束前的十个交易日终止交易，终止交易前一周交易所予以公告。可以转托管，参照 A 股规则。

(三) 交易费用

深市：投资者应向券商缴纳佣金，标准为总成交金额的 2‰，佣金不足 5 元的，按 5 元收取。

沪市：投资者委托券商买卖可转换公司债券须缴纳手续费，每笔人民币 1 元，异地每笔 3 元。成交后在办理交割时，投资者应向券商缴纳佣金，标准为总成交金额的 2‰，佣金不足 5 元的，按 5 元收取。

（四）购买途径和转股程序

1. 购买途径

投资者可通过几种方式直接或间接参与可转债投资。第一，可以像申购新股一样，直接申购可转债。具体操作时，分别输入转债的代码、价格、数量等，最后确认即可。可转债的发行面值都为100元，申购的最小单位为1手1000元。第二，除了直接申购外，投资者通过提前购买股票获得优先配售权。由于可转债发行一般会对老股东优先配售，因此投资者可以在股权登记日之前买入股票，然后在配售日行使配售权，获得可转债。第三，在二级市场上，投资者只要拥有了股票账户就可以买卖可转债，具体操作与买卖股票类似。

2. 转股程序及操作要点

根据交易所规定，发行可转换公司债券的公司在其股票上市时，其上市交易的可转换公司债券即可转换为该公司股票，转换的主要步骤有三个：

首先是申请转股。投资者转股申请通过证券交易所交易系统以报盘方式进行。基于安全性的考虑，一般投资者准备转股时，最好不要通过电话委托或网上交易进行转股程序操作，而应到转债所托管的证券营业部去填写提交转股申请。

其次是接受申请，实施转股。证交所接到报盘并确认其有效后，记减投资者的债券数额，同时记加投资者相应的股份数额。根据现有规定，转股申请不得撤单。

最后是转换股票的上市流通。转换后的股份可于转股后的下一个交易日上市交易。为方便投资者及时结算资金余款，对于不足转换一股的转债余额，上市公司通过证券交易所当日现金兑付。

四、可转换公司债券的会计核算

企业发行的可转换公司债券，应当在初始确认时把其包含的负债成分和权益成分进行分拆，在进行分拆时，应当先确定负债成分的公允价值并以此作为其初始确认金额，并确认为应付债券；再按整体发行价格扣除负债成分初始确认的金额确定权益成分的初始确认金额，并确认为资本公积。发行可转换公司债券发生的交易费用，应当在负债成分和权益成分之间按照各自初始确认金额（相对公允价值）的相对比例进行分摊。

现行准则对仅包含转股权且划分为权益工具的会计核算规定得较为详细。准则规定：在可转债初始计量时，发行方首先应该确定负债成分的公允价值，然后将该混合工具的整体发行价格扣除负债部分的差额作为权益工具的初始确认金额，其中负债成分的公允价值为主合同约定的未来现金流量按照一定折现率折现后的现值。企业为发行可转债发生的交易费用，应按照负债成分和权益成分各自相对的公允价值进行分摊，冲减两者的账面价值。

可转换债券的发行有两种会计方法：一种方法认为转换权有价值，并把此价值作为资本公积处理；另一种方法不确认转换权价值，而把全部发行收入作为发行债券所得，其理由一是转换权价值极难确定，二是转换权和债券不可分割，要保留转换权必须持有债券，行使转换权则必须放弃债券。

当债券持有人把债券转换成股票时，有两种会计处理方法可供选择：账面价值法和市价法。采用账面价值法，把被转换债券的账面价值作为转换的股票价值，不确认转换损益。采用账面法的理由是，公司不能因为发行证券而产生损益，即使有损益也应作为（或冲抵）资本公积或作为一笔留存损益。发行可转换债券旨在把债券换成股票，发行的可转债就是发行一种附带可转权的债券的整体交易，而非两笔分别独立的交易，转换时不应确认损益。在市价法下，换得股票的价值基础是其市价或被转换债券的市价中较可靠者，并确认转换损益。采用市价法的理由是，债券转换成股票是公司的一种股权变动，价格由市场决定，根据相关性和可靠性这两个信息质量要求，应单独确认转换损益。采用市价法，股东权益的确认也符合历史成本原则。

第二节　永续债券

一、永续债券发展简要历史

在公司信用类债券中，可转债和永续债是接近股权的债券。商业银行发行的永续债券属于金融债，用于补充资本。

（一）国外永续债券的简要历史

永续债券起源于荷兰，当时政府财政收入无法满足莱克河堤坝反复维修而产生的防护支出，就授命水务管理机构发行没有到期期限的债券来弥补这些赤字。它们在 1648 年发行的一只永续债券至今仍在支付利息，票面利率 5%，与当时的国债利率相当，是现存最古老的永续债券。之后在 18 世纪，当时的英国政府为筹备英法战争所需要的资金开始发行永续债券，以减轻长期战争带来的财政压力。目前英国已经成为永续债券发行的最主要市场。在国际资本市场上，永续债是比较成熟的金融产品。全球共有 2146 只存量永续债，资金规模达 6471 亿美元。[①]

永续债券又叫无期债券，它并不规定到期期限，发行人只需支付利息而无须偿还本金。由于我国《公司法》规定了公司债券应具有固定期限属性，这与永续债的概念相冲突，因此永续债券不属于公司法定义的公司债。在满足一定条件下，永续债可以归类为权益工具而非金融负债。对于财务杠杆比率已经很高的企业，永续债具有很大的吸引力。

（二）我国永续债券出现的背景

自 2015 年供给侧结构性改革推行以来，国家要求降低企业微观资产负债率，国企央企"去杠杆"要求更加迫切。2018 年 9 月，中共中央办公厅、国务院办公厅发布《关于加强国有企业资产负债约束的指导意见》，要求"通过建立和完善国有企业资产负债约束机制，强化监督管理，促使高负债国有企业资产负债率尽快回归合理水平，推动国有企业平均资产负债率到 2020 年末比 2017 年末降低 2 个百分点左右，之后国有企业资产负债率基本保持在同行业同规模企业的平均水平"，对国企降低资产负债率提出了具体的目标。由于永续债具有股权的性质，既可以帮助企业融资又不增加企业杠杆率的优点，成为国有企业和金融机构的新选择。

二、永续债券的发展现状

自 2013 年国内发行第一只永续债起，5 年以来永续债市场发展迅速。2015 年发行规模较 2014 年增长 312.68%，2018 年永续债发行规模为 5898.58 亿元。[②]

（一）发行主体、品种和行业

由于永续债的特点，早期发行主体主要集中在一般性工商企业。永续债没有固定的券种，主要分布在公司债、企业债、中期票据、定向工具等几类上，发行人可以选择以上几种方式发行。由于监管部门不同，发行条件也存在一定的差异。从发行品种来看，永续债以中期票据为主，占比达 76.54%，主要原因是银行间市场交

---

① 新浪财经. 银行代销的某信托公司永续债项目接连遭秒杀！［EB/OL］.（2022 - 02 - 09）［2022 - 03 - 08］. https：//finance. sina. com. cn/trust/xtplyj/2022 - 09/doc - ikyamrmz9792780. shtml.
② 数据来自 Wind 数据库。

易商协会对债券发行实行较为灵活的注册制，而发改委和证券交易所对债券发行实行审批或核准制。2021 年以来，商业银行成为永续债的发行主体。"商业银行总体信用资质较高，对稳健的机构投资者而言，此类永续债的推出为其资产组合提供了更多的配置选择。首先，银行永续债与一般企业永续债在利率调升和减记条款等规定上也有一定的差异，从而带来了同类评级主体的风险溢价存在一定的差异。其次，银行永续债推出后，与其发行的普通金融债和二级资本债形成了差异化的风险谱系。"①

根据发行主体的不同，永续债可分为非金融企业永续债和金融企业永续债。按照品种划分，非金融企业永续债，包括永续中期票据、公募可续期公司债、私募可续期公司债、可续期企业债和永续定向工具，其中存量占比最大的为永续中票。金融机构永续债按照发债主体划分，包括政策性银行永续债、商业银行永续债、证券公司永续债和其他金融机构永续债等。②

截至 2013 年全球市场存量永续债券已达 2000 多只，存量规模超过 6000 亿美元。当然，相对全球债券市场规模，我国永续债发行量还依然很小。在所有公告评级的永续债券中，永续债发行人的评级通常较高，主要集中在标普评级 BB + 以上水平。根据中国香港联交所数据统计，截至 2014 年 7 月中国香港市场永续债存量为 17 只，其中 2013 年以来共发行 13 只，均以美元计价，发行规模为 60.23 亿美元，发行利率在 4.25% ~9%。由于近年来永续债发行规模不断扩大，且产品期限多以 "3 + N" "5 + N" 为主，故未来几年将有大量永续债赎回，尤其是 2020 年和 2021 年，永续债赎回规模较大，2021 年第四季度永续债赎回规模近 2500 亿元。

我国永续债市场进步很快，早期永续债发行主要用于期限较长的国家重点建设项目。2013 年 10 月，国家发展改革委核准武汉地铁发行 23 亿元 "可续期公司债券"，并在上海证券交易所债券市场上市交易，发行利率为 8.5%。同年 12 月，国电电力在银行间债券市场交易商协会成功注册并发行 10 亿元 "长期限含权中期票据"，简称永续中票，发行利率为 6.6%。③ 2020 年 1 ~5 月，银行间市场共发行 129 只永续中票，发行量为 1682.2 亿元。其中，21 只为次级永续中票，在全部永续中票占比为 19.5%，低于普通永续券的数量。④

① 王非格. 商业银行永续债发行与投资浅析 [J]. 债券，2021 (9).
② 余溪. 次级条款和税收条款对永续债发行定价的影响研究 [J]. 债券，2020 (12)：76.
③ 刘益阳，时龙龙，马晨光. 企业新型融资工具：永续债券 [J]. 财务与会计（理财版），2014 (9)：79.
④ 余溪. 次级条款和税收条款对永续债发行定价的影响研究 [J]. 债券，2020 (12)：77.

1. 行业分布

从行业分布来看，发行主体行业以建筑业、交通运输、制造业等重资产、高负债的周期性行业为主。按照不同行业发债规模统计，发行规模排名前八的行业发行永续债金额合计占比高达93.12%。这些行业的投资需求旺盛且投资回收期相对较长，有较好的长期偿债能力，能够很好地匹配永续债的长久期特征。

2. 投资人结构

永续债的投资人主要是银行资管、各类基金、券商资管、保险资管等资管类机构，也包括少量保险和券商自营部门。按照有关规定银行自营部门在投资非金融企业永续债时会按照1250%的比例计量风险权重。由于风险权重过高，银行通常不会投资永续债。[①]

（二）商业银行永续债及投资人

永续债市场建立以后，为补充银行资本金，商业银行发行永续债的积极性不断提高，成为永续债的主要发行体。截至2021年7月末，已有67家银行发行了103只银行永续债，累计发行规模为15365亿元。永续债的推出，丰富了商业银行一级资本补充工具谱系。其中非上市银行多选择永续债这一品种作为一级资本补充工具。截至2021年6月末，银行业一级资本充足率较2018年末提升了0.86%，显著增强了各类商业银行的资本实力[②]，说明商业银行成为主要发行主体不是偶然的。"银行永续债是由银行发行的无固定期限、用于补充资本金的债券，投资者可以定期、永久地获取利息收益。"[③]

1. 商业银行永续债的特点

商业银行永续债有以下几个特点：一是债券期限均为 5 + N，即债券发行 5 年后银行有权全部或部分赎回，但赎回须满足相关条件并得到监管部门批准；二是永续债券具有债券属性但偏权益性，目前永续债募集资金全部用于补充银行其他一级资本；三是票息不固定、不累计，永续债票面利率均以国债收益率（5年期）加固定点差确定，每 5 年调整一次票面利率，同时银行有权取消派息且不构成违约，对于债券投资者来说，票息不固定、不累计具有一定的利率风险；四是具有损失吸收能力，目前银行发行的永续债大多为减记型，即在发生触发事件时，银行可以不经投

---

① 余溪. 次级条款和税收条款对永续债发行定价的影响研究［J］. 债券，2020（12）：80.

② 王非格. 商业银行永续债发行与投资浅析［J］. 债券，2021（9）.

③ 王进. 我国银行永续债发展现状、展望及建议［J］. 债券，2022（4）.

资者同意而减记债券本金。① 由于上述特点，商业银行永续债券只适合特定投资人。

2. 商业银行永续债的投资人基础

相对而言，公募基金更看重商业银行永续债券。与一般类信用债品种相比，商业银行永续债和二级资本债的安全性较高，只要其绝对收益率比商业银行普通债高，就有超额溢价，具有投资或配置价值。追求相对收益的机构投资者（如公募基金等）更看重资本利得，可以在商业银行永续债和二级资本债估值出现回调时博弈超额价值。同时商业银行永续债可能面临监管政策或会计处理变更等不确定性，如果永续债投资占用权益额度，其投资吸引力可能会有所下降，配置价值也会相对弱于二级资本债。②

商业银行永续债的投资人主要是金融机构。根据机构特征和相关政策要求，银行理财、保险资金、公募基金等是商业银行永续债和二级资本债的配置主力，同时由于银行可以用自有资金购买永续债，也是商业银行二级资本债的主要投资方。与商业银行二级资本债相比，永续债的投资者结构更为集中。③

3. 保险公司做为永续债的投资人和发行人

永续债主要的潜在投资机构是保险公司。由于大型寿险公司的保单成本相对较低，投资意愿较强，即便如此，大型寿险公司之间存在成本、偿付率、权益比率、风险偏好、权益产品等不同，投资意愿也会有所不同。另外，随着监管趋严，保险公司未来发行资本债券频度将进一步提高，因此与保险和银行等同业合作的需求也在上升，也会积极地影响保险资管的投资行为。④ 债券型基金对永续债的投资十分慎重，但是受托的年金和定制的专户资金，积极性更高一些。由于相对额度资源有限，基金公司更多放在与银行的统一合作中予以考虑。⑤

保险公司永续债的出现将有助于完善保险公司资本补充机制，强化资本实力，缓解偿付能力下降的问题。与银行永续债、一般资本补充债相比，保险公司永续债具有自身独特之处。作为高票息资产，保险公司永续债可为债券市场投资人带来较高的投资回报。⑥

（三）证券公司永续债及投资人

1. 基本情况

2020 年 5 月，证监会修订发布《证券公司次级债管理规定》，允许证券公司公

---

① 王进. 我国银行永续债发展现状、展望及建议［J］. 债券，2022（4）.

②③ 黄伟平，吴鹏. 商业银行永续债和二级资本债的比较及投资建议［J］. 债券，2022（4）.

④⑤ 王非格. 商业银行永续债发行与投资浅析［J］. 债券，2021（9）.

⑥ 周冠南，靳晓航：保险公司永续债分析与展望［J］. 债券，2022（11）.

开发行次级债，统一规范了证券公司次级债的机构投资者范围，提升了证券公司永续债的流动性，降低了发行成本。同年8月，光大证券首次采取公开方式发行了证券公司永续债。截至2022年7月末，证券公司永续债的累计发行规模为2303亿元，其中公开发行的永续债为1451亿元。[①]

2. 投资人基础

目前证券公司永续债的投资者主要是银行理财、公募基金。此外，保险公司和养老基金也是其重要投资机构。2019年11月，银保监会发布《商业银行理财子公司净资本管理办法（试行）》，明确其他标准化债权类资产的风险系数为0，银行理财较银行自营监管约束显著降低。2020年12月，人社部发布《关于调整年金基金投资范围的通知》，明确年金基金可以投资永续债，规定永续债及发行主体的信用等级不低于国内信用评级机构评定的AA+级；除商业银行发行的永续债外，其他永续债应有利率跳升条款。根据《保险资金投资债券暂行办法》，保险资金可投资商业银行混合资本债券、次级债券，证券公司债券，保险公司混合资本债券、次级定期债券，但并未明确证券公司永续债是否在其投资范围内。[②]

（四）永续债券与普通债券比较

1. 发行途径

我国债券市场由银行间债券市场和交易所债券市场组成。前者主要发行在银行间市场交易商协会注册的短期融资券、中期票据以及超短期融资券等债券；后者主要是上市公司经证监会核准发行的公司债。而国家发展改革委批准发行的企业债在这两个债券市场均可发行流通。与上述普通债券的三种发行途径相比，永续债发行市场较小，目前只有银行间市场交易商协会和国家发展改革委推出了各自的永续债产品，分别是国电电力永续中票以及武汉地铁的可续期债。值得注意的是，银行间市场交易商协会允许企业以私募的方式发行债券，因此私募形式的永续中票也将成为企业债券融资的一种选择。另外，企业还可以通过境外下属公司在海外发行永续债券。在银行间市场发行的永续债券是商业银行的重要资本补充工具。

2. 发行条款设计

与普通债券相比，永续债券最大的特点是久期很长，未来面临的利率市场环境不确定性也就较大。从发行人自身考虑，在发行条款设计上通常会附加发行人赎回条款以及利率调整条款。从投资者角度看，较长的久期无疑会降低其投资意愿，为

---

①② 金波，向玲瑶，温婕. 证券公司永续债的定价与投资价值分析［J］. 债券，2022（11）.

了保证发行成功，投资者保护条款亦是永续债券发行时需要考虑的地方。目前市场中永续债券有很多创新设计。武汉地铁的可续期债采用浮动利率形式，基准利率每5年重置一次，并约定每五个计息年度末有权选择将债券期限延续5年，或选择将债券全额赎回。该债券由武汉市轨道交通建设发展专项资金作为每期的利息偿付保证金，可以降低债券偿付风险，保护债券投资者的权益。国电电力的永续中票则约定在债券赎回之前长期续存，利率每5年重置一次，在利率重置日若不行使赎回权则票面利率跳升3%。这种设计显然极大地增加了对债券投资者的吸引力。对发行人不行使赎回权导致利率增加的后果，增强了发行人的赎回动力。

3. 利率结构和估值

在永续债早期，多以"5 + N"年期为主。从利率走势图中可以看出，2016年是永续债利率水平的低谷，但2017年利率就有明显的上涨，近两年3年期AAA永续债利率在5% ~6.5%之间，3年期AA +永续债利率在6% ~7%之间，5年期AAA永续债利率在5% ~6.5%之间，5年期AA +永续债利率在6% ~7%之间，整体利率较高。

由于目前绝大部分永续债均在第二重定价日行使赎回权，中债对"永续债"的估值提供两种计算方式，一是按照第一个行权日计算，二是按照下一个行权日计算，供市场主体选择。如"3 + N"的永续中票，其剩余期限默认为3年。若行权日时发行人未行使赎回权，选择续期3年，则到行权日时，以重置后的票面利率重新估值，剩余期限仍以3年进行计算。因此，对于可能选择续期的永续债，一般在临近行权日时估值有较大波动。

目前，债券市场所发行的永续债，清偿顺序分为两种情况：一是清偿顺序与发行方所发行的普通债和其他债务相同；二是清偿顺序劣后于发行方所发行的普通债券和其他债务。第一种情况为普通永续债，第二种情况为次级永续债。[1]

三、永续债的财务会计特点

（一）会计处理

1. 永续债券的会计处理原则

永续债券应根据发行条款及所反映的经济实质而非法律形式进行分类。根据永续债券确认方式的不同，企业应该把握不同的会计处理原则。当永续债符合条件归类为权益工具时，比如国电电力的永续中票，企业应在所有者权益类科目中增设

---

[1] 余溪. 次级条款和税收条款对永续债发行定价的影响研究 [J]. 债券，2020 (12)：77.

"其他权益工具"科目来核算。虽然称为"债"但利息支出应作为发行企业的利润分配，债券的赎回则应作为权益变动处理。当永续债确认为金融负债时，比如武汉地铁的可续期债，其会计处理与普通债券相同。另外，有的永续债券可能会被归类为复合金融工具，既包含负债的成分又包含权益的成分，比如含发行人赎回权的永续型可转换债券，但目前我国还没有企业发行该类型永续债。在初始计量时应先确定金融负债成分的公允价值，再从复合金融工具公允价值中扣除负债成分的公允价值，作为权益工具成分的价值。

2. 财政部有关规定

财政部和税务总局先后推出了关于永续债会计分类和永续债利息适用企业所得税政策的规定。2019 年 1 月 28 日，财政部发布了《关于印发〈永续债相关会计处理的规定〉的通知》，规定适用于执行企业会计准则的企业依照国家相关规定在境内外发行的永续债和其他类似工具。已执行 2017 年修订的新金融工具准则的企业，应当按照新金融工具准则和这一通知的规定，对永续债进行会计处理。仍执行 2006 年印发的 CAS 22 和 2014 年修订的 CAS 37（原金融工具准则）的企业，应当按照原金融工具准则和这一通知的规定，对永续债进行会计处理。

根据 2019 年的"会计规定"，在认定永续债是否应计入权益时，发行人应当同时考虑到期日、清偿顺序、利率跳升和间接义务等因素。在发行方清算时，永续债的清偿顺序劣后于发行方发行的普通债券和其他债券。这一规定也称为"次级条款"。①

（二）会计处理与发行条款设计

对于普通债券而言，债券融资规模越大，企业的财务杠杆水平越高。而永续债券在满足一定条件下可以归类为权益工具，能起到降低资产负债率的作用。发行人需要考虑所发行的永续债是作为债务工具还是权益工具，并根据会计处理原则设计发行条款。国电电力的永续中票与武汉地铁的可续期债在发行条款设计上，最大的区别在于前者规定发行人具有递延支付利息的权力。这一递延付息机制成为两只债券对资本结构影响的分水岭。根据财政部发布的《金融负债与权益工具的区分及相关会计处理规定》，国电电力发行的永续中票满足准则中规定的"不包括交付现金或其他金融资产给其他方，或在潜在不利条件下与其他方交换金融资产或金融负债的合同义务"，在会计处理上具备确认为权益的条件。原因主要基于以下三点：

---

① 余溪. 次级条款和税收条款对永续债发行定价的影响研究［J］. 债券，2020（12）：76.

第一，该债券没有明确的到期期限，在约定赎回前长期续存；第二，发行人有权选择是否递延支付利息，且递延次数不受限制；第三，该债券赎回的真实选择权属于发行人，且是否赎回属于可控事项。然而，武汉地铁的可续期债不能满足第二条，需要履行按约定日期偿付利息的义务，因此不能确认为权益工具。

（三）融资成本

永续债券融资成本受发行人信用等级、发行期限、是否含权、发行期间市场环境以及主承销商的销售能力等多重因素的影响。常见的含权债券包括附发行人赎回权债券、附发行人利率调整权债券、附投资者回售权债券、附投资者定向让权债券以及可转换债券。就不同债券品种而言，永续债券与普通债券在融资成本上的差异主要体现在发行期限以及是否含权这两个方面。相比之下，永续债券的期限长，流动性风险大，且通常附加发行人赎回选择权以及利率调整权，因此投资者会要求更高的风险溢价，票息通常较高。截至 2013 年，以美元计价发行的永续债的票面利率主要分布在 5% ~ 8% 之间，一般比当期 10 年期美国国债高出 200bp ~ 500bp。

（四）永续债券和年金的定价原理

永续债券的定价，就是计算未来现金流贴现的现值。当现金流稳定不变时，永续债券的回报等于

$$r = \frac{C}{PV}$$

永续债券的现值等于

$$PV = \frac{C}{r}$$

回报按照固定增长率（g）增长的永续债券，与增长红利的普通股类似，其现值的计算有一个简便方法，如下：

$$PV = \frac{C}{r - g}$$

年金就是一个即期永续债券和一个远期永续债券的合成债券产品。从第 1 年开始支付利息的永续债券的现值为

$$PV \text{ of perpetuity from year } 1 = \frac{C}{r}$$

从 $t + 1$ 年开始支付利息的永续债券的现值为

$$PV \text{ of perpetuity from year } t = \frac{C}{r} \frac{1}{(1+r)^t}$$

从第 1 年到第 t 年的年金的现值等于以上两个永续债券之差

$$PV \text{ of annuity from year 1 to year } t = \frac{C}{r} - \frac{C}{r}\frac{1}{(1+r)^t} = \frac{C}{r}\left[1 - \frac{1}{(1+r)^t}\right]^{①}。$$

这说明年金就是永续债的组合债券。

注：r = 永续债券收益率；C = 永续债的固定收益；PV = 永续债的现在价值；g = 回报增长率。

四、永续债券在我国发展的前景

2019 年以来，次级永续债发行量明显增长。这是因为根据会计规定，次级永续债明确可计入权益，企业发行次级永续债才能够较好地达到降低杠杆的效果。[②]

（一）适合发行永续债券的企业

永续债券的期限很长，企业可自主选择赎回还是存续，降低了企业的再融资风险，适宜为建设周期较长的工程项目融资，尤其是适合地方性融资平台为市政项目补充资本金的融资需求。另外，从永续债的会计处理来看，通过条款设计永续债券可以计入权益，而且发行人还具有递延支付利息的权力，这样既能够降低企业资产负债率，优化企业的财务状况，又可以避免定期偿付利息的固定风险。对当前财务杠杆水平已经很高，难以通过普通债券融资的企业有很大的吸引力。

从主体评级来看，发行人主要集中在 AAA 和 AA + 等中高评级，占比近 90%，相比其他的债券品种，永续债的发行主体是相对优质的。从主体评级变动来看，截至 2018 年 12 月 24 日，评级上调 59 家，下调 16 家，评级上调多于评级下调，体现永续债主体信用相对优质。

（二）永续债券发行途径的选择

相比发改委核准发行的永续债券，企业在银行间市场交易商协会注册发行的限制条件更少，募集资金的使用更灵活。发改委过去对债券发行采取核准制，对发行人的净资产以及盈利状况有明确要求，募集资金主要用于固定资产投资。交易商协会采用注册制，对发行人没有资格限制，债券发行资金可以置换银行借款，也可用于补充营运资金或者项目建设。

---

① Brealey and Myers. Principles of Corporate Finance ［M］. Sixth Edition，Irwin McGraw – Hill，2000：40 – 41.

② 余溪. 次级条款和税收条款对永续债发行定价的影响研究 ［J］. 债券，2020 (12)：77.

在发行额度核定上，上述两种监管途径导致计算口径有所差异。《证券法》规定，企业发行债券累计余额不超过公司净资产的40%。发改委在核定额度时以合并报表中归属母公司的所有者权益为基数，交易商协会则没有剔除少数股东权益，直接以合并口径所有者权益为基数。这样对于集团公司来讲，交易商协会核定的额度更高，能更大程度地满足公司的融资需求。

（三）国家支持永续债的有关政策

从2018年开始，国家积极出台支持政策，鼓励商业银行发好用好永续债。2018年底，国务院金融委召开会议，研究多渠道支持商业银行补充资本有关问题，推动尽快启动永续债发行。2019年1月25日，中国银行发行首单银行永续债，一次性完成400亿元上限发行，获得市场的充分认可。这是我国商业银行获批发行的首单永续债。

2019年1月，为提高银行永续债（含无固定期限资本债券）的流动性，支持银行发行永续债补充资本，中国人民银行决定创设央行票据互换工具。央行票据互换工具可以增加持有银行永续债的金融机构的优质抵押品，提高银行永续债的市场流动性，增强市场认购银行永续债的意愿，从而支持银行发行永续债补充资本，为加大金融对实体经济的支持力度创造有利条件。

第三节　票据市场

一、票据及票据市场

（一）票据的定义

票据是发票人依据票据法签发的、约定由自己或委托他人见票时或者于确定的日期，向持票人或收款人无条件支付的载明金融条款的有价证券。我国票据法规定的票据种类为汇票、本票和支票。但通常理解的票据包括所有能使财产证券化并具有支付功能的证券，除了汇票、本票和支票外，还包括提单、仓单、保函等。票据法律关系分为两类：付款请求权利和付款义务及追索权利。票据在法律上分为文义证券和要式证券。票据所创立的权利义务内容，完全依据票据上所载明的文义而定。票据的签发、转让、承兑行为，必须严格按照票据规定的程序和方式进行。

票据首先具有合法性。《中华人民共和国票据法》第十二条规定："以欺诈、偷盗或者胁迫等手段取得票据的，或者明知有前列情形，出于恶意取得票据的，不得享有票据权利。"其次票据具有无因性。无因性指票据上的法律关系只是单纯的货币支付关系，权利人享有票据权利只以持有票据为必要，不需要知道权利人取得票据的来源。最后票据具有真实性。银行担心票据的无因性影响其真实性，会反复查证与票据有关的各种证明文件。"银行对票据真实性及其背景资料的审查并不违反法律。对背景资料的审查是广泛的，相关的合同、发票、交易的税务证明、支付证明、货物收发单据、第三物流承运单据、报送单等证明。"①

（二）标准化票据市场

票据用于满足实体经济的商业业务往来，是金融机构资金交易和资产负债管理的工具。近年来，我国票据市场发展迅速。2019 年 8 月 15 日，为了解决因包商银行接管事件带来的中小金融机构融资成本因信用风险溢价而高企、票据贴现市场及转贴现市场出现的流动性断层问题，为对流动性压力较大的金融机构提供流动性支持，上海票交所发布《关于申报创设 2019 年第一期标准化票据的公告》，正式创设标准化票据，为票据资产从"非标准化"向"标准化资产"转变做出了有益的探索。2020 年上半年，我国票据市场业务总量达 77.81 万亿元，同比增长 17.26%。②但受制于价格形成机制复杂、标准化程度低等因素的影响，难以在深度和广度上进一步拓展。受诸多因素的影响，中小企业票据融资的可得性和效率仍待提升。

商业票据包括银票和商票。银行发行银票，或者已经贴现的银票，相当于金融债券。银票相对安全，收益率低；商票有风险，收益率相对高。因为商票风险大，所以银票的安全性使之更受欢迎。目前标准化票据市场交易主要在银行间市场，近几年市场因为票据的流动性及认可度等原因，形成了资产荒。联通票据市场与货币市场，提高票据市场抗风险能力，必须使票据标准化。标准化票据创设前，票据仅流通于票据市场，直接投资者为银行及持牌券商，票据市场的风险承受主体较为集中。通过创设并推广标准化票据，打通票据市场与银行间债券市场的壁垒，券商、基金、保险、资管等非银机构的介入，有利于丰富市场交易结构、交易策略的多样性，从而平抑票据市场波动，提高市场抗风险能力。

但我国票据市场在发挥融资功能时仍受制约，金融机构参与投资票据资产受限。票据职能发挥受阻的主要原因是票据的"非标准化"债权资产性质，按《关于规范金融机构资产管理业务的指导意见》要求，金融机构不得将资产管理产品

① 段伟常，梁超杰. 供应链金融5.0 ［M］. 北京：中国中信出版集团，2019：31.
② 2020 年票据市场发展回顾. https：//cj. sina. com. cn/articles/view/2004321037/7777830d01900t9na.

资金直接投资于商业银行信贷资产，理财产品投资于非标准化债权类资产的余额也受监管限制。在票交所时代，市场一体化进程显著提升，需要监管部门尽快制定、完善票据经纪机构成立的相关标准、审批流程和管理办法，进一步规范票据市场的发展。2020 年，市场首批发行了 3 只标准化票据，都是为了救助锦州商业银行，随后，部分企业陆续发行了市场化的标准化票据，但因为基础设施尚不完善，监管机构在 2021 年初暂停了标准化票据的发行。随着各项规章制度的完善，监管部门有望择日重启标准化票据的发行工作。在未来，随着金融科技的发展，票据市场会迎来新的机遇。区块链技术可以嵌入标准化票据甚至标准化债权产品，标准化票据天然的固收属性以及巨量底层资产适合区块链技术的应用。从监管层放出的信号来看，未来标准化票据应主推商票，支持中小企业解决流动性，发挥货币工具的传导性作用。

标准化票据是票据的衍生产品，是在存托机构归集商业汇票组建基础资产池的基础上，以基础资产产生的现金流为偿付支持而创设的受益证券，相当于以票据为基础资产的证券化产品。为应对票据市场目前存在的问题和不足，更好地发挥票据相关业务在服务中小企业融资、支持中小金融机构流动性等方面的作用，自 2019 年 8 月起，标准化票据试点发行。目前来看，标准化票据的推出在多方面意义深远。

除了银行间债券市场外，我国还存在交易所债券市场，但目前两个市场严重分割，没有形成统一托管，无法建立统一的收益率曲线，制约了债券市场的发展，这种分割也体现在票据市场中。主管部门推出了一些促进市场统一的政策，并进一步规范标准化票据融资机制，旨在更好地服务中小企业和供应链融资。2021 年，中国人民银行起草了《标准化票据管理办法（征求意见稿）》，旨在推动标准化票据市场规范稳妥的发展。

二、标准化票据产品概览及核心要点

《标准化票据管理办法（征求意见稿）》认为，标准化产品将连通票据市场和债券市场，有利于发挥债券市场专业投资的定价能力，增强票据融资功能和交易规范性。从该角度判断，标准化票据是"债"而非"票"。与前四期试点发行的标准化票据相比较，《标准化票据管理办法（征求意见稿）》进一步规范了发行的各项要求，使其向债券靠拢，主要变化如下。

（一）第一次央行发文明确标准化票据，确认其作用

《标准化票据管理办法（征求意见稿）》明确了标准化票据的管理机构，指明

标准化票据的意义是为规范标准化票据业务，为中小金融机构提供流动性，服务中小企业融资和供应链金融发展。该办法的实施将为数十万亿票据的市场化转标[①]迈出最坚实一步。

（二）明确了各参与机构的职责，进一步向标准化产品靠拢

《标准化票据管理办法（征求意见稿）》中最重要的是明确了存托机构，必须为银行和证券公司。同时明确了票据经纪人的资格，要求杜绝民间中介，经纪人只能是金融机构。同时要求经纪业务与自营业务隔离，明确经纪人职责是归集基础资产。目前，已获经纪资格的银行有望占得市场先机。

（三）明确标准化票据的产品性质

《标准化票据管理办法（征求意见稿）》第一章第二条将标准化票据定义为"以基础资产产生的现金流为偿付支持而创设的受益证券"，明确标准化票据不属于信贷资产，这样可以扩大投资者范围。显然，这种收益证券实际上就是以票据为基础的资产的证券化产品。票据的标准化和市场化可以显著增加票据市场的深度。

（四）明确标准化票据的交易规则

《标准化票据管理办法（征求意见稿）》第四章第十六条至第十九条规定：标准化票据承销、登记托管、清算结算、交易流通适用于《全国银行间债券市场金融债券发行管理办法》，交易品种包括现券买卖、回购、远期等。银行间债券投资机构可以无缝对接标准化票据投资，将债券投资者直接引入标准化票据市场。

（五）为融资票据预留空间

《标准化票据管理办法（征求意见稿）》要求"增强票据融资功能和交易规范性"，规定原始持票人取得基础资产应真实、合法、有效。这与票据法一致，给相关机构认定融资票据预留了空间。

三、标准化票据的交易结构

《办法》对存托机构定义为"标准化票据提供基础资产归集、管理、创设及信

---

① "转标"是指从非标准化票据转化为标准化票据。

息服务的机构",并规定"存托机构依照法律法规为每只标准化票据单独记账、独立核算,协助完成标准化票据相关的登记、托管、兑付、信息披露等,督促原始持票人、承兑人、承销商等相关机构履行法律规定及存托协议约定的义务"。根据《办法》,存托机构"可直接或委托金融机构作为资金保管机构对基础资产产生的现金流进行保管和合格投资",这意味着在如今商业银行利润点被充分挖掘的形势下,无资本消耗的票据存托业务带来的资金沉淀,将给商业银行在资本约束条件下增加新的利润增长来源。因此,在未来标准化票据市场,围绕存托市场的竞争,将是未来各家商业银行及券商发力的重点。证券公司受制于自身资金成本、营业网点的限制,在银票转贴现市场很难与商业银行形成竞争,更多的作用是配合商业银行完成一些监管指标的调节,进行跨市场的监管套利。但在商票市场,可以发挥其投研优势,借助其积累的短融、超短融投资发行经验,深耕商业承兑票据市场,探索一套商票的风险控制体系和价格发现机制,充分发挥其提升中小企业融资功能的作用。标准化票据交易结构如图 13 – 1 所示。

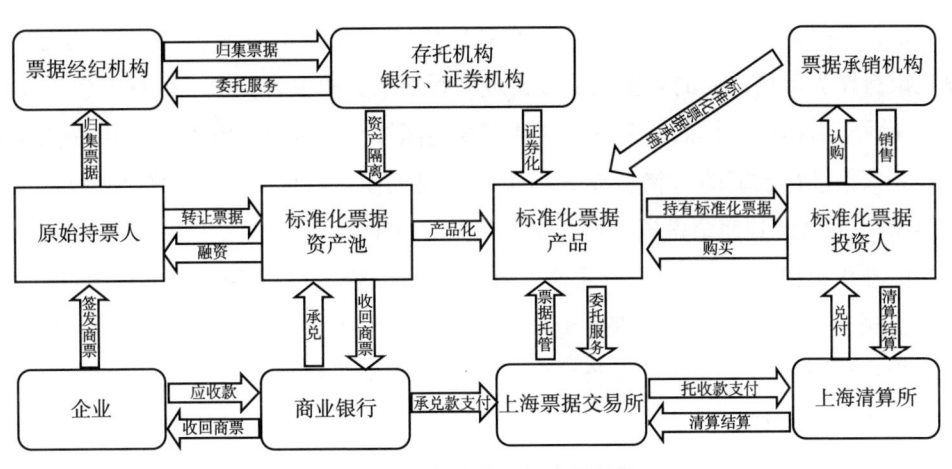

图 13 – 1 标准化票据交易结构

资料来源:笔者绘制。

四、标准化票据的发展前景分析

过去传统票据融资属于间接融资范畴,"票据承兑 + 贴现 + 转贴 + 票据资管 + 票据质押融资"构成了传统票据融资的全部链条。以票据保理、票据信托理财、票据 P2P 为代表的票据直接融资则处于票据业务的灰色地带。标准化票据的出现为票据直接融资打开了全新的窗口。

（一）加速商票发展，拓宽融资渠道

从风险形态分析，标准化票据属于商业信用。大型银行承兑的商业汇票属于银行信用，市场定价效率较高，通过贴现融资更加方便有效。在 2019 年"BS 事件"发生以后，中小银行的信用受到冲击，银行信用出现分层现象。部分中小银行承兑的商业汇票出现难以找到贴现资金或是贴现利率过高等不正常现象。这种情况下，中小银行承兑的商业汇票通过标准化票据操作，可以在更大范围内拓宽资金渠道，吸引基金、保险等的参与，而不仅限于提供贴现的银行。

真正具备巨大需求的是商业承兑汇票的标准化票据操作。目前，未贴现商票市场规模接近 1.2 万亿元，通过将未贴现的商票资产打包发行标准化票据可以直接建立企业和金融市场各类金融机构主体的联系，进一步拓宽企业的融资渠道，盘活存量商票资产。

（二）修正定价逻辑，帮扶实体经济

根据票交所数据，2019 年全市场承兑量超过 20 万亿元，贴现量超 12 万亿元。商业银行作为市场主要的资金供给方，成为票据融资的主力。由于银行厌恶风险的特征，对于信用资质较低的融资人往往需要超额补偿，所以融资人持有某一信用主体开立票据进行融资的价格会显著高于该信用主体发行债券融资的价格，以外评 AA＋企业为例，其商票融资和债券融资利差将近 1%。

标准化票据因其"债券"属性，在发行定价阶段可以参考成熟债券市场的定价机制回归理性，熨平票据作为信贷非标产品所带来的额外信用风险溢价。在标准化票据形成稳定理性的定价机制后，票据融资价格也会因为票据市场和债券市场的跨市场套利而降低，从而真正实现降低企业融资成本的功能，促进实体经济发展。

目前，统一债券市场的措施，如证券公司、基金进入银行间债券市场，实现跨市场发行债券等，加强了银行间债券市场和交易所债券市场之间的联动性，对促进债市统一起到了一定作用。但从本质上来讲，这些措施未能从根本上解决市场分割问题，突出表现在商业银行等成员不能参与交易所债券市场，两个市场的价差日益显著，限制了标准化票据市场的发展。

五、数字票据的兴起和微型债券市场的形成

票据市场随着电子票据的出现有了迅速发展。标准化票据市场是票据存量的证

券化市场。但是目前票据市场还没有发挥融资功能，成为市场关注的问题。近年来，区块链技术的发展为票据市场开辟了新的路径。数字票据是在区块链技术的基础上产生的新的票据形式。数字票据不同于传统的纸质票据和电子票据。数字票据的转让背书，需要遵循权利不可分及背书连续等规范。数字票据的权利转移、权利证券、权利担保等效力与传统票据相同。数字票据通过分布式记账方法，以区块链技术为基础实现交易既保证安全，也可以降低交易成本。数字票据可分为广义和狭义两类概念，广义的数字票据是通过大数据知识和信息的识别、选择、过滤、存储、确权、计价和使用，引导和实现票据资源的优化配置与创新，实现更好地服务经济金融资产的票据形态；狭义的数字票据特指通过区块链技术手段实现的数字票据产品。

区块链数字票据，并不是新产生的一种实物票据，也不是单纯的虚拟信息流，它是用区块链技术，结合现有的票据属性、法规和市场，开发出的一种全新的票据展现形式，与现有的电子票据相比在技术架构上完全不同，同时，它既具备电子票据所有功能和优点，又融合进区块链技术的优势，成为一种更安全、更智能、更便捷、更具前景的票据形态。首先可以实现票据价值传递的去中介化。在实际的票据交易中，经常会有票据中介这一角色利用信息差撮合，借助区块链实现点对点交易后，票据中介的现有职能将会被打破并以参与者的身份重新定位。其次可以改变现有的电子商业汇票系统结构。在采用区块链去中心化的分布式结构后，不仅改变了现有的系统存储和传输结构，建立起更加安全的"多中心"模式，更可以通过时间戳完整反映票据从产生到消亡的过程，具有可追溯历史的特性，这种模式成为全新的连续"背书"机制，以反映票据权利的转让过程。第三，可以有效防范票据市场风险。在当前票据市场上，因为参与机构的多样性和逐利性，使得风险事件频发。借助区块链技术可以有效地防范道德风险、操作风险、信用风险和市场风险。

"将区块链＋票据应用在供应链中，可让所有参与者，如核心企业、多级供应商、多级经销商加入基于区块链架构的供应链平台中，整个平台的订单、商品、仓储、物流信息高度透明，一旦信息经过验证并添加到区块链中，就会永久地被存储起来，确保了供应链上的所有行为、合同、票据都可以追溯且不可篡改。"① 区块链＋票据改变了传统票据市场和标准化票据的交易模式，不仅降低了与信用有关的交易成本，而且提高了交易效率，实现了票据的融资功能（区块链＋数字票据模式下的交易的分层架构如图 13 - 2 所示）。

---

① 段伟常，梁超杰. 供应链金融 5.0［M］. 北京：中国中信出版集团，2019：152.

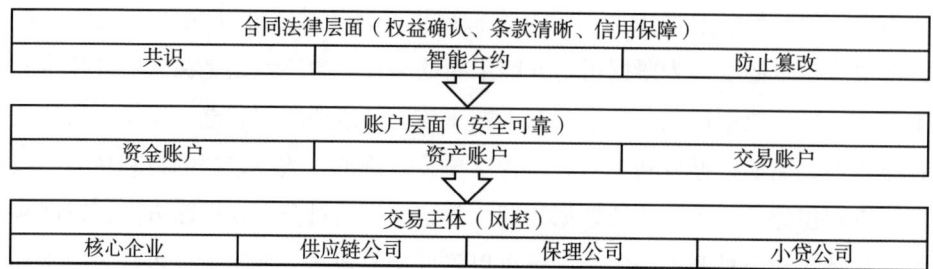

图 13 - 2 区块链 + 数字票据模式下的交易的分层架构

资料来源：笔者根据相关资料绘制。

第四节 中国的高收益债券市场

债券市场功能的完善需要分层，形成多个层次，分出细分市场，以适应不同投资者和市场参与人的需要。高收益债券市场就是一个重要的细分市场。高收益债券是债券市场的重要组成部分，如何推动我国高收益债券市场的发展是当前完善债券市场融资功能的紧迫问题。高收益债券是中小微企业融资的重要工具，随着高收益债券市场的发展，中小微企业融资难的问题将逐步得到缓解。

发展高收益债券市场，有利于信用市场的发展，也有助于衍生产品市场的发展。由于较高的波动性和风险性，高收益债券特别有利于信用衍生市场的发展和衍生工具投资者的培育。除了具有融资功能以外，高收益债券市场也是重要的市场工具。为发行和交易便利，高收益债券在创设时通常就附带有相适应的信用衍生品种，如信用缓释工具、CDS（信用违约互换）等。可以说，高收益债券市场的发展，是信用衍生品市场繁荣发展的基础。高收益债目前约 5 万亿 ~ 6 万亿元，占全部信用债余额 50 万亿元的 10%。其中公募基金投入较少，约 1200 亿 ~ 1600 亿元。高收益债一级市场不够活跃，但是 2020 年以来二级市场相对活跃。

一、高收益债券市场是债券资本市场的新领域

高收益债券市场的历史并不长，它是金融业不断深化的产物。因为银行体制的局限性，资本市场可以发挥独特的作用。金融市场的发展需要市场和监管两方面的努力。但是创新思想来自市场参与者，因为他们有经验、动机和眼界，立法者和监管者必须从"激励和约束的统一"来出台政策和进行监管，因为市场的发展就是政策的激励和监管的约束之间不断均衡和不均衡的过程。高收益债市场的发展也遵

循这一逻辑。

推动高收益债市场的发展，要充分借鉴发达国家的经验。美国的高收益债券市场于20世纪70年代起步，至今已较为成熟。这个市场的名称也由强调风险、带有贬义的"垃圾债券"转变成了中性化的"高收益债券"，70年代以来，市场规模和年发行量都很庞大。在中国经济转型时期，融资主体和投资人都出现多样化的趋势，对市场需求也不断细分。在这个过程中，高收益债券等融资工具开始出现，并发挥了重要作用。相对于海外成熟的高收益债券市场，我国还处于探索和起步阶段，但是未来发展空间很大。

（一）"垃圾债券"市场

布雷顿森林体系瓦解后，银行不愿意给企业放贷款。美国当时遇到了中国现在面临的问题，这就是一方面风险高的发行人找不到投资人，另一方面市场有能够承担风险但是需要较高收益的投资者找不到好的投资标的。市场需找到投资人和发行人能够结合的办法。高收益债的鼻祖米尔肯深信高风险债中有很多潜力没有被投资人发现，随着时间的推移和产业周期的变化，这些潜力就会转化为现实的回报。米尔肯的理论是一个动态的理论，他认为，我们对债券投资只是基于过去和现在，而应把视野放在未来，如果经济周期向好，盈利提升，现金流改善，自然而然会带来风险回报。建立这个市场，必须有金融理论、资产组合理论的支持。

1. "垃圾债"市场的开始

把理论应用于实践的是德崇证券，其职能类似于做市商。德崇证券专门成立了一个"垃圾债"账户，设立的初衷是给市场提供流动性。德崇证券一开始比较成功，市场很多投资者都开始参与到高收益债券市场中。投资者持有高收益债券以后，希望在有在阶段性流动性压力下时把这些债券卖掉，但是由于市场流动性不好，难以变现。然后德崇证券做了第二件事——尝试做市。由于做市使投资人持有债券的流动性和盈利大幅改善，很多高收益债的评级从投机级变成了投资级。叠加之前的高票息，投资高收益债券市场的优势开始显现，高收益债券品种开始供不应求。米尔肯真正出名是之后帮助中小企业发债，推动一级市场的发展，创造"垃圾债"。发债的资金用来收购同行业的优质公司，比如BB评级的公司发债来收购AAA评级的公司，通过杠杆收购，投机级的企业通过发债实现杠杆收购。"垃圾债"市场这个称呼并不能代表这个市场的本质特征，所以后来称为高收益债市场（high yield market）。

石油危机以后，美国高收益债券市场出现了发展机遇。当时有大量曾经获得投资级评级、盈利能力恶化的公司，被称为"堕落天使"，其评级下滑，价格下降，但是实际收益率上升。一些创新企业，评级未达到投资级的初创公司，称为"明日之星"，开始通过高收益债券市场筹集资金。[①] 自 20 世纪 80 年代起，美国杠杆收购进入高峰，私募基金通过普通股、高收益债券和银行贷款的结构化安排进行杠杆收购。

2. 144A 法案引入合格投资者

随着社会和经济进步，投资者展现了多样化的需求，形成风险偏好的完整谱系。20 世纪 90 年代，欧美高收益债券市场迎来了新的飞跃。冷战结束后，美国 IT 革命带来信息技术进步，减少了信息不对称带来的风险，使更多企业得以在高收益债券市场融资。为了保护风险偏好有限的公共投资者，进一步发挥市场功能，需要在发展私募市场的同时引进合格投资者。20 世纪 90 年代美国颁布了 144A 法案，其核心思想是构建美国私募市场，把合格机构投资者引入私募市场。私募债的信批要求不严格，但对美国高收益债市场健康发展起到非常重要的作用。法案出来以后，美国高收益债市场陆续恢复。1989 年高收益债发行规模 600 多亿美元，1990 年降至 6.5 亿美元，1998 年恢复到了 300 多亿美元。[②] 根据法案，监管主要关注发行人高效发行与投资人保护之间的平衡。必要的信批要求也保护了发行人，遏制了恶意杠杆收购（通过发债募集资金对优质企业进行恶意收购）。144A 法案使发行人的低成本诉求得到满足，提高了私募债的流动性。法案也包括了无限售期、可在合格机构投资者之间转让等规定，类似我国银行间市场关于 PPN 品种的规定。2000 年以后美国高收益债券市场进入平稳发展时期，2019 年一级市场高收益债发行 1842 亿美元，占比 17.24%。标普全球数据显示，截至 2021 年 8 月 17 日，Square 等公司的垃圾债首发数量超过 680 亿美元，有望创下十六年新高。[③] 美国发展高收益债券市场的经验对我国债券市场发展有重要的参考意义。[④]

（二）美国高收益债市场的特点

美国高收益债市场主要依据 144A 发行，即非公开发行。对于公开发行债券需要按照 SEC 监管信批，要求高，而 144A 发行信批要求低，大幅降低了发行难度和发行成本。一级市场相对宽松，先市场发售再备案。投资者为合格投资者，具有很强风险识别能力。主体机构为保险、养老金、公募基金，投资者群体广泛。高收益债

---

① 林俊山，王紫涵. 发展我国高收益债券市场的四点制约和三点建议 [J]. 债券，2021（7）.

②④ 北京鼎诺投资管理有限公司，2021 – 10.

③ 一个敢发一个敢买！美国垃圾债市场"大丰收" [EB/OL].（2021 – 08 – 23）[2022 – 03 – 08]. https：//www.163.com/dy/article/GI42GPMN05 198NMR.html.

ETF 可以做到几百亿规模，投资人中专门投资高收益债的公募基金占比 70% 左右。

但是监管部门对发行高收益债公司的经营条款限制严格，如要求不能增加负债、不能现金分红、不能进行大额的资产转移交易等，以此保障投资者利益，把风险控制在一定范围内。这些条款逐渐个性化，由投资者与发行人谈判决定，在一定程度上做到了市场自我约束。

美国高收益债券市场发行人主要有三类："明日之星""堕落天使""杠杆收购"。"明日之星"指在快速成长阶段资金需求难以得到满足，需要通过高收益债券融资实现成长的中小企业发行人。之前我国交易所也尝试过，就是创业板私募债，还有后来的中小企业私募债。一些城投平台变相融资的渠道，通过一些子公司、分公司发行债券，这些公司并非成长型企业。而真正的中小企业，如果没有担保的话，不能成功地发行高收益债券。"堕落天使"指的是原来属于投资级别的公司，但由于公司经营状况恶化，信用资质下降到较低的投资评级的债券。"杠杆收购"又称为融资并购，或夹层基金收购，或举债经营收购，指公司或个体利用收购标的资产作为债务抵押，收购此公司的策略。杠杆收购的主体一般是专业的金融投资公司，其收购标的企业的目的是以合适的价格买下并控制该公司，通过经营使公司增值，并通过财务杠杆增加投资收益。通常投资公司只出小部分资金，大部分资金来自银行抵押贷款、机构借款和发行垃圾债券（高收益债券）的收入，由被收购公司的资产和未来现金流量及收益作担保并用来还本付息。

美国现在每年高收益债发行量为 2000 亿~3000 亿美元，占比 20% 左右，是债券市场很重要的一部分。高收益债违约率有很强的周期特征，平常违约率为 2%~3%，经济下行时期（如网络泡沫破灭和 2008 年金融危机）违约率可提升至 10% 以上。

（三）近年来美国高收益债券市场

2015 年和 2016 年美国高收益债市场收益率大幅度提升，这很大程度上是受到美国页岩油气开采企业遭遇油气行业大萧条的影响。当时得克萨斯轻质原油的报价从 2014 年中的每桶 110 美元暴跌至 2016 年初的 30 美元以下，引发了一波违约和破产风潮。在 2015 年 12 月刚刚实施过 10 年首次小幅加息的美联储开始担心危机的蔓延，在 2016 年的整整一年里停止加息，在此期间美国高收益债市场逐渐稳定了下来。

之后在 2018 年，随着美联储加息和退出量化宽松，美国高收益债市场又一次出现动荡，新闻头条上满是线下零售商破产倒闭以及石油天然气板块、传媒行业的企业以及许许多多其他行业债务缠身的报道。美国高收益债的收益率水平在 2018 年 12 月中旬大幅上涨，当时市场认为美联储会在此情况下停止加息，但事实正好相反。之后美联储开始放弃先前制定的 2019 年继续加息的立场，并在 2019 年 7 月开始降息，高收益债市场的收益率的波动率也下降了。

2019 年 9 月，美国回购市场出现违约事件，美联储通过逆回购大手笔地提供流动性，外加降息一次，避免一些在回购市场上大量融资的大型按揭质押房地产信托投资基金和对冲基金破产，防止事件波及到整个华尔街。但是回购市场的崩盘并没有波及美国高收益债市场，到了 2020 年初，美国高收益债市场的收益率水平创下历史新低。

2020 年 3 月，史无前例的大崩盘导致美国高收益债市场的收益率水平大幅飙升，美国洲际交易所的美国银行高收益债指数从 2 月 20 日 5.02% 的历史低位升至 3 月 23 日的 11.38%，在一个月的时间里翻了一番还多。

此后美联储努力救助这个市场，帮助有此类债券的投资者和投机人士。这些努力包括成立旨在收购公司债的交易所交易基金，购债范围覆盖到高收益债以及投资高收益债的交易所交易基金。该救助计划的规模曾被认为达到 7000 亿美元，而实际上美联储最终只购买了价值 130 亿美元的公司债和交易所交易基金产品，美联储在 2020 年 7 月之后就不再继续买入交易所交易基金产品，公司债也只买了很少一部分，该购债计划于同年年底前到期。

总之，很早以前就开始这样的轮回了——高收益债市场崩盘，美联储进场救市，再崩盘，再救市。在 2008 年金融危机期间，美国高收益债市场先是一路暴涨，然后跌入深渊，美联储铆足了劲救市，出台了数不清的纾困计划。时至今日，美国高收益债市场仍然没有走出这一怪圈。

二、中国的高收益债券市场

（一）我国高收益债券的现状

1. 高收益债券的定义

中国的高收益债券市场是公司信用类债券市场的细分市场。高收益债券市场包括高风险发行体的一级债券市场；产品包括中小企业集合票据、私募债券等。随着中小微企业进入债券市场，高收益债券市场会有进一步发展。目前中国高收益债券的定义不明确，市场对高收益债定义标准混乱：一是按照发行收益率确定，二是按照评级确定，三是按照企业种类确定，四是按照产业确定，五是按照二级市场收益率确定。由于缺少统一的概念和定义，市场参与人常常止步不前。

从收益率角度来看，一级市场确定的收益率不能够准确反映实际收益率水平。

按照7%以上的收益率确定高收益债，国内大概有4000只；8%以上的高收益债券大概有1500只，规模大概在1.2万亿~13万亿元，占比4.5%，主要集中在地产、城投、过剩产能（煤炭）这几个行业。自11月华晨、永煤爆雷后，高收益债券比重明显增加，虽然市场信心在恢复，但有明显分化的趋势。[①]

中国现在投资高收益债券的机构主要是私募基金和专业的个体投资者。还有一些是被动投资，买的时候评级高、风险低；后来发行人突然出现问题，评级下调，投资人被动地变成了高收益债券投资者。

2. 市场的特征

目前，我国高收益债券在一、二级市场的分布是不对称的，二级市场的高收益债券多于一级市场。由于对发债主体的信用级别限制和一级发行市场票面利率定价尚未完全市场化，高收益债券一级市场规模仍然有限，投资人多属于发现市场的短期机会进行投机性操作，并没有像国外养老保险基金那样长期配置。高收益债券市场所需要的金融生态、市场基础设施，以及衍生产品等必要的市场工具还不完全具备。总之，我国高收益债市场具有早期不成熟的特征，但是具有很大的潜力。

3. 持有人情况

高收益债券大多是被私募等一些小机构所持有，大银行和公募基金持有很少。这些机构原来持有的是普通公司信用类债券，一旦变成高收益债券以后，也很快就被抛掉。但是手上还拿着这些高收益债的私募等中小机构，恰恰是流动性的弱势群体，而流动性是它们的生命线。如果这些机构相继出问题，将来可能影响到高收益债券的未来发行。可见，高收益债券的流动性问题是债券持有人需要慎重考虑的问题。目前我们需要的是德崇证券的做市和通过高收益债券市场助力中小企业融资。

4. 募集方式

在一级市场上，高收益债募集方式与其他公司信用类债券并无不同。但近年来出现的结构化发行、在票面利率之外支付财顾费发行等方式，扭曲了一级市场债券定价，导致一级市场票面利率和二级市场收益率脱节，这也是一级市场中高收益债规模很小的原因。目前，境内的高收益债以"堕落天使"为主，发行人发行这类债券时，市场并未认为是高收益债。但随着经营状况下行、流动性风险增加、信用状况恶化，其债券价格下跌，收益率上行，沦为高收益债。实践中受销售方面的投资者适当性要求、发行监管方面要求的公开募集评级条件等限制，少部分高收益债可以以"小公募"的方式发行，大部分都属于私募发行。

[①] 北京鼎诺投资管理有限公司，2021－10.

(二) 目前规模

按票面利率不低于 8% 的标准界定高收益债券，境内一级高收益债市场尚未真正形成，整体规模较小，且近年来发行规模和发行债券数量下降趋势明显。2021 年 1~6 月，票面利率高于 8% 的债券仅发行 10 只，合计规模 42 亿元，较上年同期减少 91%，在上半年信用债发行规模中占比仅为 0.04%。中诚信国际按照票面利率不低于 6% 统计的上半年高收益债发行规模为 5219.57 亿元，同比略有增长，其中高收益城投债占比 81.63%（上年同期 73.84%），产业债呈收缩态势。

按照到期/行权年化收益不低于 8%，且一年内有交易的标准统计高收益债券，2021 年 6 月末，国内高收益债券二级市场存量规模较 2020 年底大幅提升，从上年末的 12070 亿元上升至 2021 年 6 月末的 19029 亿元，增长 58%。存续债券 2024 只，涉及主体 825 家，债券只数及主体数量分别增长 65% 和 42%。券种分布上，以公司债、中票和企业债为主。中诚信国际按照到期/行权年化收益不低于 6% 的原则统计显示，截至 2021 年 6 月 30 日，高收益债券市场存量规模为 4.09 万亿元，占狭义信用债的 17.19%。到期/行权年化收益不低于 8% 的高收益债，2021 年上半年总成交规模为 5129.88 亿元，同比增长 281.60%。每月的高收益债券成交数量保持在 700 只以上，成交规模保持在 700 亿元以上。到期/行权年化收益不低于 6% 的高收益债，2021 年上半年累计成交规模为 17966.13 亿元，同比增长 129.71%，占狭义信用债成交规模的 11.40%。目前境内高收益债市场已具有一定的规模和流动性。

截至 2020 年 12 月 21 日，信用债共 25660 只。高收益债是指在二级市场中经中债估值收益率大于 8%，同时隐含评级低于 AA- 的债券，包括企业债、公司债、短融、超短融和定向工具。按照这个标准，市场共有高收益债券 1668 只，其中公开发行债券 907 只，非公开债券 761 只。从规模上来讲，信用债总规模 25.01 万亿元，其中，城投债占一半左右，规模达 12.36 万亿元；高收益债规模 1.31 万亿元，占比约 5.2%。[①]

此外，信用债券中，原来评级相对较高的城投债券，由于风险显现，也会有一部分转化为高收益债。2020 年 11 月，"按城投债和产业债进行分类，2020 年 1~11 月，城投债和产业债发行规模分别为 44500.81 亿元和 66159.91 亿元，占比分别为 40.21% 和 59.79%。"[②] 投资者更加偏好高信用等级的中短期信用债。发行人仍

[①] 中央结算公司，2021-09-18.

[②] 张子彪，林文杰. 信用债市场回顾与展望 [J]. 债券，2020 (12)：31-34.

以国企为主，民企融资难问题没有实质性改善。由于疫情和经济下行，2020 年信用债违约共计 132 只，比 2019 年有所增加。

（三）中国的高收益债券市场的性质和特点

高收益债券市场在海外早期被称为"垃圾债"市场，这个名称也有道理，因为垃圾债中有具有投资价值甚至高收益的债券，就像垃圾中也有好东西一样。高收益债是带有股票性质的高风险债券，在条款设计上使这类债券在资产负债表右边排序更趋下移，收益顺序相对靠后。在并购方案中，夹层债券设计就需要用高收益债。高收益债券可以从动态的角度，从经济周期变化、企业 S 周期变化、利率和金融市场的变化、衍生产品的应用，以及资产组合安排等方面把握其真实价值和风险。金融市场越发达，金融工具越丰富，投资者的金融意识、投资意识和风险意识越高，中介机构的市场把握能力越强，高收益债券的价值挖掘就越有深度。因此，高收益债券市场的发达程度也是金融市场发达程度的指标。

1. 高收益债券是从投资人角度来看的

高收益债券价值取决于投资者的金融意识，也取决于投资人整体风险偏好。在欧美国家，养老和保险资金的资产管理总会配置一部分高收益工具。此外，也取决于并购等金融活动的安排。投资者在一级市场和二级市场上，有不同的考虑。在一级市场上，高收益债券具有高风险、高收益的特征，可能由于企业弱小、产业周期下行等多种因素，企业违约和不偿还债务的风险加大。根据评级和专业研究，可以对于其风险有一定判断，但是发行人的风险受多种因素影响，这类债券不确定性较大。投资人及其代理人根据这种风险相应要求必要的风险溢价，这是投资人的主观价值判断，最终通过市场决定其合理的价格。在二级市场上，随着企业风险的显性化和投资人主观判断的变化，以及利率变化等因素，高收益债券的价格会不断调整。债券的高收益通常不仅来自发行主体的低评级，更多的来自债项的低评级。高等级的发行人出于某种目的，也有可能发行债项评级低的高收益债，如杠杆收购（筹资主要用于增加杠杆的并购行为）。

2. 高收益债券符合债券的性质

从投资人角度，债券可以分利率债和信用债。利率债券中风险的低端就是安全性最高的国债，而信用债券中风险的高端就是高收益债券。高收益债券就是高风险高收益的债券，不应按照行业、信用去分。对于发行人来说，风险有主观和客观两个方面。客观上一是经济周期变化，二是经营情况，包括财务和管理等；主观上是偿还意愿的强弱。银行对借款人进行信用评级，也需要对行业前景和企业经营做出必要的研判，从而确定风险的性质和程度。

3. 高收益债券具有股权的性质

高收益债券市场在海外成熟市场上，通常作为一个专门类别市场，拥有独特的市场运行特征，需要专门的信用分析方法。高收益债具有更多股权的特性，投资人只有认识到高收益债券的某种股权性质，才具有专业投资的基本条件。

4. 风险和收益的不对称性

中国公司信用类债券市场中票面利率受到控制，最高约为 9.5%。票面在 9% 以上的只有不到 100 亿元，发行人基本都把票面控制在 9% 以内；票面大于 8% 的只有 2000 亿元。因此这 1.2 万亿元高收益债里面，有 1 万亿元是发行之后变成了高收益债。发行时票面利率和市场利率的差额通过结构化、综合收益等形式补足投资人。而美国高收益债的平均收益率就高达 9%。[①]

有些企业债券在二级市场上收益率已经达到 15%，但是它的一级市场可能还是 8%，这说明风险和回报具有明显的不对称性。有些机构通过结构化等方式发行，大部分的收益被中介机构赚取，真正的投资者在一级市场能拿到 10% 以上的很少。[②] 此外，高收益债的价格都是通过第三方中债、中证资信所做的中债估值和中证估值确定的，比较烦琐，也不够及时。

5. 投资人主要为私募基金

大概估算，目前高收益债超万亿元左右规模，主要投资人是私募基金。国外投资者都是专业的、期限比较长、能够承担风险，或者在风险管理能力和风险识别能力比较强的机构，比如养老金保险、公募基金等，国内高收益债投资者群体目前以私募基金为主，投资主体还需要培育和拓展。

6. 回收率偏低

截至 2020 年底，境内债券市场违约金额总计约为 3642.94 亿元，合计兑付本金为 316.57 亿元，本金整体回收率约为 8.69%，小于美国 40% 左右的回收率，主要原因是很多债券尚未进入处置流程，其中已处置债券的总体回收率为 51.08%，高于美国高收益债的回收率。[③]

7. 较高的波动性

不同于传统投资级别债券的价格稳定性，高收益债通常具有类似股票的、事件驱动性质的价格高波动性特征。对于投资级别的债券来说，持有到期正常兑付就能

---

①②③ 北京鼎诺投资管理有限公司，2021 – 10.

证明市场中介的分析正确；对于股票投资分析来说，分析者必须让更多人相信其判断正确才会让股价上涨。对于高收益债来说，信用分析是为了避免下行风险事件的发生。不同于一般债务融资工具的财务流动性分析，高收益债券特别注意资产价值保全分析。由于高收益债有较高的下行风险，资产保全分析是其信用分析的重点。

8. 高收益债通常流动性不好

2020年全年，信用债的换手率是39.7%，高收益债的换手率是35.47%，说明它们的流动性基本上差不多。但是市场发生一批违约事件以后，高收益债券的流动性就变得非常差，换手率相当于信用债的一半左右。这说明高收益债券在市场的配置不够多元化，如果市场上需求大，配置分散，换手率就会提高。

（四）中国的高收益债券市场的主要问题

国内高收益债券一级市场供应很少，主要是因为发行利率有监管限制。例如，我国银行间市场非公开定向债务融资工具（PPN）和交易所市场非公开发行的具有私募性质的公司债券，与国外私募高收益债券类似。但是合格投资者及交易配套制度不够完善，未与投资级债券形成明显分层。[①]

1. 缺少一级市场

私募募集过程中，发行人为了降低成本，常常会与投资人进行桌下单独融资安排，存在利益交换，这样会发生隐含成本。同时高收益债的二级市场不发达，一级市场无法完全依靠二级市场进行定价，因此高收益债市场基本是二级市场交易、估值调整形成的。相对而言，美国高收益债是高负债公司或者科技公司等，在一级市场直接发行就进入高收益债市场，我国的高收益债是根据二级市场收益率及对其风险的判断确定的。大多数高收益债是由于一级市场发行价格偏高、收益率偏低，导致二级市场价格下跌、收益率提高而最终形成的。在实践中，一级市场目前按照年化到期或行权收益不低于8%来定义高收益债。

2. 市场的深度和广度不够

高收益债券始于2017年，在2018年下半年市场达到高位后，随着信用事件的平息及部分主体债券难以在一级市场发行，规模有所回落。截至2021年6月，一年内有交易且年化或行权收益率不低于8%的高收益债券存量规模为19088.62亿元（未计入ABS），已经超过2018年的高点。在高收益债品种构成上，除企业债、公司债和中票外，短融、超短融也占有一定比例。由于估值收益率滞后效应、高收

---

① 林俊山，王紫涵. 发展我国高收益债券市场的四点制约和三点建议［J］. 债券，2021.

益债的动态特性、估值折扣和部分债券成交不活跃等因素，实际的高收益债市场规模更大。即使在海外成熟市场，高收益债券市场也是高度专业化的一个小众市场，普通投资人一般通过投资高收益债 ETF 基金的方式参与投资。境内高收益债市场虽然已有初步发展，但仍然是小众市场，广度和深度仍然不够，相关的配套机制也不健全。但是高收益债市场和债券市场的其他部分联系紧密，融通性强。发行人在融资安排实践中，通常将高收益债券和其他投资级别的债务工具混合发行。

3. 与评级相关性不高

目前，高收益债券与信用级别相关性不高，AAA 级债券占比最高，且按 AAA、AA + 和 AA 的顺序逆序排列。无等级债券也占有相当的比例，评级在 AAA、AA + 和 AA 的占比超过 70%。事实上境内评级机构的评级不能反映市场对于收益率高低的判断，评级的信用定价功能缺失。2020 年豫能化、华晨违约事件，表明很多 AAA 评级债券转化为风险较大的高收益债券。我国评级机构专业水平和公信力不高，债项评级整体偏高，对于发行和交易定价参考作用有限。

4. 平均违约回收率较低

除了评级以外，另一个指标就是看违约率和违约回收。据统计，每年新增整体违约率从 2014 年的 0.21% 增加到了 2019 年的 1.03%，接近美国高收益债违约率。2000 ~ 2017 年，美国债券市场高收益债券平均违约率为 4.82%，平均回收率为 50.14%，其表现与宏观经济周期密切相关。鼎诺投资统计的 2021 年高收益债券一年内的违约率为 2.3%，还处于较低的水平。但国内违约率变化是呈阶段性的，随着经济周期恢复、监管阶段性指导等，违约率会发生变化。国内违约债的平均回收率只有 20% ~ 30%，而美国回收率达到 46%（有担保、无担保优先债、次级债有不同的回收率）。[①] 为迎接未来高收益债券市场的发展，有潜力的投资机构应该加快建立内部信评体系。

5. 缺少做市商功能

对于高收益债券市场来说，做市商具有重要作用。随着做市商牌照的放开，未来高收益债市场的流动性会变得更好。做市商也是通向合格投资者的中介。美国做市商是多层次的，可以与合格投资者进行交易，我们现在的做市商的交易对手还比较单一，只与风险低和信用等级高的机构交易。

6. 高收益债集中在落后产能领域

发展高收益债券市场，主要还是要建立合适的信用环境。我们对高收益债违约

---

① 北京鼎诺投资管理有限公司，2021 – 10.

的监管处罚力度和对投资者利益的保护程度相对不够。我国整体违约成本低、发行人对违约后果意识薄弱。相比国内的高收益债主体（城投、地产、过剩产业等），美国高收益债集中于三类公司，第一类是明日之星，这类中小企业有可能由于后续盈利改善带来资质好转，成为真正的"明日之星"；第二类是指数基金，包括各种高收益债指数基金；第三类是杠杆收购，以低成本资金购买垃圾债，买入后通过增资入股、重组、改造管理层架构制度等方式，使得企业重生，周期为 14 个月左右。

7. 缺少长期投资者介入

另外，从投资人结构来看，我们现在的高收益债投资机构以私募机构为主，它们的背后是合格投资者。美国高收益债投资机构以寿险、养老金等大型机构为主，它们主要从资产配置角度购买高收益债。衍生工具方面，我国信用衍生品工具比较少，投资人缺乏有效的风险对冲手段。

我国高收益债券市场刚刚起步，市场缺少合格投资者，缺少能够组织这些合格投资者的市场中介机构，也缺少做市商和创新者。当前所谓的高收益债投资人大部分还是市场的套利者。他们的策略主要是信用套利和制度套利。企业出现信用风险后，二级市场债券价格下跌，收益率上行，投资者通过判断其违约可能性进行信用套利，也有部分采用骑乘策略，专做低价买入和高价卖出的交易。企业出现信用风险或评级下调时，鉴于监管对大型机构投资者（公募基金、银行理财和保险资管等）投资限制要求和这些机构内部的风控要求，这些机构不得不抛售这些主体发行的债券，而目前高收益债市场投资者群体实力偏弱，卖的多买的少，价格自然下跌，收益率上行，带来一定的投资机会。高收益债发行人在美国一般都是在能源、非必需消费品、通信、材料等行业，投资人主要集中在养老金和保险公司，还有一些主要是私募基金，它们专业投资能力较强，能够识别和承担风险。

8. 高收益债没有形成产品系列

从大趋势上来看，在流动性紧张的时期，高收益债投资总体上是用时间换空间，符合套利者的策略逻辑。成功投资高收益债归根结底要看企业的经营和企业所在的产业的前景，如果投向日薄西山的高收益债发行主体，即便在个别案例上有所成功，投资在总体上也是失败的。成熟市场高收益债投资通常采用风险分散的方式。由于中国高收益债市场还不够发达，品种不多，通过分散风险的管理策略难以实现。

同时，市场上能够提供的高收益金融产品有限。"国内金融市场尚未形成长期限机构投资者与高收益金融产品之间互促共生的良性循环。"[①] 在中国经济转型时

[①]　林俊山，王紫涵. 发展我国高收益债券市场的四点制约和三点建议［J］. 债券，2021.

期，资源重新配置是经济发展提质增效必然要采取的行动。在这个过程中，融资安排的复杂性和融资工具的多样化将会提高，高收益债券等融资工具一定会发挥重要作用。

总之，由于认知和金融理念相对落后，市场的深度和广度不够，以及对高收益品种认识的偏差，中国高收益债券的一级市场基本上属于私募，二级市场不活跃。而当二级市场上出现处于技术违约阶段的债券，即使出现大幅度折价，也常常很难找到买家。中国当前持有低评级高收益债券都是在一级市场私募时被动持有的。高收益债券的概念来自二级市场，因为市场已经重新评估其价格和收益率。这些债券通常只是在评级动态变化后，由原先高评级被下调而导致库存券成为高收益债。出于合规、监管方面的要求，风险事件发生后投资人常常不计成本的抛售，重新调整后的价格才使其产生了投资价值。由于市场机构投资配置偏好高度趋同，因而投资交易行为也有高度的一致性，从而导致高收益品种在风险变化后，流动性大幅度降低。这种流动性的变化，要远大于市场价格的合理反应。这是因为，如果一个市场中，参与人的判断一致，就不容易产生交易。

三、努力发展中国的高收益市场

（一）发展高收益债券市场存在的认识问题

我国高收益债券市场处于初期阶段，但是未来发展空间很大。目前高收益债券市场存在很多问题，成为我国债券资本市场进一步发展的瓶颈。我国高收益市场的运行和发展存在以下三大问题：

1. 市场认识和高收益工具真实属性间存在偏差

由于固定收益市场的专业性和债券等固收品种交易手段的复杂性，债券市场在中国金融市场中的关注度和信息普及度一直大大落后于股票。类似于欧美起步阶段，我国市场上不少投资者还将高收益债券叫作"垃圾债券"，不把它作为一种有用的产品和投资工具。受到金融生态、监管要求、市场工具等多种因素的影响，专业的机构投资者不敢轻易涉足高收益债券市场。金融生态要求对于投资人打破刚兑文化，而对于发行人限制恶意违约的道德风险。现在市场中很多从事固收产品业务，包括发行承销、交易、投资、评级、咨询等的从业者，还直接将"打破刚兑"和"违约"混为一谈，导致认识上的混乱。前者是对投资人说的，后者是对发行人说的。因此，监管要解决两个问题：一方面，为了打破刚兑，要向投资人说明，投资债券有信用风险；另一方面要明确，加强监管和信息披露是要解决发行人以打破刚兑为理由，进行恶意违约的行为。

2. 缺少通过市场解决问题的思想

中国是一个国有信用为主的社会，信用都依托在中央政府和地方政府的身上。监管部门担心风险，以致有风险的就不让做了，缺少的是通过市场解决风险问题的基本指导思想。中国高收益债券价格灵敏度不够，国内违约债的回收率低，更重要的是处置周期长，进度不明确，很大程度上限制了投资机构参与投资高收益债券的兴趣。

欧美高收益债逐渐成为重要的债券品种，反映了债券市场的发展趋势。最早债券市场以政府债、政府机构债和大公司债为主，像航运、铁路等重资产和现金流稳定的基础设施公司债，以及产业大公司债，如美国通用公司发行的债券。随着市场不断扩大，风险较高的公司和中小企业也进入市场，这样就出现了高收益债、垃圾债。现在欧美高收益债已经变成一个非常稳定和成熟的品种。以后金融市场发展出消费信贷和资产证券化等新产品，风险增加，投资人的风险偏好也在变化。适应这一发展，金融理论，特别是资产组合理论，为投资包括高收益债在内的证券组合提供了分析工具。未来发展方向是发挥机构信用研究的深度，为大幅度分层之后的信用债市场锚定真实的价值。

（二）解决高收益债券市场问题的对策

解决发展高收益债券市场的问题，要从整个债券资本市场发展的全局出发，需要市场参与者，包括投资人、发行人和中介人，以及监管部门共同努力。金融市场制度是"激励与约束"的统一，必须提高投资人和中介机构参与市场和做市的积极性，为他们提供必需的条件和基础设施。监管更多的是提供服务，应该发挥金融市场分散风险、对冲风险、化解风险的功能，而不是为躲避风险，限制市场发展的积极性。2021 年 8 月 18 日，中国人民银行、发展改革委、财政部、银保监会、证监会和外汇局联合发布《关于推动公司信用类债券市场改革开放高质量发展的指导意见》，明确指出要探索规范发展高收益债券产品，稳步培育和拓展高收益债券投资者群体，研究探索符合条件的金融机构开展高收益债券柜台业务试点。这些说明，高收益债券市场将迎来发展的春天。

1. 建立良好的金融生态和加强债券市场制度建设

（1）金融生态的建设

金融生态的建设其实是金融文化的建设。最近国企违约暴露的是道德风险，甚至是恶意逃废债务。在这种情况下，债券市场的信用问题就超出了高收益债本身的范围。经营风险和道德风险是两类风险，在金融生态不好的时候，两者会同时发生，互相影响。传统高收益债的风险主要是中小企业经营和市场的因素导致的违约风险，这些风险原来并不发生在已经确立了市场地位的国企身上。但是这几年国企和中小企业都存在逃废债务的道德风险。中国高评级信用债券违约的情况也很多，2020 年以来的国企违约事件对于高收益债券市场有负面的溢出效应。

（2）信用资源分配应有市场决定

发展信用债市场，信用体系的建设、法制环境的完善都很重要。目前，信用体系没有完成市场化定位，信用资源是计划的或垄断的。因此有人说，目前我们的信用是特许信用，并不是市场决定的信用。这就提出一个问题，信用资源如何通过市场进行再分配。

（3）加强高收益债市场的建设

高收益债券需要专门的市场交易机制，以满足低评级债券、违约债券、结构化融资和杠杆融资中的劣后级等的交易需求。在市场缺乏高收益品种的环境下，违约、"爆雷"债券会迅速陷入流动性危机，即使大幅折价，也经常"有价无市"。因此，必须培育市场，在政策上和税收上允许更多的投资人参与这个市场。

2. 加快相关市场基础设施和管理制度的建设

（1）打开票面利率的上限

解决高收益债券的问题，不是解决风险的问题，更不是保证刚性兑付，而是解决风险判断和交易价格之间的合理匹配，所谓"合理"，就是要符合金融学和资产定价的原理。因此，不能确定利率的上限，收益率水平决定的价格要由市场确定。而监管部门要承担保证信息披露、培养合格投资者等工作。应该鼓励发行人打破票面利率的上限，改变定价扭曲的状况。现在有个潜规则是 7.5% 或者 8.0%，二级市场的收益率表现证明，这远远不是信用债定价的顶部。市场逐渐认识到，通过打开票面利率的天花板，能将发行人的融资成本阳光化，而不是用其他的桌下交易方式取得发行成功，这对于投资人、发行人、监管机构来说都是积极的。

（2）降低中小企业进入债券市场门槛

目前，中小企业融资难是制约经济发展的瓶颈之一。监管部门应该简化发行程序，强化合格投资者管理，"降低公开信息披露成本，推广定向信息披露并强化信息披露监管处罚，推广协商定价等市场化定价体系[1]。"中小企业和创新企业进入高收益债券市场需要合格投资者制度，要求市场提供评级质量、流动性好的高收益

---

[1] 林俊山，王紫涵. 发展我国高收益债券市场的四点制约和三点建议 [J]. 债券，2021.

投资产品，同时也需要监管制度等各个领域不断改善和市场参与人及监管部门的共同努力。深圳市与中央结算公司正在合作探索科创公司信用类债券融资试点项目，助力中小科创企业打开新的融资渠道。①

（三）提高对市场参与人的激励

1. 做市商制度

高收益债券市场需要引进做市商制度，做市商应该是具有资金实力的较大的金融机构。做市商必须对市场有深入研究，对于估值和市场走势有一定把握的机构。高收益债市场大幅涨跌，无常变化的现象比较多，主要源自市场缺乏深度，缺乏活跃度。所以鼓励高收益债做市商参与高收益债券市场，是解决这个问题的第一步。

我国高收益债券市场需要解决流动性问题，以便及时反映市场的真实价值。解决流动性问题需要做市机构，但做市风险比较大，真正做市的机构很少。作为证券公司和资产管理公司，相比于银行、保险等，主要优势还是资产管理，这些机构也会积极参与高收益债的交易、做市、包括资产处置拍卖等环节。一些公募基金不方便对违约债进行交易处置，但资产管理公司和不良资产管理公司以及证券公司可能会有做市的动机。

2. 融资融券解决风险补偿

相对于风险和收益都较为对称的信用回购而言，以高收益债作为融资工具，风险和收益二者并不对称。所以在高收益债的融资问题上，要有新的思路。一方面要降低融资成本，另一方面又要考虑给予风险补偿。解决问题的出路，在于融资和融券。

高收益债券的投资人通过高收益债券融资融券基金融资，应该通过两个独立的买卖合同来进行。但是这种买卖绝对不是让与担保，因此投资人身份不是出质人，基金也不是质权人。出现违约的时候，基金无须按担保法规定的流程处理，这样会大大提高效率。不按照担保来处理，而是当作"买卖"来处理。融资融券基金参与高收益债券投资，需要风险补偿机制，这就要求允许对高收益债券多打一些折扣。

按照《最高人民法院关于适用〈中华人民共和国合同法〉若干问题的解释（二）》中第十九条的规定，成交价格偏离当时的市场供应价格，在30%以内的仍然属于合理价格。有了快速处置机制和风险补偿机制，虽然基金以外的投资人融资的时候仍然处于弱势，但是这种机制解决了融资人流动性匮乏的问题，最终能够让依赖发行高收益债的中小企业存续下去，这实际上体现了发展高收益债券

---

① 中央结算公司，2021 - 09 - 18.

市场的初心。

（四）培养专业投资机构

1. 培育专业投资者

对于高收益债券等融资品种的投资，需要使用不同的专门化的信用分析方法，这是因为高收益债的"风险—收益"组合与其他债券等投资品种存在一定差异，相应适合的投资者风险偏好也不一致。一般来说，高收益债市场的投资者都有较高的风险偏好和较高的专业分析能力（对经济形势、行业发展、公司财务、企业经营、法律法规、财务重组、资产处置等都有了解），还要有市场的敏感性和良好的金融投融资能力。具备这些条件，实际上已超出了一般公众投资者的专业水平，甚至也超出了合格投资者的范畴，成为专业投资者和风险投资者。合格投资者是指有较高实力，具有承担风险能力的投资者，他们需要依托基金进行投资，不一定是专业投资者和风险投资者。

2. 鼓励保险公司养老基金、债券基金购买高收益债券

我国对养老保险基金投资的限制比较大。与美国不同，目前我国养老基金是一个资金市场投资主体，在资本市场中只投资风险低的债券品种，希望能够在政策上鼓励保险公司、养老基金、债券基金能够参加投资高科技企业的 VC/PE 市场和高收益债券市场。

尽管银行间市场投资者基础雄厚，但是大都是风险偏好较低的机构投资者，并不适应高收益债市场。但是保险公司事实上有高收益债券配置的需要。私募机构是高收益债券市场的主要参与机构，但私募机构在交易所开户相对方便，银行间市场在开户方面还存在一些隐性障碍。未来交易所市场和银行间市场都要减少准入障碍，提高效率，支持构建多层次、多元化的机构投资者体系。

（五）发展衍生产品市场

1. 发行以高收益债为基础资产的资产支持证券

从长远来看，有必要开发以高收益债为基础资产的资产支持证券。这需要进一步完善相关制度，如资产池债券的数量、质量、交易结构、信息披露等需要有一套专门的标准。被纳入资产池的那部分债券，就应该退出二级市场。对于投资人来说就是从标准化的债权变成了非标转化债权。对于资产池的债券进行证券化时，就已经对基础资产重新定价。由于基础债券可以提供现金流，可以以现金流为基础实现证券化。韩国发行过以高收益债券为基础资产的资产支持证券，证明这对于中小企

业高收益债券的发行，以及促进高收益债市场发展具有积极意义。

2. 关于融资融券

高收益债券融资融券基金在常态下也会持有大量的利率债作为底仓，高收益债券投资人为了能参与银行间市场交易，有时候也会把自己持有的但是银行不愿意持有的高收益债去换成利率债。但是目前还没有这种债券互换业务，现有的融资业务首先要对融券方进行质押券的冻结，以便双方的债券都能够过户。这样投资人需要和基金达成 4 笔非交易过户协议。一共有两个债，每个债都过户 2 次，总共是 4 次。投资人将自己的高收益债通过非交易过户给基金，基金也通过非交易过户将利率债再过户给投资人。按照 2020 年的市场情况，基金要求利率债的价值偏离不超过 30％ 就可以，保证基金有一定收益。

当投资到期时，不必将所借的利率债进行反向交易，基金可以自行处理手中的利率债。这样，就可以解决基金的融资融券业务当中流动性分层的问题。如果收到的个别券种发生违约，基金的净值就会受到比较大的影响。所以为保证净值的稳定，基金的盘子和分散度需要足够高，需要有政策的支持和引导。

以上探讨的各种方法，都在法律的界限之内，但是可能还需要一些政策的推动和支持。依托优秀的基金管理公司，设立专做高收益债券融资融券业务的、带有一定政策支持的基金，可以放大和活跃高收益债券市场。但这种基金运作不能依托现有的担保法，只能依托合同法及其司法解释。在现行的担保法律体系中，为了兼顾出质人和质权人的利益，规定在出质人违约的情形下，质权人不得自行处理债务，必须是依法拍卖变卖。这里所谓的"依法"指的是必须经由法院直接处理，或者是授权的办法处置。这样市场的效率会受到影响，尤其是对流动性匮乏的高收益债券来说，一旦出了风险，质权人会感觉得不偿失，还要到法院打官司。①

3. CDS 等产品

目前的债券市场已经聚集了一些高风险偏好的投资者，可放开高收益债券相关的衍生品的创设和投资资格的限制，丰富投资方式和管理方式。CDS 产品是为了和保险市场对接。我国的 CDS 产品市场不够发达，虽然有信用缓释工具，但不够活跃。

（六）建立违约债券的处置机制

1. 违约债券的处置机制

高收益债券市场更多地体现在二级市场上。由于近几年来违约债券增长迅速，

---

① 北京鼎诺投资管理有限公司，2021 – 10.

监管部门提出要加快完善债券违约处置机制。对于专业市场投资者来说，违约债券交易机制是高收益债券市场的重要组成部分，也是中国资本市场发展完善和深化的标志。违约债券处置的实质是通过市场让风险和收益实现匹配。这说明，高收益债券市场和债券市场其他部分一样，投资者面对的是一个市场过程，完善这个市场过程是高收益债券市场发展的关键。

健全债券违约的处置机制，提升高收益债券市场投资者的权益，需要提高违约债券司法审判的效率。应该建立市场化违约风险的化解机制，目前在高收益债违约后，债权人与债务人双方沟通成本高，互相不信任。解决这个问题，可以由主管部门成立专门的债务调解服务小组，提供债券违约的调解、债务重整的意见等。可借鉴美国的经验发展各类投资基金，以入股的方式进入面临困境但主管业务仍有前景的一些企业，包括通过资产证券化、重组来帮助企业脱困。

2019 年中国在违约债券的市场化交易方面取得进展，北京金融交易所和中国外汇交易中心暨全国银行间同业拆借中心（CFETS）先后成功进行了违约债券的公开和匿名拍卖，并成功达成交易。市场交易制度方面的拍卖实践，提供了违约债券不同于以往的处置机制和交易模式，也推动了高收益债券市场的完善。

业内认为，随着违约交易机制的完善，中国高收益市场必将迎来大发展。实践中，很多先行者已取得了较好的业绩和实践经验。这个市场还是一个"蓝海"，未来会有更多的专业投资者投身于该市场。

2. 加快违约债券交易机制建设

上交所、深交所、北京金交所已经开始为发生违约的债券提供交易转让服务，允许违约债权在一定条件下转让。应该根据投资的适当性原则，合理设置违约债券交易市场的规则，加强对违约交易结算的监测和监管，完善市场化的债券定价机制，防范利益输送、内幕交易等违法行为发生。

相对于海外成熟的高收益债券专门市场，我国高收益债市场还处于起步阶段。违约债券交易机制是高收益市场的重要组成部分，也是中国资本市场发展完善和深化的标志。

（七）优化增信担保服务

为了增强投资人对高收益债券市场的信心，需要建立担保机制和担保机构。这些担保安排可以增强高收益债券的吸引力。国家主管和监管部门必要时可以成立一些政府的担保和引导基金，在抵押品、质押品上给予政策性支持。对于有发展潜力的企业，特别是各种科创企业，应该提高其高收益债的发行成功率。2015 年人民银行建立了合作担保品框架制度，实际上有一部分高收益债可以纳入这个框架里面。建立高收益债专门的融资担保公司，担保费可以略高一点。高收益债券的投资人不会特别在乎担保成本，他们最害怕的是流动性枯竭。CDS 是可以交易的标准化的担保品，投资人购买 CDS 产品也是一种担保安排。

四、高收益债券的监管

（一）建立相应的监管标准

我国实践中还没有专门针对高收益投资机构的专门监管法规，现有的投资规范和监管标准，实际上都是针对不同投资级别的债券设立的。对高收益债券等融资工具，监管部门通常作为风险品种来看待。实践中对高收益债券监管方面的法规虽然已经存在，但较为凌乱，也不成系统，更缺乏对高收益品种的明确界定。建立符合中国市场发展实际的高收益债券市场法律、法规等监管条例，对于规范、界定、引导我国高收益市场发展具有重要作用。监管在对高收益市场发展方面，对相关规范和标准的先行先定，对市场无疑起着引领作用。

（二）严格信息披露要求

为了推动高收益债市场的发展，监管部门要增强信用评级制度建设，强化市场约束力。企业发债融资前信息披露需符合监管要求，有些企业通过财务报表造假欺骗投资人，使投资人承受巨大的道德风险，因此信息披露成为目前的当务之急。有鉴于此，2021 年《证监会上市公司信息披露管理办法》重申，信息披露义务人披露的信息，应当真实、准确、完整，简明清晰，通俗易懂，不得有虚假记载、误导性陈述或者重大遗漏。

（三）设立投资者保护条款

2008 年金融危机以后，美国出台的三个方案，其中最主要的就是保护投资者的权益，防止道德风险。对发行人的杠杆率要进行限制，当发现负债率超过一定比例时，不能再提出发债申请。根据我国的具体情况，投资者保护条款应该针对目前存在的道德风险问题，特别是逃废债务问题。对投资者的保护不是实行刚兑，而是防止恶意违约。为了保护投资者权益，需要尽快出台破产法，保障债权人的合法权益。破产法出台以后，可以切实加大对违法违纪行为的处罚力度。

（四）加强制度建设，为高收益债市场保驾护航

制度建设要从以下几个方面入手：第一是提高债券违约的成本，如果发债企业违约，就要在一定时间内限制它们进入市场通过发债融资。对于发债企业恶意逃废债，应该限制实际控制人的个人信用，明确承担法律责任。第二是明晰发债各方的责任，加大对违法中介机构的处置力度，建立资产管理机构，承销机构、会计审计机构各方面的责任承担机制，做到权责相匹配，并且切实加大处罚力度。第三是对会计审计机构等中介机构违法违规的处罚，要触及从业者个人，并且要执行到位，促进整个市场的规范化。当然有关制度并不要求一次到位，只能根据市场的发展，一步一步地解决。在这方面应该研究各国立法中的一些成功的经验，结合中国的情况，逐步完善。

小　结

与政府债券不同，公司信用类债券的价值体现在多个方面，如宏观经济，包括宏观经济增长、产业政策、行业周期；金融市场，包括外汇市场、资本市场、债券市场；以及与公司经营有关的情况，包括公司金融、公司组织、公司治理、财务管理、风险管理等多个方面。这说明，投资公司信用类债券所需要的知识和信息，比投资政府债券更为复杂。这一区别在我国主要体现了利率债和信用债的区别。因为利率债属于无信用风险债券（但是有利率风险和流动性风险），对于利率债投资价值的判断，主要取决于利率因素。利率的变化涉及对于经济增长、经济周期以及宏观经济政策的判断，相对比较简单。而对于信用债，除了上素因素外，还关系到信用风险，而信用风险又涉及经济周期、产业和行业发展、企业经济管理等。

公司信用类债券可以从企业财务管理和资本市场两个角度来观察，分别代表企业财务总管和投资者的视角。公司金融中的财务管理包括投资决策、融资决策和资产管理决策，公司信用类债券的投资体现了风险和收益的综合考虑，实现这一管理目标，必须实现和公司金融中一系列有关产品的组合和运用。作为派生的公司信用类债券市场，本章包括可转换债券市场、永续债市场、高收益债券市场等，从表面上看，其基础是一般公司债券市场，实际上深层次是公司治理的问题，这涉及股东与股东之间、股东与职业经理人之间的交换和博弈。公司财务的代理契约理论重视公司治理带来的激励机制对于公司绩效产生的积极影响。

对于公司信用类债券的投资，目前分析方法适用于传统经济和套利模式，传统

方法将宏观经济归结为中央银行的政策变化，对于经济增长的判断基于"三驾马车"，对于企业估值采取行业分析和相对估值法。各种第三方研究报告主要预测央行的政策变化，预测宏观经济政策和产业政策变化，不适用于创新经济时期的经济分析。与传统分析方法不同，本书将外生分析转向内生分析；将原来从债券到债券，或从股票到债券的"物化"的比较分析方法，转向人格化的分析方法，更加注重知识和具有知识的人力资本，注重公司治理映射出来的人和人之间的"交换和博弈"，注重企业内部的社会市场。经济分析要从外生分析转化为内生分析，这就要看经济的内生发展逻辑和公司治理与公司金融的内生决定逻辑（见第十五章第一节第一、二、三部分）。信用债不仅需要与利率债券同样的宏观经济逻辑，也需要微观经济逻辑。从公司金融的逻辑来看，就要看企业家和金融家结合的逻辑（见第十五章第一节第三部分），也要看企业的财务管理逻辑，即企业如何进行投资决策、融资决策和资产管理决策；而从投资人的角度，最重要的是如何用内生的方法进行创新企业估值（见第十五章第一节第四部分）的分析。

第五编 债券交易、市场服务和基础设施

第十四章 债券二级市场的发展

第一节 中国债券二级市场发展的历程

一、国债市场化以前的债券二级市场历史

（一）企业债券二级市场

早在 20 世纪 80 年代就有不上市的企业债券的发行，后来出现了很多债券违约的问题。90 年代国债市场化改革期间，企业债券的数量是微不足道的，国家控制企业债券的总规模为 40 亿元，由于没有投资人基础，企业债券的发行数额非常有限，基本上没有二级市场的交易。

1992 年，财政部推动国债二级市场的建立，在上海证券交易所开始推行实物国库券托管和无纸化交易。这时券商之间的国库券交易，以实物券运输的方式进行交割。1996 年，国债市场化发行的成功，为企业债券的发展提供了机会。但是由于企业债券市场混乱，当时由国家发展计划委批准的债券非常有限。1999 年，国家发展计划委员会批准的债券发行体是三峡、广核和铁道部。由于企业债规模有限，基本不存在企业债券的二级市场。虽然银行的拆借市场和票据市场早在 20 世纪 80 年代就有了，但是这些属于货币市场，不属于资本市场。

　　1991 年，国债市场化改革开始时，以项目主导的债券成为国家拉动基础设施投资的手段。1991 年国家计委将债券分为以下几类（见表 14 - 1）。

表 14 - 1　　　　　　　　　　　　　1991 年的债券分类

分类（按发行主体）	品种	内容
国家财政债券	国库券	对个人和机关等事业单位发行
	重点建设债券	对个人和国有企业发行
	财政债券	对金融机构发行
	国家建设债券	对个人和国有企业发行
	保值公债	对个人发行
	转换债	对地方机构和个人发行
国家公司债券	基本建设债券	对个人和国有企业发行
	国家投资债券	对特定投资者发行
	重点企业债券	对特定投资者发行
	金融债券	对商业银行发行
地方企业债券	省级政府直属企业债券	对省内各类投资者发行
	市属企业债券	对地方各类投资者发行

　　资料来源：根据笔者 1991 年笔记整理。

　　可以看出，当时国家市计委批准的债券发行，全部是为国家重点项目筹资，还没有发展债券市场的动力。[①] 当时发行的债券交易并不活跃。在国债市场化以前，企业债券的发行数量十分有限，并不存在一个活跃的企业债市场。

（二）1988 ~ 1990 年的国债二级市场

　　1981 年中国恢复了国债的发行，此后国债发行就从未中断过。随着发行国债数额的增多，国债流通市场的缺失导致国债无法变现，使持券人感到很不方便，这极大地损害了投资者认购国债的积极性，致使国债发行任务越来越难以完成。为解决国债变现的问题，1985 年，中国人民银行曾出台过一个国债贴现办法，但这并

---

　　① 笔者最近在 1991 年的笔记上找到了这样一段话："国家计委的债券管理中的分类方法基本上是不科学的。第一，把国家公司债券和其他企业债券割裂开来。破坏了债券市场的统一性。第二，根据项目批准企业债券规模，容易使基本建设规模扩大。第三，（当时）金融债多数是短期的，用途也不一样，放入公司债券的范畴，也是不合适的。"当时的看法，国家计委管理企业债是从解决国家重点项目投资的资金来源出发，不是从市场发展的角度出发。当时债券市场没有统一主管部门推动市场的发展，中国人民银行还不能统一管理债券市场；财政部则从国债发行的角度，推动国债市场的发展。

没有从根本上解决问题，除了贴现率定得不合理之外（贴现率脱离市场实际利率水平），贴现率在一定时期内保持固定也是一个重要的原因。

从那时起，建立国债流通市场，满足个人投资者对于持有国债的变现需要成为主管部门的一项重要任务。1988年，国家放开了国债转让市场，这不是真正意义上的国债二级市场，但是具有二级市场的雏形。国债转让市场的放开使得国债流通成为可能，有助于缓解国债的变现困难，方便了个人投资者，也有助于逐步改善国债的信誉。这里的"流通"意味着国债可以在投资者之间转手，即可以进行面对面的国债交易（不经过中介的直接交易），而"转让"意味着国债可以进行柜台交易。

在这一背景下，1988年初，国家首先在7个城市进行国债流通转让的试点，允许1985年和1986年发行的国债流通转让。试点地区的财政部门和银行部门成立了证券公司或国债服务部，办理持券人流通转让国债的业务。1988年6月，国家又批准了54个大中城市进行国债流通转让的试点工作。

国债流通市场初步形成后，市场中出现了很多新的问题。个人投资者只能到银行柜台办理国债转让业务，银行柜台负责收回纸质债券，同时将债券本金面值返还给个人投资者，这样个人投资者并没有得到利息收入。在市场刚刚放开之初，个人投资者急切地想收回他们投资在国债上的资金，放弃了国债投资本应获得的合法回报。在流通市场放开后的前两个月的时间内，中介机构办理的柜台交易额中有70%~80%属于国债折价转让。特别是在1988年，我国经济出现过热，发生了较为严重的通货膨胀，更加剧了持券人竞相抛售国债的局面，致使国债二级市场的价格急剧下跌，收益率飞涨，二手国债的收益率一般都在20%以上。

为保护持券人的利益，财政部规定中介机构的收券价格不得低于国债面值（保本转让），同时规定国债转让交易中的买卖价差不得高于国债面值的2%，这些措施有助于阻止二级市场的国债价格进一步下滑和国债中介机构的投机行为。与此同时，二级市场上的可交易国债品种也从原来的两种扩大到10种以上，可交易国债的到期期限普遍缩短。同时财政部加快了新发行国债的上市速度，减少了对可流通转让券种和流通转让时间的限制。

但是，大部分新成立的证券中介机构没有足够的资本金收购国债，因此常常拒绝收购或有意降低收购价格。如果没有稳定的佣金收入，这些中介机构的业务运营将难以为继。由于流通转让试点只在一定范围内实行，试点地区以外的地方黑市流行，一些非法商贩利用地区价差倒卖国债现象非常严重。

1990年，经济过热的现象得到了控制，通货膨胀率由1988年的18.5%和1989年的17.8%下降到1990年的2.1%。同时，人民银行在这一年两次调整银行存款利率，宽松的货币政策给二级国债市场的发展带来了新的转机。国债收购价格从低于面值变为高于面值，二级市场的国债收益率下降到 20% 以下，国债的地区差价从 3 ~ 6 元降到 1 ~ 2 元。[①]

1990 年 12 月，上海证券交易所开业，这进一步推动了国债地区交易的发展。同年，全国证券交易自动报价系统（STAQ）开通，使国债二级市场的发展达到一个新的高度。为适应国债交易的需要，证券中介机构像雨后春笋一样发展起来。随着市场的不断拓展，国债交易量也持续增长。到 1990 年底，我国证券市场买卖交易额达到 120 亿元，其中国债交易额约 100 亿元，占整个市场交易额的 83%。[②]

二、国债市场化改革以后（1990 ~ 1998 年）的国债二级市场

国债二级市场的建立和发展不能脱离国债一级市场，两者是相辅相成的。1991 年国债市场化改革时，遇到的主要问题是改革应该从二级市场开始，还是从一级市场开始。国债改革的动力来自一级市场，一级市场可以解决发行国债难的问题。但是没有二级市场，一级市场的发行价格缺少基准，发行价格也会由于没有流动性而降低。因此，当时的思路是从一级市场开始，即使发行成本高些，也要建立新的机制。有了一级市场，二级市场的改革就顺利一些。当时国债二级市场的开放主要在上海、深圳两个交易所得以实现。

（一）1990 ~ 1992 年的国债二级市场

由于上述问题的存在，从某种程度上讲，国债一级和二级市场可以直接打通，中国可以不必建立真正意义上的柜台市场，因为国债一级市场和二级市场间存在积极的互动关系。与此同时，市场导向的承购包销发行方式的出现又进一步推动了国债二级市场的发展，到 1991 年，国债交易量达到 370 亿元。[③]

随着承购包销发行方式逐渐取代行政摊派发行方式，证券中介机构迅速发展起来。国债二级市场的发展和国债中介机构的增加，为国债一级市场的进一步发展奠定了基础。1991 年，全国各种证券中介机构有 2000 多家。为了加强对证券行业和国债行业的规范管理，作为行业自律组织的中国国债协会和中国证券业协会相继成立，标志着行业自律管理的开始。但是 1988 ~ 1990 年期间，国债二级市场在获得长足发展的同时，也日益暴露出四个方面的问题：

---

① 高坚. 中国债券 ［M］. 北京：经济科学出版社，1999：185.
②③ 高坚. 中国债券 ［M］. 北京：经济科学出版社，1999：185 – 186.

第一，国债二级市场只在部分地区开放，以赚取地区差价为目的的商贩由此产生。在二级市场开放初期，国债价格受到控制，这使非法商贩有了可乘之机，导致国债黑市十分猖獗。在这种情况下，1991年初，财政部决定扩大国债二级市场的开放范围，允许国债在全国400个地、市级以上的城市进行流通转让，国债二级市场由此初步形成。

第二，地方分割市场破坏了国债市场的统一性。地方为了发展本地区的经济，大多数都发行了具有地方政府债性质的地方企业债，筹集的资金主要用于解决地方的基础设施和重点建设项目的融资需要。为了保证地方企业债的成功发行，一些地方政府设法阻止国债进入本地市场。特别是在实行承购包销发行机制以后，通过经济手段发行国债在很大程度上与地方局部利益发生冲突，由此带来的市场分割状态不利于全国统一的国债市场的形成和发展。

第三，国债柜台市场买卖价差太大，助长了中介机构专门赚取价差收益的投机行为。例如，一些证券公司柜台销售国债的买卖价差竟高达8元。这样在国债流通转让市场中，大量潜在的个人投资者逐渐失去了参与国债投资的积极性。当时缺少机构投资者的参与，如果没有个人投资者的积极参与，证券公司也无法通过开展中介业务来赚取佣金收入。此外，柜台市场和交易所市场间的价差还导致一部分人专门做这种差价买卖，以赚取套利收益。在这种状况下，国债市场无法给广大利用柜台市场变现国债和投资国债的潜在个人投资者提供激励，致使国债市场对这些个人投资者失去了吸引力。在20世纪90年代，缺乏个人投资者这个庞大的投资者基础，是我国柜台市场不够发达的主要原因之一。

第四，可流通的债券品种较少，二级市场缺乏活力。可流通的国债是一种金融商品，既然是商品，就应该实现差异化，满足不同个体的不同偏好。从这个意义上讲，可流通国债品种应足够丰富，以满足投资者的不同的投资偏好。如果市场不能不断补充新的债券品种，随着原有债券的到期，市场上的金融商品减少了，必定会日渐萎缩。这种状况显然不利于国债市场的发展。因此，为了使可流通债券充分多样化，以使投资者在到期期限和付息模式上有充分的选择空间，债券的设计应能满足不同投资者的偏好，市场上应不断有新的债券品种推出。

（二）1992~1993年的国债二级市场

1992年，国债二级市场继续发展，交易量不断增加，全年交易额达到1083亿元。尽管国债二级市场的发展势头十分强劲，但受当时宏观经济环境的影响，二级市场的发展也存在一些阴影。由于经济增长速度加快，投资迅速扩张，中央银行开始紧缩银根，银行存款利率调高，二级市场国债价格下跌，国债收益率回升。

1992 年上半年发行国债时，出现证券中介机构大量持有国债的现象，而且所持有的国债大部分都没有转售给个人投资者和机构投资者。由于大部分证券中介机构的自有资金很少，其手头的资本金主要来源于银行借款，当银根收紧时，证券中介机构只好大量抛售国债，出现卖方市场，导致国债价格迅速下跌。尽管市场规模扩大了，但由于国债交易不够活跃，对 1992 年第二期国债的分销造成了负面影响（1992 年第二期国债的承销合同在上半年即已签好）。

同年，武汉国债交易中心成立，这是中国第一家专门开展国债流通转让的集中性交易场所，它的成立进一步活跃了中南地区的国债交易。与此同时，为满足广大持券人对短期债券的需求，一些财政系统的证券中介机构采取拆长卖短的办法，将期限较长的 5 年期国债和 3 年期国债分解成 5 个或 3 个 1 年期的短期国债销售。这种金融创新受到了投资者的欢迎，对活跃二级国债市场也发挥了重要的作用。拆长卖短的做法后来被标准化的本息分离债券和合成债券取代。

（三）1993～1994 年的国债二级市场

1993 年，国债衍生工具开始出现。国债回购作为市场工具首先在证券中介机构和银行之间以及各个证券中介机构之间广泛应用，并迅速发展成为一种重要的短期资金融通手段。1993 年另一个值得注意的事件是，上海海通证券公司首次采用组合凭证的形式销售国债，引起一些证券公司的效仿。组合凭证是证券中介机构发起的一项金融创新，这种创新形式对投资者有利，当然也符合证券中介机构本身的利益。组合凭证实际上是将收益率较高的二手国债（其收益率高于国债发行收益率）加以组合。由于组合凭证具有较高的收益率，相比一级市场中新发行的国债，组合凭证对投资者无疑更具吸引力。组合凭证的推出对国债分销造成了一定的负面影响，主要原因在于组合凭证的具体操作尚不规范，且其推出时间正好在财政部的新国债发行期内，直接影响了国债的发行。尽管如此，组合凭证的出台对活跃国债二级市场具有积极作用。

与此同时，财政部联合上海证券交易所共同建立了国债期货市场，并于 1993 年初在上海证券交易所进行了国债期货交易的试点，建立国债期货市场的目的是为了刺激疲软的国债二级市场。

1994 年，国债回购交易同时在几个交易所展开，开展回购交易主要是为了满足证券中介机构的短期资金融通需要。回购交易对活跃一级国债市场和二级国债市场也有重大影响。此外，回购交易还是一种强有力的杠杆，能有效推动金融市场的融资功能。

（四）1995 年的国债二级市场

日益多样化的市场工具也给市场参与者提供了投机机会。1995 年初，国债期货市场表现出了明显的投机性，并且投机气氛有愈演愈烈之势。在国务院正式宣布标的国债（1992 年发行的 3 年期国债，1995 年 6 月到期）的利息贴补政策之前，针对国家是否对对标的国债提供利息补贴，市场中多空双方展开了巨量对赌。在这场赌博中，国债期货（327 国债期货）市场上的证券公司和投资者分成了两组，一组做空（以上海万国证券公司为首），认为国家不会提供利息补贴，另一组做多（以中经开为首），认为国家会对标的国债提供利息补贴。

1995 年初，大量资金涌入国债期货市场。上海证券交易所成为多空博弈的主要战场。位于上海的公司与位于其他地方的公司在国债期货价格的判断上表现出较大的差异。1995 年 2 月 23 日是一个值得铭记的日子，这一天国务院正式明确要对标的国债加息（提供利息补贴），这一消息显然对空方极其不利，在当天下午上交所收市前的 8 分钟，上海万国证券公司孤注一掷，违规抛出大量卖单，目的是打击多方，拉低国债期货收盘价格。这一笔空单也直接毁灭了当时的中国国债期货市场。

1995 年 2 月 23 日发生的国债期货事件被称为"327 事件"，"327 事件"给金融市场造成了恐慌情绪。大量证券公司蒙受巨额损失，另一些公司或个人却凭借这场投机一夜暴富。"327 事件"使中央政府清醒地看到了期货市场的投机性，决定暂时关闭国债期货市场。时隔 18 年，直到 2013 年才再次恢复国债期货交易。

由于回购市场中存在较严重的卖空行为，国家开始在武汉交易中心、天津证券交易中心和 STAQ 系统（即全国证券交易自动报价系统）中对回购市场进行整顿，主要因为这些回购市场完全由地方政府一手主导。但由中央政府批准的上交所和深交所仍有权进行回购交易，这两个市场的回购交易依然十分活跃。

为杜绝市场中的卖空行为，同时为加速无纸化进程，提高国债市场的流动性，财政部致力建立和发展有效的金融基础设施。从 1993 年起财政部就开始探索组建国债清算与结算机构的问题，经过几年的努力，终于在 1996 年，由财政部发起并和人民银行合作建立了中央国债登记结算有限责任公司（即后来的中央结算公司）。

（五）1996 年的国债二级市场

1996 年，国债发行的进一步市场化促进了国债二级市场流动性的提高，二级市场的活力得到进一步释放。1996 年，上证所推出了 3 天期回购品种，回购市场参与者日益增多，国债日均交易量重创历史新高，现券一级、二级市场和回购市场出现了同步繁荣的局面。

从 1991 年开始，经过 6 年的发展，我国国债二级市场已从部分城市发展到全国，从柜台交易发展到交易所交易，从现货发展到期货。二级债券市场的容量得到迅速提升，国债柜台交易已扩展到全国很多县级城市，上市国债的品种也在不断增加。1995 年后，中央政府批准国有企业持有的国库券和特种国债以及银行金融机构持有的财政债券上市流通。随着可上市流通的国债数额和品种的增加，二级市场的交易量也呈不断扩大之势（见表 14 - 2）。

表 14 - 2　　　　　　　　　　1988～1996 年中国国债二级市场成交量　　　　　　单位：亿元

年度	成交量	年度	成交量
1988	24. 2085	1993	803. 7113
1989	21. 26	1994	1376. 939
1990	115. 9353	1995	775. 2
1991	370. 1728	1996	1087. 37
1992	1082. 57		

资料来源：高坚. 中国债券 ［M］. 北京：经济科学出版社，1999：189.

（六）1997～1999 年的国债二级市场

这一期间，中国金融领域发生的最为重大的事件就是 1997 年银行间债券市场的建立。银行间债券市场是在前期建立的银行间同业拆借中心基础上发展而来的。银行间同业拆借中心是金融机构之间通过银行间同业拆借网络进行的期限不超过 120 天的短期资金融通市场。

1997 年，出于对股市过热的担心，国务院要求所有银行完全退出股票交易所，从而切断了银行系统同股票交易所之间的资金联系。在这种政策背景下，银行间债券市场应运而生，因为各家银行手头均持有国债和其他证券，银行间债券市场的形成能为这些银行提供一个证券交易场所。为规范银行间债券市场的交易，在银行间债券市场形成的同时，中国人民银行专门制定了银行间债券市场的交易规则。当时银行除了可以在银行间债券市场交易其所持有的债券之外，还能通过银行间债券市场认购新发行的债券。银行间债券市场的出现导致中国债券市场中出现了两个相互分割的市场并存的局面，非银行机构和个人投资者在交易所市场交易债券，而银行在银行间市场进行债券交易。

在银行完全从交易所退出之后，银行所购买并持有的政府债券和金融债券（政策性金融债）就不再在股票交易所上市交易。为保持这些政府债券和金融债券的流动性，中央国债登记结算有限责任公司开始负责银行间市场交易的结算工作，同时由上海外汇交易中心负责银行间市场交易的报价。1999 年年初，中央银行开始允许一些保险公司进入银行间债券市场，但这一举措使银行间市场变成了金融同业的市场，并没能从根本上改变债券市场的分割状态。为改善银行间市场的流动性，中央银行又决定允许一些证券中介机构进入银行间债券市场。银行间债券市场从一开始就是一个机构市场，这是它的优点。当然银行间债券市场也有明显的缺点，比如市场交易不够活跃，交易价格不公开披露等。作为一种债券交易平台，银行间债券市场的缺陷突出表现在以下方面：

第一，银行间债券市场这个概念容易混淆市场的性质。银行间市场本质上是货币市场，而债券市场的本质上是资本市场，因此从概念上讲，银行间债券市场兼具货币市场和资本市场的功能。

第二，银行间债券市场发展早期存在固有的流动性问题。银行间债券市场的参与者主体过于单一，导致各个参与者在同一时间大致会选择相同的交易方向。在银行间债券市场上，债券持有者主要是银行，因此债券持有者之间具有高度的同质性，它们的债券交易行为将与货币政策保持一致。由于各个债券持有者的利益关注点类似，它们对货币政策的反应也会大体一致，市场的主要参与者倾向于选择相同的交易方向，即要么都愿意买债券，要么都愿意卖债券。众所周知，交易都是双向的，有买有卖才有市场，银行间债券市场参与者的这种交易倾向势必导致该市场流动性不足，交易频率低下。与银行间债券市场形成鲜明对比的是，证券交易所市场的主要参与者比较多样化，参与者有不同的交易需求，在同一时间愿意购买或出售债券的市场参与者数目都很多，这样市场交易就会十分活跃。从这一角度来看，高度同质的投资者基础是早期银行间债券市场的主要问题所在。

三、国债市场化改革以后（1999～2008 年）的国债二级市场

1996 年国债实现无纸化，由于国债直接在交易所进行招标，招标完成后，国债直接进入上海证券交易所和深圳证券交易所进行交易。上海证券交易所当时的国债交易量超过股票市场交易总量。1998 年银行间市场成立以后，国债开始跨市场发行，并在银行间市场和交易所市场同时交易。之后由于两个市场发行主体的不同，特别是只在银行间市场发行和交易的金融债的出现和发展，债券二级市场向银行间市场转移，其中国债也是二级市场交易的主要对象。

（一）2000 年以后国债市场的建设情况

1999～2008 年，我国国债市场已经形成，由全国银行间国债市场、交易所国债市场和柜台国债市场三部分组成，形成各类机构和个人等众多投资者参与的相对完整的市场格局。

第一，市场得到进一步开放。2002 年 6 月商业银行国债柜台交易市场开办，实现了报价驱动市场中批发与零售交易的衔接。个人投资者可以通过商业银行柜台买卖记账式国债。国债柜台市场由四大国有银行作为报价商在柜台与投资者进行债券交易。2004 年柜台国债交易投资者猛增，交易量呈现出稳步增长趋势（见表 14 –3）。截至 2008 年底，有 43 只国债在柜台市场交易，年累计交易金额已达到 30 亿元。在柜台市场中，由工、农、中、建、招商、南京、北京 7 家银行连续对所有柜台交易的国债进行报价，投资者可根据银行的报价进行柜台交易。同年 4 月，中国人民银行发布公告将金融机构进入银行间债券市场准入制改为备案制，此后数量更多的非银行金融机构开始进入银行间国债市场。当时的情况是，存款机构只在银行间市场交易，个别大型商业银行可在柜台与个人交易；个人投资者只在柜台市场和交易所市场交易；其他各类型的金融机构可以在各债券市场进行交易。交易主体的融合程度较 1997 年以后到 2002 年以前有了很大的改观，有利于国债二级市场流动性的提高。

表 14 –3　　　　　　　　　　国债柜台市场发展的相关指标

年度	年交易额（亿元）	可交易国债数量（只）
2002	14.42	2
2003	24.49	5
2004	57.93	8
2005	65.68	11
2006	42.79	15
2007	35.67	28
2008	30.43	43

资料来源：中央结算公司。

第二，统一国债市场的推进力度加大。2002 年 12 月，财政部当年记账式 15 期国债的跨市场发行为两个市场交易品种的融合拉开了序幕。2003 年财政部继续跨市场发行 7 年期国债，2004 年跨市场发行的国债品种扩展为 5 年期、3 年期和 1 年期。2004 年以后，财政部国债承销团实现跨市场承销国债，所有记账式国债均同时在银行间和交易所两市场发行和上市流通，实现了国债一级市场的统一。2002年记账式15期国债跨市发行后，在财政部推动下，国债跨市场转托管机制得以建立，自此跨市场国债品种的跨市交易基本实现。

第三，国债期限结构趋于完善。2001年以前，记账式国债的发行期限集中在3年期、5年期、7年期、10年期，没有1年期以下和10年期以上的品种，这使得国债收益率曲线的期限结构不够完整。2001年财政部开始发行15年期和20年期国债，2002年发行了30年期国债，长期国债品种开始出现。2003年以来，随着积极财政政策向中性货币政策转向，国家长期建设资金需求下降，财政部加大短期国债的发行力度，陆续贴现发行5期年限在2年以内的国债，并积极推动关键期限国债定期滚动发行制度。当时已有1年期、3年期、7年期、10年期四个品种基本做到按季或半年发行。2006年实行国债余额管理以后，财政部增加了1年期以下短期国债的发行。进入2007年后，财政部发行长期国债的频率明显加快，前三个季度发行10年期以上的债券共8期，已远远高于1999年以来的平均水平。短期和长期国债发行量的增加，既适应了投资者的不同需求，又为构建完整的国债收益率曲线创造了条件（见表14-4）。

表14-4　　　　　　　1999～2008年记账式国债发行期限结构统计　　　　　单位：期

年度	1年以下	1～3年	3～5年	5～7年	7～10年	10年以上（含10年）
1999	0	1	2	2	5	3
2000	0	3	0	2	4	4
2001	0	1	2	2	4	7
2002	0	3	2	2	4	5
2003	1	2	1	2	4	5
2004	1	4	1	3	4	1
2005	1	5	1	2	3	3
2006	5	2	3	3	4	4
2007	3	3	2	1	3	8
2008	7	3	3	4	4	5

资料来源：根据历年财政部国债发行资料统计。

第四，交易机制创新启动。2004年，我国银行间国债市场推出买断式回购，成为我国国债市场出现做空机制的标志性事件。2005年推出了远期交易，这有利于国债现货市场的价格发现，可以稳定市场价格和方便机构投资者管理风险。2001

年银行间市场、2002 年交易所市场相继实现了净价交易。此外，2007 年 7 月，为提高固定收益证券的交易效率，上海证券交易所推出了固定收益证券综合电子平台。该电子平台引入了报价驱动交易方式，建立了一级交易商做市机制。截至 2007 年 9 月底，陆续有 2007 年第 11 期国债、2007 年第 14 期国债、2007 年第 16 期国债三只国债在该平台上市交易。表 14 - 5 统计了 2007 年 7 月 25 日 ~ 2007 年 9 月 29 日 3 只国债的累计成交金额。

表 14 - 5　　　　　　　　上证所固定收益电子平台国债成交金额

国债	累计成交金额（亿元）
2007 年第 11 期国债	44.09
2007 年第 14 期国债	10.08
2007 年第 16 期国债	3.34

资料来源：根据北方之星 α 债券投资系统公布的数据整理。

第五，经济金融改革的深入增加了对国债收益率曲线应用的需求。在发达的金融市场中，完善的国债收益率曲线基本上反映了人们对未来市场利率走势的预测和判断，国债收益率作为基准利率，对于金融市场上其他金融产品定价具有重要的参考作用。1999 年，中央结算公司编制完成了我国第一条国债收益率曲线。此后国债收益率曲线逐步完善成熟，发挥了债券市场定价基准作用，受到市场参与者的高度重视。《新巴塞尔协定》① 出台后，国内各金融监管部门均纷纷颁布了市场风险管理的规定或指引，旨在落实对市场风险识别、计量、监测和控制的各项措施，金融机构前、中、后台的设置等内控机制正在逐步建立。随着国内金融机构改制上市的步伐加快和新会计准则的实施，会计核算和财务信息披露的要求也越来越高，采用公允价值核算的要求正式出台。另外，基金和代客理财业务正在蓬勃兴起，对组合净值计算的准确性要求会越来越高。根据观察，近年来商业银行理财产品收益率与 10 年期国债收益率趋势基本一致，显示国债收益率为理财产品业绩比较基准提供了重要参照。所有这些深层次的变化体现出完整可靠的国债公允收益率曲线的重要性。图 14 - 1 为 2017 ~ 2020 年发行的理财产品收益率情况。

----

① 《新巴塞尔协定》（Basel Ⅱ）针对 1988 年的《巴塞尔资本协定》（Basel Ⅰ）做了较大幅度修改，是为了实现标准化国际化的风险管理制度，提高国际金融服务的风险管理能力。《新巴塞尔协定》由国际清算银行下的巴塞尔银行监理委员会于 2004 年完成，于 2006 年被大多数国家采用。

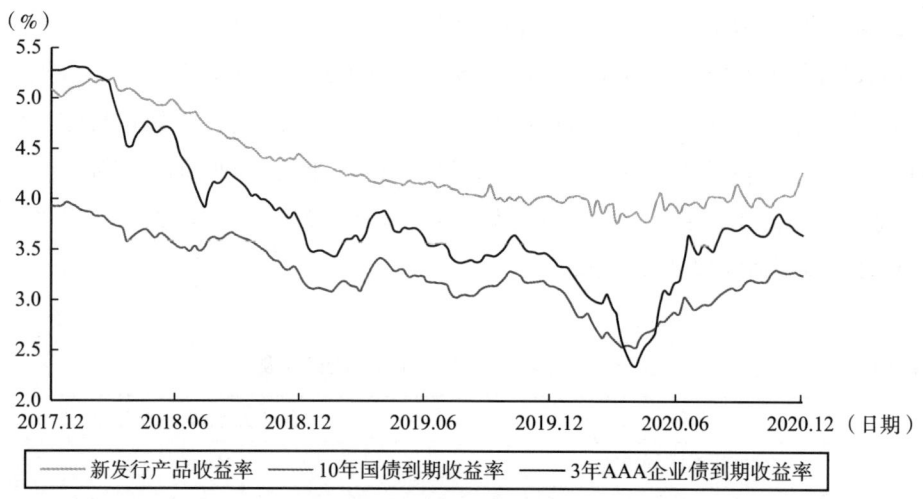

图 14 – 1　新发行理财产品收益率走势（2017～2020 年）

资料来源：《中国银行业理财市场年度报告（2020 年）》编写组．中国银行业理财市场年度报告（2020年）［J］．债券，2021（2）：56 – 59.

（二）2008 年的债券二级市场

2008 年对中国乃至世界来说，都处于多事之秋。从经济层面来看，宏观经济数据持续高位徘徊，通胀阴云密布。国际油价继续攀升，人民币持续升值。流动性过剩被认为是引发通胀的"罪魁祸首"，央行在 4 月继续上调准备金率 0.5 个点后，在 5～6 月出乎意料地在一个月左右的时间内连续 3 次调整准备金率。股市泡沫进一步被挤干，房地产泡沫不再继续放大，甚至略有缩小趋势，受奥运效应的影响，经济恶化的苗头虽然已经出现，但并未引起市场的足够重视。7 月通胀风险已经有缓和的趋势，但市场对通胀的忧虑仍未消除，国债收益率达到历史高位，债券市场年初以来积累起来的些许牛气被打到谷底。

但是随着宏观政策的落地，市场形势开始逆转，CPI 数据回落趋势非常明显，货币政策和财政政策开始转向，国际上美国次贷危机开始引发金融危机，影响席卷全球。国际油价开始跳水，人民币升值趋势陷入停滞。市场预期央行会连续降息，对未来经济恶化的担心让收益率曲线急剧平坦化，长短期收益率倒挂开始出现。股市已经几乎没有泡沫，房市泡沫开始缩小。收益率曲线下移速度加快，债市进入快牛行情。债券市场在经济中作为市场利率水平和利率趋势信号的功能以及作为央行、投资者和市场中介的重要市场工具的功能进一步显现出来。对于债券市场来说，2008 年是具有里程碑意义的一年。

1. 2008 年债券市场变化的特点

由于企业融资需求的增加，公司债券在 2008 年有了很大的发展。在机构投资人、市场基础设施迅速发展①的基础上，债券二级市场的发展从制度基础到发行人和市场参与人的积极性都具备了条件。同时，银行间中期票据市场的出现为企业在银行市场融资提供了场所。2008 年市场发展有以下几个特点。

首先，银行间市场的流动性大幅度提高。商业银行改革提高了银行的管理和风险意识。股东利益的极大化要求银行提高利润率，大多数银行都加强了中间业务和头寸管理。央行票据成为主要工具，导致交易频率迅速提高。2008 年，银行间债券市场结算笔数突破 30 万笔，结算数额突破 100 万亿元。从结算笔数的增长来看，全年共结算 30.6 万笔，同比增长 62.2%。现券和买断式回购结算笔数涨幅较大，分别为 100% 和 108%；现券和质押式回购结算笔数占比分别为 60% 和 37.35%。②

其次，央行票据成为主要交易工具。从交易券种来看，央票和金融债占到了 80%，国债和中短期票据分别占 8.89% 和 8.76%。资产支持证券的现券交易量增幅最大，结算笔数和结算面额分别增长了 5 倍和 14 倍。涨幅居次的是金融债券和中短期票据，其现券结算笔数都增长了 1 倍，结算面额增长了 1.5 倍。

最后，银行是现券交易的主体。在参与现券交易的各类机构中，银行的交易占比为 75%，其次是基金和证券公司，两者的占比分别为 7.5% 和 6.8%。从债券流向来看，基金和信用社分别净买入 1 万亿元和 1700 亿元，银行和证券公司分别净卖出 1.3 万亿元和 3800 亿元。质押式回购中银行仍是资金净流出方。从交易券种来看，国债和金融债券的占比较高，分别占全部质押式回购交易的 33.47% 和 63%，两者合计占到 96.47%。资产支持证券的质押式回购增幅最大，增长了 32 倍。中短期票据和金融债券的结算量分别增长了 41.44% 和 22.42%。

在参与质押式回购交易的各类机构中，银行的交易占比为 72%，其次是基金和信用社，两者的占比分别为 6.62% 和 6.34%。从资金的流向来看，保险、基金、证券公司和信用社分别净流入 2.5 万亿元、1.6 万亿元、1.1 万亿元和 3.7 万亿元，银行资金净流出 5.25 万亿元。③

2. 2008 年债券二级市场重大措施

由于二级市场做市商的增加，市场的变化反映债券市场对于经济指标的灵敏度加强了。监管部门对于债券市场的重视，体现在新的制度和措施不断出台。可以看出，这些制度一方面从激励机制入手，推动债券市场的发展；另一方面从约束机制入手，加强法规制度建设。2008 年，为大力发展债券市场，有关部门进一步健全

---

① 如中央国债登记公司系统的更新。
② 高坚. 中国债券资本市场 ［M］. 北京：经济科学出版社，2007：228－229.
③ 高坚. 中国债券资本市场 ［M］. 北京：经济科学出版社，2007：228－230.

了债券市场的基础设施和配套制度，推出了相关的创新产品。

（1）支持公司信用类债券市场发展的政策

2008年12月13日，《国务院办公厅关于当前金融促进经济发展的若干意见》正式出台，该意见明确指出："扩大债券发行规模，积极发展企业债、公司债、短期融资券和中期票据等债务融资工具。优先安排与基础设施、民生工程、生态环境建设和灾后重建等相关的债券发行。积极鼓励参与国家重点建设项目的上市公司发行公司债券和可转换债券。稳步发展中小企业集合债券，开展中小企业短期融资券试点。推进上市商业银行进入交易所债券市场试点。研究境外机构和企业在境内发行人民币债券，允许在内地有较多业务的香港企业或金融机构在港发行人民币债券。完善债券市场发行规则与监管标准。"这些政策对后来公司信用类债券市场的发展发挥了重要作用。

2008年1月2日，经国务院同意，国家发展改革委发布《关于推进企业债券市场发展、简化发行核准程序有关事项的通知》。企业债发行程序实现"二合一"，对企业债券发行核准程序进行改革，将先核定规模、后核准发行两个环节，简化为直接核准发行一个环节，同时明确企业可发行无担保信用债券、资产抵押债券、第三方担保债券，从而为无担保信用债券的发行提供了制度基础。

（2）银行间债券市场管理方式进步

2008年4月12日，中国人民银行以2008年1号令的形式发布了《银行间债券市场非金融企业债务融资工具管理办法》，规定央行今后将把债务融资管理中属于自律约束性的、日常程序性的事务移交给交易商协会实行自律管理。该办法自2008年4月15日起开始实施，同时，《短期融资券管理办法》《短期融资券承销规程》《短期融资券信息披露规程》终止执行。该办法的出台标志着银行间债券市场管理方式的重大转变。

为规范银行间市场金融衍生产品交易业务，促进金融衍生产品市场规范健康发展，根据中国人民银行有关规定要求，银行间交易商协会组织市场成员拟定了《银行间市场金融衍生产品交易业务指引》并公开向市场征求意见。

2008年3月26日，中国人民银行下发了《关于加强银行间债券市场信用评级作业管理的通知》，要求信用评级机构对债券发行人高层管理人员进行现场访谈，并对评级作业时间等方面进行了规范，以进一步加强对于信用评级机构评级作业的管理。

（3）银行间交易商协会推动做市商机制完善

2008年4月23日，中国银行间市场交易商协会发布了《全国银行间债券市场做市商管理规定》，对银行间债券市场做市业务进行指引，以进一步完善做市商激励约束机制，充分发挥债券市场做市商的作用。

（4）债券市场基础设施进一步完善

2008 年 7 月 8 日，中国人民银行发布《全国银行间债券市场债券交易管理办法》，就银行间债券市场债券交易券款对付结算有关事项作出明确规定。根据公告内容，未在支付系统开立清算账户的参与者，可委托在支付系统开立清算账户的商业银行作为清算代理行，代理券款对付的资金结算，也可委托中央结算公司代理券款对付的资金结算。公告自 2008 年 8 月 1 日起执行。

2008 年 4 月 19 日中债指数专家指导委员会第四次会议在北京成功举行。2008 年 7 月 31 日，为配合中国人民银行的实施，中央国债登记结算有限责任公司制定发布了《银行间债券市场券款对付结算业务实施细则》。全国银行间债券市场成员均可享受券款对付（DVP）的安全交易结算方式。

（5）证监会对上市商业银行持有的金融债券信息披露提出要求

2008 年 8 月 25 日，中国证监会发布《公开发行证券的公司信息披露编报规则第 26 号——商业银行信息披露特别规定》，并于 2008 年 9 月 1 日正式施行。除要求商业银行在定期报告中披露截至报告期末前 3 年的主要会计数据、主要财务指标，并对信贷和风险管理作出特别规范外，针对商业银行中间业务发展迅速的现状，对商业银行持有的金融债券的类别和金额，重大金融债券的面值、年利率及到期日，计提减值准备情况以及委托理财、资产证券化、各项代理、托管等业务的开展和损益情况等提出了披露要求。

2008 年 10 月 5 日，中国人民银行宣布，针对当前经济金融运行中的突出矛盾，同意中国银行间市场交易商协会从 6 日起继续接受非金融企业中期票据发行的注册，并优先接受大型权重股上市公司以及煤电油运企业的注册报告。

3. 债券市场创新不断出现

（1）中期票据成功发行

2008 年 4 月 22 日，继短期融资券成功推出之后，由中国人民银行主导的银行间债券市场另一创新性债务融资工具——中期票据成功发行，其中中国铁道中期票据采取招标方式成功发行。

（2）第一只无担保信用企业债发行

2008 年 4 月 8 日，中国中材集团发行了 5 亿元无担保企业债券，这是 2008 年 1 月 2 日国家发展改革委发布《关于推进企业债券市场发展、简化发行核准程序有关事项的通知》以来发行的第一只无担保信用企业债，对我国企业债券进一步向市场化发展有重大意义。

（3）利率互换业务全面展开

2008 年 1 月 25 日，中国人民银行发布《中国人民银行关于开展人民币利率互换业务有关事宜的通知》，将参与利率互换业务的市场成员扩大至所有银行间市场成员，降低了利率互换市场的准入门槛。这标志着人民币利率互换业务的正式推出。

四、2009～2018 年的债券二级市场

2009～2018 年是中国债券市场稳定发展的时期，债券市场的发展具备以下几个特点：

（一）债券市场继续开放，投资者类型呈现多元化趋势

1. 允许上市商业银行进入交易所市场，且可交易债券范围在不断扩大

2009 年，交易所市场交易主体类型出现了突破，证监会和银监会在联合发布的《关于开展上市商业银行在证券交易所参与债券交易试点有关问题的通知》中允许部分上市商业银行成为参与交易所市场债券交易的试点，这些银行经核准后可向证券交易所申请从事债券交易，这标志债券流通市场交易主体的统一化进程有了新的进展。2010 年 10 月，证监会、中国人民银行、银监会联合发文，允许上市商业银行试点期间在证券交易所集中竞价交易系统从事国债、企业债、公司债等债券品种的现券交易，以及经相关监管部门批准的其他品种交易。同年，12 月 6 日，交通银行、招商银行和深发展银行分别通过上海交易所和深圳交易所的集中竞价交易系统完成国债交易，这被认为是破除市场分割重要举措落地的重要一步。

自 2010 年中国人民银行发布《中国人民银行关于境外人民币清算行等三类机构运用人民币投资银行间债券市场试点有关事宜的通知》，以及 2011 年起 RQFII 制度实施，境外机构进入银行间债券市场的数量快速增长。QFII 也于 2013 年获得进入银行间债券市场交易债券的资格。2017 年，众所期待的"债券通"正式开通，标志着我国债券市场的对外开放程度进一步加快。

2. 机构投资人进一步发展

除了引进境外机构投资者，基金行业在债券市场也大放异彩。2014 年 2 月 13 日，央行发布《关于商业银行理财产品进入银行间债券市场有关事项的通知》，这是央行首次发布理财产品进入银行间债券市场的规范。该通知放开理财产品开户，

对于债券市场来说是一种创新；同时规范了商业银行理财产品投资银行间债券市场的行为，进一步规范理财产品在银行间债券市场的开户流程。2015年6月15日，中国人民银行下发《关于私募投资基金进入银行间债券市场有关事项的通知》，允许私募投资基金进入银行间债券市场。与银行、券商、保险等各类金融机构法人以及各类公募基金相同，私募基金进入银行间债券市场将直接通过全国银行间同业拆借交易中心交易系统进行债券交易，包括各类债券的现券买卖、回购、远期和借贷交易。与公募基金不同，私募基金进行质押式回购的资金余额不受净资产40%的额度限制。但出于风险控制的考虑，其现券买卖交易只能与银行间债券市场做市商或尝试做市机构以双边报价和请求报价的方式达成。

3. 发布合格投资者政策

2014年11月28日，央行金融市场司发布《中国人民银行金融市场司关于部分合格机构投资者进入银行间债券市场有关工作的通知》，包括农村商业银行、农村合作银行等农村金融机构，信托产品、证券公司资产管理计划、基金管理公司及其子公司特定客户资产管理计划、保险资产管理公司资产管理产品等四类非法人投资者可向央行上海总部办理进入银行间债券市场开立账户，在银行间市场进行投资交易。此举有利于提高银行间债券市场交易的活跃度和流动性，进一步丰富债券市场投资者的结构。

（二）银行间市场配套制度不断完善，银行间债券市场日趋规范、透明和高效

1. 加强债券市场监测

为了从债券登记托管结算机构的职能与管理、债券登记、托管和结算的相关业务环节、参与各方的权利义务和法律责任等方面进行全面规范，央行发布《银行间债券市场债券登记托管结算管理办法》，并自2009年5月4日起正式施行；中国证券监督管理委员会基金监管部和中央国债登记结算有限责任公司签署了《监管合作备忘录》。在双方签署备忘录后，中央结算公司将配合中国证监会提供货币市场基金的交易数据，以便证监会能够随时监控货币市场基金的债券交易。中国保监会发布《关于债券投资有关事项的通知》和《关于加强保险机构债券回购业务管理的通知》，明确提高保险公司的公司（企业）的债券投资比例，并收紧债券回购规模和比例。按照人民银行的要求，全国银行间同业拆借中心和中央国债登记结算公司共同发布了《银行间债券市场债券交易监测工作方案》，要求交易中心和中央结算公司每周第一个工作日对上周监测情况进行汇总整理，报送中国人民银行总行，抄送交易商协会，抄报中国人民银行分支机构。自监测工作实施以来，现券异常交易所占比重呈不断下降的趋势。

2. 保护市场参与人的合法权益

2013 年初，为规范商业银行理财业务投资运作，保护参与者合法权益，促进市场健康发展，银监会出台了《中国银监会关于规范商业银行理财业务投资运作有关问题的通知》并全面展开了对"影子银行"的重拳治理。该通知旨在控制信贷资产、信托贷款和委托债权等商业银行非标债权资产业务的迅速增长，从而有效防范和规避风险。同时，爆发出的"代持养券"等灰色利益链问题也引发了债券市场对交易方式和交易机制的反思。自此债市彻查揭开面纱，银行间债券市场监管迅速升级。人民银行出台了相关办法来加强管理银行间市场非金融机构法人账户，该通知要求"银行间市场全部债券交易通过全国银行间同业拆借中心系统达成，交易一旦达成不可撤销和变更"，此举进一步规范了银行间债券市场交易结算行为。与此同时，中央结算公司持续完善 DVP 结算业务，2013 年推动实现全市场 DVP 结算。人民银行于同年 8 月 27 日发布了《债券市场债券交易款对付结算要求有关事项公告》，"强化银行间债券市场券款对付结算规则，要求市场参与者进一步建立健全内控机制，明确岗位职责，规范操作流程，加强防范市场风险，提高市场效率"。[①]

3. 加强同业业务管理

2014 年初，央行等五部委联合发布《关于规范金融机构同业业务的通知》，加强对金融机构同业业务的管理，对商业银行同业非标渠道进行规范。非标理财渠道、同业非标渠道被规范以后，短期内商业银行对实体经济的资金支持，将更加依赖贷款业务、债券融资业务、自营非标业务以及其他创新业务。

4. 银行间市场建立登记制

2015 年 5 月 26 日，人民银行发布《关于银行间债券市场债券交易流通有关管理政策公告》，决定取消银行间债券市场债券交易流通审批。该公告提出，依法发行的各类债券，完成债权债务关系确立并登记完毕后，即可在银行间债券市场交易流通，央行不再进行审批。公告所涉及的债券，包括但不限于政府债券、中央银行债券、金融债券、企业债券、公司债券、非金融企业债务融资工具等公司信用类债券、资产支持证券等。公告还在进一步放开交易限制、强化事后信息披露等方面做

[①] 中国人民银行. 中国人民银行公告〔2013〕第 12 号《进一步强化银行间债券市场债券交易的券款对付结算要求》［EB/OL］.（2013 - 08 - 27）［2022 - 03 - 08］. http：//www. pbc. gov. cn/tiaofasi/144941/3581332/3587210/index. html.

出规定。① 债券交易流通审批的取消是央行对国务院简政放权政策的进一步落实，将有助于银行间债券市场持续健康发展。

（三）财政部建立国债做市支持机制，在银行间市场开展随买随卖操作

1. 国债做市商制度

为健全反映市场供求关系的国债收益率曲线，借鉴国际通行做法，结合我国国债市场流动性较低的实际情况，2011 年中国人民银行会同财政部在全国银行间债券市场建立关键期限国债做市制度。此次在全国银行间债券市场建立国债做市支持机制，是财政部会同中国人民银行在保障国债二级市场正常运行方面推出的又一重要举措，对于保障国债二级市场连续不断运行，促进一级市场、二级市场协调发展，进一步提高国债流动性，以及建立完善国债收益率曲线有重要作用。

2. 国债"随买随卖"制度

2016 年 9 月 30 日，财政部发布了《国债做市支持操作规则》，规定国债做市支持可运用随买、随卖等工具操作。其中随买随卖制度是指国债做市商可以随时将手上多余的券卖给财政部，或者当缺券时随时从财政部购买国债。2017 年财政部发布《国债做市支持操作现场管理办法》，详细说明国债随买随卖业务的操作平台情况。2017 年 6 月 20 日财政部首次对 1 年期国债在"17 附息国债 09"开展随买操作 12 亿元。7 月 18 日，财政部首次对 10 年期国债"16 附息国债 23"开展随卖操作 15.1 亿元。随买随卖机制对提升国债市场的流动性、完善市场收益率曲线等方面具有积极的影响。由于随买随卖制度的推出，国债市场做市支持机制已初见成效。

总之，自 1991 年国债市场化改革起的 30 多年来，债券市场有了长足发展。债券二级市场的发展不仅和一级债券市场的发展相辅相成，而且和股票市场的发展互相促进。但是债券二级市场的发展还受到中国金融体系特点的制约。我国金融体系中，银行一枝独大，限制了债券市场的作用。随着金融体系的扩大和金融市场的发展；随着债券市场不断对外开放，债券二级市场的未来发展具有广阔的空间。

---

① 中国政府网．中国人民银行公告［EB/OL］．（2015 - 05 - 09）［2022 - 03 - 08］．http：//www. gov. cn/gongbao/content/2015/content_2916964. htm.

第二节　发展功能完善的债券二级市场

一、债券二级市场的功能

（一）对债券二级市场作用的认识

金融术语中将债券交易场所称为二级债券市场（流通市场），二级市场是相对一级市场（发行市场）而言的。二级市场与一级市场间的区别是，二级市场体现的是投资者与金融中介之间或投资者相互之间的关系，而一级市场体现的是发行人与投资者之间或发行人与金融中介之间的关系。

和其他市场一样，债券市场的产生是人们减少交易成本努力的结果。有了分工，增加了产品交换的必要性，同时也增加了交易成本。狭义的市场是指交换场所。我们理解的市场是指保证交换得以实现的制度结构。本着这样一种理解，建立债券的二级市场实际上是一个制度建设的过程。笔者在导言中说过，建立制度需要激励机制和约束机制的统一。在中国建立国债市场初期，应该有发行人和投资人两个积极性才能够推动整个市场的发展。

我国债券市场是从国债市场开始的。从中华人民共和国成立初期的 20 世纪 50 年代一直到改革开放后 20 世纪 80 年代恢复发行国债，并不存在现代意义的国债市场。事实上，从中华人民共和国成立到 20 世纪 80 年代末期并不存在真正意义上的金融市场，当时金融是整个计划经济的组成部分，金融体系和金融业处于"金融压抑"的状态。国债恢复发行的目的只是发挥了解决弥补财政赤字的作用，当时并没有建立国债市场的想法。

但是这一点并不是很容易被人理解的。因为从计划经济时代以来，政府主导经济活动，市场只起到附属作用。直到国债市场改革开放以前，财政部只有一个积极性，就是低成本地发行国债，满足弥补财政赤字的需要。因为没有市场，向个人发行就要激发个人的积极性，在当时的条件下，就是教育和激发群众的爱国热情。依靠群众的爱国热情，在 20 世纪 50 年代证明是成功的。人民群众的爱国热情通常是在国家存亡和经济遇到极大困难的时候产生和被激发的。1981 年恢复发行国债时准备发行一次，用于弥补财政赤字，解决改革开放初期放权带来的财政困难。但是财政困难并没有在短期解决，后来整个 80 年代连年发行，仅仅依靠爱国热情就远远不够了。人民群众的持久热情是和切身利益分不开的。财政部从 80 年代后期解决投资人持有国债变现困难的问题，到 1991 年以后提高机构投资人持有的债券的积极性，以及后来通过二级市场的发展推动一级市场的发展，都是从实现发行人和投资人双赢的角度出发的。二级市场是保证投资人利益的重要交易场所。

（二）一级债券市场和二级债券市场之间的基本关系

无论是国际经验还是国内经验无不揭示出二级债券市场的重要性。众多国家的债券市场发展经验表明，健全的二级债券市场对整个债券资本市场的发展而言不仅是必要的，而且十分重要。对政府债务管理人来讲，当务之急是建立一个高度有效的国债二级市场，并使新发行国债的定价能与二级市场的收益率保持一致。20 世纪 80 年代以来，世界上很多国家都将发展国债二级市场摆到政府最为重要的议事日程上。

1. 国债一级市场和二级市场互相依赖的经验

一级国债市场对政府和市场参与者来说都至关重要。在一级国债市场中，政府债务管理人（通常是财政部）是国债的发行人，负责向银行、机构投资者、证券中介机构及个人投资者分销国债，使国家能通过一级国债市场筹措到所需要的资金。二级国债市场是转让买卖已发行国债的场所，其功能是使债券持有人在急需资金时可以随时变现，并使国债投资者有随时参与国债市场投资的机会。一级市场和二级市场是整个国债市场不可分割的两个组成部分。

如前所述，二级市场的发展为一级市场的进一步完善创造了必要条件。中国在 20 世纪 90 年代初的经验表明，在二级国债市场具有较大波动性时，一级市场中的国债分销工作也会面临困难。类似地，二级市场的价格稳定性和收益率水平取决于整个国债市场的发展程度。因此，从长远来看，为确保政府融资需要得到满足，有效的国债二级市场必不可少。

2. 一级市场的市场化发行促进二级市场，二级市场价格作为一级市场发行定价基准

市场化发行方式的实行有助于稳定国债二级市场。新发行国债的发行条款往往会对二级市场的回报率产生影响。如果新发行国债的利率较高，二级市场中的标的债券的收益率也会相应增大，因为投资者和做市商认为新发行国债的利率水平是一个强有力的市场信号。反过来，二级市场的价格和收益率水平也是一级市场定价的基础。

如果债券交易的定价缺乏市场基础，债券价格就会发生扭曲，这种扭曲的价格又会进一步误导市场参与者。例如，在 1990 年之前，国债发行采用行政摊派手段，当时根本就不存在现代意义上的国债二级市场。由于二级市场的缺失，地下市场猖獗。在 1991 年之前，大部分国债都以低于面值的价格出售，严重削弱了投资者对国债市场的信心。

因此，在发展国债市场的过程中，一级市场和二级市场都要顾及，缺少任何一个都无法成就一个完整、健全的国债市场。如前所述，一级市场的发展应分阶段、有条理地进行，事实上 20 世纪 90 年代中国财政部也正是这样做的。1991 年，财政部取消了行政摊派发行方式，首次通过发行人和承销团之间的协商确定国债发行条件。1993 年确立了一级自营商制度，1996 年国债发行开始采用一级自营商投标竞价机制。

3. 发展做市商制度和衍生产品工具，活跃二级市场

对中国来讲，在发展二级债券市场的过程中，重点应是建立一级自营商制度、发展经纪自营商以及改善对证券中介机构的监管机制，完善相关法律框架。期货、期权、回购等金融衍生工具的发展也是完善的二级市场不可或缺的工具，这些衍生工具能为市场参与者管理市场风险提供极大的便利。只要一级市场和二级市场的发展均以市场化为导向，这两个市场的演化就能带来投资人和发行人双赢的结果。

4. 个人投资人对债券二级市场不适应

值得注意的是，并不是任何时候交易都会给人们带来好处。当债券和股票的发行人不愿意信息被充分披露时，投资人就不愿意进入市场。有时个人投资人希望能够在任何时候都能保本变现，也不希望进入市场。这就是为什么 1994 年财政部推出了储蓄债券（凭证式国债）。当时很多个人看到二级市场价格低于发行价格时，感到购买国债吃亏了，失去了购买国债的积极性。储蓄债券的推出就是要解决这个问题，因为储蓄债券没有二级市场。财政部推出储蓄债券的另一个目的，就是在保证个人投资者购买国债需求的前提下，实现大宗国债以记账式附息国债的形式发行的目标。

5. 二级市场和提前兑付的区别

此外，从发行人的角度来看，二级市场交易与提前赎回（兑付）债券是不同的。提前赎回时，发行人有义务支付债券本金和到赎回时的利息，尽管投资人能收到本金利息补偿，但发行人的融资计划被提前终止，因为资金的转移方向不再是从投资人流向发行人，而是从发行人流向投资人。与提前赎回不同，在二级市场交易中，债券只会在投资人之间转手，与发行人并不发生资金往来，因此在债券的整个到期期限内，发行人可以使用一级市场发行中所获得的全部资金。从这个意义上讲，建立国债二级市场也符合发行人的利益，因为可以确保发行人资金使用的稳

定性。

这一分析视角与传统观点有所不同。传统观点认为，建立国债二级市场是为了给投资者搭建一个交易平台，因此国债二级市场的建立只对投资者有好处。财政部作为发行体和博弈规则的制订者可以制定规则（如拍卖规则），与此同时，财政部也可以作为市场参与者，与其他市场参与者之间达成体现为合同（如承销协议）的共识。一级市场为发行人和投资者搭建一个平台，使他们可以通过交换实现双赢。一级市场能带来双赢的结果，二级市场就会平稳，不至于大起大落。

（三）二级市场反映金融市场的有效性

1. 公司信用类债券市场普遍存在一、二级市场价格不一致的情况

与国债市场不同，公司信用类债券通常是通过簿记建档的方式发行，而不是招标的方式发行，由于一级市场竞争不够充分，导致一、二级市场价格不够衔接。特别是很多发行机构与承销商和投资人有桌底协议，一级市场价格不能反映供需双方竞争的结果。2021 年以来的一段时间，债券市场上越来越多发行企业的发行利率低于其债券二级市场成交利率，主承销商包销压力很大，其相应的账面浮亏也大。一方面，对主承销商而言，将作为中间业务的承销变成了表内业务，风险加大；另一方面，由于二级市场成交量相对稀少，一级市场发行价格往往成为同类型同评级同期限债券在二级市场定价的基准，一级市场的单纯融资功能扩大为二级市场定价功能。由于二级市场充分竞争，参考二级市场对一级市场定价更为合理。

2. 债券市场倒挂反映的是金融市场有效性的问题

债券一、二级市场上价格倒挂是经常发生的现象，按照金融理论，这是市场不够有效的原因。直到近期，这种情况也是普遍存在的。2020 年以来，债券市场共发行 41980 只债券，发行总金额为 45.14 万亿元。如果剔除上述政府债券类和金融机构信用类品种，债券市场共发行的公司信用类债券 6735 只，发行总金额 6.08 万亿元，平均票面利率为 4.29%。这一利率明显低于二级市场的收益率水平。国债、政金债、银行的同业存单基本上不存在倒挂现象，甚至有部分规模较小的城商行、农商行发行的 CD 票面价格远高于估值。7 月以来，共有 2363 只 CD 发行，均为市场化发行。其中部分机构 CD 一级市场发行的票面利率高于二级估值，比如，7 月 8 日 19 包商银行 CD130 期限为 10 天，估值为 1.94%，而发行的票面利率为 4.5%。[①]

---

① 笔者根据公开数据资料整理。

3. 地方政府债券的隐性担保问题和地方政府的促销活动

地方政府债的一、二级市场基本上倒挂，票面利率低于估值，投资最高浮亏近4%。2019年以来，共发行712只合计3.3万亿元的地方政府债，其中109只债的票面利率高于二级市场估值，中间有17只债券的票面利率高于二级市场的估值10bp以上，只数占比仅为2.1%。近300只债券票面利率低于二级市场点差在10bp～20bp区间，占比近50%。

需要指出的是，公募和私募债券品种在点差上没有大的区别，但不同承销方式的点差就相差很大，余额包销方式点差在13个bp左右，但对于一些风险较大难以销售的债券，发行人通过各种渠道进行销售，点差平均达到55bp。①

（四）公司信用类债券定价的特点

1996年国债发行市场化以后，国债一、二级市场衔接较好。但是公司信用类债券和股票一、二级市场经常出现倒挂现象。除了发行机制以外，公司信用类债券市场有其独有的特征。

1. 公司信用类债券的价格主要在二级市场确定

证券的一、二级市场可以简单理解为证券的发行市场和交易市场。发行市场侧重市场的融资功能，而交易市场侧重市场的价格发现功能。按照市场上两个最关键的要素即规模和价格而言，其中一级市场决定了二级市场的规模，并以发行人定价影响二级市场的成交价格；二级市场通过投资者供求双方信息的交换，形成成交价格，并影响一级市场的发行价格。现实中，一级市场价格与二级市场价格差异较大，特别在股票市场，科创板首发日涨幅可以高达500%以上，主板或者中小创板由于涨跌幅限制，往往能联系多个交易日封涨停，从这个意义上来讲，二级市场价格更为合理、更能得到市场的认可，但国债一级市场有众多参与人，对价格的影响常常大于二级市场。

2. 一级市场信息不对称

资本市场主要的风险因素为信息不对称，其中融资主体的信息优势更为明显。在一级市场上，发行人掌握更多信息，可以比二级市场投资者有更有利的定价优势。按照相对定价公式，债券的公允利率应等于同期限基准利率＋流动性溢价＋信用溢价＋特殊条款溢价（比如是否有担保、回售、抵质押等），其中信用溢价涉及不容易获得的信息，发行人比市场投资者更清楚自身的信用状况，在发行债券时更

---

① 笔者根据公开数据资料整理。

有底气进行讨价还价。

3. 企业经营涉及宏观和微观经济研判

企业连接生产和需求，需要通过领先指标对经济趋势进行预判。企业也需要在融资时了解经济政策对于总需求变动的影响，了解利率的走势。数据显示，中票的发行利率一般领先二级市场估值约 1 个月。大的企业有专门的融资团队，综合市场的分析和自身对经济走势进行预测，取得对利率走势的清晰判断。以中石油为例，2016 年以来大规模长期限的融资基本处于市场的低点，但是大多发行企业和投资人并不具备研判宏观经济和微观经济的能力。

（五）合理的债券二级市场结构

成熟的国债市场以机构投资人为一级市场和二级市场的主体，这种结构有利于一级市场和二级市场的债券交易，确保市场健康运行。总的来说，市场主体包括发行人、投资人和金融中介机构，统称为市场参与人。发行人包括政府部门和企业；投资人包括机构投资人、个人投资人和外国投资人，这些参与人可以是证券公司、商业银行和保险公司、养老基金等非银行金融机构。金融中介机构主要是证券公司和银行。

许多国家为了确保市场的严格分工，都将证券业与银行业相互分开。早期中国也采取了这样的做法，银行不允许从事证券业务。商业银行具有雄厚的财力，因此是中国国债的主要投资人。国债市场的证券中介机构分为不同级别，分别从事特定的职能。一级自营商处于最高层次，作为做市商，承担在一级市场报价（买入价和卖出价）的义务。经纪人是证券中介机构之间或证券中介机构与投资人之间的中间人。投资人则是持有国债，并且经常在市场中以自己名义买卖国债的市场主体。从 20 世纪 90 年代开始，中国已经具备了上述市场结构和布局。

由于历史原因，国债市场的具体形式在不同国家有所不同，图 14－2 展示了英国国债市场结构。不过二级市场结构却具有很多共同点，其中最大的一个共同点就是不同的市场参与人将市场分为了不同层次，各自承担不同职能。二级市场的典型结构见图 14－3。通常，中介人以证券公司为主。随着市场的发展，一级自营商逐渐从自营商中分化出来，发展具有多层次的批发职能，这有利于国债的发行和提高市场效率。另外，为了进一步深化代理职能和自营职能，市场上出现了专门做自营业务的自营商和专门做代理业务的经纪商。这些发展促进了市场的进一步分工，提高了市场效率，降低了市场风险。

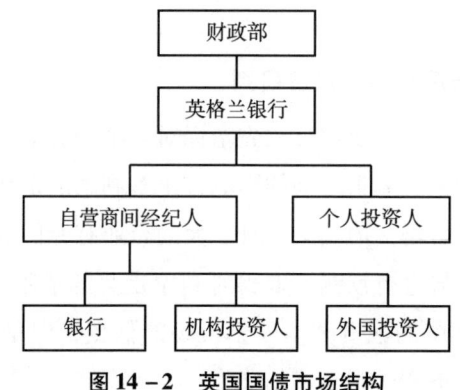

图 14 – 2　英国国债市场结构

资料来源：高坚. 中国债券资本市场［M］. 北京：经济科学出版社，2007：322.

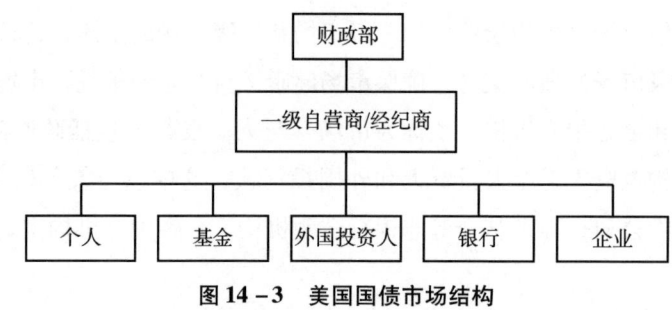

图 14 – 3　美国国债市场结构

资料来源：高坚. 中国债券资本市场［M］. 北京：经济科学出版社，2007：322.

　　投资人结构随着政府经济政策和市场环境的变化而变化。债券市场越发达，债券投资人的种类就越多。大多数国家的国债市场都经历了从以个人投资人为主发展为以机构投资人为主的过程，中国也是如此，目前中国债券市场已经成为机构投资人市场。这些转变不仅提高了国债市场自身的效率，还进一步完善了金融市场的功能。

　　总的来说，目前中国债券市场的结构与英、美等国的发达市场相类似，但还存在一定的差距。主要的问题有三点：一是做市商的职能还未充分发挥出来。二是缺乏完善的衍生品市场。尽管也有利率互换、国债期货市场等，但最大的交易需求方商业银行尚未进入国债期货市场，债券期权等其他基本的衍生品市场也尚未开放。三是缺少活跃的高收益债券市场。由于高收益债券一级市场不够发达，二级市场也不够活跃。目前，二级市场已经有机构参与做市，在打破刚兑以后，高收益债券二级市场开始活跃。

　　此外，二级市场还需要记账式债券工具、多元化的期限结构及电子化的交易系统。价格撮合过程和市场出清价格的确定必须安全、快捷、准确。现代化计算机系统是实现这些要求的唯一手段。交易、清算和结算过程必须得到有效监管，遵循公平、公正和公开原则，降低信用风险和流动性风险。

二、市场工具的多样化

（一）多样化的市场工具和较高的交易量

1. 市场结构的内在一致性

国际经验表明，国债的发行和交易技术依赖于交易量和根据市场参与人分类的市场结构。市场交易量较小时，可采用债券市场参与人连续撮合交易的方式。这样，每次发行债券后二级市场形成的价格会与一级市场的定价保持一致，同时二级市场的价格可作为其他市场上同类债券交易的基准。

中国建立债券一级市场的最初目标在于协调一级市场和二级市场的价格，保持价格的一致性。这一目标的实现有赖于市场化销售技术的发展。中国早在1991年引入承购包销制时，就开始尝试改善销售技术，并一直将其作为推动债券市场发展的重点。事实上，中国在1996年和1997年两年中使用招标制销售国债的范围，比英国和美国还要广泛。此外，中国不但通过招标发售国债，还采用招标方式销售金融债券。由于国债在银行间债券市场和证券交易所债券市场同时销售，银行间债券市场的发行价格就是证券交易所债券市场价格的参考，反之亦然。

2. 债券二级市场发展为央行公开市场操作提供条件

如果债券市场换手率高、流动性强，或者机构投资人和基金公司积极参与，那么债券市场还能直接服务于央行开展的公开市场操作。中国的情况正是如此。20世纪下半叶市场基础设施的发展和制度的演化，使央行自1997年起开始开展公开市场操作成为可能。

（二）转型期的双重体制

一些国家的债务主管部门为了建立有效的国债批发市场和零售市场，采用目标互不相同的双重市场架构。中国为满足个人投资人的要求，实现政府债务主管部门发展市场的目标，特地设计了批发和零售相结合的过渡性市场架构。

1. 从个人投资人向机构投资人过渡时期的储蓄债券

1994年，中国为满足个人投资人的需要，引入了凭证式储蓄债券，不过目的不在于建立零售市场，而在于让大部分债券进入批发市场。因此，尽管在一些人看来，1994年引入储蓄债券是一种倒退，事实上却在满足个人投资人需求的同时促进了机构市场和批发市场的发展。这一过渡安排既有利于投资人，又有利于发行人，可以促进债券市场平稳转型为以机构投资人为主体的市场。不过，要实现过渡时期双重目标，可能面临两个问题：一是如果记账式国债通过一级自营商进行交易，那么有必要规定进入电子交易系统主机的最小下单量，这不利于市场中活跃的个人投资人，二是由于交易量的不同，每单位交易成本也可能有所不同，个人投资人的交易成本就会提高。因此，必须规定不同标准的交易手续费。

2. 以市场化记账式附息国债为主体国债品种

要解决第一个问题，可以建立两个相互之间密切相关的系统化定价模式。大机构之间的批发市场交易主要通过做市商的双向报价实现。个人投资人财力较弱，他们之间的零售市场交易根据价格和时间优先性原则，利用撮合交易的方法定价较为合理。

3. 中介机构的手续费

要解决第二个问题，需要考虑小额定单的手续费问题。大量买卖债券的投资人面临较低的单位成本，但小投资人的单位成本要高得多，要想在零售市场生存，难度也更高。因此，政府债务主管部门有必要发展低成本定价技术，保护零售市场。

当市场上存在大量散户投资人时，价格的大幅波动会影响到国债的收益率，这时就需要自营商买入和卖出足够数量的债券，以便稳定市场。不同国家设定了不同的手续费标准，还有一些国家根据市场惯例收取手续费。在中国，政府制定了统一的手续费标准。为了保持二级市场的活跃性，政府鼓励中介机构相互竞争，手续费有下降趋势。

中国的散户投资人仅能够参与独立的柜台交易市场，持有的储蓄债券属于不可上市债券。政府为了照顾散户投资人，允许储蓄债券在到期前平价兑付。在证券交易所债券市场进行交易的个人投资人在证券公司存有保证金，因此通常不必支付手续费。

4. 商业银行的批发激励

在商业银行充当国债交易经纪人的情况下，政府可以考虑与银行达成协议，允许银行提取部分批发市场交易佣金，用以补偿零售市场小额交易，降低银行的手续费成本。在实践中，许多国家为解决这一问题，设定了零售手续费的上限，经纪人可以在上限以内向小投资人收取手续费。还有一种办法，就是针对零售市场小额订单设计专门的程序，小额订单的交易总量可以达到较大的规模，如此一来，就可以降低零售投资人的手续费。

证券交易所债券市场较为活跃时，收取的手续费也较高；而在债市疲软的情况下，投资人就希望交易的手续费能有所下降。如今市场惯例已经形成，证券交易所市场的手续费保持在相对稳定的水平。而银行间债券市场主要由银行组成，交易换手量很大，交易的单位成本也相对低。2010年以后，由于机构投资人的基础已经完全建立，承销和柜台手续费都进一步降低。

三、我国债券市场发展的特点和问题

（一）我国债券市场发展的几个主要特点

我国政府自1981年恢复国债发行以来，国债市场建设取得了令世人瞩目的成绩。1991~1997年的国债市场化改革以后，建立了国债市场，奠定了整个债券资本市场发展的基础。1998年实施积极财政政策以来，国债市场进一步活跃，国债市场已经发展成为各类投资者投资国债、金融机构实现资产负债管理以及央行进行公开市场操作、调控货币政策的重要场所。1996年以来，国债流动性有了很大的提高，发行规模日益壮大。总体来说，市场发展主要有以下几个特点。

1. 财政部市场化改革取得成功，国债市场规模不断扩大，市场化程度不断提高

我国在20世纪80年代，每年发行额只有40亿~80亿元。国债市场经过30年的健康快速发展，国债年发行规模不断扩大，2020年发行国债3万亿元。国债余额到2020年年底已超过20万亿元，约占当年GDP的17%，有力地推动了我国经济增长和金融市场的发展。

与此同时，国债发行的市场化程度也不断提高，经历了从20世纪80年代的行政分配方式到90年代初的承购包销方式、一级自营商制度，以及1996年的国债招标发行、无纸化记账式国债和多品种的变化。从1996年开始，财政部在招标方式上，运用了国际通用的荷兰式招标、美国式招标，使国债一级市场和二级市场互相衔接，使国债管理市场化程度不断提高。

2. 银行间市场建立，发行主体不断增加，发行品种多样化

1998年起国家开发银行开始市场化发行金融债券，成为金融债券的最大的发行体。此后，其他政策性银行、国有商业银行和保险公司陆续进入债券市场发行金融债券。除了金融债券以外，地方城投公司、上市公司，国有和民营企业也陆续进入市场发行债券。我国迅速形成银行间市场和交易所市场两大交易场所。此外，国外主权和多边机构也进入中国债券市场。外国主权也直接通过"全球通"进入中

国国内债券市场。2020 年债券总额达到 100 万亿元。

3. 投资主体多元化，债券市场流动性大大增强

早期交易所投资主体主要是非金融机构和个人，后来银行间市场成为最大的机构投资人市场。为提高市场流动性和交易效率，保证银行间市场的健康发展，人民银行努力扩大银行间市场的参与主体。经过努力，市场参与主体类型从原来单一的商业银行扩大到以商业银行为主体，保险公司、公募基金、证券公司等机构投资者为补充的新格局，增加了不同投资偏好的交易对手，形成交叉的市场需求，提高了市场的活跃度。

此外，人民银行还通过建立做市商制度和代理结算制度，进一步完善市场运行架构，有效地降低了市场交易成本，促进价格发现机制的形成，对扩大银行间市场宽度、提高市场深度、促进市场的快速健康发展具有重要意义。

4. 国债期限结构趋于合理，基准收益率曲线初步形成

2000 年初，国家开发银行引领债券市场创新，先后引进了以七天回购利率为基准和以一年期存款为基准的浮动利率债券、投资人和发行人选择权债券、本息分离债券、30 年期长期债券，大大丰富了债券市场的品种。为了完善国债期限结构，形成我国债券市场的基准收益率曲线，财政部和中央结算公司经过多年努力，取得了显著的成效。过去我国国债期限集中在 3 ~ 5 年期，期限结构不合理，为此财政部探索发行了 15 年、20 年期国债以及 30 年期国债，初步实现对超长期国债的持续发行。1994 年财政部发行短期国债配合中央银行公开市场操作。间隔 10 年，从 2003 年开始，财政部重新推行基准期限国债连续、滚动发行，通过基准期限国债发行进一步巩固国债收益率基准。同时，为解决我国国债短期利率缺位的状况，完善基准收益率曲线，自 2006 年始，我国开始参照国际通行做法，采取国债余额管理方式管理国债发行活动，使得大量滚动发行短期国债成为可能，为国债短端的市场利率形成提供了必要的支持。此后我国债券市场基准收益率曲线的建设初见成效。

（二）目前国债流通市场发展存在的主要问题

1. 债券市场分割局面严重

目前交易所和银行间市场尚未完全统一，银行间市场在品种和存量上都占绝对优势，但债券的流动性相对不足，价格发现功能也未能很好地实现；交易所市场债券的成交价格连续性相对较好，但现在债券存量规模比较小，品种单一，大额交易经常会对市场价格产生重大影响。由于价格出现扭曲的可能性较大，将会传导给整

个债券市场，造成市场较大幅度的波动。此外，由于银行等国债主力投资机构无法跨市场交易，造成两市场间国债的交易价格出现差异，同券不同价、不同收益率的现象经常出现，两个市场存在不同的收益率水平，造成统一的市场基准利率难以形成。

2. 基准收益率曲线有待进一步完善

基准收益率曲线作为银行间债券市场定价的基础，自市场建立以来一直受到市场管理机构及参与者的高度重视，但是银行间市场债券基准收益率曲线仍不完善，究其原因主要有以下几个方面：一是银行间市场某些机构为做交易量产生了部分的虚假交易，其严重偏离真实利率水平的交易价格，对收益率曲线的形成造成了一定的障碍；二是市场交易依然不够活跃，即使是关键年限的跨市场国债也无法保证每一个交易日均有成交；三是债券柜台市场未受到重视。国债市场发展早期，以个人投资者为主的国债柜台市场取得了一定的发展，其柜台债券做市商报价连续稳定，对基准收益率曲线的形成起到积极的作用。但是由于债券柜台市场开通网点少，债券流通品种不足，期限结构不全，柜台市场价格揭示作用未能很好地发挥。另外，国债个人投资者对国债流动性认识不足，多数中老年投资人把国债当作储蓄产品，投资后不再交易，也是主要原因之一。由于持有国债期间，利息收入免税，对实际收益率曲线形成扭曲，国内外投资人愿意用开行收益率曲线作为基准。

3. 市场流动性有待进一步加强

国债流通市场目前成交量规模与银行间市场建立之初相比有了很大的进步。但是与债券托管总量相比，换手率仍然偏低。截至2022年底，银行间市场债券托管总量超过125万亿元，国债平均换手率仅1801%。[①] 虽然较前期有了显著提高，但是与国外发达市场相比仍相去很远。从债券交易情况来看，即便是交易最为活跃的跨市场中期国债也无法保证每天有交易发生，究其原因，主要有以下几点：一是国债投资机构过于集中，且多为持有到期，从而造成国债市场流通性较差。国债由于其免税以及无信用风险等特征，受到银行的青睐。据统计，在全部国债机构投资者中，排名前三位的分别为国有控股银行、股份制银行和城市商业银行。2022年前50名投资者持债规模占51.9‰。[②] 这些投资绝大多数属于银行投资账户，以持有到期为主，导致了二级市场流通性低下。二是做市商作用发挥不够充分。目前政策条件的不成熟以及部分做市商做市能力的不足，导致目前做市商制度没有充分发挥其应有的作用，无法有效地为债券流通市场提供流动性支持。

---

① 注：换手率＝当月现券交易结算量/月末托管量×100%。
② 笔者根据公开资料整理。

4. 市场缺乏有效的避险工具

从近几年债券市场的交易情况来看，银行间债券市场的交易主体结构比较单一，投资行为趋同。虽然 2015 年以后恢复了国债期货市场，但是目前我国的金融衍生品市场刚刚起步，衍生品市场的交易不够活跃，从已经开办的债券远期交易业务以及进行试点的人民币利率互换交易情况来看，市场成交相对于现货市场而言较为冷清。目前我国的商业银行和保险公司都持有大量固定利率中长期债券，一旦利率波动，市场利率上升，按照市值计算就会暴露隐藏着的亏损。商业银行等大型金融机构对自身的债券结构进行套期保值操作时，往往无法找到交易对手，避险机制难以发生作用。

5. 摊余成本法定期开放型债券基金对新老债券利差的影响

采用买入持有到期策略的固定组合类理财债券基金可以使用摊余成本法估值，有助于增加存量债券的配置。专家研究认为："新老券利差变化的现象在境内外债券市场普遍存在，摊余成本法定期开放型债券基金的募集增加了对部分利率债券存量债券的配置需求，盘活了市场的存量债券，对提高存量债券交易活跃度、收窄新券与存量债券利差发挥了积极的促进作用，使债券价格更真实地反映债券价值。"[①]

6. 场内场外两个市场，场外市场占比较大

交易所场内市场采取撮合成交的方式，场外市场采取双方谈判定价的方式。近年来，场外市场交易系统出现了集中化和电子化的趋势，提高了市场的透明度和集中度。但是总体上还是采用电话和经纪方式。[②]

7. 以银行为主的机构投资者交易意愿不强

银行间债券市场是我国最主要的债券交易场所。由于债券市场主要是机构投资者，单笔交易数量较大。一对一的询价交易是主要交易方式。而机构投资者中银行为主体，投资者有"买后持有"（buy and hold）的特点。

8. 做市商制度对于债券价格的影响

我国债券存在市场分割（存在交易所市场和银行间两个市场）和机构投资者以银行为主的问题，公司信用类债券发行人在一级市场有桌底交易等问题，做市商制度在解决这些问题方面可以发挥积极作用。做市商有义务进行双向报价，帮助市场参与人找到交易对手，起到了增加二级市场流动性的作用，也有助于公允价格的

① 冯雪，董相町，王金. 摊余成本法定期开放型债券基金发行对新老券利差的影响 [J]. 债券，2020（12）：75.

② 王平，刘玉廷. 金融工具（债券）公允价值问题研究 [M]. 北京：中国财政经济出版社，2012：23.

形成。我国做市商制度和一级自营商制度结合在一起，历史上对于一、二级市场价格联动及活跃债券市场交易发挥了积极作用，但目前在公司信用类债券市场中做市商的作用仍然有限。

（三）市场的发展是认识的进步

债券市场的发展不仅是技术进步和制度进步，更主要的是认识的进步。也许在很多人看来，如何建立一个健全的债券市场只是一个常识问题，但从中国债券市场的发展历程中，我们可以学到很多具有深远意义的经验。这些经验可以概括为"两大转变"。

1. 债券从"社会债务"转变为"市场债务"

中国举债的历史并不短，在很长一段时间里，大部分中国人都以为"债券"就是"债务"，他们不知道债券是可交易的标准化的债务。在 1988 年之前发行的债券本质上都是债务工具，或者是融资工具，因为当时"二级债券市场"这个概念还不为人所知。例如，1950 年发行的人民胜利公债和 1954～1958 年发行的国家经济建设公债都没有进入市场，因此根本就不存在所谓的二级债券市场。在 1981 年恢复国债发行后的 7 年间，中国依然不存在二级债券市场，因为，如前所述，在计划经济时代，个人和组织持有国债被认为是一种爱国行为，国债的地位与银行存款没什么两样，因此持券人并没有太大的交易动机。解决社会债务通过爱国行为，解决市场债务通过法律制度。

2. 从融资工具转变为市场工具

最初，建立二级债券市场主要是为了方便一级市场中国债发行工作的开展。后来，在财政部和中央银行的努力下，二级债券市场获得了长足发展，二级债券市场的成功不仅进一步推动了一级市场的发展，同时还有助于整个金融市场的完善，比如在二级债券市场的带动下，中国成功地建立了货币市场，很多货币市场工具和方法的设计及引入都借鉴了债券市场工具的相关经验。例如，商业票据和央行票据这两种货币市场工具，本质上就有短期债券的特征，这些金融产品的交易都与二级债券市场具有类似的特点。

（四）进一步推进债券流通市场发展

1. 进一步完善做市商制度，鼓励对国债进行做市

尽管近年来国债市场的交易量逐年迅速增长，但市场的真实流动性仍然是制约二级市场活跃程度的因素。为有效提高债券流通市场的流动性，需要财政部和监管

机构共同探讨如何进一步完善做市商制度。从国外的经验来看，在发达的场外市场中，做市商制度在增加市场流动性、形成价格发现机制、稳定市场波动等方面发挥了举足轻重的作用，针对我国目前做市商制度现状，由国债发行单位和市场监管部门共同制定做市商制度，选择有真实交易行为又有一定交易量的机构承担做市商，明确做市商考核，方便融资融券，提供承销便利，从而充分发挥做市商的作用，鼓励他们更好地为国债市场做市。为了提高国债二级市场的流动性，可以通过对国债承销团成员提供资金与债券的便利，鼓励国债承销团成员发挥做市商的作用。

2. 加强债券市场基础设施建设，确保市场健康稳定发展

从发达国家的经验来看，债券市场基础设施的建设，直接关系到国债市场健康稳定发展。为了满足我国国债市场健康快速发展的需要，可以从以下几个方面加强市场基础设施建设：一是建立健全国债市场方面的法规。法制建设是维护国债市场规范运作的基础，对市场主体、市场交易、监督管理等都需要以法律的形式确认。如美国很早就有了国债相关法律，目前内容已很详尽。相关法律对国债自营商、中间商及其客户、交易商等的持仓量，国债拍卖过程和国债限额等都有详细的规定。一个严密、完善的国债法律体系对于吸引广大国内外投资者，保障国债市场健康运行具有关键的作用。从长远角度出发，应该把国际惯例与中国国情结合起来起草专门的国债市场法律，为国债市场的健康发展提供良好的法制基础。二是推广券款对付（DVP）结算模式，提高市场运行效率。央行可以考虑为大额支付系统直接清算成员提供当日自动回购融资业务，规避特殊情况下的资金缺口，同时根据债券市场业务的发展状况逐步放宽大额支付系统开户条件，减少代理行多环节结算带来的不必要成本，促使市场成员共享一个平等的平台。

3. 实现银行间和交易所市场一体化，建立统一的国债市场

目前国债市场的分割格局不利于国债功能的进一步发挥，也是国债市场进一步发展的阻碍。建立统一的国债市场，关键在于实现国债在两个市场的连通和自由流动，即统一两个市场的后台系统。目前上市交易的国债均在中央国债登记结算有限责任公司进行统一托管和结算，交易所进行国债二级托管，银行间债券市场一对一的谈判式交易和交易所市场的集中撮合竞价交易方式依然保留。目前，已经允许商业银行可进入交易所市场买卖债券，形成了以银行间债券市场为场外市场、沪深交易所市场为场内市场的格局，投资者可以根据自己的投资需要和交易偏好自主选择，而不是通过市场分割限制他们的选择。

进一步完善加强债券市场基础制度建设，需要债券市场的互联互通，统一信息披露标准，完善债券违约处置机制，丰富债券市场的品种。在此基础上，充分发挥

债券市场提高资源配置效率的功能，改善市场的流动性，以便更好地适应开放的需要，更好地支持人民币国际化。

4. 鼓励金融创新，推广与完善现有金融衍生工具

为完善金融市场体系、发现利率价格、分散利率风险和维护国债投资者利益，要积极稳妥地推动金融衍生品市场的建立与发展。商业银行因资本充足率的约束和流动性管理的需要，要求银行资产多元化，结果大量存差银行的资金进入国债市场，导致供求失衡、价格扭曲。因此，监管部门应积极创造条件推出利率类衍生产品。目前，我国国债期货品种过少，对外国投资者没有完全开放。国际经验表明，国债期货市场能够提供给投资者有效的风险对冲手段，在一定程度上可平抑现货市场价格波动，并增强流动性，促进市场繁荣。

5. 提高评级质量，发展高收益债券市场

目前，我国信用债券市场的发展受到评级、承销和监管偏好等约束，进一步发展进入瓶颈。这与评级行业的现状、投资人的风险偏好有关。截至2020年第三季度，中国债券市场发行的3A级企业占所有企业的56%。但2020年三季度之前，违约的所有企业里，2A+及3A的企业占54%，也就是说2A及2A级以下占46%。这种情况不利于我国公司信用类债券市场的发展。同时，我国高收益债券市场刚刚形成，规模仍然很小。实践证明，发达的高收益债券市场将有利于整个公司信用类债券市场的发展，有利于发挥债券市场支持新兴产业发展的功能。

6. 债券市场进一步对外开放，发展人民币在岸市场和离岸市场

按照国际货币基金组织的统计，从2021年开始，全球持有人民币外汇储备资产不论是绝对额还是市场份额都创造了历史新高。在全球大动荡的背景下，人民币债券市场扮演着避险资产的角色，这和股票市场不同，其中一个很重要的原因是境外持有的人民币债券资产主要是国债、政策性金融债、银行同业存单。因为在全球低利率环境下，安全资产比较稀缺，所以，人民币债券资产、特别是主权信用或准主权信用资产受到了国际投资者的青睐。

目前，我们通过QFII、RQFII、"全球通"、香港"债券通"、自贸区、澳门MOX等措施推动债券市场开放。现在境外投资者持有的人民币，不用在香港转化为人民币存款，也不用到香港买人民币点心债，可以直接购买人民币债券。我们把人民币国际化、人民币可兑换和债券市场开放作为互相联系的对外开放举措，债券市场的发展可以促进与其他两个领域之间的协调发展。

小　结

债券一级市场体现的是发行人和投资人之间的关系，而债券二级市场体现的是投资人之间的关系。在市场中还有其他参与人，如一级自营商、做市商、托管结算机构、监管机构等，都参与了市场活动。无论是一级市场的发行价格，还是二级市场的交易价格，都是市场参与人以不同形式进行"交换和博弈"的结果。

后现代性对金融市场进行反思的方式就是从结果找原因，思维方式要从结果导向朝向过程导向转变。债券市场的产品是人为包装的产物，而债券市场产品的价格是市场参与人交换和博弈的结果。因此，市场参与人的思维方式要从产品和均衡价格这些"物化"的东西，转向"人格化"，发现人的动机和行为。这里人的行为，要作为人的行动理解。而人的行动分为习惯性行动、情绪化行动和理性行动。市场主体所具有的资源则分为符号类资源、知识类资源和物质类资源。既然市场是"交换和博弈"的场所，那么符号类资源和知识类资源代表竞争优势。其中符号类资源影响博弈的地位，知识类资源影响博弈的能力，这些代表竞争优势。而物质类资源代表比较优势，是"交换和博弈"的对象。市场主体的价值取向是"物化"的利润时，那么具有符号资源的国有金融机构、品牌金融机构，以及具有知识（信息）资源的中介机构就会比个体投资人具有竞争优势。市场的天平就会向市场优势机构和具有优势的个人倾斜。因此，价值取向为"物"的市场理念，一定会导致市场的不公平。

市场既是交换和博弈的场所，又是市场主体的价值取向从物转化为人的转换器。被解构的产品的背后就是人，是交换和博弈的对手，也是客户，因此市场的功能和企业的使命就是要使客户满意、交换对手满意、社会满意为价值取向，从而使绿色、环保、公益、ESG 的理念逐渐成为主导。

法律制度也是物化的东西，也是结果，其背后的逻辑则是各种利益集团或政治力量的交换和博弈。因此，反思结果就是对制度不适应市场进步的部分进行不断改进。比如统一托管、债券市场双向开放，就是制度进步。改变不合理的制度，改变约束市场的制度，是解构和重构，目的是使市场发展得更好。监管的人性化、个性化，就体现了从以"物"为对象的"一刀切"的监管模式向以人为本的方向发展。

债券市场实现均衡是一个"交换和博弈"的过程，在这个过程中，市场参与人利用自己的三种资源实现其目标或愿景。在市场套利机会很多时，它们是目标导向，体现的是以"物"为目标，是追求利益最大化。但是当市场处于暂时均衡时，它们是愿景导向，以客户满意为目标，不是套利，而是创新。

市场过程实际是知识和信息发现的过程，是学习的过程。因为只有在市场中，才能得到真实的知识和信息。在市场没有达到均衡时，有套利机会，市场参与人都会参与做市，但是当市场处于均衡时，市场参与人就要通过创新打破均衡。而真正的创新是为客户提供满意的新产品、新服务，如新的债券产品和理财产品，适应某一群体投资人的特殊需求。在证券市场的发展过程中，"物化"，如产品化、标准化、证券化，与量身定制的服务常常是并行的。总之，债券市场要从以套利、追逐利润等"物化"内容为目标的价值取向转向以"以人为本"的创新和服务为愿景的价值取向。

第十五章 债券市场的定价机制、估值和投资策略

第一节 创新经济时期债券资本市场经济分析的新框架*

证券投资需要分析宏观经济，以便了解经济增长和经济周期的变化以及利率变动的趋势。但是主流经济学无法提供预期现代经济增长和周期变化的令人信服的分析框架，也无法迎接现代经济问题①的挑战。现代经济本质上是创新经济，当经济进入创新经济时期，主流经济学的理论显得无能为力。② 以知识为基础的创新经济理论提供了分析经济增长和经济周期的新思路。创新经济是具有本质特征的经济形态，在创新经济时期，各种红利消失，企业不再依靠套利，而是依靠创新发展。企业创新由知识、技能、能力和企业家精神驱动。本节将提供一个新的、有用的分析框架，作为一种新的思想方法，创新经济理论有助于理解经济的现代性。

一、重新理解创新经济中"知识"的概念

卢卡斯和罗默建立了以知识为生产要素的内生经济增长理论，他们的理论启发人们去思考新的以知识为基础的经济增长模型。卢卡斯和罗默的内生增长理论的不足之处在于其模型把知识仅仅定义为科技知识。在他们的模型中，首先，科技知识是内生的，管理知识则是外生的，而现代企业遇到的首要问题总是与管理和金融有关。其次，他们的理论仍然没有脱离主流经济学的窠臼，在模型中没有企业家的身

---

* 本节内容为笔者在哈佛大学访问时所做的研究。

① 这里"现代经济问题"特指需要用"现代性"来解释的经济问题。

② 关于经济增长的理论可追溯到 1956 年罗伯特·索洛（Robert Solow）和特雷弗·斯旺（Trevor Swan）基于"增长是资本积累的结果"的理论模型。他们的模型展示了穷国如何能赶上富国，却没能解释富国为何先富起来。但是索洛－斯旺模型基于资本和劳动，模型中科技知识是外生的，为解决这一问题，卢卡斯和包括保罗·罗默（Paul Romer）在内的其他经济学家在知识的内生化方面做出了努力。但是到目前为止，经济增长模型在解释宏观经济时倍感力不从心。

影。最后，尽管管理学重视企业中技能知识的作用，但是卢卡斯和罗默的模型中也没有技能知识，不能体现技能知识在经济发展中的作用。本节希望建立一个基于知识理念的增长模型，但是沿着与卢卡斯和罗默不同的思路，模型中知识作为基本变量包括企业所需要的全部种类的知识，既包括科技知识，也包括管理知识；既包括可交换的科学知识，也包括不可交换的技能知识；既包括人力资本，也包括企业家。同时希望模型能够更好地体现熊彼特的创新思想。

为了达到这个目标，我们必须重新理解知识。哲学中关于知识的科学属于"认识论"，但是认识论偏重于知识的获得，强调理论与经验之间的关系，而没有研究知识的结构特征和知识的生产。这是因为，认识论没有研究知识的有序性，没有研究知识分类的特点，特别是没有区分为逻辑知识和技能知识，没有知识物化的概念，因而无法理解知识如何推动经济增长这个现代经济理论的核心问题。

（一）关于知识的新的思想

1. 知识的两类载体

人类知识包括两个组成部分：以人脑为载体的知识和以物质为载体的知识。以物质为载体的知识是前人留下的知识，主要是通过文字、声音和符号等载体保存的知识，例如早期文物保存在特定的载体上，包括龟骨、竹简、纸张、木头等，甲骨文中包含的知识体现在龟骨上的文字。以物质为载体的知识也包括现在由硬盘、计算机存储器、手机等存储的知识，后者和人脑之间有人机接口，可以直接交互。以大脑为载体的知识也是结构化的[①]，存在于不同个人的头脑中，只能由大脑的所有者自身读取，别人既看不到，也不能直接取得，但是可以通过语言的交流向其他人传递，这体现了知识的私人所有。但是存在于人脑和人体中的默识知识，则是不能传播的。这体现了经验知识的不可交换性。

2. 知识市场的供给和需求

现代经济是知识经济，理解知识经济，首先要明确市场对于知识的需求和供给。在知识市场中，知识是交易的对象，为此必需明确知识的所有者，即确定交易的主体和知识的产权。知识的形成就是知识的生产，知识的生产源自各类实践活动，也产生于知识的交流、学习和研究；新知识可以来自实践，也可以来自逻辑推导。知识在市场中交易，必须先形成知识产品。知识市场的供给通过知识产品的销售实现，而知识的需求源自企业和个人的应用需要，这种需求沿着知识链传递到上

---

① 见高坚：《经济学的元理论》公众号，第一章："关于知识的理论"。

游，知识的需求由行业岗位的系列需求谱系决定。

3. 个人知识、共识知识、总和知识

以人脑为载体的知识分为三个部分：个人知识（*PK*）是个人大脑中存储的知识；共识知识（*IPK*）是在一定范围内每个人都具有并认可的知识；共有知识（*TPK*）是所有人脑中的知识的总和，每个人所有的知识只是共有知识的一部分。按照上述定义确定的知识的分类如图 15 - 1 所示。

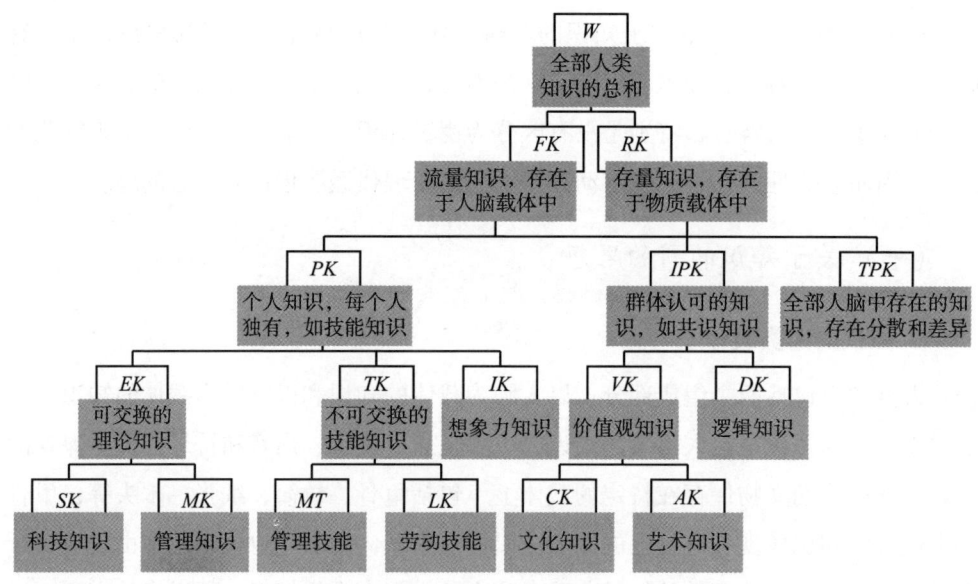

图 15 - 1　知识的分类和隶属关系

资料来源：笔者绘制。

共有知识是全部个人知识的总和，是知识的并集：

$$TPK = \bigcup_{i=1}^{N} PK_i \qquad (15-1)$$

共识知识是全部个人知识中被每个人了解并接受的部分，是知识的交集：

$$IPK = \bigcap_{i=1}^{N} PK_i \qquad (15-2)$$

文化、法律等，以及常识知识属于共识知识。在经济中，一种交易得以实现的前提是存在着关于交易对手、交易标的、交易规则和博弈规则的共识知识。在企业中，知识的有意义的特性是可以区分为可交换的科学知识（*x*）和不可交换的技能知识（*h*），这两类知识可以表示为如下形式：

$$h = \{k \in W : k \in TK \cup EK \cup VK\} \qquad (15-3)$$

$$x = \{k \in W : k \in EK \cup LK\} \qquad (15-4)$$

不可交换的知识形成了企业的最后边界。和科学家及企业的各类专业人员不同，企业家和工匠是不能脱离企业的。虽然共有知识代表一个民族的总体知识水平，但是在人的社会实践中，以及作为社会网络的结点的企业中，共识知识和私人知识是最重要的，是"交换和博弈"这一人类行为的范式得以实现的前提。

4. 知识的贡献和知识的个人所有

能够思考的是个体，社会并不思考。人的理性推理从原始人之简单思维到现代人之逻辑思维的演变是在社会实践中发生的。然而，思考本身总是源自个体；有共同的行动，但没有共同的思考。只有传统才会将思想保留下来并传递给其他人。但是，早期原始人没有将其先驱们的思想保留并据为己有的手段。有了文字，人们能够在其先驱者们的思想基础上向前走得更远。传统文化的最重要的载体是语言文字，思考是和语言联系在一起的。概念是用词语体现的，语言是思考的工具，也是社会行动的手段。

思想与观念的历史是一代又一代传承的话语篇章。人类社会演变的连续性是思想和传统继承性的结果。后人继承了前人的观念与思想、传统与技术，正是这些提高了我们的思考效率。但是，思考总是个体的行为表现。[①]

（二）知识结构

1. 金字塔知识架构

知识是有序的、结构化的。人类全部知识资产（W）可以表示为如图 15 - 2 的层次结构。这个架构（structure of knowledge）在个体知识和共有知识中都是存在的。但是在个人的知识结构中，知识是不完全的。相对于经验知识而言，个体的知识是先验知识。

2. 存量知识、流量知识与先验知识和经验知识

存量知识（RK）是历史知识和现代知识的总和。存量知识一部分存在于人脑中，另一部分存在于某种载体中，如文物、文献、资料、计算机等中。而流量知识是正在交流中的知识。新知识形成于人和人的知识交流、学习和体验过程中，知识是人们社会实践的产物。全部人类知识（W）包括历史知识（RK）和现代知识，前者以物质为载体，后者以人脑为载体。现代人写的书面东西，会成为历史的存量知识。

---

① 米塞斯："论观念的作用"，【经济学原理】公众号，2021 年 2 月 17 日。

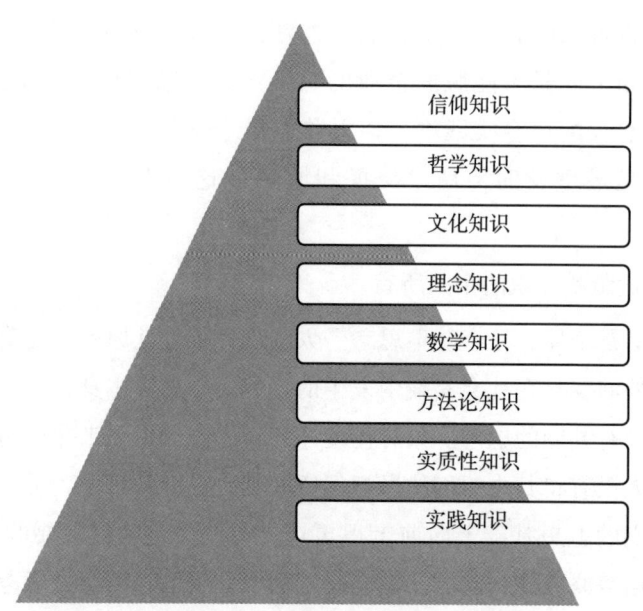

图 15 – 2　知识的金字塔架构

资料来源：笔者绘制。

　　知识是不断循环增长的。这个过程就是不断从存量知识转化为流量知识，再从流量知识进入实践应用，形成新的经验知识，而经验知识又进入存量知识（见图 15 – 3）。当然，可交换知识可以形成知识产品，进入知识市场，并进行传播，成为其他人的知识；不可交换知识则停留在体验者身上。

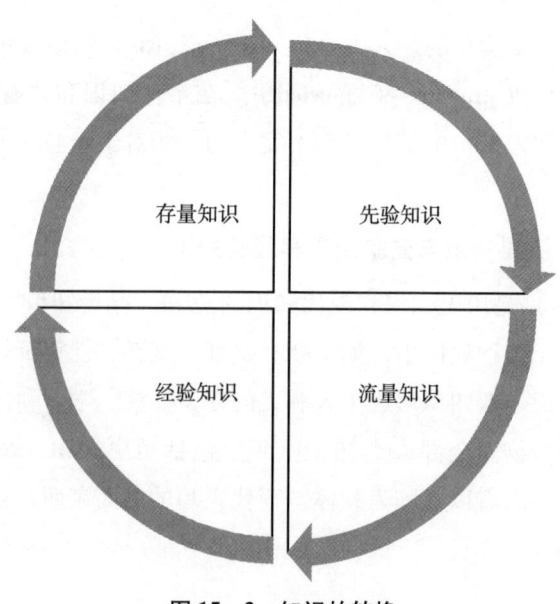

图 15 – 3　知识的转换

资料来源：笔者绘制。

经验知识是实践的产物。实践就是米塞斯所说的"行动"，是人的有目的的行为。人的行为总是围绕着"交换和博弈"这一中心展开的。为了交换就要有交换的对象，这就是人的自然和社会禀赋（资本）。劳动作为人的自然禀赋的应用，从纯体力劳动发展成为智力劳动，成为人力资本。以知识为前提的实践活动和传统劳动概念的区别在于，实践不仅创造产品，也创造知识。知识的运用和知识的创造统一于人的实践中。

不同的实践需要不同的知识，有些是直接需要的，有些是间接需要的。间接需要的就是知识的中间产品。知识中间产品和物质中间产品不同，前者处于知识链的中上游，是知识金字塔的顶端，后者处于供应链的上游，是物质资产的原材料。

3. 科学理论知识、科技知识和产品设计知识

科学发现是科学理论的进步，而科技创新是科学理论向应用方向的迈进，产品设计则是实现产品成功销售的前提。这是从实验室进入企业，再通过研发形成新产品，最后进入产品生产和销售的过程。企业不仅需要科技知识、生产知识、管理知识和销售知识，最重要的是需要企业家的经验知识、管理者的经验知识和工人的工匠知识。在企业中，知识转化为人力资本是有条件的，具有人力资本的知识劳动者通过学习得到的知识是先验知识；在企业中，先验知识与实践中的经验知识结合起来，形成生产力。这里企业就是知识的载体，也是企业家的载体，而企业家是企业家精神的载体。企业家需要有各类知识，包括管理知识，各个领域的知识，但是最重要的是经验知识和企业家精神。经验知识属于不可交换的知识，企业家精神属于理念知识。

二、以物化知识为生产要素的生产函数

（一）知识的供给需求和生产函数

1. 知识供给进入生产函数

最终产品的产出由柯布－道格拉斯生产函数决定：

$$Y = \int_{0,h \in MK \cup TK}^{B} h^{\alpha} \mathrm{d}h \int_{0,i \in EK}^{A} x(i)^{1-\alpha} \mathrm{d}i \qquad (15-5)$$

其中，h 为不可交换的技能知识，x 为可交换的知识，包括科技知识和管理知识。均质化后，

$$Y = Bh^{\alpha} Ax^{1-\alpha} \qquad (15-6)$$

$$L = H_h + H_x \qquad (15-7)$$

可以应用于经济中的知识称为人力资本，人力资本分为两类：技能知识和科技知识的载体。H_h 和 H_x 分别代表由技能体现的人力资本和和以可交换知识体现的人力资本的总量。h_d 和 x_d 分别代表技能知识和可交换知识的需求。人力资本的生产活动称为劳动（不同于体力劳动的知识劳动），体力劳动被纳入技能劳动，因为现代体力劳动都具有某种技能成分，纯体力劳动已经被机器、机器人和动力所取代。

各类知识的应用需要有技能劳动和知识劳动的主动参与，各自的贡献由柯布－道格拉斯技术的参数决定。人力资本中 h 体现了各类生产和管理知识和技能，包括企业家和管理人员的技能和工人的工匠技能，技能是人力资本的特征之一。技能是管理和生产实践的产物。技术知识包括理论知识和应用知识，理论知识是主要的。知识从理论知识、技能知识到应用知识形成整个知识的谱系。体现为人力资本的两类知识都有各自的供应链，属于整个知识的存量体系。

2. 知识供给有自己的"产业链"

知识的供给来自知识的产业链。企业 j 是知识的产业链条的一个环节。为了方便起见，假定 h 为不可交换知识，x 为可交换知识，不可交换知识和可交换知识的供给可以表示为：

$$h = \int_{j \in h} h(j)\,\mathrm{d}j \tag{15-8}$$

$$x = \int_{j \in x} x(j)\,\mathrm{d}j \tag{15-9}$$

人力资本不是知识本身，而是人格化的知识，是将存量知识转化为流量知识；将流量知识转化为应用知识的个人的"知识劳动"的主体。如前所述，体力劳动并不存在于模型中，这是由于纯体力劳动已经不存在了，只有工匠劳动，属于技能劳动。全部与实践和经验有关的都是技能劳动。技能知识和科技知识都有供给和需求。

$$W_d = x_d + h_d = \int_{0, j \in x}^{A} x(j)\,\mathrm{d}j + \int_{0, j \in h}^{B} h(j)\,\mathrm{d}j$$

$$W_s = x_s + h_s = \int_{0, i \in S \cup T}^{C} x(i)\,\mathrm{d}i + \int_{0, i \in M \cup V \cup T}^{D} h(i)\,\mathrm{d}i$$

其中，S 代表科技知识，E 代表管理知识，V 代表价值（文化）知识，T 代表技能知识。W 为知识总量。为了我们研究方便，我们把这些知识分为可交换知识（EK）和不可交换知识（TK）。没有任何一个人的知识是完全单一的。进入企业的可交换知识可以进一步分为科技知识、产品设计知识和企业管理知识（见图 15-4）。

$$\int_{0, j \in S \cup T}^{A} x(j)\,\mathrm{d}j = \int_{0, j \in s;\, s \in x}^{S} s(j)\,\mathrm{d}j + \int_{0, j \in v;\, v \in x}^{V} v(j)\,\mathrm{d}j + \int_{0, j \in e;\, e \in x}^{E} e(j)\,\mathrm{d}j \tag{15-10}$$

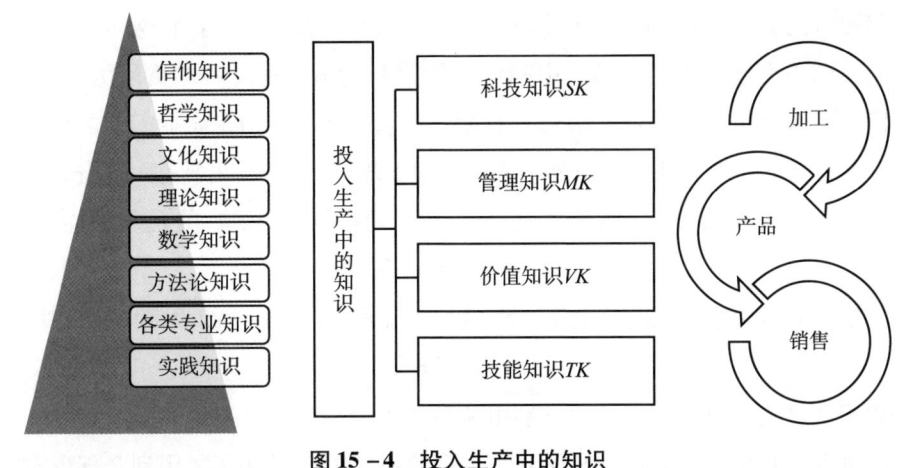

图 15 – 4　投入生产中的知识

资料来源：笔者绘制。

因此，知识的动态供给不是停留在劳动者身上，而是不断向上游知识链传递需求的过程，这是卢卡斯的人力资本理论没有解决的问题。因此，可交换知识是通过知识产品满足供给的，而不可交换知识则受到人力资本所有者的局限。其实我们的大脑两半球就分别承担这两种任务：左半球从事可交换知识的生产，右半球承担不可交换知识的生产。每个人的大脑都是一个知识工厂，而人本身就是知识链的一个环节。[①]

3. 生产过程需求不同种类的知识

企业家技能，管理技能和工匠技能是不可交换的知识。生产也需要技术知识和管理知识，这些是可交换知识。注意管理知识和管理技能是不同的，前者是可交换的，而后者是不可交换的。现在产品更多需要文化和价值投入，而不是物质投入，这时文化和理念知识就显得更为重要。总之，企业需要管理知识、技能知识、科技知识和价值知识四大类。对于企业来说，生产是比较优势，销售是竞争优势，企业家总是在这两种优势中选择。实现熊彼特说的创新，就是要素的新组合，实际上就是不同知识的新组合。如前所述，在整个知识结构中，不同层次的知识对于生产过程都有贡献。这一点与卢卡斯的人力资本模型和罗默的 AK 模型不同，他们的模型中，知识只限于科技知识。

（二）　知识和人力资本

1. 体现中间产品中的混合知识

进入企业的知识中，x 是混合知识，包括中间产品和新投入的知识。这里可以

---

① ［美］丹尼尔 – 平克. 全新思维［M］. 高芳译. 北京：中国财政经济出版社，2023.

把全部原有的知识（中间产品）和新投入的知识，都看作是 x 组成部分，投入生产中的新知识也作为中间产品。中间产品的贡献为 α，管理者的贡献为 $1 - \alpha$。这些知识的所有者可以与企业家结合，成为企业内部成员。但是企业需要的可交换知识的所有者（如研发团队）可以外包，成为知识链的上游。x 由具有三部分知识，科技知识 s、产品设计知识 v、管理知识 e（不是企业家技能知识）的人力资本组成。

$$x = s^\varepsilon v^\epsilon e^{1-\varepsilon-\epsilon}$$

其中，X 为这些知识的总效率，S，V，E 分别为 s，v，e 的效率指标，其中

$$X = SVE$$

知识总量随着时间的增长，分别由从事知识劳动的科学家、产品设计者和文化价值提供者、管理劳动者以及相关知识的存量决定的。科学家要用到全部现有的科学知识，而产品设计和文化价值提供者要有科技和文化价值两类知识，而管理者的知识需要包括职业经理人的管理知识和各类其他知识。

$\dot{s}$，$\dot{v}$，$\dot{e}$ 分别代表这三类知识的时间导数，而 ρ_s，ρ_v，ρ_e 分别代表它们的增长系数，δ_s，δ_v，δ_e 分别代表这三类知识的折旧率，知识服从熊彼特"毁灭的创造"的规律（见图 15-5），因此，知识的时间导数表现为如下形式：

$$\dot{s} = \rho_s s - \delta_s s \qquad (15-11)$$

$$\dot{v} = \rho_v v - \delta_v v \qquad (15-12)$$

$$\dot{e} = \rho_e e - \delta_e e \qquad (15-13)$$

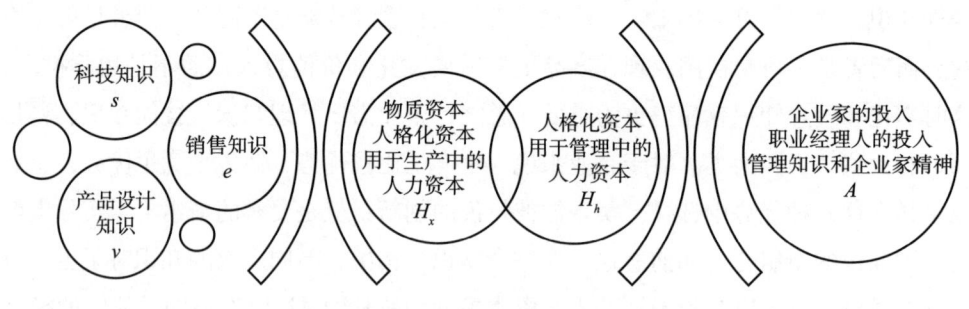

图 15-5　体现为企业要素的各类知识

资料来源：笔者绘制。

知识具有独立性和协同性，各类知识的增长既需要本身的自我发展，也需要其他知识的协同发展。这里知识的折旧，是由于新知识的出现而使原有的知识贬值，或者被新知识所颠覆。物化的中间产品的折旧是其中凝结的前人知识的折旧，而不是物质资本品的磨损。企业家和工匠的技能知识会与企业同归于尽。

2. 知识物化为物质生产力

进入企业中的中间产品和人力资本成为资本存量。中间产品（前人知识）与工人（机器的使用者）之间、科技知识与科学家之间、管理知识与企业管理者之间存在对应关系，反映知识投入和企业效益之间的转换效率。

知识的增长是知识的量和质的函数。知识的数量和质量的乘积可以按照一定转换关系物化为物质资本和人力资本，$\overline{\omega}$，$\overline{\mu}$，$\overline{\varphi}$ 代表转换效率（见图 15 – 6）。

$$H_x = \overline{\mu}Xx \tag{15-14}$$

$$H_h = \overline{\varphi}Hh \tag{15-15}$$

$$H_z = \overline{\omega}Zz \tag{15-16}$$

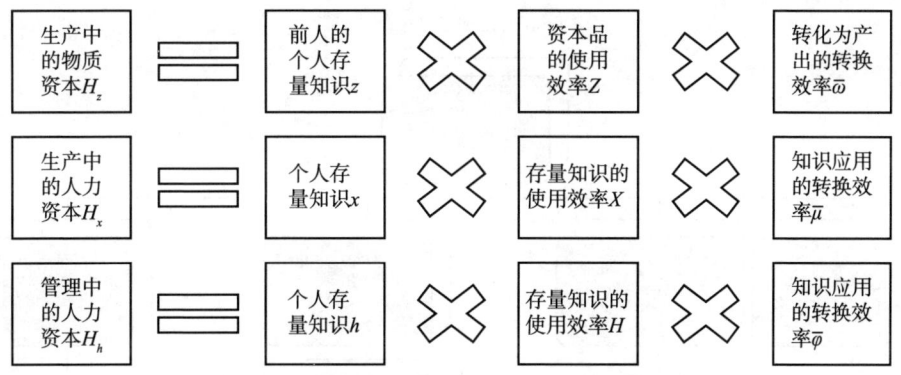

图 15 – 6　物质资本和用于生产和管理的人力资本

资料来源：笔者绘制。

这样，抽象的人脑中的存量知识就转化为物质资本和人力资本，物质资本和人力资本都是知识的可见形式。物质资本可以理解为前人的人力资本的凝结，为了简化模型，强调人力资本的作用，我们省略物质资本，并假定企业中的人力资本包括投入生产过程中的人力资本和投入管理中的人力资本，它们和人力资本所体现的知识存在如下关系：

$$x = \frac{H_x}{\mu X} \tag{15-17}$$

$$h = \frac{H_h}{\mu H} \tag{15-18}$$

其中，X、H 为两类知识所有者的效率。H_x、H_h 分别代表投入生产中的人力资本（包括物质资本，可以理解为人力资本的双重物化）和投资管理中的人力资本。假定经济增长是各类知识的函数，用柯布–道格拉斯生产函数表示如下：

$$Y = A\left(\frac{H_x}{X}\right)^{\alpha}\left(\frac{H_h}{H}\right)^{1-\alpha} = Ak^{\alpha}m^{1-\alpha} \tag{15-19}$$

其中

$$k = \frac{H_x}{X} \qquad (15-20)$$

$$m = \frac{H_h}{H} \qquad (15-21)$$

$k = \dfrac{H_x}{X}$；$m = \dfrac{H_h}{H}$ 为效率调整的人力资本的数量。这里资产是人力资本，是知识物化的产物。人力资本相对于知识总量多了，k 会变大，A 会变小；反之，k 会变小，A 会变大。前者为外延型，后者为内涵型。生产中投入的知识包括三类人力资本，分别为科技知识（s）、产品设计知识（v）和销售知识（e），k 是 s，v，e 的函数（见图 15-7）。

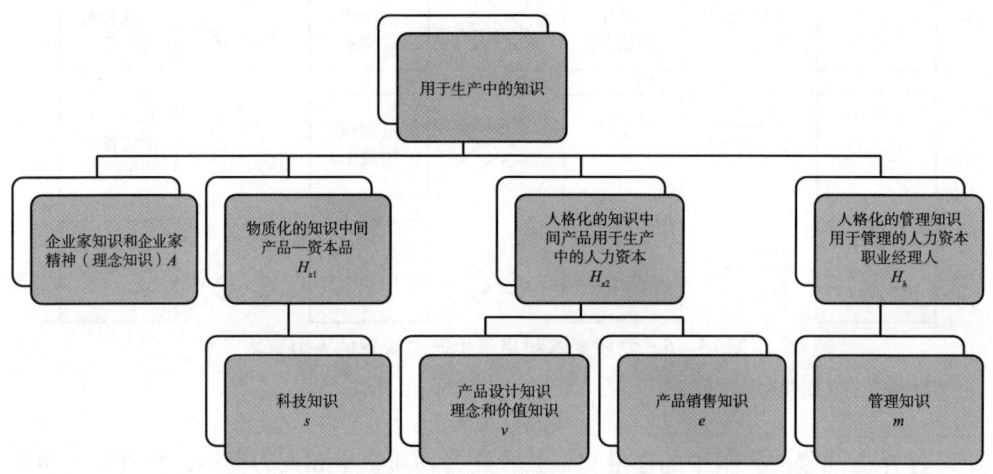

图 15-7 进入企业中的知识和人力资本

资料来源：笔者绘制。

三、创新经济增长模型

为了建立以知识为基础的内生经济增长理论，需要建立新的生产函数和动态发展模型。主流经济学的生产函数把企业发展的要素归结为资本和劳动，不仅弱化了知识的作用，而且忽略了经济组织的作用。威廉姆森说："经济组织是非常复杂的；正统的微观经济理论，尤其是把企业视为生产函数的微观经济理论不能解释并且/或者曲解了经济组织发挥的一些主要职能。[1]"生产函数的概念过于狭窄，因此

---

[1] 奥利弗－威廉姆森："法学、经济学和组织学解析"，翻译：徐菁。来源：【比较】，【经济学原理】公众号，2020 年 7 月 21 日）。

我们要建立的是包括企业家和企业组织的"企业发展函数"。根据前面的定义，企业是企业家的载体，企业家是企业家精神的载体。企业作为载体，本身就是一个存在于社会网络之中的以法律为基础的组织架构。

（一）企业家如何进入模型

1. 创新企业的企业要素

进入企业的知识是物化和人格化的知识。劳动者是知识的人格化形式，这里知识的载体是人，通常称为人力资本；中间产品是物化知识，是前人知识物化的物质形式，载体是物质，如机器、生产线等，通常称为物质资本。从这个意义上说，我们完全可以进一步地把这两类物化知识都称为中间产品：物化的中间产品和人格化的中间产品。这样可以把企业看成是中间产品和企业家的结合。其中企业家是创新者，企业家的创新知识是完全不同的一类知识。企业家的功能是实现上述两类物化知识的某种组合（熊彼特说的"要素的新组合"）和不断创造新的创新组合。

创新经济理论要求微观企业的生产函数与宏观经济的生产函数一致。企业投入三类要素：生产要素、管理要素和企业家要素，这三类要素称为企业要素。生产要素和管理要素为体现中间产品知识和体现管理知识的人力资本。企业家要素体现企业家的能力和企业家精神，是经验知识和理念的体现。生产要素中物化的中间产品体现了过去人类知识的凝结和过去人力资本的物化。这里，企业经理人的技能知识是不可交换的知识，而中间产品凝聚的知识是可以交换的知识。

2. 包括企业家的企业发展函数

为什么要用企业发展函数？企业发展函数不仅包括生产要素，也包括组合要素，重组要素和企业家要素。企业发展函数采用柯布－道格拉斯技术：

$$y = \int_0^M AI_i k_i^\alpha m_i^{1-\alpha} \mathrm{d}i \qquad (15-22)$$

M 为企业的总数；其中 I_i 为第 i 家企业家的性质函数，表示如下：

$$I_i = \begin{cases} 1; & if\ i \in E \\ 0; & if\ i \notin E \end{cases} \qquad (15-23)$$

E 为成功企业家的集合。$\varepsilon(i)$ 指"成功的企业家"。

$$E: i \in I,\ \varepsilon(i)$$

根据性质函数，宏观经济中包括成功和不成功的企业主或职业经理人，如果企业主属于企业家，$I=1$，企业的产出成为宏观经济产出的一部分；否则，$I=0$，则其没有产出，也不成为宏观经济的一部分。

3. 企业家从 0 到 1 的过程

E 为企业家的集合。企业会因为技术和管理能力落后而失败，企业家的失败会使企业化为乌有。企业总数中有相当一部分是初创企业，企业家创业时面对的是从 0 到 1 的过程或者是从 0 到 0 的过程。因为创新企业经历的是 S 曲线。在图 15 – 8 中，如果 $Y(t) > 0$，企业实现了从 0 到 1 的过程。

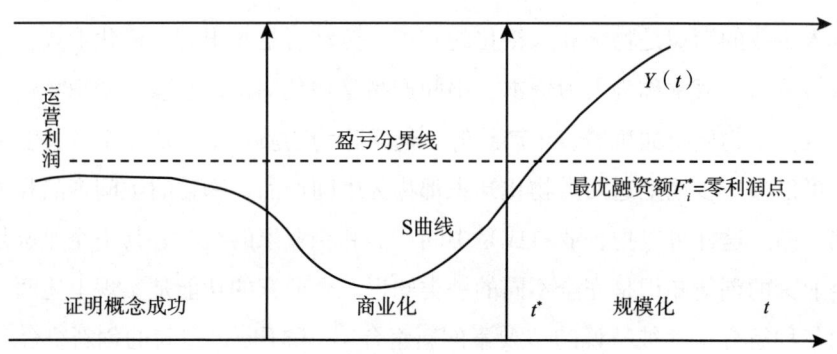

图 15 – 8　创新企业发展的 S 曲线

资料来源：笔者绘制。

这时进入生产函数的企业家服从性质函数：

$$I_i = \begin{cases} 1; \ I_i \in E, \ if \ Y(t) > 0, \ t > t^* \\ 0; \ if \ I_i \notin E, \ if \ Y(t) \leqslant 0, \ t > t^* \end{cases}$$

按照威廉姆森的思路，我们把政府服务、经商环境、企业创新文化等定义为企业的制度环境。在特定的制度环境中，企业内部是一个社会市场，服从"社会交换和博弈"的规律。在社会中进行"交换和博弈"的个体有四种资源：符号资源、意志资源、知识资源和物质资源。任何社会个体都有这四种资源的一部分或全部。企业家资源主要是意志资源，其余可以通过不同方式获得，而意志资源是磨练出来的。

（二）企业家和金融家的创新组合

1. 金融资本的介入

企业获得必要资金的能力，取决于如何吸引金融家的投入。金融家投入取决于他们观察到的企业家的能力和企业团队的实力。假定金融家提供的贷款或股权投资的数量取决于企业家和团队的贡献，这个贡献服从科布 – 道格拉斯下生产函数（能力函数）：

$$F_i = B_i e_i^\theta y_i^{1-\theta} \qquad (15-24)$$

假定企业需要的资金为 F_i^*，那么金融家投入取决于其对于企业家能力（主要是意志能力）的判断，以及企业投入的生产要素，在这里就是研发人员、生产人员和销售人员等人力资本。假定其他因素不变的情况下，金融家的投入大于或等于企业对于金融资本的需求，则企业家会成功（同时参考图 15-8）：

$$I_i = \begin{cases} 1; & I_i \in S, \ if \ F_i \geqslant F_i^* \\ 0; & if \ I_i \notin S, \ if \ F_i < F_i^* \end{cases} \qquad (15-25)$$

这样，企业的全部要素投入包括中间产品，知识要素和技能要素三部分。为了突出技能要素，以下我们把 z 作为技能要素，包括劳动技能、服务技能、管理技能 z_i。z_{i1} 为劳动技能和服务技能；z_{i2} 为管理技能和企业家技能。企业的核心部分就是 z_{i2}，因为知识要素和物质要素都可以外包，但是管理技能和企业家技能不可以外包。企业家的核心能力是"企业家精神"，包括意志、创新、想象力等，并不局限于企业管理。把管理技能和企业家的发展技能放在一起，是因为管理技能和企业技能虽然不同，但是很多技能是共有的。理念是知识和实践升华的产物，它不是用归纳法，也不是用演绎法，而是用联想法产生的。了解这定点，对于理解企业家的特点具有重要意义。

2. 企业家、科学家和金融家的结合

关于企业家、科学家和金融家的结合，可以在让研发投入和创新资本的投入共同进入模式中。假定金融与企业研发的结合产生的生产力服从 CES 类生产函数：

$$k_i = (D_i^\rho + bV_i^\rho)^{\frac{1}{\rho}} \qquad (15-26)$$

$$k_i^\alpha = (D_i^\rho + bV_i^\rho)^{\frac{\alpha}{\rho}}$$

公式（15-26）中，k 为研发的生产力，D 为企业的研发投入，V 为金融（创投资本）的投入，ρ 为替代系数，b 为金融贡献度。

$$y = AI_i k_i^\alpha z_i^{1-\alpha} = AI_i (D_i^\rho + bV_i^\rho)^{\frac{\alpha}{\rho}} z_i^{1-\alpha} \qquad (15-27)$$

这里假定 z 为企业家的管理创新能力，A 为外部营商环境，I 为性质函数。如果产出是研发成果，即专利数，则

$$R = \Pi P = AI_i u_i (D_i^\rho + bV_i^\rho)^{\frac{\alpha}{\rho}} z_i^{1-\alpha} \qquad (15-28)$$

以上公式为创新价值函数，其中，R 为创新总价值，P 为专利数，Π 为专利的平均价值，u_i 为产品成功概率；I_i 为性质函数，企业成功为 1，企业失败为 0。

（三）经济增长的动态均衡

1. 生产函数的动态变化

把前述生产函数，简约化为如下形式：

$$y = Ak^{\alpha}m^{1-\alpha} \qquad (15-29)$$

其中，A（注意：这里的"A"与前述的"A"有不同的含义）代表企业家的功能，是知识和知识劳动者转换（物化）的系数。产出由单位相关知识决定的有效劳动量和转换率决定。注意这里管理者和产品设计者参与了企业最终产品的形成，而科技人员没有参与最终产品的形成，但是能与了中间产品 k 的形成。生产和使用知识的总劳动量为

$$L = H_h + H_x \qquad (15-30)$$

其中，k 包括两类要素产能，科技劳动者创造的科技知识 S 通过 A 影响 k；产品交付劳动者创造的价值知识 E 通过 A 影响 k；而企业管理者创造的管理技能知识 H 也通过 A 影响 m。总收入减去消费 C 成为当年的投资，投资形成物质资本和人力资本，资本存量存在折旧，折旧率为 δ_y：

$$\dot{k} = Ak^{\alpha}m^{1-\alpha} - C - \delta_y k \qquad (15-31)$$

科技知识和价值知识需要投资（投入和学习），形成最终产品的企业家的劳动在实践中产生企业管理的技能知识，并不需要投资。每一种知识的总量的增长，会产生两种效应：一种情况是劳动的效率提高，即更少的人可以办更多的事情。相应剩余劳动就会转入其他领域，直到他们的边际贡献相等，这种情况是长期效应。另一种情况是使企业数量增加，从而以更高的产能利用率形成对企业生产的贡献。而其他投入则以相对低的产能利用率做出贡献。由于价值知识和科技知识是可交换知识，而管理知识是不可交换知识，因此，管理知识的增长和投入管理的人力资本的增长具有稳定关系，这种情况是短期效应。X 是可交换知识的总量，而 x 是可交换知识的质量。同样，H 是不可交换知识的总量，h 是不可交换知识的质量。质量 x，h 通过 A 影响产出。

2. 体现"创造的毁灭"

知识不仅存在着类别，也存在着数量和质量的区别。每类新知识都进入全部人类存量知识，这是各类知识所有者将知识转化为可用知识劳动的共同产物。知识的增长是存量知识和知识所有者的脑力劳动的结合的产物。管理类知识、文化价值类知识和科技类知识分别由企业管理人员，企业产品设计人员和科学家或工程师这三类人员的脑力劳动提供，形成中间产品，并由企业家组合成为最终产品。每一类知识的增加都需要其他知识，知识的增长（存量知识变化的时间导数）是新知识的增长和老知识的折旧的差额。新知识的增长由系数 ρ_h，ρ_x 决定。

$$\dot{h} = \rho_h h - \delta_h h \qquad (15-32)$$

$$\dot{x} = \rho_x x - \delta_x x \qquad (15-33)$$

用于生产的人力资本 k 和用于管理的人力资本 m 的增加是它们的乘积乘以相应的系数，减去人力资本的折旧。折旧按照一定的折旧率，反映知识衰减的速度，因此，

$$\dot{m} = \rho_h k m - \delta_h m \tag{15-34}$$

$$\dot{k} = \rho_x k m - \delta_x k \tag{15-35}$$

这里，k 和 m 是共生知识。企业的持续存在需要 $\rho_h k - \delta_h > 0$，这意味着企业需要不断创新，才能持续存在。但是知识的增长率体现熊彼特"创造的毁灭"的思想，因此，知识增长系数小于知识折旧系数，即 $\rho_h - \delta_h < 0$。

公式（15-25）、公式（15-26）表明，生产力所依赖的知识的增长服从熊彼特的"创造的毁灭"的规律。毁灭的对象是失去价值的生产力 k，m 的减少。由于知识创造的毁灭的特点，有用知识的存量也会减少，体现为知识的折旧。知识的折旧是由于新知识取代原有知识，这会使一部分企业退出经济领域，因而各种知识的存量同时减少。

如果把政府理解为一家服务企业，政府服务也可以理解为内生因素，因为企业缴纳的税收成为政府的收入，可以理解为政府为企业提供经商服务的报酬。这里企业服务就是提供自由经营的环境，提供鼓励创新的文化生态。中央计划者希望增加国民的消费水平，就要增加更多可以使中间产品变为最终产品的企业家。由于存在着人格化或物化的中间产品市场，包括职业经理人市场、知识产权市场和其他物质中间产品市场，对于知识的需求可以创造人力资本的供给。

3. 优化问题

社会最优化问题可以表示为：

$$\max_{C,H_h} \int_0^\infty \frac{C^{1-\sigma}}{1-\sigma} e^{-\rho t} \tag{15-36}$$

其中，消费 C 和投入管理的人力资本 H_h 为控制变量。在宏观经济中，C 是国民消费，而 H_h 是国家投入经济中的人力资本；在微观经济中，C 体现的是股东财富，企业家通过控制投入管理的人力资本，而不是生产要素，来实现股东财富的极大化。

$$\dot{k} = A k^\alpha m^{1-\alpha} - C - \delta_y k$$

$$\dot{m} = \rho_h k m - \delta_h m = \rho_h k \frac{H_h}{H} - \delta_h \frac{H_h}{H}$$

建立动态均衡模型，构建汉密尔顿函数[①]：

$$H(A, k, m, \theta_1, \theta_2, C, H_h) = \frac{C^{1-\sigma}}{1-\sigma} + \theta_1 \left(A k^\alpha m^{1-\alpha} - C - \delta_y k \right) + \theta_2 \left(\rho_h k \frac{H_h}{H} - \delta_h \frac{H_h}{H} \right) \tag{15-37}$$

---

① 公式中正体的 H 表示汉密尔顿函数，斜体 H 表示投入企业的管理知识的效率。

一阶条件：

$$\frac{\partial H}{\partial C} = C^{-\sigma} - \theta_1 \qquad (15-38)$$

$$\frac{\partial H}{\partial H_h} = \theta_1(1-\alpha)Ak^\alpha m^{-\alpha}H^{\alpha-1}H_h^{-\alpha} + \theta_2(\rho_h kH^{-1} - \delta_h H^{-1}) \qquad (15-39)$$

$$\frac{\partial H}{\partial k} = \theta_1 \alpha Ak^{\alpha-1}m^{1-\alpha} + \theta_2 H^{-1} \qquad (15-40)$$

$$\frac{\partial H}{\partial m} = \theta_1(1-\alpha)Ak^\alpha m^{-\alpha} + \theta_2(\rho_h k - \delta_h) \qquad (15-41)$$

根据庞特里亚金定理：

$$\frac{\partial H}{\partial C} = 0$$

$$\frac{\partial H}{\partial H_h} = 0$$

$$\dot{\theta}_1 = \rho\theta_1 - \frac{\partial H}{\partial k}$$

$$\dot{\theta}_2 = \rho\theta_2 - \frac{\partial H}{\partial m}$$

可以计算出，

$$C^{-\sigma} = \theta_1 \qquad (15-42)$$

$$\theta_1 Ak^\alpha m^{-\alpha}H^{\alpha-1}H_h^{-\alpha} = -\theta_2(\rho_h H^{-1} - \delta_h H^{-1}) \qquad (15-43)$$

$$-\theta_2 = \frac{\theta_1 Ak^\alpha m^{-\alpha}H^{\alpha-1}H_h^{-\alpha}}{\rho_h kH^{-1} - \delta_h H^{-1}} \qquad (15-44)$$

$$\dot{\theta}_1 = \rho\theta_1 - \frac{\partial H}{\partial k} = \rho\theta_1 - \theta_1 \alpha Ak^{\alpha-1}m^{1-\alpha} - \theta_2 H^{-1} \qquad (15-45)$$

根据公式（15-44），

$$-\theta_2 = \frac{\theta_1 Ak^\alpha m^{-\alpha}H^{\alpha-1}H_h^{-\alpha}}{\rho_h kH^{-1} - \delta_h H^{-1}}$$

$$-\theta_2 H^{-1} = \frac{\theta_1 Ak^\alpha m^{-\alpha}H^{\alpha-1}H_h^{-\alpha}}{\rho_h k - \delta_h} \qquad (15-46)$$

代入公式（15-45）

$$\dot{\theta}_1 = \rho\theta_1 - \frac{\partial H}{\partial k} = \rho\theta_1 - \theta_1 \alpha Ak^{\alpha-1}m^{1-\alpha} + \frac{\theta_1 Ak^\alpha m^{-\alpha}H^{\alpha-1}H_h^{-\alpha}}{\rho_h k - \delta_h}$$

$$\dot{\theta}_2 = \rho\theta_2 - \frac{\partial H}{\partial m} = \rho\theta_2 - \theta_1(1-\alpha)Ak^\alpha m^{-\alpha} + \theta_2(\rho_h k - \delta_h) \qquad (15-47)$$

对公式（15-42）两边对时间求导数

$$\dot{\theta}_1 = -\sigma C^{-\sigma-1}\dot{C}$$

再除以公式（15-42）

$$\frac{\dot{\theta}_1}{\theta_1} = \frac{-\sigma C^{-\sigma-1}\dot{C}}{C^{-\sigma}} = -\sigma\frac{\dot{C}}{C} \tag{15-48}$$

根据公式（15-46），

$$\frac{\dot{\theta}_1}{\theta_1} = \rho - \alpha Ak^{\alpha-1}m^{1-\alpha} + \frac{Ak^{\alpha}m^{-\alpha}H^{\alpha-1}H_h^{-\alpha}}{\rho_h k - \delta_h} \tag{15-49}$$

因此，由公式（15-48）和公式（15-49），我们得到消费的增长率与产出和知识资本之间的关系：

$$-\sigma\frac{\dot{C}}{C} = \rho - \alpha Ak^{\alpha-1}m^{1-\alpha} + \frac{Ak^{\alpha}m^{-\alpha}H^{\alpha-1}H_h^{-\alpha}}{\rho_h k - \delta_h} = \rho - \alpha\left(\frac{y}{k}\right) + \frac{H^{\alpha-1}H_h^{-\alpha}}{\rho_h k - \delta_h}\left(\frac{y}{m}\right)$$

$$\tag{15-50}$$

其中，$\left(\dfrac{y}{k}\right)$ 是单位 k 贡献的产出，$\left(\dfrac{y}{m}\right)$ 是单位 m 贡献的产出。$\dfrac{H^{\alpha-1}H_h^{-\alpha}}{\rho_h k - \delta_h}$ 是管理能力系数，分子中，H 代表管理效率，H_h 是用于管理的人力资本的数量；分母中，$\rho_h k - \delta_h = \dfrac{\dot{m}}{m}$ 代表 m 变动率（m 的时间导数/m）。根据熊彼特的"创造的毁灭"的规律，管理创新包括产品创新和销售模式创新。原有创新会受到新的创新的挑战，m 增长率变小，分母会变小，分母的贡献减少，意味着 $\left(\dfrac{y}{m}\right)$ 的系数变大，需要对知识要素进行重新组合，意味着资本效率和用于管理的人力资本的增加。分母中的 m 的增长率如果变大，一定是不间断的创新发生，也就是说 $\rho_h k > \delta_h$。为了维持消费 C 的增长率水平，可以减少管理成本的投入（系数 $\dfrac{H^{\alpha-1}H_h^{-\alpha}}{\rho_h k - \delta_h}$ 变小）。

这个模型体现了以下几点：一是强调了企业家的作用，企业家依靠的是知识和理念（企业家精神），在模型中体现在 A 中，间接地体现在两类物化知识中：物质资本和人力资本。用于技术进步和产品设计的人力资本和用于管理和销售的人力资本，以及技术的进步的物质的中间产品，即资本品，都是企业发展要素，这些要素的组合方式，由企业家决定。二是体现了管理知识的重要性。在这里由于物质的中间产品和人格化的中间产品（用于生产中的人力资本）都是可交换知识，因此从理论上说是可以外包的。第三，突出了创造的毁灭的创新思想，新知识的出现会颠覆原有企业。第四，体现了知识链的重要性。在罗默和卢卡斯的模型中，不存在知识链，知识的供给只是知识劳动者的数量。模型体现了理念知识的重要性，理念知识存在于金字塔的上部。科学发现也存在于金字塔的上部，对于知识的需求会导致对于科学发现的需求，这要求科研投入的增加。这说明，发展的动力来自需求方。

4. 模型的集约形式

【命题1】消费的增长率是单位生产要素的产出、用于管理的人力资本的数量和效率和用于管理的知识的增长率的函数（见公式（15-51））。

$$\frac{\dot{C}}{C} = \frac{-\rho + \alpha Ak^{\alpha-1}m^{1-\alpha} + \frac{Ak^{\alpha}m^{-\alpha}H^{\alpha-1}H_h^{-\alpha}}{\rho_h k - \delta_h}}{\sigma} = \frac{-\rho + \alpha\left(\frac{Y}{k}\right) + \frac{H^{\alpha-1}H_h^{-\alpha}}{\rho_h k - \delta_h}\left(\frac{y}{m}\right)}{\sigma}$$

$$(15-51)$$

物化的中间产品和人格化的中间产品（用于科技的人力资本）的增长率

$$\frac{\dot{k}}{k} = \rho_x m - \delta_x \qquad (15-52)$$

人格化的管理知识（用于管理的人力资本）的增长率

$$\frac{\dot{m}}{m} = \rho_h k - \delta_h \qquad (15-53)$$

公式（15-51）~公式（15-53）构成动态模型的集约形式。

5. 动态分析

由于

$$\dot{k} = Ak^{\alpha}m^{1-\alpha} - C - \delta_y k$$

$$\dot{m} = m(\rho_h k - \delta_h)$$

因此，在最优点附近变量动态趋于平衡：

$$(\alpha Ak^{\alpha-1}m^{1-\alpha} - \delta_y)(k - k^*) + ((1-\alpha)Ak^{\alpha}m^{-\alpha})(m - m^*) = \dot{k} \quad (15-54)$$

$$\rho_h m(k - k^*) + (\rho_h k - \delta_h)(m - m^*) = \dot{m} \quad (15-55)$$

即

$$\begin{bmatrix} \alpha Ak^{\alpha-1}m^{1-\alpha} & (1-\alpha)Ak^{\alpha}m^{-\alpha} \\ \rho_h m & \rho_h k - \delta_h \end{bmatrix}\begin{bmatrix} (k-k^*) \\ (m-m^*) \end{bmatrix} = \begin{bmatrix} \dot{k} \\ \dot{m} \end{bmatrix} \quad (15-56)$$

可以证明，这个系统是鞍点稳定的。

公式的解推导过程如下：

$$r_1 + r_2 = tr\, J_E = \alpha Ak^{\alpha-1}m^{1-\alpha} + \rho_h k - \delta_h = Z \qquad (15-57)$$

$$r_1 \times r_2 = |J_E| = \alpha Ak^{\alpha-1}m^{1-\alpha}(\rho_h k - \delta_h) - (1-\alpha)Ak^{\alpha}m^{-\alpha}\rho_h m \qquad (15-58)$$

$$= Ak^{\alpha-1}m^{1-\alpha}[\alpha(\rho_h k - \delta_h) - (1-\alpha)\rho_h k] = P$$

这里 P 为负数是系统稳定性的必要条件。为了证明 P 为负数，需要证明下式为负数：

$$\alpha\rho_h k - \rho_h k + \alpha\rho_h - \alpha\delta_h \qquad (15-59)$$

为此，分别证明 $\alpha\rho_h k - \rho_h k < 0$；$\alpha\rho_h - \alpha\delta_h < 0$。由于 $\alpha < 1$，$\rho_h k > \alpha\rho_h k$，$\alpha\rho_h k - \rho_h k < 0$ 成立；由于创新经济服从"创造的毁灭"的规律，因此，$\delta_h > \rho_h$，$\alpha\rho_h - \alpha\delta_h < 0$ 成立，从而 $P < 0$ 成立。因此，P 为负数，这意味着两个解为一正一负。

$$r_1, r_2 =$$

$$\frac{\alpha Ak^{\alpha-1}m^{1-\alpha} + \rho_h k - \delta_h \pm \sqrt{(\alpha Ak^{\alpha-1}m^{1-\alpha} + \rho_h k - \delta_h)^2 - 4Ak^{\alpha-1}m^{1-\alpha}\left[\alpha(\rho_h k - \delta_h) - (1-\alpha)\rho_h k\right]}}{2}$$

$$(15-60)$$

由于 P 为负数，因此，根号内为正数。

动态系统存在两个解：

$$r_1, \ r_2 = \frac{Z \pm \sqrt{Z^2 - 4P}}{2} \tag{15-61}$$

因为企业存续期内 $\rho_h k - \delta_h > 0$，因此，下式成立：

$$\alpha Ak^{\alpha-1}m^{1-\alpha} + \rho_h k - \delta_h = Z > 0$$

以上说明，由于 Z 为正数，P 为负数由于根号内为正数，即 $Z^2 \geq 4P$，因此，存在着两个实根。由于

$$r_1 \times r_2 = P \tag{15-62}$$

意味着，$r_1 > 0$；$r_2 < 0$，这说明其中一个解为正，另一个解为负，因而系统处于鞍点稳定状态。

四、创新企业的估值

（一）CES 生产函数和成本函数

因为利润等于价格和产出的乘积减去成本，计算创新企业的利润需要计算成本函数和垄断价格。计算成本函数的关键是求出条件需求函数，首先要解决成本函数的最小化问题。

1. 生产函数

生产函数为 CES 类：

$$y = f(r, \ w) = (k^\rho + m^\rho)^{\frac{1}{\rho}} \tag{15-63}$$

相关的成本函数需要解成本最小化的问题。最小化问题是：

$$c(r, \ w, \ y) = \min_{r,w}\left[rk(r, \ w, \ y) + wm(r, \ w, \ y)\right] \tag{15-64}$$

满足

$$k^\rho + m^\rho = y^\rho \tag{15-65}$$

一阶条件

$$r - \lambda k^{\rho-1} = 0 \tag{15-66}$$

$$w - \lambda m^{\rho-1} = 0 \tag{15-67}$$

$$k^{\rho} = r^{\frac{\rho}{\rho-1}}(\lambda\rho)^{-\frac{\rho}{\rho-1}} \tag{15-68}$$

$$m^{\rho} = w^{\frac{\rho}{\rho-1}}(\lambda\rho)^{-\frac{\rho}{\rho-1}} \tag{15-69}$$

将公式（15-68）、公式（15-69）代入生产函数公式（15-65）

$$(\lambda\rho)^{-\frac{\rho}{\rho-1}}\left[r^{\frac{\rho}{\rho-1}} + w^{\frac{\rho}{\rho-1}}\right] = y^{\rho} \tag{15-70}$$

解出 $(\lambda\rho)^{-\frac{\rho}{\rho-1}}$：

$$(\lambda\rho)^{-\frac{\rho}{\rho-1}} = \left[r^{\frac{\rho}{\rho-1}} + w^{\frac{\rho}{\rho-1}}\right]^{-1}y^{\rho} \tag{15-71}$$

2. 条件要素需求函数

将公式（15-71）代入公式（15-68），求条件要素需求函数 $k(r, w, y)$

$$k^{\rho} = r^{\frac{\rho}{\rho-1}}\left[r^{\frac{\rho}{\rho-1}} + w^{\frac{\rho}{\rho-1}}\right]^{-1}y^{\rho} \tag{15-72}$$

$$k(r, w, y) = r^{\frac{1}{\rho-1}}\left[r^{\frac{\rho}{\rho-1}} + w^{\frac{\rho}{\rho-1}}\right]^{-\frac{1}{\rho}}y \tag{15-73}$$

同样，将公式（15-71）代入公式（15-69），求出条件需求函数 $m(r, w, y)$

$$m^{\rho} = w^{\frac{\rho}{\rho-1}}\left[r^{\frac{\rho}{\rho-1}} + w^{\frac{\rho}{\rho-1}}\right]^{-1}y^{\rho} \tag{15-74}$$

$$m(r, w, y) = w^{\frac{1}{\rho-1}}\left[r^{\frac{\rho}{\rho-1}} + w^{\frac{\rho}{\rho-1}}\right]^{-\frac{1}{\rho}}y \tag{15-75}$$

3. 成本函数

将公式（15-73）、公式（15-75）代入公式（15-64），可以得到成本函数：

$c(r, w, y) = rk(r, w, y) + wm(r, w, y)$

$$= rr^{\frac{1}{\rho-1}}\left[r^{\frac{\rho}{\rho-1}} + w^{\frac{\rho}{\rho-1}}\right]^{-\frac{1}{\rho}}y + ww^{\frac{1}{\rho-1}}\left[r^{\frac{\rho}{\rho-1}} + w^{\frac{\rho}{\rho-1}}\right]^{-\frac{1}{\rho}}y$$

$$= y\left\{r^{\frac{\rho}{\rho-1}}\left[r^{\frac{\rho}{\rho-1}} + w^{\frac{\rho}{\rho-1}}\right]^{-\frac{1}{\rho}} + w^{\frac{\rho}{\rho-1}}\left[r^{\frac{\rho}{\rho-1}} + w^{\frac{\rho}{\rho-1}}\right]^{-\frac{1}{\rho}}\right\}$$

$$= y\left\{\left[r^{\frac{\rho}{\rho-1}} + w^{\frac{\rho}{\rho-1}}\right]\left[r^{\frac{\rho}{\rho-1}} + w^{\frac{\rho}{\rho-1}}\right]^{-\frac{1}{\rho}}\right\} = y\left[r^{\frac{\rho}{\rho-1}} + w^{\frac{\rho}{\rho-1}}\right]^{\frac{\rho-1}{\rho}} = y\left[r^{\sigma} + w^{\sigma}\right]^{\frac{1}{\sigma}}$$

$$\tag{15-76}$$

其中 $\sigma = \dfrac{\rho}{\rho-1}$，

$$c'(y) = \left[r^{\frac{\rho}{\rho-1}} + w^{\frac{\rho}{\rho-1}}\right]^{\frac{\rho-1}{\rho}} = \left[r^{\sigma} + w^{\sigma}\right]^{\frac{1}{\sigma}} \tag{15-77}$$

使用规模弹性，可以知道，

$$e(k^{*}, m^{*}) = \frac{c(r, w, y)/f(k^{*}, m^{*})}{\partial c(r,w,y)/\partial y} = \frac{AC(y)}{MC(y)} \tag{15-78}$$

其中

$$AC(y) = \frac{y\left[r^\sigma + w^\sigma\right]^{\frac{1}{\sigma}}}{y} = \left[r^\sigma + w^\sigma\right]^{\frac{1}{\sigma}} \qquad (15-79)$$

$$MC(y) = \frac{\partial\left(y\left[r^\sigma + w^\sigma\right]^{\frac{1}{\sigma}}\right)}{\partial y} = \left[r^\sigma + w^\sigma\right]^{\frac{1}{\sigma}} \qquad (15-80)$$

因此，

$$e(k^*, m^*) = \frac{c(r, w, y)/f(k^*, m^*)}{\partial c(r, w, y)/\partial y} = \frac{AC(y)}{MC(y)} = \frac{\dfrac{y\left[r^\sigma + w^\sigma\right]^{\frac{1}{\sigma}}}{y}}{\dfrac{\partial\left(y\left[r^\sigma + w^\sigma\right]^{\frac{1}{\sigma}}\right)}{\partial y}} = 1$$

$$(15-81)$$

规模弹性等于 1 意味着模型显示出规模报酬不变。这是因为，边际成本和平均成本相等。

4. 创新企业的垄断价格

创新垄断者的最大化问题为：

$$\max_y p(y) - c(y) \qquad (15-82)$$

其中，$p(y)$ 为反需求函数。一阶和二阶条件为：

$$p(y) + p'(y)y = c'(y) \qquad (15-83)$$

$$2p'(y) + p''(y)y - c''(y) \leqslant 0 \qquad (15-84)$$

一阶条件表明在利润最大化产量下，边际收益必须等于边际成本。用较低的价格出售额外产量时，一旦降低价格，所有产出都适用同一价格。因此，创新者在安排生产时，要考虑到以当前价格出售 $\mathrm{d}y$ 单位产量时，会出现两种效应：以当前价格出售更多产量增加的收入 $p\mathrm{d}y$ 和以较低的价格出售增加的收入 $\mathrm{d}py$。因此，要考虑两种效应的综合结果。由于

$$\mathrm{d}p = \frac{\mathrm{d}p}{\mathrm{d}y}\mathrm{d}y \qquad (15-85)$$

因此，价格变动和产量变动存在如下关系：

$$p\mathrm{d}y + \mathrm{d}py = \left(p + \frac{\mathrm{d}p}{\mathrm{d}y}y\right)\mathrm{d}y \qquad (15-86)$$

$$p(y) + p'(y)y = p(y) + \frac{\mathrm{d}p}{\mathrm{d}y}y = p(y) + p(y)\frac{\mathrm{d}p}{\mathrm{d}y}\frac{y}{p} = p(y)\left[1 + \frac{\mathrm{d}p}{\mathrm{d}y}\frac{y}{p}\right]$$

$$= p(y)\left[1 + \frac{1}{\epsilon(y)}\right] = c'(y) \qquad (15-87)$$

对前述成本函数求导：

$$c'(y) = \left[r^{\frac{\rho}{\rho-1}} + w^{\frac{\rho}{\rho-1}}\right]^{\frac{\rho-1}{\rho}} \qquad (15-88)$$

同时，根据公式（15-87），得到：

$$c'(y) = p(y)\left[1 + \frac{1}{\epsilon(y)}\right] \qquad (15-89)$$

因此,

$$p(y) = \left[1 + \frac{1}{\epsilon(y)}\right]^{-1}\left[r^{\frac{\rho}{\rho-1}} + w^{\frac{\rho}{\rho-1}}\right]^{\frac{\rho-1}{\rho}} \qquad (15-90)$$

其中

$$\epsilon(y) = \frac{p}{y}\frac{\mathrm{d}y}{\mathrm{d}p} \qquad (15-91)$$

$$\left[1 + \frac{1}{\epsilon(y)}\right] = 1 + \frac{y}{p}\frac{\mathrm{d}p}{\mathrm{d}y} \qquad (15-92)$$

为垄断者面临的价格需求弹性。

(二) 创新企业的利润增长

1. 利润函数

利润等于价格乘以产出减去成本,将公式 (15-90) 和公式 (15-76) 代入, 得到:

$$\begin{aligned}
\pi(r, w, y) &= p(y)y(r, w) - c(r, w, y(r, w)) \\
&= \left[1 + \frac{1}{\epsilon(y)}\right]^{-1}\left[r^{\frac{\rho}{\rho-1}} + w^{\frac{\rho}{\rho-1}}\right]^{\frac{\rho-1}{\rho}}y - \left[r^{\frac{\rho}{\rho-1}} + w^{\frac{\rho}{\rho-1}}\right]^{\frac{\rho-1}{\rho}}y \\
&= \left[r^{\frac{\rho}{\rho-1}} + w^{\frac{\rho}{\rho-1}}\right]^{\frac{\rho-1}{\rho}}y\left\{\left[1 + \frac{1}{\epsilon(y)}\right]^{-1} - 1\right\} = \left\{\frac{-1}{1+\epsilon(y)}\right\}\left[r^{\frac{\rho}{\rho-1}} + w^{\frac{\rho}{\rho-1}}\right]^{\frac{\rho-1}{\rho}}y \\
&= \left\{\frac{-y}{1+\epsilon(y)}\right\}\left[r^{\frac{\rho}{\rho-1}} + w^{\frac{\rho}{\rho-1}}\right]^{\frac{\rho-1}{\rho}} \qquad (15-93)
\end{aligned}$$

2. 要素需求函数及其对利润的贡献

由于

$$\pi(r, w, y) = \left\{\frac{-1}{1+\epsilon(y)}\right\}\left[r^{\frac{\rho}{\rho-1}} + w^{\frac{\rho}{\rho-1}}\right]^{\frac{\rho-1}{\rho}}y \qquad (15-94)$$

$$k(r, w, y) = r^{\frac{1}{\rho-1}}\left[r^{\frac{\rho}{\rho-1}} + w^{\frac{\rho}{\rho-1}}\right]^{-\frac{1}{\rho}}y \qquad (15-95)$$

$$m(r, w, y) = w^{\frac{1}{\rho-1}}\left[r^{\frac{\rho}{\rho-1}} + w^{\frac{\rho}{\rho-1}}\right]^{-\frac{1}{\rho}}y \qquad (15-96)$$

因此,根据公式 (15-95) 和公式 (15-96) 计算出产出的两种表达式:

$$y = k(r, w, y)r^{\frac{-1}{\rho-1}}\left[r^{\frac{\rho}{\rho-1}} + w^{\frac{\rho}{\rho-1}}\right]^{\frac{1}{\rho}} \qquad (15-97)$$

$$y = m(r, w, y)w^{\frac{-1}{\rho-1}}\left[r^{\frac{\rho}{\rho-1}} + w^{\frac{\rho}{\rho-1}}\right]^{\frac{1}{\rho}} \qquad (15-98)$$

从而,将公式 (15-97) 和公式 (15-98) 分别代入公式 (15-94), 得出利润的两种表达式:

$$\pi(r, w, y) = \left\{\frac{-1}{1+\epsilon(y)}\right\}\left[r^{\frac{\rho}{\rho-1}} + w^{\frac{\rho}{\rho-1}}\right]^{\frac{\rho-1}{\rho}} k(r, w, y) r^{\frac{-1}{\rho-1}}\left[r^{\frac{\rho}{\rho-1}} + w^{\frac{\rho}{\rho-1}}\right]^{\frac{1}{\rho}}$$

$$= \left\{\frac{-1}{1+\epsilon(y)}\right\} r^{\frac{-1}{\rho-1}}\left[r^{\frac{\rho}{\rho-1}} + w^{\frac{\rho}{\rho-1}}\right] k(r, w, y) \tag{15-99}$$

$$\pi(r, w, y) = \left\{\frac{-1}{1+\epsilon(y)}\right\}\left[r^{\frac{\rho}{\rho-1}} + w^{\frac{\rho}{\rho-1}}\right]^{\frac{\rho-1}{\rho}} m(r, w, y) w^{\frac{-1}{\rho-1}}\left[r^{\frac{\rho}{\rho-1}} + w^{\frac{\rho}{\rho-1}}\right]^{\frac{1}{\rho}}$$

$$= \left\{\frac{-1}{1+\epsilon(y)}\right\} w^{\frac{-1}{\rho-1}}\left[r^{\frac{\rho}{\rho-1}} + w^{\frac{\rho}{\rho-1}}\right] m(r, w, y) \tag{15-100}$$

3. 求利润对于要素的导数

两类人力资本对于利润的贡献由价格、人力资本的成本和两种成本之间的关系决定：

$$\frac{\mathrm{d}\pi}{\mathrm{d}k} = \left\{\frac{-1}{1+\epsilon(y)}\right\} r^{\frac{-1}{\rho-1}}\left[r^{\frac{\rho}{\rho-1}} + w^{\frac{\rho}{\rho-1}}\right] = \left\{\frac{-1}{1+\epsilon(y)}\right\}\left[r + \left(\frac{w^\rho}{r}\right)^{\frac{1}{\rho-1}}\right] \tag{15-101}$$

$$\frac{\mathrm{d}\pi}{\mathrm{d}m} = \left\{\frac{-1}{1+\epsilon(y)}\right\}\left[w + \left(\frac{r^\rho}{w}\right)^{\frac{1}{\rho-1}}\right] \tag{15-102}$$

其中 $\left\{\frac{-1}{1+\epsilon(y)}\right\}$ 为价格因子，r 为生产性人力资本的成本（租金），w 为非生产性人力资本的成本（租金），$\left(\frac{w^\rho}{r}\right)^{\frac{1}{\rho-1}}$ 和 $\left(\frac{r^\rho}{w}\right)^{\frac{1}{\rho-1}}$ 为分别来自两个生产要素对于利润的贡献中，生产性人力资本和非生产性人力成本的技术安排的贡献。

4. 利润的增长和企业的估值

由于

$$\pi(r, w, y) = \left\{\frac{-\gamma}{1+\epsilon(y)}\right\}\left[r^{\frac{\rho}{\rho-1}} + w^{\frac{\rho}{\rho-1}}\right]^{\frac{\rho-1}{\rho}}$$

且创新企业的知识成本具有不随产出的增加而增加的特点，可以假定保持不变，同时创新企业是垄断竞争企业，因此其利润的增长率是产出增长率和价格弹性的函数：

$$\frac{\dot{\pi}}{\pi} = -\frac{\dot{y}}{y} - \epsilon'(y)\frac{\dot{y}}{y} = -\left[1 + \epsilon'(y)\right]\frac{\dot{y}}{y} \tag{15-103}$$

$$y = f(r, w) = (k^\rho + m^\rho)^{\frac{1}{\rho}}$$

$$y^\rho = k^\rho + m^\rho$$

$$\dot{y} = \frac{1}{\rho}(k^\rho + m^\rho)^{\frac{1-\rho}{\rho}}\left[\rho k^{\rho-1}\dot{k} + \rho m^{\rho-1}\dot{m}\right] = (k^\rho + m^\rho)^{\frac{1-\rho}{\rho}}\left[k^\rho\frac{\dot{k}}{k} + m^\rho\frac{\dot{m}}{m}\right] \tag{15-104}$$

根据公式（15-104）和公式（15-63），可以得到产出的增长率：

$$\frac{\dot{y}}{y} = \frac{(k^\rho + m^\rho)^{\frac{1-\rho}{\rho}}\left[k^\rho\frac{\dot{k}}{k} + m^\rho\frac{\dot{m}}{m}\right]}{(k^\rho + m^\rho)^{\frac{1}{\rho}}} = \frac{k^\rho\frac{\dot{k}}{k} + m^\rho\frac{\dot{m}}{m}}{k^\rho + m^\rho} \tag{15-105}$$

根据公式（15 – 103）和公式（15 – 105），可以得出：

$$g = \frac{\dot{\pi}}{\pi} = -[1 + \epsilon'(y)]\frac{\dot{y}}{y} = -[1 + \epsilon'(y)]\frac{k^\rho\frac{\dot{k}}{k} + m^\rho\frac{\dot{m}}{m}}{k^\rho + m^\rho} \qquad (15 – 106)$$

公式（15 – 106）表明，利润增长率是两类人力资本的增长率和价格弹性的函数。

5. 创新企业估值模型

根据戈登（Gordon）永续增长模型，以知识进步和人力资本为基础的创新企业估值可以表示如下：

$$V = \sum_t^n \frac{\left\{\frac{-1}{1 + \epsilon(y_t)}\right\}\left[r_t^{\rho-1} + w_t^{\rho-1}\right]^{\frac{\rho-1}{\rho}}y_t}{(1 + WACC)^t}$$

$$+ \frac{\left\{\frac{-1}{1 + \epsilon(y_n)}\right\}\left[r_n^{\rho-1} + w_n^{\rho-1}\right]^{\frac{\rho-1}{\rho}}y_n \times \left\{1 - [1 + \epsilon'(y)]\frac{k^\rho\frac{\dot{k}}{k} + m^\rho\frac{\dot{m}}{m}}{k^\rho + m^\rho}\right\}}{\left\{WACC + [1 + \epsilon'(y)]\frac{k^\rho\frac{\dot{k}}{k} + m^\rho\frac{\dot{m}}{m}}{k^\rho + m^\rho}\right\} \times (1 + WACC)^n} \qquad (15 – 107)$$

$WACC$ 是企业的加权平均财务成本。这个模型既包括产出价格和要素价格也包括要素需求函数 $k(r, w, y)$ 和 $m(r, w, y)$。产出价格和要素价格都是可以观察到的。替代参数 ρ 可以通过对历史数据的回归取得。模型体现了创新企业垄断价格的特点，突出了知识和人力资本在利润增长中的作用。

发行公司债券的时候，企业的估值是十分重要的，现在投资债券都只研究利率，对企业的研究只限于研报，而研报只限于财务，不能对企业真实价值进行评估。以上模型提供了创新企业估值的基本依据，不仅提供债券估值和债券市场的新方法，而且对于私募股权投资和股票估值有重要意义，由于负债和股本同属于资产负债表的负债端，债券的价值的估算实际上也离不开企业的股权价值。

五、创新经济和经济周期

经济增长和经济周期是一块硬币的两个方面。经济周期本质上内生于经济增长之中。本节中微观经济学作为宏观经济学的基础，有三个作用：一是微观经济中企业产出增长的加总，就是宏观经济，而各类经济政策都是外生变量。二是微观经济中企业的迂回生产产生了产业链和知识链，前者是最终产品的上游，后者是人力资本的上游。三是微观经济的最终产品对接消费，而消费者收入中用于储蓄的部分是"生存保障基金"，这样就产生了资源的跨期安排的问题。这个跨期安排应该由金融市场实现，通过市场的"本能"发挥作用。但是在现代社会中，由于经济计划、产业政策，信贷扩张使经济发生"时空"扭曲，破坏了这三者的"自然"和谐，从而产生了经济周期。

（一）供应链受储蓄总量的决定

经济周期并不是由于价格和工资刚性的问题产生的，本质上是储蓄投资和供应链的问题。施特里格尔举了这样一个例子，约翰被困于原始森林，那里可以维持生命的只有树上的苹果。他每天需要 20 只苹果充饥。这 20 只苹果是财货（goods），约翰意识到，如果他能够有一件工具，可以更有效率地取得苹果。简单地说，他可以提高一倍的效率，每天采摘 40 个苹果。为了生产这个工具，约翰需要两天时间，因此，他需要储备 40 个苹果，以便在生产工具时，会每天有 20 个苹果维持生存。为此，约翰需要每天节省一个苹果，用 40 天的时间，可以储备 40 只苹果，这样就可以生产工具。这 40 只苹果就是他的维持生计基金。当然，约翰也可以用这 40 只苹果雇用一名工人做这件事情。[①] 这样就形成了迂回生产，也就是分工。这种分工形成了供应链。这个例子主要说明，生存保障基金的数量决定了迂回生产的潜力，或者供应链延伸的程度。这说明一个很重要的问题：储蓄的问题决定供应链延伸的程度。

施特里格尔认为，"引入货币并没有改变维持生计基金的本质。用产品换了钱的生产者，如今可以拿他们的货币交换各种消费财货（也就是说，他们只要认为有必要就可以对维持生计基金行使索取权）。请注意，当一个人把他的钱换得商品时，我们这里所拥有的一切，只是一种交换行为，而不是支付行为—货币只是交换的媒介。[②]"事实上，"旨在促进经济增长的宽松货币和财政政策，实际上适得其反。只要维持生计基金的增长率为正，就可以继续维持生产性和非生产性活动。一旦宽松货币和财政政策导致了一种生产结构出现，这种结构捆绑的消费财货在数量上远远多于其释放的，就会出现大麻烦（最终消费财货的消费超过了这些财货的生产）。[③]"根据本节前面的创新经济的理论，供应链包括产业链和知识链，供应链的问题，主要不是产业链的问题，而是知识链的问题，是高端科技知识、管理知识

---

① 里夏德·冯·施特里格尔：资本与生产［M］. 詹江、沈路，译，上海：上海财经大学出版社，2020：129－132.

② 里夏德·冯·施特里格尔：资本与生产［M］. 詹江、沈路，译，上海：上海财经大学出版社，2020：132.

③ 里夏德·冯·施特里格尔：资本与生产［M］. 詹江、沈路，译，上海：上海财经大学出版社，2020：134.

和技能知识不足的问题，表现为这些领域的人力资本的不足。

（二）生存保障基金的作用

影响生存保障基金有若干因素：首先是信贷扩张。即使储蓄都用到了投资和生产，但是生产可能不足，也可能不适销对路。前者是货币扩张造成的，后者可能是不适当的产业政策造成的，或者是不适当的投资造成的。

由于创新经济涉及知识链，因此，按照施特里格尔的思想，储蓄涉及知识链的长度。还有施特里格尔没有提到的，储蓄的资金是否用到了合理的知识链中，还是用到了不合理的产业链中。通过供应链，投资可以产生收入，这取决于投资产生的供应链的长度和投资中工资所占的比例。供应链长，每一笔投资所带来的社会的总收入也会更多，投资中工资所占的比例越大，投资带来的社会总收入也会越多（见表15-1）。

表 15-1　　　　　　　　　投资通过供应链产生的工资收入

投资额	供应链序号	工资比率（30% ~ 70%）				
		30%	40%	50%	60%	070%
100	1	30	40	50	60	70
100	2	21	24	25	24	21
100	3	14. 7	14. 4	12. 5	9. 6	6. 3
100	4	10. 29	8. 64	6. 25	3. 84	1. 89
100	5	7. 20	5. 18	3. 13	1. 53	0. 57
100	6	5. 04	3. 11	1. 56	0. 61	0. 17
100	7	3. 53	1. 87	0. 78	0. 23	0. 05
100	8	2. 47	1. 12	0. 39	0. 10	0. 02
100	9	1. 73	0. 67	0. 20	0. 04	0. 01
100	10	1. 21	0. 40	0. 10	0. 02	0. 00
总计		97. 18	99. 80	100. 40	100. 59	100. 70

资料来源：笔者制作。

表15-1说明，投资带动工资收入增加，会随着供应链的拉升而变小。在初次分配中，工资所占的比率越高，对于上游供应链的贡献越大，但是随着工资率的增加，这种贡献呈现递减趋势。施特里格尔认为，"迂回生产方式的'恰当'长度取决于维持生计基金的规模或该基金够撑多久"[①] 而维持生计基金的大小，取决于

---

① 里夏德·冯·施特里格尔：资本与生产［M］. 詹江、沈路，译，上海：上海财经大学出版社，2020：5.

国民储蓄率。2000 年以后中国基础设施投资迅速增加，从需求方面看，是由于中国加入世贸组织后，对于中国生产的消费品的需求增加，但是供给受到基础设施的制约。国家开发银行在这一阶段推动基础设施发展发挥了重要作用。但是开行所以能够做到这一点，除了开发性金融和市场化发债的创新以外，也是由于国民储蓄在这一时期的迅速增加。这是由于改革开放带来的居民收入的增加在 20 世纪 80 年代和 90 年代累积的结果。

在进入创新经济时期以前，收入的增加，首先带来的是国内消费品需求的增加，从而传统行业进一步扩张，同时又产生了对于基础设施的需求。但是进入套利机会减少的创新经济时期，知识链的作用加大了，需要更多的科技投入、基础科学投入，也需要文化产业的投入和技能的投入。技能投入主要依靠教育培训和企业在岗培训。由于传统产业链的地位下降，结果 PPI 指数下降；但是知识链的价格指数不但不会下降，还会上升。知识链的扩展和消费的升级，是互相对应的。消费者的需求沿着马斯洛需求的方向升级，需要的是科技产品、价值服务和精神食粮，这些都属于知识密集型产品。这样，新的需求就和传统的产业链模式发生了冲突，传统产品供过于求，出现了以库存增加为特征的基廷周期。知识投入需要的基础设施，不同于以往投资铁路、公路、能源等，这里需要的是大学、职业高中和培训机构。通过产业链进行迂回生产的需求下降，导致资本投资的下降，出现了朱格拉周期。套利时期房地产是赚钱的资本，一旦房地产价格下跌，房地产的投资也会下降，从而出现库兹涅兹周期。当套利经济结束，进入创新经济时期时，三个周期叠加进入低谷。创新经济需要新的知识、新的理念，需要的是精耕细作，需要的是工匠；需要的是"炼金"，而不是"淘金"；需要的是企业家，而不是产业政策。

（三）利率在资产估值中的作用

利率决定"生存保障基金"现在价值和未来价值之间的关系，因此，中性利率并不是由中央银行决定的，而是由消费者/投资者在现在和未来之间的主观选择决定的。由于外生的政策的干预，以及其他外生变量，包括战争、环境、灾害等因素的影响，实际利率总是偏离中性利率，从而导致资产价格的变动和经济的周期变化（见图 15-9）。利息是资本的价格，只有当资本定义为企业家和生产要素的中间环节（熊彼特语）时，才是成立的。利润不是资本的贡献，而是企业家的贡献，因而，利润不是资本的价格。能够直接创造利润的资本，其创造的利润是套利的结果，因此在有效市场中，不存在创造利润的资本。

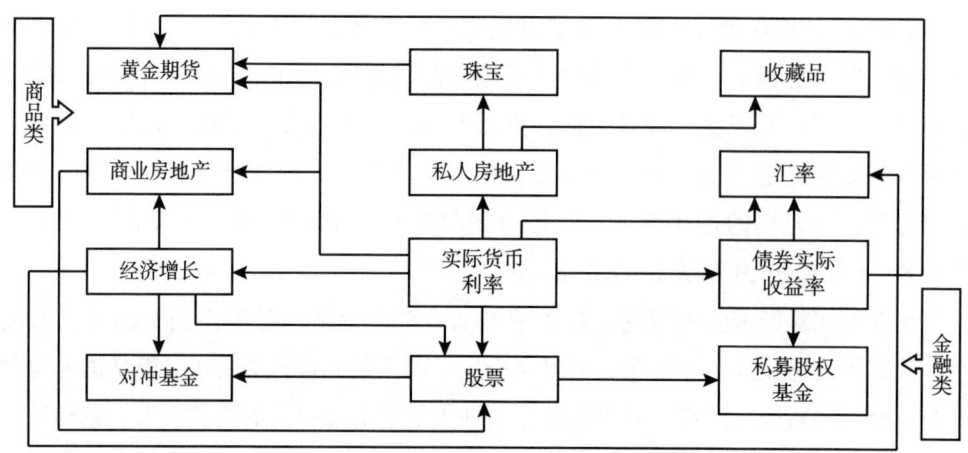

图 15 - 9　实际货币利率变化对于商品类和金融类资产价格的影响

资料来源：［挪］拉斯·特维德. 逃不开的经济周期［M］. 董裕平译，北京：中信出版社，2023：403。
笔者略有修改。

"在所有类型的资产定价中，利率起着独特的作用。利率下降和较低的实际利率对各种类型的资产定价具有很强的下面影响。货币利率和债券收益率会驱动住宅房地产繁荣发展，因为低利率使人们具有支付能力，而这又导致了个人财富的增值，个人财富的增值又会驱动珠宝和收藏品的价格上涨。[①]"由于外生变量的影响，导致资产价格在"时空"上的扭曲会产生两个后果：在空间上，导致收入的再分配；在时间上，导致生存保障基金的增值或贬值。在两种情况下，资产价格的扭曲都会加大贫富差距的负面效应，使中产阶级变小。由此产生的后果是：需求向马斯洛需求两端移动，传统需求过剩，而高端需求的供给不足。

（四）债券市场和商业周期

商业周期影响债券市场，债券市场反映经济周期的变化。"人们对股票、债券和基金的价格行为的关注度是如此之高，使得很少有其他的经济问题能够与之媲美。这些金融资产价格甚至一度成为早期经济学家研究的焦点。[②]"

低利率首先导致消费支出上升和投资热潮，从而企业利润和就业增加，但是由于投资不对路，不能适应新需求，而传统需求已经过剩，最终商品存量增加。信贷扩张时，债券收益率下降，价格上升。这时经济继续扩张，企业利润和就业进一步增加，投资者风险偏好扩大，对于高收益债券的需求增加。但是在随之而来出现的经济过热和通货膨胀加剧，导致债券收益率上升，价格下降（见图 15 - 10）。

---

①　拉斯·特维德. 逃不开的经济周期［M］. 董裕平译，北京：中信出版社，2023：402.
②　拉斯·特维德. 逃不开的经济周期［M］. 董裕平译，北京：中信出版社，2023：379.

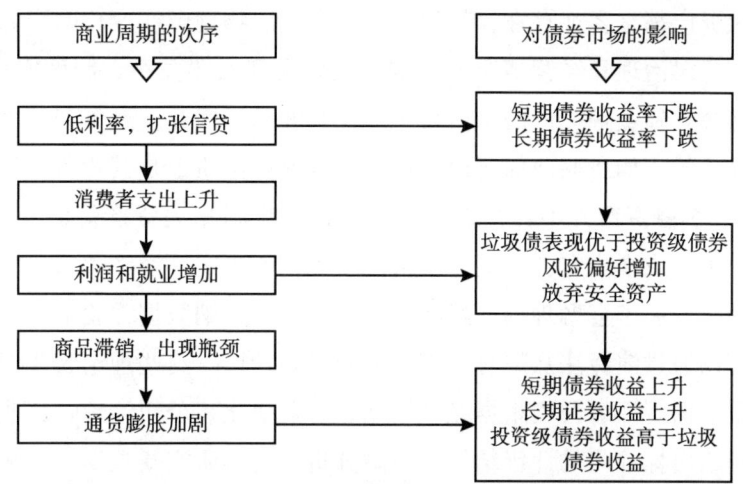

图 15 – 10　商业周期的变化对于债券市场的影响

资料来源：［挪］拉斯·特维德. 逃不开的经济周期［M］. 董裕平译，北京：中信出版社，2023：381。
笔者略有修改。

　　总之，债券市场分析要从比较分析方法转身逻辑分析方法，因而需要新的经济理论。创新经济时期经济增长和经济周期的逻辑不同于传统经济。经济增长的瓶颈不是产业链，而是知识链。创新经济的增长理论和周期理论提供了理解新的经济形态的逻辑框架。根据以知识为基础的内生增长理论，经济增长的动力来自消费升级，进入创新领域，主要依靠商业模式创新、产品创新和科技创新。但是对接消费的是下游企业的商业模式创新和产品创新，下游企业带动和拉升上游企业的科技创新。在创新经济时期，各种提供套利机会的产业政策会打乱市场秩序，经济发展主要依靠具有创新动力的企业家。减少经济的周期波动，主要方法是少用货币政策工具，投资由市场决定。实现金融和企业的创新结合，是经济增长的内功，资本只有和创新企业家结合才能共享利润。投资不是看套利机会，而是看企业的内生动力，创新企业的估值方法体现了创新经济时期企业内生发展的逻辑。

第二节　债券资本市场的公允价值和估值

一、债券的公允价值

（一）金融资产价值和价格的形成

债券公允价值和估值服从金融资产价值揭示和价格决定的规律。标准化和非标准化的金融资产都是客观存在，其价值既受到底层物理资产变化的影响，也受到经济周期、公司治理和经营情况的影响，还要受到法律关系、制度安排的决定。这些因素都会导致金融资产的价值发生变化和波动。因此金融资产的价值是无时无刻不在变动的。如我们前面所说，这些金融资产本质上是其背后人和人的关系的"物化"。金融资产并不存在绝对的价值，它受到相关资产价值变化的影响，卖方价值由机会成本决定，而买方价值由主观价值决定。经济学家建立了经济学的基本定理并发展了金融理论。经济计量学家通过归纳数据并验证，归纳出新的理论，也可以通过演绎法从原有的理论推导出新理论。这些理论为我们判断市场变化提供了依据。评级公司根据经济周期、行业变化、公司治理、企业经营以及财务变化等给出标准化的评级结果。金融分析师通过研究新数据，归纳出一些规律性的东西，得到个人或机构的判断。市场参与人也可以从不同渠道得出独立的内部信息或消息（这些信息如果用于交易，则法律上可以认定为内部交易），这些消息如果在市场中散布，就会影响市场买卖双方的决策。所有这些形成了金融资产内在价值揭示所必须具备的知识。这些知识形成一个金字塔的结构，包括理论知识、应用知识、信息、经验、数据和消息。理论分为不同学派，信息需要判断，数据需要提炼，消息需要甄别，能够利用多少知识和信息的总量，取决于市场参与人原有的先验知识。买方和卖方根据这些知识进行的评估。但是价格决定是由买卖双方的博弈最终决定的。在一级市场上无论是招投标发行，还是簿记建档；在二级市场上无论是撮合交易，还是大宗商品谈判交易，本质上都是买卖双方的博弈过程。买方和卖方并不处在平等地位上。由于存在着信息不对称，卖方总比买方知道更多的信息，这是因为资产原来由卖方所有。同时，买方对于价值的判断是主观价值，并不以卖方的成本为转移。卖方价值则是客观价值，由机会成本决定。从这个意义上说，"交换和博弈"是一个不可分离的整体过程。通常人们认为，价格围绕价值波动，并不准确。金融资产价值揭示和价格决定见图 15 – 11。

（二）债券公允价值的概念

公允价值（fair value，FV）是公平价值的意思。按照金融工具国际联合工作组（JWG）2000 年 12 月发布的《准则草案与结论依据——金融工具及类似项目的会计处理》征求意见稿的意见，公允价值可以分为现行买入价格和卖出价格。公允价值本质上是一种基于市场信息的评价[①]。

---

① 王平，刘玉廷. 金融工具（债券）公允价值问题研究 [M]. 北京：中国财政经济出版社，2012：11.

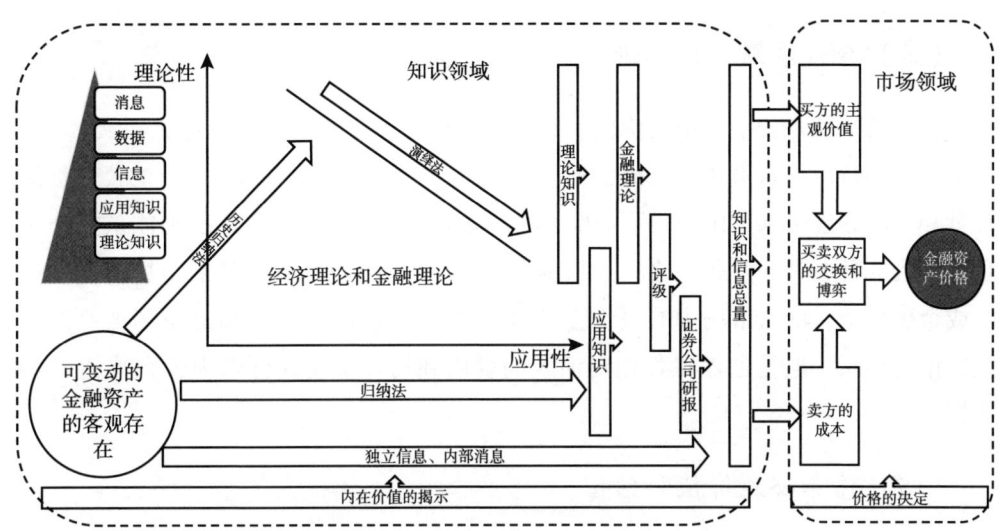

图 15 – 11　金融资产价值揭示和价格决定

资料来源：笔者绘制。

公允价值更多地考虑了人的因素，尤其是对人的公平、公正、诚信、允诺的要求。债券公允价值的基本特征表述为公允性、相关性、现实性、广泛性、估计性和不确定性。公允性表现为价格是在公平交易中自愿达成的交易价格，是各利益相关者进行博弈的结果。

金融市场的定价以均衡和无套利原则为基础。现代经济学理论认为，价值是主观的，公允价值并不是一种客观价值。公允价值体现了一定规则下交换和博弈的均衡点。[①] 因此，债券的公允价值既不能脱离交易规则、主观价值判断和博弈过程，也不能脱离信息地位的差异。经济学对于金融产品的定价理论的基础之一，就是无套利原则，但是现实中的债券市场并不存在于有效的金融市场之中。债券交易机制有自身的特点，比如债券市场主要是场外市场，市场价格不连续，价格中包含多种非正常因素，因此，债券估值是非常必要的。[②]

在实践中，我国已经运用公允价值计量金融资产的价值和风险。1999 年，中央结算公司开始编制并发布人民币债券收益率曲线，成为我国最早公开发布的收益率曲线。债券估值信息披露得到普遍重视，市场对于合格第三方估值的作用有了新的认识。[③]

---

① 高坚. 经济学元理论（公众号），第 17 章.

② 王平，刘玉廷. 金融工具（债券）公允价值问题研究 [M]. 北京：中国财政经济出版社，2012：25.

③ 王平，刘玉廷. 金融工具（债券）公允价值问题研究 [M]. 北京：中国财政经济出版社，2012：193.

（三）会计准则和公允价值

公允价值就是公平的市场价格。和股票相比，债券的交易没有那么活跃。"债券不活跃的特点导致市场所能提供的价格信息较为缺乏，这给债券资产的公允价值计量和风险管理带来了困难。[①]" 2006 年财政部发布的新企业会计准则体系把公允价值作为五种会计计量属性之一。根据会计准则的规定，"存在活跃市场的金融资产或金融负债，活跃市场中的报价应当用于确定其公允价值。"债券市场虽然没有股票市场活跃，但是也存在着相对活跃的场内和场外市场，可以为公允价值提供依据。

（四）债券公允价值和估值

公允价值可以分为现行买入价格和现行脱手价格。由于债券市场每天只有一部分债券有交易和报价，大部分债券没有可观察的价格，为了满足会计核算和风险控制的要求，必须对债券每天进行估值。根据债券二级市场交易规则，每天进行估值是可行的。

1. 根据到期收益率计算隐含远期利率

债券未来现金流是固定的，而且通常发行时确定的票面利率代表固定的现金流。特别是附息债券，其定期支付的利息就是其现金流。贴现率比较不容易计算，通常依赖于零息债券的收益率曲线。计算收益率曲线的方法包括估值法、间接法和插值法等。收益率曲线可以绘制出到期收益率曲线、远期收益率曲线和即期利率曲线。后者相当于零息债券的收益率曲线，可以通过计算隐含远期利率从到期收益率曲线中拆分出来。

2. 以国债为基准的估值

标准化产品流动性好，按市场估值比较方便。市场参与人对流动性不好的金融产品的估值要参考流动性好的同类产品，并把国债作为估值的基准。参考其他产品的方法也称为相对估值法。债券估值也可以采取以金融理论为基础的模型进行估值，称为绝对估值法。非标准化产品的流动性较差，设立标准进行估值非常重要。

3. 第三方估值

自 2005 年基金行业引入中央结算公司作为首家基金估值基准机构以来，银行

---

① 王平，刘玉廷. 金融工具（债券）公允价值问题研究 [M]. 北京：中国财政经济出版社，2012：1-3.

理财和保险资管机构也相继将中债估值作为会计核算、风险管理等领域的重要基准，标志着第三方公允估值在资管行业的应用不断加深。实践证明，第三方估值机制能够为市场提供统一的公允价值计量参考，有效帮助资管机构解决非标准化资产估值的技术难点，为监管部门穿透式监管和市场机构内部风险管理提供有效工具。自资管新规和新金融工具会计准则发布以来，中国信登与中债估值中心携手为信托行业提供新金融工具会计准则相关服务，为行业提供有效解决方案，并取得了阶段性成果。①

4. 信托估值

在资管新规与新金融工具会计准则的新要求下，信托登记公司与中央国债登记结算公司进行合作，推动信托行业公允价值估值体系的搭建。信托行业需要明确行业统一标准，以使行业内部对同一资产分类和计量结果具有一致性，使不同资产的分类和计量结果具有可比性。中国信登正在优化信托估值及相关服务，并联合中债估值中心积极推进信托产品新金融工具会计准则解决方案在行业内的深入应用，夯实信托行业净值化转型的基础，帮助信托公司按时保质落实净值化管理和新金融工具会计准则要求，推动信托行业向更高水平更高质量发展。②

截至目前，已有 31 家信托公司开通由中国信登与中债估值中心合作提供的估值等试点服务，已实现包括信托估值、合同现金流量特征（SPPI）和预期信用损失（ECL）在内的第三方新金融工具会计准则服务的实质性落地。

二、国债估值和免税政策

国债市场化以后，债券一级市场和二级市场价格都由市场决定。在没有一级市场时，债券定价主要参考二级市场上的价格。例如，20 世纪 80 年代和 90 年代上半期，国债没有一级市场，只能依靠二级市场利率水平定价。所谓由市场决定，就是由供求关系决定。但是供求关系又受到很多因素的影响，如市场准入、信息成本、经济周期、利率水平、中介机构的做市能力、金融基础设施的效率、金融体系的结构等。即使放开一级市场和二级市场，债券市场的定价机制、做市效率、估值也是非常重要的。

---

①②　文中摘自 2021 年 7 月 21 日中国信登联合中债估值中心在上海举办信托净值化管理论坛——中央结算公司副总经理刘凡以及中国信登董事长文海兴的观点。

（一）国债估值和国债基准作用

国债估值的数据来源主要是做市商的双边报价数据、债券结算数据、同业经纪人数据以及专业机构的估值数据。亚洲金融危机以后，各国普遍对债券市场进行了改革，增加了逐日盯市体系，普遍设立和指定第三方估值机构，同时采用国际会计准则和公允会计制度。[①] 国债在债券市场中具有基准作用，但是国债估值受到市场以外因素的影响，限制了国债的基准作用。近十几年来，国债估值在我国迅速发展起来，中央国债登记结算公司建立了专业化的第三方估值机构。

（二）国债免税的影响

目前，我国国债投资涉及的税种包括个人所得税、企业所得税、增值税、城市维护建设税、教育费附加和地方教育附加，这些税种在计算应纳税所得额时均包括国债投资的资本利得，但不包括国债的利息收入，这种国债税制不利于发挥国债收益率曲线的基准作用。

首先，国债免税会影响国债收益率和其他债券收益率的可比性，进而影响国债收益率的定价基准属性。其次，国债持有时免税，而卖出时不免税导致银行愿意长期持有国债，而不在市场中交易。这必然影响国债的流动性，使国债价格不能反映实际收益率水平。最后，公募基金购买债券免税，使公募基金不愿意购买国债，而更愿意购买票面利率较高的政策性金融债和其他债券。由于公募基金的交易意愿更强，间接提升了政策性金融债的流动性，也使得国债基准作用受到了影响。

近年来国开债和国债之间的隐含所得税率降低到 8%，低于实际企业所得税率，说明以收益率为主要目标的公募基金跟随市场变化买卖国开债更加活跃。[②] 这也说明相对而言，国债的发行成本偏高。因此，应该对国债利息进行征税，这样不但不会提升国债的发行成本，还会因为提升国债流动性而降低国债的发行成本，并提升国债的定价基准属性。[③]

---

① 王平，刘玉廷. 金融工具（债券）公允价值问题研究 ［M］. 北京：中国财政经济出版社，2012：56－57.

② 蔡浩. 牛市下国开债——国债隐含税率变化逻辑的历史延展 ［J］. 债券，2022（2）：35－39.

③ 文中内容摘自 2020 年 8 月债券四十人论坛——中央国债登记结算有限责任公司副总经理刘凡出席并发表的演讲。

第三节　债券收益率曲线

一、我国债券收益率曲线的建立

（一）我国债券收益率曲线的形成

1. 国债期限结构的变化和收益率曲线的形成

技术进步可以减少生产成本，也可以减少降低交易成本的成本。因此，制度的形成由激励机制和约束机制的矛盾运动驱动，并通过降低交换或交易成本实现。技术进步对于债券市场的制度结构形成的意义也在于此。20 世纪 90 年代计算机技术的发展和普及为国债二级市场基础设施的发展奠定了技术基础。

20 世纪 80 年代，财政部发行的国债多数为 10 年期限国债，但是期间不支付利息，也不能提前兑付，直到 1986 年和 1988 年进行流通转让的试点，国债才可以提前兑付。20 世纪 90 年代前期和中期，由于国债发行难，国债发行期限开始缩短，以 3 年期和 5 年期为主。1994 年发行了 1 年期以内的短期国库券。国债多品种招标发行使一级市场和二级市场实现了连通，从而使发行长期市场化国债成为可能。1996 年，财政部发行了中国历史上第一个记账式附息债券，实现了市场化发行长期国债的目标。

自 21 世纪初以来，财政部通过定期滚动发行关键期限国债、不断丰富国债期限品种等方式，积极推动构建中国国债收益率曲线。近年来国债收益率曲线建设进一步提速。以人民币加入国际货币基金组织特别提款权（SDR）货币篮子为契机，财政部推出了 3 个月贴现国债按周滚动发行、6 个月贴现国债按月滚动发行机制，有效夯实了短期国债收益率的形成基础。3 个月贴现国债收益率已被国际货币基金组织采纳作为 SDR 利率中人民币利率计算的基础。与此同时，财政部逐步增加超长期国债供给，推动超长期国债价格形成机制不断完善。

2. 国债收益率曲线已经成为市场定价的重要依据

国债收益率曲线在经济金融领域有广泛的应用前景。目前，国债收益率曲线已广泛应用于经济金融领域，具体包括宏观和微观两个层面的应用。宏观层面的应用体现在以下几个方面：一是三个月期的中债国债收益率已正式进入 SDR 利率篮子，有助于人民币国际化进程；二是在中债国债收益率曲线基础上发布的"SKY"（上海关键收益率）指标进一步对接了上海国际金融中心建设，有助于人民币定价的市场化；三是中债国债收益率曲线已在财政部、人民银行及银保监会官方网站发布，提升了市场主体对国债收益率曲线的关注度和使用率，有利于利率市场化改革；四是人民银行在《货币政策执行报告》等分析报告中持续采用中债国债收益率曲线反映债券市场利率变化情况，表明国债收益率曲线为货币政策的制定提供了有效参考；五是中债国债收益率曲线已成为国债做市支持操作价格区间定价基准，助力提升国债市场流动性；六是以中债国债收益率曲线为基础发布的中债估值已被财政部采纳作为增值税计算中的债券买入价，有力地支持了营改增改革。图15-12所示是2021年9月10日中债收益率曲线。

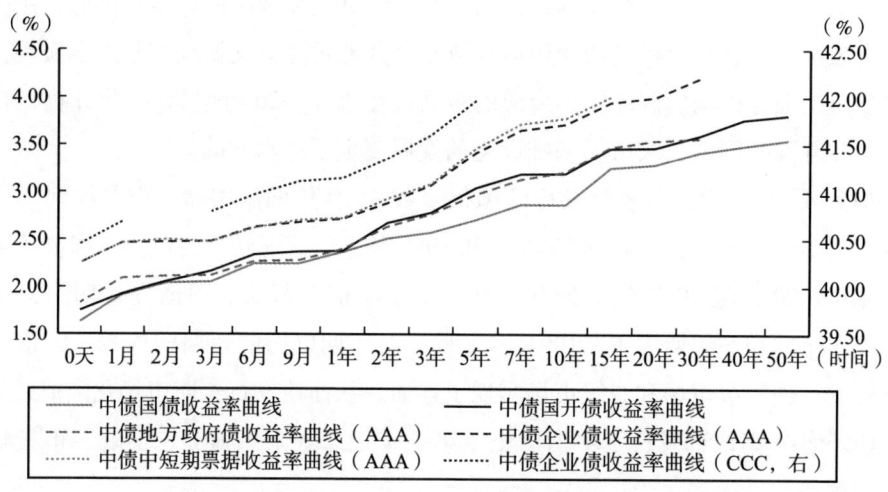

图15-12 2021年9月10日中债收益率曲线系列

资料来源：中债估值中心。

微观层面的应用体现在以下几个方面：一是长期国债和地方政府债券在发行时均采用中债国债收益率曲线作为招标定价基准；二是公允价值计量，目前已有超过1000家境内外金融机构使用中债国债收益率曲线和中债估值作为金融资产公允价值计量的参考；三是风险管理计量基准，银保监会推荐将中债国债收益率曲线作为银行间市场风险管理的计量比较基准和保险业保险准备金计量参考基准；四是产品定价基准，以中债国债收益率曲线等中债价格指标作为浮动利率基准的证券约有2.5万亿元，覆盖了永续中票、优先股、证券公司永续次级债等证券品种。①

---

① 参考中债金融估值中心专家关于国债收益率曲线的讨论。资料来源于中央结算公司。

（二）灵活的国债期限及其对于收益率曲线的影响

与公司信用类债券不同，公司主体不能主动影响债券市场，也不能建立自己独立的收益率曲线，而政府债务主管部门可以用很多办法影响收益率曲线。

1. 数量招标的方法

不确定性和利率的波动会改变投资人对可上市债券期限的偏好，从而造成投资人结构的改变。由于供求关系的影响，政府债务主管部门（财政部国库司）可以将市场利率水平作为参考，从整体上粗略估计不同期限债券的收益率水平，而不必固定每一期限债券的发行数量，最终市场会决定各种债券的发行量。这种做法在中国称为"数量招标"，即固定利率水平，由市场决定总的发行量。财政部和国开行有时会采用这种办法，不过并不经常使用。

2. 随买发行方式

采取"随买"方式销售国债时，政府债务主管机构或者代表政府发行国债的中央银行可以在一定期间内发行一组不同期限的中长期债券，利率可根据二级市场的收益率来决定，并根据市场的变化进行调整。有时候政府的经纪人会在二级市场进行销售，有时候则是金融机构进行柜台销售，流动性有保障。

20世纪80年代和90年代早期，中国采用过类似的办法销售无记名债券。不过随着中国债券市场逐渐以机构投资者为主体，债券市场制度结构迅速变化。2016年9月30日，财政部联合中国人民银行印发《国债做市支持操作规则》，明确财政部可在全国银行间债券市场运用随买、随卖等工具，支持银行间债券市场做市商对新发关键期限国债做市的市场行为。随买是指财政部在债券二级市场买入国债，随卖是指财政部在债券二级市场卖出国债。国债做市支持机制主要是为国债做市，提高国债二级市场流动性，完善反映市场供求关系的国债收益率曲线。根据该规则，按照国债发行计划，初次发行后有续发行，并有做市商在市场中做市的国债，列为随卖操作券种。如有多只国债符合国债做市支持条件时，每次按照参与机构申报家数由多到少、申报总额由大到小、申报券种前一个月做市成交量由大到小、申报券种剩余期限由长到短顺序，选定国债做市支持操作方向和券种。国债做市支持操作采用单一价格招标方式定价，标的为价格。随买操作时，最高中标价格为国债随买价格。随卖操作时，最低中标价格为国债随卖价格。

3. 定期发行不同期限品种的国债

2010年以后，财政部逐渐确定固定的发行时间表，使不同期限的国债品种定期出现一级市场价格，从而维持稳定的国债收益率曲线，为市场利率确定基准。

（三）附加条款对于收益率曲线的影响

1. 附带买回条款

一些国家的债务主管部门偏好发行含提前赎回期权的债券，比如附带允许政府在债券到期日前买回债券的特殊条款。在市场条件不断变化的情况下，债务主管部门提前赎回国债，以便用票面利率较低的债券替代票面利率较高的债券。但是在债券定价未能充分实现市场化的情况下，最好不要采用提前赎回的办法，否则会给债券的实际期限和利息支付带来不确定性，影响国债在市场走弱时的销售。

债务主管部门如果确实需要附带允许提前赎回的条款，就应该为投资人提供一定的补偿，例如优惠的税率。政府可能不愿意实行这类补偿措施，但这类措施能保护投资人的权利。近几年来，发达国家逐渐放弃了提前赎回条款，不过对发展中国家来说，在发行票面利率较高的长期债时可以利用该条款增加选择提前赎回的灵活性。

2. 投资人选择权

发达国家的经验表明，政府债务主管部门如果希望满足投资人对特定期限国债的需要，可以通过让投资人自行选择期限来实现。例如，债务主管部门可以发行期限较长的债券（如20年期债券），同时允许投资人在一段时间后（如5年或10年后）要求提前兑付。这样的债券称为"可收缩债券"。通过发行可收缩债券，债务主管部门可以将债券的期限缩短或增长；事先为不同期限的债券确定票面利率，应该以对长期市场利率的预测为基础。

3. 发行可扩展债券

同样，债务主管部门为了获得债券期限和债券利率方面的灵活性，还可以发行期限较短的债券，同时允许债券持有人延长债券的期限。投资人可以将手里的债券换成期限与市场上其他债券剩余期限相等的新债券，进行这种操作的旧债券就叫作"可扩展债券"，替换成的新债券就叫作"延长债券"（protractible bond）。延长债券相当于新发的债券，只不过债券投资人预先知道其发行条件。这类债券的利率和期限结构与已上市的债券相对应。1994年财政部关于国债的以新还旧政策（即滚动发行政策）就是为了延长债券期限而制定的。

为了提高国债二级市场的流动性，政府债务主管部门还可以采用增发技术，即按照当前市场价格重新发行已有的债券。2002年以来，国开行为了提高市场流动性，多次利用增发技术来提高已有债券类型的存量。

可选择期限的债券工具有助于政府在债券市场走势不明的情况下实现顺利发行。如果大多数债券持有人都延长了债券期限，政府债务主管部门的再融资负担就会轻松很多。不过，发行可扩展债券的成本高于发行新债的成本。

4. 债转股方式

债务主管部门还可以选择债转股的方式，这样做的成本低于延长原有债券期限的办法。有时候出于成本的考虑，政府债务主管部门不希望投资人提前要求兑付，也不愿采用延期和转换的办法。这种情况下，投资人由于不知道未来兑付债券时的利率水平，通常希望债券附加上可回售期权。另外，由于利率水平前景不明，债务主管部门也面临投资人对新债缺乏购买兴趣的风险。

5. 随着市场成熟，逐渐建立相对固定债券品种

中国的债券市场早期曾经频繁使用过上述不规范的发债技术。市场条件一旦好转，就不应再采用这类技术，而是根据期权定价公式为新发行的债券定价。出于这一原因，国开行发行了一系列可赎回和可回售的债券。期权给发行人和投资人带来了更多的灵活性，为确保公平交易，期权必须合理定价，因此国开行利用了期权定价公式来计算期权价格。不过由于缺乏债券价格波动性的相关数据，该公式的计算结果仅作参考。为了建立一个稳定的市场，不论是发行人还是投资人都应将定价任务交给市场来完成。因此，债券工具的设计必须做到标准化，标准化的债券工具频繁交易的结果，才能反映出真实的市场供求状况。

（四）浮动利率债券收益率曲线和估值

1. 浮动利率债券品种

国家开发银行最早在中国引进浮动利率债券品种。发行浮动利率债券（FRN）的好处是可以实现发行长期债券，改善现有的债券期限结构，以便实现开行债券资产和负债之间的匹配，对冲风险。由于银行的负债是浮动的，发行浮动利率债券，也有助于购买债券的银行实现资产和负债之间的匹配，帮助整个银行体系解决长期以来不能解决的资产和负债之间的错配问题。浮动利率债券支付的利息是按照一定的利率指数加一个贴水即利差来计算的。利率指数债券也是浮动利率债券，其支付的利息按照在通货膨胀指数的基础上加一个贴水来计算。

2. 浮动利率债券的特点

浮动利率债券和其他债券一样具有固定的期限，但是不具有固定的票面利率，票面利率按照半年或按季度进行调整。票面利率重新确定的日期也称为票面利率滚

动期。欧洲美元的浮动利率债券通常以 LIBOR 为基础，或者有时用 LIBID（伦敦银行间拆借买价利率）和 LIBOR 的平均值作为浮动利率。利差（贴水）通常是 0.125% 和 0.25% 的倍数。欧洲市场使用 360 天的天数计算法定价和确定票面利率，也有一些浮动利率债券以商业票据为基础浮动。有些浮动利率债券规定了最低票面利率水平。此外，有的浮动利率债券还有提前偿还的规定，或者规定了转换成固定利率债券的选择权。浮动利率债券通常按照净价（不包括增殖利息）报价。买卖价差通常按照价格的 0.25% 变动。

3. 当前收益率的计算

有很多计算浮动利率债券相对价值的方法。其中最常用的就是所谓当前收益率的方法。计算公式如下：

$$当前收益率 = 当前票面利率 \times 价格 \tag{15-108}$$

但是这种方法没有考虑发行价格升水和贴水的因素，也没有考虑增殖利息的因素。如果在票面价格以上购买浮动利率债券，就称为升水购买；如果在票面价格以下购买，就称为贴水购买。这个公式不是计算浮动利率债券的一个理想和可靠的方法。如果要准确地估算浮动利率债券的收益率水平，要考虑将固定贴水、升水和贴水扩展到期、调整升水和贴水的利息、在两个利息支付日之间的买卖收益等因素。

估算浮动利率债券收益率的最简单的方法是用到期利息支付次数除以扩展贴水或升水。这意味着直线偿还或对贴水和升水进行分期付款。这种方法可能会高估贴现的浮动利率债券的有效利差，低估升水的浮动利率债券的有效利差。分期付款应该按照浮动利率来计算。

4. 平均利率计算方法

比这种方法更简便的方法是按照浮动利率债券利率的平均值来计算。然后将确定票面利率的平均利率从到期收益率中扣减，以便计算出来有效的利差，计算公式如下：

$$P_p + A = \frac{\dfrac{C_1 \times D_1}{360}}{1 + \dfrac{R}{100} \times \dfrac{D_1}{360}} + \frac{\dfrac{C_2 \times D_2}{360}}{\left(1 + \dfrac{R}{100} \times \dfrac{D_1}{360}\right)\left(1 + \dfrac{R}{100} \times \dfrac{D_2}{360}\right)} + \cdots +$$

$$\frac{\dfrac{C_n \times D_n}{360}}{\left(1 + \dfrac{R}{100} \times \dfrac{D_1}{360}\right)\left(1 + \dfrac{R}{100} \times \dfrac{D_2}{360}\right) \cdots \left(1 + \dfrac{R}{100} \times \dfrac{D_n}{360}\right)} \tag{15-109}$$

其中，P_p 为净价购买价格；

A 为增值利息；

D_i 为一年利息支付日的天数；

R 为贴现率（内部回报率 IRR）；

C_i 为 $R_{ai} + S$；

R_{ai} 为浮动利率适用期间的平均浮动利率（LIBOR）或其他浮动利率基准；

S 为发行时确定的固定利差。

上述运算可以按照试错法通过计算机进行，也可以通过程序化的金融计算器进行。假定从第一个利息支付期以后，预期的利息支付都是相等的。那么下面公式可以提供较简便的计算：

$$R - R_a = \frac{\left[S + \frac{(100 - P_a) \times f}{CV} + \frac{(100 - P_a) \times R_a}{100} \right]}{P_a} \times 100 \qquad (15-110)$$

其中，f 为每年利息支付的次数（如半年利息支付为 2）；

P_a 为净价买卖价格；

CV 为 1 个单位投资 n 年后的累计价值。

$$CV = \frac{\left(1 + \frac{R_a}{100 \times f} \right)^n - 1}{\frac{R_a}{100 \times f}} \qquad (15-111)$$

5. 国家开发银行的浮动利率债券

2000 年初期，国家开发银行首先推出以一年期存款为基准和以 7 天回购为基准的浮动利率债券，使中国债券市场发展和利率市场化进入新阶段[①]。

20 世纪 90 年代末期，国债市场化进展缓慢。国家开发银行推进债券市场化，实现了多品种发行，从而建立了国家开发银行的市场化利率曲线。国家开发银行的信用低于国债，但是由于发行品种有很好的期限分布，加上开行债券交易活跃，因而成为市场上认可的基准收益率曲线。

目前，我国已形成期限结构较为完整的国债收益率曲线，国债收益率曲线的金融市场定价基准作用逐步发挥。借鉴国债收益率曲线的经验，中央结算公司等单位积极探索编制地方政府债券收益率曲线，取得了初步成效，为下一步建立健全地方政府债券收益率曲线积累了经验。

6. 国债收益率曲线上长端利率的基准

收益率曲线的重要性日益被市场承认。2006 年后，随着国债发行期限不断丰

[①]　高坚．开发银行浮动利率债券利率结构［N］．中国证券报，1999-03-23．

富，经过充分论证后，中债登采用了 Hermite 插值法和 Bootstrapping 来编制收益率曲线，不断提高国债收益率曲线的可靠性。"在市场化的利率体系中，基准性的收益率曲线非常重要，可为各类金融产品和市场主体提供定价参考。收益率曲线反映利率由短及长的期限结构，是由各期限金融产品的主要参考基准利率共同组成的一个体系。[①]"由于缺少短期国库券作为国债收益率曲线的短端指标，因此，"收益率曲线的短端为隔夜和 7 天回购利率 DR，长端为国债收益率。[②]"这种情况也符合国际惯例。"国际上看，即便是债券市场较为发达的美国，其国债收益率曲线也主要在中长端发挥作用，货币市场等短端利率仍主要参考联邦基金利率和 Libor（改革后转为 SOFR）。[③]"这一情况也体现了财政部国库现金管理缺少短期国库券工具这一现实，因此中央银行可以有自己发挥作用的空间。"对收益率曲线的不同部分，央行与市场发挥的作用有所差异。对于收益率曲线的短端，央行控制着基础货币的供给，通过公开市场操作和中期借贷便利等投放短期和中期基础货币，直接影响短期和中期的市场基准利率。收益率曲线的中长端，则主要基于市场对未来宏观经济走势、货币政策取向等的预期，由市场交易形成，投资者和政策制定者可以从中观察重要的市场信息。[④]"国债收益率曲线已经成为定价基准和业绩标的。"截至 2020 年末，以中债指数为业绩基准的基金规模超 3 万亿元，在同类基金中占比 83%；以中债指数作为投资标的的基金规模超 3400 亿元，在同类基金中占比 85%。[⑤]"

二、债券收益率曲线的编制、应用和问题

（一）目前中国国债收益率曲线的编制发布日趋成熟

1. 建立国债收益率曲线的意义

中国债券市场已经有了 40 年的发展历程，目前总规模居世界第二位。但是债券市场基础设施还有待进一步完善，特别是作为债券市场基准的国债收益率曲线是债券市场定价的基本工具。2016 年 6 月 15 日下午 5 时许，央行在官方发布公告称，将于即日起发布中国国债及其他债券收益率曲线。上述曲线由中央国债登记结算有限责任公司编制，其中 3 个月期国债收益率是用于计算国际货币基金组织特别提款权（SDR）利率的人民币代表性利率。

---

①②③④ 易纲. 中国的利率体系和利率市场化改革 [J]. 金融研究，2021（9）：1–11.

⑤ 中央国债登记结算有限责任公司中债估值中心. 我国国债收益率曲线建设的回顾与展望 [N]. 中国财经报，2022–01–19.

央行在公告中表示，发布国债收益率曲线为国际通行做法，可以为境内外机构和投资者了解、参与中国债券市场提供便利，提升市场主体对国债收益率曲线的关注和使用程度，夯实国债收益率曲线的基准性，为进一步深入推进利率市场化改革奠定更为坚实的基础。①

2020 年 5 月，《中共中央国务院关于新时代加快完善社会主义市场经济体制的意见》指出"深化利率市场化改革、健全基准利率和市场化利率体系，更好发挥国债收益率曲线定价基准作用，提升金融机构自主定价能力"，指明了债券收益率曲线的积极作用。

2. 中央结算公司在发展收益率曲线方面的努力

中国收益率曲线的建立是财政部国债市场化改革的产物。我国 1993 年开始建立了规范稳定的国债承销团制度。1996 年财政部发行的 696 国 10 年期附息国债被证明是市场上最重要的国债品种。"中国国债收益率曲线中最受市场关注的是 10 年期国债收益率走势，该期限附近市场价格点丰富，日均成交近 500 笔、成交量超过 200 亿元。②"

首先，中央结算公司作为国家核心金融基础设施的建设者和管理者，有效支持了债券市场的稳健运行，并在此基础上奠定了利率市场化改革深入推进的基础。其次，中央结算公司下属子公司中债金融估值中心发布的债券收益率曲线，是重要的市场化基准利率，在利率市场化改革中发挥了基础性作用。再次，中央结算公司下属担保品中心开展的担保品业务有效提升了债券市场流动性，其引入的担保品逐日盯市机制也充分发挥了债券价格的信号作用，助推了债券收益率曲线的完善。从此，中央结算公司下属企业债中心推进的企业债注册制改革，将有效提升债券市场对实体经济的金融支持，并助推债券市场与信贷市场的有效联通。最后，中央结算公司下属子公司银登中心是信贷资产流转的重要场所，在盘活信贷资产存量、联通信贷资产与债券二级市场方面也发挥了重要作用。

1999 年，中央国债登记结算有限责任公司（中央结算公司的前身）依靠自身中立性和专业性等核心优势，编制发布了中国第一条债券收益率曲线。经过 8 年的不懈探索和完善，自主构建完成以中债收益率曲线、中债估值和中债指数三大系列有机组成的中债价格指标系，并已陆续投入实际应用。

---

① 中国政府网．中国人民银行公告［EB/OL］．（2016 - 06 - 15）［2022 - 03 - 08］．http：//www. gov. cn/xinwen/2016 - 06/15/content_5082595. htm.
② 易纲．中国的利率体系和利率市场化改革［J］．金融研究，2021（9）：1 - 11.

3. 中国人民银行及有关部门的共同努力

之后有关部门共同努力推动收益率曲线的建设，收益率曲线在债券定价方面的作用逐渐得到重视。中央结算公司是中国债券市场主要基础设施提供者，多年来，在市场基础建设和保障市场平稳运行方面发挥了重要作用。中央结算公司的成立为记账式国债和金融债券的无纸化交易提供了条件。中央结算公司还作为中央银行货币政策的操作窗口、财政部国债及政策性金融债券招标发行的场所，成为连结中央银行和金融市场的桥梁。

在编制收益率曲线的过程中，中央结算公司发挥了重要作用。"自 1999 年发布第一条人民币国债收益率曲线以来，中国国债收益率曲线的编制发布工作日趋稳定成熟。包括中央结算公司、外汇交易中心等基础设施以及彭博等国际信息商均编制国债收益率曲线，财政部、人民银行、银保监会均在官方网站发布中央结算公司编制的收益率曲线。①"中央结算公司的主要作用有以下三个方面：

一是探索建立科学合理的编制方法。"经过初期对直线法、二次多项式法的探索后，中央结算公司于 2006 年起采用 Hermite 插值法编制曲线。持续跟踪研究发现，Hermite 插值法兼顾灵活性、光滑性和稳定性的优势，能够更为准确地反映我国国债市场期限结构，在我国债券市场的适用性较好。2007 年，在财政部指导的《中国国债收益率曲线》课题中，Hermite 插值法也得到了专家们的普遍认可。②"

二是全面吸收国债市场各类价格信息。"国债收益率曲线编制所使用的数据源囊括国债成交、结算、做市商双边报价、经纪商报价、机构报价等全市场各类国债数据，每日参考价格超过 3 万条。在此基础上，中央结算公司对价格信号去粗取精、去伪存真，以使曲线真实反映市场供求关系。③"

三是对标国际完善质量治理机制。从 2005 年起，中央结算公司发起组建了由来自主管部门、行业协会、金融机构和科研院校的 40 多位专家组成，具有广泛代表性和专业权威性的中债指数专家指导委员会，委员会在未来发展方向上和方法论上为中债价格指标相关工作提供指导和建议。在 20 余年的探索中，中央结算公司培育了一支熟悉市场且专业经验丰富的团队；在编制维护流程、质量检验要求、方法论与透明度等方面建立了完整有效的符合国际证监会组织（IOSCO）《金融市场基准原则》的制度流程和实施步骤。2017 年，中央结算公司成立全资子公司中债金融估值中心有限公司，专门负责国债收益率曲线的编制和维护，进一步夯实收益

---

① 易纲. 中国的利率体系和利率市场化改革［J］. 金融研究，2021（9）：1－11.
②③ 中央国债登记结算有限责任公司中债估值中心. 我国国债收益率曲线建设的回顾与展望［N］. 中国财经报，2022－01－19.

率曲线建设的基础工作。①

4. 财政部在推动收益率曲线建立方面所做的努力

从 1998 年起，记账式国债实现跨市场发行。从 2000 年起，基于互联网技术的发展，财政部全面实现了国债市场化远程公开招标发行。"从 2001 年开始，将 7 年期国债作为关键期限国债每年定期发行两期，2003 年开始对已流通国债做续发行，以提高单只债券的市场存量，2006 年关键期限国债品种扩展到 1 年、3 年、5 年、7 年、10 年五个品种，连续滚动定期发行，国债期限结构不断丰富，发行频率不断提高；配套制度层面，从 2011 年起，实行了对关键期限国债强制报价的做市商制度。这些举措提高了国债市场的价格质量，直接促进了国债收益率曲线编制条件的完善。②"

根据党的十八届三中全会关于"健全反映市场供求关系的国债收益率曲线"精神，2014 年 11 月 2 日财政部在网站首次发布中国关键期限国债收益率曲线。国债收益率曲线由中央国债登记结算有限责任公司编制及提供，主要内容包括 1、3、5、7、10 年等关键期限国债及其收益率水平形成的图表。③

为了进一步完善国债收益率曲线，2015 年财政部采取一系列措施，健全了短期国债市场机制。这些措施包括"一是从 2015 年二季度起，每月滚动发行一次 6 个月短期国债；二是自 2015 年四季度起，每周滚动发行一次 3 个月短期国债；三是财政部及时跟踪市场动态，促进国债市场平稳运行④。"

21 世纪初期，财政部和国家开发银行分别发行 15 年期和 30 年期国债。2016 年以后，在短端收益率曲线得到有效补充后，财政部开始着手于超长端国债收益率曲线的建设。2016 年财政部采取一系列措施以推进 30 年国债市场的流动性建设：一是首次公布 30 年期国债全年发行计划，进一步提高发行计划的透明度；二是增加 30 年期国债发行次数及建立续发机制，促进发挥一级市场、二级市场的良性互动效应。经过一系列努力后，2016 年 10 月 28 日，财政部在网站首次公布 30 年期国债收益率。⑤

滚动、定期发行机制建立以后，财政部提高了国债管理的透明性。2015 年 11 月 27 日财政部在网站首次公布 3 个月、6 个月国债收益率，"补充国债收益率曲线短端的空白，真正实现了横跨货币和资本两个市场，为超短期限金融资产提供定价基准。⑥"这样就为国债收益率曲线的建立提供了必不可少的条件。"至此，基本反

---

① 中央国债登记结算有限责任公司中债估值中心. 我国国债收益率曲线建设的回顾与展望［N］. 中国财经报，2022 – 01 – 19.

②③④⑤⑥ 陈健恒，东旭. 中国国债收益率曲线的健全之路［N］. 中国财经报，2021 – 11 – 11.

映市场供求关系的国债收益率曲线初步建立，相比于初期仅含关键期限的收益率曲线，新的国债收益率曲线涵盖了超短、短、中、长、超长各时间段，曲线跨度更为完整。①"

财政部推出关键期限国债收益率曲线有利于进一步推进财政信息公开工作，提高国债管理政策透明度，促进国债市场持续稳定健康发展，同时也是为了发挥国债市场化利率的定价基准作用，通过健全的国债收益率曲线，同时反映短、中、长期无风险利率水平，为各期限金融产品提供定价基础②，但是必须承认，国债收益率曲线所体现的利率基准作用还没有真正发挥出来。"国债收益率曲线在债券市场以外的应用场景较少，其作为利率市场化的基准利率作用发挥不充分。③"这个问题的解决需要在深化国债管理体制和整个金融体制改革的过程中实现。

5. 国务院提出发挥国债收益率曲线的定价基准作用

在推动中国债券资本市场发展的过程中，国务院和中央主管部门也重视国债收益率曲线的建立。2013 年 11 月《中共中央关于全面深化改革若干重大问题的决定》提出，加快推进利率市场化，健全全面反映市场供求关系的国债收益率曲线。2016 年，中央银行网站开始发布我国国债的收益率曲线，反映人民币债券市场在各个期限结构的到期收益率。2020 年 5 月《中共中央国务院关于新时代加快完善社会主义市场经济体制的意见》提出要"构建更加完善的要素市场化配置体制机制，进一步激发全社会创造力和市场活力"，强调"深化利率市场化改革，健全基准利率和市场化利率体系，更好地发挥国债收益率曲线定价基准作用，提升金融机构定价能力。"

（二）目前国债收益率曲线存在的问题

国债收益率曲线表现的是不同时间点上的收益率水平，债券市场交易活跃，流动性好，收益率曲线就有估值的作用。因此，只要财政部定期发行不同品种的国债，同时市场上债券的流动性较好，收益率曲线总是客观存在的。但是由于某些期限品种发行数量少或交易不活跃，就会影响收益率曲线的形状，不能反映各个期限收益率的真实情况。换手率是交易活跃程度和流动性的标志，以换手率作为国债流动性的衡量标准，中国国债流动性不仅低于美国的国债，而且低于国内同时期以国开债为代表的政策性金融债。如前所述，投资者结构和税收制度是影响国债换手率

---

① ② 陈健恒，东旭. 中国国债收益率曲线的健全之路 [N]. 中国财经报，2021 – 11 – 11.
③ 王小龙. 初心不改走国债市场化改革之路 坚定不移推进国债管理迈向新时代——在 2022 年国债发行计划工作会议上的讲话 [J]. 债券，2021（12）：7 – 10.

和流动性的重要原因。

1. 投资者结构的影响

收益率曲线的利率应该反映活跃市场的利率水平。如果某些期限品种交易不活跃，就不能形成有效的收益率曲线。我国商业银行吸收存款，资金成本相对便宜，认购国债既安全又有收益，因而成为国债的主要投资人。我国银行等存款类金融机构持有60%以上的国债，银行基本上是购买后持有到期的投资者（buy and holder），通常不会在市场上买卖。作为国债的主要发行和交易场所，银行间市场的投资者多为金融机构，对于市场变化的反映具有同方向性，因此交易很少。

我国两个市场分割，不同发行体的利率期限结构不同，交易主体不同，银行间债券市场投资者同质性较高等是影响建立收益率曲线的主要原因。国债发行的产品所形成的市场供给不能横跨整个长中短期期限结构，而市场中投资者偏重银行和保险，需求结构和供给结构不完全一致。加上国债持有期利息免税，进一步扭曲了不同发行主体之间收益率的关系。债券市场监管部门分割，债券交易场所的不同的托管制度，限制了跨市场交易。2015年以前个人投资者和机构类投资者很难进入银行间债券市场。由于制度因素，不同市场的利率差异不能通过市场套利取得一致。此外，我国债券二级市场投资者扁平化，目前利率并没有完全市场化，使得做市商做市风险高，金融机构通过利率互换的方式对冲风险的意愿不强，也不利于形成完全市场化的债券收益率水平。

据中央结算公司《2019年债券市场统计分析报告》数据，2019年"中国记账式国债的年换手率从2018年的137.61%大幅度上升到222.29%，但是还是低于政策性金融债券和美国国债[①]"。2020年5月，中央提出了"构建更加完善的要素市场化配置体制机制，进一步激发全社会创造力和市场活力"，强调"深化利率市场化改革，健全基准利率和市场化利率体系，更好地发挥国收益率曲线定价基准作用，提升金融机构自主定价能力[②]。"2020年财政部也表示要继续推动国债收益率发挥定价基准作用。

2. 税收的影响

对政府债务主管部门而言，发展和扩大国债市场、促进国债销售是一项非常重要的任务。同时债务主管部门还需要通过国债的税收优惠政策来实现自身的目标，譬如对国债实行全部免税或部分免税，也可以降低税率，或者是从个人所得税中扣除购买国债的部分。政府债务主管部门通常会设定税收减免的上限，这样税收收入

---

①② 魏枫凌. 唤醒债券市场"睡美人"[J]. 证券市场周刊，2020 – 06 – 04.

不至于减少得太多。政府债务主管部门可以通过税收政策实现国债在整个债券市场的理想市场份额。例如，公司养老基金投资于国债，可减免所得税和公司税，这样投资人就不必担心税收的问题。如果没有税收优惠的话，投资人可能更倾向投资于非政府债券，因为非政府债券的收益率通常比国债高。

税收政策也有可能对债券市场的发展产生不利影响。外国投资人向所在国纳税，因此无法享受到他国国债的税收优惠，这样一来国债的税收优惠待遇可能就会对一级市场和二级市场造成不利影响。根据中国的实践，在债券市场充分发展以后，对于国债的特殊免税政策，总的来说弊大于利。国债免税政策是在早期国债没有市场时，激励投资人购买国债时的政策，现在已经完全没有必要，应该尽快取消，以便减少税收对国债价格的干扰，从而更好地发挥国债收益率曲线的基准作用。

我国税法规定，对国债持有期间的利息性收入免税，对国债交易买卖价差形成的资本利得征税。根据现行政策，除部分免税主体外，投资人买卖国债获得的资本利得（转让价差）需缴纳增值税和所得税。这些税收优惠政策来自国债市场发展早期。

20 世纪 90 年代后期以后，银行存款实行扣缴利息所得税；而储蓄债券与其他国债一样，并不需要缴纳利息所得税。由于投资于其他种类的债券无法享受到税收优惠，导致国债收益率水平与其他债券品种没有可比性。由于国债持有期间利息免税，国债收益率水平下降，人为降低了持有国债的实际收益，不利于其他投资者持有国债。关于国债税收制度改革，专家建议或者利息和资本利得同时征税，或者同时免税。投资人在判断国债和其他债券的利差时，也应该考虑税收因素和信用因素造成的影响。

三、促进收益率曲线的健康发展

收益率曲线在货币政策传导过程中发挥承上启下的作用，其作用已经得到广泛承认。2021 年初以来，中国人民银行维持"稳健的货币政策要灵活精准、合理适度"的基调，市场资金面趋于稳定，机构需求旺盛；国债、信用债收益率整体下行。这一期间中债收益率曲线及时、精确地反映出债券市场的动态变化。中国人民银行调查统计司、研究局在多项研究中表明，我国国债收益率曲线可以作为预测未来利率、经济增长率和通胀趋势的工具，有助于货币政策通过预期渠道实现对实体经济的传导。这些研究指出，国债收益率曲线的变化会进一步传导到信用债收益率曲线，进而传导至整个金融市场。

（一）提升国债市场的基准性

1. 提升国债市场基准性的意义

完善国债市场，提升国债收益率曲线的基准属性是发展债券市场的当务之急。虽然国债市场经历了四十年的发展，但是国债的基准作用取决于多种因素。如前所述，我国债券市场的税收制度的形成与历史上政策导向有关，未来必须改革税收制度已经形成共识。

提高国债的基准性的目标之一是方便外国投资者，提高国债市场的对外开放程度。外国投资者的参与也会帮助提升市场交易的活跃程度，因此应该允许境外投资者参与国债回购交易和期货交易，提升国债市场流动性，使得国债收益率曲线充分反映市场的供求关系。此外，国库现金管理、国债回购等以国债为担保品的金融业务中，对国债引入逐日盯市机制，充分发挥国债价格在风险管理中的信号作用，进而也会提升国债作为担保品的使用效率。

2. 改进国债的税收政策

按照目前税收政策，对中央政府债券的利息收入免征所得税和增值税，而对其资本利得不免税；对公募基金和境外机构等投资者的债券投资收入全部免税。税收政策的差别导致国债流动性不如国家开发银行发行的政策性金融债。"国债流动性弱于国开债的根本原因在于国债和政策性金融债利息收入的所得税政策不同。我国国债的利息收入免税，而政策性金融债的利息收入征收 25% 的所得税。[①]"国债税收制度中很多是国债行政摊派发行时期的产物，国债税收政策的不合理，导致价格扭曲，影响了国债的基准作用。"我国债券市场的税收套利扭曲效应主要体现在两方面：一是导致国债流动性弱于政策性金融债；二是导致政府债券和其他债券的相对价格发生变化，进而出现价格扭曲。而价格扭曲又体现为两方面：一是国债和国开债的税后收益率存在差异；二是国债新券和老券的价格出现扭曲。[②]"市场认为可以恢复对国债利息征税，从而提升国债收益率与其他债券收益率的可比性和国债的基准属性。同时，也可以不再对国债资本利得进行征税，降低国债交易成本，提升国债市场流动性，从而健全反映市场供求关系的国债收益率曲线。

（二）努力为国债收益率曲线建立提供条件

1. 财政部努力增加国债的期限品种

收益率曲线是市场交易产生的，并不是财政部公布的。财政部 2021 年初首次

---

①② 类承曜. 国债税收问题研究及优化建议［J］. 债券，2021（10）：12-17.

公布 2 年期国债收益率。这是继 2014 年财政部第一次公布 1 年、3 年、5 年、7 年和 10 年等关键期限国债收益率曲线，2015 年、2016 年陆续增加公布 3 个月和 6 个月等短期、30 年期超长期国债以后的一个重要收益率曲线数据，有助于补充收益率曲线的不同关键时间点，使收益率曲线完整。收益率不等于利率，但是有密切关系。利率有很多种，如中性利率、短期利率，通常与宏观经济和财政货币政策有关。收益率与特定债券产品有关，收益率代表某一债券产品在不同期限上的风险回报。国债收益率曲线反映无风险利率水平，除了国债以外，其他债券品种都是在国债基础上定价的。公司债券通常还需要行业基准，因此行业中领先企业的收益率曲线也是该行业风险品种的定价基准的必要选择。

2. 财政部和中央银行支持中央结算公司开发收益率曲线和指数产品

财政部和人民银行网站公布的国债收益率曲线由中央结算公司编制，涉及模型、价格源、价格筛选与编制流程四个层面。模型层面，中债国债收益率曲线采用 Hermite 模型，因为其在光滑性、灵活性和稳定性方面具有综合优势；价格源层面，中国国债收益率曲线的价格源包括一级市场价格、二级市场报价和成交价；价格筛选方面，选取遵循新发且流动性好的价格优先、可靠价格优先、最新价格优先、成交价格优先的原则；编制流程方面，中债国债收益率曲线包括确定关键期限样本券、确定可靠和无可靠市场价格期限调整方案、构建收益率曲线四个步骤。2020 年，中央结算公司新增发布一系列曲线、指数，持续细化丰富债市价格产品。①

（三）利率市场化改革持续深化

健全国债收益率曲线，有很多事情要做。首先要深化利率市场化改革。目前，我国利率仍然实行双轨制，同业拆借、债券发行和交易的利率基本上按照市场化原则确定，但是存款和贷款利率仍然实行一定程度的控制。② "存贷款利率尚未市场化，债券定价参考存贷款利率，必然要影响债券定价的科学性和市场化程度。③"

1. 推进注册制，扩大市场准入

可以进一步推进债券市场的注册制改革，使更多融资主体在债券市场进行融资，扩大市场化价格机制配置金融资源的范围，从而对存贷款市场形成替代性竞争，使商业银行的存贷款定价机制逐步向市场化定价机制并轨。我国需进一步扩大信贷资产证券化和信贷资产流转市场，使商业银行在信贷资产定价方面更多参考债

---

① 中央结算公司，2021 – 09 – 18.
②③ 沈炳熙，曹媛媛. 中国债券市场——30 年改革与发展 [M]. 北京：北京大学出版社，2002：180.

券二级市场价格，从而完善商业银行的市场化定价机制。

市场化定价首先要减少市场分割和准入门槛。目前，银行间市场与交易所市场之间存在市场分割，影响价格的统一。同时债券市场与贷款市场之间也存在着监管分割，影响统一的债券价格的确定。"经过多年的发展，我国货币市场和债券市场已经形成较为成熟的市场化定价机制，存贷款市场的定价机制则正朝市场化的方向不断发展。[①]"

我国债券市场投资人以商业银行为主体，商业银行的行为对于债券市场利率水平起到举足轻重的作用。商业银行内部分为金融市场业务和存贷款业务，商业银行参与债券市场业务，属于金融市场业务。早年国家开发银行开发出两种浮动利率产品，成为银行和非行金融机构的主要投资对象。其中，以一年期存款为基准的产品逐渐被取代，而以七天回购利率为基准的产品仍然在市场中十分活跃。"随着商业银行自主定价能力的稳步提升，与金融市场业务有关的内部资金转移已开始采用国债收益率曲线等市场化利率作为定价基准，而存贷款业务的内部资金转移定价基准也在适时向市场化利率基准转换。[②]"

2. 利率体系改革促进债券市场化定价

目前我国货币政策调控方式不断适应新的市场环境。我国货币当局对货币市场和债券市场的货币政策调控主要采用以逆回购为主的公开市场操作；对存贷款市场的货币政策调控则采用降准、中期借贷便利（MLF）和存款基准利率等相关工具。随着货币政策调控方式的持续转型，货币当局正在实现通过在货币市场进行公开市场操作，依靠债券收益率曲线实现利率在整个金融市场的传导。届时，我国货币政策也将从数量型为主向价格型为主完全转变，利率将进一步发挥其调节作用。

但是从根本上看，真正的市场化利率不能用行政办法决定，也不能由货币政策决定，而应该由市场本身决定。债券市场利率能够准确反映市场的实际利率，随着我国公司债市场的发展，债券市场的利率基准作用将进一步增强。

3. 统一银行间市场和交易所债券市场；打通债券市场和信贷市场

就深化利率市场化改革而言，专家认为我国需要在价格传导上进一步联通债券市场和存贷款市场。虽然我国利率市场化进程有了很大发展，但是至今贷款利率并没有完全由市场决定，大小银行之间存在信用套利。同时各个金融领域分割，贷款市场和证券市场没有打通；债券市场中，银行间市场和交易所市场也没有完全

---

①② 中央结算公司，2020 - 07.

打通。

债券市场的分割影响了债券市场的进一步发展，打通银行间债券市场和交易所债券市场可以减少跨市场套利。目前两个市场的跨市场托管已经实现，如果准入条件统一，两个债券市场的价格就会进一步接近。当然，由于投资人基础不同，投资人资金成本不同，价格也会有所不同。随着银行利率进一步市场化，信贷资产证券化进一步推进和银行理财子公司的发展，债券市场与信贷市场联系增强。实践证明，扩大信贷资产证券化和信贷资产流转市场，可以盘活信贷存量。目前债券市场工具有力地支持了银行体系，例如永续债和次级债券的发行可以缓解商业银行的资本约束。

（四）建立债券收益率曲线的技术标准

2021 年 7 月 22 日，中国人民银行正式发布两项金融行业标准《债券价格指标产品描述规范》（JR/T 0229—2021）和《债券价格指标产品数据采集规范》（JR/T 0230—2021）。2023 年 3 月 17 日，经国家市场监管总局（国家标准化管理委员会）批准，《债券价格指标产品数据采集规范》（GB/T 42505 – 2023）金融国家标准正式发布，该规范由全国金融标准化技术委员会归口管理，中央国债登记结算有限责任公司牵头编制[①]。

1. 债券价格指标规范

上述两项标准由全国金融标准化技术委员会归口管理，由中央结算公司提出并负责起草，标准工作组成员单位包括中债金融估值中心有限公司、中国外汇交易中心暨全国银行间同业拆借中心、银行间市场清算所股份有限公司、中国证券投资基金业协会、中国工商银行股份有限公司、中国农业银行股份有限公司、中国银行股份有限公司、中国建设银行股份有限公司、上海浦东发展银行股份有限公司、易方达基金管理有限公司、中证指数有限公司、上海大智慧财汇数据科技有限公司、路孚特信息服务（中国）有限公司、彭博资讯（北京）有限公司和万得信息技术股份有限公司等，具有强大阵容。

《债券价格指标产品描述规范》主要规定债券价格指标产品各要素范围，明确各要素定义及输出口径，确保各类输出数据在应用中的一致性。债券价格指标具有基准性特征，对债券价格指标产品的数据元定义进行规范，有助于提高债券价格指标产品的基准性、公允性和产品质量，有助于降低市场参与者使用债券价格指标产

[①] 中央结算公司，2023 – 06 – 26。

品的成本，提高行业效率，提升产品使用者运用价格指标产品进行债券定价、风险管理和投资的能力。

2. 债券价格指标产品数据采集规范

《债券价格指标产品数据采集规范》主要规定债券价格指标产品编制过程中所依赖的债券资料数据元，提出债券概念的数据模型，明确数据元的采集时效性要求和采集口径，确保债券信息在输入价格指标生产模型时的一致性和准确性，有助于提高债券价格指标产品质量，降低债券定价系统建设成本，实现行业数据共享，为债券市场信息共享奠定数据基础。

（五）促进收益率曲线的应用

为助力完善货币政策传导机制，应该实现收益率曲线的广泛应用，主要体现在以下几个方面。

1. 推动国债和信用债收益率曲线作为贷款市场的定价基准

目前，信贷市场的定价基准为 LPR。LPR 是单一期限报价形成的利率，其期限点少且连续性弱；国债、信用债等债券收益率是综合报价与成交形成的利率，其期限结构完整且连续性强。因此，为了丰富存贷款市场的定价基准，可以逐步推动国债、信用债等债券收益率曲线作为存贷款市场的定价基准。

2. 推动扩大收益率曲线作为定价基准的应用范围

国债收益率曲线对货币政策响应迅速，作为一个国家无风险利率的代表，可以进一步扩大其作为非标债权、贷款、股权、衍生品等债券之外的金融资产以及房地产等非金融资产的定价基准范围，创新、丰富以国债收益率为定价基准的金融产品，包括发行以短期国债收益率为定价基准的浮动利率国债、开发以国债收益率为标的的金融衍生品等，进而实现利率在整个市场中的传导。

目前，中央结算公司编制的中债国债收益率曲线已应用于宏观和微观两个层面。宏观层面的应用体现在以下方面：一是推动人民币国际化，3 个月期的中债国债收益率已正式进入 SDR 利率篮子，助力人民币国际化；二是发挥定价基准作用，中债国债收益率曲线已在财政部、人民银行等官方网站发布，作为观察市场利率水平的标杆；三是助力提升国债市场流动性，中债国债收益率曲线成为国债做市支持操作价格区间的定价基准；四是支持营改增改革，中债估值被财政部采纳作为增值税计算中债券买入价。

中债国债收益率曲线微观应用体现在以下几个方面：一是债券招标，即国债招标和地方债招标都参考中债国债收益率曲线；二是公允价值计量，目前已有超过 1000 家境内外金融机构使用中债国债收益率曲线和估值作为公允价值计量参考；三是风险管理计量基准，银保监会推荐商业银行和保险机构使用中债国债收益率曲线作为风险管理的计量基准；四是产品定价基准，截至 2020 年末，以中债国债收益率曲线作为浮动利率基准的证券约 3.7 万亿元，覆盖永续中票、优先股等品种。[①]

3. 将中债 10 年期国债收益率作为货币政策的中介目标

一方面，10 年期国债收益率是观察均衡利率的重要指标，中美 10 年期国债利差能够反映人民币汇率的升贬值预期，保持合理的中美 10 年期国债利差则有利于促进人民币汇率的基本稳定；另一方面，10 年期国债利率和潜在经济增长率之间的关系较为稳定，在潜在经济增长率确定的前提下，可以用均衡的 10 年期国债收益率作为货币政策适度性的衡量指标。

4. 进一步扩大国债和中债国债收益率在货币政策执行中的应用

央行应该在货币政策的公开市场操作中，增加国债现货的买卖。对于货币政策中涉及的担保品管理，主管部门采用基于中债国债收益率形成的中债估值进行逐日盯市，充分发挥国债价格的信号作用，助推债券收益率曲线的进一步完善。

（六）促进债券收益率曲线完善

党的十八届三中全会提出"健全反映市场供求关系的国债收益率曲线"，2020 年国务院发布的《关于构建更加完善的要素市场化配置体制机制的意见》和《关于新时代加快完善社会主义市场经济体制的意见》中重申了这一要求。目前，以中债国债收益率曲线为代表的中债收益率曲线，已成为中国境内债券市场的权威定价基准，在支持金融市场发展方面具有广泛的应用。

1. 发挥国债收益率曲线的定价基准作用

经过多年努力，国债收益率曲线已经在财政货币政策、金融风险计量和人民币国际化方面发挥了重要作用。中国人民银行从 2004 年开始在《货币政策执行报告》中使用中债国债收益率曲线来反映债券市场的利率变化情况。长期以来，记账式国债和地方政府债招标发行时采用国债收益率曲线作为发行定价的基准。银保监会推荐商业银行采用中债国债收益率曲线作为银行市场风险管理的计量比较基准，推荐保险机构采用中债国债收益率曲线作为保险业保险准备金计量参考基准。国际货币基金组织将 3 个月中债国债收益率作为人民币代表性利率纳入特别提款权

---

① 笔者根据公开资料整理。

（SDR）利率篮子，进一步支持债券市场开放。2005 年以来，近 1300 家境内外机构使用国债收益率曲线进行债券投资定价分析和风险监控，此外，国债收益率曲线被广泛应用于银行理财、信贷资产、信托产品及保险资管产品等非标资产定价领域，并在商业银行内部资金转移定价（FTP）过程中发挥越来越重要的作用。

2. 继续发挥政策金融债收益率曲线的定价基准功能

政策性金融机构在金融债收益率曲线建设方面，发挥了重要作用：一是国家开发银行、农业发展银行和进出口银行分别在其网站展示中债国开行、农发行和进出口行收益率曲线，作为政策性金融债一级发行定价、二级市场交易的重要参考；二是中债国开债收益率曲线成为部分浮动利率债券的基准利率，中债进出口行债收益率曲线被进出口银行采用作为无固定期限资本债券的基准利率；三是以中债国开债收益率曲线为基础计算的国开债估值成为标准债券远期产品的定价基准。

3. 完善公司信用类债券收益率曲线

以国债和政策性金融债收益率曲线为基础，在开发信用债收益率曲线方面也有了新的进展。中债商业银行普通债收益率曲线和中债中短期票据收益率曲线在人民银行网站发布，为货币政策的制定和观察货币政策向实体经济传导效果提供了重要参考。此外，中债信用债收益率曲线可以及时、精确反映债券市场的动态变化，通过观察曲线收益率水平和长短期利差的变动，可以提前预测宏观经济走势，并为宏观经济政策的研究和制定提供有意义的参考（见图 15－13）。

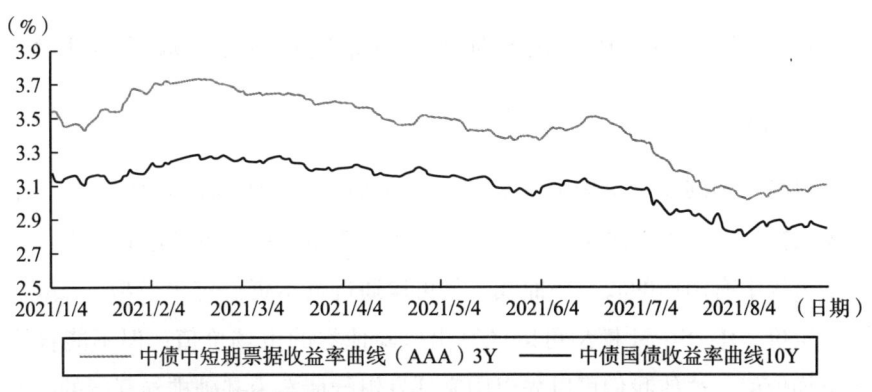

图 15－13　2021 年中债国债、信用债收益率走势

（七）进一步发挥中央结算公司在收益率曲线和指数产品建设方面的作用

中央结算公司基于中央托管机构的中立地位和专业优势，历经 20 多年精心打造中国金融市场定价基准形成平台，以中债收益率曲线、中债估值和中债指数为代表的中债价格指标产品在金融机构的前中后台具有广泛而深入的应用。目前，中央结算公司坚实履行建设和运营金融基础设施职能，努力推动管理完善、业务拓展、技术创新同实施标准化工作相互融合，积极发挥标准化引领和规范作用。[①]

1. 细化债券收益率曲线

中央结算公司编制发布公路、电力和建筑工程 3 个行业的收益率曲线；发布非公开发行产业债与非公开发行城投债收益率曲线，以满足市场对于非公开发行债券收益率曲线的需求；扩展中资美元债收益率曲线的评级覆盖范围，并新增曲线的标准期限和估值；新增中资欧元债曲线和估值，扩大了中资境外债券价格指标产品的覆盖范围。

2. 新增债券指数

中央结算公司发布中债 5 年期长三角地方政府债指数、中债 10 年期政策性金融债策略指数、中债二级资本债券系列指数、中债 – 个人住房抵押贷款资产支持证券指数、中债 – 资产支持证券指数；发布中债 – 中信证券国债期货优选可交割券系列指数、中债 – 国泰君安 10 年期国债期货可交割券流动性加权指数；发布中债信用债价值因子策略系列指数、中债 – 华夏理财 ESG 优选债券策略指数，为相关债券投资提供业绩比较基准和投资标的。[②]

四、收益率曲线计算的方法

（一）运用 B – S – M 期权定价方法推导风险债券的收益率曲线

1. BSM 理论[③]

由于目前中国的债券市场中，不存在足够的债券品种来计算即期利率，空缺的部分需要用插值法补上，这样就难以完全准确地表示这些空缺期限收益率的实际水平。如果市场中有国债的收益率曲线，就可以通过资本资产定价模型（CAPM）为其他资产定价。B – S – M 模型可以计算出风险债券的市场价值，但不能直接计算国债的市场价值，这使我们可以先以国家开发银行债券为基础推导开行的收益率曲线，然后再推导国债收益率曲线。由于国家开发银行既在市场中发行债券，又有贷

---

① 中央结算公司，2021 – 09 – 18.

② 中央结算公司统计监测部. 2020 年债券市场统计分析报告［R］.（2021 – 11 – 20）［2022 – 03 – 08］. https：//www. chinabond. com. cn/cb/cn/yjfx/zzfx/nb/20210118/156333901. shtml.

③ Black，Schols 和 Merton 的期权定价模型。

款业务，其债券的市场价格可以直接根据 B – S – M 模型计算出来。在 B – S 模型以后，莫顿（Merton）提出如下方法计算风险债券的价值：

$$L(t) = Be^{it}[N(h_2) + (1/d)N(h_1)] \qquad (15-112)$$

其中，$L(t)$ 为银行风险贷款的市场价值；

B 为贷款总额；

i 为无风险利率或国债利率；

e 为自然对数的底；

$N(h_1)$ 为累积概率密度函数（1）；

$N(h_2)$ 为累积概率密度函数（2）；

$$h_1 = -\left[\left(\frac{1}{2}\right)\sigma^2 + \ln(d)\right]/\sigma\sqrt{\tau}; \qquad (15-113)$$

$$h_2 = -\left[\left(\frac{1}{2}\right)\sigma^2 + \ln(d)\right]/\sigma\sqrt{\tau}; \qquad (15-114)$$

σ^2 为借款人的风险 = 贷款市场价值变动幅度的方差；

d 为贷款银行的杠杆比率 $\dfrac{Be^{it}}{A}$；

A 为银行的资产总值；

τ 为距离贷款到期日的期限 $T - t$；

T 为贷款到期日；

σ 为贷款市场价值变动幅度的均方差。

如果知道国债收益率，可以按照如下公式计算出开行贷款收益率与国债收益率之间的利差：

$$\kappa(\tau) - i = (1/\tau)\ln[N(h_2) + (1/d)N(h_1)] \qquad (15-115)$$

其中，$\kappa(\tau)$ 为要求的风险债券的收益率；

$\ln$ 为自然对数。

风险债券的市场价值相当于同等期限的零息债券的价值。在零息债券的现在价值和未来价值之间隐含着即期利率（spot rate），可以通过如下公式计算出债券的到期收益率（YTM）：

$$P \times (1 + r_\tau)^\tau = 1 \qquad (15-116)$$

其中，P 或 $L(\tau)$ 为债券本金或贷款总额；

τ 为 1，2，3，4，5，…；

r_τ 为 $YTM = \sqrt[\tau]{1/P} - 1$。

2. 计算国家开发银行的收益率曲线

以国家开发银行 30 年期债券为例，假定开发银行的风险变动为每年 1%，则各年的即期利率、到期收益率和远期利率见表15-2~表15-4。

表15-2 即期利率

$T-t$	1	2	3	4	5	6	7	8	9	10
$L(t)$	98.11793622	96.27129408	94.45816	92.63199	90.67465	88.54585	86.27698	83.91093	81.48275	79.01813
CDB Spt rate	0.019181649	0.019181649	0.019186	0.019318	0.019771	0.020482	0.021311	0.022169	0.023014	0.023829
CDB YTM	0.019181649	0.019181999	0.019186	0.019314	0.019751	0.020428	0.021211	0.022013	0.022794	0.023538
CDB Forward	0.019181649	0.019181649	0.019195	0.019714	0.021586	0.024042	0.026298	0.028197	0.0298	0.031191

表15-3 到期收益率

$T-t$	11	12	13	14	15	16	17	18	19	20
$L(t)$	76.53564	74.04893	71.56827	69.10159	66.65519	64.23417	61.84276	59.48451	57.16248	54.87927
CDB Spt rate	0.024608	0.025353	0.026066	0.026751	0.027411	0.028051	0.028672	0.029279	0.029876	0.030456
CDB YTM	0.024242	0.024906	0.025533	0.026127	0.026691	0.027229	0.027743	0.028237	0.028711	0.029168
CDB Forward	0.032436	0.033582	0.034661	0.035696	0.036702	0.037691	0.038669	0.039645	0.040622	0.041604

表15-4 远期利率

$T-t$	21	22	23	24	25	26	27	28	29	30
$L(t)$	52.63716	50.43817	48.28404	46.17635	44.11645	42.10556	40.14475	38.23492	36.37689	34.5713
CDB Spt rate	0.031031	0.031599	0.032162	0.03272	0.033275	0.033828	0.034381	0.034933	0.035485	0.036039
CDB YTM	0.02961	0.030038	0.030452	0.030854	0.031245	0.031625	0.031994	0.032354	0.032704	0.033045
CDB Forward	0.042595	0.043598	0.044614	0.045645	0.046692	0.047758	0.048844	0.04995	0.051077	0.052228

国家开发银行30年期债券的即期利率为3.6%，30年期零息债券收益率为3.6%，到期收益率（YTM）为3.3%，和当时市场的实际情况是一致的。

3. 国债的理论收益率曲线

根据B-S-M模型可以计算出风险资产的收益率。模型中所需要的指标，如杠杆比率（债务和总资产的比率）及市场波动率等，只有从金融机构和公司财务指标以及市场工具指标中找到。国债的收益率不能用这种方法进行计算，但是可以间接地计算出国债的收益率曲线。假定国债发行额和财政收入之比（偿债率）为50%，因而d为0.5，然后找出30年期国债的到期收益率，使用当时实际到期收益率2.9%，反向计算出国债价格的波动率。然后按照这个波动率计算出全部国债的理论即期利率。计算结果见表 15 – 5 ~ 表 15 – 7。

表 15 – 5　　　　　　　　　　国债理论即期利率的计算 1

期限	$T-t$	1	2	3	4	5	6	7	8	9	10
零息国债理论价格	$L(t)$	98.12	96.27	94.46	92.68	90.94	89.23	87.55	85.90	84.28	82.66
国债理论即期利率	CDB Spt rate	0.019182	0.019182	0.019182	0.019182	0.019182	0.019182	0.019182	0.019182	0.019191	0.019228
国债理论到期收益率	CDB YTM	0.019182	0.019182	0.019182	0.019182	0.019182	0.019182	0.019182	0.019182	0.019190	0.019224
国债理论远期利率	CDB Forward	0.019182	0.019182	0.019182	0.019182	0.019182	0.019182	0.019182	0.019188	0.019259	0.019562

表 15 – 6　　　　　　　　　　国债理论即期利率的计算 2

期限	$T-t$	11	12	13	14	15	16	17	18	19	20
零息国债理论价格	$L(t)$	81.01	79.30	77.49	75.57	73.54	71.39	69.14	66.81	64.41	61.96
国债理论即期利率	CDB Spt rate	0.019326	0.019513	0.019806	0.020206	0.020705	0.021291	0.021948	0.022663	0.023424	0.024221
国债理论到期收益率	CDB YTM	0.019313	0.019482	0.019744	0.020097	0.020531	0.021034	0.021590	0.022184	0.022804	0.023441
国债理论远期利率	CDB Forward	0.020304	0.021576	0.023326	0.025421	0.027721	0.030113	0.032520	0.034896	0.037217	0.039475

表 15 – 7　　　　　　　　　　国债理论即期利率的计算 3

期限	$T-t$	21	22	23	24	25	26	27	28	29	30
零息国债理论价格	$L(t)$	59.48	56.99	54.49	51.99	49.52	47.08	44.67	42.30	39.99	37.73
国债理论即期利率	CDB Spt rate	0.025045	0.025890	0.026752	0.027626	0.028510	0.029401	0.030299	0.031202	0.032109	0.033021
国债理论到期收益率	CDB YTM	0.024085	0.024732	0.025374	0.026010	0.026636	0.027249	0.027848	0.028433	0.029001	0.029553
国债理论远期利率	CDB Forward	0.041669	0.043805	0.045892	0.047937	0.049950	0.051941	0.053916	0.055883	0.057850	0.059821

可以看出，国债 10 年期的到期收益率和市场实际收益率完全相同，推导出来

的理论收益率可以作为实际定价的基础。①

4. 公司债券理论收益率的计算

假定 2A 级公司负债率为 60%，债券价格波动率为开发银行债券的 2 倍（这符合市场的实际情况），各年价格波动区间见表 15 - 8。

表 15 - 8 　　　　　　　　　　　价格波动区间

期限	$T-t$	1	2	3	4	5	6	7	8	9	10	11	12	13	14	15
价格波动区间	VOL	0.02	0.04	0.06	0.08	0.10	0.12	0.14	0.16	0.18	0.20	0.22	0.24	0.26	0.28	0.30

期限	$T-t$	16	17	18	19	20	21	22	23	24	25	26	27	28	29	30
价格波动区间	VOL	0.32	0.34	0.36	0.38	0.40	0.42	0.44	0.46	0.48	0.50	0.52	0.54	0.56	0.58	0.60

据此，计算出来 2A 级以上公司债券的即期收益率、到期收益率和隐含远期收益率见表 15 - 9 ~ 表 15 - 11。

表 15 - 9 　　　　　　　　　　　即期收益率

期限	$T-t$	1	2	3	4	5	6	7	8	9	10
2A 级公司债券的理论价格	$L(t)$	98.11793622	96.27129409	94.45941	92.68162	90.93577	89.19112	87.34027	85.25635	82.87492	80.19813
2A 级公司债券的理论即期利率	CB Spot rate	0.019181649	0.019181649	0.019182	0.019182	0.019185	0.019248	0.019525	0.020139	0.02109	0.022312
2A 级公司债券的理论到期收益率	CB YTM	0.019181649	0.019181649	0.019182	0.019182	0.019185	0.019245	0.019507	0.02008	0.020958	0.022068
2A 级公司债券的隐含远期利率	CB Forward	0.019182	0.019181649	0.019182	0.019182	0.019199	0.019561	0.021191	0.024443	0.028735	0.033377

---

① 高坚. 我国债券市场的长期收益率曲线及其市场基准功能 [N]. 中国证券报，2002 - 06 - 19.

表 15 - 10　　　　　　　　　　　　　　到期收益率

期限	$T-t$	11	12	13	14	15	16	17	18	19	20
2A 级公司债券的理论价格	$L(t)$	77.26511	74.12785	70.83847	67.44417	63.98586	60.49843	57.01147	53.55009	50.13575	46.78675
2A 级公司债券的理论即期利率	CB Spot rate	0.023725	0.025262	0.026875	0.028533	0.030215	0.031908	0.033606	0.035306	0.037007	0.038709
2A 级公司债券的理论到期收益率	CB YTM	0.023328	0.02467	0.026047	0.027427	0.028789	0.03012	0.031413	0.032664	0.033871	0.035032
2A 级公司债券的隐含远期利率	CB Forward	0.03796	0.042322	0.046435	0.050328	0.054048	0.057645	0.061163	0.064638	0.068102	0.07158

表 15 - 11　　　　　　　　　　　　　　隐含远期收益率

期限	$T-t$	21	22	23	24	25	26	27	28	29	30
2A 级公司债券的理论价格	$L(t)$	43.51877	40.34521	37.27751	34.32528	31.49653	28.79773	26.23394	23.80886	21.52494	19.3834
2A 级公司债券的理论即期利率	CB Spot rate	0.040413	0.042122	0.043837	0.045561	0.047296	0.049045	0.050808	0.05259	0.054392	0.05622
2A 级公司债券的理论到期收益率	CB YTM	0.036148	0.037218	0.038243	0.039222	0.040156	0.041045	0.04189	0.04269	0.043445	0.04416
2A 级公司债券的隐含远期利率	CB Forward	0.075094	0.07866	0.082294	0.086007	0.087812	0.093716	0.097728	0.101856	0.106106	0.11048

　　这样，2A 级以上公司债券的 30 年期到期收益率（YTM）约为 4.4%。由此可以更好地了解国债、国家开发银行的政策性金融债和公司债券之间的关系。[①]

　　5. 运用公司债券的收益率曲线计算银行贷款的预期损失

　　（1）计算银行的风险中性违约概率

　　计算公允价值可以根据金融理论的无套利原则，找到国债、政策性金融债和金

---

① 高坚. 我国债券市场的长期收益率曲线及其市场基准功能 ［N］. 中国证券报，2002 - 06 - 19.

融债之间的关系，也可以找到标准化债券和非标准化贷款风险之间的关系。通过风险中性定价的方法可以得出国家开发银行贷款预期未来的违约概率。

国债的远期利率可以按照下式计算：

$$(1 + r_{g2})^2 = (1 + r_{g1})(1 + f_{g1}) \qquad (15 - 117)$$

其中，r_{gi} 为第 i 期的国债即期利率；

i 为 1，2，3，…，n；

f_{gi} 为第 i 期的国债远期利率。

公司债券的远期利率可以按照以下公式计算：

$$(1 + r_{c2})^2 = (1 + r_{c1})(1 + f_{c1}) \qquad (15 - 118)$$

从而

$$1 + f_{c1} = \frac{(1 + r_{c2})^2}{1 + r_{c1}} \qquad (15 - 119)$$

其中，r_{ci} 为第 i 期的公司债即期利率；

f_{ci} 为第 i 期的公司债远期利率。

在市场均衡时，风险债券的未来收益与无风险债券（国债）的未来预期收益之间存在如下关系：

$$P_2(1 + f_{c1}) = 1 + f_{g1} \qquad (15 - 120)$$

其中，P_i 为第 i 期支付现金流的风险中性概率。

违约概率为

$$P_i^* = 1 - P_i \qquad (15 - 121)$$

根据风险中性概率计算出来的国家开发银行的优质贷款的违约概率见表 15 – 12。

表 15 – 12　　　　　　　　　国家开发银行优质贷款的违约概率

年份	$T - t$	1	2	3	4	5	6	7	8	9	10
2A 公司债券远期	CB Forward	0.019182	0.019181649	0.019182	0.019182	0.019199	0.019561	0.021191	0.024443	0.028735	0.033377
国债远期	OGB Forward	0.019182	0.019182	0.019375	0.021339	0.024825	0.02809	0.030748	0.032938	0.034822	0.036513
偿还概率	P_i		1.000000345	1.0019	1.002117	1.00552	1.008366	1.009358	1.008292	1.005917	1.003034
违约概率	P_i^*		– 3.44769 E – 07	– 0.00019	– 0.00212	– 0.00552	– 0.00837	– 0.00936	– 0.00829	– 0.00592	– 0.00303

计算结果出现隐含开行贷款的偿还概率高于国债，实际上反映的是国债的利率风险。

（2）通过收益率曲线计算非标准化产品的价值及风险

即期收益率是计算各种收益率的基础，但是市场上只有附息债券的到期收益率。如果市场上流通的附息债券的期限品种足够多，即期利率可以使用附息债券的到期收益率通过"拆鞋带"的方法计算出来。如果零息债券数量足够多，也可以直接取得即期利率。发达市场债券期限品种多，取得市场决定的收益率相对容易。而很多附息债券可以通过本息分离单独交易，形成多个零息债券，会提供更多即期利率的数据。

贷款、非上市债券、私募债券、交易不活跃的债券等，由于没有市场，很难确定其价值和风险。可以通过与交易活跃债券品种之间的理论关系和参数确定其价值和风险。国家开发银行的贷款利率不能反映市场利率的实际情况，主要是因为银行利率还没有完全市场化。为了计算真实贷款价值和风险，需要无风险利率，如国债利率和国债回购利率，以及足够的由即期利率表示的收益率曲线。同时，在银行确定内部转移价格时，测算调拨资金利率下限，必须采取净现值的方法。而计算净现值时所使用的贴现率就是即期利率。

从理论上说，在一个银行内部，资金部门和信贷部门的边际收益率应该相等：

$$\frac{[r_L - (r_T + C_L)]}{\Delta A_L} = r_T \tag{15-122}$$

$$\frac{[r_T - (r_B + C_B)]}{\Delta A_B} = r_B \tag{15-123}$$

其中，r_L 为贷款的边际利率；

r_B 为银行资金来源（发行债券或吸收存款）边际利率；

r_T 为内部转移价格；

C_L 为贷款的非利息成本；

C_B 为银行资金部门的非利息成本；

A_L 为银行总资产（贷款余额）；

A_B 为银行的总负债（银行杠杆率高，负债中包括的资本相对少）；

ΔA_L 为新增资产；

ΔA_B 为新增负债。

假定银行资产全部为贷款，总资产和总负债相等：

$$\Delta A_L = \Delta A_B \tag{15-124}$$

为了使边际利润率相等，必须使：

$$r_T = r_B \qquad (15-125)$$

因此，

$$r_L - r_T - C_L = r_T - r_B - C_B \qquad (15-126)$$

$$(r_L + r_B) - 2r_T = C_L - C_B \qquad (15-127)$$

贷款回报与融资成本之和减去 2 倍内部转换价格，等于总行与分行之间成本之差。现在假定一笔 10 年期贷款，其合理的内部转移利率应该按照如下公式计算：

$$P = \sum_{i=1}^{10} \frac{P_n \times C}{(1 + r_{ci} + \varphi_{ci} + \pi_{ci})^i} + \frac{M}{(1 + r_{ci} + \varphi_{ci} + \pi_{ci})^{10}} \qquad (15-128)$$

其中，P 为贷款价格；

M 为贷款本金；

P_n 为风险中性概率；

C 为资产加权平均收益；

r_{ci} 为一级公司债券即期利率；

φ_{ci} 为费用率；

π_{ci} 为平均利润率。

当现值为 100 时，确定贷款的内部转移价格为合理下限。

6. 长短期利率与经济增长之间的关系[①]

（1）长短期利率之间的关系

在金融市场不发达，利率受到管控的情况下，收益率曲线偏平缓，说明长期和短期利率之间的利率差没有拉开。这说明市场没有放开，存在很多套利机会。在没有套利的情况下，长期利率和短期利率之间的关系如下：

$$R - \frac{\dot{R}}{R} = r \qquad (15-129)$$

其中，R 为长期毛利率（gross）；

r 为短期毛利率（gross）；

$\dot{R}$ 为长期利率的时间导数，表示利率的即时变化率；

$\frac{\dot{R}}{R}$ 为长期利率的变化率。

20 世纪 90 年代后期收益率曲线偏平，反映了对市场趋势判断的错误。20 世纪 90 年代发行的 30 年期国债的即期利率为 3.3%，而 1 年期国债的即期利率为

[①] 高坚. 我国债券市场的长期收益率曲线及其市场基准的功能［N］. 中国证券报，2002-06-19.

1.85%。利率的即时变化率为：

$$\dot{R} = (1 + 0.033) \times \left[(1 + 0.033) - (1 + 0.0185) \right] = 0.015 = 1.5\%$$

这反映人们预期未来经济增长率和通货膨胀水平不高，因此预期未来利率也偏低。将长期利率转换成短期利率

$$\sqrt[52 \times 30]{(1 + 0.033)^{30}} - 1 = 0.0006 = 0.06\%$$

这个结果表示短期利率（例如 7 天回购利率）应该为 0.06%，远低于 1.85% 的水平。以上分析的长期短期利率之间的关系表明，如果存在市场套利，收益率曲线就会从平缓的曲线变为向上倾斜的曲线。根据改革开放以来 30 年的经济和物价情况，风险利率平均水平应该在 8% 左右，但是从我们推导出来的远期利率来看，远远低于这个水平。如果经济还没有达到其增长潜力，利率应该有上升趋势。长期以来，我国市场隐含的远期利率和经济增长趋势并不一致。这和利率在一定程度上受到控制和市场功能不完整有关。由于市场缺少套利功能，就会出现长期利率偏低，短期利率偏高所导致的收益率曲线偏于平缓的现象。

（2）影响长期利率的因素

国债的收益率曲线是债券市场定价的基准。经济增长率和财政赤字对长期利率都会产生影响。根据萨缪尔森的代际（OLG）模型，赤字增加会增加未来的利率水平，因而会使收益率曲线变陡。而财政赤字增加的扩大通常也会减少社会资产总量，从而影响经济的长期增长。长期国债的发行会增加长期债券的供给，也会增加对于长期利率的压力，使收益率曲线变陡。

根据经济理论，当经济处于稳态时，资本的边际生产率等于利率。当资本存量处于黄金律水平时，利率应该等于经济增长率。战后美国的"平均增长率一直高于平均无风险利率，但是显著低于利润率。[①]"

（二）基本债券品种收益率的计算方法

1. 零息债券的收益率曲线[②]

债券定价就是知道未来价值，求现在价值的方法。比较典型的债券定价就是零息债券和附息债券的定价。

根据现在国库券的收益率计算零息债券价格需要五个步骤（见表 15 - 13）。

---

①　奥利维尔·琼·布兰查德，斯坦利·费希尔. 宏观经济学（高级教程）[M]. 北京：经济科学出版社，2001：113.

②　高坚. 国债市场 [M]. 北京：经济科学出版社，1997：84 - 88.

表 15 – 13 债券价格确定的五个步骤

债券价格确定步骤	定价过程的依据
全部零息债券的现值	附息债券的第一期现金流可以看作利息支付日为到期日的零息债券
每期零债券的贴现率	贴现率应该以零息债券的收益率为准
零息债券的收益率	1 年期以上的债券不存在现成的零息债券收益率曲线
理论即期利率曲线	通过附息债券的收益率曲线可以建立理论即期利率曲线
附息债券的收益率	根据市场价格可以直接建立收益率曲线

零息债券的收益率曲线表明了即期利率（即零息债券的收益率）和期限的关系。在实践中，零息债券的收益率曲线常常不能直接观察到，能看到的是附息债券的价格和收益率曲线。因而，重要的是如何将零息债券的收益率从附息债券的收益率中剥离出来。通常使用的方法就是"拆鞋带"的方法。为了说明"拆鞋带"方法的运用，我们分别运用连续复利和定期复利两种方法加以说明。

（1）连续复利计算方法

假定有 6 种债券，其剩余期限、年票面利率和债券的价格见表 15 – 14。

表 15 – 14 剩余期限、年票面利率和债券的价格

序号	债券本金	剩余期限（年）	年票面利率	债券价格（元）
1	100	0.25	0	97.5
2	100	0.50	0	94.9
3	100	1.00	0	90.0
4	100	1.50	8	96.0
5	100	2.00	12	101.6
6	100	2.75	10	99.8

前三种债券是不支付利息的。其即期连续收益率的计算比较简单，债券 1 是 3 个月期限，其连续收益率为

$$4 \times \ln\left(1 + \frac{2.5}{97.5}\right) = 0.1012 = 10.12\%$$

同样地，6 个月期限的债券 2 的连续收益率是

$$2 \times \ln\left(1 + \frac{5.0}{94.9}\right) = 0.1047 = 10.47\%$$

1 年期的债券 3 的连续收益率是

$$\ln\left(1 + \frac{10}{90.0}\right) = 0.1054 = 10.54\%$$

第 4 种债券有票面利息，计算相对复杂。按照票面利率，这一债券有三个现金流量（见表 15 – 15）。

表 15 – 15　　　　　　　　附息债券按照票面利率支付的现金流

时间	现金流
0.5 年	4
1.0 年	4
1.5 年	104

从前面的计算可以知道，6 个月期债券利率为 10.47%，1 年期债券的利率为 10.54%，而债券价格 96 是已知的，因此，债券的即期利率可以计算出来：

$$4 \times e^{-0.1047 \times 0.5} + 4 \times e^{-0.1054 \times 1.0} + 104 \times e^{-1.5R}$$

由此可以计算出

$$e^{-1.5R} = 0.85196$$

$$R = \frac{\ln 0.85196}{1.5} = 0.1068 = 10.68\%$$

这样就计算出来 1.5 年的即期利率，与前面计算的半年期和 1 年期的即期利率存在一致关系。

2 年期的即期利率可以通过类似的方法计算

$$6 \times e^{-0.1047 \times 0.5} + 6 \times e^{-0.1054 \times 1.0} + 6 \times e^{-0.1068 \times 1.5} + 10 \times e^{-2R} = 101.6$$

$$R = 0.1081 = 10.81\%$$

（2）固定期限利率计算方法

假定有期限以半年递增的 20 种债券，其票面利率、到期收益率和价格见表 15 – 16。

表 15 – 16　　　　　　　　票面利率、到期收益率和价格

期限	票面利率	到期收益率（%）	价格（元）
0.50	0.0000	0.0800	96.15
1.00	0.0000	0.0830	92.19

期限	票面利率	到期收益率（%）	价格（元）
1.50	0.0850	0.0890	99.45
2.00	0.0900	0.0920	99.64
2.50	0.1100	0.0940	103.49
3.00	0.0950	0.0970	99.49
3.50	0.1000	0.1000	100.00
4.00	0.1000	0.1040	98.72
4.50	0.1150	0.1060	103.16
5.00	0.0875	0.1080	92.24
5.50	0.1050	0.1090	98.38
6.00	0.1100	0.1120	99.14
6.50	0.0850	0.1140	86.94
7.00	0.0825	0.1160	84.24
7.50	0.1100	0.1180	96.09
8.00	0.0650	0.1190	72.62
8.50	0.0875	0.1200	82.97
9.00	0.1300	0.1220	104.30
9.50	0.1150	0.1240	95.06
10.00	0.1250	0.1250	100.00

表中6个月期限的国库券是零息债券，其隐含的票面利率应该等于即期利率。同样表中1年期的利率8.3%也是即期利率。有了这两个即期利率，我们就可以计算出1.5年期的即期利率。1.5年期国库券的价格应该等于3个现金流量的现值的总和。假定发行价格是平价，3次现金流的情况见表15–17。

表15–17   **票面利息（现金流）和理论价格**

期限（年）	票面利率 × 发行价格 × 计算时间	票面利息（现金流）
0.5	$0.085 \times 100 \times 0.5$	4.25
1.0	$0.085 \times 100 \times 0.5$	4.25
1.5	$0.085 \times 100 \times 0.5 + 100$	104.25

这些现金流的现值等于其价格：

$$\frac{4.25}{(1+S_1)^1}+\frac{4.25}{(1+S_2)^2}+\frac{104.25}{(1+S_3)^3}=99.45$$

其中，S_1 = 6 个月理论即期利率，相当年率的 1/2；

S_2 = 1 年理论即期利率，相当于年率的 1/2；

S_3 = 1.5 年理论即期利率，相当于年率的 1/2。

由于 $S_1 = 0.04$，$S_2 = 0.0415$，均为已知，同时，我们知道这个债券的价格是 99.45，因而：

$$\frac{4.25}{(1+0.04)^1}+\frac{4.25}{(1+0.0415)^2}+\frac{104.25}{(1+S_3)^3}=99.45$$

可以计算出来：

$$S_3 = 0.04465$$

这样 1.5 年期的年即期利率为：

$$0.04465\times2=0.0893$$

以此类推，就可以计算出 1.5 年以上的全部即期利率。附息债券的收益率曲线是指不同期限的到期收益率（YTM）形成的曲线。附息债券的收益率曲线、零息债券收益率曲线和远期利率曲线是不同的。在收益率曲线向上倾斜时，它们之间的关系见图 15 – 14。

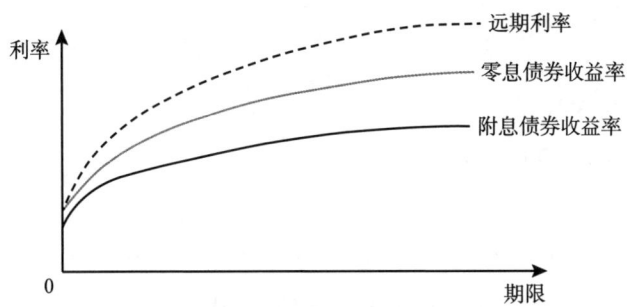

图 15 – 14　正常收益率曲线中远期利率、零息债券收益率和附息债券收益率之间的关系

这表明附息债券收益率曲线处于较低的位置，而远期利率处于较高的位置，零息债券收益率曲线处于中间位置。反过来，当收益率曲线向下倾斜时，各自的位置见图 15 – 15。

这表明大家预期的远期利率低，零息债券收益率曲线居中，而附息债券的到期收益率曲线居于最上位置。可以看出，收益率曲线翻转时，远期利率相对稳定。

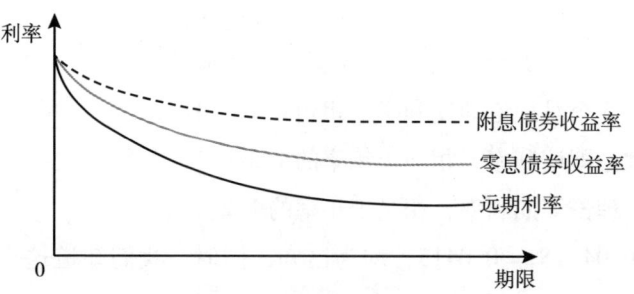

图 15 - 15　向下倾斜的收益率曲线中远期利率、零息债券收益率和附息债券收益率之间的关系

2. 附息债券的价格和票面利率的计算[①]

由于零息债券和贴现债券只有单一的现金流，因而价格和收益率的计算相对简单。但是附息债券的价格和收益率的计算涉及多个现金流，其计算较零息债券和贴现债券复杂。

（1）附息债券价格的计算

附息债券价格的计算公式的推导过程如下：

$$P(1+s)^n = C(1+s)^{n-1} + C(1+s)^{n-2} + \cdots + C(1+s) + C + 100 \quad (15-130)$$

其中，P 为价格；

s 为即期利率；

C 为票面利率；

n 为利息支付次数。

债券价格 P 的计算过程如下：

假定

$$(1+s)^{n-1} + (1+s)^{n-2} + \cdots + (1+s) + 1 = K \quad (15-131)$$

$$P(1+s)^n = CK + 100 \quad (15-132)$$

$$K = \frac{P(1+s)^n - 100}{C} \quad (15-133)$$

将式（15 - 131）两边同乘以（1 + s）：

$$(1+s)^n + (1+s)^{n-1} + \cdots + (1+s) = (1+s)K \quad (15-134)$$

将式（15 - 134）减去式（15 - 131）：

$$(1+s)^n - 1 = sK \quad (15-135)$$

[①]　高坚. 国债市场 [M]. 北京：经济科学出版社，1997：90 - 92.

$$K = \frac{(1+s)^n - 1}{s} \qquad (15-136)$$

由式（15-133）和式（15-136）得出

$$\frac{P(1+s)^n - 100}{C} = \frac{(1+s)^n - 1}{s} \qquad (15-137)$$

因而

$$P = \frac{100}{(1+s)^n} + \frac{C}{s}\left[1 - \frac{1}{(1+s)^n}\right] \qquad (15-138)$$

以上是假定每年付息一次的计算公式推导过程。如果计算每年付息 2 次或更多次数，只要以同样的位数减少相应的票息收益，以同样的位数增加剩余期限即可。如果计算每年 2 次付息的附息债券的价格，公式就转换成为如下形式：

$$P = \frac{100}{\left(1 + \frac{s}{2}\right)^{2n}} + \frac{C}{s}\left[1 - \frac{1}{\left(1 + \frac{s}{2}\right)^{2n}}\right] \qquad (15-139)$$

这个公式被广泛用来计算已知收益率、票面利率和期限的情况下每半年支付 1 次利息的附息国债的价格。

（2）附息债券票面利率的计算

发行人设计票面利率时，会参考市场有关指标。附息债券票面利率计算公式可以根据以上公式直接推导如下：

$$C = \frac{P - \dfrac{100}{(1+s)^n}}{1 - \dfrac{1}{(1+s)^n}} \times s \qquad (15-140)$$

附息国债实行收益率招标，收益率可以参考市场利率，票面利率可以通过以上公式计算，也可以先不确定票面利率，等招标确定收益率以后，再通过上式确定票面利率。

（三）附息债券收益率的计算和国债收益率曲线的形成

由于国债市场化改革，实现国债期限品种多样化，通过已有的在市场中交易的国债，可以建立国债的收益率曲线。1996 年国债收益率曲线建立时采用了以下方法：

1. 通过具有 6 年剩余期限的 7 年期附息国债计算 3 年、4 年、5 年、6 年的平均贴现率

1996 年 10 月 24 日 7 年期附息国债的价格为 106.92 元，票面利率为 8.56 元，增值利息为 8.37 元，净价为 98.55 元，剩余期限接近 6 年。我们先假定其剩余期限为 6 年，前 3 年的贴现率为市场收益率，后 3 年为未知年份，设为 x。这样就可以列式求平均贴现率 x 的值。由于

$$106.92 - 8.37 = 98.55 = \frac{8.56}{(1+8.5\%)^1} + \frac{8.56}{(1+8.6\%)^2} + \frac{8.56}{(1+8.7\%)^3} +$$

$$\frac{8.56}{(1+x\%)^4} + \frac{8.56}{(1+x\%)^5} + \frac{8.56}{(1+x\%)^6}$$

试错计算的结果 $x = 8.9$（见表 15 - 18）。

表 15 - 18　　　　　　　　　　第 4 ~ 6 年贴现率的计算结果

付息次数	现金流量	贴现率	现值
1	8.56	8.5	7.889401
2	8.56	8.6	7.257952
3	8.56	8.7	6.664769
4	8.56	8.9	6.086425
5	8.56	8.9	5.589003
6	108.56	8.9	65.08824
现值和			98.57579

后 3 次付息的平均贴现率为 8.9%，这意味着第 6 次付息的贴现率应该高于 8.9%，第 4 次付息的贴现率应该低于 8.9%。可以看出，收益率曲线非常平缓。由于正常收益率曲线是向上倾斜的，这说明和中短期国债相比，7 年期附息国债的票面利率是偏低的。

2. 通过具有 9 年剩余期限的 10 年期附息国债计算 4 年、5 年、6 年、7 年、8 年、9 年的平均贴现率

696 号 10 年期附息国债在 1997 年 10 月 24 日的价格是 121 元，增值利息为 2.69 亿元，净价为 112.13 亿元。

$$114.82 - 2.69 = 112.13 = \frac{11.83}{(1+9.1\%)^1} + \frac{11.83}{(1+9.52\%)^2} + \frac{11.83}{(1+9.62\%)^3} +$$

$$\frac{11.83}{(1+x\%)^4} + \frac{11.83}{(1+x\%)^5} + \frac{11.83}{(1+x\%)^6} +$$

$$\frac{11.83}{(1+x\%)^7} + \frac{11.83}{(1+x\%)^8} + \frac{11.83}{(1+x\%)^9}$$

试错计算结果，后 6 年平均贴现率为 9.15%。这说明 10 年期国债的平均收益

率只比 1 年期国债高 5 个 bp（见表 15 – 19）。

表 15 – 19　　　　　　　　　　后 6 年平均贴现率的计算结果

付息次数	现金流量（票面利率）	贴现率	现值
1	11.83	8.5	10.903230
2	11.83	8.6	10.030560
3	11.83	8.7	9.210774
4	11.83	9.15	8.334696
5	11.83	9.15	7.636002
6	11.83	9.15	6.995879
7	11.83	9.15	6.409418
8	11.83	9.15	5.872119
9	111.83	9.15	50.856290
现值和			116.248968
计算 x 值		$x = 9.15$	

3. 通过具有 9 年剩余期限的 10 年期附息国债计算 7 年、8 年、9 年的贴现率

考虑到 7 年期附息国债的后 3 年的平均贴现率已经计算出来，10 年期附息国债后 3 年的平均贴现率 x 可以通过正式计算出来。

$$116.7218 = \frac{11.83}{(1+8.5\%)^1} + \frac{11.83}{(1+8.6\%)^2} + \frac{11.83}{(1+8.7\%)^3} +$$

$$\frac{11.83}{(1+8.9\%)^4} + \frac{11.83}{(1+8.9\%)^5} + \frac{11.83}{(1+8.9\%)^6} +$$

$$\frac{11.83}{(1+x\%)^7} + \frac{11.83}{(1+x\%)^8} + \frac{11.83}{(1+x\%)^9}$$

试错结果 $x = 9.1$（计算结果见表 15 – 20）。

表 15 – 20　　　　　　　　　　附息债券后 3 年贴现率的计算结果

付息次数	现金流量（票面利率）	贴现率	现值
1	11.83	8.5	10.903230
2	11.83	8.6	10.030560

付息次数	现金流量（票面利率）	贴现率	现值
3	11.83	8.7	9.210774
4	11.83	8.9	8.411496
5	11.83	8.9	7.724055
6	11.83	8.9	7.092796
7	11.83	9.1	6.430008
8	11.83	9.1	5.893683
9	111.83	9.1	51.066440
现值和			116.763002
计算 x 值		$x = 9.1$	

可以看出，由贴现率形成的收益率曲线是非常平缓的。因此，可以认为发行 10 年期长期附息国债的票面利率偏低，这和当时非市场人士的看法是不同的。当时 696 国债是第一只长期附息国债，市场需求极高，导致招标利率降低。之后价格上升是由于市场利率水平总体下行造成的。

4. 通过具有 10 年剩余期限的附息国债计算第 10 年的贴现率

1997 年 9 月 1 日发行的 10 年期附息国债是最接近 10 年剩余期限的附息国债。10 月 24 日的价格是 106.9 元。

$$106.9 = \frac{9.78}{(1+8.5\%)^1} + \frac{9.78}{(1+8.6\%)^2} + \frac{9.78}{(1+8.7\%)^3} + \frac{9.78}{(1+8.9\%)^4} +$$

$$\frac{9.78}{(1+8.9\%)^5} + \frac{9.78}{(1+8.9\%)^6} + \frac{9.78}{(1+8.9\%)^7} + \frac{9.78}{(1+9.1\%)^8} +$$

$$\frac{9.78}{(1+9.1\%)^9} + \frac{9.78}{(1+8.92\%)^{10}}$$

由此计算出来各年贴现率，见表 15 – 21。

表 15 – 21　　　　　用于获得到期收益率曲线的各年贴现率的计算结果

付息次数	现金流量（票面利率）	贴现率	现值
1	9.78	8.5	9.013825
2	9.78	8.6	8.292380
3	9.78	8.7	7.614655
4	9.78	8.9	6.953882

付息次数	现金流量（票面利率）	贴现率	现值
5	9.78	8.9	6.385567
6	9.78	8.9	5.863698
7	9.78	8.9	5.863698
8	9.78	9.1	4.872377
9	9.78	9.1	4.465973
10	109.78	8.92	46.713980
现值和			106.040035
计算 x 值		$x = 8.92$	

第 10 年期国债贴现率只有 8.92%，说明收益率曲线长期一端偏低。这是由于新债券的流动性较好，导致最后一年贴现率甚至低于后几年的平均贴现率。

5. 合理收益率曲线的形成

为了说明新发行国债的合理收益率水平，我们调整出均匀向上的各年贴现率。

$$106.9 = \frac{9.78}{(1+6.0\%)^1} + \frac{9.78}{(1+6.8\%)^2} + \frac{9.78}{(1+7.5\%)^3} + \frac{9.78}{(1+8.2\%)^4} +$$

$$\frac{9.78}{(1+8.9\%)^5} + \frac{9.78}{(1+8.98\%)^6} + \frac{9.78}{(1+9.02\%)^7} +$$

$$\frac{9.78}{(1+9.06\%)^8} + \frac{9.78}{(1+9.13\%)^9} + \frac{9.78}{(1+9.15\%)^{10}}$$

其结果见表 15 – 22。

表 15 – 22   用于获得到期收益率曲线的各年贴现率的计算结果

付息次数	现金流量（票面利率）	贴现率	现值
1	9.78	6.0	9.226415
2	9.78	6.8	8.574254
3	9.78	7.5	7.872514
4	9.78	8.2	7.135589
5	9.78	8.9	6.385567
6	9.78	8.98	5.837919
7	9.78	9.02	5.343128
8	9.78	9.06	4.886691
9	9.78	9.13	4.454936

续表

付息次数	现金流量（票面利率）	贴现率	现值
10	109.78	9.15	45.738910
现值和			105.455923
计算 x 值		$x = 8.92$	

这个收益率曲线是 1997 年我国的理论收益率曲线。这个国债收益率曲线与当时的市场情况基本一致，也与国家当时确定的短期利率水平一致。将这一收益率曲线与前面各个收益率曲线相比，我国短期国债收益率偏高，而长期国债利率偏低。由于短期国债被银行和个人持有，流动性不好，而长期国债由证券中介机构和各种基金持有，交易活跃，因而收益率偏低。

6. 根据国债的即期利率和隐含远期利率绘制的国债收益率曲线

如果投资人不考虑期限贴水（流动性贴水），则隐含的远期利率代表市场对于未来利率趋势的预期（见表 15-23）。

表 15-23　　　　用于获得远期收益率曲线的隐含远期利率的计算结果

第 n 年	贴现率（%）	隐含远期利率（IFR，%）
1	6.0	—
2	6.8	7.606
3	7.5	8.914
4	8.2	10.328
5	8.9	11.746
6	8.98	9.3809
7	9.06	9.3404
8	9.13	9.6916
9	9.13	9.6916
10	9.15	9.3302

如果不考虑期限贴水因素，那么收益率曲线的趋势只反映人们对未来利率的预期。收益率曲线平缓意味着人们预期未来利率变化不大。但是如果考虑期限贴水因素，收益率曲线平缓意味着预期未来利率水平下降。收益率曲线偏平可能的原因是长期利率偏低，或者短期利率偏高，或者两者同时存在。1997 年国债收益率曲线的短端偏高，但银行短期存款利率并不高，这是由于市场分割和信贷规模控制的原因。在很多国家，特别是发达市场经济国家，短期国债的流动性要比长期国债更

好。但是我国短期国债交易量非常小，而长期国债的交易量非常大，从而导致市场流动性与发达国家有很大不同。同时，我国 20 世纪 90 年代的金融市场还不够发达，国债的市场化利率与银行存贷款的计划利率形成矛盾。[①]

1996 年以后，记账式长期附息国债取代早期的国库券成为国债的基本品种。长期附息国债是根据国家预算对长期资金的需要和缓解偿债高峰的要求，并考虑到市场本身发展的需要，为增加市场工具，提高市场流动性，多样化国债的期限结构而设计的。实践证明，财政部 1996 年引进长期附息国债是成功的。从 2000 年以后到今天，记账式长期附息国债是国债市场的基本品种。长期附息国债不仅是市场参与人参与的主要市场工具，而且其出现有助于相对完整的收益率曲线的建立。[②]

第四节　资产管理和债券投资

随着我国金融业不断深化，大资管时代已经到来。"由于监管的不断放开，资产管理行业进入进一步的竞争、创新、混业经营的阶段，这将是一个资产管理和财富管理大爆发的时代。在大资管时代，市场需根据投资者的收益和风险偏好来进行客户分档，寻找适宜的解决方案，对接合适的资产。[③]"

由于市场的发展，产品的增加，特别是衍生产品的发展，市场不断发展出新的投资策略。多种不同的策略，包括模型和指数量化、CTA（商品交易顾问）、Alpha、行业和风格基金、绝对收益、"固收＋"等，使债券市场不断翻新投资组合和策略。作为社会学的技术，金融是由权益货币化、产品化、标准化并进入市场交易的需求而产生的。债券是标准化的债务合约，理解债券的投资价值，就要理解货币的时间价值。

一、债务合约的定价

（一）债券的基本要素和利息计算

1. 债务合约的基本要素

债务合约是关于债权、债务的法律条款，包括若干要素。借款人偿还的金额称

---

① 高坚. 当前国债收益率曲线及降低国债筹资成本的思考［N］. 中国证券报，1997 – 11 – 21.

② 高坚. 9704 国债的市场价格和对长期附息国债的再认识［N］. 中国证券报，1997 – 09 – 22.

③ 原文详见孙东宁. 券商衍生品做市商模式. 北大金融评论. 2020 年第七期. 查询需要权限，https：//hfri. phbs. pku. edu. cn/2021/seventh_0520/1455. html.

为本金，全部本金可在到期偿还，此时称为债务合约具有子弹期限（bullet maturity）。如果本金在债务合约有效期内以不等量方式分批偿还，在到期日偿还的本金剩余部分称为气球偿付（balloon payment）。债务合约的标准化形式是债券，它包括三个要素：平价（par value）、到期价值（maturity value）和票面价值（face value）。债务合约的票面利息（票息）是在合约有效期内承诺支付给投资者的利息。票息等于票面利率乘未偿还本金。在有效期内没有利息支付的称为零息债券[①]。

2. 货币的时间价值

为了理解长期债务合约的定价及其利率关系，需要了解货币的时间价值。在理想市场中所有无风险债务工具都有相同的短期回报率，而且它必须与同期的无风险国债利率相一致。

货币的时间价值包括四个最重要的概念：未来价值、现在价值、利率、贴现率，它们之间的关系见图 15 - 16。这里的利率是票面利率规定的利率水平，如果是平价发行，利率和票面利率相等。

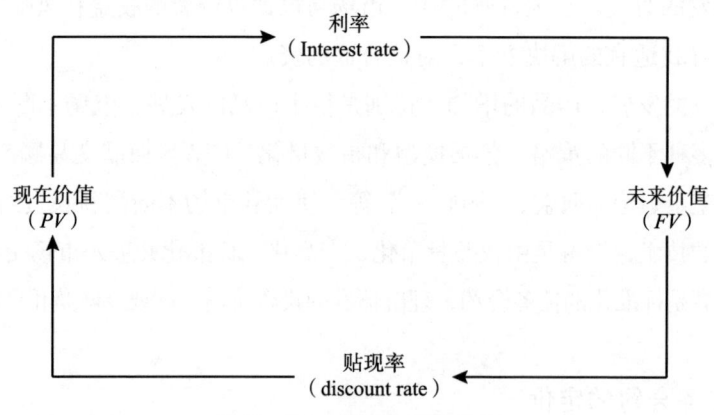

图 15 - 16　货币的时间价值

资料来源：笔者制图。

（1）未来价值

投资的未来价值是指在未来某一时间点上，投资本金及其产生的回报的全部价值。

---

① 弗兰克·法博齐，弗朗哥·莫迪里亚尼. 资本市场：机构与工具（第二版）[M]. 唐旭，等译. 北京：经济科学出版社，1998：386.

$$FV = P(1 + I)^N \qquad (15 - 141)$$

其中，FV 为未来价值；

P 为最初支付的本金；

I 为用小数形式表现的利率；

N 为利息支付次数。如果每年付息一次，等于投资年限。

（2）现在价值（现值）

现在价值是未来价值用贴现率贴现的结果。债券未来价值的现值可以由下式求出：

$$PV = FV \frac{1}{(1 + I)^N} \qquad (15 - 142)$$

有些债券，如附息国债有多个未来价值，其现在价值是多次未来价值的贴现值，由下式求出：

$$PV = \frac{FV_1}{(1 + I)^1} + \frac{FV_2}{(1 + I)^2} + \cdots + \frac{FV_n}{(1 + I)^n} \qquad (15 - 143)$$

（3）利息和利率

①单利。

单利计算法是指不包括再投资利息的计算方法。单利的计算公式如下：

$$I = P \times R \times T \qquad (15 - 144)$$

其中，I 为利息；

P 为投资本金；

R 为投资利率；

T 为计息时间。

美国市场中对于计息期间的每月天数和每年天数有不同的常规算法，称为"天数法"。不同的天数法计算出来的利息不同。通常天数法通过以下形式表示：

a. A/A；

b. A/360；

c. 30/360；

d. A/360；

e. 30/365；

f. 365/365；

g. 365/A。

其中，A 表示实际天数。例如，A/A 表示年和月都用实际天数，30/365 表示每月 30 天，每年 365 天。

②无支付有限复利。

无支付有限复利是指从债券发行到兑付之间不支付利息，直到兑付时支付本金和利息，并按一定期间计算复利的方法。国外发行的大多数零息债券都采用这种方法。无支付有限复利的计算公式如下：

$$FV = P(1+i)^n \tag{15-145}$$

其中，i 为每个复利时期的利率；

n 为利息支付次数。

这个公式也可以表示为达到一定未来价值所需要的现在价值：

$$PV = FV/(1+i)^n \tag{15-146}$$

和达到未来一定价值所需要的收益率水平：

$$i = (FV/PV)^{1/n} - 1 \tag{15-147}$$

我国 20 世纪 80 年代和 90 年代初期，发行的国债都是单利零息债券，通常称为本清利付类的债券，其现值计算按照如下公式：

$$PV = P \times (1 + i \times n) \tag{15-148}$$

③定期支付有限复利。

以上公式适用于具有单一现金流量的债券投资，而事实上，大多数投资都有 2 次以上的现金流量。例如我国从 1996 年起发行的 10 年期记账式附息国债就有 11 个现金流，包括 10 个票面利率支付和 1 个本金支付。求附息债券的现值的方法如下：

$$PV = \frac{C_1}{(1+I)^1} + \frac{C_2}{(1+I)^2} + \cdots + \frac{C_n + M}{(1+I)^n} \tag{15-149}$$

其中，M 为本金。

④连续复利。

在证券市场中，连续复利被广泛用于衍生产品的定价。在衍生产品定价时，常规市场中定期复利方式要转换成连续复利。一个投资数量为 P，期限为 n，利率为 i 的投资，其最终价值可以表示为

$$FV = P(1+i)^n \tag{15-150}$$

如果每年计算 m 次复利，这笔投资的最终价值应该为

$$FV = P(1+i/m)^{mn} \tag{15-151}$$

当 m 无限大时，就成为连续复利，连续复利表示为

$$FV = Pe^i \tag{15-152}$$

其中，e 为自然指数。

在计算未来价值时，除了单利、复利计算方法不同外，利率的计算天数也是重要因素。美国的短期国库券是以 A/360 的天数计算法计算的，而附息国债的天数

计算法是 A/A，在计算收益率时必须考虑。① 1996 年我国第一次发行贴现国债和附息国债，这两类债券的价格和收益率的计算方法有所不同，但是它们的收益率可以进行比较。

3. 债券市场利率计算的标准化

2023 年 3 月 17 日，由中央结算公司牵头编制，经国家市场监管总局（国家标准化管理委员会）批准，《固定收益证券利息核算规范》金融国家标准正式发布。

（1）贴现债券和零息债券利息支付相关定义和利息计算

①贴现债券和零息债券的市场特征（见表 15-24）。

表 15-24　　　　　　　　贴现债券和零息债券的市场特征

贴现债券	零息债券
低于面值折价发行	低于面值折价发行
期限在一年以内	期限在一年以上
存续期内不支付利息	存续期内不支付利息
到期按面值一次性偿还	到期后按面值一次性偿还

资料来源：笔者根据债券相关标准制作。

②票面利息的计算：

$$票面利息 = 面值（100）- 发行价$$

（2）利随本清债券利息支付相关定义和利息计算

①概述。利随本清债券发行时标明票面利率，到期兑付日前不支付利息，全部利息累计至到期兑付日和本金一同偿付。该类债券期限为整数，期限单位可为天、月、年。

②利息核算（见表 15-25）。

表 15-25　　　　　　　　利息计算天数

期限单位	天、月、年
年度计算天数	360、365、起息日所在自然年度的实际天数
闰年计算天数	365、366

---

① 以上内容参见高坚. 国债市场 [M]. 北京：经济科学出版社，1997：17-32.

整月计算天数	30、实际天数
2月29日是否计算	计算、不计算

资料来源：笔者根据债券相关标准制作。

（3）附息债券利息支付相关定义和利息计算

①利息支付相关定义。按照约定利率定期支付利息，分期或到期一次性偿还本金。可分为固定利息和浮动利息。付息周期为月的整数倍，期限通常为付息周期的整数倍。

②利息支付频率（见表15-26）。

表15-26   利息支付频率

年付息频率	n=1；n=2，n>2
利息分布	平均分配；按照利息实际天数分配
实行不同利率	计息期内实行分段利率

资料来源：笔者根据债券相关标准制作。

（4）浮动利息债券基准利率生效相关要素的选择

由生效时点、生效条件、生效时期确定基准利率生效方式。

债券有关利息计算要素的定义和利息计算方法的标准化有助于市场参与人融资成本、投资收益核算以及公允价值计算的统一，实现不同市场定价标准的一致性和可比性，对于债券市场量化交易、跨市场交易和建立收益率曲线具有重要意义。

（二）债券成本和价格

1. 债券的成本

债券的收入是债券售出方的全部所得。债券的成本是指债券购买方的全部支出。销售一种债券的全部收入或者购买一种债券的全部成本可以通过以下等式表示：

$$TR = MV + AI - EC \qquad (15-153)$$

$$TC = MV + AI + EC \qquad (15-154)$$

其中，TR 为全部收益；

TC 为全部成本；

MV 为市场价格；

AI 为增殖利息；

EC 为交易费用。

债券的市场价格只是其全部发行成本的一部分，成本中还包括增值利息和交易费用。交易费用增加购买的成本，减少发行人的收入。

2. 债券的报价

市场价格 *MV* 是债券成本的基本组成部分，确定市场价格通过报价实现。在我国，债券报价以 100 元面值为基础，价格计算到小数点后两位，报价形式相对简单。美国国库券的报价通常以基点为单位，每个基点等于 10 美元。因此，报价为92 美元的债券，价格为 920 美元。不同的债券具有不同的报价方式，也有采取"部分基点"报价方式的。美国长期国库券和抵押债券的报价通常采取基点和基点的 1/32 的形式进行。因而，如果国库券的报价为 96 − 1，则债券价格为 96 + 1/32个基点，因为每个基点等于 10 美元，因此，该债券的价格为

$$(96 \times \$\ 10) + \left(\frac{1}{32} \times \$\ 10\right) = \$\ 960.3125$$

3. 增值利息

债券利息通常是在投资一定时期以后支付的，这表示利息是对从过去某一时点开始到现在时期内持有的债券的收益。美国长期国库券通常每年支付两次利息，利息支付是在支付月份第 15 天。公司债券通常是在支付月份的第 1 天支付利息。[①]

净价交易是指在债券现券买卖时，以不含有自然增长应计利息的价格报价并成交的交易方式。在债券净价交易模式下，债券交易价格不含应计利息，其价格形成及变动能够更加准确地体现债券的内在价值、供求关系及市场利率的变动趋势。债券净价交易也是国际通行的惯例做法，在债券净价交易模式下，按净价价格进行申报和交易，但结算价格仍是全价计算，即以成交价格和应计利息额之和作为结算价格。

$$应计利息额 = 票面利率 \div 365(天) \times 已计息天数$$

国债和企业债券的计息天数为付息起息日至交易日止期间的实际日历天数；公司债券的计息天数为付息起息日至交收日的前一自然日止期间的实际日历天数。当票面利率不能被 365 天整除时，计算机系统按默认位数全额计算。交割应依应计利

----

① 高坚. 中国债券资本市场［M］. 北京：经济科学出版社，1997：32 − 38.

息总额按四舍五入原则，以元为单位保留 2 位小数列示。[①]

（三）债券价值的计算过程

1. 确定未来现金流

债券的价值等于将未来现金流进行贴现而得到的现在价值。债券的现金流包括三部分：①到期前定期利息支付；②到期时支付的利息；③到期时支付的本金。

2. 确定贴现率

体现投资人实际回报的不是票面利率，而是到期收益率。到期收益率等于内部回报率[②]：

$$YTM = IRR \qquad\qquad (15-155)$$

债券的贴现率是按照期限排列的一组即期利率。贴现率是投资人需要的收益率，等于无风险收益率加上风险溢价。这里有两点非常重要：一是参照的基准必须是无风险利率。二是在无风险利率上的点差的大小必须和同类债券进行比较。通常是在无风险债券（如国债）的即期利率（spot rate）上加点差（BPs，代表风险溢价），报价表示为国库券加若干 BP。[③]

（四）各种实际收益率及其计算

以上介绍了常规收益率的计算。实际收益率和常规收益率的区别在于后者考虑了投资人对于未来再投资收益的预期。

1. 现实复利收益率

现实复利收益率（RCV）是能够体现债券的购买价格和债券在一定投资时间内产生的全部回报（TR）之间关系的内部回报率。全部回报等于本金加利息，再加利息的利息（$P+I+IOI$）。[④]

到期收益率假定每次现金流量以同样的到期收益率进行再投资，但是现实复利收益率计算再投资时是以现实的收益率来计算再投资收益的。计算实际再投资收益率按照如下原则：

①投资人希望得到的再投资收益率；②投资人预期的未来利率水平；③目前

---

① 中国证券业协会. 深交所债券净价交易问答［EB/OL］.（2009 – 03 – 26）［2022 – 03 – 08］. https：//www. sac. net. cn/tzzyd/tzabc/nwwd/201512/t20151202_126474. html.

② 高坚. 中国国债［M］. 北京：经济科学出版社，1995：251.

③ 高坚. 中国债券资本市场［M］. 北京：经济科学出版社，1997：39 – 40.

④ 高坚. 中国债券资本市场［M］. 北京：经济科学出版社，1997：69.

收益率曲线的形状。根据到期收益率计算再投资收益率，会做出错误的投资决策。现实复利收益率取决于预期的再投资利率，因为现实利率和计算的到期收益率有很大的不同。预期的再投资收益率无非是在再投资的时点上参照的可比债券的投资收益率。

2. 现实复利收益率的计算

计算现实复利收益率的公式如下：

$$RYC(\%) = K[(TR/MP)^{1/N} - 1] \times 100 \qquad (15-156)$$

其中，K 为每年计算复利的次数；

TR 为全部现金回报；

MP 为债券的市场价格（包括增值的利息）；

N 为计算复利的次数。

由于购买价格、计算复利的年数和每年复利的次数都是已知的，唯一需要解出的变量就是全部现金回报（TR）。

3. 净现实复利收益率的计算

净现实复利收益率（$NRCY$）是将债券的购买价格和税后现金收益（TRT）联系起来考虑的内部收益率，实际上是扣除了税收因素以后的现实复利收益率。

（1）净现实复利收益率的优越性

由于政府税收政策影响债券的实际收益率，因此，净现实复利收益率能够更准确地反映债券的实际收益率水平。同时，税收以不同的方式影响不同的债券，因而对于不同债券的实际收益率的影响是不同的。有些投资人仅仅通过税率的余数乘税前所得来计算税后所得，这种方法是不正确的。例如，一种债券的现实复利收益率是 8%，税率为 40%，这并不意味着这一债券的税后收益率为 8% × (1 - 0.4) = 4.8%。因为税收影响债券的现金收益（TR）的三个组成部分（$P + I + IOI$）是不同的。例如，税收在减少债券的再投资收益方面会起很大作用，债券的利息再投资收益占整个债券收益的比重越大，其收益受到税收影响就越大。

（2）净现实复利收益率的缺点

由于净现实复利收益率并没有考虑通货膨胀的因素，因而这一指标只适用于不受通货膨胀影响的债券品种。比如，中国早期的保值公债和美国的生命保险基金发行的债券的利息会随着货膨胀的变化而调整，不是固定的。这样可以保证投资者的回报不受通货膨胀的影响。

（3）净现实复利收益率的计算

计算净现实复利收益率的公式如下：

$$NRCY(\%) = K[(TRT/MP)^{1/N} - 1] \times 100 \qquad (15-157)$$

其中，K 为每年计算复利的次数；

TRT 为全部税后现金回报；

MP 为债券的市场价格（包括增殖的利息）；

N 为计算复利的次数。

由于购买价格、复利支付次数和每年支付复利的次数是已知的，只有 TRT 需要通过计算得出。

（4）实际现实复利收益率

实际现实复利收益率是净现实复利收益率减去通货膨胀率而得出的。由于实际现实复利收益率考虑到了税收和通货膨胀两个因素，因而更能反映收益率的真实水平和投资人的真实回报。

二、债券投资

（一）债券投资的主动策略

债券投资包括主动策略和被动策略。主动策略是指积极在市场中通过买卖获得收益的策略。主动策略有三种方法：主动交易法、积极部位持有法和控制收益率曲线法。

1. 主动交易法

主动交易法包括转换法和回购法。转换法的原则是卖出价格较高的债券，购买价格较低的债券；或卖出收益率较低的债券，买入收益率较高的债券。这里"较高"和"较低"，是相对于公允价值而言的。具体而言，主动交易法就是利用各种套利机会的策略。回购法是当短期投资的收益提高时，将库存债券卖出，并约定一个特定的时间买回，同时将卖出债券的所得进行短期投资而获得收益的方法。这时由于短期投资的收益大于回购成本而取得价差收益。

2. 积极部位持有法

积极部位持有法是在市场行情变化时，通过调整投资组合而达到增值目的的方法。当预期利率总体水平降低时，将整个投资组合期限延长。一旦利率如预期下跌，长期债券价格会上扬，从而达到使全部投资组合的价值增加的目的。相反，在利率总体水平上升时，可以将整个资产组合的期限缩短。

3. 控制收益率曲线法

正常的收益率曲线是平缓上升的曲线，表明期限较长的债券具有较高的收益率。依据收益率曲线的投资策略是指投资人购买债券持有一定时间后，在期满前卖出，再投资于另一个同样或不同剩余期限的债券，从而获得较高收益率的策略。

（二）债券投资的被动策略

债券投资的被动策略是指依赖于经济变化而不是市场变化保持收益的一种方法。被动策略的管理者相信长期持有会跨过经济周期的波动。它有两种形式：购买持有法和指数化法。

1. 购买持有法

购买持有法就是购买债券后持有到期兑付的方法。采用这种方法的管理人主要考虑风险程度和收益率高低。如果有符合投资人希望的特定收益和可以与下一次投资相衔接的到期日，购买持有是一种简单和节省手续费的做法，适合缺少专业知识的投资人。但是这种方法作为一种被动方式也有缺陷，即失去了在价格或收益变动时获得利润的机会。

2. 指数化法

指数化法是指使用自己持有的债券的比重和各种债券在市场中的比重一致，以便对冲风险和扩大收益的策略。实行这种策略要求有一个比较好的债券指数，同时没有对于组合投资方向的限制。

以上只是债券投资的基本策略，在债券投资实践中可以有多种灵活的组合策略。

三、债券投资参考的有关信息

过去刚性兑付的时候，债券投资只依赖于利率水平的变化，投资人通过信用下沉，取得较高收益。具有市场自然垄断地位的银行可以通过低成本融资，取得无风险回报。但是随着打破刚兑和套利空间的缩小，投资人专业性变得非常重要。评级和收益率曲线及利率水平的预期都是投资的重要依据。但是无论是评级，还是收益率曲线，都只能提供有限的市场信息。

（一）依据评级

过去存在评级虚高现象，许多 AAA 级的企业长期融资成本很高，甚至二级市场出现折价成交，说明投资人与评级机构的判断有很大差别，表明隐含评级较低。从 2020 年开始，信用分化严重。由于高信用评级的国企出现违约情况，导致地产企业、国企、城投企业等信用分化严重。其中影响城投债信用的因素较多，涉及公司本身的实力和与地方政府的关系，目前评级对于城投债的研究还没有到位。

自 2020 年永煤事件以来，出现了抛售的连锁反应，引起市场一定程度的恐慌。2021 年上半年，头部金融机构永续债、南方部分发达省份的城投债等品种出现明显的利差压缩。5 月以后，债券市场有一定票息收益的优质资产供给减少，城投类及其他债券出现资产荒局面。由于 2020 年出现的一些风险事件，监管部门加大对评级的关注，总体上要求评级公司参考国际做法，评级需有正态分布。目前评级 AA 级以上才达到发债门槛，很多弱资质主体可能面临评级调整。评级机构为了维护信誉而战，评级调整将成为今后的常态。

（二）依据收益率曲线

债券投资的重要依据是收益率曲线。在债券市场中债券价格与收益率的变动呈现反向关系，如果市场收益率变化（如央行调整基准利率时，各类收益率都会随之变化），债券的市场价格就要发生相应的反向变化。投资人主要参考的是收益率水平，因为收益率水平可以比较。债市的牛市是指债券市场各类债券的整体价格上涨（收益率下行），熊市是指债券市场的整体价格下跌（收益率上行）。了解债券市场变动趋势，通常要研究短期债券和长期债券的收益率变动情况。短债上行的触发因素主要是由财政货币政策引起的市场流动性的变化；而长债上行的触发因素更多是经济基本面。如果短债价格上行快于长债，可能是流动性宽松引发短期债券价格调整；如果长债价格上行快于短债，可能是市场对长期经济增长产生了乐观的看法。

四、跨机构跨市场套利

（一）跨机构套利

不同信用主体可以根据自己的发行成本，取得利差收入。中国金融主体信用差异化形成序列，如国家政策性银行、国有大型商业银行、股份制银行等都有自己的不同的信用和融资成本。套息交易（carry trade）是一种常见的取得净利差收入的办法。具体操作见图 15 - 17。

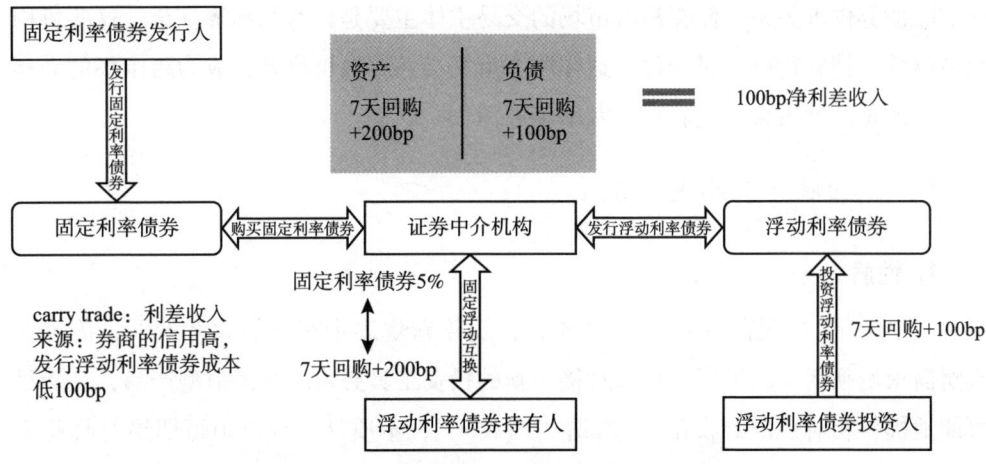

图 15 – 17　固定利率和浮动利率的套利效益

资料来源：笔者绘制。

银行体系的信用分层明确，信用等级高的银行通过跨机构套利，实现盈利。目前商业银行盈利依靠贷款的比重下降，依靠理财和资管的比重上升。银行具有不同级别的金融特许权，资金来源存在自然垄断，因此，信用利差成为主要的盈利方式。在银行系统通过利差的形式分配利润，最终通过非银行金融机构加杠杆、信用下沉，进入实体经济（见图 15 – 18）。

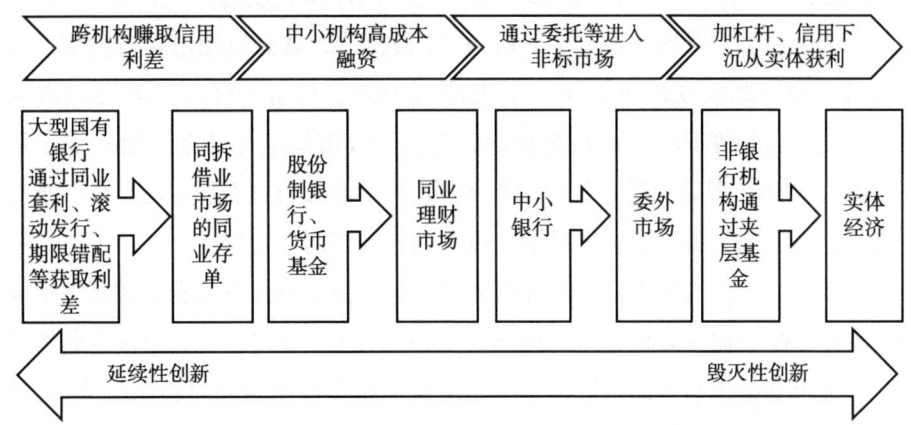

图 15 – 18　基于金融特许权和资金来源自然垄断的金融系统的盈利模式

资料来源：笔者绘制。

（二）跨市场套利

随着监管部门放开跨市场转托管，目前交易所市场和银行间市场之间存在着跨市场套利的机会。例如银行间市场中投资人大多数是银行保险等机构投资人，它们的投资策略是长期持有债券。由于没有交易，持有债券的价格不能反映市场中变化的实际债券供求关系。而交易所市场的交易主体主要是公募和私募基金，这些机构交易频繁，债券价格即时变化。这样两个市场必然存在价格差，成为跨市场的套利机会。但是这种机会也随着套利者增多而消失。

（三）固收＋产品或业务

1. 性质

"固收＋"出现在 2016～2019 年，在资管新规逐步实施的大背景下，传统的理财需求亟须新型的投资工具来对接。新的投资工具必须既是净值型产品，又能尽可能地提供相对稳定的收益。[①] 所谓"固收＋"，本质是一种以中短期绝对收益率为目标、具有严格回撤机制的"确定"收益增强产品。这个定义很清晰地指出了"固收＋"策略与其他策略的本质区别并不是表面上的可投资的资产范围不同，而是一类特定的风险收益要求。[②] "固收＋"要实现确定性和收益性。"固收＋"中的固收，指的是几乎不承担风险的债券资产，即固定收益，固定收益是按预先规定的比率支付的收益。"固收＋"的"＋"是为了提高收益而增加风险高的产品。

2. 出台背景

"固收＋"是新事物，其背景是资管新规出台，非标债权类资产持续萎缩，银行的理财产品、信托公司的信托产品都面临着迫切的净值化改造需要，而"固收＋"策略就是其中一个重要的解决方案。所谓"固收＋"，就是以固定收益类资产提供基础收益，在控制波动的前提下，适度通过股票、打新、可转债等资产或通过CPPI、量化、套利等策略增加组合收益弹性。二级市场债券基金一般约定了股票投资上限为 20%，股票投资仓位可以降到 0，但不能参与打新和定增，偏债混合型基金股票仓位上限更高，仓位更灵活，也可以参与打新和定增。

因为波动性可能给客户造成不好的体验，又不能简单地只投资收益最为确定的现金或者信用高的债券品种，因为理财产品要求的收益相对较高，要高于传统的债券基金和货币基金。如果做得好，净值能形成一条相对稳定同时斜率较高的曲线，它就能填补非标留下的巨大理财空白，成为能够承接大量资金的产品形态。

3. 固收＋产品策略

从寿险账户、年金账户和固收＋理财产品的管理来看，寿险资金和企业年金历史上都采用均衡的投资方法，先将绝大部分资金投资于固收资产，等利息收益形成

---

①②　部分表述最早来源于《基金经理投资笔记 | "固收＋"产品的投资策略》（2019－10）笔者杜晓海（海富通量化投资部总监）。

一定的安全垫之后就增加股票投资来增强收益，从投资品种的范围上来说，寿险和企业年金的投资和"固收＋"产品策略类似，但二者的区别主要在于投资者的风险偏好不同，"固收＋"产品的投资者更加看重中短期收益，流动性要求高且回撤容忍度低。

"固收＋"产品策略中的"＋"有多种多样的实现方式，可以是扩充可投资资产的范围（涵盖股票、可转债、打新、定增、股指期货和国债期货中的一种或几种），扩大操作的可行集，进而通过量化、套利等方式，或通过资产配置策略实现收益目标。由于国内可投资的品种还不够丰富，"固收＋"中"＋"的部分，还不能很好地模型化和策略化，更多依赖于资产配置的灵活性和主动调整的能力。

五、作为非标准化债券的银行贷款定价、利差确定和风险管理

（一）银行风险管理方法的演变和当前的新挑战

银行贷款是非标准化的债务。随着利率市场化，银行与债券市场的关系越来越密切，现有的银行业务模型和风险管理模式都需要新的调整。

1. 巴塞尔银行（三）的要求

我国金融业实行分业监管，但是银行已经开始混业经营。商业银行增加了市场业务、理财业务，因而增加了市场风险敞口。经济周期变化和市场波动也让我国商业银行的市场风险暴露敞口与日俱增。利率市场化意味着利率频繁波动成为常态，商业银行存贷款的市场风险也必然与日俱增。[1] 适应银行理财子公司的建立和资管新规的实施的需要，根据国际巴塞尔银行（三）的要求，监管部门提出在金融市场不断深化的条件下，银行与资本市场特别是债券市场进一步结合的方向。这就是说，银行需要标准化债券为主的负债与非标准化的贷款相匹配。

2. 应对气候变化

从某种意义上说，气候变化导致金融系统的不确定性的影响从广度和深度上要大于其他类型的金融风险。全球气温上升会增加极端天气发生的频率，而全球碳减排行动短期内并不能使全球生态环境系统发生迅速改善，环境带给银行的物理风险会持续存在并呈上升态势。中央银行和金融监管机构出于审慎监管需要，会对银行业提出更多 ESG 管理要求。投资者环保意识的加强也会对银行形成压力，迫使银行不得不重新审查和调整业务方向，并加强对气候风险评估与管理的资金和人员投

---

[1] 来源于 2021 年 4 月 29 日，IMI 学术委员、亚洲金融合作协会创始秘书长、中国银行业协会原专职副会长杨再平出席"商业银行市场风险计量和治理闭门研讨会"的演讲。

入，因此银行在相当长时间内不得不应对物理风险和转型风险的叠加影响。[①] 银行承担气候变化的责任，体现在银行发行绿色金融债、银行投资绿色项目和绿色金融债券、银行为 ESG 企业贷款等。

3. 数字化对银行风险的影响

近年来，一些金融科技企业也以不同的形式开展银行业务，银行业亟待通过数据赋能提升自身竞争力。行业内部，大型银行利用自身科技与定价的优势，争相布局业务"下沉"，以"量增价降"的形式对中小银行业务形成挤压。行业外部，金融科技企业纷纷依托自身产业背景、线上渠道优势及互联网生态资源，在支付业务领域和普惠金融领域抢占大量市场份额，依托互联网公司成立的民营银行和全能科技公司具有了新型竞争优势和业务动能。面对如此"内忧外患"的局面，尽快布局数字化转型战略已成为银行业培育发展新动能的必然选择。当前整体经济增速放缓，银行业竞争日趋白热化。面对数字化转型的挑战，商业银行在竞争中面临更多的风险。[②] 银行数字化风险的定价问题涉及经济学中垄断定价和垄断竞争定价的微观经济理论问题。

（二）非标准化债务合同的定价——Amaro De Matos 债务合同定价理论[③]

标准化负债和非标准化贷款实现匹配，需要解决贷款的定价问题。银行贷款在法律上是一种债务合同，是非标准化的固定收益产品，由于无法频繁交易，其定价无法参考债券市场的定价方法，但是贷款存在理论价值。由于接受贷款的借款人能够偿还的数量取决于多种因素，双方可以通过谈判确定贷款合同。假定在时间 $t = 0$ 时，银行向项目投资 K 数量的贷款。为了简便起见，假定企业家没有原始财富，贷款具有不确定性。在时间 $t = 1$ 时，企业有 q 的概率会产生 $\theta_g = x$ 的收入，有 $1 - q$ 的概率，其收入 $\theta_b = 0$。随着时间推移，投资人和企业家都能观察到企业经营情况，但是没有第三方能够证实企业的实际经营情况，因此他们之间的合同属于不完全合同。企业管理人对于收入的处置并不受投资人或银行的控制。在时间 $t = 1$ 时，可能企业的收入是 x，但是企业声明收入是 0。如果在时间 $t = 1$ 时，企业声明收入为 x，愿意按照合同规定向银行偿还 R_x，银行有 β_x 的概率要求对企业的价值为 L_x 的一部分资产进行清算。如果企业的现金流是 0，则以上三个数值分别为 R_0、β_0 和 L_0。

---

① 田慧芳. 国际银行业气候风险管理的新动向及启示 [J/OL]. 海外投资出口与信贷，2021（5）.

② 来源于国家金融与发展实验室高级研究员罗平.

③ Amaro De Matos. Theoretical Foundations of Corporate Finance [M]. Prubceton University Press，2001：234 - 136.

如果在时间 $t=1$，企业资产的价值按照 $\beta_x=0$，$\beta_0=1$ 和 $L_x=L_0$ 计算，即企业声明收入为零，银行要求清算，得到清算价值 L_0。这就导致了应该按照合同支付给银行的利息 $R_x<x$，银行不愿意贷款继续延续下去。因此，贷款合同的设计需要考虑使贷款合同能够延续下去需要的有关指标。

在贷款合同的第二期，会发生两种可能：继续贷款项目和提前清算。如果在时间 $t=2$，项目和贷款合同继续，那么现金流是 y。在没有清算的情况下，企业的现在价值是 $qx+y-K$。这样，企业预期收益如下：

$$\pi_f=q[x-R_x+(1-\beta_x)y]+(1-q)[-R_0+(1-\beta_0)y] \tag{15-158}$$

但是投资人预期的回报是：

$$\pi_i=q[R_x+\beta_xL_x]+(1-q)[R_0+\beta_0L_0]-K \tag{15-159}$$

假定在 $t=1$ 时，现金流是 x，企业预期收益为：

$$\pi_f=x-R_x+(1-\beta_x)y \tag{15-160}$$

其中，x 由企业管理人取得，然后企业支付 R_x 给银行。在 $t=1$ 时，项目有 β_x 的概率被清算，从而项目的存续价值为零；有 $1-\beta_x$ 的概率项目延续到 $t=2$，并产生现金流 y。现在我们考虑企业家可能隐藏信息，从而导致道德风险的情况。如果企业家隐藏了现金流 x，在时间 $t=1$ 时只支付了 R，在这种情况下，有 β_0 的概率银行选择清算，取得清算价值 L_0，而留给企业剩余价值 S（不一定为零），因为 L_0 并不一定等于企业全部资产的真实价值。如果银行选择清算，企业的预期回报为

$$x-R_0+\beta_0S+(1-\beta_0)y \tag{15-161}$$

如果想让企业的管理者在时间 $t=1$ 时支付应该支付的 R_x，下式必须成立

$$x-R_x+(1-\beta_x)y\geq x-R_0+\beta_0S+(1-\beta_0)y \tag{15-162}$$

$$-R_x\geq -R_0+\beta_0S+(\beta_x-\beta_0)y$$

显然，对于企业来说，最优时，

$$R_0=\beta_x=0 \tag{15-163}$$

这样，以上不等式就可以表示为

$$R_x\leq_0(y-S) \tag{15-164}$$

把以上两式代入银行的最优选择：

$$\pi_i=q[R_x+\beta_xL_x]+(1-q)[R_0+\beta_0L_0]-K \tag{15-165}$$

可以得出

$$\pi_i=\beta_0[q(y-S)+(1-q)L_0]-K \tag{15-166}$$

在尽可能减少偿付给银行的情况下，也就是使银行利润最低的情况下，企业的利润如下：

$$\pi_f=(qx+y-K)+(1-q)\beta_0(y-L_0) \tag{15-167}$$

这一结果可以解释为，在不发生清算的情况下，上式表示项目的现在价值减去合同不完全成本的差额。从银行的角度来看，合同有效性的最低条件应该符合下式：

$$1 \geqslant \beta_0 \geqslant \frac{K}{q(y-S) + (1-q)L_0} \tag{15-168}$$

上式中第一个不等式表示 β_0 是一个概率，第二个不等式表示 $\pi_i \geqslant 0$。这里显示的是一个常识：π_f 相对概率 β_0 递减，而 π_i 相对于 β_0 递增。也就是说银行选择清算的概率越高，银行自身的利益越可以得到保障，而企业的利益越要受到损害。以此为前提，双方博弈的共赢结果应该如下：

$$\beta_0 = \frac{K}{q(y-S) + (1-q)L_0} \tag{15-169}$$

到目前为止，S，L_0 都不能计算出来。L_x 的值并不重要，因为根据以上的最优合同，在企业经营好或者信用好的时候，应该不会有清算一说，清算只会发生在企业表现不佳的时候。为了确定 S、L_0，还需要一些附加条件。

如果企业不能够产生现金流，就会破产，这就会出现违约清算。在这种情况下，银行就会在时间 $t=2$ 时把其在企业的债权转让给第三方。这个债权相当于 αy，$\alpha \in [0,1]$，这意味着第三方接手时得到的收益不会高于原来的企业管理人。如果在有现金流的情况下，企业宣布破产，原来的企业管理人就会与银行谈判，争取买回资产，并分享第二期时的回报 y。这时 $S = \frac{y}{2}$，这就是所谓"战略违约"。

在违约清算的情况下，资产的买方会发生信息成本 $c \in [0, \bar{c}]$，这是一个均匀分布的随机变量。因此，谈判的过程会导致资产 αy 会在银行与买方之间平均分配。买方只有在 $c \leqslant \frac{\alpha y}{2}$ 时才会愿意与银行谈判。假定 $\frac{\alpha y}{2} \leqslant \bar{c}$，那么谈判发生的概率为

$$Pr\left(c \leqslant \frac{\alpha y}{2}\right) = \frac{\alpha y}{2\bar{c}} \tag{15-170}$$

因而，在 $t=1$ 时，企业没有现金流时的预期清算价值为

$$L_0 = \frac{\alpha^2 y^2}{24\bar{c}} \tag{15-171}$$

这样，最优时

$$\beta_0 = \frac{K}{q\dfrac{y}{2} + (1-q)\dfrac{\alpha^2 y^2}{4\bar{c}}} \tag{15-172}$$

这说明，最优的 β_0 随着 q 的下降而降低。因而，正的现金流发生的概率下降时，资产清算的概率也会下降。同时，如果 q 较高，由 $(1-q)\beta_0(y-L_0)$ 表示的合同不完全产生的低效率就会较低。

当 α 升高时，最优 β_1 就会降低。这表明，在 $t=2$ 时，新的管理人越能够接近达到的收入 y，重组程序所带来的损害越小。这一模型的本质在于说明，清算制度如何约束借款人的道德风险。

（三）为上市公司贷款的定价——莫顿定价模型[①]

期权定价提供了通过市场为贷款确定利差的新方法。

1. 贷款相当于卖出的选择权

罗伯特·默顿（Robert Merton，1974）注意到债券和股票期权的等价性。投资人购买公司债券或者银行为公司贷款，相当于卖出一个企业违约的选择权（见图 15－19）。图中 X 为行使选择权的价格。

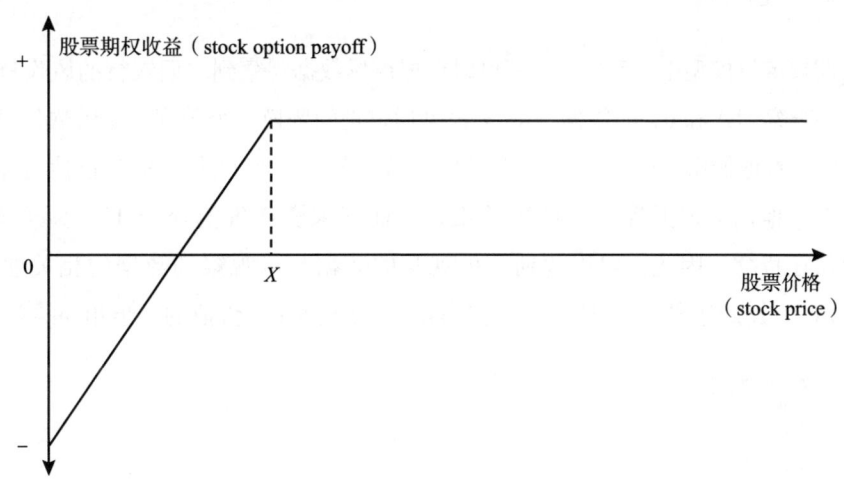

图 15－19　股票期权的回报

资料来源：笔者绘制。

2. 影响贷款的定价的变量

在 BSM 模型中，选择权受到 5 个类似变量的影响（见图 15－20）。

股票卖出期权的价值 = Value of a put option $= f(\overline{S}, \overline{X}, \overline{r}, \overline{\sigma_S}, \overline{\tau})$ （15－173）

风险债券的违约选择权的价值 = Value of a default option of risky bond or loan

$$= f(A, \overline{X}, \overline{r}, \sigma_B, \overline{\tau}) \qquad (15-174)$$

其中：S = 股票价格；X = 行使价格；A = 资产价值；B = 企业贷款额；r = 短期利率；σ_S = 股票价值的波动率；σ_A = 资产的市场价值的波动率；τ = 卖出期权或

---

① Anthony Saunders. Credit Risk Measurement – New Approaches to Value at Risk and Other Pradigms［M］. John Wiley & Sons, Inc.，1999：34－36.

贷款的期限。上边的横杠代表参数是可观察到的。

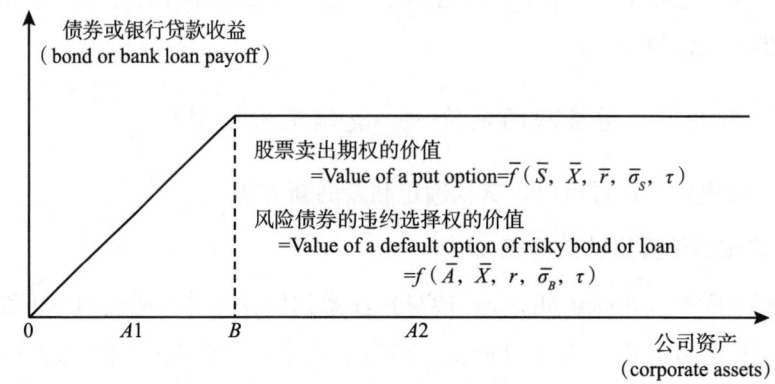

图 15 - 20   风险债券或银行贷款的回报

资料来源：笔者绘制。

在期权定价模型中，5 个变量都可以根据市场数据观察到，而银行的风险贷款中不能直接观察到 A 和 σ_B 的数据。KMV 模型通过把问题换一个角度，从借款公司的股东的角度来看他们偿还的积极性。由于借款股东知道，如果期末资产价值处于 $A1$，小于 B 时，他们会把抵押的资产还给银行；而期末资产价值处于 $A2$，大于 B 时，他们会偿还贷款，因此，可以找到不可观察的数据与可观察的数据的相关性（见图 15 -21）。违约边界 B，可以看作是短期债务与长期账面价值的一半相加的总和。

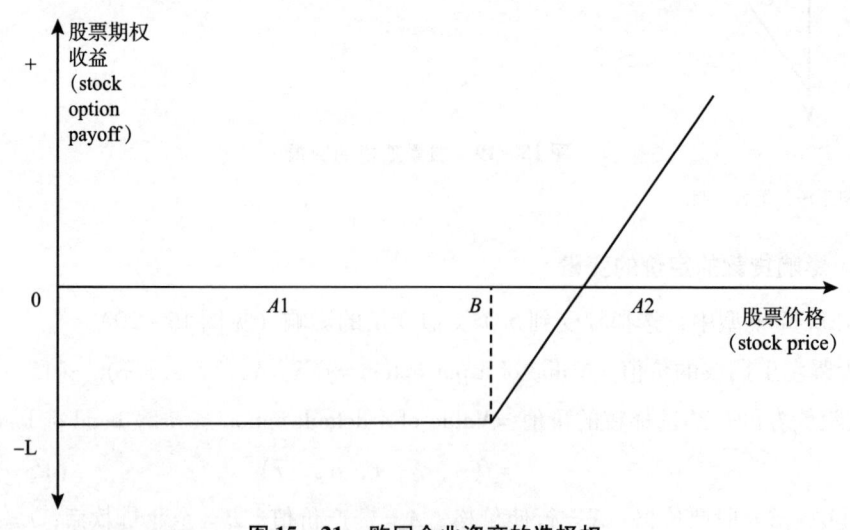

图 15 - 21   购回企业资产的选择权

资料来源：笔者绘制。

KMV 模型利用股权的市场价值与资产的市场价值之间存在结构性关系和企业资产波动性与企业股权波动性之间的相关关系，找到不能观察到的数据 A 和 σ_B。

3. 市场波动率 σ_B 的取得

从借款企业的股东角度看（见图 15 – 22），可以把股东的市场价值理解为企业资产的买回选择权（call option）：

$$\overline{E} = h(A,\ \overline{B},\ \overline{r},\ \sigma_B,\ \overline{\tau}) \tag{15 – 175}$$

$$\overline{\sigma_E} = g(\sigma_E) \tag{15 – 176}$$

其中：E = 股权价值；σ_E = 股权价值的波动率；h、g = 函数。

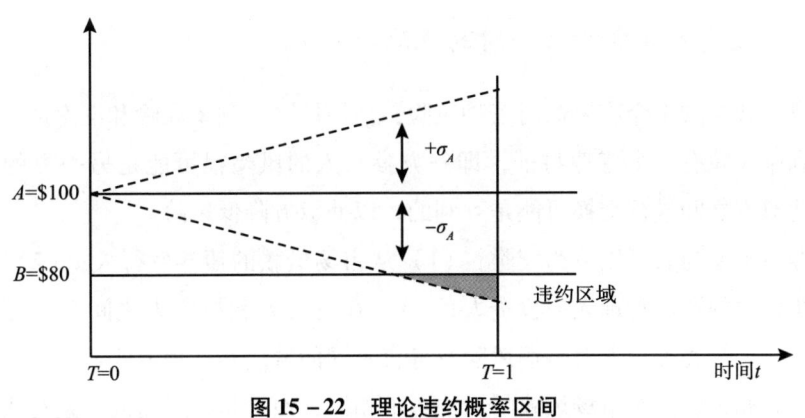

图 15 – 22　理论违约概率区间

资料来源：笔者绘制。

4. 利用 BS 模型计算贷款利差

以上通过上市公司的市场信息，取得有关贷款价格和波动率的指标变动信息，就可以按照 BS 模型进行计算（假定的参数、计算过程和计算结果见图 15 – 23）。

	Merton's valuation model				
loan	贷款	B	100000		
maturity	期限	t	1	$L(t)=Be^{-it}[N(h_2)+(1/d)N(h_1)]$	
interest rate	利率	i	0.05	$k(t)-i=\left(\dfrac{-1}{t}\right)\ln[N(h_2)+(1/d)N(h_1)]$	
leverage ratio	杠杆率	d	0.9		
standard deviation	波动率	s	0.12		
	$h1$	–0.938	Normsdist	0.174121	$h_1=-\left[\left(\dfrac{1}{2}\right)\sigma^2\tau-\ln(d)\right]/\sigma\sqrt{\tau}$
	$h2$	0.818004	Normsdist	0.793323	$h_2=-\left[\left(\dfrac{1}{2}\right)\sigma^2\tau+\ln(d)\right]/\sigma\sqrt{\tau}$
	$exp(it)$	1.051271			
	$L(t)$	93866.42		上市公司债的风险定价模型（MTV）	
	$k(t)-i$	0.013297	1.33%		

图 15 – 23　上市公司债务风险定价是模式计算的利差结果

资料来源：笔者绘制。

图 15 – 23 中根据给定数据计算的风险利差为 1.33%。

第五节　债券市场的风险管理

一、债券市场的主要风险

（一）投资人和发行人面对的风险

投资人和金融中介需要面对三种风险：信用风险、利率风险和汇率风险、操作风险。利率风险有一个普遍特征，即一方参与人的风险很可能是另一方的潜在收益，因此双方之间进行交换可能是互利的，以使双方降低风险。

债券市场参与人可以分为三类：（1）从市场借款的债券发行人；（2）在二级市场购买债券的资产管理人或投资人；（3）在发行人和投资人之间开展经营活动的金融中介。三类参与人对市场风险有各自不同的看法和处理方式。

发行人和投资人对市场风险的看法各不相同，而且是相对立的。发行人视发行后价格上涨为风险，因为一旦价格上涨，发行更少的债券就能筹到相同数额的资金。持有基金经理和投资人则视市场价格下跌为风险，他们更愿意在价格下跌之后买入债券，而不是在高价时买入。价格一旦上涨，投资人可赚取利润。不同市场参与主体的风险见图 15 – 24。

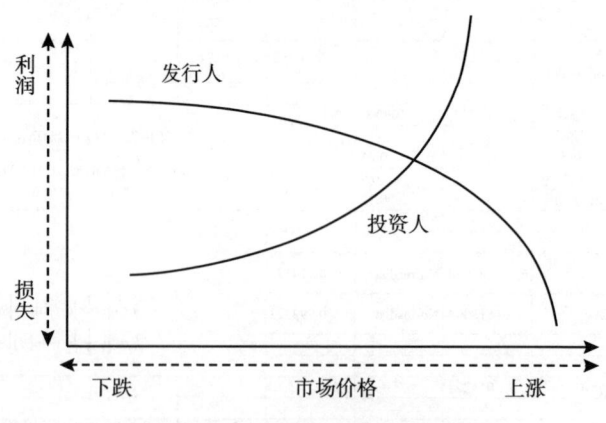

图 15 – 24　不同市场参与主体的风险

资料来源：笔者绘制。

如果市场波动较大，那么不论价格是上涨还是下跌，风险管理人都会面临潜在的市场风险。做市商作为市场中介必须承担风险，不过做市商也可以利用自身地位对风险进行转移、分散和对冲（中介可以实时买卖债券）。如果市场价格大幅下跌，中介可以买入更多债券，但是其持有的债券也会因市场价格下跌而贬值。如果市场价格大幅上升，中介可以卖出债券，但是其库存债券也会升值。不论买入、卖出还是持有，每一种市场活动从本质上看，都是通过做多或者做空进行套期保值。在远期、期货、互换、期权市场发展成熟以后，金融机构可以对衍生品和现货构建相反的头寸进行套期保值。债券风险管理人还可以根据债券价格指数做多或者做空。中央国债登记结算有限公司于 2022 年推出中国第一批 12 只债券指数，[①] 为保守的投资人提供了有用的参考工具。大多数金融中介倾向于采用风险进取型策略，例如，利用相对价格和收益率曲线的变动进行套利。这类债券风险管理人通常会用利润来弥补风险损失。个人投资人不宜采用相同的策略。

但是在证券市场不发达的情况下，市场工具种类有限，市场参与人很难有效管理风险。中国的金融市场正在逐步发展，有越来越多的市场工具可供风险管理人选择。例如，2005 年以后发展起来的利率互换和货币互换市场极大地促进了市场风险管理业务的发展。固定利率与浮动利率互换工具帮助债券持有人和风险管理人根据利率的变动调整债券组合。后来中国人民银行对合格风险管理人市场开放了货币互换市场。此外，持有外币债券的投资人和风险管理人也经常利用离岸的不可交割期货市场进行风险管理。

由于中国近些年放松了金融管制，促进了衍生品市场的发展，也推动了国内监管制度更好地与国际接轨。这一举措影响深远，尤其是中国正处在全面开放债券市场的前夕。

（二）风险管理的工具

到目前为止，本章讨论的内容都有一个隐含假设，就是市场上总能获得所需要的工具，但事实并非如此。金融市场若缺乏流动性风险管理的金融工具，风险管理的要求就不能得到满足。随着金融市场和金融工具的发展，信用风险、利率风险、流动性风险和汇率风险的管理将会变得更专业、更成熟。2010 年以后中国金融市场引入了多种信用凭证和债务凭证，包括抵押贷款凭证等，市场工具不断增加。可以说，中国目前的市场结构和市场规则为这类工具的发展提供了更加有利的条件。目前中国债券品种有 13 大类，共 300 多个品种。

---

① 庄彦. 中债指数应用及指数型债券基金知识介绍［J］. 债券，2014（2）.

（三）信用风险

债券是相对安全的市场工具。特别是政府债券，没有信用风险，只有市场风险。但是，其他种类的债券，如公司债券等，投资人面临的主要是信用风险。20世纪90年代，中国公司债券市场的主要风险就是信用风险，表现为不断出现违约案例。有鉴于此，国家发展改革委员会恢复了对公司债券发行申请进行逐一审查的制度。投资人可以通过信用评级这一重要工具评估信用风险，但是目前中国的评级机构还缺乏权威性。从本质上讲，信用评级并不能完全准确地把握信用风险，但是确实能够为投资人提供更多的风险信息，从而在一定程度上起到帮助投资人控制信用风险的作用。信用风险还可以通过复杂的风险管理工具得到有效管理，主要的管理策略包括风险的分散、对冲和转移。

经济周期和金融市场的变化对债券的业绩具有重要影响。通货膨胀会改变债券的实际价值，信用风险则受合约类型、市场条件、发行主体、经营情况和行为方式的影响。如果合约具有较强的法律效力，则可以较为有效地控制信用风险。政府鼓励金融机构和非金融机构主动管理风险，努力提高市场流动性，加强对金融交易的监管力度。中国证监会、中国银保监会的成立，大大促进了对金融活动的监管和执法力度。此外，清算协议和担保协议的发展，也有助于有效地管理信用风险。

（四）法律与制度风险

法律与制度风险是有效风险管理的重要内容。金融中介有能力管理市场风险，对法律与制度风险却常常无能为力。因此，法律与制度风险也可以理解为市场参与人为法律监管环境变化的买单。中国正处于转型时期，债券风险管理人必须充分考虑这类风险。税收政策和会计政策的变更同样会影响风险管理。中国的税收制度和会计核算制度正在逐步与国际接轨，风险管理人应当预见到可能的变化。

为了适应金融环境的变化，紧跟金融管制放松的大趋势，还应该建立起全新的管理制度，加强监督，减少管理，促进约束机制（加强管制）与激励机制（放松管制）的协调发展，推动金融制度不断进步。

（五）清算结算风险

前文提到过，证券公司和投资银行都是风险承担者。国际市场实践和国际监管制度为成功的债务管理提供了宝贵经验。精心设计的券款对付（DVP）结算制度能极大地提高交易的安全性。国际清算银行收到的建议以及 G30 就证券市场结算制度的报告，都提出了证券交易清算结算问题的解决方案。人民银行一直致力于改进清算结算制度，并取得成效。与此同时，技术进步已经为记账式证券和电子交易系统的全面应用奠定了基础。中国股票市场采用实物股票进行交易的时间非常短，1990 年已经全部由记账式股票取代。新建立的股票电子交易系统为交易政府债券提供了现成的系统。交易所早期国债交易直接利用了股票无纸化交易系统。中央国债登记结算有限公司的成立，不仅促进了托管制度、清算结算制度不断完善，并且推动了大额债券的发行和二级市场交易。

二、风险管理的方法

（一）管理风险的方法

1. 对冲风险

谈到金融风险管理的制度安排，最好的例子莫过于期货市场。对冲风险的最好办法是做期货的多头和空头。市场参与人可以同时是现货的多方和期货的空方，以此应对市场价格上涨或下跌的变动，对冲风险。同样的办法还适用于对冲交易成本，这就是说，有可能节约交易成本的一方（即信息成本更低的一方），具有主动采取措施降低交易成本的动机；节省交易成本带来的好处和因此发生的成本（降低交易成本同样会产生其他成本）可以由双方共同承担，实现双赢的结果。此外，如果一方可以与另一方分享信息，也可以做出一定的制度安排，让获得信息的一方为此支付费用，这样做的成本要低于让另一方自行搜集信息的成本。

政策管制对风险管理非常重要，但这并不意味着放松管制就对风险管理有害。事实恰好相反。通过恰当的方法逐步放松管制，能够方便更多的参与者进入市场，同时更好地利用市场工具，由此提高市场参与人的风险管理能力。

从制度经济学的观点来看，激励机制（放松管制）和约束机制（管制）存在互动关系，二者共同推动了风险管理的制度进步。制度存在的目的是节约交易成本，而风险和不确定性正是交易成本的典型体现。因此，通过制度安排实现有效的风险管理是理想的目标。

2. 分散风险

（1）资产组合管理方式

通过资产组合安排，可以分散债券市场的非系统性风险。由于债券市场对于利率变化的反映会出现同质化，因此分散风险意味着不同风险的债券、债券和股票的组合以及其他金融资产的组合可以分散市场风险。资产组合管理方式是一种主动管理方式，选择的组合产品尽量具有相反变动趋势。资产组合管理方式是对冲风险和分散方式的结合。

（2）被动管理方式

被动管理方式的特点就是盯住某一指数。这种管理方式依据经济发展的趋势和金融市场的稳定性和信心，而不关注金融市场短期波动。

（3）自定数量模型和量化指数

自定数量模型使用量身定制的参数，通常用于信用风险管理与投资收益目标的结合。这样做的好处是可以对于债券发行人的行为、财务数据、公司治理、企业性质等指标产生违约风险的规律有针对企业特定情况和特殊环境的了解。量化指数是指依据财务数据和行为数据做出指数，然后按照指数去进行投资和风险管理。

3. 信息增强

（1）基于对于贷款人行为的了解

由于企业行为数据增加，互联网公司如阿里和腾讯都是通过掌握数据来分析企业行为的。这种方法主要用于消费信贷，数字技术的进步为行为模型的建立提供了条件。

（2）基于信用评级和尽职调查

利用信用评级和尽职调查可以获得有关企业经营状况、杠杆率、流动性、获得银行贷款、资本市场融资可得情况的信息，以便及时评判信用风险的演进以及可能的道德风险等。但是通过评级和尽职调查了解到的信息仍然是有限的。同时，在了解信息以前，我们首先了解的是数据，而解读和分析这些数据需要建立在先进理论基础之上的模型和分析框架。同时不能忽略的是信息市场存在着利益集团之间的博弈，这些博弈会扭曲信息，甚至产生虚假信息。作为现代经济学的前沿理论之一的激励理论研究如何通过一种合同安排，揭示企业的真实信息。

（二）风险管理的策略

有效市场理论和资产组合理论告诉我们，风险和收益存在着一定的关系，通过对冲风险和分散风险的办法可以有效地管理风险。

1. 信用风险管理

关于信用风险管理，我们在公司债券市场一篇中已经提到。分散风险的办法只能分散非系统性风险，不能分散系统性风险，系统性风险的防范需要对体系和制度进行调整，以及对经济、金融周期的研判等。

《公司法》《证券法》以及监管部门的条例对于公开发行债券的企业都有明确的风险披露要求。2020年债券违约事件增加，监管部门已加强了有关信息披露的监管。投资人应该对公开披露的信息进行分析研究，作为信用风险管理的依据，或者依据这些信息设计风险管理模型或量化指数。

2. 利率风险管理

可上市债券存在利率风险，即使没有信用风险的国债，也存在利率风险。利率风险需要把握经济金融周期、利率走势，也要了解收益率曲线的特点和变动趋势。

3. 风险收益的综合管理

现代资产管理是收益和风险的综合管理。根据资产组合管理的理论（CAPM），适当安排的资产组合可以对冲非系统风险。目前先进的管理技术是金融衍生工具的资产组合管理。这种管理方式可以实现产品转换、资产重组和风险管理这三个方面的功能。在不买进或卖出证券的情况下，资产组合、利率和货币互换可以用来改变资产的敞口。对于机构投资者来说，期权的使用可以产生丰富的策略，如购买看涨期权平衡收益和支出，购买看跌期权锁定收益，出售值看涨期权提高呆滞资产的收益率等。近年来，期权交易以及资产组合的投资技术方面的进步使期权在资产组合管理方面的功能有所转变，特别是期权的保护和保险的作用在进一步提高[1]。

通常人们理解风险是正态分布，这一理论受到"肥尾理论"的挑战。肥尾理论认为，信息并非正态分布。"总的来说，分布的尾部越厚，狗尾摇狗的作用越大。也说是说，信息主要集中在尾部，而较少存在于分布的'躯干'（中心部分）。实际上，对极度厚尾的现象来说，除了真正的尾部大偏差，所有普通偏差包含的信息量都很小。"[2]

小　　结

债券市场估值主要采取未来现金流贴现的方法求得现在价值（PV）。在正常情况下，对于国债的估值，不确定性主要来自市场贴现率，这取决于宏观经济和财政货币政策引起的利率水平变化。而对于公司信用类债券来说，利息和本金支付都有很大的不确定性。除利率水平以外，不确定性还来自企业的经营情况、经济的周期变化、行业的兴衰等。而企业经营又取决于企业家和团队的能力、技术的应用、产品的市场营销等因素。了解和理解这些因素，不仅需要信息，还需要适当的理论框

---

① 迈哈伊·马图. 结构化衍生工具手册［M］. 林涛，等译. 北京：经济科学出版社，2000：286.

② ［美］纳西姆·尼古拉斯·塔勒布. 肥尾效应［M］. 戴国晨译. 北京：中信集团出版社，2022：23－24.

架。由于这些原因，即使专业的机构投资人也难以完全把握。当债券复合化和衍生产品化以后，其风险更难以被投资人和其他市场参与人所了解。

目前，债券估值还局限于参考行业和同类市场品种的交易情况，以及作为市场基准的国债收益率曲线。因此，二级市场交易情况就显得非常重要，但是二级市场的价格也取决于投资人的心理和情绪，如"羊群效应"等。市场突变引起的价格波动，常常出现市场的过度反应（overshooting）。

到目前为止，债券市场的投资人主要是机构投资人，以银行、证券公司、保险和公募基金以及他们管理的各种资产管理产品为主。随着金融社会化，个人投资人会从委托机构投资的被动投资，转化为主动投资。同时，资产证券化导致证券产品供给增加，促进了个人投资者广泛参与。在投资人基础不断扩大的情况下，专业的个人投资者愿意承担更多的风险，对于信用资源和市场估值有更多的需求。

随着数字经济的发展，投资人得到的数据可以从债券二级市场深入到发行人行为和企业经营的财务数据等有关指标。依据发行人数据的绝对估值法改变了其作为从相对估值法的补充地位的方法，变为主要的估值方式。同时估值的方法也不局限于从历史数据取得的阿尔法和贝塔体现的趋势因素，还要增加新的不确定性的因素（分析这些因素，社会学和心理学可以发挥作用），才能对资产价值和风险进行有效评估。

因为市场价值是交换和博弈的结果，从结果解构交换和博弈的行为取得的数据包含偶然性和必然性两种成分，必须排除偶然因素和周期性因素，才能把握未来的趋势。此外，还要看到未来哪些因素会对发行人的行为产生影响。

公允价值就是有效市场确定的均衡价值。事实上，在市场经济的法律框架下，有效市场决定的价格就是公允价格。理解公允价值的核心问题，就是理解市场如何实现均衡，理解市场主体在市场中扮演的各种角色。比如，涉及套利取得的利润是否是公允价值，通过创新取得的价值是否是公允价值等。因为存在符号资源（品牌、特许权）、文化知识资源等对于价格的影响，那么这样决定的价格是否公允就是一个没有解决的问题。目前公允价值还主要是会计的概念，在现实中，不正当竞争、操纵市场、垄断等常常是导致价格不公允的决定性因素。监管对于准入和价格的控制，也是影响公允价值的原因。

第十六章　债券市场的投资人结构

第一节　债券市场的投资人基础

一、债券市场投资人的历史演变

债券市场持有人结构随着债券市场的深化而变化。债券市场从以国债为主到国债、金融债、地方政府债、公司债、机构债共存，债券持有人结构随之变化。我国债券投资人从早期以个人为主，到后来以机构为主，反映了市场不断发展和深化的过程。早期金融市场不发达时期，个人把投资债券作为储蓄的替代，后来机构投资人参与国债市场，把债券产品作为市场工具进行投资或者投资组合安排，这些债券需求方的变化反过来又影响债券产品的供给和利率结构。

（一）国债持有人历史演变

1. 改革开放初期国债市场持有人结构

20 世纪 90 年代的投资人基础就是早期的国有企业、事业单位、机关、部队和个人，当时没有金融机构参与国债市场，没有现代金融意义上的机构投资人。

1981 年至 20 世纪 90 年代初期国债持有人结构与资金流动及金融资产配置相关。由于国有企业普遍存在财务困难，常常通过借债发展新业务和补充流动资金，也就很难抽出资金投资于政府债券。不过企业可能有短期资金，用于购买短期国债。政府部门和非生产性机构的预算都由政府统一管理，也没有能力购买中长期国债。这样一来，企业和政府机构都不具备大量持有国债的能力。金融机构特别是证券公司作为证券中介机构或做市商，职能在于销售国债和做市，而不是持有国债。当时银行只能通过所属的信托投资公司投资国债。在没有融资融券业务时，金融机构无法长期持有国债，否则会长期占用资本金。因此，个人和保险资管等机构投资人就成为国债市场的主力。

传统意义上，中国的个人投资人都是储户，购买并持有政府债券的目的在于储蓄而非投资。由于当时中国人均收入较低，个人也无法成为债券的主要持有人。因此，20 世纪 90 年代初，国债持有结构不够稳定。从 20 世纪 90 年代中期开始，机构投资人基础有了初步发展，银行成为这一转型时期主要的债券投资人。

另外，中国的国债持有人结构与国债发行方式以及一级市场的发展有关。1991年之前，银行并不持有国债；基金公司持有少量国债，占 2% 左右；国有企业持有的国债占 31%；金融机构持有 13%；其余为个人持有。造成这一结构的原因主要在于，1991 年前，国债发行主要采用向国有企业、公共事业单位和个人摊派的方式。1991 年实行承购包销制后，持有人结构也发生了重大变化。养老和保险基金持有量达到了 3%；金融机构持有量大幅上升，达到 65%；公共单位和事业单位持有量下降至 3%。[①]

2. 1991 年国债承购包销时期的投资人结构

从 1991 年开始，国债实行承购包销，有了金融中介机构的参与。同时保险、商业银行（通过旗下的信托投资公司）也逐步参与投资国债。

投资主体的转变是债券市场发展过程中的里程碑。批发型的一级市场与由承销人组成的持有结构从根本上改变了原来的投资人基础。承销人认购一级市场发行的债券，再销售给其他市场中介，或分销到机构投资者和个人投资者。在批发市场中，只能以机构投资人为主。

一般来说，承销人将国债直接销售给二级市场的个人投资人和机构投资人，即直接销售给最终投资人。承销人通常包括证券中介和银行，直接在一级市场承销国债，也同时发挥一级自营商的功能。国债投资人包括二级市场的个人投资人、各种养老和保险基金、银行和外国投资人。投资人结构和不同市场参与人之间具有十分密切的关系。

3. 专门向个人发售的储蓄债券（凭证式国债）

1992 年证券中介机构大量购买国债，个人投资人很难进入一级市场，结果当年证券中介公司的国债持有量占到了 95% 左右。1993 年许多地方恢复行政派购，个人、公司、公共单位和事业单位等重新获得了较大份额的国债。1994 年由银行承销短期国债，银行的持有量约为 13%，余下为个人持有。随着机构投资人和金融中介越来越多地参与政府债券一级市场，债券市场结构也朝着批发市场转变。

---

① 高坚. 中国债券资本市场 [M]. 北京：经济科学出版社，2007：310.

从 1994 年开始，个人购买不上市的储蓄债券。投资人开始分为三类：机构投资者、投资国债的专业个人投资者和购买储蓄债券的普通个人投资者。

由于银行储蓄存款迅速增长，而银行贷款的增长速度不及存款，导致中国的银行有大量闲置资金。与此同时，债券市场收益率高于银行存款利率（多年来都是如此），银行非常愿意购买并持有国债。一是国债安全性高，二是可以获得无风险收益。20 世纪 90 年代中期以来，银行积累了大量不良贷款。在这一背景下，中央政府在 1997 年后鼓励银行购买国债，从此银行逐渐成为债券市场占绝对地位的主要投资人。图 16-1 展示了国债市场的参与人结构。

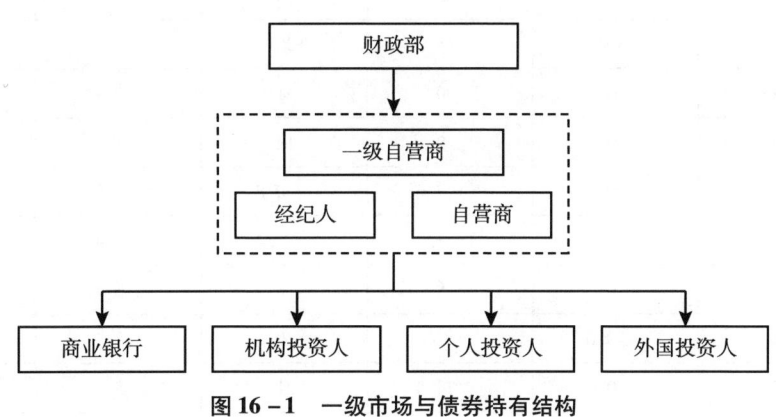

图 16-1　一级市场与债券持有结构

资料来源：笔者绘制。

在 20 世纪 90 年代大多数国债由个人、银行和金融机构持有，基金持有的份额很小，外国机构更很少认购中国国债。这样的结构会阻碍国债市场的进一步发展。出于这样的原因，财政部在改变发行办法的同时，也越来越关注逐步改变销售结构，将国债发行的重点对象从个人、政府机构和企事业单位转变为机构投资人。但是证券中介机构只是市场中介，他们向个人和机构投资人销售债券，并不长期持有。

直接向金融机构发行国债，目标主要在于提高发行效率，建立有效的国债市场。面向机构发行债券，可以降低发行成本，缩短发行周期。20 世纪 80 年代到 90 年代早期，国债面向个人发售，通常需要半年的时间。由于发行周期过长，市场利率很可能发生变化。如果市场利率上升，就会加大债券销售难度。中国的经验表明，仅向机构发行债券，能够建立起机构间市场。机构投资人都是市场专家，它们的参与是债券市场健康发展的必要前提。

4. 1998 年以后国债市场持有人结构的变化

1997 年以后，债券市场开始提升和细化，出现了金融债市场、企业债市场、地方政府债市场和公司债市场，债券持有人结构也相应发生了变化。其中，1997年和 1998 年债券持有人结构发生了明显变化（见表 16 - 1）。

表 16 - 1　　　　　　　　　　　　国债持有人结构　　　　　　　　　　单位：%

年份	个人	国有企业	非银行金融机构	养老和保险基金	银行
1981		100			
1982 ~ 1900	80	20			
1991 ~ 1993	75	10	10	5	
1994 ~ 1995	75	5	10	5	5
1996	30	15	20	15	20
1997	0	0	51	0	49
1998	0	2	12	1	85
1999	0	7.6	0.8	3.8	87.8
2000	0	1.2	7.4	6.4	85
2001	0	8	3	6	83
2002	0.07	7	20	5	68
2003	0.08	14.4	21	5	59.4
2004	2	13	21	7	57
2005	0.3	11.3	18.5	8.5	61

资料来源：高坚. 中国债券资本市场 [M]. 北京：经济科学出版社，2007：312.

表 16 - 1 展现了自 1981 ~ 2005 年国债持有结构变化的历史，可以看出随着国债市场化改革的进步，国债持有人经历了从个人投资人到机构投资人的演变过程。

（二）"两金"成为主要的机构投资者

1. 养老保险基金参与国债投资

早期的机构投资者有两类，即养老保险基金和失业保险基金，通常称为"两金"。养老保险基金和失业保险基金都由政府运作。"两金"从 1989 年开始购买国债，主要有两种方式：一种方式是购买 1989 ~ 1991 年发行的特种国债，采用国债收款单的形式，数额约为 30 亿元；另一种方式是购买 1992 ~ 1993 年发行的国债，采用实物债券（即不记名债券）的形式，这种方式与个人购买国债类似。"两金"通过这种方式购买的国债数额约为 40 亿元，实物债券可以和其他国债一样上市疏通。1992 年，国家明确规定"两金"结余部分主要用于购买国债。后来，"两金"支付的养老金和失业救济金较多，结余部分有限，因此分配给"两金"的国债数量逐渐减少。从 1992 年到 1997 年，向"两金"定向发行的特种国债数目保持在 30 亿~40 亿元。

中国的社会保险行业由政府社保体系和商业保险体系两大部分组成。政府社保体系由劳动和社会保障部管理。商业保险体系可进一步划分成国有商业保险公司和股份制商业保险公司。1998 年，国务院组建了国家社保基金理事会，专门负责由中央政府管理的社保基金的运作。从成立伊始，国家社保基金理事会在资产管理方面就把投资国债作为重点。

2. 商业保险的发展

中国人民保险公司是最早的国有商业保险公司，早在 20 世纪 50 年代就已成立。到 20 世纪末，中国已拥有若干家寿险公司和股份制保险公司，如泰康人寿、华泰财险，中国人寿、中国人保和中国再保。股份制保险公司中注册资本超过 10 亿元的包括三家本土保险公司，它们是中国平安保险公司、中国太平洋保险公司和华泰保险公司。商业保险公司早期主要投资于政府债券和其他债券工具。从 2004 年起，一些保险公司专门建立了资产管理公司，负责运作其不断增长的保险资产。在这些资产管理公司中，中国人寿资产管理有限公司、华泰资产管理公司等是最为活跃的债券投资者。

3. 保险业的发展和长期资金来源

2008 年，社保系统拥有 700 亿元的现金结余，这部分结余主要投资于财政部 20 世纪 90 年代初发行的特种国债。1997 年，中国商业保险公司的保费收入只有 1088 亿元，到 2018 年，商业保险公司的保费收入已经高达 3.8 万亿元。2019 年，我国保险行业保费收入为 4.26 万亿元，突破 4 万亿元大关，较 2018 年增长 12.17%，增速也出现了显著提升。2020 年，受新冠疫情影响，人们对于保险的重视程度有所提高，保险行业迎来新一轮保费的高速增长。[①] 世界各国长期资金来源主要依靠保险基金、财富管理基金和公募基金等。保险收入的增加为我国未来长期投资资金提供了坚实的基础。截至 2020 年末，全国社保基金权益 24591.23 亿元，其中，累计财政性净拨入 9909.63 亿元，累计投资增值余额 14681.60 亿元（其中累计投资收益余额 14041.64 亿元，基金公积和报表折算差额合计 639.96 亿元）。[②]

---

① 笔者根据有关数据整理。
② 2020 年全国社会保障基金理事会社保基金年度报告［EB/OL］.（2021 - 08 - 18）［2022 - 04 - 22］.

（三）银行、各类基金和保险公司成为主要的国债机构投资者

1. 银行间市场的建立和银行保险成为国债的主要投资者

国债市场当前的主要机构投资者是银行和保险公司。1997年前，中国国债主要在交易所市场发行。1997年，来自银行系统的资金通过回购交易流向股市，增大了银行系统的风险。考虑到这种操作对银行系统的危害，中央银行开始限制银行和非银行金融机构参与股市交易，从而银行间债券市场应运而生。这种限制措施的一个后果是，中国国债市场逐渐分割成两个相互独立的部分，即交易所债券市场和银行间债券市场。

市场的分割状态导致投资者基础发生了重大改变。在以后相当长的时间内，虽然银行资金仍是国债市场的主要资金来源，但由于交易所市场和银行间市场的分割状态，国债市场的主要参与者也分割成银行间市场参与者和交易所市场参与者这两个相互独立的投资主体。市场以及市场参与者的这种分割状态显然不利于国债市场的进一步发展，在经历了几年的快速增长之后，到20世纪90年代末，中国国债市场的发展步伐明显放缓。2000年以后，由于银行成为债券市场的主要投资人，银行间债券市场获得了巨大的发展。

2. 各类机构投资者增加

尽管市场处于分割状态，但机构投资者作为一个整体仍获得了快速发展。从1998年到21世纪初这段时间内，中国国债市场的投资者基础迅速扩张。除了数量上的增长之外，投资者成熟度也有了显著改善，投资者的行为日益理性。此外，机构投资者还在组织结构上作了改进，以适应不断变化的市场环境的需要。

在交易所市场，投资者基础相对多样化。非银行金融机构、个人以及机构投资者都是交易所市场的积极参与者。2005年以后，交易所采取措施发展债券市场，提高了交易所市场的活力，市场流动性也出现了前所未有的提高。

就银行间债券市场而言，随着居民储蓄率不断攀升，商业银行完成公司治理结构变革，银行存贷款间的利差日益收窄，加上银行系统呆坏账率提高，银行日益成为风险厌恶型的投资者，国债逐渐成为银行的首选投资工具。商业银行逐渐认识到，持有类似国债这样的流动性较高的投资工具有助于银行改善其资产负债管理，降低不良贷款比率，同时还能取得无风险回报。

3. 央行努力扩大银行间市场投资人基础

随着中央银行公开市场操作的迅速扩大，银行间债券市场的机构投资者也呈几何级数增长，从最初的十来家发展到800多家金融机构。为推动国债市场的发展，

同时也为了重塑银行间债券市场的投资者结构，中央银行和财政部希望实现银行间债券市场和柜台市场的连接（个人投资者通过银行柜台购买国债）。中央银行和财政部希望鼓励个人投资者（不是那些在交易所开有证券账户并频繁买卖债券和股票的个人投资者）购买记账式国债。

（四）2000年以后银行间债券市场成为各类债券投资人的主要交易场所

2000年以后债券市场中银行成为主要的投资主体，此外各类公募基金、私募基金也成为重要的投资者。个人投资者主要通过理财和基金产品等进入债券市场。2002年4月4日，财政部和人民银行共同颁布了记账式国债柜台交易管理办法。2002年6月17日，有关部门开始进行记账式国债柜台交易试点，使中小型投资者包括个人投资者也有机会进入银行间债券市场。人民银行批准了39家商业银行，包括中国工商银行，负责向非金融机构提供债券清算服务，这意味着作为中国微观经济支柱的企业现在也可以通过债券清算代理人，进入银行间债券市场。这一时期促进银行间债券市场发展的政策不仅有助于进一步多样化机构投资者的交易行为，同时还有助于鼓励机构投资者更为积极地参与市场交易活动。如前所述，在银行间国债市场中，由于参与人主体即商业银行高度同质，且银行对市场走势的判断大致相同，因此银行的交易方向会大体一致，这不利于银行间债券市场交易活动的活跃。2016年2月中国人民银行公布《全国银行间债券市场柜台业务管理办法》，首次允许符合条件的企业和个人通过银行柜台直接买卖债券。此后银行间债券市场成为各类投资者参与的主要交易场所。截至2019年末，银行间债券市场各类参与主体共计25888家，较上年末增加5125家。其中境内法人类共3082家，较上年末增加240家；境内非法人类产品共计20196家，较上年末增加3461家；境外机构投资者2610家，较上年末增加1424家。[①]

（五）2022年中小金融机构和资管机构等合格投资者的柜台业务

我国柜台债券市场总体保持了稳健发展，但市场人士认为仍面临投资债券品种有限、多元化需求难以满足、中小投资者投资意识不足、投资者保护机制有待完善等问题，这些均是进一步加快推动柜台债券市场发展的着力点。[②]

2016年《全国银行间债券市场柜台业务管理办法》（以下简称《业务管理办

---

① 中国人民银行.2019年金融市场运行情况，2020－01－19.

② 张弛.一二级市场业务均获新进展　柜台债市场发展未来可期［J］，债券，2022（2）.

法》）放开投资券种、丰富交易方式、扩大参与者范围、明确投资者适当性管理等制度之后，符合《业务管理办法》要求的中小金融机构与资管机构等合格投资者，实现了通过柜台渠道在一级市场发行认购、二级市场交易流通等环节全面参与银行间债券市场，多层次市场建设取得新进展。[①] 为了推动中小金融机构和中小资管机构等合格投资者进入市场。人民银行在《2022 年第三季度中国货币政策执行报告》中表示，"加快构建多层次债券市场体系""推动柜台债券业务发展，为中小金融机构提供多元化的债券投资交易、托管结算等渠道，提升债券市场流动性"[②]。

自 2022 年 11 月以来，国有大型银行首单试点面向中小金融机构和资管机构等合格投资者的存量债券柜台交易业务先后落地；国家开发银行也于 2022 年底完成全市场首单面向相关合格投资者的柜台债券产品发行。[③]

二、银行间债券市场和交易所债券市场的投资人结构

从整个证券市场的情况来看，近年来我国机构投资者快速发展，机构投资者日渐多元化。与美国等成熟市场相比，在专业投资机构的类别方面，我国与境外市场已经基本相当。2013 年以来私募基金、保险机构的快速发展在很大程度上改变了机构投资者中公募基金"一枝独秀"的格局，机构投资者结构已呈现公募、私募和保险"三分天下"的态势。在证券市场中股票市场和债券市场的投资人结构有所不同，但是总体趋势是一致的。当前我国债券市场投资人基础主要有以下几个特点：

（一）银行间债券市场成立后投资人结构的变化

由于银行间市场的出现，商业银行和金融机构成为银行间市场的主要机构投资者。

1. 两个市场存量规模的变化

国债实现跨市场交易后，银行间国债市场逐年增加，交易所市场逐年萎缩。到2008 年末，国债在银行间市场的占比达到 94%，交易所市场的市场占比仅为 5%（见表 16 - 2）。

---

①②③　张弛. 一二级市场业务均获新进展　柜台债市场发展未来可期 [J]，债券，2022（2）.

表 16 – 2   2002 年以来银行间国债市场按投资者分类的国债持有比例

年度	银行间（亿元）	占比（%）	柜台（亿元）	占比（%）	交易所（亿元）	占比（%）	合计（亿元）
2002	13578	83	27	0.17	2722	17	16327
2003	17470	83	21	0.10	3544	17	21035
2004	19706	83	108	0.45	3968	17	23782
2005	23102	87	115	0.43	3485	13	26702
2006	25407	89	109	0.38	3132	11	28648
2007	43256	94	89	0.19	2857	6	46202
2008	45232	94	85	0.18	2574	5	4791

资料来源：中央结算公司。

2. 银行间国债市场的投资者结构

表 16 – 3 列示了 1998 年以来银行间国债市场主要的机构投资者持有国债的比例。从表中可以看出，1999 年以前，商业银行占有绝大部分份额，投资者同质化现象比较严重。1999 年以后，证券公司、基金公司和保险机构等多种类型的机构开始逐渐增多。2002 年商业银行所占份额由上年的 83.45% 快速下降到 68.69%，并在以后的几年里一直处于 60% 左右的份额。投资者类型的多元化无疑会增加市场的流动性。

表 16 – 3   1998 年以来银行间国债市场按投资者分类的国债持有比例   单位：%

年度	商业银行	保险机构	证券公司	基金	其他
1998	85.26	1.41	0	0	13.33
1999	87.76	3.63	0.04	0.15	8.42
2000	85.09	2.95	0.08	3.41	8.47
2001	83.45	3.11	0.20	2.99	10.25
2002	68.69	2.73	0.15	2.18	26.25
2003	60.60	2.35	0.20	2.74	34.11
2004	60.08	4.83	0.07	2.15	32.87
2005	62.41	6.33	0.01	2.07	29.18
2006	71.20	7.37	0.16	3.09	18.18
2007	49.43	4.87	0.03	1.52	43.93
2008	50.45	5.44	0.21	2.11	41.79

资料来源：中央结算公司。

（二）银行在债券市场中的角色

整个 20 世纪 80 年代，银行主要负责政策性贷款的发放，没有参与国债和其他债券的投资和承销。然而，到 20 世纪 80 年代末，政府希望吸收银行系统中过多的流动性，因此鼓励银行积极投资国债。但是当时银行不能直接参与国债交易，而只能通过银行系统的信托投资公司参与国债的承销和交易。信托投资公司也可以持有国债。

在这一政策导向下，财政部所采取的第一步举措是只面向银行发行财政债券。1987 年到 1993 年期间，财政部每年都发行财政债券，以私募发行方式由银行和金融机构认购。1991 年，银行与证券公司一起，以参加国债承销团的形式参与了国债认购。1994 年，银行系统认购了 6 个月期和 1 年期的短期国债，并包销了全部面向个人投资者发行的 3 年期储蓄债券，银行系统（不是证券公司）第一次承担了大部分国债的承销和包销。

1991 年以后，中国的银行在国债发行中扮演的是承销人的角色。银行系统的证券中介机构大多是由各个专业银行和商业银行组建的，这些证券中介机构有两种形式：一是新成立的证券公司，二是信托投资公司的证券营业部。财务实力比较强的证券中介机构有江苏证券公司、浙江证券公司、海通证券公司以及申银证券公司等。到 1992 年，我国的证券中介机构已超过 1000 家，但大多数证券中介机构的资本金都比较少，实力较弱。为了增强证券中介机构的实力，中国工商银行、中国农业银行和中国建设银行分别组建了华夏、南方和国泰三家资本金达 10 亿元的证券公司。此外，还有一些股份制证券中介机构，实力较强的有申银证券公司、万国证券公司和君安证券公司等。

到 20 世纪末，很多证券公司被重组，证券公司间频繁发生并购，类似国泰君安这样的新公司纷纷涌现。证券中介机构间的重组反映了这一行业竞争的激烈程度，同时也表明个别公司实力不够，已很难在这个行业中生存下去。证券中介行业的重组标志着一个新的整合时代的来临。

2014 年 11 月 3 日，《中国人民银行金融市场司关于非金融机构合格投资人进入银行间债券市场有关事项的通知》，允许非金融机构合格投资人通过北金所债券交易平台进入银行间市场，且只能与做市商或委托做市商以点击报价的方式开展交易。2014 年 11 月 28 日，《做好部分合格投资者进入银行间债券市场有关工作的通知》，规定符合条件进入银行间债券市场的农村金融机构和四类非法人投资者获准开立乙类账户进入市场，且只能点击双边报价或 RFQ 方式与做市商交易。与此同时，交易所市场也采取措施，鼓励金融机构进入市场，从最初对银行进行禁入管理，到逐步对商业银行开放。

三、当前债券持有人的特点

近几年银行间市场又增加了基金、资管计划等非法人投资主体。总的来说，市场参与机构在两个市场的重叠度逐步上升。目前，就债券市场托管量来看，银行间市场的占比仍然较大，但交易所市场的交易和债券托管规模也随着商业银行参与交易所回购市场的推进程度有所增加。

（一）债券市场主要是机构投资人市场

1. 主要发达国家的债券市场都是机构投资人市场

发达国家债券市场中，国债主要为各种各样的机构投资人所持有。这些投资人主要是养老及保险基金、对冲基金和银行，以及个人投资人和外国投资人。大多数国家向机构投资人发行可上市国债，有助于建立起国债持有人的稳定结构（见表 16－4）。

表 16－4 不同国家国债投资分布 单位：%

国家	银行	养老基金	外国投资机构	其他
美国	10.4	20.2	19.3	50.1
英国	5.4	37.4	14.1	43.0
日本	58.6	27.1		
德国	41.0	10.0	17.0	21.0
加拿大	70.9	19.8	25.8	46.5

资料来源：高坚. 中国债券资本市场［M］. 北京：经济科学出版社，2007：313.

表中五国，主要的债券持有人都是养老和保险基金、银行以及外国投资机构。企业、证券中介和个人持有剩余的部分。养老基金和保险基金持有长期国债，银行则持有流动性较高的短期国债。

这一结构是良好债券市场的重要标志。机构持有人能够帮助政府提高发行技术，如实现招标制和承购包销制；基金持有人长期持有国债，能提高国债市场的稳定性；银行持有债券，为中央银行开展公开市场操作创造了条件。机构持有人简化了市场程序，有助于降低发行成本。为实现以机构投资人为主体的持有人结构，中国不仅需要发展批发市场，还需要积极发展各种投资基金，建立稳定的机构投资人基础，逐渐建立起多层级市场结构。

2. 中国实现债券持有人以机构投资人为主

与股票市场不同，中国债券市场目前是机构投资人市场。从国债市场化改革以来，个人逐渐退出国债市场，转向投资股票。少数个人投资者购买储蓄国债。虽然从 1991 年起我国银行系统的信托公司和证券公司已经参与国债承销，但是它们只是市场中介。但是 2015 年以后，我国金融市场投资者群体进一步丰富，投资者结构更加多元化。2019 年末，银行间市场存款类金融机构持有债券余额 49.6 万亿元，持债占比 57.4%，与上年末基本持平；非法人机构投资者持债规模 25.5 万亿元，持债占比 29.6%，较上年末提高 0.4 个百分点。公司信用类债券持有者中存款类机构持有量较上年末有所增加，存款类金融机构、非银行金融机构、非法人机构投资者和其他投资者的持有债券占比分别为 23.8%、7.0%、69.2%。①

（二）中国债券市场机构投资人的特点

2000 年以前，中国债券市场的结构与发达国家的债券市场相比，机构投资人数量明显不足，外国参与人较少，银行持有的国债较多。2000 年以后，国际清算银行的风险管理要求越来越强调资产负债管理，银行为了匹配资产和负债，常借助于买卖国债工具，因而更多地持有国债，特别是记账式国债。目前银行间市场的机构投资人主要是银行和保险公司，银行是机构投资者的主力。这种情况的主要原因是，中国全部资金来源都在银行体系，主要发行体都在银行间市场发行债券。

1. 主要投资人是商业银行、保险公司和各类基金等机构投资者

我国债券市场以投资为目的的债券持有人主要是商业银行、各类基金和保险。中央银行持有大量票据，主要是为了公开市场操作。到 2016 年末，国债、政策性金融债券和其他商业银行债券中，商业银行分别持有 67%、63% 和 76%。② 2020 年 10 月末，商业银行合计持有债券投资超过 54 万亿元，在银行间债券市场的托管量占比 55%。③

到 2020 年，我国仍然是以商业银行为主的投资人结构。根据中央清算公司的托管数据，商业银行 2020 年持有记账式国债 12.23 万亿元，占全部记账式国债的 62.91%，地方债券中，商业银行持有的比例更是高达 84.79%（见表 16-5）。而

---

① 中国人民银行. 去年末，银行间债券市场境外机构投资者增加 1424 家 [EB/OL]. (2020-01-19) [2022-03-08]. https：//m. thepaper. cn/newsDetail_forward_5566740.

② 中央结算公司，2021-09.

③ 新浪财经. 兴业研究：商业银行债券投资行为有何特点 [EB/OL]. (2020-11-25) [2022-03-08]. https：//finance. sina. com. cn/money/bond/2020-11-25/doc-iiznezxs3681130. shtml.

表16-5 2020年各类机构持有不同种类债券的情况

券种		政策性银行	商业银行	信用社	保险机构	证券公司	其他金融机构	非法人产品	非金融机构	境外机构	其他	汇总
记账式国债	2020年（亿元）	1138.35	122342.63	1666.68	4788.34	3906.95	945.64	15010.53	5.10	18775.81	25785.04	194365.07
	同比（%）	7.71	23.00	76.56	32.22	132.33	87.33	36.98	-29.17	43.69	18.55	26.9
地方债券	2020年（亿元）	15165.41	215920.82	1485.48	5504.35	1087.49	343.10	7909.19	0.00	33.40	7076.30	254525.54
	同比（%）	-9.54	18.64	19.66	306.626	28.47	81.90	91.44	—	32.02	52.69	20.52
政府支持机构债	2020年（亿元）	527.26	9320.51	138.72	1920.23	215.43	85.17	4323.88	0.21	57.19	636.39	17225.00
	同比（%）	40.13	4.72	-17.86	-4.67	-8.40	674.27	-4.56	0.00	20.93	44.21	2.99
政策性银行债	2020年（亿元）	550.60	100365.82	5200.02	6021.72	1614.08	434.91	56278.64	0.20	9191.82	747.10	180404.90
	同比（%）	24.34	7.83	8.25	-2.21	1.36	82.66	25.44	0.00	84.42	-5.34	14.95
商业银行债	2020年（亿元）	920.90	18390.34	284.18	3919.95	313.21	137.35	34325.27	2.00	327.15	0.00	58620.34
	同比（%）	35.11	16.91	-5.01	19.96	17.07	51.77	29.69	0.00	108.61	-100.00	24.82
企业债券	2020年（亿元）	60.23	5096.73	98.29	697.73	1821.49	66.04	12504.86	1.76	98.38	8944.44	29389.95
	同比（%）	37.20	1.62	-29.54	-8.38	-1.61	-7.65	-10.07	-3.30	-27.79	13.87	-1.32
资产支持证券	2020年（亿元）	15.14	13339.04	0.50	65.27	293.32	660.27	7158.89	0.00	278.25	7.28	21817.96
	同比（%）	-45.72	27.78	-80.77	13.26	67.12	20.83	-12.34	—	-4.15	-28.45	10.66

资料来源：中央结算公司。

商业银行资金来源多数为存款。[1] 从商业银行债券投资的品种结构来看，商业银行持仓债券以利率债为主、信用债配置比例较低。[2]

2. 银行持有债券比重上升

银行持有的债券比重曾经从 2002 年的 80% 下降到 2012 年的 61%。但是之后银行持有债券的比例稳步上升。商业银行持有比重稳定，这主要与银行在风险投资和安全投资之间的选择有关。基金类集合投资人所持有的公司信用类债券，达到 2 万亿元。市场功能的进步，促进了债券市场投资人结构的合理分层。

2020 年，银行间债券市场各类参与主体进一步增加，共计 27958 家，较上年末增加 3911 家。其中境内法人类共 3123 家，较上年末增加 41 家；境内非法人类产品共计 23930 家，较上年末增加 3734 家；境外机构投资者 905 家，较上年末增加 136 家[3]，见表 16 - 6。

表 16 - 6 　　　　　　　　　2020 年银行间债券市场各类参与主体情况

参与主体类别	参与数量（家）	同期增量（家）
境内法人	3123	41
境内非法人类	23930	3734
境外机构投资者	906	136

资料来源：中央结算公司。

用特许存款投资债券，赚取利差，与其他投资机构不平等竞争，是我国债券市场的一个体制性问题。美国商业银行持有的债券比例只有 13% 左右。日本的商业银行持有债券 30% 左右。德国主要投资者是货币融资机构，持有债券市场余额 50%。[4]商业银行作为债券市场的主要投资主体会降低债券市场的流动性。

3. 商业银行和保险公司主要持有风险较低的利率债

商业银行不持有交易所市场交易的公司债。2020 年 10 月末，中央结算公司和上清所托管的主要债券品种中，国债、政策性金融债、地方债的占比分别为 20%、20% 和 29%，信用债占比约为 14%。[5]由于商业银行偏好利率债，这些利率债品种主要为商业银行持有。商业银行只持有银行间市场企业债券的 14.58%。各类基金

---

①④ 中央结算公司，2021 - 09.

②⑤ 新浪财经. 兴业研究：商业银行债券投资行为有何特点［EB/OL］. （2020 - 11 - 25）［2022 - 03 - 08］. https：//finance. sina. com. cn/money/bond/2020 - 11 - 25/doc - iiznezxs3681130. shtml.

③ 腾讯新闻. 央行：2020 年债券市场共发行各类债券 57. 3 万亿元［EB/OL］. （2021 - 01 - 26）［2022 - 03 - 08］. https：//new. qq. com/omn/20210126/20210126A0CVWQ00. html.

分别持有国债 3.27%，政策性金融债券 22.88%，企业债 47.69%，商业银行债券
21.48%。保险机构持有银行间债券市场各类债券余额 15069 亿元，占比 2.88%。
其中持有国债余额占 3.23%，政策性金融债占 4.7%，企业债占 4.9%，中期票据
9.1%[1]，见表 16－7。其中记账式附息国债由于具有较长期限和较好流动性而受到
商业银行的欢迎。

表 16－7　　　　　　　　　　商业银行持有的记账式国债　　　　　　　　单位：万元

银行	196 国债	596 国债	696 国债	896 国债	总计
中国工商银行总行	63216.4	43056.4	35130.2	18399.5	159802.5
中国农业银行总行	8897.8	0.0	0.0	20200.0	29097.8
中国建设银行总行	3387.8	101098.1	190092.1	11486.4	306064.4
中国银行总行	0.0	22509.0	16.5	18500.0	41025.5
交通银行	7000.0	14998.6	3000.0	36700.0	61698.6
浦发银行	15107.8	0.0	0.0	10109.5	25217.3
中国投资银行	29285.0	31356.7	105566.4	39954.9	206163.0
中国光大银行	12415.4	5000.0	0.0	0.0	17415.4
兴业银行	507.4	0.0	13199.1	0.0	13706.5
招商银行	21019.7	52.0	0.0	1200.0	22271.7
中信银行	23242.0	4107.2	0.0	7187.6	34536.8
深圳发展银行	2069.7	4503.7	0.0	0.0	6573.4
南京城市合作银行	0.0	17213.5	8808.9	0.0	26022.4
上海城市合作银行	27129.5	94525.3	6023.9	19122.7	146801.4
北京城市合作银行	0.0	13000.0	10000.0	26900.0	49900.0
总计	213278.5	351420.5	371837.1	209760.6	1146296.7

资料来源：中央结算公司。

　　银行作为债券市场主要机构投资者的问题是，银行通常购买债券一直到偿还时
才退出，很少在市场中买卖，这样做的结果影响了债券市场的流动性。在美国，个
人投资者都已经被强制机构化了，大部分资金在 401K 账户里，投资的是公募基

---

[1]　中央结算公司，2021－09.

金，所以投资人可以盯市（mark to market），随时看到投资价值的变化。强制机构化以后，美国公募基金管理人的角色还是按照产品实际的资金久期性质进行流动性管理，所以一般没有严重的久期错配。

4. 基金主要持有中期票据、二级资本工具和商业银行债

在中期票据和二级资本工具中，基金类投资者持有比例超过商业银行，分别为46.17%和75.53%。在银行间市场中，基金类投资者持有的各类债券余额为62568亿元，占银行间市场债券余额的12%。[①]

基金也是商业银行债的主要持有人，这里的商业银行债包括普通金融债、次级债和二级资本工具三类。其中，普通债主要由基金（71%）、全国性银行（14%）、银行理财（8%）和其他银行（7%）持有，基金机构持仓比例最高。次级债主要由基金和保险机构持有，分别占56%和41%。而对于二级资本工具，主要为基金（78%）、全国性银行（15%）和其他银行（7%）。因此，整体上看，基金是商业银行债的最大持仓者，而保险机构对次级债的持仓比例较高，银行理财对普通金融债也会持有一定比例。[②]

（三）个人投资者主要持有国债和理财产品

个人投资者只购买国债，或购买理财产品，这些理财产品可能是债券组合，从而个人成为这些债券的间接投资者。

1. 储蓄国债和个人投资人行为的变化

为了使个人投资者免受二级市场风险，财政部于1994年第一次发行储蓄国债。目的是让大宗国债发行以记账式长期国债为主。在1996年国债市场化改革时期，国债发行的主要品种已经转变为以696期国债为代表的10年期附息国债。1991年以来，承销国债的机构投资者主要是证券公司，银行系统通过信托公司承销和投资国债。这一时期个人投资人仍然占有很大比重。因此，一直到1998年，储蓄国债占全部发行国债很大比重。2000年以后，国债发行恢复以对机构投资者发行的记账式国债为主，个人投资人主要购买储蓄国债。根据一项对上海市储蓄国债投资者的一项研究，储蓄国债投资者包括低学历年轻投资者和年龄偏大的退休人员。[③] 这种情况反映了低学历年轻人和老年人对于储蓄债券的偏好，也反映了储蓄国债适应

---

① 中央结算公司，2021 – 09.

② 债券市场投资者结构专题分析：商业银行、基金、非法人机构是主导［EB/OL］.（2017 – 12 – 20）［2022 – 03 – 08］. https://www.sohu.com/a/211682524_100003691.

③ 徐炜. 储蓄国债投资者结构对购债行为的影响浅析——基于上海市5198份投资者调查问卷［J］. 债券，2020（12）：47.

金融市场发展初期投资人的特征。"近年来，储蓄国债的发售规模有所下降，甚至部分发行额度被收回注销，这既受到互联网金融产品和银行理财产品等投资品种与渠道扩大的影响，又缘于储蓄国债投资者群体的变化。[①]"

2. 个人理财

我国的个人金融资产配置市场并没有完成结构化的升级，个人收入中用于消费以后的剩余资金主要用于银行存款和理财。目前理财客户增加很快，银行理财投资证券，其风险管理逻辑与市场化的公募基金有所不同。所以，强制要求所有产品都必须净值化管理，不能有期限"错配"，忽略了银行与公募基金的区别。为了提高银行理财的管理水平，应该对部分管理能力强的机构，比如大型商业银行和保险公司在不超过自身净资本一定比例范围内，允许其继续保留一些集合池理财产品，可以增加银行理财的灵活性。

3. 个人持有记账式国债

个人持有记账式国债从国债市场化改革初期就开始了。记账式国债主要通过承销售人员销售给机构，但是也吸引了越来越多的城镇居民，这些投资者通过证券交易所账户购买和交易债券。1996 年发行的两组长期国债，共吸引 19825 个个人账户，占总发行量的 8.41%（见表 16 - 8）。随着投资渠道的扩大，个人持有记账式国债维持较低水平。

表 16 - 8　　　　　　　　国债（696 和 896）的持有量和持有结构

国债持有人	696 国债			896 国债		
	持有量（亿元）	结构（%）	账户数目（家）	持有量（亿元）	结构（%）	账户数目（个）
个人	24.16342	10.2	7519	14.63476	8.41	19825
机构	98.1197	41.4	341	71.25137	40.95	398
五大行（包括中国工商银行、中国农业银行、中国建设银行、中国银行、交通银行）	22.89348	9.66	307	10.61819	6	409
商业银行	14.35983	6.06		10.44747	6	
证券公司	77.46278	32.68		67.03821	38.53	
总计	236.99921		8167	173.99		20632

资料来源：笔者根据有关数据整理。

---

① 徐炜. 储蓄国债投资者结构对购债行为的影响浅析——基于上海市 5198 份投资者调查问卷 [J]. 债券，2020（12）：47.

四、国家关于投资人的政策

（一）境内投资人的认定

境内投资者包括商业银行、信用社、非银行金融机构（包括信托公司、财务公司、租赁公司和汽车金融公司等）、证券公司、保险公司、基金公司、非金融机构、非法人机构投资者和个人投资者。

人民银行发布银行间债券市场的准入投资者类型，符合准入类型的投资者向人民银行上海总部备案。交易所债券市场参与者须向沪深交易所申请，各类社会投资者均可参与。政策性银行、国有大型商业银行、股份制商业银行、城市商业银行、在华外资银行、境内上市的其他银行可在证券交易所参与债券现券的竞价交易。商业银行柜台市场参与者需在开办机构开立二级托管账户，开办机构建立投资者适当性管理制度，向具备相应能力的投资者提供适当债券品种的销售和交易服务，柜台市场投资者主要为个人和中小机构。

2019 年 8 月，中国证券监督管理委员会、中国人民银行、中国银行保险监督管理委员会发布《关于银行在证券交易所参与债券交易有关问题的通知》，放开银行在证券交易所参与债券现券的竞价交易，银行参与交易所债券市场的限制进一步放宽。

此外，直接投资人是指承销团成员以外，具备一定资格，可直接参与企业债券申购的投资人，这些投资人可直接通过招标系统参与企业债券投标。直接投资人可根据自身投资需求，参与所有企业债券的簿记建档和招标发行。

（二）境外投资人的认定

境外投资人包括境外央行或货币当局、主权财富基金、国际金融组织、人民币业务清算行、跨境贸易人民币结算境外参加行、境外保险机构、合格境外机构投资者（QFII）、人民币合格境外机构投资者（RQFII）；在境外依法注册成立的商业银行、保险公司、证券公司、基金管理公司及其他资产管理机构等各类金融机构，以及养老基金、慈善基金、捐赠基金等人民银行认可的其他中长期机构投资者。上述境外机构投资者可在银行间债券市场开展现券交易，并可基于套期保值需求开展债券借贷、债券远期、远期利率协议及利率互换等交易，其中，境外央行或货币当局、国际金融组织、主权财富基金、境外人民币业务清算行和参加行还可在银行间债券市场开展债券回购交易。符合条件的境外机构投资者在银行间市场可自主决定投资规模，没有投资额度限制。[①]

（三）交易所投资者适当性政策

新《证券法》（已于2020年3月1日起施行）设"投资者保护"专章（新《证券法》第八十八条到第九十五条）。由于交易所债券产品不断增加的风险性以及投资者的识别难度增加等因素，近些年来上交所和深交所对其投资者适当性相关管理办法进行多次修订，个人投资者直接参与交易所债券产品的门槛不断提高，包括投资者的金融资产指标以及投资标的范围等方面。投资者适当性规则以投资者对证券公司等金融机构存在信赖关系为前提，要求证券公司等金融机构把合适的产品推荐给合适的投资者。投资者适当性规则是我国证券市场投资者保护制度的首道防线和基础。[②]

第二节 证券投资基金

一、证券基金发展的历史

（一）创投和产业投资基金的发展

中国的基金行业包括风险投资基金（或创业投资基金）、产业投资基金、合资基金以及证券投资基金。随着金融市场的发展，基金行业日益成为金融市场中最具有希望的行业。公募和私募证券投资基金开始成为积极的机构投资者力量，这些基金的债券持有量仅次于银行。事实上，证券投资基金行业有望取代银行，成为债券市场最重要的机构投资者。

1. 地方政府的融资工具

1995年，中国仅有20只风险投资基金，这些基金的总投资额只有43.8亿元。但到2004年底，风险投资基金的数量达到217只，地方政府主要靠风险投资基金为新兴产业提供融资。2004年，地方政府的直接投资额达到194亿元。[③] 基金行业的发展反映了从间接融资向直接融资过渡的需要，也反映了地方政府不满足于发展

① 中央结算公司中债研发中心. 中国债券市场概览（2019年版），2020 - 06 - 08.

② https://zhuanlan.zhihu.com/p/146461113.

③ 房汉廷，等. 中国创业投资发展报告 [M]. 北京：经济管理出版社，2006.

缓慢的公司债券市场去推动传统行业，转向依靠基金行业推动新兴产业的发展。

2. 合资基金的发展

合资基金由外国政府机构和中国政府机构联合创建，参与创建合资基金的中国机构包括国家开发银行和其他金融机构。合资基金的主要目的是投资于合资企业以及与中国相关的中小型企业。2007 年，中国共有 3 只合资基金，即中国—东盟基金、中比基金和中瑞基金。中瑞合作基金成立于 1998 年 1 月，在中华人民共和国政府有关部门与瑞士联邦政府经济事务司签署的谅解备忘录的基础上创建。2001年 9 月，瑞士联邦政府经济事务司与中瑞合作基金共同创办了中瑞创业投资基金管理有限公司（中瑞创投）。中比直接股权合资基金设立于 2004 年 11 月 18 日，注册资本为 1 亿欧元，股东包括中国财政部、比利时电信、中国海通证券公司、比利时富通银行、国家开发银行、国家社保基金、中国印钞造币总公司、国家开发投资公司以及广东喜之郎集团。中比合作基金的投资对象限定为非上市中小企业。中国—东盟中小企业投资基金成立于 2003 年 5 月 15 日，注册资本为 7600 万美元，股东包括亚洲开发银行、瑞士联邦政府经济事务司、国家开发银行、新加坡大华银行投资管理有限公司、日本亚洲投资公司以及法国经济合作投资促进公司。基金投资对象为中国和东盟成员国中的中小企业。① 合资基金的出现和发展推动了 2010 年以后有限合伙企业和基金管理行业的发展。

（二）2000 年以后证券投资基金的发展

1. 2010 年以前证券投资基金缓慢发展

2000 年，中国债券基金的发展才刚刚起步。2002 年 9 月，中国成立了第一只债券基金即南方宝元债券基金。此后各种债券基金纷纷涌现，仅 2003 年就新成立了 12 只债券基金，占全部债券基金总数的 80%。②

组建新基金公司的热情随后逐渐消退，2004 年除了兴业可转债基金之外，没有成立新的债券基金，15 只债券基金的初始份额为 315.72 亿份。到 2004 年第三季度，份额明显缩水，只剩下 94.12 亿份。一些基金的规模相当小，如景顺恒丰基金的份额不到 1 亿份，国泰、嘉实和鹏华这 3 只债券基金的份额也仅略高于 1亿份③。

直到 2010 年，证券投资基金的业绩仍差强人意，造成这种状况的原因是多方面的。大部分基金主要投资于股票，受经济周期的制约较大。在目前的市场条件

---

① 国家开发银行关于产业投资基金业务情况的介绍. 2006 – 04.
②③ 高坚. 中国债券资本市场 [M]. 北京：经济科学出版社，2007：257.

下，这些基金无法有效地对冲非系统性风险。此外，基金管理人的经验不足也是一个重要原因，很多基金管理人都没有扎实的基金管理教育背景。同时，投资基金管理人在投资领域的选择上也面临诸多限制，这也不利于基金业绩的提升。

2. 债券投资基金发展受到制约

2010 年以前，中国已进入一个利率高度波动的时期，加上金融市场存在诸多结构性问题，这些因素共同制约了债券基金的发展。中国债券市场仍不够发达，主要表现在银行间债券市场和交易所债券市场的分割状态、银行间债券市场流动性不足、债券品种不完善、缺乏短期债券、企业债券市场仍很不健全等方面。此外，债券基金的发展要求有成熟的基金管理人，基金管理技能的缺失也是影响中国债券基金发展的一大制约因素。债券基金在短期内仍很难扭转当时的低迷状态。要解除债券基金发展路上的这些障碍，制度创新是关键。

债券基金对个人投资者缺乏吸引力。除了因为初始发行规模超过批准的规模，从而导致投资人提前赎回这一事实之外，一些个人投资者以追求更高的短期回报为目的，不适合债券基金的投资策略。与股票相比，债券基金的风险较小，因此回报也较低，债券基金的这种回报特征不为个人投资者所认可。2000 年初期，宝元基金的年回报率约为 5%，这种回报率水平对债券基金来讲已很难得，但个人投资者对该回报率仍不满意，因为这一时期股市有更好的预期回报。2006 年，在经历了五年的连续下滑后，中国股指开始飞速上涨。当时中国股市的一个突出特点是，该市场主要由个人投资者支撑，机构投资者特别是基金在股市中所占的份额很小。股市转牛吸引了大批个人投资者，与股市在短期内的高回报率相比，债券基金的回报率对个人投资者来讲就微不足道了。

（三）2010 年以后公募和私募证券投资基金的迅速发展

1. 基金管理规模迅速扩大

2010 年之后，公募基金的规模逐渐扩大。2012～2015 年，货币基金发展迅速，而 2015 年之后，主要是权益类投资带动了整体基金规模的稳定增长（见图 16－2）。根据基金业协会公布的 2020 年 10 月公募基金市场数据显示，截至 2020 年 10 月底，我国境内共有基金管理公司 131 家，其中，中外合资公司 44 家，内资公司 87 家；取得公募基金管理资格的证券公司或证券公司资产管理子公司共 12 家、保险资产管理公司 2 家。以上机构管理的公募基金资产净值合计 18.31 万亿元。[①]

---

① 新浪网．公募基金规模突破 18 万亿，连续三个月创历史新高［EB/OL］．（2020－11－28）［2022－03－08］．https：//finance. sina. com. cn/tech/2020－11－28/doc－iiznctke3704171. shtml.

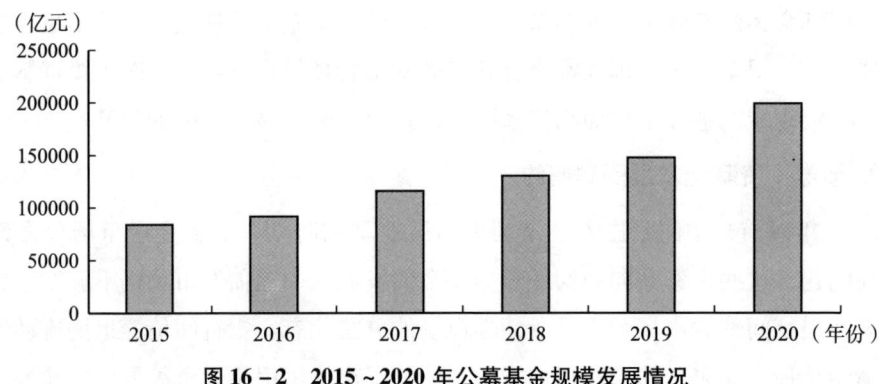

图 16 - 2　2015 ~ 2020 年公募基金规模发展情况

资料来源：笔者根据有关数据整理。

2010 年以后，私募证券行业也有了长足进步。截至 2021 年底，私募基金管理人数量为 2.46 万家，管理基金数量 12.41 万只，总规模达到 19.76 万亿元，一年增长了 3.79 万亿元；其中 2021 年增长最迅猛的是私募证券投资基金，规模增加了 2.36 万亿元，达 6.12 万亿元，而私募股权投资基金规模则突破了 10 万亿元。① 私募基金已成为公募基金、保险资金之后的第三大机构投资者。

这些基金可以分为偏股基金、偏债基金和股债混合基金。基金行业的发展有助于从总体上提升基金管理质量，并进一步促进中国基金管理机构的成长。近几年来，中国基金行业高速发展，基金管理公司大幅度增加。截至 2021 年 12 月底，我国境内共有基金管理公司 137 家，其中，外商投资基金管理公司 45 家，内资基金管理公司 92 家；取得公募基金管理资格的证券公司或证券公司资产管理子公司 12 家、保险资产管理公司 2 家。以上机构管理的公募基金资产净值合计 25.56 万亿元。②

基金行业的飞速发展反映了产业投资和私募股权投资的需要，也顺应了机构投资者和规模不断增大的社保体系的需要。这对证券投资基金行业来说具有十分重大的意义。证券投资基金与债券市场的发展息息相关。从债券市场发展的角度来讲，基金在政府债券和其他债券的投资中发挥了十分重要的作用。

2. 基金管理人管理能力提升

然而，基金行业的成功发展依赖于基金管理的不断完善。基金管理公司通常担任有限合伙企业的执行合伙人（GP），由执行合伙人持股或管理人本身持股。由执

---

① 中国证券投资基金业协会 . 2021 年私募基金统计分析简报 . 2022 - 10 - 26.
② 中基协：截至 12 月底公募基金资产净值合计 25.56 万亿元 ［EB/OL］. (2022 - 01 - 18) ［2022 - 03 - 08］. https：//wap. stockstar. com/detail/IG2022012800008737.

行合伙人持股的成为基金子公司，由基金管理人本身持股的成为独立的管理公司。也可以综合采用机构持股和管理人本身持股这两种模式。基金管理公司的收入主要来源于管理费和一部分基金净回报。基金管理公司能否生存下来，完全取决于基金的管理规模（AUM）和投资项目及证券产品的回报。能获得较高回报率的基金管理公司更有可能从有限合伙人（LP）那里募集到后续资金。

3. 从制度上发展基金业的努力

证券投资行业的发展取决于与基金管理相关的制度演化进程，合资基金管理模式能给中国提供宝贵的国际经验，因此有助于推动基金管理制度的进一步完善与演化。国家开发银行在 20 世纪 90 年代末和 2000 年初期参与投资、合作管理和独立管理合资基金的基础上，独立管理多只国家重要的基金，如中非基金、国家装备工业基金，并在 2006 年与苏州工业园区合作创立中国第一只母基金——苏州工业园区创业投资引导基金。

公募基金行业经过 20 余年发展，已经成为资产管理领域中成熟和规范行业的代表。基金行业经历了从简单模仿海外基金产品到产品设计同步发展，经历了平稳进步的历程。目前，基金行业的产品供给丰富。除常规产品外，主题类、风格类基金落地特定行业或板块，对接细分投资群体需要。创新方式多样，除具体产品类型创新外，现在产品优化也是重要的创新途径之一，一些创新产品充分满足了投资者阶段性投资需求，如"打新"基金等。权益类产品竞争优势明显，债券型基金集中度相对较低，权益型产品体现出较强的马太效应，具备优秀过往业绩的基金经理受到市场认可。[①] 基金行业成为金融市场最具创新力的领域。

（四）国债与证券投资基金

1. 财政部建立国债投资基金的努力

建立国债投资基金或国债基金是为了培养国债机构投资者，加速完善国债二级市场功能、促进国债市场从零售市场向批发市场转化。财政部早在 1993 年就提出了建立国债投资基金，扩大专业投资人基础的想法。建立国债基金的最初动机是为了方便城市、农村和边远地区的个人进行国债投资活动，因为机构投资者的参与在很大程度上"挤出"了个人投资者，导致这些个人投资者很难直接参与国债投资。财政部讨论了发展国债基金的可能性问题，认为发展国债基金有利于解决中小投资者所面临的国债"购买难"问题，从而能满足中小投资者投资国债的愿望。如果

---

① 张翎. 中小银行理财产品净值化转型现状、挑战与建议［J］. 债券，2020（12）：67.

个人投资者不再抱怨国债购买难，旨在建立以机构投资者为基础的国债市场发展战略就能得到顺利实施。

然而，在20世纪90年代中期，金融机构非法操作盛行，为避免给本已十分混乱的金融秩序添加新的不稳定因素，财政部决定暂缓推出国债基金，适当推迟国债基金的正式出台的时间表，并决定采取试点方式逐步推出。意识到国债基金所具有的积极作用，中央银行加快了起草基金管理办法的进程。

2. 民间债券基金的发展

与此同时，华夏证券公司和日本大和证券有限公司、南方证券公司和日本山一证券有限公司、上海财政证券公司和香港兴汇公司开始筹建合资国债基金管理公司，并向中央银行提出了申请。在国债市场发展早期，证券公司有很强的动力学习国际经验，发展自己的债券投资基金管理公司。

3. 非标准化基金产品

发展国债基金的动力不仅仅来自市场参与者。事实上，在国债基金缺失的情况下，很多证券公司采取了变通做法，它们设计了一种组合凭证，面向个人投资者出售。组合凭证实际上是一组以国债为标的的国债产品组合。还有一些证券公司采用拆长卖短的方式将长期国债分解为多个短期国债销售给个人投资者。这些金融创新产品已经具有基金的性质（类似于向个人投资者发起国债基金产品）。正是由于规范国债基金的缺位，才催生了不规范的国债基金产品。20世纪90年代末，低迷的股票市场使监管者有动力促进股票投资基金的发展，以便鼓励个人投资者积极投资股市。股票投资基金的形成使财政部所制定的国债基金方案变得不那么紧迫，作为监管部门之间的一种妥协，股票投资基金被要求至少将20%的基金份额投资于国债。

二、固定收益基金

目前，存在两种形式的固定收益基金，即债券基金和货币市场基金。

（一）债券基金

顾名思义，债券基金是专门投资于债券的基金。在中国，债券基金的投资对象包括国债、金融债及企业债。债券基金通常能给投资者提供固定回报，到期时偿付本金。债券基金的投资风险低于股票或股票基金的投资风险，债券基金能提供稳定的回报，同时具有较低的风险，适合风险厌恶和风险中性型投资者。

1. 投资限制

在债券市场发展早期，资金量较小的个人投资者只能通过银行柜台购买凭证式储蓄债券。但凭证式储蓄债券的供给数量有限，债券的息票率（单利利率）不断下降，逐渐与银行存款利率持平，在提前兑付时，投资者还会遭受损失，使很多个人投资者失去了兴趣。

2000 年以前，就可流通债券的投资渠道而言，个人、一般企业和机构均不能进入银行间债券市场。金融债和大部分企业债都不面向普通投资者发行。此外，交易所市场极具波动性，普通投资者既没有足够时间关注市场，又不具备相关的专业知识，因此很难直接参与交易所市场的交易活动。在这种情况下，债券基金就成为普通投资者进入债券市场的最佳渠道。债券基金由专家管理，基金投资的证券产品足够多样化，因此能有效分散风险，并能提高回报率。此外，普通投资者可以随时赎回自己的投资，因此投资于债券基金具有更好的流动性。

2. 债券基金的法律形式和投资产品

根据组织形式和法律地位的不同，证券投资基金可以分为契约型基金和公司型基金。目前，中国的证券投资基金都是契约型基金。根据基金发行额度固定与否，可以将基金分为封闭式基金和开放式基金，目前中国大部分证券投资基金都是开放式基金。

中国的债券投资基金早期通常投资于银行间债券市场发行和交易的记账式国债与金融债，以及交易所市场发行和交易的记账式国债与企业债。目前债券投资基金可投资的债券品种和产品组合大大增加，包括公司信用类债券，以及风险较高的高收益债券。

（二）货币市场基金

1. 简要历史

（1）货币基金的早期发展

2002 年诞生了中国首只货币市场基金，即华安基金管理公司旗下的华安现金富利基金，随后共有 7 只货币市场基金相继成立。根据《货币市场基金管理暂行条例》的规定，货币市场基金投资的金融工具包括现金工具、定期存款与大额资金存单（期限不超过 1 年）、剩余期限不超过 360 天的债券、期限不超过 1 年的债券回购产品、期限不超过 1 年的央行票据以及证监会和人民银行批准的其他流动性较好的货币市场工具。

2011~2012 年，受股市低迷的影响，资金不断流入货币基金。同时 2011 年证监会出台《关于加强货币市场基金风险控制有关问题的通知》，允许协议存款可以突破投资定期存款比例不得超过 30% 的限定。在政策利好条件下，货币基金规模再次大幅增长，至 2012 年年末资产净值超过了 7000 亿元。[①]

（2）互联网货币基金

随着互联网金融的快速发展，尤其是 2013 年 6 月余额宝（天弘增利宝货币基金）成立以来，以余额宝为代表的各种互联网基金迅速兴起，货币市场基金的发展进入了全新的阶段，也成为平民理财的便捷方式。伴随着货币市场基金收益率的不断走高、利率市场化的政策背景明晰以及互联网金融的兴起，货币市场基金迎来了历史性的发展机遇。

余额宝不同于普通货币基金的地方在于它是由支付宝推出的一项服务，由天弘基金对接，用户存入余额宝的钱除了投资天弘基金公司的货币基金获取收益外，还可以实现随时用于支付消费，进行转账的功能。

当前我国互联网货币基金发展迅速，根据市场需求的变化，基金产品不断创新。在满足投资者现金理财核心需求的基础上，互联网货币基金还深入居民日常生活，满足购物、转账、缴费等消费需求。互联网货币基金已成为移动互联时代重要、便捷的现金管理模式。[②]

2. 目前货币市场基金的情况和特点

目前货币市场基金已成为规模最大的基金品种。截至 2018 年底，我国境内 114 家基金管理公司旗下发行货币市场基金 383 只，基金净值为 81628.63 亿元，较 2017 年年末增长 14.46%，占所有基金净值比重的 63.15%，比 2017 年末提高 1.41 个百分点。"从货币基金与国内生产总值（GDP）之比来看：截至 2020 年 6 月末，美国货币基金规模已达 4.6 万亿美元，与上年 GDP 之比约为 21.9%；我国货币基金规模为 7.57 万亿元，与上年 GDP 之比约为 7.6% 左右。相比而言，我国货币基金规模占比明显较低。[③]"

当前，货币市场基金的投资范围限定为债券、央行票据和回购工具。货币市场基金是投资于货币市场工具（平均期限为 120 天）和短期货币工具的投资基金，比如，货币市场基金可以投资于国债、大额可转让存单、商业票据和公司债券等。货币市场基金有以下几个特点：

（1）再投资优势

货币市场基金的单位净值固定不变，为每基金单位 1 元，这是货币市场基金与

---

① 海通证券姜超，姜珮珊，李波．货币基金的前世今生与未来．中国基金报，2017 - 10 - 15.
②③ 我国货币市场基金的发展情况及相关思考［J］．债券，2020，11.

952

传统基金最主要的不同点。投资货币市场基金后，投资者可利用基金收益进行再投资，增大对该基金的持有份额，投资收益也会不断累积。

（2）考核回报率

货币市场基金的评估标准是回报率，这与其他基金不同，其他基金的评估标准是净资产的增量价值和利润。货币市场基金的流动性好、安全性高，这是因为货币市场是一个低风险、流动性高的市场。由于风险较小，货币市场基金的回报率较低。

（3）市场风险较低

货币市场工具的到期期限通常较短，其投资组合的平均到期期限为4~6个月，其价格通常只受市场利率影响。货币市场基金一般不收取赎回手续费，其管理费用也较低，年管理费用约为基金资产净值的0.25%~1%，比其他种类基金的年管理费率1%~2.5%低很多。

（4）方便投资人现金管理

货币市场基金具有收益稳定、流动性强、购买限额低、安全性高等特点。此外，随着市场的开放和科技的进步，货币市场基金可以通过基金账户签发支票、支付消费账单；货币市场基金还可以作为投资之前暂时存放现金的场所，并具有较高的灵活性。这些现金可以获得高于银行活期存款的收益，并且可随时撤回用于其他投资。一些投资者大量认购货币市场基金，然后逐步赎回用以投资股票、债券或其他类型的基金。许多投资者还将以备应急之需的现金以货币市场基金的形式持有。为方便投资者，有的货币市场基金允许投资者直接通过自动取款机（ATM）提取现金。

（5）广泛受到个人投资者的欢迎

由于中国的个人投资者可以选择的投资工具有限，主要局限于凭证式储蓄债券和股票。储蓄债券的流动性太低，股票的风险又太大，除了这两种在流动性和风险水平上处于两个极端的投资产品之外，中国的个人投资者基本上没有其他中间选择。货币市场基金的出现无疑给投资者提供了一种最为方便的投资工具。在发达的市场经济体中，投资者可以将货币市场基金用作一种存款工具，这种存款工具具有较高的安全性和流动性，同时还能提供一定的回报，因此，非常适合个人投资者的需求。由于这些原因，货币市场基金的推出导致资金从银行体系中流向各类货币市场基金账户。

（6）机构投资者的态度

中国的机构投资者也对货币市场基金十分感兴趣。越来越多的机构投资者开始将货币市场基金视作一种具有流动性的资本储备，货币市场基金有助于这些机构投资者优化现金管理。目前，很多境内企业都缺乏有效的现金管理工具，由于货币的市场基金具有流动性强、收益稳定的特点，对企业来讲，无论其资本金有多少，货币市场基金都是一种成本有效（cost effective）的管理工具。在机构投资者中非营利性资产管理机构如中国社保基金（管理养老基金和失业保险基金），其资金来源稳定，可以成为企业需要的股权和长期债券资金的主要来源。随着社保体系的不断完善，社保基金所持有的现金数额也日益增多，对社保基金的资金运用来讲，各类证券基金和权益类基金都是理想的选择，但在现金管理方面，投资货币市场基金更为稳妥。

第三节　银行理财子公司

一、银行理财的简要情况

（一）银行理财业的发展

近 20 年来，商业银行理财业务得到了迅速发展，理财子公司成为债券市场的主要投资人。目前，银行理财产品在国内各类资管产品中规模最大、投资者覆盖面最广。从 2017 年资管新规出台后，银行理财受到严监管，尤其是同业理财受到限制，加之资金面紧张，规模增速减缓。自 2018 年 4 月资管新规发布实施以来，在监管部门的指导下，银行理财市场取得了乱象治理、正本清源的改革成效，保持了平稳健康发展的态势。银行理财市场主体日益丰富、投资者队伍逐步扩大、净值化转型稳步推进、刚性兑付有序打破，迎来了转型发展的新篇章。[1]随着资管新规、理财新规相继落地，从 2019 年开始，理财存续规模企稳并保持稳健增长。

2020 年，理财产品全年累计募集金额 124.56 万亿元，同比增长 10.59%；理财产品存续规模 25.86 万亿元，同比增长 6.9%。此外，同业理财及通道规模继续缩减。截至 2020 年底，同业理财存续余额 0.39 万亿元，同比减少 53.86%，同业理财占全部理财产品的比例不足 2%。[2] 从理财产品的收益情况看，2020 年，新发行产品加权收益率为 3.93%，同比下降 23 个基点；比 10 年期国债收益率高 100bp，近年来，理财产品加权收益率基本与 10 年期国债收益

---

[1]　成家军. 银行理财市场迎来转型发展新篇章 [J]. 债券, 2022（9）.
[2]　中信证券. 2020 年银行理财回顾及展望：兼程并进　月异日新. 启明星数据库, 2021 - 02 - 02.

率同比变化。[①]

截至 2022 年 6 月末，理财业务公司制改革取得积极进展。除商业银行外，目前已有 29 家理财公司获准筹建，其中 25 家已开业理财公司存续理财产品规模达 19.14 万亿元，市场份额占比超六成。截至 2022 年 6 月末，持有理财产品的投资者数量已超过 9000 万，创历史新高。[②]

（二）银行理财子公司

银行理财子公司一般由商业银行作为控股股东发起设立，并经银保监会批准，属于专业理财金融机构。资管新规与理财新规均明确规定，商业银行应当通过具有独立法人地位的子公司开展理财业务；暂不具备条件的，商业银行总行应当设立理财业务专营部门，对理财业务实行集中统一经营管理。[③] 银行理财子公司的最低注册资本为 10 亿元实缴人民币，且要求理财业务专营部门连续运营 3 年以上，并承诺 5 年内不转让所持有股权。银行理财产品的起投金额较高，一般为 1 万元起投，但理财子公司发行的公募产品的起点金额大多为 1 元。投资门槛的降低既提升了理财子公司的资金募集能力，又增加了投资者低门槛理财产品的选择空间。购买银行理财产品一般只能通过银行自有渠道购买，例如银行柜台和网上银行，且首次购买的投资者必须到网点面签。银行理财子公司发行的产品不仅可以通过本行渠道购买，还可以通过其他代销机构购买，作为代销渠道，微信、支付宝目前设有上线理财产品。

（三）银行理财业的新特点

2020 年中国银行业理财市场运行特点，主要呈现新发产品募集金额恢复正增长、理财产品存续规模同比增速放缓、净值型产品规模及占比持续提高、同业理财及通道投资规模缩减、混合类权益类理财产品存续余额减少、理财产品债券投资风险偏好下降、投资者数量大幅增长等特点。[④]

资管新规发布后，随着行业新规纷纷落地，各家银行有序推进转型，呈现出净值型产品规模和占比持续提高、同业理财及通道投资规模持续减缩等特点。根据银行业理财登记托管中心统计，到 2019 年底，股份制银行、城商行、农村中小银行非保本理财产品余额合计占比超过六成。2018 年央行《关于规范金融机构资产管

---

①④　孙璐璐. 银行理财年度报告出炉，近 26 万亿市场的银行理财有何新变化？. 券商中国，2021 - 01 - 30.

②　成家军. 银行理财市场迎来转型发展新篇章 [J]. 债券，2022（9）.

③　张冰洁. 净值化时代全面到来　银行理财业务探索新增长点 [J]. 债券，2022（3）.

理业务的指导意见》（资管新规），以及《商业银行理财业务监督管理办法》（理财新规）发布后，银行理财业务从高速增长进入高质量发展阶段，主要表现在从预期收益型向净值型转变。

二、理财产品的净值化转型

（一）公允价值的变化

银行理财产品的估值应该按照公允价值。公允价值是指由市场决定的价值，公允价值不等于合理价值。"公允价值（fair value）本意是公平的市场价格。[5]"市场是"交换和博弈的场所"，公允价值由交换和博弈决定，博弈体现了交易各方的实力。一级市场上，国债的招标发行就是发行人和投资人之间的一种博弈行为。在二级市场上机构的实力是不同的，如证券公司、大户、散户之间存在博弈能力的差别，表现在多个方面，如进入市场交易的速度、信息获取能力的不同，都会影响价格。只要没有内部信息，暗箱操作，交易结果确定的价值就是公允价值。随着时间变化，市场利率水平变化，债券价值就会变化。同时随着时间变化，债券的信用信息就会增加，债券价值也会跟着变化。这种没有预见到的变化就是风险，称为利率风险和信用风险。"公允价值本质是一种基于市场信息的评价，是市场而不是其他主体对资产或负债的认定。[6]"银行理财净值化转型，要求反映市场的变化，而市场变化只是结果，是已经发生了的变化。理财管理者需要的是预测未来的变化，发现市场机会。由于银行理财投资债券时，债券价格会在市场中发生频繁变动，因此，债券估值要体现成本和市场的变化。债券估值存在会计估值和管理估值两个方面，后者建立在宏观经济和市场分析的基础之上。

（二）理财产品中债券的估值方法

银行理财业务原来属于预期收益型资产管理，银行按照一定的预期收益承诺给投资者，相当于定期存款的衍生。主要投资非标资产和债券，投资债券的收益按照到期收益率（YTM）计算，不能体现利率水平的即期变化。目前，银行理财产品的估值方法主要有两种：市价法和摊余成本法。过去银行理财产品会计上使用摊余成本法估值，此种估值方式表现为净值稳定增长，净值曲线为一条直线。摊余成本

---

[5] 王平，刘玉廷. 金融工具（债券）公允价值问题研究 [M]. 北京：中国财政经济出版社，2012：11.

[6] 王平，刘玉廷. 金融工具（债券）公允价值问题研究 [M]. 北京：中国财政经济出版社，2012：11－12.

法简单理解，就是将投资债券的到期收益分摊到每一天进行净值计算。其中价格变动的部分以以下方式体现在净值中。例如：投资经理在市场上以 105 元买入票面价值 100 元的债券，3 个月后，债券的价值是 120 元，这当中便获得了 15 元的收益，如果该债券是 2 个月后到期，那么就将 15 元除以 60 天，将收益摊销到每一天中。这种方法在债券价格向上走的时候平安无事，但是当债券价格下时，这种方法则虚高了债券的净值。按照上面的例子来，如果债券价格跌至 80 元，其实理财产品已经亏损，但用摊余成本法计算，基金表面上净值上看并没有亏损，但如果恰逢理财产品到期，需要卖出债券时，理财产品就体现为亏损，出现了矛盾，有一定庞氏骗局的嫌疑。市价法估值是指银行理财产品投资的资产按照最新市场成交价格或收盘价或公允价值估值，一般而言，交易所债券采用收盘价估值，银行间债券采用第三方中债估值，由于市场是每天变动的，因此理财产品净值每天增跌幅都不同，在净值曲线上表现为波动曲线上涨，该方法容易降低理财产品净值的稳定性，不利于引导投资者进行长期、理性的投资。这种情况在 2022 年底较为突出。2022 年 11 月，债券市场开始调整，价格下跌，以市价法估值的理财产品净值下跌，导致客户赎回理财产品，客户赎回理财产品使得投资经理被动抛售理财产品中的债券，导致债券价格进一步下跌，理财产品净值下跌的负反馈，一度走向触发系统性风险的地步。

现金管理类产品、部分中短期理财产品在采用摊余成本法的基础上，还存在另一种参考估值方法——"影子定价法"。摊余成本法与影子价格的配合，实质上是上述二者的结合体，一方面承认历史成本对债券资产估值的影响，考虑了时间变化的影响；另一方面通过偏离度控制可以让理财产品估值紧跟市场价格的主要趋势。这一方法基本上做到了平衡各种因素对基金估值的影响，并在一定程度上保证了理财产品按照净值变现的能力。实质上，摊余成本法最大的优势不在于摊余二字，而在于影子价格的配合使用。采用影子定价法与摊余成本法各有利弊。采用影子定价法除了需要将持有债券获得的利息收入和已实现的资本里的计入账面，同时需要将持有债券的市价和账面价的差额在账面反映。这样尽管可以削除账面净值和市价的差异，但将未实现的资本里的直接计入基金账面价值不符合收益确认的实现原则和谨慎性原则。而摊余成本法提供了与现行会计准则和制度对投资价值调整的内在一致的方法。因此，采用摊余成本法更符合中国会计制度的要求。

摊余成本法可以在设定的波动范围内，保持投资账面净值和收益的稳定，而采用影子定价法由于以市价为基础，其账面净值和收益经常波动，因此，摊余成本法更适应于固定单位价格货币基金的特点。摊余成本法可以在设定的波动范围内，通过登记簿来记录市价变动情况，不需要调整账面净值，而采用影子定价法需要频繁对投资账面净值进行调整，比摊余成本法烦琐。通过比较可以看出，一般情况下使用摊余成本法更为有利。由上面的比较得出的结论是采用摊余成本法更有利，而从解决信息不对称的角度出发采用影子定价更有利，所以理财产品账面净值估值与确认方法的选择要充分考虑两种方法的利弊。

（三）净值型理财

净值型理财产品是相对于收益性理财产品来说的，该理财产品没有预期的投资收益，属于非保本浮动型理财产品。净值型理财产品没有预期收益，银行会给定一个业绩比较基准的收益率，实际用户获得的收益与产品净值有关。银行会根据签署的协议书，在每日、每周或者每月等固定日期公布净值，用户可以进行净值查询。净值型理财产品的流动性高于普通的银行理财产品。一般的理财产品都会有投资期限，在产品没有到期时，资金是无法赎回的。而净值型理财产品每周或每月都有开放期，用户可以任意进行资金的赎回操作，资金流动性远远高于普通的银行理财产品。由于净值型理财产品没有预期收益，银行也不承诺收益，所以出现亏损的可能性比普通的理财产品要高，风险也相对比较高。净值型理财产品的实际收益取决于用户购入和卖出时净值的差值，所以用户的实际收益也是不固定的，有可能很高，也有可能亏损。

"理财产品作为银行资产管理机构与投资者之间的媒介和业务载体，是竞争能力和品牌形象的直接体现。推动打破刚性兑付预期、发展净值型理财产品，是理财业务转型的方向。[①]" 根据资管新规，商业银行应当减少预期收益型产品规模，或逐步过渡为合规的净值型产品，同时新发行的理财产品应符合资管新规要求。

2020 年底，净值型理财产品存续规模 17.4 万亿元，同比增长 59.07%；净值型产品占理财产品存续余额的 67.28%，上升 22.06 个百分点。2020 年，部分银行和理财公司发行的净值型理财产品出现较大净值波动，甚至跌破初始净值，引发市场较高关注。

2020 年 1 月 29 日，银行业理财登记托管中心发布《中国银行业理财市场年度报告（2020 年)》（以下简称《报告》），以全国银行业理财信息登记系统大数据为基础，全面总结 2020 年我国银行业理财市场情况，对 2021 年银行业理财市场发展进行展望。该报告认为，总体来看，以纯固收及"固收＋"类型产品为主的银行理财仍有相对"稳健、安全"的优势，短期市场利率扰动造成的净值波动，特别是因建仓期遇到债市调整导致的破净现象会随着时间推移而被抵消，长期看产

---

① 张翎. 中小银行理财产品净值化转型现状、挑战与建议［J］. 债券，2020（12）：65.

品净值大概率会平稳增长。①

2020年理财存量资产化解有序推进。资管新规发布前，保本理财产品约占全部理财产品的30%，与资管新规发布前相比，保本理财产品压降幅度超过90%。《报告》显示，2020年，净值型产品收益率波动较大，在1%~7%区间内波动。其中，每日开放的现金管理类产品的收益率保持在3%左右。②

全面净值化转型进程不断推进，目前净值化程度已超95%，较2021年同期提高约20个百分点。刚兑属性的理财产品实现清零，理财产品池化运作、复杂嵌套等行业乱象问题得到有效治理，理财存量整改任务如期完成。截至2022年6月末，全国318家机构存续理财产品总规模近30万亿元，总体保持平稳增长。③

三、银行理财未来发展

目前，银行理财总额已经达到30万亿元。银行理财作为直接融资市场上重要的资金来源，为我国经济发展提供更高质量、高效率的直接融资支持。截至2022年6月末，银行理财产品通过投资债券、非标准化债权、未上市股权等资产，支持实体经济规模约25万亿元。银行理财行业深入贯彻落实国家"十四五"时期绿色低碳循环发展理念及"双碳"目标要求，积极强化ESG社会责任投资④。资管新规实施后，净值化运作成为发展趋势。同时，货币基金、传统理财等产品收益也将持续下滑。"固收+"产品的风险和收益均比较适中，符合现阶段银行理财投资者的投资偏好。随着金融理财产品竞争日益激烈，各银行机构开始寻求差异化发展，纷纷发行特色产品，充分满足特定投资偏好客群的需求。近两年，以主题概念、主题行业等为主打的理财产品逐步涌现⑤。银行理财的专业性在不断提高，但是由于银行理财是新生的金融业态，无论从监管方面，还是银行理财的实践方面来看，都还具有探索性质。其中有很多经验教训可以总结，例如银行理财产品为了达到一定的回报水平，普遍投资于信用债，缺少无风险证券品种，很难做到合理的资产组合管理。2022年底，净值化管理在市场单面下行时，投资者存在一定程度的恐慌，赎回增加。为了满足赎回要求，理财管理人进一步抛售债券，导致市场进一步下行。在这种情况下，监管部门允许一部分新发行的短期

---

①② 银行业理财登记托管中心发布. 中国银行业理财市场年度报告（2020年）. 2021 – 01 – 29.
③④ 成家军. 银行理财市场迎来转型发展新篇章［J］. 债券，2022（9）.
⑤ 张冰洁. 净值化时代全面到来 银行理财业务探索新增长点［J］. 债券，2022（3）.

理财产品，采取"摊余成本法"管理。监管部门也鼓励银行的金融市场部回购一部分理财产品。虽然银行理财的未来发展具有广阔前景，但是仍然是以银行为主体的金融体系的产物，银行理财的未来发展还要经历艰难的探索过程。

小　结

债券市场的投资人基础代表债券市场的潜力。投资人在债券市场发展过程中的作用随着金融市场和债券市场的发展而变化。这个过程也是投资人从被动的市场参与主体变成为主动的市场参与主体和市场服务对象的过程。1981～1996年国债市场化改革实现之前，无论个人投资者还是机构投资者（主要是国企）都不是现代意义上的投资人。在20世纪80年代国债发行的前十年，个人和企业是国债发行的动员对象，他们把购买国债当作承担爱国主义的义务。1991年财政部推动国债市场化改革，国债利率和存款利率挂钩，多数个人把购买国债当成储蓄的替代。随着债券市场的发展，从2000年以后，债券市场的投资人基础已经转变为机构投资人，主要是商业银行、保险公司、社会保障基金、公募基金等金融机构。

与此同时个人存款也正在向理财产品转变。金融业分化出财富管理、家族资产管理等新领域。这标志着投资逐渐向专业化的方向发展。市场越来越认识到，金融本身是服务业，服务的对象是消费者的"生存保障基金"[①]。这一新的目标对于宏观经济具有极为重要的意义。管理"生存保障基金"和管理消费者的储蓄存款存在本质的区别。生存保障基金的实际回报（扣除物价因素）必须能够平衡消费者生命周期的跨期安排，而储蓄存款只是作为闲散资金的积累。由于实际回报过低（常常是负回报），把消费者的"生存保障基金"当作储蓄管理失去了消费者资产跨期安排的经济意义。把储蓄转化为投资的传统金融理念只是掩盖了金融机构特别是银行的低效率。

分析投资人的行为特征，需要用一点社会学和心理学的知识。投资人的群体有自己的"规范性参照群体"和"比较性参照群体"，前者是与自己同等水平的投资人群体，后者是比自己相对低水平的投资人群体。投资人倾向于跟随参照群体行动，这是"羊群效应"产生的主要原因。相对于比较群体，投资

---

① "生存保障基金"是奥地利学派对于居民收入减去消费后的剩余的定义。由于这个剩余涉及居民资产跨期安排，是消费者生命周期后半期的生存保障，因此，用"生存保障基金"的名称，以便重新定义金融的使命，并指明其对于合理的利率信号的重要意义。

人希望有更好的表现（outperform），因此愿意承担更多风险。

投资人本来和发行人有共同的愿望，是一个原始共同体。但是当信用风险出现，债务违约成为可能时，投资人倾向脱离原始共同体，而进入与"参照群体"共同形成的投资人共同体。这个过程被社会学家称为"分裂演化"。最初是"互补式分裂演化"，随之而来转变为"对等式分裂演化"。互补式分裂演化表现为发行人越强势，投资人越劣势；而对等式分裂演化则表现为债务人越强势，债权人也越强势。其实结果是投资人联合起来成立债权人委员会这个新的利益共同体。①

投资人从被动型转化为主动型，金融机构从代理型转化为服务型，是以金融社会化为特征的发展趋势。由于个人投资人持有分散的股权，成为分散的资本家，而企业家和职业经理人则成为债务人，这正是在美国 401K 计划执行以后的现实情况。随着经济特征从银行资本主义向管理资本主义发展，管理资本主义向股权资本主义发展，美国经济出现了明显金融社会化的特征。金融社会化代表金融发展的客观规律。中国债券市场的未来发展必然伴随着这一不可改变的趋势。

---

① 社会学和心理学提供了了解社会群体特征的有益解释。见齐格蒙特·鲍曼，蒂姆·梅. 社会学之思（第 3 版）[M]. 上海：上海文艺出版社，2020：41 – 42，53 – 54.

第十七章　债券市场的信用评级

本章包括三节，第一节介绍信用评级工作的历史和现状；第二节介绍信用评级的性质和特点；第三节介绍信用评级机构。

第一节　中国信用评级工作的历史和现状

一、我国征信和信用评级发展的历史和近期发展

（一）我国征集和信用评级发展的历史

改革开放后我国信用评级机构从无到有、从小到大经历了一个逐步发展的过程，大致经历三个阶段——早期探索时期、规范发展时期与稳定发展的新时期。

1. 早期探索时期

我国征信业的发展，自 1932 年第一家征信机构——"中华征信所"诞生算起，已经有 80 多年的历史。只是从改革开放开始征信业才得到了真正的发展。改革开放以来，随着国内信用交易的发展和扩大、金融体制改革的深化、对外经济交往的发展、社会信用体系建设的深入推进，我国征信业得到迅速发展。[①] 早期探索时期分为两个阶段。

（1）第一阶段：1987～1988 年的初创阶段

虽然"中国信用评级机构的发展比较晚，并且其发展历程与经济改革的历程高度相关，是我国资本市场以及金融体制发展的重要部分"[②]。由于我国的经济体制改革是由政府主导和规划的，评级机构的发展也明显呈现出政府推动的特点。信用评级机构最初的发展伴随着企业债券市场的发展。1986 年，中国允许地方企业发行债券，1987 年 3 月，国务院颁布了《企业债券管理暂行条例》，开始对债券进

---

① 中国征信业发展的历史沿革 . 中国征信业发展报告 . 2017 – 12 – 06.

② 上海国际金融中心研究院 . 2015 中国金融发展报告——社会信用体系建设的理论、探索与实践［M］. 上海：上海财经大学出版社，2016.

行统一管理。当时并没有分业管理，债券市场由财政部和人民银行管理。1987 年，吉林省资信评估公司成立，这也是中国最早的信用评级机构。之后，各省份也都纷纷建立了信用评级机构，最多时曾达 90 多家。这些机构多为中国人民银行各地分行的下属公司。这个阶段，参考国际做法，结合我国实际，初步制定了中心评级办法，大多侧重于各类企业的信用度评估。这些早期信用评估，还不是现代意义上的信用评级。① 第一阶段的特点是，人民银行推动建立信用评级机构。

（2）第二阶段：1989 年的清理整顿阶段

1988 年 3 月，中国第一家独立于金融系统的信用评级机构——上海远东资信评估有限公司在上海成立。1989 年，证券分业开始形成，同时各地评估机构清理整顿，评级业务原地踏步，处于萎缩阶段。② 这个阶段评级机构减少，评级业务处于维持状态。20 世纪 80 年代后期，为满足涉外商贸往来中的企业征信信息需求，对外经济贸易部计算中心和国际企业征信机构邓白氏公司合作，相互提供中国和外国企业的信用评级报告③。

2. 规范发展时期

规范发展时期经历了较长时期，包括两个阶段。

（1）第一阶段：1990～1996 年的早期规范发展阶段

1990 年 8 月，中国人民银行下发了《关于设立信誉评级委员会有关问题的通知》，对银行内部信用评级的组织体系进行了规定。1991～1992 年，全国信誉评级机构联席会议召开二次会议，讨论信用评级的规范化问题，形成了《信誉评级办法》，包括债券信用评级、工商企业信用评级和金融机构信用评级的指标体系和计分标准等文件。至 1992 年底，全国信誉评级委员会成立，信用评级进入了以组建信誉评级委员会为基本模式开发业务的新发展阶段。该委员会明确规定了评估机构的性质、服务宗旨、业务范围、审批程序等问题，并经专家讨论后具体修改了评级指标体系的框架结构、评价重点、计算公式、文字体裁、要领含义等。在这一阶段，上海新世纪资信评估投资服务有限公司（1992 年 7 月）、中国诚信证券评估有限公司（1992 年 10 月）等一批新的评级公司设立。中国诚信证券评估有限公司是中国人民银行总行批准的第一家全国性评级公司。这标志着新的独立的市场化的评级机构初步成型。

1993 年 8 月，国务院颁布《企业债券管理条例》，规定发行企业债券可以向经

---

①② 李扬，王国刚，何德旭等. 我国信用评级机构发展历史进程及存在问题［R］// 上海国际金融中心研究院。2015 中国金融发展报告——社会信用体系建设的理论、探索与实践（第五篇第 15 章）. 上海：上海财经大学出版社，2016.

③ 中国征信业发展的历史沿革. 中国征信业发展报告. 2017－12－06.

认可的债券评级机构申请信用评级。1993 年 3 月，深圳市资信评估公司成立（后更名为鹏元资信评估有限公司）。1993 年，专门从事企业征信的新华信国际信息咨询有限公司开始正式对外提供服务。此后，一批专业信用调查中介机构相继出现，征信业的雏形初步显现。[①] 1994 年大公国际资信评估有限公司在北京成立。1995 年，各地原先附属于银行系统的信誉评级委员会纷纷改制。中国信用评级机构的数量扩展迅速，但具有独立法人资格的只有 20 家。而国内债券发行量少，业务不足导致评级机构的数量开始下降。1996 年 3 月，中国人民银行《贷款征信管理办法》施行，规定资信评估机构对企业做出的资信等级评定结论，可作为金融机构向企业提供贷款的参考依据。1996 年 5 月，《上海证券交易所企业债券上市管理规则》和《深圳证券交易所企业债券上市管理规则》发布。规定申请债券上市的公司（企业）须经过交易所认可的评估机构评估，且债券信用等级不低于 A。[②]

（2）第二阶段：1996～2003 年评级机构迅速增加

1996 年，人民银行在全国推行企业评级制度。1997 年，上海开展企业信贷资信评级，经中国人民银行批准上海市进行个人征信试点。

1997 年 12 月 16 日，中国人民银行发布《我国涉及征信行业的相关法律法规政策》，认可了中国诚信证券评估有限公司等 9 家评级公司具有企业债券评级资格。还明确规定企业债券发行以前，发行主体必须经中国人民银行总行认可的企业债券信用评级机构进行信用评级。[③]

1998 年 3 月，全国各地 20 多家资信评估机构自愿参加的协作组织——中华资信评估联席会成立。1998 年 9 月 11 日，中国第一家中外合资的评级公司——中诚信国际信用评级有限责任公司成立，由惠誉国际和国际金融公司参股。1999 年 7 月，大公和穆迪约定进行为期 3 年的技术合作。1999 年上海资信有限公司成立，开始从事个人征信与企业征信服务。1999 年底，银行信贷登记咨询系统上线运行。

2000 年 11 月，中央经济工作会议和《国民经济和社会发展"十五"规划》首次提出加快建立健全社会信用制度。各部门、各地区纷纷提出建设信用体系的规划。信用在征信体系中的功能和作用也逐渐得到社会各界的认可，一些地方性的评级机构也纷纷组建。

2001 年 3 月，财政部《中小企业融资担保机构风险管理暂行办法》规定，建

---

① 中国征信业发展的历史沿革. 中国征信业发展报告. 2017 - 12 - 06.
②③ 2015 年中国金融发展报告——社会信用体系建设的理论、探索与实践 [M]. 上海：上海财经大学出版社，2016.

立对担保机构资信的定期评级制度。同年 4 月，国家经贸委与中国人民银行等 10 部委发布《关于加强中小企业信用管理工作的若干意见》，制定了对中小企业和中介机构的信用评价标准。2002 年，银行信贷登记咨询系统建成地、省、总行三级数据库，实现全国联网查询。①

3. 对外开放时期和稳定发展时期

对外开放和稳定发展时期分为三个阶段。

（1）第一阶段：2003～2017 年国际合作时期

2003 年，国务院赋予中国人民银行"管理信贷征信业，推动建立社会信用体系"职责，批准设立征信管理局。同年，上海、北京、广东等地率先启动区域社会征信业发展试点，一批地方性征信机构开始设立并得到迅速发展，部分信用评级机构开始开拓银行间债券市场信用评级等新的信用服务领域，国际知名信用评级机构先后进入中国市场。2003 年 5 月 30 日，中国保监会认可了中诚信、大公、联合、远东资信与新世纪 5 家评级公司，规定保险公司可以买卖经上述 5 家评级机构评定级别在 AA 级以上的企业债券。同年 9 月，中国人民银行设立征信管理局，其职能为管理信贷征信业，推动建立社会信用体系，制定征信行业技术标准。2004年，人民银行建成全国集中统一的个人信用信息基础数据库，2005 年 1 月，中国人民银行发布公告，规定在银行间债券市场发行债券必须对发行主体进行事前信用评级。2005 年，北京联合、中诚信、大公、上海远东、新世纪 5 家信用评级公司从竞争中胜出，成为我国首批为银行间债券市场公开发行短期融资券、金融债的企业进行信用评级的机构。②

（2）第二阶段：稳定发展时期

2005 年以后，信用评级制度进入稳定发展时期。2005 年银行信贷登记咨询系统升级为全国集中统一的企业信用信息基础数据库。2006 年 11 月，央行发布《信贷市场和银行间债券市场信用评级规范》，强调审查合格的信用评级机构由评级业务主管部门认可后可正式开展信用评级业务。

2007 年 8 月 24 日，证监会发布了《证券市场资信评级业务管理暂行办法》，先后核准中诚信证券评估有限公司、上海新世纪资信评估投资服务有限公司、鹏元资信评估有限公司、大公国际资信评估有限公司、联合信用评级有限公司 5 家证券信用评级机构从事证券市场信用评级业务。③

---

① 中国征信业发展的历史沿革 . 中国征信业发展报告 . 2017 - 12 - 06.

②③　2015 年中国金融发展报告——社会信用体系建设的理论、探索与实践［M］. 上海：上海财经大学出版社，2016.

2008 年，国务院将中国人民银行征信管理职责调整为"管理征信业"并牵头社会信用体系建设部际联席会议。2009 年 9 月 28 日，中诚信等 5 家取得证监会证券市场信用评级业务许可的信用评级机构共同签署《证券资信评级行业自律公约》，承诺规范开展证券市场信用评级业务。① 2011 年牵头单位中增加了国家发展改革委员会。2013 年 3 月，《征信业管理条例》正式实施，明确中国人民银行为征信业监督管理部门，征信业步入了有法可依的轨道。②

（3）第三阶段：2017～2019 年评级对外开放阶段

2017 年新世纪评级、东方金诚、联合资信、中诚信国际和大公国际五家评级机构出具的初始评级报告涉及的债项数量合计 6292 只，同比增长 29.23%；初始评级报告涉及的发行人 2934 家，同比下降 5.20%；出具的跟踪评级报告涉及的债项数量合计 8851 只，同比增长 12.98%；跟踪评级报告涉及的发行人 3675 家，同比增长 7.90%。③

为规范和促进信用评级行业有序发展，2018 年监管部门对信用评级行业的监管力度逐步增强，依法从严监管趋势明显，统一监管推进步伐加快。同时，我国债券市场和评级行业对外开放不断深化，以标普为代表的国际评级机构已获准正式进入我国评级市场开展业务，国内评级行业的发展面临着新的形势。④

截至 2019 年 1 月末，我国债券市场信用评级机构共有 15 家，其中采用投资人付费模式的有 5 家。近年来，我国评级机构债券评级总体业务量保持快速增长，初始评级和跟踪评级合计数量不断增加，收入规模持续扩大。⑤

（二）现状和近期发展

1. 评级对象扩大，监管发布配套政策

随着发行主体的增加，特别是信用债券发行主体的增加，需要评级的对象也迅速扩大。评级只针对标准化的债务，只有信用类产品才需要进行评级，也只有标准化产品才能进行产品评级。因此，债市的评级对象主要为信用债，同时辅之以主体评级，但对于非标准化产品而言，则以主体评级为主，债项评级为辅。资信评估机构的对象既包括债项评级，又包括债务主体评级。

根据监管部门的规定，资信评估机构的评级对象包括贷款，地方政府债券、金

---

① 2015 年中国金融发展报告——社会信用体系建设的理论、探索与实践 [M]. 上海：上海财经大学出版社，2016.
② 中国征信业发展的历史沿革. 中国征信业发展报告. 2017－12－06.
③④⑤ 戴晓枫，陈文沛. 新形势下中国信用评级行业的高质量发展 [A]. 中国证券业协会，创新与发展：中国证券业 2019 年论文集 [C]. 北京：中国财政经济出版社，2019：1118－1123.

融债券、非金融企业债务融资工具、企业债、公司债、资产支持证券等债务主体。资信评估机构的评级产品主要覆盖非金融企业债券，如企业债、公司债、短期融资券、中期票据、地方政府债券、资产支持证券、绿色债券以及债务融资类信托、债权投资计划、不动产投资计划、项目资产支持证券等各类非标债权。目前不仅信用债，部分利率债也要进行评级。

相关的评级监管政策近两年也陆续配套出现，明确了行业规范发展的政策导向，要求建立健全统一监管的制度框架。2019 年 11 月，人民银行、发改委、财政部和证监会四部委联合发布了《信用评级业管理暂行办法》，该政策的出台，代表信用评级发展史上的重要里程碑，标志着信用评级正式进入了健全统一监管的时代。办法主要涵盖了四个方面：一是建立市场化约束机制，弱化事前监管，信用评级机构完成机构备案后再向相关部门申请业务资质，有助于信用评级机构开展充分的市场竞争。二是以事中和事后管理为重点，加强对信用评级机构在独立性、透明度、利益冲突管理、评级程序规范等方面的监管，要求信用评级机构进行充分信息披露，便于市场各方对信用评级机构的评级质量、评级技术、人员配备、从业经验等做出比较和判断。三是健全符合管理实际的监管模式。基于现有监管格局，明确人民银行为信用评级行业主管部门，发展改革委、财政部、证监会为业务管理部门，依法实施相关内容的监管。该办法作为行业基本监管规则，与分市场、分品种的业务管理规则相补充，既明确了统一监管框架，又体现了各业务管理部门评级监管的相对独立性。四是明确相关部门的监管权及各方法律责任。

2020 年，证券业协会根据交易所债券市场发行人更换评级机构统计情况，关注到个别评级机构对发行人主体级别调升的比例明显高于行业平均水平，存在评级虚高等风险隐患，要求证券评级机构主动维护良好的评级市场环境，诚信执业，遵守职业道德，加强行业自律和内部质量管理，坚决杜绝不正当的市场竞争行为。同年 9 月，证监会就《证券市场资信评级业务管理办法》（意见征求稿）向社会公开征求意见，该办法已于 2021 年 2 月正式发布。

2. 信用评级服务对外开放

2019 年 1 月 28 日，央行营业管理部发布公告，对美国标普全球公司在北京设立的全资子公司——标普信用评级（中国）有限公司予以备案；同日，中国银行间市场交易商协会公告接受其进入银行间债券市场开展债券评级业务的注册，标志外国评级机构正式进入国内信用评级市场。事实上，早在 20 世纪 90 年代，标普就在中国香港设立分支机构，负责国内有关评级业务。标普虽然看好中国市场，但是很长时间一直犹豫。由于近年来中国债券市场有了快速发展，标普才下决心进入中国市场。

信用评级行业对外开放是稳步扩大金融市场对外开放的重要组成部分。当前，中国金融市场国际化进程不断加快，国际评级机构的引入，既有利于满足国际投资者配置多元化人民币资产的诉求，也有利于促进中国评级行业评级质量的改善，对中国金融市场的规范健康发展具有积极意义。

除了评级机构以外，多家国内外信息商为债券市场投资机构提供信息服务，包括国内和国际信息商，如深证通、财汇、万得、和讯、金融时报、聚源、巨灵、路透、彭博、RiskMetrics、Barra 等。

3. 资质认定

目前，由国家发展改革委认定的具有资质开展公司债券评级业务的评级机构包括中诚信国际信用评级有限责任公司、大公国际资信评估有限公司、联合资信评估有限公司、上海新世纪资信评估投资服务有限公司、鹏元资信评估有限公司、东方金诚国际信用评级有限公司、远东资信有限公司 7 家。以上涉及发改委的资质认定，目前中国人民银行、证监会等也增加了相关的规定。

4. 交易商协会最新要求

交易商协会发布关于《非金融企业债务融资工具公开发行注册文件表格体系（2020 版）》有关事项的补充通知，适用产品包括超短期融资券、短期融资券、中期票据和资产支持票据（含资产支持商业票据），但不包括项目收益票据。根据 2021 年 8 月 11 日中国人民银行公告《试点取消非金融企业债务融资工具（以下简称债务融资工具）发行环节信用评级要求的公告》，中国人民银行决定试点取消非金融企业债务融资工具发行环节信用评级的要求。

第一，申报环节，不强制要求企业提供债务融资工具信用评级报告及跟踪评级安排作为申报材料要件。申报时，企业已取得本次债务融资工具相关评级报告的，应作为申报材料提供；未取得相关评级报告的，应在注册文件清单中备注。境外非金融企业参照执行。

第二，发行环节，企业发行超短期融资券、短期融资券、中期票据，仍按现行要求披露信用评级报告。

第三，对于评级机构等中介机构或相关经办人员受到有关部门处罚的情形，应参照涉及重要事项信息披露表 MQ.7－4 要求执行。信用增进机构评级相关信息披露要求参照发行企业执行。[①] 随着打破刚兑，以及后续非标转标进程的加快以及需

---

① 关于发布《非金融企业债务融资工具公开发行注册文件表格体系（2020 版）》有关事项的补充通知。

求的扩大，非金融企业债券的规模预计将会显著上升。但是取消强制评级要求将推动我国评级行业发展由"监管驱动"向"市场驱动"转变，短期内部分债券的评级业务将明显萎缩，特别是大型央企、大型金融机构、龙头工商企业等优质客户有可能将不再进行债项评级，评级行业业务面临下滑冲击。

二、目前我国评级服务的特点和问题

（一）与国际评级机构的差距

截至 2020 年 9 月 30 日，存续的公司信用类债券公开发行主体共计 3863 家，同比增加 191 家。从主体级别分布看，非金融企业债务融资工具、公司债和企业债发行人 AA 级占比分别为 29.58%、23.38% 和 56.90%；AA+级及以上发行人占比分别为 68.87%、62.62% 和 31.90%，同比分别上升 3.05 个、2.42 个和 2.28 个百分点。[①] 这反映了债券市场评级与违约事件之间的关系不明显。换句话说，评级没有为市场预测风险。

我国评级机构的产生与发展一直奉行政府主导型模式，在政府相关主管部门制定规则和监督管理的激励和约束之下，信用评级机构有了较大的发展，信用评级业务种类不断增加，从最初企业债券评级，到近些年来评级机构已经开展的贷款企业评级、中小企业评级、高科技企业评级、短期融资券评级、证券公司债券评级、可转换公司债券评级、金融机构评级和信托产品评级等，评级内容不断深入。到 2009 年，我国的信用评级行业格局初步形成，国内从事信用评级业务的法人机构有 100 多家，在央行备案的信用评级机构有 80 家左右。2019 年，中国人民银行等四部委联合发布《信用评级业管理暂行办法》，人民银行分支机构依此对该办法实施前已经开展信用评级业务的机构和新设立的信用评级机构办理备案。新规下目前完成备案的信用评级机构为 59 家。

与国际著名评级机构相比，我国的评级机构在规模上还存在着小而分散的问题。由于历史较短，在经验上也存在着不小的差距。我国信用制度建设起步比较晚，内外部评级机构的评级标准、评级方法存在较大差异，各评级机构之间的评级结果缺乏可比性，缺乏权威评级机构。根据目前的情况，外资评级机构在中国债券评级市场的份额占比较小，但正在逐年增加，评级的对象包括我国能源、通信甚至军工等敏感行业在内的各主要行业及主要骨干企业。现行的国际信用评级体系是由

---

① 中国证券业协会. 2020 年第三季度债券市场信用评级机构业务运行及合规情况通报. 2020 – 12 – 03.

美国主导的，任何国家和企业只有获得美国信用评级机构的评级才能进入国际金融市场融资。

为了学习国际经验，此前我国评级机构与国外评级机构普遍存在不同形式的合作。2006 年 4 月，穆迪收购中诚信 49% 的股份，并约定只要中国政府同意，穆迪将可对其控股。另外，惠誉收购联合 49% 的股权，标准普尔也和新世纪签订技术服务协议，三大国际评级机构都通过各种方式进入中国。2019 年和 2020 年，美国标准普尔公司的全资子公司标普中国和惠誉评级公司的全资子公司惠誉博华分别获得中国人民银行备案，先后进入中国债券评级市场。但是鉴于资信评级在金融市场中的重要作用，市场上也存在着对于外资评级机构的担忧和质疑。

（二）目前与信用评级有关的问题

目前，评级机构之间市场份额角逐和费用竞争等不规范行为仍然存在，信用等级转移率较高，我国评级机构的独立性更容易因为相关利益主体施加的强大压力而受损。信用评级的问题主要表现在以下方面：

1. 评级的法律与标准体系不健全

我国国内信用评级方面的法律、法规还很不健全，相关制度只是散见于《公司法》《证券法》《贷款通则》和《可转换公司债券管理暂行条例》等，整体性差，可操作性不强，缺乏规范信用评级行业的基础法律法规。此外，我国尚未从国家层面发布评级标准，只有中国人民银行发布的《信贷市场与银行间债券市场信用评级规范》等三项标准。

2. 分散的行政监管未形成合力

由于我国金融业实行分业经营、分业监管，存在着多个金融监管主体，各部门在各自管理的业务领域内对信用评级进行监督管理，如中国人民银行履行管理征信业和银行间债券市场等职责，对信贷市场和银行间债券市场的信用评级进行管理。证监会对交易所证券市场的资信评级业务进行管理，发改委对企业债券进行信用评级管理。这种多头监管的模式不易形成有效的合力，导致监管重叠、监管冲突甚至监管真空的问题。

3. 评级的监管没有形成统一标准

较长时期内我国信用评级行业主要以中央银行发布的《中国人民银行信用评级管理指导意见》《信贷市场和银行间债券市场信用评级规范》《中国人民银行关于加强银行间债券市场信用评级作业管理的通知》以及证监会发布的《证券市场资信评级业务管理暂行办法》等文件进行规范，但一直没有统一的信用评级上位法。

这主要是因为目前国内债券市场仍然处于比较明显的割据状态，监管机构涉及央行、发改委、证监会、交易商协商等多个部门，由此导致评级行业也缺乏统一监管。

由于债券市场及评级行业都有多个监管部门，相关监管要求也不完全一致，造成评级作业特别是跨市场评级作业难度很大，且不同市场间评级结果不能分享更是加剧了这一困境。因此，需要通过一定的强制性规范，确保评级机构及时获取相关信息。

4. 评级结果过于集中，对投资的参考价值不高

目前，国内评级机构的评级结果过于集中，92.43%的债券评级在 AA 以上，97.98%的债券规模在 AA 以上。如果再加上 AA－，则意味着我国的债券评级基本上均在 2A 以上。如果按照这样的评级结果，我国的信用债品种几乎均具备一定的投资价值，且基本上也都符合监管的各类投资规定，但事实上并非如此。

事实上高评级失真的问题由来已久。2014 年在国内发生的首例债券违约事件中，上海超日太阳能科技由于业绩塌陷而备受关注，鹏元资信因没有出具不定期跟踪评级报告等原因而收到警示函。近年来国内企业债券违约数量明显增加，但这些违约的债券评级多数为 2A 以上，评级机构也只在违约后才紧急下调其评级，说明评级机构没有提供必要的事前警示。

5. 评级机构的整体实力弱

目前，我国规模较大的评级机构已经在评级市场上占据了主导地位，在评级技术、人力和财力方面有了一定的积累，但评级机构的市场地位受非市场因素的影响较大，评级机构在社会上的权威性和公信力远不能适应市场发展的需求。我国评级市场的业务主要来自债券市场和信贷市场，总体规模偏小，特别是在信贷市场上，只有部分地方性银行机构采用外部评级结果。同时，国内评级机构的评级结果尚缺乏有效检验，缺少评级理论和方法的创新，各评级机构之间的产品和服务同质化严重，导致国内评级机构的核心竞争力普遍不足。

总之，信用评级是债券市场的重要基础性制度安排，关系到资本市场健康发展大局。近年来，我国信用评级行业存在评级虚高、区分度不足等"重市场份额、轻评级质量"的问题，导致信用评级的风险预警和投资定价功能未能得到有效发挥。当然这些问题的产生有着深刻的原因，在"发行人付费"模式下，评级机构与被评主体存在较强的依附关系，面临来自同业的竞争、发行人的压力、承销商的压力，进而影响到评级结果的独立性与客观性。多年实践表明，在评级下调而不能发债时，发行人一般都会提起复议，主承销商也会来争取原先的评级结果来干扰评级机构。此外，评级机构之间存在竞争关系，也会容易屈服于评级对象的压力。

（三）信用评级的未来前景

我国信用评级起步较晚，但是基本和债券资本市场的发展同步。由于借鉴和参考了美国三大评级机构的一些经验、技术和指标体系，经过多年的发展已经形成了自己的指标体系和分析框架。但是目前我国的信用评级行业处于成长阶段，评级机构应该吸收国际经验教训，运用经受市场检验的评估指标体系和定量模型，提供信息充分的高质量的评级报告，还要持续追踪标的企业随着经济、环境和经营变化而出现的变动态势。监管部门既要对信用评级机构的资质、准入等方面严格要求，也要为中国评级机构的健康发展提供更大的空间。

1. 信用评级的必要性仍然存在

尽管监管部门明确债券发行不以评级为前提条件，但是公正有效的评级仍然是市场需要的。随着债券市场的发展，信用评级成为投资人不可或缺的工具。目前我国对于信用评级的研究主要关注债券评级与信用风险之间的关系。和美国相比，我国信用评级在评级机构的独立性、资料来源的真实性和评级方法理念等方面都有相当程度的缺陷。对任何信用评级机构而言，最重要的座右铭永远是客观、公正、真实，达到这个目标需要长时间的努力。"评级费用"可以考虑由"用家"诸如基金经理、投资银行、投资者代为支付。同时也可考虑改进发行人付费模式，创新评级机构选择机制。探索实行"发行人付费，投资者投票选择"机制，突破发行人选择评级机构的传统模式，由投资者投票选择评级机构，提高评级机构服务的客观中立性。总的来说，美国"三大"评级机构（美国标准普尔公司、穆迪投资服务公司、惠誉国际信用评级有限公司）成立之初，是以评估美国国内债券产品开始的，后来逐步进入国际市场。中国评级机构成立初期也同样以评估中国公司债券为开端。美国"三大"评级公司经历过百年的发展，在评级市场具有先发优势，随着美国主导全球经济，才逐步奠定今日的地位。当前，人民币国际化和中国在全球经济中的地位日渐重要，中国评级机构的未来目标也是获得国际资本市场的认可。

2. 监管部门强调体现市场自律

全球金融危机以来，降低外部评级依赖成为国际共识。据 2021 年 8 月 11 日中国人民银行公告〔2021〕第 11 号，人民银行决定试点取消非金融企业债务融资工具发行环节信用评级的要求。[①] 在人民银行指导下，交易商协会坚持市场化理念，

---

① 2021 年中国货币政策大事记. 中国人民银行网站，2022 – 02 – 11.

加强行业自律管理，完善评级机构评价体系，促进市场激励约束机制的有效发挥。交易商协会要求，为进一步规范信用评级行业发展，协会组织市场成员研究弱化外部评级依赖，取消注册发行强制评级要求的分阶段方案。交易商协会进一步发布关于《非金融企业债务融资工具公开发行注册文件表格体系（2020版）》有关事项的补充通知，明确债务融资工具注册环节取消信用评级报告的要件要求，即在超短期融资券、短期融资券、中期票据等产品注册环节，企业可不提供信用评级报告，从而将企业评级选择权交予市场决定。

作为自律组织，交易商协会将继续认真贯彻落实关于债券市场评级行业发展的政策精神，在人民银行的指导下，依托广大市场成员，进一步研究降低债务融资工具发行环节强制评级要求，持续加强评级行业自律管理，引导评级机构更多从投资人角度出发揭示风险，促进评级行业和债券市场高质量健康发展。

3. 改进评级工作的新思路

解决债券信用评级机构同业竞争降低评级标准等问题，有待制度上进一步完善。专家建议建立评级机构投票选举制度，由承销商和投资者利用中国债券信息网的网上投票功能公开投票，选择评级机构，建立风险共担机制；承销商和评级公司应拿出收入的一部分（例如承销费、评级费的10%）作为补偿准备金；信用等级越高，提取的准备金越高。如果某只债券发生违约，该债券的承销商、评级公司应将风险准备金支付给投资人；每次评级后，可以召开网上会议，接受监管机构和投资者的现场质询；为了加强信息沟通，可以要求债券发行人、承销人和评级机构利用互联网技术进行网上路演；与投资者交流、沟通，可以了解投资者关心的问题和诉求，对发债方和评级机构来说是一种督促；中国债券信息网的网上会议室可以提供这种高效和成本低廉的服务，等等。这些建议都具有一定参考价值，但是具体实施仍有很大难度。

4. 服务境外投资人

目前，外国投资机构，特别是主权机构只愿意购买我国主权信用债券，如国债、政策性金融债等利率债，不愿意购买我国的信用债，原因是境外投资人不相信我国企业的信用评级。这说明，促进国内评级行业的竞争，提高我们信用评级的质量，对于我国债券市场的开放非常重要。

评级工作要和市场的发展结合起来，比如债券市场的互联互通，统一信息披露标准，完善债券违约处置机制，丰富债券市场品种等。当然，还有相关的会计、审计等一系列相关的金融服务，对于我们债券市场制度性、系统性地对外开放也是至关重要的。

5. 解决数据资产评估缺失的问题

互联网公司的数据资产，目前尚没有适合评级的数据整理、分析和评估办法。据一些互联网企业反映，它们的资产都是数据资产，但是对数据资产进行定价是一个新问题。互联网公司的无形资产不能进行抵押，其资产价值难以反映在评级上，影响客户取得银行贷款。在纳斯达克的资本市场上市时，对于互联网公司的定价都是以用户的数量、用户数量的增长值、用户数量的 LPV、LPU 作为定价基础的。

我国应根据国内互联网企业的特点，以用户数据为基础，建立自己的无形资产评估体系。我国目前深圳走在前面，未来开放试点对数据资产进行定价，要突破目前传统信用评级和对资产评估方法的困扰，实现没有抵押资产，只拿营收现金流作为底层资产的定价方式。

第二节　信用评级的作用和特点

一、信用评级的作用

信用评级是债券市场的重要基础制度，具有权威性和公信力的信用评级体系是债券资本市场发展程度的指标。证券信用评级的主要对象为各类公司债券和地方政府债券，有时也包括离岸债券和优先股票，因为它们都有债券性质。普通股股票没有债券性质，一般不作评级。

（一）方便投资者

进行债券信用评级的最主要原因是方便投资者进行债券投资决策。投资者购买债券要承担一定风险，如果发行者到期不能偿还本息，投资者就会蒙受损失。发行者不能偿还本息是投资债券的最大风险，称为信用风险。债券的信用风险依发行者偿还能力不同而有所差异。对广大投资者尤其是中小投资者来说，由于受到时间、知识和信息的限制，无法对众多债券进行分析和选择，需要专业机构对准备发行债券的发行体还本付息的可靠程度，进行客观、公正和权威的评定，也就是进行债券信用评级，以方便投资者决策。债券信用评级的另一个重要原因是减少信誉高的发行人的筹资成本。一般说来，资信等级越高的债券，越容易得到投资者的信任，能够以较低的利率出售；而资信等级低的债券，风险较大，只能以较高的利率发行。

（二）从风险管理角度看信用评级机构的作用

理论上讲，债券评级机构至少发挥两个重要作用：提供信息和认证。评级机构之所以提供信息，主要是因为存在这方面的市场需求，而提供认证则与政府监管密不可分。与其他金融市场一样，债券市场上也存在信息不对称的问题，信息不对称会产生逆向选择、道德风险等问题，导致借款人逃避偿还责任。如果信息不对称问题非常严重，将会妨碍债券市场的正常运行。债券评级机构可以在一定程度上解决信息不对称问题，提高债券市场的效率和安全性。由于存在规模经济效应以及在收集、加工信息方面的专业化，评级机构在向投资者提供与债券违约风险有关信息的过程中能有效地降低信息搜寻成本。另外，评级机构可以向债券发行公司的利益相关者（如供应商、客户和雇员）提供有价值的信息，降低利益相关者的信息搜寻成本。

二、信用评级的特点

（一）信用评级机构是服务性的金融中介

如前所述，信用评级机构本质上还是金融中介，最大的作用是解决信息不对称问题。从信用评级机构的产生和发展历程来看，信用评级机构的职能始终没有发生本质的变化，但是收集和分析信息的能力不断加强。信用评级的基本职能是作为信息中介，通过评级增加投资人的信心，促成交易双方的交易。对于投资者来说，信用评级可以提供信用风险的信息，作为投资参考。信用评级虽然相对专业，但是信用评级结果不能完全反映企业真实的信用状况。许多小企业不为市场所知，信用评级为这些企业提供了公平的竞争机会。

（二）评级机构的独立性

信用评级机构通常是独立机构，为投资者、债券发行方、投行、股票经纪人以及政府机构提供相关信息，它们发布的消息在一定程度上左右了投资者的决策，又进一步决定了市场供求关系。评级公司都是独立的私人企业，不受政府控制，也独立于证券交易所和证券公司。它们所做出的评级结果只供投资者决策时参考，因此，它们对投资者负有道义上的义务，但并不承担法律上的责任。提供付费的人是投资人还是发行人，可能会影响评级机构的观点和角度。

（三）付费方式和评级机构的独立性

评级机构出现问题的重要原因之一就是信用评级的独立性问题。信用评级机构是商业机构，其收入或者来自发行人，或者来自投资人，因此会受到付费一方诉求的影响。当然投资人付费时，评级机构愿意充分揭示风险，因此评级会相对公允。

厦门大学吴育辉等（2020）选择 2011～2015 年被中债资信覆盖的发债 A 股上市公司作为研究对象，比较了"投资人付费"与"发行人付费"模式下的评级质量高低。研究发现：①与"发行人付费"评级相比，采用"投资人付费"模式的中债资信所作评级显著更低。②与"发行人付费"评级相比，当采用"投资人付费"模式的中债资信所作评级相对低时，发行人未来盈利能力越差、预期违约风险越高，投资者要求的风险补偿也越高，这表明"投资人付费"模式下的信用评级质量更高。③"发行人付费"模式的评级结果可以在一定程度上反映公司的内部私有信息，但由于同时存在独立性缺失问题，"发行人付费"模式的信用评级质量仍然不如"投资人付费"模式的信用评级质量，这说明独立性对于评级机构尤其重要。[1] 20 世纪 70 年代以前，美国信用评级机构的收入主要来自其刊物的订阅费，采用的是"投资人付费"模式。此模式下，若评级机构无法提供高质量的评级报告，"信誉资本"就会受损，继而影响利润乃至生存。但自 20 世纪 70 年代起，信用评级机构的收费模式逐渐从"投资人付费"转变为"发行人付费"模式，即若公司要发行债券，必须邀请评级机构来评级，并且支付评级费用。该模式带来了备受诟病的利益冲突和独立性问题，再加上信用评级市场是受管制较少的寡头垄断市场，道德风险很难回避。[2] 我国债券市场成立较晚，主要评级机构借鉴美国经验，采用"发行人付费"模式。由于独立性缺失，部分评级机构为抢占市场或迎合发行人需求而随意放松评级标准，出现评级结果虚高、评级质量下降等问题。在此背景下，中国首家采用"投资人付费"营运模式的信用评级机构——中债资信评估有限责任公司于 2010 年成立。中债资信由交易商协会代表全体会员出资成立，将评级信息作为准公共产品，由交易商协会作为市场投资人代表集中付费采购，最大限度解决了评级机构与受评对象之间的利益关联问题。中债资信在机制上虽纠正了评级行业独立性缺失的顽疾，但"投资人付费"模式在实践道路上仍存在不少阻碍。被评级公司往往不愿意配合中债资信的评级调研工作，因此中债资信只能更多地依赖公开资料进行主动评级，较难进入公司内部获取更加详细的内部信息。[3]

---

①②③ 吴育辉，翟玲玲，张润楠，魏志华. 信用评级质量差异成因探析［J］. 金融研究，2020（1）.

（四）投资人不能完全依靠评级结果

评级是投资依据之一，不能替代投资人自己的风险评估。信用评级如果不能及时准确地反映债务人的真实风险，就会误导投资人。即使信誉较好的评级机构的评级结果，也只是反映了评级当时的信息情况。而经营状况和经济周期变化会影响企业的实际经营状况和风险。美国债券评级的历史较长，其三大评级机构在世界上具有广泛的影响。但是在全球金融危机中，信用评级被认为起到了推波助澜的作用，国际信用评级机构在金融市场上的作用受到各国普遍质疑。2007年，美国次贷风险早已显露，各种高危的金融衍生品被包装上市，被国际信用评级机构评为AA级、AAA级以上的信用，使包括保险公司AIG在内的机构投资者都依据评级购买和持有。美国银行界2008年开始警告次级按揭市场的危险，国际信用评级机构直到2009年春季才大规模调低相关债券衍生产品的投资评级。很多人认为，在次贷危机发展过程中，国际信用评级机构掩盖了次贷的真实风险。由美国政府委任专责调查金融海啸的10人金融危机调查委员会指出，在企业管治上，穆迪有明显不足，对数以千计房地产抵押证券和债务担保证券的评级工作未能确保质量。

同样，2020年我国债券市场有些AA级和AAA级的地方国企都出现了违约现象，说明评级没有真实反映公司债券发行人的信用风险。中国2020年底永煤债等一系列高评级债违约，也触发了市场和监管部门对于评级服务的反思。由于评级结果和违约案例及违约概率存在严重脱离的情况，监管部门已经放松了对于评级的要求。

三、发挥信用评级机构在债券资本市场中的功能和作用

（一）保持信用评级的独立性

债券评级机构就是对债券进行评级的专门机构，各国名称用语不同，美国叫作"全国认定的统计评级机构"。评级机构承担债券的评级和有关的统计工作，定期公布评级结果和统计数字。在西方国家，债券评级机构一般都是私营企业，其经营不受政府的干预，但需要得到政府认可的债券评级资格。债券评级机构在对债券发行机构或债券进行评级时，很注重分析发债人的生产经营状况和财务状况，以及筹款用途、方式、期限、风险程度、偿还能力和偿还方法等资料，并根据分析结果，独立自主地做出评级决定。从理论上说，这种评定不受评级以外任何个人或机构的影响，因此是客观可信的。债券评级机构对被评定的机构所提供的内部信息是要严格保密的。由于债券评级机构属于市场服务机构，站在公正立场上，评级结果才会

得到广大投资者和政府有关管理部门的信任，同时也会得到发行机构的信任。当发行机构对所评定的等级不甚满意时，可以要求该评级机构对其评级结果不予公布，并可向另一家评级机构申请评估。

（二）政府的认证要求

政府机构对于某些金融机构的监管产生了对评级机构的认证需求。例如，一些国家的法律要求，某些金融机构只能投资于投资级的债券或只能投资于 AAA 级的债券以确保金融机构的稳健。评级结果也可以被其他市场参与者广泛使用，这可以有效地降低签订合约的成本。我国银行、保险及证券监管部门对于所管辖的金融机构普遍有评级的要求。由于银行和保险机构是中国债券市场的主要投资人，对于评级的要求会对市场产生重大影响。国有公司董事会可以要求管理人只能投资于 AA 级以上的债券。

（三）评级结果反映在债券价格之中

评级机构评定的债券等级反映了其对于评级对象风险的看法，因为债券等级越低就意味着债券的利率越高。针对美国债券市场的大量理论研究表明，债券等级仅仅确认了债券已经存在的风险，而不能通过提供信息减少其风险。这意味着评级机构只具有认证和提供信息的作用，没有风险管理的作用，因为评级机构评定债券等级主要是以公开信息为基础，而对债券等级进行调整所依据的公开信息已经反映在债券的价格中了。债券等级的改变的确会引起债券价格的变化，因为评级变化会影响市场的看法。评级机构可以向市场提供了公开信息以外的新信息，这是因为评级机构关注发行债券的公司的情况，有获得信息的渠道，以及有效的信息分析工具。

（四）从资源配置角度看信用评级机构的作用

评级机构的作用在于：信任某一评级机构的人越多，其信用评级在市场上的认可度越高，越能够成为各种金融产品定价的依据。信用等级越高，风险越低，定价越低，发行人成本越低；信用等级越低，风险越高，定价越高，发行人成本越高。定价会直接影响市场的简单供求关系：价格越低，需求越大。所以赢得更高的信用评级，可以使债券的发行方（无论是公司还是主权）付出较低的利息成本，并吸引更多的投资人。

（五）企业通过信用评级提升自己的品牌

信用评级还有其他的作用，例如，国家对外发行国债，别人要看国家信用等级，而一家公司开拓重要的新客户也会请信用评级机构对其进行评级。企业也可以拿自己的信用等级作为自己的优质品牌进行营销推广。一家公益机构向社会募捐，可以拿出自己的信用评级结果作为宣传亮点。为企业进行科学的信用等级评定，既可以让一批诚信的企业脱颖而出，也可以让不良企业暴露真相。在市场经济活动中，对企业进行科学的信用评级，可以有效解决由于信用不对称而造成的商业欺诈、制假售假、银行骗贷等问题。但信用评级一定要客观真实，否则其对市场经营活动也会产生负面的影响。所以，在宏观层面，信用评级机构是整个商业循环中的必备一环。在微观层面，信用评级机构可以降低信息成本，从而降低融资成本，使投资人放心。

（六）信用评级在陌生人社会的作用

信用反映了市场参与人的行为道德和经营的客观风险。因此，信用评级要看债务人的个人信用情况和债项的安全程度两个方面。区域小，属于"熟人"社会，信用问题相对不突出；区域大，属于"陌生人"社会，信用问题就明显突出。这反映了信息流通速度和成本的问题，也是为什么美国大银行都不做信贷了，只有区域性的小银行才做信贷，因为小的区域性银行信息成本低，债权人和债务人之间互相了解。现在国内、国际市场都充分大，以至于信息成本非常高，需要专业机构来做，这样就分工出来征信机构。

第三节　债券征信和评级机构

从某种意义上说，信用增信主要是对个人，而信用评级主要是对企业，本质上都是为了解决信息不对称问题而建立的信息服务性机构的服务产品，只是服务对象有所不同。征信是收集并提供广泛的信用信息，包括个人的行为数据等。信用评级则是依据成熟的理论和方法形成信用的标准和等级，针对的是主权机构、公司和机构等发行主体。通过信用评级，投资者得到的是简单的、标准化的信用等级证明。信用评级是对企业的失信行为进行预防的机制。由于失信者的信用评级会下降，其在信用社会里举步维艰，因此评级增加了企业的失信成本。

一、征信机构

近年来，消费信贷在中国迅速发展，主要是购房、购车、交学费等，这些领域都可以采用信用形式而不必通过现金交易就可以实现借贷消费。征信可以为消费者提供取得借贷消费的资格。现在也有许多的互联网和大数据征信平台，如芝麻信用，就在从事增信工作，以学生群体为数据征集对象，为银行服务。未来企业信用网等平台做大数据征信是这个行业发展的一个方向。

（一）征信机构情况

征信机构是专门从事信用信息收集、分析和使用业务的以赢利为目标的信息服务专业机构。随着互联网的进一步发展，办理金融和信贷业务更方便了，但各种信用问题也接连出现，比如贷款、办信用卡等，银行都会考虑信用因素的影响。征信机构应运而生，帮助人们提供信用评估等服务。

1. 征信机构的特点

征信机构服务于市场，需要具备三大特点：

第一，合法性。从法律意义上，征信机构是征信监督管理部门批准专门从事征信业务活动的企业法人。这说明征信机构本身应该具有良好的信用。

第二，独立性。征信机构是指依照有关规定批准成立，独立于信用交易双方的第三方机构，拥有一定规模的信用信息数据库和研究分析专业团队，可以提供不受利益相关人左右的独立的征集报告。

第三，专业性。征信机构是为商业银行及其他个人信用信息使用人提供个人信用信息咨询及评级服务的法人单位。专门从事收集、采集、处理、评价、整理、加工和分析企业和个人信用信息资料工作，出具信用报告，提供多样化征信服务，帮助客户判断和控制信用风险等。

2. 征信机构的分类

征信机构通常分为三大类，分别是企业征信机构、个人征信机构、财产征信机构。征信机构的概念还可以扩大到其他各类信用管理行业的企业类型，例如资信评级、商账追收、信用管理咨询等机构。由于市场广泛存在着信息不对称的问题，投资人和其他市场参与人对于信用信息的需求，形成了征信需求。征信的供给和需求形成市场，征信市场属于垄断竞争市场。征信机构是征信市场的服务机构，在现代市场经济条件下扮演着至关重要的角色。没有征信机构承担的社会功能，社会信用很难充分发挥作用。征信机构增加，使需求曲线弹性大，使债权人有更多选择。

（二）各国征信情况

从世界各国征信系统的发展状况看，由于各国国情和立法传统等方面的差异，其建立的征信机构各具特色。征信机构按所有权性质的不同，可分为公共征信机构、私营征信机构和混合征信机构。按信息主体的不同，可分为个人征信机构、企业征信机构、信用评级机构以及其他信用信息服务机构。公共征信机构以德国、法国为代表，美国是典型的私营征信机构模式，日本是典型的混合型征信机构模式。

在技术创新和金融市场自由化的激励下，征信机构不断发展，其趋势主要体现在以下四个方面：一是征信行业集中度迅速提高；二是产品经营日益多元化；三是商业化、互惠合作模式的适应性更强；四是征信立法的重视程度不断提高。

（三）国内主要征信机构情况

目前国内有征信机构 1396 家。主要机构如下：

1. 央行征信中心

央行征信系统是由国家设立的金融信用信息基础数据库，全面收集企业和个人的信息，征信中心出具的信用报告已成为国内企业和个人的"经济身份证"。市场中广泛应用的征信和信用报告指的就是央行征信中心出具的信用报告。我国的银行、农村信用社、正规持牌小额贷款公司、汽车金融公司、消费金融公司等绝大多数都已接入央行征信中心，成为基础数据库的一部分。

2. 百行征信

2018 年 3 月，央行发放了首张也是唯一的个人征信牌照，给了有"信联"之称的百行征信，使其成为唯一的获得个人征信业务经营许可的市场化公司。百行征信由央行主导建立，有 8 个机构股东，分别是中国互联网金融协会、芝麻信用（阿里系）、腾讯征信、前海征信（平安系）、考拉征信（拉卡拉公司）、鹏元征信、中诚信征信、中智诚征信、华道征信。这 9 家机构共享牌照，以独立机构的身份开展个人征信业务。

3. 上海资信有限公司

上海资信有限公司成立于 1999 年，是全国首家从事个人征信业务的机构。2009 年，央行征信中心正式成为上海资信的控股股东。公司建设了网络金融征信系统（NFCS），主要收集全国的网络借贷、小额贷款、消费金融、融资租赁等互联网金融及非银金融信用信息，并帮助网贷机构接入央行征信系统。截至 2020 年 1 月 31 日，NFCS 已累计签约接入机构 1396 家。表 17 - 1 是前十大征信机构的情况。

表 17 – 1   主要征信机构及隶属关系和职能

机构名称	隶属	职能
一、中国人民银行征信中心	2006 年 3 月，经中编办批准，中国人民银行设立中国人民银行征信中心	作为直属事业单位专门负责企业和个人征信系统的建设、运行和维护
二、上海资信 CIS	上海资信是一家提供征信及评级服务的专业化机构	主要从事个人征信、企业征信、企业信用评级、政府专项评估等传统业务
三、ALIPAY 支付宝	支付宝（中国）网络技术有限公司是中国主流的第三方网上支付平台，是阿里巴巴集团的关联公司	为中国电子商务提供"简单、安全、快速"的在线支付解决方案
四、腾讯征信	腾讯征信是首批经人民银行批准开展征信业务的机构之一，专注于身份识别、反欺诈、信用评估服务	帮助企业控制风险、远离欺诈、挖掘客户，切实推动普惠金融
五、前海征信	深圳前海征信中心股份有限公司是中国平安保险（集团）股份有限公司旗下全资子公司，植根于平安集团	积极探索多样化和创新性的数据采集、存储、处理与分析方式
六、鹏元征信	公司已安全从事征信业务超过 12 年，拥有鹏元征信系统、评分系统、客户关系管理系统等多项国内首创并具有完全自主知识产权的核心技术	征信技术安全可靠
七、中诚信	作为中国领先的信用服务机构，公司拥有全球性的个人征信、企业征信和市场调研网络、独立的民间征信数据库以及先进的电子商务平台	提供全面、专业的征信及信用管理咨询服务
八、中智诚（intelli-credit）	中智诚团队成员具有深厚的征信行业经验、金融行业管理经验以及跨越中西的征信行业任职背景，技术团队的主要研发人员均参与了中国人民银行征信系统的开发	
九、拉卡拉征信	考拉征信公司是一家是长期从事个人征信、企业征信的专业征信机构，拥有海量的各行业数据库	为资信评估的全面性和专业性提供了强有力的保障
十、华道征信	北京华道征信有限公司是一家专注于个人征信及相关业务的专业机构，四大股东方无一从事与征信业具有直接或直接上下游关系的业务	

资料来源：根据有关资料整理。

二、评级机构的情况

(一) 国内债券评级机构的概况

我国目前的信用机构主要分为两类：一类是为上市公司和大型公司做债券评级的评级机构，另一类是给中小企业做信用评级的评级机构。其中多家有较长历史并有影响力的专门做债券评级的评级机构。中诚信国际信用评级有限公司是全国性信用评级机构，于 1992 年 10 月 8 日在北京成立。2006 年与美国信用评级机构穆迪签订协议注册成为中外合资评级机构。联合资信是国有控股的信用评级机构之一，联合资信评估股份有限公司的股东为联合信用管理有限公司、Feline Investment Pte. Ltd.（新加坡政府投资公司——GIC 的全资下属公司）和海南联信嘉禾管理咨询合伙企业（有限合伙）。上海新世纪资信评估投资服务有限公司是中国成立较早、具有全部资质、有一定知名度和声誉的信用评级机构，并与国际评级机构标准普尔建立了全面战略合作关系，形成了具有国际视野和中国特色的信用评级理念和方法。此外，还有大公国际资信评估有限公司、中债资信评估有限责任公司、鹏元资信评估有限公司、上海远东资信评估有限公司、东方金诚国际信用评估有限公司（见表 17-2）。我国信用评级机构尽管已与美国同类机构合资，但仍缺乏国际认同性，海外投资者普遍不信任中国信用评级机构，认为标准过于宽松、评级相对高等。根据彭博数据显示，"五大"评级机构对被其评估的 1500 家中国上市公司，近 70% 都给予 "AA" 级或以上的等级，其中占总数 60% 的 900 家，得到最高的 "AAA" 评级。

(二) 四大评级机构

截至 2022 年底，我国评级机构的客户数量见表 17-2。

表 17-2 　　　　　　　我国主要评级机构的客户数量

评级公司	客户数
中诚信	2306
联合	1900
中证鹏元	1069
上海新世纪	1058
东方金诚	935

评级公司	客户数
大公	525
远东资信	58
标普中国	27
惠誉博华	6
安融信用	3
上海资信	1
大普信用	1

近几年，评级机构的洗牌速度加快，目前的大评级机构情况如下：

1. 中诚信国际信用评级有限责任公司

中诚信国际信用评级有限公司具有国家发展改革委、证监会和人民银行批准的资质。作为中国本土评级事业的开拓者，中国诚信（中诚信国际前身）自 1992 年成立以来，一直引领着我国信用评级行业的发展，创新开发了数十项信用评级业务，包括企业债券评级、短期融资券评级、中期票据评级、可转换债券评级、信贷企业评级、保险公司评级、信托产品评级、货币市场基金评级、资产证券化评级、公司治理评级等。近年来中诚信国际在信用评级业务方面完成了数项开创性评级业务和技术。中诚信国际是国家发展与改革委员会认可的企业债券评级机构，也是中国人民银行认可的银行间债券市场信用评级机构。

2. 联合资信评估股份有限公司

联合资信评估股份有限公司具有国家发展改革委、证监会和人民银行的资质。联合资信总部设在北京，注册资本 42600 万元。股东为联合信用管理有限公司、Feline Investment Pte. Ltd.（为新加坡政府投资公司——GIC 的全资下属公司）和海南联信嘉禾管理咨询合伙企业（有限合伙）。联合信用是一家国有控股的全国性专业化信用信息服务机构，GIC 是一家全球顶尖的股权投资公司。

3. 中证鹏元资信评估股份有限公司

中证鹏元资信评估股份有限公司成立于 1993 年，是中国最早成立的评级机构之一，先后经中国人民银行、中国证监会、国家发改委及香港证监会认可，在境内外从事信用评级业务，并具备保险业市场评级业务资格。2016 年 12 月，中证鹏元引入大股东中证信用增进股份有限公司，实现股改和战略升级。2019 年 7 月，公司获得银行间债券市场 A 类信用评级业务资质，实现境内市场全牌照经营。中证鹏元的经营范围是负责金融机构、工商企业资信等级及有价证券信用等级评定；财金、投资、证券咨询；证券市场资信评级。业务范围涉及企业主体信用评级、公司债券评级、企业债券评级、金融机构债券评级、非金融企业债务融资工具评级、结构化产品评级、集合资金信托计划评级、境外主体债券评级及公司治理评级等。中证鹏元已建立完善的评级基础数据体系和评级技术研究及质量管控体系，评级方法、模型和标准已覆盖全部一级行业和大部分二级行业。

4. 上海新世纪资信评估投资服务有限公司

上海新世纪资信评估投资服务有限公司是专业从事债券评级、企业资信评估、企业征信、财产征信、企业信用管理咨询等信用服务的中介机构。公司成立于1992年7月，主要股东有中国金融教育发展基金会、上海财经大学、申能（集团）公司等。

（三）与国际知名评级机构的比较

在国际债券发行中，由于投资者难以透彻了解发行人的资信程度，通常需要借助某些著名的资信评级机构的意见，以作为购买该债券的决策参考。为此，国际资本市场债券发行时一般需要专门评级机构对拟发债券进行资信评级，以确保发行成功。目前，国际上公认的权威性信用评级机构主要有美国标准普尔公司、美国穆迪投资服务公司、美国惠誉评级公司。

1. 国际知名的信用评级机构的情况

标准普尔的历史追溯到1860年，当时亨利·普尔出版了一本详列美国各铁路公司有关财政和营运状况的刊物。在1941年，普尔出版公司和以提供美国与铁路无关公司财政状况和金融信息的标准统计公司合并而成标准普尔。

穆迪的创始人约翰·穆迪是现代债券信用评级技术的创新者，在1900年成立约翰·穆迪公司，并出版了一本详细分析和评级金融机构、政府部门、制造业、采矿业、公用事业、食品工业发行的股票和债券的刊物。他在1909年创立穆迪分析出版公司，专注于铁路公司债券，并在1919年开始对美国国家和州政府债券进行评级，到了1924年，差不多整个美国债券市场发行和流通的债券都经过穆迪的评级分析。穆迪公司的副总裁于1993年受中国财政部的邀请访问中国，并实地考察了北京、上海、深圳等地。后来穆迪将中国主权评级从BBB提高到A级，为财政部代表中国政府在海外市场发债奠定了基础。

惠誉评级在1914年由约翰·诺尔斯·惠誉创立，是"三大"中的元老，在美国市场占有率比标准普尔和穆迪少，但在全球市场特别是在新兴市场上，惠誉的敏感度较高，视野较为国际化。惠誉近年来规模随着并购而扩展，它不时在标准普尔和穆迪两者遇上评级相近，但经营风险各有特点的情况时，扮演着负责"打破僵局"的角色。

2. 国际信用评级的特点

美国标准普尔公司和穆迪投资服务公司负责评级的债券很广泛，包括地方政府债券、公司债券、外国债券等。由于它们占有详尽的资料，采用先进科学的分析技术，又有丰富的实践经验和大量专门人才，因此它们所做出的信用评级具有很高的权威性。标准普尔公司信用等级标准从高到低可划分为 AAA 级、AA 级、A 级、BBB 级、BB 级、B 级、CCC 级、CC 级、C 级和 D 级。穆迪投资服务公司信用等级标准从高到低可划分为 A 舰级、Aa 级、A 级、Baa 级、Ba 级、B 级、Caa 级、Ca 级和 C 级。两家机构信用等级划分大同小异。前四个级别的债券信誉高、违约风险小，是投资级债券；第五级以后的债券信誉低，是投机级债券。

从实践来看，许多国家债券发行人往往委托两家以上的债券评级机构对其债券进行评级。如债券评级机构所作的评级结果不为发行人满意，发行人可以要求其不公布评级结果。但如果债券发行人接受该评级结果，债券评级机构将有权向投资者公布其评估结果的资料，并且在所发行的债券得到完全清偿前有责任定期或随时对债券发行人进行跟踪审查。如发行人的偿债情况发生变化，债券评级机构将对其债券降级或升级，并向投资人公布。值得注意的是，国际债券评级只是对发行人发行该项债券还本付息能力的评定，并非直接向投资者说明这项投资是否适合，更不是对购买、销售或持有某种债券发表意见。

3. 中国和美国评级机构比较

信用评级机构属于专业信用服务机构。美国信用评级业务历史长，都是市场化的私人机构，目前发展得最成熟。中国目前还没有形成完整的对于信用评级机构的监管体系。在中国，国企是企业债券的最大发行者，相比外国同类机构，中国评级机构给予这些企业较高评级的原因是考虑到有中央或地方政府会对具有隶属关系的国企的支持和隐形担保。中国投资者一般假定政府在国企面临债务违约时必定帮助解决财务问题。但事实上也有例外，历史上广东国投违约后，政府没有给予支持。此后国有企业出现困难时，通常政府都会通过资本市场运作，以及债务重组或续借等方式解决。由于中国这期间经济较好，中央和地方政府财力充足，国企发行债券的偿还问题基本上都能妥善解决。但如前所述，目前国企"刚兑信仰"也正在被打破。

小　结

　　信用评级是对债务人、发行人或者借款人的主客观还款（履约）能力的一种判断。在信息严重不对称，取得信息的成本较高的时候，信用评级机构的出现和兴起，无疑给债权人和投资人提供了有价值的信息，并提升了债权人的信心。但是信用评级机构的方法更多的是对物化（非人格化）的指标和数据的解读，如财务报表、企业经营指标、行业发展，以及企业的公司治理、股东所在权性质等的分析。目前，评级缺少对于企业家和团队，以及对于市场变化背后的人的因素，特别是人和人、人和组织，以及组织之间的互动的性质、特点和可能结果的分析。评级机构很少对系统性风险和可能产生的不确定性进行事前的评估。互联网技术、数字技术等的出现和应用，使模拟人的行为成为可能，为评级机构提供以人的行为为基础的"人格化"的新的评级模式。但是这些数据的来源可能更多来自商业互联网企业和政务数据，因此向评级机构开放这些数据是必要的。

第十八章 债券市场的登记、托管和结算制度

债券市场的基础设施包括登记、托管、结算等业务和相关机构。广义的基础设施还包括投资者服务，如债券评级及投资者保护和教育等。债券中央托管结算体系是债券市场的重要基础设施，是市场稳健高效运行的重要保证，也是对于开放市场实行监管和控制金融系统性风险的重要手段。债券基础设施是由法律框架和机构组成的体系，是债券市场的硬件，是债券市场发达程度和效率的标志。目前，中国的有关机构见图 18-1。[①]

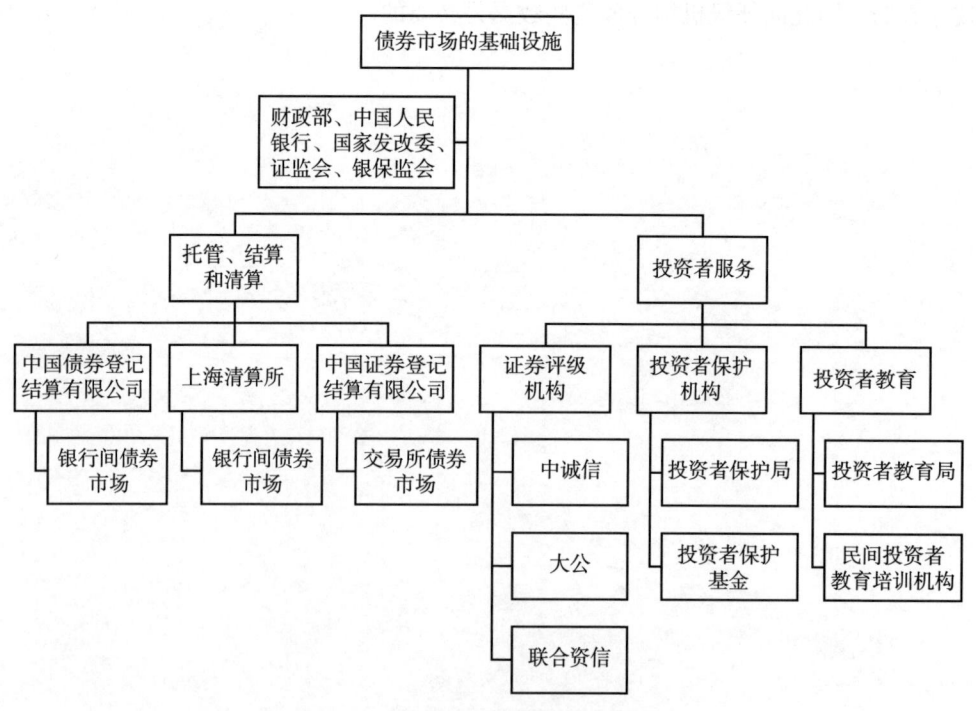

图 18-1 中国债券市场基础设施架构

资料来源：笔者绘制。

---

① 按照中央结算公司意见（2022-10-28）修改。

第一节　政府债券的运行机制的演变

中国的债券市场开始于国债市场。债券市场的基础设施经历了有纸和无纸两个阶段。1981 年财政部重新发行国债的时候，国债是纸制国债券，没有现代意义上的登记和托管制度。但是纸制国债券涉及券款的一系列运行制度和财务会计制度来保证。

一、纸制国债向无纸化国债转化时期的券款运行和登记托管

（一）政府债券的早期运行机制

在我国，债券托管、清算、结算制度经历了长时间演变。从 1981 年重新发行国库券以后，与 20 世纪 50 年代一样，都是无记名的纸制国债券。在没有市场的时候，国债的发行和兑付涉及很多券款的物理转换，当时称为"券款运行"。90 年代初期，国债实行市场化改革，开始有机构参与国债交易，但是国债券主要是纸制国库券，不能实现无纸化交易。因此从 1992 年开始，财政部决定允许实物国库券在上海证券交易所进行托管登记，并进行无纸化交易。1993 年财政部在一级市场发行无纸化国库券，并直接在上海证券交易所进行托管和上市交易。但是直到 1996 年，大多数国债交易时采用实物国库券运输交割。

1. 1980～1990 年国债的券款运行

1981～1990 年这十年中，我国国债发行主要是通过行政分配任务的方式进行的。发行对象主要是城乡居民、厂矿企业、事业单位、政府机构、学校、部队等。国债券通过行政系统分配到上述机构的个人和国有企业，款项通过国有机构财务转入银行系统，再由银行系统上缴国库。纸制债券经过发行、兑付和销毁 3 个过程，成本很高。

2. 1990～1995 年国债的券款运行

1991 年，一部分国债采取承购包销的方式发行，其余部分仍然实行柜台销售和分配认购的方式。1992 年，全部改为地方的承购包销，券款运行渠道相同。1993 年国债发行主要通过承购包销、柜台销售和组织认购三种形式，券款运行机制也有相应的改变。1994 年发行的国债分为不上市债券和可上市债券两种。券面仍然通过财政和银行两个系统调运，财政部也直接调运一部分券面。

3. 国债招标发行时期的券款运行机制

1995～1997 年国债发行开始采取招标方式。1995 年只进行了招标方式发行的试点，主体发行方式仍然和 1994 年类似。1996 年以招标方式发行为主，其中 53% 为记账式国债。由于招标发行是在两个交易所交替进行的，券款的运行也发生了很大变化。通过交易所招标发行的国债通过场内挂牌分销、场外协议分销和二级市场分销三种形式。个人通过交易所直接购买国债可以建立个人账户。这样交易所和证券中介机构成为券款运行的主要联系环节。

1998 年和 1999 年对于个人发行的凭证式国债仍然采取 1994 年的方法。由于记账式国债的发行已经由交易所市场转移到银行间债券市场，因而全部国债的券款运行主要通过银行和中央结算公司进行。

记忆链接 •••

国债无纸化是国债司实现国债市场化改革的重要步骤。1993 年国债的无纸化试点是通过交易所实现的，国债司希望能够建立专门的国债登记托管机构。1994 年美林研讨班组织我们参观了美国的登记托管机构 DTC，我也单独参观过主要的欧美清算机构。当时财政部也和 Euroclear 及 Cidel 有密切联系，因为财政部发行的外债就是通过这些系统进行交易的。组建中国的 DTC 一直是国债司努力实现的目标。最早财政部曾经希望以联办的 STARQ 系统为基础组建。吴晓灵听到这个消息后，曾经找当时的刘积斌副部长商量用人民银行的系统做清算机构。刘部长和我商量时，我也认为以人民银行的系统为基础有利于国债和公开市场操作的配合，这样就统一了意见。万事开头难，在组建初期，就遇到人员安排的问题，好在后来统一了意见。经过财政部和人民银行的努力，中央国债登记公司终于建立起来了。国债市场化改革催生了这个重要金融基础设施的建立，国债司非常重视这个机构的建立，从机构、业务设计到人员安排都做了努力，记得中央国债登记公司的中英文名字也是我起的。

（资料来源：高坚．我所经历的中国债券资本市场的历史（上）[N]．金融时报，2017 - 08 - 30.）

（二）国债的代保管制度

国债代保管业务最早是一项代为群众管理国债的服务性业务。1981 年，人民银行有关文件中明确规定，实行国债代保管单作为一种方便群众的措施，由于实物国库券具有不方便携带、容易丢失等特点，个人投资人愿意由证券中介机构代为保管，这样国债代保管单开始在一定范围内使用。

随着国债回购业务的发展，证券中介机构开始自发地开展代保管业务，以便使用保管的实物国库券进行国债回购。同时，一些国债中介机构还以代保管单的形式超发国库券和卖空国库券，破坏国债的信誉，影响了国债市场的正常运行。

鉴于以上情况，从 1995 年，财政部开始实行统一的国债代保管凭证，主要是为了方便对国债市场进行监督管理。根据财国债 1995 年第 4 号文件，统一代保管凭证只能作为各个国债经营机构对售出的实物国库券的代保管证明，不具有其他用途，不得在国债二级市场的流通转让业务中作为实物券的交收凭证使用，不能进行转卖、抵押和回购业务，严禁利用代保管单超发国债或卖空债券。但是，在利益驱动下，一些机构仍然利用国债代保管单擅自集资，卖空和做回购业务，尤其是在国债交易活动中，利用国债代保管单进行违反规定的交易行为更是屡禁不止。因此，财政部决定从 1997 年起全部取消代保管业务。

回忆链接

当时的债券乱象引起了多方面的关注。关于治理办法，政策部门也已有明确的想法，如时任人民银行研究局局长吴晓灵、副局长谢平和财政部国债司司长高坚等，对实行国债的集中托管是有共识的，但在由谁来承接的问题上还没有明确意见。因此在实施思路上，我将主要着力点放在业务能力的快速建设上，既为潜在支持方提供依据并打消怀疑者的疑虑，又为下一步承接这项业务做专业准备。其他如机构、法规等方面的工作，我们也积极参与，争取有利安排……

大约在 1995 年秋，吴晓灵、谢平两位局长和时任国家经济体制改革委员会宏观司司长楼继伟、联办副总干事章知方同中证交董事长王伯岩、副总经理屠光绍和我，一同去了财政部国债司高坚司长处，协商机构设立之事。

财政部也表现出积极态度。国债司要求我们代拟国债托管和国债结算两个管理办法。我发动中证交业务骨干及时拟出，并按要求译成了英文稿。后财政部、人民银行协商确定财政部负责发布国债托管管理办法，另一个由人民银行负责。中证交的刘凡、吴方伟和徐良堆参与了该项目工作，并随同国债司作了一次出国考察。1997 年 4 月，《中华人民共和国国债托管管理暂行办法》发布，其中第五条规定："国债托管实行全国集中、统一管理的体制，财政部授权中央国债登记结算有限责任公司（以下简称中央公司）依本办法按照不以营利为目的原则主持建立和运营全国国债托管系统，并实行自律性管理。"

（资料来源：王平. 往事钩沉——中央结算公司创立时亲历回顾 [J]. 债券，2022 (1).）

（三）联办自动报价系统

联办系统的国债转账结算中心是为了适应 1991 年第一次国债发行承销试点中的非实物国债发行与流通试验工作的需要，在原"联办"系统清算部的基础上建立的，1991 年 7 月 1 日开始运行，由"联办"和全国证券交易自动报价系统（STAQ）主持运行管理。结算中心实行二级制，采用电脑记账、转账的运行机制，通过 STAQ 系统的通信设备和控制中心，按照标准程序统一结算，根据规定的交割时间统一划拨资金，参考实际需求统一调拨证券。资金结算通过中信实业银行进行，对结算成员的证券账户和资金账户实行银行化的管理和监督。结算中心有成员 310 多家，包括所有 STAQ 系统会员和几十家国债经营机构。结算成员遍布全国 20 多个省、自治区和直辖市，形成覆盖全国的证券清算网络。结算中心按照"交割结算规则"和"业务规程"进行规范化操作。基本运行机制如下：

1. 申请和开户

凡经国家主管部门批准可经营有价证券的金融机构，不论是否是 STAQ 系统会员公司，均可向结算中心提出申请。申请人应该填写开户卡，提交本机构营业执照和"经营金融业务许可证"副本，以及由机构法人代表签署并加盖间接公章的书面申请。申请内容包括申请人愿意承担的义务；同意遵守结算规则和业务规程；同意结算规则和业务规程构成申请人与结算中心之间任何合同的组成部分；同意支付结算中心依照规则和业务规程向结算成员收取的规费和罚款；同意接受结算中心对其证券交易账目和会计核算资料的核查。申报手续齐全后，经批准可成为结算中心成员。结算中心为该成员机构开立证券保管账户，在资金结算行开立资金结算账户，发给该机构"开户通知书"。

2. 结算中心实行"二级结算制"

结算成员之间为一级结算，结算成员与其客户之间为二级结算。二级结算由结算成员自行办理，但须向结算中心备案并接受稽核和监督。在交割结算日，买方资金账户存有足够资金、卖方账户存有足够债券时，结算中心经核对双方买卖指令无误后，为其进行交割结算及过户。在成交日，结算中心通过卫星通信向所有参加当日交易并已成交的结算成员传送确认书，作为结算中心为结算成员办理完过户手续的书面凭证。结算成员收到当日全部确认书后，经审核无误，可为其客户办理结算手续。

结算成员之间证券交易的交割结算依照"普遍交割"和"约定交割"两种方式进行。"普遍交割"是指以成交日后第二个营业日为交割结算日的交割结算方式，"约定交割"是指依照交易双方的约定，以成交日后双方商定的日期为交割结算日的交割结算方式。

3. 账户管理

在成交日，卖方证券保管账户中证券存量不得少于当日该证券成交量。买方资金结算账户中的资金不得小于当日成交金额。

4. 资金管理

结算成员向资金结算账户汇款后，于当日将收汇款凭证传真到结算中心，结算中心在结算行收到该笔汇款后即将该笔资金划入此结算成员账户。

二、无纸化债券的登记和托管

（一）国债登记托管系统设计的几个方案

1. 国际经验和分步实施的想法

财政部从 20 世纪 90 年代初就开始探讨国债无纸化以后，国债交易的登记、托管和结算的问题。关于建立国债托管系统的问题，从国际经验看，有以下几个方案：

（1）集中托管，分渠道交易

集中托管，分渠道交易的模式是指国债存管中心为财政部或中央银行下设的一个专门机构，负责记录和管理各交易商名下国债的持有及变更。实行这种模式的机构类似于美国联邦储备银行的联邦证券交收系统或日本大藏省的全国证券存管中心。机构采取会员制，凡一级自营商都可成为存管中心的会员。会员开设一级账户，交易商设二级账户。无一级账户的交易商必须通过具有一级账户的交易商完成政府债券的账面交割。发行时，财政部可以通过承销商登录认购的数额。各交易场所逐日进行清算，向国债存管中心发送买卖净额的情况。国债存管中心根据指令进行账户余额的变更。当某一交易商账户余额不足交付时，存管中心就及时通知相关交易所或中心及时对其作卖空处理。各交易场所向国债存管中心传递的过户指令只记载持一级账户交易商应收付的净额。交易所或中心的其他会员买卖国债均须指定一级账户的交易商为其结算代理人。

（2）集中交易，集中托管

早期曾经设想在全国国债托管结算公司成立以后，全部国债在国债托管中心进行托管并在系统内进行交易。实物券部分实行托管以后，全部冻结，实行无券记账。新发行的债券将全部实行无券记账方式,这是很多国家在实现无纸化的过程中所走过的道路。

2. 关于国债托管结算系统的初步设想

结合中国实际实现无券记账的过程要考虑我国国债市场的特点。首先,个人持券人占有相当的比重,中小城市、乡镇甚至农村都有大量的持券人;其次,柜台交易占很大比重;最后,有券国债和无券国债同时流通。根据这些特点,国债托管结算系统可以分以下三步进行:

第一步,全国集中管理,分地区托管,保证有券国债和无券国债同时流通。执行现阶段财政部关于国债券托管、代保管和禁止卖空的有关法规制度。为此必须实现证券网点系统、电脑化账务管理系统、库存信息集散系统的建设规划,经批准实施。积极推动国债发行与流通非实物化,为国内政府债券市场对外开放奠定基础。

第二步,全国集中托管,实现无券记账。当全国国债的登记托管和结算机构建立起来以后,新发行国债可以全部在中央国债托管结算机构中进行托管。

第三步,新发行国债不再采取有券的形式,国债券全部实现无纸化。市场上有纸的实物国债券只是尚未到期的国债券。

(二) 中央结算公司的早期托管模式

1992 年国债无纸化交易,1993 年记账式无纸化国债券发行,主要是在交易所的登记托管系统进行的。财政部在 1991 年国债承购包销后即推进交易所有纸国库券的冻结、托管和无纸化交易。这项工作在上交所的配合下取得了很大成功。鉴于1992 年有纸债券的集中托管和交易所交易的实现,以及 1993 年无纸化债券的出现,财政部决定加快国债登记托管制度的建立。早在 1993 年财政部就开始酝酿制订国债登记托管机构的方案。1994 年财政部提出建立中央国债登记结算公司就是为了解决国债统一托管、结算和清算的问题。后来财政部决定与人民银行共同建立中央国债登记结算公司,这就是中央国债登记结算有限责任公司(中央结算公司)成立的背景。

1995 年财政部进一步推动国债登记托管机构组织架构的落实,1996 年中央国债登记结算有限责任公司正式建立,成为最早的债券市场化交易的里程碑事件。20世纪 90 年代后期,银行间债券市场建立,债券市场监管体系发生了很大变化,债券的清算、结算、托管形成了新的体系。

1. 一级托管模式的建立

1997 年《中华人民共和国国债托管管理暂行办法》发布,明确由中央结算公司主持建立和运营全国国债托管系统，所有国债托管业务均通过该系统办理。①"
中央结算公司成立以后不久，银行间市场开始建立。银行间债券市场主要依托中
央结算公司作为债券市场的技术架构。此后，我国国债市场在全球率先推行以一
级托管为绝对主导的账户体系。一级托管模式的优点是简洁透明、信息集中、法
律关系清晰。国债登记托管体系建立以后，市场效率大幅提高，国债代保管单超
发国债等乱象得到遏制。同时，国债登记托管制度加快了债券无纸化进程，为国
债市场化以后债券市场的发展奠定了基础。此后，中央结算公司自主设计开发中
债综合业务平台，实行国债全流程管理。

2. 一级托管加结算代理模式

1998 年银行间市场建立以后，机构投资者不断增加，成为主要的债券发行和
交易市场。1999 年后，债券市场实行"一级托管＋结算代理"模式。此后，银行
间债券市场机构投资者基础迅速扩大。2002 年，记账式国债开始在商业银行柜台
进行交易，从而产生了场外柜台市场。商业银行的场外零售市场指定中央结算公司
为债券一级托管人。中央结算公司对债券交易明细数据进行记载，并向投资者提供
复核查询服务。国债柜台市场通过中央登记底层穿透，形成交叉复核的透明持有机
制，既为广大中小投资者提供高效服务，又切实保障市场安全和投资者权益。2010
年，全球通模式正式开启，境外机构直接在中央结算公司开立债券账户，通过
"中央确权＋结算代理"形式进入银行间债券市场，账户安全和服务便利得以兼
顾，同时增强了债券市场交易的技术保障。

（三）债券簿记、信息和发行系统的建立与发展

1. 簿记系统和交易系统不断完善

在系统的发展过程中，人民银行非常重视债券簿记系统和交易系统的建设和管
理，组织指导两家中介机构对簿记系统和交易系统进行了多次升级和改造。此后，
随着债券市场的发展，债券簿记系统和交易系统在系统功能、安全性、可靠性及互
联互动等方面都有了长足进步，满足了市场交易、结算需求以及市场运行效率和风
险防范的需要。

2. 债券发行系统日渐成熟

经过充分的研究、设计和论证，1998 年 7 月人民银行组织开发了"银行间债
券市场债券发行系统"。根据债券发行的新变化、新需求，人民银行及时组织完善

---

① 钟言. 中债评论：让历史之光照亮前行之路 [J]. 债券，2020 (11).

发行系统的招标、投标和中标功能设计，扩充债券发行约束条件等功能，为发行体采用多样化发行技术组合，灵活使用不同招标方式提供了技术支持，保证了不同品种债券的顺利发行和债券市场不断扩张的需要。

3. 信息系统作用逐步增强

银行间债券市场作为场外市场，债券交易以询价方式进行，实行自主谈判，逐笔成交，因此，市场信息对参与者至关重要。为此，人民银行指导中央结算公司和同业中心加强信息系统的建设，相继推出"中国债券信息网"（www. chinabond. com. cn）和"中国货币网"（www. chinamoney. com. cn）专业网站，加强信息服务，提高市场透明度。

第二节　债券交易的清算和结算

一、债券结算的概念

（一）债券结算的含义

债券结算是一笔债券交易达成之后的后续技术处理过程，包括清算和交割、交收两项内容。债券结算业务是指债券市场参与者之间进行的债券交易所引起的债权登记变更行为，包括债券过户、债券质押转移等，以及相关的资金划转业务。

债券清算业务有相应固定的程序或方式，如在每一营业日中对每个债券经营机构有效的债券数量与价款分别予以轧抵，对债券和资金的应收或应付净额进行计算。

在债券交易过程中，当买卖双方达成交易后应在事先约定的时间内履行合约，买方需要支付一定款项获得债券，卖方需要支付一定债券获得价款，这是一个钱货两清的过程。在这个过程中，债券的收付称为交割，资金的收付称为交收。清算与交割、交收过程相关，但存在本质区别。清算是交割、交收的前提；交割、交收是清算的继续和完成。清算是对应收债券、应付款项及价款的轧抵计算，其结果是应收应付净额并不发生财产所有权的实际转移。交割、交收是对债券或价款应收应付净额的划转，发生财产所有权的实际转移（见图 18 – 2）。

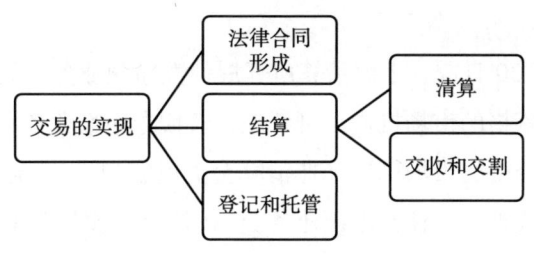

图 18 – 2　结算、清算和托管

资料来源：笔者绘制。

（二）债券清算

债券清算、结算、托管业务是债券市场的重要基础功能。债券清算业务主要是指在每一营业日中对每个债券经营机构成交的债券数量与价款分别予以轧抵，对债券和资金的应收或应付净额进行计算的处理过程。

1. 债券的交易清算

债券交易的清算，指在每一营业日中对每个结算参与人证券和资金的应收或应付数量或金额进行计算的处理过程。清算是为了终结现存的法律关系、处理其剩余财产的一个程序，包括计算、核实等。清算是一种法律程序，社团注销时，必须进行财产清算，未经清算就自行终止的行为是没有法律效力的，不受法律保护。狭义上，清算与结算（settlement）不同，清算不涉及债权债务的转移，而结算是债权债务关系的转移。广义上，结算是清算的延续。

清算一般包括两种方式，一种是分别计算每笔交易的全额（gross）或逐笔（trade for trade）清算方式，另一种是将某一时期内每一债券的所有交易进行轧差，计算出多头或空头头寸的净额清算方式（netting）。

在某些市场中，中央对手方将自己置于交易双方之间，即交易的每一方将资金或证券交割或支付给中央对手方，交易双方的权利义务关系则转变为各方与中央对手方的权利义务关系。中央对手方的引入减少了信用风险和流动性风险，也降低了交易成本。随着交易量的提高，如今净额清算在各国证券市场中越来越普遍。

2. 债券清算程序和法律条款

（1）指令内容的一致性和及时性

交易双方清算指示的内容只有在一致时才能按时结算。两大国际债券清算机构每天通过电脑核对来自四面八方的清算指令，根据一致性原则，凡买卖双方清算指令中债券品种、成交日、结算日价格、本金、总额、账号等项目相吻合时，电脑才能自动转账。

自 2015 年 3 月 30 日起，上海清算所开展债券净额业务。具备上海清算所债券净额普通清算会员资格的市场机构，可开展自营债券净额业务；不具备上海清算所债券净额清算会员资格的市场机构（非清算会员或客户），可通过上海清算所债券净额综合清算会员代理参与债券净额业务。① 按惯例买卖债券双方都应在成交后的次日发出清算指示。另外在接到对方有误的证实后要在 48 小时内查询对方，否则损失自负。

（2）标准格式

清算指令的填写要符合清算机构规定的标准格式。"欧洲清算系统"和"塞德尔"为其客户规定了不同情况下使用的清算指示格式。其特点是简便易记，但标点符号、数字间距、货币符号的使用要求严格，主要原因在于电脑有固定的识别要求，不遵守标准化要求，清算指示则被拒收，结果造成晚结算的损失。

（3）限制透支

债券清算账户不能出现透支。售出债券时，该户上的贷方余额应该是充足的，否则只能交割部分债券或不能按时结算，最终造成晚收货币的损失。货币清算账户在与清算机构签署了货币清算账户透支协议后可以透支。货币账户透支的情况一般发生在购入债券却没有为此补足购买金额时，在实际工作中可根据不同情况有效地利用透支便利清算债券交易。例如，塞德尔为其客户的货币账户计付活期存款利息，而活期清算系统则不计付活期存款利息。这样，清算机构为客户着想，对不计付利息的账号在预计所购债券不能按时结算的情况下，暂不拨入货币金额，以避免无息损失，但是对计息账户则不必考虑这一问题。

（4）索赔条款

对于无记名债券，买方因下列情况发生时有权向卖方索赔。例如，残缺而没有为之证明的债券、注册债券没有经过正确背书的、债券丢失后没有为之证明的、赎回的债券、临时代用债券、丢失息票的债券等。

卖方交割债券给买方，但未按时收到货币，在这种情况下有权向买方索赔本金和利息。或卖方有债券，但卖方清算机构因买方没补足购买金额，致使晚结算时，卖方有权提出索赔。并不是所有在债券市场上挂牌的债券都可以在这两大清算机构进行清算。一般来讲，欧洲债券（包括欧元、英镑等货币）、美国目标债券（U. S. foreign Target）、德国政府债券等可以在两大清算机构清算。一些国家的国

---

① 关于发布《银行间债券市场债券交易净额清算业务规则（试行）》的公告（上海清算所公告〔2015〕5 号）2015 - 2 - 10.

债，如日本国债须通过该国国内清算机构进行交易清算。

（三）债券结算方式

债券结算方式是指在债券结算业务中，债券所有权转移或债权质押与相应结算款项的交割和交收过程中的不同形式，主要包括纯券过户、见券付款、见款付券、券款对付。

1. 纯券过户

这种方式在国际资本市场中称为 FOP（free of payment），是指不以资金结算为条件的债券过户。只用于现券买卖的结算，是指买卖双方要求结算公司在结算日办理债券的交割过户时无须通知其资金结算情况的结算方式。在结算双方条件信誉较好，双方互相了解的情况下，选择这种方式，可以提高交易效率。但是选择这种结算方式时，每一方都不应以未收到对方的券或款为由不如期履行交付义务。

2. 见券付款

见券付款是现券买卖和封闭式回购首期的结算，是指结算买方（融券方）通过债券簿记系统得知卖方（融资方）有履行义务所需的足额债券，即向对方划付款项，然后通过结算公司办理结算的方式。这是一种对买方（融券方）有利的结算方式。

3. 见款付券

用于现券买卖和封闭式回购到期的结算，是指在结算日卖方（融资方）确认已经收到买方（融券方）资金后即通知结算公司办理债券结算的一种方式。是一种对卖方（融资方）有利的方式。

4. 券款对付（DVP）

券款对付是指在结算日债券与资金同步进行结算并互为结算条件的方式。一般需要债券托管系统和资金划拨清算系统的对接，同步办理券和款的结算。债券簿记系统与支付系统连锁运作，同时进行债券和资金的转账，并配合相应的质押融资融券机制，可以实现实时、高效率的券款对付。

我国银行间债券市场国债结算曾经采取过多种方式，包括纯券过户、见券付款、见款付券和券款对付方式；资金清算则由付款方到当地的中央银行分支机构通过电子联行划拨。其中纯券过户方式对交易双方都有较大风险。见券付款仅对付款方有利，而见款付券只对付券方有利。券款对付是结算方式的高级阶段，中国目前已经实现真正的券款对付。

二、债券的清算和结算的运行

（一）清算和结算交易的派生功能

清算和结算是交易过程的一部分，它涉及从交易条件的核查、确认到转移金融产品的全过程。清算是交易后对交易条件的确认和核查，包括买卖的金额、时间和地点、买卖双方的身份、买卖的对象等方面问题的确认和检查。结算是交易各方权利和义务的完成。在债券市场中，对于买方来说，结算意味着支付货币，对于卖方来说，结算意味着移送交易的金融产品和向买方转移所有权。

各国金融工具的交易方式有很大区别。很多国家有专门的机构处理清算和结算的具体问题。例如，美国有很多专门从事清算和结算的清算公司，但是它们常常只从事特定金融工具的清算和结算。有一些国家（也包括美国）则有大量的存托机构，这些机构的主要职能是为股票和债券的所有者保管实物证券，通过簿记的方式记录股票和债券所有权的变更。有一些国家不存在专门的清算公司，由存托机构处理一些清算公司的业务。这说明，各个国家的清算、结算和存托体系由经济、文化和金融体系的特点决定。

（二）债券市场的清算、结算体系

我国共有 3 家提供债券登记托管和结算服务的机构，分别为中央国债登记结算有限责任公司（以下简称"中央结算公司"）、银行间市场清算所股份有限公司（以下简称"上海清算所"）、中国证券登记结算有限责任公司（以下简称"中证登"）。

（三）清算公司的运行机制

清算公司发挥市场的服务功能，因此和多种市场功能有业务联系。通常清算公司和四个方面的机构具有业务联系（见图 18 – 3）。

1. 交易所

清算公司主要服务于交易所，包括期货、股票和各种派生工具的交易场所，为它们做清算业务服务。

2. 清算公司的成员公司

清算公司通常实行会员制，会员通常是清算业务的直接服务对象。成员公司是指可直接通过指定机构进行清算的公司。非成员公司和个人对于交易的清算必须通

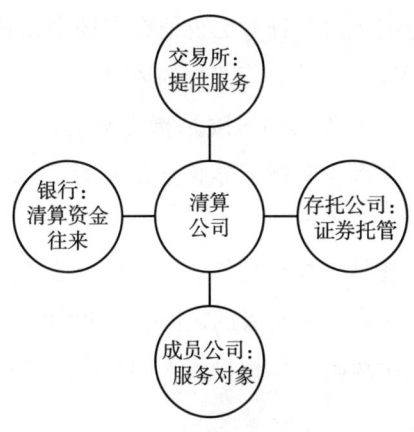

图 18 - 3 清算业务关系

资料来源：笔者绘制。

过清算公司的成员公司进行。清算公司的成员公司必须在清算公司设立保证金账户，以防止违约的情况发生。

3. 银行

在支付过程中，银行和清算公司存在着业务合作关系。银行也向清算公司的成员公司提供信贷。

4. 存托公司

存托公司负责安排证券所有权的记录、转移、托管和保管等事宜。清算公司向存托公司提供有关交易和结算情况的指令，存托公司也可以代理清算公司接收结算资金。

这四个方面的机构之间也有内部的联系，交易所和清算公司的成员公司之间具有密切的业务关系，通常清算公司的成员公司是交易所的成员公司。清算公司的成员公司必须在银行开设账户，以便进行资金的结算，必要时也可以取得银行的信贷。这种三角关系是因为清算公司本身并不进入支付系统。银行和存托机构之间也存在着密切的业务关系。银行常常是证券的托管人，在这个意义上，银行是金融工具的信托人。银行作为存托人时，支付指令通常由存托公司发送给银行。存托机构作为证券冻结和无纸化的托管场所也和作为托管人的银行具有业务关系。美国有三家机构正在申请在联邦储备银行建立直接的业务关系。

（四）清算和结算的风险

清算和结算涉及诸多风险。清算和结算的风险主要是市场风险和信用风险，包括以下两个方面：

第一，证券价值变化的风险。证券的价值在市场中无时无刻不在变化，如果清算和结算不及时，就可能发生证券价值变化的风险。

第二，不履约的风险。不履约的风险是指交易的一方不履行合同而发生的风险。如买者支付货币后，卖者没有将证券移送给买者，或者卖者移交了金融资产，但是买者没有支付货币。

清算和结算的基本功能是提高交易的效率和减少证券交易的风险。能够在多大程度上减少这种风险取决于市场参与者的风险意识和信用、有关制度和监管。在美国，清算公司有一系列减少风险、保护投资人的制度。如对清算和结算的过程进行监督，实行保证金制度等。

三、交易所市场的登记、清算和结算体系

我国债券分为场外交易和交易所交易两种情况，以场外交易为主。柜台交易的结算特点是就地交易、就地结算，证券交易所的交易通过登记结算公司进行结算。目前，上海和深圳都有自己的中央登记结算公司。

（一）上海证券交易所中央结算登记公司

上海证券交易所的结算登记系统成立于1993年。最初的清算交收在证券公司的柜台办理，后来发展成为自动结算系统，当时的登记结算模式是以上海中央结算登记公司为主体的集中式清算登记，市场交易的整体运行机制是全国买卖、集中交易、集中清算和统一登记。

（二）深圳证券交易所证券登记结算公司

深圳证券交易托管系统成立于1993年8月，其名称为深圳登记有限责任公司，它不隶属于交易所。公司成立后，证券登记结算从"一户一票"制交割过渡到"一手一票"的标准化实物交割。1991年底，深圳证券市场开始实施股票集中托管，并建立了深圳市场的证券中央托管与登记机构。从1992年6月起，深圳证券登记有限公司协助各省市建立了专业性的证券登记机构，作为当地存款代理人和登记的过户机构，形成分层次的证券结算、托管和登记体系。截至1994年，各省市共建立了60多家机构。从此，深圳证券交易所的证券结算已经形成中央结算与分布式登记分立的体系，证券清算与资金清算分别归属深圳证券登记公司和深圳证券交易所系统，形成所谓的全国买卖、集中交易、中央清算和分布登记的分层次结构。

第三节　中国债券登记托管制度

一、我国政府债券托管结算系统早期存在的问题

我国中央托管体制因治乱而生，债券市场发展初期，由于缺乏集中统一的债券托管体系，国库券由分散的金融机构保管，代开、虚开国债保管凭证和国债虚假回购的事件屡次出现，引发严重的市场风险。为推动市场健康发展，1996 年，报经国务院批准，在财政部、人民银行等主管部门的支持下，中央结算公司成立，结束了债券市场分散托管的历史。中央结算公司从国债集中托管起步，逐步发展成为债券及多类金融产品的中央托管机构。

（一）早期托管结算系统的问题

1. 主要问题是市场分割带来的不统一

证券托管是证券流通过程的重要环节。20 世纪 80 年代我国尚没有债券市场，债券业务主要通过财政部门的国债服务部和银行柜台办理。20 世纪 90 年代至 21 世纪初期，我国政府债券二级市场中，实物券面的保管、运输、结算、交收等操作过程存在着很多问题。各个托管结算中心的托管制度、机构组织形式不统一，没有全国统一的政策法律规定。各交易所登记托管结算系统独立运行，缺少长远规划。各个交易所的托管机构自成体系，互不联网，使国债不能在不同的交易场所间互相交易。

深圳证券交易所建立了完全独立于交易所的登记公司，交易所和登记公司之间互相制约。由于登记公司与交易所之间不易协调，影响了登记、托管、结算业务的发展。深圳实行的是二级结算，投资人直接在券商名下开设账户，投资人转让国债只能在开户公司办理，由此带来诸多不便。上海证券交易所的登记、托管、结算模式采取一级结算，具有容易协调、手续简单等优点。这种模式需要中央登记中心不断扩大容量，资金风险较大。

2. 统一托管结算的方案

（1）问题的提出

如何解决上述问题，当时讨论的中心议题主要有三个：一是建立单独的结算中心还是建立全国若干个中心。如果是全国的结算中心，交易价格也是全国统一的。

如果建立若干个中心，就会出现分散的市场、不同的价格。因此，建立统一的托管结算中心，有利于全国统一市场的形成和发展。二是另外单独建立一个全国中心，还是以现在的某一交易所为中心，行使全国中心的职能。三是实行一级结算，还是实行二级结算。

（2）从现实出发设计方案

从我国的国情出发，我国国债二级市场的格局应当是分布合理、相互沟通的集中场内交易模式与一级自营商之间大额场外交易（通过电话询价和讨价还价）相结合，加上大量分散的柜台交易为主要形式的场外交易并行的市场。因此，应逐步在现有各交易场所间统一交易规则，建立监管及自律管理体制。在实物券和非实物券并存的情况下，对实物券应实行相对集中托管，对非实物券应实行全国统一登记。

20世纪90年代，政府债券的交易场所除深、沪两个交易所外，还有武汉交易中心、天津证券交易中心、STAQ系统、中证交（NET）系统等，但尚无全国统一的交易系统。在政府债券市场发展的一定阶段，不一定要统一全国的交易价格，因此，交易中心可以建立多个。但是为了便于监管和增加市场的流动性，建立全国统一的结算中心是必要的。考虑到我国地域广大，机构分布广泛，并照顾现有登记托管系统的格局，当时的想法是采取二级结算制度。

（二）统一全国托管中心的方向

1. 建立一体化的债券市场，统一债券的登记、托管和结算

按照财政部早期的设想，必须统一全国的债券登记、托管和结算。统一全国托管中心可以打破场所分割的局面，统一全国市场，进行全国性、跨场所国债交易。实现这一目标的前提是实行统一的证券托管办法，使用统一的代保管凭证，为统一的全国国债市场准备物质条件。

2. 统一市场有助于限制投机和套利

统一托管可以抑制和打击卖空及其他不正当交易行为。统一托管以后，托管中心可依据有关授权、通过有效途径核查证券商持券库存情况，及时发现问题和采取措施，杜绝卖空行为。

3. 可以降低交易成本，提高流通效率

大量实物券国债的运输、交收成本高，效率低。成交量越大买卖双方负担越重。统一托管后，这类负担将会大大减轻。

4. 建立高效和规范的清算交割体系

20 世纪 90 年代初期的总体目标是创造条件，推动统一、安全、高效、规范的清算交割体系的建立。证券交易中资金结算与证券交割是同一过程的两个方面。以托管机构的电脑记账、划账代替债券的实物交割，有助于使两者同步。这就为建立规范化、现代化、国际化的国债结算体系奠定了基础，并将推动国债非实物化的进程。

5. 统一市场，为财政货币政策服务

统一托管可以加强市场的监测，适时掌握市场动态。通过对各个场所买卖双方债券库存动态信息的汇总和整理，将其结果直接报送主管部门，可以使主管部门了解情况，做到心中有数，从而做出符合国民经济实际情况的正确决策。

本着这些设想，1995 年财政部提出建立中央国债登记结算公司的方案。后来财政部和人民银行共同组建了中央国债登记公司。之后人民银行做出了很多努力，帮助建立债券登记托管系统，但是直到 2000 年中期以后，我国债券市场的基础设施和技术构架才逐步完善起来。

二、债券托管体系

债券登记是由国家授权的登记结算机构以簿记方式依法确认债券持有人持有债券事实的行为。在中国境内，债券中央托管机构同时承担债券登记职能，又称债券登记托管结算机构。中国债券市场中，一级托管和二级托管并存。其中，银行间债券市场实行一级托管，交易所债券市场和商业银行柜台市场实行二级托管。中央结算公司负责债券总托管和一级托管业务，二级托管人和分托管人在总托管统的管理之下负责债券二级托管业务。①

（一）债券登记的概念和法律意义

债券登记有关的理论不仅仅局限于金融市场理论，也涉及一些经济学和法学等边缘学科。法学理论的最新研究认为，所有制不同于所有权。所有权因交易而产生，但是所有权的效力是由法律和机构的实力决定的。债券也是一样，例如，债券的所有制是发行时的债务合同明确的。但是交易的所有权的确定必须有上位法的保障，债务合同才能有效执行。这体现在债券登记托管的制度上。《中华人民共和国国债托管管理暂行办法》第 19 条规定："国债进入托管系统后，托管人按规定为

---

① 中央结算公司中债研发中心研究报告. 中国债券市场概览（2019）. 2020 – 06 – 08.

客户设置并管理的托管账户所载明的余额是客户拥有国债数额的唯一法定依据。"《银行间债券市场债券登记托管结算管理办法》第 20 条规定："债券持有人持有债券以其债券账户内记载的债券托管余额为准。"

（二）债券登记和债券托管的关系

债券登记与债券托管是不同的概念，两者在委托主体、权利义务关系、功能、目的和业务实践方面存在差异。首先，两者的委托主体不同，债券登记由债务人驱动和主导，债券托管由债权人驱动和主导。其次，两者的权利义务关系不同，债券登记强调债务人和债权人的关系，债券托管强调债权人和托管机构的关系。再次，从功能和目的上看，债券登记是一种要式法律行为，其目的在于确权，而债券托管是一种服务，其目的在于维护资产权益和提高交易便捷性。最后，从实践来看，登记与托管[①]并不天然合为一体，而是呈现不同的组合模式。

1. 债券登记

债券登记不同于簿记。登记是由专门的、权威的登记机构对债券权益设定、变更等依据法定程序进行账务记载，是具有确权效力的行为。此外，登记是受（债务人）发行人依照法律规定委托的，例如，财政部作为政府债券的发行人，授权并委托中央结算公司进行政府债券的登记。[②] 可以说，只有登记机构的"簿记"行为可以称为登记，具有上述特征和效力。而一般意义上的簿记只是一种会计账务处理记录，比如托管服务中的簿记行为是受投资者委托、体现投资者与托管机构之间托管关系的凭证，反映的是一种委托关系，既不受发行人委托，又不具有确权效力。特别地，在多级托管中，中介机构（如托管行）接受投资者委托，对投资者所持有债券的权益进行一般性账务记载，是托管服务的体现，属于簿记而非登记。

2. 债券托管

债券托管概念是实物券时代的产物，起初是指对实物证券的寄存和保管。1992年国债开始在上海证券交易所进行交易，首先将实物国库券进行登记和托管。债券托管概念来源于物的保管，但在实践中其概念的内涵不断丰富、外延不断扩大，演变为开立账户、集中保管和资产服务。债券托管是一种契约关系，既有保管，又有

---

① 若非特别说明，本书中的"登记"与"托管"均指债券登记和债券托管。

② 《地方政府债券发行管理办法》第二十七条规定：除财政部另有规定外，地方政府债券应当在中央国债登记结算有限责任公司办理总登记托管，在国家规定的登记托管机构办理分登记托管。《银行间债券市场债券登记托管结算管理办法》第六条规定：债券登记托管结算机构承担债券中央登记、一级托管及结算职能；经中国人民银行批准的柜台交易承办银行承担商业银行柜台记账式国债的二级托管职能。

管理的内涵，泛指投资者委托具有托管资格的市场主体获得证券保管及权益维护等服务，衍生出的托管业务包括开户、查询、挂失、冻结、质押、过户、代理派息以及信息咨询等。

托管的债券必须是经过登记的。债券托管是指托管机构接受债券持有人委托，对债券持有人的债券权益进行维护和管理的行为。自然人或法人参与非实物、公开发行债券的投资交易等金融活动，需要通过金融中介机构提供债券权益的管理和资产服务，自然形成了债券托管服务。

债券托管经历了从实物券托管到无纸化债券的托管，从自我保管到分散保管再到集中保管直至中央托管的过程。这一过程中，债券托管实现了无纸化和非移动化，安全性和效率不断提升；实现了从极度分散到高度集中，集中度和规模经济效益不断增强。

债券托管业务中，托管机构与债权人之间的法律关系为委托关系。多级托管是国际实践中形成的历史路径依赖，存在挪用风险高、不利于投资者权益保护、增加市场复杂性等弊端。一级托管账户体系简洁，中间环节少，法律关系清晰，是落实穿透监管最有效的安排。随着全球信息科技的发展，新兴市场国家多采用一级托管，国际标准亦鼓励采用一级托管。

3. 债券簿记

债券簿记是指登记机构依据法律或主管部门授权，受债务人委托，以簿记方式记录债券信息，确认债券权属的行为。簿记与财务记账有关。多级托管模式下，中介机构（如托管行）对投资者持有债券的账务记载活动属于簿记。中介机构对投资者持有的债券进行记载的簿记行为是托管服务的体现，既不受债务人委托，又不具有确权效力。

（三）政府债券记账支付系统

1. 记账系统

政府债券的记账系统包括两个方面：一是货币支付系统，二是政府债券的存管、清算系统。记账系统的目标是保证覆盖全国，保证异地和同城资金的即时划拨和政府债券的异地即时划转。记账系统的基本功能包括三个方面：资金的划拨功能，债券的调运功能，资金、债券同步自动风险防范功能。所涉及的软硬件系统包括联结全国的远程高速电子通信系统、会计处理与簿记系统、系统加密防范功能和风险自动控制系统。记账支付系统要求货币市场支付系统必须保证资金转账和支付安全、迅速、可靠。

2. 关于资金的支付

目前，我国使用的资金支付系统为中国人民银行的全国电子联行系统和各城市同城票据清算系统，支撑中国人民银行的全国电子联行系统为电子联行卫星通信专用网络。卫星通信专用网可联结人民银行总行、一级分行和近 200 个城市的二级分行。

各地的同城票据清算系统早期仍为手工传递，这和高速的卫星通信不适应。同时，地面业务处理有纸化与空间信息传递无纸化不适应。为了在现有异城通信现代化的基础上发展政府债券的记账系统，必须重点推广同城票据清算的无纸化计算机处理。

（四）不同交易场所的债券托管体系

历史上在交易所的债券交易的登记、结算和托管业务转由后来成立的中国证监会监管的中国证券登记结算公司负责。该公司的上海分公司和深圳分公司分别负责上海证券交易所和深圳证券交易所的债券和其他证券的托管和清算。中证登于 2001 年 3 月成立，同年 9 月中证登上海分公司、深圳分公司成立。同年 10 月，上海中央结算登记公司和深圳证券登记结算公司注销。

目前，我国债券市场已经实现了债券登记托管清算和结算的集中化管理。其中中央结算公司是中国债券市场的总托管人，主要承担债券的中央登记、一级托管及结算的职能，直接托管银行间债券市场参与者的债券资产。中国证券登记结算公司作为分托管人托管交易所债券市场参与人的债券资产。开办柜台业务的金融机构作为二级托管人，托管柜台市场参与人的债券资产。

1. 交易所的债券托管

交易所实行"两级托管"制度。其中中央结算公司为一级托管人，负责为交易所开立代理总账户；中国证券登记结算公司为二级托管人，记录交易所投资者账户。中央结算公司新一代柜台系统可以做到实时结算、实时确权。交易所交易结算由中国证券登记结算公司负责。上海证券交易所后台的登记托管结算由中国证券登记结算公司上海分公司负责，深圳证券交易所由中国证券登记结算公司的深圳分公司负责。结算方式均为净额结算。

2. 柜台托管

柜台市场实行"二级托管"制度。其中中央结算公司为一级托管人，负责为承办银行开立债券自营账户和代理总账户；承办银行为二级托管人。中央结算公司与柜台投资者之间没有直接的权责关系。与交易所市场的不同在于承办银行每个交易日结束后需要将余额变动传给中央结算公司，同时中央结算公司为柜台投资人提供余额查询服务。这样做主要是为了更好地保护投资者的权益。

3. 银行间债券市场和交易所债券市场托管的债券品种

中央结算公司服务券种包括国债、地方政府债、政策性金融债、商业银行金融债、企业债、资产支持证券、国际机构债券。截至 2021 年末，托管总量为 87.2 万亿元，占银行间市场主导地位。①

在上海清算所托管的债券品种包括短期融资券、非公开定向债务融资工具、短期融资券、区域集优中小企业集合票据、信贷资产支持证券、金融企业短期融资券、非金融企业资产支持票据、资产管理公司金融债券、中期票据。规模较大的是同业存单、项目收益票据、非公开定向债务融资工具和超短期融资券。

在中国证券登记公司托管的债券品种包括国债、地方政府债、政策性金融债、企业债、公司债、可转债、分离式可转债和中小企业私募债共 8 个品种。截至 2017 年，公司债、中小企业私募债和企业债托管规模较大。2015 年预算法实施，地方政府存量银行债务大规模置换为地方政府债券，地方政府债券发行量增加，托管规模较大。短期融资券、超短期融资券、中期票据、同业存单在上海清算所托管。

三、完善债券市场的托管架构

完善债券登记托管结算体系的重要性日益受到关注。国际组织颁布的《证券结算系统建议》（RSSS）和《金融市场基础设施原则》（PFMI）均对中央证券托管提出要求，指出"出于安全与效率的原因，应尽可能在最大范围内实现中央托管"，"通过将托管结算操作集中于单一实体，可以实现规模经济并有效降低成本"。这为我国债券市场基础设施建设指出了明确的方向。

债券市场存在多级托管和中央托管等不同架构。1995 年财政部开始酝酿建立中央国债登记托管机构以来，债券市场基础设施业务有了很大发展，形成了三大中央托管机构。如前所述，目前涉及债券集中托管业务的机构有三家，都属于监管部门直属的中央机构：中央国债登记结算有限责任公司（以下简称中央结算公司）、中国证券登记结算有限责任公司（以下简称中证登）、银行间市场清算所股份有限公司（以下简称上清所）。其中，中央结算公司占市场主要份额。

---

① 中债研发中心. 2021 年债券业务统计分析报告. 2022 – 01 – 28.

（一）中央托管

中央托管是指由一家托管机构接受债券持有人委托，对债券持有人账户及债券相关权益进行集中管理和维护的服务。履行中央托管职能的机构称为中央托管机构。中央托管机构也称为中央证券存管机构，基于规模效应和制度优势，为投资者提供统一的托管服务。《金融市场基础设施原则》（PFMI）将中央托管机构（CSD）列为五种金融市场基础设施之一①，并将其定义为"提供债券账户、集中保管服务和资产服务（包括公司行为管理和赎回管理等）的单位，在确保证券发行完整性方面发挥重要作用"。CSD 在我国 2019 年《证券法》中称为"证券登记结算机构"。《证券法》规定，"证券登记结算机构为证券交易提供集中登记、存管与结算服务，不以营利为目的，依法登记，取得法人资格。" CSD 在我国银行间债券市场称为"债券登记托管结算机构"。

中央托管机构往往兼具其他金融基础设施的功能。例如，中央托管机构和证券结算机构一般由同一实体兼任；部分中央托管机构通过法律隔离的子公司承担中央对手方功能。此外，中央托管机构还可承担场外衍生品交易数据库功能。

集中、高效的金融基础设施架构能够承载大规模、高频率、高强度的金融交易，显著提高市场结算交割效率和风险控制能力，优化金融资源配置。中央托管通过规模效应和资源集中效应，简化交易流程与交易成本，减少分散重复建设，提升债券市场整体基础能力和运行效率。

中央托管机构采取集团化架构有利于服务全国统一的市场。集团化可分为横向一体化和纵向一体化。横向一体化是指按照地域不同分设不同的子公司或分公司，分别负责各地域的托管和结算业务。纵向一体化是指按交易、托管、清算、结算、信息、技术业务等业务性质分设不同子公司或分公司，各子公司或分公司互相分工和协作，技术系统间相互连接。

中央托管机构必须实现与交易前台直联。中央托管机构与多元化交易的场所建立直联，从交易前台直接抓取数据，降低重复录入数据所导致的操作风险，减少数据传输环节和成本，提高市场运行效率，对市场监管也具有重要意义。

（二）互联互通的机制安排

债券市场互联互通是指债券市场不同运行系统之间相互联通的安排，目的是促

---

① 金融市场基础设施是指为市场参与者之间或者参与者与中央对手方之间的金融交易提供清算、结算和记录的多边系统。除中央证券托管机构（CSD）外，还有证券结算系统（SSS）、中央对手方（CCP）、重要支付系统（PS）和交易数据库（TR）。

进各子市场高质量发展，提升债券市场的运行效率。债券市场互联互通包括各类登记托管、交易、结算、监管监测等系统之间的联通，如前后台互联互通、后台之间互联互通等。

1. 互联互通出台的背景

为贯彻落实全国金融工作会议关于推进金融基础设施互联互通的要求，进一步便利债券投资者，促进我国债券市场高质量发展，2020 年人民银行、证监会联合发布《中国人民银行、中国证券监督管理委员会公告》，同意银行间与交易所债券市场相关基础设施机构开展互联互通合作。

互联互通是指银行间与交易所债券市场的合格投资者通过两个市场相关基础设施机构连接、买卖两个市场交易流通债券的机制安排。互联互通遵守投资者适当性等人民银行、证监会有关监管规定。根据债券市场互联互通的要求，人民银行、证监会将加强监管合作与协调，共同对通过互联互通开展的债券发行、登记、交易、托管、清算、结算等行为实施监督管理。

债券市场基础设施实现互联互通，有利于切实便利债券跨市场发行与交易，促进资金、债券产品、市场工具等要素自由流动，形成统一市场和统一价格，减少市场套利和投机。同时也为货币政策顺畅传导和宏观调控有效实施奠定坚实基础，有利于提升我国债券市场基础设施服务水平和有效收益率曲线的形成，推动构建以客户为中心、适度竞争的债券市场基础设施服务体系，更好地服务实体经济。

2. 互联互通的有关政策规定

互联互通有关政策出台后，其具体内容已经明确，包括以下几个方面：

第一，银行间债券市场和交易所债券市场电子交易平台可联合为投资者提供债券交易等服务。银行间债券市场和交易所债券市场债券登记托管结算机构等基础设施可联合为发行人、投资者提供债券发行、登记托管、清算结算、付息兑付等服务。

第二，银行间债券市场债券登记托管结算机构之间、银行间债券市场和交易所债券市场债券登记托管结算机构之间应相互开立名义持有人账户，用于记载全部名义持有债券的余额。债券名义持有人出具的债券持有记录是投资者享有该债券权益的合法证明。

第三，银行间债券市场和交易所债券市场相关基础设施机构开展互联互通，应遵循投资者适当性等人民银行、证监会监管规定。

第四，人民银行、证监会将加强监管合作与协调，共同对通过互联互通开展的债券发行、登记、交易、托管、清算、结算等行为实施监督管理。

第五，银行间债券市场和交易所债券市场相关基础设施机构应按照稳妥有序、风险可控的原则，完善相关规则，加强系统建设，强化风险控制，根据各自职责做好合格投资者参与互联互通业务相关服务，同时加强对各类市场行为的一线监测，发现重大问题和异常情况的，应及时处理并向人民银行、证监会报告。

第六，银行间债券市场和交易所债券市场互联互通实现的同时，国家开发银行和其他政策性银行、国有商业银行、股份制商业银行、城市商业银行、在华外资银行以及境内上市的其他银行，可以选择通过互联互通机制或者以直接开户的方式参与交易所债券市场现券协议交易。

3. 全面互联互通

中央结算公司是国家重要金融基础设施，始终着眼金融市场发展大局，高度重视市场互联互通。各个市场之间的互联互通涉及多个方面，必须统筹安排。一是探索对接多个交易场所。公司与外汇交易中心对接实现直通式处理，提高银行间债券市场交易结算效率；与上交所直联，探索落实统一托管后台、直联交易所前台的模式。二是与其他托管结算机构联通。中央结算公司支持国债在银行间和交易所市场实现跨市场发行和转托管，建立起"跨市场发行＋统一托管"的完整机制；支持上市商业银行参与交易所市场试点。三是与其他基础设施联通。公司债券综合业务系统与大额支付系统联网运行，实现债券交易券款对付（DVP）结算；公司与中金所联网合作，在期货市场启动债券冲抵国债期货保证金，支持国债期货交割结算需求，实现国债期货实物交割DVP结算，并逐步将债券的可适用范围由国债期货拓展至全部金融期货品种；与上海黄金交易所联网，其国际版会员可用合格债券冲抵保证金；率先推进中期借贷便利、常备借贷便利等货币政策操作中跨市场的担保品管理，满足政策需要；与上清所在担保品管理领域实现互联互通，为进一步推进金融基础设施连通奠定了良好基础。四是以互联互通推进债市开放。中央结算公司已经正式开通"债券通"的"北向通"，并实现两项重要互联。一是与跨境人民币支付系统（CIPS）互联，支持券款对付结算；二是与澳门金融基础设施互联互通，支持财政部首次在澳门发行国债；积极与多国中央托管机构建立合作机制。

随着债券市场不断深化发展，监管部门对市场互联互通有了新的要求。2020年7月，中国人民银行和证监会联合发布《中国人民银行中国证券监督管理委员会公告》，提出银行间与交易所债券市场相关基础设施机构开展互联互通合作，要求银行间债券市场债券登记托管结算机构之间、银行间债券市场和交易所债券市场债券登记托管结算机构之间相互开立名义持有人账户，用于记载全部名义持有债券的余额。

4. 名义持有账户的有关制度

各债券托管机构之间交叉开户的做法是低效的。名义持有账户体系存在风险漏洞和安全隐患，名义持有人账户的内部活动无法穿透识别，容易诱发系统性风险，不利于中国债券市场高质量发展。如确要推广名义持有账户模式，应在满足现行法律法规前提下，优化机制安排。

（1）落实有效穿透原则

即在名义持有账户下，为终端投资者单独开立债券账户，基于简洁透明、高效穿透的安排，进一步加强债券市场统计监测，建立健全风险防范、监测和处置机制，筑牢国家金融安全屏障、维护金融基础设施安全运转。

（2）明确主场结算原则

按照各主管部门相关规则，应由总登记托管机构办理债券登记、托管和结算。在托管结算体系分散化的背景下，由总登记托管机构发起结算，是保障债券市场安全、效率的最优方式。

（3）实现跨市场直通式处理

前后台直联方案借鉴上交所与中央结算公司"平安1号资产支持证券"的成功经验，使用现有技术链路通道，最大限度地保持各方职责分工、业务规则、处理流程不变，以清晰高效的结算路径实现债券跨市场互联互通。实现上述目标，可先行实施中央结算公司与交易所前台的直联，为市场提供示范。

四、穿透监管

（一）穿透监管的背景

近年来，债券账户体系简洁透明已成全球大势。经验表明，如果只用一个不穿透的代理总账户记载全部终端投资者所持有的债券，极易滋生资产挪用、确权混乱、违规垫资等问题，既严重影响穿透监管，又给托管行带来流动性风险。因此，由中央登记托管机构记载终端投资者明细，可以做到高效率、低成本、强穿透，从而有效地抵御交易产生的风险。以此为基础，中央结算公司持续提升服务质量，两次降费让利，成功上线中债新一代综合业务平台；同时，积极顺应监管要求和开放需要，提出了"中央确权、穿透监管、多级服务、合作共赢"的中债方案，实现安全、高效、便利的有机统一。通过与中介机构分工协作，中央结算公司既坚持中央确权，实现底层穿透监管，又推动具体服务链条下沉延伸，为各类市场参与者提供差异化、便捷化服务。[①]

[①] 中央结算公司，2022－10－28.

目前，两大交易场所统一的基础在于基础设施的统一，包括结算、清算、托管的统一，信用评级标准的统一，财务管理和上市要求的统一，等等。而基础设施的互联互通也要求国内债券市场的基础设施与国际资本市场实现一体化。

（二）穿透监管的概念

穿透监管同时强调"穿透"和"监管"两个方面。中央托管机构（CSD）为终端投资者直接开立债券账户，通过直接开立账户，"穿透"至底层投资者信息，并可以对账户进行动态监测和相应管理。穿透监管可以在最大程度上消除误报和欺诈风险，保护投资者权益，发挥 CSD 在债券市场的一线监测职能，维护国家金融安全。

仅信息报送本身并不是穿透监管，穿透监管的实现必须由中央托管机构（CSD）为终端投资者直接开立债券账户。仅建立信息报送和复核机制、由中央托管机构（CSD）汇总复核并不能有效实现穿透监管，主要有以下原因：一是不及时，信息报送是一种事后补救措施；二是不准确，对于缺乏投资者复核机制的信息报送的真实性无法保证；三是无法有效实现"监管"目的，即使出现客户违规事件，中央托管机构（CSD）或监管部门也无法对账户进行相应处理。

在多级托管模式下，二级托管机构应在中央托管机构（CSD）开立终端投资者账户，实时报送投资者明细数据，对二级托管账务的真实性、准确性、完整性负责。中央托管机构（CSD）维护完整的账务信息，根据需要提供给监管部门，用于防范市场风险。

（三）穿透监管的实践

目前，我国债券市场的托管体制从"不穿透"到"穿透"存在不同路径。

1. 香港"债券通"多级托管模式

中央托管机构（CSD）对底层投资者明细信息掌握不及时不充分，未能做到穿透监管。香港"债券通"模式下，CMU 作为二级托管机构按要求向总托管机构报送投资者信息（交易信息、托管信息和分销信息），但由于缺乏直接的账户基础以及信息核对机制，难以保证次级托管机构报送信息的真实性和完整性，并且次日报送上一个工作日的信息，及时性也有所欠缺，从穿透监管角度看存在一定风险隐患。相比之下，在境外机构参与境内债券市场的主流入市模式——全球通模式下，境外机构直接在中央结算公司开立债券账户，通过"中央确权＋结算代理"形式进入银行间债券市场。在该模式下，投资者直接持有债券，权益确定性强，账户能够真实反映投资者的债券和资金运动，能够实现穿透监管。全球通实行以来，持续释放活力，支持债券市场开放取得积极成就。因此，应继续优化主渠道模式，并对债券通进行整改优化，争取早日实现穿透监管。[①]

2. 传统的银行间债券市场柜台业务模式

开办机构每日及时向中央结算公司发送结算指令和柜台业务托管明细数据，中央结算公司作为总托管机构，对明细数据进行记载，并向柜台投资者提供债券账务复核查询服务。信息报送和投资者复核机制在一定程度上可以防范二级托管人超发或者挪用债券的事件发生。但在现有模式下，开办机构与投资者交易达成时，中央登记托管机构未能事先实时检查并扣划债券持仓，因此，明细数据的非实时传送与复核导致风险因素仍有可能存在。

3. 创新的银行间债券市场柜台业务模式

在中央结算公司创新的银行间债券市场柜台业务模式下，未来可实现"实时数据、实时结算"，即彻底实现中央结算公司日间实时接收处理柜台交易数据。交易达成后，由中央结算公司先为开办机构和投资者进行一级结算过户并记录明细数据，开办机构在接收到结算成功的指令后再为投资者进行二级托管账户的记录。新柜台模式可进一步巩固中央登记托管机构作为独立的第三方履行中央确权和穿透监管职能，有助于开办机构内部风险控制。

（四）有效穿透监管的"中债方案"

1. 中央结算公司的"中债方案"

"中债方案"以"中央确权、穿透监管、多级服务、合作共赢"为原则，要求在登记结算环节为持有和交易提供底层穿透，为托管行代理的终端投资者单独开立托管账户，用于法定记载各投资者持有的余额。"中债方案"贯彻资管新规关于"单独管理、单独建账、单独核算"的精神，贯彻财政部提出的底层穿透原则，充分发挥监管支持作用，以高效率、低风险的穿透模式，全面反映托管明细数据和账务信息，实现对债券和资金的实时监测，是落实穿透监管的重要举措。

穿透监管是指监管部门、发行人和中央托管机构（CSD）完全能够掌握实际投资者的明细账户持有情况。长期以来，商业银行发行的理财产品以非法人机构投资者身份，在中央托管机构单独开立债券账户（俗称"一品一户"），运行效果良好。独立的债券账户和理财产品投向信息登记提高了监管效率。商业银行设

---

① 以主渠道活力推动债券市场对外开放 [J]. 债券，2021（11）.

立理财子公司后，理财子公司的理财产品被要求通过代理总账户进入银行间债券市场。理财子公司理财产品若由一级托管简单地转为不透明的多级托管，存在诸多风险。不透明的多级托管无法满足穿透监管要求，易产生资金流动性风险和资产安全风险。[①]

因此，由中央登记托管机构记载终端投资者明细，可以做到高效率、低成本、强穿透，从而有效地抵御金融风险。以此为基础，中央结算公司持续提升服务监管、服务市场质效，两次降费让利，成功上线中债新一代综合业务平台。同时，中央结算公司积极顺应监管要求和开放需要，提出了"中央确权、穿透监管、多级服务、合作共赢"的"中债方案"，实现安全、高效、便利的有机统一。通过与中介机构分工协作，既坚持中央确权，实现底层穿透监管，又推动具体服务链条下沉延伸，为各类市场参与者提供差异化、便捷化服务。

2. 多级托管模式应辅以穿透监管才能有效地监控风险

前述3种多级托管情形中，仅银行间市场柜台业务实现了穿透监管。后两种业务情形，中央托管机构（CSD）或掌握信息不充分或不掌握明细信息。香港"债券通"业务中，CMU报送信息的及时性、完整性、准确性无法保证，缺乏信息核对机制；跨市场流通债券的托管业务中，中证登未向总托管机构报送明细信息，均未实现穿透监管，需要在体制和技术上加以改进。

综上所述，穿透监管可通过两种途径实现：一是直接开户，中央托管机构（CSD）为终端投资者直接开立债券账户，直接掌握底层投资者信息。二是信息报送，建立信息报送和复核机制，次级托管机构及时、完整报送各层级托管账户明细数据，中央托管机构（CSD）汇总并与账户持有人（投资者）复核，通过第三方账务复核查询机制，实现对市场投资者明细信息的全面掌握。相比之下，第一种途径因为有直接的账户基础，更能准确、及时获取信息，消除误报和欺诈风险，确保底层穿透的效率和效果。因此，应大力推动以直接开户途径实现穿透监管的方案。目前，各国中央托管机构呈现集中统一的发展趋势。中央托管机构往往兼具其他金融基础设施的功能。中央托管机构采取集团化架构是安全、高效的运行模式。

（五）不同市场债券的转托管机制

债券转托管就是为了实现跨市场交易，使债券可以跨越不同托管体制进行交易。

1. 银行间债券市场与交易所债券市场的债券转托管

实行这类转托管的债券品种为政府债券和企业债券。转托管交易的两个前提条

---

① 债券担保品应用对债券市场的影响研究路［J］. 债券，2022（6）.

件：一是办理转托管的债券必须是在转入的交易所可以交易的券种；二是投资者在拟转入交易所的托管账户已经设立债券账户，并且与其在转出交易所托管机构的债券账户的户名一致。

2. 商业银行柜台市场内部及与银行间债券市场之间的债券转托管

商业银行柜台市场内部及与银行间债券市场之间的债券转托管分为三种情况：一是同一承办银行的两个二级托管账户之间的内部转托管；二是不同承办银行开立的二级账户之间的外部转托管；三是一、二级托管账户之间的外部转托管。

五、主要机构及功能

银行间市场的登记结算体系由两个部门负责：中央结算公司和上海清算所。中央结算公司是为全国债券市场提供政府债券、金融债券、企业债券等固定收益证券的登记托管和结算服务的金融机构，是财政部和中国人民银行共同发起建立并授权运营的国债登记托管系统，是中国人民银行指定的全国银行间债券市场登记、托管和结算机构。

债券市场托管结算架构如图 18 - 4 所示。

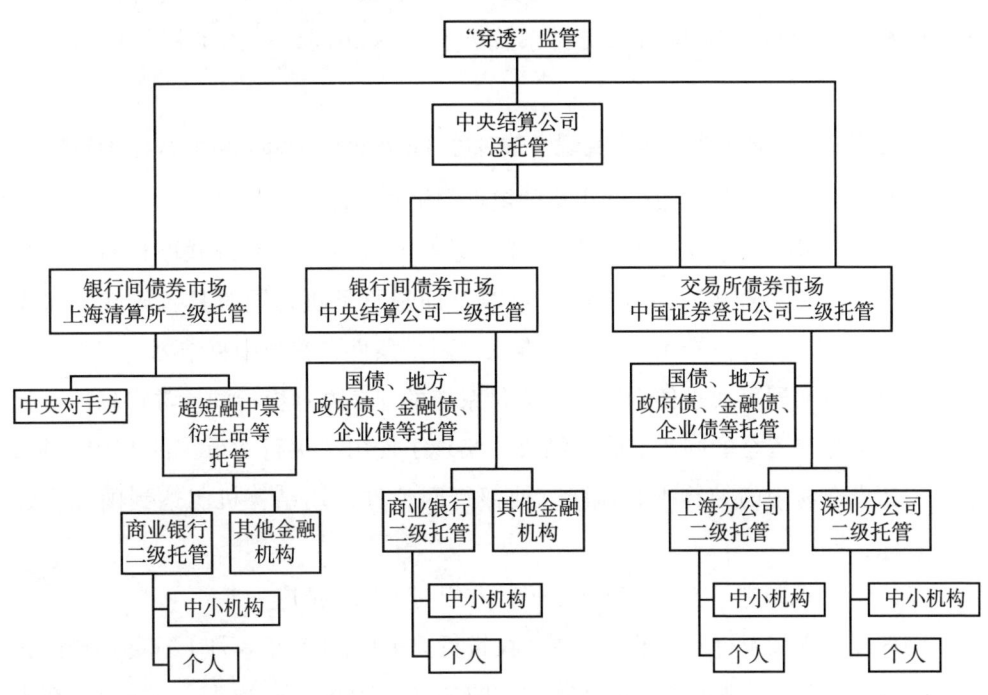

图 18 - 4 债券市场托管结算架构

资料来源：笔者参考有关资料绘制。

（一）中央国债登记结算有限责任公司（以下简称中央结算公司）

中央结算公司于 1996 年经国务院批准设立，是具有系统重要性的国家级金融市场基础设施。中央结算公司现为有限责任公司，由国务院出资，是国有独资企业。中央结算公司持非银行金融机构牌照，是 22 家中央金融企业之一。中央结算公司受人民银行、财政部、银监会等部门的监管。

1. 债券市场全方位服务

作为中立、独立、公益的金融市场基础设施的管理者，中央结算公司服务市场，并为财政部、人民银行、国家金融监督管理总局（原银保监会）、证监会、发展改革委、外汇局等多部门提供业务和技术支持服务。中央结算公司是财政部唯一授权的国债总托管人，主持建立、运营全国国债托管系统；是人民银行指定的银行间市场债券登记托管结算机构，商业银行柜台记账式国债交易一级托管人；根据银保监会授权，承担理财信息登记系统、信托产品登记系统和信贷资产登记流转系统等的开发运作；根据国家发展改革委授权，承担企业债总登记托管人及第三方技术评估、政府出资产业基金登记、信用体系建设等职能。

作为专业的登记结算机构，中央结算公司的业务具有政策、科技含量高和专业性强的显著特点。现有综合系统功能强大、安全级别高，通过专网覆盖全国投资机构。综合系统与国家支付系统安全等级相同，是国家核心信息系统之一。

2. 推动银行间债券市场全面实现券款对付（delivery versus payment，DVP）

（1）DVP 机制首先在银行间市场的银行类机构间推广实行

2004 年，中央结算公司债券综合业务系统与大额支付系统联网运行，实现商业银行债券交易券款对付（DVP）结算，即银行类机构同时具备已在支付系统开立清算账户和在债券系统开立债券账户两个条件，在与中央结算公司签署相关业务协议后，即可通过债券系统与支付系统的连接办理银行间债券市场所有债券业务的债券与资金的同步交收与结算。实现了使用"央行货币"的 DVP 结算，消除了债券交易中的结算本金风险，使银行间债券市场结算机制达到国际先进水平。

（2）DVP 机制进一步在银行间市场的非银行类机构推广

2008 年，人民银行发布了《中国人民银行关于自 2008 年 8 月 1 日起在全国银行间债券市场全面实现券款对付结算方式的公告〔2008〕第 12 号》，规定已在支付系统开立清算账户的参与者通过其在支付系统的清算账户办理券款对付的资金清算；未在支付系统开立清算账户的参与者除可委托其清算代理行代理 DVP 资金结算外，也可委托中央结算公司代理 DVP 资金结算。从而使券商、基金、保险等非银行金融机构也可以进行券款对付的结算。银行间债券市场具备全面 DVP 结算的条件，是债券市场基础设施功能进步的又一个重要里程碑。

（3）银行间债券市场全面实行 DVP 结算

2013 年，根据《关于进一步强化银行间债券市场债券交易券款对付结算要求有关事项的公告》（中国人民银行公告〔2013〕第 12 号）要求："我国银行间债券市场参与者（以下简称市场参与者）进行债券交易，应当采用券款对付结算方式办理债券结算和资金结算。"至此，银行间债券市场的债券交易全面采用 DVP 结算方式。截至 2016 年，DVP 成为银行间市场唯一的结算方式，结算比例达 100%。

中央结算公司从国债集中托管起步，逐步发展成为各类固定收益证券的中央托管机构，成为支持债券市场运行、宏观调控政策操作的国家级核心金融基础设施的管理机构，在维护金融稳定、促进市场发展等方面发挥着重要作用。①

（二）中国证券登记结算有限责任公司（以下简称"中证登"）

2000 年 11 月 2 日中国证券登记结算有限责任公司筹备组成立，2001 年 2 月 20 日中国证券登记结算有限责任公司创立大会在北京召开。2001 年 3 月 30 日，按照《证券法》关于证券登记结算集中统一运营的要求，经国务院同意，中国证监会批准，中国证券登记结算有限责任公司组建成立。同年 9 月，中国证券登记结算有限责任公司在上海、深圳的分公司正式成立。从 2001 年 10 月 1 日起，中国证券登记结算有限责任公司承接了原来隶属于上海和深圳证券交易所的全部登记结算业务，标志着全国集中统一的证券登记结算体制的组织架构基本形成。中证登隶属证监会监管，设立上海、深圳分公司，承接了沪深交易所登记结算业务。中证登的职能包括证券账户、结算账户的设立和管理；证券的存管和过户；证券持有人名册登记及权益登记；证券和资金的清算交收及相关管理；受发行人的委托派发证券权益；依法提供与证券登记结算业务有关的查询、信息、咨询和培训服务等。托管的品种包括股票、基金、债券、证券衍生品等，并以股票为主。债券品种包括公司债券、可转债、中小企业私募债券等，作为中央结算公司的二级托管机构，承担国债、地方政府债券和企业债券的分托管职责。

中国证券登记结算有限责任公司依据《证券法》和《公司法》组建，为证

---

① 中央结算公司官网"公司简介"。

券交易提供集中登记、存管与结算服务，是不以营利为目的的法人。公司总资本为人民币 12 亿元，上海、深圳证券交易所是公司的两个股东，各持 50% 的股份。公司总部设在北京，下设上海、深圳两个分公司。中国证监会是公司的主管部门。

按照《证券法》和《证券登记结算管理办法》的相关规定，中国证券登记结算有限责任公司履行下列职能：证券账户、结算账户的设立和管理；证券的存管和过户；证券持有人名册登记及权益登记；证券和资金的清算交收及相关管理；受发行人的委托派发证券权益；依法提供与证券登记结算业务有关的查询、信息、咨询和培训服务；中国证监会批准的其他业务。

（三）上海清算所（以下简称上清所）

上海清算所是经财政部、中国人民银行批准的专业清算机构，由财政部、中国人民银行批准成立，由中央结算公司、中国外汇交易中心、中国印钞造币总公司、中国金币总公司等共同发起设立。上海清算所成立的初衷是将外汇交易的中央对手方职能分列，实现风险隔离。上清所成立于 2008 年，2010 年上海清算所开始为债券等金融产品提供集中清算，银行间市场的部分券种（主要包括短期融资券、超短期融资券、中期票据）的托管业务由中央结算公司移至上海清算所，新增的同业存单也由其托管，银行间市场的托管机构重又走向分散。

上清所是经人民银行批准设立的场外市场中央对手清算机构，隶属于人民银行管理，公司股东包括外汇交易中心、中央结算公司等。作为全球金融危机后防范系统性风险的重要金融市场基础设施，上海清算所严格按照国际清算银行与国际证监会组织联合发布的《金融市场基础设施原则》（PFMI）国际标准，建立了完整、高效、先进的风险管理体系；2015 年成为全球中央对手方协会（CCP12）执委会委员，随后成功推动协会 2016 年落户上海、2017 年 1 月实体运营，参与并促成协会 2017 年 11 月发布了首个清算行业国际标准——CCP12 量化披露实务标准（"外滩标准"）。

上海清算所在推动市场发展方面做了很多工作。近几年贯彻人民银行对外开放政策部署，积极主动推进制度、服务体系建设。在安全高效运营的基础上，通过增值服务降低境外机构的参与成本，吸引更多境外机构参与到银行间市场中来。

上清所的职能包括为金融市场现货和衍生品交易、经人民银行批准的人民币跨境交易等提供本外币清算服务，包括清算、结算、交割、保证金管理、质押品管理、信息服务、咨询服务；为非金融企业债务融资工具、同业存单等债券品种提供登记托管服务。三大托管机构的主要情况见表 18-1。

表 18 - 1   三家中央托管机构主要情况

项目		中央结算公司	中证登	上海清算所
成立时间		1996 年	2001 年	2008 年
批准机构		国务院	证监会	人民银行
监管机构		人民银行、财政部、银保监会、发展改革委、证监会	证监会	人民银行
体制		国有独资公司	股份制公司	股份制公司
主要品种		国债、地方政府债、政策性金融债、政府支持机构债、企业债、信贷资产支持证券、商业银行债、非银行金融机构债、国际机构债券等（国债、地方政府债、企业债为总托管）	公司债、股票、基金等（国债、地方政府债、企业债为分托管）	非金融企业债务融资工具、可转让存单等
债券业务份额（2022年末）	托管量[1]	96.47 万亿元，占 74.60%	15.69 万亿元，占 12.13%	17.16 万亿元，占 13.27%
	交易结算[2]	1341.89 万亿元，占 61.45%	441.78 万亿元，占 20.23%	399.91 万亿元，占 18.31%
结算方式		实时全额	全额 + 净额	全额 + 净额
交割方式		DVP	FOP	DVP

注：1. 份额统计不包括同业存单。
2. 指窄口径交易结算量，质押式回购、买断式回购、债券借贷仅统计首期结算量，不含柜台市场。

第四节 各国政府债券的托管结算系统

政府债券的托管和结算的现代化是随着电子计算机技术的进步发展起来的。由于使用现代技术，债券交易过程中的托管、结算都可以通过记账方式进行。记账方式的债券没有丢失和伪造的问题，并在交易中免去了点券的烦琐工作。同时，持券人取得利息时不必剪实物息票，兑付时也不必递交实物券，减少了许多不必要的劳动量，因此，为大多数国家所采用。

通常托管和结算是在一个系统内进行的。系统的特点是券面移送和资金支付反向同时进行（DVP）。前者涉及券面的托管问题，后者涉及资金的结算问题，因此，我们把这一系统叫作托管结算系统。世界上大多数发达市场经济国家已经全部或部分实现了证券的无券记账方式托管和结算。下面对几个主要国家的情况作简单介绍。

一、美国的证券登记托管结算系统

（一）美国托管结算系统的概况

1. 简要历史

债券登记托管和清结算制度与债券市场的发展密切相关。在中国恢复发行国债初期，美国、日本和欧洲债券市场发展和债券登记托管制度之间也经历了从不适应市场发展到逐渐适应的过程。20 世纪 60 年代末期和 70 年代初期，美国证券市场发展迅速，但是托管结算系统分割低效，不能适应其发展，出现过所谓"纸危机"问题，于是决定创建全美托管公司，开始实行集中统一托管。"20 世纪 60 年代末，美国证券市场高度繁荣，交易结算量快速增长，经纪人无法处理与之相关的文书工作，最终爆发'纸处理危机'。一些证券在传递过程中出现丢失，债券票息和股票红利无法按时支付，一些证券公司甚至挪用客户资金以弥补其他客户损失，多家公司因赔偿问题濒临倒闭或被大公司收购。在美国金融发展史上，纸处理危机是自 1929 年经济危机以后，美国金融业面临的最大挑战。[①]"

在当时条件下，美国证券市场采取了多级托管的体制。"在证券多级托管体制下，证券实际持有人不直接列示于证券持有人名册，且实际持有人与发行人之间的沟通和互动需通过中介机构实现。多级托管呈现出名义持有、混同账户和分级参与的特征。[②]"在这种情况下，美国监管部门决定创建全美托管公司，开始实行集中统一托管。1974 年国际证券市场发生赫斯塔特银行事件[③]，暴露出交易和交割不同步的风险，推动了券款对付结算（DVP）模式的实施。

2. 全面实现无纸化记账系统

美国财政部、联邦储备银行和联邦国际机构已经基本上通过无券记账系统取代实物券，大大提高了联邦政府债券的安全性。通过发挥托管结算机构的作用，债券的移送和款项的支付速度迅速提高。

到 1988 年年末，记账政府债券达到了 1.8 兆美元，相当于可上市政府债券余额的 98.7%。托管机构持有的证券无论是自己的或者代理其他机构的都可以转换成记账证券。

---

①② 刘爽，唐洁珑. 多级托管的发展脉络及改进方向——以美国为例［J］. 债券，2021（11）.

③ 赫斯塔特银行事件是一个关于银行支付风险的案例。关于这次事件的影响见徐奇渊. 中国如何面对赫斯塔特风险（之二）. 澎湃研究所，2016 - 09 - 30.

3. 美国证券托管结算系统的结构

美国的托管结算系统由四部分组成：一是联邦储备银行的交换系统；二是托管信托公司；三是财政直接记账系统；四是对外交换系统（CHIP）。其中，财政直接记账系统只对个人购买政府债券时使用，其本身不能进入系统进行交易，如果进入交易系统，则必须进入商业记账系统。对外交换系统只适用于国内系统和国外系统的连接。因此，实际上美国托管结算系统只有两个，即联邦储备银行的交换系统和托管信托公司的托管结算系统。前者适用于联邦政府债券和联邦机构债券，后者适用于公司债务、市政债券和股票、商业票据等。

（二）联邦储备银行交换系统（FEDWARE）

1. 简要历史

联邦储备银行记账系统的发展可以追溯到 1918 年，当时为了将每周结算改变为每日结算，联邦储备银行安装了自己的电报系统进行结算方面的操作。20世纪 20 年代时，联邦政府债券开始通过电报系统进行结算，这种电报转移的方式一直维持到 20 世纪 70 年代末。直到 1980 年，联邦储备银行交换系统对商业银行实行的是无偿服务。同年，美国颁发了放松存托机构管制和实行货币控制的法律，要求对系统的服务实行有偿制度，同时允许非成员的存托机构间接地使用这个系统。

2. 联邦储备银行交换系统的基本情况

联邦储备银行交换系统通过电子记账系统对金融界提供资金和证券转移的服务。美国有很多机构从事证券存托业务，统称为存托机构。存托机构主要通过联邦储备银行的交换系统向客户提供机构和机构之间的资金和证券的转移。这种服务包括代理客户买卖政府债券的资金的转移、存托、债券保管，以及其他对于时间性要求比较严格的支付。联邦政府和托管机构只使用联邦储备银行交换系统用于发行时资金的收缴和本息支付时资金的拨付。

使用联邦储备银行交换系统的机构包括银行及其分支机构、联邦政府财政部和政府机构，以及 116000 个证券存托机构。通过计算机终端直接和联邦储备银行联网的机构有 7000 多个。这些使用联邦储备银行交换系统的用户可以实现美国全国95% 的资金方面的支付，其余没有联网的存托机构间接地通过这个系统进行交易活动。全部联邦储备银行交换系统的运行都是在当天完成的，通常一项业务可以在几分钟内完成。联邦储备银行保证在资金接受机构收到通知时，其账户上贷记资金同时完成。

1990 年，大约有 6300 万美元债券、总价值 193 兆美元的资金转移是通过联邦储备银行交换系统进行的。大约有 1900 万美元债券、总价值 108 兆美元资金的转移是通过纽约联邦储备银行在联邦储备银行分支机构范围内进行的。另有 1000 万美元联邦政府和联邦机构债券、价值 101 兆美元的资金是通过这个系统进行的。其中仅纽约联邦储备银行本身就处理了 800 万美元债券，总价值 75 兆美元的资金的转移。

由于联邦储备银行的交换系统被联邦储备银行、财政部和存托机构用来托管和交割政府债券和联邦机构债券，因而在货币政策和联邦政府债券市场的发展方面，发挥了巨大的作用。该系统有效地提高了联邦储备银行公开市场操作的效率和联邦政府债券的流动性，大大降低了联邦政府债券发行和兑付的成本。

3. 联邦储备银行交换系统的组织结构

联邦储备银行的交换系统是通过多层次的存托机构和经纪人的结构实现其职能的。第一个层次是具有直接账户并直接联网的存托机构。第二个层次是第一个层次存托机构的客户、第二个层次的存托机构和经纪人在第一个层次的存托机构中具有直接账户并直接联网。第三个层次是第二个层次的存托机构的客户，以及第二个层次的经纪人的客户和第三个层次的存托机构，以此类推。

4. 联邦储备银行交换系统的操作方式

只有少数属于第一个层次的机构直接在联邦储备银行交换系统设立账户。处于不同层次的不同客户之间的结算有两种情况。如果银行的客户，即个人投资人、私人企业或政府机构要求其开户银行转移资金，而寄出行和接收行属于不同地区的联邦储备分支机构，则寄出行就会在寄出资金的客户的账户上记入负债的增加，同时要求所在地的联邦银行分行将资金转入接收行所在地的联邦银行储备银行，两个银行通过所谓地区结算基金进行结算。这样的交易通过电子计算机的记账系统保持记录。然后，接收行通知接收资金的客户，并在其账户上记载资产的增加。这时资金已经可以由接受客户使用。一旦实现这一步，交收就最后完成了，不能再进行变更。

如果客户的银行是在同一个地区的联邦储备银行的分行，只要求由发出行在客户账户上记负债，并要求联邦储备地区分行通知接收行，由接收客户的银行在接收客户的账户上记载资产的增加，就可以完成结算。

5. 联邦储备银行交换系统的其他功能

联邦储备银行交换系统还具有其他功能，主要有以下四个方面。

第一，通过银行间支付系统清算公司（CHIP）进行国际结算。该系统的主要功能是处理大笔资金的转移。大多数进行国际交易的资金结算是通过这个系统进行的。其结算方式是每天结束后通过联邦储备银行系统的专门账户进行净值结算。

第二，通过私人支付系统为机构和个人提供净值结算服务。私人部门支付系统包括支票清算公司、自动清算机构协会和私人电子资金转账系统，这些机构也处理中介机构之间的转移。上述机构之间的资金转移需要在联邦设立账户的机构之间进行净资产和净负债增加的记载。

第三，对存托机构提供大量的自动结算服务。从自动清算公司（ACH）成立以后，联邦储备银行对其联网的存托机构提供了大量的自动清算服务。在联邦储备银行的二级地区，两个负责私人部门间资金转移的机构由纽约自动清算公司和其他自动清算公司提供商业性的自动清算服务。大多数这样的银行清算公司是联邦储备银行支持操作的。

第四，作为美国政府的财政代理，联邦储备银行为财政部的自动清算系统，如社会保险系统、退休军人保障系统、联邦公务人员的工资支付系统提供服务。

（三）美国存托公司

美国存托公司是一家商业性的服务性公司，也是公司债券和市政债券交易结算的全国性清算公司。存托公司对其成员行和经纪人提供托管服务。1992 年，这些成员机构通过存托公司的记账系统移送 19.43 万亿美元的债券。1993 年，在这里托管的债券达 7 万亿美元。[①] 存托公司的主要任务是减少其成员对公众提供的证券服务的成本。其主管部门是美国证券交易委员会。存托公司是联邦储备系统的成员。

1. 存托公司组织结构和政策

存托公司是股份制公司，1992 年末，公司共有 138 个股东，主要是经纪人和银行。公司董事会包括主席、总裁和 13 个高级执行董事，分别来自银行业和证券业。

由于存托公司的政策禁止向股东支付红利，而且，并不是所有的参加成员都是股东。存托公司只是把持有股票作为扩大用户范围、鼓励股东公司增强其服务客户责任感的一种手段。[②] 存托公司的另一基本政策是不以营利为目的，存托公司将其成员提供的收入中超过其操作费用的部分返回成员公司。1992 年总服务收入 3.15 亿美元，只支付费用 2150 万美元，其余全部退还成员公司。[③]

1993 年 6 月 30 日，存托公司托管的公司股和债券、市政债券达到 7 万亿美

---

① 高坚. 中国债券 [M]. 北京：经济科学出版社，1999：326－327.

②③ 高坚. 中国债券 [M]. 北京：经济科学出版社，1999：327.

元，占全部纽约股票交易所上市股票的 69.9%，占全部美国市政债券余额的 94%。1992 年，有近 30 万笔债券发行通过存托公司，使存托公司经营的全部发行数达到 100 万笔。[1]

2. 系统的操作功能

存托公司的记账系统可以实现次日结算和同日结算，平均每天结算额 1000 亿美元。存托公司还可以通过纽约结算公司为其成员提供次日交割系统的净额结算或和联储纽约分行的同日交割、结算。1992 年，存托公司为 3200 个支付机构的客户支付红利和利息 1900 万笔，现金红利和利息支付总额达到 2601 亿美元，市政利息 682 亿美元。[2]

存托公司的电子记账系统迅速、快捷。大约 99.6% 的证券交易资金可以在支付日的当日收到。全部市政债券的现金支付可以在当天收到。通过记账方式发行债券，投资人不持有任何实物券。发行人只在存托公司登记一个授权的总券。这张总券存放在托管银行直到债券到期。证券所有人托管的记录保存在计算机系统中存托公司成员的账户记录中。[3]

二、日本的存托机构

日本的国债托管制度依据《国债法》第一条"关于证券及注册必要事项的大藏大臣命令"的条款，以及以此为依据制定的《关于国债统一注册的省令》（1980 年 2 月）。

日本承担托管职能的机构主要是证券公司。买进国债的客户将国债券委托证券公司托管，证券公司再将客户委托的证券存入日本银行保管，日本银行再根据《关于国债统一注册令》第 2 条，对于其全部保管的证券进行统一注册。从法律上讲，托管人在物权上具有共有权，在统一注册以后，具有准共有权。

1971 年，日本东京证券交易所引进了无纸化记账制度，当时是为了提高证券存托和交割的效率。新的制度开始时，主要依据原来的商法制定了托管的办法，由于制度不够规范，存在着在会计制度结束时将公司持有的代保管单根据变化了的所有权关系进行移送的问题。之后，通过不断修改和补充原有的办法，形成了完整的国债登记托管系统。[4]

---

①② 高坚. 中国债券 [M]. 北京：经济科学出版社，1999：327.

③ 高坚. 中国债券 [M]. 北京：经济科学出版社，1999：327 - 328.

④ 高坚. 中国债券 [M]. 北京：经济科学出版社，1999：328 - 329.

小　结

　　债务市场的登记、结算和托管业务是整个金融系统基础设施的一部分，是 20 世纪 90 年代初期国债市场化改革遇到的技术难题。从 1991 年起财政部开始推动无纸化进程，到 1992 年开始在上海交易所进行有纸债券的登记、托管和交易，到 1993 年一级市场发行 20 亿元无纸化国库券，再到 1996 年成立中央国债登记结算有限责任公司（现在的中央结算公司），再到 1996 年全面实现无纸化发行和交易。国债基础设施的初步建立为国债市场化改革和整个债券市场的发展奠定了坚实的物质基础。1998 年以后，随着银行向债券市场的建立，以及债券发行体及债券品种的增加，我国逐渐形成了相对完整的债券市场托管结算体系。未来发展的方向是在监管不断统一的基础上，实现跨市场的托管、结算和交易。

　　与此同时，数字经济的发展也为债券数字化提供了新的可能。数字债券出现在金融空间和数字空间的结合部。数字债券不仅仅是债券的数字化，重要的是要解决债券所代表的资产运行数据、发行主体的行为特征数据、财务数据和资产溯源等数字技术，形成全新的数字债券。由于区块链技术、云计算和人工智能等数字技术的运用，债券的托管、结算数据也会结合到数字债券中，从而形成全新的登记托管结算模式。

第六编 债券市场基础业务

第十九章 以债券为工具的债券市场业务

以债券为工具的债券市场业务是债券市场交易业务的派生业务，其中主要内容是以债券为质押的短期融资业务。与此相关就出现了债券的借方和贷方以及资金的借方和贷方，这些业务不仅解决中介机构的短期债券和资金需求，而且可以活跃债券市场。与融资业务有关的债券市场业务包括债券借贷业务、债券回购业务和债券购回业务。债券回购业务和债券购回业务是两种不同的业务，前者主要发生在二级市场，后者则发生在一级市场。一级市场业务既有发行，又有提前兑付、赎回和购回业务。债券购回业务本书中不做进一步介绍。近些年来增长的还有债权类资产管理派生出来的业务（包括一些非标准化债权业务），以及债券市场合成工具及其应用。随着债券市场的发展，债券市场业务会不断扩大。本章的内容包括我国市场目前存在的债券借贷、债券回购业务、债权类资产管理业务，以及债券市场合成工具及其应用。

第一节 债券借贷业务

一、我国债券借贷市场的发展

（一）债券借贷业务的性质

"债券借贷"本质上属于融券业务。债券借贷业务是指债券融入方以一定数量的债券为担保品，从债券融出方借入标的债券，同时约定在未来某一日期归还所借入的标的债券，并由债券融出方返还相应质物的债券融通行为。债券融出方向债券融入方收取一定借贷费用，借贷费用由双方按市场化原则协商议定，债券应收利息归债券融出方所有。债券借贷是国际债券市场广泛使用的重要市场工具之一。债券借贷体现了融入方、融出方和中介方之间法律上较为复杂的权利和义务关系。

债券借贷的主要标的为利率债。这是因为利率债有较好的信用，在质押融资方面有较高的安全性。对于债券融入方而言，债券借贷的作用就是借券融资。债券借贷成交的期限品种集中在中短期，以 7 天、14 天期限为主。债券借贷的主要参与机构包括大型商业银行、股份制商业银行、证券公司、城市商业银行等。

通过债券借贷，可以提高债券的周转速度，从而提高债券的流动性。对于融入方来说，可以通过债券借贷融入标的券，然后在市场卖空，从而实现套利。债券借贷的作用如下：①可以用信用债质押换取利率债来进行质押式回购，降低融资成本；②可以直接做空或配合国债期货进行基差交易和利差交易套利；③通过借入债券融资，获得利差收益。对于债券融出方来说，借贷交易可以盘活其存量资产，在不改变资产配置的条件下，为那些以持有债券到期为目的的投资者提供额外的收益。对于做市商来说，可以通过临时借入债券，满足临时头寸需求。

债券借贷业务为债券持有人提供新的盈利渠道，过去债券持有人只能通过债券的利息收入或者债券买卖的资本利差来获得盈利，债券借贷的融出方可以将原本不用于交易的债券借给债券融入方，并从债券融入方手中获得借贷费用，从而获得额外的收益。为了提高安全保证，融出方往往会额外附加各种条件，比如质押券的资质、质押券的类型、质押券的融入比例等。债券借贷业务明确债券融入方须付出成本，借贷的期限最多可达 365 天，并且可以单个或多个债券作为质押品，为投资者提供多样化的投资与风险规避手段。

债券借贷业务无论对债券市场整体发展，还是对市场参与者的业务空间都有积极意义。目前，债券借贷业务采用双边借贷机制，其灵活性大，实现机制相对简单，易于市场参与者理解和接受。但通过一对一谈判的方式商定借贷要素，具有场外市场的量身定制特征。其非标准化特征导致了过于宽松的信息披露要求，以及监管细则的相对缺失。因此，完善相关细则及分类监管，有助于债券借贷市场的长远发展。

（二）债券借贷业务发展的历史

1. 债券借贷业务的出现和早期发展

相对于其他债券市场业务，我国债券借贷业务起步较晚。根据中国人民银行发布的《全国银行间债券市场债券借贷业务管理暂行规定》，我国于 2006 年 11 月正式推出了债券借贷业务。早期债券借贷业务仅限于银行间债券市场，交易所市场尚未推出，参与机构主要包括商业银行、证券公司、信用社、基金公司等。此后几年，债券借贷业务有所发展，但市场仍然很小。

对于以持有大量到期债券为目的的银行来说，债券借贷交易可以提供额外的债券收益。但是，由于推出初期，核算、监管等措施还不够完善，使得债券借贷业务发展受到局限。其中，最大的风险就是债券融入方存在到期无法归还债券的风险。虽然经双方协商后可以进行现金交割，但银行融出的债券是用来长期持有到期的，银行在制定借贷协议时不愿意以现金交割。在现金交割方式下，原债券到期的价值如何确定也是问题。此外，一般市场对于一个新产品都需要一个较长的接受期，机构从着手相关研究到内部规范、风险控制准备到位都需要一定的时间，这些原因导致债券借贷业务不够活跃。

2. 债券借贷市场步入快速发展阶段

2012 年以后，工商银行等国有大型商业银行陆续参与并持续推动该项业务的开展，证券公司融券需求不断增加，自此我国债券借贷市场规模加速发展。2012 年，中国工商银行率先开展债券借贷业务，并制定了较为严格的标准，业务对象为财政部国债承销团成员、人民银行公开市场一级交易商、政策性银行承销团成员以及与工行有良好合作关系的金融机构。在工商银行开展债券借贷业务后，陆续有不少中小型机构开始参与这项业务，参与的机构数从 2012 年的 6 家增加至 2014 年的 68 家。同时，对于融入方来说，通过借贷融入债券的需求也在不断增加，特别是 2013 年国债期货推出后，机构可以借入现券卖空，再买入国债期货多头进行套利交易①，从而增加债券借贷业务的需求。

2015 年债券借贷成交量突破 1 万亿元，达到 11065 亿元，较 2014 年增加了 179%，债券成交笔数为 5009 笔，较 2014 年增长 102%。2016 年以来，债券借贷市场规模在继续快速发展。截至 2016 年 4 月底，债券借贷成交量已达到 4778 亿元，超过 2013 年全年成交量，较 2015 年同比增长 83%；债券借贷笔数达到 2390 笔，同比增长 67%。②

2017 年大型商业银行债券借贷业务成交量 2.08 万亿元，占比 32%；其次是股份制商业银行，成交量 1.33 万亿元，占比 20.48%；而城商行占比 10.84%，之后是券商、外资行、农商行等（从机构角度统计数据为机构买卖方向交易的

---

① ② 我国债券借贷市场将迎来快速健康发展. 上海证券报, 2016 – 05 – 14.

总和）。①

3. 业务规模几何式增长，市场条件日趋成熟

近年来，债券借贷业务规模呈几何式增长，根据万得资讯，2021 年全年债券借贷结算量约 9.8 万亿元，相比 2020 年提升 37.7%。债券借贷交易期限集中在隔夜和 7 天，参与主体以股份行、城商行和券商为主，交易券种则以政策性金融债和国债为主。据万得资讯，截至 2022 年 1 月末，股份行、券商、城商行、农村商业银行及合作银行、大行的债券借贷余额分别为 2567 亿元、2319 亿元、1226 亿元、905 亿元和 372 亿元。② 债券借贷的总成交量已经超过了买断式回购（2.15 万亿元），成为仅次于质押式回购的第二大交易种类。图 19 - 1 呈现了债券借贷市场的规模变化。

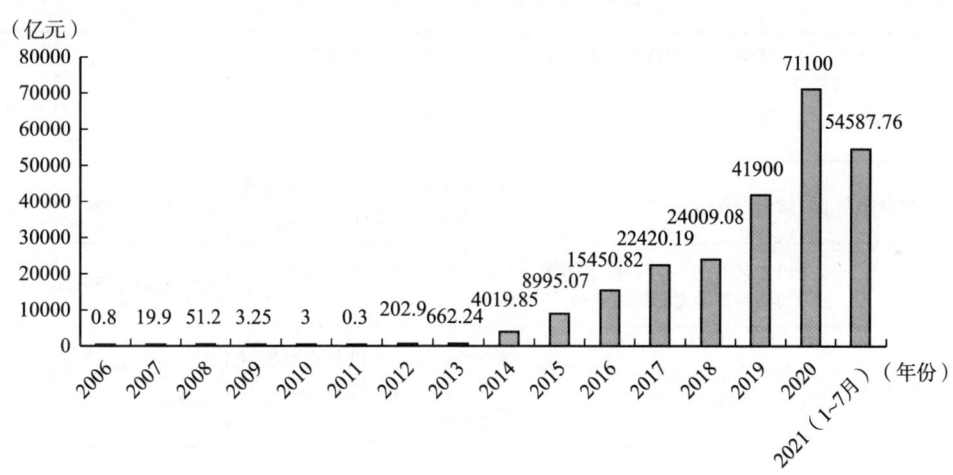

图 19 - 1　债券借贷结算量

证券借贷市场为证券、资金和衍生产品市场提供了流动性和灵活性，是资本市场整体不可分割的一部分。随着债券市场深度和成熟度的提高，推动发展多样化的债券借贷业务有利于充分满足市场参与人的业务发展需要。债券借贷业务发展带来的市场套利手段的增加，也有利于引入合格的境外投资者，以便进一步扩大债券市场对外开放，活跃国内债券市场。

---

① 启明星数据库．姜超，周霞，姜佩珊（海通宏观）债市拐点预计提前（债券借贷业务的现状和发展）. 2018 - 02 - 12.

② Wind．陈健恒，东旭（中金固收）债券借贷业务进一步规范——评《银行间债券市场债券借贷业务管理办法》. 2022 - 02 - 13.

4. 政策制度更新，市场机制逐步完善

2022 年 1 月，人民银行发布新的《银行间债券市场债券借贷业务管理办法》，自 2022 年 7 月 1 日起实施。这是自 2006 年之后，时隔 15 年，央行根据市场成员诉求和金融市场管理需要而做出的修订，旨在进一步完善债券借贷交易制度，提高债券市场流动性，加强风险防范，提升市场规范性和稳健性。

新的管理办法包括履约保障品、主协议、集中债券借贷、风险控制等内容，共 18 条。其最主要也是最受关注的内容包括以下三点：一是明确债券借贷参与者应签署统一的主协议；二是提出开展集中债券借贷业务；三是要求加强风险监测与防控。两个版本内容对比见表 19 - 1。

表 19 - 1　　　　　　　　两版债券借贷业务管理办法内容对比

规则内容	2006 年管理暂行规定	2022 年管理办法	区别
担保品定义	债券作为质物	债券作为履约保障品	债券借贷将由质押式向转让式进一步拓展
参与对象	市场参与者均可	银行间债券市场法人类金融机构或外国银行分行	参与对象更明确
标的债券	融出方自有的、可以在全国银行间债券市场交易流通的债券	在银行间债券市场交易流通的债券	标的债券适用范围扩大
协议签署	参与者逐笔订立书面形式借贷合同约定相关要素和条款	参与者进行债券借贷应当签署中国人民银行认可的债券借贷交易主协议	统一协议规范、提升交易效率
借贷模式	双边借贷模式	引入集中借贷模式	丰富交易形式、提升灵活性
违约处置	无	引入违约处置制度	风险处理机制保证交易闭环
大额报告及披露	单个参与者融入余额超过其自有债券托管总量的 30%（含 30%）或单只债券融入余额超过该只债券发行量 15%（含 15%）起，每增加 5 个百分点，该机构应同时向同业中心和中央结算公司书面报告并说明原因	单个参与者融入余额超过其自有债券托管总量的 20%（含 20%）或单只债券融入余额超过该只债券发行量 10%（含 10%）起，每增加 5 个百分点，该机构应同时向交易平台和债券登记结算机构书面报告并说明原因	触发门槛下调，风控机制更严格

资料来源：中央结算中心，2020 - 10 - 28.

但是，管理办法未要求债券融入方提供的履约保障品足额覆盖风险敞口，存在

潜在风险。目前，我国债券借贷敞口覆盖不足问题较为突出。2021年末，商业银行作为融出方参与债券借贷交易资金净风险敞口金额达517.5亿元，净风险敞口比例为16%。而国际上的集中借贷业务模式中债券借贷风险敞口要求足额覆盖，例如，欧清和明讯均在其产品手册中明确证券借贷担保品价值应足额甚至超额覆盖标的券价值。①

二、债券借贷业务在金融市场中的作用

（一）降低融资成本

债券借贷业务的主要功能是提高融资效率，降低融资成本。在我国，债券分为信用债和利率债，通过债券借贷业务可以实现两种债券之间的转换，达到降低成本的目的。由于用信用债质押回购时一般要加点，有些甚至不能进行质押，债券借贷主要是以信用债为质押券来换取利率债，这样可以通过债券借贷交易将信用债换成利率债再进行质押，而且一般用信用债质押比利率债面额更高。在债券借贷过程中，只要能使债券借贷费率低于信用债质押回购加点数，就可以通过债券借贷有效降低融资成本。② 通过债券借贷可以将信用债转换成同等金额甚至更高金额的利率债，而借贷的费率小于使用信用债融资的加点数，从而提高了融资效率，降低了融资成本。

债券借贷在实际应用中除了直接做空以外，另一个很重要的功能是通过借入利率债来进行资金回购，以此用更低的成本融入资金。例如，在资金面较为紧张的时候，资金融出方往往会根据银行间存款机构质押利率来增加部分风险溢价，约为10bp～100bp不等。除此之外，在实际质押式回购操作中，利率债的质押率与信用债的质押率也会存在一定的差异，所以若使用利率债进行质押，相对于使用信用债质押，需要更少的债券面额，故此可以用省下来的债券面额再融资，并产生收益。

当资金面较为宽松的时候，不通过借贷利率债而直接质押信用债的时候，产生的成本较低，但一旦资金面较为紧张的时候，通过借贷利率债且将其质押出去后融资，所产生的资金成本将明显小于质押信用债融资，且随着风险补偿逐渐增加时，其利息差也显著提高。

---

① 中央结算公司，2022－10－28.
② 根据公开资料整理。

（二）提高债券市场的流动性

债券借贷业务的市场功能主要是提高债券市场的流动性。流动性的强弱是债券市场深化程度的标志，成熟的债券市场具有较高的流动性。提高债券市场的流动性，可以通过借入债券融出方手中暂不用于交易的那部分债券进行买卖交易。这就是说，债券借贷业务可提高债券的周转速度，进而增加市场的流动性。

由于我国债券市场的投资人大多数是持有到期类型，长时间以来，我国债券市场中相当一部分可流通债券沉淀于各个机构的投资者账户中，而在机构的交易户中用于买卖的债券比例有限。债券市场发展初期通常流动性不够高，影响了债券市场在金融市场中的作用。债券借贷业务可以将本来暂时不流动的债券出借给需要债券的投资者，增加了市场上可用于交易和结算的债券数量，提高了债券的周转速度，有助于增强市场的流动性；可以大大减少做市商为保证债券交割而保持的债券头寸，从而有效地降低存货风险，提高做市能力；同时也为投资者提供了新的投资盈利模式和风险规避手段，提升了市场的有效性。债券借贷业务可以搞活存量债券，加快其周转速度，从而增强债券市场的流动性，并进一步提高债券市场的效率。

实践证明，通过债券借贷可以大大拓展市场参与人的业务空间。对于融入方来说，可以通过债券借贷融入标的券然后在市场卖空实现套利；对于做市商来说，可以通过债券借贷，满足临时的头寸需求；除此之外，机构投资者可以通过债券借贷将持仓的信用债按照一定比例置换为利率债，以满足回购交易中质押券资质的要求。

（三）与国债期货配合，进行套利

通过债券借贷可以直接做空或者配合国债期货进行相关套利。债券借贷业务的主要作用之一就是做空，当投资者预计未来收益率将要上行，则可通过将借贷来的债券直接卖出，待收益率上行后再以低价买回获得收益。融入方的实际收益等于买卖的价差收入减去债券借贷的手续费。当然这样做的风险较大，但可以配合国债期货进行相关套利，以降低风险。[①]

近两年来债券借贷市场规模快速增长，与国债期货活跃度上升及参与机构不断增加带来的需求加大有一定的关系。证券公司通过债券借贷参与国债期货交易的方式主要有两种：一是进行卖出基差交易。当基差较大时，可以通过借贷融入相应的

---

① 根据公开资料整理。

可交割国债卖出，同时买入国债期货，待基差缩小平仓获取收益。一般在临近交割时，基差会收敛，投资者则可参与卖出基差交易。二是利差交易。主要是通过判断金融债和国债利差的未来走势进行交易，如预期利差扩大，则可借入金融债卖出，同时买入国债期货，待利差走扩后平仓获得收益。

（四）做市商和债券借贷业务

债券借贷能更方便地满足交易中对临时头寸的需求，降低存货风险和交易成本，这对于做市来说特别重要。做市商一般会对自己的做市券种保持一个比较高的头寸，以防做市券种被大量点击成交后头寸不足。引入债券借贷业务后，做市商可以通过"借券"来满足对做市券种的临时需求。非做市商同样也会经常面临类似的临时头寸需求。在过去，机构交易员会通过其他各种业务的组合方式或者通过私底下的合同进行"借券"，但多重业务组合的方式成本比较高，而私下的交易缺乏法律保障，存在比较大的信用风险。债券借贷业务的推出规范了"借券"交易，并提供相应的交易系统和交易备案措施，为防范违约风险，促进市场有序、健康地发展提供了制度的保障。

三、我国债券借贷业务的特点

与国际债券借贷市场相比，我国债券借贷交易的特点是具有统一的电子交易平台和登记托管机构，限于托管债券，未形成债券借贷代理机制。此外，市场参与人基于授信进行风险管理并事前约定交易期限等。近年来法律框架不断完善，2022年6月10日交易商协会发布《中国银行间市场债券借贷交易主协议（2022年版）》，①债券借贷业务制度趋于完善。

（一）债券借贷业务在交易方面的特点

1. 具有统一的电子交易平台和登记托管机构

在交易平台上，市场参与者开展债券借贷交易必须通过外汇交易中心的交易系统实现。交易中心掌握银行间市场上所有的债券借贷交易情况，并对日常交易进行监测。在实际交易过程中，交易双方先在线下按照借贷费率与借贷要求自主报价，

---

① 2022年6月10日，银行间市场交易商协会发布公告称，为规范银行间债券市场债券借贷业务，保护市场参与者合法权益，交易商协会组织市场成员和法律专家制定了《中国银行间市场债券借贷交易主协议（2022年版）》，经交易商协会第四届理事会第四次会议审议通过，并经中国人民银行备案，现予公布施行。

一对一询价确认后再通过交易中心的系统达成交易。

2. 限于托管债券

在登记托管机构方面，标的债券和质押债券均为在中央结算公司或上海清算所托管的债券。中央结算公司和上海清算所对债券借贷结算进行日常监测。

3. 未形成债券借贷代理机制

我国债券借贷市场目前并不存在国际通行的债券借贷代理机制，参与者均以自有债券直接参与债券借贷交易。

4. 基于授信进行风险管理

目前，我国市场上各机构开展债券借贷业务主要采用额度授信的风险管理机制，并且同一交易对手的债券借贷业务与回购业务共享授信额度。同时，在交易决策和交易费率的拟定上也主要参考对手方的信用资质和授信情况，还要考虑质押券价值，质押券可以根据双方授信以及内部评估手段等条件进行不足额质押。

5. 事前约定交易期限

我国债券借贷的交易期限由交易双方在交易前协商确定，不可随时终止，且最长交易期限不得超过 365 天。

（二）债券借贷和买断式回购的区别

债券买断式回购是指债券持有人（正回购方）将债券卖给债券购买方（逆回购方）的同时，交易双方约定未来某一日期，正回购方再以约定价格从逆回购方买回相等数量同种债券的交易行为。与质押式回购不同的是，逆回购方在获得债券之后，可以将债券卖出。在使用借来的债券进行质押式回购后，可以用融来的资金做同业存单，买高收益债、短融、超短融等，都可以实现在期限基本匹配的基础上套利。在 2006 年央行允许开展债券借贷业务之前，投资者想直接做空现券只能通过买断式回购来进行，但是买断式回购相对于债券借贷业务有很多缺点。[①] 买断式回购和债券借贷的主要相同点在于都可以达到做空的目的，但债券借贷做空相对更加"纯正"、灵活，买断式回购兼具融资、融券功能，更多的是用来融资。两者之间的主要区别包括以下三点：

第一，债券借贷是融入方以质押券的形式向融出方借入所需债券，债券借入方要向融出方支付一定的费用；而买断式回购是正回购方向逆回购方卖出债券融资，且需要向逆回购方支付一定的费用。

---

① 根据公开资料整理。

第二，债券借贷业务的最长期限不超过 365 天，买断式回购不得超过 91 天。在交易期间，借贷标的债券产生的利息归融出方所有，而买断式回购的利息归逆回购方所有。当交易到期时，债券借贷业务经双方协商同意后可以以现金交割，而买断式回购则不能使用现金交割，必须要有足额的债券和资金。债券借贷期间，经双方协商一致后，可对质押券进行置换，也可提前终止合同；而买断式回购期间不得换券和提前赎回。

第三，单个机构自债券借贷的融入余额超过其自有债券托管总量的 30%（含30%）或单只债券融入余额超过该只债券发行量 15%（含 15%）起，每增加 5 个百分点，需向同业中心和中央结算公司书面报告并说明原因；而进行买断式回购，任何一家市场参与者单只券种的待返售债券余额应小于该只债券流通量的 20%，任何一家市场参与者待返售债券总余额应小于其在中央结算公司托管的自营债券总量的 200%。

在银行间市场中，买断式回购与债券借贷较为相似，例如标的债券均会被交易至对手方的账户中，但相比于买断式回购，债券借贷更为灵活，期限、融资方式、结算方式等均与买断式回购不同（见表 19 - 2）。

表 19 - 2　　　　　　　　　　债券借贷与买断式回购的区别

分类	债券借贷	买断式回购
期限	1 天以上，365 天以内	1 天以上，91 天以内
融资单位	最小为面额 10 万元，交易单位为面额 1 万元	最低为 10 万元，最低变动单位为 10 万元
融资方式	以券融资	以资金融券
结算方式	首期结算为券券对付，到期结算为券费对付	首期与到期结算均为券费对付
主要目的	套利或者再融资	主要为了融资

资料来源：江海证券。

（三）质押式与转让式债券借贷的区别

质押式债券借贷与转让式债券借贷的核心区别在于履约保障品的转移方式，从而影响在交易期间出借方对于履约保障品的使用权。在履约保障品使用上，我国质押式债券借贷交易中，借入方保留履约保障品的所有权，在交易期间履约保障品出借方无法使用履约保障品。而转让式债券借贷交易中，由于履约保障品的所有权已经由借入方转让给出借方，出借方可以在债券借贷期间使用和处分履约保障品，只需在交易到期时归还同等价值的履约保障品。

在转让式债券借贷中，出借方需要考虑履约保障品的流动性以及其市场价值的波动性。转让式债券借贷交易中，出借方通过设定折扣率来要求履约保障品的市场价值超过标的债券。折扣率的参考因素主要是履约保障品种类及其流动性。在借入方出现违约的情况下，出借方有权处置履约保障品，并利用所得重新从市场上购买标的债券弥补头寸。

四、债券借贷市场的运行

（一）债券借贷业务参与主体及其交易目的

我国债券借贷交易的参与者包括交易主体、交易平台和托管机构等，不同交易主体共同参与，发挥各自的市场功能。债券借贷双方参与债券借贷业务的目的也与国际市场参与者的目的略有不同。[①] 债券借贷仅限于在银行间市场交易，且必须使用全国银行间同业拆借中心系统进行交易，按照债券借贷的费率进行报价协商。

根据《全国银行间债券市场债券借贷业务管理暂行规定》，银行间债券市场法人类金融机构或外国银行分行均可开展债券借贷交易。目前，我国债券借贷市场的参与机构主要包括商业银行、信用社、证券公司、基金公司等各类金融机构。其中，出借方主要是国有大型商业银行，借入方主要为证券公司。

随着债券借贷业务的快速发展，包括大型商业银行、股份制银行、信用社、证券公司、基金公司等多种类型的机构参与，市场参与主体逐步多元化。融出机构方面，主要以商业银行为主。证券公司也可以通过融入利率债参与其他交易，如国债期货套利。在国债期货合约临近交割时，基差会明显收敛。投资者可在基差收敛之前，通过债券借贷借入交易活跃的可交割券卖出，同时买入国债期货，取得基差收敛的收益。[②]

对于出借方来说，尤其是对以持有至到期为目的的债券投资者而言，债券借贷交易可以盘活持有债券存量，提供额外收益。对于借入方来说，债券借贷交易的目的较为多样。从交易目的来看，通过债券借贷，借入方可以通过将融入的债券高价卖出获得收益。实际交易中，投资者可以直接做空融入的债券，可以通过匹配不同期限、不同品种的债券现货进行利差交易，也可以配合国债期货进行套期保值。

从融资目的来看，借入方通过融入利率债参与银行间回购交易，提高融资效率，降低融资成本。这是由于银行间市场质押式回购交易中，资金较为充裕的逆回

---

① 江海证券（https：//www.jhzq.com.cn）。
② 根据公开资料整理。

购方通常要求正回购方提供利率债作为质押债券。同时，融资成本方面，使用利率债作为质押债券比使用信用债成本更低廉。因此，部分机构会通过债券借贷交易融入利率债，并使用该利率债参与回购交易进行融资。

从结算目的来看，在日常交易中，产生突发情况如出现交易失误，错将已质押的债券卖出或超额质押持有债券时，就需要借入债券以进行交割；此外，做市商因向市场提供双边流动性时，需借入债券以避免客户买入交易结算时无法支付款项。

（二）债券借贷的基本要素

虽然上交所在 2015 年发布了《关于开展债券借贷业务试点的通知》，但目前绝大多数债券借贷都在银行间市场进行。因此，目前债券借贷仅限于在银行间市场交易，且必须使用全国银行间同业拆借中心系统进行交易，按照债券借贷的费率进行报价协商。在期限方面，债券借贷操作最低不低于 1 天，最长不超过365 天，主要品种包括 L001、L007、L014、L021、L1M、L3M、L4M、L6M 等。按照规定，债券借贷最长期限不超过 1 年，但从成交记录来看，目前债券借贷的期限最长为 9 个月，最短为 1 天。从成交笔数和成交量来看，目前市场上以 7 天、14天、隔夜为主。按债券类型看，政策性金融债、国债、地方政府债是债券借贷的主要对象（见表 19 – 3）。

表 19 – 3　　　　　　　　　　债券借贷业务的基本要素

分类	债券借贷业务
交易场所	银行间债券市场
参与机构	银行间债券市场参与主体
报价方式	按照借贷费率自主报价，一对一询价确认后达成交易
借贷单位	最小面额为 10 万元，交易单位为面额 1 万元
借贷期限	最长不超过 365 天
质押债券	融入方自有债券，借贷期间经协商同意可进行转换
期间利息所有权	标的债券利息归债券融出方所有
到期交割方式	应以标的债券交割或经双方协商一致后使用现金交割
融入限制	单个机构自债券借贷的融入余额超过其自有债券托管总量的 30%（含 30%）或单只债券融入余额超过该只债券发行量 15%（含 15%）起，每增加 5 个百分点，需要向同业中心和中央结算公司书面报告并说明原因

资料来源：江海证券（略有修改）。

（三）交易动机和收益分析

融入方从事债券借贷业务的目的主要有四类：①交易性需求：债市看空时作为债券融入方的工具，空方用借来的债券进行交易，高卖低买，赚取价差。债券融入方可以先把借入的标的债券卖出，到期时再以较低的价格从市场上买入归还给债券融出方，从而达到做空的目的。②融资结算性需求：最常见的是借入标的券，再在市场上进行质押式回购融入资金。③临时补库：当结算时发现符合要求的标的债券有效库存额度不够时，需要临时在市场上借券。④改善流动性指标：为满足 LCR（流动性覆盖率等于优质流动性资产与未来 30 天内的现金净流出之比）要求，通过借入高评级高流动性债券增大分子，从而提高 LCR。下面主要介绍最常见的交易性需求和融资性需求。

1. 交易性需求

若投资者预计未来收益率将上行，则可先通过债券借贷借入现券，然后在市场上以目前的高价卖出，最后待债券借贷到期前从市场中以预计的低价买回，赚取资本利得。

2. 直接做空

债券借贷的主要作用之一就是为投资者提供了一个做空现券的工具，若投资者预计未来收益率将上行，则可先通过债券借贷借入现券，然后在市场上以目前的高价卖出，最后待债券借贷到期前从市场中以预计的低价买回，其总收益为做空收益减去借贷成本。做空收益公式如下[①][②]：

$$总收益 = 做空收益 - 借贷成本 \tag{18 - 1}$$

$$借贷成本 = 借贷券面总额 \times 借贷费率 \times \frac{借贷期限}{365} \tag{18 - 2}$$

3. 低成本融入资金

债券借贷在实际中应用除了直接做空以外，另一个很重要的功能是通过借入利率债来进行资金回购，以此用更低的成本融入资金。例如，在资金面较为紧张的时候，资金融出方往往会根据银行间存款类机构质押率来增加部分风险溢价，往往从 10bp ~ 100bp 不等。具体而言，我们通过分析在不同的资金面环境下，先通过债券借贷将持有的信用债换成利率债后，再将融入的利率债质押出去。根据市场数据分析，当市场上质押信用债融资的风险溢价大于一定水平（如 30bp）时，若通过债

[①] 江海证券（https://www.jhzq.com.cn）。

[②] 根据公开资料整理。

券借贷借入利率债再进行回购交易，所产生的利息将小于直接质押信用债。

（四）债券借贷业务品种和交易结算要素

债券借贷业务是一项法律合同，也是一项市场交易活动，它是指债券融入方以一定数量的债券为质押物，从债券融出方借入标的债券，同时约定在未来某一日期归还所借入标的债券，并由债券融出方返还相应质物的债券融通行为，交易和结算要素是这一行为的技术保证。

1. 相关方和主要品种

目前，债券借贷业务仅限于银行间债券市场，银行间市场法人类金融机构或外国银行分行可进行债券借贷交易，参与机构主要包括商业银行、证券公司、信用社、基金公司等。其中，商业银行是主要的债券融出机构，证券公司是主要的融入机构。从期限上看，债券借贷首先以 1 个月为主，其次是 2 个月和 14 天品种。交易所市场尚未推出债券借贷业务。

2. 交易的实现

在进行债券借贷时，债券融入方需向融出方提供足额的债券用于质押，质押债券为在中央结算公司或上清所托管的自有债券。参与者既可以通过全国银行间同业拆借中心的交易系统达成交易，又可以通过电话、传真等其他方式达成交易。在债券借贷期间，如发生标的债券付息时，债券融入方须在付息日当日将标的债券应计利息足额划至融出方资金账户。同时，需要对质押债券进行重估，经交易双方协商一致后，签订补充协议，可对质押债券进行置换。在债券借贷到期时，应以标的债券进行交割，但经双方协商一致后也可以通过现金交割。

可以看出，债券借贷业务相对比较灵活，像借贷费用标准、质押债券状况、交割方式等问题均可以通过双方协商确定。当然央行也规定单个机构自有债券借贷的融入余额超过其自有债券托管总量的30%（含30%）或单只债券融入余额超过该只债券发行量15%（含15%）起，每增加 5 个百分点，需向同业中心和中央结算公司书面报告并说明原因。

3. 结算

在结算方面，根据中央结算公司发布的《债券借贷结算业务规则》，债券借贷首期结算采用券券对付（DVD）结算方式，而在债券借贷到期结算时可采用券券对付（DVD）、返券付费解券（BLDAP）和券款对付（BLDVP）结算方式的任何一种，其中 BLDVP 方式要求结算双方均具有 DVP 结算能力。

4. 各类债券

从借贷的债券的使用方式来看，参与机构主要通过质押信用债来换取利率债。在 2015 年融入的债券中，国债和金融债的占比分别为 77.79% 和 22.17%，两者之和达到 99.96%，而企业债和票据占比均仅为 0.02%。用于质押的债券中，企业债和票据的占比分别为 34.5% 和 28.3%，占总规模的比重超过 60%；国债的占比为 14.2%，商业银行债券占比为 13.7%，金融债为 9.3%。①

五、银行间债券市场和交易所债券市场债券借贷业务的管理

（一）银行间市场的债券借贷业务的管理办法

债券借贷具有做空功能，考虑到 1995 年国债期货事件，人民银行对于债券借贷业务实行严格管理。2006 年 11 月，中国人民银行发布了《全国银行间债券市场债券借贷业务管理暂行规定》。此后，按照循序渐进的路径，银行间债券市场首先推出了双边债券借贷。

人民银行规定，债券借贷是指债券融入方提供一定数量的履约保障品，从债券融出方借入标的债券，同时约定在未来某一日期归还所借入标的债券，并由债券融出方返还履约保障品的债券融通行为。② 在机构加强相应内部授信和外部授信的前提下，市场参与者遵循公平、诚信、风险自担的原则参与债券借贷业务活动。银行间债券市场的参与者都有资格参加债券借贷业务，作为债券融入方和融出方开展债券借贷业务。可以作为债券借贷的抵押品包括所有融出方认可的资产，如现金、存款、股票、债券和信用证等。

2022 年 2 月 11 日，人民银行发布《银行间债券市场债券借贷业务管理办法》（2022 年 7 月 1 日实施）。该办法"借鉴国际成熟市场实践经验，从市场参与者、履约保障品、主协议等方面完善债券借贷制度。金融机构作为资产管理产品管理人参与债券借贷的，应按照诚实信用、勤勉尽责的原则履行受托管理职责。资产管理产品管理人借入债券的，应清晰债权债务关系，有明确的授权和责任承担机制，严格履行信息披露义务"。③

债券借贷的标的债券应为融出方自有的，可以在全国银行间债券市场交易流通的债券。人民银行规定，市场参与者进行债券借贷，应当签署中国人民银行认可的债券借贷交易主协议。交易各方应逐笔订立书面形式的借贷合同。借贷合同明确标

---

① 根据公开资料整理。
②③ 中国人民银行，2022 - 02 - 11.

的债券的名称和数量、质押债券名称和数量、债券借贷期限、债券借贷费用、质押债券置换、借贷期间代入债券的利息支付以及争端解决方式等，同时规定了债券借贷的交割可以债券交割和现金交割两种方式。

为了加强监管银行间市场的信息披露，人民银行还规定，单个机构自债券借贷融入余额超过其自有债券托管总量的20%（含20%）或单只债券融入余额超过该债券发行量10%（含10%）起，每增加5个百分点，该机构应该同时向同业中心和中央结算公司书面报告并说明原因。

债券借贷的期限由双方协商确定，但不得超过365天。用于结算目的的债券借贷期限通常为1~3天，交易策略和卖空套利交易的债券通常期限较长，为了防止做空投机行为，人民银行规定不超过1年期限。[①]

《银行间债券市场债券借贷业务管理办法》要求，债券融入方应向债券融出方提供约定的履约保障品。债券借贷存续期间，履约保障品市值应满足双方约定条件。参与者进行债券借贷应当签署人民银行认可的债券借贷交易主协议。[②]同时，《银行间债券市场债券借贷业务管理办法》支持市场参与者规范开展集中债券借贷业务，提高债券借贷交易效率和灵活性。[③]债券结算服务机构应当确定并公布集中债券借贷业务的可出借债券范围，公布借贷费率、履约保障品范围、折扣率及替换标准[④]。

（二）银行间债券市场的债券借贷结算业务

根据中国人民银行的规定，同业中心和中央结算公司应该根据中国人民银行的规定和授权，为市场参与者进行债券借贷提供交易和结算服务，并制定相应的债券借贷交易、结算规则。

1. 结算要求的借贷手续

结算成员进行债券借贷时，应该向中央结算公司簿记系统发送债券借贷结算指令办理结算。债券借贷结算基本指令内容包括债券融入方账号、融出方账号、标的债券简称、标的债券代码、标的债券面额、质押债券简称、质押债券代码、质押债券面额、借贷期限、首期结算日、首期结算方式、到期结算日、到期结算方式、融券费用金额。

---

① 见《中国人民银行关于债券借贷信息披露和风险监测有关事项的通知》。
②④ 中国人民银行，2022-02-11.
③ 集中债券借贷业务是指债券结算服务机构根据与参与者的事先约定，在债券结算日参与者应付债券不足额时，根据参与者在人民银行认可的电子交易平台发起的债券借贷指令。集中债券借贷交易达成后，债券结算服务机构应将相关结算数据传输至交易平台。

2. 指令发送

通过簿记系统发送债券借贷结算指令时，由债券融出方发送，融入方确认后生成结算合同。债券借贷结算基本指令可以分为直接发送到中央结算公司簿记系统和通过簿记系统客户端发送到中央结算公司两种情况。在第一种情况下，要通过全国同业拆借中心系统达成，债券借贷达成后，同业中心自动将成交数据传送到簿记系统，借贷双方确认后成为结算合同。凡是未能通过同业中心系统达成债券借贷业务的，借贷双方应该通过簿记系统客户端向中央结算公司簿记系统发送债券借贷结算指令。在第二种情况下，如果因故同业中心系统无法向簿记系统传送成交数据，借贷双方必须通过簿记系统客户端向中央结算公司簿记系统发送债券借贷指令。

3. 债券借贷结算业务的几种方式

按照中央结算公司制定的规则，结算方式有以下五种情况：

第一，债券借贷结算业务由中央结算公司办理。券券对付（DVD）指结算双方通过簿记系统只完成借贷，标的债券过户和用于质押担保的质押债券冻结及解押，融券费用的资金收付由结算双方自行解决的一种结算方式。

第二，返券付费解券（BLDAP），指簿记系统在债券融入方（到期付券方、付款方）标的债券足额并过户的情况下，由融出方（到期收券方、收款方）以"收款确认"指令的形式通知簿记系统完成用于质押担保的质押债券解押。

第三，券款对付（BLDVP）指结算双方债券过户、质押券解押和借贷费用资金收付通过簿记系统和中国国家现代化支付系统同步完成的结算方式。

第四，现金交割指债券借贷结算双方协商同意在债券借贷到期时以现金补偿的方式终结债券借贷业务的行为。

第五，清偿过户指债券借贷结算双方在合同没有执行的情况下到期后，根据双方协议和指令或仲裁机关出具的具有法律效力的裁定书或法院的判决裁定文书办理标的债券和（或）质押债券过户的行为。[①]

债券借贷到期结算时可采用券券对付（DVD）、返券付费解券（BLDAP）和券款对付（BLDVP）结算方式的任何一种，其中 BLDVP 方式要求结算双方均具有DVP 结算能力。

4. 质押券转换

办理质押转换结算时，采用质押券置换指令进行。质押券转换指令内容包括原

---

① 中央结算公司，2006 – 11 – 02.

券借贷结算合同号、被转换质押券简称、被转换质押券代码、被转换质押债券面额、转换质押券简称、转换质押券代码、转换质押券面额和转换日期。

在质押券置换日簿记系统检查置换质押券是否足额，足额时可以办理置换质押券冻结和被置换质押券解冻；如果置换质押券不足，继续等待，当日结束时仍然不足的，质押置换结算失败。质押券置换结算完成后，系统记录双方的质押台账。

5. 现金交割指令和应急结算指令

结算到期前，如果融入方预计不能返还融入标的债券并经过融出方协商同意后，可以现金交割的方式结束债券借贷业务。现金交割通过现金交割指令办理。现金交割指令由融入方在借贷到期日结束前发送，经融出方确认后成为现金交割合同。到期日，簿记系统根据该合同办理质押券解押。

结算成员因故无法通过簿记系统客户端发送结算指令的，采用应急方式办理结算，向中央结算公司传真应急指令书。债券借贷发生违约，导致到期交割失败，借贷双方应于双方完成协商达成一致结果后，得到仲裁或诉讼最终结果的次一工作日中午 12：00 前，将最终结果送到中央结算公司，中央结算公司在接到最终结果当日予以公告，并根据有效的书面文件办理清偿过户。

办理清偿过户需要提供有效的书面过户依据到中央结算公司办理。有效的过户必须符合以下三项之一：第一，结算双方协议和结算双方确认的清偿过户申请书；第二，仲裁机关出具的具有法律效力的裁定书；第三，法院的判决或裁定。

6. 利息支付

债券借贷期内发生标的债券或质押债券付息情况时，中央结算公司将根据债权登记日记录的持有人名册，拨付该期债券利息资金。债券借贷期内，发生标的债券付息情况时，融入方应该在付息日向融出方支付按照标的债券的面额和利率计算的应计利息金额。在债券付息权登记日结束时，簿记系统根据融券台账计算应计息债券涉及的融入方应支付利息资金总额，生成借贷债券利息资金拨付通知单。融入方根据借贷债券利息资金拨付通知单于付息日向融出方拨付。融入方未能向融出方及时足额拨付应付借贷标的债券利息资金的，融出方应向中央结算公司报告。

7. 费用

各类收费项目的结算方法及费用见表 19－4。

表 19 - 4 各类收费项目的结算方法及费用

序号	收费项目	结算方式	收费对象	费用标准
1	借贷结算服务费	DVD	结算双方	200 元/笔
		DVP	结算双方	300 元/笔
2	质押券置换	无	借贷融入方	500 元/笔
3	现金交割	无	结算双方	300 元/笔
4	清偿过户	无	借贷融入方	1000 元/笔

资料来源：中央结算公司。

（三）上海证券交易所的债券借贷业务

1. 交易所的债券借贷业务的交易方

上海证券交易所（以下简称"上交所"）于 2015 年开始债券借贷业务的试点。试点的目的是提高债券市场流动性，规范债券借贷业务，保护投资者合法权益。

交易所的债券借贷业务（以下简称"债券借贷"），是指债券借贷双方自主协商约定，由债券借入方以一定数量的债券为质物，从债券借出方借入标的债券，约定在未来归还所借入标的债券，并解除出质债券的质押登记的行为；和银行间债券市场的债券借贷业务性质相同。

在交易所从事债券借贷业务的市场参与者是经有关金融监管部门批准设立的金融机构，包括银行、证券公司、保险公司、基金公司、期货公司及其子公司和上述金融机构面向投资者发行产品的理财子公司（以下统称"市场参与者"）可以参与债券借贷。

2. 交易原则

市场参与者应当遵循公平、诚信、风险自担原则，加强相应的内部授权和外部授信管理，建立内部管理制度和操作规程，健全风险防范机制。市场参与者开展债券借贷业务试点，应当向上交所提交业务申请，并接受上交所自律监管。经上交所认可后，市场参与者可以参与债券借贷。

试点期间，借贷双方达成债券借贷的，借贷双方应当于业务达成当日在上交所规定的时间内以书面方式向上交所提交成交申报单，经上交所确认后成交。债券借贷到期时，借贷双方应当于到期当日在上交所规定的时间内以书面方式向上交所提交到期结算申报单。上交所对符合形式要求的成交申报和到期结算申报进行确认，不对申报的内容进行审查。

3. 结算方式

中国证券登记结算有限责任公司（以下简称"中国结算公司"①）根据上交所确认的债券借贷业务数据，办理相关债券的质押和过户等登记结算事宜，不作为中央对手方，不提供担保交收。首次结算时，质押债券在借入方证券账户中进行质押登记，标的债券由借出方证券账户过户至借入方证券账户。到期结算时，借入方的质押债券解除质押登记，标的债券由借入方证券账户返还至借出方证券账户。

债券借贷确认成交和办理结算时，借贷双方相关账户的标的债券和质押债券数量不足会导致交收失败，中国结算公司不办理标的债券的部分过户或质押债券的部分质押。市场参与者应当充分知晓并自行承担上述风险。债券借贷的标的债券和质押债券包括在上交所上市交易或者转让的各类债券、资产支持证券。上交所可以根据市场情况调整标的债券和质押债券的品种。

4. 相关权益处理

债券借贷期间，标的债券、质押债券的相关权益按照以下方式进行处理：

第一，标的债券发生付息、分期偿还、分期摊还的，债券借入方应于兑息或兑付当日向债券借出方返还相应资金。

第二，质押债券发生付息、分期偿还、分期摊还的，利息、分期偿还或摊还资金归债券借入方所有。

第三，质押债券发生提前赎回、到期兑付的，兑付资金一并质押，债券解除质押后方可提取。

第四，质押券含回售条款的，债券借入方不得行使回售权利；可转债、可交换债等质押期间，债券借入方不得行使转股、换股权利。

5. 期限确定

债券借贷的期限由借贷双方协商确定，但最长不得超过365天，且不得超过质押债券和标的债券的剩余期限。债券借贷费用和支付方式由借贷双方自行约定。债券借贷费用 = 标的债券券面总额 × 债券借贷费率 × 债券借贷期限 ÷ 365。

债券借贷期间，经借贷双方协商一致，可以向上交所申报置换质押债券。中国结算公司根据上交所确认的申报数据对新提交的质押债券办理质押登记，并解除原质押债券的质押登记。

债券借贷应当以标的债券进行交收。经借贷双方协商一致，债券借贷到期归还

---

① 和前面提到的"中证登"为一家机构。

可以向上交所申报现金结算，中国结算公司根据上交所确认的申报数据解除相关质押债券的质押登记。

6. 市场参与者内控管理

市场参与者应建立、健全风险控制措施和内部管理制度，控制债券借贷融入余额的合理比例。债券借贷发生违约的，借贷双方应当协商解决，守约方有权要求违约方继续履行或者终止履行，并可要求违约方根据上交所规定或者借贷双方的约定支付补息、罚息。借贷双方经协商无法达成一致的，可以采取仲裁、诉讼等违约救济方式。

试点期间，中国结算公司不办理债券借贷业务的借贷费用、补息罚息、现金结算等资金结算，由借贷双方自行协商解决。

7. 监管和执法

市场参与者违反法律、行政法规、部门规章、其他规范性文件、上交所有关文件或者存在违约行为的，上交所和中国结算公司作为自律组织，对于违反自律规则的行为，可采取自律措施或者纪律处分；对于涉嫌违法违规行为的，移交相关行政监管部门处理；对于涉嫌犯罪的，依法移交司法部门处理。

债券借贷过程中，发生不可抗力、意外事件、系统故障、传真和电信故障或迟延等情况，并且因上述原因上交所和中国结算采取相应措施造成借贷双方损失的，上交所和中国结算公司不承担责任。[①]

六、我国债券借贷业务的未来发展

（一）对我国转让式债券借贷业务的探讨

转让式债券借贷是国际市场主要的债券借贷品种，相对于质押式债券借贷而言，转让式债券借贷在提高市场流动性等方面存在优势。我国债券市场经过多年发展，已经具备推出转让式债券借贷的基础。

1. 转让式债券借贷业务的特点

转让式债券借贷业务有以下几个特点：

一是转让式债券借贷业务可以提高债券市场的运行效率，包括提高市场流动性、增强做市功能以及增加市场供给量等。在提高债券市场流动性方面，由于出借

---

① 上海证券交易所中国证券登记结算有限责任公司，2015 – 03 – 30.

方可在交易期间使用履约保障品，且履约保障品主要是流通债券，可以实现盘活存量债券的目的。在增强做市功能方面，在转让式债券借贷模式下，做市商和尝试做市机构不仅可以作为借入方借入做市所需的债券，还可以作为出借方使用履约保障品，进一步提高做市效率。在增加市场供给量方面，由于出借方在收取固定借贷费用外，可以进一步使用履约保障品获利，增强了出借方参与交易的积极性，从而增加市场供给量。

二是转让式债券借贷可以弥补质押式债券借贷的局限性。对于质押式债券借贷交易，虽然法律支持在借入方违约后，出借方可以通过履约保障品折价或者以拍卖、变卖履约保障品的方式优先受偿，但由于缺乏具体操作流程，实践中登记托管机构无法对担保品进行快速处理，为守约方实现受偿增加了成本。对于转让式债券借贷交易，由于出借方拥有履约保障品的所有权，可以直接处分履约保障品，从而避免出现上述问题。

三是转让式债券借贷有助于增强境外投资者进入我国银行间债券市场的意愿。转让式债券借贷是国际主流的债券借贷品种，推出转让式债券借贷可以促进我国债券市场与国际市场进一步接轨，增强境外投资者参与我国债券借贷交易的积极性。

2. 转让式债券借贷业务的前景

当前我国债券借贷市场经过多年发展，已经积累了一定的市场规模，同时市场基础设施建设水平已经可以满足转让式债券借贷业务开展的需要，为推出转让式债券借贷奠定了基础。

一是质押式债券借贷和买断式回购交易的实践为我国市场推出转让式债券借贷奠定了市场基础。质押式债券借贷发展多年，已经培养出市场对债券借贷交易的稳定需求，包括国有大型商业银行的出借需求和证券公司的借入需求。此外，买断式回购在交易特点上与转让式债券借贷相似，均为转移履约保障品所有权的交易。买断式回购 2016 年总交易量超过 32 万亿元，已经逐步为市场所接受，也为市场接受转让式债券借贷提供了支持。

二是我国银行间债券市场现有基础设施建设水平可以支持转让式债券借贷业务的开展。由于转让式债券借贷业务与现券交易和买断式回购交易需要的技术支持相似，可以依托现有交易平台和登记托管系统完成对转让式债券借贷相关功能进行开发。

3. 转让式债券借贷业务可能面临的挑战

为适应转让式债券借贷交易，现有市场参与者的履约保障品管理水平有待提高，同时现有债券借贷业务内部操作流程与风险管理制度需要完善。

一是市场参与者的履约保障品管理水平有待提高。转让式债券借贷对交易双方对履约保障品的管理提出了更高的要求，市场参与者需要增强盯市估值等履约保障品管理能力。担保品管理机制的技术内核是盯市和动态调整功能的应用。目前，担保品管理机制的作用未得到充分发挥，特别是按估值盯市和动态调整功能还未全面推行。从实际操作来看，担保品一般采用市场公允价格来计量，充分发挥逐日盯市在担保品管理当中的应用可以提升履约保障全生命周期的风险防控能力，反映担保品价值与风险敞口的真实变化水平。根据盯市结果进行动态调整，可以对盯市捕捉到的市场风险作出及时反应，避免因担保品价值变动导致对实际敞口覆盖的不足，影响公允保障交易双方权益。2021 年末，中央结算公司管理的 17 万亿债券担保品中，仅有一半的担保品采用了债券估值作为担保品计价基础，通过逐日盯市反映担保品的真实市场价值；而启用动态调整功能的担保品规模仅占 5% 左右。可以看出，逐日盯市及动态调整功能的缺失极大削弱了担保品管理的职能作用①。

二是现有债券借贷业务内部操作流程与风险管理制度需要完善。由于转让式债券借贷在交易流程、会计处理和交易期间履约保障品使用上与现有质押式债券借贷存在区别，参与者需要进一步完善债券借贷业务的内部操作流程与风险管理制度，在以授信为基础的风险管理机制下，重视以履约保障品作为风险管理手段。

（二）银行间债券市场债券借贷业务近期发展的思路

根据我国债券借贷市场现阶段的发展的特点，结合国际债券借贷市场实践，在债券借贷市场发展思路上，并体现在相关办法的修订中，有以下新的进展：

1. 在我国银行间市场推出转让式债券借贷交易业务的条件已经成熟

根据上述分析，转让式债券借贷交易具备提高债券市场流动性、促进银行间市场对外开放的特点，可以适时考虑通过修订《全国银行间债券市场债券借贷业务管理办法》等制度的方式，推出转让式债券借贷交易业务。

2. 逐步建立履约保障品管理制度

完善的履约保障品管理是重要的风险控制手段，可以缩窄借贷双方风险敞口，降低交易对手方违约的损失，将借贷交易的风控重点从对手方本身转移到履约保障品，进而发挥履约保障品的保证功能。

在使用金融担保品的业务中，充分应用第三方担保品管理机制，将复杂的担保

---

① 中央结算公司，2022 – 10 – 28.

品管理"外包"给更具专业优势的中央托管机构，由其提供集中统一的第三方担保品管理，最大化担保品管理作用。通过采用市场公允价格进行盯市，可以做到：反映担保品价值与风险敞口的真实变化水平，提升履约保障全生命周期的风险防控能力；根据盯市结果进行动态调整，对盯市捕捉到的市场风险做出及时反应，保障风险敞口足额覆盖；以金融担保品数据为基础，构建一套系统性金融风险监测体系，提高担保品使用效率的同时防范由市场顺周期行为引发的金融风险，保障市场整体杠杆水平处在一个健康合理的范围内。[①]

3. 进一步规范债券借贷业务，增加足额覆盖要求

目前，《银行间债券市场债券借贷业务管理办法》规定债券融入方只需提供一定数量的履约保障品，未要求足额覆盖敞口。我国债券借贷业务中长期存在风险敞口覆盖不足的问题，一些债券融出方面临较高的净风险敞口，一旦出现交易违约，将带来较大的资产损失。因此，监管层面进一步规范债券借贷业务，提高风险敞口覆盖比例要求，降低相关业务的信用风险。[②]

4. 建立债券借贷业务的逐日盯市机制

一方面，对标的债券进行逐日盯市，以有效管控标的债券风险；另一方面，对履约保证品中的债券进行逐日盯市，建立自动补充机制，有效管控保障品风险。逐日盯市可采用第三方估值机构（如中债估值）的价格作为参考。[③]

5. 经营融资融券机构的要求

融资融券业务是指向客户出借资金供其买入上市证券或者出借上市证券供其卖出，并收取担保物的经营活动。[④] 经营证券经营业务的证券公司应该具备一定的资格。如经营证券业务已经满 3 年，公司治理健全，内部控制有效，能够有效识别、控制和防范业务经营和内部管理风险。

6. 完善基金债券标的选取标准

为适应融资融券交易多样化需求，此次修订相关办法还完善了基金和债券标的的选取标准。一是优化 ETF 作为融资融券标的选取标准，并新增上市开放式基金（LOF）作为标的证券的选取标准；二是明确债券作为融资融券标的选取标准，给下一步开展债券借贷业务预留一定规则空间。本次修订借鉴债券质押式回购交易中"质押债券"的资质要求，明确债券作为两融标的条件，即托管面值在 1 亿元以上、剩余期限在 1 年以上及信用评级在 AA 级以上等。

[①②] 中央结算公司，2022 - 10 - 28.
[③④] 中央结算公司，2021 - 09 - 18.

7. 拓宽融券卖出所得价款用途

在优化融资融券交易机制方面，相关办法修订拓宽了融券卖出所得价款用途，降低融券交易实际成本；此外还豁免 ETF 融券卖出最低价格限制，提高融券交易效率；与此同时，进一步扩大可充抵保证金证券范围，纳入证券公司现金管理产品，并且取消追加担保物统一规定，减少强制平仓可能造成的损失和纠纷。

8. 强化客户适当性管理职责

本次相关办法修订进一步强调会员应加强客户适当性管理，引导客户理性、合法合规参与交易，并与《证券公司融资融券业务管理办法》修订衔接，明确相关要求，即最近 20 个交易日日均证券类资产不低于 50 万元、从事证券交易的时间不少于半年等。对已低于 50 万元的客户，原有合约可不作改变。

9. 加强担保品监控与管理

根据公开信息显示，近年来，一些风险标的股票如重庆啤酒、昌九生化等均存在单一客户单一担保品集中度过高的问题，给业务平稳运行带来潜在风险。本次相关办法修订根据业务发展需要，新增要求会员加强担保品监控与管理的规定，要求会员及时监控担保物中"单一证券市值占其担保物市值的比例"指标，对于达到限制比例的客户，会员应按照约定暂停接受融资买入相应证券的委托或采取其他风险控制措施，及时防控相关风险。

第二节 债券回购

债券回购业务是一项基本的债券市场业务。债券回购有助于市场参与人避开债券市值波动带来的风险，通过交易期间将持有债券与资金进行交换，满足市场参与人在交易期间的流动性需求。由于回购交易的特点，中央银行也将债券回购作为一项重要的公开市场操作工具。在实际操作中，质押式回购为保证质押品质量一般采用评级较高券种，加上不承担违约风险的特点，可以减少流动性管理时可能产生的交易风险，从而成为债券回购的主要方式。[①] 债券回购业务的历史分为两个阶段。早期国债回购业务主要集中在交易所和部分交易中心，以国债回购为主，由于制度不健全，出现很多问题。2000 年以后回购业务主要在银行间债券市场和交易所市场，各项制度逐步完善。

---

① 吴小求. 证券投资学 [M]. 北京：中国人民大学出版社，2009：150.

一、早期国债回购业务

国债回购业务是指卖出一种国库券时，附加购回条款，在一定期间后，以预定的价格或收益率，由最初的出售者再将该种国库券购回的交易方式。进行与上述程序相反的交易，称为逆回购交易。国债回购是债券市场的基本工具之一，其基本作用是作为证券中介机构短期融资和抵押担保的工具，同时也是央行进行公开市场操作的基本手段。

我国的国债回购交易包括场内交易和场外（柜台）交易两种形式。柜台回购适用于不记名国债，即国债实物凭证或国债代保管凭证，柜台回购交易目前还很不规范。场内回购主要在各家交易场所内进行。

（一）早期场外场内回购交易

20 世纪 90 年代初期，国债交易主要在交易所进行，回购业务也在交易所开展。当时我国国债回购业务包括场内和场外两类，场内回购在交易所进行，场外回购在证券公司的柜台进行。90 年代初期，柜台回购使用国债实物券或国债代保管凭证，交易不够规范。场内回购主要在各家交易所进行，开展国债回购交易的交易所有上海证券交易所、深圳证券交易所、武汉国债交易中心、联办的 STAQ 系统和天津证券交易中心。各个市场都规定了国债回购的期限结构、可开展回购业务的券种、回购合约标的物的金额、交易方式等。各个机构都规定了国债回购交易的期限结构、可用于回购交易的券种、回购合约标的物的金额以及交易方式等内容。1991年 7 月 STAQ 系统宣布实施国债回购交易的试点，试点内容是质押式回购。中国的质押式回购是指正回购的一方把记账式国债作为抵押物，从逆回购的一方获得资金，并商定在未来某个时间向逆回购一方还本付息，同时取回抵押标的物的一种交易方式。

（二）交易所场内回购交易的发展

1993 年 12 月 25 日，上海证券交易所推出债券回购业务。国债回购当时以单只现券为基础，按席位交易。1994 年，推出标准券折算制度，整合市场流动性。1996 年，开始按季调整标准券折算比率。1998 年，现券开始逐步转入账户托管，并建立回购登记制度。[①] 在业务发展的同时，上交所也加强了对回购业务的管理。

---

① 上海证券交易所债券业务部. 上海证券交易所债券回购交易业务介绍.

上海证券交易所 1993 年推出国债回购交易业务时只有 3 个品种：1 个月、3 个月、6 个月，交易规模相对较小，以当时市场流通的 5 个国债品种为回购的基础债券。1994 年 9 月 12 日起取消原来按照各年份设立品种的方法，开始采用不分券种、统一面值（以一定比率折算）计算持券量的标准化国债回购交易品种。回购交易不再使用价格报价，改为以年收益率为直接报价方式。1996 年 5 月 3 日，又调整了上市国债现券折算成回购标准券的比率确定方式，开始按季公布标准券的折合比率。同年 5 月 6 日起又增设了三天期限的国债回购业务。为活跃和规范国债回购业务，简化国债回购品种的设置，方便回购交易，上海证券交易所从 1994 年 9 月 12 日起，取消原来按年份（期限）国债分设回购品种的方法，设立不分券种、统一按照面值计算持券量的标准化国债回购交易品种。

国债回购在 20 世纪 90 年代很快发展成为一种重要的交易工具。上海证券交易所 1993 年的回购总量仅为 4200 万元，到 1994 年回购总量已达到 63.1 亿元。据不完全统计，1994 年全年场内交易额达到 3100 亿元（单边交易量），占全部国债交易额（包括现货、期货和回购等国债交易品种）的 12.4%。表 19 – 5 给出了各个交易所的回购交易额及其占全部国债交易额的比重。[1]

表 19 – 5　　　　　　　　　　1994 年各个交易所的回购交易额及比重

交易所	回购交易额（亿元）	占全部国债交易额的比重（%）
上海证券交易所	107.9	0.69
深圳证券交易所	15.73	3.12
武汉证券交易中心	1500	45.59
STAQ 系统	900	80.00
天津证券交易中心	750	90.00

资料来源：高坚. 中国债券 [M]. 北京：经济科学出版社，1999：210.

可以看出，回购业务主要集中在武汉证券交易中心、天津证券交易中心和 STAQ 系统中。为满足大额交易的需要，各交易场所提高了回购交易的最小面额要求。例如，上海证券交易所和武汉证券交易中心规定，回购的最小面额是 10 万元标准券；深圳证券交易所规定，场内交易回购合约的标的约为 2 万元，场外一次买卖额为 50 万元以上。此外，国债回购的报价方式已由标的国债的收益率报价转变成资金的利率报价。

---

[1]　高坚. 中国债券 [M]. 北京：经济科学出版社，1999：209 – 210.

（三）限制交易所外其他交易中心的回购交易

20世纪90年代末，中国开始全面整顿金融市场中出现的问题，除上交所和深交所外，其他所有交易所都被关闭。与此同时，银行间债券市场的回购市场开始形成，与交易所回购市场并存。从这时起，回购交易只能在交易所债券市场和银行间债券市场进行。然而，各个交易所和银行间债券市场的回购交易规则并不统一，交易仍不够规范，这种现状阻碍了中国回购市场的进一步发展。

（四）交易所债券回购中的托管问题

在交易所市场中，客户债券托管实行的是券商主席位下的二级托管。1994年，为了活跃当时交投清淡的国债市场，交易所进一步创立了国债回购标准化的"套做"与"放大"业务，并提供宽松的"席位联合制"监管。

1. 早期来自托管、结算的风险

按照1998年6月14日上海交易所发布的有关通知，交易所成员在清算时，都是以券商账户为单位，即一家会员无论在交易所有多少个席位（每个席位都有一个子账户），在清算时，这些账户都将归入统一的法人账号（主账户）；只要主账户不存在欠库行为，一般不会追究子账户是否欠库。

这一规定使得券商在交易过程中可以任意调用下属营业部的资金和债券进行统一交易，以此获得规模效益和提升资源的使用效率。可以说，托管、结算制度的差异给交易所国债回购风险埋下了隐患，而标准券确定方式成为引爆风险的导火索。

早期回购风险首先来自托管制度漏洞导致的券商对国债的挪用。根据交易所规则，融资方只能拿自己的国债做回购，用于回购的国债现券也必须托管在证券公司的席位上。正是这种主席位下的二级托管方式为证券公司挪用客户国债进行回购提供了技术可能。一些大的证券公司往往托管几十亿元甚至更多的国债，其利用制度缺陷挪用客户国债的行为难以避免。

2. 股市投机助长了国债的挪用

挪用客户国债的风险在很长一段时间表现得并不明显，主要有两个方面的原因：一是证券公司不会将所托管的国债全部挪用，由于交易所是按照标准券的形式冻结被抵押的国债，因此不会影响少数客户在此期间的国债卖出交易。二是在1996年至2001年，我国新股主要采取保证金申购的形式发行，资金周转很快，但实际使用效率（也就是申购成功率）并不高，因此形成了一种短期的大额资金需求，国债回购恰好能够满足这种需求。

由于"新股不败"神话长期存在，证券公司挪用客户国债回购融资申购新股，在利率及资金安全方面的风险很低，使得国债回购本身的风险被掩盖了。随着市场的发展，特别是新股实行市值配售以后，一些融资方利用国债工具通过回购融入资金，直接或间接用于股票炒作，于是国债回购的风险因融资使用方面的问题而表面化。当股票出现流动性风险，或股价下跌使股票炒作者的自有资金完全亏损的时候，回购风险就成为现实。

在现实中，一些证券公司从避免问题恶化、掩盖自身违规的目的出发，尽可能掩盖资金使用方面的风险，并通过引入新的国债投资者、扩大国债托管数量以加大挪用额度等方式在自身体系内予以消化。事实上，这种做法虽然暂时阻止了风险的爆发，但并没有消除或减小风险，反而使风险像滚雪球一样越滚越大。

3. 2003 年回购挪用国债导致交易所和证券公司出现托管清算风险

2003 年 8 月，央行上调存款准备金率收紧银根，加上市场进入升息周期的普遍预期，使持续多年的国债牛市行情戛然而止，在交易所上市的各个国债现券普遍下跌，并相继出现跌破发行价的现象，国债回购风险开始暴露。这是因为回购比例的调整使同样的融资额需要挪用更多的国债，于是国债托管数量即告紧张。

问题还不仅于此。由于人们对市场升息的预期，国债现券持续下跌，交易所被迫一次又一次地下调折算比例，一些证券公司可挪用的托管国债逐渐减少，最终融资额超过了冻结的标准券，证券公司出现欠库；而登记清算公司在要求证券公司补足欠库之前，必须先向融券方支付到期的拆借资金本息，以致整个清算危机四伏。

二、2000 年以后各个交易场所的回购业务

2000 年以前，债券回购主要是交易所的国债回购业务。1998 年银行间债券市场建立，2000 年以后银行间债券市场的国债回购业务逐渐开展起来。

（一）银行间债券市场债券回购业务的发展

目前，中国在银行间市场和交易所市场都放开了债券回购交易，但是交易规则和业务模式有所不同。在银行间市场，投资者账户都是一级托管，债券直接托管在中央国债登记结算公司。虽然银行间市场中的丙类户要通过甲类户代理结算，但是任何投资者的结算账户都是自己申报的银行账户，由融券方直接将资金打入融资方的银行结算账户，甲类户仅代理丙类户做债券的交割。

1. 银行间市场在回购业务早期加强监管

经历了 2003 年以前国债回购出现的问题, 2002 年下半年, 中国人民银行开始通过公开市场操作回收流通资金, 受这种政策信号的影响, 市场预期利率将会继续上涨。结果国债价格暴跌, 这对当年的新国债发行造成了极大的负面影响 (共有三期国债发行失败)。随着中国国债市场的发展, 市场上可流通的国债数目和国债品种日益丰富, 质押式回购的局限性开始逐渐显现。为进一步完善债券回购市场, 2004 年 4 月, 财政部、中国人民银行和中国证监会联合发布了《关于开展国债买断式回购交易业务的通知》。[①] 2004 年 4 月 12 日, 人民银行发布了《全国银行间债券市场债券买断式回购业务管理规定》, 该规定使债券买断式回购业务有章可循, 标志着银行间债券市场买断式回购业务的正式形成。[②]

2. 第三方回购交易

2018 年 10 月, 人民银行发布 2018 年第 18 号公告, 正式在银行间债券市场推出了三方回购交易, 中央结算公司积极落实监管要求、研究制定业务规则, 为市场成员提供安全、高效、专业的担保品管理服务。为进一步拓展外币融资渠道, 提升金融服务实体经济能力, 中央结算公司与中国外汇交易中心于 2021 年 7 月 12 日推出外币回购 (三方) 模式, 由中央结算公司作为第三方担保品管理人, 根据统一的担保品管理参数进行全流程、自动化担保品管理。[③] 但是实践业务中, 我国三方回购业务尚未正式落地, 相关业务仍有待监管部门的进一步政策支持。尽快推动内地债券市场三方回购业务落地, 将有助于丰富回购市场交易品种, 降低交易成本。由独立的第三方担保品管理机构对三方回购进行担保品管理, 还能够有效保证债券的足额质押, 更好地发挥担保品的风险防控作用。[④]

(二) 2003 年以后上海证券交易所的债券回购业务

1. 2003 年以后上海证券交易所加强了对于回购业务的管理

与银行间市场不同, 交易所市场只进行国债回购业务。2003 年国债回购问题首先表现为证券公司资金短缺。证券公司为解决欠库问题, 不得不压缩融资额度、抛出股票, 引起股票下跌, 导致融资方所拥有的股票市值减少, 进一步引起回购到期无法归还资金, 导致资金使用风险的再度爆发; 而在这一过程中, 托管方挪用客

---

① 中国人民银行, 2004 – 04.
② 中国人民银行, 2004 – 04 – 12.
③ 中国政府网, 2018 – 10 – 17.
④ 中央结算公司, 2022 – 10 – 28.

户国债的行为再也无法掩盖，挪用风险不可避免地爆发出来。这些风险的不断叠加、循环、放大，使整个市场遭受重创。

2004 年 4 月，中国证券登记结算公司发出文件，要求各证券公司严格按照有关规定开展国债回购，不得欠库并且限期归还挪用的客户国债，其背景就是当时国债现券价格的下跌和回购折算比例的调整暴露了回购中的国债抵押风险，使得登记清算公司的资金面全面抽紧，正常业务受到影响。2004 年 11 月 23 日，上海证券交易所正式发布了《上海证券交易所国债买断式回购交易实施细则》。这标志着买断式回购业务正式进入交易所市场，这一措施有助于进一步多样化回购交易品种，同时也有利于进一步完善银行间市场的回购业务。交易所国债买断式回购交易的形成将原本分割的两个市场（即银行间市场和交易所市场）连接了起来。

在买断式回购中，逆回购方完全拥有抵押债券的所有权。在回购期限内，逆回购方可以在债券现货市场上出售抵押债券，或将这些抵押债券用于另一笔回购交易（另一笔回购交易以融资为目的，即逆回购方在另一笔回购交易中将是债券卖方，也就是正回购方）。买断式回购交易对逆向回购方的唯一约束是，在回购到期日，逆回购方应有足够的债券用于交割。与质押式回购相比，买断式回购给逆回购方提供了更大的灵活性，从而消除了质押式回购的局限性。

在此期间，交易所在业务发展方面也不断取得进展。2003 年，开始按月调整标准券折算比率；2005 年，开始按周调整标准券折算比率；2006 年 5 月，新债券回购交易制度推出；2007 年，公司债开始记入回购质押库；2012 年 7 月，可转债记入回购质押库；2012 年 12 月，新回购实行逐日盯市制度。

2. 上交所质押式协议回购

债券质押式协议回购交易是指回购双方自主协商约定，由资金融入方（"正回购方"）将债券出质给资金融出方（"逆回购方"）融入资金，并在未来返还资金和支付回购利息，同时解除债券质押登记的交易。

2015 年 2 月 16 日，上海证券交易所发布《上海证券交易所债券质押式协议回购交易业务指引》的通知，内容包括交易要素、行情揭示等更为详细的规定，附债券质押式协议回购交易风险揭示书必备条款，以及总体框架、投资者适当性、交易方式、违约处置途径以及自律监管要求。①

3. 上交所三方回购业务

三方回购是上交所完善回购生态链的重要一环。三方回购介于两者之间，在综

---

① 关于发布《上海证券交易所债券质押式协议回购交易业务指引》的通知［EB/OL］. http：//www. sse. com. cn/lawandrules/sserules/trading/bond/c/c_20150912_3985916. shtml，2015 – 02 – 16.

合两者多年运行经验的基础上，通过第三方机构对担保品集中、专业管理，在安全性和便利性间寻找更好的平衡。同时，相对于质押式回购，质押券扩大至交易所各类型债券，包括非公开发行公司债、ABS等。相对于协议回购，质押券的标准和折扣率统一制定，且第三方提供担保品管理服务，进行逐日盯市，有助于提升交易效率和风险管控。此外，三方回购业务实行投资者适当性管理，对资金融入方设定了更严格的准入门槛，参与人还可自行设定交易对手白名单。三方回购业务的推出，对构建多层次的回购市场、便利金融机构流动性管理、促进债券市场健康发展具有重要意义，是落实中央经济工作会议确定的防范和化解金融风险重点工作的重要举措。规则发布后，市场专业人士对于三方回购提升债券市场流动性和拓宽金融机构融资渠道普遍给予了正面评价。2018年5月9日，上交所债券市场达成首批三方回购交易，标志着上交所三方回购业务正式上线。①

三、债券回购业务

（一）债券回购的性质

债券回购是中国金融市场的基本工具之一。债券回购不仅可以作为证券中介机构的短期融资工具，而且是中央银行公开市场操作的基本手段。

1. 回购与逆回购

债券回购是指债券交易的双方在进行债券交易的同时，以契约方式约定在将来某一日期以约定的价格（本金和按约定回购利率计算的利息），由债券的"卖方"（正回购方）向"买方"（逆回购方）再次购回该笔债券的交易行为。

债券回购分为"以券融资"和"以资融券"两种方式。所谓"以券融资"，就是债券持有者在卖出一笔债券的同时，与买方约定于某一到期日再以事先约定的价格将该笔债券购回，并付一定利息。假如机构投资者选择"3天国债回购"的融资方式，交易所的交易系统将在3天后自动从其账户里划出本金和3天利息。这就是一次完整的债券回购了，简单地说就是需要钱的人拿债券作短期抵押向有钱人借钱。"以资融券"则是一个逆过程。从交易发起人的角度出发，凡是抵押出债券，借入资金的交易就称为进行债券正回购；凡是主动借出资金，获取债券质押的交易就称为进行债券逆回购。

---

① 上交所三方回购业务正式上线［EB/OL］.（2018-05-09）［2022-03-08］. http://www.sse.com.cn/aboutus/mediacenter/hotandd/c/c_20180509_4551464.shtml.

2. 质押式回购和买断式回购

中国的债券回购交易主要有两种形式，即质押式回购和买断式回购。[①] 根据《全国银行间债券市场债券交易管理办法》中的定义，质押式回购是交易双方进行的以债券为权利质押的一种短期资金融通业务。在这项业务中，资金融入方（正回购方）在将债券出质给资金融出方（逆回购方）融入资金的同时，双方约定在将来某一日期由正回购方按约定回购利率计算的资金额向逆回购方返还资金，逆回购方向正回购方返还原出质债券的融资行为。在回购交易中，抵押债券的所有权并没有转移给逆回购方（回购卖方），逆回购方在回购期间不得将抵押债券挪作他用。

买断式回购是指债券持有人（正回购方）将债券卖给债券购买方（逆回购方）的同时，交易双方约定在未来某一日期，正回购方再以约定价格从逆回购方买回相等数量同种债券的交易行为。

质押式回购能有效地规避回购交易中的卖空行为和信用风险，使用质押式回购的机构投资者能方便地筹集到短期资金。质押式回购还能提供套利机会，回购参与者能利用回购利率获利。但中国质押式回购的唯一功能是融资和买空，其他很多国家的质押式回购都拥有债券融资和卖空功能，这两项功能目前在中国均不具备。

中国国债市场拥有买空机制，但缺乏相应的卖空机制，这种缺陷不利于国债供求平衡的实现。2002年上半年，由于股市不景气，大量资金通过质押式回购交易涌入债券市场，这导致国债价格急剧上涨。由于缺乏卖空这种平衡机制，国债收益率一路暴跌，对于投资者来说出现了利率风险。

开放式回购即买断式回购，是相对于质押式回购的"封闭性"而言的。在开放式回购中，资金融出方在获得债券之后有权对债券行使处置权，只需要在回购到期时手中持有该债券以支付融资方的回购即可。开放式回购中债券的所有权发生了实质性的转移，资金融出方对债券有自由处置的权利，相对于封闭式回购，开放式回购的灵活性更大。

开放式回购业务与质押式回购业务的性质是基本相同的，但是交易方式略有不同。质押式回购业务是通过网上交易办理，而开放式回购业务是针对不能在网上交易但又托管在国债登记公司的一些企业债券开办的一项业务，回购双方通过纸质的合同在网下进行交易。通过一笔即期债券交易和一笔远期债券交易来实现的。

开放式回购促进了市场的流动性并在客观上引入了做空机制，同时投资人也可

---

① 债券回购也可以分为封闭式回购（相当于债券质押式回购）和开放式回购（相当于债券买断式回购）。

以利用开放式回购进行短期融资，平衡头寸，并且便于控制风险。参与开放式回购的主要动机有正常的机构资金管理，包括资金融入与融出业务；对冲避险、套利等。这里所说的套利包括现券对冲和回购套利、做空投机等。

（二）回购交易基本规则

1. 回购交易的法律文件

回购协议最常见的交易方式有两种：一种是证券的卖出与购回采用相同的价格，协议到期时以约定的收益率在本金外再支付费用；另一种是购回证券时的价格高于卖出时的价格，其差额就是即时资金提供者的合理收益率。

商业银行通过回购协议融通到的资金可以不提缴存款准备金，有利于降低借款实际成本。同时，与其他借款相比，回购协议是一种容易确定和控制期限的短期借款。回购协议作为一种金融工具，有利于商业银行更好地渗透到货币市场的各个领域。

（1）回购协议

回购协议（repurchase agreement 或 repos）是指以有价证券作抵押的有效的短期资金融通合同，在形式上表现为附有条件的证券买卖合同。回购协议的特点是将资金的收益与流动性融为一体，增大了投资者的兴趣。投资者完全可以根据自己的资金安排，与借款者签订"隔日"或"连续合同"的回购协议，在保证资金可以随时收回移作他用的前提下，增加资金的收益，增强长期债券的变现性，避免证券持有者因出售长期资产变现可能带来的损失，具有较强的安全性。回购协议一般期限较短，并且又有100%的债券作抵押，所以投资者可以根据资金市场行情变化，及时抽回资金，避免长期投资的风险。较长期的回购协议可以用来套利。如银行以较低的利率通过回购协议的方式取得资金，再以较高利率贷出，可以获得利差。

回购协议的期限一般很短，最常见的是隔夜拆借，但也有期限长的。此外，还有一种"连续合同"的形式，这种形式的回购协议没有固定期限，只在双方都没有表示终止的意图时，合同每天自动展期，直至一方提出终止为止。

回购协议是由借贷双方鉴定的法律合同，规定借款方通过向贷款方暂时售出一笔特定的金融资产而换取相应的即时可用资金，并承诺在一定期限后按预定价格购回这笔金融资产的安排。回购价格为售价另加利息，用以偿付融资本息。回购协议实质上是一种短期抵押融资方式，那笔被借款方先售出后又购回的金融资产就是融资抵押品或担保品。

（2）正回购协议和逆回购协议

回购协议有两种：一种是正回购协议，是指在出售证券的同时，和证券的购买商签订协议，协议在一定的期限后按照约定价格回购所出售的证券，从而及时获取资金的行为；另一种是逆回购协议（reverse repurchase agreement），是指买入证券一方同意按照约定期限和价格再卖出证券的协议。

（3）回购协议中的基础资产

回购协议中的金融资产主要是证券。在发达国家，只要资金供应者接受，任何资产都可用于回购交易。而我国的回购协议市场交易一般分为国债回购交易、债券回购交易、证券回购交易等。

2. 回购交易的有关指标

回购交易指标见表 19-6。

表 19-6　　　　　　　　　　　　回购交易指标

申报方向	融资方（资金需求方）为"买入-B"	融券方（资金拆出方）为"卖出-S"
交易单位	1 手 = 100 股，每股 = 1000 元（10 × 100 面额），1 手 = 10 万元	计价单位：百元面额
申报账号	回购交易按席位进行交易、清算，交易时可不必申报证券账号	
报价方法	按回购国债每百元资金应收（付）的年收益率报价，报价时可省略百分号（%）	
每笔申报限量	最小 1 手或其整数倍，最大不得超过 10000 手	
价格变动单位	0.005 或其整数倍	
价格申报限制	买入不得高于即时揭示价 10%；卖出不得低于即时揭示价 10%	

（三）回购交易产品

1994 年 9 月 9 日，上海证券交易所针对相应的标的国债设定了 5 个回购交易品种，见表 19-7。

表 19 – 7　　　　　　　　　　　1994 年上交所的回购交易品种

品种	名称	代码
7 天国债回购	R007	201001
14 天国债回购	R014	201002
28 天国债回购	R028	201003
91 天国债回购	R091	201004
182 天国债回购	R0182	201005

2018 年上海证券交易所的回购品种发展到 9 个，见表 19 – 8。

表 19 – 8　　　　　　　　　　　2018 年上交所的回购交易品种

品种	名称	代码
1 天国债回购	GC001	204001
2 天国债回购	GC002	204002
3 天国债回购	GC003	204003
4 天国债回购	GC004	204004
7 天国债回购	GC007	204007
14 天国债回购	GC014	204014
28 天国债回购	GC028	204028
91 天国债回购	GC091	204091
128 天国债回购	GC128	204128

目前，银行间债券市场的回购交易品种更加灵活，提供 1 天到 365 天的多种回购交易品种。

（四）债券回购的种类[①]

目前，我国债券回购业务包括质押式回购、买断式回购和三方回购三种交易模式。质押式回购在交易期间不发生所有权变更，由第三方托管机构冻结托管，交易双方无须担心违约风险；买断式回购在交易发起时债券的所有权发生变更，因此在交易期间，债券购买方（逆回购方）可以自由支配债券，买断式回购存在到期违约风险；三方回购通过第三方机构对担保品集中、专业管理，在安全性和便利性间

---

① 主要内容以交易所为例。

寻求平衡。我国质押式回购最长期限为一年,买断式回购最长期限为3个月。

1. 质押式回购

债券质押式回购简略地说就是交易双方以债券为质押品的一种短期资金借贷行为。债券持有人(正回购方)将债券质押而取得资金使用权,到约定的时间还本并支付必要的利息,从而"赎回"债券。而资金持有人(逆回购方)就是正回购方的交易对手。在实际交易中债券质押给了第三方即中国结算公司,这样交易双方更加安全、便利。

2. 买断式回购

买断式回购是指债券持有人(正回购方)将债权卖给债券购买方(逆回购方)的同时,交易双方约定在未来某一日期,正回购方再以约定价格从逆回购方买回相等数量同种债券的交易行为。与质押式回购不同的是,买断式回购实际上对应着两笔债券交易。在交易期内,买断式回购的资金融出方不仅可获得回购期间融出资金的利息收入,还可获得回购期间的债券所有权和使用权。在买断式回购期内,该债券归逆回购方所有,逆回购方可以使用该笔债券,只要到期有足够的同种债券返还给正回购方即可。由于债券回购交易的双方最终交换债券所有权,可以认为其实质是交易双方在短期内自身资产负债结构的调整。回购交易通过询价交易方式,包括意向报价、双向报价和对话报价。

3. 第三方回购

第三方回购是指双方只就回购资金金额、利率和期限达成协议,由债券登记托管结算机构作为第三方,对担保品进行选取、估值、替换、调整等集中管理的债券质押融资交易。三方回购提高了风险管理精细化水平,盘活高等级信用债券和零碎债券,提高了市场流动性,同时引入违约担保品处置机制,解决了交易双方对于信用违约的后顾之忧,真正实现了风险与效率在更高层面的平衡。[1]

4. 质押式协议回购

债券质押式协议回购交易(以下简称"协议回购")是指回购双方自主协商约定,由资金融入方(以下简称"正回购方")将债券出质给资金融出方(以下简称"逆回购方")融入资金,并在未来返还资金和支付回购利息,同时解除债券质押登记的交易。2015年上海证券交易所推出质押式协议回购产品。[2]

---

① 中央结算公司,2021 - 09 - 18.
② 资料来源:"上海证券交易所债券回购交易业务介绍",上海证券交易所债券业务部。

（五）回购交易要素①

1. 回购交易相关方

回购的买方和卖方都是回购市场的参与者。回购过程涉及两笔交易，但只签订一份合同，在回购到期时，交易双方会履行与初始交易方向相反的反向交易。回购买方和卖方的界定根据回购的第二阶段即反向交易阶段双方的交易行为（买或卖债券）来确定。在反向交易履行完毕时，回购即予结束。初始交易中支付资金买入债券的一方为回购交易的卖方，初始交易中接收资金同时交付债券的一方为回购交易的买方。

市场参与者进行回购交易时，须委托证券中介机构代为履行交易。委托时可直接通过证券账户卡申报，投资者在委托单据上相应的委托价格栏目中填写到期购回价，到期购回价采用资金年收益率的形式。

2. 回购交易的参与主体

回购的买方和卖方都是回购市场的参与者。回购买方和卖方的界定根据回购到期时反向交易中双方的交易行为（买或卖债券）来确定。初始交易中支付资金买入债券的一方为回购交易的卖方，初始交易中接收资金同时交付债券的一方为回购交易的买方。

所有在深交所拥有席位或债券专用席位的债券自营商都有资格从事回购交易。根据这一规定，其他参与回购交易的机构必须委托拥有席位的债券自营商代为办理回购交易。债券自营商需承担与客户之间因代理而产生的一切风险。

3. 深交所基本交易要素

（1）标的债券

目前，深交所共推出 9 种国债回购产品，即 1 天、2 天、3 天、4 天、7 天、14 天、28 天、91 天和 182 天国债回购产品。另外还有两种企业债回购产品，即 3 天企业债回购产品和 7 天企业债回购产品。

（2）折合比率

各个交易所采用不同的方法设定债券折合比率。目前，深交所在计算场内回购债券的折合比率时，以可抵押债券的理论市值作为抵押额的计算依据，因此不同的债券具有不同的折合比率。交易所也根据标的债券市值的变化及时调整折合比率。

---

① 主要内容以交易所为例。

（3）回购竞价

深交所对回购交易的资金年收益率实行电脑竞价，竞价撮合原则与债券现货交易相同（即价格优先原则和时间优先原则）。回购交易到期购回价等于资金本金与利息之和。深交所在到期日按到期购回价自动进行反向成交，到期日的反向交易成交金额不计入当日成交金额。

4. 上交所基本交易要素

（1）交易要素（关于回购期限与利率）

交易要素包括但不限于回购方向、回购利率、质押券名称、质押券代码、质押券数量、质押券面值总额、质权人、成交金额、折算比例、首次结算日、回购到期日、回购期限、到期结算日、实际占款天数、到期结算金额等。

逆回购方为证券投资基金、银行理财等资产管理或理财产品的，质权人登记为管理人。期限不得超过 365 天，且不得超过质押券的存续期间。利率和折算比例不得超过 100%，对回购利率大于 10% 的报价和交易提醒报价方需要二次确认。

（2）标准券制度

标准券是指由不同债券品种按相应折算率折算形成，用以确定可通过质押式回购交易进行融资的额度。标准化期限为 1 天、2 天、3 天、4 天、7 天、14 天、28 天、91 天和 182 天共 9 个回购期限。质押式回购实行匿名交易，高效便利，完全按照"价格优先、时间优先"的原则撮合成交。轧差净额结算可以实现滚动续做，满足持续的融资需求；逐日盯市每日根据价格变动计算质押券价值，保证足额质押。

2017 年以前上交所已推出质押式回购和协议回购，质押回购相对标准化，协议回购更具灵活性。

（3）交易品种

上交所和深交所的回购品种分别见表 19–9 和表 19–10。

表 19–9　　　　　　　　　　上交所回购品种

GC001（204001）	GC002（204002）	GC003（204003）	GC004（204004）
GC007（204007）	GC014（204014）	GC028（204028）	GC091（204091）
GC128（204128）			

资料来源：笔者根据公开资料整理。

表 19 – 10　　　　　　　　　　　　　深交所回购品种

R – 001（131810）	R – 002（131811）	R – 003（131800）	R – 004（131809）
R – 007（131801）	R – 014（131802）	R – 028（131803）	R – 091（131805）
R – 182（131806）			

资料来源：笔者根据公开资料整理。

5. 标的债券

1995 年 8 月 8 日，财政部国债司、中国人民银行和中国证监会颁发文件规定，只允许国债和金融债作为回购交易的标的债券。回购交易的标的债券也称为回购抵押债券。

20 世纪 90 年代交易所回购交易主要使用在交易所上市流通的国债。由于市场参与者所持有的国债品种不同，实践中，交易所会以各证券公司证券账户中的国债存量为基础，对不同券种适用不同的折合比率，将国债存量折算成用于回购的综合债券。1990 年综合债券是一种虚构的回购综合债券，由各种债券折合而成。

证券中介机构如拆出资金，交易所会自动加记该证券中介机构的 1990 年综合债券。如果证券中介机构回购的抵押债券的数量超过了它所持有的 1990 年综合债券，则视为回购卖空行为，这种情况称为"欠库"或"空头头寸"。出现这种情况时，证券中介机构必须及时补入抵押债券，以增加 1990 年综合债券的存量，这称为"补库"或"抵补空头头寸"。在抵押债券尚未补入之前，交易所有权冻结该证券中介机构的回购资金，直到补库完成时才予以解冻。

6. 债券折合比率

在 20 世纪 90 年代，债券回购是指国债回购，各个交易所采用不同的方法设定债券折合比率。深交所在计算场内回购债券的折合比率时，以可抵押债券的理论市值作为抵押额的计算依据，因此不同的债券具有不同的折合比率。交易所也根据标的国债市值的变化及时调整折合比率。表 19 – 11 给出了各种国债的折合比率。

表 19 – 11　　　　　　　　　　　　各种国债的折合比率

国债品种	债券代码	折合比率
1992 年 5 年期	1925	1 : 1.6
1993 年 5 年期	1935	1 : 1.6
1995 年 3 年期	1953	1 : 1.1
1996 年 1 年期（1）	1961	1 : 0.9

国债品种	债券代码	折合比率
1996 年 3 年期（1）	1963	1 : 1
1996 年 1 年期（2）	1965	1 : 0.9
1996 年 10 年期	1966	1 : 1
1996 年 3 年期（2）	1967	1 : 1

资料来源：笔者根据公开资料整理。

回购交易采用年收益率的形式报价。回购交易的结算只涉及初始交易和反向交易间的价格差额，因此，回购买方只对到期回购价（利率）进行电脑竞价，为方便计算，初始回购价一律为 100 元。

深交所行情中只显示回购交易的到期回购价（利率）的竞价结果，成交量和成交金额栏中，分别显示的是当日成交的手数（每手 1000 元）和当日实际成交金额。

7. 成交记录

债券回购交易的成交回报分两步完成。第一步，投资者委托证券中介机构进行交易，如果成交，则完成两项成交记录：一项为正常成交记录，成交价格为 100 元，买卖类别与客户当日委托中的买卖类别相反；另一项记录只用于报告该笔回购交易的到期购回竞价结果，成交价格为回购交易竞价价格（以利率形式报价），买卖类别与客户当日委托中的买卖类别相同。成交数量默认为零。第二步，回购到期日，交易所系统自动产生一项反向交易记录，作为正常成交回报的返回。成交编号的第一位数字均为 9（即将初始交易时原成交号码的第一位改为 9），以区别于初始成交回报。反向交易记录的买卖类别与客户委托的买卖类别相同，成交价格为委托交易的竞价结果。

8. 回购的结算

回购交易的结算分两步进行：第一步，进行回购初始交易当日的结算，结算价格均按 100 元计算，同时冻结相应价值的债券。第二步，进行回购到期日的结算，结算按以前竞价产生的到期购回价进行，同时解冻相应的债券。若到期日为非交易日，则顺延至下一个交易日结算。

在回购交易中，每一债券自营商的净资金拆入额（拆入总额－拆出总额）不得超过交易所根据自营商债券账户中各债券余额按相应的折合比率核定的最高回购限额（该限额用虚拟的 1990 年综合债券表示）。

早期债券回购交易遵循"一次成交、两次结算"原则。在成交当日，交易所对交易双方的初始交易结算价格统一按面值100元计算，并冻结资金融入方相应数量的1990年综合债券，同时加记资金拆出方相应数量的1990年综合债券，并按成交金额划付回购资金。回购到期时，交易所按竞价达成的价格（利率）对交易双方进行资金结算，由债券回购买方（即初始交易中接收资金的一方）向卖方（即初始交易中支付资金的一方）支付回购本金和利息，其计算公式如下：

支付本息 = 回购金额 × {1 + 回购利率(%) × [回购期限(天数)]/360}

同时，交易所对其冻结的债券进行相应的解冻，记加相应的1990年综合债券，并对资金拆出记减相应的1990年综合债券。债券回购的结算是严格按照中央结算原则来进行的。在反向交易日，由交易所向回购卖方即资金拆出方自动划付回购本息，回购买方即资金拆入方向交易所划付相关的回购本息款。

交易所结算公司每日收市后将资金和结算数据通过交易网络传输给各证券中介机构，以便各证券中介机构进行记账和对账。深交所对债券及回购交易的结算只记到证券中介机构一级，并不针对每个投资者设立明细账户。客户的明细账户由证券中介机构自己管理。

9. 回购手续费（佣金）

上海证券交易所对回购交易征收的手续费按不同回购品种、不同费率收取，见表19 – 12。手续费只在初始成交时收取，反向交易不收取手续费。

表19 – 12　　　　　　　　上海证券交易所回购交易手续费费率

回购期限（天）	7	14	28	63	91	182
手续费费率（%）	0.001	0.002	0.004	0.005	0.006	0.01

资料来源：笔者根据公开资料整理。

深交所对回购交易征收的佣金按不同回购品种、不同费率收取，见表19 – 13。佣金只在初始成交时收取，反向交易则不收取。

表19 – 13　　　　　　　　国债回购交易的佣金

收取方	回购期限（天）	市场		备注
		上交所（%）	深交所（%）	
1. 证券公司	3	0.015	0.01	佣金按成交量的一定比例
	4		0.012	

收取方	回购期限（天）	市场		备注
		上交所（%）	深交所（%）	
	7	0.025	0.02	
	14	0.05	0.04	
	28	0.10	0.08	
	63		0.10	
	91	0.15	0.12	
	128		0.14	
	182	0.15		
2. 证券交易所				交易手续费：标准佣金的5%

资料来源：笔者根据交易所公开资料整理。

10. 国债回购的回报率

国债回购的收益率是一项投资回报率指标。对借款人（即回购中的资金拆入方）来讲，回购收益率是资金成本；对贷款人（即回购中的资金拆出方）来讲，回购收益率是资金的利润。下面的公式可用于计算资金拆入方（回购交易中出售国债的一方即以券融资方）的融资成本：

$$年回购收益率（融资成本）=（债券的即期出售价格÷债券的远期购回价-1）×$$
$$360÷[回购期限（天数）] \qquad (19-3)$$

11. 回购交易的操作手续

回购交易的具体操作：国债回购交易的参与者要么是贷款人即资金拆出方，如银行、证券公司企业、基金和个人，要么是借款人即资金拆入方，如证券公司、企业和基金。融资方（借款人）在将可流通的国债交与上交所的中央登记结算公司托管前，有必要先确认一下自己的申报席位，因为申报席位代表了融资方的法律地位。

证券公司并没有必要披露代表客户进行的回购交易的账号。与不记名债券的结算和管理类似，回购交易成交后的资金结算和债券管理直接在证券公司申报席位的自营账户内自动进行。股东代码可用于区分自营账户和客户账户。

记账式国债只有在经清算公司确认后，才可以作为标准的回购抵押债券。这是因为记账式国债目前存放在存量账户中，不是像实物国债那样存放在证券公司的账户中。此外，在回购业务中，证券公司不仅是自营商，而且是其客户的代理人，因此记账式国债需要存放在客户自己的账户中。

贷款人（融券方）在将资金存放于申报席位的结算账户中之前，应先确认一下自己的申报席位，因为申报席位代表融券方的法律地位和身份。回购交易共涉及 4 张表格的填写，即融资方的回购交易表和交割表以及融券方的回购交易表和交割表。

12. 回购报价

回购报价以回购期限内所融通资金的年回报率为基础。在回购交易中，贷款人是回购卖方，借款人是回购买方。回购报价一律忽略百分比符号，小数点后的位数不超过 3 位。报价的最小变动单位为 0.005 或 0.005 的整数倍。回购交易单位为"手"，每手等于 1000 元。单笔回购交易不得少于 100 手，即回购交易额为 10 万元或 10 万元的整数倍。

13. 交易期限

回购交易的到期期限一般以 7 天为基本单位，即 7 天代表一周，14 天代表半个月，28 天代表一个月，91 天代表一个季度，182 天代表半年。为满足质押式报价回购业务（以下简称报价回购业务）发展需要，现已相继推出 1 天、2 天、3 天、4 天、21 天、35 天、210 天、245 天、301 天期回购交易。上海证券交易所规定，如果购回日恰逢节假日，则清算交收相应顺延至购回日后的第一个工作日。表 19 – 14 展示了回购交易的节假日安排。

表 19 – 14 回购交易的节假日安排

编号	1	2	3	4	5
星期一	T				
星期二	D	T			
星期三		D	T		
星期四	U		D	T	
星期五	S	U		D	T
星期六			U		
星期日				U	
星期一		S	S	S	D/U
星期二					S
计算日与购回日之间的天数	3 天	5 天	4 天	3 天	1 天

注："T"指回购交易日（成交日）；"D"指回购结算日；"U"指回购到期日；"S"指反向交易日（购回日）。例如，如果回购交易发生在星期二，那么星期二是回购交易日（T），交易日的次日即星期三是回购结算日（D），结算日后的两天即星期五是回购到期日（U），到期日后的次日即星期六应为反向交易日（S），但星期六和星期天是法定假日，根据交易规则，反向交易日应顺延至下一个工作日即下周一，因此星期二的回购交易其结算日与购回日之间的天数是 5 天，不是 3 天。

从表 19 – 12 中以 3 天回购为例，交易日（从星期一到星期五）不同，回购交易的结算日与购回日（反向交易日）之间的天数也有所不同。发生在星期一和星期四的回购交易其结算日与购回日之间的天数是 3 天，但发生在星期二、星期三和星期五的回购交易其结算日与购回日之间的天数大于或小于 3 天，其中星期二的回购交易其结算日与购回日之间的天数是 5 天，星期三的回购交易其结算日与购回日之间的天数是 4 天，星期五的回购交易其结算日与购回日之间的天数是 1 天。由于回购交易存在这种特征，因此交易日不同（从星期一到星期五）的回购交易，其实际回购价格也会有所不同，并且随着市场条件的变化，回购价格也会相应发生改变。

14. 清算原则

上海证券交易所的回购交易遵循"一次成交、两次清算"原则。初次清算发生在回购交易日当天（成交当日），交易双方即融券方和融资方的成本都得到清算。成本根据标准面值（100 元）计算，在成本计算的基础上，交易双方就能结算应收账款、融资方应提供的标准抵押债券的数量、融券方应支付的资金额度以及标准抵押债券的增量。第二次清算发生在购回日，由计算机系统自动完成清算。

以交易收益率为基础，购回清算价的计算公式如下：

$$购回清算价 = 100 元 \times 年收益率 \times [回购期限（天数）] \div 360 \qquad (19-4)$$

随后，上海证券交易所的中央登记结算公司会以购回清算价为基础，将融资方的资金划付给融券方。

最后，融资方会解冻一定数额的标准债券，并从融券方的标准债券账户中扣减相应数量的抵押债券额度。

15. 保证金

由于回购协议的交易双方都存在一些风险，因此交易通常在相互高度信任的机构间进行，并且期限一般很短。为防止其他风险，协议中可写明提供资金的数量同提供的证券市场价值之间保留一个差额，这个差额就是保证金。

第三节　债券市场合成工具及其相关业务

一、非金融企业混合权益性金融工具

（一）金融理论和混合债务工具（hybrid）

莫迪里亚尼－米勒（MM）定理认为，在没有交易成本的情况下，债权融资和股权融资对于公司收入是一样的。但是在现实中这一原理并不适用。混合性金融工具是金融创新的结果。混合债务工具也是企业家与金融家结合的新手段。金融创新的结果，使企业家和金融家的结合不断翻新形式。根据熊彼特的理解，银行资本家的资金是购买力，用于购买生产资料，对于企业创新没有贡献，因而银行资本家取得的是资金的租用价格。这个租金的价格相当于无风险利率加上风险溢价。而当资金用于企业创新时，能够成为企业家和生产要素中介的是金融资本家。金融资本家获得的不是风险的补偿，而是创新的潜在收益的分配①。

标准化产品只是便于交易，减少交易成本。由于出现了期权，并解决了期权定价的问题，股权和债权的转化成为可能。可转债适合既可以创新生存，又可以延续生存的企业。我国进入创新经济以后，更多企业需要的不是作为生产资料购买力的债权融资，而是需要进行创新的股权融资。解决企业高杠杆问题并不是应用非金融企业混合融资工具就能实现的，但是混合融资工具可以灵活地解决创新欲望很强的创投企业利用金融手段实现创新的需要。

（二）混合金融工具的定义

巴塞尔协议中关于混合债务资本工具（hybrid debt capital instrument）的定义是"同时包括了债务资本与股权资本的某些特性。尽管这些工具拥有某些股权资本的特征，比如能够持续性吸收损失并不触发破产清盘，它们需要被划分为附属资本栏目。其中包括可累积永久性优先股、加拿大长期优先股、英国的永久性债务工具、美国可强制转换债券，等等。②""目前，对混合权益性金融工具没有明确定义。现在研究文献中与混合权益性金融工具相关的概念包括减记债、或有资本、混合融资工具、混合资本工具等，但这些概念并不等同于混合权益性金融工具。③"我国银保监会对于混合资本债券有以下规定。

1. 债券期限在 15 年以上（含 15 年），发行之日起 10 年内不得赎回

10 年后银行有一次赎回权，但行使赎回权需要得到银监会批准；若 10 年后银行未行使赎回权，可以适当提高债券的利率，但提高利率的次数不能超过 1 次。

2. 当核心资本充足率低于 4% 时，银行可以延期支付主利息

若同时盈余公积与未分配利润之和为负且最近 12 个月内未支付普通股现金股

---

① 高坚. 宏观经济的微观基础."经济学元理论"公众号，第 18 章.

② 国家开发银行资金局. 国家开发银行资金业务与创新——金融债券及存款 [R]. 2007.

③ 中央国债登记结算有限责任公司. 非金融企业混合权益性金融工具研究 [M]. 北京：中国金融出版社，2020：13.

利，银行必须延期支付利息。递延的利息将根据本期债券的利率计算利息。在不满足延期支付利息的条件时，银行应承担欠息及欠息所产生的利息。

3. 债券到期时灵活安排

若银行无力支付本债券之前的银行债务，或支付本债券将导致无力支付本债券之前的银行债务，可以延期支付本债券的本金和利息。

4. 当银行倒闭或清算时的安排

混合工具债券清偿顺序列于商业银行发行的长期次级债之后，先于商业银行股权资本。经监管部门认可，符合以上特征的混合资本债券可用于商业银行的附属资本。重估储备、一般准备、可转换债券、长期次级债务和混合资本债券等附属资本总额不得超过商业银行核心资本的100%，其中长期次级债务不得超过商业银行核心资本的50%。[①]

混合资本债券是我国根据《巴塞尔协议》的有关规定并借鉴混合资本工具的国际通行做法设计的一种具有二级资本特征的长期债券。参照《巴塞尔协议》，主要发达国家（地区）对所辖商业银行发行的符合高二级资本特征的混合资本工具作出了具体规定。考虑到此类债券是针对巴塞尔协议中"混合型债务资本工具"而设计的一种债券形式，为方便与巴塞尔资本协议相衔接，并给今后可能发行的混合一级资本工具的命名留下空间，经人民银行金融市场司与银监会有关部门协商决定，我国商业银行所发行的此类债券被命名为"混合资本债券"。[②]

根据我国现有的金融工具，混合权益性金融工具分为可转债、可交债、永续债、优先股和债转股。可转债发行主体只有上市公司，目前可转债和股票合并监管。可转债既可以在沪深交易所公开或非公开发行，又可以在区域股票交易所非公开发行。

（三）混合金融工具的具体介绍

1. 永续债[③]

（1）商业银行补充资本的重要渠道

作为一项重要的创新资本工具，商业银行永续债自2019年初推出以来，有效地拓宽了银行补充其他一级资本的渠道，极大地提升了商业银行抵御风险和长期可持续发展的能力。银行永续债（其他一级资本工具）相比银行二级资本债（二级

---

① 国家开发银行资金局. 国家开发银行资金业务与创新——金融债券及存款［R］. 2007：144.
② 国家开发银行资金局. 国家开发银行资金业务与创新——金融债券及存款［R］. 2007：145.
③ 王非格. 商业银行永续债发行与投资浅析［J］. 金融时报，2021－09－13.

资本工具）的主要区别在于：偿付顺序更靠后，没有明确到期日，任何情况下发行银行都有权取消资本工具的分红或派息、且不构成违约事件等。[①] 但其发行也一直面临诸多新的不确定因素和挑战。

2021 年，商业银行合计发行债券 249 只，累计发债规模达 1.98 万亿元，发债数量及规模较 2020 年均增长近 2%。债券类型主要以二级资本债、永续债、小微贷款金融债、金融债、绿色金融债为主。永续债累计发行规模达 5855 亿元，占总发债规模的 29.64%。[②] 永续债的推出，丰富了商业银行其他一级资本补充工具谱系，显著增强了各类商业银行的资本实力。非上市银行多选择永续债这一品种，相比优先股等资本补充方式，永续债发行限制少、发行期限长，可有效解决银行特别是中小银行长期资金来源问题。[③]

同时，从 2020 年下半年开始，新发行的永续债的定价与当日可比债券二级市场价格的偏离程度呈现不断缩小的趋势。这意味着发行人对发行定价日趋理性，定价的参考基准逐步从基于国开债基础上的风险加点转换到以二级市场交易价格和中债估值为主。

（2）补充丰富了市场投资品种

自 2013 年发行国内第一笔永续债以来，永续债市场发展迅猛，但发行主体主要集中在一般性工商企业。商业银行总体信用资质较高，对稳健的机构投资者而言，此类永续债的推出为其资本组合提供了更多的配置选择。首先，银行永续债与一般企业永续债在利率调升和减记条款等规定上有一定的差异，从而带来了同类评级主体的风险溢价存在一定的差异。其次，银行永续债推出后，与其发行的普通金融债和二级资本债形成了差异化的风险谱系。以国有银行和股份制银行（以下简称"国股行"）为例，当前其风险溢价（相对于国债收益率增加的点数）从普通金融债的 10bps ~ 15bps，到二级资本债的 40bps ~ 50bps，再到永续债的 70bps ~ 80bps，呈现了阶梯状分布的规律。再次，不同商业银行的永续债也因其评级的差异和同一评级下实际风险资质的细微差异，导致了风险溢价的差异。近年来，中小银行这方面的差异化更是显著增大。差异化的投资品种有利于丰富风险谱系，满足不同风险偏好的投资者，增强了债券投资的市场深度。最后，国内高等级信用债的期限一般较短，平均久期一般在 2 年左右。而一般企业发行的永续债很多也为 2 + N 或 3 + N，商业银行永续债的期限通常为 5 + N，期限相对较长，比较适合社保基

---

① Wind 数据库，2022 - 01 - 05.
② 同花顺数据库，2022 - 01 - 10.
③ 根据公开资料整理。

金、保险等有稳定长期限资金来源的机构进行配置，以改善其资产久期结构，增强其抵御利率风险的能力。

（3）推动商业银行债券分类评级更趋完善

一般而言，商业银行一般性金融债的债项评级等同于其主体评级，两者无差异。永续债的推出对评级提出了新的课题和挑战。当前国外主流评级机构对永续债进行评级的关键点落在对其股性的判断。如果股性很弱，则评级就接近一般金融债；如果股性较强，则显著低于一般金融债。因永续债包括"次级条款""本金减计"和"息票取消"三个条款，评级比一般金融债通常要下调5档左右。大致的方法如下：当发行人主体评级较高时，则对其次级债券降0~2档；当主体评级较低时，则降2~3档。从实际的评级数据看，国有银行和股份制银行的永续债统一都下调0档，与其一般金融债评级是一致的。其他更多的中小银行永续债，则都调低了1档。目前，仅对国有银行和股份制银行和其他中小银行两大类做了简单区分，随着市场逐步发展，未来不同银行各品种债项评级结果将进一步分化。

2. 二级资本债

商业银行二级资本债券是指商业银行发行、清偿顺序列于商业银行其他负债之后、先于商业银行股权资本，用于补充二级资本的债券。

（1）计入二级资本的条件

2013年实施的《商业银行资本管理办法（试行）》要求只有附加减记条款的次级债才能计入银行二级资本，其他次级债只能计入负债。二级资本债不包括2013年之前发行的可以计入二级资本的次级债，而特指2013年以后商业银行发行的用于补充二级资本的债券。2020年以后，债券市场的状况影响了二级资本债的发行。近年来，城农商行随着二级资本债融资情况不佳可能面临一定的二级资本补充压力，不行使二级资本债赎回权的城农商行数量的增加也反映了这一事实。[1]

（2）二级资本债券与次级债的区别

二级资本债与次级债的核心区别在于是否有减记条款。减记条款指当银监会认定若不进行减记该银行将无法生存或银监会认定若不进行公共部门注资或提供同等效力的支持该银行将无法生存时，能立即减记或者转为普通股。[2]《商业银行资本管理办法（试行）》要求二级资本工具必须含有减记或转股的条款，当触发事件发生时，能立即减记或者转为普通股，触发事件有两条标准：一是若不进行减记该银

---

① Wind数据库，2022-01-05.

② 业谈债市 国盛固收团队：《读懂银行二级资本债——债市看银行资本金系列（二）报告》. 2020-05-18.

行将无法生存；二是若不进行公共部门注资或提供同等效力的支持该银行将面临破产。这两条标准是否成立，由银保监会认定。2013 年后发行的银行次级债均为二级资本债。现在减记条款的触发条件偏主观，监管认定的弹性很大，目前尚未有二级资本债触发该条款，长期以来减记条款不被重视，但随着利率市场化改革的不断推进，二级资本债的定价也将越来越市场化，减记条款这一小概率事件一旦发生，影响巨大，因此应当加以重视。

与银行普通债相比，二级资本债具有次级性和提前赎回条款。次级性指的是二级资本债的清偿优先级在普通债之后，而在普通股、优先股之前，次级条款体现了二级资本债的权益属性。

（3）二级资本债不设回售条款

二级资本债不设回售条款，可以设置一次提前赎回条款。第一，二级资本债不设回售条款，除非商业银行进入破产清算程序，否则投资者无权要求加快偿付未来到期的二级资本债。第二，二级资本债往往设有提前赎回条款，以当前主流的"5＋5"为例，原始发行期限 10 年，在第 5 年末，若赎回后资本充足率仍满足监管要求，经银保监会批准后，银行可选择提前赎回二级资本债。①

到期前 5 年二级资本债计入二级资本比例逐步衰减，银行提前赎回动力强。在二级资本债到期前 5 年，二级资本债计入二级资本比例分别为 100%、80%、60%、40% 和 20%，每年衰减 20%，但银行的利息支出并不会减少，因此，银行有动力赎回老债，发行新债替换。2017 年以来，部分中小银行选择不提前赎回二级资本债，这主要是信用分层加剧，部分中小银行资本金压力较大造成的。

3. 可转债②

可转债是优质上市公司发行的当满足一定条件时可以让投资者转换为股票的债券。因此，可转债具备债性，正常情况下到期会按面值还本付息，也兼具股性，价格跟随正股涨跌。可以认为，可转债是下可保底、上不封顶的一个投资品种。

（1）风险可控

上市公司发行可转债的条件要比发行普通债券严格。由于从源头控制风险，可转债自发行以来，至 2019 年 4 月底还没有出现过违约案例。可转债主要有信用风险、市场风险和赎回风险。可转债的违约风险是一种信用风险，指的是上市公司生产经营出现了大的问题，股票被退市、暂停上市，上市公司面临破产清算，出现资

① 业谈债市　国盛固收团队：《读懂银行二级资本债——债市看银行资本金系列（二）报告》.2020 － 05 － 18.

② 戴静. 可转债投资特性与投资思路. 债券，2019（6）.

不抵债无法偿还可转债债务的违约情况，投资者可能出现利息损失、部分或全部本金损失。[1] 但是可转债的违约风险较低，原因如下：第一，发行可转债的门槛较高，至少在发行的时候，都是信用达标的公司；第二，如果遇到黑天鹅事件，上市公司真的破产了，可转债属于债务，偿还的顺序相对靠前；第三，到目前为止，可转债历史上没有发生过一起违约事件，所以违约风险较低。[2]

可转债的市场风险主要表现在价格波动方面。可转债实行 T＋0 交易，也就是当天买、当天卖。同时，可转债交易不设置涨跌幅限制，因此交易价格波动可能会非常大。[3] 此外，可转债还有利息损失风险。当股价下跌到转换价格以下时，可转债投资者被迫转为债券投资者。因可转债利率一般低于同等级的普通债券利率，所以会给投资者带来利息损失。[4]

与其他债券不同，可转债还有赎回风险，包括提前赎回风险和强制赎回风险。可转债通常会设置有明确的回售、赎回条款，若触发相关赎回条款，投资者可能会面临再投资风险。[5] 当上市公司发布了强赎公告，可转债价格以及正股价格一般都会出现双双下跌，可转债的溢价率会逐渐消失到接近零。这时如果投资者反应稍微慢一点，就会面临损失。如果在"赎回日"之前忘记转股或卖出，就会被上市公司以很低的价格赎回，损失会非常惨重。[6] 但是，可转债的发行需要经过比普通债更为严格的审核，不仅对发行人近三年平均可分配利润有要求，还要求最近三个会计年度加权平均净资产收益率不低于6%。在偿还方面，可转债附有担保条款，受法律保障。如果可转债出现大笔违约，那么意味着经济极度恶化，在这种极端情况下，其他任何投资也都是不安全的。

（2）盈利幅度可观

根据可转债的赎回条款和发行人的最终动机，大多数可转债在到期之前两年的时间点都会设有赎回条款，促使投资者主动转股。所以，130 元是大多数可转债都可以达到的价格，倘若没达到，稍有能力的发行人很可能通过下调转股价促使其达到。所以，对于大多数尚未转股的可转债来说，130 元是可以预见的价格。

（3）正股价格具有带动效应

上市公司发行可转债的目的是消灭可转债，而可转债转股是一种最好的消灭方式。可转债虽然利息不高，但如果发行人不想偿还本息，就希望促使可转债持有人转股，从而达到低利率融资的目的，所以，上市公司会想方设法让可转债转股。[7]

---

[1][2][3][4][5][6][7]　根据公开资料整理。

（4）震荡市有助于减少交易成本

当股票市场不确定性加大并开始剧烈震荡时，可转债是很好的投资工具，可以安心持有。而此时如果手握股票，心理压力较大，容易出现情绪化操作，增加投资成本。

二、合成债券和结构化债券

合成债券和结构化债券主要是以衍生产品为基础形成的组合债券。自 20 世纪 60 年代以来，在衍生产品市场发展的基础上，发达经济市场中出现了很多组合债券品种，包括合成证券（synthetic securities）、直接的合成证券和结构化的合成证券。这个市场的主要参与者是私人财富管理人。

（一）合成债券和浮动利率票据

利率互换被广泛应用于将固定利率债券换成浮动利率资产，或者把浮动利率债券换成固定利率资产，通过对所偏好的利率产品进行组合，投资者可以由此将信用风险和市场风险相分离。

合成浮动利率票据是指购买一种固定利率资产，同时又进入利率互换市场，将固定现金流变为不固定现金流。利率互换也可以用来创设合成固定利率资产。合成性固定利率债券是与合成性浮动利率票据反向操作实现的。投资人需要先买入浮动利率票据，同时进入利率互换市场，将浮动利率的不固定现金流转换为固定利率现金流。

（二）结构化证券

结构化合成证券（structured security）既可以由简单的混合债券（hybrid）如可兑换债券构成，又可以由一种基本债务凭证与嵌入衍生工具（embedded derivatives）组合而成。结构化合成证券包括多种公募和私募债券合约，在公募债券市场和私募债券市场都有广泛运用，但是私募债券市场处于主导地位。

一个结构化债券包括两个组成部分：一个是基础债券［如中期票据（MTN）、普通债券、浮动利率票据或存单］，另一个是标准的或结构化的金融衍生工具，包括指数化货币期权票据、货币幅度票据（currency range notes）等。[①]

利率有关的结构化证券为投资提供了预期市场走势的有用工具，实现水平策略

[①]　迈哈伊·马图. 结构化衍生工具手册［M］. 林涛，等，译. 北京：经济科学出版社，2000：270－283.

(level plays)、交叉市场指数策略（cross market index plays）和收益率曲线策略（yield curve shape plays）三种不同的投资策略。实现这三种投资策略的工具有牛市票据（bull notes）、熊市票据（bear notes）和交叉指数票据［cross index basis（quanto）notes］。

小　结

债券市场是金融市场的组成部分，金融市场和金融业处于不断演化的过程中。这个过程我们称为金融深化。前面讲到，金融深化的过程就是从非标准化向标准化的方向发展、从基础金融资产向衍生产品的方向发展、从标准化市场向量身定制的方式发展的趋势。我国金融市场发展的历史并不长，但是我们已经历了从金融压抑向金融开放，从银行业向证券业的发展。公司债取代银行贷款是一个长期过程，在这个过程中，债券市场的地位和作用将越来越显著。随着金融深化过程的不断深入，与量身定制金融服务相联系的资产管理业务迅速发展。债券作为资产管理组合业务的重要组成部分，将发挥越来越重要的作用。

债券市场业务和衍生产品业务是金融机构开发的以融资、套利和套期保值为主要内容的市场业务，其主要功能是促使市场向均衡方向发展。这些业务也提供了金融机构以短期融资手段。金融机构与投资人有不同的风险偏好；金融机构做自营和代理业务，有不同的风险偏好和风险承担能力。金融市场提供了解决这些差异化需求的场所。债券市场的投机功能和套期保值是对应的两项重要功能。但是现在具有不同特许垄断地位的银行具有天然的套利空间，会助长金融市场的套利行为。与银行体系相对应，非银行也在银行套利过程中分享一部分套利收益，但也促进实现市场向均衡方向发展。由于市场存在着很多天然壁垒，如银行和非银行之间，银行业和资本市场业务之间，证券和保险之间，存在很多跨市场套利的机会。由于监管的分割和监管要求不同，存在着监管竞争和套利的情况，市场真正需要的金融创新的业务模式则由于金融系统的垄断受到限制。目前，我国的金融产品和衍生金融产品的设计和交易模式，基本学习国外金融市场的做法，在自主金融创新方面进展不大。债券市场业务的发达程度是金融市场效率的重要指标，债券市场越发达，利率体系作为金融市场价格的作用越明显。近年来，金融市场的盈利水平逐渐降低，接近整个国民经济的平均利润率，是金融市场效率提高的标志。

金融市场的发展有其内在的规律，首先是金融资产的索取权不断分层和细化，对于资产的收益的索取权和对于资产产生的现金流（应收款）的索取权是不同的。

这些索取权可以有单独的合同，但是不方便交易，必须产品化，即统一合同，才方便交易。产品化伴随着标准化、规格化，形成面额，因此，产品化和标准化就是证券化的过程。由于索取权的分层，产生底层资产和派生产品，ABS 是应收款的证券化，而 Reits 是不动产的证券化（见图 19-2）。伴随着量身定制的金融服务的深入，金融市场还将按照这一规律不断演化出新的金融产品和债券市场业务。

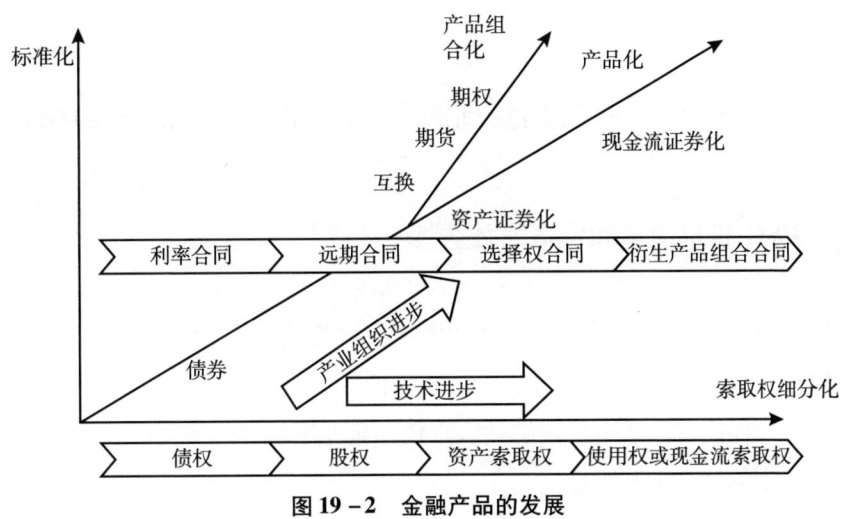

图 19-2 金融产品的发展

资料来源：笔者制作。

第二十章 绿色债券

第一节 环境、社会和公司治理（ESG）思想与绿色债券

一、ESG 投资理念和资本的社会性

绿色金融是 ESG 理念在金融领域的体现，绿色债券是 ESG 理念在债券投资方向上的体现。理解"绿色"金融、"绿色"债券和 ESG 理念，并非如社会上普遍炒作的概念一样简单，既需要理解社会责任和企业家精神的演化历史，也需要理解 ESG 理念产生的社会学基础。

（一）ESG 理念

1. 早期投资者社会责任理念

资本并不是完全逐利的。"至少从 18 世纪开始，资本供应者就一直在努力通过选择性投资来规避违法的公司。[1]" 投资者中有一部分进行道德筛选，称为道德投资者。"从 20 世纪 90 年代中期开始，社会责任投资者的注意力转向了绿色问题。[2]" 在 1997 年《京都议定书》和 2016 年《巴黎协定》等一系列倡议出台后，1987 年联合国出版了《我们共同的未来》，使与环境有关的社会责任成为共识。这些文件成为 ESG 理念发展的里程碑。

近年来，投资者责任理念有了新的发展，到 2017 年有来自 50 多个国家的 1750 多家投资机构签署了于 2006 年纽约交易所发布的《联合国责任投资原则》（UNPRI）。[3]

---

[1] ［美］马克·墨比尔斯，等. ESG 投资［M］. 范文仲，译. 北京：中信出版社，2021：4.
[2] ［美］马克·墨比尔斯，等. ESG 投资［M］. 范文仲，译. 北京：中信出版社，2021：6.
[3] ［美］马克·墨比尔斯，等. ESG 投资［M］. 范文仲，译. 北京：中信出版社，2021：8.

2. 可持续发展

可持续发展是社会责任投资的另一个主题。可持续性或不可持续性"是指在所有可能的情况下，随着时间的推移，它在多大程度上仍然有效。①"投资者的社会责任影响投资选择的金融机构和企业，而可持续发展主要针对的是投资的方向和对象。但是"在实践中，可持续和 ESG 可被视为是等同的。ESG 是一个更精确、更不模棱两可的术语，并且有更高的知名度。②"ESG 从投资到项目，经过了金融和企业两个重要环节，对于各个环节都应该有新的要求（见图 20-1）。

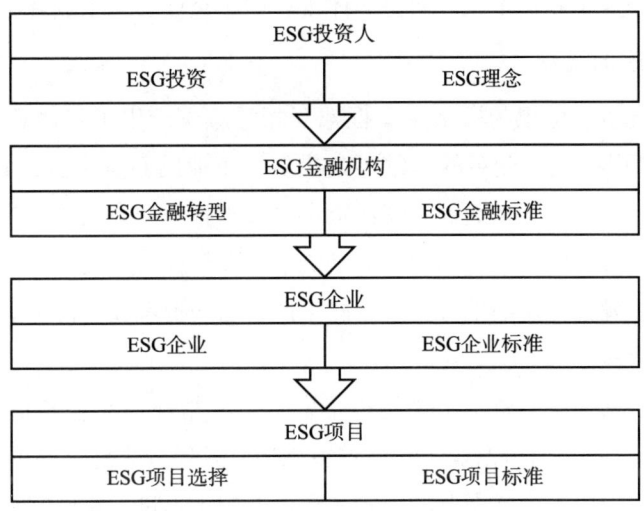

图 20-1 ESG 理念实现的各个环节

资料来源：笔者绘制。

3. 消费者社会责任

在可持续发展的框架下，消费者主权和消费者社会责任也很好地结合到了一起。"消费者确实有影响企业决策的力量。因此，在消费者真正关心环境的国家，汽车市场上的激烈竞争会促使生产商开展更多绿色技术创新，如电动车等。③"消费者的社会责任和消费者主权并不是一回事，正像企业的 ESG 理念和盈利思想不是一回事一样，但是两者必须结合起来。而这种结合正是经济成功的魔力所在。"在消费者更加关心产品价格而非环境后果的经济体中，竞争加剧就不太会刺激绿

---

① ［美］马克·墨比尔斯，等.ESG 投资［M］.范文仲，译.北京：中信出版社，2021：8.
② ［美］马克·墨比尔斯，等.ESG 投资［M］.范文仲，译.北京：中信出版社，2021：9.
③ ［法］菲利普·阿吉翁，等.创造性破坏的力量：经济巨变与国民财富［M］.余江，赵建航，译.北京：中信出版社，2021：192.

色创新，反而可能使环境问题恶化。此情形可以称作'发展综合征'：竞争加剧使价格下降，消费者需求增加，导致更大的产出与更多的污染。①"

总之，投资者主权、消费者主权和企业家精神在 ESG 理念和绿色经济中发挥了核心作用。

（二）ESG 理念和企业家精神

ESG 理念是对韦伯所说的资本主义精神或者企业家精神的回归，即把企业看作事业，为了愿景，而不是为了利润。这种精神并不是来自国家资本主义、垄断资本主义时期的企业主和资本家，而更多体现在中小企业、手工业者身上。

1. 韦伯思想的贡献

中世纪传统主义思想与资本主义框架互相适应，产生了现代意义的企业家精神。韦伯说："引起这场变革的通常不是投资于工业的新资金流，而是新的精神，即资本主义精神，已经开始起效。现代资本主义扩张的动力问题，首先并不是用于资本主义活动的资本额的来源问题，而是资本主义精神的发展问题。只要是资本主义精神出现并能发挥作用的地方，它就能生产自己的资本和货币供给，以之作为达到自身目的的手段。②"

换句话说，韦伯认为资本主义提供了资本主义精神（企业家精神）的实现形式。"诸如银行、批发出口商业、大型零售机构，或经营家庭制品的大型货庄的经营管理，只有采取资本主义企业的形式才是可能的。不过，它们完全可以按照传统主义的精神去经营。③"韦伯认为新教只是肯定和倡导这种传统主义精神。对于新教和资本主义精神的联系，韦伯认为，"路德的天职观念仍然是传统主义的。④"为了说明资本主义精神（企业家精神）是演化的，韦伯明确指出，这种精神来自前资本主义社会。这种资本主义精神，"体现于前资本主义时期普通人的实际行动之中；所谓前资本主义，是指在永久性企业中，理性地利用资本和理性的资本主义劳工组织尚未成为决定经济行为的主导力量。⑤"

---

① ［法］菲利普·阿吉翁，等. 创造性破坏的力量：经济巨变与国民财富［M］. 余江，赵建航，译. 北京：中信出版社，2021：192.

② ［德］马克斯·韦伯. 新教伦理与资本主义精神［M］. 李修建，张云江，译. 北京：九州出版社，2006：59.

③ ［德］马克斯·韦伯. 新教伦理与资本主义精神［M］. 李修建，张云江，译. 北京：九州出版社，2006：55.

④ ［德］马克斯·韦伯. 新教伦理与资本主义精神［M］. 李修建，张云江，译. 北京：九州出版社，2006：85.

⑤ ［德］马克斯·韦伯. 新教伦理与资本主义精神［M］. 李修建，张云江，译. 北京：九州出版社，2006：43.

用社会学的语言来说，韦伯这段话的意思是说资本主义精神作为一种观念是演化的结果，而资本主义作为一种制度是构建的结果。前者是不能解构和重构的，而后者则可以解构和重构。韦伯的贡献在于他承认企业家精神是观念矛盾的产物。因为演化就是前面说到的"交换和博弈"的产物，体现了矛盾的对立统一性质。"资本主义的谋利行为，作为一种商业投机，在所有懂得使用货币进行贸易，如通过'康曼达'、租税承包、国家贷款、战争资助、宫廷和官吏等手段为其提供机会的形形色色的经济社会中，都普遍存在。①"韦伯这段话的意思是，谋利和恪守传统在资本主义精神中并不矛盾，是对立的统一。或者用现在的话说，就是激励和约束的统一。

在资本主义初期，谋利的一面放大了，这就是马克思在《资本论》中指出的资本的"肮脏"。但是在新教影响较大的国家，传统主义企业家精神仍然占有主导地位。这种传统主义的精神作用，已经被很多经济学家指出。

2. ESG 思想实际上是恢复企业家精神的传统主义内涵

韦伯认为，合乎道德并具有明确生活准则的现代资本主义精神曾经与传统主义观念进行搏斗。"所谓的合乎道德的具有明确生活准则的资本主义精神，不得不与之进行搏斗的最重要对手，就是对于新环境的那种态度和反应，我们可以称为传统主义。②"这种与传统主义的斗争，使现代资本主义精神增加了新的内涵：冒险和创新。

如果把韦伯的思想与熊彼特的思想结合起来，企业家精神应该包括如下内容：把企业看成一种事业；把企业看成为一种愿景；把企业看成社会责任的载体；把企业看成创新单位。熊彼特认为创新是一种新组合。"新的需要首先在消费者方面自发地产生，然后生产工具通过它们的压力运转起来。我们并不否认存在这种联系方式，但是，一般是生产者首先发动这种经济的变化，消费者只是在必要时受到生产者启发，好像是被教导着去需要新的东西，或者在某些方面厌弃他所习惯使用的东西。③"ESG 的思想首先来自消费者，消费者首先影响的是企业，企业通过要素的重新组合，即熊彼特所说的创新，实现 ESG 目标。但是当这些消费者本身也是投资者的时候，就成为资本社会化的要求（注意：资本社会化不等于社会资本化），从而产生了投资者的 ESG 投资理念。

3. 价值观和企业家精神

以上说明成功的企业家代表的企业家精神并非马克思在《资本论》中讲到的

---

①② ［德］马克斯·韦伯. 新教伦理与资本主义精神 ［M］. 李修建，张云江，译. 北京：九州出版社，2006：43.

③ ［美］约瑟夫·熊彼特：财富增长理论—经济发展理论 ［M］. 李默，译. 西安：陕西师范大学出版社，2007：97.

资本无限追求利润的权力。资本只有受到传统主义的约束，受到价值观的约束，或者说受到今天我们说的 ESG 的约束，才能产生真正的企业家精神。历史学家发现产生资本主义的英国工业革命，除了技术进步的推动，还受到英国当时社会规范的影响（见图 20 - 2）。"除了往往作为最终救济手段的国家的正式机制外，还存在一套未受到足够重视的支持创业活动的社会规范。这种规范可称作'绅士—企业家'（gentleman - entrepreneur）文化。[①]"

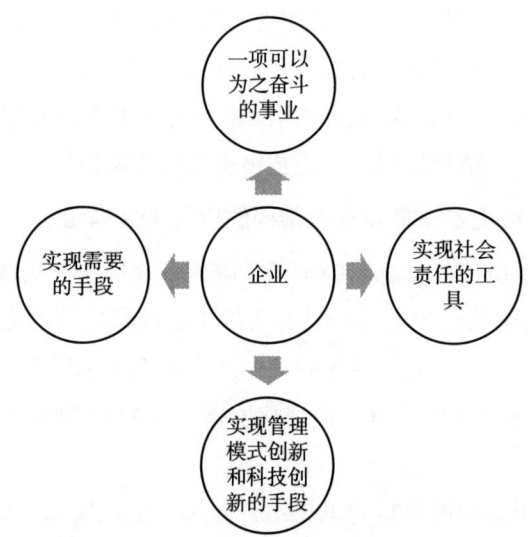

图 20 - 2　体现企业家精神的企业目标

资料来源：笔者绘制。

企业家精神可能与不同的文化类型结合，这反映了企业家精神本质的一致性和形式的多样性。体现企业家精神的企业目标包括四个方面：第一，可以理解为一项可以为之奋斗的事业。从这个意义上说，企业是事业的载体。第二，企业是实现消费需要的手段。资本主义出现时先出现的是世界大市场，消费需求的迅速增加，催生了工业革命和资本市场的出现。在此基础上，现代工业企业的数量迅速增加。第三，根据熊彼特的观点，科技创新不断推出新产品，引发产业革命，同时也毁灭一部分原有的旧产业。熊彼特认为，创新是资本主义社会发展的根本动力，企业家是创新的始作俑者。这说明企业也是科技创新、管理创新和商业模式创新的载体。第四，企业存在于社会网络中，除了股东利益以外，企业也必须是承担社会责任的法

---

① ［美］戴维·兰德斯，乔尔·莫克尔，威廉·鲍莫尔．历史上的企业家精神：从古代美索不达米亚到现代 ［M］．姜井勇，译．北京：中信出版社，2021：251.

律和利益主体（见图 20 - 2）。

这种资本主义精神从某种意义上说，也和小企业家精神结合在一起。"在 1632 年，就有人抱怨新英格兰那种不同于美国其他地区的特别攻于计算的谋利行为。更加确凿无疑的是，在某些监控的殖民地，即后来的美国南部诸州，资本主义的发展非常缓慢，尽管存在这样一个事实，即后者是由一些大资本家出于商业动机而建立的，而新英格兰殖民地则是传道士和神学院毕业生在一些小商人、手工业者和自耕农的帮助下，出于宗教方面的原因建立起来的。在这种情况下，其因果关系正好与唯物主义观点得出的因果关系截然相反。[①]"

首先，中小企业从创立、成长到跨越式发展，都离不开企业家及企业家精神，是企业家精神及其社会责任思想确保企业在正确的方向上成长，企业家的社会责任会进一步转化成为企业的社会责任，从此企业的财富目标就不再是单纯追求利润的最大化，而是要考虑员工利益与社会效益，这样一种理念为可持续的发展营造了良好的用户与社会口碑以及有利于企业发展的社会生态环境，企业从而在这样的生态下健康发展。

其次，中小企业发展会塑造新的企业家精神。企业家精神会伴随着中小企业发展而逐渐完善，每个企业家的精神内核都是不同的，而这些是由其企业环境、个体思维和时代价值的共同作用产生的。中小企业的发展同样会促进企业家精神的完善，只有基于实践形成的企业家精神，才具有完整的价值形态，才能够更好地推动企业发展。因为小企业家拿的是自己的资本，他们的投资理念，直接贯穿整个企业行为的上游和下游，中小企业是主动型 ESG 的主体（见图 20 - 3）。

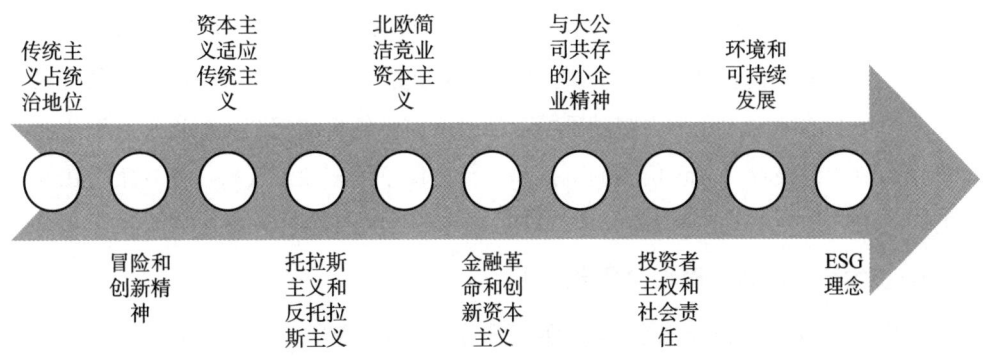

图 20 - 3　企业家精神和 ESG 理念

资料来源：笔者绘制。

---

① ［德］马克斯·韦伯. 新教伦理与资本主义精神［M］. 李修建，张云江，译. 北京：九州出版社，2006：43.

ESG 理念是企业家精神长期演化的结果，从传统主义理念开始，经历了资本主义早期的冒险和创新精神、资本主义生产方式对传统主义的适应、托拉斯主义和反托拉斯主义、北欧简洁竞业资本主义、金融资本主义、投资者主权和社会责任、环境和可持续发展到今天的以环境可持续、社会责任和公司治理为基本内容的 ESG 思想理念（见图 19－3）。在这个过程中，资本主义被不断解构和重构，从股权资本主义、金融资本主义到管理资本主义，可以看出企业家精神的演化性质以及对资本主义的解构和重构的过程。

ESG 既是一个投资理念，又是一套企业评价标准。企业可以从自身发展角度，运用 ESG 企业评价标准实现自身管理建设，降低运营风险；又可以从业务角度出发，做出符合 ESG 评价标准的投资决策，降低投资风险。ESG 最为核心的理念是实现可持续发展。[①] 从 ESG 理念的环境友好、可持续发展角度思考，绿色债券的发行主体更倾向于具有较高的企业社会责任。事实上，违约企业发行债券时初始主体评级较低的，其 ESG 评分也往往较低。

4. 主动型和被动型的 ESG 理念及绿色债券性质

市场主体的价值理性和工具理性分别代表主动型和被动型的 ESG 理念和绿色债券的性质。主动型和被动型并不是固定的，而是互相促进，被动型不断向主动型转化。

ESG 成为金融机构和企业的自发行为的原则时，ESG 本身才是可持续的。"绝不是所有自称经过 ESG 筛选的基金都会采用积极的方法——'企业参与'和'影响力投资'。他们中的许多人使用'ESG'和'可持续'的语言，但那只不过是营销工具而已。他们遵守 ESG 投资理念的文字，但不符合其精神，有其形而无其神。对他们来说，'ESG'和'可持续'，仅仅是用一套标准勾选打分而已。而对我们来说，ESG 和可持续发展则是我们每一项投资决策的核心问题。"[②] 这说明 ESG 理念深深植根于企业家精神的内含中。我国也跟随国际责任投资原则的自律规范，积极追赶发达经济体步伐，对绿色债券、绿色信贷的审批和发行提供了诸多政策支持，主要集中在发行人的优惠条款上，方式上从政策管理、督促与引导逐渐转向市场化的自律型的软约束。

5. 资本权力的私人属性和社会属性

前面提到现代经济增长依靠金融家和企业家的结合。从资本和工人的冲突，到资本和管理者的冲突，到资本权力和金融家、企业家及政府的对立，资本的权力不断地改变着其得以实现的形式。从 20 世纪开始，美国经历了金融资本主义

---

① ［美］马克·墨比尔斯，等. ESG 投资［M］. 范文仲，译. 北京：中信出版社，2021：12－13.
② ［美］马克·墨比尔斯，等. ESG 投资［M］. 范文仲，译. 北京：中信出版社，2021：16.

时代、管理资本主义时代和股权资本主义时代。随着金融社会化，资本的权力正在由投资者和消费者主权主导，转向资本所有者价值观的内在约束。ESG 思想反映了资本的私人特征和资本的社会特征的对立。当资本社会化以后，资本的权力转化社会的权力。从社会学的角度，这就是后现代对于现代反思的结果。"现在个体曾经扮演的职员、市民和投票者的角色已经重新定位在人力资本、社会资本和政治资本上进行投资的'投资者'。①"后现代的美国正在经历"社会资本主义"阶段。ESG 思想正是资本权力转化的后现代特征。"现代主义的满足感从本质上是个人主义的。对于成就、成功、兴盛、改变世界的满足都只是或主要是个人的满足。②"而随着价值观的演化，另一种新的力量出现了，这就是"活力主义"。价值观是活力的基础，当价值观注入"绿色"以后，这种活力主义就成为社会发展的新的原动力。

回到韦伯的思想，价值理性体现在个体的愿景上，这个愿景就是"事业"。而工具理性体现在经济可行性上，管理学和创新思想都体现的是工具理性。ESG 投资、ESG 金融和 ESG 企业都是这两者的有机结合。

（三）政府参与的必要性

1. 政府参与的优势的评价

以上我们认为，"绿色"本质上是投资者、企业和消费者的社会责任问题。而真正发挥作用的是价值理性，而非工具理性。因此，政府参与的作用，受到学者的质疑。"如罗兰-贝纳布与让-梯若尔所述，政府能达成的目标是有局限的。局限之一在于，政府官员经常受到各类利益集团的游说影响。局限之二在于，气候变化是全球性问题，不可能仅靠任何一个国家来解决。③"虽然如此，政府至少在绿色标准方面会发挥一定作用。"若要把技术变革导向绿色创新避免环境灾难，政府干预不可或缺。④"

2. 政府在制定标准方面的作用

我国政府在制定 ESG 投资和绿色金融方面的标准的作用主要包括以下四个方面。

---

① ［美］杰尔拉德·戴维斯. 金融改变一个国家 ［M］. 李建军，汪川，译. 机械工业出版社，2011：27.
② ［美］埃德蒙·费尔普斯，［法］莱彻·博吉洛夫，［新加坡］云天德，［冰岛］吉尔维·索伊加. 活力：创新源自什么又如何推动经济增长和国家繁荣 ［M］. 郝小楠，译. 北京：中信出版社，2021：17.
③④ ［法］菲利普·阿吉翁，等. 创造性破坏的力量——经济巨变与国民财富 ［M］. 余江，赵建航，译. 北京：中信出版社，2021：191.

（1）构建标准体系，推动 ESG 投资规范发展

2016 年，人民银行就在证监会等 6 个部门的支持配合下共同印发了绿色金融的顶层制度设计《关于构建绿色金融体系的指导意见》，成为全球第一个在中央政府层面推出绿色金融顶层设计的文件。这份重要文件当中就提出要鼓励养老基金、保险资金等长期资金开展绿色投资，鼓励投资人发布绿色投资责任报告。此外，2018 年人民银行又牵头成立了绿色金融标准工作组，研究构建国内统一、国际接轨、清晰可行的绿色金融标准体系，ESG 评级和相关信息披露的标准均是其中的重点。例如，金融标准化委员会证券分委会正在牵头起草《绿色私募股权投资基金基本要求》。

（2）完善激励约束机制，优化 ESG 投资政策

目前，监管部门已经将 ESG 要求纳入了银行授信全流程，建立了面向部分上市公司的环境信息披露的强制性要求，要求资产管理公司开展绿色投资情况自评估，强化 ESG 信息披露和与利益相关者的交流互动。香港联交所还要求上市公司披露对发行人产生影响的重大气候相关事宜，进一步严格所有社会关键绩效指标的披露责任。

（3）在地方绿色金融改革创新实验当中突出 ESG 理念

目前，人民银行推动全国"六省九地"绿色金融创新试验区的金融机构开展环境信息强制披露试点，利用绿色金融行业自律机制研究确定信息披露的内容、格式等，通过金融机构披露环境、社会责任、公司治理等方面的信息倒逼企业的信息公开和绿色投资。试验区在绿色项目库入库筛选与动态管理方面也强调项目的 ESG 特征。

（4）推动机构在国际投资中注重环境风险管理、贯彻 ESG 原则

我国先后发布了《对外投资环境风险管理倡议》和《"一带一路"绿色投资原则》（GIP）。截至 2019 年末，14 个国家和地区的 35 家机构已正式签署这一原则。在各类政策推动下，国内 ESG 投资蓬勃发展。35 家境内机构签署了负责任投资原则，涵盖基金管理公司、资产管理机构、第三方服务机构等。尤其是自新冠肺炎疫情暴发以来，中国统筹推进疫情防控和经济社会发展工作，在环境、社会和治理三个方面均取得积极成效，充分展现了中国精神、中国力量和中国担当。[①]

3. 信息披露的要求

国际绿色债券标准对信息披露有具体明确的要求。国际资本市场协会的《绿

---

① 根据公开资料整理。

色债券原则》推荐发行人使用外部审核来证明其在募集资金用途、项目评估流程、募集资金管理和定期报告四个方面均符合要求。《气候债券标准3.0》规定，绿色债券发行前强制进行认证，发行前或发行时须披露审查机构出具的报告。绿色债券发行后的两年内至少要进行一次强制性认证，强制披露审查机构出具的报告。①

我国证监会要求发行人真实、准确、完整、及时地披露绿色公司债券相关信息。其中：①募集说明书应当披露拟投资的绿色产业项目类别、项目认定依据或标准、环境效益目标、募集资金使用计划和管理制度等内容。②发行人应当提供募集资金投向绿色产业项目的承诺函。③绿色公司债券存续期间，发行人应当按照相关规则规定或约定披露绿色公司债券募集资金使用情况、绿色产业项目进展情况和环境效益等内容。④绿色公司债券受托管理人在年度受托管理事务报告中也应当披露上述内容。深交所和上交所除上述证监会要求外，另外增加了主承销商的核查义务，要求主承销商对上述事项进行核查，并发表核查意见。②

4. 政府在宏观和微观经济改革中的作用

政府最重要的责任是对宏观经济体系和微观经济体系的改革。改革本身就可以创造绿色价值。"改革治理有两个维度——国家层面的宏观维度和企业层面的微观维度。两者都可以创造价值。宏观改革通过改善营商环境来创造价值，可能涉及以下几个方面：减少腐败、CPI排名上升、建立有利财产权的法律基础、更好地遵守国家税法、提高公职人员的工资和能力、增加基础设施预算、更公平和牢靠的监管标准，以及稳定的物价水平。企业层面的微观改革，通过使企业对现有和潜在的客户，雇员和投资者更具吸引力而为公司股东创造价值。上述举措，可以创造就业机会，为当地社区带来更多的资金投入并进一步扩大经济规模。③"营商环境是ESG原则的重要保证，也是ESG理念的本身应有之义。

二、绿色债券的性质和特点

（一）绿色债券的性质

1. 绿色的概念

绿色债券具有债券和绿色两个特征。其中绿色特征包括投资者和消费者主权以及ESG理念。绿色债券区别于信用债券的最大特点在于"绿色"，而在绿色债券的

---

① 顾婉琪，郭鸿雁，王鑫.国际绿色债券信息披露方式比较研究［J］.金融时报，2021－12－08.
② 根据公开资料整理。
③ ［美］马克·墨比尔斯，等.ESG投资［M］.范文仲，译.北京：中信出版社，2021：69－70.

申报发行过程中，绿色债券认证机构非常重要，能够确保债券发行人符合现有绿色监管体系的要求，提高发行人筛选绿色项目的能力，有效提升绿色债券的发行质量。作为绿色金融的一种形式，绿色债券体现投资者主权和投资者社会责任不如投资绿色领域的创新企业，在这方面发行者的 ESG 性质、消费者需求体现的自我价值的实现就成为重要因素。

我国与欧洲、美国的区别在于欧美是从下到上推动绿色金融和 ESG 的，而我国是从上到下推动的，这其中一个很重要的区别在于欧美国家遵循的是价值理性，而很多后发国家遵循的是工具理性。韦伯说的价值理性是指行为由行为主体的道德标准决定的，而不是法律制度的要求。工具理性则从精致利己主义角度，一是受法律约束必须执行，二是寻找这项政策可能带来的套利空间。在这个问题上表现为，金融机构和企业人为创造"绿色"形象，是为了从国家政策中拿到补贴，而不是自觉地执行投资人的 ESG 或绿色的要求，或者主动地向这个方向努力。"我们需要他们的能量和创造力，他们的公司需要我们的钱。他们的公司负责人知道这一点。他们知道，为了吸引我们的兴趣和我们的钱，就必须遵守我们的 ESG 投资要求。①"

2. 绿色债券的定义

绿色债券是指募集资金符合投资者社会责任，专门用于符合消费者绿色价值理念的项目，并符合国家支持的绿色产业、绿色项目或绿色经济的政策要求，依照法定程序发行并按约定还本付息的有价证券。绿色债券是债券市场中的新事物，虽然是一个债券品种，但是它体现的是债券的使用方向。绿色债券就是债券，但是用途有所不同，它是从社会责任投资者募集的，用于绿色产业、绿色项目、绿色产品或服务的债券。区别是约束者是社会责任投资者，而不是国家。如果发行人能够自觉遵循绿色原则，就是遵循价值理性。如果按照国家政策要求，就是工具理性。

3. 绿色债券与普通债券的不同

绿色债券与普通债券存在本质不同，这种不同体现在资金来源和投资方向方面。当然，这对企业有两个要求，一是 ESG 投资人的基础，二是绿色产业和项目必然包含价值观的概念。绿色债券以投资对象的性质，而非债券的市场性质划分。作为债券，绿色债券特征如下：

①专项债券：与传统债券不同，绿色债券体现产业政策，所募集资金应主要投资于绿色产业项目，要求设立专门的账户实现专款专用。

②长期债券：由于某些对于生态环境的投资需要较长时间才能形成回报，因此

---

① ［美］马克·墨比尔斯，等. ESG 投资［M］. 范文促，译. 北京：中信出版社，2021：4.

债券存续期限通常会覆盖整个建设期和运营，目前市面上已发行的绿色债券大多为中长期融资债券。这和其他基础设施债券类似。①

绿色债券与其他债券有以下几个方面的不同：

①披露要求：由于发行人需向投资人和社会证明募集资金使用途径是在绿色项目并产生了真实的绿色效益，因此监管机构通常对于绿色债券环境信息披露有着更高的要求，并鼓励由独立第三方专业机构在发行前进行绿色认证或评估，在存续期内对环境信息披露及环境效益进行第三方鉴证。

②政策激励：由于绿色项目所带来的正外部性，绿色项目更容易获得政府机构的政策支持，绿色债券发行也更容易获得优惠条件。

③ESG 投资者：绿色债券会吸引某些愿意为环境效益支付溢价的绿色投资者②。

（二）我国绿色债券的特点

1. 自上而下推动

与国外不同，我国绿色债券市场快速起步得益于一系列政策推动和顶层设计。继 2015 年中国金融学会绿色金融专业委员会发布我国首份绿色债券界定分类的文件以来，国家发展改革委、人民银行、证监会等部门陆续出台文件，在界定绿色债券标准、简化发行审核程序、提升发行便利度、加强存续监督、提升再融资便利度等方面提供政策支持，同时部分地区在绿色金融改革创新中也相继推出了绿色债券融资补贴或贴息等方面的政策③。

国内绿色债券市场是顶层设计、自上而下推动的。2015 年 9 月，中共中央、国务院印发了《生态文明体制改革总体方案》，首次明确了建立绿色金融体系的顶层设计，并将发展绿色债券市场作为其中的一项重要内容，初步建立了我国绿色债券发展的框架。国内自上而下为主推动绿色债券市场发展模式意味着政策激励、政治与声誉等因素会在定价中发挥较大作用，可能在一定程度上忽略项目自身的不确定因素和风险特征④。这种方式在绿色债券起步时，会产生积极的推动作用，但是对于 ESG 理念，自上而下是一种被动型做法，必须推动绿色债券市场向主动型转化，即朝向由市场主体推动的方式转化。

专家估计，随着政策逐步激发出市场主体的活力，绿色债券在环境专业技术方面的信息披露、技术转化与规模经济、环境效益评估等领域更趋成熟，项目的可持续发展预期逐步转化为经济现实，绿色债券以其环境正面效益在融资成本上的优势

---

①② 根据公开资料整理。

③④ 张超，李鸿禧. 绿色债券定价观察与经济转型思考［J］. 债券，2021－12－08.

可能进一步显现。①

2. 以国有企业为主

从绿色债券发行主体的性质上，可以分为中央国有、地方国有、公众企业、民营企业、外商独资企业等。其中绿色债券发行主体以地方国有企业为主，国企（含中央与地方）发行绿色债券数量占比从 2016 年的 67% 上升至 2020 年的 82%。② 这种情况可能会随着绿色债券标准的统一和政策到位转变成为以民营企业和中小企业为主。

3. 利率低于普通债券

从一级市场看，绿色债券有发行成本的优势。2019 年和 2020 年，与可比普通债券（同一发行人当季发行的非绿色债券并剔除期限溢价因素）相比，40% 左右的绿色债券票面利率更低。在相关政策利好刺激下，2021 年具有发行成本优势的绿色债券占比显著提升至 77%，发行价差由 2020 年的 1bp 扩大到 6bp。③

一级市场上，绿色债券较可比普通债券的发行利差小，说明绿色激励政策和投资者的绿色偏好发挥作用。统计显示，"贴标绿"债券发行利差的样本均值较可比普通债券样本均值显著低 1.2bp 左右。二级市场上，绿色债券较可比普通债券的成交利差更低。④"从境内市场来看，2021 年绿色债券较普通债券的发行票面更低，二级市场流动性也逐步显示出优势。'贴标绿'债券发行票面的样本均值较可比普通债券样本均值显著低 1.2bp 左右，'碳中和'债券成交收益率较可比普通债券要低 2bp 左右。二级市场上，绿色债券较可比普通债券的成交收益率更低。'贴标绿'债券成交收益率较可比普通债券要低 2bp 左右，'碳中和'债券成交收益率较可比普通债券要低 4bp 左右。⑤"这充分体现了投资者绿色偏好在绿色债券定价中的作用。

第二节　绿色债券市场

一、绿色债券市场的发展

（一）国际绿色债券市场

2007 年，欧洲投资银行率先发行了全球第一只绿色债券。随后，世界银行于

① 张超，李鸿禧. 绿色债券定价观察与经济转型思考 [J]. 债券，2021 - 12 - 08.
② 曾羽，高庆勇，黄文涛. 绿色债券知几何？Wind 数据库，2021 - 04 - 27.
③ 中国人民银行研究局课题组. 2021 年我国绿色债券市场发展回顾与展望 [J]. 债券，2022（4）.
④ 张超，李鸿禧. 绿色债券定价观察与经济转型思考 [J]. 债券，2021（12）.
⑤ 绿色债券投资迎重大机遇 [J]. 上海证券报，2022 - 01 - 10.

2008 年发行了绿色债券。之后数年间，全球绿色债券市场发展迅速，从最初由世界银行等机构主导，到大型企业和银行占据绝对优势，再到后来各国政府逐渐加入，全球绿色债券市场格局在不断变化。

2021 年 3 月，法国成功发行第二只绿色国债（Green OAT 0.50% 25 June 2044），期限为 23 年，发行规模为 70 亿欧元。这两只绿色国债旨在为法国中央政府一般预算支出和未来投资计划（PIA）项下的支出提供资金，用于应对减缓气候变化、适应气候变化、保护生物多样性和防治污染。

在 2017 年首次绿色国债发行之际，法国政府制定并发布了一份《绿色国债框架文件》，提出绿色国债旨在助力实现四大目标：减缓气候变化、适应气候变化、生物多样性保护，以及防治空气、土壤和水污染。同时，该文件规定绿色国债融资将用于建筑、交通、能源（含智能电网）、生物自然资源、气候变化适应、污染与环保效率等领域的合格绿色支出。[①]

继法国之后，又有德国、意大利、英国、智利等 20 多个国家加入绿色国债市场，绿色国债已经成为国际债券市场上的热门产品。法国的绿色国债发行模式作为主要模式之一，为多个国家所采用。

（二）国内绿色债券市场

截至 2020 年，全世界绿色债券累计发行规模达到 1.0728 万亿美元，主要集中在欧洲、亚太、北美地区，中国绿色债券发行规模累计 1237 亿美元，现已位居世界第二。相对而言，我国绿色债券市场起步较晚但发展迅速，自 2016 年绿色债券市场起步以来，绿色债券存量已跃居世界第二，官方统计发布的绿色债券存量超过 8000 亿元。[②]

2021 年是我国绿色债券市场迅速发展的一年。2021 年，境内主体共发行绿色债券 628 只，规模合计 6040.91 亿元，发行数量和规模均约为 2020 年的 3 倍。尤其是作为标准的《绿色债券支持项目目录》和《评价方案》出台后，2021 年下半年绿色债券发行数量和规模分别大幅增长至 359 只和 3493 亿元，较上半年分别增长 33.45% 和 37.09%。[③]

国内绿色债券市场经历了两个阶段：第一阶段是起步阶段。主管部门分别制定了绿色金融债、绿色企业债、绿色公司债的发行标准；对绿色债券的信息披露、资

---

① 邵廷娟. 法国绿色国债的发行特点与借鉴意义 [J]. 债券，2022（10）.
② 曾羽，高庆勇，黄文涛. 绿色债券知几何？Wind 数据库，2021－04－27.
③ 中国人民银行研究局课题组. 2021 年我国绿色债券市场发展回顾与展望 [J]. 债券，2022－04－28.

金用途等作了进一步规定，推动了绿色债券发行、存续期间的规范化。第二阶段增加了绿色债务融资工具、绿色资产证券化的内容，调整了绿色债券所支持的项目目录，与国际标准接轨，增加了对碳中和债发行的相关要求。但我国绿色债券标准与国际标准在信息披露、资金管理上仍存在一定差异。①

Wind 数据显示，2016~2021 年，我国绿色债券累计发行规模为 1.7 万亿元。其中，2021 年，中国境内绿色债券发行规模超 6000 亿元，同比增长 180%，位居全球前列。2022 年以来，中国绿色债券市场快速扩容态势仍在延续。截至 8 月末，已发行贴标绿色债券 339 只，发行金额合计 5440 亿元，同比分别增长 16.90% 和 50.31%。②

二、绿色债券的一级市场和二级市场

（一）绿色债券发行主体的情况

受政策影响，金融债在 2018 年以前一直为绿色债主力，发行规模占比在 50% 以上，发行主体主要为商业银行。2019 年以来，随着绿色债政策的全券种覆盖，绿色债发行券种更加多样化，非金融主体绿色债发行规模明显增加，2021 年以来中票、公司债发行规模合计约占总发行规模的 1/2，而金融债发行规模则逐渐下降，2021 年以来占比不足 20%，且发行主体由商业银行向政策性银行转移。③

1. 发行主体的所有制性质

从发行主体的企业性质来看，国有企业占据主要地位。从发行只数来看，共有 52 家国有企业发行了 78 只绿色债券，占比 75.73%，相比去年增加 17.39%。从发行金额来看，国有企业共计发行 1191 亿元，占全部绿色债券的 61.46%，而公众企业从 2016 年 1395 亿元下降到 640 亿元。值得关注的是，2017 年有一家外商独资企业和 2 家中外合资企业各发行 1 只和 4 只绿色债券，发行金额为 55.4 亿元，反映绿色债券发行主体多样性的增加，但是民营企业参与度较低。④

2. 发行主体涉及的行业

从发行主体所在行业来看，2017 年发行绿色债券的主体涉及金融业、采矿业、

---

① 曾羽，高庆勇，黄文涛 . 绿色债券知几何？ Wind 数据库，2021 - 04 - 27.
② 张弛 . 绿色债券高质量发展，为实体经济转型赋能 [J]. 金融时报，2022 - 10 - 18.
③④ 根据公开资料整理。

电力能源类、水务类、制造业、交通基础业、商业服务及物品类、综合类 8 个行业。其中银行业仍占据主导地位，共有 23 家银行参与发行 38 只绿色债券，发行只数占全国 36.89%，总计发行金额 1244 亿元，占全国发行规模的 64.20%，对比去年下降 15.38%。具体来看银行业，就发行只数而言，国家开发银行和乐山市商业银行各发行 5 只绿色债券，是国内发行只数最多的企业。就发行金额而言，北京银行与国家开发银行均发行 300 亿元绿色债券，是境内市场绿色债券全年发行规模最大的企业。①

（二）绿色债券发行、定价和承销

2016 年，仅有 14 家银行和 24 家券商参与承销绿色债券，此后绿色债券承销机构迅速增加，到 2021 年，绿色债券承销机构数量增至 105 家。其中，中国工商银行、中国银行、中国农业银行和中国建设银行承销规模居前四位；中小型银行（城市商业银行、农村商业银行）的参与数量由 2016 年的 4 家增长至 2021 年的 22 家，其中南京银行、宁波银行、杭州银行的承销规模较大。②

1. 一级市场价格

一级市场价格方面，气候债券组织（Climate Bonds Initiative，CBI）定期发布《绿色债券一级市场定价》系列报告，针对美元与欧元标价的绿色债券定价进行跟踪研究。CBI 最新的统计显示，近 80% 的绿色债券相较可比普通债券在一级发行上有价格优势，发行的票面利率相对更低，境外成熟市场对绿色债券已表现出一定的投资热情。另据 CBI 统计，绿色债券完成发行 7 天、28 天后 60% 以上绿色债券的二级市场收益率会进一步下行，反映出投资者在一级市场上的认购需求未得到充分满足继而转向二级市场进行补充配置。③

2. 发行方式

2017 年以来，绿色债非公开发行规模占比不断上升，由 2016 年的 2.9% 上升至 2021 年的 20.8%，但过去我国绿色债发行存在信息披露不完善的问题，非公开发行的绿色债信息披露问题更为突出，公开发行仍是绿色债的最主要发行方式。④

（三）二级市场价格和交易

2021 年绿色债券二级市场交投活跃，市场主体对绿色债券的偏好明显上升。

①④ 根据公开资料整理。

② 中国人民银行研究局课题组.2021 年我国绿色债券市场发展回顾与展望［J］.债券，2022 - 04 - 28.

③ 张超，李鸿禧.绿色债券定价观察与经济转型思考［J］.债券，2021（12）.

全年共有703只绿色债券发生交易，总成交额为8754亿元。2020年1月至2021年8月，与可比普通债券相比，绿色债券二级市场交易价格仅有0.3~0.4bp的微弱优势。自2021年9月起，绿色债券的二级市场价格优势更为明显，60%的绿色债券成交价格低于普通债券价格，平均价差扩大到2.5bp。①

相对于基准国债的利率水平，绿色债券和传统债券的平均利差分别约为191个基点和224个基点。显然，绿色债券与相应的非绿色债券相比，具有较低的利差。两者差异并不小，平均约为33个基点。②

在国际资本市场上，绿色债券也有类似的表现。二级市场价格方面，卢博斯（Lubos Pastor，2021）等以德国政府发行的绿色主权债券为研究对象，将绿色主权债券与可比的普通主权债券在2020年9月至2021年5月二级市场价格走势进行对比，发现绿色债券实现了更大的投资回报，通过构造多空投资组合（做多绿色债券、做空普通债券）可实现31bp的累计收益。③ 奥利威尔（Olivier，2021）针对全球主要国家的绿色债券市场，采用匹配对比和回归方法对2013~2017年绿色债券与可比普通债券之间的成交收益率差异进行研究，发现绿色债券的收益率较可比普通债券要低2bp，这种"绿色"的价差在金融债和低等级债券中反映更加明显。④

（四）绿色债券的创新

绿色债券已成为我国债券市场的明星产品，碳中和债券、可持续发展挂钩债券、"绿色+扶贫"债券、各类主题的绿色金融债等创新品种不断推出；沪深交易所、交易商协会均建立了绿色通道，并设立了绿色债券统一标识，鼓励绿色债券市场的发展。⑤ 市场主体也努力创新产品和商业模式，绿色债券产品和发行方式创新主要体现在以下方面：

1. 首次发行黄河专题绿色金融债券（产品创新）

国家开发银行于2021年7月面向全球投资者发行首单"黄河流域生态保护和高质量发展"专题绿色金融债券100亿元。采取固息+浮息品种、批发+零售模式、境内+境外市场等方式同步发行。⑥

———————————

① 中国人民银行研究局课题组. 2021年我国绿色债券市场发展回顾与展望 [J]. 债券，2022（4）.
② 文献分析 | 市场对绿色债券发行的反应：来自中国的证据 [EB/OL]. 中央财经大学绿色金融国际研究院，https：//iigf. cufe. edu. cn/info/1012/3950. htm.
③④ 张超，李鸿禧. 绿色债券定价观察与经济转型思考 [J]. 债券，2021（12）.
⑤ 创新绿色债券产品与制度体系 [J]. 上海证券报，2022－02－07.
⑥ 易碳家. 绿色债券产品和发行方式创新 [J]. 债券，2022（3）.

2. 创新发行碳中和专题债券（绿色主题创新）

2021 年 2 月，三峡集团、华能国际电力股份有限公司、国家电力投资集团有限公司等发行首批 6 只碳中和债券，规模合计 64 亿元。2021 年 5 月，中国节能环保集团有限公司发行首笔"碳中和、乡村振兴"双标绿色中期票据。2021 年 9 月，中国农业发展银行面向全球投资者发行国内首单用于森林碳汇的碳中和债券，募集资金 36 亿元。①

3. 绿色债券国际合作取得新进展（模式创新）

2021 年 10 月，深圳市在香港发行首只离岸人民币地方政府债券，发行规模 50 亿元，其中 39 亿元为经过香港品质保证局认证的绿色债券，用于城市轨道交通和水治理项目。2021 年 12 月，中国建设银行在境外发行全球首笔基于中欧《共同目录》的绿色债券，支持粤港澳大湾区清洁交通、清洁能源项目。同月，匈牙利政府在我国银行间债券市场发行 10 亿元人民币绿色主权熊猫债，这是熊猫债市场首单外国政府类绿色人民币债券。②

未来创新主体应该是中小企业和民营企业。绿色债券作为未来全球贸易计价的重要因素，需要创新开发出让更多中小企业、民营企业积极参与能源革命、履行绿色使命的品种，实现真正意义上的全面绿色发展。③

三、绿色债券的评价体系

绿色债券可分为贴标绿色债和非贴标绿色债，国内并未对贴标绿色债券给出官方界定。根据气候债券倡议组织（CBI）的定义：贴标债券是指国内市场上经过监管机构批准发行的绿色债券，或在交易场所注册全称包含"绿色"字样标签的债券。

"绿色"属性的认证是绿色债券与一般债券的最大区别，2020 年以前市场缺少统一的界定和规范，2021 年最新《绿色债券支持项目目录》出台，对国内绿色债券支持项目的范围进行了统一，删除了化石能源清洁利用的相关类别，逐步实现了与国际通行标准和规范的接轨。④

---

① 商瑾，马赛．绿色债券产品和发行方式创新［J］．债券，2022（8）：4.
② 中国人民银行研究局课题组．2021 年我国绿色债券市场发展回顾与展望［J］．债券，2022（4）.
③ 创新绿色债券产品与制度体系．上海证券报，2022－02－07.
④ 根据公开资料整理。

（一）绿色债券的标准和指数

1. 绿色债券的绿色标准

2015 年 12 月，《绿色债券支持项目目录（2015 年版）》发布，这是我国第一份关于绿色债券界定与分类的文件；2016 年，人民银行等七部门联合发布《关于构建绿色金融体系的指导意见》，提出统一绿色债券界定标准；2018 年，人民银行、证监会等部门指导成立绿色债券标准委员会。

数年间，市场迅速发展，与此同时，信息披露不足、缺乏统一标准等问题凸显，成为横在中国绿色债券市场高质量、国际化发展之路上的绊脚石。2020 年，"双碳"目标提出更是进一步加剧了解决上述问题的紧迫性。①

2. 绿色债券支持目录

中央结算公司基于《绿色债券支持项目目录（2021 年版）》，遵循规范性、兼容性、简洁性等原则，结合实际披露情况，构建了绿色债券环境效益信息披露指标体系，持续推动绿色指标体系的标准化。指标体系对"203 + 2"个绿色行业可能产生的环境效益设计了 44 个指标，每个行业都有一组体现其特点的必填指标和选填指标。这是我国首个系统应用于债券环境效益信息披露的指标体系，居国际前沿水平，填补了国内外绿色债券市场环境效益信息披露指标体系标准领域的空白，对提高绿色债券信息披露透明度、推动绿色债券高质量发展起到了重要作用，实现了绿色债券环境效益信息披露标准制定的重大突破。②

3. 绿色债券指数

自 2016 年发布中国首批绿色债券指数以来，中央结算公司持续深耕中国绿色及可持续发展领域，陆续发布中国首只气候债券指数、碳中和债券指数、ESG 指数和贴标绿色债券指数等，同时与市场机构联合发布一系列绿色及可持续发展主题指数，共同助力绿色金融的发展。③

截至 2022 年 9 月 1 日，中央结算公司共发布中债绿色及可持续发展系列指数 27 只，包括绿债指数 14 只、碳系列指数 3 只、ESG 指数 10 只。该系列指数是全面综合反映中国绿色金融发展的代表性指标，旨在向境内外绿色金融投资者提供专业的业绩比较基准与投资跟踪标的。④

---

① 张弛. 绿色债券高质量发展，为实体经济转型赋能［J］. 金融时报，2022 - 10 - 18.
②③④ 中债研发中心. 金融标准为民利企——标准助力绿色债券市场高质量发展. 2022 - 09 - 30.

（二）中债 ESG 评价体系

中央结算公司中债估值中心自 2018 年底启动了中债 ESG 研发工作，结合国际主流方法论框架并兼顾中国市场特点，集成大量非结构化数据，自主构建了 ESG 数据库与评价体系，于 2020 年首次完成对中国债券市场全部公募信用债发行主体 ESG 评价，率先填补了债券市场长期没有 ESG 评价结果的空白，并于 2021 年正式发布全部 A 股上市公司中债 ESG 评价，实现对 8000 余家境内发债主体和上市公司的全覆盖。[①]

这个评价体系结合了国际标准和国内市场的特点。一方面，评价体系的方法论充分借鉴了一系列国际标准，如国际标准化组织 ISO 的《环境管理体系标准》、全球报告倡议组织 GRI 发布的《可持续发展报告指南》、经济合作与发展组织（OECD）发布的《公司治理准则》等文件。另一方面，为了使评价体系更符合国内市场的实际情况，进行了一系列的本土化创新设计，例如，在 ESG 的社会责任方面考虑到了对债券投资人的保护条款，将企业对脱贫攻坚、乡村振兴的贡献纳入指标体系。[②]

评价体系兼顾了通用性与针对性，科学设置了关键参数。例如，在 ESG 的环境方面覆盖了 90 余个国民经济分类行业的 60 套打分卡，每套打分卡根据行业工艺流程及其对环境的影响，参考行业发展规划和清洁生产标准文件，分别设置行业特色指标和相应参数。[③]

（三）实质绿色债券识别方法

2017 年，中央结算公司编制中债绿色分类标识，对债券募集资金是否用于绿色领域进行判断；体现了重实质、轻形式的特点，更加符合中国实际，有利于鼓励和引导绿色投资。通过已开展"实质绿"债券识别工作，共识别出 2017 只"实质绿"债券。"实质绿"债券识别方法：一是依据重大原则和标准，如人民银行的《绿色债券支持项目目录》、国家发展改革委的《绿色债券发行指引》、国际资本市场协会（ICMA）的《绿色债券原则》、气候债券组织（CBI）的《气候债券分类方案》。二是债券募集资金要求投向绿色产业项目的资金规模在债券募集资金中的占比不低于 50%，或者发行人绿色主营业务占比不低于 50%。这种重实质轻形式的编制理念，对于鼓励和引导绿色投资起到了积极作用。此外，还编制并发布绿色

---

①② 经济日报新闻客户端．中债 ESG 评价体系已对 8000 余家主体"全覆盖"．2022 - 04 - 14：5.
③ 中央结算公司，2022 - 10 - 28.

债券指数，并在卢森堡证券交易所网站展示；与 CBI、中节能合作编制并发布全球首只气候债券指数，并在彭博、路透、财汇、万得等终端上转发；与兴业银行合作，编制发布全国首只绿色债券指数型理财产品；2019 年 2 月，以"中债—10 年期国债及政策性银行债绿色增强指数"在中国台湾证券交易所挂牌上市；2021 年 1 月，中债—粤港澳大湾区绿债指数正式发布。①

（四）债券市场 ESG 评价系列产品

2020 年 10 月，中债估值中心试发布中债 ESG 评价系列产品，填补了债券市场 ESG 评价空白。ESG 相关的指标体系，涵盖境内 5000 多家发行人，并从 14 个维度、39 个评价因素、161 个评价指标切入评价，用于债券市场发展和绿色投资。作为中国绿金委的理事单位，中央结算公司参与撰写人民银行《中国绿色金融发展报告》。在中国绿金委的委托下，中央结算公司与中节能公司合作完成《绿色债券环境效益信息披露制度及指标体系》课题研究，并连续 5 年与气候倡议债券组织（CBI）合作编写中国绿色债券市场年报。

（五）中债－绿色债券环境效益信息数据库

为促进"碳达峰""碳中和"目标，中央结算公司作为国家重要金融基础设施管理部门，长期致力于绿色债券市场建设，于 2018 年首次提出了"实质大于形式"的"投向绿"债券识别理念。2021 年，中国人民银行、国家发展改革委、证监会发布《绿色债券支持项目目录（2021 年版）》以后，中央结算公司基于前期研究成果，依据国家现行环保标准和政策，同时全面解剖近千只"投向绿"公司信用类债券环境效益信息数据，形成了"中债－绿色债券环境效益信息披露指标体系"，指标设置上突出绿色项目对环境产生的改善作用，对应到每一细分行业，有 1～10 个分领域指标。

基于"指标体系"及"投向绿"环境效益数据采集结果，中央结算公司于 2021 年 9 月、10 月陆续上线了"中债－绿色债券环境效益信息数据库"（以下简称"绿债数据库"）和"中债－绿色债券环境效益信息门户"网站，作为"投向绿"债券环境效益信息数据集中采集、展示的平台，解决了"披露什么、怎么披露"的问题。

目前绿债数据库涵盖了截至 2022 年 3 月底发行的 1800 余只"投向绿"企业债、公司债、债务融资工具募投项目信息和项目产生的环境效益数据，并计算单位

---

① 中央结算公司，2022－10－28.

资金及债券对应的环境效益。①

四、监管原则

(一) 国际监管方面的原则

国际方面，由《联合国气候变化框架公约》第 13 次缔约方会议提出的《巴厘行动计划》指出，各国实施减排承诺和减排行动应遵循"可测量、可报告、可核实"原则。其中，"可测量"是指各国行动采取的对策本身和相应结果可被测量，"可报告"是指所采取的措施可遵循《联合国气候变化框架公约》或其他达成一致的准则出具报告；"可核实"是指措施的结果能够通过公允的方式方法在国内外市场中进行核实。②

(二) 国内监管方面的原则

1. 碳减排金融工具的国内监管原则

国内方面，人民银行在《2021 年第二季度中国货币政策执行报告》中提出，设立碳减排支持工具，并且相应工具要做到"可操作、可计算、可验证"，确保精准性和直达性。"可操作"是指该工具明确作用于碳减排效应显著的领域，具体包括清洁能源、节能环保和碳减排技术；"可计算"是指金融机构可计算贷款带动的碳减排量，并将碳减排信息对外披露，接受社会监督；"可验证"是指披露信息的真实性可由第三方专业机构验证，确保政策效果。

中国银行间市场交易商协会在《关于明确碳中和债相关机制的通知》中建议，债券发行人聘请第三方专业机构出具评估认证报告，按照"可计算、可核查、可验证"原则，对绿色项目能源节约量（以标准煤计）、碳减排等预期环境效益进行专业定量测算，提升碳中和债的公信度。③

2. 国内绿色债券的监管原则

目前，我国绿色金融债券发行主体主要落实人民银行金融市场司的要求，具体为"可测度、可核查、可验证"（以下简称"三可"）。其中，"可测度"是指绿色金融债券项目环境效益数据真实可测，可定量测算二氧化碳减排等环境效益，应显

---

① 中央结算公司，2022 – 10 – 28.

②③ 王中，邹光妮. 关于落实绿色金融债券"可测度、可核查、可验证"原则的探讨与建议 [J]. 债券，2021 (11).

著标示募投项目碳减排、碳中和效果，提升碳中和债的公信度；"可核查"是指绿色金融债券募集资金真实投向绿色产业项目，应开设专门账户或建立专项台账用于记录碳中和债募集资金的到账、拨付及回收情况，保障资金专款专用；"可验证"是指绿色金融债券项目带来的生态效益可被验证，可持续跟踪募投项目的碳减排实现情况，确保募投资金转化为切实的环境效益。[①]

五、绿色债券的国际合作

ESG 理念和环境合作从一开始就体现了国际化的努力。绿色债券也是国际资本市场关注的话题。近年来，全球绿色债券市场发展迅速，2017 年全球绿色债券市场共发行绿色债券 1555 亿美元，比 2016 年同比增加 92%。与此同时，更多的国外投资者已将目光转移至中国绿色债券市场。绿色代表未来资本的投向，因此绿色也是债券市场未来的颜色。如何立足于国内市场发展，推动国内外绿色债券市场的深入衔接和融合，是当前需要思考的问题，目前专家在这方面有很多共识。实现债券市场对外开放和国内外绿色标准认定的一致性，未来的努力方向包括以下几点：

一是如何进一步对国际投资者开放中国债券市场，吸引国际资本投资绿色债券。如交易所债券市场近年来已加强对国际投资者关于中国债券特别是绿色债券的宣传介绍，尤其是落实国际优质资本的重点培育，需要在相关政策方面进一步加大力度。

二是推进实现国内外绿色债券标准一致性。一方面继续加大对国内、国际主要标准之间的共识程度，建立标准之间的对应关系，实现一致性绿色债券的标准共认。另一方面降低责任投资者对绿色债券跨境识别门槛，降低企业跨境发行绿色债券成本的基础工作，促进未来跨境绿色资本的流动。

三是统一国内外会计准则、评级标准。我国境内企业发行境外债券时，多发行美元债并选取香港作为发行地点，其中一个重要原因就在于香港联交所发行美元债只需找到投资者，不需要进行审批，也不强制要求评级，由此获得众多企业青睐。可见，审批制度和评级难度是境内企业发行境外债券的重要因素。促进国内会计准则、评级标准与国际接轨对于推动企业发行境外债券具有重要意义。[②]

---

① 王中，邹光妮. 关于落实绿色金融债券"可测度、可核查、可验证"原则的探讨与建议 [J]. 债券，2021（11）.

② 云祉婷. 中国企业境外发行绿色债券的分析和建议. 中央财经大学绿色金融国际研究，2019 - 06 - 04.

四是吸引"一带一路"沿线地区发行体在中国发行绿色债券。"一带一路"沿线地区基础设施薄弱,资本市场规模较小,一般需要通过国际资本市场为基础设施建设募集资金。在"一带一路"倡议下,为沿线相关地区的绿色基础设施提供融资需求,中国资本市场责无旁贷。①

五是通过在境外发行"一带一路"绿色债券,银行类金融机构既可以推进"一带一路"的全球化进程,又可以间接实现部分海外投资,还可以加速我国绿色债券与国际市场的对接、促进我国绿色标准与国际接轨。②

六是加强中欧合作。中国和欧洲是世界上最大的绿色金融市场,应加强合作,共同推动国际绿色与可持续金融标准的一致化,降低绿色金融的识别成本,促进绿色金融领域的跨国投资。在欧洲出台标准之后,可以考虑的过渡性方案是将中国标准与欧洲标准的重合部分(即既符合中国标准,又符合欧洲标准的绿色活动清单)作为中欧共同标准,中国机构可以按照共同标准在欧洲发行绿色债券,欧洲机构也可以根据共同标准在中国发行绿色债券,这样就可以避免重复认证等额外成本,提升双方市场的透明度。从长期来看,双方应该逐步推动中欧标准的趋同化,争取最终达成一套高度一致的共同标准。③

六、未来绿色债券市场的发展

(一)推动绿色债券市场稳定发展

自 2016 年以来,我国绿色债券市场从无到有、从小到大,已成为全球最大的市场之一。未来,要进一步完善基础性制度设计和配套政策,加大产品工具创新力度,推动绿色债券市场规范、健康、深化发展。一是要进一步完善绿色债券评估认证和环境信息披露;完善绿色债券统计和数据库建设,优化数字化共享平台。二是统一绿色债券募集资金管理模式,规定绿色债券募集资金主要用于绿色项目,高标准建设绿色债券市场。三是激励约束并行,提升通过绿色债券发行进行投资的动力。四是加大绿色债券市场双向开放力度,加强绿色债券国际合作,如推动发行地方政府绿色专项债券、提供更多投资选择,支持境内发行人在国际债券市场或上海离岸市场等使用《共同目录》发行绿色债券等。④

---

①③　根据公开资料整理。

②　云祉婷. 中国企业境外发行绿色债券的分析和建议. 中央财经大学绿色金融国际研究,2019 - 06 - 04.

④　中国人民银行研究局课题组. 2021 年我国绿色债券市场发展回顾与展望[J]. 债券,2022(4).

（二）建立绿色债券的市场化体系

自 2007 年欧洲投资银行发行了首只绿色债券"气候意识债券"以来，绿色债券因其促进资金向环境友好项目流动，契合了绿色经济与可持续发展理念，开始在国际市场备受关注。绿色债券在国际市场上的快速发展一方面受益于负责任投资理念，投资者关注投资回报的同时重视自身投资决策对环境和社会的影响，另一方面还得益于绿色认证评估等专业机构的迅速发展。绿色债券发行企业、政策部门等各方的共同推动，使得绿色债券在环境信息披露、环境技术普及与转化等方面日趋成熟。国际市场以自下而上为主形成了一套较完善的绿色债券市场化体系，"绿色"资质与项目的基础质地是绿色债券定价的基本标准。[①]

小　结

绿色债券与债券市场的其他品种有着本质的区别。绿色债券的本质特征是"绿色"，债券只是"绿色"得以实现的形式。所谓绿色，实际上是社会化资本的社会责任主权。ESG 理念的发展代表了社会化资本的内在要求。随着资本社会化和金融社会化的不断深入，以社会资本为代表的投资者主权将主导整个金融市场和债券市场的发展，其影响甚至可以穿透金融和企业，实现物理环境的绿色、企业 ESG 绿色和营商环境的绿色，最终绿色的载体是社会。

[①]　张超，李鸿禧．绿色债券定价观察与经济转型思考［J］．债券，2021（12）.

第二十一章 资产证券化

金融市场的发展是金融深化的过程。所谓金融深化，就是从非标准金融合同向标准金融合同发展，形成标准化的证券市场；再从标准化的证券市场向以基础资产为依托的衍生产品的方向和以特定资产和机构为对象的量身定制的方向发展。资产证券化充分体现了这一过程的代表性特征。

本章共分三节。第一节介绍我国的资产证券化的基本情况。第二节主要介绍资产证券化的交易结构和技术。第三节介绍房地产 ABS 和 REITs。

第一节 我国的资产证券化

资产证券化是将缺乏流动性的基础资产转化为不同信用级别的可流通证券的行为，资产证券化产品可分为企业 ABS、信贷 ABS 和资产支持票据（ABN）三大类。企业 ABS、资产支持票据（ABN）主要用于非金融企业融资，两者结构较为类似。资产证券化近年来备受房地产企业青睐，一方面地产行业融资需求强烈，资产证券化是为数不多受政策鼓励的融资渠道；另一方面企业 ABS 自身发行成本适中，具有盘活基础资产、破产隔离及信用分级的优势。虽然我国早期有过资产证券化的尝试，但是由国家层面推动全面开展的资产证券化业务是从信贷 ABS 开始的。

一、资产证券化的历史

（一）早期探索

1992 年，三亚市开发建设总公司发行过 2 亿元的地产投资券，以现金流质押，具有证券化的性质，但是当时的探索受到法律、会计处理、投资人、交易市场的限制，因此不能算作真正意义上的资产证券化。① 真正有意义的是 1996 年以后的离

---

① 胡昌丽. 我国实施房地产证券化的可行性及制约因素 [J]. 商业时代，2006（31）：2.

岸资产证券化、资产管理公司的资产证券化和信贷资产证券化。

1. 离岸资产证券化

早期国内企业有过多起零星离岸资产证券化的尝试。1996 年 8 月，珠海高速公路有限公司发行过以应收款为质押的 2 亿美元债券。1997 年 4 月，中国远洋运输总公司私募发行了以应收款为质押的 3 亿美元债券。2000 年 3 月，中集集团的应收款出售给荷兰银行的资产管理公司（TAPCO），由后者发行 ABS。2002 年 1 月，中国工商银行与中国远洋运输总公司启动 6 亿美元的 ABS 融资项目，在此基础上发行资产担保证券。[①]

2. 金融业的尝试

2000 年 9 ~ 10 月，中国建设银行和中国工商银行相继获准实行住房抵押贷款证券化试点。2003 年 1 月，中国信达资产管理公司发行 15.88 亿元以资产现金流为质押的债券产品。2003 年 6 月，中国华融资产管理公司实现 132.5 亿元债权资产证券化，被称为准证券化。2004 年 4 月，中国工商银行宁波市分行实现 26.02 亿元债权资产证券化。这是中国资产管理公司和商业银行早期资产证券化项目，第一次尝试采用资产证券化的方式处置不良贷款。[②]

3. 信贷资产证券化

真正意义的资产证券化是从信贷资产证券化开始的。国内信贷资产证券化产品在 2005 年开始试点。这次试点解决了法律、税收、会计处理、市场交易等重要问题，但其后发展缓慢。自 2005 年信贷资产证券化试点启动以来，至 2008 年底我国共发行 667 亿元信贷 ABS。据统计，其间共有包括国开行、工行等 11 家金融机构共发行了 17 单产品。

2008 年次贷危机爆发，出于对证券化工具风险的考虑，中国全面停止了资产证券化的试点。直到 2012 年 5 月，央行、银监会、财政部联合印发的《关于进一步扩大信贷资产证券化试点有关事项的通知》，才标志着资产证券化业务再次重启。国开行、建行、工行等机构共发行 6 单、总规模为 228 亿元的信贷资产证券化产品。[③]

2015 年以后，信贷资产证券化工作走向常态，人民银行采取一系列政策为资产证券化业务打开广阔的发展空间。以后发行规模呈爆发式增长，并开始了各类基础资产的资产证券化。

---

①② 根据公开资料整理。
③ 信贷资产证券化试点扩容 险资有望拔得头筹 [J]. 金融投资报，2013 – 09 – 19.

（二）信贷资产证券化的试点

国内信贷资产证券化分为广义和狭义两个不同概念。国内广义信贷资产支持证券，指金融机构发行的 ABS，主要类型包括对公贷款支持证券、个人消费贷款 ABS、个人汽车贷款 ABS、微小企业贷款 ABS 和个人住房抵押贷款 ABS（简称 RMBS）。[①] 狭义信贷资产支持证券分为对公贷款支持证券（CLO）、个人住房抵押贷款支持证券（RMBS），以及 2012 年交易商协会推出的创新型品种资产支持票据（ABN）等。[②] 这里广义信贷资产证券化指全部与信贷有关的资产证券化品种或交易行为，狭义信贷资产证券化专指银行对公贷款和个人住房抵押贷款这两类试点时期推出的信贷资产证券化品种或交易行为。

1. 国家开发银行的早期努力

2004 年 1 月，国家开发银行向中国人民银行提交了推出资产支持证券的正式建议书，并申请成为首个资产支持证券发行人。中国人民银行对国开行的建议给予了积极的回复，在与相关部门磋商后，向国务院提交了住房抵押贷款支持证券和信贷资产支持证券的试点建议，随后成立了资产证券化工作小组和文件起草小组。

大多数市场改革都是由市场参与人首先推动的，由财政部推动的国债市场化改革是个例外。资产证券化项目由国开行和其他银行共同推动，并且得到了中央政府的大力支持和相关政府部门的积极配合，从而在解决证券化项目的法律、税收、财务指标等问题上做到通力合作。

时任总理温家宝在 2004 年 2 月 10 日的全国银行、证券、保险工作会议上指出："国家开发银行要充分发挥开发性金融作用，利用自身优势，支持经济机构战略性调整，防止一些行业盲目投资和低水平重复建设；继续加强内部管理，强化风险控制，注重防范长期性信贷风险。"时任副总理黄菊在 2004 年国家开发银行工作报告中指示："今年（2004 年）国家开发银行必须继续扩大政策性融资，控制贷款目标，重点是能源交通业的基础设施建设贷款，防止长期信用风险，改善经营业绩。[③]"通过信贷资产证券化释放存量资产累计风险，是当时国家开发银行的主要努力方向。

2. 国家开发银行对于法律创新的探讨

国家开发银行最早提出了在中国开展资产证券化的想法，也探讨过如何在现有法律框架下实现资产证券化的路径。其间国家开发银行资金局曾经与新华信托探讨

---

① ② 国开证券，2021 - 09 - 24.

③ 国家开发银行资金部研究处. 2021 - 09.

过通过信托方式进行资产证券化的可能性。2005 年和 2006 年，国家开发银行两次请示中国人民银行，要求国家开发银行率先进行资产证券化试点。

国家开发银行认识到，资产证券化有助于国家产业政策的实施，引导社会资金投入国家基础设施、基础产业、支柱产业、高科技产业的建设，提高国开行信贷资产的流动性，在实践中发挥开发性金融理论的资金引导功能。

回忆链接 ○━━━━━━━━━━━━━━━━━━━━━━━━━━━━━━━━━━━━━━

2004 年和 2005 年春节前，陈行长曾经两次带我到人民银行见周小川行长，希望由开行发起进行中国的银行资产证券化试点。在我们第二次会见时，周小川行长明确表示支持并由央行为主成立一个多部门的资产证券化领导小组，协调解决与资产证券化有关的法律制度问题。领导小组包括财政部、税务总局、银监会等部门。事后，建设银行也表示愿意参加试点。这样，最后央行决定由开行做信贷资产证券化的试点，由建行进行住房抵押贷款的资产证券化试点。

开行进行资产证券化有两个部门参与：投资业务局和我分管的资金局。投资业务局负责方案的设计，资金局负责证券化产品的发行。当时，陈行长将设计任务同时交给了投资业务局和综合计划局的领导。但是在一个周五的下午，陈行长突然给我打电话，说投资业务局认为按照现有法律在中国不能做资产证券化，而综计局拿出的方案，他认为根本不能够操作，因此要求我来做这件事情。

我接到任务后，周末就在家里考虑这个问题。这个问题以前资金局也研究过，并曾经与早年的新华信托进行过探讨，我认为通过信托的方法是唯一可行的法律架构。除此以外，最重要的就是设计多层次的债券结构。在思考方案时，我参考经济学和金融学的原理，同时在定价方法上考虑了每个层次的比重、资产包中项目的信用风险结构等。这样以法律框架和定价问题为主，我写了一个方案，并作为请示文件周一交给了陈行长，并说明这是一个初步方案。因为中国没有进行过信贷资产证券化的发行，建议请外资银行的专家到北京论证后，由投资业务局和资金局共同完成。

周一早上报告报出后，陈行长没过几个小时就把方案批下来了。接下来我召集投资业务局和资金局开会将方案传达给他们，当时问了大家的意见，他们均表示可行。然后我布置下一步的工作，并要求投资业务局邀请七家外资银行在香港的机构到北京开会。这七家外资银行的专家来北京后，我把方案说了一下，然后问他们，市场发达的国家是否是这样做的。我记得当时他们都说不是这样做的。但是对于定价的方法，他们比较认可。然后我就问他们，在中国这样做是否可以。多数人说，好像也可以，说不出来不行。我说，那就好，我们就按照这个方案做。回来后，投资业务局和资金局将这个方案具体化。为了保证第一单发行成功，开行信贷局选择了一类和二类的优良资产作为这次试点的资产包。这样第一单证券化就按照这个方案顺利实施了。这个方案后来人们称为 SPT 的方案，多数国家信托法和公司法与中国有所不同，用的是 SPV 的方案。

（资料来源：高坚. 我所经历的中国债券资本市场的历史 ［N］. 金融时报，2017 - 08 - 30.）

3. 试点的过程

我国的资产证券化始于 2005 年关于资产证券化的试点，最初进行试点是从银行开始的。当时有两家银行参与，分别是国家开发银行和中国建设银行，试点的品种是 ABS 和 MBS。[①] 2005 年，中国人民银行组织有关部门成立资产证券化试点小组，正式启动资产证券化的操作。2005 年，央行和银监会联合发布《信贷资产证券化试点管理办法》，随后国家开发银行、中国建设银行获准进行信贷资产证券化首批试点。在央行和银监会主导下，根据国家开发银行提出的方案，基本确立了以信贷资产为融资基础、由信托公司组建信托型 SPV（即 SPT）、在银行间债券市场发行资产支持证券并进行流通的证券化框架。

2005 年 12 月 12 ~ 15 日，国家开发银行发行了国内首只 ABS——"2005 年第一期开元信贷资产支持证券"。该交易的基础抵押资产为国家开发银行发放的工商业贷款，共计 51 笔，本金余额为 41.77 亿元人民币。2005 年 12 月 15 日，中国建设银行发行国内首只 RMBS 产品——"建元 2005 - 1 个人住房抵押贷款证券化信托"。该交易的基础抵押资产池包含 15162 笔个人住房抵押贷款，本金余额为 30.17 亿元人民币。

2007 年，浦发、工行、兴业、浙商银行及上汽通用汽车金融公司等机构成为第二批试点单位。但第二批试点额度用完之时，恰逢金融危机席卷全球，对证券化产品的谈虎色变令这一新兴事物的成长戛然而止。

（三）信贷资产证券化规模迅速扩大时期

2005 年中国人民银行和银监会联合发布了《信贷资产证券化试点管理办法》

[①] 目前，国内将资产支持证券统称为 ABS，信贷资产支持证券包括 CLO（对公贷款支持证券）、RMBS（个人住房抵押贷款支持证券）、Auto - ABS（汽车贷款支持证券）、消费贷款支持证券、租赁资产支持证券、公积金贷款支持证券、不良贷款支持证券。按照现在的分类，此处应当为 CLO 和 RMBS。

以后，我国资产证券化经过近 6 年试点，到 2011 年已经积累了大量的经验，为未来发展奠定了基础。而我国贷款转让市场交易规模 2008 年已达到 8000 亿元左右，2009 年以来随着银行新增贷款规模大幅度增长，贷款转让业务加速发展。

1. 银行信贷规模和资本充足率的要求

在经历了 2009 年的信贷狂飙之后，监管部门对资本充足率的硬约束以及随后的信贷收紧措施，使得业界对资产证券化扩容或重启的呼声再起。初步测算，如果 13 家上市银行核心资本充足率、资本充足率分别达到监管要求，在不进行再融资、仅考虑利润留存补充资本金的情况下，2011～2016 年，13 家上市银行核心资本缺口合计达到 7885 亿元，总资本缺口合计达到 13919 亿元。如果 13 家上市银行拨贷率未来每年均达到监管要求，2011～2016 年新增计提拨备合计达到 10769 亿元，2010 年底上述银行拨备余额合计仅为 7942 亿元，这意味着未来六年时间里上述银行拨备规模将增加 1.4 倍，这对各家银行的利润将造成重大影响。[①]

（1）贷款风险权重

《商业银行资本充足率管理办法》（征求意见稿）中，商业银行受冲击最大的部分是调整部分贷款的风险权重。征求意见稿出台会降低银行资本充足率 2 个点，上市银行可能产生 5850 亿元资金缺口，预计对浦发、兴业、华夏和城商行的影响较大。[②] 商业银行外部融资渠道受限，商业银行补充资本金捉襟见肘。进入 2011 年以后，股票市场难以承受商业银行大规模融资，我国银行业补充资本金的来源将遇到困难。因此，监管部门此项政策调整的影响将是深远的。[③]

（2）次级债补充资本金受到限制

2008 年以后，商业银行发现次级债作为商业银行资本补充渠道受到较多的限制，监管部门作出了严格约束，而混合资本债属于创新资本工具，监管部门审批较为谨慎，仅兴业、民生、浦发、深发展等少数银行发行过混合资本债，且发行规模均偏小。

在国际金融危机后，全球金融机构对于资本的需求普遍提高。欧美银行主要通过剥离非核心资产来筹集资本，而中国银行业则从资本市场上大规模融资来补充资本。

（3）存量贷款的结构调整

2010 年以后，中国银行业贷款结构已经发生显著变化，存短贷长的矛盾凸显，客户集中度和行业集中度维持在较高水平，这除了需要新增贷款调结构，更重要的是实现存量贷款的调结构。而开展贷款转让和资产证券化，既有利于我国商业银行

---

①②③ 根据公开资料整理。

达到监管要求，又有利于防范和分散银行风险。

2. 监管部门试点阶段

2011 年 5 月，中国银监会发布了《关于中国银行业实施新监管标准的指导意见》。2012 年以后，监管机构不断优化监管思路，完善监管政策，提升了发行管理效率，激活了参与机构主观能动性和创造性。[①] 2012 年信贷 ABS 重启后经历了两个阶段：信贷 ABS 市场的培育阶段和市场自主发展阶段。

（1）信贷 ABS 市场的培育阶段

2012～2015 年是信贷 ABS 的市场培育期，主要发展动力来自政府机构的行政推动，人行和银监会每年确定当年的试点额度，大部分额度分配给特定金融机构。这期间每年发行规模分别为 192.62 亿元、128.67 亿元、2284.95 亿元、3291.85 亿元人民币。2014 年之后，国内 ABS 迎来高速发展。信贷 ABS 实施备案制＋注册制；企业 ABS 实施备案制＋负面清单管理。这个阶段，ABS 市场出现了明显的变化，产品供需市场化程度提高，发行人通常从自身的资本、业务额度、融资成本等方面来考虑，投资者也将其当成一种高收益、低信用风险、弱流动性的新产品来看待，充满了期待。[②]

开发银行自 2013 年到 2015 年共发行 2000 亿元信贷 ABS，对信贷 ABS 市场的发展壮大起到了重要的推动作用。

（2）市场自主发展阶段

2016 年以后，市场进入自主发展阶段，规模增长更多地来自市场的内生需求。2016～2020 年信贷 ABS 发行规模分别为 3908.53 亿元、5977.29 亿元、9318.35 亿元、9634.59 亿元、8041.90 亿元人民币。2017 年，国内资产证券化产品发行量突破万亿元，年末存量超过 2 万亿元。2018 年前三季度共发行资产证券化产品 1.2 万亿元，同比增长 40%；9 月末存量接近 2.6 万亿元，同比增长 54%。[③]

二、我国开展资产证券化的意义

（一）资产证券化对各类机构的意义

前面说过，由于银行有短存长贷的矛盾，信贷资产证券化可以帮助银行实现资产和负债的匹配。我国信贷资产证券化试点证明，资产证券化可以改变风险资产的权重，解决资本充足率问题，增加资产流动性，改善银行资产与负债结构失衡的问

---

①②③　根据公开资料整理。

题。银行还可以利用金融资产证券化来匹配银行固定或浮云利率资产的利率风险并降低筹资成本。

除了银行以外，其他金融机构和非金融机构对于开展资产证券化也有很大兴趣。资产证券化就是将资产变为标准化产品，其目的在于使缺乏流动性的资产能够流动起来。对于资产所有人来说，这样可以提前变现，解决流动性风险。而对于投资人来说，可以用不断更新的价格购买证券化资产，实现投资目标的多元化。由于实现了资产的标准化，整体资产可以分散为多个投资者持有。同时由于标准化以后成为市场中交易的金融产品，投资者持有的期限也增加了灵活性。资产管理公司有回收不良资产的压力，资产证券化可以帮助资产管理公司提高管理效率和减少风险。

因此，资产证券化得到了银行和资产管理公司的主动参与，国家开发银行、中国建设银行、中国工商银行、信达资产管理公司、华融资产管理公司等都在早期参与了资产证券化的试点工作。

（二）对发起人的意义

资产证券化主要为了实现发起人的想法，同时也由发起人主导，因此发起人是主角。对于发起人的意义如下：

1. 增强资产的流动性

从发起人（一般是金融机构）的角度来看，资产证券化提供了将相对缺乏流动性、个别的资产转变成流动性高、可在资本市场上交易的金融商品的手段。通过资产证券化，发起者能够收回资金，使被资产占用的资金发挥更大的效益。例如，商业银行利用资产证券化提高其资产流动性。一方面，对于流动性较差的资产，通过证券化处理，将其转化为可以在市场上交易的证券，在不增加负债的前提下，商业银行可以变现一部分资产，加快银行资金周转，提高资产流动性。另一方面，资产证券化可以使银行在流动性短缺时获得除中央银行再贷款、再贴现之外的救助手段，为整个金融体系增加新的创造流动性机制。

2. 获得低成本融资

资产证券化还为发起者提供了更加有效的、低成本的筹资渠道。通过资产证券化市场可能获得比通过银行或其他资本市场筹资更低廉的融资成本。因为发起者通过资产证券化发行的证券具有比其他长期信用工具更高的信用等级，等级越高，发起者付给投资者的利息就越低，从而降低筹资成本。

资产证券化使信用的性质发生了变化。因为证券化以资产为保证，以资产产生的现金流为收益，其信用质量有所提高。对于投资者来说，购买由资产担保类证券构成的资产组合的整体信用质量，高于资产担保类证券发起者自身的信用质量。因为安全性和流动性的提高，增加了投资者的需求，使融资成本降低。同时，资产证券化为发起者增加了筹资渠道，成为股权和债券两种筹资方式以外的一种新的融资方式。

3. 减少风险资产

资产证券化有利于发起者将风险资产从资产负债表中剔除出去，有助于发起者改善各种财务比率，提高资本的运用效率，满足风险资本指标的要求。例如，根据《巴塞尔协议》和我国《商业银行法》的要求，一个稳健经营的商业银行，资本净额占表内外风险加权资产总额的比例不得低于 8%，其中核心资本不得低于 4%。为了满足这一要求，许多银行必须增加资本或出售资产。

由于增加资本是昂贵的，通过资产证券化交易出售资产就成为商业银行满足《巴塞尔协议》要求的有效途径。资产证券化可以将一部分资产从资产负债表上分离出去，减少分母资产数额，提高资本充足率，更好地满足监管要求。

由专门的贷款机构发放商业房地产抵押贷款，然后进行证券化，在国内应归属于企业资产证券化。商业地产抵押贷款支持证券，由商业地产的持有人即原始权益人发起①。在美国，住房贷款证券化有更细的分工。在一级市场中，贷款人将贷款打包出售给专门从事贷款证券化的机构，如房地美等，然后再由这些机构在二级市场上出售给机构投资者如保险公司和分散的投资者。

4. 便于进行资产负债管理

资产证券化还为发起者提供了更为灵活的财务管理模式，使发起者可以更好地进行资产负债管理，通过资产与负债的匹配对冲风险。商业银行通常借短贷长，使其资产负债期限不匹配，存在风险敞口。资产证券化有助于期限匹配，减少敞口。同时，通过资产证券化市场，商业银行还可以调整资产结构，增加安全性、流动性和收益好的资产。例如，可以出售部分期限较长、流动性较差的资产，将所得投资于高流动性的金融资产。商业银行也可以调整负债端的结构，如将长期贷款的短期资金来源置换为通过发行债券获得的长期资金来源，从而实现了风险合理配置。同时，由于资产证券化允许将发起、资金服务等功能分开，分别由各个机构承担，可以带动整个金融服务行业的发展。总之，资产证券化为发起者带来了传统筹资方法所没有的益处。

---

① 个人住房抵押贷款 ABS 属于信贷资产 ABS，一般称为 RMBS。发起机构为银行。商业房地产发行的 ABS 属于企业 ABS，一般称为 CMBS，原始权益人为商业地产持有人。

（三）对投资者的意义

1. 基于利差的投资需求

浮动利率的资产和浮动利率的负债之间匹配是资产负债管理的基本要求。资产证券化品种一般以与基准利率的利差来交易，在浮动利率资产证券化品种中，境外基准利率使用伦敦银行同业拆借利率，该投资工具称为"基于利差的投资工具"。境外信贷ABS采用此基准，国内一般采用一年期贷款作为基准利率，目前基准利率一般为"同业拆借中心"发布的一年期贷款市场报价利率（LPR）。资产证券化品种的出现满足了投资者对"基于利差的投资工具"的需求，从而达到投资多样化及分散、降低风险的目的和匹配资产负债的要求。

资产证券化有利于减少资本成本。一般而言，证券化产品的风险权重比基础资产的风险权重低得多。比如，美国住房贷款的风险权重为50%，而由联邦国民住房贷款协会发行的以住房抵押贷款为支撑的过手证券却只占20%的风险权重，金融机构持有的这类投资工具可以节省为满足资本充足率要求所需的资本金，从而可以扩大投资规模，提高资本收益率。资本充足率的监管要求是银行等金融机构对发起资产支持证券的主要驱动力。

投资者对资产配置有不同的要求。有的投资者属于风险厌恶型，会选择国债等风险较低的投资品种，相应会得到较低的收益；而有的投资者风险偏好较高，就会投资股票或衍生金融工具，当然要求的收益也较高。资产证券化为投资者提供了多样化的投资品种，满足投资者不同的风险偏好。总之，资产担保类证券丰富了投资品种的风险/收益结构，为投资者提供了更多的投资品种选择。

2. 投资产品的组合

产品多样性与结构灵活性是资产证券化的重要特点。现代证券化产品一般不是单一品种，而是组合产品。发达国家资产证券化多是资产组合的证券化，也可以将证券化的资产组合在一起，形成组合证券。或者将不同种类的证券组合在一起，形成合成证券，可以更好地满足不同投资者对期限、风险和利率的偏好。资产证券化技术可以提供多样化证券品种和灵活的信用、到期日、偿付结构等，这样就可以产生适合投资者需要的量身定制的特定证券品种。目前中国还没有资产证券化产品的证券组合。同时，通过对现金流的分割和组合，可以设计出具有不同档级的证券。不同档级证券具有不同的偿付次序。组合产品比单一产品具有更强的抗风险能力。目前国内资产证券化仅限于对资产的组合，还不能对证券或债券品种进行组合。①

三、国家开发银行的资产证券化产品

金融产品的标准化和规范化有利于金融产品的交易，降低金融市场的交易成本。资产证券化就是指将资产转换为标准化可交易的证券的金融活动。证券化产品是以应收现金流的收益为还款来源的标准化证券产品。

（一）国家开发银行推动资产证券化的比较优势

1. 信贷资产证券化的需要及国家开发银行的债券市场创新者优势

证券化有多种形式，从本质上讲，所有能够产生现金流的资产都可以证券化。早期资产证券化品种主要是个人住房抵押贷款支持证券（RMBS）和对公贷款支持证券（CLO）。② 资产证券化能帮助银行多元化资产组合，降低系统风险，将信用风险转移给资本市场参与人，提高财务资源的配置效率。资产支持证券强调基础资产的背书作用，资产的质量和产生现金流的能力是证券化产品的信用保证。

为了发行资产支持证券，首先必须培育资产支持证券的市场。在推出资产支持证券时，发起人和监管当局必须考虑到市场的接受度。在资产支持证券交易的试点阶段，应选择市场业绩最佳的机构进行试点。

国家开发银行是信贷资产证券化的发起者和创新者。经过与监管部门的协商，国开行取得首批试点资格。国开行业绩可靠，拥有一支专业化的队伍，囊括宏观经济政策、产业发展、技术工程等各方面的专家，同时还长期致力于金融领域的创新。所有这些因素都表明，国开行有条件成为资产支持证券项目的发起人。

国开行发行的债券品种多样、交易活跃，发债时往往能吸引到风险偏好各异的多种投资人。截至 2005 年末，国开行发行的金融债券总额累计达到 2.4322 万亿元；托管的债券达到 1.502 万亿元，占全国债券市场的 20.81%，仅次于政府债券；公司债券承销量连续 5 年位居国内第一。③

国开行的准主权评级和债券市场化发行的长期经验，为资产支持证券项目的成功奠定了坚实的市场基础和技术基础。国开行强有力的内部风险管理制度和优良的资产质量，是确保证券化试点取得成功的客观保证。

---

①② 国开证券，2021 - 09 - 24.
③ 国家开发银行资金局。

2. 国家开发银行的贷款银行优势

2003 年末，国开行贷款资产总额达到 1.1381 万亿元，贷款项目数量达 2332 项，不良贷款额为 143 亿元，仅占贷款总额的 1.34%，实现了不良贷款率和不良贷款总额连年双降。与此同时，国开行的当期贷款本息回收率连续 16 个季度保持在 98% 以上，累计本息回收率达 99%，达到了国际领先银行的水准。[①] 国开行的首批证券化项目选择高质量的信贷资产，符合国开行自身的利益。健康的资产质量和稳健的经营业绩，能够提高投资人信心，确保资产支持证券发行成功。

市场声誉是选择发起人的一个重要指标。国开行在内资银行中的信用评级最高，穆迪和标准普尔给予的评级分别为 A2 和 BBB－，等同于主权评级（即与中国财政部的评级相同）。

3. 国家开发银行的资产管理服务优势

从本质上讲，优良资产和不良资产都可以作为证券化的标的资产。国开行不仅拥有高质量的信贷资产（2005 年末的不良贷款率仅为 0.60%），还能够提供更好的资产管理服务，并且通过遍布全国的分行建立了广泛的客户服务网络。这一优势是国开行在发行资产支持证券后继续实行资产管理的重要保障。

国开行拥有上述各种优势，是最有潜质的资产支持证券发起人。另外，如前面所述，资产支持证券项目也符合国开行自身的利益，能够实现各参与方的共赢。

（二）创新信贷资产证券化的交易结构

资产支持证券发行以前，必须通过一定的法律安排，将信贷资产转换为可交易的证券。特殊目的机构就是证券化过程中的一种法律安排。这种法律安排帮助资产隔离和所有权转让，并规定各参与方的法律地位、风险、权利和义务，形成新的法律合同。在此基础上，将非标准化的法律合同转变为标准化的法律合同。标准化的法律合同是方便投资者交易的证券化产品，可以直接进入市场进行交易。

1. 资产支持证券的要求

为确保交易的成功，国家开发银行资产支持证券交易结构的设计必须满足下列要求：

（1）法律要求

法律上存在有限追索权，权利和义务重新进行分割。资产支持证券投资人的追索权仅限于证券化的资产及相关权利，与发起人（国开行）和发行人（信托公司）无关。

---

① 国家开发银行资金局。

（2）风险隔离

证券化资产的风险与发起人（国开行）和发行人（信托公司）资产的风险相隔离。

（3）会计核算要求

证券化资产发行后必须真实转让出表。根据国际会计准则 IAS 39 的规定，资产终止确认的原则是，证券化的信贷资产必须满足真实转让即事实转让的要求，也就是说证券化资产的相关风险和回报都真实转移，从发起人（国开行）的资产负债表中移除。2012 年资产证券化重启以后，是否出表成为银行的自主选择，监管仅要求发起人自留不少于 5% 的风险，即发起人自留各档的 5%，以满足风险自留要求。真实转让出表的确切含义是：发行后信贷资产控制权和风险全部转移，以实现出表。①

（4）市场要求

资产支持证券的公开发行和上市必须符合相关法律规定和监管要求，保护投资人的合法权益。证券化产品在各个交易场所上市还必须符合交易场所的规定，如证券交易所和银行间债券市场的有关规定，包括托管、结算、清算、交收和交割的规定等。

2. 资产证券化交易的基本思路

在 2004 年 5 月 20 日国内一次关于资产支持证券的研讨会上，国开行提出了资产证券化试点模式的初步方案。会后，国开行又广泛研究了资产证券化的国际经验和中国的法律与投资环境，最后根据专家和相关部门的建议修改了试点模式，基本结构见图 21 - 1。

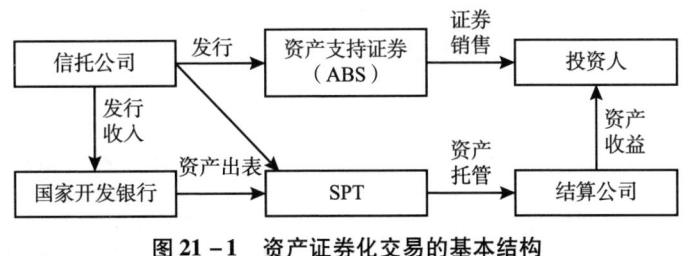

图 21 - 1　资产证券化交易的基本结构

资料来源：国开证券，2021 - 09 - 24.

特殊目的载体（SPV）包含特殊目的信托（SPT）和特殊目的公司（SPC）两种形式。在国内的法律环境下，SPC 并不适用。因此国内信贷 ABS 采用的是 SPT

---

① 国开证券，2021 - 09 - 24.

模式。根据现有的法律制度下，国开行设计了特殊目的信托的模式（SPT），实现了模式创新，达到了同样的效果。信托和托管的法律隔离功能，使资产的风险和收益都从发起人（国开行）的资产负债表上真实移除，符合 IAS 39 的基本原则。

国开行根据上面提到的结构设计了具体的执行制度。交易各方的法律关系见图 21-2。

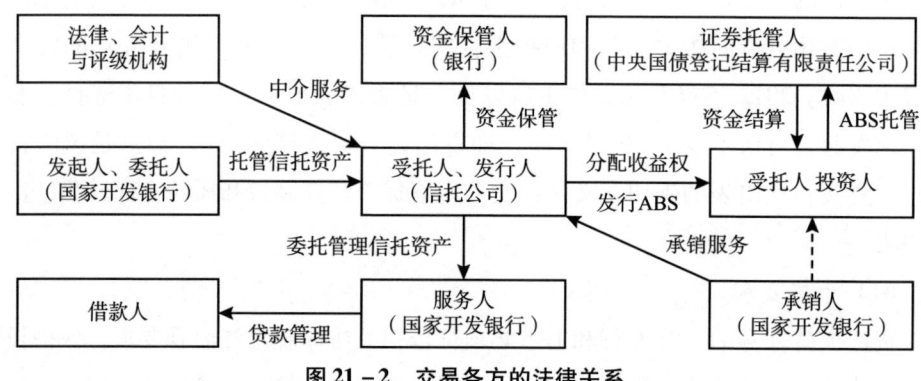

图 21-2 交易各方的法律关系

资料来源：国开证券，2021-09-24.

3. 资产证券化的有关参与人

国开行作为交易的发起人，必须将标的资产转让给信托公司。一般托管银行称为资金保管人，信托为受托人。交易各方的现金流见图 21-3。信托公司设立第三方托管基金，从事资产支持证券的发行。资产支持证券的持有人为信托受益人。资产支持证券发行工作，由信托公司或者发行人聘请券商和银行作为承销商完成。①

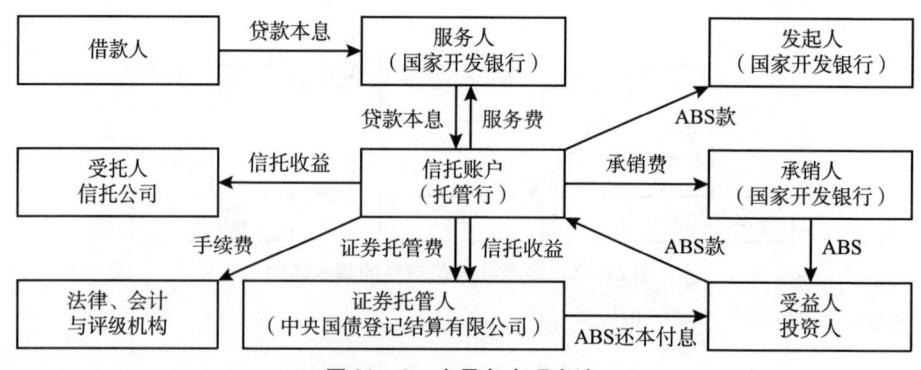

图 21-3 交易各方现金流

资料来源：国开证券，2021-09-24.

---

① 国开证券，2021-09-24.

资产支持证券的偿付只涉及证券化的资产，与发起人（国开行）和发行人（信托公司）的资产无关。因此，资产支持证券的偿付只涉及证券化资产的现金流，不会导致发起人或发行人的破产。交易发起人（信贷资产的原始受益人，即国开行）和资产支持证券发行人（信托公司）没有向投资人偿还本金或支付投资收益的义务。投资人获得的支付来自受托资产（证券化的信贷资产）和资产的信托收益。

国开行受信托公司委托，以服务人的身份管理财产权信托下的信贷资产，负责向借款人回收本息，同时履行其他相关管理职能。信托资金由独立的资金保管人（银行）进行保管。信托公司在保管行开设信托账户，专门用于与信托相关的支付。信托公司（受托人）负责信托账户收入现金流的再投资。

2005 年国开行发行的信贷 ABS 中，国开行受信托公司委托，作为发行安排人，负责组建承销团并作为承销商销售资产支持证券。试点阶段，资产支持证券在银行间债券市场交易。中央国债登记结算有限责任公司负责资产支持证券的登记和托管。目前信贷 ABS 没有扩大到交易所市场，交易所市场仍然只能交易底层资产为非银行表内贷款的 ABS。2012 年以后，该项工作主要由券商来完成，也有部分银行作为联席承销机构参与销售。[①]

4. 国家开发银行在资产证券化中的三种不同职能

综上所述，国开行作为资产支持证券的发起人，在证券化交易中具有三重职责：一是资产支持证券的发起人和资产信托的委托人；二是信贷资产管理的服务人（贷款服务机构 – 开元一期说明书）；三是资产支持证券的承销人（发行安排人 – 开元一期说明书）。这三重职责都有明确的法律规定，互不冲突。信托公司作为资产支持证券的受托人和发行人，有权撤换不合格的服务人，并有权根据事先规定的资产质量要求敦促发起人赎回或更替不合格的信贷资产。此外，作为信托资金保管人的独立第三方银行能够将信托公司挪用信托资金的可能性降至最低。这样的安排大大降低了风险。为了保护投资人利益，为资产支持证券树立良好的市场地位，在选择保管银行时，必须选择声誉好、信用高的公司。

5. 法律结构的创新

国际上通常由特殊目的信托机构（SPV）担任资产支持证券的发行人。根据中国对信托产品的规定，特殊目的信托机构只能通过私募的方式发行信托凭证，信托凭证不可上市。因此，在现有的法律制度下，特殊目的信托机构没有办法发行资产支持证券。根据中国的法律规定，信托财产不属于经济实体，因此信托公司不能代

---

① 国开证券，2021 – 09 – 24.

表信托财产发行资产支持证券。基于同样的原因，信托公司也不能负责资产支持证券的兑付。

新的管理办法出台后，赋予了信托公司资产支持证券发行人的地位。但是，由于当前信托公司对市场还不够了解，而且大部分信托公司没有发行证券的经验，因此由国开行选定的信托公司反过来又选择国开行作为资产支持证券的承销人（发行安排人）。从国际通行的特殊目的信托模式来看，国开行设计的信贷资产证券化试点方案符合中国市场的特殊情况，具有高度的金融创新性和可行性。

（三）资产支持证券的期限分拆

1. 信贷 ABS 的期限

根据主流的投资人偏好和债券市场收益率曲线来判断，资产支持证券的期限最好定在 3~5 年。资管新规实施以来，银行理财资金期限不能错配，导致银行投资信贷 ABS 产品以 3 年以内为主，除了个人住房抵押贷款类 ABS 期限有部分长于 3 年的情况，其他类型资产较少超过 3 年期。[①] 另外，国开行的信贷资产大多为中长期（平均期限为 10 年），进入资产池的信贷资产剩余期限也各不相同。资产支持证券只能有一个统一的期限，要么比证券化的信贷资产剩余期限长，要么稍短。信贷 ABS 的优先级证券的期限一般比贷款最长剩余期限短，在相同信用等级的优先级证券中，有时会为了满足投资人不同投资期限的需求，需要按照期限进行再分层。次级档证券的剩余期限一般与贷款剩余最长期限相同，[②] 必须协调好期限方面的差异。

2. 现金流的拆分

从本质上讲，资产支持证券中证券化资产的定价方法仍然是现金流贴现法（即将预期的未来现金流以适当的利率水平贴现）。由于现金流可以拆分，也就能计算出资产在指定时间范围内的现金流，从而确定资产支持证券的期限。可以通过两种方式安排信贷资产：

（1）以封闭式贷款为支持

出售信贷资产，出售时间短于资产的实际期限，可以不出售本金，发起人（如国开行）可以在资产支持证券到期时重新获得信贷资产。

（2）拆分信贷资产的受益权

信贷资产产生的全部现金流都需要转让给信托公司，信托公司设立财产权信

[①②] 国开证券，2021 - 09 - 24.

托。信托公司可以在财产权信托下将信托受益权拆分为两类：一是与借款人在资产支持证券有效期内偿还的本息相关的权利，到期后权利返回发起人。二是与借款人在资产支持证券到期后仍需偿还的本息相关的权利。

以上两种模式均具有法律上的可行性，但国内监管部门不允许以这种方式操作信贷 ABS。一般要求贷款剩余期限内的所有本金、利息及相关附属权益全部转让给信托。[①] 信贷资产的期限需要拆分的情况下，资产支持证券的法律安排也需要调整，见图 21 - 4，相应的现金流见图 21 - 5。

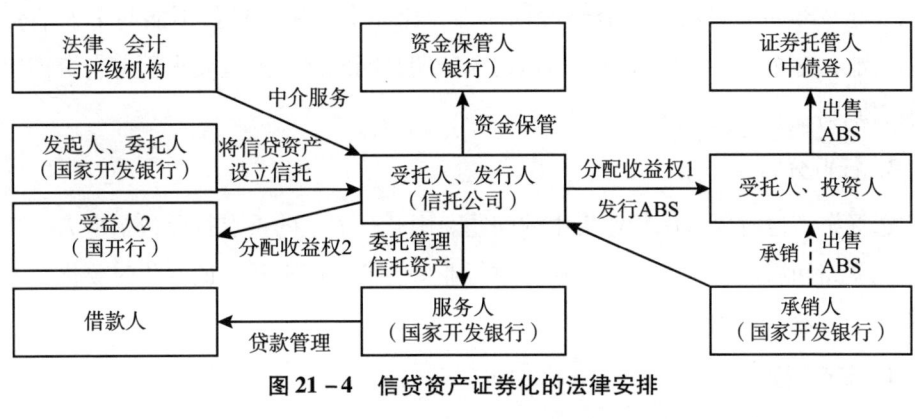

图 21 - 4　信贷资产证券化的法律安排

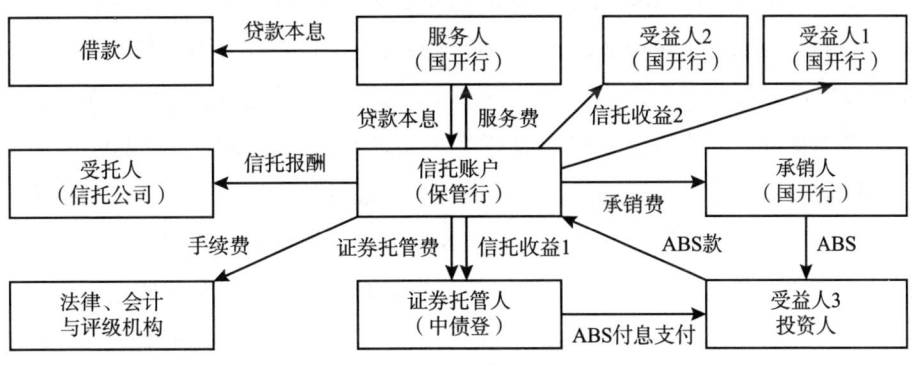

图 21 - 5　信贷资产证券化交易的现金流

资料来源：国开证券，2021 - 09 - 24.

（四）选择证券化资产池的标准

1. 有关要求

原则上讲，银行的信贷资产只要能产生可预期的稳定现金流，就可以实行证券化。在具体实践中，选择证券化的信贷资产时要注意资产组合管理、行业分布、资

---

① 国开证券，2021 - 09 - 24.

产质量、资本充足性要求、额度要求、证券化资产的规模、期限结构这七个要素。

2. 资产组合管理

需要考虑的第一点是信贷资产组合管理。银行需要规避信用风险，因此资产组合中信贷资产的相关性越小越好，最好是负相关，这样资产组合就有风险的对冲性。资产管理理论表明，多元化可以规避非系统性风险。银行必须缩减一些资产的总量，增添其他种类的资产，以便规避非系统性风险。选择规模过大的资产进行证券化时，上述因素的考虑更为重要。目前基础资产监管要求的原则是强调同质化，即拟发起 ABS 的资产必须具有高度同质性，比如个人住房贷款不能与个人消费贷共同入池，甚至个人消费贷不能与信用卡分期共同入池。这些要求不符合资产组合管理的原则。

3. 行业分布

选择资产池时要考虑行业集中的问题。国开行关注的重点行业包括电力、高速公路、铁路和城镇基础设施等。从分散行业风险的角度来看，证券化时要优先考虑上述几个行业的贷款资产。

4. 资产质量

最早试点信贷资产 ABS 时，监管部门要求必须是一类和二类优良资产。后来从发起人的角度来看，希望通过资产支持证券打包出售一部分不良贷款资产。通过减少不良资产，优化资产结构。但是后来，很多发起人的信贷 ABS 的资产池中包含了较多不良资产，或者完全是不良资产。如果发起人希望成为长期的市场参与人，这样的出发点就是不正确的。发起人也要考虑其他市场参与人特别是投资人的需要，这样可以实现市场参与人之间的长期共赢。从投资人的角度来看，选择信贷资产时必须注意多元化才能降低风险。资产质量越好，越能受到投资人的欢迎；越是投资人欢迎的证券化品种，发起人的融资成本就越低。国开行采取这样的长期市场战略，被实践证明是成功的。

随着市场的发展和监管要求，目前市场区分优良资产的证券化和不良资产的证券化，优良资产证券化被称为信贷资产 ABS，不良资产证券化被称为不良资产 ABS。[①]

5. 资本充足性要求

发起人（银行）必须考虑资产组合的总规模。许多银行为了满足资本充足率要求，需要将资产规模控制在一定水平上。减少风险资产可以提高资本充足率。

---

① 不良贷款 ABS 是一个专门的 ABS 品种，与各类正常类贷款 ABS 并列，也都很受市场欢迎。

6. 额度要求

中国的银行发起信贷 ABS 时，必须考虑中国人民银行设定的贷款额度要求。当然，资产证券化的目的就是控制贷款规模。

7. 证券化资产的规模

为确保流动性，每一笔资产支持证券的发行规模以 100 亿元以上为宜。实践中，除了几大国有银行和部分全国性股份制银行，很少银行发行规模能达到 100 亿元。[①] 如果数量过小，就被少数投资人持有，可能由于缺少流动性而不被二级市场的投资者（如公募基金等）所欢迎。

8. 期限结构

资产支持证券的期限必须与标的资产的现金流相匹配，所选信贷资产的剩余期限最好与资产支持证券的期限保持一致。

（五）资产支持证券的定价

理论上，资产支持证券的定价和其他标准化证券的定价没有区别。因为资产支持证券化是现金流权益的证券化，名义的证券化产品的价格就是未来现金流通过市场利率贴现的现值。未来现金流包括本金和利息两部分，具体的公式如下：

$$PV = \frac{CF}{(1+d)^1} + \frac{CF}{(1+d)^2} + \frac{CF}{(1+d)^3} + \cdots + \frac{M+CF}{(1+d)^n} \qquad (21-1)$$

其中，PV 为现值，CF 为票面利息现金流，M 为本金现金流，d 为贴现率，n 为支付次数。

在实践中，可以想象成未来现金流能够单独出售，就像国开行发行的本息分离债券一样。所选择的信贷资产具有不同的利息支付日期，而且可能跟资产支持证券的利息支付日期不一样，在计算时可以利用指数来调整。假设以贷款为标的资产支持证券的结算日到支付日之间的时间为 25 天，现值的计算公式如下：

$$PV = \frac{CF}{(1+d)^{25/360}} + \frac{CF}{(1+d)^{1+25/360}} + \frac{CF}{(1+d)^{2+25/360}} + \cdots + \frac{M+CF}{(1+d)^{n+25/360}}$$

$$(21-2)$$

资产支持证券的定价最终取决于贴现率（d）的计算。贴现率应该等于相同评级的公司债券市场化收益率加上支付给信托公司和资产管理公司的费率。

---

① 国开证券，2021-09-24.

四、国家开发银行资产支持证券的结构和发行

（一）发行的档次划分

一般来说，资产支持证券可以设计成不同的档次（A 档、B 档、C 档等）。2005 年 12 月国开行发行的开元一期，证券分档为优先 A 档、优先 B 档和次级档。优先 A 档位固定利率的票面利率根据招标结果确定。优先 B 档为浮动利率，浮动基准为一年期定期存款利率（2006 年 7 月 1 日及 2007 年 1 月 1 日为基准利率调整日），票面利率为一年期定期存款利率加上利差，利差根据招标结果确定。根据 2005 年 12 月 15 日中诚信托发布的发行结果，优先 A 档招标确定的票面利率为 2.29%，优先 B 档利差为 0.45%（票面利率 2.70%）。次级档证券只有预期收益。一般信贷 ABS 发行时不对外公开披露次级档预期收益，仅对意向投资人披露，作为销售用途。国开行试点过程中，证券的票面利率以国开行 2005 年 4 月到 7 月发行的 1 年期到 5 年期金融债券利率为基准利率。1 年期、2 年期、5 年期金融债券的利率分别为 3.4%、3.81% 和 4.2%。根据国开行的计算，优先档资产支持证券产品与同期限金融债券的利差应该在 15～25 个基点，因此优先 A 档和优先 B 档产品的票面利率分别为 3.55% 和 3.85%，C 档的名义利率为 7.61%。根据发行结果公告，优先 A 档最终实际占比 70%，B 档最终实际占比 24%，次级档最终实际占比 6%。[①]

最终 A、B、C 三档产品的比例分别为 60%、30% 和 10%，相应的收益率（实际利率）分别为 3.60%、3.90% 和 4.24%。

国开行发行的第一笔资产支持证券包含浮动利率产品，与资产池中的信贷资产相匹配，有助于规避利率风险。三档产品的加权平均期限分别为 0.88 年、2.21 年和 2.39 年，但是正式期限均为 3 年。根据 2005 年开元一期发行说明书，起息日为 2005 年 12 月 21 日，优先 A 档预期到期日 2006 年 12 月 31 日，优先 B 档预期到期日 2007 年 6 月 30 日，次级档预期到期日 2007 年 6 月 30 日。由于没有现金流数据，无法计算加权平均期限，但优先 A 档预期期限 1.03 年，优先 B 档和次级档预期期限 1.53 年，资产支持证券预期期限 1.53 年。[②]

（二）资产支持证券发行与承销的法律制度

在中国人民银行和国家开发银行的推动下，各政府部门通力合作，构建了资产支

---

①② 国开证券，2021－09－24.

持证券发行和承销的法律制度。与此同时，也逐渐建立起了规范化的发行和承销程序。

1. 获得监管当局的批准

早期公司债券发行采用逐一审批制。与此类似，早期发起人在发行资产支持证券前，也需要获得国务院或中国人民银行的书面批准。当时国开行和许多市场人士建议，应当将审批制转变为核准制，为发起人提供更大的方便和灵活性。2014 年 11 月 20 日，银监会下发了《关于信贷资产证券化备案登记工作流程的通知》，信贷 ABS 由审批制转为备案制。自 2020 年 11 月 13 日起，原《关于信贷资产证券化备案登记工作流程的通知》中"产品备案登记"的规定停止执行，银保监会不再对信贷资产证券化产品备案登记，改由银登中心对此履行信息登记机构职责。①

2. 编制发行说明书

为了有效地向投资人传达资产支持证券产品标的信贷资产的信息，提高交易的透明度，发起人必须编制发行说明书，包括的内容有资产组成描述、资产池描述、发行条件、信贷资产现金流管理、还本付息程序、资产池项目管理信息披露、审计报告等。

3. 谈判并签署《信用发行与债券托管协议》

与中央国债登记结算有限公司签署协议，规定各方权利义务，包括硬件和软件支持、服务、上市、交易程序、托管费、信息服务等内容。

4. 组建资产支持证券的承销团

在银行间市场组建承销团，成员包括发起人的金融债券承销团成员，外加保险公司、投资基金和证券公司等合格机构。根据资产支持证券的资产结构和发行方式，作为发起人的国开行可以组建两个承销团：A 档和 B 档资产支持证券承销团，通过招标公开发售；C 档委托证券承销团，通过询价制私募发售。

5. 设计银行间市场销售模式

销售文件应包括对证券产品、发行招标方式、承销团成员、双方权利义务、发行场所、支付办法、证券托管、上市与交易市场等的描述。

（三）招标办法和招标文件

1. 招标制

根据每笔发行的具体情况，优先 A 档和优先 B 档的证券通过招标发售，C 档

---

① 国开证券，2021 - 09 - 24.

证券通过询价发售，与此同时，还要制定以市场反应评估为基础的应急方案。

资产支持证券的回报率由未来的收入现金流决定。一般来说，复合的资产支持证券票面利率不应超过资产池借贷资产的平均收益率，以保证次级档收益不会被侵蚀。A 档证券评级最高，其利率不应超过信贷资产池的平均回报率。

与金融债券不同，资产支持证券的利率具有内在上限（即信贷资产池的收益率），因此需要事先确定每一档证券的利率上限。另外，发行人也需要事先确定，如果在资产支持证券设定的上限内达不到规定的认购额，应采用什么样的备用方案，是否应终止发行，或者通过其他方式发售未售出的证券。不过即便出现这样的情况，招标成功的部分依然有效。2005 年开元一期采用荷兰式招标，2012 年以后，信贷 ABS 招标采用优先级各档同时招标，如有任何一档证券认购额度未能达到发行额度，则发行失败，已经投标部分也无效。[①] 备选的招标办法如下：

（1）A、B 两档平行招标

发行人事先确定 A、B 两档证券的理论上限和总投标额，然后同时开放两档证券的招标。如果其中一档未达到规定的认购额，则实施应急方案。该招标办法要求对 A、B 两档证券的理论上限进行精确的计算。

（2）A、B 两档顺序招标

首先对于 A 档招标，根据 A 档招标结果确定 B 档上限，再对 B 档进行招标。这一办法的优点在于证券利率更接近真实的市场收益率，缩小了理论收益率与市场收益率之间的差异。

2. 询价制

询价制广泛用于非政府债券的定价中。在美国，证券化交易的定价一般采用询价制。2005 年，中国建设银行以询价的方式发行了住房抵押贷款支持证券（MBS）。国开行在承销 C 档资产支持证券时也采用了这一办法。

A、B 两档证券招标结束后，承销团成员可在规定的截止日期前提交 C 档证券订单。承销人收集订单后，完成簿记建档工作（资产支持证券的承销人和发起人都是国开行）。承销人可在必要时要求分支机构配合证券的发售。

作为 2005 年末和 2006 年初两次资产支持证券试点发行的承销人，国开行还安排了登记托管、手续费支付、信息披露等工作。C 档证券由中央结算公司登记托管。国开行在截止日期前完成证券的登记托管后，通过中央结算公司向其他承销人

---

① 国开证券，2021 – 09 – 24.

支付承销手续费，同时向中央结算公司支付托管手续费。主承销人必须定期向投资人披露证券的现金流和其他相关信息。

3. 应急方案

2005 年国开行根据各个金融机构的财务能力，指定了 3 家最终认购人。为了确保资产支持证券在有效投标数量不足的情况下也能够成功发行，国开行制定了 A 档、B 档证券销售的两套应急方案：一是根据预先设定的利率执行数量招标，招标总额等于未认购的数额；二是终止招标，向各机构私募发行。如果 C 档证券未能达到规定的认购额，承销人会取消询价发行，根据事先约定的条件将全部发行额转给战略投资人。发起人也可以保留 C 档证券，虽然将信贷资产留在了资产负债表上，但能够对整个交易起到信用增级的作用。

（四）各方责任

1. 发行人

发行人负责信息披露的真实性、准确性和完整性。发行人必须确保信息中没有虚假或误导性的陈述，不出现重大遗漏，并承担相应责任和连带责任。发行人必须采取有效措施，确保参与证券认购和转让的合格投资人能够在公平的基础上获得相关的证券信息。

2. 主承销人、律师事务所、会计师事务所和评级机构

主承销人、律师事务所、会计师事务所和评级机构都属于市场服务机构，这些机构负责提供专业的法律意见、审计报告、评级报告和市场策略报告。

3. 证券投资人

参与证券认购和转让的合格投资人应该对信息披露的真实性、准确性和完整性作出独立分析，根据分析结果判断证券的投资价值，承担投资风险。

（五）信息披露程序

1. 信息披露

信息披露的基本原则包括真实性、准确性、完整性、公平性、及时性。国开行发行时公布年报、财报和其他有关信息。参与资产支持证券交易的各机构必须仔细核查信息披露，确保信息不出现虚假记录、误导性陈述和重大遗漏，并保证承担相应责任。从发表公告到发行后报告的信息披露步骤见图 21 - 6。

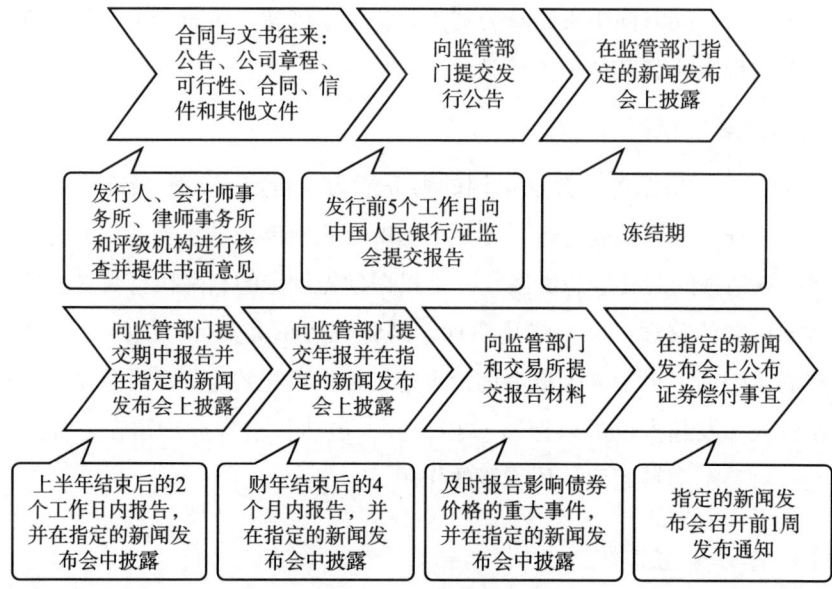

图 21 - 6　信息披露程序

资料来源：国开证券，2021 - 09 - 24.

2. 信息披露的要求

信息披露工作主要通过证券的发行说明书来完成。根据监管部门的信息披露要求，以及中国国内市场公司债券和银行次级债的实践以及国际市场的证券化实践，中国资产支持证券信息披露材料必须包括以下 9 个方面的信息：

（1）风险因素

资产支持证券的风险敞口包括资产池流动性、国家政策、区域经济、行业周期、监管制度、市场利率、投资人偏好、投资主体特征等多方面的不确定性。发起人的特殊风险也是重要的风险因素。

（2）发行条件

内容包括面值、期限、本金与利息、簿记、资产替换、交易与转让、支付日期和支付机构、资产支持证券赎回条款、违约记录等一般信息。

（3）发行款用途

一般来说，资产支持证券的发行款用途没有特别的限制，不过有时候也有相应的监管要求。

（4）参与人

参与人包括发行人、担保人、发起人/管理服务人、证券托管人、支付机构等。发起人/管理服务人需要披露财务报表，包括资本与所有权结构、主营业务、内部风险管理和信用评估、法律/控制制度等。一般性信息披露的内容包括发行人的董事会成员、管理层和股东、发行人的财务状况、过去 3 年和本财年的财务状况及分红情况等。

（5）资产池组成

在挑选证券化资产时，需要考虑以下信息：贷款的初始余额、当前余额、利率水平及其种类、发起条款和终止条款、资产池中资产组合的历史表现（即不良记录、违约、提前偿付率等）、资产池信贷资产的地理分布、借款人的集中度和类型，等等。

（6）担保人财务状况

该项内容包括担保人在过去 3 年和本财年的财务状况及分红情况。

（7）税收

内容包括资产池销售收入和证券利息收入的营业税与所得税税率及税收优惠。

（8）证券转让条款

内容包括资产支持证券首次公开发行的限制性转让条款。

（9）分配方案

内容包括主承销人和承销团成员的分配方案，以及发行后的上市安排。

（六）风险管理和投资人保护

资产支持证券的相关风险分为可管理风险和不可管理风险。必须严格控制可管理风险，将其保持在最低水平，同时充分披露不可管理风险。《巴塞尔协议Ⅱ》指出的信用风险、操作风险和市场风险可以由内部评级和市场化的风险管理得以解决。发起人可以通过信用增级来提高投资人信心。第二次发行资产支持证券时，国家开发银行有计划地保留了部分 C 档证券。C 档证券的风险高于 A、B 两档证券，这么做能够向投资人保证，国开行不仅分担风险，还愿意承担更多风险。这一信用增级措施提高了投资人参与交易的积极性。

试点阶段，国开行依据的法律规定包括《信托法》《信托投资公司管理办法》《证券法》《合同法》《担保法》《民法通则》。监管制度对资产支持证券市场的准入仍有一定限制，不过后来中国人民银行在试点阶段结束后放宽了限制。

随着资产支持证券市场的发展，政府和监管部门会有步骤地改善资产证券化的法律制度环境，在这个过程中放松管制和改善法律制度会与改善法律环境同时进行。《公司法（修订草案）》有望实现特殊目的机构，包括特殊目的公司和特殊目的信托机构的合法化。

五、信贷资产证券化的前景

2012 年以后信贷资产证券化的发展说明这一重要债券品种具有广阔前景。截至 2020 年底，在信贷 ABS 的发行规模中，RMBS 仍是发行规模最大的品种，全年发行 4072.63 亿元，同比下降 21%，占信贷 ABS 发行量的 51%。①

（一）资产证券发展势头良好

在各项政策的推动下，经过发起人和服务机构的努力，我国资产证券化产品的发行和存量规模不断扩大。据中国债券信息网公布的《2020 年资产证券化发展报告》中的数据显示，截至 2020 年末，我国资产证券化产品发行规模中，信贷 ABS 发行规模 8041.9 亿元，同比下降 16%，占发行总量的 28%；企业 ABS 发行规模 15598.99 亿元，同比增长 43%，占发行总量的 54%；ABN 发行规模 5108.38 亿元，同比增长 77%，占发行总量的 18%，见图 21 - 7。

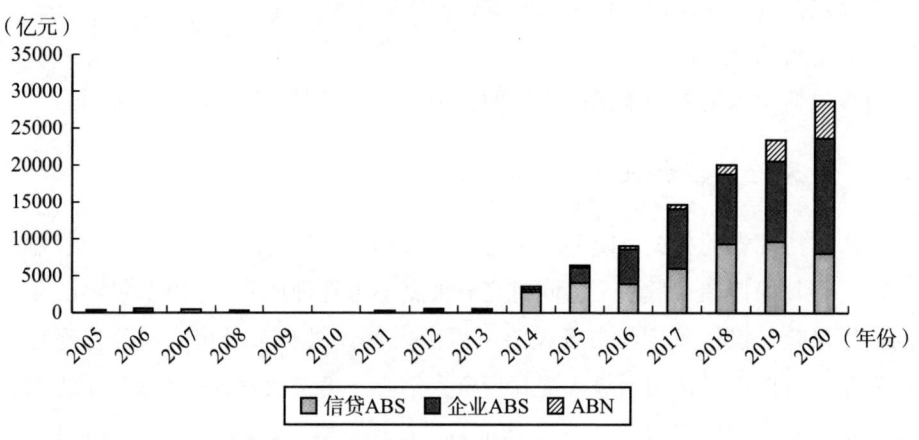

图 21 - 7　2005 ~ 2020 年资产证券化产品发行量

资料来源：中国债券信息网．2020 年资产证券化发展报告．

可以看出，未来企业 ABS、ABN 的发行规模和市场份额将有较大增长。相对而言，信贷资产证券化 ABS 规模和份额将相对下降。同时，各类标准化产品的发行情况有所分化。2021 年我国资产证券化市场规模延续增长态势，全年发行各类产品 3.1 万亿元，年末存量规模接近 6 万亿元。市场运行平稳，发行利率震荡下行，流动性有所改善。RMBS 发行规模持续领跑，绿色 ABS 迎来快速发展，知识产权 ABS 创新继续推进，对加快盘活存量资产、支持绿色发展、助力中小科创企业融资、服务实体经济发挥了积极作用。② 这说明，市场热点正在向绿色、创新转化。

---

①②　根据公开资料整理。

（二）信息登记制度提升运作效率

2020 年 9 月 30 日，银保监会发布《关于银行业金融机构信贷资产证券化信息登记有关事项的通知》，决定不再对信贷资产证券化产品实施备案登记，改为实施信贷资产证券化信息登记。通知明确银行业金融机构发行信贷资产证券化产品应在银行业信贷资产登记流转中心（以下简称"银登中心"）进行信息集中统一登记，按产品逐笔提交数据和资料等，并取得唯一性的产品信息登记编码。受托机构持有产品信息登记编码，按程序申请发行。[①]

信息登记制的完善将进一步提升信贷资产证券化业务运作效率，优化登记管理流程，实现对基础资产的穿透登记，提升底层数据的标准化水平，有助于加强事中事后监管，提高市场规范度和透明度，实现市场长远健康发展。[②]

（三）探索以穿透式标准化披露推动高质量发展

中国信贷 ABS 市场起步较早，信息披露规则相对完善，且产品特征与国外成熟市场最为接近，具备探索穿透披露的基础。2020 年 11 月起监管部门实施的信贷 ABS 信息登记制实现了对基础资产的穿透登记，提升了底层数据的标准化水平，为推动基础资产信息逐笔披露创造了条件。2020 年中央结算公司中债研发中心联合中国资产证券化论坛、建信信托、中国资产证券化分析网（CNABS）发布的课题报告《中美资产支持证券信息披露比较研究（2020）》[③]。报告基于中美比较拟定了信贷 ABS 底层资产逐笔披露的要素标准，在实现风险评估跟踪、风险监控预警、估值定价三项信息披露用途的同时，充分考虑了有效性、便利性以及对底层资产借款人隐私的保护，得到业内共识。本着"便捷高效、无须发起人重复报送"的原则，可考虑统筹协调现有资源，以银登中心登记的证券化产品底层信息为基础，参考课题报告提出的要素标准建议，进行适度调整和脱敏后向投资者提供。[④]

总之，信贷资产支持证券是一种重要的金融创新和融资工具，能够加强资本市场与银行借贷市场的联系。目前，由于银行业的信贷资产集中度高、流动性差，银行系统面临较大的风险。在美国和许多西方国家，资产证券化起到了将银行业风险分散给资本市场参与人的作用。

中国要建立起健全的资产证券化市场，还有很长的路要走。资产证券化试点

---

① 根据公开资料整理，2021 - 02 - 20.
② 根据公开资料整理。
③ 根据公开资料整理，2021 - 01 - 19.
④ 中央结算公司，2021 - 09 - 18.

时，国家开发银行和中国建设银行的试点操作为债券资本市场的发展揭开了新的篇章，证明了中国在建设自己的资本市场时，不一定非要遵从发达国家的市场实践。中国可以在创新理念的指导下，通过金融创新发展自己的债券资本市场。

第二节　各类基础资产的证券化交易结构

资产证券化是指将缺乏流动性但能够产生可预见的稳定现金流的资产，通过一定的结构安排，对资产中风险与收益要素进行分离与重组，进而转换成为在金融市场上可以出售并流通的证券的过程。简而言之，资产证券化就是将能够产生稳定现金流的资产出售给一个独立的专门从事资产证券化业务的 SPV，SPV 以资产为支撑发行证券，并用发行证券所募集的资金来支付购买的资产。同时，为加强所发行证券的信用等级，会采取一些信用加强的手段，提供信用加强手段被称为"信用增级"（credit enhancement）。在证券发行完毕之后，往往还需要一个专门的服务机构负责收取资产的收益，并将资产收益按照有关契约的约定支付给投资者，这类机构被称为"服务者"（servicer）。

一、基础资产分类和主要交易方

（一）基础资产分类的标准

1. 既有债权和未来债权

基础资产包括既有债权和未来债权两部分，在实现资产证券化时，需要分清它们的不同性质和特点。

应收账款是会计上的概念，即已经完成合同项下的付款义务从而形成的未来应得收入，这是法律上的既有债权概念。有些资产会持续产生现金流。如企业 ABS 中租赁债权、应收账款债权（狭义应收账款的概念即企业在工程施工和贸易中因完成了合同项下的义务而产生的会计上的应收款）、供电合同债权、PPP 债权、知识产权等。这些未来应收款形成未来现金流和未来债权。

未来债权在资产证券化中的定义为，当前提供某种现金流，未来仍会继续提供现金流。但存在两种情况：第一，当前合同不能覆盖 ABS 的存续期，未来需要重新签署合同，享受服务的一方可能不变也可能改变；第二，未来提供服务产生的收入，包括高速公路通行费、一年一签的物业租赁合同、物业费①等，不仅存在现实不确定性，还存在法律合同的不完全性。

2. 应收款资产证券化

证券化的实质是融资者将被证券化的金融资产的未来现金流量收益权转让给投资者，而金融资产的所有权可以转让也可以不转让。在国际上，证券化的应收账款已经覆盖了汽车应收款、信用卡应收款、租赁应收款、航空应收款、高速公路收费等极为广泛的领域。应收账款证券化是一种既能充分发挥应收账款的促收作用，又能控制和降低应收账款成本的管理办法。

近年来，企业资产证券化有了很大发展。过去有很多资产成功地进行了证券化，如应收账款、汽车贷款等，出现了更多类型的资产，如电影特许权使用费、电费应收款单、健康会所会员资格等。这些资产的共同特点是必须能产生可预见的现金流。具有这类现金流的资产，还包括土地承包费、知识产权、新能源补贴款、保障房购房尾款等。

3. 不良资产证券化和不良资产收益权转让

随着产业升级和经济结构调整，银行信贷资产的不良率也在 2000 年中期以后不断攀升。信贷转让市场和信贷资产证券化，分别形成银行信贷的非标准化和标准化市场，相当于债务合同市场和债券市场。不良贷款市场也分为资产证券化市场和不良贷款收益权转让市场，相当于标准化市场和非标准化市场。不良资产收益权也以现金流为基础，是非标准化状态，其信用结构与交易市场有所不同。在资产证券化的过程中，通过信托隔离，突出资产本身的质量，发行人的主体信用相对弱化。

在信贷资产证券化试点成功的基础上，2006 年银保监会正式推出了有关不良资产的证券化的政策。之后中国各大资产管理公司（AMC）开始推出各自的不良资产的证券化项目。2016 年以后，随着经济下行，监管部门进行了三轮试点。银保监会从 2014 年起到 2020 年先后从审批制改为备案制，又从备案制改为信息登记制，中国人民银行从核准制改为注册制，大大放宽了市场准入条件。此后，不良资产证券化产品发行数额不断攀升。②

不良资产证券化和不良资产收益权转让体现了标准化市场和非标准化市场的区别。"不良资产证券化本质上是标准化的证券、债券，在银行间债券市场发行、流通、交易，在中央国债登记结算公司统一登记、托管、结算，也可开展质押式回

---

① 国开证券，2021 - 09 - 24.
② 李双杰，伍丹，翁琳，等. 不良资产证券化与不良资产收益权转让的比较分析［J］. 债券，2021（9）.

购、公开做市等二级市场业务，流动性机制完善。^①"可见，不良资产证券化有较好的流动性，更适合市场参与程度较高的投资者。而"不良资产收益权在转让本质上是非标准化产品，投资人购买的是信托计划，持有的是信托受益权份额。^②"不良资产收益权转让对于出让人来说更为灵活方便，但是只适合购买信托计划的非主动型投资人。

资产证券化和信托计划在信用方面的本质区别是财产信托和资金信托的区别。无论是不良资产证券化还是不良资产收益权转让，都从负债端转向了资产端。通过信托增加了资产的安全性，但是债务人的信用变得弱化。

（二）基础资产分类

1. 根据基础资产性质分类

根据证券化的基础资产不同，可以将资产证券化分为不动产证券化、应收账款证券化、信贷资产证券化、未来收益权证券化（如高速公路收费）、债券组合证券化等类别。

2. 根据资产证券化的地域分类

根据资产证券化发起人、发行人和投资者所属地域不同，可将资产证券化分为境内资产证券化和离岸资产证券化。国内融资方通过在国外的特殊目的机构（special purpose vehicle，SPV）或结构化投资机构（structured investment vehicles，SIVs）在国际市场上以资产证券化的方式向国外投资者融资称为离岸资产证券化；融资方通过境内 SPV 在境内市场融资则称为境内资产证券化。

3. 根据证券化产品的属性分类

根据证券化产品的金融属性不同，可以分为股权型证券化、债券型证券化和混合型证券化。最早的证券化产品以商业银行房地产按揭贷款为基础资产，故称为按揭支持证券（MBS）。随着可供证券化操作的基础产品越来越多，出现了资产支持证券（ABS）的称谓。再后来，由于混合型证券（具有股权和债权性质）越来越多，市场中广泛使用担保债务凭证（collateralized debt obligations，CDOs）概念代指证券化产品，并细分为担保贷款凭证（CLOs）、担保抵押凭证（CMOs）、担保债券凭证（CBOs）等产品。最近几年，还采用金融工程方法，利用信用衍生产品构造出合成 CDOs。

---

①② 李双杰，伍丹，翁琳，等. 不良资产证券化与不良资产收益权转让的比较分析 [J]. 债券，2021 (9).

（三）主要参与方

资产证券化交易比较复杂，涉及的当事人较多，各个参与方都是市场主体。资产证券化主要市场主体由发起人、SPV、信用增级机构、信用评级机构、资产服务商、投资人，以及托管和结算服务机构等组成。一般而言，下列当事人在证券化过程中具有重要作用：

1. 发起人

发起人（originator）也称原始权益人，其职能是选择拟证券化的资产，并进行组合和重组，然后将资产组合转移给 SPV 进行融资。发起人是证券化基础资产的原始所有者，通常是金融机构或大型工商企业。其中，最先持有并转让资产的一方为需要融资的机构，整个资产证券化的过程都是由其发起的。购买资产支持证券的参与方是"投资人"。在资产证券化的过程中，为减少融资成本，发起人往往聘请信用评级机构（rating agency）对证券信用进行评级。

2. SPV

特殊目的公司是指接受发起人的资产组合，并发行以此为基础资产的资产支持证券的特殊实体。特殊目的公司是接受发起人转让资产，或受发起人委托持有资产，并以该资产为基础发行证券化产品的机构。SPV 的原始概念来自防火墙（China Wall）的风险隔离设计，它的设计主要为达到"破产隔离"的目的，即发起人破产对其不产生影响。SPV 的业务范围被严格地限定，所以它是一般不会破产的高信用等级实体。SPV 在资产证券化中具有特殊的地位，它是整个资产证券化过程的核心，各个参与者都将围绕着它来展开工作。SPV 有特殊目的公司（special purpose company，SPC）和特殊目的信托（special purpose trust，SPT）两种主要表现形式。中国信贷资产证券化主要采取后一种形式。

3. 各类服务机构

①信用增级机构是指为 SPV 发行的证券提供信用增级的机构。此类机构负责提升证券化产品的信用等级，为此要向特定目的机构收取相应费用，并在证券违约时承担赔偿责任。有些证券化交易中，并不需要外部增信机构，而是采用结构化分层或超额抵押等方法进行内部增信。

②信用评级机构是指通过对资产证券化各个环节进行评估而评定证券信用等级的机构。如果发行的证券化产品属于债券，发行前必须经过评级机构信用评级。国外主要评级机构包括标准普尔（Standard & Poor）、穆迪（Moody）、惠誉（Fitch）。

国内主要评级机构包括中诚信国际信用评级有限公司、大公国际资信评估有限公司、东方金诚国际信用评估有限公司、联合资信评估有限公司（简称"联合资信"）、联合信用评级有限公司（简称"联合评级"）等。

③资产服务商，指负责按期收取证券化资产所产生的现金流，并将其转移给SPV 或 SPV 指定的信托机构的实体。

④会计师，主要负责会计、税务咨询，以及对资产组合进行尽职调查。

⑤律师，主要负责法律事务和法律咨询。

4. 投资人

投资人是指在资本市场上购买 SPV 发行的证券的机构或个人，一般都是机构投资者。证券化产品投资者是证券化产品发行后的持有人。

5. 中介机构

资产证券化业务初期，中介机构主要是投资银行和证券公司，负责协调项目操作、发行证券等。承销人是为所发行的证券进行承销的实体，是指负责证券设计和发行承销的投资银行。如果证券化交易涉及的金额较大，可能会组成承销团。目前，承销人主要包括证券公司和商业银行。证券公司负责协调项目操作、证券设计、发行等；银行一般负责销售工作。目前，信贷 ABS 一般组建承销团发行，企业 ABS 则主要由少数几家承销商完成销售。①

6. 资金和资产存管机构

为保证资金和基础资产的安全，SPV 通常聘请信誉良好的金融机构进行资金的托管，并聘请专门的机构对资产进行管理。托管人是由 SPV 指定的、负责对资产服务机构收取的基础资产现金流进行管理并向投资者分配的机构。资产服务机构负责对资产池中的现金流进行日常管理，一般由发起人或原始权益人担任。②

二、资产证券化的交易结构

（一）资产证券化的程序

一般来说，一个完整的资产证券化融资过程的主要参与者有发起人（或原始权益人）、投资人、SPV（信托或专项计划）、承销商、信用增级机构或担保机构、

---

①②　国开证券，2021 - 09 - 24.

律师、资信评级机构、托管人等。通常来讲，资产证券化的基本运作程序主要有以下几个步骤：

1. 重组现金流，构造证券化资产

发起人（一般是发放贷款的金融机构）或原始权益人（可以为非金融机构）根据自身的资产证券化融资要求，确定资产证券化目标，对自己拥有的能够产生未来现金收入流的基础资产进行界定和估算，根据历史经验数据对整个组合的未来现金流进行估算。

对于金融机构信贷资产证券化资产，需要评估借款人信用、抵押担保贷款的抵押价值，将应收和可预见现金流资产进行组合。对现金流的重组可按贷款的期限结构、本金和利息的重新安排或风险的重新分配等进行，根据证券化目标确定资产总量，最后将这些资产汇集形成一个资产池。

对于非金融企业未来能产生现金流的资产，核心是对资产进行法律上的界定，然后根据资产的特许经营权或合同，参考历史现金流情况，考虑未来对现金流可能产生影响的各种因素，包括区域经济、行业竞争、供需情况、未来价格变化趋势、付款方信用等[1]，对资产进行界定和评估。

2. 设立特殊目的信托，实现真实出售，达到破产隔离

对于信贷 ABS 和企业 ABS，特殊目的载体是一个以资产证券化为唯一目的的、独立的载体，由 SPV（一般为信托或券商）设立，特殊目的载体是实现资产转化成证券的"介质"，是实现破产隔离的重要手段。目前国内信贷 ABS 中设立的信托为财产权信托，只能由信托公司设立，由信托合同约定相关权利义务。[2]

3. 完善交易结构，进行信用增级

目前，我国资产证券化产品主要有三种模式，分别是中国人民银行和银监会监管的信贷资产证券化（信贷 ABS）、证监会监管的企业资产证券化（企业 ABS）和交易商协会自律管理的资产支持票据（ABN）。其中，信贷 ABS 和企业 ABS 是我国资产证券化业务的主要构成部分，基础资产的不同是二者的主要区别，具体解析见图 21 – 8。

为完善资产证券化的交易结构，特殊目的机构要完成与发起人或原始权益人指定的资产服务机构签订资产服务合同、与发起人或原始权益人一起确定托管银行并签订托管合同、与流动性支持机构达成必要时提供流动性支持协议、与券商达成承

---

[1][2] 国开证券，2021 – 09 – 24.

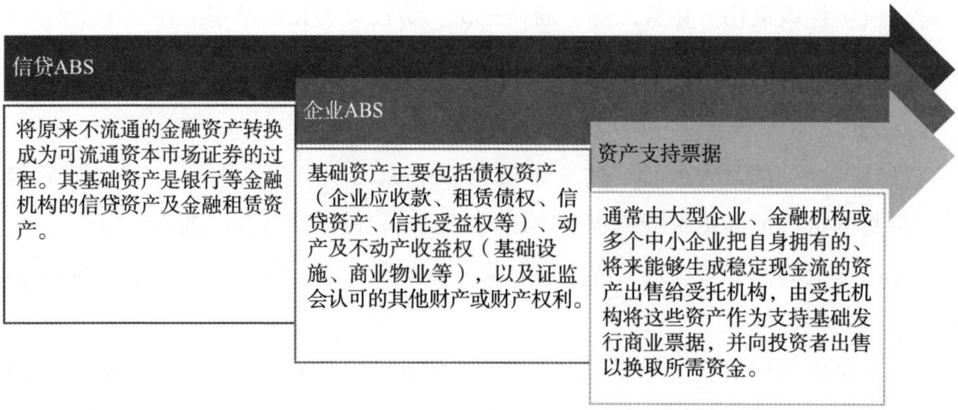

信贷ABS

将原来不流通的金融资产转换成为可流通资本市场证券的过程。其基础资产是银行等金融机构的信贷资产及金融租赁资产。

企业ABS

基础资产主要包括债权资产（企业应收款、租赁债权、信贷资产、信托受益权等）、动产及不动产收益权（基础设施、商业物业等），以及证监会认可的其他财产或财产权利。

资产支持票据

通常由大型企业、金融机构或多个中小企业把自身拥有的、将来能够生成稳定现金流的资产出售给受托机构，由受托机构将这些资产作为支持基础发行商业票据，并向投资者出售以换取所需资金。

图21－8　中国资产证券化行业细分产品分析情况

资料来源：前瞻产业研究院整理。

销协议等一系列的程序。同时，特殊目的机构对证券化资产进行一定风险分析后，就必须对资产集合进行风险结构的重组，通过对资产的信用风险重新构造，或通过额外的现金流来源对可预见的损失进行弥补，以降低可预见的信用风险，提高资产支持证券的信用等级[①]。

4. 资产证券化的风险评估

资产支持证券的评级为投资者提供证券选择的依据，因而构成资产证券化的又一重要环节。目前，国内 ABS 主要由国内的评级机构进行评级，除非需要引入境外投资人，才采用聘请国际评级机构的方式开展评级。利率变动是信贷资产支持证券违约风险的重要考量因素，信贷资产支持证券票面利率与贷款加权平均利率之间的利差越大，违约风险越低。对于企业 ABS，资产支持证券的票面利率与资产池现金流对当期需要兑付的资产支持证券本息覆盖倍数密切相关，也是违约风险的重要考量因素[②]。

5. 安排证券销售，向发起人支付

在信用提高和评级结果向投资者公布之后，由承销商负责向投资者销售资产支持证券，销售可采用包销或代销两种不同的方式。目前，资产证券化实践中一般操作如下：

信贷资产支持证券和企业资产支持证券发行完毕后，分别到银行间市场或交易所市场申请挂牌上市，即实现了金融机构的信贷资产证券化产品或企业资产证券化产品实现流动的目的。但资产证券化的工作并没有全部完成，发起人或原始权益人

[①][②]　国开证券，2021－09－24.

要指定一个资产服务机构或亲自对基础资产进行管理，负责收取、记录由基础资产产生的现金收入，并将这些收入款全部存入托管行的收款专户。[①]

(二) 资产证券化的法律结构

资产证券化是由坚实的法律结构支撑的，其法律支持包括以下三个方面：

第一，必须由一定的资产支撑来发行证券，且其未来的收入流可预期。因此，资产证券化的法律架构包括两个互相联系的环节：一是通过法律安排，资产首先进入资产池，从而其现金流可以得到控制；二是证券化产品相当于债务合同，可以进入市场交易。

第二，资产的所有者必须将资产出售给 SPV，通过建立风险隔离机制，在该资产与发行人之间筑起一道防火墙；即使其破产，也不影响资产支持债券的基础资产，即实现破产隔离。

第三，必须建立一种风险隔离机制，将证券化的基础资产与 SPV 的资产隔离开来，以避免该资产受到 SPV 破产的威胁。

后两项法律支持正是资产证券化的关键之所在。其目的在于减少资产的风险，提高该资产支持证券的信用等级，保护投资者的利益。

三、资产证券化资产的出表问题

(一) 资产证券化资产出表的必要性

发起人关心出表，主要为了盘活资产和优化财务报表。对于银行等金融机构来说，发起资产证券化，主要是为了改善资产结构，满足监管对于资本充足率和信贷额度的要求，在管制情况下，进行房屋抵押贷款的银行通过发行个人住房抵押贷款支持证券（RMBS）腾挪房贷发放空间，可以进一步扩展业务。[②]

银行等金融机构受净资本管理办法或资本充足率等业务指标的约束，实现资产出表可以满足监管对于《巴塞尔协议》的有关要求。在净资本或净资产规模难以提高的情况下，为满足以上指标，拓宽业务，必须通过资产证券化将表内资产移出表外。ABS 资产真实出售是发起人、投资人和监管部门都关心的问题。究其实质，证券化基础资产的真实出售涉及债权在法律上的确认，对于发起人来说是达到某种

---

① 国开证券，2021 - 09 - 24.

② 华西证券 - 债市周报：如何理解 ABS "出表"？ [EB/OL]. 慧博投研资讯，https：//m. hibor. com. cn/wap_detail. aspx？id = b05936d9229b9cd56e3cd49179e9a44c.

市场和管理目标，而对于投资人来说涉及对于风险的判断。2007 年国家开发银行进行信贷资产证券化 ABS 试点时，把基础资产出表作为判断试点交易成功的关键。

从财务会计角度来看，根据《企业会计准则第 23 号——金融资产转移》的规定，资产证券化基础资产"出表"问题，主要探讨的是基础资产向特殊目的实体的转移是否应当终止确认该信贷资产，以及在多大程度上终止确认该信贷资产的问题。①

根据财政部 2005 年发布的《信贷资产证券化试点处理规定》第四条，"发起机构已将信贷资产所有权上几乎所有（通常指 95% 或者以上的情形，下同）的风险和报酬转移时，应当终止确认该信贷资产，并将该信贷资产的账面价值与因转让而收到的对价之间的差额，确认为当期损益。终止确认是指将信贷资产从发起机构的账上和资产负债表内转出。②"由于法律标准和会计标准存在不一致性，虽然我国会计处理规则对"真实出售"标准作出了规定，但是并不能在法律领域直接认定"真实出售"。③

（二）会计上对 ABS 出表的判断原理

会计上，对 ABS 出表问题判断的主要依据是《企业会计准则第 23 号——金融资产转移》和《企业会计准则第 33 号——合并财务报表》。在 ABS 的发行过程中，由会计师事务所按照准则逐步进行测算及判断，然后出具会计意见。投资者需要了解不同出表情形下的会计处理方式，以便了解不同处理情况下的潜在风险。

1. "出表"所涉及的范围仅包括债权类资产

分析 ABS 出表问题时，首先需确认基础资产当前是否已存在于企业的资产负债表中。从会计角度来看，资产可以分为现有资产和未来资产，对于基础资产为债权类的 ABS，出表仅对于现有资产。未来资产并不体现在资产负债表上。所以从会计角度，只有现有资产，即对应债权类 ABS 那部分资产才可以出表。以收益权类资产为基础资产的 ABS，在会计处理上只认定为以未来收费权为质押的融资，不存在出表问题。

资产证券化业务中，基础资产主要包含两大类：债权类基础资产和收益权类基础资产。收益权类基础资产（如水、电、气、暖等公共事业收费权，电影票收入、

① 企业会计准则第 23 号——金融资产转移［EB/OL］. https：//www. cicpa. org. cn/news/newsaffix/307_2006328_23. pdf.

② 财政部关于印发《信贷资产证券化试点会计处理规定》的通知［EB/OL］. http：//www. mof-com. gov. cn/aarticle/b/g/200506/20050600118828. html.

③ 林华. 中国资产证券化操作手册（上）［M］. 北京：中信出版集团，2016：329.

景区门票收入等各类票款收费，车辆通行收费权等）代表一项获取未来经济利益流入的权利，但只是一项在未来一定期间才能实现的营业收入。这些"未来收益权"本就没有体现在企业的资产负债表中，不存在"出表"的问题。因此，未来收益权不符合会计意义上"资产"的定义。

2. 出表的判断标准

金融资产终止确认判断依据的会计准则主要有《企业会计准则第 23 号——金融资产转移》和《企业会计准则第 33 号——合并财务报表》。根据以上准则，会计的决策流程主要包括两个方面的判断：是否合并 SPV 和金融资产终止确认。目前，对于金融资产终止确认判断的方法主要有三种：风险与报酬分析法、金融合成分析法和后续涉入法。SPV 是否合并报表取决于若干具体因素。

（三）SPV 是否合并报表

判断是否合并 SPV 依据的是该项交易是否为合并范围内的交易。如果是合并范围内的交易，则专项计划可看作合并的控股子公司，无论后续得出的结论是完全或部分终止确认金融资产，也仅是单体报表的出表或部分出表。

根据《企业会计准则第 33 号——合并财务报表》，判断是否合并的基础是需要判断企业对 SPV 是否有控制权。而判断控制权需考虑原始权益人对专项计划的经济行为权利、回报的可变性以及权利和回报之间的关系。

在我国，通常原始权益人会兼任资产证券化产品结构中的其他角色，如资产服务机构、担保增信人、次级投资者等，故其通过参与资产的相关活动，对专项计划仍具有权利，主要是对影响现金流的关键活动有一定控制能力（如可决策基础资产逾期追索债权的方式等）。

而涉及是否享有可变回报，原始权益人作为资产服务机构，在提供基础资产管理工作时，会收取服务费用；原始权益人作为次级资产支持证券的持有人，可享有可变回报；原始权益人子公司作为受托人收取受托服务报酬。如果原始权益人使用其权利获得可变回报的能力很强时，就需要考虑合并。

1. 过手测试

过手（pass through）协定表明的是发起人既有收取金融资产现金流的权利，也需要承担将收取的现金流支付给资产证券化的投资人的义务。过手测试就是判断基础资产是否发生转移。依据《企业会计准则第 23 号——金融资产转移》第六条，金融资产转移，包括下列两种情形：（一）企业将收取金融资产现金流量的合同权利转移给其他方。（二）企业保留了收取金融资产现金流量的合同权利，但承担将收取的该现金流量支付给一个或多个最终收款方的合同义务。在第二种情形下必须且同时满足下列条件：（1）企业只有从该金融资产收到对应的现金流量时，才有义务将其支付给最终收款方。企业提供短期垫付款，但有权全额收回该垫付款并按照市场利率计收利息的，视同满足本条件。（2）转让合同规定禁止企业出售或抵押该金融资产，但企业可以将其作为向最终收款方支付现金流量义务的保证。（3）企业有义务将代表最终收款方收取的所有现金流量及时划转给最终收款方，且无重大延误。企业无权将该现金流量进行再投资，但在收款日和最终收款方要求的划转日之间的短暂结算期内，将所收到的现金流量进行现金或现金等价物投资，并且按照合同约定将此类投资的收益支付给最终收款方的，视同满足本条件。[①]

现金流量过手安排需要同时满足"不垫款""不重复出售""不延误"这三个条件，根据《企业会计准则第 23 号——金融资产转移》第二章第四条所指的三个条件：

第一，发起人从该金融资产收到对等的现金流量时，才有义务将其支付给最终收款方。企业发生短期垫付款，但有权全额收回该垫付款并按照市场上同期银行贷款利率计收利息的，视同满足本条件。（"不垫款"）

第二，不能出售该资产或作为担保物。根据合同约定，不能出售该金融资产或作为担保物，但可以将其作为对最终收款方支付现金流量的保证。（"不挪用"即"不重复出售"）

第三，有义务将收取的现金流量及时支付给最终收款方。一般转付期限不超过 3 个月。企业无权将该现金流量进行再投资，但按照合同约定在相邻两次支付间隔期内将所收到的现金流量进行现金或现金等价物投资的除外。企业按照合同约定进行再投资的，应当将投资收益按照合同约定支付给最终收款方。（"不延误"[②]）

2. 风险报酬转移测试

检查资产证券化是否出表，一看是否合并，二看现金流是否转付，三看是否进行过手测试，四看风险报酬是否转移。根据《企业会计准则第 23 号——金融资产转移》第三章第八条的规定，企业在评估金融资产所有权上风险和报酬的转移程度时，应比较转移前后其所承担的该金融资产未来净现金流量金额及其时间分布变动的风险。

---

① 企业会计准则第 23 号——金融资产转移（2017）［EB/OL］. 财政部会计准则委员会，https：//www. casc. org. cn/2018/0815/202786. shtml.

② 根据公开资料整理。

企业需要通过计算评估是否已经转移了金融资产所有权上几乎所有风险和报酬。在计算和比较金融资产未来现金流量净现值的变动时，应当考虑所有合理、可能的现金流量变动，对于更可能发生的结果赋予更高的权重，并采用适当的市场利率作为折现率。实务中常使用标准差统计作为确定发起机构已经转让和保留变化程度的指标，通常认为通过资产证券化转移了超过 90% 的风险和报酬可认为其已经转让了几乎所有的风险报酬。

第三节 房地产 ABS 和 REITs

一、房地产证券化

（一）地产 ABS 的分类和特点

1. 地产 ABS 的分类

地产 ABS 是与地产有关的可以产生现金流的资产的证券化。地产 ABS 有五大品种：购房尾款 ABS、供应链 ABS、物业费 ABS、CMBS 以及类 REITs。各品种特点如下：①购房尾款 ABS 类似于以居民购房尾款进行质押融资，受限于合适的尾款资源，发行量较为稳定。②供应链 ABS 通过应收账款反向保理为上下游企业提供融资，具有信用债的属性。近年来房企供应链 ABS 发行呈现爆发性增长，但 2019 年以后地产融资整体收紧，监管层对供应链 ABS 持限制态度。③物业费 ABS 的基础资产为物业合同债权，基础资产现金流依赖于物业公司的物业费收入。④CMBS 以商业房地产抵押贷款为基础资产，能够很好地匹配流动性差但预期能产生稳定现金流的商业物业，为其提供融资，具有期限长、额度较大、资金运用灵活等优点，一直呈现供需两旺的市场格局。⑤类 REITs 一般采取"契约型基金＋专项计划"的模式。国内类 REITs 标准化程度与国际实践仍有差距，监管层鼓励探索公募 REITs 以推进市场走向成熟。

2. 地产 ABS 的特点

（1）风险特点

地产 ABS 的风险有其特点，其投资策略与信贷资产证券化有所不同。从投资者角度，地产 ABS 的主体信用仍是第一要素。ABS 属地产企业的融资通道，主体信用对于项目介入较深，当前法律对于主体违约时入池资产的破产隔离判定也未有明确指引，均"一事一议"。就 ABS 项目本身而言，购房尾款 ABS 风险最小，一方面居民违约率较低，另一方面基础资产质量离散程度高。供应链 ABS 本身属于类信用债，风险敞口最大；物业费 ABS、CMBS 和类 REITs 居中，关注现金流覆盖倍数。因此从交易结构、基础资产质量的离散性、后续管理资金归集等多个维度来看，风险排序依次为供应链 ABS > 物业费 ABS > CMBS > 类 REITs > 购房尾款 ABS。

（2）发行量特点

根据不完全统计，我国重点房企 ABS 存量近 4000 亿元。从结构上来看，龙头房企 ABS 融资存在两极分化，万科和碧桂园发行量最大，以供应链 ABS 为主，其余房企发行量较少，考虑到成本和政策变化，中型房企对于规模增长诉求较强，发行 ABS 动力更强，发行规模均值基本在 30 亿 ~ 70 亿元。未来在一二线布局有优势且拥有优质物业的公司，其存量资产盘活值得市场期待。此外，持有型物业为主的房企，发行 CMBS 和类 REITs 本身具有天然优势。

（二）房地产证券化的性质

1. 标准化性

广义房地产资产证券化是房地产项目资产及 SPV 的股权和债权融资的标准化。房地产投资的证券化是投资所形成资产的标准化。

房地产资产证券化按其现金流来源的不同又可进一步细分为房地产实物产权证券化和房地产债权证券化。房地产实物产权证券化是依赖房地产实物产权在未来能够产生的收益流的（如出售或租赁房地产所带来的收入）收益权的标准化。房地产债权证券化是依赖房地产债权在未来能够产生的收益流的标准化，主要是住房抵押贷款证券化。前者具有股票的性质，后者具有债券的性质。

广义房地产证券化和房地产投资证券化的基础资产有所不同。所谓房地产投资证券化，就是将房地产投资直接转变成有价证券形式。房地产证券化包括房地产抵押贷款债权的证券化和房地产投资权益的证券化两种形式。房地产证券化把投资者对房地产的直接物权转变为持有证券性质的权益凭证，即将直接房地产投资转化为证券投资。房地产证券化是房地产投资的标准化，是非标准化的投资向标准化的投资的转变，是金融深化的表现形式，也是房地产行业和证券市场的结合。房地产证券化实质上是不同投资者获得房地产投资收益的一种利益分配的实现方式；是以房地产这种有形资产做担保，将房地产股本投资权益予以标准化，转化为具有股票、可转换债券、债券、单位信托、受益凭证等特征的金融产品的手段。①

---

① 国开证券，2021 – 09 – 24.

2. 非抵押性

房地产证券化是房地产融资手段的创新，是随着全球房地产金融业的发展而衍生出来的。如前所述，资产证券化源于 20 世纪 70 年代美国的住房抵押证券，随后证券化技术被广泛应用于抵押债权以外的非抵押债权资产，并于 20 世纪 80 年代在欧美市场获得蓬勃发展。20 世纪 90 年代起，资产证券化开始出现在亚洲市场上，特别是东南亚金融危机爆发以后，在一些亚洲国家及地区得到迅速发展。资产证券化（包括不良资产证券化和房地产证券化）是近 30 年来世界金融领域发展最快的金融创新和金融工具，是衍生证券技术和金融工程技术相结合的产物。

3. 多样性

广义房地产证券化实质上是不同投资者获得房地产投资收益的一种权利分配方式。取决于基础资产的特性和法律合同的性质，其具体形式可以是股票、债券，也可以是信托受益权证与收益凭证等。

因为房地产本身的特殊性，其原有的融资方式单一，房地产证券化是投资者将对物权的所有权和收益权转化为债权或股权的标准化形式，其实质是物权的债权性或股权性通过金融产品得以实现方式。传统融资方式是凭借资金需求者本身的资信能力来融资的。房地产证券化体现的是资产收入导向型融资方式。与其他资产证券化相比，房地产证券化的范围更广，远远超出了贷款债权的证券化范围。贷款证券化的对象为贷款本身，投资人获得的只是贷款利息。然而，房地产投资的参与形式多种多样，如股权式、抵押式等，其证券化的方式也因此丰富多彩，只有以抵押贷款形式参与的房地产投资证券化的做法才与贷款证券化相似，其他形式的证券化对象均不是贷款本身，而是具体的房地产项目本身或与之相关的未来收入作为资产的证券化。①

4. 以未来现金流为偿还来源

资产证券化是凭借原始权益人的一部分资产的未来收入能力融资的一种方式，资产本身偿付能力与原始权益人的资信水平被割裂开，实现风险隔离。但是目前国内交易所市场发行的企业资产证券化产品，仍然高度依赖原始权益人的主体信用。房地产资产证券化的基础及资产本身偿付能力是投资人首要考虑的因素，少数优质资产甚至能与原始权益人的资信水平在法律上完全切割。房地产资产本身的变现能力及其经营情况，决定了与房地产资产相关的未来现金流，也即房地产资产证券化的还款来源的可靠性和安全性。②

---

① ② 国开证券，2021 - 09 - 24.

5. 信托性

房地产资产证券化一般会采用具有信托性质的 SPV，起到法律权利义务相隔离的功能。信托是最常采用的 SPV 之一，在法律上帮助证券化资产与发起人的原有法律关系进行分割。例如房地产抵押贷款支持证券，是以房地产信托抵押贷款为基础资产，发行资产支持证券的结构性融资行为，可以将房地产直接投资转化为有价证券，使投资者与投资标的物之间的物权关系转变为以有价证券为凭证的债权关系。[①] 信托在法律上实现与证券化发起人的原有法律关系相隔离，成为证券化实现的必要条件。

6. 风险性质转化

房地产证券化是一种资产收入导向型融资，以房地产资产本身及收入为核心的多元化融资体系。传统融资方式凭借资金需求者本身的资信能力融资，资产证券化则凭借原始权益人的一部分资产的未来收入能力融资，资产本身偿付能力是重点考虑因素，部分优质资产甚至可以与原始权益人的资信水平完全"脱钩"。

7. 风险分散

房地产证券化将巨额价值的房地产动产化、细分化，利用证券市场的功能，实现房地产资本社会化、经营专业化及投资风险分散化，为房地产市场提供充足的资金，推动房地产业与金融业快速发展。它既是一种金融创新，又是全球性资本社会化运动的重要组成部分。

（三）标准化和证券化环节

房地产证券化产品通过一级市场和二级市场交易，确定其市场价格，产生流动性。在进入一级市场以前，必须完成标准化过程，这个过程是由发起机构即原始权益人发起的。由律师等中介机构将原来的法律架构转化成为信托架构，实行风险隔离，并将未来收益标准化。标准化产品进入市场后，证券化过程才能够完成。进入市场还需要交易场所和承销商、托管、结算、清算机构的参与才能够完成交易，使房地产投资经营机构将房地产价值由固定资本形态转化为具有流动性功能的证券商品。房地产商通过发售这种证券商品在资本市场上筹集资金。

美国住房按揭贷款证券化分为一级市场和二级市场两个层次。投资者在二级市场上购买的是由"两房"重新组合的产品，证券化过程发生在二级市场，见图 21 – 9。

---

① 国开证券，2021 – 09 – 24.

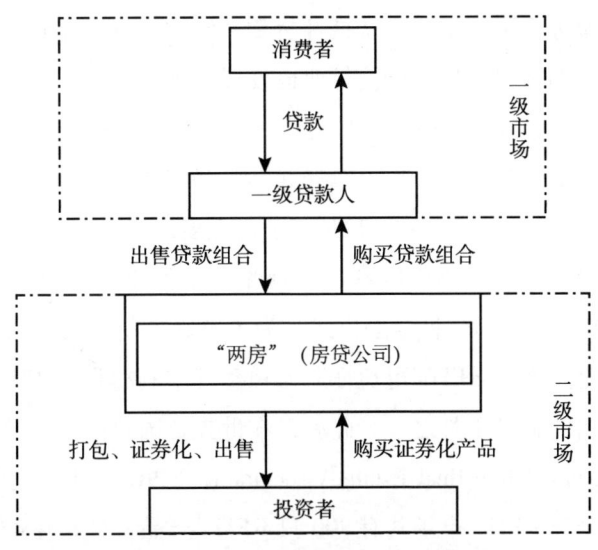

图21-9 住房按揭贷款市场结构

资料来源：笔者根据相关资料绘制。

（四）商业物业抵押支持证券市场

商业物业是房地产的一个细分领域。商业物业抵押支持证券（CMBS）是商业物业的证券化融资工具，主要以商业物业产生的租金等运营收入和不动产价值为基础，向投资者发行资产支持证券进行融资，并配有物业抵押、资金质押等风险控制措施，保障资产支持证券的本息兑付。①

商业物业资产证券化具体有两种可行模式：CMBS相当于债权证券化，而权益型证券化主要是REITs，相当于股权证券化。CMBS等债权型固定收益金融产品是股权型REITs的基础。

二、房地产信托投资基金

（一）房地产信托投资基金的历史

1. 国际房地产信托的简要历史

随着房地产行业分工细化形成细分领域，行业六大环节（资本运作、设计策划、拆迁征地、建设施工、销售租赁、物业服务）的分工合作局面形成。与此同

---

① 周以升，张志军，万华伟. CNBS国际经验和中国实践［M］. 北京：中信出版社，2017：Ⅲ～Ⅴ.

时，房地产金融服务也不断细分，从抵押贷款、资本市场运作到资产证券化，伴随着企业资产端服务的需要，房地产信托业也发展起来。

房地产信托投资基金（REITs）最早产生于20世纪60年代初，由美国国会创立，旨在降低中小投资者参与不动产市场的门槛，扩大投资者基础。在亚洲，最早出现REITs的国家是日本，由于日本的房地产公司众多，该市场在日本规模很大。

1960年，世界上第一只REITs在美国诞生。正如20世纪60～70年代的其他金融创新一样，REITs作为一种金融模式是为了逃避管制而设计的。随着美国政府正式允许满足一定条件的REITs可免征所得税和资本利得税，REITs开始成为美国金融市场中最重要的金融工具之一。此后，在世界各国获得广泛发展。根据欧洲房地产协会（European Public Real Estate Association，EPRA）披露的数据，截至2020年12月31日，全球REITs市场共有900只REITs产品，分布在43个国家或地区，总市值达1.9万亿美元。其中，美国REITs市场规模最大，占全球REITs市场的63%。日本、澳大利亚、英国和新加坡REITs市场规模排名紧随其后，但各国REITs规模占比均不到10%。[①]

我国香港地区较早地开展了REITs业务。领汇REITs是2004年在中国香港上市的第一只REITs，其基础资产为香港公营机构房屋委员会下属的商业物业，其中68.3%为零售业务租金收入，25.4%为停车场业务收入，6.3%为其他收入（主要为空调费）；租金地区分布为港岛7.2%，九龙33.8%，新界59%。管理人会将扣除管理费用及其他与经营相关的费用后的90%～100%的租金收益派发股东。在此之前，如果领汇日后需要收购新物业的话，只能通过向银行贷款从而提高财务杠杆（资产负债率最高可达45%）的方式实现，但领汇最终通过发行REITs解决了这个问题。

2. 我国的房地产信托产品（不包含港澳台地区）

我国早期房地产信托产品尚不是国际意义上的REITs。我国第一个比较接近国际标准的房地产投资信托产品是2002年7月28日由上海国际信托投资公司推出的新上海国际大厦项目资金信托，10天内2.3亿元额度全部售出，反应空前热烈。然而，市场上的房地产信托产品主要集中在市政建设、危改小区等基础建设项目上，纯房地产项目的信托产品很少。

2004年全国约有31家信托投资公司共计发行约83个房地产信托产品，募集总金额约122亿元，而每个信托投资公司平均募集资金仅为1.47亿元。由于当时金融体系不完善，资本市场发育不健全以及相应法律法规尚待建立，我国的房地产

---

① 国开证券，2021 – 09 – 24.

信托产品与 REITs 存在显著差异，表现为运营模式较单一，规模较小，利率缺少弹性，期限较短，流动性较差。

2009 年以前，国内信托基金主要投资于房地产，或采取借贷形式，或直接参与投资开发，但这些都不是通常所说的符合国际定义的房地产投资信托基金。它们在派息比例、免税政策上都没有明确清晰的定义，只是房地产投资信托基金的一种最初级的阶段。2009 年初，中国人民银行会同有关部门完成了 REITs 初步试点的总体构架，但由于我国相关法律法规仍不完备，REITs 一直未能正式启动。

3. 我国首只 REITs 产品（不包含港澳台地区）

2011 年，国内首个 REITs 专户，国投瑞银主投亚太地区 REITs 产品，完成合同备案，成为国内基金业首个 REITs 专户产品。作为资产证券化的具体应用，REITs 类产品在中国的实践始于 2014 年。当年国内首只 REITS 产品——中信启航专项资产管理计划在交易所流通，3 年后清算。在初期发展阶段，国内 REITs 类产品并非标准化、规模化的金融工具，与国际上通行的 REITs 架构相比也差异较大，且主要以私募类产品为主。简单来说，到 2020 年以前，只实现了房地产证券化，相当于 pre - REITs，而不是信托化。"证券化"在 2014 年的中信启航项目中已经实现，后续的产品都已经在两个市场实现了标准化发行，但是并未完全符合信托法定义的信托形式，类 REITs 并不是真正的主动管理和独立操作的房地产信托基金。[①]

2020 年 4 月 30 日，中国证监会、发改委联合发布《关于推进基础设施领域不动产投资信托基金（REITs）试点相关工作的通知》，明确率先在基础设施领域推进公募 REITs 试点。这标志着中国公募 REITs 正式开启。此次试点涵盖基础设施领域 REITs，通过资产证券化方式把基础设施领域存量资产变成能够流动的证券，能够降低地方政府杠杆率，解决企业资产负债表资产端的问题，帮助化解地方债务问题。

（二）房地产信托基金的性质和特点

1. 房地产信托基金的基本性质

REITs 是一种以发行收益凭证的方式汇集特定多数投资者的资金，由专门投资机构进行房地产投资经营管理，并将投资综合收益按比例分配给投资者的一种信托基金。国际意义上的 REITs 在性质上既可以封闭运行，又可以上市交易流通，类似于同时具备我国的开放式基金与封闭式基金的功能和特点。

REITs 是广义的不动产信托基金，REITs 和资产证券化的区别在于前者可以不

---

① 国开证券，2021 - 09 - 24.

出表，后者从法律上要求必须出表。在我国，资产证券化出表的要求也有所不同。银行间市场的资产证券化产品出表的比例高一些，交易所市场的企业资产证券化产品目前绝大多数未出表。[①]

2. 房地产信托基金的特点

（1）收益和回报的特点

REITs的特点包括收益主要来源于租金收入和房地产升值变现；收益的大部分将用于发放分红；REITs长期回报率较高，可以在一定程度上分散投资风险；与股市、债市的相关性较低。

REITs的魅力在于，通过资金的"集合"，为中小投资者提供了投资于房地产业的机会；专业化的管理人员将募集的资金用于房地产投资组合，分散了房地产投资风险；投资人所拥有的股权或基金份额可以转让，具有较好的变现性。以前中国个人投资者投资了大量房产，但是都没有流动性。如果中小投资者通过REITs购买房地产进行投资，可以增加流动性，也可以通过证券组合分散风险。

近期公募REITs市场认可度明显提高，二级市场成交活跃。截至2022年2月22日，已上市REITs二级市场价格全部上涨，环保类、仓储物流类、产业园类及高速类REITs上市以来累计涨幅（最新收盘价/募集均价）分别为66.1%、48.3%、43.9%及18.0%。除了由于首批上市项目资质较优、市场认可度较高，还与流通盘较小、增量资金入市有关。2022年1月22日至2月22日，公募REITs流通盘日均换手率为3.54%，市场成交活跃。[②]

（2）本质是房地产投资基金

REITs最早的定义为，由多个投资人，并委托受托人作为管理者，持有可转换的受益凭证的公司或者非公司组织。目前，世界上已有多个公司制的REITs。由此将REITs明确界定为专门持有房地产、抵押贷款相关的资产或同时持有两种资产的封闭型投资基金。此后，伴随着税法的演变，REITs在美国经历了数次重大的调整，同时REITs在各国推广的过程中也存在许多差异，但都没有改变REITs作为房地产投资基金的本质。不过REITs与一般的房地产投资基金有显著区别：REITs通常可以获得一定的税收优惠，但需要满足一定的设立条件等。"REITs的机构投资者以战略投资者、券商自营、保险资金为主，保险资金是2021年12月两只REITs配售的重要增量。REITs的最大持有人是原始权益人，其以战略投资者身份认购REITs。此外，战略投资者还包含其他各类金融机构。[③]"

---

① 国开证券，2021 - 09 - 24.
②③ 张继强，文晨昕. 税收新政与公募REITs发展展望［J］. 债券，2022 - 04 - 18.

（3）发行主体从以私募为主，逐渐向以公募为主发展

我国REITs早期以私募为主，而国际上以公募为主。REITs收益取决于房地产行业和宏观经济，但各个国家收益不同，一个国家不同时期也会有不同。近20年来，北美地区的REITs收益最佳（13.2%），欧洲次之（8.1%），亚洲REITs的平均收益最低（7.6%）。由于欧债危机的影响，欧洲REITs收益率迅速下降至−9.2%，而北美地区的REITs则取得了12.0%的平均收益。[①]

中国的REITs是在这几年开始的。已发行公募REITs规模超过200亿元。类REITs自2014年首单后，截至2021年9月已发行87单，累计发行金额1566.17亿元。[②] 但是由于多种原因，以前实践中主要做的是"类REITs"。公募基金更多做的还是证券二级市场，监管方面并不鼓励它们去做REITs。2020年4月30日以后，公募基金可以参与公募REITs。在2020年8月7日公募REITs推出和2021年6月21日首批基础设施公募REITs发行后，新模式的优点逐渐显现，以后发行主体也应该以公募为主。[③]

（4）破解房地产困局

目前政府和市场参与人已经在一定程度上达成共识，认为REITs的应用远远超过局部领域的融资问题，是解决基础设施资本金和破解房地产困局的战略举措。通过发展公募权益型REITs，支持有主动管理能力的投资运营商进行轻资产运作，有助于打破行业垄断和区域垄断的局面，提升基础设施、产业地产和商业地产的运营管理集中度和投资运营综合效率。相较于其他投资融资工具，对于重资产的不动产的投资主体，可以解决项目资本金的筹集、重构融资模式、降低财务风险、维持主动管理权益等问题。[④]

（三）房地产信托投资基金的分类

市场各类资产证券化产品自2015年以后发展迅速，2020年以来相关市场热点是关于公募REITs产品。从不同角度看，REITs有多种不同的分类方法，常见的分类方法有以下几种：

1. 根据组织形式的不同，REITs可分为公司型及契约型两种

公司型REITs以《公司法》为依据，发行REITs股份所筹集起来的资金用于投资房地产资产。这时REITs具有独立的法人资格，自主进行基金的运作，面向不特定的广大投资者筹集基金份额，REITs股份（基金份额）的持有人最终成为公司

①②③ 国开证券，2021−09−24.
④ 罗桂连. 推行公募REITs，破解不动产领域投融资困局［Z］. REITs 50人论坛公众号，2021−08−15.

的股东。

契约型 REITs 则以信托契约成立为依据，通过发行受益凭证筹集资金投资于房地产资产。契约型 REITs 本身并非独立法人，仅仅属于一种资产，由基金管理公司发起设立，其中基金管理人作为受托人接受委托对房地产进行投资。

二者的主要区别在于设立的法律依据与运营的方式不同，契约型 REITs 比公司型 REITs 更具灵活性。公司型 REITs 在美国占主导地位，而在英国、日本、新加坡等地契约型 REITs 则较为普遍。按照法律架构，REITs 可以进一步分为公司型、基金型和契约型。公司型 REITs 发行股票和债券，基金型 REITs 通过公募和私募方式募集资金，而契约型 REITs 通过信托计划募集资金①（见图 21 – 10）。

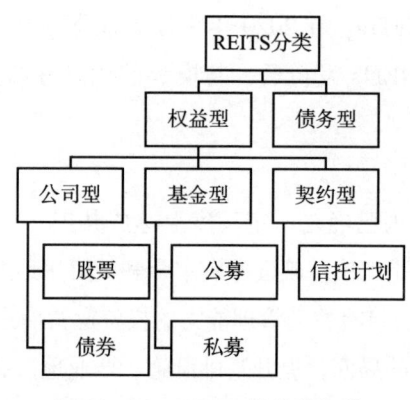

图 21 – 10　REITs 的法律架构

资料来源：笔者绘制。

2. 根据投资形式的不同，REITs 可分为权益型和债务型（抵押型）两种

权益型 REITs 的投资者拥有不动产，收益来自租金收入和不动产的增值收益。债务型 REITs 向不动产所有者发放贷款，或者投资于抵押贷款的二级市场，拥有债权。收益来自抵押贷款利息和手续费收入。

3. 根据运作方式的不同，REITs 可分为封闭型与和开放型两种

封闭型 REITs 的发行量受到限制，不得任意追加发行新增的股份；而开放型 REITs 可以随时增发新的股份，用于投资新的不动产。投资者也可以随时买入，不愿持有时也可随时赎回。封闭型 REITs 一般在证券交易所上市流通，投资者不想持有时可在二级市场上转让卖出。

---

① 林华. 中国 REITS 操作手册 ［M］. 北京：中信出版集团，2022：2 – 3.

4. 根据基金募集方式的不同，REITs 可分为公募型与私募型两种

私募型 REITs 以非公开方式向特定投资者募集资金，募集对象是特定的，且不允许公开宣传，一般不上市交易。公募型 REITs 以公开发行的方式向社会公众投资者募集信托资金，发行时需要经过监管机构严格的审批，但可以进行宣传。私募型 REITs 与公募 REITs 的主要区别如下：第一，投资对象方面，私募型基金一般面向资金规模较大的特定客户，而公募型基金则可以向公众发行；第二，投资管理参与程度方面，私募型基金的投资者对于投资决策的影响力较大，而公募型基金的投资者则没有这种影响力；第三，在法律监管方面，私募型基金受到法律以及规范的限制较少，而公募型基金受到的法律限制和监管通常较多。

（四）私募房地产信托投资基金的运用模式和组织架构

1. 私募 REITs 操作流程

（1）准备阶段

准备阶段的工作包括很多内容。首先是确定整体方案，发起机构会同中介机构，对设立私募 REITs 的可行性和必要性以及基本方案进行讨论。方案包括选择确定标的资产，在选择时要考虑到行业的特点，重点选择通用性和稀缺性高的行业。在选择中介机构时要求其执行团队有丰富的项目操作经验。准备工作的重要内容是设计交易方案，交易方案包括资产重组和资产转移，这两个环节要统筹安排。资产重组时要把标的资产并入 SPC 中，如果 SPC 中有其他资产，需要考虑进行资产重组。资产转让是发起人将 SPC 股权转让到私募 REITs，这时要搭建"股权 + 债权"的结构，主要是为了满足资本弱化的约束条件下，以贷款利息的形式在企业所得税前取得现金流。准备阶段要准备好融资要素，包括发行规划和分层安排。分层主要是分为优先级和次级。融资要素包括要确定期限，通常是 3 + N 型和 3 × N 型；此外，还包括还本付息安排和增信措施等。[①]

（2）执行阶段

执行阶段的第一步是中介机构的尽职调查，对标的物业的情况进行全面调查。同时要同步推动资产重组。此外，就是准备相关文件和法律流程，包括起草全套文件、机构履行内部流程。执行阶段的重要一步是通过监管审核。审核通过后进入销售与发行阶段。私募 REITs 的销售发行主要在交易所进行，发行方式包括簿记建档和协议发行两种方式。投资者主要是商业银行和保险机构。发行中包括多轮询价，

---

① 林华. 中国 REITS 操作手册 [M]. 北京：中信出版集团，2022：210 - 214.

因此路演和推介十分重要。发行结束后，需要经过备案和挂牌阶段才能在交易所流通。以后就是存续管理了。①

2. 私募房地产信托投资基金的运作模式

从本质上看，REITs 属于资产证券化的一种方式。REITs 典型的运作方式有两种，其一是通过 SPV 向投资者发行收益凭证，将所募集资金集中投资于写字楼、商场等商业地产，并将这些经营性物业所产生的现金流向投资者分红；其二是原物业发展商将旗下部分或全部经营性物业资产打包设立专业的 REITs，以其每年的租金、按揭利息等作为标的，均等地分割成若干份出售给投资者，然后定期派发红利，实际上给投资者提供的是一种类似投资债券的方式。相形之下，写字楼、商场等商业地产的现金流远较传统住宅地产的现金流稳定，因此，REITs 一般只适用于商业地产或者基础设施。从 REITs 的国际发展经验看，几乎所有 REITs 的经营模式都是收购已有商业地产并出租，靠租金回报投资者，极少有进行开发性投资的 REITs 存在。因此，REITs 并不同于一般意义上的房地产项目融资。

3. 私募房地产信托基金组织架构的分类

（1）开放式

开放式 REITs 具有流动性强的特点，便于投资者控制风险，而且该类基金具有面向投资者更为广泛的优点。但是美国对开放式房地产投资基金的投资方向有所限制，该类基金一般不能直接投资于房地产资产，而是通过投资于房地产投资信托股票、房地产相关债券等房地产相关金融产品来参与房地产产业的投资，而且要求其在房地产方面的投资比例达到基金规模的 90% 以上。

（2）合伙制

合伙制 REITs 一般由一个负无限责任的普通合伙人（基金管理公司）和一个或多个有限责任的合伙人（基金投资者）组成，主要以私募的方式募集资金，并将所募集的资金用于房地产投资。在这种基金组织形式中，普通合伙人负责基金经营管理，并对基金债务承担无限责任；而有限合伙人拥有所有权而无经营权，也不承担无限责任。有限合伙制房地产投资基金投资方向严格限定于房地产有关的证券（包括房地产上市公司的股票、房地产依托债券、住房抵押贷款支持债券等）和房地产资产等方面。房地产投资基金直接投资的房地产资产一般是能产生较稳定现金流的高级公寓、写字楼、仓库、厂房及商业用房等物业。有限合伙制基金的普通合伙人承担的是无限连带责任，所以一般在其发起基金时会规定基金不会通过负债的

---

① 林华. 中国 REITS 操作手册 [M]. 北京：中信出版集团，2022：215–219.

方式购进物业,除非基金所投资的物业需要装修、维修以及其他改进物业状况等措施而基金本身的现金周转出现一定的困难时,可以进行适当融资,但融资的比例一般也不超过投资物业价值的25%。

(3)治理架构

借鉴美国的经验,改善REITs治理架构可以引入独立董事制度。REITs基金必须聘请独立董事,并明确独立董事是为基金工作而不是为投资公司工作的。独立董事是决定有关基金利益事项的,而不是对投资公司的业务作出决策。这样可以更好地保证独立董事是为信托受益人的利益服务,而不是仅仅为公司的股东利益服务。只有不断规范REITs操作流程和REITs机构的治理结构,建立监督机制和激励机制,完善信息披露制度,保证REITs运作的透明度,才能更好地发挥REITs的作用。

(五)房地产信托基金的投资管理和风险管理

1. 房地产信托基金的投资管理

REITs具有门槛低、分红比例高、流动性强等优势,已成为中小投资者间接投资房地产的重要渠道,因为REITs与股票、债券市场的相关性较低,在投资组合中配置一部分不动产基金,可优化投资组合,有效分散单一投资证券市场的风险。国内投资者可以通过参与境内基金公司发行的专门投资于房地产的QDII基金,间接投资海外的房地产项目,增加国内投资者的投资选择。由于国内房地产政策收紧,部分投资者把目光转向海外,投资海外市场或者去海外进行置业。作为普通投资者去海外置业有很大的困难,同时海外物业的税务成本比较高,流动性比较大,风险比较集中。投资者希望通过投资基金投资海外房地产,这样可以用比较少的投资获得稳定的收益和潜在的增值。

与信托不同,美国REITs要求公司必须经营房地产业务,且75%以上投资房地产。经营模式主要落实在经营租赁性房地产而非开发性房地产项目。REITs的股份是一种公募的结构,前5位持有者不能超过50%的股份,这是美国非常流行的模式。物业的所有人可以把物业的权益置换成股份,间接享受REITs所有物业收益。

REITs作为一种基金,具有风险分散化和管理专业化的优势。通过对不同地区和不同类型的房地产项目及业务进行组合,REITs可以在保持一定收益水平的同时,有效降低投资风险。此外,REITs通常聘请房地产专业人士进行投资及经营管理,制定最佳策略,可以有效保障基金取得较好收益的能力。

2. 房地产信托投资基金的风险管理

房地产投资基金投资之后的风险主要来自事后信息不对称以及由此产生的道德

风险，也包括投资本身面临的不确定性和市场风险。面对可能的风险，房地产投资基金应当采取以下措施：双方事先签订投资协议控制事后风险；事后基金经理人对房地产企业进行风险监控；已经出现风险的，采取必要补救措施。房地产基金的投资风险与其他类型的投资风险类似，包括经营风险、财务风险、流动性风险、通货膨胀风险、管理风险、利率风险、政策法规风险和环境风险等。

（1）内控措施

房地产基金的内部控制措施是风险管理的一个方面。基金内部控制措施包括可行性研究、内部风险控制、制定房地产基金投资决策流程，以及建立投资决策委员会和风险控制委员会。

（2）尽职调查

房地产投资基金投入之前的风险主要来自信息不对称，因此最重要的是保证房地产投资基金能够尽可能得到来自企业家和投资企业的完整准确的信息。为此需要借助商业计划书、尽职调查，尽可能掌握必要的信息；借助专门的中介服务公司的评估和服务、借助中介机构的推介反复判断信息的真实度；此外，还要采取投资组合策略，分散风险。

（3）市场风险控制

上市交易的 REITs 会同时受不动产周期性波动和股市整体周期波动的影响，在不动产景气度较低或股市系统性风险较高的情况下，周期性波动会影响基金的收益水平。在境外投资时，不管是直接投资还是通过 QDII 基金间接投资 REITs，投资者都可能面临其他境外投资的特定风险，主要包括汇兑风险、外汇管制风险、境外税法风险等。

（4）财务管理模式

房地产基金的财务管理模式有单一直接管理模式、联签管理模式、代理记账模式、完全审计模式以及内部审计模式。

（六）中国开展房地产信托投资基金需要解决的问题和未来前景

为了挖掘房地产存量市场发展的潜力，必须引进适用于存量资产经营的金融工具。REITs 提供了一种有效开发存量房地产资产的资产证券化手段。房地产证券化就是要把流动性比较低的非标准化形态的房地产投资转化为资本市场上可以直接交易的金融产品。房地产证券化包括房地产项目融资证券化和房地产抵押贷款证券化，目的是让存量流动起来。我国进入后房地产时代以后，对金融的需求从间接融资逐渐向直接融资发展。间接融资就是银行贷款，直接融资就是基金、股票、债券、REITs 等，这些金融工具对房地产的增量发挥很大作用，要使存量流动起来，可以通过资产证券化和 REITs，建立新的法律关系，并通过标准化和证券化进入市场，成为基金投资的对象。

1. 后房地产时期的需要

证券化的理念就是把存量资产当成金融资产管理，这种金融资产的管理也给我们理财时代增加了投资者可以投资的内容和选择，过去投资者选择性很小，将来可以通过各种各样的直接融资，把存量搞活，市场供给的投资产品就可以增加，而这需要金融界和房地产界不断努力和创新。

房地产开发商的转型，需要探索新的金融工具。"随着开发商沉淀越来越多的持有型商业，其商业模式必须进行两个方面的优化：（1）使用资产支持融资工具，在成本、额度和效率等方面获得比传统融资模式更好的条件。（2）使用权益性工具，包括 REITS、私募 REITS 等，帮助盘活存量，形成资本循环。[①]"通过地产基金、REITs 基金购买存量资产，改造提升功能，出租实现收益；然后通过资产证券化，销售给投资者，可以有效盘活存量市场，扩大金融市场支持实体经济的空间。

我国房地产业融资过度依赖银行贷款。投资领域用于房地产开发的银行信贷逐年上升，根据中国人民银行统计，1997 年以来，房地产开发资金来源中银行贷款的比重高达 55% 以上。房地产开发资金的三大来源分别为房屋销售"定金和预收款"、开发企业自筹资金以及银行贷款，分别占全部资金来源的 43%、30% 和 18%。但实际上，考虑到房地产自筹资金主要来源于房屋销售收入，按首付 30% 计算，自筹资金中有 70% 来自购房者的银行按揭贷款；此外，"定金和预收款"中也有 30% 的资金来自银行贷款。房地产市场增加了银行行业集中的风险。

中国人民银行采取的限制各商业银行发放用于购买房地产的贷款数量等系列举措，旨在降低日益增加的房地产贷款风险。然而就房地产投资的资金渠道来讲，如果仅单纯地"节流"，而不注意"开源"的话，不利于房地产市场的持续健康发展。因此，无论是从维护经济稳定的宏观角度出发，还是从解决房地产开发商资金来源的微观角度出发，房地产投资信托基金在中国已具备较为巨大的市场潜力。

2. 相关税收政策不断完善

REITs 在国内已具备较大的市场需求。近年来，资产证券化及 REITs 受到国家主管部门、监管部门和市场的广泛关注。在广泛实践的基础上，国家进一步完善各项规章制度。"经过十几年的发展，资产证券化市场逐步形成为较为完善的顶层设计，国务院各部委发布的 20 余份制度规定涵盖监督、管理、托管、登记、交易结算、会计、

---

① 周以升，张志军，万华伟. CMBS——国际经验和中国实践［M］. 北京：中信出版集团，2017：28 - 29.

税收、信息披露等方面的内容，为市场向规范化、标准化运行做好了准备。①"

（1）与税收有关的问题

关于税收问题，2022 年有了新的进展。2022 年 1 月 29 日，财政部和国家税务总局联合发布《关于基础设施领域不动产投资信托基金（REITs）试点税收政策的公告》（以下简称"3 号公告"）②，明确了相关税收政策。基础设施 REITs 的生命周期包含设立前重组、设立、运营和分配等环节。从税务视角看，"在 3 号公告发布前，前两个环节的税负缺乏相关配套政策的支持，原始权益人面临较多的发行前税负成本，涉及企业所得税、增值税、土地增值税和契税等税种。例如，在 REITs 设立前的重组环节，在资产账面成本较低的情况下，资产重估过程会涉及较高税负，这是困扰企业发行公募 REITs 的重要原因。在设立环节，原始权益人必须持有 REITs 至少 20% 的份额，并未完全实现退出，如果对全部的资产增值额征税，就会增加原始权益人的税负，降低发行意愿。③"税收政策必须平衡 REITs 相关参与方的利益，使各方都有积极性参与。

（2）新的税收政策

总的来说，新的税收政策发挥了积极作用。REITs 税收新规实现了所得税递延，降低了原始权益人的税负，有利于提振 REITs 发起人的参与热情。3 号公告明确，原始权益人在向项目公司划转基础设施资产并相应取得项目公司股权时，适用特殊性税务处理，原始权益人和项目公司不确认所得，不征收企业所得税；原始权益人向基础设施 REITs 转让项目公司股权时，对于资产转让评估增值，允许企业所得税递延至 REITs 募资完成后再缴纳；对原始权益人按照战略配售要求自持的基础设施 REITs 份额对应的资产转让评估增值，允许递延至实际转让时缴纳企业所得税，原始权益人通过二级市场增持 REITs 份额时按照先进先出原则处理。

（3）所得税有进一步改善的空间

3 号公告体现了国家对公募 REITs 的大力支持，减轻了原始权益人在设立环节的税负压力，提高了原始权益人申报公募 REITs 的积极性，响应了投资者对更多基础设施资产上市的期待，对推动 REITs 市场的发展壮大具有重大而深远的意义。不过，3 号公告更多的是"提纲挈领"的原则政策，部分细则有待在实践中完善，包括如何定义"划转基础设施资产"以及 REITs 发行失败的税务处理等，均有待后续政策进一步明确。④

---

① 中央国债登记结算有限责任公司 . 资产证券化的理论与实践 ［M］. 北京：中国金融出版社，2020：184.

②③ 张继强，文晨昕 . 税收新政与公募 REITs 发展展望 ［J］. 债券，2022 – 04 – 18.

④ 根据公开资料整理，2022 – 03 – 07.

目前，我国基础设施公募REITs采取"公募基金＋ABS"的交易结构，专项计划从项目公司取得的收益、公募基金从专项计划取得的投资收益等均免征所得税，所得税的主要压力在项目公司方面。因而公募REITs的资产支持专项计划对项目公司普遍采用"股权投资＋债权投资"的形式，使得分配给专项计划的利息在计算项目公司应纳税所得额时予以扣除。①

3. 出台相应的保险资金投资不动产的法律文件

2006年，保监会发布《保险资金间接投资基础设施项目试点管理办法》，该办法对于提高保险资金运用水平和促进经济建设起到重要作用。鉴于房地产行业的高风险性，保险行业对于险资投资房地产一直处于谨慎探索阶段。随着保险公司治理结构的发展及风险管控能力的提高，险资投资房地产逐步提上议事日程。2008年《国务院办公厅关于当前金融促进经济发展的若干意见》也对相关问题进行了引导和鼓励。在法律制度方面，参考有关不动产法律，对于引入独立监督人，并对委托人、受托人、受益人和托管人以及参与投资计划的其他当事人的权利、义务做出具体的规定，确定投资计划中的投资份额和投资期限，详列投资范围等，确保法律制度完善，使险资投资风险可控。同时加强信息披露、风险管理和监督管理，使险资投资不动产的风险最小化。②

2016年9月，保监会修订发布了《保险资金间接投资基础设施项目管理办法》。按照国务院简政放权的要求，已逐步取消了保险资金投资基础设施项目相关当事人的业务资质审批、投资计划产品发行备案、保险机构投资事项审批等许可事项，原有办法有关条款进行相应调整。原办法规定的可投资基础设施领域较窄，仅限于交通、通信、能源、市政和环保五个行业，行业集中度较高，无法满足市场需要，有必要进行相应调整，进一步拓宽投资空间。同时新办法进一步强调风险管控机制。随着业务规模的扩大，基础设施项目投资后续的风险管理压力不断增大。保险机构在操作中逐步暴露出后续管理不到位等问题，需要根据业务实践，进一步强化风险管控，增加监管手段。③

4. 培养专业性的复合型人才

REITs基本上是权益类产品，而这类产品的收益率并不是固定的，取决于REITs管理团队的能力。鉴于REITs运作复杂、专业性强，需要有一个既懂房地产专业知识，又掌握投资银行业务和相关法律法规的人才团队，才能制定最优投资策

---

① 张继强，文晨昕. 税收新政与公募REITs发展展望［J］. 债券，2022－04－18.
② 根据公开资料整理，2022－02－20.
③ 根据公开资料整理，2016－07－03.

略，降低风险，提高收益，实现 REITs 的专业化管理。

5. 保持有效监管

有效监管会增加保险资金投资 REITs 的安全性。信息的公开化、透明化有利于保护投资者的利益，将对投资者决策发挥重要作用。将 REITs 的监管任务明确由银监会或保监会管辖，可以避免监管出现错位。

6. 立法问题提到日程

REITs 法规的建立需要理论和实践的长期历程。美国第一家 REITs 是艾森豪威尔总统时期创建的，在这个过程中涉及无数公司法和税法的修改。美国 REITs 发展过程中也促进这个行业内部的一系列改革，建立了完整的信息披露制度，市场透明度非常高。REITs 是上市企业，一方面要进行定期披露，另一方面必须制定自己的行业准则，包括先进的运营理念，以便更好地反映现金流的情况，这些使其资产相当公开透明。

为了推动 REITs 的发展，我国急需完善 REITs 相关立法。目前，国内有信托法、信托投资公司管理办法、信托公司基金信托管理暂行办法等相关条例，但是没有一个真正房地产投资信托基金法，对基金的资产结构、资产运用、收入来源、利润分配和税收政策等加以明确界定和严格限制。由于缺少统一的法律，致使国内的房地产投资基金大多处于较为散乱的发展阶段，缺乏统一的标准和经营守则。目前，最主要的工作是加速房地产投资信托基金的立法，促使投资于房地产的信托基金和专业房地产基金转变为比较规范的房地产信托投资基金。

三、基础设施信托投资基金

（一）基础设施信托投资基金的经济意义

1. 基础设施信托投资基金的定义

我国公开募集基础设施信托投资基金（以下简称"基础设施 REITs"）是指依法向社会投资者公开募集资金形成基金财产，通过基础设施资产支持证券等特殊目的载体持有基础设施项目，由基金管理人等主动管理运营上述基础设施项目，并将产生的绝大部分收益分配给投资者的标准化金融产品。按照规定，我国基础设施 REITs 在证券交易所上市交易。

基础设施资产支持证券是指依据《证券公司及基金管理公司子公司资产证券化业务管理规定》等有关规定，以基础设施项目产生的现金流为偿付来源，以基础设施资产支持专项计划为载体,向投资者发行的代表基础设施财产权益份额的有价证券。基础设施项目主要包括仓储物流,收费公路、机场港口等交通设施,水电气热等市政设施,污染治理、信息网络、产业园区等其他基础设施。

2. 基础设施 REITs 的近期发展

2020 年,国家重点推进基础设施资产证券化与公募 REITs 结合,推动基础设施领域的资产证券化,同时也带动公募 REITs 的发展。基础设施 REITs 也称为公募 REITs,其操作包括两个阶段:先做的是基础设施 ABS,再由公募基金发行 REITs 产品。底层资产是存量基础设施,银行解押后,由证券公司或基金子公司做成 ABS。另一个参与方是公募基金,目前要求双方是一个控制人。从投资的角度看,基础设施 REITs 有以下特点:一是 80% 以上基金资产投资于基础设施资产支持证券,并持有其全部份额;基金通过基础设施资产支持证券获得基础设施项目公司收益权;二是基金通过资产支持证券和项目公司等特殊目的载体取得基础设施项目完全所有权或经营权利;三是基金管理人主动运营管理基础设施项目,以获取基础设施项目租金、收费等稳定现金流为主要目的;四是采取封闭式运作,收益分配比例不低于合并后基金年度可供分配金额的 90%。

3. 基础设施 REITs 的意义

基础设施是国际 REITs 通行的配置资产,基础设施 REITs 具有流动性较高、收益相对稳定、安全性较强等特点,能有效盘活存量资产,填补当前金融产品空白,拓宽社会资本投资渠道。短期看有利于广泛筹集项目资本金,降低债务风险,是稳投资、补短板的有效政策工具;长期看有利于完善储蓄转化投资机制,降低实体经济杠杆,推动基础设施投融资市场化、规范化健康发展。

4. 基础设施 REITs 架构特点

基础设施公募 REITs 现金流的测算相对复杂,主要因为基础设施公募 REITs 的交易结构涉及层级较多,并且其现金流主要由市场化运营产生。现金流的分配测算需同时满足法规限制及投资者对于分红的要求。例如,在进行基础设施项目层面的股东分红时,需同时考虑可供分配现金流及留存收益的双重限制,因此账上现金无法通过分红全部分出,需另外考虑较为灵活的股东贷款还款机制以实现最大分配效率。

作为新型权益类产品,基础设施公募 REITs 要求所持有的基础设施项目现金流应当主要由市场化运营产生,其投资风险主要由投资者承担,因此产品收益率将是投资者最关心的指标之一。完善的现金流测算既能满足产品发行监管的需要,又能协助投资者对未来的投资回报进行分析。

与一般房地产项目不同,特许经营权类基础设施项目,尤其是市场化运营项目的未来收入无法完全通过合同的形式锁定。其中，单价一般会在特许经营权合同中约定或受到地方定价法规的限制，同时会制定调价机制；产出数量则与使用者的使用量挂钩，如高速公路的收入取决于通行量的多少，而污水处理厂的收入取决于污水处理量的大小。在这种情况下，对现金流进行合理的预测需要较高的专业水平及一定的行业经验。

值得注意的是，在现金流分配测算中，基金可供分配金额将是其重要的财务指标。在相关现金流的测算的基础上，可以通过管理人的努力，使 REITs 产品在合规的前提下，优化交易结构，控制成本，提高基金未来可供分配金额和投资者回报率。基金管理人也可以根据现金流测算的结果设计和优化发行方案，以便提高交易层级间的分配效率并降低税负。

5. 国家明确提出推动基础设施 REITs 的支持政策

2020 年以前，国家层面对于推动基础设施 REITs 的意义和安排已经达到共识。为贯彻落实党中央、国务院关于防风险、去杠杆、稳投资、补短板的决策部署，积极支持国家重大战略实施，深化金融供给侧结构性改革，强化资本市场服务实体经济能力，进一步创新投融资机制，有效盘活存量资产，促进基础设施高质量发展，监管部门就推进基础设施领域不动产投资信托基金试点工作，在反复协商研究的基础上做出了安排。2020 年中国证监会、国家发展改革委《关于推进基础设施领域不动产投资信托基金（REITs）试点相关工作的通知》发布后，根据行业的发展，国家发展改革委及证监会又分别推出了《关于做好基础设施领域不动产投资信托基金试点项目申报工作的通知》及《关于进一步做好基础设施领域不动产投资信托基金（REITs）试点工作的通知》，不断完善基础设施公募 REITs 试点的相关要求和政策。[①]

6. 国家发展改革委推进基础设施 REITs 试点的基本原则

（1）符合国家政策，聚焦优质资产

推动国家重大战略实施，服务实体经济；支持重点领域并符合国家政策导向、社会效益良好、投资收益率稳定且运营管理水平较好的项目开展基础设施 REITs 试点。

（2）遵循市场原则，坚持权益导向

结合投融资双方需求，按照市场化原则推进基础设施 REITs，依托基础设施项目持续、稳定的收益，通过 REITs 实现权益份额公开上市交易。

（3）创新规范并举，提升运营能力

加强对基础设施资产持续运营能力、管理水平的考核、监督，充分发挥管理人

---

① 国开证券，2021 – 09 – 24.

的专业管理职能，确保基础设施项目持续健康运营，努力提升运营效率和服务质量，推动基础设施投融资机制和运营管理模式创新。

（4）规则先行，稳妥开展试点

借鉴成熟国际经验，在现行法律法规框架下，在重点领域以个案方式先行开展基础设施 REITs 试点，稳妥起步，及时总结试点经验，优化工作流程，适时稳步推广。

（5）强化机构主体责任，推动归位尽责

明确管理人、托管人及相关中介机构的职责边界，加强监督管理，严格落实诚实守信、勤勉尽责义务，推动相关参与主体归位尽责。

（6）完善相关政策，有效防控风险

健全法律制度保障与相关配套政策，把握好基础资产质量，夯实业务基础，有效防范市场风险；借鉴境外成熟市场标准，系统构建基础设施 REITs 审核、监督、管理制度，推动制度化、规范化发展。

（二）基础设施 REITs 交易结构

当前主流的基础设施公募 REITs 的交易结构涉及四个层面的主体，分别是项目公司层面、基金等 SPV 层面、资产支持专项计划层面、公募基金层面。各层面的现金流分配见图 21 – 11（已发行的九单产品均无私募基金这一层，且证监会也已明确取消私募基金参与基础设施 REITs）。

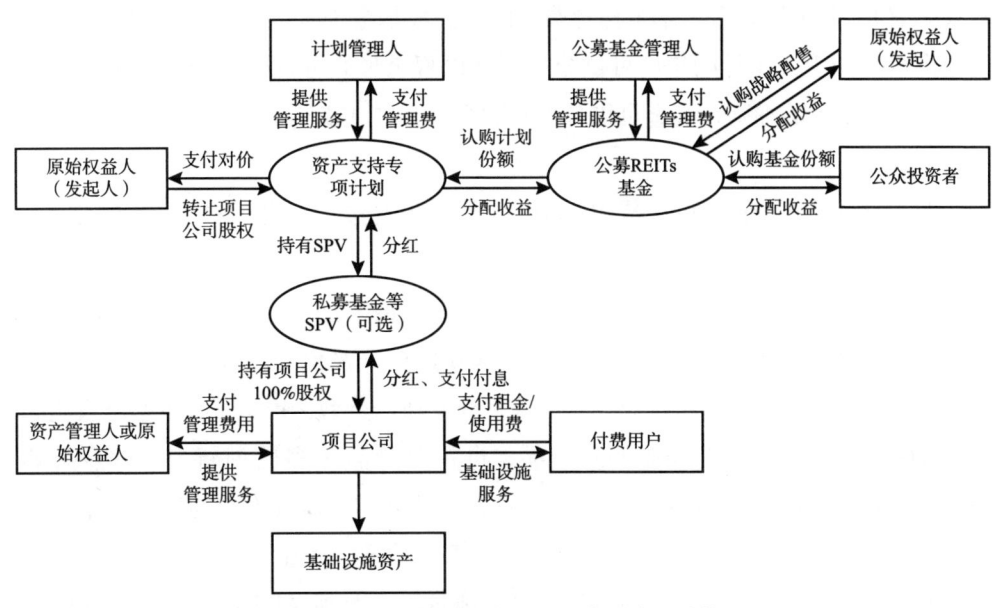

图 21 – 11 基础设施 REITs 典型产品结构

资料来源：国开证券．安永：基础设施公募 REITs 的实操性分析 ［Z/OL］. （2021 – 05 – 21）［2022 – 02 – 20］. https：//www. sohu. com/a/459276647_676545.

1. 项目公司层面

参考国内类 REITs 项目及海外公募 REITs 项目，现金流测算口径通常为经营性现金流扣除资本性支出，其中经营性现金流等于净利润加上非付现成本，再扣除营运资本变动（如有）。此现金流测算口径与海外基础设施项目常用的调整后营运现金流（adjusted funds from operations，AFFO）指标较为接近。

2. 私募基金（SPV）层面

考虑到私募基金持有基础设施项目的股权且多向基础设施项目提供股东贷款，私募基金层面的现金流入通常为基础设施项目的分红、股东贷款本金及利息偿还，而私募基金层面的现金流出则为股东贷款利息增值税及附加税（如有）、基金管理费、基金托管费、基金税费及私募基金份额的收益分配。

3. 资产支持专项计划层面

资产支持专项计划的现金流入为私募基金份额的收益分配，现金流出为税费（如有）、计划管理费、计划托管费，以及专项计划投资者的收益分配。考虑到 80% 以上的公募基金资产持有单一基础设施资产支持专项计划全部份额，专项计划可能采用整体设计，而不再区分优先级和次级投资者。

4. 公募基金层面

公募基金层面的现金流入为资产支持专项计划投资者收益分配，现金流出为税费（如有）、基金管理费、基金托管费，以及公募基金投资者的收益分配。公募基金应将 90% 以上经审计的年度可供分配利润以现金形式分配给投资者。根据监管机构下一步出台的细则，基金可供分配利润金额会进一步清晰。

四、上海证券交易所私募 REITs 和国家开发银行公租房 REITs 的创新

上海证券交易所积极探索实践，初步构建了类型丰富、运行稳健的私募 REITs 市场。截至 2020 年底，上海证券交易所私募 REITs 产品已经覆盖高速公路、仓储物流、产业园区、租赁住房、商业物业等多种不动产类型；推出了首单基础设施私募 REITs，引领了境内市场储架式产品、可扩募产品等多轮创新，为试点公募 REITs 积累了丰富的实践经验（见图 21-12）。此外，上海证券交易所基金市场规模占比超过交易所市场的 70%，品种覆盖股票、债券、黄金、货币等多种资产类别，连接场内、场外，跨越境内、境外。上海证券交易所 ABS 资产类型覆盖应收账款、融资租赁、消费金融、基础设施等全部大类基础资产，发行规模超过 3 万亿

元，市场规模约占交易所市场的70%。①

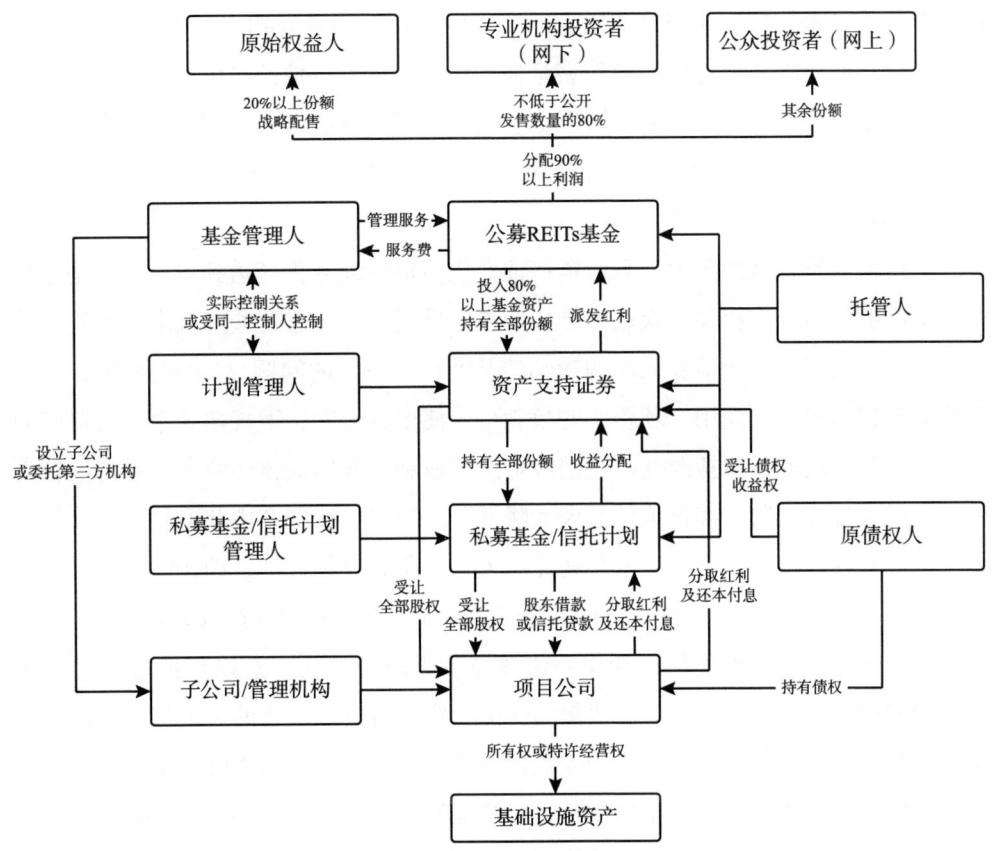

图 21-12 REITs"公募基金+资产支持计划"交易结构

资料来源：林华. 中国 REITs 操作手册［M］. 北京：中信集团出版社，2021：5.

此外，2021 年 8 月 18 日，由国家开发银行及北京金融控股集团作为总协调人，北京市保障性住房建设投资中心作为原始权益人，国开证券作为计划管理人的"国开—北京保障房中心公租房资产支持专项计划"也为国内 REITs 市场新增了公租房类基础资产，其商业模式也有所创新。

小　　结

前面我们曾经对债务的法律、经济、公司治理和金融逻辑进行了分析。本章介

---

① 根据公开资料整理，2021-01-29.

绍的资产证券化，与其他种类债券的性质不完全相同，主要取决于基础资产的性质和特点。从本质上来说，资产证券化包含资产受益权的重新安排和负债合约标准化的结合。前者是信托法律安排，后者相当于标准化的债务合约。对于投资人来说，资产证券化的风险要通过资产负债表延伸到负债，影响负债的结构。资产负债表的左端有现金、流动性资产和固定资产，它们产生现金流的方式不同，而整个资产又与负债相关。资产和负债之间主要是时间期限（久期）的匹配问题。这些都和证券化基础资产的风险有密切关系。

从负债端投资者的角度来看，资产证券化使负债证券化穿透到资产，但是这样一来资产的复杂所有权关系就成为重要因素。投资者要注意这些产权之间的复杂关系。有关产权因素对于债券风险的影响涉及产权经济学的问题。"我们要区分三种类型的产权：第一，使用一项资产的权利——使用者权利，即规定某个人对资产的潜在使用是合法的，包括改变甚或销毁资产的权利。我们应该注意，如果价值较高的使用权被排除，则资产价值就被大大降低了。第二，从资产中获取收入以及与其他人订立契约的权利。第三，永久转让有关资产所有权的权利，即让渡或卖出一种资产。①" 这三种不同类型的产权对于理解资产证券化的底层资产都非常重要。

资产证券化区别于负债证券化。债券是债务的证券化，它以负债端的另一部分，即权益为安全垫，以资产的回报为保障。资产端资产回报的风险都会传递到负债端。而资产证券化产品投资者的收益则直接取决于资产未来能够产生的现金流。

对资本类资产进行低成本估值，是资产证券化的一项重要功能。"证券化市场能够大力发展的一项重要保障就是能够以较低成本对资本类资产进行估价。一只证券的合理价格是什么？资本资产的价值（比如说一只股票）应该等于所有属于其未来的现金流以特定的比例折价后的现值，也就是说，未来的支付要比现在的支付价值更低，不确定支付价值要比确定的支付价值低。②" 证券化的资产可以更好地体现货币的时间价值，随着未来资本类资产存量的增加，资产证券化将发挥更大的作用。

发展 REITs，首要任务就是完善 REITs 的运行制度和法律环境。委托理论认为一方面委托行为给委托人带来了专业化分工的好处，另一方面也产生了表现为信息不对称的代理问题。要解决委托—代理风险问题可以采取以下原则：第一，委托人要实现自身利益最大化，必须向代理人授予权利，而且授予代理人的权利必须是适度的、有保留的；第二，委托人要实现自身利益最大化，必须对被授予权力的代理人

① 思拉恩·埃格特森. 经济行为与制度 [M]. 吴经邦，等，译. 北京：商务印书馆，2004：36.

② 杰拉尔德·戴维斯. 金融改变一个国家 [M]. 李建军，汪川，译. 北京：机械工业出版社，2011：35.

进行监督和约束；第三，委托人要实现自身利益最大化，对被授予权利的代理人必须进行激励。在上述三原则的基础上可以建立有效的激励监督约束机制和基金治理结构。委托人可能由于缺乏专业知识，难以进行有效的监督，因此有必要设立独立董事从中立角度作出判断，以便减少信托受益人（如保险公司）受到的损失，保证其合理收益。

第二十二章 债券衍生产品市场

衍生产品（derivative）是一种金融工具，其价值来自其他基础资产和基础证券的价值，是派生出来的，因此称为衍生产品。衍生产品的基础资产为证券类产品、商品类产品或指数类产品，包括债券、股票、债券指数、股票指数、货币、利率、贵金属、农产品、石油等。衍生产品本质上是一种索取权，其价值取决于基础资产。一方面，衍生产品的出现反映了"交换和博弈"这一人类行动的基本范式的不断演化，另一方面反映了金融作为以货币和交换为基础的市场形式的进一步深化。正如合同是信息不对称和未来不确定性的事先制度安排一样，衍生产品是金融市场不够有效和完善的体现。"在有效和完善的金融市场中，衍生证券是多余的，因为在这种环境下，一种衍生证券的投资回报和现金流可以通过动态的对冲策略得到完全的替代。例如，股票期权的结果可以由一个像包括政府发行的短期票据和作为该期权载体的股票这样的动态策略来替代。①"

第一节 国债期货

一、国债期货市场的历史

（一）大宗商品市场不确定性催生商品期货市场的出现

国债期货是在商品期货市场发展的基础上产生的。期货是远期合同的标准化，远期交易在欧洲中世纪就已经出现了。13 世纪，比利时商人之间已经有了期货交易的萌芽。1697 年，日本出现了稻谷市场的期货交易。现代意义上的期货交易是从 1848 年美国芝加哥谷物交易所成立时开始的。谷物交易所成立时采取远期合约的方式进行交易，但是由于远期合约对于商品的质量和货物交收期未规定统一的标准，合约双方之间常常发生法律纠纷。为了规范远期交易，1865 年芝加哥交易所

---

① 迈哈伊·马图. 结构化衍生工具手册 [M]. 林涛，等译. 北京：经济科学出版社，2000.

推出了期货合约的标准化协议。新的合约对于指定交收对象物，即谷物的数量、质量、交收时间、交收地点等方面都有统一的规定。次年，芝加哥谷物交易所又推出了保证金制度，以防止违约现象的发生并以保证金补偿违约损失。

（二）汇率危机催生金融期货

金融期货最早出现在美国。20世纪70年代以后，沿着金融革命的方向，外汇、利率、股票等金融期货开始出现。1947年7月，根据联合国货币基金会议决定建立国际货币体系和以美元为中心的固定汇率制。20世纪60～70年代，美国实力相对减弱，日本、德国等主要资本主义国家经济实力逐渐增强，日元、马克坚挺，美元贬值，固定汇率体系开始崩溃。从1973年3月开始，西方国家开始实行新的浮动汇率制。浮动汇率可以使各国货币的比价适时调整，反映其真实价值，有利于生产企业和国际贸易企业调整业务；但是也增加了汇率的不稳定，影响生产企业及外贸企业的生产和进出口计划。而金融企业的金融结算和外汇买卖也需要有对冲汇率风险的工具。1976年，芝加哥商品交易所首先推出了美国政府短期国库券的期货交易品种。[①]

二、20世纪90年代的国债期货市场

（一）1993～1995年国债期货市场产生的背景

1991年财政部采取了承购包销的发行方式，与证券承销机构在平等、自愿、互利的基础上签订承购包销合同，迈开了财政部作为市场主体，而不是行政主体发行国债的重要一步。在以后几年的实践中，这一新的发行方式不断巩固和完善。1993年财政部建立了国债一级自营商制度，借鉴世界各国的通行做法，在国债一级市场结构中发展了一批稳定的市场承销机构，协助财政部完成国债发行计划。财政部同时赋予一级自营商在二市场上承担做市义务，以活跃国债交易，促进国债二级市场的发展。[②]

1992年10月，为了活跃国债二级市场，财政部和上海证券交易所决定进行国债期货的试点。当时正在推动国债市场化改革的财政部国债司与参与国债二级市场无纸化交易和二级市场改革的上海证券交易所领导商量推出国债期货试点的具体想法。"上海交易所领导层在10月商量完了以后，就派员到香港去学习债券期货，3

---

① 高坚. 中国债券资本市场［M］. 北京：经济科学出版社，1997：154.

② 高坚. 中国国债市场发展的道路［M］. 北京：中共中央党校出版社，1995：101.

个月以后回来，就开始筹备国债期货交易。到 1992 年 12 月 22 日，上交所设计并试行推出了 12 个品种的国债期货合约，并正式下发了《上海证券交易所国债期货业务交易试行细则》。新中国第一个金融衍生产品就此诞生。[1]" 当时国债期货交易主要是为活跃国债的现货市场。国债期货合约开始在上海证券交易所进行交易的初期只是在一定范围内试点，允许期货交易只在交易所会员机构之间进行。第一批参加交易的是经批准的 20 家会员公司。[2] 由于范围小，投资人不熟悉这种新的交易品种和交易方式，试点期间交易不够活跃。"在国债期货交易刚刚开办时，投资者对其功能、作用、市场操作等不能认识和接受，交易极为清淡。在这种情况下，提高国债期货市场的成交量，增强投资者对期货交易的兴趣和关注就成为市场组织者的主要任务。[3]" 但是财政部推动国债期货市场不仅仅是为了活跃市场，主要希望国债期货能够加速国债发行市场的改革，同时为广大投资者套期保值和风险管理提供有用的工具。[4]

1993 年 10 月 25 日，上海证券交易所对国债期货合约品种、交易运作机制等重新做了改进，并正式向社会推出。尤其是对个人投资者开放（当时保证金的规定采取差别化的办法，会员机构投资者按照每口 200 元交付，非会员客户投资者按每口 500 元交付）。[5] 这次推出的交易规则对原来的规定作了不少修改：一是标准合约的规模缩小。原来规定每口合约的标的是 20 万元，新规则减少到 2 万元，使投资者进入期货市场的门槛降低。二是交割由现金交收改为实物交收。实物交收比现金交收风险小，同时持有国债券还能在到期兑付时获得固定收益，增加了投资人的安全感。三是扩大了市场参与人的范围。原来只对机构投资人，新规定允许个人投资人参与国债期货市场，使期货品种成交的可能性加大。四是调整了保证金比例，规定客户只需要交 500 元保证金就可以做 2 万元面值的国债期货，保证金比例为 2.5%。五是降低了国债期货交易的收费标准，调动了机构和个人投资国债期货的积极性。[6] 这些规定对于促进期货市场发展是积极的，但是当时没有合格投资者制度，使大量非专业的个人投资者进入了国债期货市场。

在新的规则下，各个证券和商品交易所为了活跃交易量，有内在的动力推动和开展国债期货市场的交易业务。因此，除了进行试点的上海证券交易所以外，深圳

---

① 陆一. 无常的博弈——327 国债期货事件始末 [M]. 上海：上海三联书店，2020：33.
② 高坚. 中国国债市场发展的道路 [M]. 北京：中共中央党校出版社，1995：101.
③ 郑文. 中国国债期货市场套期保值功能评价 [C]//高坚. 中国国债市场化进程研究. 上海：上海社会科学出版社，1997：108.
④ 高坚. 中国国债市场发展的道路 [M]. 北京：中共中央党校出版社，1995：104 – 105.
⑤ 高坚. 中国国债市场发展的道路 [M]. 北京：中共中央党校出版社，1995：102.
⑥ 高坚. 中国国债——国债的理论与实务 [M]. 北京：经济科学出版社，1995：155 – 156.

交易所和武汉证券交易中心、天津证券交易中心以及若干家商品期货交易所也先后推出了国债期货交易业务。1994～1995年春天，国债期货市场十分活跃。国债期货的交易场所也扩大到其他交易场所，如商品期货交易所、各地证券交易中心，等等。此后，上海证券交易所的国债期货市场发展较快。到1995年初，国债期货成交额已经占到上海证券市场全部成交额的64%。[①]

（二）国债期货市场的监督管理

直到1995年以前，国债期货市场的管理由财政部、交易所所在市政府和交易所自律管理三者结合。1995年以前中国证监会还未成立。随着国债期货交易规模的扩大和参与者的增加，各个交易场所开始注重国债期货交易的管理，尤其是市场风险的控制。在整个证券市场监管框架尚未成熟以前，国债期货市场制度不完善，缺少统一监管。

1. 国债期货事件以前的市场监管

国债期货市场早期主要由交易所自律管理。从1994年开始，各个交易所逐步重视风险管理机制的建设和完善，但是措施差别较大。开展国债期货交易的主要交易市场普遍对初始保证金、追加保证金、持仓数量、自营与代理账户及资金的分管、价格波动、大户交易等内容作出了具体规定。

1993～1995年财政部重点是管理国债现货市场的发行、流通转让和兑付，上交所和深交所分别由上海市和深圳市政府管理，但是交易所关于国债期货的管理办法也在财政部备案。财政部对国债期货市场的管理主要针对规范国债二级市场的现货市场。

2. 证监会和财政部共同监管

1995年国家证券监督管理委员会成立，与财政部共同明确了对国债期货市场的监督管理。1995年2月，国家证券委和财政部颁布《国债期货交易管理暂行办法》。这个办法第五条明确中国证券监督管理委员会（简称"中国证监会"）是国债期货交易的主管机构。中国证监会会同财政部依据法律、行政法规对全国国债期货市场实施监督管理。该办法第十一条规定，国债期货交易场所不得设立分支交易场所；第二十条规定，国债期货交易场所向会员收取的交易保证金不得低于交易金额的10%。进入交割月后，应将保证金比率提高到20%以上。在最后交易日的第三个营业日，空方应交纳价值不低于其空头净持仓额85%的国债券，多方应

---

① 高坚. 中国国债市场发展的道路［M］. 北京：中共中央党校出版社，1995：102.

交纳不低于其多头净持仓额 85% 的现金。第二十一条规定，国债期货交易场所的结算机构应对会员的国债期货交易实行每日结算制度，并承担交易履约的责任和风险，保证期货合约的履行。当日成交合约的结算和资金划转必须在下一个交易日开市前完成，并将结算情况通知会员。会员保证金不足时，国债期货交易场所应当要求其及时补足保证金，否则有权将其所持合约强行平仓，由此造成的损失由会员负责。

（三）国债期货事件及其经验教训

1994 年以后，国债期货表现出明显的投机性。由于国债基础债券保值贴补的争议，引发了国债期货市场多空之间的严重对峙。1995 年 3 月，当国务院对期货基础国库券保值贴补政策明确后，市场多空双方博弈达到了白热化程度，终于爆发了金融史上影响深远的"327"国债期货事件。1995 年的"327"期国债期货事件使期货市场受到沉重的打击。1995 年 5 月国务院决定关闭国债期货市场。[①]

1992～1995 年的国债期货市场是金融市场和国债市场发展的一次探索。国债期货市场在发展过程中也和金融市场其他产品一样，必然经历与其他金融领域的逐渐适应、投资者和市场参与人不断学习、监管不断适应市场的发展等过程。这一期间国债期货市场产生的经验和教训，如缺少市场化的基础债券，缺少必要的市场参与人的自律和风险管理办法，缺少对于套期保值功能的有效推动，缺少对于市场的有效监管，等等，为以后国债期货市场重新开放和整个金融市场的发展提供了有益的参考。

回忆链接 ●●●

1995 年上半年出现了国债期货事件。国债期货市场也是国债市场化改革的一部分，当时希望引进衍生产品以活跃国债的二级市场。大家对于 1995 年的国债期货事件背景不完全了解，这就要回到 1992 年。1992 年国债发行不顺畅，当时上交所的副总刘波到北京来商量怎么样把二级市场活跃起来，交易所希望发挥更大的作用。谈话中说到可以引进国债期货，推动二级市场，我说那就上交所先做个试点。刘波说我们现在就着手做，先派一部分人到香港学习去。这件事落实得很快，1992 年上交所派人到香港学习，1993 年国债期货就开始做起来了。一开始是卖给机构不卖给个人，逐渐包括深交所、期交所等各个交易中心都参与了。刚开始期货也跟股票

---

① 高坚. 国债市场 ［M］. 北京：经济科学出版社，1997：154 - 155.

似的，大家都不知道，也没人做。后来交易所普遍放宽了交易门槛，逐渐参与的人就多了，市场迅速活跃起来。期货市场活跃确实促进了国债二级市场。实践证明，期货市场活跃推动现货市场的发展，要把国债期货市场的建立和国债期货事件区别开。

期货事件是由保值贴补的解释引起的，就是国库券的保值贴补和人民银行的保值贴补有一个时间差，因为国库券的期限和保值贴补的期限不完全一样。但是市场上两大阵营在赌财政部补还是不补这个时间差，赌不补的在市场中做空，以上海的证券机构为主；赌会补的在市场中做多，以中经开和一些散户为主。这样两大阵营对于期货价格的理解和定价就有很大不同。其实财政部很希望尽早把这件事定下来，让市场尽早消化，但是部领导老出差，就等到第二年。第二年春节后我们商量了一个意见，因为财政部当时想国库券期货和现货有关系，如果对于已经发行的债券的时间差部分实行贴补，对财政部一级市场新发行有利。很多人不理解国债为什么免税，其实是为了增加国债的吸引力。当时国债发行困难，国库券免税和其他优惠实际上都是为了推销国库券。现在看很多措施都没有必要了，但在当时很有必要。那次我们研究关于对于时间差部分实行保值贴补意见以后，市场也没什么波动。

1995 年 2 月 17 日，部领导和人民银行、证券委、国务院秘书局等通报了财政部的初步意见。各个部门都同意财政部的意见，并决定下一周的周二向国务院领导汇报。当时参加国务院汇报的有财政部的主要领导，汇报的内容主要是下一期国债的发行问题，同时也汇报了关于期货的意见。

1995 年 2 月 22 日中午，我和许毅老师吃中饭时，接到电话说金部长要开会，我立即赶回到金部长办公室。金部长在会上主要传达了下一期国债发行的方案，这是经国务院同意的财政部制订的发行方案。同时，国债保值贴补的事情也确定下来，我们就在他的办公室起草下一期国债的发行办法。直到下午 4 点时回到我的办公室，这时接到电话说市场已经传言国债保值贴补的说法。第二天出现了所谓国债期货的事件。当时做空的万国证券买入 1700 万手，超过了最大限额 300 万手。

后来有人从阴谋论出发，认为是部门和市场勾结，这种说法没有找到事实根据。从财政部的角度看，这个事件也不是定价本身的问题，而是一个操作的问题，因为当时大家都是在赌，必然有一方损失。财政部当时负责的只是国债一级市场，期货市场属于二级市场，由财政部和证券委共同管理。而补贴是一级市场的问题。如果补了，做空的就吃亏了，不补做多的就吃亏了，这是个零和游戏。有人赚了，也有人就赔了，在任何一个市场都会有这个问题。期货事件的最终解决办法是将国债期货市场关闭了。期货事件可以总结的问题很多，2013 年重新开启国债期货市场时，大家又讨论这个问题，说 1995 年时条件不成熟，现在成熟了。其实那时候继续做下去也并非不可以。2015 年股市风波，期货市场仍然暴露了监管的问题。

（资料来源：高坚．我所经历的中国债券资本市场的历史（上）［N］．金融时报，2017 – 08 – 30．略有修改．）

◇◇

三、国债期货合约

（一）20 世纪 90 年代的国债期货合约

国债期货合约是按照标准规格设计的，买卖双方约定以既定价格和时间进行交收的国债买卖协议。上交所 1994 年关于国债期货的构成要素见表 22 – 1。

表 22 – 1　　　　　　　　上海证券交易所 1994 年国债期货构成要素

合约要素	上海证券交易所规定
交易标的	每口合约面值：20000 元
最低价格变动单位	0.01 元
涨跌停板	上海证券交易所规定 ±2 元为上限和下限
交易场所	上海证券交易所
交收地点	上海证券中央交易结算公司
最后交易日	该交收月份的最后营业日，若该交收月份遇同品种现货到期，则自然转到该交收月份第二周的周五
交易所月份	3 月、6 月、9 月、12 月
最后交收日	最后交易日的第四个营业日
履约保证金	期货经纪商——上交所：200 元/口 客户交给证券商：500 元/口

资料来源：谢百三．中国市场上的国债股票和美元［M］．北京：中国物价出版社，1995：29．

（二）1993 ~ 1995 年国债期货市场的交易品种

这一期间，北京、深圳、广州、四川、海南商品交易所与证券交易所都对应不同基础债券的交易日推出了相应的国债期货合约。上交所是国债期货市场的试点单位，其 1995 年和 1996 年交收的国债期货标准合约品种见表 22 – 2。

表22-2 　　　　上海证券交易所1995～1996年交收的国债期货标准合约品种

品种代号	代码	基础国债券和交收月份
F92506	310317	1992年5年期国债6月交收
F92509	310318	1992年5年期国债9月交收
F92512	310319	1992年5年期国债12月交收
F92503	310311	1992年5年期国债1996年3月交收
F92303	310326	1992年3年期国债3月交收
F92306	310327	1992年3年期国债3月交收
F93303	310336	1993年3年期国债3月交收
F93306	310337	1993年3年期国债6月交收
F93309	310338	1993年3年期国债9月交收
F93312	310339	1993年3年期国债12月交收
F93503	310351	1993年3年期国债1996年3月交收
F94203	310346	1994年2年期国债3月交收
F94206	310347	1994年2年期国债6月交收
F94209	310348	1994年2年期国债1995年12月交收
F94212	310349	1994年2年期国债6月交收
F94203	310341	1994年2年期国债1996年3月交收

资料来源：谢百三. 中国市场上的国债股票和美元［M］. 北京：中国物价出版社，1995：31.

（三）国债期货交易的结算

根据《上海证券交易所国债期货业务试行细则》和1994年2年期国债分别以3月、6月、9月、12月为其交收月份的规定，共有18种国债期货挂牌交易品种。每一国债期货合约的标的为20000元面值的国债。由于国债期货合约买卖的申报是按照每百元国债期货市价报价，因此，每一国债期货合约的价值也就等于每百元国债期货市价乘以200。根据期货交易的原理，买卖双方交易的只是统一的标准化的合约。客户在最初买入或卖出期货合约（开仓）时，并没有真正实现钱款和货物的所有权转移，他们只需要缴纳一笔数额较小的保证金作为交易过程履行合约的信用保证，而其真正的盈亏，要在客户反向卖出或买入同样数量的同种合约，从而对冲其原有交易仓位（平仓）时才能体现。国债期货合约的买方也可以持有合约等到合约期满，实现钱款和基础国债券的最后交收。这时要进行基础国库券的交割，相当于国债券的现货买卖。

期货买卖账户内必须明确记载并保留与开仓有关的信息，包括国债期货品种（交收月份）、开仓日期、数量、价格和交易中的位置，即是买方还是卖方。这些数据对于每日计算浮动盈亏者是必要的。对于平仓合约，上海证券交易所采取的是

"先开先平"的方法。例如，如果客户于某日买入代码为 301 的国债期货合约 2 口，价格为 118 元（按照每百元面值国债市场报价），若干天后又以 119 元买入 3 口 301，再过若干天后卖出 301，则最初处于买方的开仓价为 118 元 2 口 301 和 1 口 119 元买入的 301 与价格 120 元的 3 口卖出 301 构成平仓。这样买卖盈亏只有在平仓的情况下才能实现。买卖盈亏按照如下公式计算（按照每百元国债期货市场报价）[①]：

$$买卖盈亏 = （卖出价 - 买入价）\times 单位系数 \times 平仓合约数 \qquad (22-1)$$

其中单位系数为 200，浮动盈亏源于持仓合约包含的市场价格风险。交易所必须每天对持仓合约按照市价计算每日浮动盈亏。当市场价格朝向对开仓价格不利的方向发展时，则意味着该客户的持仓合约出现了一种浮动亏损，从而要求客户追加保证金以弥补浮动亏损，以便维持原有的交易头寸（position）。相反，当市场价格朝向有利方向发展时，所产生的浮动盈余就划转给该客户。上海证券交易所当时采取国债期货合约的加权平均成交价格，称为当日结算价。只要有持仓合约，不管该客户当天是否参与交易，每天都必须计算其持仓合约的浮动盈亏。客户的持仓合约平仓后，其原来交付（或收入）的浮动盈亏部分将转为收入或退回。

客户在开仓时，必须每一口合约缴纳 500 元保证金，称为"初始保证金"，如果因为浮动亏损使保证金低于每口合约 300 元时，证券期货商会向客户追收 500 元，如追收失败，证券期货商有权强行平仓。如果客户将合约平仓，初始保证金将退还该客户，同时计算平仓买卖盈亏。[②]

四、2013 年以后的国债期货市场

（一）2013 年以后国债期货市场的演变

国债期货市场自 2013 年重启以来发展很快，已经发展形成了包括 2 年、5 年和 10 年三个期限产品的市场，在提升国债流动性及完善收益率曲线方面发挥了积极的作用。2013 年 9 月，中国金融期货交易所正式上市国债期货，并先后推出了 5 年期和 10 年期国债期货两个中长期品种。2018 年 8 月，又新增了 2 年期国债期货交易。之后市场运行平稳，基本实现了国债期货市场价格发现和风险对冲的发展初衷。目前 2 年期国债期货以面值 200 万元人民币、票面利率为 3% 的名义中短期国

---

① 谢百三. 中国市场上的国债股票和美元 [M]. 北京：中国物价出版社，1995：32-33.
② 谢百三. 中国市场上的国债股票和美元 [M]. 北京：中国物价出版社，1995：33.

债为合约标的^①，以合约到期月份日剩余期限为 1.5～2.25 年的记账式附息国债为可交割国债的期货合约；5 年期国债期货以面值 100 万元人民币、票面利率为 3% 的名义中期国债为合约标的，以合约到期月份日剩余期限为 4～5.25 年的记账式附息国债为可交割国债的期货合约；10 年期国债期货以面值 100 万元人民币、票面利率为 3% 的名义长期国债为合约标的，以合约到期月份日剩余期限不低于 6.5 年的记账式附息国债为可交割国债的期货合约。^②

国债期货的最新进展是自 2020 年 4 月起允许银行进入市场，后续市场可能会有比较大的发展。自 2020 年 4 月 10 日起，商业银行可正式以非期货公司会员身份参与国债期货交易，首批入市的试点机构为中国工商银行、中国农业银行、中国银行、中国建设银行和交通银行。这也标志着我国国债期货市场的发展迈上新台阶。此外，2020 年市场还试点推出了挂钩 LPR 的利率期权，这是利率衍生品市场的新产品和市场工具。

（二）国债期货合约

中国金融期货交易所（简称"中金所"）将 5 年期和 10 年期列为国债期货品种。每个品种有三个季月（3 月、6 月、9 月、12 月中最近的三个），形成当季、下季和远季合约。国债期货合约的名称＝"产品代码＋交割年份＋交割月份"。^③

1. 作为国债期货合约标的物的可交割国债

可交割国债作为国债期货合约的标的物有两个条件：期限范围和托管时间。

（1）期限范围

2013 年，5 年期国债在中金所上市时，可交割国债的剩余期限范围是 4～7 年。为了协调 10 年期两个品种可交割国债的剩余期限，2015 年 3 月 10 年期国债上市前，中金所决定自 2015 年 12 月起将合约 TF1512 5 年期可交割国债剩余期限范围调整为 4～5.25 年。

（2）托管时间

根据财政部《国债跨市场转托管业务管理办法》（2003 年）第十三条的规定：国债发行期结束后可以进行转托管；到期或付息日前 10 个工作日暂停转托管；付息日后的第一个工作日恢复转托管。因此，从交割月首日到最后交割日后 11 个工作日内付息的国债不纳入国债期货可交割债券。

---

① 根据公开资料整理，2022－01－06.

② 国开证券，2021－09－24.

③ 戎志平. 国债期货交易实务［M］. 北京：中国财政经济出版社，2017：4.

为了避免转托管对于交割债券的影响，自 2015 年 5 月起，财政部的 5 年期和 10 年期国债均改为非季月发行，以便避开转托管时间的限制。[1]

2. 转换因子

国债期货标的物包括一篮子国债，期限不同，需要通过转换因子进行调整。各国的市场不完全相同，因此转换因子的计算也有所不同。

根据美国纽约证券交易所的规定，空方有权选择任何期限在 15 年以上和 15 年内不提前兑付的任何一种债券进行交割。交割债券的价格是按照一个特定的指标即转换因子来确定的。空方交割时取得的金额由转换因子、期货的报价和利息率决定。

3. 交易时间

中金所于 2020 年 6 月 12 日修订交易细则，将原 9：15 的开盘时间调整至 9：30，修订后于 7 月 20 日正式实施（见表 22 - 3）。

表 22 - 3 　　　　　　　　　　　　中金所交易细则

合约	2 年期	5 年期（旧）	5 年期（新）	10 年期
合约代码	TS	TF	TF	T
合约标的	面值为 200 万元人民币、票面利率为 3% 的名义中短期国债	面值为 100 万元人民币，票面利率 3% 的名义国债	同 5 年期（旧）	同 5 年期（旧）
可交割国债	发行期限不高于 5 年，合约到期月份首日剩余期限为 1.5 ~ 2.25 年的记账式附息国债	交割月首日剩余期限为 4 ~ 7 年的记账式附息国债	交割月首日剩余期限为 4 ~ 5.25 年的记账式附息国债	交割月首日剩余期限为 6.5 ~ 10.25 年的记账式附息国债
报价方式	每百元面值国债净价	每百元面值国债净价	每百元面值国债净价	每百元面值国债净价
最小变动价位	人民币 0.005 元	人民币 0.002 元	人民币 0.005 元	人民币 0.005 元
合约月份	最近的三个季月（3 月、6 月、9 月、12 月中最近的三个）	最近三个季月（3 月、6 月、9 月、12 月中最近的三个）	最近三个季月（3 月、6 月、9 月、12 月中最近的三个）	最近三个季月（3 月、6 月、9 月、12 月中最近的三个）
交易时间	普通交易日：9：30 ~ 11：30；13：00 ~ 15：15。最后交易日：9：30 ~ 11：30	普通交易日：9：30 ~ 11：30；13：00 ~ 15：15。最后交易日：9：30 ~ 11：30	普通交易日：9：30 ~ 11：30；13：00 ~ 15：15。最后交易日：9：30 ~ 11：30	普通交易日：9：30 ~ 11：30；13：00 ~ 15：15。最后交易日：9：30 ~ 11：30

---

[1] 戎志平. 国债期货交易实务 [M]. 北京：中国财政经济出版社，2017：5.

合约	2 年期	5 年期（旧）	5 年期（新）	10 年期
每日价格最大波动限制	上一交易日结算价的 ±0.5%	上一交易日结算价的 ±1.2%	上一交易日结算价的 ±1.2%	上一交易日结算价的 ±2.0%
最低交易保证金	合约价值的 0.5%	合约价值的 1.0%	合约价值的 1.0%	合约价值的 2.0%
当日结算价	最后一小时成交价格按成交量加权平均价	最后一小时成交价格按成交量加权平均价	最后一小时成交价格按成交量加权平均价	最后一小时成交价格按成交量加权平均价
交割结算价	非最后交易日：卖方交割申报当日的结算价；最后交易日：当日全部成交价格按成交量的加权平均价	非最后交易日：卖方交割申报当日的结算价；最后交易日：当日全部成交价格按成交量的加权平均价	非最后交易日：卖方交割申报当日的结算价；最后交易日：当日全部成交价格按成交量的加权平均价	非最后交易日：卖方交割申报当日的结算价；最后交易日：当日全部成交价格按成交量的加权平均价
最后交易日	合约到期月份的第二个星期五	合约到期月份的第二个星期五	合约到期月份的第二个星期五	合约到期月份的第二个星期五
交割方式	实物交割	实物交割	实物交割	实物交割
最后交割日	最后交易日后第三个交易日	最后交易日后第三个交易日	最后交易日后第三个交易日	最后交易日后第三个交易日

（三）2015 年国债期货合约的规格

2015 年国债期货合约的规格见表 22 - 4。

表 22 - 4　　　　　　　　　2015 年国债期货合约的规格

合约	5 年期（旧）	5 年期（新）	10 年期
合约代码	TF	TF	T
合约标的	面值人民币 100 万元，票面利率 3% 的名义国债	同 5 年期（旧）	同 5 年期（旧）
可交割国债	交割月首日剩余期限 4～7 年的记账式附息国债	交割月首日剩余期限 4～5.25 年的记账式附息国债	交割月首日剩余期限 6.5～10.25 年的记账式附息国债
报价方式	每百元面值国债净价	每百元面值国债净价	每百元面值国债净价
最小变动价位	人民币 0.002 元	人民币 0.005 元	人民币 0.005 元
合约月份	最近三个季月（3 月、6 月、9 月、12 月中最近的三个）	最近三个季月（3 月、6 月、9 月、12 月中最近的三个）	最近三个季月（3 月、6 月、9 月、12 月中最近的三个）

合约	5 年期（旧）	5 年期（新）	10 年期
交易时间	普通交易日：9：15 ～ 11：30；13：00 ～ 15：15。最后交易日：9：15 ～ 11：30	普通交易日：9：15 ～ 11：30；13：00 ～ 15：15。最后交易日：9：15 ～ 11：30	普通交易日：9：15 ～ 11：30；13：00 ～ 15：15。最后交易日：9：15 ～ 11：30
每日价格最大波动限制	上一交易日结算价的 ±1.2%	上一交易日结算价的 ±1.2%	上一交易日结算价的 ±2.0%
最低交易保证金	合约价值的 1.0%	合约价值的 1.0%	合约价值的 2.0%
当日结算价	最后一小时成交价格按成交量加权平均价	最后一小时成交价格按成交量加权平均价	最后一小时成交价格按成交量加权平均价
交割结算价	非最后交易日：卖方交割申报当日的结算价；最后交易日：当日全部成交价格按成交量的加权平均价	非最后交易日：卖方交割申报当日的结算价；最后交易日：当日全部成交价格按成交量的加权平均价	非最后交易日：卖方交割申报当日的结算价；最后交易日：当日全部成交价格按成交量的加权平均价
最后交易日	合约到期月份的第二个星期五	合约到期月份的第二个星期五	合约到期月份的第二个星期五
交割方式	实物交割	实物交割	实物交割
最后交割日	最后交易日后第三个交易日	最后交易日后第三个交易日	最后交易日后第三个交易日

资料来源：戎志平. 国债期货交易实务 ［M］. 北京：中国财政经济出版社，2017：3 - 4.

（四）2023 年 30 年期国债期货品种在中金所上市

1. 2015 年以后国债现货和期货市场交易额不断上升

国债期货作为利率期货的主要品种，是指买卖双方通过有组织的交易场所，约定在未来某一时间，按预先确定的价格和数量进行券款交收的国债交易方式。国债期货具有可以主动规避利率风险、交易成本低、流动性高和信用风险低等特点。30 年期国债收益率是反映超长期国债融资成本的重要指标利率，是国债收益率曲线远端的节点。在 10 年以上期限的国债中，30 年期是最主要的发行品种。近年来，财政部实施多项举措推动 30 年期国债市场发展，包括提升 30 年期国债发行频次、发布 30 年期国债到期收益率等。2022 年，30 年期记账式附息国债的发行期数达到 12 期，与 1、2、3、5、7 等关键期限国债相同。

在 30 年期国债期货上市之前，中金所于 2013 年 9 月 6 日上市 5 年期国债期货，2015 年 3 月 20 日上市 10 年期国债期货，2018 年 8 月 17 日上市 2 年期国债期货，基本形成了覆盖短中长端的国债期货产品体系。2022 年，国债期货日均成交 16.04 万手，日均持仓 35.52 万手，与 2013 年上市初期相比，年均复合增长率分别为49%、66%。2022年，国债期货日均成交金额1918亿元，期货现货成交比为0.84。同时30年期国债二级市场流动性日益改善，交易量显著提升，2022年日均成交金额为245亿元，较2021年增长76%，是2020年日均成交金额的2.4倍。同时，30年期国债存量充足，有助于期货市场的推出。[①] 在此基础上，2023年4月14日，证监会同意中国金融期货交易所（以下简称"中金所"）30年期国债期货注册，中金所也在同日发布30年期国债期货合约及相关业务规则和《关于30年期国债期货合约上市交易有关事项的通知》。首批三个30年期国债期货合约于4月21日上市交易。至此，我国覆盖国债收益率曲线的国债期货产品体系基本建立，"短—中—长—超长"的国债期货产品体系已经初步形成。

2. 30年期国债期货合约

（1）合约的标的

合约对标的的要求：合约的可交割国债为发行期限不高于30年；合约到期月份首日剩余期限不低于25年的记账式附息国债。

（2）合约的面值、票面利率、净价交易和变动价位

合约标的为面值为100万元人民币、票面利率为3%的名义超长期国债。合约以每百元面值国债作为报价单位，以净价方式报价。净价方式是指以不含自然增长应计利息的价格报价。合约的最小变动价位为0.01元，合约交易报价为0.01元的整数倍。合约月份为最近的三个季月。

（3）合约的季月、交易日和代码

季月是指3月、6月、9月、12月；合约的最后交易日为合约到期月份的第二个星期五；最后交易日为国家法定假日或者因异常情况等原因未交易的，以下一交易日为最后交易日；到期合约最后交易日的下一交易日，新的月份合约开始交易。合约的交易代码为TL。

（4）合约的交易

合约采用集合竞价、连续竞价和期货转现货交易三种交易方式。集合竞价时间为每个交易日9：25～9：30，其中9：25～9：29为指令申报时间，9：29～9：30为指令撮合时间。连续竞价时间为每个交易日9：30～11：30（第一节）和13：00～15：15（第二节），最后交易日连续竞价时间为9：30～11：30。

（5）合约的结算和交割

合约的当日结算价为合约最后一小时，成交价格按照成交量的加权平均价。计

---

① 根据公开资料整理。

算结果保留至小数点后三位。合约以当日结算价作为计算当日盈亏的依据。具体计算公式如下：

$$当日盈亏 = \left\{ \begin{array}{l} \sum [(卖出成交价 - 当日结算价) \times 卖出量] + \\ \sum [(当日结算价 - 买入成交价) \times 买入量] + \\ (上一交易日结算价 - 当日结算价) \times \\ (上一交易日卖出持仓量 - 上一交易日买入持仓量) \end{array} \right\}$$
$$\times (合约面值 / 100 元)$$

合约采用实物交割方式。合约的交割按照《中国金融期货交易所国债期货合约交割细则》的相关规定执行。

（6）风险管理

合约的最低交易保证金标准为合约价值的 3.5%，其中，合约价值 = 合约价格 ×（合约面值/100 元）；合约的手续费标准为每手不高于 5 元；合约自交割月份之前的两个交易日结算时起，交易保证金标准为合约价值的 5%。

（7）交易制度

合约的每日价格最大波动限制是指其每日价格涨跌停板幅度，为上一交易日结算价的 ±3.5%；合约上市首日涨跌停板幅度为挂盘基准价的 ±7%；上市首日有成交的，于下一交易日恢复到合约规定的涨跌停板幅度；上市首日无成交的，下一交易日继续执行前一交易日的涨跌停板幅度。如上市首日连续三个交易日无成交的，交易所可以对挂盘基准价作适当调整。

（8）持仓限额制度

合约实行持仓限额制度：①客户某一合约在不同阶段的单边持仓限额规定如下：合约上市首日起，持仓限额为 2000 手；交割月份之前的一个交易日起，持仓限额为 600 手。②非期货公司会员某一合约在不同阶段的单边持仓限额规定如下：合约上市首日起，持仓限额为 4000 手；交割月份之前的一个交易日起，持仓限额为 1200 手。③某一合约结算后单边总持仓量超过 60 万手的，结算会员下一交易日该合约单边持仓量不得超过该合约单边总持仓量的 25%。进行套期保值交易和套利交易的持仓按照交易所有关规定执行。

（9）持仓报告制度

合约实行大户持仓报告制度：①达到下列标准之一的，客户或者会员应当向交易所履行报告义务：一是单个非期货公司会员、客户国债期货某一合约单边持仓（进行套期保值交易和套利交易的持仓除外）达到交易所规定的持仓限额 80% 以上（含）的；二是当全市场单边总持仓达到 5 万手时，单个非期货公司会员、客户国债期货单边总持仓占市场单边总持仓量超过 55% 的。②达到下列标准之一的，交易所可以要求相关客户或者会员履行报告义务：一是前 5 名非期货公司会员、客户的国债期货单边总持仓占市场单边总持仓量超过 10% 的；二是前 10 名非期货公司会员、客户的国债期货单边总持仓占市场单边总持仓量超过 20% 的；三是交易所要求报告的其他情形。

3. 30 年期国债转换因子和应计利息计算公式①

国债期货中可交割国债的转换因子和应计利息计算公式如下：

（1）转换因子

转换因子计算公式如下：

$$CF = \frac{1}{\left(1 + \frac{r}{f}\right)^{\frac{xf}{12}}} \times \left[\frac{c}{f} + \frac{c}{r} + \left(1 - \frac{c}{r}\right) \times \frac{1}{\left(1 + \frac{r}{f}\right)^{n-1}}\right] - \frac{c}{f} \times \left(1 - \frac{xf}{12}\right)$$

其中，

r：30 年期国债合约票面利率 3%；

x：交割月到下一付息月的月份数；

n：剩余付息次数；

c：可交割国债的票面利率；

f：可交割国债每年的付息次数；

计算结果四舍五入至小数点后 4 位。

（2）应计利息

应计利息的日计数基准为"实际天数/实际天数"，每 100 元可交割国债的应计利息计算公式如下：

$$应计利息 = \frac{可交割国债票面利率 \times 100}{每年付息次数} \times \frac{第二交割日 - 上一付息日}{当前付息周期实际天数}$$

计算结果四舍五入至小数点后 7 位。

（五）香港交易所期货市场试点

中国内地债券市场发展迅速，从规模上看，已经成为世界上第二大市场。随着债券市场的对外开放和国际投资者的参与，债券市场进一步国际化。国际投资者在投资内地债券市场时需要管理人民币利率风险的工具。为满足国际投资者风险管理需求，香港交易及结算所有限公司（香港交易所）于 2017 年 4 月 10 日推出五年期

---

① 资料来源：中国金融期货交易所，2023 - 4。

中国财政部国债期货（国债期货）。香港交易所国债期货将会是离岸市场上首只中国国债期货。

1. 产品设计

香港交易所国债期货产品的设计与中金所国债期货合约相似。基础资产都是境内财政部发行的国债，票面利率约为3%。不同之处在于境内国债期货采用现货交割设计，允许空仓一方在合约到期时向多仓一方交付符合条件的债券中价格最低的债券。另外，香港证券交易所国债期货产品设计与澳洲证券交易所及韩国证券交易所上市的政府债券期货也类似。

2. 债券一篮子的原则

根据透明度、可预测性、流通量、易追踪复制和可靠性原则确定债券一篮子的原则。

①透明度及可预测性。债券篮子及参考价格，包括定价、计算公式、模型的确定方式按照公开资料确定。只是在中国国债发行出现重大政策变化，具有灵活酌情出台政策的权力。

②成分债券的流通量。债券篮子成分债券应为流动性良好品种，以便实现对冲。因此，债券篮子成分将由流动性最好的国债组成，由中央国债登记结算有限责任公司（中债登）将会按照期交所提供的流程及算法，确定国债篮子的选择范围及包含的相关债券，以及计算每个期货合约对应的国债篮子的每日参考结算价。

③债券符合必要条件。篮子中债券必须符合下述条件：由中国财政部发行；人民币计价；在中国银行间债券市场进行交易；每年票面息率固定；及在期货合约的最后交易日，债券的剩余期限不少于四年（包括第四年）及不超过七年（不包括第七年）。

3. 国债期货合约

香港五年期国债期货以人民币买卖，由内地的中央国债登记结算有限责任公司（中债登）按照香港交易所提供的计算方法及流程确定价格。价格确定详情和合约细则及国债期货的主要特点见表22-5。

表22-5 香港证券交易所2017年4月10日推出的国债期货主要合约细则

交易代码	HTF
相关债券	中国财政部境内发行的五年期国债，票面年利率3%
合约金额	人民币500000元
合约月份	最近期的两个季月（即3月、6月、9月及12月）

续表

交易代码	HTF
报价	按照合约金额的百分比，以三个小数位报价
最低波幅	合约金额的 0.002%，即人民币 10 元
交易时间（香港时间）	上午 9 时至中午 12 时（早市）及下午 1 时至 4 时 30 分（午市）
结算方式	以现金结算合约
结算货币	人民币
最后交易日	合约月份的第二个星期五
最后结算价	以中央国债登记结算有限责任公司在最后交易日下午 6 时左右提供的五年期国债篮子参考价格

资料来源：香港证券交易所网站。

2017 年香港期货试点实行一年后中断。专家建议，可以考虑进一步研究在港上市内地标的离岸衍生品的相关安排，恢复试点。试点中继续发挥中央登记托管机构专业优势，从符合流动性等要求的债券范围内构建国债篮子，提供国债篮子及国债期货的每日参考结算价，以提高价格的可靠性、有效性[1]。

五、国债期货市场开户和保证金业务

（一）国债期货业务申请和保证金专用账户[2]

1. 会员开立债券作为期货保证金专用账户

会员开展国债作为期货保证金业务的，应在中央国债登记结算有限责任公司（以下简称"中央结算公司"）开立债券作为期货保证金业务专用账户，专用账户的开立按照中央结算公司《债券作为期货保证金业务操作指引》的有关规定办理。

2. 会员向中央结算公司申请开通业务资格

会员开展国债作为期货保证金业务的，需事先与中央结算公司沟通，申请开通业务资格。会员申请开通相关业务资格按照中央结算公司《债券作为期货保证金业务操作指引》的有关规定办理。

3. 会员向中金所申报国债托管账户

会员开展国债作为期货保证金业务的，须向中金所申报债券作为期货保证金业务专用账户信息，会员应当向交易所提供下列材料：（1）"中国金融期货交易所会

---

[1]　香港证券交易所网站。

[2]　根据公开资料整理，2019 – 01 – 21.

员有价证券作为保证金业务申请表";（2）加盖公章的中央结算公司开具的开户通知书复印件或其他相关证明材料；（3）加盖公章的开户证件复印件。

（二）客户业务

1. 客户向中央结算公司申请开通业务资格

客户参与国债作为期货保证金业务的，须事先与中央结算公司沟通，申请开通业务资格，具体要求按照中央结算公司《债券作为期货保证金业务操作指引》的有关规定办理。

2. 客户向中金所申报国债托管账户

客户参与国债作为期货保证金业务的，须向中金所申报用于国债作为期货保证金业务的国债托管账户，客户应当通过会员向交易所提交以下材料：（1）"中国金融期货交易所客户有价证券作为保证金业务申请表"；（2）加盖公章的中央结算公司开具的开户通知书复印件或其他相关证明材料；（3）加盖公章的开户证件复印件；（4）交易所要求的其他材料。

3. 国债交存和提取

客户交存和提取国债的，须通过会员向交易所提交"中国金融期货交易所有价证券交存和提取申请表"。国债交存和提取的质押和解押操作按照中央结算公司《债券作为期货保证金业务操作指引》的有关规定办理。

（三）国债期货保证金制度

保证金是指期货交易者按照规定交纳的资金或者提交的价值稳定、流动性强的保证质押物，包括标准仓单、国债等有价证券，用于结算和保证履约。国债期货保证金制度是期货交易制度的基本特征，保证金制度的意义在于保证国债期货交易双方有效履约。在境外市场，以有价证券作为期货保证金是市场通行做法，其中价值稳定、流动性好的债券资产是最主要的保证金种类。《中国金融期货交易所 5 年国债期货合约交易细则》规定，5 年期国债期货合约的最低交易保证金为合约价值的2%，合约价值 = 合约价格 ×（合约面值/100 元），合约面值为 100 万元人民币。从国际各大证券交易所的担保品规模来看，现金类担保品占保证金比例不到 10%，债券担保品占比通常在 50% 以上。

相比较而言，我国债券作为期货保证金制度建设起步较晚。2007 年，证监会发布《期货交易所管理办法》，明确期货交易所可以接受标准仓单、国债等有价证券作为期货保证金。但长期以来境内期货保证金仍以现金为主，部分标准仓单作为补充，交易成本较高。2012 年修订的《期货交易管理条例》，再次明确将期货保证金范围拓展至标准仓单、国债等有价证券，为期货保证金业务创新清除了法律障碍，我国债券作为期货保证金制度建设进入实施阶段。[①]

2022 年，《中华人民共和国期货和衍生品法》（以下简称《期衍法》）正式出台，填补了国内衍生品领域履约保障制度的空白，明确了期货及衍生品交易中以债券等有价证券作为履约保障品的合法有效性，并从立法层面上肯定了期货市场的违约处置实践，从根本上消除了投资者关于担保权利实现的顾虑。至此，我国债券作为期货保证金制度也得到了全方位的完善和发展，形成了较为完备的相关制度。[②]

目前，主管部门抓住期货期权品种上市机制不断完善的契机，进一步丰富和完善交易品种体系，在不断完善风险管理工具箱的同时紧扣国家战略方向和产业发展需求，积极探索推出碳排放、物流、指数等新型产品，扩大债券作为期货保证金业务的应用范围，进一步提高期货市场的效率和功能。[③]

六、国债期货投资

（一）远期合同的定价

国债期货市场是在远期合同市场的基础上发展起来的，为了了解国债期货的性质和特点，必须了解远期合同的一些重要性质和远期利率的计算，以及远期利率和即期利率之间的关系。

1. 即期利率和远期利率之间的关系

即期利率是从现在的时间点到任何一个未来时间点之间的利率水平。远期利率则是从未来一个时间点到另一个更远的时间点之间的利率，例如，一个 100 元的债券投资，票面利率为 10.5%，第 1 年市场利率为 10%。这个债券按照连续复利，2年后可以得到：

$$100 \times e^{0.105 \times 2} = 123.37$$

在计算 2 年期远期利率时，由于第 1 年的利率是已知的，因而问题可以归结为第 2 年的利率为多少。事实上这个问题等价于计算下式的 x：

$$100 \times e^{0.1} e^{x} = 123.37$$

$$x = 0.11 = 11\%$$

---

①②③　李梦，黄静贤. 我国债券作为期货保证金制度建设与展望［J］. 债券，2022 – 12 – 02.

期货就是标准化和证券化的远期合约。因此，远期利率的原理对于期货的定价是非常重要的。[①]

2. 无现金流证券的远期合同

无现金流证券是指不支付红利的股票、零息债券和贴现债券。最简单的远期合同就是不支付任何现金或称无现金流证券的远期合同。如果没有套利机会，远期价格 F 和即期价格 S 之间的关系应该是：

$$F = Se^{r(T-t)} \tag{22-2}$$

其中：

F = 远期价格；

S = 即期价格；

r = 利率；

$T-t$ = 剩余期限；

e = 自然对数；

$e^{r(T-t)}$ = 无限复合利率。

如果预期 $F > Se^{r(T-t)}$，投资人就可以以市场价格借 S 数量的资金，期限为 $T-t$，然后购买该种债券的即期，并做远期合同的空头，取得收入 F。到时间为 T 时，将购买的即期合同送交，即支付现券，并按照 $Se^{r(T-t)}$ 支付借贷资金的利息。这样在时间为 T 时，投资人可以实现 $F > Se^{r(T-t)}$ 的收益。

如果预期 $F < Se^{r(T-t)}$，投资人可以卖空这一证券，将取得的收入按照市场利率做 $T-t$ 时间的投资，收益为 $Se^{r(T-t)}$，同时在期货市场上做多头，支付 F。在时间为 T 时，投资人按照期货价格 F 购买该证券，平掉自己的空仓，从而实现收益 $Se^{r(T-t)} - F$。[②]

3. 美国短期国库券期货

短期国债期货市场是非常活跃的衍生产品市场，美国有发达的短期国库券期货市场。在短期国库券的期货合约中，基础债券是美国财政部发行的国库券。根据合约规定，期货合约的空方应该在连续 3 个工作日内交收 100 万美元（$1M，或者 $1000000）的短期国库券。第 1 个交收日是 13 周后国库券交收的第 1 天，这意味着，事实上短期国库券交收的时间可能是 89 天、90 天或 91 天。短期国库券是贴现国债，期限内不支付利息，投资人在到期时取得面值以上的加价。在期货合同到期以前，期货基础债券是长于期货合约 90 天的债券。例如期货合同到期是 160 天，

---

① 高坚. 国债市场 [M]. 北京：经济科学出版社，1997：160 - 161.

② 高坚. 国债市场 [M]. 北京：经济科学出版社，1997：155 - 156.

期货基础债券应该是 250 天的短期国库券。假定现在时间是 t，期货合约在 T 年到期，交收债券在 T' 年到期。T' 和 T 年之间的时间差是 90 天。再假定 r 和 r' 分别是期限 T 和 T' 的期货合约的无风险利率，如果交收债券的面值是 100 美元，其现在价值可以按照如下公式计算出来：

$$PV = 100e^{-r'T'} \qquad (22-3)$$

由于不存在中间支付利息的问题，期货价格 F 应该是 PV 的 e^{rT} 倍，即：

$$F = 100e^{-r'T'} \times e^{rT} = 100e^{rT-r'T'} \qquad (22-4)$$

$$F = 100e^{-FR(T'-T)} \qquad (22-5)$$

其中，FR 是 T 和 T' 之间的远期利率。远期利率在期货定价中具有不可缺少的作用。[①] 美国短期国库券期货市场在金融市场中具有重要地位，中国目前还没有短期国债的期货市场。

（二）国债期货的基本策略

1. 套利策略

在国债期货市场中，套利机会来自不合理的价格关系。不合理的价格关系包括同种期货合约在不同市场之间的价格关系、不同交割月份间的价格关系、不同交割国债的价格关系。根据这三种不同的价格关系，套利可以分为跨市场套利、跨期套利和跨品种套利。

2. 套期保值

套期保值就是在现货市场和期货市场对同一类商品的现货和期货进行数量相等但方向相反的买卖活动，或者通过构建不同的组合来避免未来商品价格变化带来损失的交易。

（三）利用期货市场价格计算国债的实际收益率

1. 单利国债实际收益率公式

$$收益率 = (PD - PF)/(PF \times N) \times 100\% \qquad (22-6)$$

其中，PD 为国债到期本息之和；PF 为国债期货的成交价；N 为该品种期货交收月份的最后交易日直到基础国债券到期的持有年数（非整年用小数表示），见表 22-6。

---

① 高坚. 国债市场［M］. 北京：经济科学出版社，1997：167.

表 22 – 6 单利国债实际收益

国债期货合约品种 （20 世纪 90 年代国债 期货市场）	基础国债到期本 息之和（元）（PD）	国债期货到期的 成交价（PF）	该品种期货交收月份 的最后交易直到基础 国债券到期的持有 年数（N）	实际收益率 （%）
F92506	152.5	106.02	2.75	16.0
F92306	128.5	114.10	0.75	16.9
F93303	141.88	113.55	1.33	14.3

资料来源：笔者根据公开资料制作。

2. 复利实际收益率的计算公式

复利收益率体现了利息收入的再投资收益。其计算公式如下：

$$(PD - PF)N \times 100\% \qquad (22 - 7)$$

国债期货交易所涉及的国债实际收益率是指投资者以某一价格买进某一品种的国债期货合约，并进行最后结算，再把这些国债持有到期兑付所能获得的实际年化收益率。以 20 世纪 90 年代国债期货的品种 F92506、F92306、F93303 为例，现货市场 3 种基础国债券的交易情况和有关参数见表 22 – 7。

表 22 – 7 现货市场 3 种基础国债券的交易情况和有关参数

发行时间（年份）	年利率（%）	年限（年）	到期本息（元）	到期时间
1992（3 年期）	9.55	3	128.50	1995 年 7 月 1 日
1992（5 年期）	10.50	5	152.50	1997 年 4 月 1 日
1993（3 年期）	13.95	3	141.88	1996 年 3 月 1 日

资料来源：笔者根据公开资料制作。

1994 年 5 月 11 日上述品种在 14：15 上交所国债期货交易的价格见表 22 – 8。

表 22 – 8 1994 年 5 月 11 日上海证券交易所国债期货交易价格 单位：元

国债期货合约品种（20 世纪 90 年代国债期货市场）	价格
F92506	106.02
F92306	114.10
F93303	113.15

资料来源：笔者根据公开资料制作。

（四）做空基差的交易策略

基差是期货市场的重要概念，反映了期货与现货之间的关系：

$$基差 = 国债现货价格 - 国债期货价格 \times 转换因子 \tag{22-8}$$

在期货市场中，基差头寸分为多头和空头。国债期货基差多数情况下大于零，因而做多基差的机会不多。国债现货市场缺少做空机制，投资者会在期货市场上做空或进行套期保值操作，在实践中做空基差的机会较多。[①] 基差与隐含回购利率存在一定的关系，基差越大，期货合约交割前债券的 IRR 越低。净基差是基差与持有收益的差额，源于期货与远期产品结构上的差异，体现了期货合约中转换期权的价值。买入基差相当于一个买断式逆回购和一个转换期权多头的组合，买入期权支付成本就是净基差。[②]

第二节　其他衍生产品

一、利率互换和央行票据互换

（一）利率互换的简要历史

早在 20 世纪 70 年代美国就已经出现了某些经过特殊结构安排的以不同利率为基础的交易组合。通常认为，20 世纪 70 年代在英美两国公司之间的平行贷款就是现在互换交易的前身。在平行贷款广泛使用之前，几个主要国家的中央银行和国际清算银行（BIS）之间就已经进行了某种涉及外汇（最初是黄金）的货币互换交易。[③] 1981 年花旗银行和大陆伊利诺斯公司之间达成了第一个标准化利率互换协议。之后发展迅速，主要是市场中存在着巨大的利率互换需求。[④] 1982 年，利率互换市场有了突破性发展。

我国最早的货币互换出现在 1993 年，当时中国财政部在国际资本市场发行扬基债、全球债和武士债时都进行了货币互换安排。但是直到 2000 年初期，国内的利率互换市场才发展起来。

① 杨露，吕天骄. 10 年期国债期货基差交易策略研究 [J]. 债券，2022（1）：40-44.

② 戎志平. 国债期货交易实务 [M]. 北京：中国财政经济出版社，2017：65-68.

③ 迈哈伊·马图. 结构化衍生工具手册 [M]. 林涛，等译. 北京：经济科学出版社，2000：86-87.

④ 弗兰克·法博齐，弗朗哥·莫迪里亚尼. 资本市场：机构与工具（第二版）[M]. 唐旭，等，译. 北京：经济科学出版社，1998：703.

2000 年初期，国家开发银行率先推出了以一年期存款利率为基准和以 7 天回购利率为基准的浮动利率债券，这两种浮动利率债券受到了市场的欢迎。发行人的传统策略是在利率高时发行浮动利率品种，以便央行利率下降时，降低发行成本；在利率低时发行固定利率品种，以便锁定利率水平。开发银行采取的策略是反其道而行之。在利率高时发行固定利率债，由于投资人对市场做出理性判断，会增加对债券的需求，而利率低的时候发行浮动利率债券，这样理性的投资人会愿意购买更多的浮动利率债券。通过招标发行，这样策略实际确定的利率水平反而不高。由于开发银行在 2000 年初期发行了大量浮动利率债券，使开行最有条件进行固定利率和浮动利率的掉期。2002 年 1 月，国家开发银行资金局进行了债券利率掉期的可行性研究。当时政策性金融债券的存量已经达到 2 万亿元的规模，一二级市场价格完全由市场决定，无论投资人还是发行人都要承担市场风险。从资产负债管理的需要出发，投资者和发行者对利率掉期产品的需求是客观存在的。同时资金局已经从理论上解决了以法定存款利率为参考利率的浮动利率债券的估值问题，具有利率掉期产品定价的技术能力；同时由于当时现券市场已经开始逐渐活跃，也具有风险对冲的手段和市场条件。[①] 此后，国家开发银行还与中国人民银行及同业拆借中心进行了广泛讨论，并起草了《债券掉期交易主协议》。2002 年，资金局完成了第一单利率掉期。后来市场上通俗提法改为债券的利率互换。从此，债券的利率互换市场迅速发展起来。

2020 年 3 月，全国银行间同业拆借中心发布公告称，为更好地发挥银行间利率衍生品市场对实体经济的支持作用，满足市场成员利率风险管理需求，完善利率风险定价机制，将于 3 月 23 日起试运行利率期权交易及相关服务，试运行利率期权交易品种为挂钩 1 年期、5 年期 LPR 的利率互换期权，以及利率上、下限期权。据市场报道，兴业银行于 3 月 23 日首次与多家市场机构达成挂钩贷款市场报价利率（LPR）的利率期权交易。

（二）利率互换的基本概念

利率互换规定固定利率支付方和浮动利率支付方按照双方同意的利率水平交换定期的利息支付。在利率互换时，一方同意向另一方按照事先同意的利息支付方式支付。利率互换基于三种理论：比较优势理论（comparative advantage argument）、市场实现理论（completion of market argument）和机构成本理论（agency theoretic

---

① 关于债券利率掉期交易可行性的初步研究. 国家开发银行资金局. 2002 - 1.

argument)。① 一些机构在固定利率方面具有优势，另一些机构在浮动利率方面具有优势。企业和金融机构进入资本市场时，总是进入具有比较成本优势的市场。比如，当预期利率上升时，债券发行人愿意进入固定利率市场。固定利率市场的投资人的负债可能是固定利率，因而愿意取得固定利率资产，如保险公司的资产管理公司通常这样操作。而当预期利率下降时，债券发行人愿意进入浮动利率市场。浮动利率市场的投资人愿意取得浮动利率，因为他们的负债可能是浮动利率，例如，银行通常按照这样的策略操作。这些企业和金融机构的资金使用可能和资金来源具有不同的支付方式，这样就可以通过利率互换，实现需要的利息支付方式。

（三）利率互换的分类

最基本的利率互换是简单利率互换（generic swap 或 plain vanilla swap），即固定利率和浮动利率之间的简单互换交易。在国际资本市场中，简单利率互换的市场规则是：浮动利率以 3 个月浮动利率指数（Libor）为基础利率；利息支付每 3 个月支付一次；浮动利率每 3 个月确定一次，确定日比支付日提前 2 天；固定利率的支付天数计算法是 30/360，浮动利率的天数计算法是 A/360。支付为净值：

$$净支付额 = 互换交易的名义值 \times [固定利率 \times (90/360) - Libor(A/360)]$$

$$(22 - 9)$$

固定利率通常以美国国库券为基础，加上一定的利差，计算天数以两次利息支付的实际天数为准。票面利率互换是指固定和浮动利率之间的互换，属于简单的利率互换。②

一切利率互换都是从简单利率互换发展起来的。基点互换以指数为基础，因此也称为指数互换。基点互换包括相同的利率指数在不同的计息区间进行的互换；不同的利率指数，相同或不同的计息区间的利率互换；相同利率指数，相同计息区间的利率互换。货币互换只是利率互换的一种形式。利率互换以远期利率的净现值为基础，因此远期利率市场是利率互换的主要定价依据。

（四）通过利率互换进行风险管理——套期保值

套期保值是指金融机构通过承担一种风险来抵销另一种等值的和相反的风险。利率互换产生利率风险，这种风险可以互相抵销，或者直接消除另一种已经存在或将要产生的风险。例如，一个银行投资一种支付固定利率的资产，其资金来源为发

---

① 迈哈伊·马图. 结构化衍生工具手册［M］. 林涛，等译. 北京：经济科学出版社，2000：86 - 87.
② 高坚. 国债市场［M］. 北京：经济科学出版社，1997：191 - 192.

行一种浮动利率债券。这时，银行需要在风险和回报之间进行权衡。如果资产方利率风险是主要风险，银行资产风险的套期保值可以通过票面利率互换操作，承担等值但是相反的风险。最主要的办法是通过利率互换支付固定利率，接受浮动利率，这样资产和负债的风险可以得到对冲。[①]

利率互换是受合同约束的双方在一定时间内按一定金额的本金彼此交换现金流量的协议。在利率互换中，若现有头寸为负债，则互换的第一步是与债务利息相匹配的利息收入；通过与现有受险头寸匹配后，借款人通过互换交易的第二步创造所需头寸，这样通过利率互换可以改变利率风险。

通过利率互换实现银行套期保值的操作流程见图 22 - 1。

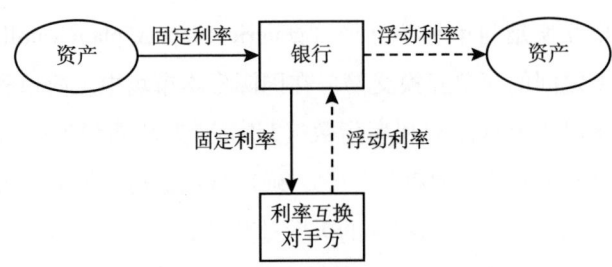

图 22 - 1　利率互换和银行套期保值

资料来源：笔者绘制。

（五）利率互换的交易方式

利率互换是指交易双方约定在未来一定时间内，根据约定的人民币本金和利率计算利息并进行利息交换的金融合约，是交易双方订立的在一定时间后依据互换安排按期进行利息支付的协定。其中以固定利率确定支付的一方称互换的固定利率方（fixed leg），另一方以浮动利率指数（Libor）确定支付利息，称为浮动利率方（floating leg），人民币利率互换的浮动一端参考银行间市场的回购定盘利率、上海银行间同业拆放利率等。

利率互换双方为固定利率支付者和浮动利率支付者。利率互换的固定利率支付者在利率互换交易中支付固定利率，接受浮动利率；浮动利率支付者在利率互换交易中支付浮动利率，接受固定利率。买进利率互换合约，是互换交易多头，称为支付方。支付方是债券市场空头，对长期固定利率负债与浮动利率资产价格敏感。出售互换合约，是互换交易空头，称为接受方。接收方是债券市场多头，对长期浮动

---

①　高坚. 国债市场 ［M］. 北京：经济科学出版社，1997：167 - 200.

利率负债与固定利率资产价格敏感。

一笔利率互换交易可以被视为两种等价组合产品：一笔债券和浮动利率票据的组合；一笔期货合约或远期利率协议。互换交易的定价就是基于这种等价产品的价值确定的。假定交换中本金数额相同，一笔利率互换安排相当于一笔固定利率债券和相同到期日的浮动利率票据（FRN）的同时交换。利率互换可以用以Libor 为基础利率的期货来替代。一笔美元的利率互换可以用欧洲美元利率期货合约来替代。

（六）央行票据互换（CBS）

中国人民银行综合考虑市场情况和需求，采取了市场化方式，活跃永续债券二级市场。永续债是银行补充一级资本的重要渠道，但是永续债无固定期限，无法作为资金拆借的抵押品，所以永续债的流动性较差。央行票据互换就是央行为提高银行永续债流动性而创设的金融工具。央行票据互换工具可以增加持有银行永续债的金融机构的优质抵押品，提高银行永续债的市场流动性，增强市场认购银行永续债的意愿，从而支持银行发行永续债补充资本，为加大金融对实体经济的支持力度创造有利条件。央行票据互换后，永续债不出表，永续债的风险和预期收益仍由原持有银行承担，互换相当于银行以永续债为抵押向央行换取央票，银行不用消耗资本。央行票据互换后，持有永续债的银行，其债券也由对永续债发行银行的债权变成了对央行的债权，风险得到缓释。银行换取的央票虽不能用于现券买卖、买断式回购等交易，但可以将央票作为合格抵押品，通过中期借贷便利（MLF）、定向中期借贷便利（TMLF）等操作，再抵押给央行换取流动性，实际上相当于二次抵押融资。2019 年以后，央行多次开展央行票据互换操作。

2019 年 1 月 24 日，为提高银行永续债的流动性，中国人民银行发布消息决定创设央行票据互换工具，公开市场业务一级交易商可以使用持有的合格银行发行的永续债从人民银行换入央行票据。2019 年 9 月 11 日，中国人民银行开展了央行票据互换操作，操作量 50 亿元，期限 3 个月（91 天），费率 0.10%。

2020 年 5 月 26 日，为了提高银行永续债券的市场流动性，支持银行发行永续债券补充资本金，人民银行开展了票据互换业务，总金额 50 亿元，期限 3 个月。交易一方是大中银行和中小银行的永续债券的发行人和债务人，另一方是参加公开招标的国有大型商业银行、股份制银行、城市商业银行、农商行、证券公司等金融机构。此后，中国人民银行于 2020 年 9 月 28 日开展了央行票据互换操作，操作量 50 亿元，期限 3 个月，费率 0.10%。

二、信用衍生品

(一) 信用风险缓释工具的历史

2010 年 11 月 5 日，中债信用增进投资股份有限公司与中国工商银行股份有限公司签署贷款信用风险缓释合约交易确认书，正式达成了以银行贷款为标的的"信用风险缓释合约"交易，共 7 笔，合计名义本金 5 亿元人民币，期限小于等于 1 年。这是我国第一笔贷款信用风险缓释合约。

交易商协会发布《银行间市场信用风险缓释业务指引》（以下简称《指引》）后①，中国银行间市场上出现的首批信用风险缓释工具，也是中债公司继可选择信用增进合约（中债 I 号）、贷款信用风险缓释合约（中债 II 号）之后，推出的又一款管理、缓释信用风险的创新产品——债券信用风险缓释合约（中债 III 号）。中国银行间市场交易商协会 2010 年 11 月 19 日称，3 家创设机构正式发布信用风险缓释凭证（CRMW）创设公告，首批 4 只 CRMW 共计名义本金 4.8 亿元。这是我国第一批信用风险缓释凭证。②

2017 年，"去杠杆"导致的信用紧缩使得部分弱资质主体信用风险陡增，违约事件频发。为缓解民企融资困难，2018 年 10 月末央行发布公告明确提出"通过出售信用风险缓释工具、担保增信等多种方式，重点支持……民营企业债券融资"。2018 年 10 月末，央行在银行间债券市场重新推出 CRMW，至 2020 年 5 月 13 日，市场已发行 CRMW169 只，涉及债券主体 87 个，发行数量出现显著增长。2018 年市场重启 CRMW 这个产品，有可能会进一步推进之前相对停滞的信用衍生品市场的发展。

(二) 信用风险缓释合约

信用风险缓释合约（credit risk mitigation agreement，CRMA）是指交易双方达成的，约定在未来一定期限内，信用保护买方按照约定的标准和方式向信用保护卖方支付信用保护费用，由信用保护卖方就约定的标的债务向信用保护买方提供信用风险保护的金融合约。

信用风险缓释凭证（credit risk mitigation warrant，CRMW），是指由标的实体以

---

① 银行间市场信用风险缓释工具试点业务指引（〔2010〕13 号）〔EB/OL〕. (2020-06-16)〔2022-03-08〕. http://nafmii.org.cn/previewnafmii/zlgl/xyfx/ywgz/201202/t20120227_2598.html.

② 根据公开资料整理，2010-11-22.

外的机构创设，为凭证持有人就标的债务提供信用风险保护，并可交易流通的有价凭证。对 CRMW 的创设机构的监管核准，国内外有所不同。在国外的创设机构不但不需要监管核准，而且多数情况下是未能签署主协议的那些机构。

目前已经有 17 家机构获准成为交易商，包括 8 家中资商业银行：中国银行、建设银行、交通银行、工商银行、光大银行、民生银行、兴业银行、浦发银行，5 家外资银行：汇丰银行（中国）、德意志银行（中国）、巴黎银行（中国）、花旗银行（中国）、巴克莱银行（上海分行）。

三、场内和场外衍生产品市场

（一）场内债券衍生品市场

场内债券衍生产品的交易前台为中国金融期货交易所，投资人为符合标准的自然人、一般单位客户和特殊单位客户，其中特殊单位客户包括证券公司、基金管理公司、信托公司等。此外，根据 2020 年 2 月证监会与财政部、人民银行、银保监会联合发布的《关于商业银行、保险机构参与中国金融期货交易所国债期货交易的公告》，符合条件的试点商业银行和具备投资管理能力的保险机构，按照依法合规、风险可控、商业可持续的原则，可参与中金所国债期货交易。投资人开户需通过中金所会员在中金所备案，买卖双方均以中央结算公司开立的国债托管账户参与交割。交割将通过 DVP 方式进行，实现指定结算日买卖双方债券和资金的同步交收。国债期货交割引入 DVP 方式，可以显著提升交割过程中的券款使用效率，提高可交割国债的实际供应量、降低交割风险，提升市场效率，促进金融衍生品市场功能发挥。买卖双方均以中央结算公司开立的国债托管账户参与交割的机构，将通过 DVP 方式进行交割，实现指定结算日买卖双方债券和资金的同步交收。[①]

（二）场外债券衍生品市场

场外债券衍生品的交易前台是外汇交易中心。投资人开展交易需签订《中国银行间市场金融衍生产品交易主协议》。场外债券衍生品根据债券品种的不同分别在中央结算公司或上清所结算交割。[②]

---

① 中央结算公司，2022 – 10 – 28.

② 中央结算公司. 中国债券市场概览（2019 年版）［R/OL］.（2020 – 06 – 08）［2022 – 02 – 20］. https：//www.chinabond.com.cn/cb/cn/yjfx/zzfx/nb/20200608/154540283.shtml.

小　结

衍生产品市场的出现代表金融市场发展的一个新阶段，但是期货交易的雏形早在中世纪的意大利和资本主义初期的荷兰就已经出现了。金融产品无非是人和人的法律关系产品化、标准化和证券化的产物。这是人的非人格化的产物，即马克思所说的"物化"的结果。衍生产品是在此基础上进行第二层次的产品化、标准化和证券化。它一方面代表了金融深化的必然趋势，提供了新的市场功能，如增加金融产品的流动性，降低交易成本，从而提高了金融市场的效率；另一方面由于"物化"的深入，掩盖了"物"背后的人和人之间的关系和人的行为特征。这使衍生产品具有效率和风险的双重特征。

中国金融衍生产品市场的发展经历了艰难的过程。与作为基础资产的金融产品规模相比，中国的衍生产品市场目前品种有限，规模尚小。由于衍生产品是"双刃剑"，既有套期保值、增加市场流动性的功能，又会放大原有风险，增加风险的程度，因此监管部门对于推动国债期货市场发展仍然心有余悸。美国次贷危机以后，市场和监管部门对金融衍生产品的担心也有所增加。目前仍然是市场有需求，监管有担心；市场需求主要来自套期保值的需要，特别是保险公司对金融期货发展有更大期待；国外投资者进入中国债券市场，为了对冲风险，对衍生产品市场的发展翘首以待；监管理念和监管规制如何跟随市场发展与时俱进是一个巨大挑战。

第七编 国内债券资本市场和国际资本市场的一体化

第二十三章 债券市场国际化

当今全球化的趋势方兴未艾。全球化要求在国际商品和劳务贸易的基础上，实现生产要素的全球流动。国际资本流动有长久的历史，但是也受到各国开放程度、经济政策等多种因素的影响。目前世界上存在大国封闭经济，小国开放经济，以及处于两者之间的对外经济形态，形成不同的国际经济模式，导致存在多种资本流动形态。我国改革开放后，从大国封闭经济向开放经济发展，在国际贸易发展的基础上，资本、劳动、技术等各种生产要素的国际流动水平不断提升。其中资本市场的国际化是一个重要方面。现在上市公司可以在海外上市，外国投资者可以进入中国境内市场，国际国内市场一体化有了长足的进步。中国债券资本市场与国际资本市场接轨经历了长期过程，可以分为四个阶段：第一阶段，改革开放初期，中国发行体走向国际资本市场，为财政和经济发展筹集资金。第二阶段，对外资机构开放本国市场，吸引外国发行体在本国发行债券。第三阶段，人民币国际化进程开始。第四阶段，债券市场完全放开，实现人民币国际化，资本项下基本放开。现在我们走到了第四阶段，但是第四阶段还没有走完。

第一节 债券市场国际化的历史和现状

一、债券市场的对外开放不断进步

（一）20世纪80年代和90年代利用外资和外国银行进入中国

随着改革开放的深入发展，中国经济纳入了世界经济一体化的进程。这个进程的第一步是对外开放，吸引外资。改革开放初期，中国利用外资的形式，包括外国直接投资、外国政府贷款和在国际资本市场上发行债券。20 世纪 80 年代，中国举借的外债主要来自世界银行的贷款和外国政府贷款，称为多边贷款和双边贷款。这一时期，日本和欧洲银行开始进入中国。美国的银行进入中国是在 90 年代以后，但是迅速在中国落地。从 1991 年国债承购包销发行时，美国的摩根士丹利银行就表示有兴趣参与中国债券资本市场，当时中国的国债还没有市场化。1987 年以前，中国基本上没有进入国际资本市场。1987 年，经国务院批准，财政部明确放弃主权豁免，在国际资本市场的法律框架下，代表中国政府，通过发行债券弥补财政赤字或偿还到期的世界银行和外国政府贷款。20 世纪 90 年代以后，随着国债市场化进程的深入，外资参与中国债券市场意愿加强。21 世纪初期，伴随着走出去和人民币国际化，中国债券市场对外开放速度加快。

2000 年以后，我国证券市场经过十多年的发展，整体规模、功能和效率大大提升，已经成为亚太地区最大同时也是最有活力的证券市场之一。2005 年银行间市场加速对外开放。2007 年人民银行与发改委共同发布了《境内金融机构赴香港特别行政区发行人民币债券暂行管理办法》，国家开发银行最早在中国香港市场发行人民债券，以后财政部和开行多次在香港发行人民币债券，支持债券市场一体化和人民币国际化。

（二）引进合格境外机构投资者

我国证券市场中的机构投资者比重远远低于境外成熟市场，严重制约了证券市场功能的发挥。21 世纪初期，引入合格境外机构投资者（QFII）制度的时机已经成熟。从 2001 年下半年开始，有关管理部门成立了专门研究小组对引入 QFII 制度进行研究。2002 年 7 月 18 日，深交所举办了"引进合格的境外机构投资者座谈会"。这次会议解决了许多 QFII 的技术问题，对我国引入 QFII 机制具有重要意义。2002 年 12 月 1 日，《合格境外机构投资者境内证券投资管理暂行办法》正式出台。北京时间 2003 年 7 月 9 日上午 10 时 17 分，首单由 QFII 买入的四只股票全部确认成交，备受瞩目的 QFII 正式登上中国证券市场的舞台。

早在 2010 年，境外央行、港澳人民币清算行、境外参加银行等三类机构就被批准投资银行间债券市场。2010 年 8 月，央行发布通知（银发〔2010〕217 号），允许境外人民币清算行、港澳人民币清算行、跨境贸易人民币结算境外参加银行三类机构（以下简称境外机构）运用人民币投资银行间债券市场。① 2012~2013 年，逐步放宽合格境外机构投资者的投资范围，允许其在获批投资额度内投资银行间债券市场固定收益产品。

（三）外国央行和主权基金等参与国内债券市场

从 2010 年开始，人民银行先后允许符合条件的境外央行或货币当局、主权财富基金、国际金融组织、人民币境外清算行和参与行、境外保险机构等参与中国债券资本市场。金融业对外开放有利于增加金融产品和工具的供给，优化资源配置效率，更好地满足实体经济差异化、个性化的金融服务需求，并能促进制度规则的建立健全，完善金融法律制度。金融业开放的深化，将对国际资本产生不断增加的吸引力，促进跨境资金的持续流入。

（四）三条途径对外开放

2016 年 2 月，国家外汇管理局发布《关于进一步做好境外机构投资银行间债券市场有关事宜的公告》，允许境外机构投资者直接进入银行间债券市场（CIBM），且没有投资额度限制。② 境外机构投资者包括境外注册成立的商业银行、保险公司、证券公司、基金管理公司及其他资产管理机构等各类金融机构，以及养老基金、慈善基金、捐赠基金等以及中国人民银行认可的其他中长期机构投资者。

2017 年 7 月正式上线运行的"北向通"，即境外投资者经由香港与内地基础设施机构之间在交易、托管、结算等方面互联互通的机制安排，允许境外资金投资于内地银行间债券市场，且"北向通"没有投资额度限制。③

2018 年 8 月，国务院常务会议上提出为推动更高水平对外开放，鼓励和吸引境外资本参与国内经济发展，对境外机构投资境内债券市场取得的债券利息收入暂免征收企业所得税和增值税政策，期限暂定为 3 年。④ 2019 年 9 月，经国务院批准，外汇管理局决定取消合格境外机构投资者投资额度限制。⑤ 2019 年 10 月，为进一步便利境外机构投资，体现高水平开放要求，人民银行会同外汇局制定了

---

① 根据公开资料整理，2010 - 08 - 16.
② 外汇局发布境外机构投资者投资银行间债券市场外汇管理规定［EB/OL］.（2016 - 06 - 03）［2022 - 03 - 08］. https：//www. safe. gov. cn/jiangxi/2016/0603/422. html.
③ 根据公开资料整理，2017 - 07 - 03.
④ 根据公开资料整理，2018 - 08 - 30.
⑤ 根据公开资料整理，2019 - 09 - 10.

《关于进一步便利境外机构投资者投资银行间债券市场有关事项的通知》，允许同一境外主体 QFII/RQFII 和直接入市渠道下的债券进行非交易过户，资金账户之间可以直接划转，同时同一境外主体通过上述渠道入市只需备案一次。境外机构投资者通过不同渠道投资银行间市场的政策原则上基本趋同。[1]

目前，境外机构投资者进入中国银行间债券市场的方式主要有三个途径，分别为 QFII 与 RQFII、"债券通"中的"北向通"、直接投资银行间债券市场（CIBM）。境外机构投资者投资中国债券市场的以上三种途径均已没有投资额度限制。[2]

（五）提前解除限制

国家有关部门决定，证券公司等三类机构外资股比限制提前一年解除。将原定于 2021 年取消证券公司、基金管理公司和期货公司外资股比限制的时点提前到 2020 年。证监会表示，提前于 2020 年内取消证券公司、基金管理公司、期货公司外资股比限制，是证监会认真落实党中央国务院深化金融供给侧改革、扩大金融业对外开放等决策部署的重要举措，符合资本市场和行业以开放促改革、促发展的客观要求，体现了我国坚定不移深化改革开放的决心和信心。

（六）增加持有人民币资产

根据中央结算公司的统计，到 2020 年 12 月末，境外已持续 25 个月净增持人民币债券。境外机构持有债券主要为国债和政策性银行债，2020 年末持有规模占 97% 以上，其中持有国债规模已占记账式国债存量的 10% 左右。所以，实际上这些年通过 QFII、人民币合格境外机构投资者（RQFII）、银行间债券市场开放，以及北向债券通的渠道，中国努力实现方便境外投资者进入国内市场。境外投资者希望持有人民币金融资产，不用在香港持有人民币存款，也不用到香港买人民币点心债，可以直接到内地购买人民币股票、人民币债券的愿望已经实现。

二、国内市场改革力度加大

（一）增加市场工具，对冲外汇风险

虽然债券市场对外开放已经取得了很大成绩，但是仍然属于初级阶段。银行间

---

[1] 根据公开资料整理，2019-10-16.
[2] 中央结算公司，2021-09-18.

外汇市场现汇交易，目前只有境外央行可以参与。"北向通"下投资者仍不可以进入境内的外汇衍生品市场。投资者的外汇风险对冲工具比较缺乏，不能完全对冲外汇风险。同时，部分境外投资者还无法参与中国债券市场的国债回购交易，境外投资者也无法有效参与国内的国债期货市场。这意味着投资者缺少利率风险对冲工具，无法完全对冲利率风险。

针对这些境外投资者关心的问题，中国正在采取有力政策举措，为境外投资者参与建立技术基础设施和法律制度条件。国家外汇局正研究优化境外投资者参与外汇对冲交易相关安排，将有效支持境外投资者的特殊结算周期需求。与此同时，财政部计划增加 2019 年关键期限国债续发次数。监管部门还将适时全面放开回购交易，推进人民币衍生品的使用。同时，在债券市场互联互通方面，监管部门还将研究推出债券 ETF 等指数型产品，并推动债券中央存管机构互联互通。

此外，2017 年香港交易所推出中国国债期货试点，满足了国际投资者风险管理需求，也促进了港交所上市的人民币债券交易，取得了一定成效。可考虑进一步研究在港上市内地标的离岸衍生品的相关安排，恢复试点，发挥中央登记托管机构专业优势，从符合流动性等要求的债券范围内构建国债篮子，提供国债篮子及国债期货的每日参考结算价，以提高价格的可靠性、有效性①。

（二）提供更多渠道和路径

自 2010 年三类境外机构入市以来，监管部门开启了"全球通"模式和"中央确权 + 结算代理"的制度体系。中央确权 + 结算代理是指境外投资者在中央结算公司开立实名账户，委托具备国际结算业务能力的银行间市场结算代理人进行债券交易和结算。如此安排能够实现穿透监管，具有安全、简洁、透明的特点，体现了中央登记的制度、成本和服务优势。截至 2020 年末，通过"全球通"模式入市的境外投资者持债规模为 2.19 万亿元，占境外机构持债总规模的七成以上。

"债券通"模式是"全球通"模式的补充，投资者以境外中小商业类机构为主，通过香港金融管理局旗下的中央结算系统（CMU）间接进入，在境外通过多层中介逐级上报。"债券通"采取多级托管体系，投资者间接持有债券，难以实现穿透监管，未来需要在托管体系方面进一步改进。

（三）方便资金流动

近年来，人民币跨境支付系统建设积极推进，一期、二期相继成功上线，国内

---

① 中央结算公司，2023 - 06 - 26.

国际支付统筹兼顾的央行支付系统日益发展成熟，支持了各种跨境交易、电子支付和金融市场活动。在全球通模式下，债券结算采取 DVP 方式，资金收付通过人民银行大额支付系统进行办理；债券通模式也于 2018 年实现 DVP 结算，资金收付通过人民币跨境支付系统（CIPS）完成。[①]

近几年中国债市取得重大进展的时期，具有里程碑意义。然而，中国债市的对外开放不会一蹴而就，还有不少基础设施建设及基本的配套制度需要进一步完善。中国债券资本市场完全融入国际资本市场，还取决于我国金融市场的不断深化和人民币的进一步国际化。

（四）增加市场品种，完善基础设施

目前我国债券市场的对外开放程度还比较低，2018 年底，外资持有我国债券的占比仅为 3.1%，持有我国国债的占比仅为 9.7%，相比于美国（28%）、日本（14%），还有比较大的提升空间。[②] 此外，考虑到我国国债具有较高的收益率，吸引国际资本仍然有很大潜力。近年来，中国金融市场对外开放步伐明显加快。从发行和流通数量来看，中国债券市场已经成为全球第二大债券市场。债券市场品种丰富、交易工具相对齐全，基础设施逐步建立。国家外汇管理局在 2021 年向 17 家 QDII 发放了 103 亿美元额度，是实行额度管理以来最多的一次。[③]

第二节 债券市场对外开放的新形势

一、国外指数对于中国债券市场品种的认可

这几年中国加入国际主流债券指数的进度加快。通过改进境外投资者投资中国债市的相关规则，提高投资的便捷性，增强了中国债券市场的吸引力，为主要国际债券指数编制机构将人民币债券纳入相关指数创造了条件。在此基础上，中国债券市场逐步得到国际主流债券指数编制机构的认可。

（一）债市外资投资所占比重上升

外资持有我国债券的总量及占比持续上升。随着我国债券市场对外开放程度逐

---

① 中央结算公司，2021 – 09 – 18.
② 孙彬彬. 债市开放进行到了哪一步？Wind 金融终端.
③ 根据公开资料整理，2021 – 06 – 13.

渐加大，自 2015 年底以来境外机构及外资银行持有我国债券的余额和占比持续上升。2019 年，境外机构投资者共达成现券交易 5.3 万亿元，交易量同比增长 66%。其中，买入债券 3.2 万亿元，卖出债券 2.1 万亿元，净买入 1.1 万亿元。2019 年，境外机构投资债券类型分布中，政策性银行债、国债、同业存单交易量占比分别为 43%、33% 和 20%。[①]

从债券品种来看，外资更加偏好我国国债和政策性金融债，且这一趋势并未发生明显改变。2019 年 8 月，境外机构及外资银行持有的国债和政策性金融债合计规模达到 2.18 万亿元，占比达到 83%；其次是同业存单、中票、企业债等，占比分别为 10%、2% 和 1%。外资对我国信用债的参与程度还比较有限。[②]

截至 2021 年 7 月末，境外机构持有我国银行间市场债券 3.77 万亿元，刷新历史纪录；与上月末相比，持债规模上升 234 亿元，为连续第 4 个月上升。2021 年前 7 个月，境外机构持有的境内债券累计增加 5123 亿元。分析人士指出，境外机构扩大对中国债券的投资是长期性、趋势性的行为，体现了国际投资者对中国经济长期向好的信心。[③]

（二）新的中国债券指数及其意义

美国花旗银行于 2017 年 6 月 30 日宣布将发布两只新的债券指数：花旗中国债券指数和花旗中国银行间债券指数，并从 2017 年 7 月起将中国纳入"花旗世界国债指数—扩展市场"。

2018 年 3 月 23 日，彭博首先宣布将人民币计价的中国国债和政策性银行债券纳入彭博巴克莱全球综合指数（Bloomberg Barclays Global - Aggregate Index，BBGA），中国债券纳入指数将从 2019 年 4 月开始，用时 20 个月分步完成，标志着我国债市首次被纳入全球主要债券指数。

2019 年 9 月 4 日，摩根大通宣布以人民币计价的高流动性中国政府债券将于 2020 年 2 月 28 日起被纳入摩根大通旗舰全球新兴市场政府债券指数系列（JPM Global Emerging Market Bond Index，JPM GBI - EM），纳入工作将在 10 个月内分步完成。从彭博巴克莱全球综合指数开始，我国债券市场未来也有望陆续被纳入其他国际主流债券指数，这将促进国际投资者投资中国债券市场，为国内债券市场的发展增加持续强劲的外部力量。

[①]　根据公开资料整理，2021 - 04 - 09.

[②]　孙彬彬. 债市开放进行到了哪一步？Wind 金融终端.

[③]　根据公开资料整理，2021 - 08 - 13.

基于被动指数型基金的庞大市场规模，债券被纳入重要指数在固定收益市场领域中被视为一大重要里程碑。2020 年，中国国债首次被纳入彭博巴克莱全球综合指数和摩根大通旗舰指数；2021 年 10 月富时罗素（FTSE Russell）宣布开始分阶段将中国国债纳入富时世界国债指数（World Government Bond Index，WGBI）。目前，中国国债已经被全球三大债券指数提供商覆盖：追踪富时指数的资金约有 2.5 兆美元，高盛研究部预估中国国债届时将占指数 5.7% 的权重，表示约有 1400 亿美元的新外资将会流入中国债市。

也有研究显示，彭博巴克莱全球综合指数和摩根大通旗舰指数将中国债券市场纳入，将带来 1100 亿~1450 亿美元的资金流入，富时全球政府债券指数将中国债券市场纳入，还将带来 1500 亿~1700 亿美元的资金流入。随着债券市场开放程度的不断提高，我国债券市场与国际资本市场的趋同性或还将进一步加强。①

（三）纳入三大国际债券指数后任重道远

1. 中国债券市场纳入 BBGA 指数

彭博 2017 年 3 月 1 日正式推出两项将人民币计价的中国债券和全球指数相结合的全新固定收益指数，分别为"全球综合 + 中国指数"（Global Aggregate + China Index），由彭博的全球综合指数与中国综合指数中的国债和政策性银行债券组成，和"新兴市场本地货币政府债券 + 中国指数"（EM Local Currency Government + China Index），由彭博的新兴市场本地货币政府债券指数和中国综合指数中的国债组成。"全球综合 + 中国指数"目前主要由美元、欧元、日元等货币构成。截至 2017 年 1 月底，人民币在计价货币中的权重约为 4.9%，与英镑同权重，是该指数中继美元、欧元、日元后的第四大货币。

根据彭博预测，完全纳入全球综合指数后，人民币计价的中国债券将成为继美元、欧元、日元之后的第四大计价货币债券。目前，跟踪 BBGA 指数的被动资产管理规模约 2 万亿美元，考虑中国市场纳入之后占比 4.5%~6%，将会为中国债券市场带来 900 亿~1200 亿美元的资金流入。②

2. 中国债券市场纳入 GBI – EM 指数

GBI – EM Global Div 作为 GBI – EM 家族中最受欢迎的指数，纳入该指数的经济体有一个 10% 的市场权重上限。基于我国债市的体量以及与纳入指数的其他经

---

① 孙彬彬. 债市开放进行到了哪一步？Wind 金融终端.
② 中央结算公司，2021 – 09 – 18.

济体的对比，我国债市纳入权重很可能达到上限 10%。

3. 中国债券市场纳入 WGBI 指数

2021 年 10 月 29 日，中国国债正式纳入富时世界国债指数（WGBI）。这样，我国国债已经被世界上三大主要债券指数纳入。反映了国际资本市场对我国国债市场健康发展和开放的认可。[①]

虽然中国债券市场已经被纳入 WGBI 指数，但是 WGBI 主指数对于经济体资本管制有着严格的要求，中国债市目前还未被纳入 WGBI 主指数。准入 WGBI 的债券的标准之一是最小发行量，而且不同市场最小发行量也不同。比如对于美国国债而言，最小发行量是 50 亿美元，对欧盟市场则是 25 亿欧元，新加坡是 15 亿新加坡元，墨西哥发行量要求为 100 亿比索。这对于确定市场权重非常重要，因为发行量越低，意味着债券被纳入指数的门槛越低，合格债券的市值也就越高，反之亦然。

据估算，如果中国债券市场纳入后规定的发行规模是 200 亿元人民币，那么符合条件的国债为 14.1 万亿元人民币（2 万亿美元），目前，WGBI 指数的市值约 23.36 万亿美元，考虑到中国市场纳入 2 万亿美元，则 WGBI 指数的市值增长为 23.36 万亿美元，中国市场份额占比 7.8%。[②]

（四）债券指数推动我国债券市场进一步开放

整体而言，目前中国已经被纳入的彭博巴克莱全球综合指数及摩根大通政府债券—全球新兴市场指数，跟踪这些指数的投资人未来有望增加，管理的基金有可能复制跟踪的指数权重，在此基础上将有望为中国带来 1100 亿~1450 亿美元的资金流入。如果被纳入富时全球政府债券指数（WGBI），还将为中国带来 1500 亿~1700 亿美元的资金流入。三大指数合计将为中国债券市场带来约 3000 亿美元的资金流入。我国债券市场纳入国际主流债券指数后将会大大带动外资对我国国债和政金债的需求，并有望提升债券的流动性，同时也进一步推动我国债券市场的对外开放。

二、债券市场为国际投资者提供流动性最好的资产

债券市场是人民币国际化的重要载体。债券市场的发展可以促进人民币在国际

[①] 金观平. 债券市场加快对外开放意味着什么？[N]. 经济日报，2021-11-02.
[②] 根据公开资料整理，2021-8-13.

范围履行货币职能，为离岸人民币提供收益率曲线，推动国内金融市场与国际市场的接轨，促进人民币跨境双向流动。与此同时，也会促进我国国际收支中的资本项目逐步放开。

（一）资产配置

人民币国际化进程开始以后，外国居民和机构会持有更多的人民币，除了消费以外，他们希望持有更多的可以随时变现的人民币资产。债券资本市场可以向国外人民币持有人提供最具流动性的债券资产。债券市场提供固定收益工具，这些工具具有低波动性，是国际金融机构在资产配置上的重要选项。人民币债券市场的深度和广度的提升，有助于中国资本市场与国际资本市场的一体化。

（二）投资收益

在低利率的大环境之下，中国经济增长率高，中国国债相比全球其他政府债券的收益率更具吸引力。中国国债的走向与全球固定收益资产的关联性较低，提供了投资者分散投资风险的有用工具。随着中国资本市场改革开放加速及中国经济在新冠肺炎疫情之后的强力复苏，外资对于投入中国的债券市场也更加具有信心。

（三）债券资本市场的发展为离岸人民币提供利率基准

离岸人民币是人民币国际化的重要窗口和先行实验场所。以人民币计价的中国债券资本市场可以为人民币资产的定价提供基准。2010 年以后，财政部和国家开发银行多次在香港、伦敦等国际资本市场发行人民币债券，目的就是为境外投资者提供债券资产。当然，债券资本市场的国际化，也受到境外人民币数量的影响。2015 年汇改以后，国家监管部门通过更加严格的宏观审慎政策应对人民币汇率的剧烈波动和贬值预期，香港离岸人民币存款规模较高点下降了一半左右，人民币跨境流动受到了限制。人民币国际化需要解决的问题就是人民币的回流问题，顺畅便捷的人民币回流机制可以和向境外流动的人民币资金形成良好的互动。近年来离岸人民币资金池持续萎缩，导致离岸人民币债券的发行受到了影响。随着"债券通"的推出，离岸人民币回流的渠道进一步打开，离岸人民币可以形成了以境内市场利率为基础的收益率曲线。债券资本市场的发展可以增强人民币跨境双向流动，未来以债券为载体的人民币资金流动会进一步扩大，离岸人民币利率和国内利率的关系会更加稳定。

（四）债券市场国际化是人民币国际化的重要前提

中国债券市场和人民币国际化之间存在密切关系。债券市场与人民币国际化的进程是相辅相成和相互促进的，两者都是改革开放的产物。应该说，没有中国经济体制和财政体制改革，就没有我们今天的债券市场，没有改革开放也就没有人民币的国际化。

三、债市开放对我国债市的影响

（一）收益率水平拉平

在纳入彭博巴克莱全球综合债券指数之后，对应各国本国的国债收益率均有所下行，而从纳入之后长期的趋势来看，本国债券与美国国债等海外债券的走势走向有所趋同。特别是韩国本币国债纳入指数后的 10 年时间里，由于其外国投资者持有国债比例较高，其国债收益率走势和美国国债收益率走势呈现更强的同涨同跌的趋势。人民币债券纳入国际主流债券指数，将会带来一定的增量资金，这对利率债，特别是国债的影响作用将会比较明显。此外，随着债券市场中外资占比的提高，中国国债和国际资本市场债券利率的联动性将显著增强。

（二）债券市场国际化对风险溢价的影响

一般来说，债券市场国际化会导致利率水平趋于一致，但是这是一个过程。随着中国债券市场国际化进程加速，国际经济和金融市场的波动必然会影响我国金融市场和利率水平。"在中国进一步扩大金融对外开放的背景下，全球风险对中国资本市场冲击越发凸显。①"有学者研究指出，"中国长期国债的超额预期收益在多数时期持续高于短期国债，但在次贷危机和 2015 年中国经济下行压力陡增的时期，中国长、短期国债的超额预期收益率曾出现短暂的'倒挂'现象。"这种现象说明，市场对于长期经济前景表示担忧。同时，国债的风险也体现了国家风险。我国国债的超额预期收益与美国、欧元区相比，在多数时期处于较低水平，仅在危机时期与美欧等国的体量相当。问题在于我国国债的风险价格（单位风险报酬）较低，与美、欧相比存在数倍差距，将来有拉高的可能。但是总体来说，债券市场国际化对我国金融市场的积极因素大于消极因素。

---

① 费尔奇，刘康．金融开放条件下国债市场的波动溢出和风险定价研究［J］．经济研究，2020（9）：25.

第三节　国内外债券市场的统一

一、国内市场与国际市场进一步接轨

（一）内外资平等待遇

市场普遍认为，取消外商来华投资总资产规模和股权比例的限制，有利于更多中小外资机构进入国内市场，丰富多层次资本市场体系；应该强调内外资一致的原则，内外资享受平等待遇公平竞争。通过完善资本市场开放的制度限制，不断完善财务会计、税收、公司治理和信息披露等监管配套制度，实现国内和国际法律制度接轨。

中国政府近年来的举措丰富了交易品种，优化了市场结构，为境内外投资者投资 A 股和港股提供了便利和机会，有利于投资者共享两地经济发展成果，促进两地资本市场的共同繁荣发展；有利于拓展市场的广度和深度，促进债券市场的健康发展；有利于推进人民币国际化，提高跨境资本的流动性和金融交易可兑换程度。[①]

（二）丰富债券市场产品适应境内境外投资者的需要

债券市场的发展将提升汇率和利率衍生产品的多样性。债券市场国际化主要是产品品种和规格的国际化，未来中国将对境外商业机构逐步放开回购业务，满足其流动性管理需求，同时促进国内外规则对接，允许境外投资者自主选择签订银行间市场回购主协议或国际通用回购协议。同时，加快推动人民币债券纳入全球合格担保品池，以促进人民币债券流动性提升，拓展国际投资者参与中国债券市场的深度。

目前，人民币利率、汇率产品的多样性程度不高，通过债券通投资于境内的资金，可以通过境内人民币市场进行远期汇率风险的对冲，提高境外投资者进入境内市场的积极性。随着外资的不断进入，将来可以通过开发和开放利率互换、货币互换、信用违约互换等产品对冲利率和信用风险，进一步提高人民币资产的吸引力。同时，有步骤放开境外机构参与国债期货的限制，便于其开展标准化利率风险对冲

---

① 根据公开资料整理，2014 - 11 - 18.

和套期保值操作。①

二、统一资本市场的基础设施

（一）统一交易和托管系统

人民币国际化的一个重要步骤是交易流程和适用法律的国际化。中国资本市场越来越多的开放措施体现在交易基础设施方面的统一。目前，我国的交易流程、托管方式、清算模式和国外有很大差异，统一基础设施意义巨大。

2020 年 9 月 1 日交易中心与彭博共同宣布，在彭博终端上针对中国银行间债券市场直投模式与交易中心交易系统连接，为国际投资者提供请求报价（RFQ）服务。这项新的电子交易服务将提升全球投资者与境内做市机构交易中国债券的效率，并带来更高的市场透明度。② 交易中心与彭博推出的这项电子交易服务，为直投模式下境外投资者提供了便利的交易方式选择，将进一步提升全球投资者参与中国债券市场的效率，并带来更高的市场透明度。电子交易平台的上线，也有助于正在为境外投资者提供服务的建行新加坡分行更便利地为境外客户提供中国债券市场投资交易服务③，为直投模式下境外投资者提供了电子交易方式选择，各参与方的便利度及效率将进一步提升④。

中央托管机构也积极探索与境外中央托管机构、境内外托管行等机构的合作，在发挥中央登记、穿透监管制度优势的基础上，为境外投资者提供更具灵活性和包容性的托管结算体系。2019 年 7 月，中央结算公司作为全球簿记管理人，与中华（澳门）金融资产交易股份有限公司（MOX）合作，为财政部在澳门发行首只 20 亿元人民币国债提供全面支持，创设了"镜像账户、同步登记、中央确权"的发行登记结算模式。⑤ 该模式下投资者在澳门开立账户，同时澳门 MOX 和中央结算公司合作，代投资者在中央结算公司开立明细账户，实现中央登记确权。此外，中央结算公司积极推进与明讯银行、欧清银行的合作，在"全球通"模式基础上为境外投资者直接参与中国债券市场提供更为便捷高效的路径。⑥ "全球通"主渠道活力持续释放，中央结算公司作为国家重要金融基础设施运行机构，为债券市场开放提供全面支持保障，进一步夯实开放基础，抓好主流开放渠道，探索跨境互联升级版，推动债券市场实现更加安全、更加透明、更可持续和更高质量的对外

---

① ③ ⑥　中央结算公司，2021 – 09 – 18.

② ④　根据公开资料整理，2019 – 05 – 30.

⑤　根据公开资料整理，2021 – 08 – 31.

开放。[1]

（二）中债价格指标产品

中央结算公司构建的中债价格指标产品为境外投资者投资境内债券提供了可靠的量化工具和跟踪标的。2016 年 10 月，3 个月期中债国债收益率曲线被纳入 SDR 利率篮子。2016 年编制发布中国首批绿色债券指数和全球首只气候债券指数，已在卢森堡交易所发布并展示。2018 年 10 月，中央结算公司与境外专业公司联合发布"中债 iBoxx 指数"，成为首只运用中国债市基准价格打造发布的全球品牌人民币债券指数。2019 年我国台湾地区新光投信发行中债十年期国债绿色相关债券指数产品，是台湾市场唯一有绿色概念标的的产品。近年来多只中债指数及跟踪 ETF 产品登录纽约、卢森堡、新加坡、中国台湾等多地交易所，并陆续推出离岸人民币中国主权债及政策性金融债、中资美元债和中资欧元债的收益率曲线及相关估值和指数。目前，已有逾 200 家境外机构使用中债价格指标产品，基本覆盖所有境外主权类机构投资者，商业类机构应用也在持续增多。

（三）中央结算公司的国际担保品管理系统

2016 年 11 月 3 日，中央结算公司作为担保品管理人和执行人，成功支持中国银行伦敦分行在境外完成"绿色资产担保债券"发行定价，揭开了国内银行以境内资产担保在境外发债这一创新业务的序幕。[2] 2019 年 4 月，中央结算公司与中金所合作，共同支持首单境外投资者使用债券作为期货保证金业务落地。[3] 中央结算公司打造了国际先进的担保品管理系统，成为全球最大的债券担保品管理平台，2022 年担保品管理余额已突破 19 万亿元，并积极推进人民币债券担保品跨境服务。为境外央行与境内银行开展货币互换提供履约担保，为合格境外机构投资者参与期货交易提供保证金支持，为金融机构跨境融资、跨境发行等提供担保品管理服务[4]，为境外央行与境内银行开展货币互换提供履约担保，为合格境外机构投资者参与期货交易提供保证金支持，为金融机构跨境融资、跨境发行等提供担保品管理服务。[5] 此外，中央结算公司积极与国内外金融基础设施服务机构和金融中介合作，探索打造创新型跨境担保品合作平台，助力债市开放和人民币国际化，"人

---

① 根据公开资料整理，2021 – 08 – 31.
② 根据公开资料整理，2016 – 11.
③ 根据公开资料整理，2020 – 11 – 27.
④ 中央结算公司，2021 – 09 – 18.
⑤ 中央结算公司，2022 – 10 – 28.

民币债券成为英国市场普遍接纳的合格担保品"纳入第十次中英经济财金对话的重要政策成果。①

（四）中央结算公司对外开放的综合服务功能

中央结算公司全方位完善对外开放综合服务功能，配合开放政策，大力开展债市宣介，举办各类国际机构投资者交流会活动，推动服务信息国际语言化，上线多语种客户端，对接国际信息网络，提升国际服务能力。同时，中央结算公司推进入市开户流程电子化，为境外机构入市提供便利，并与中国银行业协会共建伦敦代表处，参与由政府部门牵头建立的人民币监测工作小组、中英金融市场基础设施工作组等。②

三、未来发展趋势

（一）我国目前仍处于债券市场开放的初级阶段

中国债券市场的开放程度仍有很大的提升空间。截至 2018 年底，我国国债中外资持有的比例为 9.3%，低于同期日本的 12.1%、美国的 40.2% 和韩国的 20.1%。与美国相比，我国国债的外资持债比例较低，仍有非常大的发展潜力。即使与亚洲的日本、韩国相比，我国债市的开放程度也仍然有待提高。

相对而言，国外投资者参与我国信用债的程度有限。境外机构持有我国信用债的规模在 2014 年刚兑信仰被打破之后的一段时间里持续下滑，这一趋势一直到 2017 年底才有所改变。目前，境外机构持有我国信用债的规模开始恢复增长，但截至 2019 年 8 月，总规模也仅有 989.6 亿元，在其整体的持仓规模中占比较小。

（二）中国利率债券对外资吸引力很大

未来中国利率债仍将保持较强的吸引力，外资配置需求可能进一步提升。在全球大动荡的背景下，人民币债券市场扮演着避险资产的角色。其中一个很重要的原因是因为境外持有的人民币债券资产主要是国债、政策性金融债、银行同业存单等相对安全的债券品种。在全球低利率环境下，安全资产比较稀缺，从而人民币债券资产、主权信用或准主权信用资产受到了国际投资者的青睐。从 QFII、RQFII 制度

---

① 中央结算公司，2019 - 11 - 04.
② 中央结算公司，2021 - 09 - 18.

的推出，到今天取消 QFII、RQFII 的限额、QDII 和 RQDII 的不断扩容，从中国的发行体单向去国际市场发行外币债券，到今天中国财政部去海外市场（包括香港和澳门市场）发行人民币债券、央行 2021 年常态化地发行央票，代表了人民币国际化和债券市场双向开放不断前进的过程。

小　结

近几年我国债券市场国际化的速度明显加快，债券品种进入三大指数说明我国国内债券市场得到国际认可，但是这也对我国债券资本市场的发展提出了更高的要求。要认识到我国债券市场存在的问题，推动国内市场的统一监管和统一托管，加快市场建设，增加衍生产品等市场对冲工具。未来发展债券市场最重要的工作是加强市场的制度建设。"在持续深化金融业双向开放、提高我国金融业整体竞争力的同时，还应加快完善各项制度安排，优化金融监管政策，夯实金融市场平衡健康发展的基础；应不断提升开放条件下的经济金融管理能力和风险防控水平，构建与金融业务高水平开放要求相适应的金融风险防控体系。①"统一市场，统一监管，统一税收政策，提高市场服务水平，加强市场本身管理风险的内生动力，是当务之急。同时，债券市场要和国际接轨，必须强调以人为本的新的经营理念，以绿色、环保为发行人愿景，以 ESG 为公司发展的新理念，以满足客户的需求为目标，实现债券资本市场健康、稳定、绿色和可持续发展。

---

① 金观平. 债券市场加快对外开放意味着什么？[N]. 经济日报，2021 – 11 – 02.

第二十四章 改革开放以后中国发行的外债

本章主要介绍改革开放后中国政府发行的外债。中国历史上的外债主要是从外国银行的借款。改革开放后的初期有不同借款形式，但是以双边和多边的优惠贷款为主，后来改为在国际资本市场发行主权债券。

第一节 主权外债的发行

一、外债发行的背景

自清朝以来，中国已屡次在战争期间欠下外债。1949~1979年，中国政府主张利用国内财政资源，不依靠发行外债。1968年，中国政府宣布既无内债又无外债。改革开放后，中国又重新开始举借外债。20世纪80年代，中国举借的外债主要来自世界银行和外国政府贷款，称为多边贷款和双边贷款。1987年以前，只有中国银行曾代表中国政府在国际资本市场上发债融资。

中国向国际资本市场进军的第一步是主权国家进入国际资本市场。改革开放初期，中国大量利用外资，包括外国直接投资、利用外国政府贷款和发行外债。随着中国人均收入的提高，多边和双边的国际组织和外国政府的优惠贷款逐渐减少。到21世纪初期，中国政府和国家政策性银行发行外债的必要性已经没有了。随着改革开放的深入发展，中国经济也逐渐进入了经济全球化的进程。2000年以后，中国外汇储备逐渐跃居世界首位，中国从一个资本输入国转变为资本输出国。中国债券市场国际化的进程表现在中国政府和机构广泛作为投资者的身份参与国际资本市场。这个过程也是国际银行大举进入中国，以及中国的银行逐渐进入世界的过程。

在国际资本市场发行的债券不同于世界银行贷款、外国政府贷款和外国直接投资。债券是标准化的贷款，可以上市交易，流动性很好，投资者范围宽广；贷款也可以交易，但流动性不好，投资者基础有限。与此同时，国际债券又不同于国内债券，适用不同的法律。外债的特殊性带来了一系列法律问题和市场问题，这是中国政府进入国际资本市场必须解决的问题。

二、发行外债的目的

改革开放初期，关于是否应该发行外债，一直存在不少争议。由于中国本来就存在储蓄率过高的问题，不少专家认为应该利用国内储蓄资源，不应该发行外债。20 世纪 80 年代后期以来，在中国政府进入国际资本市场发行债券时，国内不少部门持反对态度。其实国家借外债有多种考虑，不局限于融资需要和市场资金的供求。

（一）利率的考虑

举借外债的商业逻辑就是利用两国政府的信用差和利率差（见图 24 - 1，图表主要说明发行外债的理由，利率数字供参考）。

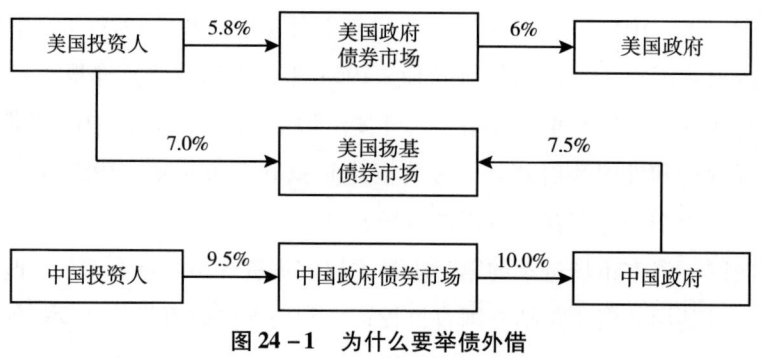

图 24 - 1　为什么要举债外借

资料来源：高坚. 中国债券资本市场 [M]. 北京：经济科学出版社，2007：389.

因此，如果中美两国的利率存在显著差异，以外债筹资就不失为明智之举。但是如果中国的利率水平下降，与美国接近，那么举借外债就不再具有优势。

除了商业上的原因，举借外债还有其他目的。例如，与国际金融市场保持长期关系，使投资人熟悉发行人的名字，方便将来持续发行外债。参与国际融资的政府债券发行人能够更方便地确立长期市场地位，保障长期融资的成功，同时也为其他国内发行人建立市场基准，拓宽投资者基础，有助于实现长期融资的低成本高效率。

（二）长期市场地位

主权债券发行人通常都会频繁地发债，以确立长期性的市场地位，除了能让投资人更熟悉发行人，还能让包括承销人、机构投资人在内的其他市场参与人更了解发行人的市场表现。确立了长期性的市场地位之后，发行人就能在有需要的时候随时利用国际资本市场筹集资金。

（三）市场基准

从 1987 年开始财政部代表中国政府发行主权外债。主权债券发行人的目的除了筹资之外，通常还包括为其他国内发行人树立一定的市场基准。由于主权发行体发行外债的利率水平最低，其他发行体会根据风险溢价水平加一个利差，良好的市场基准能够帮助国内其他发行人确定适当的价格，降低融资成本。事实上，有时候政府发行外债就是为了建立新的基准。

此外，还有两家准主权债券发行人：国家开发银行和进出口银行。国家开发银行和进出口银行作为准主权债券发行人，无须为其他国内发行人建立市场基准，但是在设计外债发行目标时应该考虑三大目标：①拓宽投资主体；②以较低的成本筹资；③建立自身的长期性市场地位。

（四）实现高效率低成本融资

大多数情况下，发行人可以通过下列方式降低融资成本：第一，缩小与基准利率的差额，在市场变化时，尽可能选择较低的基准利率；第二，尽可能降低发行费用。缩小利差需要提升发行人的信用评级。为此，必须进行成功的路演和实行恰当的市场营销策略。

（五）拓宽投资主体

为了保证与市场不间断的联系，主权债券发行人需要经常在市场中出现，因此有必要拓宽投资人基础，建立与投资人的长期合作关系。主权债券发行人应当将持续拓宽投资主体作为重要的发行目标。

和其他发行人一样，主权债券发行人也应当考虑自身对资金、期限、债务规模等的需要，同时有必要考虑利用其他金融工具（如利率互换和货币互换）规避利率风险和汇率风险。在选择上市地点的时候，应该考虑该市场是否能提供必要的金融工具。

第二节　国际市场的主权债券发行

一、发行外债的授权和外债的使用

1. 发行外债的授权

1987 年以来，财政部代表中国政府在国际资本市场筹资。财政部在严格的法律制度框架下，通过发债弥补中央政府财政赤字。财政部根据预算收支安排确定筹资需要，在弥补财政赤字的同时，也兼顾未偿付债券的还本付息。财政部发行外债必须履行严格的法律程序：财政部向国务院提交预算草案，进行初审；人民代表大会负责批准借款项目，同时批准内债和外债预算。1998 年以前，发行外债由财政部综合计划司和财政部国债司负责，这一时期也是主权外债发行最活跃的时期。1998 年以后外债发行由财政部国库司以批准后的政府融资计划为基础，确定外债的借款数额，并通知金融司。之后，国库司制定具体的发债方案，同时提交国务院审批。国务院批准后，金融司全权负责执行借款方案。

国家开发银行和进出口银行作为准主权债券发行人，具有与财政部类似的发行人地位。这两家银行的外债发行项目通常以外汇投资或外汇贷款计划为基础。外债发行申请在提交国务院审批之前，首先要提交给国家外汇管理局和国家发展改革委员会审批，两家银行的发债数额都要计算在由国家外汇管理局控制的外债额度之内。完成全部审批手续之后，两家银行可以选择恰当时机执行外债发行方案。

2. 外债发行收入的使用

财政部发行外债获得的收入用于偿还到期外债，或者弥补财政赤字。国开行在国际资本市场发债获得的收入主要用于国家重点建设项目和偿还到期债务。

二、与发行外债有关的法律问题

1. 主权豁免

主权豁免是政府发行外债的前提条件。根据国际法和惯例，主权债券发行人参与商业活动时必须放弃豁免权。1987 年财政部首次发行德国马克债券时，在事先取得外交部条约法律司同意的情况下，明确宣布放弃主权豁免权。这一声明反映在

1987 年中国政府债券的交易说明书中。

近年来，在世界银行和亚洲开发银行的担保下，中国政府与一些外国金融机构签署了联合融资协议。由于签约方的特殊身份（一方是国家，另一方是法人），协议既不能归类为政府间条约，又不能归类为政府与国际组织间的条约。此外，《中华人民共和国缔结条约程序法》也没有对这类协议的性质作出规定。因此，有必要确定这类协议的条约缔结程序和主要条款，避免与我国相关法律政策发生冲突。

原则上，主权国享有司法豁免权，不受任何外国的司法管辖。但是根据国际金融市场惯例，大多数国家在以国家或政府的名义参与商业活动时，都会宣布放弃主权豁免权，并有条件地服从外国司法或外国法律的管辖。如前所述，1987 年我国财政部代表中国政府发行外债就放弃了主权豁免权。20 世纪 90 年代早期，主权豁免在实践中遇到相关延伸的问题，比如说，中国政府签署的部分融资协议明确规定了有条件地放弃主权豁免权，具有直接的法律效力。如果出现任何与违约有关的法律纠纷，中国在外国的国有资产可以被没收或者暂扣，中国实际上无法接受这类要求。为了保护中国的利益，对融资协议进行更有效的管理，必须将国际原则同中国相关的国内法律和实践结合起来考虑。随着与国际金融市场的一体化，中国也在逐步接受国际惯例。

2. 消极担保条款

贷款协议通常包含了在特定条件下约束借款人的条款。例如，借款人若未能还本付息，则不得在未经贷款人事先同意的情况下参与特定的经济活动。这类条款称为消极担保条款，又称反面担保条款。这类条款的目的在于，保障贷款人的地位不会因借款人业务的变更或借款人子公司（或附属机构）业务的变更而遭到破坏。消极担保条款禁止或限制借款人利用抵押的资产或收入参与抵押式证券交易，防止借款人将抵押品的优先处置权交与其他债权人。在发行外债的法律文件中，主权发行体消极担保条款包含的国有资产包括财政收入、外汇储备、国有企业、矿藏、公路和土地等。

大多数国家对国有资产的定义都比较宽泛。如果国有资产所占比例不大，这类条款的影响可控。但是对社会主义国家而言，国有资产所占比例通常较大，对国有资产的定义若过于宽泛，会带来许多连带的法律执行问题。目前，俄罗斯对用于抵押的国有资产给出了比较明确的定义，范围仅包括财政收入和外汇储备。

中国财政部使用的消极担保条款曾经将多种资产包含在内（如 1987 年发行德国马克债券时写入法律文件的资产担保）。不过在 1994 年的全球债券发行中，财政部缩小了资产的范畴，并明确在政府债务的法律文件中不应出现等同于"包括一切资产"的说法，同时明确其他法律规定的资产种类不应该超出财政部定义的范围。对国有资产的重新定义减少了不必要的法律纠纷，有益于中国在将来发行外债时保护国家的利益。中国目前的世界银行贷款消极担保条款包含所有国有资产，世界银行向其他国家提供的贷款也包含同样的法律条款。

3. 交叉违约

交叉违约是指如果合同项下的债务人在其他合同或类似交易项下出现违约，这种违约也将被视为对本合同的违约，本合同的债权人可以对该债务人采取相应的合同救济措施。

1997 年 7 月 1 日，财政部法律顾问提供了一份关于交叉违约的备忘录。该备忘录称，由于中国自 1994 年以来的通货膨胀，交叉违约涉及的款项从 2500 万美元增至 3000 万美元。考虑到未来可能的通货膨胀，同时也为了方便未来的债务融资，最好将交叉违约款项进一步增加至 3500 万美元。

1998 年 4 月，国开行同意将以下违约条件纳入债券发行公告中：①如果中国政府不再拥有国开行至少 51% 以上的权益。②如果人民银行未能根据国务院第 22 号文件的规定提供流动性支持。

4. 主权债券发行人的法律地位

根据美国法律，按照《144A 条例》登记的发行人必须满足以下三项要求：完全由政府出资、能够反映政府职能和取得政府支持。除财政部之外，中国的政策性银行也拥有这样的主权债券发行人的地位。

三、国际资本市场发行主权债券的市场分析和发行组织

（一）了解国际资本市场

从投资人的角度来看，债券市场可分为国内市场和离岸市场。离岸市场以国内市场为基础，主要面向外国投资人。离岸市场包括全球债券市场①、扬基债券市场、欧洲美元市场和欧元市场、龙债市场（通常属于欧洲债券市场）、武士债券市场、枫叶债券市场、袋鼠债券市场和欧亚债券市场。近年来这些市场发生了一些变化，武士债券市场有所萎缩，而欧元债券市场逐渐繁盛。国际债券资本市场长久以来受一些主要市场的主导。

---

① 全球债券市场的投资主体遍布世界，不过基本上集中在美国、欧洲和亚洲，全球债券可以在多个市场同时上市。

(二) 公开发行市场

1. 市场的特点和选择

各个离岸市场采用的货币不同，利率水平也不同，尽管由于互换市场的存在，发行成本从理论上讲应该完全相同，但是筹资成本是否相同，取决于互换市场是否具有充足的流动性。举例来说，在武士债券市场发行 20 年期日元债券的成本可能比较低，但是如果发行人希望取得美元发行收入，由于日元对美元的互换市场流动性较差，筹资成本就很有可能高于市场水平。全球债券市场的优势在于投资主体较为广泛。如果发行总额低于 5 亿美元（无法实现较高的市场流动性），则不宜选择全球债券市场。扬基债券市场的优势在于期限较长，发行总额具有一定的灵活性，但是同样由于流动性的考虑，发行总额在 5 亿美元以下时不宜选择扬基债券市场。与扬基债券相比，全球债券的发行手续费相对较低。

要理解不同市场的发行成本，就有必要比较借款人利用不同货币还款的利差。债券定价的基础是国债的收益率，外债发行收益率等于国债收益率加上由风险溢价产生的利差。进行比较时，首先，利用固定利率和浮动利率之间的互换利率，将固定利率转换为浮动利率。外债利率与政府债券基准的利差减去互换利率，就是该货币浮动利率的利差。可以设定一国货币的浮动利率与另一国的浮动利率之间的基准利差，用货币互换的成本基点来确定。其次，如果算出的利率与实际价格有偏差，就可以利用这一机会进行套利。

2. 美国私募债券市场的特点

美国私募债券市场是全球最重要的私募市场，市场规模较大，是许多主权债券发行人的首选。美国私募债券市场有以下特点：

第一，对于美国企业来说，债券市场是最大的直接融资场所，其融资规模远远超过股票市场。2006 年以前，绝大多数债券均为私募债券；2006 年以后，公募债券占据优势地位，但私募债券仍然占据重要地位。多数发行为固定利率债券，发行规模相对较小。

第二，多数为高收益债券，不强制评级。为了降低发行成本，发行人也愿意委托第三方评级公司进行评级。出现可能违约的情况时，抵押与保护条款可以为投资人提供风险保障，降低投资损失。使用信用增级的私募债券平均收益率比公募债券高 40 个基点。

第三，通常在场外市场交易。1990 年美国金融业管理局设立了专门的交易平台，方便了合格机构投资者之间进行符合美国证监会关于私募发行制度的规定

《144A 规则》债券的场外交易。

第四，信息披露相对宽松。根据《144A 规则》，证券发行人没有主动披露信息的义务。但是证券持有人可以要求向其指定的受让人提供公司基本运营和财务信息。目前，美国私募债券市场以《144A 规则》债券为主。[①]

私募债券的利差通常取决于内部信用分析的结果，而不是外部的信用评级。就私募发行而言，主要的投资人都是买入并长期持有的机构投资人，它们更关心利息收入，而不是债券的相对价格。发行人能够享受更简便的法律程序和更低的信息披露要求，以及更稳定的价格。中国发行体（包括主权发行体）主要在美国私募债券市场发行债券。

（三）债券品种的选择

1. 固定利率债券和浮动利率债券

固定利率债券能够更好地反映实际利率和信用利差，因此常用于确立市场基准。通常在市场利率较低时发行固定利率债券，可以锁定利率风险。主权债券发行人同样可以发行固定利率债券，以便建立发行基准利率，作为其他债券发行人的定价基础。

美国市场以固定利率债券为主，欧洲市场和亚洲市场则以浮动利率债券为主。由于国际资本市场由美国资本市场主导，目前大多数发行人都会选择发行固定利率债券。

从发行人的角度来看，可以在市场利率较高时发行浮动利率债券，这样未来可以享受到利率下降的好处。浮动利率债券的投资主体与固定利率债券的投资主体不同。前者主要是银行，后者主要是机构投资人。此外，银行更关心不同货币之间进行转换的便利性，而机构投资人更关心信用利差。发行浮动利率债券可以帮助机构投资人控制信用利差。

2. 普通债券和结构型债券

普通债券是指最简单、最基本的一类债券，法律条款单一，按年支付利息，到期归还本金。结构型债券具有附加条件，如附加还款选择权（投资人选择权或者发行人选择权）、附加货币选择权（如双币债券）等。

普通债券可用于建立市场基准，而结构型债券则可用于特殊的目的，能够更好地控制成本，不过可能因为附加条件的不确定性而增加风险。

---

① 根据公开资料整理，2017 - 03 - 25.

第三节　境内企业在国际资本市场发行债券

一、境内企业在国际资本市场发行债券的背景

（一）主权发行体停止在国际资本市场发行债券

1982 年我国首次在国际市场发行国际债券。1987 年 10 月，财政部在德国法兰克福发行了 3 亿马克的公募债券，这是我国经济体制改革后中央政府首次在国际资本市场发行债券。1993 年，财政部在香港发行龙债；1994 年之后财政部先后在美国发行扬基债、全球债和在日本发行武士债。2001 年前后，国家开发银行多次进入资本市场发行全球债、扬基债和武士债；2007 年国家开发银行和中国进出口银行在国际市场各发行 1 期美元债券，发行额各为 7 亿美元。之后，中国投资银行被批准首次在境内发行外币金融债券。当国家外汇储备充足时，国务院严格限制国内主要发行体，如财政部和国家开发银行在国际资本市场融资。因此，2000 年初期以后，这些发行体很少在国际资本市场发行债券。直到 2020 年，疫情期间国际资本市场利率趋近于零，中国财政部又重新返回国际资本市场发行债券。

回忆链接 ●••

改革开放初期，中国得到世界银行的多边援助和发达国家的双边援助，也有优惠利率的贷款，如日本协力基金贷款。这样，在 20 世纪 80 年代后期，财政部就有了偿还外债的需要。1987 年，财政部决定在德国发行 3 亿马克的主权债券。德国的德累斯顿银行担任这次发行的承销商。当时德累斯顿银行是德国的第三大银行，在德意志银行和德国商业银行之后。我记得德累斯顿银行在北京的首席代表包里森非常能干，他带领银行总部派来的工作人员经常到财政部介绍情况，提出建议。他们的主动服务使还不了解国际资本市场的财政部找到了切入国际资本市场的机会。对于财政部来说，没有多少人了解国际资本市场，原来的债务处只负责内债业务，内债处的人员大多不懂外语，更不了解国际业务。当时的国际业务司，主要从事国际关系，他们大多数是外语专业毕业的，也不完全了解正在发展中的国际资本市场。

当时财政部综合司的领导金鑫司长和朱福林副司长请示部领导，决定成立一个由综合计划司和国际司组成的团队。其中主要有国际司的副司长和综合司的副司长，加上这两个司以及条法司的有关成员。当时我还在综合司任统计处长，也成为

团队的成员。统计处掌握统计资料，可以为发行招募书提供所需要的信息。这也是我的职业生涯第一次和资本市场出现交集。

当时我们对于国际资本市场法律规则了解有限。承销商建议我们雇用国际律师所，但是我们代表中国政府，还是希望用中国自己的律师。后来选择了贸促会的高律师。当时也没有评级，当承销商建议主动评级时，我们拒绝了，因为我们认为中国政府的信用不需要国际评级公司为其评级。在法律文本，特别是招募书中必须要解决主权豁免的问题，财政部商外交部请示国务院得到了认可。1987 年下半年，当时以财政部副部长田一农为首的代表团到达了波恩并会见了德国政府有关部门，然后到法兰克福会见了主要投资人，并与承销商德累斯顿银行进行有关发行条件的讨论和谈判。我作为代表团的成员见证了整个发行过程。可惜代表团的其他成员后来再也未从事这项工作。

后来，这 3 亿马克债券成功在法兰克福发行了。从这时起中国政府也以市场参与者的身份进入国际资本市场，表现了中国对外开放的形象。这次发行的政治、外交意义远远大于经济意义。

（资料来源：高坚 . 我所经历的中国债券资本市场的历史（上）［N］. 金融时报，2017－08－30. 略有修改 . ）

这一时期，除广东国投以外，其他企业很少在国际资本市场发行债券。主要因为广东国投违约以后的负面影响，以及国家发展改革委对于境外发行债券的严格控制。

（二）主管部门放松对于企业发行外债的限制

中国企业发行外债是在 2015 年以后。国家发展改革委于 2015 年 9 月 14 日发布了《关于推进企业发行外债备案登记制管理改革的通知》，将境外债券定义为"境内企业及其控制的境外企业或分支机构向境外举借的、以本币或外币计价、按约定还本付息的 1 年期以上债务工具"。根据该通知，发改委放松了企业海外发债的条件，鼓励境内企业发行外币债券，取消发行外债的额度审批，实行备案登记制管理。

国家发展改革委对境外发行债券的监管，主要依据的法规是 2015 年 9 月 14 日国家发展改革委发布并实施的 2044 号文，其中明确规定拟在境外发行债券的企业需按照相关规定进行备案登记和信息报送。此前，根据《国家计委、中国人民银行关于进一步加强对外发债管理的意见》（自 2000 年 2 月 23 日起施行）以及《关于境内非金融机构赴香港特别行政区发行人民币债券有关事项的通知》（自 2012 年 5 月 2 日起施行）的规定，国家对境外发行债券实施审批管理。随着 2044 号文的发布与实施，企业发行外债的审批手续被取消，改为事前备案登记和事后信息报送的管理方式。①

此后，2016 年 5 月人民银行发布《关于在全国范围内实施全口径跨境融资宏观审慎管理的通知》，统一了国内企业的本外币外债管理，将原先在自贸区试点的全口径跨境融资推广到全国范围内执行。现在所有的国内企业（房地产企业与政府融资平台除外）都可以通过"全口径"模式从境外融资。

2016 年 6 月 7 日，国家发展改革委进一步开展外债规模管理改革试点，选择了 21 家企业在年度外债规模内发行债券不再进行事前备案登记，待发行完成后及时报送发行信息。同时，国家发展改革委还鼓励试点企业境内母公司直接发行外债和外债资金回流结汇，并且再次重申《关于推进企业发行外债备案登记制管理改革的通知》中的政策导向，支持回流资金主要用于投资政策支持的重点建设领域。

二、境外债券发行主要中介机构及其职能

发行外债需要很多机构参与。有关参与机构及其职能如下：

（一）发行人和全球协调人

1. 发行人

与发行人有关的法律工作包括配合开展尽职调查；评级会议演示；审阅发售通函并提供修改意见；就拟议发行债券的合同条款和其他相关交易文件进行谈判和讨论；从监管部门获得相关审批。

2. 全球协调人、账簿管理人及牵头经办行

全球协调人承担主要工作，包括协调整个执行程序及与其他中介机构之间的工作关系，并明确各中介机构的职责；准备详细的执行时间表，并以此跟进各中介机构的工作进度；联络评级机构，准备评级演示材料；及时让发行人了解项目的进度及存在的问题，定期为发行人提供相关市场信息；就拟议发行债券的合同条款及条件和其他相关交易文件进行谈判和讨论；尽职调查（公司业务及财务方面）；审阅和评估相关发行文件内容，就拟议发行债券的合同条款及条件和其他相关交易文件

---

① 根据公开资料整理，2017 – 08 – 21.

进行谈判和讨论；准备路演推介材料、协调路演行程安排；簿记建档、定价、配售债券、售后市场支持。

（二）法律顾问和审计师

1. 发行方国际法律顾问

发行方需要聘用国际法律顾问，其主要职能包括撰写募集说明书；让发行人了解债券合同条款及承销协议，并协助发行人与承销商律师讨论及修改其文件内容；在债券上市过程中担任上市代理；审阅法律文件，包括从当地法律的角度审阅条款和条件；开展尽职调查；出具法律意见。

2. 账簿管理人国际法律顾问

账簿管理人的国际法律顾问代表投资人，其工作包括协助承销商与公司律师讨论债券合同条款及承销协议的内容；开展法律尽职调查；审阅募集说明书，并提供相关修改意见；订立发行人及信托人的持续责任（信托人代表所有的债券持有人）；出具法律意见。

3. 中国境内法律顾问

境内法律顾问代表发行人，其工作涉及对接审批和监管，包括协助发行人准备报发改委申请文件；协助发行人准备内部程序性文件；协助发行人准备报外管局文件（视项目结构是否需要）；从中国法律角度就拟议债券发售向发行方/牵头经办行提供法律建议；审阅法律文件，包括条款和条件；开展尽职调查，并出具法律意见书；应公司或承销商要求，就与发行文件相关的内容、监管审批和其他授权方面提供建议。

4. 发行方审计师

发行方审计师向发行方展开尽职调查；审定募集说明书中的财务数据；向账簿管理人提供关于发售通函中财务披露（包括重编历史报表）以及发行方最近一次发布审计报表以来的财务或运营情况的审计报告；出具安慰函及审计意见书。

三、企业发行外债的基本方式

（一）按照境内外主体法律关系安排的模式

2044号文规范的境外发行债券主要有两种形式：一种是境内企业直接发行，另一种是境内企业通过其境外子公司间接发行。在前述两种形式之外，还有一类特殊类型的"中国企业境外发行债券方式",即尽管发债主体为境外母公司或者其在境外设立的子公司,该境外母公司的实际控制人为境内自然人,并且该境外母公司所在集团的主要业务或资产在中国境内(以下简称"红筹架构")。① 这种发行方式并不属于《关于境内非金融机构赴香港特别行政区发行人民币债券有关事项的通知》中规定的直接发行和间接发行,目前红筹架构发行债券很可能会被要求参照该通知办理外债备案登记。②

1. 直接发行模式

不设立境外特殊目的子公司,而由母公司作为发行人直接通过自身评级发行。该方案无须在境外设立特殊目的子公司,省去了子公司设立及离岸律师法律意见书出具的部分费用,时间效率高,母公司无须签署任何额外协议而增加财务负担。

2. 红筹发行模式

红筹发行模式是指境内公司将境内资产/权益与股权/资产收购或协议控制(VIE)等形式转移至在境外注册离岸公司,通过境外离岸公司来持有境内资产或股权,然后以境外注册的离岸公司名义申请在境外交易所(主要是香港联交所、纽约证券交易所、伦敦证券交易所、法兰克福证券交易所、纳斯达克证券交易所、新加坡证券交易所等)挂牌交易的上市模式。③ 对一家红筹企业,即控股公司在境外,实际业务和资产在境内的中国企业,可以直接采取该境外控股公司作为发债主体,或者专门为发债成立一家SPV,并由境外控股公司对债券进行担保,从而成为实际发行人。④

(二) 各类担保模式

1. 跨境担保模式

跨境担保结构是指境外子公司(可以是专门为发债成立的壳公司)为债券的发行人,境内注册的母公司通过对债券提供跨境担保,成为实际发行人。跨境担保采用"境内担保 + 境外放款"的模式。具体又分为以下两种模式:

一是全球授信。在满足监管和外汇管理要求的前提下,由境内银行通过其海外机构直接对跨境集团(境内母公司)的境外成员企业(可以根据境外具体情况,设立SPV公司)开展全球授信业务;境内母公司或核心企业提供连带责任担保

---

① 根据公开资料整理,2017 – 08 – 21.
② 根据公开资料整理,2017 – 09 – 26.
③ 根据公开资料整理,2020 – 10 – 27.
④ 根据公开资料整理,2020 – 05 – 06.

（见图 24 – 2）。

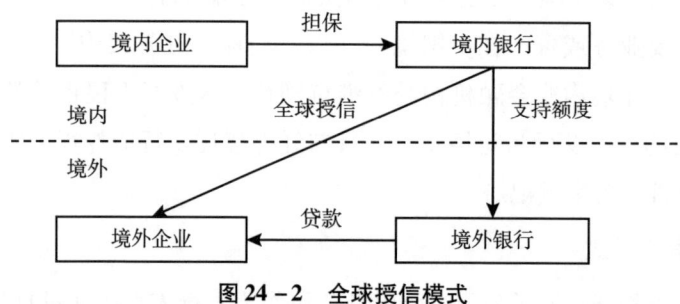

图 24 – 2 全球授信模式

资料来源：www. chinaforex. com. cn/index. php/cms/item – view – id – 45298. shtml，笔者重新绘制。

二是内保外贷。境内企业向境内银行申请，由境内银行对海外银行提供跨境担保，承担第一性保付责任，再由海外银行对境外企业提供跨境融资。境外融资价格随行就市，需要进一步了解当地的税务及法律规定（见图 24 – 3）。[①]

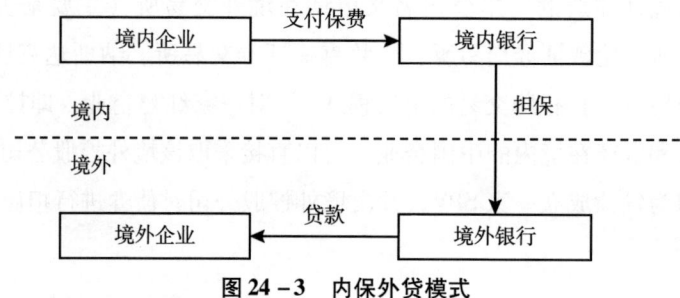

图 24 – 3 内保外贷模式

资料来源：笔者参考相关资料绘制。

2. 维好协议及股权回购承诺函模式

一般而言，中国企业（不包含港澳台地区）在海外发债，需要在海外设立发行主体（SPV），并由母公司提供担保（guarantee）。从 2013 年开始，内地房地产企业普遍遇到资金困难，国内债市无法满足需求，因此转去海外发行债券。一些企业改变了原有母公司担保的模式，采取了与传统担保不同的增信架构，这种新的法律架构就是维好协议（keepwell deed）以及股权购回承诺（EIPU）。维好协议是境内企业与境外发行人之间签署的协议。为了发行境外债券，境内企业往往会采用各种各样的增信手段，维好协议（keepwell agreement）就是一种常见的增加信用的手

---

① 根据公开资料整理，2017 – 09 – 26.

段。① 这种方式的优点是可以取代母公司担保，绕开国内监管机构针对担保债权烦琐的审批流程。②

3. 备用信用证担保模式

近年来，境内母公司在维好协议及回购权益承诺协议基础上，新增银行备用信用证/保函提供担保，成为境外债券市场认可度较高的增信方式，日益受到债券发行企业和投资者的青睐。③ 企业可通过第三方银行担保对债券进行增信，常见的方式是由担保银行出具备用信用证，承诺如果发行人未能按时支付本息，债券持有人可以直接要求担保银行代为支付。第三方增信措施性质的认定会直接影响增信措施的效力及第三方承担责任的方式和范围。具体而言，在合同效力方面，保证合同有效需以主合同有效为前提；债务加入和独立的合同不受其他合同效力的影响。在责任范围方面，保证范围一般包括主债权及其利息、违约金等；在债务加入的法律关系中，第三方责任承担范围以债务加入时原债务的内容为限，不会受到原债务人嗣后迟延履行或违约的影响。④银行担保结构下，债券的评级一般可以达到银行自身高级债券的水平，发行利率则比银行自身发行的高级债券略高。

该模式由境内或境外银行通过开立备用信用证/保函来为债券发行提供担保，以代表投资者利益的信托代理人为备用信用证/保函的受益人，承担债券到期兑付及利息支付的第一性连带责任担保。从债券发行企业角度来看，通过银行的备用信用证/保函作为增信工具，其第三方债券评级在很大程度上视同于由银行发行的债券评级，无须向评级机构披露其业务或营运的相关信息，节省了第三方信用评级的手续和费用。这种担保模式可以提升企业的信用评级，达到相当于银行信用评级的水平，这意味着可最大限度地得到境外投资者的认可，可有效降低企业债券融资成本。⑤

（三）境外发行绿色债券

中国企业在境外发行绿色债券的规模近年来出现了明显提高，数据显示，2015年7月到2018年末，我国境外发行绿色债券共36只，发行规模从12.9亿美元跃升至超过60亿美元，发行币种包括人民币、美元、欧元、日元四种货币，上市场所包括伦敦证券交易所、东京专业投资者债券市场、卢森堡证券交易所、中欧国际交易所、泛欧证券交易所及香港联交所等多家国际交易机构。我国境外发行绿色债

---

① 根据公开资料整理，2016 - 08 - 04.
②④ 根据公开资料整理，2020 - 09 - 14.
③⑤ 张福乾. 关注境外发债增信担保业务风险 [J]. 中国外汇，2017 (13).

券规模占全球绿债发行总量的比例从 2015 年的 1.9% 上升至 2018 年的 3.7%，提升显著。[①]

四、境内企业境外发行债券的优点

境外发债融资对于发行企业来说，具有重要的战略意义。企业融资途径是多样的，包括股东增资、银行贷款、优先股、发行股票、发行债券等。作为大型企业的有效融资方式之一，境外发债对于企业的经营有以下几个方面的意义[②]：

（一）进入市场相对容易，融资效率高

国内企业可以通过在境外发债实现较境内成本更低的融资。国际资本市场历史悠久，进入市场程序简单，融资效率高。一些存在跨境资本或业务的公司，通过发行境外债券，提高了融资的效率。同时由于进入市场门槛低，可以随时进出，有利于发行企业抓住市场时机，实现低成本融资。

（二）资金使用更加灵活

境外募集的资金使用相对灵活，境外法规对债券募集资金的使用没有限制。发行企业可将募集资金用于项目建设、偿还银行贷款、补充营运资金等。企业还可以借新债还旧债，实现资金的滚动使用。对境外银行和企业而言，通过境外人民币外汇市场交易，可将发行"点心债"[③] 筹集的人民币资金换成其他货币，用于日常经营和投资，目前较为常见的是通过人民币与美元的掉期（SWAP）交易，将人民币兑换成美元使用。主要业务在境内的企业，也可以通过资金的回流，将境外的资金引入国内使用。

（三）融资币种多样化

在境外融资时，企业可以根据其实际需求选择融资币种。此外，企业还可根据其自身情况及市场行情，选择进行组合币种的融资以降低融资成本。近年来，随着我国对"一带一路"倡议的推动，将有越来越多的企业走出国门。对这些具有多元化融资需求的企业来说，境外发债融资方式的重要作用会更加明显。对于有进出

---

① 根据公开资料整理，2019 – 06 – 07.

② 根据公开资料整理，2019 – 10 – 21.

③ 点心债券（dim sum bonds）是指在中国香港发行的人民币计价债券。

口业务的企业，币种的灵活性尤其重要。

（四）融资成本较低，可提升国际知名度

从企业自身来说，境外发债有助于提升其国际知名度，对于企业将来的对外合作、拓展海外市场、境外上市将有积极的推动作用。2014 年 11 月人民银行启动新一轮降息潮，但发债融资成本仍然维持在 10% 左右，而境外发行外币债券受美国和欧洲量化宽松政策影响成本较低，吸引了大批金融企业、地方国资平台公司等赴境外发行债券，使中资企业境外发债规模在 2014 年达到了历史高点。[①]

总之，境外发行债券，不仅能为企业提供高效率、低成本的融资渠道，同时有助于企业树立和强化在国际资本市场上的形象，对企业进入国际资本市场有重大的战略意义。在中国企业进行境外发行债券的过程中，其发行架构、募集资金用途以及资金调回境内使用方式等主要方面都受到发改委、外汇管理局等中国政府机构的监管制约，由于中国政府采取的监管措施不断调整变化，影响因素也会随着监管措施的调整而改变，因此拟发行境外债券的企业应当关注和重视相关法规及政策动向，并保持和有关政府部门的充分沟通，在必要的时候寻求有经验的中介机构合作，以保障境外债券的成功发行。

第四节　外债登记

一、外债登记有关事项

（一）外管局登记

除国家发展改革委要求的外债备案登记外，就境外发行债券而言，还可能涉及办理两类外汇管理局要求的登记手续。首先，根据国家外汇管理局《外债登记管理办法》（自 2013 年 5 月 13 日起施行，以下简称"19 号文"）的规定，对于境内企业在境外直接发行债券，以及采用间接发行模式或红筹架构发行债券且募集资金以债权的方式调回境内供境内企业使用，均属于 19 号文项下境内企业借用外债的情形，需要按有关规定在所在地外汇管理局办理外债签约登记手续。[②] 其次，对于 2044 号文项下的间接发行方式，如涉及境内主体提供跨境担保的，则需要根据

---

① 根据公开资料整理，2016 – 12 – 27.
② 根据公开资料整理，2017 – 08 – 21.

《国家外汇管理局关于发布〈跨境担保外汇管理规定〉的通知》（以下简称"29 号文"）的要求，办理内保外贷签约登记。

（二）外债签约登记

根据 19 号文的规定，境内企业应当在外债合同签约后 15 个工作日内，到所在地外汇管理局办理外债签约登记手续（以下简称"跨境融资管理模式"）。中国人民银行发布的《关于全口径跨境融资宏观审慎管理有关事宜的通知》（自 2017 年 1 月 12 日起施行，以下简称"9 号文"）与 19 号文中规定的办理外债签约登记时限和方式有着不同的规定。在 9 号文项下，境内企业应在跨境融资合同签约后不晚于提款前 3 个工作日，向国家外汇管理局的资本项目信息系统办理跨境融资情况签约备案（"通知模式"）即可。同时，9 号文为作为境内借款人的外商投资企业和外资金融机构设置了一年过渡期，过渡期内外商投资企业和外资金融机构可在跨境融资管理模式和通知模式下任选一种模式适用。如未按规定在上述时限内办理外债签约登记，则境内企业将面临外汇管理局的罚款和警告，也不得将募集资金调回境内使用。[①]

二、内保外贷签约登记

（一）内保外贷的性质

根据 29 号文的规定，"内保外贷"是"跨境担保"的一种形式。"跨境担保"是指担保人向债权人书面作出的、具有法律约束力、承诺按照合同约定履行相关付款义务并可能产生资金跨境收付或资产所有权跨境转移等国际收支交易的担保行为，其中包括中国公司就境外融资以保证形式提供的"担保"或中国法律认可的其他形式担保。根据 29 号文的规定，跨境担保分为内保外贷、外保内贷和其他形式跨境担保。"内保外贷"是指担保人注册地在境内、债务人和债权人注册地均在境外的跨境担保。就中国公司境外发债而言，内保外贷主要体现为国内母公司为其境外子公司境外发债提供担保。

（二）有关规定的演变

2017 年 11 月 24 日，国家外汇管理局（以下简称"外管局"）发布了《关于

---

① 根据公开资料整理，2017 – 08 – 21.

完善银行内保外贷外汇管理的通知》（以下简称"108 号文"），108 号文的发布是外管局进一步完善内保外贷制度和加强内保外贷监管的又一重大举措，虽然 108 号文主要是关于银行内保外贷管理，但其中也涉及一些关于为中国非银行的企业提供内保外贷的规定；另外，108 号文就内保外贷的一些原则性和政策性的规定也应同样适用于非银行企业内保外贷的管理。

近年来，外管局发布的关于内保外贷的规定还包括 2014 年 6 月 1 日生效的 29 号文及其指引，以及 2017 年 1 月 26 日生效的《关于进一步推进外汇管理改革完善真实合规性审核的通知》。

（三）间接模式下登记

在间接发行模式下，境外子公司发行债券无须在外汇管理局办理外债签约登记手续。但在间接发行模式下，作为发行人的境外子公司通常并无实质经营活动，主要资产和业务由境内母公司所有和经营，为有助于债券销售、评级等目的，往往需要境内母公司为债券发行提供增信措施。市场上常见的增信措施包括境内银行提供备用信用证担保、境内母公司或关联公司提供跨境担保和境内母公司提供维好协议或股权回购承诺。其中前两项属于典型的内保外贷，境内担保人应当根据 29 号文的规定向外汇管理局申请办理内保外贷签约登记。根据 29 号文的规定，采取前述第一项增信措施（由境内银行提供备用信用证担保），银行可自行通过数据接口程序或其他方式向外汇管理局报送内保外贷业务相关数据。对于前述第二项由境内母公司或关联公司（以下简称"境内担保人"）提供跨境担保的情况，境内担保人应在签订担保合同后 15 个工作日内到所在地外汇管理局办理内保外贷签约登记手续。

（四）签约登记的必要性

需要指出的是，对于未办理内保外贷签约登记手续是否影响担保合同效力这一问题，尽管相关的法律法规之间存在冲突，但目前市场上的主流观点认为境内担保人未按 29 号文的规定办理内保外贷签约登记，并不会导致担保合同无效，但由于境内担保人在办理担保履约项下的购汇及对外支付时，需要提交其办理内保外贷签约登记的相关文件，未办理内保外贷签约登记手续，将导致境内担保人无法进行担保履约。同时，境内担保人未按规定办理内保外贷签约登记，还将面临外汇管理局的处罚。此外，通常债券发行文件（如认购协议）会要求境内担保人在一定时限内（一般为 90 个营业日）完成内保外贷签约登记，否则将触发债券发行文件中的债券回购条款，从而导致融资的失败。这说明尽管内保外贷签约登记是一项事后登记的行政程序，但对于担保的执行非常重要。

第五节　内地金融机构发行香港人民币债券情况

一、基本情况

2010年内地金融机构发行的境外人民币债券仅在香港市场发行。目前已经有国家开发银行、中国交通银行、中国进出口银行、中国建设银行、中国银行5家发行体在香港发行，发行额总计为170亿元人民币，见表24-1。

表24-1　　　　　　　　内地金融机构在香港发行人民币债券一览

发行时间	发行主体	发行数量（亿元）	发行品种	票面利率（%）
2007年7月	国家开发银行	50	2年期	3
2008年7月	中国交通银行	30	2年期	3.25
2008年8月	中国进出口银行	30	3年期	3.4
2008年8月	中国建设银行	30	2年期	3.24
2008年9月	中国银行	30	2年期、3年期	3.25、3.4
发行总计		170		

资料来源：国家开发银行资金局.2009-10.

到2012年，内地在香港发行债券的主体迅速增加。根据国家发展和改革委员会发布的公告，2012年1月，批复国家开发银行、中国进出口银行、中国农业发展银行、中国工商银行、中国农业银行、中国银行、中国建设银行、交通银行、东亚银行（中国）有限公司和汇丰银行（中国）有限公司10家银行赴香港发行人民币债券。

应该说，中国政府和机构在香港发行人民币债券的目的主要不是筹集资金，而是推进内地金融市场和香港金融市场的一体化。香港回归后，香港银行逐步开办了人民币业务，据《香港商报》报道，截至2007年4月底，香港共有38家银行开办了人民币业务。香港人民币存款余额约228亿元。但是香港人民币投资缺少必要的市场工具，以往香港居民和企业只能通过存款，或通过投资银行提供的QFII项下的产品投资于人民币产品，投资选择很少。

2007 年 1 月，中国人民银行表示，内地金融机构经批准可以在香港发行人民币金融债券，并表示此项业务的开办，将进一步扩大香港居民及企业所持有人民币回流内地的渠道，从而助力内地和香港的经济往来，加强香港的国际金融中心地位。内地金融机构在香港发行人民币金融债券，香港金融市场增加了新的市场主体和债券币种，有助于扩大香港银行管理资产的业务范围，增加香港居民及企业的人民币投资选择。中国央行此举引起境内外市场的广泛关注，经过充分的准备，国家开发银行赢得首张赴港发行人民币债券的入场券。2007 年 7 月 9 日，国家开发银行宣布，开行自 2007 年 6 月 27 日至 7 月 6 日在香港地区发行的 50 亿元人民币债券获得成功。开行成为香港人民币债券市场的开拓者。总之，内地机构在香港发行人民币债券，促进了人民币汇率的中间价、离岸价和在岸价差额的减小，推动了内地和香港市场的一体化，具有深远的意义。

二、国家开发银行发挥开拓作用

国家开发银行是中国债券资本市场的开拓者和创新者。国家开发银行作为首家内地机构赴香港发行人民币债券获得成功，具有多方面的意义。

首先，境内金融机构赴香港地区发行人民币债券，有效实现了人民币回流。在特区政府和金管局提出扩大两地金融合作的设想后，中国人民银行会同内地相关部门，在国务院的领导下，积极研究不断扩大为香港银行办理人民币业务提供平盘及清算安排的范围。根据中银香港提供的数据进行估算，零售债券部分中约有 80% 的认购资金来自个人投资者的现有存款，而机构投资者的认购资金全部来自银行吸收的人民币存款。这说明，国家开发银行债券发行起到了回流人民币资金的目的。

其次，开辟了在境外发行人民币债券的先例，为人民币逐步国际化积累了经验。国开行 2007 年 6 月在香港发行的人民币债券是第一次在境外地区发行以人民币计价的债券。随着我国综合国力的增强和人民币币值的坚挺，人民币逐步走向国际化是必然趋势。这次债券的成功发行，为香港地区试点人民币境外市场增加了新的品种，也为人民币的逐步国际化积累了宝贵经验。

再次，丰富了香港地区资本市场的品种，进一步增强了两地的金融合作的领域。以往，香港地区的居民和企业只能通过存款，或通过投资银行提供的 QFII 项下的产品投资于人民币产品，而本期债券的发行增加了香港地区资本市场的品种和币种，增加了当地个人和机构的人民币投资选择。为保证债券的成功发行，两地监管机构在债券发行额度审批、监管、人民币结算等方面通力合作，为发行人提供了便利。

开发银行首发境外人民币债券成功，为境内其他金融机构赴港发行人民币债券奠定了基础。继开行之后，交通银行、中国进出口银行、中国建设银行、中国银行也先后赴港发债，均获得成功。

三、内地非金融企业在香港特区发行债券

（一）背景

相比国有企业，民营企业一直以来面临融资难的问题。民营企业面临的困难包括短期贷款获批时间长、贷款金额有限、抵押要求高及借贷利率高等银行融资的障碍。同样，在债券融资方面，民营企业同样遇到困难。根据有关数据显示，2010～2018 年 8 月，在内地的信用债发行总额中，民企仅占 9.5%，国企占 85.9%。因此，自 2012 年开始，我国政府就陆续出台了各项政策鼓励民企拓展境外融资渠道，包括在香港等离岸市场发行以人民币及外币计价的债券。根据香港特别行政区交易所的资料，截至 2019 年 6 月 30 日，在香港地区设有业务的内地企业数目由 2014 年的 957 家增至 2018 年的 1591 家。香港特区作为内地企业最大的境外融资平台，在帮助内地企业通过发行债券融资方面发挥了积极作用。

（二）香港特区债券市场的优势

香港特区债券市场具有得天独厚的优势，一直是内地企业境外债券融资的主要资金来源地。过去十年，内地非金融企业在香港地区发行的美元债券的平均票面息率一直低于其他离岸金融中心。同时，香港地区的债券资本市场制度完善，结合其成熟的股票市场，成为境内企业融资的理想选择。同时，离岸债券融资可以进一步提升企业形象，尤其是在香港地区上市的内地企业的国际形象。内地房地产企业，长期以来都是香港离岸债券的发行主体。历史上，每当遇上内地资金紧张，内地企业就会成批地进入香港特区债券市场。

（三）香港债券市场的优惠政策

近几年来，香港特区政府积极推行各项优惠政策吸引内地企业尤其是民营企业赴港发债。2018 年，香港特区政府为了吸引更多的内地企业进入香港债券市场，出台了一系列措施协助企业降低在港发行债券的成本，包括推出债券资助先导计划，针对在香港首次发行离岸债券的内地企业进行资金资助。但是申请该资助计划

需要符合一定的条件。

根据该计划的要求，债券资助的申请人需要具备如下资格：发行人过去 5 年内未曾在香港地区发行债券；在香港地区发行的债券金额最少达到 15 亿港元（或等值外币），由金管局的债务工具中央结算系统托管及结算或在香港联合交易所上市；债券发行时在香港向不少于 10 人发行，或向少于 10 人发行但其中没有发债人相关联者。由此可见，香港特区的债券资助计划在不少方面比新加坡的债券资助计划更加灵活，也更容易被内地企业接受。

最后，香港金融管理局于 2018 年 6 月 15 日出台了一项关于"绿色债券"的资助计划。按照该计划，绿色债券的发行人不论是首次或再度发行任何年期和面额货币的绿色债券，需要服从三个条件：第一，事先获得香港品质保证局发出的绿色金融认证，第二，该债券发行安排在香港进行，第三，最低发行金额为 5 亿港元（或等值外币），均可就绿色债券资助计划申请资助。举例来说，如果一项债券发行的募集资金用途可以用于低碳环保，且获得了香港品质保证局的绿色债券认证，那么该债券将有机会额外获得 80 万港币的资助。

小　　结

1987 年我国财政部代表中国政府发行第一笔债券以来，中国政府外债发行主要根据外债偿还、市场机会、外汇储备情况等因素考虑。2000 年以后，由于外汇储备增加，财政部和国家开发银行很少进入国际资本市场发债，资金来源主要依赖于国内债券市场。2020 年和 2021 年，由于国际资本市场利率处于历史低位，财政部开始重返国际资本市场发行主权外债。2015 年以后中国企业成为在国际资本市场通过发行债券融资的主体。实践证明，正是财政部率先进入国际资本市场，从法律制度和市场基准方面，为中国企业广泛进入国际资本市场铺平了道路。

中国政府、政府机构和企业发行的外债与中国历史上的外债有本质的不同：一是中国发行体以市场主体的身份进入国际资本市场，没有政治和其他经济活动的附加条件。二是募集方式主要通过债券发行，与市场参与人的关系完全是市场关系，不存在政府之间的关系。许毅在《新中国外债与中国特色社会主义》一书中说，"20 世纪五六十年代，我国实行社会主义计划经济有其必要性和正确性，新中国前 30 年所取得的巨大成就为我们新时期改革开放创造了前提条件，中国现在仍处于社会主义初级阶段，建设社会主义市场经济，外债、外资在中国的社会经济发展中会起到重大作用，在发展社会主义市场中要正确利用资本的纽带作用。①"虽然中国已经成为世界第二大经济体，但是充分利用国际资本市场一体化的契机，推动金融和企业在国际资本市场的创新组合，将对未来中国经济发展产生深远影响。

第二十五章　中国金融机构境外债券投资

20 世纪 90 年代以来，中国出口导向型经济发展战略取得巨大成就，对外贸易盈余和外国直接投资持续快速增长，中央银行和商业银行的外汇资产规模大幅度增长。在这个过程中，中央银行和商业银行在境外债券投资规模也随之扩大，中国的中央银行成为对全球债券市场有重要影响的投资者。

第一节　中央银行境外债券投资

一、中央银行境外债券投资的动机

20 世纪 50 年代至 70 年代，我国外汇储备非常紧张，1952 年末外汇储备只有 1.08 亿美元，1978 年末也仅为 1.67 亿美元，居世界第 38 位。改革开放以来，我国外汇储备稳步增加，2006 年末突破 1 万亿美元，超过日本居世界第一位。2018 年末，外汇储备余额为 30727 亿美元，连续 13 年稳居世界第一。[①]

中央银行承担管理、经营国家外汇储备的职能，外币债券投资是外汇储备管理的重要手段之一。外汇储备管理的原则是"安全、灵活、保值、增值"，其中安全是第一位的，是保值和增值的基础。为了保证外汇储备的安全，不仅要防范汇率、利率风险，由于储备资产是支付工具，也应该保持外储的变现能力。因此，中央银行外币债券投资的基本要求和目标是控制储备资产风险，保持其"安全性"和"流动性"。在此前提下，中央银行还应该采取积极主动的手段，把储备当作金融资产进行管理和运营，在保值的基础上，不仅要获取利息的收益，还要努力争取获得较高的投资收益，实现储备资产的增值。

中央银行从事外币债券投资是以主权身份参与国际金融活动，因而还具有推动国际金融一体化的意义。中央银行购买美国政府债券和美国机构债券，有助于中美

---

① 我国外汇储备连续 13 年稳居世界第一［EB/OL］. https：//baijiahao. baidu. com/s？ id = 1645423787550914187&wfr = spider&for = pc.

之间贸易依赖关系扩大到资本市场的依赖关系，也有助于在金融领域加强各国政府之间的沟通和话语权。2009 年上半年，美国时任国务卿希拉里访问中国时表示希望中国政府继续购买美国政府债券，表达了美国政府的关切。时任美国总统小布什、奥巴马也多次对中国投资者表示，对美国国债的投资是安全的和有保障的。

二、中央银行境外债券资产配置

由于美国财政部定期公布外国投资者投资其国债的情况，根据其公开披露的数据，可以看到人民银行持有美国国债数量连年增加。至 2008 年，中国已经超过日本，成为美国国债最大的外国政府债权人（见表 25 - 1）。

表 25 - 1 　　　　　　美国国债的主要外国政府投资者持有情况 　　　　　单位：亿美元

分类	时间						
	2003 年 12 月	2004 年 12 月	2005 年 12 月	2006 年 12 月	2007 年 12 月	2008 年 12 月	2009 年 1 月
中国持有量（排名）	1590（2）	2229（2）	3100（2）	3969（2）	4776（2）	7274（1）	7396（1）
日本持有量（排名）	5508（1）	6899（1）	6700（1）	6229（1）	5812（1）	6260（2）	6934（2）

资料来源：美国财政部网站。

第二节　商业银行境外债券投资

一、商业银行境外债券投资的动机

商业银行进行境外债券投资的出发点和侧重点与中央银行有所不同，既注重外汇资产的"安全性"和"流动性"，又强调债券投资的"盈利性"。随着商业银行改革进程的深入，商业银行对外经营模式不断实现突破。由于国内竞争激烈，商业银行正在努力通过境外债券投资实现多元化的资产配置。商业银行境外债券投资的动机主要有以下几个方面：

（一）分散风险

商业银行通过境外债券投资不仅能够分散风险，降低资产集中度，避免外汇资产高度集中于贷款，还可以实现资产全球化配置，以便分散在国内积聚的风险。商业银行可以通过投资美国、OECD 国家等高信用等级经济体和机构发行的债券产品，把集中于国内客户的信用风险分散到不同的国家和地区客户。

境外债券投资有助于各国、各地区经济周期发生变化时对风险资产配置进行及时调整；提供多种风险权重较低的投资品，有助于商业银行减少资本占用，提高资本效率。例如，商业银行可以通过购买美国国债、美国机构债等低风险权重资产，降低总风险资产，从而在保持资本充足率的同时释放出更多资本，或者直接提高资本充足率。

（二）提高资产流动性

外币债券拥有发达的二级市场，易于在市场上变现，其流动性高于贷款，中资商业银行扩大外币资本市场投资有利于提高银行资产的流动性。因此，通过外币资本投资，买卖高等级、流动性强的外币债券，成为中资商业银行提高资产流动水平，主动进行流动性管理的重要手段。

（三）提高盈利能力

商业银行面临日益激烈的同业竞争和盈利压力，通过境外债券投资策略，可以增加收益，改善收入结构。国际资本市场金融产品、金融工具丰富，有利于中国商业银行优化收益和风险的匹配。

根据人民银行统计，近年来金融机构掌握的外汇资金快速增长，其中运用到有价证券投资的资金比例为 30% ~ 40%。2003 ~ 2006 年是金融机构有价证券投资迅猛发展的 4 年，期间金融机构的外汇资金由 2689 亿美元大幅增长到 4030 亿美元，其中进行证券投资的资金也由占比 32.5% 上升至 44.7%。

二、商业银行境外投资的产品、模式和渠道[①]

（一）按照投资人偏好设计的产品

1. 按照收益保证程度分

商业银行境外投资产品按风险大小，分为保证收益型产品、保本浮动收益型产

---

① 银行境外债券投资 ［EB/OL］.（2021 - 07 - 15）［2022 - 02 - 20］. https：//www. cfhszx. com/fund_724269.

品、非保本浮动收益型产品三类相应分为三种不同的投资模式。常见的信托（信托属于隐性的刚性兑付）一般实施固定收益类的投资模式；银行投资模式以保本浮动收益投资为主；证券投资通常使用非保本浮动收益类投资模式。

一般来说，保证收益型产品的投资风险小于保本浮动收益型产品，也小于非保本浮动收益型产品。但具体风险大小需要参照投资标的、结构设计等其他因素进行综合考量。

2. QDII 型代客境外投资

QDII 型银行投资模式的本质是代客境外投资，即客户将人民币资金委托给合格的境内投资机构（如取得代客户境外投资业务的商业银行），由合格境内投资机构将人民币资金兑换成美元，直接在境外投资，到期后将美元收益及投资本金结汇成人民币后分配给客户。

（二）按投资标的划分的投资模式

1. 按照直接产品标的分

银行境外证券投资方向与国内类似，可以分为货币市场类产品（投资于同业拆借、短期证券市场、债券衍生市场）、资本市场类产品（投资于股票、债券、基金）、产业投资类产品（投资于信贷资产类、股权类）。

2. 按照间接产业标的分

按照取得收益的目标，商业银行投资模式分为信托型和挂钩型。信托型银行投资模式投资于有商业银行优良信贷资产受益权的债券产品，或有商业银行或其他信用等级较高的金融机构担保或回购的信托产品。挂钩型银行投资模式产品与汇率、利率、国际黄金价格、国际原油价格、道·琼斯指数及港股等相关市场或产品挂钩。

（三）按照产品结构和渠道划分

1. 按照设计结构分

按照设计结构，商业银行投资模式可以分为单一性产品和结构性产品。结构性产品是指交易结构中嵌入了金融衍生产品的投资模式。由于金融衍生品一般是保证金交易，具有以小博大的特点，风险较大，过往收益率也较高。

2. 按照发行和购买渠道分

按发行和购买渠道，商业银行投资模式可以分为传统渠道和新兴渠道两类。传统渠道包括银行、保险公司、证券公司、期货公司、基金公司等。新兴渠道指的是展恒基金网等第三方投资和综合投资服务机构。鉴于新兴投资渠道服务好、收费低，在产品种类、创新性和收益性等方面具有明显优势，越来越多的投资者倾向于选择新兴渠道进行投资。

三、商业银行境外债券资产配置

债券是最为活跃的有价证券，也是商业银行投资和交易的首选。商业银行经常投资和交易的债券包括国债（treasuries）、机构债（agency bonds）、公司债（corporate bonds）、住房抵押担保债（mortgage-backed securities，MBS）等。

（一）国债和政府机构债

国债凭借国家信用支持和良好的市场流动性吸引了许多商业银行，特别是发行量最大、市场交投最活跃的美国国债，更受银行类投资者的青睐。国家开发银行以及中国工商银行、中国建设银行、中国银行等大型商业银行均把美国国债市场作为重要的投资场所。但是，国债的收益率较低，通常都低于银行的融资成本，所以各银行在买卖国债时，偏重于流动性管理。

机构债券是指由政府机构或政府支持的企业（government-sponsored enterprises，GSE）发行的债券。例如，在美国，机构债券包括联邦住宅贷款银行（FHLB）、政府国民抵押协会（GNMA）、联邦国民抵押协会（FNMA，房利美）、联邦住房贷款抵押公司（FHLMC，房地美）等发行的债券。这些机构具有国家支持，享受准主权的信用等级。在欧洲，政府机构发行人包括法国社会保障基金（ADES）和德国的复兴开发银行（KFW）等。机构债凭借政府信用的显性或隐性支持、超过国债的收益率和广泛的流动性吸引了包括商业银行在内的众多投资者。政府机构和政府支持企业不仅自身发行债券，还经常为住房抵押担保债券提供担保。机构担保的MBS发行量大、流动性强，是国际债券市场上非常重要的投资工具，也是商业银行的主要投资产品。

（二）公司债券

公司债券信用评级往往低于国债和机构债，一般提供较高的票面利率，为投资者提供合理的风险补偿，商业银行出于盈利性和安全性匹配的考虑，也常常投资大型金融机构和知名企业发行的公司债。但是中资银行在国外配置公司债资产，必须通过资产组合安排、套期保值安排、信用保险安排等方式加强风险管理。2008 年美国次贷危机发生后，很多 AA 级评级银行也出现了违约，例如雷曼兄弟公司的违约曾经使很多中资机构受到损失。

四、境外债券投资的风险及应对

任何投资都是有风险的，风险和收益匹配是现代金融的基本原则。与从事其他资产业务一样，中资机构参与境外债券市场投资也面临种种风险，包括信用风险、利率风险、提前赎回风险、再投资风险、波动率风险、通货膨胀风险、流动性风险，等等。由于不确定因素多，风险种类超过国内投资面临的风险。但同时国际资本市场金融工具多，特别是衍生产品工具多，可以有效地对冲风险、分散风险和管理风险。

(一) 政策风险

政策风险包括国内和国外两个方面。国内政策风险是指政府有关债券市场的政策发生重大变化或是有重要的举措、法规出台，引起债券价格的波动，从而给投资者带来的风险。政府对本国债券市场的发展通常有一定的战略规划、政策安排和监管要求，以指导市场的发展和加强对市场的管理。政府关于债券市场发展的规划和政策应该是长期稳定的，在规划和政策既定的前提条件下，政府应运用法律手段和经济手段引导债券市场健康、有序地发展。国外政策风险是投资对象市场所在国家监管政策的变化。像美国和欧洲的国际资本市场，监管政策变化不大，但是可能由于国际关系，特别是中美关系的变化会带来不确定性和相关的风险。

(二) 信用风险

信用风险又称违约风险。地方政府和中央政府以外的公司发行的债券或多或少存在违约风险，信用评级机构应该对债券进行评估以规避风险。一般来说，如果市场认为某只债券具有较高的违约风险，就会要求该债券具有更高的预期收益率来弥补可能出现的损失。由于中国机构投资的是美国的私募债券市场，是固定利率的高收益债券市场，信用风险高，预期收益也比较高。

违约风险一般是由于债券持有期间发行债券的公司或主体的经营情况或道德风险所致，应尽量了解公司的经营情况，以便及时作出发行债券的决策，确定债券投资风险的应对策略。同时，由于国债投资风险较低，保守的投资者应尽量增加投资组合中国债的权重。

(三) 税收风险

投资于免税政府债券的投资者面临着税率下调的风险。税率越高，免税的价值就越大，如果税率下调，免税的实际价值就会相应减少，则债券的价格就会下跌。另外，投资于免税债券的投资者还面临所购买的债券被有关税收征管当局取消免税优惠造成的损失。

（四）利率风险

利率风险是指由市场利率的变化给投资者带来收益损失的风险。债券是一种法定的契约，大多数债券的票面利率是固定不变的，当市场利率上升时，会吸引一部分资金流向银行存款、股票等金融资产，减少对债券的需求，债券价格将下跌；当市场利率下降时，一部分资金流回债券市场，增加对债券的需求，债券价格会随之上涨。同时，投资者购买的债券离到期日越长，利率变动的可能性越大，其利率风险也越大。利率风险的发生有两种情况：一是在对外投资期限未满时，银行存款利率上升，有时可能超过企业购买的债券利率或预期投资收益率；二是新近发行的债券利率高于先前发行的债券利率，原来投资者持有的债券的价格就会下跌，如不能及时将所持债券售出变现，在收益上就要蒙受损失。

债券风险管理的方法与其他投资的风险管理并没有本质的区别，主要是信息的取得的方便程度国内与国外有所不同，对于国外产业和行业研究资料的收集没有国内方便，因为政策变化来自国内和国外两个方面，国际投资者面临的复杂程度远高于国内。

小　结

债券境外投资对于我国债券资本市场的国际化和与国际资本市场的一体化具有非常重要的意义。债券投资国际化也是人民币国际化的重要一步。境外债券投资的主要工作是选择市场机会和对冲风险。虽然从理论上说，开放国家的利率水平应该接近，但是由于国家与国家之间存在各种壁垒，总是存在着一定利差。由于投资者常常从套利角度出发，参与不同的市场，会导致利差变窄。债券境外投资有助于减少国与国之间的利率差，对于国际资本市场的一体化具有积极意义。境内机构投资境外债券可以学习各个国家资本市场的经验和做法，也可以充分利用其丰富的产品分散风险并利用其各种先进的衍生产品工具对冲风险。从宏观经济角度，境外债券投资也是私人投资的一部分，与中国企业的境外股权投资一起，形成分散化的资产配置，有利于减少国家总体投资风险。

第二十六章　外资机构积极参与中国债券资本市场

第一节　外资银行在华参与债券市场

一、外资银行在华发展历程

中国的改革开放使世界认识了中国，也使中国认识了世界。1978 年开始的改革开放开启了外资银行进入中国市场的大门。

中国对外开放银行业是一个循序渐进的过程。1985 年允许在厦门、珠海、深圳、汕头和海南经济特区设立外资银行，1998 年 7 月取消了外资银行在中国设立机构的地域限制。2001 年 12 月 11 日，中国正式加入世界贸易组织（WTO），签署协议约定对外资分步骤开放金融业。在加入 WTO 的同时开放了上海、深圳、天津、大连四个城市的人民币业务，当时获准经营人民币业务的外资银行有 30 家左右。

2001 年，国务院颁布了《中华人民共和国外资金融机构管理条例》，2002 年人民银行先后颁布了《中华人民共和国外资金融机构管理条例实施细则》和《外资金融机构驻华代表机构管理办法》。此后，外资银行明显加快了进入中国市场的步伐，逐步进入人民币贷款市场（2007 年 4 月）和银行间债券市场。2008 年 5 月，摩根大通银行（中国）有限公司获得银行间债市做市商资格，成为首家获得做市商资格的外资银行。2008 年 12 月，允许在华外资法人银行按照同中资银行相同的待遇，为其客户或自身在银行间市场投资和交易债券产品，自此，外资银行全面进入中国银行间债券市场。2009 年 1 月，银监会批准外商独资银行和中外合资银行在内地银行间债券市场交易及承销（非金融）企业债券融资工具，自此境内企业债市场对外资银行全面开放。①

---

① 境内企业债承销市场将对外资银行开闸［EB/OL］.（2009 – 01 – 13）［2022 – 03 – 08］. http：//money. sohu. com/20090113/n261720605. shtml.

二、外资银行在中国银行间债券市场投资情况

外资银行从 1998 年开始进入银行间债券市场，到 2003 年以后交易活跃程度出现大幅度提高，对整个市场的丰富活跃起到了积极的作用。随着中国金融市场对外开放的程度越来越高，外资银行已经逐步进入中国金融市场的各个领域。

从外资银行持有的债券规模来看，过去几年虽然增长很快，但整体规模还有限。外资银行的债券托管量不论是在总量上还是在市场份额上，与全国性商业银行、城商行、保险及基金等中资机构相比都很低。原因在于外资银行所持有的人民币资金来源较少。外资银行的人民币资金来源有两个：第一，吸收人民币存款；第二，在银行间同业拆借市场或者在债券市场通过质押式回购融资。存款可以作为稳定、长期的资金来源。但在吸收人民币存款方面，外资银行受制于网点少、客户资源匮乏以及在中国普通居民心目中的认知度较低等不利因素，无法与国内商业银行竞争。因此，同业市场的拆借以及债券市场的质押式回购融资就成为外资银行常用的资金融入方式。

随着全球投资者对人民币资产的信心不断增强，境外机构在银行间市场的参与度持续提高。中国人民银行行长易纲在 2020 年外滩金融峰会上表示，2020 年前 9个月，外资累计增持中国银行间市场债券 7191 亿元。

三、外资银行在银行间市场交易情况

(一) 外资银行在银行间债券市场交易的简要情况

据人民银行上海总部统计，截至 2020 年 12 月末，境外机构持有银行间市场债券 3.25 万亿元，约占银行间债券市场总托管量的 3.2%。从券种看，境外机构的主要托管券种是国债，托管量为 1.88 万亿元，占比 57.7%；其次是政策性金融债，托管量为 9248.09 亿元，占比 28.4%。

从数量上来看，截至 2020 年 12 月末，共有 905 家境外机构主体入市，其中 468 家通过直接投资渠道入市，625 家通过 "债券通" 渠道入市，188 家同时通过两个渠道入市。中国人民银行上海总部目前公布的数据显示，2020 年 12 月，境外机构在银行间债券市场的现券交易量约为 7841 亿元，日均交易量约为 341亿元。

（二）二级市场交易活跃

和中资机构相比，外资银行在债券二级市场更加活跃。外资银行的交易量仅次于全国性商业银行及城市商业银行，排在第三位。尽管外资银行的债券总额度不大，但交易量相对于人民币债券持仓量而言很高，可以体现出外资银行债券交易的活跃程度。交易量中包括由于外资银行要保持其人民币资金的流动性进行的较大量的开放式回购操作。

外资银行的现券量显示出了逐年上升、稳步增长的趋势。随着人民币债券市场的迅速扩容，外资银行的交易量得到了同步放大，而且在市场中的活跃程度也在逐渐加强。债券通公司近期发布的债券通运行报告显示，2020 年 11 月，债券通交易活跃，共计成交 5895 笔，总成交 4850 亿元，创单月总成交历史新高。

四、外资银行参与境内债券市场的特点及局限

外资银行在华发展有其自身的优势，比如完整的业务架构、充足的人才资源、较强的产品研发能力以及中间业务的丰富经验等，但其客户资源少、资金来源不足的问题也十分突出。

（一）外资银行主要持有利率债

国债在外资银行持有的债券中比例最高，其次为国开行发行的金融债，其原因主要如下：第一，国债发行量在上述五种券种中是最大的，因此较高的发行量及较好的流动性对外资行有较大的吸引力。第二，外资银行的风险管理绝大部分是在其全球风险控制体系之下进行的，其相关风险控制规定要求对中国这样的新兴市场国家采取相对谨慎的原则，对债券发行人的风险分析和控制规定较为严格，只有较小的变通性。这样国债所具有的国家评级、零风险权重及免税因素就使得其在风险及收益的权衡中显得较有优势。第三，在信用产品方面，目前外资行的参与度很低。这也许与外资行无法全面掌握国内发行主体的信用状况有关，同时国内金融监管机关对外资银行购买信用产品有相关限制，也会制约其对相关产品的参与度。但可以预见的是，随着国内信用市场的快速发展以及外资行从事企业债承销和交易资格的获批，其活跃度和参与度必定会逐渐增加。

（二）外资银行一直处于资金净融入状态

外资行在正回购和逆回购数量上的差异说明其始终处于资金净融入的状态，债

券市场的正回购融资是外资行重要的融资渠道。尽管目前看来外资行由于受制于资金来源等因素在银行间市场的参与度并不高，但是从发展趋势看，其交易规模和债券持有量还是在平稳增长，特别是在正回购操作上，更是十分活跃。

由于市场不断波动，外资进入也会跟着波动。特别是国际地理政治关系、中国对外关系的变化，也会影响到债券资本市场。"跨境证券投资短期波动不代表外资流动的总体格局，更不能代表外资的长期投资意愿。随着市场对一些短期因素的消化和预期的释放，境外机构对中国证券投资将会回归稳态，长期价值投资仍然是主要的考虑因素。①"

（三）外资银行参与国内债券市场受到多重因素的制约

尽管现在外资银行和保险机构获准进入中国市场，但使用传统的手段在中国进行布局和发展业务是很难获得成功的，因为整个传统金融行业都已经被金融科技所颠覆，被新型的金融服务业的业态取代。而在金融科技领域，中国企业和外资机构并没有太大的差距，甚至中国企业在某些方面还具有优势，所以外资银行和机构的进入，在短期之内并没有明显的比较优势。同时，要在国内组建公司，银行首先需要从境外输入资金，而且还会失去便捷调动资金的能力和其母公司的信誉优势。此外，银行还可能面临更高的实质税率。因此，外资银行融入中国债券资本市场是一个长期过程。

第二节　外国金融机构发行熊猫债券

按照国际惯例，境外机构在一个国家的国内市场发行本币债券时，通常以发行地国家的特色方式定义名字，一般以该国最具特征的元素命名，如日本的"武士债券"、美国的"扬基债券"、英国的"猛犬债券"等。2005 年 9 月，国际多边开发机构首次获准在中国境内发行人民币债券，国宝熊猫被选为这个债券的名称。从此，注册地在境外的机构，依法在中国境内发行的、约定在一定期限内还本付息的、以人民币计价的债券就被命名为"熊猫债券"。熊猫债券最早是指国际多边金融机构在华发行的人民币债券，后来外国主权政府开始进入这个市场。

---

① 王春英. 外资投资中国债券市场的长期趋势不会改变［J］. 债券，2022（4）.

一、早期熊猫债券市场的历史

近年来，我国债券市场发展迅速。首先是有人民币经营资格的外资商业银行可以参加债券承销团参与债券的发行承销，继而又引入外资发行主体发行人民币债券。这既体现了中国政府对外开放的决心，又标志着中国在国际资本市场实力的提升。国际金融公司和亚洲开发银行是首批获得资格在中国发行人民币债券的外资机构。

2005 年 9 月 28 日，国际多边金融机构首次获准在华发行人民币债券，时任财政部部长金人庆把首发债券命名为"熊猫债券"。亚洲开发银行在中国境内发行了第一只国际机构熊猫债，从此拉开了我国熊猫债市场发展的帷幕。

2005 年 10 月，亚洲开发银行和国际金融公司（IFC）先后发行过两只熊猫债券。2006 年 11 月 15 日，国际金融公司再次发行 8.7 亿元人民币的熊猫债券。3 只债合计人民币金额 30 亿元，见表 26 – 1。

表 26 – 1　　　　　　　　国际机构在中国发行人民币债券一览

发行时间	发行主体	发行数量	发行品种	票面利率
2005 年 10 月 14 日	国际金融公司（IFC）	11.3 亿元	10 年期固定利率债券	3.4%
2005 年 10 月 14 日	亚洲开发银行（ADB）	10 亿元	10 年期固定利率债券	3.34%
2006 年 11 月 15 日	国际金融公司（IFC）	8.7 亿元	7 年期固定利率债券	3.2%
发行总计		30 亿元		

资料来源：笔者根据公开资料整理，2008 – 10.

2015 年以前，熊猫债券主要由保险机构、信用社、基金和非银行金融机构持有。由于发行量较小，二级市场流动性较差，同时受制于监管政策限制，发行主体也较少。

二、2015 年以后熊猫债券的发行进入高峰期

2015 年多部委联合发布的《推动共建丝绸之路经济带和 21 世纪海上丝绸之路的愿景与行动》明确支持相关经济带机构在中国境内发行人民币债券，以熊猫债支持国家"一带一路"倡议的实施。2015 年以后，由于中国经济稳定，债券市场

迅速发展，加上利率水平较低，熊猫债券发行进入了高峰期。2015 年 10 月招商局集团（香港）有限公司发行了 5 亿元短期融资券，为境外非金融企业首只公开发行的熊猫债券。自中银香港与汇丰银行发行首批金融机构熊猫债、招商局集团（香港）有限公司发行首只非金融企业公募熊猫债开始，外国政府和多边机构大举进入熊猫债市场，我国熊猫债市场规模出现了爆发式增长。

2015 年 11 月末，加拿大不列颠哥伦比亚省在中国银行间债券市场首次注册发行熊猫债券 60 亿元，为首单外国政府在中国发行的熊猫债券。① 2015 年全年，熊猫债发行量为 130 亿元；2016 年全年发行量达 1290.40 亿元。②

2015 年 12 月，中国央行发布公告称，中国银行间市场交易商协会（NAFMII）接受韩国政府在银行间债券市场发行 30 亿元人民币主权债券的注册。

2016 年 3 月 22 日，首只交易所市场公募熊猫债发行完成，这是自 2005 年国际多边金融机构获准于银行间市场发行熊猫债以来，交易所市场首只公开发行的熊猫债。首只交易所市场熊猫债简称为 16 越交 01/02，广州证券作为本次债券的主承销商，协助发行人越秀交通基建完成了此次创新品种的尝试。

2018 年 3 月 19 日，菲律宾中央银行发表声明，该国将于 20 日起在中国债券市场发行首只价值 14.6 亿元人民币的三年期熊猫债。2019 年 5 月 15 日，菲律宾国库署发表声明，菲律宾在中国银行间债券市场发行价值 25 亿元人民币的 3 年期熊猫债。这笔熊猫债 5 月 15 日获得超过 110 亿元人民币的认购，是菲方拟发行额的约 4.5 倍，最终债券票面年利率定为 3.58%。

2020 年 6 月 11 日，亚洲基础设施投资银行在中国银行间债券市场发行 30 亿元人民币熊猫债，这次发行债券为中国银行间市场交易商协会注册的新冠肺炎疫情防控债。

熊猫债市场的迅猛发展顺应了人民币国际化的趋势，成为我国债券市场对外开放的重要里程碑。

三、借鉴国际经验发展熊猫债市场

资本市场的对外开放是一国经济发展的大事，从其他国家的历史经验看，对开放程度、开放节奏等的把握会直接影响国家的经济发展。作为全球第二大经济体，中国熊猫债市场的发展一方面要积极学习国际先进经验，加强市场建设、制度建设

---

① 在中国发行 60 亿元熊猫债 [EB/OL]. 2015 - 12 - 01. http：//caijing. chinadaily. com. cn/finance/2015 - 12/11/content_22686734. htm.

② 王超男. 从外国债券市场经验看我国"熊猫债"市场发展 [J]. 当代金融家，2017（3）.

和基础设施建设；另一方面更要坚持独立自主的判断，发展具有中国特色的熊猫债市场，使其在人民币国际化的大框架下发挥应有的功能及作用。

（一）进一步加强熊猫债信息披露、会计审计准则等基础制度建设

在信息披露和会计审计准则方面，熊猫债市场的本地化程度较高，使得部分境外发行人本国信息披露和会计审计准则要求与以中国法律为基础的熊猫债市场有所差别，限制了他们进入熊猫债市场。从国际经验看，《144A 条例》下扬基债券的发行信息披露非常简化，会计审计准则方面的本地化要求也非常低（仅需出具简单的准则差异说明），而《144A 条例》下的发行方式与我国债券市场公开发行方式面对的投资者结构、交易流通条件等基本一致。日本武士债券发行认可的会计准则也包括日本通用会计准则、国际会计准则、美国公认会计准则以及其他日本认可的会计准则。熊猫债目前较高的信息披露要求和会计审计准则限制是对境内投资者的保护措施之一，但随着境内投资者专业化、国际化程度的提高，便利的信息披露和通用的会计准则会更有利于市场的蓬勃发展。

（二）适时放宽熊猫债发行人的准入门槛

从国际经验来看，目前大多数外国债券发行信用评级门槛较低。武士债券起初对发行机构指定了评级要求，随后取消强制规定，改由市场供需决定，发行规模随之增大。扬基债券也未对发行评级门槛作出规定，低评级或无评级债券仍然存在一定的市场空间。目前熊猫债具有一定的评级准入门槛，一方面是为了保护投资者权益，另一方面更有利于形成示范效应。但趋同的资质条件也使得我国熊猫债市场在发展过程中无法有效积累中低评级发行人的信用数据，从而可能使得相关政策、制度制定上存在空白点。从目前国内债券市场的发展经验看，AA 级及以上评级的企业是债券市场的主要发行体。由于国际评级体系和评级标准不同，学习国际经验，放松准入，必须对评级标准和评级方法不断改进和提升。

（三）提高政策透明度

中国的资本管制政策对中国近年来高速的经济发展发挥了非常积极的作用，降低了中国经济发展的外部风险。虽然从国际市场看，20 世纪 80 年代扬基债、武士债和袋鼠债的快速发展都起源于政府对资本管制的放宽，但随着我国熊猫债市场规模的不断扩大，发行人募集资金的跨境流动对中国的外汇市场影响也将逐步加大，因此在特定时期保持对熊猫债募集资金跨境流动的管制确实有其必要性，但要保持政策的连续性，提高政策的透明度。

（四）积极发展外汇衍生产品市场

外国债券发行人所面临的货币转换问题需要成熟的配套设施（如外汇衍生产品市场）。以武士债券和扬基债券市场为例，发行人募集的本币资金可通过交叉货币基差互换等工具进行掉期操作，对冲汇率和利率风险。货币互换市场的发展也是袋鼠债在 20 世纪 80 年代快速发展的主要原因之一。相较于我国高速发展的利率衍生产品市场和近年来重点推动的信用衍生产品市场，外汇衍生产品市场的发展缓慢，因此未来存在较大的提升空间。①

四、熊猫债券市场的前景

作为跨境投融资工具之一，熊猫债已成为优化人民币跨境流通、稳妥推进人民币国际化进程的重要渠道。熊猫债市场的积极发展，既为境外发行人拓宽融资渠道、优化债务结构提供了增量基础，又给境内外投资者多元化人民币资产组合的配置提供了多样化选择。根据 Wind 数据统计，截至 2020 年 6 月 11 日，银行间市场和交易所市场累计发行熊猫债已超过 4000 亿元，仅 2020 年上半年发行就超过 300 亿元。熊猫债发行量增加有助于提高二级市场交易活跃度和市场流动性。

2015 年以来，熊猫债市场发展的背景是金融改革不断深入，中国资本市场对外开放和人民币国际化进程不断加快。2020 年 5 月 27 日，国务院金融委办公室发布 11 条金融改革措施中提到，将发布《外国政府类机构和国际开发机构债券业务指引》，进一步完善熊猫债信息披露要求，细化熊猫债发行规则，鼓励有真实人民币资金需求的发行人进入市场，稳步推动熊猫债市场健康发展。境外优质主权类机构和地方政府、国际开发机构，作为最早进入境内人民币债券市场融资的境外主体，在熊猫债发展历程中扮演着关键角色，这些机构不断出现在熊猫债市场上，是这个市场持续发展的重要条件。

政策指引和制度建设是我国发展熊猫债券市场的努力方向。这些努力将进一步提高熊猫债发行效率，降低沟通成本，增强市场对国际发行人和投资人的吸引力，提高利用熊猫债融资的示范效应，进一步推动熊猫债市场的健康发展。

2020 年 12 月 15 日，《外国政府类机构和国际开发机构债券业务指引》发布。该指引进一步明确了外国政府类机构和国际开发机构债券注册发行流程、信息披露、中介机构管理等事项。

---

① 王超男. 从外国债券市场经验看我国"熊猫债"市场发展［N］. 当代金融家，2017 – 03 – 22.

随着我国加快推动熊猫债市场改革步伐，包括"一带一路"沿线国家在内的外国中央政府发行熊猫债的进程有可能显著加快。在中国经济金融深度融入全球化背景下，完善熊猫债发行规则，丰富市场产品，改进评级办法，打通市场基础设施，对于丰富中国债券市场的境外发行人和投资人群体，形成更加开放、更加市场化的投资人友好型金融体系具有重要意义。

小　结

1987 年中国财政部代表中国政府在欧洲债券市场上发行了 3 亿马克的主权债券。这是中国政府发行的第一笔主权外债，是一次破冰之旅。筹集的资金用于偿还已经到期的外债（主要是外国政府贷款），但是其意义远远超过筹资本身。在发行这笔债券以前，中国政府须要解决进入国际资本市场的相关法律问题。中国财政部和外交部协商并请求国务院同意在商务活动中放弃主权豁免。这是中国融合到国际资本市场的重要一步。同时财政部也通过发行外债了解和学习了国际资本市场成功的经验。这些经验对于发展国内资本市场，特别是债券资本市场具有重大意义。正是在这个基础之上，20 年以后，外国政府和金融机构在中国发行熊猫债券，使中国的债券资本市场成为国际资本市场的一部分。30 年以后，随着中国资本市场的进一步开放，中国债券市场的主要交易品种进入世界三大指数，国际投资者已经把中国市场当作重要的投资选择，从而使中国金融市场的双向开放跨过了关键的一步。认真总结改革开放后国际资本流动的经验是非常重要的。我国改革开放以来，吸引外资是一项国策。20 世纪 80 年代和 90 年代，外商我国以外资进入（capital inflow）为主，到 2000 年以后，中国外汇储备增多，逐渐成为美国国债的最大投资国。同时，中国开始"走出去"和推进"一带一路"，中国资本大量注入发展中国家。虽然出现资本双向流动，但是看起来同样的资本却有着不同的意义和作用。20 世纪 80 年代和 90 年代，外商直接投资（FDI）带来技术、设备和人员交流，对于当时中国的技术进步和经济发展发挥了积极作用。发行债券通常没有这样的作用。同样的道理，投资于中国创新企业的股权投资，意义大于债务融资。根据本书多次提到的创新经济学的原理，用于购买一般生产资料的是货币资本，适合于循环经济，而用于创新企业并作为企业家和生产要素中间环节的是创新资本，适合于发展经济（熊彼特语，即创新经济）。发展中国家的企业平均利润率较高，但是存款利率相对较低。考虑到风险因素和汇率因素，以及资本市场的效率，很多发展中国家的投资人愿意投资到发达国家的资本市场。正如卢卡斯悖论（Lucas paradox）关注到的情况，资本往往从人均资本较少的发展中国家流向发达国家。对这一悖论的解释包括投资者更看重发达国家的制度质量高、投资风险低和基础设施完善等优势。因此，除了储蓄—投资差异以及为外资支付的利息，在分析直接投资这一单独类别的国际资本流动时还需要考虑对外投资的安全性和流动性。这说明，资本向预期回报高的资本市场流动，也向法制环境好、风险相对低、效率高的资本市场流动。中国应该不懈地提升债券资本市场的法律制度环境，加强市场功能和基础设施建设，努力提高资本市场的效率。

结 束 语

在本书中我给自己确定的任务是超越经济和金融来理解国家债务和债券资本市场。换句话说，我想从历史的角度切入本书的核心内容，并基于更广阔的理论视野，从社会学、法学和经济学出发来分析和研究债务和债券资本市场。为此，必须要超越主流经济学关于金融、货币和债务理论的固有定式，展现新的理论思维。在研究创新经济和"经济学的元理论"① 的过程中，笔者对国家债务问题和债券资本市场的观察有了新的视角，这就是后现代的视角。

一、从"物"到人

经济学元理论把"交换和博弈"理解为人的行为的基本范式，这对于理解规则和政策背后的集团、机构、组织之间的博弈，利益和租金分配，权力平衡如何影响市场交易、价格和监管政策非常重要。最近人们对于银行这个最基本的金融组织的演变特征的研究，揭示了银行作为"交易的博弈"背后的行为特征②，对于理解金融体系中银行的行为特征意义重大。后现代视角揭示了后现代金融的特征。

债券价格是市场主体交换和博弈的结果。博弈体现了市场主体的地位、权力、知识和能力。比如国债的发行，按照"四个市场"的理论③加以解释，是二级政治市场和一级经济市场参与人之间博弈的结果。二级政治市场博弈的结果就是平衡预算或者保经济增长，因此多发国债。但是一级经济市场的博弈就是财政部和央行之间的博弈，博弈的目标是影响力。交换和博弈不局限在商品领域，人们的社会禀赋和自然禀赋不可避免地进入社会和政治市场，而人的符号资源、信用资源和物质资源一起成为不断扩大的"资本"。"现在个体曾经扮演的职员、市民和投票者的角

---

① 见高坚的"经济学的元理论"公众号第十六章："穿越复合空间的人类思想"。
② ［美］查尔斯·凯罗米里斯，史蒂芬·哈伯. 人为制造的脆弱性———银行业危机和信贷稀缺的政治根源［M］. 廖岷，等译. 北京：中信出版集团，2021：30－37.
③ 见高坚的"经济学的元理论"公众号第十章："四个市场"理论。

色已经重新定位为在人力资本、社会资本和政治资本上进行投资的'投资者'。①"

理解国家信用，就要从国家这个"物"的背后看到"人"。在2007年版的《中国债券资本市场》一书中，我讲到"内生交换经济理论"（厉以宁老师在这本书的序言中肯定了这一理论②），就是想说明中国国债市场的演变，是交换和博弈的结果。后来我在《经济学的元理论》中首先使用了"交换和博弈"这一概念。③

"交换和博弈"的结果是一种均衡状态，制度就是这样形成的。诺斯研究制度史，认为制度是博弈的规则，也是博弈的结果。各国在制度上的差别，除了文化和认知因素以外，也反映了制度背后博弈力量的不同。"在君主与贵族或私人的博弈中，如果君主不受任何限制，他的任意权力太大，所以他事先作出的承诺（比如减税）是不可信的。在这种情况下，贵族或私人就没有激励去投资，因为害怕事后被君主剥夺投资回报。但是，当君主的权力被限制后，承诺变得可信，贵族或私人的投资激励上升，君主反而可以从做大的饼中通过税收或发债获得更大的利益。④"在现代社会形成过程中的交换和博弈力量的不同，形成了法国和英国不同的社会制度：英国的演化制度和法国的构建制度。根据诺斯和他的同事的研究，"在英国光荣革命限制君主权力之后，英国资本市场上的借贷利率下降，融资成本下降。这反映在英法战争中英国政府得以以较低利率发行大量国债为战争融资，而法国国王的绝对权力则阻碍了他的发债能力。这是我最早读到的运用博弈论解释历史和制度的论文之一。⑤"

博弈时各个主体的知识水平、认知水平也是非常重要的，知识可以理解为用于博弈的人力资本。尽管债务问题无论在国家层面、公司层面，还是个人层面都已经被广泛关注，但是我们对于债务问题的理解仍然相对肤浅。这是因为理解债务的本质，要比理解债券市场具有更大的难度。债券市场的问题和债务问题是互相关联但又性质不同的问题。债券资本市场的问题只涉及金融问题，而债务问题涉及很深层次的社会和经济问题。近期对于社会学领域的研究，使我对于金融有不同的理解。如果不进入社会学，我们对于"债"的理解还是有限的。我赞成这样的观点，经济学不过是社会学，而金融学不过是社会学的一门技术。⑥从这个视角出发，才能理解制度、技术和金融的"物化"趋势。反思现代金融，解构"物化"的东西，

① ［美］杰拉尔德·戴维斯. 金融改变一个国家［M］. 李建军，汪川，译. 北京：机械工业出版社，2011：27.
② 厉以宁. 中文版序言［M］//高坚. 中国债券资本市场. 北京：经济科学出版社，2007：1-7.
③ 见高坚的"经济学的元理论"公众号第四章：社会交换和博弈。
④⑤ 钱颖一. 诺斯的遗产，财新周刊［J］. 2015-12-28.
⑥ ［美］杰拉尔德·戴维斯. 金融改变一个国家［M］. 李建军，汪川，译. 北京：机械工业出版社，2011：52.

才能理解"人格化"的市场理念：客户、绿色、ESG 服务、量身定制等的意义。在本书第一章中试图探讨债务问题的深层次原因：一是债务、货币和金融具有同源性；二是"社会交换"和"市场交易"可以在"交换和博弈"的人类行为框架下得到统一。前者是人类学家这些年来的新发现，后者来自我研究经济学元理论的体会。

二、金融概念从资金融通到"生存保障基金"管理

前现代和现代债务的特征是大银行体系、泛债务化和杠杆化。居民债务在经济下行时，加速拖累经济。长期资金来源少，建设投资缺少资本金，这是现代金融的普遍问题。超越现代金融，就是要让更多人成为资本所有者，从而其包括股票价格上涨带来收入可以对冲由于通货膨胀遭受的损失。实现金融的超越，就是要实现权利多样化、多元化、大众化，把银行的债权变成大众的社会化股权，为此要做三件事情。

第一，居民的储蓄要首先转化成为股权资金来源，例如，像美国的 401K 计划，储蓄自动转化为投资公募基金产品。没有必要通过银行之手再进行一轮理财。这样长期资金变多了，金融领域中股权资金来源就增加了。

第二，把居民储蓄作为"生存保障基金"来管理。也就是必须能够达到居民跨时安排所需要的回报水平。这里最重要的是经济效益和金融体系的安全性。

第三，股权社会化。后现代金融是从银行资本主义向管理资本主义和股权资本主义不断超越的过程。在这个过程中"'储蓄者'变成了'投资者'。①"

过去 40 年，我们发展经济，搞建设，也在一定程度上破坏了环境。发展经济依靠加杠杆，导致地方政府和政府平台债务增加。为了经济发展，企业需要借债、地方政府需要借债、中央政府也需要借债，使债务成为整个经济赖以存在的基础。银行成为主要的债权人。不仅企业和政府成为债务人，居民按揭贷款不断增加，也成为债务人。居民债务的增加，也使居民储蓄减少。今天，我们也要偿还两类债务：一是自然债务，就是对于环境的破坏，我们需要补偿，"双碳"、绿色和环保都是还债；二是经济债务，就是储蓄少了，后人所需要的"生存保障基金"的来源少了。

本书认为债务问题是经济结构问题。货币供给过多是导致经济结构变化的主要

---

① ［美］杰拉尔德·戴维斯. 金融改变一个国家［M］. 李建军，汪川，译. 北京：机械工业出版社，2011：17.

原因。货币供给过多，导致利率降低，使消费者生存保障基金的跨时安排出现扭曲。金融市场，特别是债券资本市场，以国家信用和公司信用为基础，而信用的背后是人。信用是一种资源，应该向对经济贡献大的企业倾斜。实现信用资源的优化配置，靠的是市场。民营企业对经济有着不可磨灭的贡献，但是其得到的信用资源相当有限，这说明市场不够有效。在本书序言中，我们讲到了金融深化的必然性，金融深化就是通过产品化、标准化、证券化降低交易成本，从而提升金融市场的效率，这代表金融市场发展的客观规律。我国社会保障体系和保险体系不够发达，是缺少长期资金来源的主要原因，也是当前金融体系高杠杆的主要原因。如果把居民存款和理财作为基金产品管理，我们就有源源不断的长期资金。长期资金是企业资本金的来源、基础设施投资的来源，也是私募股权投资的来源。开发长期资金来源，可以增加股权融资，减少债务融资。我们必须把居民储蓄作为奥地利学派所说的"生存保障基金"来管理，以便改善金融市场的结构和储蓄投资的结构。

三、从债权到股权

本书的脉络是从债务讲起，再讲标准化的债券，再讲与债券市场有关的参与人，这是市场的软件。然后讲债券市场基础设施，这是市场的硬件。接着讲衍生产品和资产证券化，证券化本身就是债权和股权的结合。证券化依靠基础资产产生的现金流，具有股权的性质。全书结构的安排体现了债务和债权演化脉络，即市场化、产品化、标准化和国际化的进程。

其实债权和股权没有清晰的界限。固定收益债券和普通股只是它们的两个极端。区别在于产生现金流是直接基于资产，还是直接基于掌握资产的人的信用。股票就是直接基于资产，而债券基于信用。但是正如我们在书中所分析的，债信本质上也是基于资产的。而直接间接的"物"的背后，还是人和人所形成的法律关系，这种法律关系体现了民法的原则，也体现在公司法和证券法等多项法律中。归根结底，债权人和股东考虑的都是基于资产的财务信息和基于清算的法律条款。

四、从现代债务到后现代的资本社会化

如我们在前面引言中所说的，我们说的债务首先来自社会债务，由此引申出来货币作为支付手段的职能。与人类社会有关的有四类债务：一是自然债务，就是人类欠环境的债务，这个要由人类来偿还。现在我们的"双碳"目标，就是要偿还环境债务。二是社会债务，这种债务是与生俱来的，体现这种债务的最具社会和时

代特征的就是具有人身债务的奴隶。现代社会也有类似的社会债务，是由人的社会地位的差别产生的。三是经济债务。经济债务主要体现的是储蓄和消费在代际之间的分布。享受人口红利的一代人，会带来下一代人的债务。四是金融债务，就是我们说的国债、地方政府债和公司债。金融债务与前三类债务息息相关，但是它通常是标准化的，有市场和产品的，方便交易的金融工具。债务并不能够孤立存在，它对应于债权，这就是另一部分人的权利，是他们的自然禀赋、社会禀赋、经济禀赋和金融禀赋的体现。这些禀赋是权利，是交换的对象，也是人类行为范式"交换和博弈"得以实现的前提条件。交换的前提是所有权，是产权。这些用以交换的禀赋，用我们通俗的话来说，就是资源、资产和资本。"社会学家不再把人际关系描绘成商品关系，而是描绘成资本关系。'社会资本'是一种主要的比喻方式，它可以把家庭、朋友和社会关系全部变成投资工具，并把'人力资本'加入证券化的社会生活之中。[①]"上述四种禀赋通常被称为自然资源、社会资源、经济资本、金融资产等。金融市场交换的对象不是"物"，是人和人之间的法律关系。交换的对象是权利，并不是债务。债券市场交换的不是债券，是标准化的债权。

社会进步要使人和人平等，就是减少各种债务，就是把权利多样化、多元化、大众化。我们的经济如果想要超越现代，进入后现代，必须在金融领域有所超越，从以债务为特征的现代社会，发展到以权利（注意不是"权力"）和资本为特征的后现代社会。与发达经济体的金融相比，我国的金融具有明显的前现代和现代的特征，体现为金融体系以银行为主，以债务融资为主；银行借贷全部体现的是债务；我国金融市场以债券市场为主，股权融资比重相对小。改革开放初期，我们偿还的是社会债务和经济债务，前人没有给我们留下社会保障基金。改革开放初期出现大量赤字，就是为了偿还前人的债务，为此，要发行国债，弥补财政赤字。

归根结底，金融是权利（现金流索取权）的市场化，货币只是方便了权利市场化的进程，给这个市场化过程增加了流动性，使权利有了资本的特征。本书所讲的债务，更强调债务的历史性，强调金融是演化的过程，主张从泛债权化向泛股权化的方向发展，实现权利的均等化、社会化。如我们在前面提到的，演化的东西是不能够解构和重构的，但是建立在理性构建主义上的人为制造的东西，是脆弱的，是需要解构和重构的。金融从工业现代化得到的启示就是要结合"麦当劳化"（标准化）和胶鞋化（量身定制化），它们的结合代表了金融未来的发展方向，这就是通过标准化提高效率的进程与通过量身定制进行金融服务的进程相结合。因此，本

---

① ［美］杰拉尔德·戴维斯. 金融改变一个国家 ［M］. 李建军，汪川，译. 北京：机械工业出版社，2011：25.

书讲债务和债券资本市场，重点是为了反思"物化"为基础的现代债务社会，目的在于重建以人为本的、以资本社会化为特征的后债务时代的金融体系。

五、金融科技改变了金融深化的路径

20 世纪 60～70 年代欧美的金融革命到 2008 年基本结束了。金融革命以后，金融发展的方向就是金融产品的多样化和量身定制的服务。金融发展的方向之一是实现金融和创新企业的结合。适应创新经济的要求，金融服务必须向量身定制的方向发展。美国的商业银行早已向量身定制的方向发展，我国银行业应该逐渐减少存贷款业务，而转身为客户服务。公司信用类债券市场的发展使公司债替代间接融资的银行贷款成为可能。在存款方面，应该学习美国 401K 计划的做法，将居民储蓄交给专业的公募基金管理，实现财富管理，解决"生存保障基金"的有效性问题。目前长期人寿保险产品和年金类保险产品已经具有社会保障基金的性质。但是"生存保障基金"的有效性取决于经济增长速度和资产管理的能力。

另一个方向是发展出新的金融业态。这个新业态就是自金融（auto-finance）和普惠金融的出现。自金融的发展离不开金融科技的进步。金融科技的革命发生在古老的商业信用领域，应收款首先是按照量身定制的方向，成为银行服务的一个内容，这就是保理业务。后来发展成为标准化的票据业务。票据是以商票为基础资产的证券化产品。科技进步改变了原来金融深化的路径，从原来通过分工、第三方服务和增加中介的办法，向去中介的方向转变。因此，金融的发展从去银行化的金融脱媒，到去中介化的供应链金融，正是朝向降低金融交易成本的方向发展。自金融的试验从供应链金融和票据市场的发展开始，到区块链解决确权、交易和清算，改变了标准化产品的交易所交易模式。中国目前普惠金融生态体系主要通过三大类金融机构开展：互联网小额贷款、消费金融和互联网银行。消费金融公司的业务主要分为自营、助贷和联合贷款三类。普惠金融对于推动大众创业、万众创新，助推经济发展方式转型升级，增进社会公平和社会和谐具有重要意义。传统信贷依赖的是以土地资产相关的抵押品，土地资源的分配决定了信用资源的分配。中小微企业缺少土地资源和其他硬资产，同时征信信息有限。利用数字技术和区块链技术，普惠金融把个人行为信息做成了数字抵押品。普惠金融透过金融科技系统中的多重技术，如生物识别、大数据等，能够有效地将客户的行为转化为有用的、数字化的信息。利用这些信息可以对客户的信用进行评估，从而改变了银行对企业贷款采取的传统的商业信用模式，形成新的金融生态。

六、经济发展是解决债务问题的硬道理

如前所述，与人们自然禀赋、社会禀赋和经济禀赋相对应的环境债务、社会债务和经济债务，体现在财政金融的变化和国民经济的运行中，也体现在人们的生活中。债务总是要以不同方式偿还的。革命和制度演化都是解决社会债务的方法。而环境债务和经济债务只能通过经济发展解决。央行发行的货币，用于交易手段的只是一部分，超过经济增长的部分，主要是支付手段，用于支付债务。"双碳"目标是要解决环境债务，制度建设主要解决社会债务，由于解决这些债务问题要发生巨额成本，因此，最终都会转化为经济债务。如果经济不增长，则经济债务只能依靠发行货币来解决，由终端债权人即消费者来承担。不同经济理论提出的只是解决问题的不同路径，凯恩斯理论是迂回的，而 MMT 理论是直观的。金融只是解决债务问题的工具。但是最终债务负担落在谁身上，是不能改变的。经过 20 年的努力，我们的基础设施欠债问题在很大程度上解决了。2000 年初期，改革开放红利和人口红利发挥了巨大作用，经济的持续增长帮助我们解决了历史遗留问题。在经济高速增长时，我们是用经济增长所产生的收入解决基础设施的。可以把政府、债务人和债权人的"交换和博弈"的结果作为一种解决方案，把央行单方面发行货币作为另一种解决方案。债务重组、置换属于前者；在国家层面上解决属于后者，无论财政部发债，还是央行印发货币，其解决方案都是创造支付货币。2008 年以后，我们至少有一部分债务是通过发行货币来解决的，这就是我们货币大幅度增长的主要原因。新冠肺炎疫情期间，经济开始下行，已经存在的债务问题就变得更加突出了。因此，后新冠肺炎疫情时代，债务问题和潜在的债务危机，仍然是我们面临的挑战。

附 录

《中国债券资本市场》中文版序言

　　高坚同学和我相交已经 30 年了。当时他是中国政法大学的前身北京政法学院的第一届硕士研究生。他的导师欧阳本先教授是湖南人，北京大学法律系毕业，比我高三届，在北京大学学习时就和我熟悉。高坚同学选择的硕士论文题是美国的反托拉斯立法。欧阳本先教授感到这个题目涉及经济学理论和经济史，并非他本人之所长，便请我代他具体指导这位研究生，我同意了。从那时起，高坚同学就经常到北京大学经济系听课，还常来我家中细谈。我那时住在北京大学蔚秀园教工宿舍，面积才 50 平方米，很窄小。他来到我家，就坐在床边，同我讨论经济学和美国经济史方面的问题。他的论文写得很好，答辩通过了。我想，这可能是他以后长期研究经济学的开始吧。不久，他考取了财政部财政科学研究所的博士生，师从许毅教授，获得经济学博士学位。

　　高坚同学学习十分刻苦、认真。他不仅勤于思考，而且敢于探索。他的英文专著 *Debt Capital Markets in China* 出版后，专门来到我家中，送给我看。我对这个题材很感兴趣，因为近些年我一直关注着中国资本市场问题。后来，他又告诉我，他在这本英文专著的基础上进行了较大的修改，写成中文稿，题为《中国债券资本市场》，把他在财政部和银行系统从业经验和研究成果作了一个总结，把自己的心得体会写在书中。这是他 1982 年进入财政部工作后长期研究的果实。他希望中文书稿出版时，由我写一篇序言。由于我们之间既有师生之谊，又是多年知交、亦师亦友，撰写序言，义不容辞。

　　在高坚同学看来，中国债券市场的发展取决于四大支柱：

　　第一，市场制度的形成和发展。机构投资者和市场中介的出现和发展是债券市场发展的重要基础和必要条件。

　　第二，政府机构的适当角色。政府不仅要加强对债券市场的监管，而且要提供支持和鼓励债券市场发展的政策。

第三，创新的理论培育。由市场参与者发起的产品、市场工具和制度创新是债券市场发展的主要推动力。

第四，以技术进步为基础的市场基础设施。债券登记、托管、结算等市场基础设施必须建立在现代科学技术的基础之上。

在市场制度形成和发展基础上成长起来的中国债券市场具有自己的特点。高坚同学由此思考并整理成较系统的理论观点，即把英文版中的理论部分调整为"内生交换经济学理论"，构成中文版的第一部分，即全书的理论框架。我以为，这也是全书中最值得注意的部分。我的这篇序言，主要想就他提出的论点进行一些评述。

按照本书第一章所给的定义，内生交换经济学是"制度设计的一种社会经济科学"①，建立这一理论的出发点是考虑到"经济学必须建立在社会学命题的基础之上，这些社会学命题关注于人类交换（人类交换是社会学的基本范畴）。②"因此，"内生交换经济学的目的是通过一个内生驱动的演化过程中的社会交换、社会经济交换及经济交换来实现经济发展。③"各种交换中，"经济交换主要通过市场手段实现，而社会交换和社会经济交换主要通过非市场手段实现。④"这样，正如书中所指出的："内生交换经济学强调制度演化背后的驱动力量的内部性质⑤"循着这一思路，高坚同学把新制度的形成过程分为两个阶段：

第一阶段是将制度的资产转化成比较优势，"这种转化只有在一定条件下才能进行，为转化所支付的价格是外生交易成本。⑥"

第二阶段是"通过与交易对手间的比较优势互换，将比较优势转化成竞争优势。这一阶段发生的成本是内生交易成本。⑦"

两个阶段存在两类交易成本：外生交易成本和内生交易成本。外生交易成本是指与改善制度的资产或与减轻约束相关的成本，比如通过规避法律和监管要求、通过合法避税来减轻约束或有意规避其他法律约束。内生交易成本是指在实现制度的比较优势时所发生的成本，比如与交易对手的谈判成本、信息成本或用于寻找机会的成本。由于一切交易成本都不可能等于零，所以降低交易成本便成为交易双方都力求使交易成本下降。技术进步无疑是降低交易成本的主要途径。除技术进步以外，还可以通过交换（信息交换，以减少信息的不对称性）、规避（通过整合以减

---

① 高坚. 中国债券资本市场 [M]. 北京：经济科学出版社，2007：17.
②③④⑤ 高坚. 中国债券资本市场 [M]. 北京：经济科学出版社，2007：13.
⑥⑦ 高坚. 中国债券资本市场 [M]. 北京：经济科学出版社，2007：28.

少交易，达到降低交易成本的目的）、对冲（即在某类交易成本与另一类交易成本负相关时，使两类交易成本相互抵销）。

根据诺斯和青木昌彦二人的不同解释，交换或者是一种游戏规则（诺斯），或者是一种博弈（青木昌彦），于是引申出一级交换和二级交换概念。在高坚同学的这本书中有这样的说明，诺斯和青木昌彦所给的两种定义，并非相互排斥，而是互为补充："内生交换经济学将游戏规则定义为一级交换，博弈是二级交换。一级交换和二级交换都是制度发挥功能不可或缺的组成要素。一级交换用于降低外生交易成本，二级交换用于降低内生交易成本。[①]" 也可以换一种说法："如果只有博弈，我们就说市场只限于二级交换；如果既有博弈又有游戏规则即一级交换，我们就说市场是完整的。因此可以合理地认为不完美的市场源于不完整的制度或源于一级交换的缺失。[②]"

以上就是有关内生交换经济学的理论框架。那么，这些分析对于中国的经济转型有什么启示？对中国宏观经济政策的制定有什么帮助？对中国的金融改革有什么意义呢？我感到，这些可能是本书最能引起人们兴趣之所在。

首先谈谈内生交换经济学分析对中国经济转型的启示。

本书指出，转型经济中的制度变迁有两个不同的发展阶段：一是外生发展阶段，它类似于前面提到的一级交换；二是内生发展阶段，它类似于前面提到的二级交换。由于中国的经济转型是在由中央计划指令体制向市场制度转变的过程中实现的，所以不能只倾向于将政府经济政策视作外生变量，而根据内生交换经济学理论，制度建设更为重要，从而一级交换也更为重要。也就是说，在中国现实情况下，"政府经济政策是通过一级经济交换（即通过政府与商业部门间的比较优势交换）内生决定的。[③]" 这里所说的一级经济交换，既"可以通过市场实现，也可以通过其他交换模式比如对话实现。[④]"

从这些分析中可以清楚地了解到，中国的经济转型很难置一级交换于不顾而仅仅（或主要）从二级交换着手，理由正在于中国经济开始转型时，甚至改革已进行到一定程度时，中国的二级交换条件仍是不健全的。高坚同学的观点和我在《非均衡的中国经济》一书（经济日报出版社 1990 年版）中的论述是吻合的，因为我在该书中一直强调中国经济属于第二类非均衡经济（即市场不完善而又缺少市场主体条件下的非均衡），不应当突出价格信号或价格杠杆的支配作用，不应当

① 高坚. 中国债券资本市场 [M]. 北京：经济科学出版社，2007：43.
② 高坚. 中国债券资本市场 [M]. 北京：经济科学出版社，2007：38.
③④ 高坚. 中国债券资本市场 [M]. 北京：经济科学出版社，2007：50.

把价格放开作为经济体制改革的主线或突破口，而必须把产权改革和产权制度建设作为改革的主线，只有重新塑造社会主义经济的微观经济，才能有真正意义上的政府与企业之间的博弈（也就是青木昌彦所强调的二级交换）。

其次，让我们再考察一下内生交换经济学分析对中国宏观经济政策的制定有什么帮助？

高坚同学从内生交换经济学理论出发，结合中国的国情，提出了他的设计：政府的宏观经济政策应当服务于经济的平稳运行和社会公平的实现。这同他对一级交换和二级交换的分析有密切的关系。在他看来，由于一级交换是基础性的，"一级经济交换的功能是为二级经济交换设定规则并保证交换的公平性"①，因此，"作为一级经济交换的一种产品，宏观经济政策衍生于一级经济交换的平等原则。②"

这一段分析很重要。如果中国宏观经济政策的制定不顾一级交换而只是着力于二级交换的调节，那就会忽视交换的公平性；同样的道理，如果中国宏观经济政策的制定仅仅停留在一级交换的规则的建立而忽视二级交换的过程以及由此引发的诸多问题，那就既不利于效率的增长，同时也使得一级交换确立的公平性原则难以落到实处。一个明显的例证就是：宏观经济政策应当促进资源的优化配置，而资源的优化配置同一级交换和二级交换都有关，因此为了保证资源优化配置的实现，宏观经济政策的调节就应当一级交换和二级交换并重。

以产权改革为主线的中国经济体制改革，所遵循的是渐进式改革原则。渐进式改革的特征是先通过试点，不断总结经验，分期分批推开，从而公平与效率兼顾。而不像把价格改革即价格放开作为主线那样，易于导致经济失衡，加剧社会动荡不安。在渐进式改革过程中，宏观经济政策更应当着重市场的制度建设，而不宜单纯考虑二级交换中的博弈行为。

最后谈谈内生交换经济学分析对中国金融改革的意义。

正如高坚同学在本书中所强调的："由于金融系统本质上是一种制度安排，并且一级经济交换的不足之处正在制度发展方面，因此早期的金融市场改革进展相对缓慢。③"这是可以理解的：假定企业（包括金融企业）还没有成为市场主体，政府依旧是凭借指令来安排金融资源配置的主管，那么制度建设只可能缓慢推进甚至停滞不前，金融体制改革也就不可能有所突破。说得更具体些，在经济转型的发展中国家，金融抑制是常见的现象。从政府的角度来看，政府认为要实现工业化，就

---

①② 高坚. 中国债券资本市场［M］. 北京：经济科学出版社，2007：49.

③ 高坚. 中国债券资本市场［M］. 北京：经济科学出版社，2007：53.

需要使金融部门从属于工业部门,使金融部门成为国家工业化方案的资金提供者,因此,"政府的当务之急是使金融资源尽可能便宜,尽可能方便使用,低利率,金融工具的匮乏以及欠发达的资本市场永远都是金融抑制的副产品。[①]"这样,不仅耽误了金融部门本身的改革,而且使国有企业的改革滞后。试问,有低利率可以利用,有银行这一保证指令性资金供给的源泉,国有企业有什么必要进行改革呢?

本书依据金融内生交换理论对金融的影响,进一步指出:关键在于制度建设。而制度建设的前提则是金融体制改革。金融体制改革的进程决定了金融作用的发挥程度。"金融是一种制度安排,设计这种制度安排的目的,是获取最具有扩张性的价值增值,而这种价值增值的获取是通过旨在降低内生交易成本的激励机制来实现的。[②]"约束机制的建立无疑是金融体制改革的要求,但激励机制的建立可能是金融体制改革更重要的要求。对于工业化过程的资金供给而言,只有通过金融体制改革,才能使资本市场迅速成长,并承担越来越多的通过市场融资而使工业化获得资金供给的任务。理由无非是这样三点:一是由资金供给的行政手段转向资金供给的市场手段;二是由于资金的供给逐渐从以银行为主要来源转向以资本市场为主要来源;三是交易成本的变化,即从较多的外生交易成本变为较多的内生交易成本。资金供给本身也反映了效率与公平兼顾的原则:更有效率了,也更公平了。

从对上述三个问题的解答,我认为高坚同学的这本书的确在英文版本的基础上有很大的提高和充实。交易成本理论是建立在新古典经济学的均衡理论基础之上的,尽管新古典经济学的早期研究者并未使用交易成本这一术语,但由于交易成本来自所有权或产权的转移,新制度学派提出了这一概念。在新制度学派看来,在完全集中决策的计划经济中,实际上并不存在交易成本,而只存在管理成本;或者,交易成本在计划经济中是不完整的。而从另一个侧面来看,从计划经济体制向市场经济体制的转变,也可以说是从交易成本的缺位或不完整到交易成本这一空白被逐渐填补的过程。高坚同学在理论上的创新之处,就在于立足于中国的改革与发展实际,对交易成本理论作了进一步阐述,以及对一级交换和二级交换、外生交易成本和内生交易成本作了深入的分析。他把改革的推进分成外生发展阶段和内生发展阶段两个阶段,进而对中国经济体制改革和金融改革的过程加以评论。这些都是前人较少涉及的。

---

① 高坚. 中国债券资本市场 [M]. 北京:经济科学出版社,2007:64.
② 高坚. 中国债券资本市场 [M]. 北京:经济科学出版社,2007:74.

经济学论点的提出，总与实践的检验有一段差距。这就是我们常说的经济学验证的滞后。全面的验证可能有更大的滞后期。但至少本书中阐释的中国债券市场的将近 20 年的改革史已经为内生交换经济学的基本论点作了部分的验证。这已经很令我高兴了。

厉以宁

2009 年 4 月于北京大学光华管理学院

参 考 文 献

[1] 高坚. 中国债券资本市场 [M]. 北京：经济科学出版社，2007.

[2] 高坚. 综合财政概论 [M]. 北京：中国财政经济出版社，1990.

[3] 高坚. 中国债券 [M]. 北京：经济科学出版社，1999.

[4] 高坚. 中国的国债问题 [M]. 北京：中国财政经济出版社，1993.

[5] 高坚. 中国国债 [M]. 北京：经济科学出版社，1995.

[6] 高坚. 国债市场 [M]. 北京：经济科学出版社，1997.

[7] 高坚. 高坚文集 [M]. 长春：吉林人民出版社，2002.

[8] 基思·特斯特. 后现代性下的生命与多重时间 [M]. 李康，译. 上海：上海文艺出版社，2020.

[9] ［英］齐格蒙特·鲍曼，［英］蒂姆·梅. 社会学之思 [M]. 3 版. 上海：上海文艺出版社，2020.

[10] ［奥地利］路德维希·冯·米塞斯：货币、方法与市场过程 [M]. 戴忠玉，刘亚平，译. 北京：新星出版社，2007.

[11] ［美］约瑟夫·熊彼特. 经济发展理论 [M]. 李默，译. 西安：陕西师范大学出版社，2007.

[12] ［美］戴维·兰德斯，乔尔·莫克尔，威廉·鲍莫尔. 历史上的企业家精神——从美索不达尼亚到现代 [M]. 姜井勇，译. 北京：中信出版集团，2021：11.

[13] ［美］大卫·格雷伯. 债：5000 年债务史（增订典藏版）[M]. 孙碳，董子云，译. 北京：中信出版集团，2021.

[14] ［美］杰拉尔德·F. 戴维斯. 金融改变一个国家 [M]. 李建军，汪川，译. 北京：机械工业出版社，2011.

[15] ［美］查尔斯·凯罗米里斯，史蒂芬·哈伯. 人为制造的脆弱性·银行业危机和信贷稀缺的政治根源 [M]. 廖岷，等译. 北京：中信出版集团，2021.

[16] ［英］阿代尔·纳特. 债务和魔鬼：货币、信贷和全球金融体系重建 [M]. 北京：中信出版集团，2021.

[17] 龚刚. 高级宏观经济学：中国视角 [M]. 北京：北京大学出版社，2020.

［18］沈炳熙，曹媛媛．中国债券市场：30 年改革与发展［M］.2 版．北京：北京大学出版社，2014.

［19］马晨．国债市场与投资研究［M］.北京：中国经济出版社，2002.

［20］陈旭，等．中国债券市场操作手册［M］.北京：中国金融出版社，2020.

［21］迈哈伊·马图．结构化衍生工具手册［M］.林涛，等译．北京：经济科学出版社，2000.

［22］弗兰克·J. 法博齐，弗朗哥·莫迪里亚尼．资本市场：机构与工具［M］.唐旭，等，译.2 版．北京：经济科学出版社，1998.

［23］［日］板谷敏彦．世界金融史［M］.王宇新，译．北京：机械工业出版社，2018.

［24］联合资信评估有限公司．信用评级：理论与实践［M］.北京：中国金融出版社，2015.

［25］国家开发银行资金局．国家开发银行资金业务与创新：金融债券及存款［M］.2007.

［26］翟东升．货币、权力与人：全球货币与金融体系的民本主义政治经济学［M］.北京：中国社会科学出版社，2019.

［27］彭信威．中国货币史：上册［M］.北京：中国人民大学出版社，2020.

［28］彭信威．中国货币史：下册［M］.北京：中国人民大学出版社，2020.

［29］金菁．货币千年兴衰史［M］.北京：中国人民大学出版社，2020.

［30］联合资信评估有限公司．信用评级——理论与实践［M］.北京：中国金融出版社，2015.

［31］许毅，金普森，隆武华，等．清代外债史论［M］.北京：中国财政经济出版社，1996.

［32］财政科学研究所．民国历届政府整理外债资料汇编：第一卷［M］.北京：中国第二历史档案馆，1990.

［33］财政科学研究所．民国历届政府整理外债资料汇编：第二卷［M］.北京：中国第二历史档案馆，1990.

［34］John Steele Gordon. Hamilton's Blessing：The Extraordinary Life and Times of Our National Debt［J］. Walker And Company，New York，1997.

［35］Stuart R. Veale. U. S. Capital Market［M］. Harper Business，1991.

［36］Robert A. Jarrow. Modeling Fixed Income Securities and Interest Rate Option［M］. Stanford Economics and Finance，2002.

［37］The Financial System in an Increasingly Global Economy［M］. Fourth Edition. Business Publicotions, 1991.

[38] John C. Hull. Options, Futures, and Other Derivatives [M]. Third Edition. 1996.

[39] Bennett T. McCallum. Monetary Economics – Theory and Policy [M]. New York: Macmillan Publishing Company, 1989: 51.

[40] Brealey and Myers. Principles of Corporate Finance [M]. Sixth Edition. Irwin McGraw – Hill, 2000.

[41] Amaro De Matos. Theoretical Foundations of Corporate Finance [M]. Princeton University Press, 2001.

[42] Anthony Saunders. Credit Risk Measurement – New Approaches to Value at Risk and Other Paradigms [M]. John Wiley & Sons, Inc. , 1999.

后　记

　　这本书稿经过大约 3 年时间的努力，终于完成了。坦率地说，撰写的难度比我想象的大得多。这主要是由于 15 年来中国债券市场发生了巨大变化，特别是非政府债券发展迅速，很难在本书中概括出现的全部新情况和新问题。初稿出来以后，又做了很多次修改。但是实质性修改还是在出版社打印出纸质稿以后。在出版社修改的过程中，我从头到尾认真逐字修改，发现很多在电脑修改时没有发现的问题。这个过程用了将近 1 年的时间。虽然进度较慢，但是心里多少有数了。

　　考虑到市场的发展，现在写这样一本书所需要的精力和能力与以前完全不同了。我给自己提出了更高的目标，这就是不仅要体现历史的纵深和时间跨度，还要体现宏观经济、金融市场和债券市场的紧密关系。最重要的是，如何理解现代金融的本质和演化规律，从而因势利导，顺应金融未来发展的内在趋势。

　　在操作方面，由于近些年来迅速扩大的债券市场实践的广度和深度，我在很多领域需要学习。因此，本书不想涉猎更多的实操方面，好在近些年来有很多实操方面的著作，可以补充本书的不足。在修改的过程中，我尽量收集一些权威杂志，如《债券》发表的最新文章。从这些文章中我看到有关债券资本市场的研究在不断深入，出现了很多可喜可贺的成果，也展现了债券资本市场未来发展的希望。

　　在本书撰写的过程中，我发现，如果没有激情是无法完成这部巨著的。有两种力量激励我前行：一是理解经济和金融的逻辑力量，希望本书在原有的理论框架下有新的建树；二是回顾国债市场化改革道路上那些激情燃烧的岁月时受到鼓舞的力量。正是这两种力量激励我在困难的条件下，努力奋战，完成了本书的创作。

　　2022 年 12 月底，我终于完成了书稿通篇的修改。这一天，也正是我感染新冠刚刚恢复时。此前，在感染的前一天去深圳的路上和一周后从深圳回家的路上，我仍坚持修改书稿，希望如期完成。在本书的修改过程中，得到了很多专业人士、同业专家、同事和学生的帮助，特别是中央结算公司副总经理刘凡、国开证券副总裁盂天山、端业智库和债券四十人论坛执行主任王丽媛、天风证券副总裁瞿晨曦等人反复阅读了本书的原稿，并提出了宝贵意见。此外还有联合评级总裁万华伟、国开行资金局杨念、鼎诺基金总裁张志军、中国国债协会主任白宁也参与了本书的工作。为本书做出贡献的还有中央结算公司的冯源、张文、唐洁珑、刘爽、刘思敏、刘羽飞、杜通、李波、涂晓枫、张欣、祁畅、董暖，天风证券的丁洁、赵晨贝、任春、毛倩君、田苏怡，国开证券的李友军、潘莹、陈凤奇、张毅翔、柳叶，以及我的学生李双杰、许余洁、孙艳萍、高维珊、张楠、彭雯琦、付楠、何琛等，在此一并感谢。他们在内容的更新、补充和对概念、提法的纠正，以及图表数字更新方面做了很多重要工作。最后，我要特别感谢经济科学出版社陈迈利总编、李雪主任和各位编辑的努力，他们在疫情期间仍然带病坚持工作。没有他们的努力，本书的出版是不可能的。

2023 年 2 月 27 日厉以宁老师在北京逝世，悲痛之余，我又反复学习体会厉以宁老师在序言中提炼出来的我在《中国债券资本市场》一书中的思想精髓，并体现到本书引言中。我把这篇序言作为本书附录，希望本书体现的思想在原书基础上有所升华，成为厉以宁老师在序言中概括的我的"内生交换理论"的进一步展现。我以此书纪念中国改革开放的思想先驱厉以宁老师。

高 坚

2023 年 4 月 2 日